E&E

电子信息与电气工程技术丛书

多源信息融合

（第3版）

韩崇昭　朱洪艳　段战胜　著
Han Chongzhao　Zhu Hongyan　Duan Zhansheng

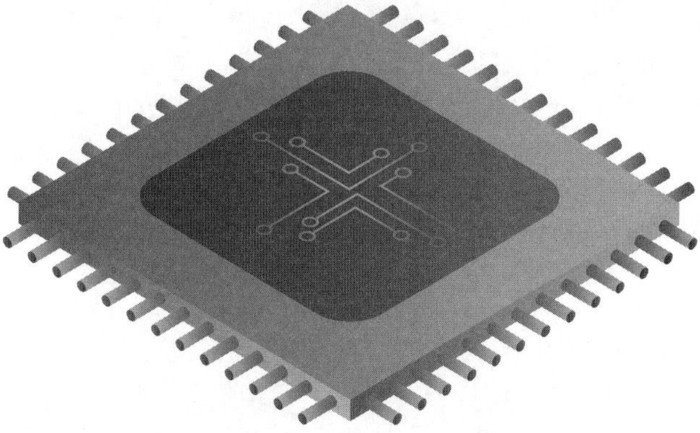

清华大学出版社
北京

内 容 简 介

本专著介绍了多源信息融合的基本概念以及多源信息融合理论赖以发展的基础理论，如统计推断与估计理论基础、智能计算与识别理论基础等；还介绍了目标跟踪理论、检测融合、估计融合、数据关联、异步信息融合和异类信息融合；也介绍了图像融合特别是遥感图像融合，智能交通中的信息融合，以及态势评估与威胁估计等内容。此外，本专著对大数据时代信息融合新的发展做了修订和补充。

本专著的特点是理论体系完整，材料取舍适当，适合从事多源信息融合理论研究和工程应用的专业技术人员参考，也可作为大学本科高年级学生、研究生特别是博士研究生的参考读物。

图书在版编目(CIP)数据

多源信息融合/韩崇昭，朱洪艳，段战胜著. —3 版. —北京：清华大学出版社，2022.1
(电子信息与电气工程技术丛书)
ISBN 978-7-302-57983-0

Ⅰ. ①多… Ⅱ. ①韩… ②朱… ③段… Ⅲ. ①信息融合 Ⅳ. ①G202

中国版本图书馆 CIP 数据核字(2021)第 065479 号

责任编辑：盛东亮　钟志芳
封面设计：吴　刚
责任校对：李建庄
责任印制：刘海龙

出版发行：清华大学出版社
网　　址：http://www.tup.com.cn，http://www.wqbook.com
地　　址：北京清华大学学研大厦 A 座　　**邮　　编**：100084
社 总 机：010-62770175　　**邮　　购**：010-83470235
投稿与读者服务：010-62776969，c-service@tup.tsinghua.edu.cn
质量反馈：010-62772015，zhiliang@tup.tsinghua.edu.cn
课件下载：http://www.tup.com.cn，010-83470236
印 装 者：三河市铭诚印务有限公司
经　　销：全国新华书店
开　　本：185mm×260mm　　**印　　张**：41.75　　**字　　数**：988 千字
版　　次：2006 年 3 月第 1 版　2022 年 1 月第 3 版　　**印　　次**：2022 年 1 月第 1 次印刷
印　　数：1～1500
定　　价：159.00 元

产品编号：089408-01

谨以此书献给为祖国富强而努力奋斗的同胞们!

本专著的出版曾受国家重点基础研究发展规划(973)项目《基于视觉认知的非结构化信息处理理论与关键技术》(2007CB311000)的资助

第3版前言

当接到清华大学出版社通知《多源信息融合》专著需要再版时，我非常激动。对于一个早已年逾古稀的人来说，在有生之年能为学术发展和国家建设做些微薄的贡献是多么幸运啊！于是我立即着手开始主持《多源信息融合》(第3版)的修改和增补工作。

"信息融合"或称"数据融合"的研究发端于20世纪后期的美国，并在美国成立了国际信息融合学会。在此期间，我有幸被邀访问美国，并与学会发起人之一、国际著名信息融合专家、美国新奥尔良大学李晓榕教授(Prof. X. Rong Li)建立了长期合作研究关系。回国后立即在西安交通大学组建研究团队开始信息融合的研究。我们参与了国家973、国防973等国家重大科研项目，有大量学术论文在国内外重要杂志和会议发表，为此获得2017年度国际信息融合学会颁发的论文贡献证书。与此同时，我们也积极主持或参与了大型企业的应用项目，取得了令人瞩目的科研成果，为此以"基于异构信息融合的非线性动态系统估计技术及应用"的成果形式获得2011年度国家科技进步二等奖，我个人也在2019年获得中国信息融合会议颁发的"杰出贡献人物奖"。

在如此激情的科研气氛中，我们研究团队早在2004年就着手《多源信息融合》专著的编写工作，并于2006年初正式出版。记得那几年我常常到企业做有关信息融合的学术讲座，有一次我看到听讲的人都手持一本《多源信息融合》，说明本专著为企业界所广泛接受，我们的努力有了很大的回报。

这次改版的宗旨，是尽可能补充和完善近年来在大数据时代信息融合发展的最新成果。西北工业大学方洋旺教授率先提交了4.8节有关目标机动情况下的时间配准算法，以及4.9节基于位置信息的异步传感器空间配准算法；同时提交了6.3.7节无中心化分布式信息融合的最新内容。陕西科技大学刘伟峰教授对3.5节随机有限集概略、4.10节基于随机有限集的多目标跟踪概述做了最新发展内容的补充。本团队韩德强教授对第3章的内容做了大幅度勘误和补充，特别是对关于证据理论的最新发展补充了新的内容，关于证据函数的不确定性进行了研讨。本团队刘静教授提供了9.7节基于视频SAR图像序列的动目标阴影联合监测与跟踪的全部内容；闫涛博士提供了10.7节多源异类信息融合的传感器管理全部内容。还有其他学者也提供了有价值的建议和意见。我负责全书的统一编撰和修订工作，使得各部分的内容和表达方式尽可能协调，同时也强调了大数据时代和云计算对信息融合发展的需求以及适应性要求。在此对所有为新版做出贡献的作者们深表谢意！本专著再版还保留了前两版的前言，以铭记不同阶段、不同作者对本专著的贡献。

尽管如此，但由于本专著卷帙浩繁，兼之作者水平所限，书中疏漏之处在所难免，而且对该领域的最新进展也可能补一漏十，甚至出现错误表达。请读者不吝赐教，我们将深表谢意！

韩崇昭

2021年9月于西安交通大学

第2版前言

《多源信息融合》第一版于2006年由清华大学出版社出版，恰好新闻出版总署从2006年起开始组织实施"三个一百"原创出版工程，即人文社科类、自然科学类和文艺与少儿类各选100种出版物作为原创的精品图书推向社会公众，本书荣幸地于2007年入选首届"三个一百"自然科学类原创出版工程。出版社对本书的介绍为：《多源信息融合》是我国第一本全面系统地介绍信息融合理论与应用的原创著作。它的出版不仅对我国在信息融合领域的科研创新及人才培养起到一定的推动作用，而且对促进我国国民经济和国防现代化建设具有重要的现实意义。

出乎作者们的预料，本书第一版出版发行能受到社会各界的如此关注，我们常常应邀到有关单位去讲课，而且书中许多方法已经在工程实践中得到应用。鉴于信息融合领域的知识更新太快，国家需求又是如此紧迫，我们认为本书有必要立即进行修订再版。我们修订的原则是：基本保持原版的体系结构和知识框架，补充近两年最新发展且颇受关注的新内容。于是，由韩崇昭教授主笔与韩德强博士一起在第3章补充了有关证据理论和随机集理论的新内容，刘伟峰博士补充了"随机有限集概略"部分。刘伟峰博士还在第4章增加了"基于随机有限集的多目标跟踪概述"一节。段战胜博士对第6章有关估计融合的发展补充了新的内容。特别需要指出的是，韩崇昭教授与韩德强博士一起，对第10章异类信息融合的最新进展增加了"共同杂波环境中基于异类信息的多传感误差传递与校正"和"多源异类信息融合的一般方法论探讨"两节，使得这一方向的内容得到充实。于昕博士也在第12章增加了新的内容。与此同时，对各章节的错别字和不正确的表达式也进行了勘误。

尽管如此，由于受作者们水平所限，书中疏漏之处在所难免，而且对该领域的最新进展也可能补一漏十，甚至出现错误表达。请读者不吝赐教，我们将深表谢意。

作　者

2009年11月于西安交通大学

第1版序言

在经历了农业时代和工业时代之后，人类目前已经全面进入了信息时代。信息时代的显著特征之一是信息爆炸。为了应付这种局面，信息融合技术应运而生。简单地说，信息融合是指对多个载体内的信息进行综合、处理以达到某一目的。信息融合涉及面极为广泛。举例来说，可以归纳看作为一个信息融合过程，其中一般性结论即由多个特殊事例经过综合、抽象后得到。因此，归纳推理与信息融合有本质联系，而归纳推理又是所有科学技术的源泉。近年来信息融合在众多领域内受到了极大的关注，信息融合技术发展神速。

本书由西安交通大学韩崇昭教授等人编撰，韩教授所领导的科研组的工作在国内颇负盛名。我与他相识多年，近年来曾多次互访并合作发表文章。

据我所知，在信息融合领域所有中文图书中，本书系统、全面而且内容较为新颖。作者在如此短的时间内能写成本书给我留下了深刻的印象。这与祖国近二十年来经济的飞速增长是步调一致的。

本书还有几个非常重要和吸引人的特点。令我印象最为深刻的是它涵括了一大批数学工具的基础知识，包括随机集理论、粗糙集理论、粒子滤波、统计学习理论等。这些数学工具近年来广为流行，它们在信息融合领域大有前途。另一个特点是它对信息融合领域近年来的一些新进展做了介绍，包括由我本人与合作者在过去几年中所建立的最优线性估计融合理论的部分结果。本书涵括了信息融合领域中许多重要而有代表性的内容，几乎所有这些内容都属于现今信息融合研究领域的主流。仅此即足以表明本书优于我所知道的大多数关于信息融合的中文图书。总的来说，本书的内容安排合理，结构组织良好，选题平衡。尽管本书的深度不尽如人意，但它仍比该领域大多中文图书明显要好。

作为一个信息融合领域的研究人员，多年来我一直致力于推动祖国在该领域的科研工作。我很高兴地看到在过去几年中国内信息融合的研究和开发工作大有进展。当然，不足之处也很明显。总的来说，科研工作仍然缺乏广度和深度，尤其是在基础研究方面。就我所知，原创性和高质量的研究成果不多。我相信本书的出版将为有志于从事信息融合的国内读者提供了入门基础，同时它也将有助于国内的研究开发人员了解信息融合领域的新进展。鉴于此，本书的出版定将大受欢迎。

李晓榕(X. Rong Li)

2005 年 6 月于美国新奥尔良

第1版前言

中国古代"瞎子摸象"的故事告知人们，单凭一种感官获得的感知信息，难以获得对客观事物的全面认识。世间万物在不断变化，而人类感知和认知事物的能力却受到许多限制。唐初谏议大夫魏征曾有一句名言："兼听则明，偏听则暗"，说的是采纳各种不同的意见做决策往往是明智的，而偏信一家之言则难免有失偏颇。人类和动物在获得客观对象的感知信息时，不是使用一种感官，而是用各种不同的感官，包括视觉、听觉、触觉、嗅觉、味觉等感官获得不同的感知信息，经过大脑处理之后才形成一个完整的认知结果。同样，在社会和经济活动中，负责任的政府和企业在决策时也要收集大量的情报资料，汇集不同的观点，才能制定出符合客观规律的决策。

随着信息科学技术的发展，在20世纪七八十年代产生了一个称为"数据融合"的全新概念。也就是说，把多种传感器获得的数据进行所谓"融合处理"，可以得到比任何单一传感器所获得数据更多的有用信息。后来，这一概念不断扩展，要处理的对象不仅是数据，也包括图像、音频、符号等，于是形成了一种共识的概念，谓之"多源信息融合"。这一领域的发展是惊人的，自20世纪80年代以来，世界各国都投入大量的人力、物力在从事多源信息融合理论与应用的研究，其原因在于这一学术观点不仅符合客观的认知规律，而且被实践证明是一项广泛适用的新技术，包括军事和民用高科技的应用。

我们开展这个领域的研究好多年了，已经形成了一个专门从事多源信息融合基础理论研究的团队，而且得到国家973项目的支持，在理论研究和工程应用方面取得了重要的进展。但在研究工作中，我们深感多源信息融合理论体系的庞杂和繁复。幸好多年来我们一直与国际著名信息融合专家、美国新奥尔良大学李晓榕教授(Prof. X. Rong Li)进行合作研究，并多次邀请其他国际著名学者来华讲学，我们也多次到国外进行合作研究，同时近年来每年都参加国际信息融合大会，对该领域的最新进展比较了解。所以不揣冒昧，我们在973项目的支持下承担了撰写这本专著的使命。

我们的理念是希望更多地介绍促进多源信息融合赖以急速发展的理论基础和工程应用背景，以及各个理论分支形成的脉络和体系。希望本书在科学体系方面真正成为一本有价值的专著，而且也能够为广大读者提供比较详尽的参考资料。我们参阅了国内外大量的文献资料，汇集了我们近年来的研究成果，不避酷暑严寒，不辞辛苦，奋力笔耕，数易其稿，终于将本书呈献给广大读者。

全书共分为12章。第1章绪论，介绍了这个领域的基本概念，由朱洪艳执笔；第2章和第3章分别介绍了多源信息融合理论赖以发展的基础理论：统计推断与估计理论基础，以及智能计算与识别理论基础，由韩崇昭执笔；第4章重点介绍多源信息融合的重要应用领域——目标跟踪，由朱洪艳和段战胜执笔；第5章专门介绍检测融合，由相明执笔；第6章介绍多源信息融合的一个核心内容——估计融合，由段战胜执笔；第7章是多源信息融合的另一个核心内容——数据关联，由朱洪艳执笔；第8章介绍异步信息融合，由段战胜执笔；第9章介绍图像融合，由侯志强、康欣执笔；第10章介绍异类信息融

第1版前言

合，由韩崇昭执笔；第 11 章是一个典型应用——智能交通与信息融合，由党宏社执笔；第 12 章简单介绍了态势评估与威胁估计，由于昕执笔。同时，郑林、左东广、韩红、孙亮、李辉、郭文艳、陈宇玺等也为本书提供了许多有价值的素材。最后，由韩崇昭对全书进行了仔细的统编和校核，并进行了统一编目。

本书还承蒙李晓榕教授仔细审阅，并提出了许多有价值的修改意见，我们深表感谢。我们也感谢 973 首席科学家、复旦大学金亚秋教授一直鼓励和支持本专著的编写。西安交通大学校长郑南宁院士对本书的出版一直表示关切，清华大学吴澄院士和萧德云教授也一直鼓励我们完成本书，在此一并致谢。同时我们也感谢所有关心本书出版的各位专家学者。

尽管我们做出了最大的努力，但由于本书内容浩瀚，错误和不妥之处在所难免。希望广大读者不吝赐教，我们将深表谢意。

作　者

2006 年 1 月于西安交通大学

本书符号约定

k：时间指标，k 时刻
x_k：k 时刻系统真实一维状态
$\boldsymbol{x}_k$：k 时刻系统真实多维状态
z_k：k 时刻对状态的一维量测
$\boldsymbol{z}_k$：k 时刻对状态的多维量测
$\boldsymbol{u}_k$：k 时刻系统的控制输入
$\boldsymbol{F}_k$：k 时刻线性系统状态转移矩阵
$\boldsymbol{G}_k$：k 时刻线性系统过程噪声矩阵
$\boldsymbol{\Gamma}_k$：k 时刻线性系统控制输入权矩阵
$\boldsymbol{w}_k$：k 时刻线性系统过程噪声
$\boldsymbol{Q}_k$：k 时刻线性系统过程噪声协方差阵
$\boldsymbol{H}_k$：k 时刻线性系统量测矩阵
v_k：k 时刻线性系统量测噪声
$\boldsymbol{R}_k$：k 时刻线性系统量测噪声协方差阵
$\boldsymbol{Z}^k$：直到 k 时刻的所有量测
$\hat{\boldsymbol{x}}_{k|k}$：$k$ 时刻系统状态估计值
$\tilde{\boldsymbol{x}}_{k|k}$：$k$ 时刻系统状态的估计误差
$\boldsymbol{P}_{k|k}$：k 时刻的系统状态估计误差的协方差阵
$\hat{\boldsymbol{x}}_{k+1|k}$：$k$ 时刻系统状态的提前一步预测
$\boldsymbol{P}_{k+1|k}$：k 时刻系统状态提前一步预测的协方差阵
$\hat{\boldsymbol{z}}_{k+1|k}$：$k$ 时刻系统量测的提前一步预测
$\tilde{\boldsymbol{z}}_{k+1|k}=\boldsymbol{z}_{k+1}-\hat{\boldsymbol{z}}_{k+1|k}$：$k$ 时刻系统量测的提前一步预测误差
$\boldsymbol{S}_k$：k 时刻系统信息的协方差阵
$\boldsymbol{K}_k$：k 时刻系统的滤波增益
$\mathbb{R}^n$：n 维实空间
$P(\boldsymbol{x})$：随机向量 $\boldsymbol{x}$ 的分布函数
$P(\boldsymbol{x}|\boldsymbol{y})$：给定 $\boldsymbol{y}$ 的条件下随机向量 $\boldsymbol{x}$ 的条件分布函数
$p(\boldsymbol{x})$：随机向量 $\boldsymbol{x}$ 的概率函数
$p(\boldsymbol{x}|\boldsymbol{y})$：给定 $\boldsymbol{y}$ 的条件下随机向量 $\boldsymbol{x}$ 的条件概率函数
$p(\boldsymbol{x},\boldsymbol{y})$：随机向量 $\boldsymbol{x},\boldsymbol{y}$ 的联合概率
$E(\boldsymbol{x})$：随机向量 $\boldsymbol{x}$ 的期望值
$E(\boldsymbol{x}|\boldsymbol{y})$：给定 $\boldsymbol{y}$ 的条件下随机向量 $\boldsymbol{x}$ 的条件期望值
$\mathrm{cov}(\boldsymbol{x})$：随机向量 $\boldsymbol{x}$ 的协方差阵
$\mathrm{cov}(\boldsymbol{x},\boldsymbol{y})$：随机向量 $\boldsymbol{x}$ 与 $\boldsymbol{y}$ 的协方差阵

本书符号约定

$\mathcal{N}(\boldsymbol{x};\boldsymbol{m},\boldsymbol{P})$：Gauss 随机向量 $\boldsymbol{x}$ 的密度函数，具有均值 $\boldsymbol{m}$ 和协方差阵 $\boldsymbol{P}$

H_0、H_1：概率假设

T：采样空间段

$\varnothing$：空集

$\triangleq$：定义为

$\in$：属于

$\notin$：不属于

$\approx$：近似等于

χ_n^2：自由度为 n 的 chi-square 分布

$\delta(\cdot)$：Dirac 函数，delta 函数

Λ：似然函数

P_D：检测概率

P_{FA}：虚警概率

$\Leftrightarrow$：当且仅当

$\vee$：逻辑"或"

$\wedge$：逻辑"与"

$\subseteq$：包含

$\propto$：正比于

$\boldsymbol{A}^{\mathrm{T}}$：矩阵转置

$\boldsymbol{A}^{-1}$：矩阵的逆

$\boldsymbol{A}^{+}$：矩阵的伪逆

$\boldsymbol{A}>0$：正定矩阵

$\boldsymbol{A}\geqslant 0$：半正定矩阵

$\mathrm{tr}(\boldsymbol{A})$：矩阵的迹

$|\boldsymbol{A}|$：矩阵的行列式

$\boldsymbol{x}^{*}=\arg\max\limits_{\boldsymbol{x}} f(\boldsymbol{x})$：使函数 $f(\boldsymbol{x})$ 极大化的宗量 $\boldsymbol{x}$

$\boldsymbol{x}^{*}=\arg\min\limits_{\boldsymbol{x}} f(\boldsymbol{x})$：使函数 $f(\boldsymbol{x})$ 极小化的宗量 $\boldsymbol{x}$

exp：指数函数

pdf：概率密度函数

SMTT：单机动目标跟踪

MMTT：多机动目标跟踪

CV：常速

CA：常加速

本书符号约定

TWS：边扫描边跟踪
KF：Kalman 滤波
EKF：扩展 Kalman 滤波
IMM：交互式多模型
PDA：概率数据关联
JPDA：联合概率数据关联
MHT：多假设跟踪
EM：期望极大化
MCMC：Markov 链 Monte-Carlo
i. i. d：独立同分布
RMS：均方根误差
MMSE：最小均方误差
MAP：最大后验概率
LS：最小二乘
ML：极大似然
MC：Monte-Carlo
FIM：Fisher 信息矩阵
GPB：广义伪 Bayes
KLS：递推最小二乘
WLS：加权最小二乘
LMS：最小均方

目录

目录

目录

目录

目录

目录

目录

第1章 绪论

1.1 多源信息融合的一般概念与定义

1.1.1 定义

多源信息融合(multisource information fusion)又称为**多传感信息融合**(multisensor information fusion),是20世纪70年代提出来的,军事应用是该技术诞生的起因。事实上,人类和自然界中其他动物对客观事物的认知过程,就是对多源信息的融合过程。在这个认知过程中,人或动物首先通过视觉、听觉、触觉、嗅觉和味觉等多种感官(不是单纯依靠一种感官)对客观事物实施多种类、多方位的感知,从而获得大量互补和冗余的信息;然后由大脑对这些感知信息依据某种未知的规则进行组合和处理,从而得到对客观对象的统一与和谐的理解与认识。这种由感知到认知的过程就是生物体的多源信息融合过程。人们希望用机器来模仿这种由感知到认知的过程。于是,一门新的边缘学科——多源信息融合便诞生了。由于早期的融合方法研究是针对数据处理的,所以有时也把信息融合称为**数据融合**(data fusion)。这里所讲的**传感器**也是广义的,不仅包括物理意义上的各种传感器系统,也包括与观测环境匹配的各种信息获取系统,甚至包括人或动物的感知系统[1-2]。

虽然人们对这门边缘学科的研究已经有40多年的历史了,但至今仍然没有一个被普遍接受的定义。这是因为其应用面非常广泛,而各行各业会按自己的理解给出不同的定义。目前能被大多数研究者接受的信息融合的定义,是由美国三军组织实验室理事联合会(Joint Directors of Laboratories,JDL)提出来的[3-5],从军事应用的角度给出的信息融合定义。

定义 1.1.1 信息融合就是一种多层次、多方面的处理过程,包括对多源数据进行检测、相关、组合和估计,从而提高状态和身份估计的精度,以及对战场态势和威胁的重要程度进行适时完整的评价。

从该定义可以看出,信息融合是在几个层次上完成对多源信息处理的过程,其中每一个层次反映对原始观测数据不同级别的抽象。

也有专家认为，信息融合应该按如下定义给出。

定义 1.1.2 信息融合就是由多种信息源，如传感器、数据库、知识库和人类本身来获取有关信息，并进行滤波、相关和集成，从而形成一个表示构架，这种构架适合于获得有关决策、对信息的解释、达到系统目标（如识别或跟踪运动目标）、传感器管理和系统控制等。

我们认为，目前所研究的多传感信息融合用下面的定义可能具有更大的包含度。

定义 1.1.3 所谓多源信息融合，主要是指利用计算机进行多源信息处理，从而得到可综合利用信息的理论和方法，其中也包含对自然界人和动物大脑进行多传感信息融合机理的探索。信息融合研究的关键问题，就是提出一些理论和方法，对具有相似或不同特征模式的多源信息进行处理，以获得具有相关和集成特性的融合信息。研究的重点是特征识别和算法，这些算法导致多传感信息的互补集成，改善不确定环境中的决策过程，解决把数据用于确定共用时间和空间框架的信息理论问题，同时用来解决模糊的和矛盾的问题。

我们所研究的多源信息融合，实际上是对人脑综合处理复杂问题的一种功能模拟。在多传感器系统中，各种传感器提供的信息可能具有不同的特性，时变的或非时变的，实时的或非实时的，确定的或随机的，精确的或模糊的，互斥的或互补的等。多传感信息融合系统将充分利用多个传感器资源，通过对各种观测信息的合理支配与使用，在空间和时间上把互补与冗余信息依据某种优化准则结合起来，产生对观测环境的一致性解释或描述，同时产生新的融合结果。其目标是基于各种传感器的分离观测信息，通过对信息的优化组合导出更多的有效信息，最终目的是利用多个传感器共同或联合操作的优势来提高整个系统的有效性。

当前，制约信息融合向深入发展的因素有三：

(1) 信息类型的高度相异性和内容的含糊属性；

(2) 多源信息和多任务引入的固有复杂性；

(3) 目前尚没有数学工具用来统一描述和处理此类复杂的问题。

所以，寻求深层次的有效数学工具对多源信息融合问题进行描述和处理将势在必行。

1.1.2 多源信息融合的优势

与单传感器系统相比，多传感器系统主要具有如下优点：

(1) 增强系统的生存能力——多个传感器的量测信息之间有一定的冗余度，当有若干传感器不能利用或受到干扰，或某个目标或事件不在覆盖范围时，一般总会有一种传感器可以提供信息；

(2) 扩展空间覆盖范围——通过多个交叠覆盖的传感器作用区域，扩展了空间覆盖范围，因为一种传感器有可能探测到其他传感器探测不到的地方；

(3) 扩展时间覆盖范围——用多个传感器的协同作用提高检测概率，因为某个传感器在某个时间段上可能探测到其他传感器在该时间段不能顾及的目标或事件；

(4) 提高可信度——因为多种传感器对同一目标或事件加以确认，因而有可能提高了可信度；

(5) 降低信息的模糊度——多传感器的联合信息降低了目标或事件的不确定性；

(6) 改进探测性能——对目标或事件的多种量测的有效融合，提高了探测的有效性；

(7) 提高空间分辨率——多传感器的合成可以获得比任何单一传感器更高的分辨率；

(8) 增加了量测空间维数——系统不易受到敌方行动或自然现象的破坏，因而增加了量测空间维数；

(9) 成本低、质量轻、占空少——多个传感器的使用，使得对传感器的选择更加灵活和有效，因而可达到成本低、质量轻、占空少的目的。

1.1.3 应用领域

军事应用是多传感器信息融合技术诞生的源泉，其主要用于军事目标(舰艇、飞机、导弹等)的检测、定位、跟踪和识别等方面。这些目标可以是静止的，也可以是运动的。具体应用包括海洋监视、空对空或地对空防御系统等。海洋监视系统包括潜艇、鱼雷、水下导弹等目标的检测、跟踪和识别，典型的传感器包括雷达、声呐、远红外、合成孔径雷达等。空对空或地对空防御系统的基本目标，是检测、跟踪、识别敌方的飞机、导弹等，典型的传感器包括雷达、ESM 接收机、远红外探测器、敌我识别传感器、电光成像传感器等。

近年来，多传感器融合系统在民事应用领域也得到了较快的发展，主要应用领域包括如下。

1. 图像融合

图像融合是近年来图像工程中一个新兴的研究领域，它将信息融合技术应用于多源影像的复合中，用特定的算法将两个或多个不同影像合并起来生成新的图像。它通过综合运用不同空间分辨率、时间分辨率、波谱分辨率的图像，消除多传感器信息之间可能存在的冗余和矛盾，以增强影像中的信息透明度，改善解释的精度，提高可靠性及使用率，从而获得对目标更细致、准确与完整的描述与分析。图像融合既可以基于同类传感器得到的图像，也可基于异类传感器得到的图像；既可以在像素级别上完成融合，也可以在特征级别或决策级别上完成融合。在医疗诊断中，应用图像融合技术将超声波成像、核磁共振成像和 X 射线成像等多传感器数据进行融合处理，从而获得任何单一医学影像不能得到的结果，使得医生能够快速准确地做出诊断结果；或者利用二维切片重构三维图像，以达到生动逼真的效果。

2. 工业智能机器人

工业智能机器人主要对视频图像、声音、电磁等数据进行融合以完成推理，从而达到完成物料搬运，零件制造、检验和装配等项工作的目的。

在复杂背景环境下，为了让机器人灵巧地完成抓取、触摸等操作，若仅靠单一传感器，在速度、精度、可靠性等方面都不大可能达到其工业要求。通过在机器人手爪上安装包括视觉传感器、触觉传感器、接近觉传感器、力或力矩传感器等多种传感器，并通过对这些多源信息的融合处理，机器人手爪可以快速、准确地完成指定操作。国外已经有代表性的机器人多传感手爪系统，如德国的舱内机器人ROTEX的智能手爪、日本ETS-Ⅶ精密机器人的三指灵巧手等。

另外，将由CCD彩色摄像机获取的二维彩色图像及由激光测距成像雷达获取的三维距离图像进行融合，可以大大提高移动机器人对环境的认知和理解能力，并且可以有效地提高对障碍物检测的可靠性与精度。

3. 遥感

遥感在军事和民事领域都有相当广泛的应用，可用于监测天气变化、矿产资源分布、农作物收成等。多传感信息融合在遥感领域中的应用，主要是通过高空间分辨率全色图像和低光谱分辨率图像的融合，得到高空间分辨率和高光谱分辨率的图像，融合多波段和多时段的遥感图像可以提高分类的准确性。

例如，由于SAR遥感图像与可见光遥感图像获取地物波谱特征信息的波段范围及方式不同，将这两种表征地物不同波谱特征的信息源有机地融合起来，可以充分利用不同传感器所具有的互补信息，从而更充分地揭示地物的全面特征。SAR图像与可见光图像的融合在矿物勘探、资源检测等领域有着广泛的应用前景。

4. 刑侦

多传感器数据融合技术在刑侦中的应用，主要是利用红外、微波等传感设备进行隐匿武器检查、毒品检查等。将人体的各种生物特征如人脸、指纹、声音、虹膜等进行适当的融合，能大幅度提高对人的身份识别与认证能力，这对提高安全保卫能力是非常重要的。

5. 故障诊断

在工业监控应用中，每个传感器基于检测统计量，可以提炼出有关系统故障的特征信息（故障表征）。在故障诊断处理单元，利用这些故障特征信息，并按照多种故障诊断方法对被诊断的对象做出是否有故障发生的推断。而融合中心则基于一定的准则进行融合处理，最终得出对象是否存在故障的决策。

另外，智能交通系统（ITS）采用多传感器数据融合技术，可实现无人驾驶交通工具的自主道路识别、速度控制以及定位等。

美国是应用信息融合技术最早的国家，而且具有很高的技术水平。20世纪80年代以来，美国相继研究开发了利用信息融合技术进行目标跟踪、目标识别、态势评估及威胁评估的各种军用系统，用于空中拦截、军事指挥等目的。这些系统后来都不同程度地发挥了作用，特别是在后来的几次战争中都发挥了重要作用。美国陆军曾计划将在下一代坦克中采用数据融合技术，信息获取主要依靠热像仪和毫米波雷达两种传感器。美国德州仪器公司则研究将红外热像与微光图像融合，以提高夜战能力。有关的理论研究工作也得到了美国国家科学基金会的积极支持，制定标准和协议的工作在美国也进行过。俄罗斯研制的米-28武装直升机，便使用了多传感器信息融合技术，融合了来自雷达、红外、电视摄像机、航空仪表、夜视仪等传感器的信息，构成了数据融合系统。英国曾经研制多平台、多传感器的数据融合系统，还在一类通用组件热像仪的基础上，研制了双波段成像辐射计，并进而研制了高性能数字式前视红外、双波段"模拟"前视红外和双波段数字式前视红外系统。

1.2 信息融合系统的模型和结构

1.2.1 功能模型

关于数据融合的功能模型历史上曾出现过不同的观点，但由美国三军组织——实验室理事联合会(JDL)数据融合组首先提出，其后几经修改的面向数据融合结果的模型如图 1-2-1，正被越来越多的实际系统所采用。构建 JDL 数据融合模型的目的是促进系统管理人员、理论研究者、设计人员、评估人员相互之间更好地沟通和理解，从而使得整个系统的设计、开发和实施过程得以高效顺利地进行。其他的功能模型还包括由 Dasarathy[6] 提出的 I/O 功能模型、E. Waltz 提出的支持指挥和控制的融合模型，以及 Bedworth[7] 的 omnibus 处理模型等，这里不再详述。

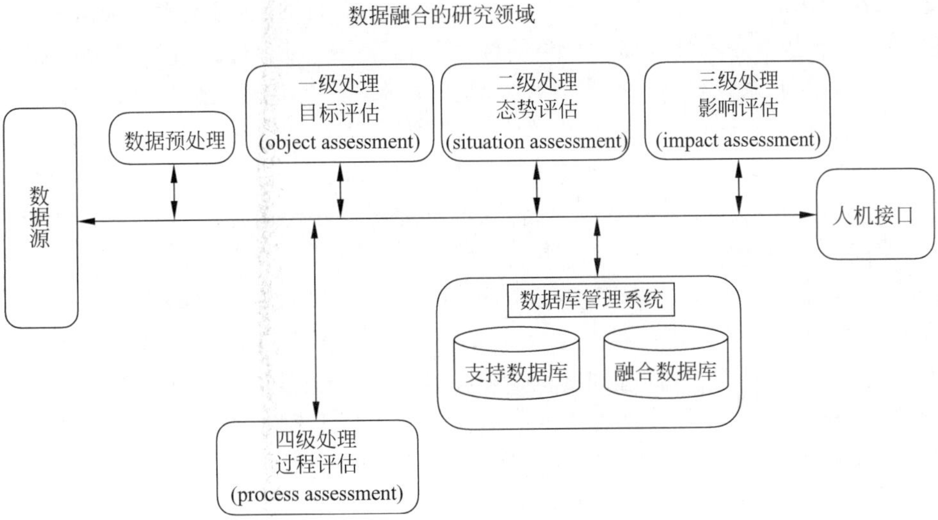

图 1-2-1 JDL 数据融合模型

在该处理模型中，包括以下几种处理过程。

第一级处理的是所谓目标评估(object assessment)，如图 1-2-2 所示，主要功能包括数据配准、数据关联、目标位置和运动学参数估计，以及属性参数估计、身份估计等，其结果为更高级别的融合过程提供辅助决策信息。

所谓数据配准，就是将时域上不同步，空域上属于不同坐标系的多源观测数据进行时空配准，从而将多源数据纳入一个统一的参考框架中，为数据融合的后期工作进行铺垫。数据关联主要处理分类和组合等问题，将隶属于同一数据源的数据集组合在一起。跟踪用以实现对运动实体的运动参数估计。身份估计处理的是实体属性信息的表征与描述。

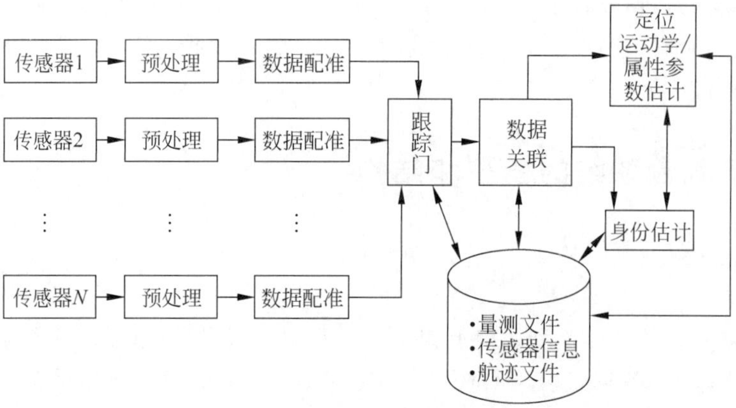

图 1-2-2　一级处理中的对象评估模型

此级别的处理属于数值计算过程，其中位置估计通常以最优估计技术（线性估计技术、非线性估计技术）为基础，而身份估计一般以参数匹配技术或模式识别技术为基础，从比较简单的技术（如多数表决法）到更复杂的统计方法（Bayes 方法、D-S 证据理论等）。

第二级处理的是所谓态势评估（situation assessment）问题，是对整个态势的抽象和评定。其中，态势抽象就是根据不完整的数据集构造一个综合的态势表示，从而产生实体之间一个相互联系的解释。而态势评定则关系到对产生观测数据和事件的态势的标识和理解。态势评定的输入包括事件检测、状态估计以及为态势评定所生成的一组假设等。态势评定的输出在理论上是所考虑的各种假设的条件概率。在军事领域，态势评估是指评价实体之间的相互关系，包括敌我双方兵力结构和使用特点，是对战场上战斗力量分配情况的评价过程。

第三级处理的是所谓影响评估（impact assessment）问题，它将当前态势映射到未来，对参与者设想或预测的行为的影响进行评估。在军事领域即指威胁估计（threat assessment），是一种多层视图处理过程，用以解释对武器效能的估计，以及有效地扼制敌人进攻的风险程度。此外，威胁估计还包括通过汇集技术和军事条令数据库中的数据，对我军要害部位受敌人攻击时的脆弱性做出估计，以及对作战事件出现的程度和可能性进行估计，并对敌方作战企图给出指示和告警。

目前，对第二、三级别的融合处理研究主要集中于**基于知识**的方法，例如基于规则的黑板模型系统等。但对此领域的研究远未成熟，虽然有很多的原型可供借鉴，却少有真正鲁棒且可操作的系统。如何建立一个可变的规则库以表征有关态势评估和影响评估的相关知识，是该领域极具挑战性的研究课题。当前，出现了基于模糊逻辑和混合结构的研究方法，它将原有黑板模型的概念扩展到面向等级化和多时尺度的概念，可望对态势评估和影响评估领域的研究起到有力的推动作用。

第四级处理的是所谓过程评估（process assessment）问题，它是一个更高级的处理阶段。通过建立一定的优化指标，对整个融合过程进行实时监控与评价，从而实现多传感器自适应信息获取和处理，以及资源的最优分配，以支持特定的任务目标，并最终提高整个实时系统的性能。对该级别融合处理研究的困难，主要集中在如何对系统特定任务目标以及限制条件进行建模和优化，以平衡有限的系统资源，如计算机的运算能力以及通信带宽等。当前,利用效用理论来开发系统性能以及效率模型,以及利用基于知识的方法来开发基于上下文环境的近似推理是当前的研究重点。

需要特别强调的是,实际系统的功能划分不尽相同,需要根据实际情况来决定。

1.2.2 信息融合的级别

按照融合系统中数据抽象的层次,融合可划分为三个级别:数据级融合、特征级融合及决策级融合。各个级别融合处理的结构分别如图 1-2-3～图 1-2-5 所示。

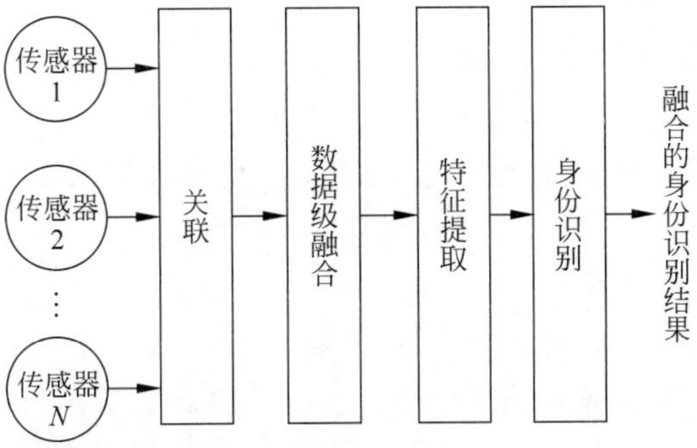

图 1-2-3 数据级融合

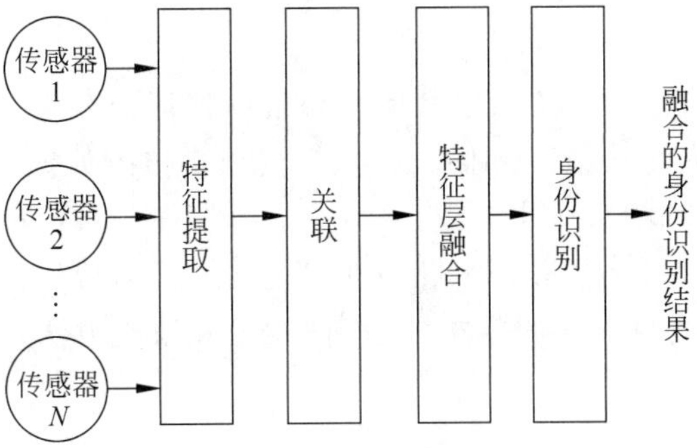

图 1-2-4 特征级融合

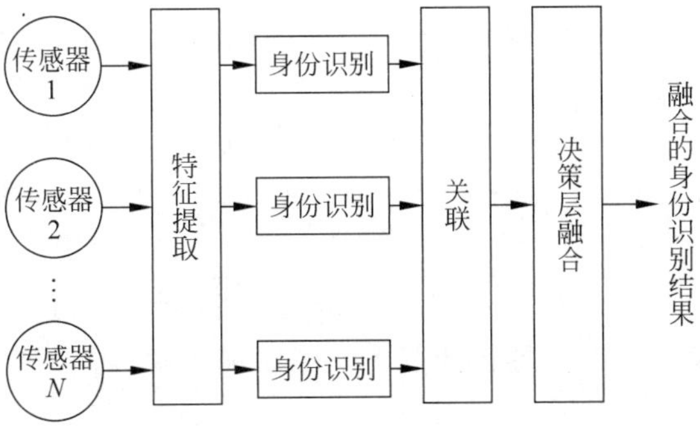

图 1-2-5 决策级融合

1. 数据级融合

数据级融合是最低层次的融合，直接对传感器的观测数据进行融合处理，然后基于融合后的结果进行特征提取和判断决策。这种融合处理方法的主要优点是：只有较少数据量的损失，提供其他融合层次所不能提供的其他细微信息，所以精度最高。它的局限性包括：

（1）所要处理的传感器数据量大，故处理代价高，处理时间长，实时性差；

（2）这种融合是在信息的最低层进行的，传感器信息的不确定性、不完全性和不稳定性要求在融合时有较高的纠错处理能力；

（3）它要求传感器是同类的，即提供对同一观测对象的同类观测数据；

（4）数据通信量大，抗干扰能力差。

此级别的数据融合用于多源图像复合、图像分析和理解以及同类雷达波形的直接合成等。

2. 特征级融合

特征级融合属于中间层次的融合，先由每个传感器抽象出自己的特征向量（可以是目标的边缘、方向和速度等信息），融合中心完成的是特征向量的融合处理。一般说来，提取的特征信息应是数据信息的充分表示量或充分统计量。其优点在于实现了可观的数据压缩，降低对通信带宽的要求，有利于实时处理，但由于损失了一部分有用信息，使得融合性能有所降低。

特征级融合可划分为目标状态信息融合和目标特征信息融合两大类。其中目标状态信息融合主要用于多传感器目标跟踪领域，首先对多传感数据进行处理以完成数据配准，然后进行数据关联和状态估计。具体数学方法包括 Kalman 滤波理论、联合概率数据关联、多假设法、交互式多模型法和序贯处理理论等。目标特征信息融合实际属于模式识别问题，常见的数学方法有参量模板法、特征压缩和聚类方法、人工神经网络、K 阶最近邻法等。

3. 决策级融合

决策级融合是一种高层次的融合，先由每个传感器基于自己的数据做出决策，然后在融合中心完成的是局部决策的融合处理。决策级融合是三级融合的最终结果，是直接针对具体决策目标的，融合结果直接影响决策水平。这种处理方法数据损失量最大，因而相对来说精度最低，但其具有通信量小、抗干扰能力强、对传感器依赖小、不要求是同质传感器、融合中心处理代价低等优点。常见算法有 Bayes 推断、专家系统、D-S 证据推理、模糊集理论等。

特征级和决策级的融合不要求多传感器是同类的。另外，由于不同融合级别的融合算法各有利弊，所以为了提高信息融合技术的速度和精度，需要开发高效的局部传感器处理策略以及优化融合中心的融合规则。

1.2.3 通用处理结构

在整个融合处理流程中，依照实现融合处理的场合不同，研究人员提出了通用处理结构的概念。Heistrand 描述了三种处理结构，分别是集中式结构、分布式结构以及混合式结构，如图 1-2-6～图 1-2-8 所示。不同处理结构针对不同的加工对象。集中式结构加工的是传感器的原始数据；分布式结构加工的是经过预处理的局部数据；而混合式结构加工的既有原始数据，又有预处理过的数据。如前所述，目前文献中仅对信息融合功能模型中第一级即目标评估的研究较为成熟，故本节仅介绍此级别融合的通用处理结构。

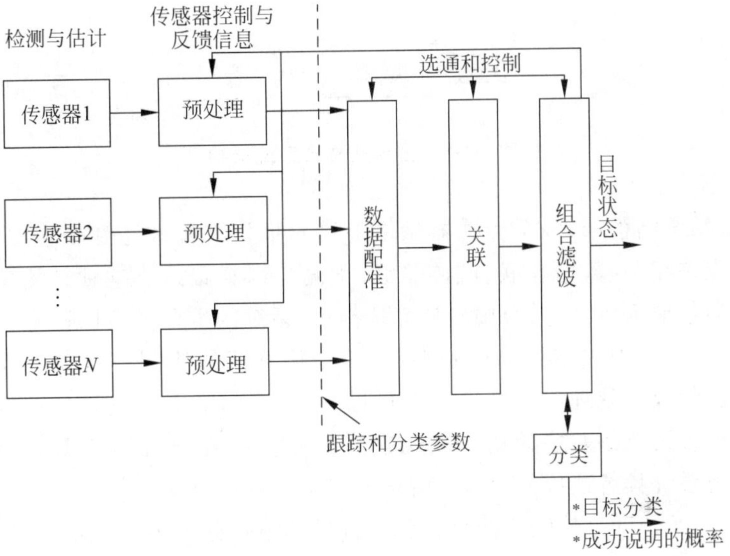

图 1-2-6 集中式融合系统结构

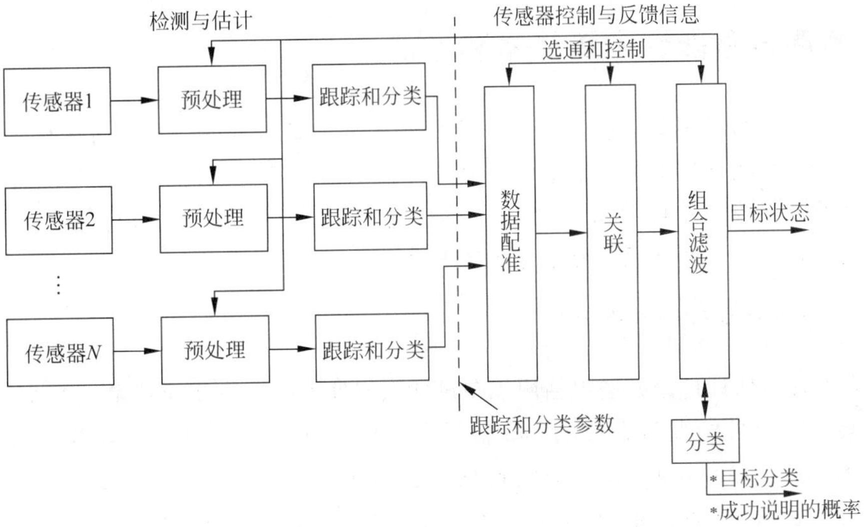

图 1-2-7 分布式融合系统结构

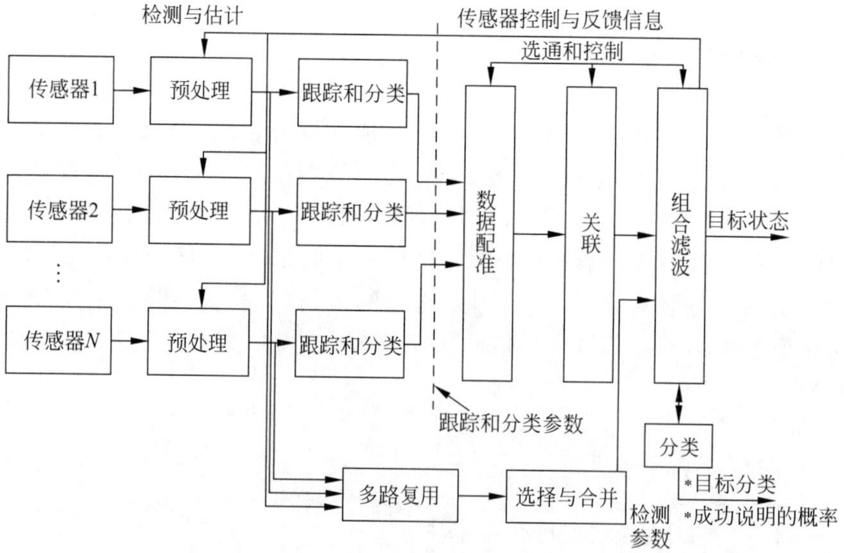

图 1-2-8　混合式融合系统结构

在集中式系统结构中，各个传感器录取的检测报告直接被送到融合中心，在那里进行数据配准、点迹相关、数据互联、航迹滤波、预测与综合跟踪。这种结构特点是信息损失小，对系统通信要求较高，融合中心计算负担重，系统的生存能力也较差。

分布式结构与集中式结构的区别在于，每个传感器的检测报告在进入融合中心以前，先由它自己的数据处理器产生局部多目标跟踪航迹，然后把处理后的信息送至融合中心，中心根据各结点的航迹数据完成航迹关联和航迹融合，形成全局估计。相对于集中式系统，此类系统具有造价低、可靠性高、通信量小等特点。

混合式融合系统同时传输检测报告和经过局部结点处理后的航迹信息，它保留了上述两类系统的优点，但在通信和计算上要付出较昂贵的代价。但是，此类系统也有上述两类系统难以比拟的优势，在实际场合往往采用此类结构。

1.3　多源信息融合主要技术和方法

信息融合作为对多源信息的综合处理过程，具有本质的复杂性。传统的估计理论和识别算法为信息融合技术奠定了不可或缺的理论基础。但同时我们也看到，近年来出现的一些新的基于统计推断、人工智能以及信息论的新方法，正成为推动信息融合技术向前发展的重要力量。以下扼要介绍这些技术手段。

1. 信号处理与估计理论方法

信号处理与估计理论方法包括用于图像增强与处理的小波变换技术[8-9]、加权平均、最小二乘；用于目标跟踪的 Kalman 滤波等线性估计技术，以及扩展 Kalman 滤波(EKF)，Gauss 滤波(GSF)[10]等非线性估计技术等。近年来，越来越多的学者致力于 UKF[11]滤波，基于随机抽样技术的粒子滤波[12-13]，以及 Markov 链 Monte Carlo

(MCMC)滤波[14-15]等非线性估计技术的研究,并取得了很多有价值的研究成果。

期望极大化(EM)算法[16-17]为求解在具有不完全观测数据的情况下的参数估计与融合问题,提供了一个全新的思路。

另外,通过建立一定的优化指标,可以借助最优化方法来获得参数的最优估计,典型算法有极小化风险法[18]以及极小化能量法[19]等。

2. 统计推断方法

统计推断方法包括经典推理、Bayes 推理、证据推理[20-21],以及随机集(Random set)理论[22-23]、支持向量机理论等。

3. 信息论方法

信息论方法运用优化信息度量的手段融合多源数据,从而获得问题的有效解决。典型算法有熵方法[24-25]、最小描述长度方法[26-27](MDL)等。

4. 决策论方法

决策论方法[28-29]往往应用于高级别的决策融合。Fitzgerald 在文献[30]中,借助决策论方法融合可见光、红外以及毫米波雷达数据用于报警分析。

5. 人工智能方法

人工智能方法(artificial intelligence method)包括模糊逻辑、神经网络、遗传算法、基于规则的推理以及专家系统[31]、逻辑模板法[32]、品质因数法(FOM)等,在信息融合领域的运用也取得了一定的成果。

6. 几何方法

几何方法通过充分探讨环境以及传感器模型的几何属性来达到多传感信息融合的目的。文献[33]中通过对不确定椭球体体积进行极小化的几何方法完成对多传感数据的融合处理。文献[34]中利用多边形逼近方法在传感器数据和存储的模板数据之间进行模式匹配,从而融合了多传感器的互补信息以实现对重叠和遮挡目标的识别。

1.4 信息融合要解决的几个关键问题

1. 数据配准

在多传感信息融合系统中,每个传感器提供的观测数据都是在各自的参考框架之内。在对这些信息进行组合之前,必须首先将它们变换到同一个参考框架中去。但要注意的是,由多传感时空配准引起的舍入误差必须得到补偿。

2. 同类或异类数据

多传感器提供的数据在属性上可以是同类的也可以是异类的,而且异类多传感器较之同类传感器，其提供的信息具有更强的多样性和互补性；但同时由于异类数据在时间上的不同步，数据率不一致以及测量维数不匹配等特点，使得对这些信息的融合处理更困难。

3. 传感器观测数据的不确定性

由于传感器工作环境的不确定性，导致观测数据包含有噪声成分。在融合处理中需要对多源观测数据进行分析验证，并补充综合，在最大程度上降低数据的不确定性。

4. 不完整、不一致及虚假数据

在多传感信息融合系统中，对传感器接收到的量测数据有时会存在多种解释，称之为数据的不完整性；多传感数据往往也会对观测环境做出不一致甚或相互矛盾的解释；另外，由于噪声及干扰因素的存在，往往存在一些虚假的量测数据。信息融合系统需要能够对这些不完整数据、不一致数据以及虚假数据进行有效的融合处理。

5. 数据关联

数据关联问题广泛存在，需要解决单传感时间域上的关联问题，以及多传感空间域上的关联问题，从而能确定来源于同一目标源的数据。

6. 粒度

多传感器提供的数据可能是在不同的粒度级别上。这些数据可以是稀疏的，也可以是稠密的；它们也可能分别处于数据级、特征级，或是符号级各种不同的抽象级别上，所以一个可行的融合方案应该可以工作在各种不同的粒度级别上。

7. 态势数据库

态势数据库为各个级别上的融合处理提供实时和非实时数据。这些数据包括多传感器观测数据、融合的中间结果数据、有关目标和环境的辅助信息以及进行融合处理所需的历史信息等。对整个信息融合系统中态势数据库的要求是容量要大、搜索要快、开放互连性要好，并具有良好的人机接口。因此，要开发更有效的数据模型、新的有效查找和搜索机制，以及分布式多媒体数据库管理系统等。

1.5 发展起源、现状与未来

1.5.1 信息融合发展的起源与现状

国外对信息融合技术的研究起步较早。早在20世纪70年代，美国的研究机构通过对多个独立的连续声呐信号进行融合处理，自动检测出敌方潜艇的位置。自此以后，在对各种 C^3I 系统的开发过程中，多传感信息融合技术的应用引起越来越多人的重视。不仅如此，在工业控制、机器人、海洋监视、管理等领域也朝着多传感器的方向发展。1985年，美国三军组织——实验室理事联合会下设的 C^3I 技术委员会成立了信息融合专家组

(DFS)，专门组织和指导相关技术的研究，为统一信息融合的定义、建立信息融合的公共参考框架做了大量卓有成效的工作。美国1988年起把信息融合列为重点研究和开发的20项关键技术之一，且列为最优先发展的A类。

在学术方面，美国三军数据融合年会、SPIE传感器融合年会、国际机器人和自动化会刊以及IEEE的相关会议和会刊等每年都有有关该技术的专门讨论。1998年成立的国际信息融合学会（International Society of Information Fusion，ISIF），总部设在美国，每年都举办一次信息融合国际学术大会，系统总结该领域的阶段性研究成果以及介绍该领域最新的进展。一些具有代表性的专著，如Llinas和Waltz的专著《多传感数据融合》[35]，Hall的专著《多传感数据融合的数学基础》[36]以及《多传感数据融合手册》[37]系统介绍了多传感信息融合的模型框架，并对研究内容等作了全面系统的论述。Bar-Shalom和Fortmann的专著《跟踪与数据关联》[38]、《估计与跟踪：原理，技术与软件》[39]、《多传感多目标跟踪：原理与技术》[40]则综合报道了信息融合在目标跟踪领域的新思想、新方法以及新进展。

我国对信息融合技术的研究起步较晚，且发展相对缓慢。20世纪80年代末，国内才开始出现有关多传感信息融合技术的研究报道。在政府、军方，以及基金机构的资助下，许多高校和科研院所开始着手从事这一领域的研究工作，出现了一批专著和译著，如敬忠良的《神经网络技术与应用》[41]、周宏仁等的《机动目标跟踪》[42]、康耀红等的《数据融合理论与应用》[43]、刘同明等的《数据融合技术及应用》[44]、何友等的《多传感器信息融合及应用》[45]，以及赵宗贵等的《多传感信息融合》[46]、《数据融合方法概论》[47]等。大量的学术论文也在此期间涌现，本书作者也在此期间对信息融合的研究进展做了及时全面的综述[1,2]。这些工作都为我国信息融合的理论研究和工程应用做出了重要贡献，但是与国际先进水平相比，或与国家需求相比，目前还有很大的差距，国内新一代应用系统的研发以及现代民用高科技的迅猛发展，都对信息融合的基础研究和应用研究提出了更多的挑战。

表面上看，多传感信息融合的概念很直观，具有较完善的框架模型，但要真正建成一个高效、实用的融合系统还需考虑许多实际问题，包括整个融合系统中的传感器的类型、个数、分辨率，传感器的分布形式以及调度方式，系统的通信能力和计算能力，系统的设计目标、拓扑结构以及有效的融合算法等。尽管存在很多实际困难，但由于多传感信息融合系统具有改善系统性能的巨大潜力，人们还是投入了大量的精力进行研究。

1.5.2 信息融合的未来发展

随着新型传感器的不断涌现，以及现代信号处理技术、计算机技术、网络通信技术、人工智能技术、并行计算的软件和硬件技术等相关技术的飞速发展，多传感信息融合将成为我国未来大量军用和民用高科技系统的重要技术手段。目前，信息融合仍是一个不太成熟的发展方向，在基础理论研究以及应用研究领域尚有很大的发展空间。作者认为，今后多传感器信息融合技术的主要研究方向应包括以下几方面。

1. 发展和完善信息融合的基础理论

虽然近年来国际国内对信息融合技术的研究非常广泛，并且也取得了很多成功的经验。但是直至今日，信息融合还缺乏系统的理论基础，尚未形成一个完整的理论体系，也缺乏一套完整有效的一般解决方法。因此，发展和完善信息融合的基础理论将占据首要位置。

2. 改进融合算法以提高系统性能

融合算法是整个融合系统的核心，但目前研究较多的是对同类信息的融合，而对异类信息的建模、协同与融合尚需算法上的支持。把现代统计推断方法大量引入信息融合算法的研究，将有助于处理复杂问题，包括诸如非线性非 Gauss 系统的状态估计算法等，对于信息融合算法的研究也有重要意义。而将粗集理论、证据理论、随机集理论、支持向量机方法、Bayes 网络等智能计算技术引入信息融合算法的研究，将对异类信息融合算法的研究带来新的思想方法。

3. 适应并行处理的融合算法

为了满足实时性要求，将融合算法分解为适于在并行机上实现的并行处理算法，开发相应的并行计算的软件和硬件，对于信息融合理论的发展以及扩大其应用范围将是非常重要的措施。

4. 传感器资源管理优化

在多传感信息融合系统的研究过程中，一方面要重视融合中心对融合规则的优化设计，同时也要对所有传感器资源进行优化调度，使每个传感器都能够得到最充分合理的利用，并实现整个传感器系统的最优总体性能。这主要包括空间管理、时间管理、模式管理三类内容。本书已经增加了有关传感器管理的新内容。

5. 建立融合系统的数据库和知识库

建立适应于信息融合系统的数据库与知识库，形成优化的存储机制、高速并行检索和推理机制，以提高整个系统的运行效率。

6. 建立测试平台

为了对信息融合算法和系统性能进行客观准确的评价，需要大量的仿真和测试，所以研究开发合理有效的测试平台就十分重要。

7. 研究工程化设计方法

目前我国对信息融合技术的研究尚处于初级阶段，与发达国家相比还有较大的差距，特别缺少适合于工程实用的工程化设计方法。

8. 研究系统性能评估方法

如何建立评价机制，对信息融合系统进行综合分析和评价，以衡量融合算法的性能，也是亟待解决的问题。

1.5.3 大数据时代对信息融合的挑战

1. 大数据时代的到来

随着互联网技术和云计算技术等的飞速发展，信息领域的一个新时代已经来临。20世纪90年代末，美国航空航天局的研究人员创造了“大数据”(big data)一词。自这个概念诞生以来，它一直是一个模糊而诱人的概念，直到最近几年，才跃升为一个主流词汇。但是，人们对它的态度却仍处于两个极端：一些人认为大数据时代已经到来并即将释放出巨大的价值，另一些人则担忧其威胁到知识产权、隐私保护等。实际上，早在1980年，著名未来学家阿尔文·托夫勒便在《第三次浪潮》一书中，将今日的“大数据”热情地赞颂为“第三次浪潮的华彩乐章”。不过，大约从2009年开始，“大数据”才成为互联网信息技术行业的流行词汇。美国互联网数据中心指出，互联网上的数据每年将增长50%，每两年便将翻一番，而目前世界上90%以上的数据是最近几年才产生的。此外，数据又并非单纯指人们在互联网上发布的信息，全世界的工业设备、汽车、电表上有着无数的数码传感器，随时测量和传递着有关位置、运动、震动、温度、湿度乃至空气中化学物质的变化，也产生了海量的数据信息[50]。

2. 大数据及大数据时代的含义

所谓大数据(或称巨量资料)，指的是需要新处理模式才能具有更强的决策力、洞察力和流程优化能力的海量、高增长率和多样化的信息资产。在维克托·迈尔-舍恩伯格及肯尼斯·库克耶编写的《大数据时代》中，大数据是指不用随机分析法(抽样调查)这样的捷径，而采用对所有数据进行分析处理的数据。大数据的“5V特点”包括：大量(volume)、高速(velocity)、多样(variety)、价值密度(value)和真实性(veracity)。从技术上看，大数据[48]与云计算密不可分，大数据必然无法用单台的计算机进行处理，必须采用分布式计算架构。它的特色在于对海量数据的挖掘，但它必须依托云计算的分布式处理、分布式数据库、云存储和/或虚拟化技术来实现。

数据就是互联网发展到现今阶段的一种表象或特征而已，在以云计算为代表的技术创新大幕的衬托下，这些原本很难收集和使用的数据开始容易被利用起来了，通过各行各业的不断创新，大数据会逐步为人类创造更多的价值[48]。现在的社会是一个高速发展的社会，科技发达、信息流通，人们之间的交流越来越密切。大数据就是这个高科技时代的产物，物联网、云计算、移动互联网、车联网、手机、平板电脑、个人计算机(PC)以及遍布地球各个角落的各种各样的传感器，无一不是数据来源或者承载的方式。大数据应用领域包括文本挖掘、多媒体挖掘、功能设计、数据流挖掘、集成开发等。大数据并不在于“大”，而在于“有用”。价值含量、挖掘成本比数量更为重要。简言之，从各种各样类型的数据中，快速获得有价值信息的能力，就是当今的大数据技术。大数据时代已经来临，它将在众多领域掀起变革的巨浪。大数据的核心在于挖掘数据中蕴藏的价值，大数据未来发展前景十分广阔[49]。

3. 大数据时代对信息融合研究的挑战

大数据是由人类日益普及的网络行为所伴生的。从海量数据中"提纯"出有用的信息，这对网络架构和数据处理能力而言也是一个巨大的挑战。在经历了若干年的批判、质疑、讨论、炒作之后，大数据终于迎来了属于它自己的时代。

2012年3月22日，美国奥巴马政府宣布投资2亿美元拉动大数据相关产业的发展，将"大数据战略"上升为国家战略。奥巴马政府甚至将大数据定义为"未来的新石油"。借着大数据时代的热潮，美国微软公司生产了一款数据驱动的软件，主要是为工程建设节约资源提高效率。其他有关大数据的科学研究在美国已经很普及。

据报道，我国有关部门在协商的基础上，经国务院同意，推出一个引导和支持大数据研究和产业发展的国家科技和产业专项。这个专项包括大数据的发展目标、发展原则和重点任务。发展目标是实现大数据产业技术创新、提升产业的整体质量效益、明显提高应用水平、推动经济社会发展。发展原则是市场主导、创新发展、应用牵引、融合发展。2013年5月10日，阿里巴巴集团董事局主席马云在淘宝十周年晚会上演讲。他说，大家还没搞清PC时代的时候，移动互联网来了，还没搞清移动互联网的时候，大数据时代来了。

大数据时代为多源信息融合技术的发展提出了新的挑战。仅以计算机模拟人脑来说明在大数据时代对信息融合的挑战内容。用计算机模拟人脑的功能是信息融合的一个重要发展方向。在大数据时代，人脑信息转换为计算机信息已经成为可能。科学家们通过各种途径模拟人脑，试图解密人脑活动，最终用计算机代替人脑发出指令。正如今天人们可以从计算机上下载所需的知识和技能一样，将来也可以实现人脑中的信息直接转换为计算机中的图片和文字，用计算机施展读心术。2011年，美国军方启动了"读心头盔"计划。凭借读心头盔，士兵无须语言和手势，就可以互相"阅读"彼此的脑部活动；在战场上依靠"心灵感应"，用意念与战友互通信息。目前，"读心头盔"已经能正确"解读"45%的命令。随着这项"读心术"的发展，人们不仅可以用意念写微博、打电话，甚至连梦中所见都可以转化为计算机图像。据美国《纽约时报》报道，奥巴马政府时代将绘制完整的人脑活动地图，全面解开人类大脑如何思考、如何储存和检索记忆等思维密码，这些就作为美国科技发展的重点，美国科学家已经成功绘出鼠脑的三维图谱。2012年，美国IBM计算机专家用运算速度最快的96台计算机，制造了世界上第一个"人造大脑"，计算机精确模拟大脑不再是痴人说梦。试想一下，如果人类大脑实现了数据模拟，或许你的下一个老板是机器人也不一定。

随着大数据时代的快速发展，多源信息融合领域发展所涉及的方方面面，必然要和大数据的"5V特点"相适应，要能处理大量、高速的数据，也要呈现融合处理手段的多样性、紧密型和真实性。例如，对于一个计算不同地点车辆数量的交通遥测应用系统而言，不同的监测点可以产生大量的数据，快速汇总和存储这些数据，并实现不同信息源的融合处理，就需要对现有的融合处理手段进行改进，以达到大数据时代的"5V特点"。

总而言之，大数据技术的快速发展有可能给多源信息融合提出一系列有挑战性的研究命题，等待着年轻的学者去克服。

1.6 小结

本章就多源信息融合的一般概念与定义、信息融合系统的模型和结构、多源信息融合的主要技术和方法,以及信息融合要解决的几个关键问题进行了总结性论述,同时对多源信息融合的发展起源、现状与未来进行了总结性讨论,特别是对大数据时代信息融合的挑战进行了具有一定启发性的讨论,供广大读者深入思考。

参考文献

[1] 韩崇昭. 信息融合理论与应用[J]. 中国基础科学,2000,7: 14-18.

[2] 韩崇昭,朱洪艳. 多传感信息融合与自动化[J]. 自动化学报,2002,28(增刊): 117-124.

[3] White F E. Data fusion lexicon[M]. Joint directors of laboratories, Technical Panel for C^3, Data fusion sub-panel, naval ocean systems center, San Diego, CA, USA, 1987.

[4] White F E. A model for data fusion[C]//Proc. 1st National Symposium on Sensor Fusion. Orlando, FL, vol. 2, Apr. 5-8, 1988.

[5] Steinberg A N, Bowman C L, White F E. Revisions to the JDL Data Fusion Model. In Sensor Fusion: Architectures, Algorithms, and Applications[C]//Proceedings of the SPIE, Orlando: Florida, 1999. 430～441.

[6] Dasarathy B. Decision fusion[M]. Washington: IEEE Computer Society Press, 1994.

[7] Bedworth M, O'Brien J. The Omnibus model: a new model of data fusion[J]. IEEE Transactions on Aerospace and Electronic Systems, 2000, 15(4): 30-36.

[8] Nunez J, Otazu X, Fors O, et al. Multiresolution-based image fusion with additive wavelet decomposition[J]. IEEE Transactions on Geoscience and Remote Sensing, 1999, 37(3): 1204-1211.

[9] Petrovic V S, Xydeas C S. Gradient-based multiresolution image fusion[J]. IEEE Transactions on Image Processing, 2004, 13(2): 228-237.

[10] Alspach D L, Sorenson H W. Nonlinear bayesian estimation using gaussian sum approximation [J]. IEEE Transactions on Automatic Control, 1972, 17(4): 439-448.

[11] Rudolph van der Merve, Doucet A, Nando de Freitas, et al. The unscented particle filter[R]. Technical Report CUED/F-INFENG/TR 380. From www. researchindex. com.

[12] Hue C, Cadre J P L, Perez P. Sequential monte carlo methods for multitarget tracking and data fusion. IEEE on Signal Processing, 2002, 50(2): 309-325.

[13] Djuric P M, Joon-Hwa Chun. An MCMC sampling approach to estimation of nonstationary hidden markov models. Signal Processing[J]. IEEE Transactions on Signal Processing, 2002, 50(5): 1113-1123.

[14] Radford M N. Probabilistic inference using markov chain Monte Carlo methods[R]. Technical Report CRG-TR-93-1, Department of computer science University of Toronto. From www. google. com.

[15] Doucet A, Logothetis A, Krishnamurthy V. Stochastic sampling algorithms for state estimation of jump markov linear systems[J]. IEEE Transactions on Automatic Control, 2000, 45(2): 188-201.

[16] Molnar K J, Modestino J W. Application of the EM algorithm for the multitarget/multisensor tracking problem[J]. IEEE Transactions on Signal Processing[J], 1998, 46(1): 115-128.

[17] Logothetis A, Krishnamurthy V. Expectation maximization algorithms for MAP estimation of

jump markov linear systems[J]. IEEE Transactions on Signal Processing, 1999, 47(8): 2139-2156.

[18] Richardson M J, Marsh A K. Fusion of multisensor data[J]. The intenational Journal of Robotics Research, 1988, 7(6): 78-96.

[19] Clark J J, Yuille A L. Data fusion for sensory information processing systems[M]//The Kluwer International Series in Engineering and Computer Science, Robotics: Vision, Manipulation AND Sensors. Boston: Kluwer Academic Publishers, 1990.

[20] Murphy R R. Dempster-Shafer theory for sensor fusion in autonomous mobile robots[J]. IEEE Transactions on Robotics and Automation, 1998, 14(2): 197-206.

[21] Bloch I. Information combination operators for data fusion: A comparative review with classification[J]. IEEE Transactions on Systems, Man and Cybernetics Part A, 1996, 26(1): 52-67.

[22] Goutsias J, Mahler R, Nguyen H T. Random Sets: Theory and Applications[M]. New York: Springer-Verlqg, 1997.

[23] Mori S. Random sets in data fusion problems[C]//Proc. National symposium on Sensor and Data Fusion, MIT Lincoln Laboratory, Lexingfon, MA, April 1997.

[24] Manyika J, Durrant-Whyte H. Data fusion and sensor management: A decentralized information-theoretic approach[M]. New York: Ellis Horwood, 1994.

[25] Zhou Y F, Leung H. Minimum entropy approach for multisensor data fusion[C]//Proc. 1997 IEEE Signal Processing Workshop on Higher-Order Statistics. Los Alamifos, CA, USA: IEEE, 1997, 336-339.

[26] Barron A, Rissanen J, Yu B. The minimum description length principle in coding and modeling [J]. IEEE Transactions on Information Theory, 1998, 44(6): 2743-2760.

[27] Joshi R, Sanderson A C. Minimal representation multisensor fusion using differential evolution [J]. IEEE on Systems, Man and Cybernetics Part A, Systems and Humans, 1999, 29(1): 63-76.

[28] Goodman I R, Mahler R P S, Nguyen H T. Mathematics of Data Fusion[M]. Norwell, MA, USA: Kluwer Academic, 1997.

[29] Berger O J. Statistical decision theory and Bayesian analysis. Springer series in statistics[M]. 2nd ed. New York: Springer-Verlag, 1985.

[30] Nelson C L, Fitzgerald D S. Sensor fusion for intelligent alarm analysis[J]. IEEE Transactions on Aerospace and Electronic Systems, 1997, 12(9): 18-24.

[31] Peers S M C. A blackboard system approach to electromagnetic sensor data interpretation[J]. Expert Systems, 1998, 15(3): 0266-4720.

[32] Hall D L, Linn R J. Comments on the use of templating for multisensor data fusion[C]//Proceedings of the 1989 Tri-Service data fusion symposium, 1989(1): 345-354.

[33] Abidi M A, Gonzalez R C. Data fusion in Robotics and Machine Intelligence[M]. Orlando, FL: Academic Press, 1992.

[34] Intaek Kim, Vachtsevanos G. Overlapping object recognition: a paradigm for multiple sensor fusion[J]. IEEE Transactions on Robotics and Automation Magazine, 1998, 5(3): 37-44.

[35] Llinas J, Waltz E. Multisensor Data Fusion[M]. Norwood, MA: Artech House, 1990.

[36] Hall L D. Mathematical Techniques in Multisensor Data Fusion[M]. Norwood, MA: Artech House, 1992.

[37] Hall L D, Llinas J. Handbook of Multisensor Data Fusion[M]. Boca Raton, FL, USA: CRC Press, 2001.

[38] Bar-Shalom Y, Fortmann T E. Tracking and Data Association[M]. Boston: Academic

Press,1988.
[39] Bar-Shalom Y, Li X R. Estimation and tracking: Principles, Techniques and Software[M]. Norwood,MA: Artech House,1993.
[40] Bar-Shalom Y,Li X R. Multitarget-Multisensor Tracking: Principles and Techniques[M]. Storrs, CT: YBS Publishing,1995.
[41] 敬忠良.神经网络技术与应用[M].北京:国防工业出版社,1995.
[42] 周宏仁,敬忠良,王培德.机动目标跟踪[M].北京:国防工业出版社,1991.
[43] 康耀红.数据融合理论与应用[M].西安:西安电子科技大学出版社,1997.
[44] 刘同明,等.数据融合技术及应用[M].北京:国防工业出版社,1998.
[45] 何友,王国宏,彭应宁,等.多传感器信息融合及应用[M].北京:电子工业出版社,2000.
[46] 赵宗贵,耿立贤,周中元,等.多传感信息融合[Z].南京:电子工业部二十八研究所,1993.
[47] 赵宗贵.数据融合方法概论[Z].南京:电子工业部二十八研究所,1998.

第2章 统计推断与估计理论基础

本章对于多源信息融合研究中所涉及的各种统计推断与估计方法理论基础进行描述,对于早年发展而相对成熟的内容尽可能简单地予以介绍,而对于近年发展且不很成熟的内容尽可能给予详细的解释。

2.1 点估计理论基础

2.1.1 一般概念

定义 2.1.1 设 $\boldsymbol{x}\in\mathbb{R}^n$ 是一个未知参数向量,量测 $\boldsymbol{y}$ 是一个 m 维的随机向量,而 $\boldsymbol{y}$ 的一组容量为 N 的样本是$\{\boldsymbol{y}_1,\boldsymbol{y}_2,\cdots,\boldsymbol{y}_N\}$,设对它的**统计量**为

$$\hat{\boldsymbol{x}}^{(N)}=\varphi(\boldsymbol{y}_1,\boldsymbol{y}_2,\cdots,\boldsymbol{y}_N) \tag{2-1-1}$$

称为对 $\boldsymbol{x}$ 的一个估计量,其中 $\varphi(\cdot)$称为**统计规则**或**估计算法**。

样本对参数的估计量本质上是随机的,而当样本值给定时所得到的参数估计值一般与真值并不相同,因而需要用某些准则进行评价。

定义 2.1.2 对于式(2-1-1),所得估计量如果满足

$$E(\hat{\boldsymbol{x}}^{(N)})=\boldsymbol{x} \tag{2-1-2}$$

则称 $\hat{\boldsymbol{x}}^{(N)}$是对参数 $\boldsymbol{x}$ 的一个**无偏估计**;如果满足

$$\lim_{N\to\infty}E(\hat{\boldsymbol{x}}^{(N)})=\boldsymbol{x} \tag{2-1-3}$$

则称 $\hat{\boldsymbol{x}}^{(N)}$是对参数 $\boldsymbol{x}$ 的一个**渐近无偏估计**。

例题 2.1.1 设 y 是任意随机变量,期望 $E(y)=m$,方差 $\mathrm{var}(y)=\sigma^2$;而 y 的一组容量为 N 的样本是$\{y_1,y_2,\cdots,y_N\}$,假定它们之间相互独立且同分布;设它的两个统计量分别为

$$\hat{m}_N=\frac{1}{N}\sum_{i=1}^{N}y_i,\quad \hat{\sigma}_N^2=\frac{1}{N}\sum_{i=1}^{N}y_i^2-\hat{m}_N^2$$

其中,$E(\hat{m}_N)=\frac{1}{N}\sum_{i=1}^{N}E(y_i)=\frac{1}{N}(N\cdot m)=m$,所以$\hat{m}_N$ 是m 的一个无偏估计;而

$$E(\hat{\sigma}_N^2)=\frac{1}{N}\sum_{i=1}^{N}E(y_i^2)-E(\hat{m}_N^2)=E(y^2)-E(\hat{m}_N^2)$$

$$=E(y^2)-E\left\{\left[\frac{1}{N}\sum_{i=1}^{N}y_i\right]^2\right\}$$

$$=E(y^2)-\frac{1}{N^2}E\left(\sum_{i=1}^{N}y_i^2+\sum_{i\neq j}^{N}y_iy_j\right)=E(y^2)-\frac{1}{N}E(y^2)-\frac{N-1}{N}m^2=\frac{N-1}{N}\sigma^2$$

所以 $\hat{\sigma}_N^2$ 是 σ^2 的一个渐近无偏估计。 □①

定义 2.1.3 对于式(2-1-1)所得的估计量，如果依概率收敛于真值，即

$$\lim_{N\to\infty}\hat{\boldsymbol{x}}^{(N)}\xrightarrow{P}\boldsymbol{x} \tag{2-1-4}$$

则称 $\hat{\boldsymbol{x}}^{(N)}$ 是对参数 $\boldsymbol{x}$ 的一个一致估计量。

定理 2.1.1(Cramer-Rao 不等式) 设 $\hat{\boldsymbol{x}}^{(N)}$ 是参数 $\boldsymbol{x}$ 的一个正规无偏估计(关于正规估计的定义见文献[1])，则其估计误差的协方差阵满足如下 Cramer-Rao 不等式

$$\operatorname{cov}(\tilde{\boldsymbol{x}})\triangleq\boldsymbol{E}(\tilde{\boldsymbol{x}}\tilde{\boldsymbol{x}}^{\mathrm{T}})\geqslant M_x^{-1} \tag{2-1-5}$$

其中 $\tilde{\boldsymbol{x}}\triangleq\hat{\boldsymbol{x}}^{(N)}-\boldsymbol{x}$ 是估计误差，而 M_x 是 Fisher 信息矩阵(注意标量对向量求导取行向量)，定义为

$$\boldsymbol{M}_x\triangleq E\left\{\left[\frac{\partial\log p(\boldsymbol{y}\mid\boldsymbol{x})}{\partial\boldsymbol{x}}\right]^{\mathrm{T}}\left[\frac{\partial\log p(\boldsymbol{y}\mid\boldsymbol{x})}{\partial\boldsymbol{x}}\right]\right\} \tag{2-1-6}$$

其中 $p(\boldsymbol{y}|\boldsymbol{x})$是给定 $\boldsymbol{x}$ 时 $\boldsymbol{y}$ 的条件概率密度函数。

证明 略，见文献[2-3]。 ■

2.1.2 Bayes 点估计理论

设 $\boldsymbol{x}$ 也是一个 n 维随机向量，仍设$\{\boldsymbol{y}_1,\boldsymbol{y}_2,\cdots,\boldsymbol{y}_N\}$是 $\boldsymbol{y}$ 的一组容量为 N 的样本。设 $\boldsymbol{z}=(\boldsymbol{y}_1^{\mathrm{T}},\boldsymbol{y}_2^{\mathrm{T}},\cdots,\boldsymbol{y}_N^{\mathrm{T}})^{\mathrm{T}}$ 表示量测信息，则 $\boldsymbol{x}$ 与 $\boldsymbol{z}$ 的联合概率密度函数是

$$p(\boldsymbol{x},\boldsymbol{z})=\prod_{i=1}^{N}p(\boldsymbol{x},\boldsymbol{y}_i)=\prod_{i=1}^{N}p(\boldsymbol{x})p(\boldsymbol{y}_i\mid\boldsymbol{x}) \tag{2-1-7}$$

假定 $\hat{\boldsymbol{x}}$ 表示由量测信息 $\boldsymbol{z}$ 得到的一个估计，而估计误差定义为

$$\tilde{\boldsymbol{x}}\triangleq\hat{\boldsymbol{x}}-\boldsymbol{x} \tag{2-1-8}$$

定义 2.1.4 估计误差 $\tilde{\boldsymbol{x}}=(\tilde{x}_1,\tilde{x}_2,\cdots,\tilde{x}_n)^{\mathrm{T}}$ 的标量函数 $L(\tilde{\boldsymbol{x}})$称为一个**损失函数**，如果

① 零误差的损失为零，即 $\tilde{\boldsymbol{x}}=0\Rightarrow L(\tilde{\boldsymbol{x}})=0$；

② 按分量的绝对值单调增，即 $\tilde{\boldsymbol{x}}^{(1)}$ 和 $\tilde{\boldsymbol{x}}^{(2)}$ 的第 i 个分量满足$|\tilde{x}_i^{(1)}|\geqslant|\tilde{x}_i^{(2)}|$，其余分量相等，则 $L(\tilde{\boldsymbol{x}}^{(1)})\geqslant L(\tilde{\boldsymbol{x}}^{(2)})$；

③ $L(\tilde{\boldsymbol{x}})$是对称的，即 $L(\tilde{\boldsymbol{x}})=L(-\tilde{\boldsymbol{x}})$，$\forall\tilde{\boldsymbol{x}}$。

定义 2.1.5 设 $\hat{\boldsymbol{x}}=\varphi(\boldsymbol{z})$，估计误差 $\tilde{\boldsymbol{x}}$ 的损失函数是 $L(\tilde{\boldsymbol{x}})$，则**风险函数**定义为

$$R(\boldsymbol{x},\varphi)\triangleq E(L(\tilde{\boldsymbol{x}})\mid\boldsymbol{x})=E(L(\boldsymbol{x}-\varphi(\boldsymbol{z}))\mid\boldsymbol{x}) \tag{2-1-9}$$

其中 φ 是估计方法，则 **Bayes 风险**定义为

① □是用于例题终结，而■是用于理论证明终结。

$$J(\varphi) \triangleq E_x[R(\boldsymbol{x},\varphi)] = E_x\{E_{z|x}[L(\boldsymbol{x}-\varphi(\boldsymbol{z})) \mid \boldsymbol{x}]\} \tag{2-1-10}$$

其中 $E_x, E_{z|x}$ 分别表示按分布或条件分布求期望；而**最小 Bayes 风险估计**定义为

$$\hat{x}^* = \varphi^*(\boldsymbol{z}), \quad J(\varphi^*) = \min_{\varphi} J(\varphi) \tag{2-1-11}$$

定义 2.1.6 利用 Bayes 公式 $p(\boldsymbol{x}|\boldsymbol{z}) = p(\boldsymbol{x})p(\boldsymbol{z}|\boldsymbol{x})/p(\boldsymbol{z})$，Bayes 风险可以改写为

$$J(\varphi) = E_z\{E_{x|z}[L(\boldsymbol{x}-\varphi(\boldsymbol{z})) \mid \boldsymbol{z}]\} \tag{2-1-12}$$

其中 $J^0(\varphi) = E_{x|z}[L(\boldsymbol{x}-\varphi(\boldsymbol{z}))|\boldsymbol{z}]$就是损失函数的后验期望。而**最小后验期望损失估计**定义为

$$\hat{x}^* = \varphi^*(\boldsymbol{z}), \quad J^0(\varphi^*) = \min_{\varphi} J^0(\varphi) \tag{2-1-13}$$

定理 2.1.2 设参数 $\boldsymbol{x}$ 和量测信息 $\boldsymbol{z}$ 是联合 Gauss 分布的，其均值和协方差阵分别为

$$\boldsymbol{m} = E\begin{bmatrix}\boldsymbol{x}\\ \boldsymbol{z}\end{bmatrix} = \begin{bmatrix}\bar{\boldsymbol{x}}\\ \bar{\boldsymbol{z}}\end{bmatrix}, \quad \boldsymbol{R} = \mathrm{cov}\begin{bmatrix}\boldsymbol{x}\\ \boldsymbol{z}\end{bmatrix} = \begin{bmatrix}\boldsymbol{R}_{xx} & \boldsymbol{R}_{xz}\\ \boldsymbol{R}_{zx} & \boldsymbol{R}_{zz}\end{bmatrix} \tag{2-1-14}$$

并假定 $\boldsymbol{R}$ 和 $\boldsymbol{R}_{zz}$ 非奇异；那么，给定 $\boldsymbol{z}$ 时 $\boldsymbol{x}$ 也是条件 Gauss 分布的，而且对估计误差的任意允许损失函数，最小后验期望损失估计按如下公式计算

$$\hat{\boldsymbol{x}} = E(\boldsymbol{x} \mid \boldsymbol{z}) = \bar{\boldsymbol{x}} + \boldsymbol{R}_{xz}\boldsymbol{R}_{zz}^{-1}(\boldsymbol{z} - \bar{\boldsymbol{z}}) \tag{2-1-15}$$

估计误差的协方差阵是

$$\boldsymbol{P} = \mathrm{cov}(\tilde{\boldsymbol{x}}) = \boldsymbol{R}_{xx} - \boldsymbol{R}_{xz}\boldsymbol{R}_{zz}^{-1}\boldsymbol{R}_{zx} \tag{2-1-16}$$

证明 分三个步骤证明。

(1) 条件密度函数 $p(\boldsymbol{x}|\boldsymbol{z})$是 Gauss 分布的。因为$(\boldsymbol{x},\boldsymbol{z})$是联合 Gauss 分布的，则

$$p(\boldsymbol{x},\boldsymbol{z}) = (2\pi)^{-(Nm+n)/2} \mid \boldsymbol{R} \mid^{-1/2} \exp\left\{-\frac{1}{2}\begin{bmatrix}\boldsymbol{x}-\bar{\boldsymbol{x}}\\ \boldsymbol{z}-\bar{\boldsymbol{z}}\end{bmatrix}^{\mathrm{T}} \boldsymbol{R}^{-1} \begin{bmatrix}\boldsymbol{x}-\bar{\boldsymbol{x}}\\ \boldsymbol{z}-\bar{\boldsymbol{z}}\end{bmatrix}\right\}$$

$$p(\boldsymbol{z}) = (2\pi)^{-Nm/2} \mid \boldsymbol{R}_{zz} \mid^{-1/2} \exp\left\{-\frac{1}{2}(\boldsymbol{z}-\bar{\boldsymbol{z}})^{\mathrm{T}}\boldsymbol{R}_{zz}^{-1}(\boldsymbol{z}-\bar{\boldsymbol{z}})\right\}$$

对 $\boldsymbol{R}$ 进行如下变换：

$$\begin{bmatrix}\boldsymbol{I} & -\boldsymbol{R}_{xz}\boldsymbol{R}_{zz}^{-1}\\ \boldsymbol{0} & \boldsymbol{I}\end{bmatrix}\boldsymbol{R}\begin{bmatrix}\boldsymbol{I} & \boldsymbol{0}\\ -\boldsymbol{R}_{zz}^{-1}\boldsymbol{R}_{zx} & \boldsymbol{I}\end{bmatrix} = \begin{bmatrix}\boldsymbol{R}_{xx} - \boldsymbol{R}_{xz}\boldsymbol{R}_{zz}^{-1}\boldsymbol{R}_{zx} & \boldsymbol{0}\\ \boldsymbol{0} & \boldsymbol{R}_{zz}\end{bmatrix}$$

求行列式，得$|\boldsymbol{R}| = |\boldsymbol{R}_{xx} - \boldsymbol{R}_{xz}\boldsymbol{R}_{zz}^{-1}\boldsymbol{R}_{zx}| \cdot |\boldsymbol{R}_{zz}|$；对 $\boldsymbol{R}$ 求逆得

$$\boldsymbol{R}^{-1} = \begin{bmatrix}\boldsymbol{I} & 0\\ -\boldsymbol{R}_{zz}^{-1}\boldsymbol{R}_{zx} & \boldsymbol{I}\end{bmatrix}\begin{bmatrix}\boldsymbol{R}_{xx} - \boldsymbol{R}_{xz}\boldsymbol{R}_{zz}^{-1}\boldsymbol{R}_{zx} & 0\\ \boldsymbol{0} & \boldsymbol{R}_{zz}\end{bmatrix}^{-1}\begin{bmatrix}\boldsymbol{I} & -\boldsymbol{R}_{xz}\boldsymbol{R}_{zz}^{-1}\\ \boldsymbol{0} & \boldsymbol{I}\end{bmatrix}$$

代入 Bayes 公式得

$$p(\boldsymbol{x} \mid \boldsymbol{z}) = \frac{p(\boldsymbol{x},\boldsymbol{z})}{p(\boldsymbol{z})} = (2\pi)^{-n/2} \mid \boldsymbol{R}_{xx} - \boldsymbol{R}_{xz}\boldsymbol{R}_{zz}^{-1}\boldsymbol{R}_{zx} \mid^{-1/2} \cdot$$

$$\exp\left\{-\frac{1}{2}(\boldsymbol{x}-\hat{\boldsymbol{x}})^{\mathrm{T}}[\boldsymbol{R}_{xx} - \boldsymbol{R}_{xz}\boldsymbol{R}_{zz}^{-1}\boldsymbol{R}_{zx}]^{-1}(\boldsymbol{x}-\hat{\boldsymbol{x}})\right\}$$

其中条件均值 $\hat{\boldsymbol{x}}$ 由式(2-1-15)表示，从而证明了后验概率密度函数是 Gauss 分布的。

(2) 估计误差 $\tilde{\boldsymbol{x}}$ 与 $\boldsymbol{z}$ 独立，且式(2-1-16)成立。因为

$$E(\tilde{\boldsymbol{x}}) = E(\boldsymbol{x}-\hat{\boldsymbol{x}}) = E(\boldsymbol{x}) - \bar{\boldsymbol{x}} - \boldsymbol{R}_{xz}\boldsymbol{R}_{zz}^{-1}E(\boldsymbol{z}-\bar{\boldsymbol{z}}) = 0$$

$$\operatorname{cov}(\tilde{x},z)=E[\tilde{x}(z-\bar{z})^{\mathrm{T}}]=E[(x-\bar{x})(z-\bar{z})^{\mathrm{T}}]-R_{xz}R_{zz}^{-1}E[(z-\bar{z})(z-\bar{z})^{\mathrm{T}}]$$
$$=R_{xz}-R_{xz}R_{zz}^{-1}R_{zz}=0$$

所以估计误差 $\tilde{x}$ 与 z 独立，且

$$\operatorname{cov}(\tilde{x}\mid z)=R_{xx}-R_{xz}R_{zz}^{-1}R_{zx}=\operatorname{cov}(\tilde{x})$$

即式(2-1-16)成立。

(3) 对于任意损失函数，式(2-1-15)和式(2-1-16)是最小后验期望损失估计。根据 Sherman 定理[1]，对于任意损失函数，最小后验期望损失估计就是式(2-1-15)的条件期望。 ■

注：特别地，对于二次损失函数 $L(\tilde{x})=\tilde{x}^{\mathrm{T}}Q\tilde{x}, Q\geqslant 0$，最小后验期望二次损失估计(当$Q=I$ 时是最小均方误差估计)就是式(2-1-15)的条件期望。

2.1.3 BLUE 估计

定义 2.1.7 设 $a\in\mathbb{R}^{n}, B\in\mathbb{R}^{n\times(Nm)}$，对参数 x 的估计表示为量测信息 z 的线性函数

$$\hat{x}=a+Bz \tag{2-1-17}$$

称为**线性估计**；进而如果估计误差的均方值达到最小，则称为**线性最小方差估计**；如估计还是无偏的，则称为**线性无偏最小方差估计**。

这种线性无偏最小方差估计在多源信息融合领域一般称为**最佳线性无偏估计(best linear unbiased estimation, BLUE)**。

定理 2.1.3 设参数 x 和量测信息 z 是任意分布的，z 的协方差阵 R_{zz} 非奇异，则利用量测信息 z 对参数 x 的 BLUE 估计唯一地表示为

$$\hat{x}^{\mathrm{BLUE}}=E^{*}(x\mid z)=\bar{x}+R_{xz}R_{zz}^{-1}(z-\bar{z}) \tag{2-1-18}$$

此处 $E^{*}(\cdot\mid\cdot)$只是一个记号，不表示条件期望；而估计误差的协方差阵是

$$P=\operatorname{cov}(\tilde{x})=R_{xx}-R_{xz}R_{zz}^{-1}R_{zx} \tag{2-1-19}$$

证明 分两个步骤证明。

(1) 因为线性估计是无偏的，所以有 $\bar{x}=E(x)=E(\hat{x})=a+BE(z)=a+B\bar{z}$，从而有 $a=\bar{x}-B\bar{z}$；于是，线性无偏估计可以表示为：$\hat{x}^{\mathrm{BLUE}}=\bar{x}+B(z-\bar{z})$。

(2) 因为 $E(\tilde{x})=E(x-\hat{x}^{\mathrm{BLUE}})=B(\bar{z}-\bar{z})=0$，则估计误差的协方差阵是

$$\operatorname{cov}(\tilde{x})=E(\tilde{x}\tilde{x}^{\mathrm{T}})=E\{[(x-\bar{x})-B(z-\bar{z})][(x-\bar{x})-B(z-\bar{z})]^{\mathrm{T}}\}$$
$$=R_{xx}-BR_{zx}-R_{xz}B^{\mathrm{T}}+BR_{zz}B^{\mathrm{T}}$$
$$=(B-R_{xz}R_{zz}^{-1})R_{zz}(B-R_{xz}R_{zz}^{-1})^{\mathrm{T}}+R_{xx}-R_{xz}R_{zz}^{-1}R_{zx}$$

为使方差最小，当且仅当上式第一项为零，即 $B=R_{xz}R_{zz}^{-1}$，从而式(2-1-18)和式(2-1-19)得证。 ■

注 1 如果 R_{zz} 是奇异矩阵，利用伪逆方法仍然可以得到类似结论[1]。

注 2 如果(x,z)是联合 Gauss 分布的，则 BLUE 估计与最小后验期望估计完全一致。

2.1.4 WLS 估计

定义 2.1.8 假定量测信息 z 可以表示为参数 $\boldsymbol{x}$ 的线性函数，即

$$\boldsymbol{z}=\boldsymbol{H}\boldsymbol{x}+\boldsymbol{v} \tag{2-1-20}$$

其中 $\boldsymbol{H}\in\mathbb{R}^{(Nm)\times n}$，$\boldsymbol{v}\in\mathbb{R}^{Nm}$ 是一个零均值的随机向量；设 $\boldsymbol{W}\geqslant 0$，$\boldsymbol{W}\in\mathbb{R}^{(Nm)\times(Nm)}$ 为对称阵，则如下估计

$$\hat{\boldsymbol{x}}^{\mathrm{WLS}}=\arg\min_{\hat{x}}\frac{1}{N}(\boldsymbol{z}-\boldsymbol{H}\hat{\boldsymbol{x}})^{\mathrm{T}}\boldsymbol{W}(\boldsymbol{z}-\boldsymbol{H}\hat{\boldsymbol{x}}) \tag{2-1-21}$$

称为**加权最小二乘（weighted least squares，WLS）估计**；如果 $\boldsymbol{W}=\boldsymbol{I}$，则称为**最小二乘（least squares，LS）估计**。

定理 2.1.4 设 $\boldsymbol{H}^{\mathrm{T}}\boldsymbol{W}\boldsymbol{H}$ 可逆，则基于量测信息 $\boldsymbol{z}$ 和加权矩阵 $\boldsymbol{W}$ 对参数 $\boldsymbol{x}$ 的 WLS 估计为

$$\hat{\boldsymbol{x}}^{\mathrm{WLS}}=(\boldsymbol{H}^{\mathrm{T}}\boldsymbol{W}\boldsymbol{H})^{-1}\boldsymbol{H}^{\mathrm{T}}\boldsymbol{W}\boldsymbol{z} \tag{2-1-22}$$

证明 因为 $\min\limits_{\hat{x}}\frac{1}{N}(\boldsymbol{z}-\boldsymbol{H}\hat{\boldsymbol{x}})^{\mathrm{T}}\boldsymbol{W}(\boldsymbol{z}-\boldsymbol{H}\hat{\boldsymbol{x}})=\min\limits_{\hat{x}}\frac{1}{N}(\boldsymbol{z}^{\mathrm{T}}\boldsymbol{W}\boldsymbol{z}-2\boldsymbol{z}^{\mathrm{T}}\boldsymbol{W}\boldsymbol{H}\hat{\boldsymbol{x}}+\hat{\boldsymbol{x}}^{\mathrm{T}}\boldsymbol{H}^{\mathrm{T}}\boldsymbol{W}\boldsymbol{H}\hat{\boldsymbol{x}})$，而 $\frac{\partial}{\partial\hat{\boldsymbol{x}}}\frac{1}{N}(\boldsymbol{z}^{\mathrm{T}}\boldsymbol{W}\boldsymbol{z}-2\boldsymbol{z}^{\mathrm{T}}\boldsymbol{W}\boldsymbol{H}\hat{\boldsymbol{x}}+\hat{\boldsymbol{x}}^{\mathrm{T}}\boldsymbol{H}^{\mathrm{T}}\boldsymbol{W}\boldsymbol{H}\hat{\boldsymbol{x}})=-2\boldsymbol{z}^{\mathrm{T}}\boldsymbol{W}\boldsymbol{H}\hat{\boldsymbol{x}}+2\hat{\boldsymbol{x}}^{\mathrm{T}}\boldsymbol{H}^{\mathrm{T}}\boldsymbol{W}\boldsymbol{H}=0$，所以最优解是式(2-1-22)。 ■

2.1.5 ML 估计

定义 2.1.9 给定参数 $\boldsymbol{x}$ 时量测信息 $\boldsymbol{z}$ 的似然函数表示为 $p(\boldsymbol{z}\mid\boldsymbol{x})$，**极大似然（maximum likelihood，ML）参数估计**问题可以描述为

$$\hat{\boldsymbol{x}}^{\mathrm{ML}}=\underset{x}{\operatorname{argmax}}\ p(\boldsymbol{z}\mid\boldsymbol{x}) \tag{2-1-23}$$

例题 2.1.2 设似然函数 $p(\boldsymbol{z}\mid\boldsymbol{x})$ 是 Gauss 函数

$$p(\boldsymbol{z}\mid\boldsymbol{x})=(2\pi)^{-(Nm)/2}\mid\boldsymbol{R}_{zz}\mid^{-1/2}\exp\left[-\frac{1}{2}(\boldsymbol{z}-\bar{\boldsymbol{z}})^{\mathrm{T}}\boldsymbol{R}_{zz}^{-1}(\boldsymbol{z}-\bar{\boldsymbol{z}})\right]$$

其中 $\boldsymbol{x}=\{\bar{\boldsymbol{y}},\boldsymbol{R}_{yy}\}$ 是待定的参数，而 $E(\boldsymbol{y})=\bar{\boldsymbol{y}}$，$\mathrm{cov}(\boldsymbol{y})=\boldsymbol{R}_{yy}$；考虑到量测信息 $\boldsymbol{z}=(\boldsymbol{y}_1^{\mathrm{T}},\boldsymbol{y}_2^{\mathrm{T}},\cdots,\boldsymbol{y}_N^{\mathrm{T}})^{\mathrm{T}}$ 中各分量独立同分布，所以

$$p(\boldsymbol{z}\mid\boldsymbol{x})=\prod_{i=1}^{N}p(\boldsymbol{y}_i\mid\boldsymbol{x})=(2\pi)^{-(Nm)/2}\mid\boldsymbol{R}_{yy}\mid^{-N/2}\exp\left[-\frac{1}{2}\sum_{i=1}^{N}(\boldsymbol{y}_i-\bar{\boldsymbol{y}})^{\mathrm{T}}\boldsymbol{R}_{yy}^{-1}(\boldsymbol{y}_i-\bar{\boldsymbol{y}})\right]$$

定义对数似然函数为

$$V(\bar{\boldsymbol{y}},\boldsymbol{R}_{yy})=\ln p(\boldsymbol{z}\mid\boldsymbol{x})=-\frac{Nm}{2}\ln(2\pi)-\frac{N}{2}\ln\mid\boldsymbol{R}_{yy}\mid-\frac{1}{2}\sum_{i=1}^{N}(\boldsymbol{y}_i-\bar{\boldsymbol{y}})^{\mathrm{T}}\boldsymbol{R}_{yy}^{-1}(\boldsymbol{y}_i-\bar{\boldsymbol{y}})$$

这是参数的非线性函数，一般要借助于非线性规划来求解。 □

2.1.6 PC 估计

定义 2.1.10 设 $\boldsymbol{h}=(h_1,h_2,\cdots,h_p)^{\mathrm{T}}\in\mathbb{R}^p$ 为随机向量，而且 $E(\boldsymbol{h})=\bar{\boldsymbol{h}}$ 和 $\mathrm{cov}(\boldsymbol{h})=$

$\boldsymbol{G}$ 已知,假定 $\boldsymbol{G}$ 有特征值 $\lambda_1 \geqslant \lambda_2 \geqslant \cdots \geqslant \lambda_p$,对应的标准正交化特征向量为 $\boldsymbol{\varphi}_1, \boldsymbol{\varphi}_2, \cdots, \boldsymbol{\varphi}_p$,所以 $\boldsymbol{\Phi} = (\boldsymbol{\varphi}_1, \boldsymbol{\varphi}_2, \cdots, \boldsymbol{\varphi}_p)$ 为正交阵,且满足

$$\boldsymbol{\Phi}^{\mathrm{T}} \boldsymbol{G} \boldsymbol{\Phi} = \boldsymbol{\Lambda} = \operatorname{diag}(\lambda_1, \lambda_2, \cdots, \lambda_p) \tag{2-1-24}$$

随机向量 $\boldsymbol{h}$ 的**主成分**(**principal component,PC**)定义为

$$\boldsymbol{y} = (y_1, y_2, \cdots, y_p)^{\mathrm{T}} \triangleq \boldsymbol{\Phi}^{\mathrm{T}} (\boldsymbol{h} - \bar{\boldsymbol{h}}) \tag{2-1-25}$$

而 $y_i = \boldsymbol{\varphi}_i^{\mathrm{T}} (\boldsymbol{h} - \bar{\boldsymbol{h}}), i = 1, 2, \cdots, p$ 称为 $\boldsymbol{h}$ 的第 i 个主成分。

定理 2.1.5 主成分具有如下性质

(1)

$$\operatorname{cov}(\boldsymbol{y}) = \boldsymbol{\Lambda} \tag{2-1-26}$$

即任意两个主成分都互不相关,且第 i 个主成分的方差为 λ_i;

(2)

$$\sum_{i=1}^{p} \operatorname{var}(y_i) = \sum_{i=1}^{p} \operatorname{var}(h_i) = \operatorname{tr}(\boldsymbol{G}) \tag{2-1-27}$$

即主成分的方差之和与原随机向量的方差之和相等;

(3)

$$\sup_{\boldsymbol{a}^{\mathrm{T}} \boldsymbol{a} = 1} \operatorname{var}(\boldsymbol{a}^{\mathrm{T}} \boldsymbol{h}) = \operatorname{var}(y_1) = \lambda_1 \tag{2-1-28}$$

$$\sup_{\substack{\boldsymbol{a}^{\mathrm{T}} \boldsymbol{a} = 1 \\ \boldsymbol{\varphi}_j^{\mathrm{T}} \boldsymbol{a} = 0}} \operatorname{var}(\boldsymbol{a}^{\mathrm{T}} \boldsymbol{h}) = \operatorname{var}(y_i) = \lambda_i, i = 2, 3, \cdots, p;\ j = 1, 2, \cdots, i-1 \tag{2-1-29}$$

即对任意的单位向量 $\boldsymbol{a} \in \mathbb{R}^p$,在随机变量 $\boldsymbol{a}^{\mathrm{T}} \boldsymbol{h}$ 中,第一个主成分 $y_1 = \boldsymbol{\varphi}_1^{\mathrm{T}} (\boldsymbol{h} - \bar{\boldsymbol{h}})$ 的方差最大;而在与第一个主成分不相关的随机变量 $\boldsymbol{a}^{\mathrm{T}} \boldsymbol{h}$ 中,第二个主成分 $y_2 = \boldsymbol{\varphi}_2^{\mathrm{T}} (\boldsymbol{h} - \bar{\boldsymbol{h}})$ 的方差最大;一般讲来,在与前面 $i-1$ 个主成分不相关的随机变量 $\boldsymbol{a}^{\mathrm{T}} \boldsymbol{h}$ 中,第 i 个主成分 $y_i = \boldsymbol{\varphi}_i^{\mathrm{T}} (\boldsymbol{h} - \bar{\boldsymbol{h}})$ 的方差最大。

证明

(1) 因为 $\operatorname{cov}(\boldsymbol{y}) = E[\boldsymbol{\Phi}^{\mathrm{T}} (\boldsymbol{h} - \bar{\boldsymbol{h}})(\boldsymbol{h} - \bar{\boldsymbol{h}})^{\mathrm{T}} \boldsymbol{\Phi}] = \boldsymbol{\Phi}^{\mathrm{T}} \boldsymbol{G} \boldsymbol{\Phi} = \boldsymbol{\Lambda}$,则得证。

(2) 因为 $\boldsymbol{\Phi}^{\mathrm{T}} \boldsymbol{\Phi} = \boldsymbol{\Phi} \boldsymbol{\Phi}^{\mathrm{T}} = \boldsymbol{I}$,则有

$$\sum_{i=1}^{p} \operatorname{var}(y_i) = \operatorname{tr}[\operatorname{cov}(\boldsymbol{y})] = \operatorname{tr}[\boldsymbol{\Phi}^{\mathrm{T}} (\boldsymbol{h} - \bar{\boldsymbol{h}})(\boldsymbol{h} - \bar{\boldsymbol{h}})^{\mathrm{T}} \boldsymbol{\Phi}]$$

$$= \operatorname{tr}(\boldsymbol{G} \boldsymbol{\Phi} \boldsymbol{\Phi}^{\mathrm{T}}) = \operatorname{tr}(\boldsymbol{G}) = \operatorname{tr}[\operatorname{cov}(\boldsymbol{h})] = \sum_{i=1}^{p} \operatorname{var}(h_i)$$

(3) 对任意单位向量 $\boldsymbol{a} \in \mathbb{R}^p$,如果 $\operatorname{var}(\boldsymbol{a}^{\mathrm{T}} \boldsymbol{h}) = E[\boldsymbol{a}^{\mathrm{T}} (\boldsymbol{h} - \bar{\boldsymbol{h}})(\boldsymbol{h} - \bar{\boldsymbol{h}})^{\mathrm{T}} \boldsymbol{a}] = \boldsymbol{a}^{\mathrm{T}} \boldsymbol{G} \boldsymbol{a} > \lambda_1$,则与 λ_1 是 $\boldsymbol{G}$ 的最大特征值相矛盾,所以式(2-1-28)成立。类似可证明式(2-1-29)成立。 ■

定义 2.1.11 设随机向量 $\boldsymbol{h}$ 的数学期望 $\bar{\boldsymbol{h}}$ 和协方差阵 $\boldsymbol{G}$ 未知,而有一组随机样本 $\boldsymbol{h}_1, \boldsymbol{h}_2, \cdots, \boldsymbol{h}_n$,则可用样本均值 $\hat{\boldsymbol{h}}$ 和样本方差 $\hat{\boldsymbol{G}}$ 分别作为 $\bar{\boldsymbol{h}}$ 和 $\boldsymbol{G}$ 的估计,即

$$\hat{\boldsymbol{h}} = \frac{1}{n}\sum_{i=1}^{n}\boldsymbol{h}_i ; \quad \hat{\boldsymbol{G}} = \frac{1}{n}\sum_{i=1}^{n}(\boldsymbol{h}_i - \hat{\boldsymbol{h}})(\boldsymbol{h}_i - \hat{\boldsymbol{h}})^{\mathrm{T}} \tag{2-1-30}$$

称

$$\boldsymbol{y}_i = \hat{\boldsymbol{\Phi}}^{\mathrm{T}}(\boldsymbol{h}_i - \hat{\boldsymbol{h}}) \quad i = 1,2,\cdots,n \tag{2-1-31}$$

为样本 $\boldsymbol{h}_i$ 的主成分，其中$\hat{\boldsymbol{\Phi}}$ 为 $\hat{G}$ 的标准正交化特征向量。

现在考虑主成分估计问题。

定义 2.1.12 考虑线性量测方程

$$\boldsymbol{z} = \boldsymbol{H}\boldsymbol{x} + \boldsymbol{v} \tag{2-1-32}$$

其中 $\boldsymbol{x} \in \mathbb{R}^p$ 是未知参数，$\boldsymbol{z} \in \mathbb{R}^n$ 是量测向量，$\boldsymbol{v} \sim \mathcal{N}(0,\sigma^2\boldsymbol{I})$是量测误差，$\boldsymbol{H} \in \mathbb{R}^{n\times p}$ 为量测矩阵。假定 $\boldsymbol{H}$ 已经中心、标准化，即把 $\boldsymbol{H}=(\boldsymbol{h}_1,\boldsymbol{h}_2,\cdots,\boldsymbol{h}_p)$各分量视为随机向量，满足

$$\hat{\boldsymbol{h}} = \frac{1}{p}\sum_{i=1}^{p}\boldsymbol{h}_i = 0$$

而 $\boldsymbol{H}^{\mathrm{T}}\boldsymbol{H}$ 的特征值$\lambda_1 \geqslant \lambda_2 \geqslant \cdots \geqslant \lambda_p \geqslant 0$，所对应的标准正交化特征向量为$\boldsymbol{\varphi}_1,\boldsymbol{\varphi}_2,\cdots,\boldsymbol{\varphi}_p$，$\boldsymbol{\Phi}=(\boldsymbol{\varphi}_1,\boldsymbol{\varphi}_2,\cdots,\boldsymbol{\varphi}_p)$为正交阵，则式(2-1-32)的**典范形式**为

$$\boldsymbol{z} = \boldsymbol{\Gamma}\boldsymbol{\omega} + \boldsymbol{v} \tag{2-1-33}$$

其中$\boldsymbol{\Gamma} = \boldsymbol{H}\boldsymbol{\Phi}$，$\boldsymbol{\omega} = \boldsymbol{\Phi}^{\mathrm{T}}\boldsymbol{x}$，且满足

$$\boldsymbol{\Gamma}^{\mathrm{T}}\boldsymbol{\Gamma} = \boldsymbol{\Phi}^{\mathrm{T}}\boldsymbol{H}^{\mathrm{T}}\boldsymbol{H}\boldsymbol{\Phi} = \boldsymbol{\Lambda} = \mathrm{diag}\{\lambda_1,\lambda_2,\cdots,\lambda_p\} \tag{2-1-34}$$

称$\boldsymbol{\omega}$ 为**典范向量**；而

$$\boldsymbol{\Gamma} = (\gamma_1,\gamma_2,\cdots,\gamma_p) = \boldsymbol{H}\boldsymbol{\Phi} \tag{2-1-35}$$

就是量测矩阵 $\boldsymbol{H}$ 的主成分。

由以上讨论可见，式(2-1-33)就是以原量测矩阵 $\boldsymbol{H}$ 的主成分$\boldsymbol{\Gamma}$ 为量测矩阵的新的量测方程。如果 $\boldsymbol{H}^{\mathrm{T}}\boldsymbol{H}$ 的特征值λ 中有一部分很小，不妨设后面 $p-r$ 个很小值，即 λ_{r+1}，$\lambda_{r+2},\cdots,\lambda_p \approx 0$。由主成分的定义知，$\boldsymbol{\gamma}_j^{\mathrm{T}}\boldsymbol{\gamma}_j = \lambda_j \approx 0, j = r+1,r+2,\cdots,p$，所以

$$\mathrm{cov}(\boldsymbol{\gamma}_j) = E(\boldsymbol{\gamma}_j\boldsymbol{\gamma}_j^{\mathrm{T}}) = \lambda_j\boldsymbol{I} \approx 0, \quad j = r+1,r+2,\cdots,p \tag{2-1-36}$$

故可以把$\boldsymbol{\gamma}_{r+1},\boldsymbol{\gamma}_{r+2},\cdots,\boldsymbol{\gamma}_p$ 看成常数，即不再是随机向量。这样，就可以从估计模型中剔除。故可以把这些主成分去掉，这样原来要处理 p 维向量估计问题，现在只需要进行 r 维向量的降维估计，这就是利用主成分估计的好处。

如果主成分$\boldsymbol{\gamma}_{r+1},\boldsymbol{\gamma}_{r+2},\cdots,\boldsymbol{\gamma}_p$ 相应的特征值$\lambda_{r+1},\lambda_{r+2},\cdots,\lambda_p \approx 0$，对$\boldsymbol{\Lambda}$，$\boldsymbol{\omega}$，$\boldsymbol{\Gamma}$ 和$\boldsymbol{\Phi}$ 作相应的分块，即设

$$\boldsymbol{\Lambda} = \mathrm{block\ diag}(\boldsymbol{\Lambda}_1,\boldsymbol{\Lambda}_2), \quad \boldsymbol{\Lambda}_1 \in \mathbb{R}^{r\times r} \tag{2-1-37}$$

$$\boldsymbol{\omega} = \begin{bmatrix}\boldsymbol{\omega}_1\\ \boldsymbol{\omega}_2\end{bmatrix}, \quad \boldsymbol{\omega}_1 \in \mathbb{R}^r \tag{2-1-38}$$

$$\boldsymbol{\Gamma} = (\boldsymbol{\Gamma}_1 \quad \boldsymbol{\Gamma}_2), \quad \boldsymbol{\Gamma}_1 \in \mathbb{R}^{n\times r} \tag{2-1-39}$$

$$\boldsymbol{\Phi} = [\boldsymbol{\Phi}_1 \quad \boldsymbol{\Phi}_2], \quad \boldsymbol{\Phi}_1 \in \mathbb{R}^{p\times r} \tag{2-1-40}$$

则式(2-1-33)相应变为

$$\boldsymbol{z} = \boldsymbol{\Gamma}_1\boldsymbol{\omega}_1 + \boldsymbol{\Gamma}_2\boldsymbol{\omega}_2 + \boldsymbol{v} \tag{2-1-41}$$

因为$\boldsymbol{\Gamma}_2 \approx 0$，即可剔除$\boldsymbol{\Gamma}_2\boldsymbol{\omega}_2$ 这一项，这样可求得$\boldsymbol{\omega}_1$ 的 LS 估计为

$$\hat{\boldsymbol{\omega}}_1^{\mathrm{LS}}=\boldsymbol{\Lambda}_1^{-1}\boldsymbol{\Gamma}_1^{\mathrm{T}}\boldsymbol{z} \tag{2-1-42}$$

考虑到$\boldsymbol{\Phi}\boldsymbol{\Phi}^{\mathrm{T}}=I$,则$\boldsymbol{\Phi}\boldsymbol{\omega}=\boldsymbol{\Phi}\boldsymbol{\Phi}^{\mathrm{T}}\boldsymbol{x}=\boldsymbol{x}$,从而有

$$\hat{\boldsymbol{x}}^{\mathrm{PC}}\approx\boldsymbol{\Phi}_1\hat{\boldsymbol{\omega}}_1^{\mathrm{LS}}=\boldsymbol{\Phi}_1\boldsymbol{\Lambda}_1^{-1}\boldsymbol{\Gamma}_1^{\mathrm{T}}\boldsymbol{z}=\boldsymbol{\Phi}_1\boldsymbol{\Lambda}_1^{-1}\boldsymbol{\Phi}_1^{\mathrm{T}}\boldsymbol{H}^{\mathrm{T}}\boldsymbol{z} \tag{2-1-43}$$

这就是**主成分(principal component,PC)估计**。

定理 2.1.6 主成分估计的主要性质:

(1) 主成分估计 $\hat{\boldsymbol{x}}^{\mathrm{PC}}$ 是 LS 估计 $\hat{\boldsymbol{x}}^{\mathrm{LS}}$ 的一个线性变换,即

$$\hat{\boldsymbol{x}}^{\mathrm{PC}}=\boldsymbol{\Phi}_1\boldsymbol{\Phi}_1^{\mathrm{T}}\hat{\boldsymbol{x}}^{\mathrm{LS}} \tag{2-1-44}$$

(2) 只要 $r<p$,主成分估计就是有偏估计;

(3) 当量测矩阵呈病态时,适当选取 r,可使 PC 估计 $\hat{\boldsymbol{x}}^{\mathrm{PC}}$ 比 LS 估计 $\hat{\boldsymbol{x}}^{\mathrm{LS}}$ 有较小的均方误差(MSE),即

$$\mathrm{MSE}(\hat{\boldsymbol{x}}^{\mathrm{PC}})<\mathrm{MSE}(\hat{\boldsymbol{x}}^{\mathrm{LS}}) \tag{2-1-45}$$

证明

(1) 这是因为

$$\begin{aligned}\hat{\boldsymbol{x}}^{\mathrm{PC}}&=\boldsymbol{\Phi}_1\boldsymbol{\Lambda}_1^{-1}\boldsymbol{\Phi}_1^{\mathrm{T}}\boldsymbol{H}^{\mathrm{T}}\boldsymbol{z}=\boldsymbol{\Phi}_1\boldsymbol{\Lambda}_1^{-1}\boldsymbol{\Phi}_1^{\mathrm{T}}\boldsymbol{H}^{\mathrm{T}}\boldsymbol{H}\hat{\boldsymbol{x}}^{\mathrm{LS}}=\boldsymbol{\Phi}_1\boldsymbol{\Lambda}_1^{-1}\boldsymbol{\Phi}_1^{\mathrm{T}}\boldsymbol{\Phi}\boldsymbol{\Lambda}\boldsymbol{\Phi}^{\mathrm{T}}\hat{\boldsymbol{x}}^{\mathrm{LS}}\\&=\boldsymbol{\Phi}_1\boldsymbol{\Lambda}_1^{-1}\boldsymbol{\Phi}_1^{\mathrm{T}}[\boldsymbol{\Phi}_1\boldsymbol{\Lambda}_1\boldsymbol{\Phi}_1^{\mathrm{T}}+\boldsymbol{\Phi}_2\boldsymbol{\Lambda}_2\boldsymbol{\Phi}_1^{\mathrm{T}}]\hat{\boldsymbol{x}}^{\mathrm{LS}}\approx\boldsymbol{\Phi}_1\boldsymbol{\Phi}_1^{\mathrm{T}}\hat{\boldsymbol{x}}^{\mathrm{LS}}\end{aligned}$$

(2) 这是因为 $E(\hat{\boldsymbol{x}}^{\mathrm{PC}})=\boldsymbol{\Phi}_1\boldsymbol{\Phi}_1^{\mathrm{T}}E(\hat{\boldsymbol{x}}^{\mathrm{LS}})\neq\boldsymbol{x}$;

(3) 这是因为

$$\begin{aligned}\mathrm{MSE}(\hat{\boldsymbol{x}}^{\mathrm{PC}})&=\mathrm{MSE}(\boldsymbol{\Phi}_1\hat{\boldsymbol{\omega}}_1^{\mathrm{LS}})+\sum_{j=r+1}^{p}\|\boldsymbol{\gamma}_j\|^2=\sigma^2\sum_{i=1}^{r}\lambda_i^{-1}+\sum_{j=r+1}^{p}\|\boldsymbol{\gamma}_j\|^2\\&=\sigma^2\sum_{i=1}^{p}\lambda_i^{-1}+\left(\sum_{j=r+1}^{p}\|\boldsymbol{\gamma}_j\|^2-\sigma^2\sum_{i=r+1}^{p}\lambda_i^{-1}\right)\\&=\mathrm{MSE}(\hat{\boldsymbol{x}}^{\mathrm{LS}})+\left(\sum_{j=r+1}^{p}\|\boldsymbol{\gamma}_j\|^2-\sigma^2\sum_{j=r+1}^{p}\lambda_j^{-1}\right)\end{aligned}$$

由于假设量测矩阵呈病态,所以有后面 $p-r$ 个 λ_j 很接近于零,此时 $\sum\limits_{j=r+1}^{p}\lambda_j^{-1}$ 就很大,可使上式的第二项为负,于是结论成立。 ■

注 在主成分的估计中,偏参数 r 的选取,实际就是选取主成分的个数,通常有两种方法:一是剔除那些特征值接近零的主成分;二是使前 r 个特征值之和在所有 p 个特征值总和中所占的比例达到预先给定的值,即选取 r 使得

$$\sum_{i=1}^{r}\lambda_i\Big/\sum_{i=1}^{p}\lambda_i>0.80\quad 或\quad 0.85$$

2.1.7 RLS 估计与 LMS 估计

考虑如下参数估计问题:

$$z_k=\boldsymbol{x}_k^{\mathrm{T}}\boldsymbol{\theta}+v_k \tag{2-1-46}$$

其中 $k\in\mathbb{N}$ 是时间指标,$\boldsymbol{x}_k,\boldsymbol{\theta}\in\mathbb{R}^n$ 分别是回归向量和未知参数向量,z_k 是 k 时刻的量测量,而 $v_k=z_k-\boldsymbol{x}_k^{\mathrm{T}}\boldsymbol{\theta}$ 是量测误差。

1. RLS估计

假定$\{v_k\}$是一个零均值的随机过程,对于k时刻的量测总量、回归总量和误差总量$\boldsymbol{Z}^k \triangleq [z_1,z_2,\cdots,z_k]^{\mathrm{T}}$,$\boldsymbol{X}^k \triangleq [\boldsymbol{x}_1,\boldsymbol{x}_2,\cdots,\boldsymbol{x}_k]$,$\boldsymbol{V}^k \triangleq [v_1,v_2,\cdots,v_k]^{\mathrm{T}}$,可有总量关系

$$\boldsymbol{Z}^k=(\boldsymbol{X}^k)^{\mathrm{T}}\boldsymbol{\theta}+\boldsymbol{V}^k \tag{2-1-47}$$

所以有最小二乘估计

$$\hat{\boldsymbol{\theta}}_k^{\mathrm{LS}}=[\boldsymbol{X}^k(\boldsymbol{X}^k)^{\mathrm{T}}]^{-1}\boldsymbol{X}^k\boldsymbol{Z}^k \tag{2-1-48}$$

引理(矩阵求逆引理)[1] 设$\boldsymbol{A}\in\mathbb{R}^{n\times n}$,$\boldsymbol{D}\in\mathbb{R}^{m\times m}$均可逆,$\boldsymbol{B}\in\mathbb{R}^{n\times m}$,$\boldsymbol{C}\in\mathbb{R}^{m\times n}$,则有

$$(\boldsymbol{A}-\boldsymbol{B}\boldsymbol{D}^{-1}\boldsymbol{C})^{-1}=\boldsymbol{A}^{-1}+\boldsymbol{A}^{-1}\boldsymbol{B}(\boldsymbol{D}-\boldsymbol{C}\boldsymbol{A}^{-1}\boldsymbol{B})^{-1}\boldsymbol{C}\boldsymbol{A}^{-1} \tag{2-1-49}$$

定理2.1.7 设获得第$k+1$时刻的量测z_{k+1}和回归向量$\boldsymbol{x}_{k+1}$之后,令

$$(\boldsymbol{X}^{k+1})^{\mathrm{T}}=\begin{bmatrix}(\boldsymbol{X}^k)^{\mathrm{T}}\\ \boldsymbol{x}_{k+1}^{\mathrm{T}}\end{bmatrix},\quad \boldsymbol{P}_k\triangleq[\boldsymbol{X}^k(\boldsymbol{X}^k)^{\mathrm{T}}]^{-1} \tag{2-1-50}$$

则有**递推最小二乘(recursive least squares,RLS)估计**是

$$\hat{\boldsymbol{\theta}}_{k+1}^{\mathrm{LS}}=\hat{\boldsymbol{\theta}}_k^{\mathrm{LS}}+\boldsymbol{K}_{k+1}\varepsilon_{k+1} \tag{2-1-51}$$

其中$\boldsymbol{K}_{k+1}$和ε_{k+1}分别是**Kalman增益矩阵**和**一步预测误差**或**参数估计新息(innovation)**,分别计算为

$$\boldsymbol{K}_{k+1}=\frac{\boldsymbol{P}_k\boldsymbol{x}_{k+1}}{1+\boldsymbol{x}_{k+1}^{\mathrm{T}}\boldsymbol{P}_k\boldsymbol{x}_{k+1}},\quad \varepsilon_{k+1}=z_{k+1}-\boldsymbol{x}_{k+1}^{\mathrm{T}}\hat{\boldsymbol{\theta}}_k^{\mathrm{LS}} \tag{2-1-52}$$

而$\boldsymbol{P}_k$的递推计算式为

$$\boldsymbol{P}_{k+1}=\boldsymbol{P}_k-\boldsymbol{P}_k\frac{\boldsymbol{x}_{k+1}\boldsymbol{x}_{k+1}^{\mathrm{T}}}{1+\boldsymbol{x}_{k+1}^{\mathrm{T}}\boldsymbol{P}_k\boldsymbol{x}_{k+1}}\boldsymbol{P}_k,\quad k\in\mathbb{N} \tag{2-1-53}$$

证明 这是因为$\boldsymbol{P}_{k+1}\triangleq[\boldsymbol{X}^{k+1}(\boldsymbol{X}^{k+1})^{\mathrm{T}}]^{-1}=[\boldsymbol{X}^k(\boldsymbol{X}^k)^{\mathrm{T}}+\boldsymbol{x}_{k+1}\boldsymbol{x}_{k+1}^{\mathrm{T}}]^{-1}$,根据矩阵求逆引理直接可得式(2-1-53);于是

$$\begin{aligned}\hat{\boldsymbol{\theta}}_{k+1}^{\mathrm{LS}}&=\boldsymbol{P}_{k+1}\boldsymbol{X}^{k+1}\boldsymbol{Z}^{k+1}=\left[\boldsymbol{P}_k-\boldsymbol{P}_k\frac{\boldsymbol{x}_{k+1}\boldsymbol{x}_{k+1}^{\mathrm{T}}}{1+\boldsymbol{x}_{k+1}^{\mathrm{T}}\boldsymbol{P}_k\boldsymbol{x}_{k+1}}\boldsymbol{P}_k\right][\boldsymbol{X}^k\boldsymbol{Z}^k+\boldsymbol{x}_{k+1}z_{k+1}]\\&=\hat{\boldsymbol{\theta}}_k^{\mathrm{LS}}+\frac{\boldsymbol{P}_k\boldsymbol{x}_{k+1}}{1+\boldsymbol{x}_{k+1}^{\mathrm{T}}\boldsymbol{P}_k\boldsymbol{x}_{k+1}}[z_{k+1}-\boldsymbol{x}_{k+1}^{\mathrm{T}}\hat{\boldsymbol{\theta}}_k^{\mathrm{LS}}]\end{aligned}$$

结论得证。 ■

注 关于渐消记忆的递推最小二乘估计见文献[1]。

2. LMS估计

此时定义量测误差的均方值是

$$\begin{aligned}\mathrm{MSE}\triangleq\xi&=E(v_k^2)=E[(z_k-\boldsymbol{x}_k^{\mathrm{T}}\boldsymbol{\theta})^{\mathrm{T}}(z_k-\boldsymbol{x}_k^{\mathrm{T}}\boldsymbol{\theta})]\\&=E(z_k^2)-2\boldsymbol{P}_k^{\mathrm{T}}\boldsymbol{\theta}+\boldsymbol{\theta}^{\mathrm{T}}\boldsymbol{R}_k\boldsymbol{\theta}\end{aligned} \tag{2-1-54}$$

其中$\boldsymbol{P}_k\triangleq E(\boldsymbol{x}_kz_k)$,$\boldsymbol{R}_k\triangleq E(\boldsymbol{x}_k\boldsymbol{x}_k^{\mathrm{T}})$,定义均方误差函数的梯度向量是

$$\boldsymbol{\nabla}_k\triangleq\left(\frac{\partial E(v_k^2)}{\partial\boldsymbol{\theta}}\right)^{\mathrm{T}}=-2\boldsymbol{P}_k+2\boldsymbol{R}_k\boldsymbol{\theta} \tag{2-1-55}$$

假定$\boldsymbol{R}_k$可逆,则参数的最优估计是

$$\hat{\boldsymbol{\theta}}_k^* = \boldsymbol{R}_k^{-1}\boldsymbol{P}_k \tag{2-1-56}$$

则上式就是最小二乘意义下的最优估计。

因为一般情况下梯度向量$\boldsymbol{\nabla}_k$并不能确切获得，所以自适应的 LMS 算法就是最速下降法的一种实现：正比于梯度向量估计值$\hat{\boldsymbol{\nabla}}_k$ 的负值，即

$$\hat{\boldsymbol{\theta}}_{k+1} = \hat{\boldsymbol{\theta}}_k + \mu(-\hat{\boldsymbol{\nabla}}_k) \tag{2-1-57}$$

其中$\hat{\boldsymbol{\nabla}}_k = \boldsymbol{\nabla}_k - \tilde{\boldsymbol{\nabla}}_k$ 是一种梯度估计，等于真实梯度减去梯度误差，μ 是自适应参数。根据自适应线性组合器的误差公式，可以求得一个很粗的梯度估计

$$\hat{\boldsymbol{\nabla}}_k = \left(\frac{\partial \varepsilon_k^2}{\partial \hat{\boldsymbol{\theta}}_k}\right)^{\mathrm{T}} = 2\varepsilon_k\left(\frac{\partial \varepsilon_k}{\partial \hat{\boldsymbol{\theta}}_k}\right)^{\mathrm{T}} = -2\varepsilon_k\boldsymbol{x}_k \tag{2-1-58}$$

其中 $\varepsilon_k = z_k - \boldsymbol{x}_k^{\mathrm{T}}\hat{\boldsymbol{\theta}}_k$ 是k 时刻的估计残差。从而得**最小均方(least mean-squares，LMS)估计算法**

$$\hat{\boldsymbol{\theta}}_{k+1} = \hat{\boldsymbol{\theta}}_k + 2\mu\varepsilon_k\boldsymbol{x}_k \tag{2-1-59}$$

其中 μ 是自适应参数。

该算法的优点是：梯度估计不必做平方、平均或微分运算，而仅仅是一个简单的线性运算，因而具有计算的简单性；梯度向量的所有分量都由一个单一的数据样本得到，而不用参数向量的摄动。每个梯度向量都是一个**瞬时梯度**。

该算法的缺点是：因为梯度估计没有经过平均而求得，所以包含大量的噪声分量。但噪声可以被自适应过程所平均和衰减。

该算法具有如下无偏特性：$E(\hat{\boldsymbol{\theta}}_k) = \boldsymbol{\theta}$；其均值和方差都收敛的条件是

$$\frac{1}{\operatorname{tr}(\boldsymbol{R}_k)} > \mu > 0 \tag{2-1-60}$$

随着 $\hat{\boldsymbol{\theta}}_k \to \boldsymbol{\theta}$，误差 ε_k 是非平稳的，这样使得 MSE 仅能在集合平均的意义上来定义。当自适应过程收敛时，显然有

$$\lim_{k\to\infty}\xi_k = \xi_{\min} \tag{2-1-61}$$

结论 根据实验结果，由于参数向量噪声的存在，实际的收敛速率还要快于理论值。学习曲线表明，由于重复应用自适应算法，从而带来 MSE 的快速下降。

RLS 可以得到精确的最小二乘解，要得到整体最优解必须依赖所有过去的数据，利用矩阵求逆引理得到更新的权向量。而 LMS 算法利用自相关矩阵的估计来降低当前输入数据的相关性，而且对平稳输入的稳态解在整个时间段上保持改进，最后导致一个没有过调节的精确解。

RLS 相对于 LMS 的劣势还在于其在非平稳环境中的跟踪能力的减弱以及运算的复杂性。

2.2 期望极大化(EM)方法

2.2.1 概述

EM 算法是由 A. P. Dempster 等于 1977 年提出来的[35]，是当前统计学领域最广泛

应用的算法之一。本节将详细描述这一算法，并对一些重要结果给出证明。

定义 2.2.1 给定某个量测数据 z，以及用参数$\boldsymbol{\theta}$ 描述的模型族，EM 算法的基本形式就是求得 $\boldsymbol{\theta}$，使得似然函数 $p(z|\boldsymbol{\theta})$为最大，即

$$\hat{\boldsymbol{\theta}}^* = \underset{\theta}{\arg\max}\, p(z \mid \boldsymbol{\theta}) \tag{2-2-1}$$

一般情况下，由上式给出的 ML 估计只能求得局部极大值。可以考虑采用迭代算法，每次迭代都对$\boldsymbol{\theta}$ 值进行修正，以增大似然值，直至达到最大值。

假定已经定义了一个对数似然函数 $L(\boldsymbol{\theta})=\ln p(z|\boldsymbol{\theta})$，而且 k 次迭代对于参数的最优估计是$\hat{\boldsymbol{\theta}}_k$，由此可以得到对数似然函数变化量：

$$L(\boldsymbol{\theta})-L(\hat{\boldsymbol{\theta}}_k)=\ln p(z|\boldsymbol{\theta})-\ln p(z|\hat{\boldsymbol{\theta}}_k)=\ln \frac{p(z|\boldsymbol{\theta})}{p(z|\hat{\boldsymbol{\theta}}_k)},\quad k\in\mathbb{N} \tag{2-2-2}$$

显然，L 值的增大或减小依赖于对$\boldsymbol{\theta}$ 的选择。于是，选择$\boldsymbol{\theta}$ 使得方程(2-2-2)的右边极大化，从而使似然函数最大可能地增大。但是，一般情况下这是不可能做到的，因为实际问题中用以描述模型族的观测数据 z 可能是不完全的。

2.2.2 EM 算法描述

定义 2.2.2 设**观测数据集合**是 z_{obs}，而不可观测数据(或缺失数据)是 z_{mis}，二者构成对所考虑模型族适配的**完全数据集合**

$$z = z_{\text{obs}} \cup z_{\text{mis}} \tag{2-2-3}$$

假设 z_{mis} 是已知的，则最优的$\boldsymbol{\theta}$ 值就容易计算得到。从数学的观点来看，对于离散概率分布，式(2-2-2)变为

$$L(\boldsymbol{\theta}) - L(\hat{\boldsymbol{\theta}}_k) = \ln \frac{\sum\limits_{z_{\text{mis}}} p(z_{\text{obs}} \mid z_{\text{mis}},\boldsymbol{\theta})p(z_{\text{mis}} \mid \boldsymbol{\theta})}{p(z_{\text{obs}} \mid \hat{\boldsymbol{\theta}}_k)},\quad k \in \mathbb{N} \tag{2-2-4}$$

这个表达式是对和式求对数，一般难于处理。我们不加证明地给出所谓 Jensen 不等式：

$$\sum_j \lambda_j = 1 \;\Rightarrow\; \ln \sum_j \lambda_j y_j \geqslant \sum_j \lambda_j \ln y_j \tag{2-2-5}$$

为了利用这个不等式，需要构造 $\lambda_{z_{\text{mis}}} \geqslant 0$，使得 $\sum\limits_{z_{\text{mis}}} \lambda_{z_{\text{mis}}} = 1$。显然，在给定当前观测数据 z_{obs} 和参数$\hat{\boldsymbol{\theta}}_k$ 的前提下，缺失数据 z_{mis} 的条件概率 $p(z_{\text{mis}}|z_{\text{obs}},\hat{\boldsymbol{\theta}}_k)\geqslant 0$，且有 $\sum\limits_{z_{\text{mis}}} p(z_{\text{mis}}|z_{\text{obs}},\hat{\boldsymbol{\theta}}_k)=1$，于是把这些系数引入式(2-2-4)得

$$L(\boldsymbol{\theta}) - L(\hat{\boldsymbol{\theta}}_k) = \ln \frac{\sum\limits_{z_{\text{mis}}} p(z_{\text{obs}} \mid z_{\text{mis}},\boldsymbol{\theta})p(z_{\text{mis}} \mid \boldsymbol{\theta})}{p(z_{\text{obs}} \mid \hat{\boldsymbol{\theta}}_k)} \frac{p(z_{\text{mis}} \mid z_{\text{obs}},\hat{\boldsymbol{\theta}}_k)}{p(z_{\text{mis}} \mid z_{\text{obs}},\hat{\boldsymbol{\theta}}_k)},\quad k \in \mathbb{N} \tag{2-2-6}$$

现在可以应用 Jensen 不等式，得

$$L(\boldsymbol{\theta})-L(\hat{\boldsymbol{\theta}}_k)\geqslant\sum_{z_{\mathrm{mis}}}p(z_{\mathrm{mis}}\mid z_{\mathrm{obs}},\hat{\boldsymbol{\theta}}_k)\ln\frac{p(z_{\mathrm{obs}}\mid z_{\mathrm{mis}},\theta)p(z_{\mathrm{mis}}\mid\boldsymbol{\theta})}{p(z_{\mathrm{obs}}\mid\hat{\boldsymbol{\theta}}_k)p(z_{\mathrm{mis}}\mid z_{\mathrm{obs}},\hat{\boldsymbol{\theta}}_k)},\quad k\in\mathbb{N} \tag{2-2-7}$$

重写上式,得到

$$L(\boldsymbol{\theta})\geqslant L(\hat{\boldsymbol{\theta}}_k)+\Delta(\boldsymbol{\theta}\mid\hat{\boldsymbol{\theta}}_k)=l(\boldsymbol{\theta}\mid\hat{\boldsymbol{\theta}}_k),\quad k\in\mathbb{N} \tag{2-2-8}$$

其中

$$\Delta(\boldsymbol{\theta}\mid\hat{\boldsymbol{\theta}}_k)=\sum_{z_{\mathrm{mis}}}p(z_{\mathrm{mis}}\mid z_{\mathrm{obs}},\hat{\boldsymbol{\theta}}_k)\ln\frac{p(z_{\mathrm{obs}}\mid z_{\mathrm{mis}},\boldsymbol{\theta})p(z_{\mathrm{mis}}\mid\boldsymbol{\theta})}{p(z_{\mathrm{obs}}\mid\hat{\boldsymbol{\theta}}_k)p(z_{\mathrm{mis}}\mid z_{\mathrm{obs}},\hat{\boldsymbol{\theta}}_k)} \tag{2-2-9}$$

现在,$L(\boldsymbol{\theta})$和 $l(\boldsymbol{\theta}\mid\hat{\boldsymbol{\theta}}_k)$都是参数$\boldsymbol{\theta}$的函数,而且在参数空间中前者处处大于或等于后者,如图 2-2-1 所示。进而可以证明,如果$\boldsymbol{\theta}=\hat{\boldsymbol{\theta}}_k$,则 $\Delta(\boldsymbol{\theta}\mid\hat{\boldsymbol{\theta}}_k)=0$。于是可以用图 2-2-1 对 EM 算法进行说明。

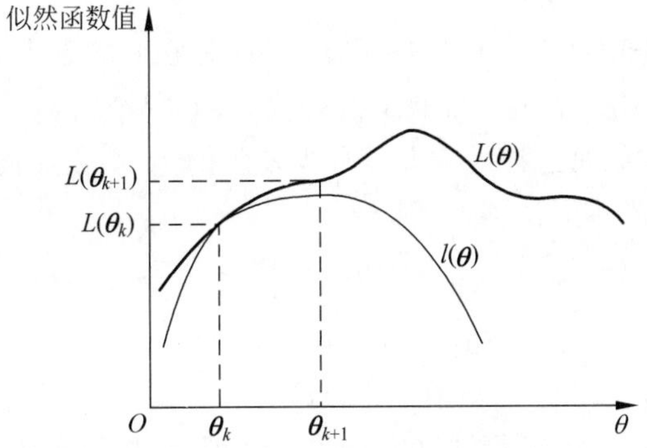

图 2-2-1 $L(\boldsymbol{\theta})$和 $l(\boldsymbol{\theta}\mid\hat{\boldsymbol{\theta}}_i)$的关系

EM 算法可以分为如下两个步骤进行:

(1) 求期望(E-)步。利用当前的参数估计$\hat{\boldsymbol{\theta}}_k$ 计算似然函数 $l(\boldsymbol{\theta})$,即按式(2-2-8)的右边计算得到 $l(\boldsymbol{\theta})$的表达式。

(2) 极大化(M-)步。对函数 $l(\boldsymbol{\theta})$求极大值以得到新的参数估计$\hat{\boldsymbol{\theta}}_{k+1}$,也就是对 $L(\hat{\boldsymbol{\theta}}_k)+\Delta(\boldsymbol{\theta}\mid\hat{\boldsymbol{\theta}}_k)$求极大化。此时利用了假定不可观测数据已知的条件,一般情况下将比直接对 $L(\boldsymbol{\theta})$求极大值来得容易。因此

$$\begin{aligned}\hat{\boldsymbol{\theta}}_{k+1}&=\underset{\theta}{\operatorname{argmax}}\left[L(\hat{\boldsymbol{\theta}}_k)+\sum_{z_{\mathrm{mis}}}p(z_{\mathrm{mis}}\mid z_{\mathrm{obs}},\hat{\boldsymbol{\theta}}_k)\ln\frac{p(z_{\mathrm{obs}}\mid z_{\mathrm{mis}},\boldsymbol{\theta})p(z_{\mathrm{mis}}\mid\boldsymbol{\theta})}{p(z_{\mathrm{obs}}\mid\hat{\boldsymbol{\theta}}_k)p(z_{\mathrm{mis}}\mid z_{\mathrm{obs}},\hat{\boldsymbol{\theta}}_k)}\right]\\&=\underset{\theta}{\operatorname{argmax}}\left\{\sum_{z_{\mathrm{mis}}}p(z_{\mathrm{mis}}\mid z_{\mathrm{obs}},\hat{\boldsymbol{\theta}}_k)\ln[p(z_{\mathrm{obs}}\mid z_{\mathrm{mis}},\boldsymbol{\theta})p(z_{\mathrm{mis}}\mid\boldsymbol{\theta})]\right\}\\&=\underset{\theta}{\operatorname{argmax}}[E_{z_{\mathrm{mis}}\mid z_{\mathrm{obs}},\hat{\boldsymbol{\theta}}_k}\ln p(z_{\mathrm{obs}},z_{\mathrm{mis}}\mid\boldsymbol{\theta})],\quad k\in\mathbb{N}\end{aligned} \tag{2-2-10}$$

此处 $\sum_{z_{\mathrm{mis}}}p(z_{\mathrm{mis}}\mid z_{\mathrm{obs}},\hat{\boldsymbol{\theta}}_k)\ln[p(z_{\mathrm{obs}}\mid\hat{\boldsymbol{\theta}}_k)p(z_{\mathrm{mis}}\mid z_{\mathrm{obs}},\hat{\boldsymbol{\theta}}_k)]$与$\hat{\boldsymbol{\theta}}_{k+1}$ 的优化无关。

因此,EM 算法的步骤可描述如下。

(1) E-步计算：

$$Q(\boldsymbol{\theta} \mid \hat{\boldsymbol{\theta}}_k) \triangleq E_{z_{\text{mis}} \mid z_{\text{obs}}, \hat{\boldsymbol{\theta}}_k} \ln p(z_{\text{obs}}, z_{\text{mis}} \mid \boldsymbol{\theta}), \quad k \in \mathbb{N} \tag{2-2-11}$$

(2) M-步计算：

$$\hat{\boldsymbol{\theta}}_{k+1} = \underset{\theta}{\operatorname{argmax}}[Q(\boldsymbol{\theta} \mid \hat{\boldsymbol{\theta}}_k)], \quad k \in \mathbb{N} \tag{2-2-12}$$

定理 2.2.1 上述 EM 算法在满足假设条件时收敛。

证明 证明分两步进行。

(1) $\hat{\boldsymbol{\theta}}_{k+1}$ 对 $Q(\boldsymbol{\theta} \mid \hat{\boldsymbol{\theta}}_k)$ 极大化，所以有

$$Q(\hat{\boldsymbol{\theta}}_{k+1} \mid \hat{\boldsymbol{\theta}}_k) \geqslant Q(\hat{\boldsymbol{\theta}}_k \mid \hat{\boldsymbol{\theta}}_k) = 0$$

因此对每次迭代，$L(\boldsymbol{\theta})$ 不降低。

(2) 如果 EM 算法在某个 $\hat{\boldsymbol{\theta}}_k$ 达到一个不动点，则 $\hat{\boldsymbol{\theta}}_k$ 就是 $l(\boldsymbol{\theta})$ 的极大点；进而，$L(\boldsymbol{\theta})$ 和 $l(\boldsymbol{\theta})$ 在该点相等。 ■

注 1 只要 $L(\boldsymbol{\theta})$ 和 $l(\boldsymbol{\theta})$ 是可微的，则 $\hat{\boldsymbol{\theta}}_k$ 必然是它们的一个驻点，但不必取得一个局部极大值。事实上，McLachlan 和 Krishnan(1997)[36] 给出例子是收敛到鞍点和局部极小点。而当可微性成立时这样的情况是很少发生的，否则就如同在单个点上拟合零方差的 Gauss 分布一样，根本无法得以保证。

注 2 算法收敛性成立主要依赖于这样的事实：$Q(\hat{\boldsymbol{\theta}}_{k+1} \mid \hat{\boldsymbol{\theta}}_k) \geqslant Q(\hat{\boldsymbol{\theta}}_k \mid \hat{\boldsymbol{\theta}}_k)$。虽然这个事实很容易得以满足，只要选择 $\hat{\boldsymbol{\theta}}_{k+1}$ 对 $Q(\boldsymbol{\theta} \mid \hat{\boldsymbol{\theta}}_k)$ 极大化即可。选择任意方法如利用 $\partial Q/\partial \boldsymbol{\theta}$ 的梯度法就可以使得 Q 的当前值得以改善。于是，万一在 M-步难以处理，L 的梯度难以计算，利用所谓广义 EM 算法(GEM)仍能保证算法的进行。

2.2.3 混合 Gauss 参数估计的 EM 算法实例

例题 2.2.1 混合 Gauss 分布是用来逼近任意分布的一个重要技术。本例题讨论利用 EM 算法进行极大似然混合密度参数估计的问题。设有混合概率密度模型

$$p(\boldsymbol{x} \mid \boldsymbol{\theta}) = \sum_{j=1}^{M} \alpha_j p_j(\boldsymbol{x} \mid \boldsymbol{\vartheta}_j)$$

其中，$\boldsymbol{\theta} = \{\alpha_j, \boldsymbol{\vartheta}_j\}_{j=1}^{M}$ 是待估计的参数，而 $\boldsymbol{x} = \{\boldsymbol{x}_i\}_{i=1}^{N}$ 是观测样本。不完全数据的对数似然是

$$\ln p(\boldsymbol{x} \mid \boldsymbol{\theta}) = \ln \prod_{i=1}^{N} p(\boldsymbol{x}_i \mid \boldsymbol{\theta}) = \sum_{i=1}^{N} \ln p(\boldsymbol{x}_i \mid \boldsymbol{\theta}) = \sum_{i=1}^{N} \ln \sum_{j=1}^{M} \alpha_j p(\boldsymbol{x}_i \mid \boldsymbol{\vartheta}_j)$$

这是一个求和的对数，显然不容易进行优化计算。令 $\boldsymbol{y} = \{y_i\}_{i=1}^{N}$ 是未观测的数据，其中

$$y_i \in \{1, 2, \cdots, M\} \triangleq \Gamma, \quad i = 1, 2, \cdots, N$$

而 $y_i = k$ 则意味着样本 $\boldsymbol{x}_i$ 是由第 k 个混合密度成员产生。于是 $\boldsymbol{z} = \{\boldsymbol{x}, \boldsymbol{y}\}$ 就是完全数据。这样可以构造完全数据的似然函数

$$\ln p(\boldsymbol{x}, \boldsymbol{y} \mid \boldsymbol{\theta}) = \ln \prod_{i=1}^{N} p(\boldsymbol{x}_i, y_i \mid \boldsymbol{\theta}) = \sum_{i=1}^{N} \ln p(\boldsymbol{x}_i, y_i \mid \boldsymbol{\theta}) = \sum_{i=1}^{N} \ln \alpha_{y_i} p_{y_i}(\boldsymbol{x}_i \mid \boldsymbol{\vartheta}_{y_i})$$

E-步：求期望的表达式是

$$Q(\boldsymbol{\theta} \mid \hat{\boldsymbol{\theta}}_k) = E_{\boldsymbol{y}\mid \boldsymbol{x},\hat{\boldsymbol{\theta}}_k} \ln p(\boldsymbol{x},\boldsymbol{y} \mid \boldsymbol{\theta})$$

而 $p(y_i \mid \boldsymbol{x}_i, \hat{\boldsymbol{\theta}}_k) = \dfrac{\hat{\alpha}_{y_i,k} p_{y_i}(\boldsymbol{x}_i \mid \hat{\boldsymbol{\vartheta}}_{y_i,k})}{\sum_{s=1}^{M} \hat{\alpha}_{y_s,k} p_{y_s}(\boldsymbol{x}_s \mid \hat{\boldsymbol{\vartheta}}_{y_s,k})}, k \in \mathbb{N}$（当$\hat{\boldsymbol{\theta}}_k$ 已知时容易求得），同时有

$$p(\boldsymbol{y} \mid \boldsymbol{x}, \hat{\boldsymbol{\theta}}_k) = \prod_{i=1}^{N} p(y_i \mid \boldsymbol{x}_i, \hat{\boldsymbol{\theta}}_k)$$

所以

$$\begin{aligned}
Q(\boldsymbol{\theta} \mid \hat{\boldsymbol{\theta}}_k) &= E_{\boldsymbol{y}\mid \boldsymbol{x},\hat{\boldsymbol{\theta}}_k} \ln p(\boldsymbol{x},\boldsymbol{y} \mid \boldsymbol{\theta}) = \sum_{\boldsymbol{y}\in\Gamma} [\ln p(\boldsymbol{x},\boldsymbol{y} \mid \boldsymbol{\theta})] p(\boldsymbol{y} \mid \boldsymbol{x}, \hat{\boldsymbol{\theta}}_k) \\
&= \sum_{j=1}^{M} \left[\sum_{i=1}^{N} \ln \alpha_j p_j(\boldsymbol{x}_i \mid \boldsymbol{\vartheta}_j) \right] p(j \mid \boldsymbol{x}_i, \hat{\boldsymbol{\theta}}_k) \\
&= \sum_{j=1}^{M} \sum_{i=1}^{N} [\ln(\alpha_j)] p(j \mid \boldsymbol{x}_i, \hat{\boldsymbol{\theta}}_k) + \sum_{j=1}^{M} \sum_{i=1}^{N} [\ln(p_j(\boldsymbol{x}_i \mid \boldsymbol{\vartheta}_j))] p(j \mid \boldsymbol{x}_i, \hat{\boldsymbol{\theta}}_k)
\end{aligned}$$

对某些特殊的分布函数，可以得到参数的解析表达，例如正态分布的混合密度函数有：

E-步：求期望 $\boldsymbol{\vartheta}_j = \{\boldsymbol{u}_j, \boldsymbol{\Sigma}_j\}, j = 1,2,\cdots,M$，分别表示各分量的均值和协方差阵，则

$$p_j(\boldsymbol{x}_i \mid \boldsymbol{\vartheta}_j) = \frac{1}{(2\pi)^{d/2} \mid \Sigma_j \mid^{1/2}} \exp\left\{ -\frac{1}{2} (\boldsymbol{x}_i - \boldsymbol{u}_j)^{\mathrm{T}} \Sigma_j^{-1} (\boldsymbol{x}_i - \boldsymbol{u}_j) \right\}$$

$$p(j \mid \boldsymbol{x}_i, \hat{\boldsymbol{\theta}}_k) = \frac{\hat{\alpha}_{j,k} p_j(\boldsymbol{x}_i \mid \hat{\boldsymbol{\vartheta}}_{j,k})}{\sum_{s=1}^{M} \hat{\alpha}_{s,k} p_s(\boldsymbol{x}_s \mid \hat{\boldsymbol{\vartheta}}_{s,k})}, \quad j = 1,2,\cdots,M$$

$$p_j(\boldsymbol{x}_i \mid \hat{\boldsymbol{\vartheta}}_{j,k}) = \frac{1}{(2\pi)^{d/2} \mid \hat{\boldsymbol{\Sigma}}_{j,k} \mid^{1/2}} \exp\left\{ -\frac{1}{2} (\boldsymbol{x}_i - \hat{\boldsymbol{u}}_{j,k})^{\mathrm{T}} \hat{\boldsymbol{\Sigma}}_{j,k}^{-1} (\boldsymbol{x}_i - \hat{\boldsymbol{u}}_{j,k}) \right\}$$

从而求得 $Q(\boldsymbol{\theta} \mid \hat{\boldsymbol{\theta}}_k)$。

M-步：求极大化

$$\hat{\boldsymbol{\theta}}_{k+1} = \underset{\boldsymbol{\theta}}{\operatorname{argmax}}\, Q(\boldsymbol{\theta} \mid \hat{\boldsymbol{\theta}}_k)$$

约束条件：$$\sum_{j=1}^{M} \alpha_j = 1$$

利用 Lagrange 乘子法容易求得参数估计$\hat{\boldsymbol{\theta}}_{k+1}$（由 $\boldsymbol{x}_i$ 和 $p(j \mid \boldsymbol{x}_i, \hat{\boldsymbol{\theta}}_k)$表示）。$\hat{\boldsymbol{\theta}}_{k+1}$ 将作为下一步的初始值，重复 E-步和 M-步计算，直至收敛。 □

2.3 线性动态系统的滤波理论与算法

2.3.1 离散时间线性系统状态估计问题的一般描述

定义 2.3.1 考虑离散时间线性随机动态系统

$$\boldsymbol{x}_{k+1}=\boldsymbol{F}_k\boldsymbol{x}_k+\boldsymbol{\Gamma}_k\boldsymbol{w}_k \tag{2-3-1}$$

$$\boldsymbol{z}_k=\boldsymbol{H}_k\boldsymbol{x}_k+\boldsymbol{v}_k \tag{2-3-2}$$

其中 $k\in\mathbb{N}$ 是时间指标，$\boldsymbol{x}_k\in\mathbb{R}^n$ 是 k 时刻的系统**状态向量**，$\boldsymbol{F}_k$ 是系统**状态转移矩阵**，而 $\boldsymbol{w}_k$ 是**过程演化噪声**，$\boldsymbol{\Gamma}_k$ 是**噪声矩阵**，$\boldsymbol{z}_k\in\mathbb{R}^m$ 是 k 时刻对系统状态的**量测向量**，$\boldsymbol{H}_k$ 是**量测矩阵**，而 $\boldsymbol{v}_k$ 是**量测噪声**。

假定直到 k 时刻所有的量测信息是

$$\boldsymbol{Z}^k=\{\boldsymbol{z}_1,\boldsymbol{z}_2,\cdots,\boldsymbol{z}_k\} \tag{2-3-3}$$

基于量测信息 $\boldsymbol{Z}^k$，对 $\boldsymbol{x}_k$ 的估计问题，称为**状态滤波问题**；对 $\boldsymbol{x}_{k+l}$，$l>0$ 的估计问题，称为**状态预测问题**；对 $\boldsymbol{x}_{k-l}$，$l>0$ 的估计问题，称为**状态平滑问题**。

定义 2.3.2 仍考虑式(2-3-1)和式(2-3-2)描述的离散时间线性随机动态系统，假定所有随机变量都是 Gauss 分布的情况下，考虑对于量测的一步提前预测

$$\hat{\boldsymbol{z}}_{k|k-1}=E(\boldsymbol{z}_k\mid\boldsymbol{Z}^{k-1}),\quad k\in\mathbb{N} \tag{2-3-4}$$

而预测误差序列

$$\tilde{\boldsymbol{z}}_{k|k-1}=\boldsymbol{z}_k-\hat{\boldsymbol{z}}_{k|k-1},\quad k\in\mathbb{N} \tag{2-3-5}$$

称为**新息序列**。

如果假定随机变量是非 Gauss 分布的情况下，仍考虑对于量测的一步提前预测

$$\hat{\boldsymbol{z}}_{k|k-1}=E^*(\boldsymbol{z}_k\mid\boldsymbol{Z}^{k-1}),\quad k\in\mathbb{N} \tag{2-3-6}$$

其中估计采用 BLUE 准则，而预测误差序列

$$\tilde{\boldsymbol{z}}_{k|k-1}=\boldsymbol{z}_k-\hat{\boldsymbol{z}}_{k|k-1},\quad k\in\mathbb{N} \tag{2-3-7}$$

则称为**伪新息序列**。

定理 2.3.1 Gauss 序列$\{\boldsymbol{z}_1,\boldsymbol{z}_2,\cdots,\boldsymbol{z}_k\}$所产生的新息序列$\{\tilde{\boldsymbol{z}}_{1|0},\tilde{\boldsymbol{z}}_{2|1},\cdots,\tilde{\boldsymbol{z}}_{k|k-1}\}$是一个零均值的独立过程，它与原量测序列之间存在因果性线性运算，而且包含了原序列的所有信息；同时原量测序列、一步提前预测序列和新息序列构成一个一步提前预测器，这个预测器是一个具有单位反馈的线性系统，如图 2-3-1 所示。

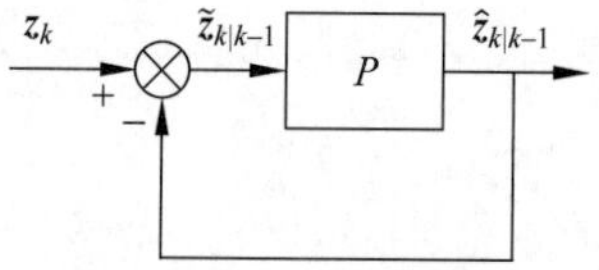

图 2-3-1 一步提前预测系统

证明 分三个步骤完成证明。

(1) $E(\tilde{\boldsymbol{z}}_{k|k-1})=0$，$\forall k\in\mathbb{N}$，这是因为

$$E(\tilde{\boldsymbol{z}}_{k|k-1})=E(\boldsymbol{z}_k-\hat{\boldsymbol{z}}_{k|k-1})=E(\boldsymbol{z}_k)-E[E(\boldsymbol{z}_k\mid\boldsymbol{Z}^{k-1})]=0$$

(2) $\mathrm{cov}(\tilde{\boldsymbol{z}}_{i|i-1},\tilde{\boldsymbol{z}}_{j|j-1})=0$，$i\neq j$，$\forall i,j\in\mathbb{N}$，这是因为对 $\forall s<k$，有

$$\tilde{\boldsymbol{z}}_{s|s-1}=\boldsymbol{z}_s-E(\boldsymbol{z}_s)-\boldsymbol{R}_{\boldsymbol{z}_s\boldsymbol{Z}^{s-1}}\boldsymbol{R}_{\boldsymbol{Z}^{s-1}\boldsymbol{Z}^{s-1}}^{-1}[\boldsymbol{Z}^{s-1}-E(\boldsymbol{Z}^{s-1})]$$

$$=\begin{pmatrix}-\boldsymbol{R}_{\boldsymbol{z}_s\boldsymbol{Z}^{s-1}}\boldsymbol{R}_{\boldsymbol{Z}^{s-1}\boldsymbol{Z}^{s-1}}^{-1} & & \cdots & 0\\ & I & & \vdots\\ \vdots & & & 0\\ & & & \ddots\\ 0 & & \cdots & 0\end{pmatrix}\begin{pmatrix}\boldsymbol{Z}^{s-1}-E(\boldsymbol{Z}^{s-1})\\ \boldsymbol{z}_s-E(\boldsymbol{z}_s)\\ \vdots\\ \boldsymbol{z}_k-E(\boldsymbol{z}_k)\end{pmatrix}=\boldsymbol{B}_k[\boldsymbol{Z}^k-E(\boldsymbol{Z}^k)]$$

所以有

$$\text{cov}[\tilde{z}_{k|k-1},\tilde{z}_{s|s-1}]=E\{[\boldsymbol{z}_k-E(\boldsymbol{z}_k)-\boldsymbol{R}_{\boldsymbol{z}_k\boldsymbol{Z}^{k-1}}\boldsymbol{R}^{-1}_{\boldsymbol{Z}^{k-1}\boldsymbol{Z}^{k-1}}(\boldsymbol{Z}^{k-1}-E(\boldsymbol{Z}^{k-1}))][\boldsymbol{B}_k(\boldsymbol{Z}^k-E(\boldsymbol{Z}^k))]^{\mathrm{T}}\}$$
$$=\boldsymbol{R}_{\boldsymbol{z}_k\boldsymbol{Z}^{k-1}}\boldsymbol{B}_k^{\mathrm{T}}-\boldsymbol{R}_{\boldsymbol{z}_k\boldsymbol{Z}^{k-1}}\boldsymbol{R}^{-1}_{\boldsymbol{Z}^{k-1}\boldsymbol{Z}^{k-1}}\boldsymbol{R}_{\boldsymbol{Z}^{k-1}\boldsymbol{Z}^{k-1}}\boldsymbol{B}_s^{\mathrm{T}}=0,\quad k>s$$

类似地可以证明 $s>k$ 的情况。

(3) 由定义知，序列$\{\tilde{z}_{k|k-1}\}$本身就是由序列$\{\boldsymbol{z}_k\}$的因果线性运算得到，即$\tilde{z}_{k|k-1}$是序列$\{\boldsymbol{z}_1,\boldsymbol{z}_2,\cdots,\boldsymbol{z}_k\}$的线性组合。其次，$\boldsymbol{z}_k$ 也是序列$(\tilde{z}_{1|0},\tilde{z}_{2|1},\cdots,\tilde{z}_{k|k-1})$的线性组合，可用归纳法证明如下：当 $s=1,\boldsymbol{z}_1=\tilde{z}_{1|0}+E(\boldsymbol{z}_1)$成立；假定 $1<s<k$ 时，$\boldsymbol{z}_s$ 均由$\{\tilde{z}_{1|0},\tilde{z}_{2|1},\cdots,\tilde{z}_{s|s-1}\}$的线性组合构成，于是由 $\boldsymbol{z}_k=\tilde{z}_{k|k-1}+E(\boldsymbol{z}_k|\boldsymbol{z}^{k-1})$，以及$E(\boldsymbol{z}_k|\boldsymbol{z}^{k-1})$是由$\{\tilde{z}_{1|0},\tilde{z}_{2|1},\cdots,\tilde{z}_{k|k-1}\}$的线性组合构成，得出结论，从而图 2-3-1 成立。

(4) 以序列 $\boldsymbol{z}^k$ 为条件，等价于以序列 $\tilde{\boldsymbol{z}}^k=\{\tilde{z}_{1|0},\tilde{z}_{2|1},\cdots,\tilde{z}_{k|k-1}\}$为条件，即对任意与随机向量$(\boldsymbol{z}_1,\boldsymbol{z}_2,\cdots,\boldsymbol{z}_k)$联合分布的随机向量 $\boldsymbol{x}$，则有 $E(x|\boldsymbol{z}^k)=E(x|\tilde{\boldsymbol{z}}^k)$。 ■

推论 非 Gauss 序列$\{\boldsymbol{z}_1,\boldsymbol{z}_2,\cdots,\boldsymbol{z}_k\}$所产生的伪新息序列$\{\tilde{z}_{1|0},\tilde{z}_{2|1},\cdots,\tilde{z}_{k|k-1}\}$也是一个零均值的独立过程，它与原量测序列之间也存在因果性线性运算，而且包含了原序列的所有信息；同时原量测序列、一步提前预测序列和伪新息序列构成一个一步提前预测器，与 Gauss 情况相同。

证明 只需要证明 $E(\tilde{z}_{k|k-1})=0,\forall k\in\mathbb{N}$，其他步骤与定理相同。这是因为

$$E(\tilde{z}_{k|k-1})=E(\boldsymbol{z}_k-\hat{z}_{k|k-1})=E(\boldsymbol{z}_k)-E[E^*(\boldsymbol{z}_k\mid\boldsymbol{Z}^{k-1})]$$
$$=E(\boldsymbol{z}_k)-E[E(\boldsymbol{z}_k)+\boldsymbol{R}_{\boldsymbol{z}_k\boldsymbol{Z}^{k-1}}\boldsymbol{R}^{-1}_{\boldsymbol{Z}^{k-1}\boldsymbol{Z}^{k-1}}(\boldsymbol{Z}^{k-1}-\bar{\boldsymbol{Z}}^{k-1})]=0$$

结论得证。 ■

定理 2.3.2 设$\{\tilde{z}_{1|0},\tilde{z}_{2|1},\cdots,\tilde{z}_{k|k-1}\}$是由 Gauss 序列$\{\boldsymbol{z}_1,\boldsymbol{z}_2,\cdots,\boldsymbol{z}_k\}$产生的新息序列，假定 $\boldsymbol{x}$ 是与$\{\boldsymbol{z}_1,\boldsymbol{z}_2,\cdots,\boldsymbol{z}_k\}$联合 Gauss 分布的，且 $E(\boldsymbol{x})=\bar{\boldsymbol{x}}$，则

$$E(\boldsymbol{x}\mid\boldsymbol{Z}^k)=E(\boldsymbol{x}\mid\tilde{\boldsymbol{Z}}^k)=\sum_{i=1}^{k}E(\boldsymbol{x}\mid\tilde{z}_{i|i-1})-(k-1)\bar{\boldsymbol{x}},\quad k\in\mathbb{N}\tag{2-3-8}$$

证明 根据定理 2.3.1，新息序列$\{\tilde{z}_{1|0},\tilde{z}_{2|1},\cdots,\tilde{z}_{k|k-1}\}$是零均值的独立过程，且式(2-3-8)的第一个等号成立。再根据最小后验期望损失估计的算式(2-1-15)，则

$$\boldsymbol{R}_{x\tilde{Z}^k}=E[(\boldsymbol{x}-\bar{\boldsymbol{x}})(\tilde{\boldsymbol{Z}}^k)^{\mathrm{T}}]=(\boldsymbol{R}_{x\tilde{z}_{1|0}},\boldsymbol{R}_{x\tilde{z}_{2|1}},\cdots,\boldsymbol{R}_{x\tilde{z}_{k|k-1}})$$

$$\boldsymbol{R}_{\tilde{Z}^k\tilde{Z}^k}=E[\tilde{\boldsymbol{Z}}^k(\tilde{\boldsymbol{Z}}^k)^{\mathrm{T}}]=\text{block diag}(\boldsymbol{R}_{\tilde{z}_{1|0}\tilde{z}_{1|0}},\boldsymbol{R}_{\tilde{z}_{2|1}\tilde{z}_{2|1}},\cdots,\boldsymbol{R}_{\tilde{z}_{k|k-1}\tilde{z}_{k|k-1}})$$

所以有

$$\boldsymbol{R}^{-1}_{\tilde{Z}^k\tilde{Z}^k}=\text{block diag}(\boldsymbol{R}^{-1}_{\tilde{z}_{1|0}\tilde{z}_{1|0}},\boldsymbol{R}^{-1}_{\tilde{z}_{2|1}\tilde{z}_{2|1}},\cdots,\boldsymbol{R}^{-1}_{\tilde{z}_{k|k-1}\tilde{z}_{k|k-1}})$$

$$E(\boldsymbol{x}\mid\tilde{\boldsymbol{Z}}^k)=\bar{\boldsymbol{x}}+\boldsymbol{R}_{x\tilde{Z}^k}\boldsymbol{R}^{-1}_{\tilde{Z}^k\tilde{Z}^k}\tilde{\boldsymbol{Z}}^k=\bar{\boldsymbol{x}}+\sum_{i=1}^{k}\boldsymbol{R}_{x\tilde{z}_{i|i-1}}\boldsymbol{R}^{-1}_{\tilde{z}_{i|i-1}\tilde{z}_{i|i-1}}\tilde{z}_{i|i-1}$$
$$=\sum_{i=1}^{k}(\bar{\boldsymbol{x}}+\boldsymbol{R}_{x\tilde{z}_{i|i-1}}\boldsymbol{R}^{-1}_{\tilde{z}_{i|i-1}\tilde{z}_{i|i-1}}\tilde{z}_{i|i-1})-(k-1)\bar{\boldsymbol{x}}=\sum_{i=1}^{k}E(\boldsymbol{x}\mid\tilde{z}_{i|i-1})-(k-1)\bar{\boldsymbol{x}}$$

结论得证。 ■

推论 如果$\{\tilde{z}_{1|0},\tilde{z}_{2|1},\cdots,\tilde{z}_{k|k-1}\}$是由非 Gauss 序列$\{\boldsymbol{z}_1,\boldsymbol{z}_2,\cdots,\boldsymbol{z}_k\}$产生的伪新息

序列，并假定 $\boldsymbol{x}$ 是与$\{\boldsymbol{z}_1,\boldsymbol{z}_2,\cdots,\boldsymbol{z}_k\}$具有任意形式的联合分布，且 $E(\boldsymbol{x})=\bar{\boldsymbol{x}}$，则

$$E^*(\boldsymbol{x} \mid \boldsymbol{z}^k)=E^*(\boldsymbol{x} \mid \tilde{\boldsymbol{z}}^k)=\sum_{i=1}^{k}E^*(\boldsymbol{x} \mid \tilde{\boldsymbol{z}}_{i|i-1})-(k-1)\bar{\boldsymbol{x}}, \quad k\in\mathbb{N} \tag{2-3-9}$$

证明　这是本定理和定理 2.3.1 推论的直接结果。■

2.3.2　基本 Kalman 滤波器

定理 2.3.3　对于由式(2-3-1)和式(2-3-2)所描述的系统，假定 $\boldsymbol{w}_k\sim\mathcal{N}(0,\boldsymbol{Q}_k)$是一个独立过程，$\boldsymbol{v}_k\sim\mathcal{N}(0,\boldsymbol{R}_k)$也是一个独立过程；它们之间相互独立，而且二者还与初始状态$\boldsymbol{x}_0\sim\mathcal{N}(\bar{x}_0,\boldsymbol{P}_0)$也独立，那么对于任意损失函数，有如下基本 Kalman 滤波公式：

(1) 初始条件为

$$\hat{\boldsymbol{x}}_{0|0}=\bar{\boldsymbol{x}}_0,\quad \tilde{\boldsymbol{x}}_{0|0}=\boldsymbol{x}_0-\hat{\boldsymbol{x}}_{0|0},\quad \mathrm{cov}(\tilde{\boldsymbol{x}}_{0|0})=\boldsymbol{P}_0 \tag{2-3-10}$$

(2) 一步提前预测值和预测误差的协方差阵分别是

$$\hat{\boldsymbol{x}}_{k|k-1}=E(\boldsymbol{x}_k \mid \boldsymbol{Z}^{k-1})=\boldsymbol{F}_{k-1}\hat{\boldsymbol{x}}_{k-1|k-1} \tag{2-3-11}$$

$$\boldsymbol{P}_{k|k-1}=\mathrm{cov}(\tilde{\boldsymbol{x}}_{k|k-1})=\boldsymbol{F}_{k-1}\boldsymbol{P}_{k-1|k-1}\boldsymbol{F}_{k-1}^{\mathrm{T}}+\boldsymbol{\Gamma}_{k-1}\boldsymbol{Q}_{k-1}\boldsymbol{\Gamma}_{k-1}^{\mathrm{T}} \tag{2-3-12}$$

其中 $\tilde{\boldsymbol{x}}_{k|k-1}=\boldsymbol{x}_k-\hat{\boldsymbol{x}}_{k|k-1}$ 是一步预测误差；

(3) 获取新的量测 $\boldsymbol{z}_k$ 后，滤波更新值和相应的滤波误差的协方差阵分别是

$$\hat{\boldsymbol{x}}_{k|k}=E(\boldsymbol{x}_k \mid \boldsymbol{Z}^k)=\hat{\boldsymbol{x}}_{k|k-1}+\boldsymbol{K}_k(\boldsymbol{z}_k-\boldsymbol{H}_k\hat{\boldsymbol{x}}_{k|k-1}) \tag{2-3-13}$$

$$\boldsymbol{P}_{k|k}=\mathrm{cov}(\tilde{\boldsymbol{x}}_{k|k})=\boldsymbol{P}_{k|k-1}-\boldsymbol{P}_{k|k-1}\boldsymbol{H}_k^{\mathrm{T}}(\boldsymbol{H}_k\boldsymbol{P}_{k|k-1}\boldsymbol{H}_k^{\mathrm{T}}+\boldsymbol{R}_k)^{-1}\boldsymbol{H}_k\boldsymbol{P}_{k|k-1} \tag{2-3-14}$$

其中 $\tilde{\boldsymbol{x}}_{k|k}=\boldsymbol{x}_k-\hat{\boldsymbol{x}}_{k|k}$ 是滤波误差；而 k 时刻的 Kalman 增益阵为

$$\boldsymbol{K}_k=\boldsymbol{P}_{k|k-1}\boldsymbol{H}_k^{\mathrm{T}}(\boldsymbol{H}_k\boldsymbol{P}_{k|k-1}\boldsymbol{H}_k^{\mathrm{T}}+\boldsymbol{R}_k)^{-1} \tag{2-3-15}$$

证明　分两个步骤完成证明。

(1) 根据系统演化方程以及噪声假设，则有如下一步预测公式

$$\hat{\boldsymbol{x}}_{k|k-1}=E(\boldsymbol{x}_k \mid \boldsymbol{Z}^{k-1})=E(\boldsymbol{F}_{k-1}\boldsymbol{x}_{k-1}+\boldsymbol{\Gamma}_{k-1}\boldsymbol{w}_{k-1} \mid \boldsymbol{Z}^{k-1})=\boldsymbol{F}_{k-1}\hat{\boldsymbol{x}}_{k-1|k-1}$$

$$\begin{aligned}\boldsymbol{P}_{k|k-1}&=\mathrm{cov}(\tilde{\boldsymbol{x}}_{k|k-1})=E\{[\boldsymbol{F}_{k-1}(\boldsymbol{x}_{k-1}-\hat{\boldsymbol{x}}_{k-1|k-1})+\boldsymbol{\Gamma}_{k-1}\boldsymbol{w}_{k-1}]\times\\&\qquad[\boldsymbol{F}_{k-1}(\boldsymbol{x}_{k-1}-\hat{\boldsymbol{x}}_{k-1|k-1})+\boldsymbol{\Gamma}_{k-1}\boldsymbol{w}_{k-1}]^{\mathrm{T}}\}\\&=\boldsymbol{F}_{k-1}\boldsymbol{P}_{k-1|k-1}\boldsymbol{F}_{k-1}^{\mathrm{T}}+\boldsymbol{\Gamma}_{k-1}\boldsymbol{Q}_{k-1}\boldsymbol{\Gamma}_{k-1}^{\mathrm{T}}\end{aligned}$$

$$\hat{\boldsymbol{z}}_{k|k-1}=E(\boldsymbol{z}_k \mid \boldsymbol{Z}^{k-1})=E(\boldsymbol{H}_k\boldsymbol{x}_k+\boldsymbol{v}_k \mid \boldsymbol{Z}^{k-1})=\boldsymbol{H}_k\hat{\boldsymbol{x}}_{k|k-1}$$

$$\tilde{\boldsymbol{z}}_{k|k-1}=\boldsymbol{z}_k-\hat{\boldsymbol{z}}_{k|k-1}$$

$$\boldsymbol{R}_{\tilde{\boldsymbol{z}}_{k|k-1}\tilde{\boldsymbol{z}}_{k|k-1}}=\mathrm{cov}(\tilde{\boldsymbol{z}}_{k|k-1})=E[(\boldsymbol{H}_k\tilde{\boldsymbol{x}}_{k|k-1}+\boldsymbol{v}_k)(\boldsymbol{H}_k\tilde{\boldsymbol{x}}_{k|k-1}+\boldsymbol{v}_k)^{\mathrm{T}}]=\boldsymbol{H}_k\boldsymbol{P}_{k|k-1}\boldsymbol{H}_k^{\mathrm{T}}+\boldsymbol{R}_k$$

$$\boldsymbol{R}_{\boldsymbol{x}_k\tilde{\boldsymbol{z}}_{k|k-1}}=\mathrm{cov}(\boldsymbol{x}_k,\tilde{\boldsymbol{z}}_{k|k-1})=E[\tilde{\boldsymbol{x}}_{k|k-1}(\boldsymbol{H}_k\tilde{\boldsymbol{x}}_{k|k-1}+\boldsymbol{v}_k)^{\mathrm{T}}]=\boldsymbol{P}_{k|k-1}\boldsymbol{H}_k^{\mathrm{T}}$$

(2) 根据最小后验期望损失估计，在获取新的量测 $\boldsymbol{z}_k$ 后，则根据式(2-3-9)有

$$\begin{aligned}\hat{\boldsymbol{x}}_{k|k}&=E(\boldsymbol{x}_k \mid \boldsymbol{Z}^k)=E(\boldsymbol{x}_k \mid \tilde{\boldsymbol{Z}}^{k-1},\tilde{\boldsymbol{z}}_k)=E(\boldsymbol{x}_k \mid \tilde{\boldsymbol{Z}}^{k-1})+E(\boldsymbol{x}_k \mid \tilde{\boldsymbol{z}}_k)-\bar{\boldsymbol{x}}_k\\&=\hat{\boldsymbol{x}}_{k|k-1}+\boldsymbol{R}_{\boldsymbol{x}_k\tilde{\boldsymbol{z}}_k}\boldsymbol{R}_{\tilde{\boldsymbol{z}}_k\tilde{\boldsymbol{z}}_k}^{-1}\tilde{\boldsymbol{z}}_k=\hat{\boldsymbol{x}}_{k|k-1}+\boldsymbol{K}_k(\boldsymbol{z}_k-\boldsymbol{H}_k\hat{\boldsymbol{x}}_{k|k-1})\end{aligned}$$

其中 Kalman 增益阵满足

$$\boldsymbol{K}_k = \boldsymbol{R}_{\boldsymbol{x}_k \tilde{z}_k} \boldsymbol{R}_{\tilde{z}_k \tilde{z}_k}^{-1} = \boldsymbol{P}_{k|k-1} \boldsymbol{H}_k^{\mathrm{T}} (\boldsymbol{H}_k \boldsymbol{P}_{k|k-1} \boldsymbol{H}_k^{\mathrm{T}} + \boldsymbol{R}_k)^{-1}$$

同时有

$$\begin{aligned}\boldsymbol{P}_{k|k} &= \mathrm{cov}(\tilde{\boldsymbol{x}}_{k|k}) = E(\tilde{\boldsymbol{x}}_{k|k} \tilde{\boldsymbol{x}}_{k|k}^{\mathrm{T}}) = E[(\tilde{\boldsymbol{x}}_{k|k-1} - \boldsymbol{K}_k \tilde{\boldsymbol{z}}_k)(\tilde{\boldsymbol{x}}_{k|k-1} - \boldsymbol{K}_k \tilde{\boldsymbol{z}}_k)^{\mathrm{T}}] \\ &= \boldsymbol{P}_{k|k-1} - \boldsymbol{K}_k \boldsymbol{H}_k \boldsymbol{P}_{k|k-1} - \boldsymbol{P}_{k|k-1} \boldsymbol{H}_k^{\mathrm{T}} \boldsymbol{K}_k^{\mathrm{T}} + \boldsymbol{K}_k (\boldsymbol{H}_k \boldsymbol{P}_{k|k-1} \boldsymbol{H}_k^{\mathrm{T}} + \boldsymbol{R}_k) \boldsymbol{K}_k^{\mathrm{T}} \\ &= \boldsymbol{P}_{k|k-1} - \boldsymbol{P}_{k|k-1} \boldsymbol{H}_k^{\mathrm{T}} (\boldsymbol{H}_k \boldsymbol{P}_{k|k-1} \boldsymbol{H}_k^{\mathrm{T}} + \boldsymbol{R}_k)^{-1} \boldsymbol{H}_k \boldsymbol{P}_{k|k-1}\end{aligned}$$

至此,完成所有证明。 ■

推论 仍考虑由式(2-3-1)和式(2-3-2)所描述的线性随机系统,此时假定

(1) 初始状态为任意分布,具有均值和协方差阵分别为

$$E(\boldsymbol{x}_0) = \bar{x}_0, \quad \mathrm{cov}(\boldsymbol{x}_0) = \boldsymbol{P}_0 \tag{2-3-16}$$

(2) 过程噪声是一个零均值的独立过程,分布任意,具有协方差阵为

$$\mathrm{cov}(\boldsymbol{w}_k) = \boldsymbol{Q}_k, \quad k \in \mathbb{N} \tag{2-3-17}$$

(3) 量测噪声也是一个零均值的独立过程,分布任意,具有协方差阵为

$$\mathrm{cov}(\boldsymbol{v}_k) = \boldsymbol{R}_k, \quad k \in \mathbb{N} \tag{2-3-18}$$

(4) 过程噪声、量测噪声,以及初始状态之间都相互独立。

那么按照 BLUE 估计,有如下 Kalman 滤波公式:

① 初始条件

$$\hat{\boldsymbol{x}}_{0|0} = \bar{\boldsymbol{x}}_0, \quad \tilde{\boldsymbol{x}}_{0|0} = \boldsymbol{x}_0 - \hat{\boldsymbol{x}}_{0|0}, \quad \mathrm{cov}(\tilde{\boldsymbol{x}}_{0|0}) = \boldsymbol{P}_0 \tag{2-3-19}$$

② 一步提前预测值和预测误差的协方差阵分别是

$$\hat{\boldsymbol{x}}_{k|k-1} = E^*(\boldsymbol{x}_k \mid \boldsymbol{Z}^{k-1}) = \boldsymbol{F}_{k-1} \hat{\boldsymbol{x}}_{k-1|k-1} \tag{2-3-20}$$

$$\boldsymbol{P}_{k|k-1} = \mathrm{cov}(\tilde{\boldsymbol{x}}_{k|k-1}) = \boldsymbol{F}_{k-1} \boldsymbol{P}_{k-1|k-1} \boldsymbol{F}_{k-1}^{\mathrm{T}} + \boldsymbol{\Gamma}_{k-1} \boldsymbol{Q}_{k-1} \boldsymbol{\Gamma}_{k-1}^{\mathrm{T}} \tag{2-3-21}$$

其中 $\tilde{\boldsymbol{x}}_{k|k-1} = \boldsymbol{x}_k - \hat{\boldsymbol{x}}_{k|k-1}$ 是一步预测误差;

③ 获取新的量测 $\boldsymbol{z}_k$ 后,滤波更新值和相应的滤波误差的协方差阵分别是

$$\hat{\boldsymbol{x}}_{k|k} = E^*(\boldsymbol{x}_k \mid \boldsymbol{Z}^k) = \hat{\boldsymbol{x}}_{k|k-1} + \boldsymbol{K}_k (\boldsymbol{z}_k - \boldsymbol{H}_k \hat{\boldsymbol{x}}_{k|k-1}) \tag{2-3-22}$$

$$\boldsymbol{P}_{k|k} = \mathrm{cov}(\tilde{\boldsymbol{x}}_{k|k}) = \boldsymbol{P}_{k|k-1} - \boldsymbol{P}_{k|k-1} \boldsymbol{H}_k^{\mathrm{T}} (\boldsymbol{H}_k \boldsymbol{P}_{k|k-1} \boldsymbol{H}_k^{\mathrm{T}} + \boldsymbol{R}_k)^{-1} \boldsymbol{H}_k \boldsymbol{P}_{k|k-1} \tag{2-3-23}$$

其中 $\tilde{\boldsymbol{x}}_{k|k} = \boldsymbol{x}_k - \hat{\boldsymbol{x}}_{k|k}$ 是滤波误差;而 k 时刻的 Kalman 增益阵为

$$\boldsymbol{K}_k = \boldsymbol{P}_{k|k-1} \boldsymbol{H}_k^{\mathrm{T}} (\boldsymbol{H}_k \boldsymbol{P}_{k|k-1} \boldsymbol{H}_k^{\mathrm{T}} + \boldsymbol{R}_k)^{-1} \tag{2-3-24}$$

证明 根据本定理的证明过程以及 BLUE 估计准则即可完成证明。 ■

2.3.3 信息滤波器

标准 Kalman 滤波方程计算 Kalman 增益阵和递推计算状态协方差阵一起进行,这里介绍另外一种计算方法。

定义 2.3.3 所谓信息滤波器,就是在预报和更新两个环节上都递推地计算协方差阵的逆阵。采用"信息"这个名词是在 Cramer-Rao 下界的意义下,所谓**信息矩阵**就是协方差阵的逆阵。

定理 2.3.4 对于由式(2-3-1)和式(2-3-2)所描述的系统,假定 Kalman 滤波器存在,而且假定所有状态转移矩阵 $\boldsymbol{F}_k$ 可逆,所有协方差阵可逆,则协方差阵和 Kalman 增益阵

可按信息滤波器方法计算。

（1）一步预报信息矩阵为

$$\boldsymbol{P}_{k|k-1}^{-1}=(\boldsymbol{A}_{k-1}^{-1}+\boldsymbol{\Gamma}_{k-1}\boldsymbol{Q}_{k-1}\boldsymbol{\Gamma}_{k-1}^{\mathrm{T}})^{-1} \tag{2-3-25}$$

其中 $\boldsymbol{A}_{k-1}^{-1}=\boldsymbol{F}_{k-1}\boldsymbol{P}_{k-1|k-1}\boldsymbol{F}_{k-1}^{\mathrm{T}}$。

（2）滤波信息矩阵为

$$\boldsymbol{P}_{k|k}^{-1}=\boldsymbol{P}_{k|k-1}^{-1}+\boldsymbol{H}_k^{\mathrm{T}}\boldsymbol{R}_k^{-1}\boldsymbol{H}_k \tag{2-3-26}$$

（3）Kalman 增益阵的信息矩阵表达式为

$$\boldsymbol{K}_k=\boldsymbol{P}_{k|k}\boldsymbol{H}_k^{\mathrm{T}}\boldsymbol{R}_k^{-1} \tag{2-3-27}$$

证明　分三个步骤证明。

（1）没有过程噪声情况下相应于状态预报的信息矩阵是

$$\boldsymbol{A}_{k-1}^{-1}\triangleq\boldsymbol{F}_{k-1}\boldsymbol{P}_{k-1|k-1}\boldsymbol{F}_{k-1}^{\mathrm{T}}$$

而当 $\boldsymbol{F}_{k-1}$ 可逆时，有 $\boldsymbol{A}_{k-1}=(\boldsymbol{F}_{k-1}^{-1})^{\mathrm{T}}\boldsymbol{P}_{k-1|k-1}^{-1}\boldsymbol{F}_{k-1}^{-1}$。这样，预报信息矩阵就是

$$\boldsymbol{P}_{k|k-1}^{-1}=(\boldsymbol{F}_{k-1}\boldsymbol{P}_{k-1|k-1}\boldsymbol{F}_{k-1}^{\mathrm{T}}+\boldsymbol{\Gamma}_{k-1}\boldsymbol{Q}_{k-1}\boldsymbol{\Gamma}_{k-1}^{\mathrm{T}})^{-1}=(\boldsymbol{A}_{k-1}^{-1}+\boldsymbol{\Gamma}_{k-1}\boldsymbol{Q}_{k-1}\boldsymbol{\Gamma}_{k-1}^{\mathrm{T}})^{-1}$$

而且按矩阵求逆引理可以重新写成

$$\boldsymbol{P}_{k|k-1}^{-1}=\boldsymbol{A}_{k-1}-\boldsymbol{A}_{k-1}\boldsymbol{\Gamma}_{k-1}(\boldsymbol{\Gamma}_{k-1}^{\mathrm{T}}\boldsymbol{A}_{k-1}\boldsymbol{\Gamma}_{k-1}+\boldsymbol{Q}_{k-1}^{-1})^{-1}\boldsymbol{\Gamma}_{k-1}^{\mathrm{T}}\boldsymbol{A}_{k-1}$$

（2）因为 $\boldsymbol{P}_{k|k}=\boldsymbol{P}_{k|k-1}-\boldsymbol{P}_{k|k-1}\boldsymbol{H}_k^{\mathrm{T}}(\boldsymbol{H}_k\boldsymbol{P}_{k|k-1}\boldsymbol{H}_k^{\mathrm{T}}+\boldsymbol{R}_k)^{-1}\boldsymbol{H}_k\boldsymbol{P}_{k|k-1}$，按矩阵求逆引理直接有 $\boldsymbol{P}_{k|k}=(\boldsymbol{P}_{k|k-1}^{-1}+\boldsymbol{H}_k^{\mathrm{T}}\boldsymbol{R}_k^{-1}\boldsymbol{H}_k)^{-1}$，所以有式(2-3-26)。

（3）增益的表达式可以重新写成

$$\begin{aligned}\boldsymbol{K}_k&=\boldsymbol{P}_{k|k-1}\boldsymbol{H}_k^{\mathrm{T}}[(\boldsymbol{H}_k\boldsymbol{P}_{k|k-1}\boldsymbol{H}_k^{\mathrm{T}}+\boldsymbol{R}_k)^{-1}+\boldsymbol{R}_k^{-1}-\boldsymbol{R}_k^{-1}]\\&=\boldsymbol{P}_{k|k-1}\boldsymbol{H}_k^{\mathrm{T}}\boldsymbol{R}_k^{-1}+\boldsymbol{P}_{k|k-1}\boldsymbol{H}_k^{\mathrm{T}}(\boldsymbol{H}_k\boldsymbol{P}_{k|k-1}\boldsymbol{H}_k^{\mathrm{T}}+\boldsymbol{R}_k)^{-1}[\boldsymbol{I}-(\boldsymbol{H}_k\boldsymbol{P}_{k|k-1}\boldsymbol{H}_k^{\mathrm{T}}+\boldsymbol{R}_k)\boldsymbol{R}_k^{-1}]\\&=[\boldsymbol{P}_{k|k-1}-\boldsymbol{P}_{k|k-1}\boldsymbol{H}_k^{\mathrm{T}}(\boldsymbol{H}_k\boldsymbol{P}_{k|k-1}\boldsymbol{H}_k^{\mathrm{T}}+\boldsymbol{R}_k)^{-1}\boldsymbol{H}_k\boldsymbol{P}_{k|k-1}]\boldsymbol{H}_k^{\mathrm{T}}\boldsymbol{R}_k^{-1}\end{aligned}$$

再次应用矩阵求逆引理，上式可以写成

$$\boldsymbol{K}_k=(\boldsymbol{P}_{k|k-1}^{-1}+\boldsymbol{H}_k^{\mathrm{T}}\boldsymbol{R}_k^{-1}\boldsymbol{H}_k)^{-1}\boldsymbol{H}_k^{\mathrm{T}}\boldsymbol{R}_k^{-1}$$

这就是增益阵的信息矩阵表达式。容易证明，上式等价于另一种替换形式

$$\boldsymbol{K}_k=\boldsymbol{P}_{k|k}\boldsymbol{H}_k^{\mathrm{T}}\boldsymbol{R}_k^{-1}$$

■

注　一般情况下，当系统状态维数 n 远远大于量测向量维数 m 时，采用标准 Kalman 滤波器有优点，因为其中的求逆矩阵是 $m\times m$ 的；但是，当量测向量维数 m 远大于状态维数 n 时，采用信息滤波器就可以大大减小计算量，因为求逆是对 $n\times n$ 矩阵的。

2.3.4　噪声相关的 Kalman 滤波器

1. 过程噪声为有色噪声的 Kalman 滤波器

仍考虑由式(2-3-1)和式(2-3-2)所描述的系统，假定 $\boldsymbol{w}_k$ 是一个有色噪声过程，$\boldsymbol{v}_k$ 仍是一个零均值的独立过程；它们之间相互独立，而且二者还与初始状态 $\boldsymbol{x}_0$ 也独立。假定 $\boldsymbol{w}_k$ 是具有有理谱密度的平稳过程，则根据谱分解定理[1]，可以描述为

$$\boldsymbol{w}_{k+1}=\boldsymbol{\Lambda}_k\boldsymbol{w}_k+\boldsymbol{\xi}_k \tag{2-3-28}$$

其中 $\boldsymbol{\xi}_k$ 是零均值的独立过程。这样，可以用增扩状态变量维数的方法来解决，令

$$
\boldsymbol{X}_k \triangleq \begin{bmatrix} \boldsymbol{x}_k \\ \boldsymbol{w}_k \end{bmatrix} \tag{2-3-29}
$$

是增扩的状态变量，则根据式(2-3-1)和式(2-3-2)，以及式(2-3-29)，得

$$
\boldsymbol{X}_{k+1} = \begin{bmatrix} \boldsymbol{x}_{k+1} \\ \boldsymbol{w}_{k+1} \end{bmatrix} = \begin{bmatrix} \boldsymbol{F}_k & \boldsymbol{\Gamma}_k \\ 0 & \boldsymbol{\Lambda}_k \end{bmatrix} \begin{bmatrix} \boldsymbol{x}_k \\ \boldsymbol{w}_k \end{bmatrix} + \begin{bmatrix} 0 \\ \boldsymbol{\xi}_k \end{bmatrix} = \widehat{\boldsymbol{F}}_k \boldsymbol{X}_k + \widehat{\boldsymbol{w}}_k \tag{2-3-30}
$$

$$
\boldsymbol{z}_k = [\boldsymbol{H}_k \quad 0] \begin{bmatrix} \boldsymbol{x}_k \\ \boldsymbol{w}_k \end{bmatrix} + \boldsymbol{v}_k = \widehat{\boldsymbol{H}}_k \boldsymbol{X}_k + \boldsymbol{v}_k \tag{2-3-31}
$$

仍然可以利用基本 Kalman 滤波器进行状态估计。

2. 量测噪声为有色噪声的 Kalman 滤波器

如果量测噪声为

$$
\boldsymbol{v}_k = \boldsymbol{\Phi}_{k-1} \boldsymbol{v}_{k-1} + \boldsymbol{\zeta}_{k-1} \tag{2-3-32}
$$

其中，$\boldsymbol{\Phi}_{k-1}$ 是矩阵，$\boldsymbol{\zeta}_k$ 是白噪声过程。令

$$
\begin{aligned}
\boldsymbol{z}_{k-1}^{*} &= \boldsymbol{z}_k - \boldsymbol{\Phi}_{k-1} \boldsymbol{z}_{k-1} = (\boldsymbol{H}_k \boldsymbol{F}_{k-1} - \boldsymbol{\Phi}_{k-1} \boldsymbol{H}_{k-1}) \boldsymbol{x}_{k-1} + \boldsymbol{H}_k \boldsymbol{\Gamma}_{k-1} \boldsymbol{w}_{k-1} + \boldsymbol{\zeta}_{k-1} \\
&= \boldsymbol{H}_{k-1}^{*} \boldsymbol{x}_{k-1} + \boldsymbol{v}_{k-1}^{*}
\end{aligned} \tag{2-3-33}
$$

此时，$\boldsymbol{v}_{k-1}^{*}$ 为白噪声。变换后系统的一步最优预测是原系统的最优滤波。不过此时新的量测噪声 $\boldsymbol{v}_{k-1}^{*}$ 与过程噪声 $\boldsymbol{w}_{k-1}$ 相关，还需再做一次如下变换：

$$
\begin{aligned}
\boldsymbol{x}_{k+1} &= \boldsymbol{F}_k \boldsymbol{x}_k + \boldsymbol{\Gamma}_k \boldsymbol{w}_k + \boldsymbol{J}_k (\boldsymbol{z}_k^{*} - \boldsymbol{H}_k^{*} \boldsymbol{x}_k - \boldsymbol{v}_k^{*}) \\
&= (\boldsymbol{F}_k - \boldsymbol{J}_k \boldsymbol{H}_k^{*}) \boldsymbol{x}_k + \boldsymbol{J}_k \boldsymbol{z}_k^{*} + (\boldsymbol{\Gamma}_k \boldsymbol{w}_k - \boldsymbol{J}_k \boldsymbol{v}_k^{*}) \\
&= \boldsymbol{F}_k^{*} \boldsymbol{x}_k + \boldsymbol{u}_k^{*} + \boldsymbol{w}_k^{*}
\end{aligned} \tag{2-3-34}
$$

然后求解 $\boldsymbol{J}_k$ 使 $E[\boldsymbol{w}_k^{*} (\boldsymbol{v}_k^{*})^{\mathrm{T}}] = 0$，$\boldsymbol{u}_k^{*}$ 可看作控制项，则式(2-3-33)和式(2-3-34)即可由 Kalman 算法进行滤波计算。

3. 过程噪声与量测噪声相关的 Kalman 滤波器

仍假定过程噪声和量测噪声分别是独立过程，但二者相关，其协方差阵为

$$
\operatorname{cov}(\boldsymbol{w}_{k-1}, \boldsymbol{v}_k) = \begin{bmatrix} \boldsymbol{Q}_{k-1} & \boldsymbol{W}_{k,k-1} \\ \boldsymbol{W}_{k,k-1}^{\mathrm{T}} & \boldsymbol{R}_k \end{bmatrix} \delta(k-s), \quad \forall k, s \in \mathbb{N} \tag{2-3-35}
$$

只需要将式(2-3-14)和式(2-3-15)分别改为

$$
\boldsymbol{P}_{k|k} = \operatorname{cov}(\tilde{\boldsymbol{x}}_{k|k}) = \boldsymbol{P}_{k|k-1} - \boldsymbol{L}_{k,k-1} \boldsymbol{S}_k^{-1} \boldsymbol{L}_{k,k-1}^{\mathrm{T}} \tag{2-3-36}
$$

$$
\boldsymbol{K}_k = \boldsymbol{L}_{k,k-1} \boldsymbol{S}_k^{-1} \tag{2-3-37}
$$

其中

$$
\boldsymbol{L}_{k,k-1} \triangleq \boldsymbol{P}_{k|k-1} \boldsymbol{H}_k^{\mathrm{T}} + \boldsymbol{\Gamma}_{k-1} \boldsymbol{W}_{k,k-1} \tag{2-3-38}
$$

$$
\boldsymbol{S}_{k,k-1} \triangleq \boldsymbol{H}_k \boldsymbol{P}_{k|k-1} \boldsymbol{H}_k^{\mathrm{T}} + \boldsymbol{H}_k \boldsymbol{\Gamma}_{k-1} \boldsymbol{W}_{k,k+1} + \boldsymbol{W}_{k,k-1}^{\mathrm{T}} \boldsymbol{\Gamma}_{k-1}^{\mathrm{T}} \boldsymbol{H}_k^{\mathrm{T}} + \boldsymbol{R}_k \tag{2-3-39}
$$

这是因为 $\hat{\boldsymbol{z}}_{k|k-1} = \boldsymbol{H}_k \boldsymbol{F}_{k-1} \hat{\boldsymbol{x}}_{k-1|k-1}$，$\tilde{\boldsymbol{z}}_{k|k-1} = \boldsymbol{H}_k \boldsymbol{F}_{k-1} \tilde{\boldsymbol{x}}_{k-1|k-1} + \boldsymbol{H}_k \boldsymbol{\Gamma}_{k-1} \boldsymbol{w}_{k-1} + \boldsymbol{v}_k$，从而有

$$\boldsymbol{R}_{\boldsymbol{x}_k\tilde{\boldsymbol{z}}_{k|k-1}} = \mathrm{cov}(\boldsymbol{x}_k,\tilde{\boldsymbol{z}}_{k|k-1}) = \boldsymbol{P}_{k|k-1}\boldsymbol{H}_k^{\mathrm{T}} + \boldsymbol{\Gamma}_{k-1}\boldsymbol{W}_{k,k-1} = \boldsymbol{L}_{k,k-1}$$

$$\boldsymbol{R}_{\tilde{\boldsymbol{z}}_{k|k-1},\tilde{\boldsymbol{z}}_{k|k-1}} = \mathrm{cov}(\tilde{\boldsymbol{z}}_{k|k-1}) = \boldsymbol{H}_k\boldsymbol{P}_{k|k-1}\boldsymbol{H}_k^{\mathrm{T}} + \boldsymbol{H}_k\boldsymbol{\Gamma}_{k-1}\boldsymbol{W}_{k,k-1} + \boldsymbol{W}_{k,k-1}^{\mathrm{T}}\boldsymbol{\Gamma}_{k-1}^{\mathrm{T}}\boldsymbol{H}_k^{\mathrm{T}} + \boldsymbol{R}_k = \boldsymbol{S}_{k,k-1}$$

2.4 非线性动态系统的滤波理论与算法

由于非线性系统固有的复杂性，状态估计问题将变得非常困难。

2.4.1 扩展 Kalman 滤波器（EKF）

考虑离散时间非线性动态系统：

$$\boldsymbol{x}_{k+1} = \boldsymbol{f}_k(\boldsymbol{x}_k,\boldsymbol{w}_k) \tag{2-4-1}$$

$$\boldsymbol{z}_k = \boldsymbol{h}_k(\boldsymbol{x}_k,\boldsymbol{v}_k) \tag{2-4-2}$$

其中 $k\in\mathbb{N}$ 是时间指标，$\boldsymbol{x}_k\in\mathbb{R}^n$ 是 k 时刻的系统**状态向量**，$\boldsymbol{f}_k$：$\mathbb{R}^n\times\mathbb{R}^n\to\mathbb{R}^n$ 是系统**状态演化映射**，而 $\boldsymbol{w}_k$ 是 n 维**过程演化噪声**，$\boldsymbol{z}_k\in\mathbb{R}^m$ 是 k 时刻对系统状态的**量测向量**，$\boldsymbol{h}_k$：$\mathbb{R}^n\times\mathbb{R}^m\to\mathbb{R}^m$ 是**量测映射**，而 $\boldsymbol{v}_k$ 是 m 维**量测噪声**。

假定 $\boldsymbol{f}_k$ 和 $\boldsymbol{h}_k$ 对其变元连续可微（当用二阶扩展 Kalman 滤波时假定二阶连续可微），同时假定初始状态为任意分布，具有均值和协方差阵分别为

$$E(\boldsymbol{x}_0) = \bar{\boldsymbol{x}}_0,\quad \mathrm{cov}(\boldsymbol{x}_0) = \boldsymbol{P}_0 \tag{2-4-3}$$

过程噪声是一个零均值的独立过程，分布任意，具有协方差阵为

$$\mathrm{cov}(\boldsymbol{w}_k) = \boldsymbol{Q}_k,\quad k\in\mathbb{N} \tag{2-4-4}$$

量测噪声也是一个零均值的独立过程，分布任意，具有协方差阵为

$$\mathrm{cov}(\boldsymbol{v}_k) = \boldsymbol{R}_k,\quad k\in\mathbb{N} \tag{2-4-5}$$

过程噪声、量测噪声，以及初始状态之间都相互独立。

扩展 Kalman 滤波算法实质上是一种在线线性化的算法，即按名义轨线进行线性化处理，再利用 Kalman 滤波公式进行计算。这种算法已经不再是按某个指标进行优化的最优化算法，其性能取决于非线性系统的复杂度以及算法的优劣等。

1. 一阶 EKF 算法的步骤

(1) 在时刻 $k-1$，假定已经获得 $k-1$ 时刻的状态估计值和估计误差的协方差阵

$$\hat{\boldsymbol{x}}_{k-1|k-1},\quad \boldsymbol{P}_{k-1|k-1} \tag{2-4-6}$$

而此时对演化方程的线性化方程为

$$\boldsymbol{x}_k = \boldsymbol{f}_{k-1}(\boldsymbol{x}_{k-1},\boldsymbol{w}_{k-1}) \approx \boldsymbol{f}_{k-1}(\hat{\boldsymbol{x}}_{k-1|k-1},0) + \boldsymbol{f}_{k-1}^{x}\tilde{\boldsymbol{x}}_{k-1|k-1} + \boldsymbol{f}_{k-1}^{w}\boldsymbol{w}_{k-1} \tag{2-4-7}$$

其中

$$\tilde{\boldsymbol{x}}_{k-1|k-1} = \boldsymbol{x}_{k-1} - \hat{\boldsymbol{x}}_{k-1|k-1} \tag{2-4-8}$$

$$\boldsymbol{f}_{k-1}^{x} = \left.\frac{\partial\boldsymbol{f}_{k-1}(\boldsymbol{x}_{k-1},\boldsymbol{w}_{k-1})}{\partial\boldsymbol{x}_{k-1}}\right|_{\substack{\boldsymbol{x}_{k-1}=\hat{\boldsymbol{x}}_{k-1|k-1}\\ \boldsymbol{w}_{k-1}=0}},\quad \boldsymbol{f}_{k-1}^{w} = \left.\frac{\partial\boldsymbol{f}_{k-1}(\boldsymbol{x}_{k-1},\boldsymbol{w}_{k-1})}{\partial\boldsymbol{w}_{k-1}}\right|_{\substack{\boldsymbol{x}_{k-1}=\hat{\boldsymbol{x}}_{k-1|k-1}\\ \boldsymbol{w}_{k-1}=0}} \tag{2-4-9}$$

(2) 对时刻 k 状态的一步提前预测为

$$\hat{\boldsymbol{x}}_{k|k-1} \approx \boldsymbol{f}_{k-1}(\hat{\boldsymbol{x}}_{k-1|k-1}, 0) \tag{2-4-10}$$

状态预测误差是

$$\tilde{\boldsymbol{x}}_{k|k-1} = \boldsymbol{x}_k - \hat{\boldsymbol{x}}_{k|k-1} \approx \boldsymbol{f}_{k-1}^{x} \tilde{\boldsymbol{x}}_{k-1|k-1} + \boldsymbol{f}_{k-1}^{w} \boldsymbol{w}_{k-1} \tag{2-4-11}$$

状态预测误差的协方差阵是

$$\boldsymbol{P}_{k|k-1} = \operatorname{cov}(\tilde{\boldsymbol{x}}_{k|k-1}) \approx \boldsymbol{f}_{k-1}^{x} \boldsymbol{P}_{k-1|k-1} (\boldsymbol{f}_{k-1}^{x})^{\mathrm{T}} + \boldsymbol{f}_{k-1}^{w} \boldsymbol{Q}_{k-1} (\boldsymbol{f}_{k-1}^{w})^{\mathrm{T}} \tag{2-4-12}$$

(3) k 时刻量测的线性化量测方程为

$$\boldsymbol{z}_k = \boldsymbol{h}_k(\boldsymbol{x}_k, \boldsymbol{v}_k) \approx \boldsymbol{h}_k(\hat{\boldsymbol{x}}_{k|k-1}, 0) + \boldsymbol{h}_k^{x} \tilde{\boldsymbol{x}}_{k|k-1} + \boldsymbol{h}_k^{v} \boldsymbol{v}_k \tag{2-4-13}$$

其中

$$\tilde{\boldsymbol{x}}_{k|k-1} = \boldsymbol{x}_k - \hat{\boldsymbol{x}}_{k|k-1} \tag{2-4-14}$$

$$\boldsymbol{h}_k^{x} = \left.\frac{\partial \boldsymbol{h}_k(\boldsymbol{x}_k, \boldsymbol{v}_k)}{\partial \boldsymbol{x}_k}\right|_{\substack{\boldsymbol{x}_k = \hat{\boldsymbol{x}}_{k|k-1} \\ \boldsymbol{v}_k = 0}}, \quad \boldsymbol{h}_k^{v} = \left.\frac{\partial \boldsymbol{h}_k(\boldsymbol{x}_k, \boldsymbol{v}_k)}{\partial \boldsymbol{v}_k}\right|_{\substack{\boldsymbol{x}_k = \hat{\boldsymbol{x}}_{k|k-1} \\ \boldsymbol{v}_k = 0}} \tag{2-4-15}$$

(4) 对时刻 k 量测的一步提前预测为

$$\hat{\boldsymbol{z}}_{k|k-1} \approx \boldsymbol{h}_k(\hat{\boldsymbol{x}}_{k|k-1}, 0) \tag{2-4-16}$$

量测预测误差是

$$\tilde{\boldsymbol{z}}_{k|k-1} = \boldsymbol{z}_k - \hat{\boldsymbol{z}}_{k|k-1} \approx \boldsymbol{h}_k^{x} \tilde{\boldsymbol{x}}_{k|k-1} + \boldsymbol{h}_k^{v} \boldsymbol{v}_k \tag{2-4-17}$$

量测预测误差的协方差阵是

$$\boldsymbol{R}_{\tilde{z}_{k|k-1}\tilde{z}_{k|k-1}} = \operatorname{cov}(\tilde{\boldsymbol{z}}_{k|k-1}) \approx \boldsymbol{h}_k^{x} \boldsymbol{P}_{k|k-1} (\boldsymbol{h}_k^{x})^{\mathrm{T}} + \boldsymbol{h}_k^{v} \boldsymbol{R}_k (\boldsymbol{h}_k^{v})^{\mathrm{T}} \tag{2-4-18}$$

状态预测误差与量测预测误差的协方差阵是

$$\boldsymbol{R}_{\tilde{x}_{k|k-1}\tilde{z}_{k|k-1}} = \operatorname{cov}(\tilde{\boldsymbol{x}}_{k|k-1}, \tilde{\boldsymbol{z}}_{k|k-1}) \approx \boldsymbol{P}_{k|k-1} (\boldsymbol{h}_k^{x})^{\mathrm{T}} \tag{2-4-19}$$

(5) 在时刻 k 得到新的量测 $\boldsymbol{z}_k$,状态滤波的更新公式为

$$\hat{\boldsymbol{x}}_{k|k} = \hat{\boldsymbol{x}}_{k|k-1} + \boldsymbol{K}_k(\boldsymbol{z}_k - \boldsymbol{h}_k^{x} \hat{\boldsymbol{x}}_{k|k-1}) \tag{2-4-20}$$

$$\boldsymbol{P}_{k|k} = \boldsymbol{P}_{k|k-1} - \boldsymbol{P}_{k|k-1} (\boldsymbol{h}_k^{x})^{\mathrm{T}} (\boldsymbol{h}_k^{x} \boldsymbol{P}_{k|k-1} (\boldsymbol{h}_k^{x})^{\mathrm{T}} + \boldsymbol{h}_k^{v} \boldsymbol{R}_k (\boldsymbol{h}_k^{v})^{\mathrm{T}})^{-1} \boldsymbol{h}_k^{x} \boldsymbol{P}_{k|k-1} \tag{2-4-21}$$

而 k 时刻的 Kalman 增益阵为

$$\boldsymbol{K}_k = \boldsymbol{P}_{k|k-1} (\boldsymbol{h}_k^{x})^{\mathrm{T}} (\boldsymbol{h}_k^{x} \boldsymbol{P}_{k|k-1} (\boldsymbol{h}_k^{x})^{\mathrm{T}} + \boldsymbol{h}_k^{v} \boldsymbol{R}_k (\boldsymbol{h}_k^{v})^{\mathrm{T}})^{-1} \tag{2-4-22}$$

2. 二阶 EKF 算法的步骤

(1) 在时刻 $k-1$,假定已经获得 $k-1$ 时刻的状态估计值和估计误差的协方差阵

$$\hat{\boldsymbol{x}}_{k-1|k-1}, \quad \boldsymbol{P}_{k-1|k-1} \tag{2-4-23}$$

而此时对演化方程的展开方程为

$$\begin{aligned} \boldsymbol{x}_k &= \boldsymbol{f}_{k-1}(\boldsymbol{x}_{k-1}, \boldsymbol{w}_{k-1}) \\ &\approx \boldsymbol{f}_{k-1}(\hat{\boldsymbol{x}}_{k-1|k-1}, 0) + \boldsymbol{f}_{k-1}^{x} \tilde{\boldsymbol{x}}_{k-1|k-1} + \frac{1}{2}\sum_{i=1}^{n} \boldsymbol{e}_i \tilde{\boldsymbol{x}}_{k-1|k-1} f_{i,k-1}^{xx} \tilde{\boldsymbol{x}}_{k-1|k-1} + \boldsymbol{f}_{k-1}^{w} \boldsymbol{w}_{k-1} \end{aligned} \tag{2-4-24}$$

其中 $\boldsymbol{e}_i \in \mathbb{R}^n$ 是第 i 个标准基向量,$f_{i,k-1}$ 是 $\boldsymbol{f}_{k-1}$ 的第 i 个分量,而

$$\tilde{\boldsymbol{x}}_{k-1|k-1} = \boldsymbol{x}_{k-1} - \hat{\boldsymbol{x}}_{k-1|k-1} \tag{2-4-25}$$

$$f_{k-1}^{x}=\frac{\partial \boldsymbol{f}_{k-1}(\boldsymbol{x}_{k-1},\boldsymbol{w}_{k-1})}{\partial \boldsymbol{x}_{k-1}}\Bigg|_{\substack{\boldsymbol{x}_{k-1}=\hat{\boldsymbol{x}}_{k-1|k-1}\\ \boldsymbol{w}_{k-1}=0}},\quad f_{k-1}^{w}=\frac{\partial \boldsymbol{f}_{k-1}(\boldsymbol{x}_{k-1},\boldsymbol{w}_{k-1})}{\partial \boldsymbol{w}_{k-1}}\Bigg|_{\substack{\boldsymbol{x}_{k-1}=\hat{\boldsymbol{x}}_{k-1|k-1}\\ \boldsymbol{w}_{k-1}=0}} \tag{2-4-26}$$

$$f_{i,k-1}^{xx}=\frac{\partial}{\partial \boldsymbol{x}_{k-1}}\left[\frac{\partial f_{i,k-1}(\boldsymbol{x}_{k-1},\boldsymbol{w}_{k-1})}{\partial \boldsymbol{x}_{k-1}}\right]^{\mathrm{T}}\Bigg|_{\substack{\boldsymbol{x}_{k-1}=\hat{\boldsymbol{x}}_{k-1|k-1}\\ \boldsymbol{w}_{k-1}=0}},\quad i=1,2,\cdots,n \tag{2-4-27}$$

（2）对时刻 k 状态的一步提前预测为

$$\hat{\boldsymbol{x}}_{k|k-1}\approx \boldsymbol{f}_{k-1}(\hat{\boldsymbol{x}}_{k-1|k-1},0)+\frac{1}{2}\sum_{i=1}^{n}\boldsymbol{e}_{i}\operatorname{tr}(f_{i,k-1}^{xx}\boldsymbol{P}_{k-1|k-1}) \tag{2-4-28}$$

其中 tr(·)表示矩阵求迹，状态预测误差是

$$\tilde{\boldsymbol{x}}_{k|k-1}=\boldsymbol{x}_{k}-\hat{\boldsymbol{x}}_{k|k-1}\approx \boldsymbol{f}_{k-1}^{x}\tilde{\boldsymbol{x}}_{k-1|k-1}+\boldsymbol{f}_{k-1}^{w}\boldsymbol{w}_{k-1} \tag{2-4-29}$$

状态预测误差的协方差阵是

$$\boldsymbol{P}_{k|k-1}=\operatorname{cov}(\tilde{\boldsymbol{x}}_{k|k-1})\approx \boldsymbol{f}_{k-1}^{x}\boldsymbol{P}_{k-1|k-1}(\boldsymbol{f}_{k-1}^{x})^{\mathrm{T}}+\boldsymbol{f}_{k-1}^{w}\boldsymbol{Q}_{k-1}(\boldsymbol{f}_{k-1}^{w})^{\mathrm{T}} \tag{2-4-30}$$

（3）对 k 时刻量测的展开方程为

$$\begin{aligned}\boldsymbol{z}_{k}&=\boldsymbol{h}_{k}(\boldsymbol{x}_{k},\boldsymbol{v}_{k})\\&\approx \boldsymbol{h}_{k}(\hat{\boldsymbol{x}}_{k|k-1},0)+\boldsymbol{h}_{k}^{x}\tilde{\boldsymbol{x}}_{k|k-1}+\frac{1}{2}\sum_{j=1}^{m}\hat{\boldsymbol{e}}_{j}\tilde{\boldsymbol{x}}_{k|k-1}h_{j,k}^{xx}\tilde{\boldsymbol{x}}_{k|k-1}+\boldsymbol{h}_{k}^{v}\boldsymbol{v}_{k}\end{aligned} \tag{2-4-31}$$

其中 $\hat{\boldsymbol{e}}_{j}\in\mathbb{R}^{m}$ 是第 j 个标准基向量，$h_{j,k}$ 是 $\boldsymbol{h}_{k}$ 的第 j 个分量，而

$$\tilde{\boldsymbol{x}}_{k|k-1}=\boldsymbol{x}_{k}-\hat{\boldsymbol{x}}_{k|k-1} \tag{2-4-32}$$

$$\boldsymbol{h}_{k}^{x}=\frac{\partial \boldsymbol{h}_{k}(\boldsymbol{x}_{k},\boldsymbol{v}_{k})}{\partial \boldsymbol{x}_{k}}\Bigg|_{\substack{\boldsymbol{x}_{k}=\hat{\boldsymbol{x}}_{k|k-1}\\ \boldsymbol{v}_{k}=0}},\quad \boldsymbol{h}_{k}^{v}=\frac{\partial \boldsymbol{h}_{k}(\boldsymbol{x}_{k},\boldsymbol{v}_{k})}{\partial \boldsymbol{v}_{k}}\Bigg|_{\substack{\boldsymbol{x}_{k}=\hat{\boldsymbol{x}}_{k|k-1}\\ \boldsymbol{v}_{k}=0}} \tag{2-4-33}$$

$$h_{j,k}^{xx}=\frac{\partial}{\partial \boldsymbol{x}_{k}}\left[\frac{\partial h_{j,k}(\boldsymbol{x}_{k},\boldsymbol{v}_{k})}{\partial \boldsymbol{x}_{k}}\right]^{\mathrm{T}}\Bigg|_{\substack{\boldsymbol{x}_{k}=\hat{\boldsymbol{x}}_{k|k-1}\\ \boldsymbol{v}_{k}=0}},\quad j=1,2,\cdots,m \tag{2-4-34}$$

（4）对时刻 k 量测的一步提前预测为

$$\hat{\boldsymbol{z}}_{k|k-1}\approx \boldsymbol{h}_{k}(\hat{\boldsymbol{x}}_{k|k-1},0)+\frac{1}{2}\sum_{j=1}^{m}\hat{\boldsymbol{e}}_{j}\operatorname{tr}(h_{j,k}^{xx}\boldsymbol{P}_{k|k-1}) \tag{2-4-35}$$

量测预测误差是

$$\tilde{\boldsymbol{z}}_{k|k-1}=\boldsymbol{z}_{k}-\hat{\boldsymbol{z}}_{k|k-1}\approx \boldsymbol{h}_{k}^{x}\tilde{\boldsymbol{x}}_{k|k-1}+\boldsymbol{h}_{k}^{v}\boldsymbol{v}_{k} \tag{2-4-36}$$

量测预测误差的协方差阵是

$$\boldsymbol{R}_{\tilde{z}_{k|k-1}\tilde{z}_{k|k-1}}=\operatorname{cov}(\tilde{\boldsymbol{z}}_{k|k-1})\approx \boldsymbol{h}_{k}^{x}\boldsymbol{P}_{k|k-1}(\boldsymbol{h}_{k}^{x})^{\mathrm{T}}+\boldsymbol{h}_{k}^{v}\boldsymbol{R}_{k}(\boldsymbol{h}_{k}^{v})^{\mathrm{T}} \tag{2-4-37}$$

状态预测误差与量测预测误差的协方差阵是

$$\boldsymbol{R}_{\tilde{x}_{k|k-1}\tilde{z}_{k|k-1}}=\operatorname{cov}(\tilde{\boldsymbol{x}}_{k|k-1},\tilde{\boldsymbol{z}}_{k|k-1})\approx \boldsymbol{P}_{k|k-1}(\boldsymbol{h}_{k}^{x})^{\mathrm{T}} \tag{2-4-38}$$

（5）在时刻 k 得到新的量测 $\boldsymbol{z}_{k}$，状态滤波的更新公式是

$$\hat{\boldsymbol{x}}_{k|k}=\hat{\boldsymbol{x}}_{k|k-1}+\boldsymbol{K}_{k}(\boldsymbol{z}_{k}-\boldsymbol{h}_{k}^{x}\hat{\boldsymbol{x}}_{k|k-1}) \tag{2-4-39}$$

预测误差的协方差阵是

$$\boldsymbol{P}_{k|k}=\boldsymbol{P}_{k|k-1}-\boldsymbol{P}_{k|k-1}(\boldsymbol{h}_k^x)^{\mathrm{T}}[\boldsymbol{h}_k^x\boldsymbol{P}_{k|k-1}(\boldsymbol{h}_k^x)^{\mathrm{T}}+\boldsymbol{h}_k^{\boldsymbol{v}}\boldsymbol{R}_k(\boldsymbol{h}_k^{\boldsymbol{v}})^{\mathrm{T}}]^{-1}\boldsymbol{h}_k^x\boldsymbol{P}_{k|k-1} \tag{2-4-40}$$

而 k 时刻的 Kalman 增益阵为

$$\boldsymbol{K}_k=\boldsymbol{P}_{k|k-1}(\boldsymbol{h}_k^x)^{\mathrm{T}}[\boldsymbol{h}_k^x\boldsymbol{P}_{k|k-1}(\boldsymbol{h}_k^x)^{\mathrm{T}}+\boldsymbol{h}_k^{\boldsymbol{v}}\boldsymbol{R}_k(\boldsymbol{h}_k^{\boldsymbol{v}})^{\mathrm{T}}]^{-1} \tag{2-4-41}$$

2.4.2 UKF 滤波

虽然把扩展 Kalman 滤波(EKF)应用于非线性系统状态估计已经得到学术界和工程界的认可,但却存在着明显的缺陷。因为 EKF 为了求取估计误差协方差的传播,将动力学模型在当前状态估值处进行 Taylor 展开线性化,并将测量模型在状态一步预测处 Taylor 展开线性化,而基于 Taylor 级数展开的方法存在着函数的整体特性(它的平均值)被局部特性(其导数)所代替的缺点,而且噪声的存在使之进一步恶化。据此,按 Taylor 级数进行高阶展开的可用性也值得怀疑。为提高近似迫近的精度,文献[6-7]给出了统计线性化滤波的方法,此方法需要计算多重无穷积分,计算量太大而妨碍了其推广应用。

为了改善对非线性问题进行滤波的效果,Julier 等提出了采用基于 unscented 变换的 UKF(unscented Kalman filter)方法。该方法在处理状态方程时首先进行了 unscented 变换(以下简称 U 变换或 UT),然后使用 U 变换后的状态变量进行滤波估计,以减小估计误差。

首先,考虑如下非线性模型:

$$\boldsymbol{x}_k=\boldsymbol{f}_{k-1}(\boldsymbol{x}_{k-1})+\boldsymbol{w}_{k-1} \tag{2-4-42}$$

$$\boldsymbol{z}_k=\boldsymbol{h}_k(\boldsymbol{x}_k)+\boldsymbol{v}_k \tag{2-4-43}$$

式中,$\boldsymbol{x}_k\in\mathbb{R}^n$ 为系统状态,$\boldsymbol{f}_k$ 为 n 维向量函数,$\boldsymbol{h}_k$ 为 m 维向量函数,$\boldsymbol{w}_k$ 为 n 维随机过程噪声,$\boldsymbol{v}_k$ 为 m 维随机量测噪声。

在进行滤波前先做如下假设:过程噪声和测量噪声为互不相关零均值白噪声,且过程噪声 $\boldsymbol{w}_k$ 具有协方差阵 $\boldsymbol{Q}_k$,量测噪声 $\boldsymbol{v}_k$ 具有协方差阵 $\boldsymbol{R}_k$,初始状态 $\boldsymbol{x}_0$ 与所有噪声独立,其先验均值和协方差阵是

$$E(\boldsymbol{x}_0)=\bar{\boldsymbol{x}}_0=\hat{\boldsymbol{x}}_{0|0},\quad \operatorname{cov}(\boldsymbol{x}_0)=\boldsymbol{P}_0 \tag{2-4-44}$$

定义 2.4.1 设 n 维随机向量 $\boldsymbol{x}\sim\mathcal{N}(\bar{\boldsymbol{x}},\boldsymbol{P})$,$m$ 维随机向量 $\boldsymbol{z}$ 为 $\boldsymbol{x}$ 的某一非线性函数

$$\boldsymbol{z}=\boldsymbol{f}(\boldsymbol{x}) \tag{2-4-45}$$

$\boldsymbol{x}$ 的统计特性是$(\bar{\boldsymbol{x}},\boldsymbol{P}_x)$,通过非线性函数 $\boldsymbol{f}(\cdot)$进行传播得到 $\boldsymbol{z}$ 的统计特性$(\bar{\boldsymbol{z}},\boldsymbol{P}_z)$。

Unscented 变换(UT)就是根据$(\bar{\boldsymbol{x}},\boldsymbol{P}_x)$,设计一系列的点$\boldsymbol{\xi}_i$,$i=0,1,\cdots,L$,称其为 σ 点;对设定的 σ 点计算其经过 $\boldsymbol{f}(\cdot)$传播所得的结果$\boldsymbol{\gamma}_i$,$i=0,1,\cdots,L$;然后基于 γ_i,$i=0,1,\cdots,L$ 计算$(\bar{\boldsymbol{z}},\boldsymbol{P}_z)$。通常 σ 点的数量取为 $2n+1$,即 $L=2n$。

UT 与线性化方法的比较可用图 2-4-1 表示。

UT 的具体过程可描述如下:

(1) 计算 $2n+1$ 个 σ 点及其权系数:

$$\boldsymbol{\xi}_0=\bar{\boldsymbol{x}},\quad \begin{cases}\boldsymbol{\xi}_i=\bar{\boldsymbol{x}}+(\sqrt{(n+\lambda)\boldsymbol{P}_x})_i, & i=1,2,\cdots,n\\ \boldsymbol{\xi}_i=\bar{\boldsymbol{x}}-(\sqrt{(n+\lambda)\boldsymbol{P}_x})_i, & i=n+1,n+2,\cdots,2n\end{cases} \tag{2-4-46}$$

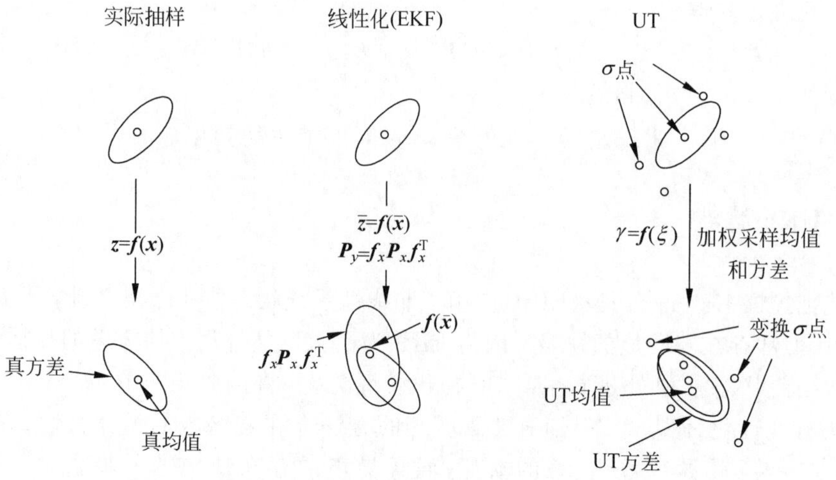

图 2-4-1 UT 与线性化方法比较示意图

$$\begin{cases}\omega_0^{(m)}=\lambda/(n+\lambda),\\ \omega_0^{(c)}=\lambda/(n+\lambda)+(1-\alpha^2+\beta),\end{cases}\quad \omega_i^{(m)}=\omega_i^{(c)}=0.5/(n+\lambda),i=1,2,\cdots,2n \tag{2-4-47}$$

其中$\lambda=\alpha^2(n+\kappa)-n$，$\alpha$ 决定σ 点的散布程度，通常取一小的正值（如 0.01），κ 通常取为 0；β 用来描述$\boldsymbol{x}$ 的分布信息（Gauss 分布情况下β 的最优值为 2）；$(\sqrt{(n+\lambda)\boldsymbol{P}_x})_i$ 表示矩阵$(n+\lambda)\boldsymbol{P}_x$ 的平方根矩阵的第i 列①；$\omega_i^{(m)}(i=0,1,\cdots,2n)$为求一阶统计特性时的权系数；$\omega_i^{(c)}(i=0,1,\cdots,2n)$为求二阶统计特性时的权系数。

(2) 计算σ 点通过非线性函数$\boldsymbol{f}(\cdot)$的传播结果：

$$\boldsymbol{\gamma}_i=\boldsymbol{f}(\boldsymbol{\xi}_i),\quad i=0,1,\cdots,2n \tag{2-4-48}$$

从而可得

$$\bar{\boldsymbol{z}}=\sum_{i=0}^{2n}\omega_i^{(m)}\boldsymbol{\gamma}_i \tag{2-4-49}$$

$$\boldsymbol{P}_z=\sum_{i=0}^{2n}\omega_i^{(c)}(\boldsymbol{\gamma}_i-\bar{\boldsymbol{z}})(\boldsymbol{\gamma}_i-\bar{\boldsymbol{z}})^{\mathrm{T}} \tag{2-4-50}$$

$$\boldsymbol{P}_{xz}=\sum_{i=0}^{2n}\omega_i^{(c)}(\boldsymbol{\xi}_i-\bar{\boldsymbol{x}})(\boldsymbol{\gamma}_i-\bar{\boldsymbol{z}})^{\mathrm{T}} \tag{2-4-51}$$

U 变换与 Monte Carlo 法不同，它不是随机地从给定分布中进行抽样，而只是取少数确定的σ 点。另外，它不是通常意义下的加权方法，因而不能将其理解为抽样统计。

定义 2.4.2 将扩展 Kalman 滤波中统计特性传播方式的线性化近似用 U 变换方法代替，即可得到 **unscented Kalman 滤波（UKF）**。

每个时间段 UKF 计算一个循环的具体步骤如下：

(1) 对于给定的$\hat{\boldsymbol{x}}_{k-1|k-1}$，$\boldsymbol{P}_{k-1|k-1}$，求状态一步预测$\hat{\boldsymbol{x}}_{k|k-1}$ 及预报误差的协方差

① 设$\boldsymbol{A}=\boldsymbol{B}\boldsymbol{B}^{\mathrm{T}}\in\mathbb{R}^{n\times n}$ 是非负定矩阵，而$\boldsymbol{B}\in\mathbb{R}^{n\times n}$ 也是非负定矩阵，则称$\boldsymbol{B}=\sqrt{\boldsymbol{A}}=\boldsymbol{A}^{1/2}$ 是$\boldsymbol{A}$ 的平方根矩阵。

阵 $\boldsymbol{P}_{k|k-1}$。

① 计算 σ 点 $\boldsymbol{\xi}_{k-1|k-1}^{(i)}, i=0,1,\cdots,2n$，即

$$\begin{cases}\boldsymbol{\xi}_{k-1|k-1}^{(0)}=\hat{\boldsymbol{x}}_{k-1|k-1}\\ \boldsymbol{\xi}_{k-1|k-1}^{(i)}=\hat{\boldsymbol{x}}_{k-1|k-1}+\left(\sqrt{(n+\lambda)\boldsymbol{P}_{k-1|k-1}}\right)_i, & i=1,2,\cdots,n\\ \boldsymbol{\xi}_{k-1|k-1}^{(i)}=\hat{\boldsymbol{x}}_{k-1|k-1}-\left(\sqrt{(n+\lambda)\boldsymbol{P}_{k-1|k-1}}\right)_i, & i=n+1,n+2,\cdots,2n\end{cases}\tag{2-4-52}$$

② 计算 $\boldsymbol{\xi}_{k|k-1}^{(i)}, i=0,1,\cdots,2n$ 通过状态演化方程传播的 σ 点，即

$$\begin{cases}\boldsymbol{\xi}_{k|k-1}^{(i)}=\boldsymbol{f}_k(\boldsymbol{\xi}_{k-1|k-1}^{(i)}), \quad i=0,1,\cdots,2n\\ \hat{\boldsymbol{x}}_{k|k-1}=\sum\limits_{i=0}^{2n}\omega_i^{(m)}\boldsymbol{\xi}_{k|k-1}^{(i)}\\ \boldsymbol{P}_{k|k-1}=\sum\limits_{i=0}^{2n}\omega_i^{(c)}(\boldsymbol{\xi}_{k|k-1}^{(i)}-\hat{\boldsymbol{x}}_{k|k-1})(\boldsymbol{\xi}_{k|k-1}^{(i)}-\hat{\boldsymbol{x}}_{k|k-1})^{\mathrm{T}}+\boldsymbol{Q}_{k-1}\end{cases}\tag{2-4-53}$$

(2) 用 UT 求 σ 点 $\hat{\boldsymbol{x}}_{k|k-1}, \boldsymbol{P}_{k|k-1}$ 通过量测方程的传播。

① 计算 σ 点 $\hat{\boldsymbol{x}}_{k|k-1}, \boldsymbol{P}_{k|k-1}$ 通过量测方程对 $\boldsymbol{x}_k$ 的传播，即

$$\begin{cases}\boldsymbol{\xi}_k^{(0)}=\hat{\boldsymbol{x}}_{k|k-1}\\ \boldsymbol{\xi}_k^{(i)}=\hat{\boldsymbol{x}}_{k|k-1}+\left(\sqrt{(n+\lambda)\boldsymbol{P}_{k|k-1}}\right)_i, & i=1,2,\cdots,n\\ \boldsymbol{\xi}_k^{(i)}=\hat{\boldsymbol{x}}_{k|k-1}-\left(\sqrt{(n+\lambda)\boldsymbol{P}_{k|k-1}}\right)_i, & i=n+1,n+2,\cdots,2n\end{cases}\tag{2-4-54}$$

② 计算输出的一步提前预测，即

$$\begin{cases}\boldsymbol{\zeta}_{k|k-1}^{(i)}=\boldsymbol{h}_k(\boldsymbol{\xi}_k^{(i)}), \quad i=0,1,\cdots,2n\\ \hat{\boldsymbol{z}}_{k|k-1}=\sum\limits_{i=0}^{2n}\omega_i^{(m)}\boldsymbol{\zeta}_{k|k-1}^{(i)}\\ \boldsymbol{P}_{\tilde{z}_k}=\sum\limits_{i=0}^{2n}\omega_i^{(c)}(\boldsymbol{\zeta}_{k|k-1}^{(i)}-\hat{\boldsymbol{z}}_{k|k-1})(\boldsymbol{\zeta}_{k|k-1}^{(i)}-\hat{\boldsymbol{z}}_{k|k-1})^{\mathrm{T}}+\boldsymbol{R}_k\\ \boldsymbol{P}_{\tilde{x}_k\tilde{z}_k}=\sum\limits_{i=0}^{2n}\omega_i^{(c)}(\boldsymbol{\xi}_k^{(i)}-\hat{\boldsymbol{x}}_{k|k-1})(\boldsymbol{\zeta}_{k|k-1}^{(i)}-\hat{\boldsymbol{z}}_{k|k-1})^{\mathrm{T}}\end{cases}\tag{2-4-55}$$

(3) 在获得新的量测 $\boldsymbol{z}_k$ 后，进行滤波更新：

$$\begin{cases}\hat{\boldsymbol{x}}_{k|k}=\hat{\boldsymbol{x}}_{k|k-1}+\boldsymbol{K}_k(\boldsymbol{z}_k-\hat{\boldsymbol{z}}_{k|k-1})\\ \boldsymbol{K}_k=\boldsymbol{P}_{\tilde{x}_k\tilde{z}_k}\boldsymbol{P}_{\tilde{z}_k}^{-1}\\ \boldsymbol{P}_{k|k}=\boldsymbol{P}_{k|k-1}-\boldsymbol{K}_k\boldsymbol{P}_{\tilde{z}_k}\boldsymbol{K}_k^{\mathrm{T}}\end{cases}\tag{2-4-56}$$

式中 $\boldsymbol{K}_k$ 是滤波增益阵。

2.4.3 Bayes 滤波

考虑具有加性噪声的非线性系统：

$$\boldsymbol{x}_{k+1}=\boldsymbol{f}_k(\boldsymbol{x}_k)+\boldsymbol{w}_k\tag{2-4-57}$$

$$\boldsymbol{z}_k=\boldsymbol{h}_k(\boldsymbol{x}_k)+\boldsymbol{v}_k\tag{2-4-58}$$

其中 $k\in\mathbb{N}$ 是时间指标，$\boldsymbol{x}_k\in\mathbb{R}^n$ 是 k 时刻的系统**状态向量**，$\boldsymbol{f}_k:\mathbb{R}^n\to\mathbb{R}^n$ 是系统**状态演化映射**，而 $\boldsymbol{w}_k$ 是 n 维离散时间**过程噪声**，$\boldsymbol{z}_k\in\mathbb{R}^m$ 是 k 时刻对系统状态的**量测向量**，而 $\boldsymbol{h}_k:\mathbb{R}^n\to\mathbb{R}^m$ 是**量测映射**，而 $\boldsymbol{v}_k$ 是 m 维**量测噪声**。假定：

（1）初始状态的概率密度函数已知，即有

$$p(\boldsymbol{x}_0) \tag{2-4-59}$$

（2）过程噪声 $\boldsymbol{w}_k$ 和量测噪声 $\boldsymbol{v}_k$ 都是独立过程，而且二者相互独立，它们与初始状态也相互独立；它们的概率密度函数也已知，即有

$$\rho(\boldsymbol{w}_k),\upsilon(\boldsymbol{v}_k),\quad k\in\mathbb{N} \tag{2-4-60}$$

（3）所有的概率密度函数都可以计算得到。

所谓 **Bayes 滤波问题**，就是在每个时刻 k，利用所获得实时信息 $\boldsymbol{Z}^k$ 求得状态 $\boldsymbol{x}_k$ 的后验概率密度函数

$$p(\boldsymbol{x}_k|\boldsymbol{Z}^k),\quad k\in\mathbb{N} \tag{2-4-61}$$

从而得到 k 时刻的状态估计及其估计误差的协方差阵，即

$$\hat{\boldsymbol{x}}_{k|k}=\int_{\mathbb{R}^n}\boldsymbol{x}_k p(\boldsymbol{x}_k\mid\boldsymbol{Z}^k)\mathrm{d}\boldsymbol{x}_k,\quad k\in\mathbb{N} \tag{2-4-62}$$

$$\boldsymbol{P}_{k|k}=\int_{\mathbb{R}^n}(\boldsymbol{x}_k-\hat{\boldsymbol{x}}_{k|k})(\boldsymbol{x}_k-\hat{\boldsymbol{x}}_{k|k})^{\mathrm{T}}p(\boldsymbol{x}_k\mid\boldsymbol{Z}^k)\mathrm{d}\boldsymbol{x}_k,\quad k\in\mathbb{N} \tag{2-4-63}$$

Bayes 滤波的步骤如下：

（1）假定在 $k-1$ 时刻已经获得了 $p(\boldsymbol{x}_{k-1}|\boldsymbol{Z}^{k-1})$，那么状态一步预测的概率密度函数是

$$p(\boldsymbol{x}_k\mid\boldsymbol{Z}^{k-1})=\int_{\mathbb{R}^n}p(\boldsymbol{x}_k\mid\boldsymbol{x}_{k-1})p(\boldsymbol{x}_{k-1}\mid\boldsymbol{Z}^{k-1})\mathrm{d}\boldsymbol{x}_{k-1} \tag{2-4-64}$$

其中

$$p(\boldsymbol{x}_k\mid\boldsymbol{x}_{k-1})=\int_{\mathbb{R}^n}\delta(\boldsymbol{x}_k-\boldsymbol{f}_{k-1}(\boldsymbol{x}_{k-1}))\rho(\boldsymbol{x}_k)\mathrm{d}\boldsymbol{x}_k=\rho(\boldsymbol{x}_k-\boldsymbol{f}_{k-1}(\boldsymbol{x}_{k-1})) \tag{2-4-65}$$

而 $\delta(\cdot)$ 是 Dirac delta 函数。

（2）在已经获得 $p(\boldsymbol{x}_k|\boldsymbol{Z}^{k-1})$ 基础上，计算得到量测一步预测的概率密度函数是

$$p(\boldsymbol{z}_k\mid\boldsymbol{Z}^{k-1})=\int_{\mathbb{R}^n}p(\boldsymbol{z}_k\mid\boldsymbol{x}_k)p(\boldsymbol{x}_k\mid\boldsymbol{Z}^{k-1})\mathrm{d}\boldsymbol{x}_k \tag{2-4-66}$$

其中

$$p(\boldsymbol{z}_k\mid\boldsymbol{x}_k)=\int_{\mathbb{R}^m}\delta(\boldsymbol{z}_k-h_k(\boldsymbol{x}_k))\upsilon(\boldsymbol{z}_k)\mathrm{d}\boldsymbol{z}_k=\upsilon(\boldsymbol{z}_k-h_k(\boldsymbol{x}_k)) \tag{2-4-67}$$

而 $\delta(\cdot)$ 是 Dirac delta 函数。

（3）在 k 时刻，已经获得新的量测数据 $\boldsymbol{z}_k$，可利用 Bayes 公式计算得到后验概率密度函数

$$\begin{aligned}p(\boldsymbol{x}_k\mid\boldsymbol{Z}^k)&=p(\boldsymbol{x}_k\mid\boldsymbol{Z}^{k-1},\boldsymbol{z}_k)=\frac{p(\boldsymbol{x}_k,\boldsymbol{z}_k\mid\boldsymbol{Z}^{k-1})}{p(\boldsymbol{z}_k\mid\boldsymbol{Z}^{k-1})}=\frac{p(\boldsymbol{z}_k\mid\boldsymbol{x}_k,\boldsymbol{Z}^{k-1})p(\boldsymbol{x}_k\mid\boldsymbol{Z}^{k-1})}{p(\boldsymbol{z}_k\mid\boldsymbol{Z}^{k-1})}\\&=\frac{\upsilon(\boldsymbol{z}_k-\boldsymbol{h}_k(\boldsymbol{x}_k))p(\boldsymbol{x}_k\mid\boldsymbol{Z}^{k-1})}{p(\boldsymbol{z}_k\mid\boldsymbol{Z}^{k-1})}=\frac{\upsilon(\boldsymbol{z}_k-\boldsymbol{h}_k(\boldsymbol{x}_k))p(\boldsymbol{x}_k\mid\boldsymbol{Z}^{k-1})}{\int_{\mathbb{R}^n}\upsilon(\boldsymbol{z}_k-\boldsymbol{h}_k(\boldsymbol{x}_k))p(\boldsymbol{x}_k\mid\boldsymbol{Z}^{k-1})\mathrm{d}\boldsymbol{x}_k}\end{aligned} \tag{2-4-68}$$

这就完成了滤波计算。但是,这一方法的最大困难在于概率密度函数的计算,即使在噪声为 Gauss 分布的假设下其他变量的分布都是非常复杂的。

2.5 基于随机抽样的过程估计理论与算法

2.5.1 传统 Bayes 估计面临的挑战与解决的新思路

在现代信号处理、图像处理、计算机视觉及自动控制领域存在着大量需要处理的非线性非 Gauss 随机系统。系统的概率分布函数不再具有 Gauss 特征,而且其真正的概率分布函数的解析形式也不易得到。即使知道它的解析解,但求其统计量仍面临高维积分问题,不便于计算。从 20 世纪 60 年代起,人们提出了各种数值近似算法,例如扩展 Kalman 滤波(EKF)、Gauss 滤波(GSF[24])等次优滤波方法,也有人试图用多模型混合估计的方法对一类非线性非 Gauss 问题进行求解,但这些算法的稳定性、精度和计算量等都很难满足实际需要。

EKF 作为求解非线性非 Gauss 滤波问题的近似方法,自从 1979 年由 Anderson 和 Moore[25] 提出后,为人们广泛采用。该方法是基于系统状态演化函数和量测函数的一阶 Taylor 展开式做出的最小均方误差(MMSE)估计。实际上是用系统预测状态的局部线性化方法来近似系统状态演化方程。但是,很多时候,这种局部线性化的方法可能导致不太理想的近似效果,甚至会导致滤波发散。

GSF 是用有限个 Gauss 模型的混合来近似系统的后验概率分布,相当于采用一组 EKF,所以仍具有与 EKF 同样的缺陷。

UKF 与 EKF 一样,也是对系统状态后验分布做 Gauss 近似。但是二者不同在于:EKF 仅仅利用非线性函数 Taylor 展开的一阶项,而当系统高度非线性时,或 Taylor 展开的高阶项对系统影响较大时,EKF 方法导致滤波的发散,且要求计算非线性函数的导数。UKF 方法仍然用一个 Gauss 随机变量来表征系统状态分布,但它采用实际的非线性模型,用一个**最小的样本点集**来近似系统状态的分布函数。这个样本集能够真实地捕捉到系统状态的均值与方差,当按实际的非线性模型演化时,理论上能够捕捉到任何非线性函数后验均值与方差的二阶项。

总的来说,在非线性非 Gauss 条件下,这种基于模型线性化和 Gauss 假设的方法在估计系统状态和方差时的误差仍然较大,并有可能引起发散。

另外一类用以解决非线性非 Gauss 问题的方法是基于随机抽样的滤波方法,对其研究可以追溯到 20 世纪 50—60 年代。该方法的主要思想是利用状态空间中一系列加权随机样本集(粒子)来近似系统状态的后验概率密度函数,是一种**基于仿真**的统计滤波方法。这些样本没有明确的格式,不受模型线性和 Gauss 假设的约束,适用于任意非线性、非 Gauss 随机系统。

递推的 Monte Carlo 方法(基于随机仿真的方法)是指利用 Monte Carlo 积分方法处理递推估计问题的算法总称,有时也称为**粒子滤波(particle filtering,PF)**。该方法基于大量的量测,通过一组加权粒子的演化与传播来递推近似状态的后验概率密度函数,从而获得其他关于状态的统计量。该方法可以得到具有递推形式的重要性权值公式。

2.5.2 Monte Carlo 仿真的随机抽样

本小节讨论基于 Monte Carlo 仿真的基本随机抽样方法。

1. 标准均匀分布伪随机抽样

设$\mathcal{U}[0,1]$表示$[0,1]$区间上的均匀分布，即其概率分布函数为

$$F(x)=\begin{cases}0, & x\leqslant 0\\ x, & 0<x\leqslant 1\\ 1, & x>1\end{cases} \tag{2-5-1}$$

下面给出一种仿真生成$\mathcal{U}[0,1]$伪随机数的同余法。如果整数 x 和 y 的差值能被 m 整除，则称它们关于整数 m **同余**，记为 $x\equiv y$（模 m）。

一组整数构成一个集合，如果该集合中任意两个元素之间关于模 m 同余，则称其为模 m 的一个**同余类**。显然同余类是整数集合的一种划分。在模 m 的任何一个同余类中，必然存在一个非负整数，称为该同余类的**最小正余数**，或**正余数**。

利用同余法产生$\mathcal{U}[0,1]$伪随机数的基本思想是：利用仿真程序产生若干关于模 m 的一组正余数，把这组正余数化为$[0,1]$区间上的小数后近似满足均匀分布。其步骤是：

(1) 确定基数 R（按十进制数，$R=10$）；

(2) 选择模 m（如果伪随机数的字长为 N，则 $m=R^N$）；

(3) 任意给定一个 N 位整数 NR_0 作为起始值，其值不被 R 的任何因数整除；

(4) 选择常数乘子 IX，一般具有形式 $\mathrm{IX}=200*\mathrm{IT}\pm\mathrm{IR}$，其中"$*$"表示乘法运算；IT 是任意正整数；当 $R=10$ 时，IR 在下列数中选择：$\{3,11,13,19,21,27,29,37,53,59,61,67,69,77,83,91\}$；$\mathrm{IX}\approx 10^{N/2}$；

(5) 按下式生成第一个随机数：$\mathrm{NR}_1=\mathrm{IX}*\mathrm{NR}_0$（模 $m=R^N$）；也就是说，IX 乘以 NR_0 生成一个正整数，其位数大于 N；保留后面 N 位数字，舍去前面多余位数得 NR_1（正余数）；

(6) 按下式递推生成一列随机数：$\mathrm{NR}_{i+1}=\mathrm{IX}*\mathrm{NR}_i$（模 $m=R^N$），$i=1,2,\cdots,n$；

(7) 将序列$\{\mathrm{NR}_i\}_{i=1,2,\cdots,n}$ 置于小数点之后，即得一组$\mathcal{U}[0,1]$伪随机数

$$\{\hat{x}^{(i)}\}_{i=1,2,\cdots,n} \tag{2-5-2}$$

记为 $\hat{x}^{(i)}\sim\mathcal{U}[0,1]$。

2. 非均匀分布伪随机抽样

下面介绍几种常用方法：

(1) 反变换抽样法：设随机变量 x 具有概率分布函数 $F(x)$，$x\in\mathbb{R}$，按分布函数的单调性，逆函数 $F^{-1}:\mathbb{R}\to[0,1]$存在。假定 $y\sim\mathcal{U}_{[0,1]}$，令 $x=F^{-1}(y)$，从而 x 具有概率分布函数 $F(x)$。基于此，令

$$\hat{x}^{(i)}=F^{-1}(\hat{y}^{(i)}),\quad i=1,2,\cdots,n \tag{2-5-3}$$

这就是一列服从概率分布函数 $F(x)$的伪随机数。

(2) Gauss 分布抽样法：设 $y^{(j)} \sim \mathcal{U}[0,1]$，$j=1,2,\cdots,N$ 独立同分布，令

$$x=\frac{\sum_{j=1}^{N} y^{(j)}-N\mu}{\sqrt{N\sigma^{2}}} \tag{2-5-4}$$

其中 $\mu=1/2$，$\sigma^2=1/12$ 分别是 $y^{(j)}$ 的均值和方差；按照中心极限定理，当 $N\to\infty$ 时，$x\sim\mathcal{N}(0,1)$。于是，假定 $\{\hat{y}^{(j)}\}_{j=1,2,\cdots}$ 是一列 $\mathcal{U}[0,1]$ 的伪随机数，每 N 个结合生成一个标准的伪随机数，则有

$$\hat{x}^{(i)}=\frac{\sum_{j=1}^{N} \hat{y}^{[(i-1)N+j]}-N/2}{\sqrt{N/12}}, \quad i=1,2,\cdots \tag{2-5-5}$$

就是一列服从 $\mathcal{N}(0,1)$ 的伪随机数，一般记为 $\hat{x}^{(i)}\sim\mathcal{N}(0,1)$。

如果令

$$\hat{\hat{x}}^{(i)}=\rho\hat{x}^{(i)}+\bar{x}, \quad i=1,2,\cdots \tag{2-5-6}$$

则 $\hat{\hat{x}}^{(i)}$ 就是一列服从 $\mathcal{N}(\bar{x},\rho^2)$ 的伪随机数。

(3) 直接抽样法：设随机变量 x 具有离散分布

$$p(x)=\sum_{k=1}^{N}\lambda_k\delta(x-\bar{x}_k) \tag{2-5-7}$$

其中，$-\infty<\bar{x}_1<\bar{x}_2<\cdots<\bar{x}_{N-1}<\bar{x}_N<\infty$；$\delta(\cdot)$ 为 Dirac delta 函数；$\lambda_k>0$，$\sum_{k=1}^{N}\lambda_k=1$。

假定 $\{\hat{y}^{(j)}\}_{j=1,2,\cdots}$ 是服从 $\mathcal{U}_{[0,1]}$ 的一列伪随机数，则满足离散分布的随机抽样可按下式产生

$$\hat{x}^{(j)}=\bar{x}_k, \quad \text{如果} \quad \sum_{l=1}^{k-1}\lambda_l<\hat{y}^{(j)}\leqslant\sum_{l=1}^{k}\lambda_l, \quad j=1,2,\cdots \tag{2-5-8}$$

一般记为 $\hat{x}^{(j)}\sim p(x)$。

(4) Monte Carlo 舍选抽样法：设随机变量 x 的 pdf 为

$$p(x)\begin{cases}=0, & x<a, x>b\\ \leqslant c, & a\leqslant x\leqslant b\end{cases} \tag{2-5-9}$$

其中 a 和 b 分别是随机变量 x 的下界和上界；c 是 $p(x)$ 的最大值。假定 $\hat{y}_1^{(i)}\sim\mathcal{U}_{[0,1]}$ 和 $\hat{y}_2^{(i)}\sim\mathcal{U}_{[0,1]}$ 是相互独立的两个伪随机序列，设

$$\begin{cases}\hat{x}_1^{(i)}=a+(b-a)\hat{y}_1^{(i)}\\ \hat{x}_2^{(i)}=c\hat{y}_2^{(i)}\end{cases} \tag{2-5-10}$$

这样 $(\hat{x}_1^{(i)},\hat{x}_2^{(i)})$ 在以边长为 $b-a$ 和 c 的矩形内均匀分布。如果 $\hat{x}_2^{(i)}\leqslant p(\hat{x}_1^{(i)})$，则令

$$\hat{x}^{(i)}=\hat{x}_1^{(i)}, \quad i=1,2,\cdots \tag{2-5-11}$$

作为抽样值，即 $\boldsymbol{x}^{(i)}\sim p(x)$；否则舍弃重新抽样。

3. 多元分布的伪随机抽样

下面只介绍 Monte Carlo 舍选抽样法。假定 $\boldsymbol{x}$ 是一个 n 维随机向量，具有 pdf $p(\boldsymbol{x})$，同

时假定各分量之间相互独立（否则抽样方法要复杂得多），同时假定 $p(\boldsymbol{x})$ 在一个有界域 S 内，即

$$S \triangleq \{\boldsymbol{x}=(x_1,\cdots,x_n)\in\mathbb{R}^n: a_i\leqslant x_i\leqslant b_i,\quad i=1,2,\cdots,n\} \tag{2-5-12}$$

而且有

$$\sup_{x\in S} f(\boldsymbol{x})=c<\infty \tag{2-5-13}$$

具体的抽样步骤如下：

(1) 产生[0,1]区间上均匀分布且相互独立的伪随机数序列 $y_1^{(i)}\sim\mathcal{U}[0,1], y_2^{(i)}\sim\mathcal{U}[0,1],\cdots,y_{n+1}^{(i)}\sim\mathcal{U}[0,1]$；

(2) 把[0,1]区间上均匀分布转换成 $[a_i,b_i]$ 区间和 $[0,c]$ 区间上的均匀分布，即

$$\begin{cases}\hat{x}_j^{(i)}=a_j+(b_j-a_j)\hat{y}_j^{(i)}, & j=1,2,\cdots,n\\ \hat{x}_{n+1}^{(i)}=c\hat{y}_{n+1}^{(i)}\end{cases} \tag{2-5-14}$$

(3) 随机抽样，即

$$\hat{\boldsymbol{x}}^{(i)}=(\hat{x}_1^{(i)},\cdots,\hat{x}_n^{(i)}),\quad 如果\ \hat{x}_{n+1}^{(i)}\leqslant f(\hat{x}_1^{(i)},\cdots,\hat{x}_n^{(i)}) \tag{2-5-15}$$

作为抽样值，否则舍弃重新抽样。于是 $\hat{\boldsymbol{x}}^{(i)}\sim f(\boldsymbol{x})$。

2.5.3 Markov Chain Monte Carlo 抽样

Markov Chain Monte Carlo (MCMC)抽样是一套基于仿真的方法，它可以应用在更一般和复杂的模型，特别是高维问题。在对 Markov 链的分析过程中，一类问题是给定 Markov 链的转移概率函数，要求得到相应的稳态分布；而在 MCMC 算法中，考虑的是其逆问题，即给定稳态分布，要求构造转移概率函数使得其输出服从该稳态分布。MCMC 是一个迭代过程，它通过模拟状态空间中的一个 Markov 链，使得其输出的平稳分布(stationary distribution)是我们感兴趣的 pdf $\pi(x)$。为达到此要求，该 Markov 链的构造要求满足一定的约束，为此首先引入如下几个定义。

1. Markov 链的构造

考虑一个给定的 Markov 链 $\{\boldsymbol{x}_k\}, k\in\mathbb{Z}^+$，其状态空间是 $\boldsymbol{X}$，如果 $\boldsymbol{X}=\mathbb{R}^n$，称为**连续状态空间 Markov 链**；如果 $X=\{\boldsymbol{x}^{(1)},\cdots,\boldsymbol{x}^{(N)}\}$，称为**有限状态空间 Markov 链**。首先给出有关定义。

定义 2.5.1 对于所考虑的 Markov 链 $\{\boldsymbol{x}_k\}, k\in\mathbb{Z}^+$，其**一阶转移核(transition kernel)**定义为如下的条件概率函数

$$K_k(\boldsymbol{x},\boldsymbol{x}')\triangleq p(\boldsymbol{x}_k=\boldsymbol{x}'\mid\boldsymbol{x}_{k-1}=\boldsymbol{x}),\quad \boldsymbol{x},\boldsymbol{x}'\in X \tag{2-5-16}$$

其中 $k\in\mathbb{N}$ 是时间指标。如果这个转移核并不依赖于时间，则称其为**齐次(平稳)转移核(homogeneous transition kernel)**，简单地记为

$$K(\boldsymbol{x},\boldsymbol{x}')\triangleq p(\boldsymbol{x}'\mid\boldsymbol{x}) \tag{2-5-17}$$

把 k 时刻 Markov 链 $\{\boldsymbol{x}_k\}, k\in\mathbb{Z}^+$ 的分布记为 $p_k(\boldsymbol{x})$，则根据 Chapman 公式有

$$p_k(\boldsymbol{x}) = \sum_{\boldsymbol{x}'} K(\boldsymbol{x}',\boldsymbol{x}) p_{k-1}(\boldsymbol{x}') \tag{2-5-18}$$

其中 $p_0(\boldsymbol{x})$是初始先验分布；对于连续状态空间，只需把求和变成积分。

定义 2.5.2 对于 pdf $\pi(\boldsymbol{x})$，若

$$\pi(\boldsymbol{x}) = \sum_{\boldsymbol{x}'} K(\boldsymbol{x}',\boldsymbol{x}) \pi(\boldsymbol{x}') \tag{2-5-19}$$

成立，则称该 pdf $\pi(\boldsymbol{x})$关于转移核 K 为**不变的**(**invariant**)或**平稳的**(**stationary**)，又称 $\pi(x)$为 Markov 链$\{\boldsymbol{x}_k\}, k\in\mathbb{Z}^+$的不变分布；对于连续状态空间，只需把求和变成积分。

定义 2.5.3 若齐次转移核 K 满足

$$K(\boldsymbol{x},\boldsymbol{x}')\pi(\boldsymbol{x}) = K(\boldsymbol{x}',\boldsymbol{x})\pi(\boldsymbol{x}'), \quad \forall\, \boldsymbol{x},\boldsymbol{x}' \in X \tag{2-5-20}$$

则称该转移核 K 为$\boldsymbol{\pi}$ **可逆**($\boldsymbol{\pi}$**-reversible**)的。

如果 K 为π 可逆的，则π 关于转移核 K 必定是不变的，这是因为

$$\sum_{\boldsymbol{x}} K(\boldsymbol{x},\boldsymbol{x}')\pi(\boldsymbol{x}) = \sum_{\boldsymbol{x}} K(\boldsymbol{x}',\boldsymbol{x})\pi(\boldsymbol{x}') = \pi(\boldsymbol{x}') \sum_{\boldsymbol{x}} K(\boldsymbol{x}',\boldsymbol{x}) = \pi(\boldsymbol{x}')$$

但是，π 关于转移核 K 为不变的，却不能保证 K 为π 可逆的。

例题 2.5.1 考虑 Markov 链具有状态集 $X=\{x^{(1)}=0, x^{(2)}=1, x^{(3)}=2\}$，而且 $K(0,1)=K(1,2)=K(2,0)=1$，其余是 0；显然 X 上的均匀分布π 关于K 是不变的，但 K 却不是π 可逆的。 □

绝大多数的 MCMC 算法在构造的时候即考虑了π 可逆条件，因此$\pi(\boldsymbol{x})$是 Markov 链$\{\boldsymbol{x}_k\}, k\in\mathbb{Z}^+$的不变分布。所以，绝大多数的 MCMC 算法无须验证其可逆性条件。

在这里，我们的目的不仅是输出一个 Markov 链，使得其稳态分布是我们感兴趣的概率分布函数π。而且我们还要求这个 Markov 链是遍历的，这样不管初始分布 $p_0(\boldsymbol{x})$如何，随着 k 趋于无穷大，$p_k(\boldsymbol{x})$收敛到不变分布 $\pi(\boldsymbol{x})$。下面的定理指出一大类 Markov 链是遍历的。

定理 2.5.1(**基本定理**) 如果一个定义在有限状态空间上的齐次 Markov 链具有转移核 $K(\boldsymbol{x},\boldsymbol{x}')$，而且分布$\pi$ 关于 K 是不变的，且

$$v \triangleq \min_{\boldsymbol{x}} \min_{\boldsymbol{x}':\pi(\boldsymbol{x}')>0} K(\boldsymbol{x},\boldsymbol{x}')/\pi(\boldsymbol{x}') > 0$$

则此 Markov 链是遍历(ergodic)的，也就是说，不管初始分布 $p_0(\boldsymbol{x})$如何，对$\forall\, \boldsymbol{x}\in X$ 有

$$\lim_{k\to\infty} p_k(\boldsymbol{x}) = \pi(\boldsymbol{x})$$

收敛速率的界为

$$|\pi(\boldsymbol{x}) - p_k(\boldsymbol{x})| < (1-v)^k, \quad k\in\mathbb{N} \tag{2-5-21}$$

进而，设 $f(\boldsymbol{x})$是状态变量 $\boldsymbol{x}$ 的任意实值函数，它关于分布 $p_k(\boldsymbol{x})$的期望 $E_k(f)$收敛于其关于分布π 的期望 $E_\pi(f)$，而且有

$$|E_\pi(f) - E_k(f)| < (1-v)^k \max_{\boldsymbol{x},\boldsymbol{x}'} |f(\boldsymbol{x}) - f(\boldsymbol{x}')| \tag{2-5-22}$$

证明 见文献[31]。 ■

下面阐述如何利用抽样的方法来求得一个遍历的 Markov 链，使得该链以尽可能快的速率收敛到一个要求的不变分布。一般说来，可以通过一组**基本转移概率** $B_1, B_2, \cdots, B_s$ 来构造该 Markov 链，要求其中每一个基本转移概率的分布为不变分布，但其中有个别分布可能不是遍历的，比如 B_l 仅仅在构成状态空间的某些状态集合上变化。我们可

以方便地由这些基本转移概率构成的链来构造转移核。

一种方法是构造一个齐次 Markov 链，其转移核就是基本转移概率的加权和，即

$$K(\boldsymbol{x},\boldsymbol{x}')=\sum_{l=1}^{s}\alpha_l B_l(\boldsymbol{x},\boldsymbol{x}') \tag{2-5-23}$$

其中 $\alpha_l>0$ 是权值，满足 $\sum_l \alpha_l=1$。

容易证明，如果定义在状态空间上的一个分布函数 π 关于每个 B_l 是不变的，则关于转移核 K 也是不变的。进而，如果每个 B_l 是 π 可逆的，则转移核 K 也是 π 可逆的。

另外一种可选的方案是构造一个非齐次 Markov 链，此方法依次应用每个转移概率，即对于任意 $\alpha\geqslant 0$，依次构造

$$K_{\alpha s+l-1}(\boldsymbol{x},\boldsymbol{x}')=B_l(\boldsymbol{x},\boldsymbol{x}'),\quad l=1,2,\cdots,s \tag{2-5-24}$$

显然，如果分布函数 π 关于每个 B_l 都是不变的，则关于所有的转移概率 K_k 也是不变的。

通过依次使用每个基本转移概率，事实上构造了一个齐次 Markov 链，转移核为 $K=B_1B_2\cdots B_s$。但是，在此情况下，即使每个 B_l 都是 π 可逆的，但转移核 K_k 却不必是 π 可逆的。然而，某些理论分析方法要求转移概率具有 π 可逆性，我们构造转移核 $K=B_1B_2\cdots B_{s-1}B_sB_{s-1}\cdots B_2B_1$ 虽然不是 π 可逆的，但每个 B_l 却是 π 可逆的，于是可以利用 B_l 的 π 可逆性进行分析。

定义 2.5.4 对于有限状态齐次 Markov 链，如果对于 $\forall m\in\mathbb{N}$，使得转移核 K 满足

$$K^m(\boldsymbol{x},\boldsymbol{x}')>0,\quad \forall \boldsymbol{x},\boldsymbol{x}'\in X \tag{2-5-25}$$

其中 K^m 表示 m 次转移，则称该转移核 K 为**正规(regular)的**。更弱的条件是，如果 $\exists m\in\mathbb{N}$，使得转移核 K 满足上式，则称该转移核 K 为**不可约简(irreducible)的**。

正规性可以保证遍历性，但不可约简性不能充分保证遍历性，因为它并不排除这个链是周期性的。

2. Gibbs 抽样

Gibbs 抽样又称**环流算法**，从概念上讲是最简单的 MCMC 方法，被广泛地应用于各种在小的有限集取值的有限状态情况，或者容易被抽样的参数形式的条件分布情况。

定义 2.5.5(Gibbs 抽样法) 假定向量 $\boldsymbol{x}=(x_1,\cdots,x_n)$ 有联合概率分布 $p(x_1,\cdots,x_n)$，Gibbs 抽样器是通过重复替换每个分量来实现的，而用来替换的值是由其分布抽取的，这个分布是以其他分量的当前值为条件。这一过程可以看作生成一个 Markov 链的实现，这个 Markov 链是由一组基本转移概率 $B_l,l=1,2,\cdots,s$ 构建的，而且

$$B_l(\boldsymbol{x},\boldsymbol{x}')=p(x'_l\mid\{x_i: i\neq l\})\prod_{i\neq l}\delta(x'_i-x_i) \tag{2-5-26}$$

也就是说，从分布 B_l 中抽样，除了 x_l 之外，保持其他所有变量不变化。而新的 x_l 是由其分布函数抽取的，这个分布函数是以所有其他分量的当前值为条件。此处假定这个运行程序是可行的。

虽然在每一步可以按预先规定的分布随机地抽取 B_l，如式(2-5-23)那样处理，但是这种基本转移概率通常是依次应用的，如式(2-5-24)那样。为了完整确定 Markov 链，还必须规定某个初始分布 $p_0(x)$，但不希望对初始分布的选择过分苛求。

当依次应用 B_l 时，这个算法可以描述成一个齐次 Markov 链 $\boldsymbol{x}_0,\boldsymbol{x}_1,\cdots$ 的仿真过程，具有转移概率矩阵 $\boldsymbol{K}=(B_1B_2\cdots B_n)$；由 $\boldsymbol{x}_{k-1}$ 生成 $\boldsymbol{x}_k$ 能够表示成如下过程(此处，记 $\hat{x}_k^{(i)}$ 为 $\boldsymbol{x}_k$ 的第 i 个分量的抽样值)。

Gibbs 抽样法

- 给定 $\hat{y}_{k-1}^{(1)} \triangleq (\hat{x}_{k-1}^{(2)},\cdots,\hat{x}_{k-1}^{(n)})$，由 x_1 的条件分布 $p(x_1|\hat{y}_{k-1}^{(1)})$ 抽取 $\hat{x}_k^{(1)}$；
- 给定 $\hat{y}_{k-1}^{(2)} \triangleq (\hat{x}_k^{(1)},\hat{x}_{k-1}^{(3)},\cdots,\hat{x}_{k-1}^{(n)})$，由 x_2 的条件分布 $p(x_2|\hat{y}_{k-1}^{(2)})$ 抽取 $\hat{x}_k^{(2)}$；
- ……
- 给定 $\hat{y}_{k-1}^{(l)} \triangleq (\hat{x}_k^{(1)},\cdots,\hat{x}_k^{(l-1)},\hat{x}_{k-1}^{(l+1)},\cdots,\hat{x}_{k-1}^{(n)})$，由 x_l 的条件分布 $p(x_l|y_{k-1}^{(l)})$ 抽取 $\hat{x}_k^{(l)}$；
- ……
- 给定 $\hat{y}_{k-1}^{(n)} \triangleq (\hat{x}_k^{(1)},\hat{x}_k^{(2)},\cdots,\hat{x}_k^{(n-1)})$，由 x_n 的条件分布 $p(x_n|y_{k-1}^{(n)})$ 抽取 $\hat{x}_k^{(n)}$。

注意，当抽取下一个 x_l 的值时，x_{l-1} 的新值 $\hat{x}_{l-1}$ 立即得到采用。

为了证明 Gibbs 抽样算法是正常工作的，首先必须验证所有的 B_l 对于期望的分布是不变的。直觉上这是显然的，因为 B_l 使得所有变量 $x_i,i\neq l$ 不变，对这些分量的边际分布当然也是不变的。而且，把给定其他分量值时新的状态中 x_l 的条件分布定义为所要求的分布，如果从要求的分布起始，在 B_l 应用之后的所有 x_i 的联合分布也必定是要求的分布。

$$
\begin{aligned}
\sum_{x'} p(\boldsymbol{x}')B_l(\boldsymbol{x}',\boldsymbol{x}) &= \sum_{x'} p(x'_l\mid\{x'_i: i\neq l\})p(\{x'_i: i\neq l\})\times \\
&\qquad p(x_l\mid\{x'_i: i\neq l\})\prod_{i\neq l}\delta(x_i-x'_i) \\
&= p(x_l\mid\{x_i: i\neq l\})p(\{x_i: i\neq l\})\sum_{x'_l} p(x'_l\mid\{x_i: i\neq l\}) = p(\boldsymbol{x})
\end{aligned}
$$

文献[3]给出了 Gibbs 抽样的各种修正算法，以及各种应用举例。

3. Metropolis 算法

Metropolis[4]算法是一个经典的算法，具有许多 Gibbs 抽样器的特征，但其应用更加普遍，因为它回避了从复杂分布抽样的问题。它既可以应用于状态离散的情况，也能应用于状态连续的情况，只要能计算两个状态的概率比或概率密度。

定义 2.5.6(Metropolis 算法) 仍假定希望由联合概率分布 $p(x_1,\cdots,x_n)$ 进行抽样，Metropolis 算法通过重复考虑随机地对每个分量产生变化来实现；基于它们如何影响状态的概率，或接受或拒绝这种变化。这一过程可以看成由一组基础转移概率 $B_l,l=1,2,\cdots,n$ 建造 Markov 链的运行过程。

由当前状态 $\boldsymbol{x}\in X$ 按基础转移概率 B_l 来产生新的状态 $\boldsymbol{x}'$ 的运作过程可以描述如下。

Metropolis 算法

(1) 通过抽样得到一个候选状态 $\boldsymbol{x}^*$，其分量除了第 l 个分量外，其余分量均与 $\boldsymbol{x}$ 的相应分量相同，而 x_l^* 则由一个建议分布通过随机抽样获得；如果这个建议分布由概率 $\boldsymbol{S}_l(\boldsymbol{x},x_l^*)$ 给出，则抽样结果可能依赖于状态 $\boldsymbol{x}$；

(2) 产生一个随机数 $u \sim \mathcal{U}[0,1]$；

(3) 给定一个概率 $A(\boldsymbol{x},\boldsymbol{x}^*)$，按如下规则进行更新

$$\boldsymbol{x}' = \begin{cases} \boldsymbol{x}^*, & u < A(\boldsymbol{x},\boldsymbol{x}^*) \\ \boldsymbol{x}, & \text{其他} \end{cases} \tag{2-5-27}$$

此处建议分布 $S_l(\boldsymbol{x},x_l^*)$ 当然应该是非负的，满足 $\sum\limits_{x_l^*} S_l(\boldsymbol{x},x_l^*)=1$，并且要求 S_l 满足对称条件：

$$S_l(\boldsymbol{x},x_l^*) = S_l(\boldsymbol{x}^*,x_l), \quad \text{其中 } x_i^* = x_i, \quad i \neq l \tag{2-5-28}$$

在实际应用中，$S_l(\boldsymbol{x},x_l^*)$ 只依赖于 x_l，而不依赖于其他分量 x_i，$i \neq l$，但是更一般形式的建议分布却容许改变这一条件。

接受概率 $A(\boldsymbol{x},\boldsymbol{x}^*)$ 有各种形式，一种常用的形式是

$$A(\boldsymbol{x},\boldsymbol{x}^*) = \min\{1, p(\boldsymbol{x}^*)/p(\boldsymbol{x})\} \tag{2-5-29}$$

更正式的转移概率描述为

$$\begin{aligned} B_l(\boldsymbol{x},\boldsymbol{x}') = {} & S_l(\boldsymbol{x},x'_l)A(\boldsymbol{x},\boldsymbol{x}')\prod_{i\neq l}\delta(x'_i - x_i) + \\ & \delta(\boldsymbol{x}'-\boldsymbol{x})\Big[1 - \sum_{\boldsymbol{x}^*} S_l(\boldsymbol{x},x_l^*)A(\boldsymbol{x},\boldsymbol{x}^*)\prod_{i\neq l}\delta(x_i^* - x_i)\Big] \end{aligned} \tag{2-5-30}$$

其中上式第一项为分量 x_l 到 x'_l 变化并接受这一变化的概率，第二项是拒绝这一候选状态的概率。当状态是连续变量时，只需把求和变成积分即可。

2.5.4 粒子滤波的一般方法

仍考虑非线性方程：

$$\boldsymbol{x}_{k+1} = \boldsymbol{f}_k(\boldsymbol{x}_k,\boldsymbol{w}_k) \tag{2-5-31}$$

$$\boldsymbol{z}_k = \boldsymbol{h}_k(\boldsymbol{x}_k,\boldsymbol{v}_k) \tag{2-5-32}$$

其中 $k \in \mathbb{N}$ 是时间指标，$\boldsymbol{x}_k \in \mathbb{R}^n$ 是 k 时刻的系统状态向量，$\boldsymbol{f}_k$：$\mathbb{R}^n \times \mathbb{R}^n \to \mathbb{R}^n$ 是状态演化映射，$\{\boldsymbol{w}_k\}_{k\in\mathbf{N}}$ 是独立同分布(i.i.d)的过程噪声序列；系统具有初始状态 $\boldsymbol{x}_0 \in \mathbb{R}^n$ 也是一个随机向量；$\boldsymbol{h}_k$：$\mathbb{R}^n \times \mathbb{R}^m \to \mathbb{R}^m$ 是量测映射，$\{\boldsymbol{v}_k\}_{k\in\mathbf{N}}$ 是 i.i.d(独立同分布)量测噪声序列。

我们的目的仍然是基于量测信息 $\boldsymbol{Z}^k = (\boldsymbol{z}_1^{\mathrm{T}},\boldsymbol{z}_2^{\mathrm{T}},\cdots,\boldsymbol{z}_k^{\mathrm{T}})^{\mathrm{T}}$ 对状态 $\boldsymbol{x}_k$ 进行估计。

从 Bayes 滤波的观点来看，状态估计问题就是在 k 时刻给定量测数据集 $\boldsymbol{Z}^k$，递推地计算状态 $\boldsymbol{x}_k$ 的条件期望值。于是，构造后验概率密度函数 $p(\boldsymbol{x}_k|\boldsymbol{Z}^k)$ 就成为一个必要的

过程。假定初始状态 $\boldsymbol{x}_0$ 的先验概率密度 $p(\boldsymbol{x}_0|\boldsymbol{Z}^0)$是已知的,此处 $\boldsymbol{Z}^0=\varnothing$;原则上说,$p(\boldsymbol{x}_k|\boldsymbol{z}^k)$可以通过预测和更新两个步骤来完成。但是,在一般情况下这却是不可能的,因为我们面临的是复杂的概率密度函数的积分问题。

1. *序贯重要性抽样法*

序贯重要性抽样(sequential importance sampling,SIS)算法是一种 Monte Carlo 抽样方法,已经成为大多数序贯 Monte Carlo 滤波方法的基础。这是一种按 Monte Carlo 仿真实现递推 Bayes 滤波的技术,其关键思想是根据一组带有相应权值的随机样本来表示需要的后验概率密度函数,而且基于这些样本和权值来计算估计值。因为这些样本数非常大,Monte Carlo 描述就成为后验概率密度函数用普通函数描述的一个等价表示,因而 SIS 滤波就近似最优 Bayes 滤波。

定义 2.5.7 设概率密度函数 $p(\boldsymbol{x})\propto\pi(\boldsymbol{x})$,而 $\pi(\boldsymbol{x})$也是一个概率密度函数,难以对其进行抽样,但能够对其进行计算(因成比例,从而可对 $p(\boldsymbol{x})$进行计算)。又设 $\hat{\boldsymbol{x}}^{(i)}\sim q(\boldsymbol{x}),i=1,2,\cdots,N$ 是由一个建议的容易抽样的概率密度函数 $q(\cdot)$进行抽样而产生的样本,称为**抽样粒子(sampling particle)**,而 $q(\cdot)$称为**重要性密度函数(importance dencity function)**。那么,对 pdf $p(\cdot)$的加权近似就可以表示为

$$p(\boldsymbol{x})\approx\sum_{i=1}^{N}\lambda^{(i)}\delta(\boldsymbol{x}-\hat{\boldsymbol{x}}^{(i)}) \tag{2-5-33}$$

其中

$$\lambda^{(i)}\propto\frac{\pi(\hat{\boldsymbol{x}}^{(i)})}{q(\hat{\boldsymbol{x}}^{(i)})},\quad i=1,2,\cdots,N \tag{2-5-34}$$

是第 i 个粒子的**正则权值**,满足

$$\sum_{i=1}^{N}\lambda^{(i)}=1 \tag{2-5-35}$$

值得指出的是,在重要性抽样方法中,重要性函数 q 的选择要求其支集包含概率密度函数 p 的支集,即只要 $p(\boldsymbol{x})>0$,就有 $q(\boldsymbol{x})>0$ 成立。

现在考虑式(2-5-31)、式(2-5-32)所描述非线性动态系统的滤波问题。设

$$\boldsymbol{X}^k=\{\boldsymbol{x}_1,\boldsymbol{x}_2,\cdots,\boldsymbol{x}_k\},\quad \boldsymbol{Z}^k=\{\boldsymbol{z}_1,\boldsymbol{z}_2,\cdots,\boldsymbol{z}_k\},\quad k\in\mathbb{N} \tag{2-5-36}$$

分别表示直到 k 时刻的所有状态组成的向量集合和所有量测组成的向量集合;而

$$\begin{cases}\{\boldsymbol{x}_{0:k}^{(i)}\}_{i=1}^{N}\triangleq\{\boldsymbol{x}_0^{(i)},\boldsymbol{x}_1^{(i)},\cdots,\boldsymbol{x}_k^{(i)}\}, & i=1,2,\cdots,N,\\ \{\lambda_k^{(i)}\}_{i=1}^{N}\triangleq(\lambda_k^{(1)},\lambda_k^{(2)},\cdots,\lambda_k^{(N)})^{\mathrm{T}}, & \end{cases}\quad k\in\mathbb{N} \tag{2-5-37}$$

则分别表示 k 时刻对所有状态抽样而容量为 N 的样本,以及相应的权值,于是

$$\{\boldsymbol{x}_{0:k}^{(i)},\lambda_k^{(i)}\}_{i=1}^{N},\quad k\in\mathbb{N} \tag{2-5-38}$$

就是随机量,用以表示后验概率密度函数 $p(\boldsymbol{X}^k|\boldsymbol{Z}^k)$,此处权值满足正则条件。那么,$k$ 时刻的后验概率密度函数可近似为

$$p(\boldsymbol{X}^k\mid\boldsymbol{Z}^k)\approx\sum_{i=1}^{N}\lambda_k^{(i)}\delta(\boldsymbol{X}^k-\boldsymbol{X}_{(i)}^k) \tag{2-5-39}$$

其中 $\boldsymbol{X}_{(i)}^{k}=\{\boldsymbol{x}_0^{(i)},\boldsymbol{x}_1^{(i)},\cdots,\boldsymbol{x}_k^{(i)}\}$,这样,我们就有了对真实后验概率密度函数 $p(\boldsymbol{X}^k|\boldsymbol{Z}^k)$ 的一个离散加权近似。

如果样本 $\{\hat{\boldsymbol{x}}_{0:k}^{(i)}\}_{i=1}^{N}$ 是由重要性密度函数 $q(\boldsymbol{X}^k|\boldsymbol{Z}^k)$ 的抽取而得到,按式(2-5-34)定义权值的方法,得

$$\lambda_k^{(i)}\propto\frac{p(\hat{\boldsymbol{x}}_{0:k}^{(i)}\mid\boldsymbol{Z}^k)}{q(\hat{\boldsymbol{x}}_{0:k}^{(i)}\mid\boldsymbol{Z}^k)},k\in\mathbb{N},\quad i=1,2,\cdots,N \tag{2-5-40}$$

现在返回到状态估计问题。在每个时刻 k,假定已经有了用样本对 $p(\boldsymbol{X}^{k-1}|\boldsymbol{Z}^{k-1})$ 的近似重构,而获取新的量测 $\boldsymbol{z}_k$ 之后,进而需要用新的一组样本对 $p(\boldsymbol{X}^k|\boldsymbol{Z}^k)$ 进行近似重构。如果这个重要性函数能够进行分解,使得

$$q(\boldsymbol{X}^k\mid\boldsymbol{Z}^k)=q(\boldsymbol{x}_k\mid\boldsymbol{X}^{k-1},\boldsymbol{Z}^k)q(\boldsymbol{X}^{k-1}\mid\boldsymbol{Z}^{k-1}) \tag{2-5-41}$$

那么,就可以利用已有的样本 $\hat{\boldsymbol{x}}_{0:k-1}^{(i)}\sim q(\boldsymbol{X}^{k-1}|\boldsymbol{Z}^{k-1})$,以及新的状态抽样 $\hat{\boldsymbol{x}}_k^{(i)}\sim q(\boldsymbol{x}_k|\boldsymbol{X}^{k-1},\boldsymbol{Z}^k)$ 而得到样本 $\hat{\boldsymbol{x}}_{0:k}^{(i)}\sim q(\boldsymbol{X}^k|\boldsymbol{Z}^k)$。

进而,如果 $q(\boldsymbol{x}_k|\boldsymbol{X}^{k-1},\boldsymbol{Z}^k)=q(\boldsymbol{x}_k|\boldsymbol{x}_{k-1},\boldsymbol{z}_k)$,那么重要性密度函数仅仅依赖于 $\boldsymbol{x}_{k-1}$ 和 $\boldsymbol{z}_k$,这对于一般情况在每一步只要求得到滤波估计 $p(\boldsymbol{x}_k|\boldsymbol{Z}^k)$ 特别有用。本节只考虑这种情况,除非另有说明;在此情况下,只需要存储 $\hat{\boldsymbol{x}}_k^{(i)}$ 就可以了。首先利用 Bayes 公式,得

$$\begin{aligned}
p(\boldsymbol{X}^k\mid\boldsymbol{Z}^k)&=\frac{p(\boldsymbol{z}_k\mid\boldsymbol{X}^k,\boldsymbol{Z}^{k-1})p(\boldsymbol{X}^k\mid\boldsymbol{Z}^{k-1})}{p(\boldsymbol{z}_k\mid\boldsymbol{Z}^{k-1})}\\
&=\frac{p(\boldsymbol{z}_k\mid\boldsymbol{X}^k,\boldsymbol{Z}^{k-1})p(\boldsymbol{x}_k\mid\boldsymbol{X}^{k-1},\boldsymbol{Z}^{k-1})p(\boldsymbol{X}^{k-1}\mid\boldsymbol{Z}^{k-1})}{p(\boldsymbol{z}_k\mid\boldsymbol{Z}^{k-1})}\\
&=\frac{p(\boldsymbol{z}_k\mid\boldsymbol{x}_k)p(\boldsymbol{x}_k\mid\boldsymbol{x}_{k-1})}{p(\boldsymbol{z}_k\mid\boldsymbol{Z}^{k-1})}p(\boldsymbol{X}^{k-1}\mid\boldsymbol{Z}^{k-1})\\
&\propto p(\boldsymbol{z}_k\mid\boldsymbol{x}_k)p(\boldsymbol{x}_k\mid\boldsymbol{x}_{k-1})p(\boldsymbol{X}^{k-1}\mid\boldsymbol{Z}^{k-1})
\end{aligned} \tag{2-5-42}$$

把式(2-5-41)、式(2-5-42)代入式(2-5-40),则

$$\lambda_k^{(i)}\propto\frac{p(\hat{\boldsymbol{x}}_{0:k}^{(i)}\mid\boldsymbol{Z}^k)}{q(\hat{\boldsymbol{x}}_{0:k}^{(i)}\mid\boldsymbol{Z}^k)}=\frac{p(\boldsymbol{z}_k\mid\hat{\boldsymbol{x}}_k^{(i)})p(\hat{\boldsymbol{x}}_k^{(i)}\mid\hat{\boldsymbol{x}}_{k-1}^{(i)})p(\hat{\boldsymbol{x}}_{(i)}^{k-1}\mid\boldsymbol{Z}^{k-1})}{q(\hat{\boldsymbol{x}}_k^{(i)}\mid\hat{\boldsymbol{x}}_{k-1}^{(i)},\boldsymbol{z}_k)q(\hat{\boldsymbol{x}}_{0:k-1}^{(i)}\mid\boldsymbol{Z}^{k-1})} \tag{2-5-43}$$

此时修正的权值就是

$$\lambda_k^{(i)}\propto\lambda_{k-1}^{(i)}\frac{p(\boldsymbol{z}_k\mid\hat{\boldsymbol{x}}_k^{(i)})p(\hat{\boldsymbol{x}}_k^{(i)}\mid\hat{\boldsymbol{x}}_{k-1}^{(i)})}{q(\hat{\boldsymbol{x}}_k^{(i)}\mid\hat{\boldsymbol{x}}_{k-1}^{(i)},\boldsymbol{z}_k)} \tag{2-5-44}$$

而后验滤波密度函数可以近似为

$$p(\boldsymbol{x}_k\mid\boldsymbol{Z}^k)\approx\sum_{i=1}^{N}\lambda_k^{(i)}\delta(\boldsymbol{x}_k-\hat{\boldsymbol{x}}_k^{(i)}) \tag{2-5-45}$$

其中权值由式(2-5-44)定义。可以证明,当 $N\to\infty$ 时,上式就逼近真的后验概率密度 $p(\boldsymbol{x}_k|\boldsymbol{Z}^k)$。SIS 算法随着量测序列的逐步前进,由抽样粒子和权值的递推传播组成。这一算法的一个伪码描述由算法 1 给出。

算法 1：SIS 粒子滤波$[\{\hat{\boldsymbol{x}}_k^{(i)},\lambda_k^{(i)}\}_{i=1}^N]=\text{SIS}[\{\hat{\boldsymbol{x}}_{k-1}^{(i)},\lambda_{k-1}^{(i)}\}_{i=1}^N,\boldsymbol{z}_k]$

FOR $i=1,2,\cdots,N$

- 抽取 $\hat{\boldsymbol{x}}_k^{(i)}\sim q(\hat{\boldsymbol{x}}_k^{(i)}|\hat{\boldsymbol{x}}_{k-1}^{(i)},\boldsymbol{z}_k)$
- 按式(2-5-44)确定粒子的权值 $\lambda_k^{(i)}$

END FOR

退化问题：与 SIS 粒子滤波有关的一个普遍问题是退化现象，即经过几次迭代之后，差不多所有的粒子都具有负的权值。已经证明[27]，重要性权值的方差随着时间递增而增大，所以要消除退化现象是不可能的。这种退化就意味着大量的计算都用来更新粒子，而这些粒子对逼近 $p(\boldsymbol{X}^k|\boldsymbol{Z}^k)$ 的贡献几乎为零。适合于对算法退化的一个度量就是**有效样本容量**，定义为

$$N_{\text{eff}}=\frac{N}{1+\text{var}(\bar{\lambda}_k^{(i)})} \tag{2-5-46}$$

其中 $\bar{\lambda}_k^{(i)}=p(\hat{\boldsymbol{x}}_k^{(i)}|\boldsymbol{Z}^k)/p(\hat{\boldsymbol{x}}_k^{(i)}|\hat{\boldsymbol{x}}_{k-1}^{(i)},\boldsymbol{z}_k)$ 称为**“真权值”**。这个有效样本容量不能严格地计算得到，但可以得到如下估计值：

$$\hat{N}_{\text{eff}}=\frac{1}{\sum_{i=1}^{N}(\lambda_k^{(i)})^2} \tag{2-5-47}$$

其中 $\lambda_k^{(i)}$ 就是由式(2-5-44)定义的正则权值。

注意 $\hat{N}_{\text{eff}}\leqslant N$，而很小的 $\hat{N}_{\text{eff}}$ 就意味着严重退化。

最简单的粒子滤波器是用状态转移概率作为重要性函数的，这也被称为 bootstrap 滤波器[6]。但是由于它没有利用对系统状态的最新量测，使得粒子严重依赖于模型，故与实际后验分布产生的样本偏差较大。特别是量测数据出现在转移概率的尾部或似然函数与转移概率相比过于集中(呈尖峰型)时，这种粒子滤波器有可能失效，这种情况在高精度的量测场合经常遇到。

显然，退化问题在粒子滤波中是一个不期望的影响作用。减小这种作用的一个简单方法就是采用非常大的样本容量 N，而在许多情况下这是不现实的。

因此，在应用粒子滤波方法而需要解决退化问题时，正确的方法是引导粒子向高似然区域移动，见图 2-5-1[7]。

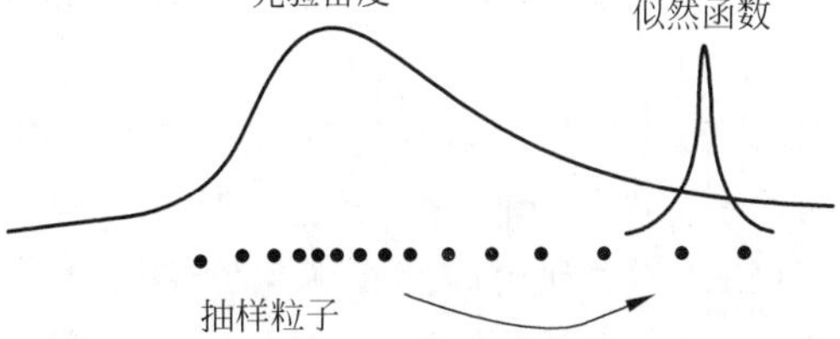

图 2-5-1　引导粒子向高似然区域移动

为此，可以考虑另外两种方法：优选重要性密度函数法和重抽样法。

2. 优选重要性密度函数法

优选重要性密度函数(good choice of important density)法就是选择重要性密度函数 $q(\boldsymbol{x}_k|\boldsymbol{x}_{k-1}^{(i)},\boldsymbol{z}_k)$，以达到最小化 $\mathrm{var}(\bar{\lambda}_k^{(i)})$，或者最大化 $\hat{N}_{\mathrm{eff}}$ 的目的。在以 $\boldsymbol{x}_{k-1}^{(i)},\boldsymbol{z}_k$ 为条件的前提下，能够使真权值 $\bar{\lambda}_k^{(i)}$ 的方差最小化的最优重要性密度函数，可以证明为[8]

$$q(\boldsymbol{x}_k \mid \hat{\boldsymbol{x}}_{k-1}^{(i)},\boldsymbol{z}_k)_{\mathrm{opt}} = p(\boldsymbol{x}_k \mid \hat{\boldsymbol{x}}_{k-1}^{(i)},\boldsymbol{z}_k) = \frac{p(\boldsymbol{z}_k \mid \boldsymbol{x}_k,\hat{\boldsymbol{x}}_{k-1}^{(i)})p(\boldsymbol{x}_k \mid \hat{\boldsymbol{x}}_{k-1}^{(i)})}{p(\boldsymbol{z}_k \mid \hat{\boldsymbol{x}}_{k-1}^{(i)})} \tag{2-5-48}$$

把式(2-5-48)代入式(2-5-44)，有

$$\lambda_k^{(i)} \propto \lambda_{k-1}^{(i)} p(\boldsymbol{z}_k \mid \hat{\boldsymbol{x}}_{k-1}^{(i)}) = \lambda_{k-1}^{(i)} \int p(\boldsymbol{z}_k \mid \boldsymbol{x}'_k) p(\boldsymbol{x}'_k \mid \hat{\boldsymbol{x}}_{k-1}^{(i)}) \mathrm{d}\boldsymbol{x}'_k \tag{2-5-49}$$

因为对于给定的 $\hat{\boldsymbol{x}}_{k-1}^{(i)}$，无论由 $q(\boldsymbol{x}_k|\hat{\boldsymbol{x}}_{k-1}^{(i)},\boldsymbol{z}_k)_{\mathrm{opt}}$ 如何抽样，$\lambda_k^{(i)}$ 都取相同的值，所以重要性密度函数的选择就是最优的。因此，以 $\hat{\boldsymbol{x}}_{k-1}^{(i)}$ 为条件，$\mathrm{var}(\bar{\lambda}_k^{(i)})=0$，这就是由不同样本 $\hat{\boldsymbol{x}}_k^{(i)}$ 产生不同 $\lambda_k^{(i)}$ 造成的方差。

这种最优重要性密度函数主要存在两方面的缺陷：一是要求具有从 $p(\boldsymbol{x}_k|\hat{\boldsymbol{x}}_{k-1}^{(i)},\boldsymbol{z}_k)$ 抽样的能力，二是要对全部新状态求积分值。通常情况下，做到这两点都不容易，但有两种情况采用最优重要性密度函数方法是可行的。

第一种情况是 $\boldsymbol{x}_k$ 为有限状态集合的元，此时积分就变成对样本求和，因而变为可行。第二种情况是积分可以解析求解。

例题 2.5.2 考虑如下系统

$\boldsymbol{x}_k=\boldsymbol{f}_k(\boldsymbol{x}_{k-1})+\boldsymbol{w}_{k-1}$，$\boldsymbol{w}_{k-1}\sim\mathcal{N}(0,\boldsymbol{Q}_{k-1})$是 Gauss 独立过程；

$\boldsymbol{z}_k=\boldsymbol{H}_k\boldsymbol{x}_k+\boldsymbol{v}_k$，$\boldsymbol{v}_k\sim\mathcal{N}(0,\boldsymbol{R}_k)$是 Gauss 独立过程；

其中$\{\boldsymbol{w}_k\}$与$\{\boldsymbol{v}_k\}$相互独立。

采用与信息滤波相似的推导过程，类似地定义 $\Sigma_k^{-1}=\boldsymbol{Q}_{k-1}^{-1}+\boldsymbol{H}_k^{\mathrm{T}}\boldsymbol{R}_k^{-1}\boldsymbol{H}_k$，而令

$$\bar{\boldsymbol{x}}_k=\Sigma_k[\boldsymbol{Q}_{k-1}^{-1}\boldsymbol{f}_{k-1}(\boldsymbol{x}_{k-1})+\boldsymbol{H}_k^{\mathrm{T}}\boldsymbol{R}_k^{-1}\boldsymbol{z}_k]$$

就得到

$$p(\boldsymbol{z}_k \mid \boldsymbol{x}_{k-1})=\mathcal{N}(\boldsymbol{z}_k;\ \boldsymbol{H}_k\boldsymbol{f}_k(\boldsymbol{x}_{k-1}),\boldsymbol{H}_k\boldsymbol{Q}_{k-1}\boldsymbol{H}_k^{\mathrm{T}}+\boldsymbol{R}_k)$$

$$p(\boldsymbol{x}_k \mid \boldsymbol{x}_{k-1},\boldsymbol{z}_k)=\mathcal{N}(\boldsymbol{x}_k;\ \bar{\boldsymbol{x}}_k,\boldsymbol{\Sigma}_k)$$

(此处$\mathcal{N}(\boldsymbol{x};\ \bar{\boldsymbol{x}},\boldsymbol{\Sigma})$说明 $\boldsymbol{x}$ 是以 $\bar{\boldsymbol{x}}$ 为均值，以$\boldsymbol{\Sigma}$ 为协方差阵的 Gauss 分布的随机向量)。

□

对于大多数其他模型而言，这样的解析计算是不可能的。但是，利用局部线性化方法等对最优重要性密度函数进行次优近似完全可能。例如：

(1) EKF 粒子滤波器(EKPF)：利用局部线性化方法，将当前时刻的最新量测和状态的最新 Gauss 逼近组合在一起，依赖于似然函数以及转移概率的一阶 Taylor 展开式，对每个粒子用类似于 EKF 的方式产生一个 Gauss 建议分布，称为 EKF 粒子滤波器[29]。

(2) UKF 粒子滤波器(UKPF)：比较 EKPF 而言，由 UKPF 产生的建议分布与真实

状态概率密度函数的支集重叠部分更大,估计精度更高[29]。

(3) 其他基于 Gauss 混合 σ-点的粒子滤波[31]、浓缩粒子滤波(condensation-conditional density propagation)[32]等。

最后,常用的重要性密度函数就是先验密度函数

$$q(\boldsymbol{x}_k \mid \hat{\boldsymbol{x}}_{k-1}^{(i)}, \boldsymbol{z}_k) = p(\boldsymbol{x}_k \mid \hat{\boldsymbol{x}}_{k-1}^{(i)}) \tag{2-5-50}$$

把式(2-5-50)代入式(2-5-49)有

$$\lambda_k^{(i)} \propto \lambda_{k-1}^{(i)} p(\boldsymbol{z}_k \mid \hat{\boldsymbol{x}}_k^{(i)}) \tag{2-5-51}$$

按似然函数上式右边是可以计算得到的。虽然其他可用的密度函数还有很多,但这个重要性密度函数似乎是最方便的选择,对于粒子滤波而言无疑是至关重要的。

3. 重抽样法

通过对样本进行**重抽样**(**resampling**)或称为重选择,也是限制重要性权值退化现象的一个有效办法。该方法的主要思想是,一旦退化现象明显发生(比如说 $\hat{N}_{\mathrm{eff}}$ 低于某个阈值),在重要性抽样的基础上,加入重抽样,以淘汰权值低的粒子,而集中于权值高的粒子,从而限制退化现象。重抽样的过程是:对于给定的概率密度函数的近似离散表示为

$$p(\boldsymbol{x}_k \mid \boldsymbol{Z}^k) \approx \sum_{i=1}^{N} \lambda_k^{(i)} \delta(\boldsymbol{x}_k - \hat{\boldsymbol{x}}_k^{(i)}) \tag{2-5-52}$$

重抽样方法对每个粒子 $\hat{\boldsymbol{x}}_k^{(i)}$ 按其权值生成 N_i 个副样本,并使得 $\sum N_i = N$;若有 $N_i = 0$,则该粒子被淘汰。通过重抽样(包括重替换),产生一个新的样本集合$\{\hat{\boldsymbol{x}}_k^{(i)}\}_{i=1}^N$,于是 $P(\hat{\boldsymbol{x}}_k^{(i)} = \hat{\boldsymbol{x}}_k^{(j)}) = \lambda_k^{(j)}$。事实上,这样产生的样本是一个 i. i. d 的样本集,而且每个粒子的权值被置为 $\lambda_k^{(i)} = 1/N$。利用基于序统计的算法,对有序的均匀分布进行抽样,按 $O(N)$的运算量实现这一算法是完全可能的。注意,其他有效的重抽样方法,如分层重抽样和残差重抽样可以作为这一算法的替换算法,下面给出具体的算法 2。对于每个抽样粒子 $\hat{\boldsymbol{x}}_k^{(j)}$,这个重抽样算法也要存储其父代指标,记为 $i^{(j)}$。

算法 2: 重抽样算法 $[\{\hat{\boldsymbol{x}}_k^{(j)}, \hat{\lambda}_k^{(j)}, i^{(j)}\}_{j=1}^N] = \mathrm{RESAMPLE}[\{\hat{\boldsymbol{x}}_k^{(i)}, \lambda_k^{(i)}\}_{i=1}^N]$

(1) 初始化

累积分布函数 cdf: $c_0 = 0$

(2) FOR $i = 1, 2, 3, \cdots, N$

构造 cdf: $c_i = c_{i-1} + \lambda_k^{(i)}$

(3) END FOR

(4) 由 cdf 的底部开始启动: $i = 1$

(5) 抽取起始点: $u_0 \sim \mathcal{U}[0, 1/N]$

(6) FOR $j = 1, 2, \cdots, N$

- 沿 cdf 移动: $u_j = u_1 + (j-1)/N$
- WHILE $u_j > c_i$, $i = i + 1$
- END WHILE

- 设定样本 $\hat{\boldsymbol{x}}_k^{(j)}=\hat{\boldsymbol{x}}_k^{(i)}$
- 设定权值 $\hat{\boldsymbol{\lambda}}_k^{(j)}=1/N$
- 设定父代 $i^{(j)}=i$

(7) END FOR

图 2-5-2 给出了粒子滤波重抽样过程的示意图。

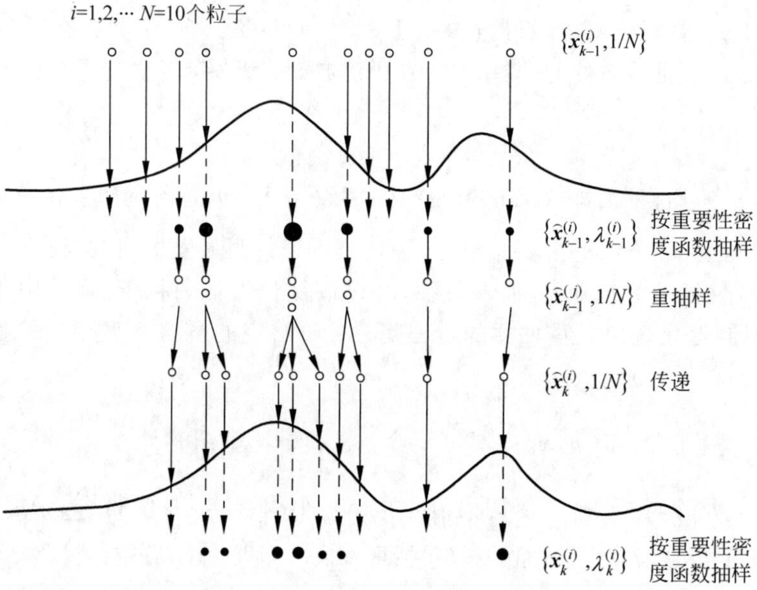

图 2-5-2　粒子滤波重抽样过程示意图[29]

算法 3：一般的粒子滤波算法 $[\{\hat{\boldsymbol{x}}_k^{(i)},\lambda_k^{(i)}\}_{i=1}^N]=\mathrm{PF}[\{\hat{\boldsymbol{x}}_{k-1}^{(i)},\lambda_{k-1}^{(i)}\}_{i=1}^N,\boldsymbol{z}_k]$

(1) FOR $i=1,2,\cdots,N$

- 抽取粒子：$\hat{\boldsymbol{x}}_k^{(i)}\sim q(\boldsymbol{x}_k\mid\hat{\boldsymbol{x}}_{k-1}^{(i)},\boldsymbol{z}_k)$
- 按式(2-5-44)计算粒子权值 $\lambda_k^{(i)}$

(2) END FOR

(3) 计算总权值：$\lambda=\mathrm{SUM}(\lambda_k^{(i)})_{i=1}^N$

(4) FOR $i=1,2,\cdots,N$

正则化权值：$\tilde{\lambda}_k^{(i)}=\lambda_k^{(i)}/\lambda$

(5) END FOR

(6) 按式(2-5-47)计算 $\hat{N}_{\mathrm{eff}}$

(7) IF $\hat{N}_{\mathrm{eff}}<N$

按算法 2 重抽样 $[\{\hat{\boldsymbol{x}}_k^{(j)},\hat{\lambda}_k^{(j)},i^{(j)}\}_{j=1}^N]=\mathrm{RESAMPLE}[\{\hat{\boldsymbol{x}}_k^{(i)},\tilde{\lambda}_k^{(i)}\}_{i=1}^N]$

(8) END IF

从重抽样的结果中可以看出，每一个样本的消除、复制及复制个数的确定等操作都是由样本的正则化权值决定的。如前所述，在重要性抽样方法中引入采用重抽样机制，可有效抑制重要性加权的退化现象。但是，重抽样后，粒子不再独立，那些具有较高权值的粒子被复制很多次，而具有较低权值的粒子逐渐消失。经过若干次迭代后，所有粒子都坍塌到一个点上，使得描述后验概率密度函数的样本点集太小或不充分，这被称为**粒子的退化或耗尽**。

增加粒子个数可以部分解决这个问题，另外在重抽样过程后引入 MCMC 可以使粒子分布更加合理。在每次抽样后，施行一个所谓的 **MCMC 移动步骤**，引导粒子朝着多样性方向发展[7]。

假设已经得到式(2-5-52)对后验概率密度函数的近似表示，于是，对于下面形式求期望

$$E[g_k(\boldsymbol{X}^k)]=\int g_k(\boldsymbol{X}^k)p(\boldsymbol{X}^k \mid \boldsymbol{Z}^k)\mathrm{d}\boldsymbol{X}^k \tag{2-5-53}$$

有其近似形式存在

$$\overline{E[g_k(\boldsymbol{X}^k)]}=\frac{1}{N}\sum_{i=1}^{N}g_k(\boldsymbol{x}_{0:k}^{(i)}) \tag{2-5-54}$$

按照大数定律，有

$$\overline{E[g_k(\boldsymbol{X}^k)]}\xrightarrow[N\to\infty]{a.s}E[g_k(\boldsymbol{X}^k)] \tag{2-5-55}$$

这里$\xrightarrow[N\to\infty]{a.s}$表示几乎肯定(以概率 1)收敛。而且，若 $g_k(\boldsymbol{X}^k)$的后验方差是有界的，即 $\mathrm{var}_{p(\cdot|\boldsymbol{Z}^k)}[g_k(\boldsymbol{X}^k)]<\infty$，则有如下的中心极限定理成立

$$\sqrt{N}\{\overline{E[g_k(\boldsymbol{X}^k)]}-E[g_k(\boldsymbol{X}^k)]\}\underset{N\to\infty}{\Rightarrow}\mathcal{N}\{0,\mathrm{var}_{p(\cdot|\boldsymbol{Z}^k)}[g_k(\boldsymbol{X}^k)]\} \tag{2-5-56}$$

这里的 $\underset{N\to\infty}{\Rightarrow}$ 代表按分布收敛[7]。

定理 2.5.2 若重要性权值 λ_k 有界，则对 $\forall k\geqslant 0$，存在独立于 N 的常数 c_k，使得对任意有界可测函数 f_k 有

$$E\left(\frac{1}{N}\sum_{i=1}^{N}f_k(x_{0:k}^{(i)})-\int f_k(\boldsymbol{X}^k)p(\boldsymbol{X}^k \mid \boldsymbol{Z}^k)\mathrm{d}\boldsymbol{X}^k\right)^2\leqslant c_k\frac{\|f_k\|^2}{N} \tag{2-5-57}$$

证明 见文献[11]。 ■

注 该结论表明，在非常弱的假设下，粒子滤波器的收敛性可以得到保证，收敛率为 $1/N$，且独立于状态空间的维数。

2.6 混合系统状态估计理论

基于混合系统的多模型估计是一种强有力的自适应估计方法，尤其是对结构或参数变化的系统更是如此。混合系统被认为是使用一个专家框架(panel of experts)的控制理论的未来方向。美国著名学者 Y. Bar Shalom 教授和李晓榕(X. Rong Li)教授在这个方向上做出了卓越的贡献。

2.6.1 一般描述

定义 2.6.1 在混合空间$\mathbb{R}^n \times \mathbb{S}$上定义系统

$$\boldsymbol{x}_{k+1} = \boldsymbol{f}_k(\boldsymbol{x}_k, s_{k+1}) + \boldsymbol{g}_k[s_{k+1}, \boldsymbol{x}_k, w_k(s_{k+1}, \boldsymbol{x}_k)] \tag{2-6-1}$$

$$\boldsymbol{z}_k = \boldsymbol{h}_k(\boldsymbol{x}_k, s_k) + \boldsymbol{v}_k(s_k, \boldsymbol{x}_k) \tag{2-6-2}$$

式中，$k \in \mathbb{N}$是离散时间变量，$\boldsymbol{x}_k \in \mathbb{R}^n$ 为**基础状态空间**(**base state space**)$\mathbb{R}^n$ 上的状态变量；$s_k \in \mathbb{S}$表示**系统模式空间**(**system mode space**)$\mathbb{S}$上的模式变量；$\boldsymbol{z}_k \in \mathbb{R}^m$ 是系统的量测；而$\boldsymbol{w}_k \in \mathbb{R}^n$ 和$\boldsymbol{v}_k \in \mathbb{R}^m$ 分别表示系统的过程噪声和量测噪声，则称此系统为离散时间随机**混合系统**(**hybrid system**)。

系统模式序列假定是一个(可能是依赖于基础状态的)Markov 链，带有转移概率

$$P(s_{k+1} = s^{(j)} \mid s_k = s^{(i)}, \boldsymbol{x}_k) = \phi_k(s^{(i)}, s^{(j)}, \boldsymbol{x}_k), \forall s^{(i)}, s^{(j)} \in \mathbb{S} \tag{2-6-3}$$

其中 ϕ 是标量函数。

上式表明基础状态观测一般来说是模式依赖的，而且量测序列嵌入了模式信息。换句话说，系统模式序列是间接观测(或隐藏)的 Markov 模型(hidden Markov model, HMM)。当 Markov 链是齐次(homogeneous)的情况下，从 $s^{(i)}$ 到 $s^{(j)}$ 的转移概率记为π_{ij}。所以，线性形式的随机混合系统描述为

$$\boldsymbol{x}_{k+1} = \boldsymbol{F}_k(s_k)\boldsymbol{x}_k + \boldsymbol{\Gamma}_k(s_k)\boldsymbol{w}_k(s_k) \tag{2-6-4}$$

$$\boldsymbol{z}_k = \boldsymbol{H}_k(s_k)\boldsymbol{x}_k + \boldsymbol{v}_k(s_k) \tag{2-6-5}$$

$$P(s_{k+1} = s^{(j)} \mid s^{(i)}) = \pi_{ij} \quad \forall s^{(i)}, s^{(j)} \in \mathbb{S} \tag{2-6-6}$$

上述系统显然是一个非线性的动态系统，但是一旦系统的运行模式给定，该系统就可简化为一个线性系统。这个系统也称为**跳变线性系统**(**jump-linear system**)。

混合估计(**hybrid estimation**)问题就是根据带有噪声的(模式依赖的)量测序列来估计基础状态和模式状态。

2.6.2 多模型方法简述

混合估计的主流方法是**多模型**(**multi-model**, **MM**)方法，这对于混合估计来说也是最自然的方法。MM 估计的应用由下面几部分组成。

1. 模型设计

必须设计一个由有限个模型构成的模型集，本节将针对如下模型集：

$$\mathcal{M} = \{m^{(j)}\}_{j=1,2,\cdots,r} \tag{2-6-7}$$

其中每个模型 $m^{(j)}$ 是对模式空间中相应模式 $s^{(i)}$ 的一种描述，这种对应关系既可以是一对一的，也可以不是一对一的，但在后一种情况下通常模型集比模式集要小许多。这种匹配关系也可以描述为

$$m_k^{(j)} \triangleq \{s_k = m^{(j)}\}, k \in \mathbb{N}; \quad j = 1, 2, \cdots, r \tag{2-6-8}$$

即在 k 时刻的系统模式由模型 $m^{(j)}$ 匹配。事实上，一旦确定了$\mathcal{M}$，MM 方法隐含假定了

系统模式$\mathbb{S}$可被$\mathcal{M}$的成员准确表示。

2. 滤波器选择

这是第二个重要环节，即选择一些递推滤波器来完成混合估计。

3. 估计融合

为产生总体估计，估计融合有三种方法：

(1) 软决策或无决策：总体估计的获得是根据所有滤波器获得的估计$\hat{\boldsymbol{x}}_{k|k}^{(i)}$，而不硬性规定利用哪些滤波器的估计值。这是MM估计融合的主流方法。如果把基础状态的条件均值作为估计，则在最小均方意义下，总体估计就是所有滤波器估计值的概率加权和：

$$\hat{\boldsymbol{x}}_{k|k}=E(\boldsymbol{x}_k \mid \boldsymbol{Z}^k)=\sum_i \hat{\boldsymbol{x}}_{k|k}^{(i)} P(m_k^{(i)} \mid \boldsymbol{Z}^k) \tag{2-6-9}$$

(2) 硬决策：总体估计的近似获得是根据某些滤波器的估计值得到的，而这些滤波器的选择原则是最大可能与当前模式匹配的模型，最终的状态估计是硬性规定的。比如在所有的模型中按最大概率只选择一个模型，把其估计值作为总体估计值。这种融合方法就退化为传统的"决策后估计"法。

(3) 随机决策：总体估计是基于某些随机选择的模型序列的估计来近似决定的。

4. 滤波器的重初始化

决定怎样重初始化每个滤波器，这是有效MM算法区别于其他MM算法的主要方面，大部分研究都集中在这里。下面主要讨论跳变线性Markov系统，第i个模型应服从下述的离散时间方程：

$$\boldsymbol{x}_{k+1}=\boldsymbol{F}_k^{(i)}\boldsymbol{x}_k+\boldsymbol{\Gamma}_k^{(i)}\boldsymbol{w}_k^{(i)},\quad k\in\mathbb{N},\quad i=1,2,\cdots,r \tag{2-6-10}$$

$$\boldsymbol{z}_k=\boldsymbol{H}_k^{(i)}\boldsymbol{x}_k+\boldsymbol{v}_k^{(i)},\quad k\in\mathbb{N},\quad i=1,2,\cdots,r \tag{2-6-11}$$

$$\pi_{ij}=P(s_k=m^{(j)} \mid s_{k-1}=m^{(i)}),\quad k\in\mathbb{N},\quad i,j=1,2,\cdots,r \tag{2-6-12}$$

而$\boldsymbol{w}_k^{(i)}\sim\mathcal{N}(\bar{\boldsymbol{w}}_k,\boldsymbol{Q}_k^{(i)})$和$\boldsymbol{v}_k^{(i)}\sim\mathcal{N}(\bar{\boldsymbol{v}}_k,\boldsymbol{R}_k^{(i)})$分别表示相互独立的独立过程噪声和独立量测噪声。

假定模型$m^{(j)}$在初始时刻正确(系统处于模式$s^{(j)}$下)的先验概率为

$$P(m^{(j)} \mid \boldsymbol{Z}^0)=\mu_0^{(j)} \tag{2-6-13}$$

式中的$\boldsymbol{Z}^0$为初始时刻系统的先验量测信息，则有

$$\sum_{j=1}^{r}\mu_0^{(j)}=1 \tag{2-6-14}$$

由于任何时刻混合系统的当前模型服从于r个可能的模型之一，则到时刻k为止，该混合系统所可能具有的模式历史序列就可能有r^k个。根据Bayes全概率理论，对该混合系统的最优状态滤波器的计算量随着时间的延长而呈指数增长，因而基于此种技术导出的最优滤波器的计算量所需要的计算资源将十分庞大，这在现实中是不可能实现的。为了避免出现这种情况，出现了下列几种比较典型的次优多模型滤波器。

2.6.3 定结构多模型估计

固定模型集的最优估计是**全假设树**（**full-hypothesis-tree**）估计，即考虑每一时刻系统的所有可能模式。其模型集是预先确定的，而不管模型本身是不是时变的。但是，由于其计算量和内存随着时间的推移呈指数增长，要达到最优是不可能的。例如，有 r 个可能的模型，系统从 0 时刻运行到 k 时刻，就有 r^{k-1} 个可能的模型跳变序列，于是对于系统状态的估计是 $\hat{\boldsymbol{x}}_{k-1|k-1}=E(\boldsymbol{x}_k|\boldsymbol{Z}^k,m_{1:k-1}^{(i)})$，其中 $m_{1:k-1}^{(i)}$ 就是 r^{k-1} 个可能的序列之一。所以，有必要利用某些假设管理技术来建立更有效的非全假设树算法，以保证剩余的假设的数量在一定的范围内，如：

（1）删除"不太可能"的模型序列，这将导致估计融合的硬决策方法；

（2）合并"相似"的模型序列，这可通过重新初始化方法使得具有"相同"的估计值和协方差的滤波器进行合并；

（3）将弱耦合模型序列解耦为串；

（4）其他的假设管理技术。

经验表明，一般情况下基于合并相似模型序列的非全假设估计器要优于基于删除不可能模型序列的估计器。

下面讨论几种固定记忆的 MM 估计器。

定义 2.6.2 所谓**广义伪 Bayes 方法**（GPB）[23-25]，就是在时刻 k，进行系统状态估计时仅只考虑系统过去有限个采样时间间隔内的目标模型历史。

一阶的 GPB 算法（GPB1）采用最简单的重初始化方法，仅把上次总体状态估计 $\hat{\boldsymbol{x}}_{k-1|k-1}$ 以及估计误差的协方差阵 $\boldsymbol{P}_{k-1|k-1}$ 作为公共的初始条件，然后各个模型按基本 Kalman 算法进行各自的状态估计，同时计算各个模型的概率；最后利用加权和求得本次的总体状态估计 $\hat{\boldsymbol{x}}_{k|k}$ 以及估计误差的协方差阵 $\boldsymbol{P}_{k|k}$；计算过程，如图 2-6-1 所示。

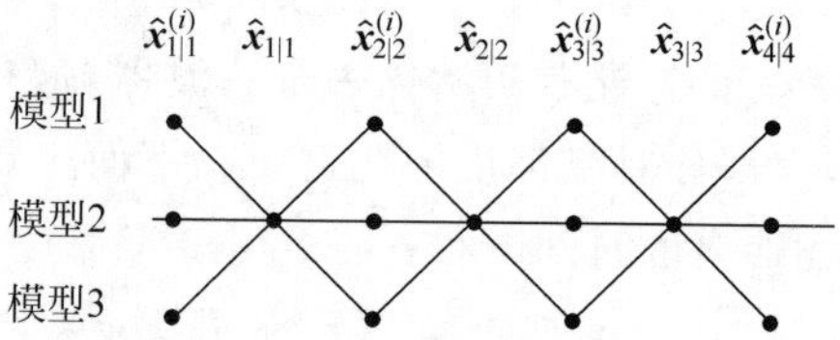

图 2-6-1 GPB1 算法时序图（$r=3$）

对于 $i=1,2,\cdots,r$，每个循环如下。

（1）重初始化：

$$\hat{\hat{\boldsymbol{x}}}_{k-1|k-1}^{(i)}=\hat{\boldsymbol{x}}_{k-1|k-1},\quad \hat{\boldsymbol{P}}_{k-1|k-1}^{(i)}=\boldsymbol{P}_{k-1|k-1},\quad i=1,2,\cdots,r \tag{2-6-15}$$

（2）条件滤波，即以 $\hat{\hat{\boldsymbol{x}}}_{k-1|k-1}^{(i)}$ 和相应的误差协方差阵 $\hat{\boldsymbol{P}}_{k-1|k-1}^{(i)}$ 为初值，利用与 $m^{(i)}$ 匹配的模型，按一般 Kalman 滤波方程，分别计算得到状态估计 $\hat{\boldsymbol{x}}_{k|k}^{(i)}$ 和估计误差的协方差阵 $\boldsymbol{P}_{k|k}^{(i)}$；而且计算得到似然函数

$$\Lambda_k^{(i)}=p(\boldsymbol{z}_k\mid m_k^{(i)},\boldsymbol{Z}^{k-1})\approx p(\boldsymbol{z}_k\mid m_k^{(i)},\hat{\hat{\boldsymbol{x}}}_{k-1|k-1}^{(i)},\hat{\boldsymbol{P}}_{k-1|k-1}^{(i)}),\quad i=1,2,\cdots,r \tag{2-6-16}$$

（3）模型概率更新，即计算

$$\mu_k^{(i)}=P(m_k^{(i)}\mid \boldsymbol{Z}^k)=\frac{1}{c}\Lambda_k^{(i)}\sum_{j=1}^{r}\pi_{ji}\mu_{k-1}^{(j)},\quad i=1,2,\cdots,r \tag{2-6-17}$$

其中 π_{ji} 是式(2-6-12)给出的转移概率；而 c 是正则化常数，即

$$c=\sum_{i=1}^{r}\Lambda_k^{(i)}\sum_{j=1}^{r}\pi_{ji}\mu_{k-1}^{(j)} \tag{2-6-18}$$

(4) 估计合成，即得到 k 时刻的估计及其误差的协方差阵分别是

$$\hat{\boldsymbol{x}}_{k|k}=\sum_{i=1}^{r}\mu_k^{(i)}\hat{\boldsymbol{x}}_{k|k}^{(i)} \tag{2-6-19}$$

$$\boldsymbol{P}_{k|k}=\sum_{i=1}^{r}[\boldsymbol{P}_{k|k}^{(i)}+(\hat{\boldsymbol{x}}_{k|k}-\hat{\boldsymbol{x}}_{k|k}^{(i)})(\hat{\boldsymbol{x}}_{k|k}-\hat{\boldsymbol{x}}_{k|k}^{(i)})^{\mathrm{T}}]\mu_k^{(i)} \tag{2-6-20}$$

图 2-6-2 给出了 GPB1 算法的结构图。

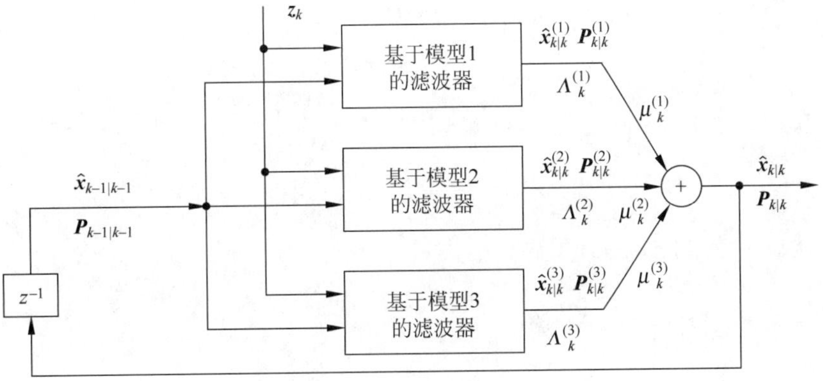

图 2-6-2　GPB1 算法结构图($r=3$)

二阶的 GPB 算法(GPB2)则只需要考虑过去两个采样时间间隔内的历史，滤波器初值要在此假设下重新计算，这种算法需要有 r^2 个滤波器并行处理。假定在 $k-1$ 时刻已经获得估计

$$\hat{\boldsymbol{x}}_{k-1|k-1}^{(i)}=E(\boldsymbol{x}_{k-1}\mid m_{k-1}^{(i)},\boldsymbol{Z}^{k-1}),\quad i=1,2,\cdots,r \tag{2-6-21}$$

以及相应的协方差阵

$$\boldsymbol{P}_{k-1|k-1}^{(i)}=\operatorname{cov}(\boldsymbol{x}_{k-1}-\hat{\boldsymbol{x}}_{k-1|k-1}^{(i)}\mid m_{k-1}^{(i)}),\quad i=1,2,\cdots,r \tag{2-6-22}$$

GPB2 在一个采样周期的计算循环如下：

(1) 重初始化：

$$\hat{\hat{\boldsymbol{x}}}_{k-1|k-1}^{(i)}=\hat{\boldsymbol{x}}_{k-1|k-1}^{(i)},\quad \hat{\boldsymbol{P}}_{k-1|k-1}^{(i)}=\boldsymbol{P}_{k-1|k-1}^{(i)},\quad i=1,2,\cdots,r \tag{2-6-23}$$

(2) 条件滤波：按 $k-1$ 时刻采用模型 $m_{k-1}^{(i)}$ 和 k 时刻采用模型 $m_k^{(j)}$，利用一般 Kalman 滤波方法计算状态估计 $\hat{\boldsymbol{x}}_{k|k}^{(i,j)}$ 和估计误差的协方差阵 $\boldsymbol{P}_{k|k}^{(i,j)}$，如

$$\begin{aligned}\hat{\boldsymbol{x}}_{k|k}^{(i,j)}&=E(\boldsymbol{x}_k\mid \boldsymbol{Z}^k,m_k^{(j)},m_{k-1}^{(i)})=\boldsymbol{F}_{k-1}^{(j)}\hat{\hat{\boldsymbol{x}}}_{k-1|k-1}^{(i)}+\boldsymbol{\Gamma}_{k-1}^{(j)}\bar{\boldsymbol{w}}_{k-1}^{(i)}+\\&\quad\boldsymbol{K}_k^{(j)}[\boldsymbol{z}_k-\boldsymbol{H}_k^{(j)}\boldsymbol{F}_{k-1}^{(j)}\hat{\hat{\boldsymbol{x}}}_{k-1|k-1}^{(i)}-\bar{\boldsymbol{v}}_k^{(i)}],\quad i,j=1,2,\cdots,r\end{aligned} \tag{2-6-24}$$

其中 $\boldsymbol{K}_k^{(j)}$ 是 Kalman 增益阵，而 $\hat{\hat{\boldsymbol{x}}}_{k-1|k-1}^{(i)}$ 是第 i 个滤波器的合成初值；同时计算似然函数

$$\Lambda_k^{(i,j)}=p(\boldsymbol{z}_k\mid m_k^{(j)},m_{k-1}^{(i)},\boldsymbol{Z}^{k-1})\approx p(\boldsymbol{z}_k\mid m_k^{(j)},\hat{\hat{\boldsymbol{x}}}_{k-1|k-1}^{(i)},\hat{\boldsymbol{P}}_{k-1|k-1}^{(i)}),\quad i,j=1,2,\cdots,r \tag{2-6-25}$$

（3）估计合成：首先计算 k 时刻采用模型 $m_k^{(j)}$ 而 $k-1$ 时刻采用模型 $m_{k-1}^{(i)}$ 的概率

$$\mu_{k-1|k}^{(i,j)}=P(m_{k-1}^{(i)}\mid m_k^{(j)},\boldsymbol{Z}^k)=\frac{1}{c_j}\Lambda_k^{(i,j)}\pi_{ij}\mu_{k-1}^{(i)},\quad i,j=1,2,\cdots,r \tag{2-6-26}$$

其中

$$c_j=\sum_{i=1}^{r}\Lambda_k^{(i,j)}\pi_{ij}\mu_{k-1}^{(i)},\quad j=1,2,\cdots,r \tag{2-6-27}$$

然后计算状态估计的合成以及相应的协方差阵：

$$\hat{\boldsymbol{x}}_{k|k}^{(i)}=E(\boldsymbol{x}_k\mid m_k^{(i)},\boldsymbol{Z}^k)=\sum_{j=1}^{r}\hat{\boldsymbol{x}}_{k|k}^{(j,i)}\mu_{k-1|k}^{(j,i)},\quad i=1,2,\cdots,r \tag{2-6-28}$$

$$\boldsymbol{P}_{k|k}^{(i)}=\sum_{j=1}^{r}[\boldsymbol{P}_{k|k}^{(j,i)}+(\hat{\boldsymbol{x}}_{k|k}^{(j,i)}-\hat{\boldsymbol{x}}_{k|k}^{(j)})(\hat{\boldsymbol{x}}_{k|k}^{(j,i)}-\hat{\boldsymbol{x}}_{k|k}^{(j)})^{\mathrm{T}}]\mu_{k-1|k}^{(j,i)},\quad i=1,2,\cdots,r \tag{2-6-29}$$

（4）模型概率更新：

$$\mu_k^{(i)}=P(m_k^{(i)}\mid \boldsymbol{Z}^k)=c_i/c,\quad i=1,2,\cdots,r,\quad c=\sum_{i=1}^{r}c_i \tag{2-6-30}$$

（5）状态估计与协方差阵的融合输出：

$$\hat{\boldsymbol{x}}_{k|k}=\sum_{i=1}^{r}\hat{\boldsymbol{x}}_{k|k}^{(i)}\mu_k^{(i)} \tag{2-6-31}$$

$$\boldsymbol{P}_{k|k}=\sum_{i=1}^{r}[\boldsymbol{P}_{k|k}^{(i)}+(\hat{\boldsymbol{x}}_{k|k}^{(i)}-\hat{\boldsymbol{x}}_{k|k})(\hat{\boldsymbol{x}}_{k|k}^{(i)}-\hat{\boldsymbol{x}}_{k|k})^{\mathrm{T}}]\mu_k^{(i)} \tag{2-6-32}$$

对混合系统状态估计而言，一个周期内的 GPB2 算法的结构如图 2-6-3 所示[23-25]。

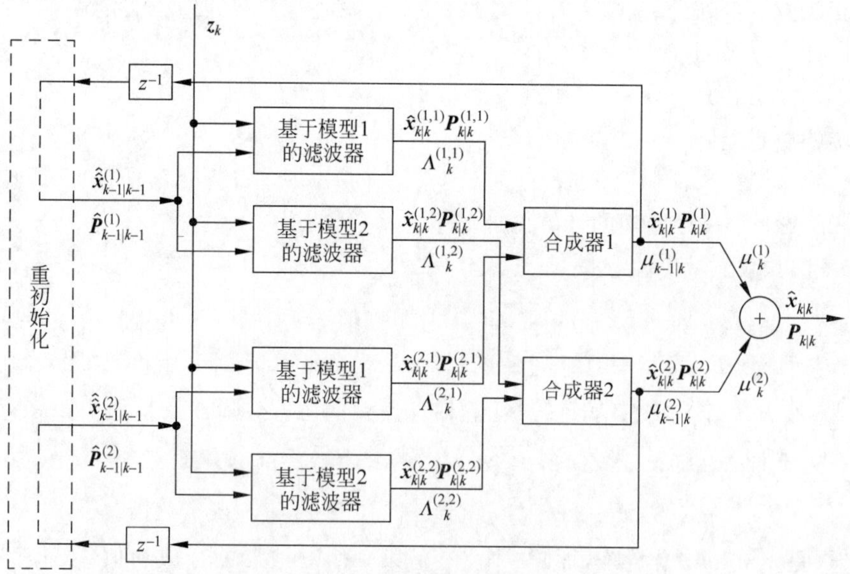

图 2-6-3　GPB2 算法结构图（$r=2$）

2.6.4 交互式多模型算法

Blom 和 Bar-Shalom 在广义伪 Bayes 算法基础上，提出了一种具有 Markov 切换系数的**交互式多模型(IMM)**算法[26-28]，并给出了关于 IMM 的严谨描述。通过使用一个更好的假设管理技术，IMM 估计具有 GPB2 的性能和 GPB1 计算上的优势，一般被认为是一种最有效的混合估计方案，已被成功地应用于许多实际问题，逐渐成为该领域研究的主流方向。本小节将着重介绍 IMM 算法的基本理论。

IMM 算法也是一种关于混合系统状态估计的次优算法。在时刻 k，利用交互式多模型方法进行目标状态估计的计算时，考虑每个模型滤波器都有可能成为当前有效的系统模型滤波器，每个滤波器的初始条件都是基于前一时刻各条件模型滤波结果的合成(合成初始条件)。作为与 GPB1 算法的比较，图 2-6-4 给出了 IMM 算法的时序图。下面将详细描述 IMM 算法的整个过程，而 IMM 算法的结构如图 2-6-5 所示。

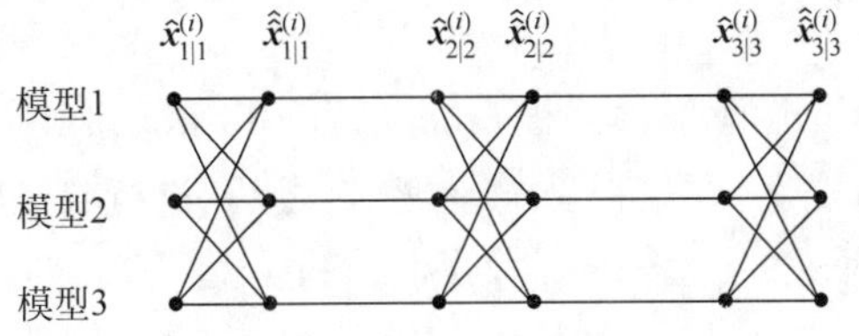

图 2-6-4 IMM 算法时序图($r=3$)

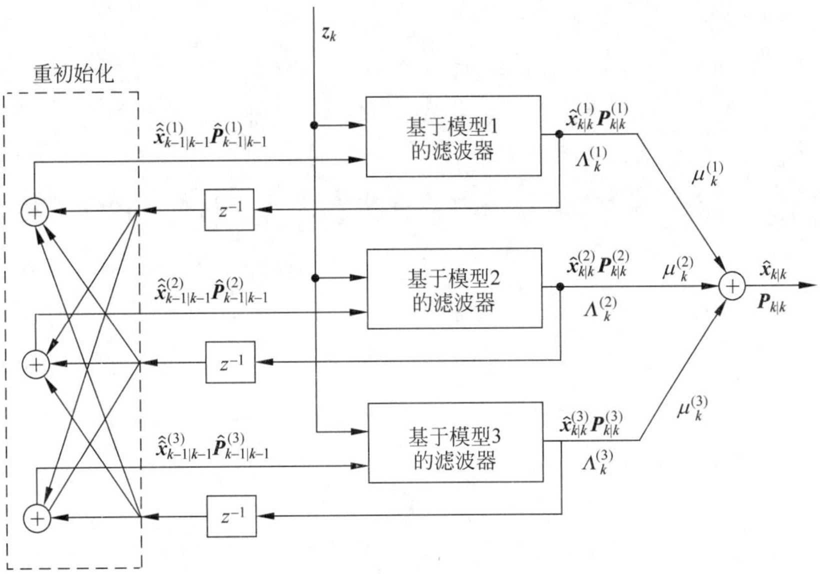

图 2-6-5 IMM 算法结构图($r=3$)

IMM 估计算法是递推的。每步递推主要由以下四步组成。

(1) 模型条件重初始化。模型条件重初始化(model-conditional reinitialization)是在假定第 j 个模型在当前时刻有效的条件下，与其匹配的滤波器的输入由上一时刻各滤波器的估计混合而成。

① 混合概率(mixing probability)　假定 $k-1$ 时刻的匹配模型是 $m_{k-1}^{(i)}$，而在 k 时刻的匹配模型是 $m_k^{(j)}$，以信息 $\boldsymbol{Z}^{k-1}$ 为条件的混合概率是

$$\mu_{k-1|k-1}^{(i,j)} \triangleq P(m_{k-1}^{(i)} \mid m_k^{(j)}, \boldsymbol{Z}^{k-1}) = \frac{1}{\bar{c}_j}\pi_{ij}\mu_{k-1}^{(i)}, \quad i,j=1,2,\cdots,r \tag{2-6-33}$$

其中 $\bar{c}_j = \sum_{i=1}^{r}\pi_{ij}\mu_{k-1}^{(i)}$

② 混合估计(mixing estimation)　即对于 $j=1,2,\cdots,r$，重初始化的状态与协方差阵按混合估计分别为

$$\hat{\hat{\boldsymbol{x}}}_{k-1|k-1}^{(j)} \triangleq E(\boldsymbol{x}_{k-1} \mid m_k^{(j)}, \boldsymbol{Z}^{k-1}) = \sum_{i=1}^{r}\hat{\boldsymbol{x}}_{k-1|k-1}^{(i)}\mu_{k-1|k-1}^{(i,j)} \tag{2-6-34}$$

$$\hat{\boldsymbol{P}}_{k-1|k-1}^{(j)} = \sum_{i=1}^{r}[\boldsymbol{P}_{k-1|k-1}^{(i)} + (\hat{\boldsymbol{x}}_{k-1|k-1}^{(i)} - \hat{\hat{\boldsymbol{x}}}_{k-1|k-1}^{(j)})(\hat{\boldsymbol{x}}_{k-1|k-1}^{(i)} - \hat{\hat{\boldsymbol{x}}}_{k-1|k-1}^{(j)})^{\mathrm{T}}]\mu_{k-1|k-1}^{(i,j)} \tag{2-6-35}$$

(2) 模型条件滤波。模型条件滤波(model-conditional filtering)是在给定重初始化的状态和协方差阵的前提下，在获得新的量测 $\boldsymbol{z}_k$ 之后，进行状态估计更新。

① 状态预测　即对于 $i=1,2,\cdots,r$，分别计算：

$$\hat{\boldsymbol{x}}_{k|k-1}^{(i)} = \boldsymbol{F}_{k-1}^{(i)}\hat{\hat{\boldsymbol{x}}}_{k-1|k-1}^{(i)} + \boldsymbol{\Gamma}_{k-1}^{(i)}\bar{\boldsymbol{w}}_{k-1}^{(i)} \tag{2-6-36}$$

$$\boldsymbol{P}_{k|k-1}^{(i)} = \boldsymbol{F}_{k-1}^{(i)}\hat{\boldsymbol{P}}_{k-1|k-1}^{(i)}(\boldsymbol{F}_{k-1}^{(i)})^{\mathrm{T}} + \boldsymbol{\Gamma}_{k-1}^{(i)}\boldsymbol{Q}_{k-1}^{(i)}(\boldsymbol{\Gamma}_{k-1}^{(i)})^{\mathrm{T}} \tag{2-6-37}$$

② 量测预测残差及其协方差阵计算　即对于 $i=1,2,\cdots,r$，分别计算：

$$\tilde{\boldsymbol{z}}_k^{(i)} = \boldsymbol{z}_k - \boldsymbol{H}_k^{(i)}\hat{\boldsymbol{x}}_{k|k-1}^{(i)} - \bar{\boldsymbol{v}}_k^{(i)} \tag{2-6-38}$$

$$\boldsymbol{S}_k^{(i)} = \boldsymbol{H}_k^{(i)}\boldsymbol{P}_{k|k-1}^{(i)}(\boldsymbol{H}_k^{(i)})^{\mathrm{T}} + \boldsymbol{R}_k^{(i)} \tag{2-6-39}$$

同时计算与 $m_k^{(i)}$ 匹配的似然函数：

$$\Lambda_k^{(i)} = p(\boldsymbol{z}_k \mid m_k^{(i)}, \boldsymbol{Z}^{k-1}) \approx p[\boldsymbol{z}_k \mid m_k^{(i)}, \hat{\hat{\boldsymbol{x}}}_{k-1|k-1}^{(i)}, \boldsymbol{S}_k^{(i)}(\hat{\boldsymbol{P}}_{k-1|k-1}^{(i)})] \tag{2-6-40}$$

在 Gauss 假设下，似然函数可以计算如下：

$$\Lambda_k^{(i)} = p(\tilde{\boldsymbol{z}}_k^{(i)} \mid m_k^{(i)}, \boldsymbol{Z}^{k-1}) \overset{\text{Gauss假设}}{=} |2\pi\boldsymbol{S}_k^{(i)}|^{-1/2}\exp\left\{-\frac{1}{2}(\tilde{\boldsymbol{z}}_k^{(i)})^{\mathrm{T}}(\boldsymbol{S}_k^{(i)})^{-1}\tilde{\boldsymbol{z}}_k^{(i)}\right\} \tag{2-6-41}$$

③ 滤波更新　即对于 $i=1,2,\cdots,r$，分别计算滤波增益阵、状态估计更新和状态估计更新误差协方差阵，如下：

$$\boldsymbol{K}_k^{(i)} = \boldsymbol{P}_{k|k-1}^{(i)}(\boldsymbol{H}_k^{(i)})^{\mathrm{T}}(\boldsymbol{S}_k^{(i)})^{-1} \tag{2-6-42}$$

$$\hat{\boldsymbol{x}}_{k|k}^{(i)} = \hat{\boldsymbol{x}}_{k|k-1}^{(i)} + \boldsymbol{K}_k^{(i)}\tilde{\boldsymbol{z}}_k^{(i)} \tag{2-6-43}$$

$$\boldsymbol{P}_{k|k}^{(i)} = \boldsymbol{P}_{k|k-1}^{(i)} - \boldsymbol{K}_k^{(i)}\boldsymbol{S}_k^{(i)}(\boldsymbol{K}_k^{(i)})^{\mathrm{T}} \tag{2-6-44}$$

(3) 模型概率更新。模型概率更新(model probability update)就是对于 $i=1,2,\cdots,r$，计算模型概率

$$\mu_k^{(i)} = P(m_k^{(i)} \mid \boldsymbol{Z}^k) = \frac{1}{c}\Lambda_k^{(i)}\bar{c}_i, \quad i=1,2,\cdots,r \tag{2-6-45}$$

其中 $\bar{c}_i=\sum_{j=1}^{r}\pi_{ji}\mu_{k-1}^{(j)}$ 由式(2-6-33)给出，而 $c=\sum_{j=1}^{r}\Lambda_k^{(j)}\bar{c}_j$

(4) 估计融合。估计融合(estimation fusion)就是给出 k 时刻的总体估计和总体估计误差协方差阵，分别为

$$\hat{\boldsymbol{x}}_{k|k}=\sum_{i=1}^{r}\hat{\boldsymbol{x}}_{k|k}^{(i)}\mu_k^{(i)} \tag{2-6-46}$$

$$\boldsymbol{P}_{k|k}=\sum_{i=1}^{r}[\boldsymbol{P}_{k|k}^{(i)}+(\hat{\boldsymbol{x}}_{k|k}-\hat{\boldsymbol{x}}_{k|k}^{(i)})(\hat{\boldsymbol{x}}_{k|k}-\hat{\boldsymbol{x}}_{k|k}^{(i)})^{\mathrm{T}}]\mu_k^{(i)} \tag{2-6-47}$$

即以所有滤波器的滤波状态估计的概率加权和作为总体状态估计。

虽然 IMM 估计已被成功地应用，但对其性能和特性的理论分析仍然缺乏。最需要分析的或许是在其具有有界均方估计误差的意义下，稳定的充分与必要条件。

与定结构 MM 算法密切相关，而几乎被忽略的一个问题是：MM 估计器的性能在很大程度上依赖于所使用的模型集。此处存在一个困境，即为了提高估计精度而需要增加模型，但太多模型的使用除了急剧增加计算量外，反而会降低估计器的性能。

走出这一困境有两个方法：①设计更好的模型集(但直至目前为止可用的理论结果仍然非常有限)；②使用可变模型集。

2.6.5 变结构多模型(VSMM)算法概述

1. 多模型算法的图论表述

模型集对于估计性能的重要性是显而易见的，因而应用 MM 估计理论的主要困难就是设计一个合适的模型集。不幸的是关于这个重要问题的可用理论结果非常有限。因而，变结构多模型(VSMM)方法便成为一个新的研究热点。

一个大模型集的 VSMM 算法在性能上是不可能令人满意的，主要原因是这个集合中的很多模型在特定时间与系统有效模式差别很大，不仅在计算上浪费时间，而且来自“多余”模型的不必要“竞争”反而降低了估计的性能。

最优的变结构估计器一般是不可能得到的，就像定结构算法一样需要使用假设管理技术来删除“不太可能”的假设或合并“相似”的假设。这样可以在性能和计算之间找到某种折中。

定义 2.6.3 设 D 是**有向图(digraph)**，E 和 V 分别是 D 的顶点集合和边集合。而随机有向图是一个每条边都被指定了概率权值的有向图，其对应于每个顶点的所有边的权值之和为 1。其**邻接矩阵(adjacency matrix)A** 定义为

$$\boldsymbol{A}=\{a_{ij}\},\quad a_{ij}\text{ 是从顶点 }v_i\text{ 到顶点 }v_j\text{ 边的权值；}$$

从顶点 v_j 出来，和到顶点 v_l 的邻接集合分别定义为

$$F_j=\{v_i: a_{ji}\neq 0\},\quad T_j=\{v_i: a_{il}\neq 0\}$$

MM 算法所使用的模型集和模型转换法则一起可以用一个没有平行边的随机有向图表示。

定义 2.6.4 一个有向图是**强连接的(strongly connected)**，如果在任意两个顶点之间

存在一个直接通道。

在图论的帮助下，MM算法的基本要素可确定为：

(1) 基于算法的单模型集合（如Kalman滤波器），每一个匹配一个特殊的模式；

(2) 基于单模型算法的总体结果融合规则；

(3) 每一时刻确定递推滤波器初始条件的初始化规则；

(4) 每一时刻定义模式之间图论关系的**优先有向图**（**underlying digraph**）的演化机制。优先有向图也称为**支撑有向图**。

需要强调的是与一个模式集相联系的支撑有向图有很多不同种。

图论表示法为MM算法的研究开辟了一条崭新的道路。下面是一些有用的结论。

(1) Markov链是各态历经的，当且仅当其相应的有向图是强连接的随机有向图。

(2) 关于$m^{(i)}$的状态依赖模式集是出自$m^{(i)}$的邻接集合。

(3) 系统模式集$\mathbb{S}$不是状态依赖的，当且仅当其相应的有向图是完全对称的（也就是说，每个模式都可以从其他任一模式直接跳转）；显然，状态依赖的系统模式集通常和它们的联合$\boldsymbol{S}$不一样，其中$\boldsymbol{S}\triangleq\{\mathbb{S}_1,\mathbb{S}_2,\cdots,\mathbb{S}_N\}$是所有不同的状态依赖的系统模式集构成的类。

(4) 由$\boldsymbol{S}$的成员组成的模式序列是允许的，当且仅当它对应于$\boldsymbol{S}$的有向图的一个直接通道。

(5) 在时刻k，$\boldsymbol{S}$的允许模式序列数$N_s(k)=\sum\limits_{i,j}a_{ij}^{(k)}$，其中$a_{ij}^{(k)}$是$A^k$（邻接集合$A$的$k$次方）的第$(i,j)$项。这遵从图论中的定理：从$v_i$到$v_j$长度为$k$的直接通道数等于$a_{ij}^{(k)}$。

MM算法的某些性质与其支撑有向图有关，因此，MM算法根据其支撑有向图可分成几类。

定义2.6.5 固定有向图MM算法其支撑有向图在任何时刻必须是同构的；否则，就称其为可变有向图。称MM算法是**可转换的**（**switchable**），如果其支撑有向图不只由孤立顶点构成。如果所有支撑有向图都是强连接的，则称算法是强可转换的。

注 ①固定有向图算法必定有固定结构，但是定结构算法在不同时间其支撑有向图可能带有不同的非零权。换句话说，定结构算法允许模式转换概率自适应（或时变），也就是系统模式序列的一个非齐次Markov链模型。②定结构算法必须使用固定模型集，而固定模型集算法不必使用定结构，因为零权值和非零权值可以在不同时间重新指定其支撑有向图。③几乎所有有效实用的算法都是强可转换的。实际上，实用MM算法的支撑有向图通常是对称的（或双向的），只是个别例外[25]。

MM算法的图论表述为其提供了一个严格的框架，其不仅使图论中许多已发展很好的技术和结果得到利用，而且为变结构MM算法实时处理模式集演化提供了一个系统方法论。

2. 实用的VSMM估计

不论VSMM算法多么有前途，它最终的成功主要依赖于在有效性、通用性和效率方面优良的模型集自适应算法的开发。

令$\mathcal{M}_k$和$\mathcal{M}^k$分别表示k时刻模型集和直到k时刻的模型集序列。递推自适应模型集(RAMS)在每一时刻k由下面关键步骤组成。

(1) 模型集自适应：基于$\{\mathcal{M}^{k-1},\boldsymbol{Z}^k\}$确定模型集$\mathcal{M}_k$；

(2) 重初始化基于模型的滤波器：获得每个基于$\mathcal{M}_k$中的一个模型的滤波器的"初始"条件；

(3) 模式匹配估计：对于$\mathcal{M}_k$中的每个模型，在假定这个模型精确匹配系统有效模型的条件下得到估计；

(4) 模式序列概率计算：对于$\mathcal{M}_k$中的所有m_k，计算$P(\mathcal{M}_k,m_k|\boldsymbol{Z}^k)$；

(5) 估计融合：得到总体估计和它的协方差。

其中步骤(1)是变结构算法所特有的，它的理论基础是合并/删除准则。

定义 2.6.6 给定$V'\subset V(D)$，其中$V(D)$表示D的顶点集，如果E'包含所有末端顶点都在V'中的D的边，则称$D'=(V',E')$是由V'引起的D的子有向图，记为$D[V']$。带有权值的有向图的**正规化**是一个按比例缩放有向图中的所有权值而得到一个随机有向图的过程。令$\boldsymbol{D}$是通过正规化所考虑的 MM 算法在所有时刻支撑有向图的联合所得到的全部有向图。

下面是三种 VSMM 算法开发方案。

(1) 活跃有向图算法。得到可变有向图的一种方法被称为**活跃有向图**(**active digraph,AD**)。其基本思想是在每一时刻使用全体有向图的一个子图作为活跃有向图。这是受带有限制的非线性规划中有效集方法的启发。AD 算法的一个循环如下：

① 得到系统模式集的联合$Y=\bigcup\limits_{m\in D_{k-1}}\mathbb{S}_k^{(m)}$，其中$D_{k-1}$是$k-1$时刻的活跃有向图，$\mathbb{S}_k^{(m)}$是关于$m$的系统的状态依赖模式集，由下式定义

$$\mathbb{S}_{k+1}^{(m_i)}=\{m_{k+1}: P\{m_{k+1}\mid m_k^{(i)},\boldsymbol{x}_k\}>0,\quad \boldsymbol{x}_k\in\mathbb{R}^n\}$$

② 估计Y中每个模式的概率；

③ 形成有效模式集Y'，是Y的子集，且其由具有最大概率的，不超过K个模式组成，K依赖于最大计算负荷；

④ 通过标准化$\boldsymbol{D}[Y']$得到D_k，由Y'引起的$\boldsymbol{D}$的子图；

⑤ 使用D_k执行上面 RAMS 方法的②～⑤步。

上面的 AD 算法可做如下简化。有向图的所有模式可被分成三类：不可能的或不显著的、显著的和主要的。因此，模式集演化的一个合理规则集合为：抛弃不可能模式；保留显著模式；激活与主要模式强邻接的模式。

(2) 有向图转换算法。另一种使支撑有向图自适应的方法是根据一定的规则在一些预定的有向图之间进行切换。这些有向图中每一个都是一组密切相关的系统模式的图论表示。这些有向图的模式集不必是互不相交的，因为一些模式可能属于不止一个组。希望不同有向图的预定组$\boldsymbol{D}\triangleq\{D_1,D_2,\cdots,D_L\}$在下面意义上是全体有向图$\boldsymbol{D}$的一个(强)覆盖，即

① $\boldsymbol{D}$中的每个D_i都是$\boldsymbol{D}$的一个(强连接)随机子有向图；

② $V(\boldsymbol{D})\subset\bigcup\limits_{i=1}V(D_i)$，也就是说，$\boldsymbol{D}$的模式集被$D_i,i=1,2,\cdots,L$的模式集所覆盖。

如果 $V(\boldsymbol{D})$ 是非常大的集合，这点可以放松。

在有向图转换算法中，首先建立一个（强）覆盖，这与所谓的集合覆盖问题密切相关，这个问题可以通过求解整型线性规划问题解决。然而，在 MM 算法中，在大多数情况下，这可由模式的物理意义得到。

（3）自适应网格算法。**自适应网格（adaptive grid，AG）**算法是获得支撑有向图的第三种方式，是修改刻画可能模型的参数的网格。这一算法遵循同自适应多模型概率数据互联（MMPDA）滤波器或移动组 MM 估计器相似的思想。在这种方案中，最初建立一个粗略的网格，然后根据一个可能基于当前估计、模型概率和量测残差的修改方案，递归调整网格。这种方法对于系统可能模型集很大的情况特别有利。

3．两种 VSMM 估计方法

（1）模型组转换算法。**模型组转换（model-group switching，MGS）**算法属于 DS 方案，其基本思想是使模型集根据一定的准则在预先确定的由相互紧密相关的模型组成的组之间自适应转换。该算法中，首先需要确定总模型集的一个划分或覆盖。

一般地，MGS 算法的一个循环在概念上由下面几步组成：

① 模型集自适应。分解为模型集的激活和终止。一旦一个模型组被激活，在当前时刻就开始使用而不是从下一时刻开始。这在模式转换期间对于减小峰值估计误差非常重要。

② 新激活模型/滤波器的初始化。

③ MM 估计。

步骤①和②是 MGS 算法所特有的。在 MGS 算法中，这两步通常使用 VSIMM 算法结合在一起。事实上，似乎不可能真正严格地得到任何使用硬决策的非最优算法，虽然它的性能和属性可以严格得到。

下面是 MGS 算法的几点讨论：

① 模型组自适应。模型组自适应包括如下决策：决定是否激活候选模型组；决定是否终止新激活的候选模型组；决定是否终止当前时刻有效模型组。

模型组的激活通常由基于系统当前有效模式的先验和后验信息的规则集合组成。模式的先验信息大都表现在总模型集的拓扑结构和相应的转换概率矩阵中，即使它们可能是时变或自适应的。实际的候选模型组激活逻辑应该是问题依赖的，其设计依赖于总模型集的拓扑结构等性能，这个设计应与模型组终止阈值的选择结合起来。

模型组的终止就是按顺序模型集似然比检验和顺序模型集概率比检验来完成。

② 模型组的初始化。新激活滤波器的初始化由两步组成：在一次循环之前，给新激活的模型分配概率；在一次循环之前，确定这些滤波器的状态估计和误差协方差。状态依赖的系统模式的概念是一个强有力的概念，对于滤波器的初始化特别有用。它表明给定当前系统模式，下一时刻系统模式集是总模式集的一个由 Markov 模式转换定律决定的子集。应用到滤波器的初始化上，一个模型初始概率的分配应只考虑那些可以转换到该模型的概率；状态估计和协方差的初始化类似。

对于 MGS 算法，如果使用 VSIMM 循环，则上面所讨论的初始化实际上被省掉了。

③ MGS 算法的初始化。MGS 算法的初始化依赖于所初始化的系统模式的可用的

先验信息。如果先验信息表明初始系统模式可能在总模型集的某一子集中，则 MGS 算法应从相应的模型组开始。

MGS 算法具有潜在的缺点，即在任何时候至多只有一个模型组可被激活。在运行两个模型组联合时，没有模型组被激活。为了在这些情况下提高 MGS 算法的性能，提出了扩展 MGS(EMGS)算法。它允许运行模型组联合的同时，激活一个或多个候选模型组。

(2) 可能模型集算法。**可能模型集(likely-model set，LMS)**算法属于活跃有向图方案。其基本思想是在任何给定时间使用所有不是不可能的模型的集合。最简单的一种是基于下面的思想：按照概率将所有有效的模型分为不可能的、有效的和主要的。那么，模型集自适应可根据如下原则：①抛弃不可能的；②保留有效的；③激活与主要模型相邻的模型。因为源自主要模型的邻集，就包含几乎可以肯定的转换，从而保证了优良的性能；同时，不可能模型的排除带来了计算量实质性的减少，且性能没有退化。

LMS 算法比 MGS 算法以及固定结构的 IMM 算法更有效，尤其是总模型集很大时更是如此。LMS 算法只需要调整两个阈值，比 MGS 算法简单。LMS 估计器的唯一潜在缺点似乎是：处理在总模式集中两个远离的只通过几个中间模式相连的模式之间跳转显得不足。这样的跳转很少发生，或者总模型集的拓扑结构设计得不合适。一个可能的补救或缓和方法是在每一步中反复应用三个自适应规则，直到什么也没有发生。

与 MGS 估计器相似，因为不能保证模型集自适应的正确和及时，则可能在状态估计和相应的协方差中引入误差。研究有效的补救办法就是未来的任务。

2.7 小结

本章主要给出了与多源信息融合相关的统计推断与估计基础理论，尽可能使得知识成系统，不仅包含已经成熟的点估计理论基础、线性动态系统的滤波理论等，也包括近年来颇受关注的正在发展的非线性动态系统滤波理论、粒子滤波理论以及混合系统估计理论等。内容取舍的原则是尽可能把问题表述清楚，并给读者提供有用的算法或研究思路，但不求全。有些结论的证明过程也没有给出。列于本章后的参考文献可以作为读者进一步研究的资料。

参考文献

[1] 韩崇昭，王月娟，万百五. 随机系统理论[M]. 西安：西安交通大学出版社，1987.

[2] 费史 M. 概率论及数理统计[M]. 王福保，译. 上海：上海科学技术出版社，1962.

[3] 韩光文. 辨识及参数估计[M]. 北京：国防工业出版社，1980.

[4] 陈希孺，王松桂. 近代回归分析原理方法及应用[M]. 合肥：安徽教育出版社，1987.

[5] 樊功瑜. 主成分与主成分估计[J]. 测绘工程，1995，4 (4)：1-7.

[6] 张金槐，蔡洪. 飞行器试验统计学[M]. 长沙：国防科技大学出版社，1995.

[7] Austin J W，Leondes C T. Statistically estimation of reentry trajectories[J]. IEEE Trans AES.，1981，17(1).

[8] 张金槐. 非线性滤波的迫近[J]. 飞行器测控技术，1994，13(3)：14-21.

[9] Rudolph van der Merwe, A Rnaud Doucet, Nando de Freitas, et al. The unscented particle filter [R]. CU EDÖF 2IN FEN GÖTR 380,2000.

[10] 蔡洪 . Unscented Kalman 滤波用于再入飞行器跟踪[J] . 飞行器测控学报,2003,22(3):12-16.

[11] Widrow,Walach. 自适应逆控制[M]. 刘树棠,韩崇昭,译. 西安:西安交通大学出版社,2000.

[12] Bar-Shalom Y, Li X R. Estimation and tracking: Principles, techniques, and software [M]. Norwood,MA: Artech House,1993.

[13] Sworder D D, Boyd J. Estimation Problems in Hybrid Systems [M]. Cambridge: Cambridge University Press,1999.

[14] Tugnait J K. Detection and estimation for abruptly changing systems[J]. Automatica,1982,18: 607-615.

[15] Ackerson G A,Fu K S. On state estimation in switching environments[J]. IEEE Transactions on Automatic Control,1970,10-17.

[16] Chang C B,Athans M. State estimation for discrete system with switching parameters[J]. IEEE Transactions on Aerospace and Electronic Systems,1978,3(14): 418-425.

[17] Blom H A P. An efficient filter for abrupt changing systems[C]//Proceedings of the 23rd IEEE Conference on Decision and Control,1984,NV: 656-658.

[18] Blom H A P. A sophisticated tracking algorithm for ATC surveillance data [C]//Proc. International Radar Conf. . Paris France,1984.

[19] Bar-Shalom Y,Chang K C,Blom H A P. Tracking a maneuvering target using input estimation versus the interacting multiple model algorithm [J]. IEEE Trans. Aerospace and Electronic Systems,1989,AES-25: 296-300.

[20] Blom H A P. Overlooked potential of systems with markovian switching coefficients[J]. IEEE Trans. Automatic Control,1988,AC-33: 780-783.

[21] Maskell S,Gordon N. A Tutorial on Particle Filters for On-line Nonlinear/Non-Gaussian Bayesian Tracking[M]. QinetiQ Ltd,2001.

[22] Neal R M. Probabilistic Inference Using Markov Chain Monte Carlo Methods [R]. Technical Report,CRG-TR-93-1,Department of Computer Science,University of Toronto,1993.

[23] Doucet A. On Sequential Monte Carlo Methods for Bayesian Filtering [R]. Technical Report, University of Cambridge,UK,Department of Engineering,1998.

[24] Alspach D L,Sorenson H W. Nonlinear Bayesian estimation using gaussian sum approximation [J]. IEEE Trans on AC,1972,17(4): 439-448.

[25] Anderson B D,Moore J B. Optimal filtering[M]. New Jersey: Prentice-Hall,1979.

[26] Metropolis N,Rosenbluth A W,M N Rosenbluth, et al. Equations of state calculations by fast computing machines[J]. Journal of chemical phyisics,1953,21(6): 1087-1091.

[27] Kong A,Liu J S,Wong W H. Sequential imputations and Bayesian missing data problems[J]. Jounal of American Statistical Association,1994,89: 278-288.

[28] Gordon N J,Salmond D J,Smith A F M. Novel approach to nonlinear-non-gaussian bayesian state estimation[J]. IEE-Proceedings-F,1993,140(2): 107-113.

[29] Shawn Michael Herman. Particle filtering approach to joint passive radar tracking and target classification[D]. THESIS in the Graduate College of the University of Illinois at Urbana-Champaign,2002. 402-417.

[30] Rudolph van der Merve,Eric Wan. Gaussian mixture sigma-point particle filters for sequential probabilistic inference in dynamic state-space models [EB/OL]. [2010-08-20]. http://www.researchindex.com.

[31] Isard,Michael. Visual Motion Analysis by Probabilistic Propagation of Conditional Density[D].

Thesis,Oxford: Oxford University,1998.

[32] Crisan D,Doucet A. Convergence of generalized particle filters[R]. Technical Report CUED/F-INFENG/TR 381,Cambridge University Engineering Department,2000.

[33] Li Rong X, Jilkov, Vesselin P. A Survey of Maneuvering Target Tracking—Part V: Multiple-Model Methods[C]//Proceedings of SPIE Conference on Signal and Data Processing of Small Targets. San Diego,CA,USA,2003.

[34] Dempster A,Laird N,Rubin D. Maximum likelihood from incomplete data via the EM algorithm [J]. Jounal of the Royal Statistical Society,1977,39(Series B): 1-38.

[35] McLachlan G J,Krishnan T. The EM Algorithm and Extensions[M]. New York: Wiley,1997.

第3章 智能计算与识别理论基础

本章给出多源信息融合赖以发展的智能计算与识别理论基础，大部分内容比较新。

3.1 概述

3.1.1 模式识别的一般概念

模式识别是人类自然智能的一种基本形式。所谓"模式"就是指人类按照时间和空间中可观察的自然属性和认识属性对客观事物的划分。所谓"模式识别"就是依据某些观测获得的属性把一类事物和其他类型的事物区分的过程。例如，人们依据视觉、听觉、触觉等感官所接收的信息，能够正确认识外界事物，并能把一类事物与其他事物正确区分。

然而，我们现在研究的"模式识别"主要属于人工智能的范畴。随着20世纪40年代计算机的出现以及50年代人工智能的兴起，一种以计算机为工具进行"模式识别"的理论和方法便发展起来了，并迅速成为一门新的学科。

目前，模式识别的理论研究主要集中在两方面：一是关于生物体(包括人)感知客观事物机理的研究，这是生物学家、生理学家、心理学家、神经生理学家等的研究内容，属于认知科学的范畴；二是针对给定的任务，关于计算机实现模式识别的有关理论和方法研究，这是数学家、信息学家和计算机科学家的研究内容，属于应用信息科学的范畴。

用计算机实现的模式识别系统，一般由三个相互关联而又有明显区别的过程组成，即数据生成、模式分析和模式分类。所谓数据生成是将原始信息转换为向量，成为计算机易于处理的形式；所谓模式分析是对数据进行加工，包括特征选择、特征提取、数据维数压缩和决定可能存在的类别等；模式分类则是利用模式分析所获得的信息，对计算机进行训练，从而根据判别准则，以实现模式的分类。

现在通用的模式识别方法有两种，即统计模式识别方法和结构(句法)模式识别方法。所谓统计模式识别方法，就是对模式的统计分类方法，即结合统计概率论的Bayes决策系统进行模式识别的技术，又称决策理论识别方法。利用模式与子模式分层结构的树状信息所完成的模式识别工作,就是结构模式识别或句法模式识别。

模式识别系统已经成功地应用于字符识别、语音识别、指纹识别、人脸识别、医学图像分析、工业产品检测等许多方面。然而,模式识别方法的研究目前仍然是针对具体应用对象的,至今还难以发展成为一种统一的模式识别理论与方法。

3.1.2 智能学习与统计模式识别

统计模式识别的基本原理,是根据先验知识,定义**模式空间**为

$$\Omega=\{\omega_1,\omega_2,\cdots,\omega_M\} \tag{3-1-1}$$

其中,ω_k 表示一个模式类;同时可定义**样本特征向量**(或称为待识别模式)为

$$\boldsymbol{X}_i=[x_{i1},x_{i2},\cdots,x_{id}]^{\mathrm{T}}\in X\subseteq\mathbb{R}^d,\quad i=1,2,\cdots,N \tag{3-1-2}$$

其中 $\boldsymbol{X}$ 表示样本特征向量空间,上标 T 表示转置;N 为样本点数;x_{ij} 是一个样本特征,d 为样本特征数;所谓**统计模式识别方法**就是根据属性或特征来定义某个距离函数以判别样本 $\boldsymbol{X}_i$ 属于哪个 ω_k。或者说,把有特征相似性的样本在模式空间中划分为互相接近的若干模式类,并以特征进行"聚类",从而达到模式分类的目的。

统计模式识别的主要方法有:判别函数法、k 近邻分类法、非线性映射法、特征分析法、主因子分析法等。在统计模式识别中,Bayes 决策规则从理论上解决了最优分类器的设计问题,但其实施却必须首先解决更困难的概率密度估计问题。反向传播(BP)神经网络直接从观测数据(训练样本)学习,是更简便有效的方法,因而获得了广泛的应用。但它是一种启发式技术,缺乏坚实的理论基础。统计推断理论研究所取得的突破性成果导致现代统计学习理论——Vapnik Chervonenkis(VC)理论的建立,该理论不仅在严格的数学基础上圆满地回答了人工神经网络中出现的理论问题,而且导出了一种新的学习方法——支持向量机方法。

所谓智能学习就是从样本获得分类的一类数学方法,这些方法具有自学习的智能。

20 世纪 70 年代,波兰学者 Pawlak 等提出了**粗糙集(rough sets)**理论,此后,许多科学家在粗糙集的理论和应用方面做了大量的研究工作。至今,粗糙集理论已经成为智能学习的一类标准方法。粗糙集理论是处理模糊和不确定性的一个新的数学工具,用于数据分类分析。粗糙集理论分析的主要目的在于由获取的数据综合出近似的概念。本章 3.2 节将详细讨论粗糙集理论及应用。然而,Pawlak 的粗糙集理论是基于等价关系建立起来的,也就是说分类是严格的,但实际问题往往并不能进行严格分类,于是就引入**广义粗糙集(generalized rough sets)**的概念,并在此基础上建立容差关系的分类方法。20 世纪 70 年代初,Dempster 和 Shafer 建立的一套数学理论,称为 **D-S 证据理论(evidence theory)**,这一理论的核心是超越了概率统计推断的理论框架,可以适应于专家系统、人工智能、模式识别和系统决策等领域的实际问题。而且这一理论的发展很快成为智能学习和多源信息融合的重要组成部分。本章 3.3 节将对 D-S 证据理论进行详细研究。

G. Matheron 于 1975 年出版了《随机集与积分几何学》一书,从而提出了所谓**随机集(random sets)**理论,现在已经成为智能学习的又一重要研究方向。随机集处理的是随机集合问题,集值的引入带来许多令人意想不到的奇特结果,有可能发展成为一种更有力

的工具。因为它对异类多源信息融合有特别的意义，本章 3.4 节将专门讨论随机集理论。进而，我们还将介绍随机有限集理论的基本知识。

20 世纪 90 年代中期，统计学习理论和**支持向量机**（**support vector machine**）算法的深入研究和成功应用引起了广泛的关注。支持向量机算法具有比较坚实的理论基础和良好的推广能力，并在手写数字识别和文本分类等方面取得了良好的应用效果。特别是利用满足 Mercer 条件的核函数实现非线性分类，对于模式识别而言具有划时代的意义。

Bayes 网络是另外一种用于智能推断的工具，本章 3.7 节将进行简单的讨论。

模式识别发展至今，人们已经建立了各种针对具体应用问题的模型和方法，但仍然没有得到对所有模式识别问题都适用的统一模型和统一方法。我们现在拥有的只是一个工具箱，所要完成的工作就是结合具体的问题，把统计模式识别或句法模式识别结合起来，把模式识别方法与人工智能中的启发式搜索方法结合起来，把模式识别方法与支持向量机的机器学习方法结合起来，把人工神经元网络与各种已有技术以及人工智能中的专家系统、不确定推理方法结合起来，深入掌握各种工具的效能和应有的可能性，互相取长补短，不断开创模式识别应用的新局面。

3.2 粗糙集理论基础

粗糙集理论由 Zdzislaw Pawlak 在 20 世纪 80 年代早期提出[3-4]，用于数据分类分析。这些数据可以来自量测，也可以来自人类专家。粗糙集理论分析的主要目的在于由获取的数据综合出近似的概念。

3.2.1 信息系统的一般概念

定义 3.2.1 一个数据表$\mathcal{A}=(U,A)$称为是一个**信息系统**（**information system**），其中$U=\{x_1,x_2,\cdots,x_n\}$称为**对象集**（**set of objects**），$A=\{a_1,a_2,\cdots,a_m\}$称为**属性集**（**set of attributes**），都是非空有限集合；而 $a: U\to V_a$，$\forall a\in A$ 描述了对应关系，其中集合 V_a 是属性 a 的**值集**（**value set**）。

例题 3.2.1 设有一个信息系统，示于表 3-2-1，其中有七个对象，两个属性。

表 3-2-1 信息系统$\mathcal{A}=(U,A)$

案例(U)	年龄段(a_1)	近三年患病次数(a_2)
x_1	16～30	50
x_2	16～30	0
x_3	31～45	1～25
x_4	31～45	1～25
x_5	46～60	26～49
x_6	16～30	26～49
x_7	46～60	26～49

注意，表中案例 3 和 4，以及案例 5 和 7 具有完全相同的条件值。在利用这些属性的

前提下，这些案例就是成对难识别的案例。□

定义 3.2.2 一个**决策系统**(**decision system**)就是形式如$\mathcal{A}=(U,A\cup\{d\})$的信息系统，其中$d\notin A$称为**决策属性**(**decision attribute**)，相应地把A中的元素称为**条件属性**(**conditional attribute**)，或简称为**条件**(**condition**)。

决策属性通常取值为二值，即“是”或“否”(1 或 0)，但也可以取多值。

例题 3.2.2 针对例题 3.2.1，增加决策属性，见表 3-2-2，其中决策是决定是否复查，所以决策属性取二值。

表 3-2-2 决策系统$\mathcal{A}=(U,A\cup\{d\})$

案例(U)	年龄段(a_1)	近三年患病次数(a_2)	复查(d)
x_1	16～30	50	是
x_2	16～30	0	否
x_3	31～45	1～25	否
x_4	31～45	1～25	是
x_5	46～60	26～49	否
x_6	16～30	26～49	是
x_7	46～60	26～49	否

请注意，表中案例x_3和x_4，以及案例x_5和x_7仍然具有完全相同的条件值。但第一对取相反的决策值，而第二对取相同的决策值。□

由决策表就可以综合出如下规则：“如果年龄在 16～30 年龄段，近 3 年来患病 50 次，身体复查是必需的。”

在许多应用中，有一种分类结果是已知的，就可以把这种后验知识用决策属性来表示，把这一过程就说成是**有监督学习过程**。

3.2.2 决策系统的不可分辨性

信息系统的知识发现问题本质上是按照属性特征给对象进行分类的问题。为此引入有关关系的概念[1]。

定义 3.2.3 设有对象集U，其笛卡儿积的子集$R\subseteq U\times U$就称为U上的一个**二元关系R**。进而，如果这个二元关系还具有如下特性：

(1) 自返性，如果$\forall x\in U\Rightarrow(x,x,)\in R$；

(2) 对称性，如果$(x,y)\in R\Rightarrow(y,x)\in R$；

(3) 传递性，如果$(x,y),(y,z)\in R\Rightarrow(x,z)\in R$，则称其为**等价关系**。

定义 3.2.4 设R是定义在对象集U上的一个等价关系，$x\in U$的一个**等价类**定义为

$$R(x)\triangleq\{y\in U:(x,y)\in R\}\tag{3-2-1}$$

定义 3.2.5 对象集U的某些子集形成的集类$\mathbb{U}=\{U_i\subseteq U: i\in I\}$，如果

(1) $\bigcup\limits_{i\in I}U_i=U$，$I$是指标集合；

(2) 对于任意$i\neq j\Rightarrow U_i\cap U_j=\varnothing$，则称$\mathbb{U}$为$U$的一个**划分**。

引理 1 设 R 是定义在对象集 U 上的一个等价关系，$R(x)$ 是 $x\in U$ 的等价类，如果 $y\in R(x)$，则必然有 $R(y)=R(x)$。

证明 见文献[1]。 ■

引理 2 设 R 是定义在对象集 U 上的一个等价关系，对于 $\forall x,y\in U$，如果 $R(y)\cap R(x)\neq\varnothing$，则必然有 $R(y)=R(x)$。

证明 见文献[1]。 ■

引理 3 设 R 是定义在对象集 U 上的一个等价关系，$R(x)$ 是 $x\in U$ 的等价类，则

$$\bigcup_{x\in U} R(x)=U \tag{3-2-2}$$

证明 见文献[1]。 ■

定理 3.2.1 定义在对象集 U 上的一个等价关系 R，确定了 U 对等价类的一个划分；反之，U 的任一划分也定义了 U 上的一个等价关系。

证明 见文献[1]。 ■

定义 3.2.6 对象集 U 按等价关系 R 形成的等价类所构成的集类称为 U 关于 R 的**商集**，记为 U/R。

根据定理 3.2.1，商集 U/R 实际上就是 U 按 R 的一个划分。

例题 3.2.3 设 $U=\mathbb{Z}^+$ 表示全体非负整数集合，其上定义了等价关系 R 如下

$$(x,y)\in R\Rightarrow x-y\text{ 能被 3 整除}, \quad \forall x,y\in U$$

容易验证 R 是等价关系：①自返性，$\forall x\in U\Rightarrow x-x=0\Rightarrow(x,x)\in R$；②对称性，$\forall x,y\in U,(x,y)\in R\Rightarrow x-y$ 能被 3 整除 $\Rightarrow y-x$ 能被 3 整除，即 $(y,x)\in R$；③传递性，$(x,y),(y,z)\in R\Rightarrow x-y,y-z$ 能被 3 整除 $\Rightarrow x-z=(x-y)+(y-z)$ 能被 3 整除，即 $(x,z)\in R$。于是可以得到三个等价类：

$$R(1)=\{1,4,7,10,\cdots\},\quad R(2)=\{2,5,8,11,\cdots\},\quad R(3)=\{0,3,6,9,\cdots\}$$

而 $\{R(1),R(2),R(3)\}$ 就是 U 按 R 的一个划分，即 $U/R=\{R(1),R(2),R(3)\}$。 □

一个决策系统（即决策表）表达了有关模型的所有知识。这个决策表的一部分可能没有必要那样大，因为至少按两种方式衡量有多余，即相同的或不可识别的对象可能被表示了几次，或某些属性可能是多余的。

定义 3.2.7 设 $\mathcal{A}=(U,A)$ 是一个信息系统，与任意 $B\subseteq A$ 相联系的等价关系定义为

$$\mathrm{IND}_{\mathcal{A}}(B)\triangleq\{(x,x')\in U\times U:\ \forall a\in B,a(x)=a(x')\} \tag{3-2-3}$$

称其为 ***B*-不可分辨关系（*B*-indiscernibility relation）**。如果 $(x,x')\in\mathrm{IND}_{\mathcal{A}}(B)$，那么按 B 的属性，x 和 x' 是不可分辨的。***B*-不可分辨关系的等价类**记为 $[x]_B$。

如果不引起混淆的话，B-不可分辨关系的下标 $\mathcal{A}$ 可以略去。

例题 3.2.4 对于表 3-2-1，条件属性 A 的非空子集有 $B_1=\{a_1\}=\{$年龄段$\}$、$B_2=\{a_2\}=\{$近三年患病次数$\}$，以及 $B_3=\{a_1,a_2\}=\{$年龄段，近三年患病次数$\}$，从而有如下三个 B-不可分辨关系

$$\mathrm{IND}(B_1)=\{\{x_1,x_2,x_6\},\{x_3,x_4\},\{x_5,x_7\}\}$$

$$\mathrm{IND}(B_2)=\{\{x_1\},\{x_2\},\{x_3,x_4\},\{x_5,x_6,x_7\}\}$$

$$\mathrm{IND}(B_3)=\{\{x_1\},\{x_2\},\{x_3,x_4\},\{x_5,x_7\},\{x_6\}\}$$

而 $[x_1]_{B_1}=\{x_1,x_2,x_6\}$，$[x_1]_{B_2}=\{x_1\}$；$[x_6]_{B_2}=\{x_5,x_6,x_7\}$，$[x_6]_{B_3}=\{x_6\}$，等等。 □

3.2.3 集合近似

定义 3.2.8 设$A=(U,A)$是一个信息系统，$B\subseteq A$，$X\subseteq U$，定义U的子集合

$$\underline{B}(X)\triangleq\{x\in U:[x]_B\subseteq X\} \tag{3-2-4}$$

称为集合X的**B-下近似**(***B*-lower approximation**)；而U的另一子集合

$$\overline{B}(X)\triangleq\{x\in U:[x]_B\cap X\neq\varnothing\} \tag{3-2-5}$$

称为集合X的**B-上近似**(***B*-upper approximation**)。

$\underline{B}(X)$中的对象是基于B中的知识确定性地分类成X中的元；而$\overline{B}(X)$中的对象是基于B中的知识仅仅分类成X中可能的元。

定义 3.2.9 集合

$$\mathrm{BN}_B(X)\triangleq\overline{B}(X)-\underline{B}(X) \tag{3-2-6}$$

称为X的**B-边界区域**(***B*-boundary region**)，是由不能基于B中的知识确定性地分类成X中元的对象组成。而

$$\mathrm{OT}_B(X)\triangleq U-\overline{B}(X) \tag{3-2-7}$$

称为X的**B-外部区域**(***B*-outside region**)，是由基于B中的知识确定性地分类成不属于X中元素的对象组成。

如果对象集合U一个子集X的B-边界区域非空，则称其为**粗糙集**(**rough set**)，或简称为**粗集**；否则，如果其B-边界区域是空集，则称其为**明晰集**(**crisp set**)。

例题 3.2.5 最常见的情况是按照条件属性综合决策类。在表 3-2-2 中，设结果集是

$$W=\{x\in U:d(x)=\{是\}\}=\{x_1,x_4,x_6\}\subset U$$

于是得到：$\underline{A}(W)=\{x_1,x_6\}$是集合$W$的$A$-下近似，表示其等价类在$W$中的对象集合；$\overline{A}(W)=\{x_1,x_3,x_4,x_6\}$是集合$W$的$A$-上近似，表示其等价类与$W$相交非空的对象集合；$\mathrm{BN}_A(W)=\{x_3,x_4\}$是$W$的$A$-边界区域，是由不能基于$A$中的知识确定性地分类成$W$中元素的对象组成；$\mathrm{OT}_A(W)=\{x_2,x_5,x_7\}$，$W$的$A$-外部区域，是由基于$A$中的知识确定性地分类成不属于$W$中元素的对象组成。所以$W$是一个粗集，因为它的边界区域非空。 □

集合近似图形表示如图 3-2-1 所示。

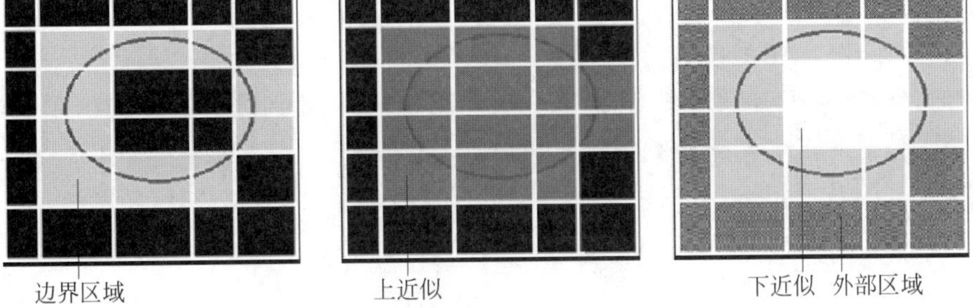

图 3-2-1 集合近似的图形表示

定理 3.2.2 设$\mathcal{A}=(U,A)$是一个信息系统，$B\subseteq A$，$X\subseteq U$，则有：

(1) $\underline{B}(X)\subseteq X\subseteq\overline{B}(X)$ (3-2-8)

(2) $\underline{B}(\varnothing)=\overline{B}(\varnothing)=\varnothing$，$\underline{B}(U)=\overline{B}(U)=U$ (3-2-9)

(3) $\overline{B}(X\cup Y)=\overline{B}(X)\cup\overline{B}(Y)$，$\underline{B}(X\cap Y)=\underline{B}(X)\cap\underline{B}(Y)$ (3-2-10)

(4) $X\subseteq Y\Rightarrow\underline{B}(X)\subseteq\underline{B}(Y)$且$\overline{B}(X)\subseteq\overline{B}(Y)$ (3-2-11)

(5) $\underline{B}(X\cup Y)\supseteq\underline{B}(X)\cup\underline{B}(Y)$，$\overline{B}(X\cap Y)\subseteq\overline{B}(X)\cap\overline{B}(Y)$ (3-2-12)

(6) $\underline{B}(U-X)=U-\overline{B}(X)$，$\overline{B}(U-X)=U-\underline{B}(X)$ (3-2-13)

(7) $\underline{B}(\underline{B}(X))=\overline{B}(\underline{B}(X))=\underline{B}(X)$，$\overline{B}(\overline{B}(X))=\underline{B}(\overline{B}(X))=\overline{B}(X)$ (3-2-14)

证明 我们只证明式(3-2-8)和式(3-2-10)，其他可以类似证明。

(1) $x\in\underline{B}(X)\Rightarrow[x]_B\subseteq X\Rightarrow x\in X\Rightarrow[x]_B\cap X\neq\varnothing\Rightarrow x\in\overline{B}(X)$

(3) $x\in\overline{B}(X\cup Y)\Rightarrow\exists x\in U,[x]_B\cap(X\cup Y)\neq\varnothing\Rightarrow[x]_B\cap X\neq\varnothing$或$[x]_B\cap Y\neq\varnothing$

$\Rightarrow x\in\overline{B}(X)$ 或 $x\in\overline{B}(Y)\Rightarrow x\in\overline{B}(X)\cup\overline{B}(Y)$

$x\in\underline{B}(X\cap Y)\Rightarrow\exists x\in U,[x]_B\subseteq(X\cap Y)\Rightarrow[x]_B\subseteq X$ 且$[x]_B\subseteq Y\Rightarrow x\in\underline{B}(X)$，且$x\in\underline{B}(Y)\Rightarrow x\in\underline{B}(X)\cap\underline{B}(Y)$ ■

显然，集合的下近似和上近似分别是由不可分辨关系产生的拓扑上集合的内部和闭包。图 3-2-2 给出了表 3-2-2 决策系统集合近似特性的图形表示。

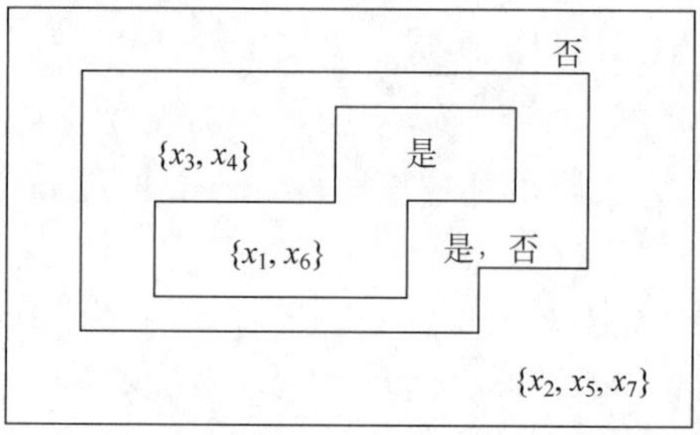

图 3-2-2 表 3-2-2 决策系统集合近似特性的图形表示

定义 3.2.10 可以定义如下四种粗集：

(1) X 是粗糙 **B-可定义的（roughly B-definable）**，当且仅当$\underline{B}(X)\neq\varnothing$且$\overline{B}(X)\neq U$；

(2) X 是内部 **B-不可定义的（internally B-undefinable）**，当且仅当$\underline{B}(X)=\varnothing$且$\overline{B}(X)\neq U$；

(3) X 是外部 **B-不可定义的（externally B-undefinable）**，当且仅当$\underline{B}(X)\neq\varnothing$且$\overline{B}(X)=U$；

(4) X 是完全 **B-不可定义的（totally B-undefinable）**，当且仅当$\underline{B}(X)=\varnothing$且$\overline{B}(X)=U$。

X 是粗糙 B-可定义的集合，就意味着借助于集合 B，就能确定 U 中的某些元属于 X，以及 U 中的另外一些元属于 $U-X$。

X 是内部 B-不可定义的集合，就意味着利用集合 B，我们就能确定 U 中的某些元属于 $U-X$，但不能确定 U 中的任何元是否属于 X。

X 是外部 B-不可定义的集合，就意味着利用集合 B，我们就能确定 U 中的某些元属于 X，但不能确定 U 中的任何元是否属于 $U-X$。

X 是完全 B-不可定义的集合，就意味着利用集合 B，我们既不能确定 U 中的任何元是否属于 X，也不能确定 U 中的任何元是否属于 $U-X$。

定义 3.2.11 粗集也可以用如下系数进行数值表示：

$$\alpha_B(X)=\frac{|\underline{B}(X)|}{|\overline{B}(X)|} \tag{3-2-15}$$

$\alpha_B(X)$称为**近似精度**(**accuracy of approximation**),其中$|X|$表示集合X的势(当其为有限集时,就是所包含元的个数);而

$$1-\alpha_B(X) \tag{3-2-16}$$

称为**近似粗糙度**(**roughness of approximation**)。

显然,$0\leqslant\alpha_B(X)\leqslant 1$。如果$\alpha_B(X)=1$,$X$关于属性集合$B$是明晰集,或称关于$B$是**精确的**(**precise**);否则,$\alpha_B(X)<1$,X关于属性集合B是粗集,或称关于B是**含糊的**(**vague**)。

3.2.4 属性约简

前一节我们研究了等价类的数据约简问题,即利用给定的属性,在对象集中建立不可分辨的等价类,即完成聚类。我们面临的另一类问题是尽可能使条件属性集变小,并保留原有属性集的分类能力,这就是**属性约简**(**attribute reduction**)的问题。然而,计算等价类是容易的,求得最小约简子集(即在所有约简子集中具有最小集合势的约简子集)却是一个NP难题。事实上,这正是把粗集理论应用于实际的一个瓶颈问题。已经发展了一些启发式算法,除了属性集合很大的情况外,可以在能接受的时间范围内计算充分多的约简子集。

例题 3.2.6 考虑表3-2-3的决策表,$\mathcal{A}'=(U,\{$文凭,经历,外语,介绍人意见$\}\cup\{$决策$\})$,我们只考虑条件属性,即信息系统$\mathcal{A}=(U,\{$文凭,经历,外语,介绍人意见$\})$。为了简单起见,每个等价类只包含一个元。

表 3-2-3 招聘问题:一个不可约简的决策表

对象(U)	文凭(d)	经历(e)	外语(f)	介绍人意见(r)	决策(dc)
x_1	MBA	中	通过	很好	接收
x_2	MBA	低	通过	不明确	拒绝
x_3	MCE	低	通过	好	拒绝
x_4	MSc	高	通过	不明确	接收
x_5	MSc	中	通过	不明确	拒绝
x_6	MSc	高	通过	很好	接收
x_7	MBA	高	否	好	接收
x_8	MCE	低	否	很好	拒绝

注:MBA:工商硕士;MCE:土木工程硕士;MSc:硕士。

似乎有一个最小的属性集$\{e,r\}$,用它识别目标与利用全部属性集识别目标是一样的。不妨利用全部属性集和利用属性集$\{e,r\}$来建立不可分辨关系,二者结果是一样的。具有这种特性的最小属性集的结构马上就显现出来了。 □

定义 3.2.12 给定一个信息系统$\mathcal{A}=(U,A)$,它的一个**约简**(**reduct**)就是一个最小属性集$B\subseteq A$,使得$\mathrm{IND}_{\mathcal{A}}(B)=\mathrm{IND}_{\mathcal{A}}(A)$。

换句话说,一个约简集就是属性集A中能保留对总对象集合划分特性的最小属性集合。因此,约简集的分类能力与总属性集的分类能力相同。

定义 3.2.13 给定一个具有n个对象的信息系统$\mathcal{A}=(U,A)$,它的**可分辨矩阵**

(**discernibility matrix**)就是一个 $n\times n$ 阵 $\boldsymbol{C}=\{c_{ij}\}$，且

$$c_{ij}=\{a\in A: a(x_i)\neq a(x_j)\},\quad i,j=1,2,\cdots,n \tag{3-2-17}$$

其中每个元都由一组属性构成，取决于对象 x_i 与 x_j 属性的不同。

定义 3.2.14 给定信息系统$\mathcal{A}=(U,A)$，它的**可分辨函数** f_A 定义为 m 个 Boolean 变量 $a_1^*,a_2^*,\cdots,a_m^*$（相应于属性 $a_1,a_2,\cdots,a_m$）的 Boolean 函数，定义为

$$f_A(a_1^*,a_2^*,\cdots,a_m^*)=\wedge\{\vee c_{ij}^*: 1\leqslant j\leqslant i\leqslant n, c_{ij}\neq\varnothing\} \tag{3-2-18}$$

其中 $c_{ij}^*=\{a^*: a\in c_{ij}\}$；而$\wedge$表示逻辑“与”运算，$\vee$表示逻辑“或”运算。

注 f_A 的所有**主蕴涵**(**prime implicant**)构成的集合确定了$\mathcal{A}$的所有约简构成的集合。所谓 Boolean 函数 f 的一个蕴涵就是字符（变量或者其“非”）间的某种关联，使得在变量的任意值 v 条件下字符取值为“真”时，函数 f 在 v 条件下的取值也为“真”。主蕴涵就是最小的蕴涵。我们只对单调 Boolean 函数的蕴涵感兴趣，因为这些函数不是由“非”来确定。

例题 3.2.7 仍考虑表 3-2-3 的决策表所定义的信息系统$\mathcal{A}=(U,A)$，它的可分辨矩阵如表 3-2-4 所示。

表 3-2-4 可分辨矩阵 $\boldsymbol{C}=\{c_{ij}\}$

矩阵	$[x_1]$	$[x_2]$	$[x_3]$	$[x_4]$	$[x_5]$	$[x_6]$	$[x_7]$	$[x_8]$
$[x_1]$	$\varnothing$							
$[x_2]$	e,r	$\varnothing$						
$[x_3]$	d,e,r	d,r	$\varnothing$					
$[x_4]$	d,e,r	d,e	d,e,r	$\varnothing$				
$[x_5]$	d,r	d,e	d,e,r	e	$\varnothing$			
$[x_6]$	d,e	d,e,r	d,e,r	r	e,r	$\varnothing$		
$[x_7]$	e,f,r	e,f,r	d,e,f	d,f,r	d,e,f,r	d,f,r	$\varnothing$	
$[x_8]$	d,e,f	d,f,r	f,r	d,e,f,r	d,e,f,r	d,e,f	d,e,r	$\varnothing$

而可分辨函数是

$$\begin{aligned}f_A(d,e,f,r)=&(e\vee r)(d\vee e\vee r)(d\vee e\vee r)(d\vee r)(d\vee e)(e\vee f\vee r)\\&(d\vee e\vee f)(d\vee r)(d\vee e)(d\vee e)(d\vee e\vee r)(e\vee f\vee r)\\&(d\vee f\vee r)(d\vee e\vee r)(d\vee e\vee r)(d\vee e\vee r)(d\vee e\vee f)\\&(f\vee r)(e)(r)(d\vee f\vee r)(d\vee e\vee f\vee r)\\&(e\vee r)(d\vee e\vee f\vee r)(d\vee e\vee f\vee r)\\&(d\vee f\vee r)(d\vee e\vee f)\\&(d\vee e\vee r)\end{aligned}$$

其中每个字符相应于每个属性，而每个括号内就是 Boolean 表达式的联结；而“与”运算符号均省略。经过函数的简化计算，结果就是 $f_A(d,e,f,r)=er$（即 $e\wedge r$）。这与前述直观的约简结果是一致的。

注意，可分辨函数中的每一行相应于可分辨矩阵的每一列。而可分辨矩阵是一个对称阵，对角元为空集。于是，倒数第二行就意味着第六个对象（更确切地说是第六个等价

类)，可以根据文凭(d)、外语(f)和介绍人意见(r)中的任意一个属性与第七个对象进行识别；可以根据文凭(d)、经历(e)和外语(f)中的任意一个属性与第八个对象进行识别。 □

定义 3.2.15 如果在构造 Boolean 函数时，把 Boolean 变量的联结限制在可分辨矩阵中的 k 列，而不是所有的列，得到的函数称为 **k-相对可分辨函数**(**k-relative discernibility function**)；而由 k-相对可分辨函数得到的主蕴涵集就确定了$\mathcal{A}=(U,A)$的所有 **k-相对约简**(**k-relative reducts**)集。

这样的约简展现了由其他对象识别 $x_k \in U$(更确切地说是$[x_k]\subseteq U$)所需要的最小信息量。

利用上述概念，有监督学习问题(即分类结果已知的问题)就是求取决策 d 的值，这个值应当赋予新的对象，而这个对象的描述借助于条件属性。我们经常要求用来定义对象的属性集达到最小，例如，表 3-2-3 中出现了两个最小属性集{经历(e)，介绍人意见(r)}和{文凭(d)，经历(e)}，都唯一地定义了对象隶属的决策类。相应的可分辨函数是相对于决策的。现在给出这个概念的形式化描述。

定义 3.2.16 设决策系统$\mathcal{A}=(U,A\cup\{d\})$给定，映像 $d(U)=\{k: d(x)=k, x\in U\}$的势称为 d 的**秩**(**rank**)，记为 $r(d)$，此处假定决策 d 的值集为 $V_d=\{v_d^{(1)},v_d^{(2)},\cdots,v_d^{(r(d))}\}$。

相当多的决策系统中 d 的秩是 2，例如，表 3-2-3 中的决策属性中就是{是，否}或{接收，拒绝}。然而 d 的秩可以是任意自然数。例如，表 3-2-3 中的决策属性中可以是{接收，保留，拒绝}，则 d 的秩就成为 3。

定义 3.2.17 决策集 d 确定了对象集 U 的一个划分

$$\mathrm{CLASS}_{\mathcal{A}}=\{X_{\mathcal{A}}^{(1)},X_{\mathcal{A}}^{(2)},\cdots,X_{\mathcal{A}}^{(r(d))}\}$$

其中等价类 $X_{\mathcal{A}}^{(k)}=\{x\in U: d(x)=v_d^{(k)}\}, k=1,2,\cdots,r(d)$；这个划分被称为决策系统**按决策的对象分类**(**classification of objects determined by the decision**)；相应地称 $X_{\mathcal{A}}^{(k)}$ 为 **$\mathcal{A}$的第 k 个决策类**(**k-th decision class**)，且等价类 $X_{\mathcal{A}}(u)=\{x\in U: d(x)=d(u)\}$，$\forall u\in U$。

例题 3.2.8 考虑表 3-2-2 的决策表，有如下按决策的对象分类

$$\mathrm{CLASS}_{\mathcal{A}}=\{X_{\mathcal{A}}^{(是)},X_{\mathcal{A}}^{(否)}\},\quad X_{\mathcal{A}}^{(是)}=\{x_1,x_4,x_6\},\quad X_{\mathcal{A}}^{(否)}=\{x_2,x_3,x_5,x_7\}$$

再考虑表 3-2-3 的决策表所定义的决策系统，则有如下按决策的对象分类

$$\mathrm{CLASS}_{\mathcal{A}}=\{X_{\mathcal{A}}^{(收)},X_{\mathcal{A}}^{(拒)}\},\quad X_{\mathcal{A}}^{(收)}=\{x_1,x_4,x_6,x_7\},\quad X_{\mathcal{A}}^{(拒)}=\{x_2,x_3,x_5,x_8\}$$

□

定义 3.2.18 设$\{X_{\mathcal{A}}^{(1)},X_{\mathcal{A}}^{(2)},\cdots,X_{\mathcal{A}}^{(r(d))}\}$是决策系统$\mathcal{A}$的决策类，则集合

$$\underline{B}(X_{\mathcal{A}}^{(1)})\cup\underline{B}(X_{\mathcal{A}}^{(2)})\cup\cdots\cup\underline{B}(X_{\mathcal{A}}^{(r(d))})\tag{3-2-19}$$

称为是$\mathcal{A}$的 **B-正区域**(**B-positive region**)，记为$\mathrm{POS}_B(d)$。

例题 3.2.9 考虑决策表 3-2-2 所定义的决策系统$\mathcal{A}=(U,A\cup\{d\})$，则有如下结果：$\underline{A}(X_{\mathcal{A}}^{(是)})\cup\underline{A}(X_{\mathcal{A}}^{(否)})\neq U$，这是因为对于对象 x_3,x_4，决策并不唯一。再考虑决策表 3-2-3 所定义的决策系统$\mathcal{A}=(U,A\cup\{d\})$，则有 $\underline{A}(X_{\mathcal{A}}^{(收)})\cup\underline{A}(X_{\mathcal{A}}^{(拒)})=U$，因为此时所有的决策都是唯一的。 □

定义 3.2.19 决策系统的这一重要特性可以形式化描述如下：设$\mathcal{A}=(U,A\cup\{d\})$是一个决策系统，而$\mathcal{A}$中的**广义决策**(generalized decision)定义为函数$\partial_A: U\to P(V_d)$，而

$$\partial_A(x)=\{i: \exists x'\in U, \text{使得}(x,x')\in \mathrm{IND}(A), \text{且 } d(x)=i\} \tag{3-2-20}$$

决策系统$\mathcal{A}$称为是**相容的**(**确定性的**)，如果对任意 $x\in U$，总有$|\partial_A(x)|=1$；否则，决策系统$\mathcal{A}$称为是**不相容的**(**不确定性的**)。

容易看出，一个决策系统$\mathcal{A}$是相容的，当且仅当 $\mathrm{POS}_A(d)=U$。进而，对于任意一对非空集合 $B,B'\subseteq A$，如果$\partial_B=\partial_{B'}$，则 $\mathrm{POS}_B(d)=\mathrm{POS}_{B'}(d)$。

例题 3.2.10 考虑决策表 3-2-2 所定义的决策系统$\mathcal{A}=(U,A\cup\{d\})$，其 **A**-正区域是$U$ 的一个子集；而表 3-2-3 所定义的决策系统$\mathcal{A}=(U,A\cup\{d\})$，其 **A**-正区域是整个$U$。前者是非确定性的，而后者是确定性的。 □

前面我们已经引入了 k-相对可分辨函数的概念，因为决策属性是如此重要，对此引入专门的定义是非常有用的。

定义 3.2.20 设$\mathcal{A}=(U,A\cup\{d\})$是一个相容的决策系统，而$\boldsymbol{M}(\mathcal{A})=\{c_{ij}\}$是其可分辨矩阵，构造一个新的矩阵

$$\boldsymbol{M}^d(\mathcal{A})=\{c_{ij}^d\} \tag{3-2-21}$$

并假定

$$c_{ij}^d=\begin{cases}\varnothing, & d(x_i)=d(x_j)\\ c_{ij}-\{d\}, & \text{其他}\end{cases} \tag{3-2-22}$$

矩阵 $\boldsymbol{M}^d(\mathcal{A})$称为系统$\mathcal{A}$的**决策相对可分辨矩阵**(**decision-relative discernibility matrix**)。与由可分辨矩阵构造可分辨函数相类似，可以由决策相对可分辨矩阵构造**决策相对可分辨函数**(**decision-relative discernibility function**)$f_M^d(\mathcal{A})$。

有关文献已经证明，$f_M^d(\mathcal{A})$的主蕴涵定义了$\mathcal{A}$的所有**决策相对约简**(**decision-relative reducts**)的集合。

例题 3.2.11 仍考虑表 3-2-3 所示的决策，重排后如表 3-2-5 所示。该表用来说明如何构造$\mathcal{A}$的决策相对可分辨矩阵和决策相对可分辨函数。为方便起见，把所有接收的行重排在上部，而所有拒绝的行重排在下部。

表 3-2-5 重排的决策表

对象	文凭	经历	外语	介绍人意见	决策
x_1	MBA	中	通过	很好	接收
x_4	MSc	高	通过	不明确	接收
x_6	MSc	高	通过	很好	接收
x_7	MBA	高	否	好	接收
x_2	MBA	低	通过	不明确	拒绝
x_3	MCE	低	通过	好	拒绝
x_5	MSc	中	通过	不明确	拒绝
x_8	MCE	低	否	很好	拒绝

由这个决策相对可分辨矩阵得到的简化决策相对可分辨函数是 $f_M^d(\mathcal{A})=ed\vee er$。

由决策相对可分辨矩阵的定义知,选择其中的一个列,如相应于$[x_1]$的列,简化并给出最小函数,以识别$[x_1]$所属的决策类。例如,第一列给出了 Boolean 函数是:$(e \vee r)(d \vee e \vee r)(d \vee r)(d \vee e \vee f)$,经化简后变为$ed \vee rd \vee re \vee rf$。读者可以检验:"如果介绍人意见是很好,外语是通过,则接收",这就是x_1的情况;其实,对于别的对象,如x_6也是同样情况。

相应的决策相对可分辨矩阵示于表3-2-6,这是一个对称矩阵,其中对角元素为空集,而所有决策相同的元素也是空集。

表 3-2-6　决策相对可分辨矩阵

矩阵	$[x_1]$	$[x_4]$	$[x_6]$	$[x_7]$	$[x_2]$	$[x_3]$	$[x_5]$	$[x_8]$
$[x_1]$	∅							
$[x_4]$	∅	∅						
$[x_6]$	∅	∅	∅					
$[x_7]$	∅	∅	∅	∅				
$[x_2]$	e,r	d,e	d,e,r	e,f,r	∅			
$[x_3]$	d,e,r	d,e,r	d,e,r	d,e,f	∅	∅		
$[x_5]$	d,r	e	e,r	d,e,f,r	∅	∅	∅	
$[x_8]$	d,e,f	d,e,f,r	d,e,f	d,e,r	∅	∅	∅	∅

□

3.2.5　粗糙隶属度

定义 3.2.21　一个具有特征函数的集合称为**明晰集**(**crisp set**),即U是对象集合(或论域),$S \subseteq U$是子集,$\chi_S: U \to \{0,1\}$是**特征函数**(**characteristic function**),则

$$\chi_S(x) = \begin{cases} 1, & x \in S \\ 0, & x \notin S \end{cases} \tag{3-2-23}$$

模糊集(**fuzzy set**)的概念是用**隶属度函数**(**membership function**)代替了特征函数,即$m_S: U \to [0,1]$是隶属度函数,而

$$m_S(x) = \alpha, \quad 0 \leqslant \alpha \leqslant 1, \quad \forall x \in U \tag{3-2-24}$$

明晰集用于正规地表征一个概念,具有清晰的边界,因此并不反映隶属的不确定性。模糊集是对明晰集的推广,这一概念已经成功地得到应用。

模糊集合可以进行明晰特征化。

定义 3.2.22　设$S \subseteq U$的支持集定义为

$$\text{support}_U(S) = \{x \in U: m_S(x) > 0\} \tag{3-2-25}$$

又设$A, B \subseteq U$是模糊集合,其包含关系定义为

$$A \subseteq B \quad \text{iff} \quad m_A(x) \leqslant m_B(x), \quad \forall x \in U \tag{3-2-26}$$

(式中 iff 表示"当且仅当")而模糊集合的其他运算定义为

$$\text{并运算}: m_{A \cup B}(x) = \max\{m_A(x), m_B(x)\} \tag{3-2-27}$$

$$\text{交运算}:m_{A\cap B}(x)=\min\{m_A(x),m_B(x)\} \tag{3-2-28}$$

$$\text{补运算}:m_{U-A}(x)=1-m_A(x) \tag{3-2-29}$$

定义 3.2.23 模糊集合 X 和 Y 之间的**模糊关系(fuzzy relation)**R 定义为笛卡儿空间 $X\times Y$ 中的一个模糊集合,即

$$m_R:X\times Y\to[0,1] \tag{3-2-30}$$

是 x 和 y 在 R 中关系的隶属度。

定义 3.2.24 $X\times Y$ 中的模糊关系 R 和 $Y\times Z$ 中的模糊关系 S,合成为 $X\times Z$ 中的**复合模糊关系(composition fuzzy relation)**$R\circ S$,定义为

$$m_{R\circ S}(x,z)\triangleq\max_{y\in Y}\{\min[m_R(x,y),m_S(y,z)]\} \tag{3-2-31}$$

例题 3.2.12 考虑图 3-2-3 给出的模糊关系,表 3-2-7 描述了关系 R,表 3-2-8 描述了关系 S;图 3-2-3(a)表示两个模糊关系,图 3-2-3(b)表示复合的模糊关系。表 3-2-9～表 3-2-12 分别给出了复合计算过程。

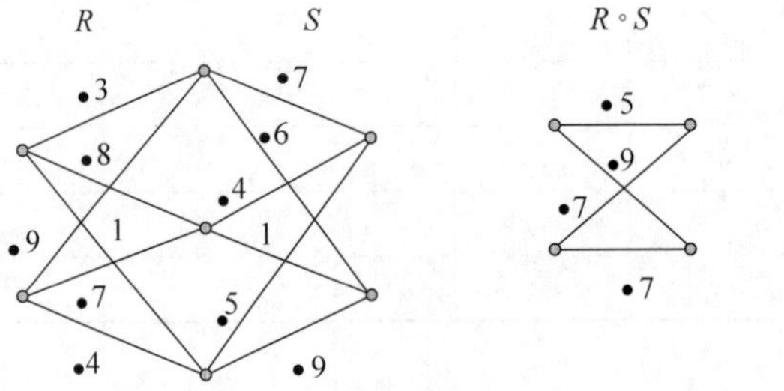

(a) 模糊关系R, S　　(b) 复合模糊关系$R\circ S$

图 3-2-3 模糊关系的复合

表 3-2-7～表 3-2-12 给出了运算结果。

表 3-2-7 关系 R

m_R		y		
		1	2	3
x	1	0.3	0.8	1
	2	0.9	0.7	0.4

表 3-2-8 关系 S

m_S		z	
		1	2
y	1	0.7	0.6
	2	0.4	1
	3	0.5	0.9

表 3-2-9 复合计算过程 1

$\max_y\{\min[m_R(x,y),m_S(y,z)]\},x=1,z=1$

y	$m_R(1,y)$	$m_S(y,1)$	min
1	0.3	0.7	0.3
2	0.8	0.4	0.4
3	1	0.5	0.5
max			0.5

表 3-2-10 复合计算过程 2

$\max_y\{\min[m_R(x,y),m_S(y,z)]\},x=1,z=2$

y	$m_R(1,y)$	$m_S(y,2)$	min
1	0.3	0.6	0.3
2	0.8	1	0.8
3	1	0.9	0.9
max			0.9

表 3-2-11　复合计算过程 3

$\max_{y}\{\min[m_R(x,y),m_S(y,z)]\}, x=2, z=1$

y	$m_R(2,y)$	$m_S(y,1)$	min
1	0.9	0.7	0.7
2	0.7	0.4	0.4
3	0.4	0.5	0.4
max			0.7

表 3-2-12　复合计算过程 4

$\max_{y}\{\min[m_R(x,y),m_S(y,z)]\}, x=2, z=2$

y	$m_R(2,y)$	$m_S(y,2)$	min
1	0.9	0.6	0.6
2	0.7	1	0.7
3	0.4	0.9	0.4
max			0.7

□

定义 3.2.25　设$U=\{x_1,x_2,\cdots,x_n\}$是论域，p 是概率密度，A 是U中的模糊集(事件)，则**模糊事件的概率**(**probabilities of fuzzy events**)定义为

$$P(A)=\sum_{i=1}^{n} m_A(x_i)p(x_i) \tag{3-2-32}$$

其中 $m_A(x_i)$是隶属度。

定义 3.2.26　对论域 U 中的模糊集合 A 寻求一个单值来表示，就是**去模糊化**(**defuzzyfication**)，常用的方法有两个：

(1) 最大化法：

$$\hat{x}=\underset{x\in U}{\arg\max}\, m_A(x) \tag{3-2-33}$$

(2) 求重心法：

$$\hat{x}=\frac{\sum_{i=1}^{n} x_i m_A(x_i)}{\sum_{i=1}^{n} m_A(x_i)} \tag{3-2-34}$$

定义 3.2.27　A 是论域U中的一个模糊集合，其**α-截取**(**alpha cuts**)定义为

$$A_\alpha \triangleq \{x\in U: m_A(x)\geqslant \alpha\} \tag{3-2-35}$$

其**强α-截取**(**strong alpha cuts**)定义为

$$A_\alpha \triangleq \{x\in U: m_A(x)> \alpha\} \tag{3-2-36}$$

A 的α-截取是明晰集。

定义 3.2.28　设$\mathcal{A}=(U,A)$是一个信息系统，$B\subseteq A$，$X\subseteq U$，**粗糙隶属函数**(**rough membership function**)定义为集合 X 与包含 x 的等价类$[x]_B$之间**相对交迭度**(**degree of relative overlap**)的一种定量化描述，即

$$\mu_X^B: U\to[0,1],\quad 且\quad \mu_X^B=\frac{|[x]_B\cap X|}{|[x]_B|} \tag{3-2-37}$$

粗糙隶属度函数可以解释为给定 x 关于属性B的信息$u=\mathrm{Inf}_B(x)$的前提下，x 属于X的条件概率$P(x\in X|u)$的频度估计。

3.2.6　广义粗集

等价关系是 Pawlak 经典粗集模型的一个关键概念，但等价关系的要求对众多应用

来讲太过严格，从而大大限制了粗集理论的推广应用。因此，粗集理论研究的一个重要方向便是建立关于非等价关系的广义粗集[5-8]模型，为此，许多学者做了大量工作，必须对一般关系下的粗集模型进行扩充。

定义 3.2.29 设$(U,A\cup\{d\})$是一个决策系统，集合U上关于条件属性A的**容差关系**定义为

$$\tau_A^{\varepsilon}\triangleq\{(u,v)\in U\times U:\rho_A(u,v)\leqslant\varepsilon\} \tag{3-2-38}$$

其中$\rho_A:U\times U\to\mathbb{R}^+$是相对于条件属性集$A$的对象间距离，$\varepsilon$是一个阈值，则称$(U,A\cup\{d\},\tau_A^{\varepsilon})$为**广义粗集模型**。

类似地，考虑A的子集B，条件属性子集B上的容差关系定义为

$$\tau_B^{\varepsilon}=\{(u,v)\in U\times U:\rho_B(u,v)\leqslant\varepsilon\} \tag{3-2-39}$$

其中距离函数定义为$\rho_B(u,v)\triangleq\max\limits_{a\in B}\{\mathrm{dist}(a(u),a(v))\}$，其中$\rho_B:U\times U\to\mathbb{R}^+$是相对于条件属性集$B$的对象间距离；而$\mathrm{dist}:V_a\times V_a\to\mathbb{R}^+$是相对属性$a\in B$的值集上的距离函数。

注 广义粗集不是粗集，因为容差关系不是等价关系，它虽然满足二元关系的自返性和对称性，但不满足传递性！也就是说，$(u,v),(v,w)\in\tau_A^{\varepsilon}$，但不能推出$(u,w)\in\tau_A^{\varepsilon}$。

类似地，求得一个信息系统的**广义属性约简**就是寻找一个最小属性集合，使得它对所有对象的广义分类能力等同于原来属性集合的广义分类能力。

这仍然是一个难以求解的问题。

3.3 证据理论基础

证据理论是由 Dempster 和 Shafer 于 20 世纪 60 年代末和 70 年代初建立的一套数学理论，是对概率论的进一步扩充，适合于专家系统、人工智能、模式识别和系统决策等领域的实际问题。

3.3.1 概述

例题 3.3.1 设某甲有两个硬币，一个是正常的正反面硬币，另一个是两面都是正面的错币。他投掷硬币 10 次，每次都出现的是"正面"，问下一次投掷出现正面的概率是多大？我们可以按照古典概率来计算：

P(正面)=0.5——如果某甲持正常硬币；

P(正面)=1.0——如果某甲持错误硬币。

我们缺少的正是某甲持哪个硬币的"证据"。

首先我们考虑用 Bayes 方法来解决。假设某甲持错误硬币的先验概率是α，则N次投掷出现正面后持错误硬币的后验概率是

$$P(\text{错误硬币}\mid N\text{ 次出现正面})=\frac{2^N\alpha}{2^N\alpha+(1-\alpha)}$$

显然随着N的增大，这个后验概率很快趋于 1。但是，这个先验概率如何得到？是否有

其他方法无须给出先验概率，而凭直觉能获得这个硬币是“错币”的证据？ □

以前处理类似问题只能利用概率论中事件概率的框架，而现在某些感兴趣的因素却不能用概率的方法来处理。

事实上，有关证据问题在哲学文献里已经做过很深入的研究，而证据在本质上就是基于观测对不同的假设赋予权值的一种方法。根据有关证据的定义，我们简单地给出如下解释：

(1) 能够处理任意数量的假设；

(2) 能够把证据的权值解释为一种函数，而这个函数把假设的先验概率空间，映射到基于观测的假设后验概率空间。

3.3.2 mass 函数、信度函数与似真度函数

定义 3.3.1 设$\mathcal{H}$表示某个有限集合，称为**假设空间**，这是一个完备的、元素间相互不交的空间；又假定$\mathcal{O}$表示**观测空间**，或称为试验结果集合。对于给定的假设 $h\in\mathcal{H}$，μ_h 是观测空间$\mathcal{O}$上的概率，而**证据空间**定义为

$$\mathcal{E}\triangleq\{\mathcal{H},\mathcal{O},\mu_{h_1},\mu_{h_2},\cdots,\mu_{h_n}\} \tag{3-3-1}$$

其中 $n\in\mathbb{N}$ 是$\mathcal{H}$中假设的个数。

例题 3.3.2 在例题 3.3.1 中，$\mathcal{H}=\{h_1=\{$正常硬币$\},h_2=\{$错误硬币$\}\}$，而$\mathcal{O}=\{z:z=\{$观测 1，观测 2，…，观测 10$\}\}$。

设 $z_1=\{$观测 1$=\{$正面$\}$，观测 2$=\{$正面$\}$，…，观测 10$=\{$正面$\}\}$是一个具体的观测，则

$$\mu_{h_1}(z_1)=\frac{1}{2^{10}},\quad \mu_{h_2}(z_1)=1$$ □

给定假设 $h\in\mathcal{H}$，以及观测 $z\in\mathcal{O}$，在证据空间中权值为

$$w(z,h)=\frac{\mu_h(z)}{\mu_{h_1}(z)+\cdots+\mu_{h_n}(z)} \tag{3-3-2}$$

注意，不失一般性，考察 h_1 和 h_2 的情况，有 $w(z,h_1)/w(z,h_2)=\mu_{h_1}(z)/\mu_{h_2}(z)$。

所以，给定 $h\in\mathcal{H}$，观测 z 的权值就是其相对概率，而且 $w(z,h)\in[0,1]$；对于给定的 $z\in\mathcal{O}$，$w(z,\cdot)$就是$\mathcal{H}$上的一个概率测度。但是，这却不是一个频度或似然。例如，在例题 3.3.2 中，$w(z_1,h_2)=1/(1+1/2^{10})=2^{10}/(2^{10}+1)$。

定义 3.3.2 设$\mathcal{H}$表示某个有限集合，称为假设空间；又假定$\mathcal{P}(\mathcal{H})$表示$\mathcal{H}$的所有子集构成的集类(称为$\mathcal{H}$的幂集)，**映射 m**：$\mathcal{P}(\mathcal{H})\to[0,1]$称为一个**基本概率赋值**(**basic propability assignment，BPA**)或 **mass 函数**，如果

$$m(\varnothing)=0;\quad \sum_{A\subseteq\mathcal{H}}m(A)=1 \tag{3-3-3}$$

那么 mass 函数实际上就是对各种假设的评价权值。但是，基本概率赋值不是概率，因为不满足可列可加性。也就是说，如果 $A,B,C\subseteq\mathcal{H}$，且 $A=B\cup C$，$B\cap C=\varnothing$，但是 $m(A)=m(B)+m(C)$却不必成立。

例题 3.3.3 设有两个医生给同一病人诊断疾病，甲医生认为 0.9 的可能性是感冒，

0.1的可能性是说不清楚的病症；乙医生认为0.2的可能性不是感冒，0.8的可能性是说不清的病症。于是，假设空间是$\mathcal{H}=\{h,\bar{h}\}$，其中$h$表示诊断为感冒，$\bar{h}$表示诊断为不是感冒；$\mathcal{P}(\mathcal{H})=\{\varnothing,\{h\},\{\bar{h}\},\mathcal{H}\}$，其中$\varnothing$表示不可能事件："既是感冒，又不是感冒"，而$\mathcal{H}$表示事件："可能是感冒，又可能不是感冒"。从而可以构造所谓mass函数：

$m_1(h)=0.9$，表示甲医生认为是感冒的可能性；

$m_1(\mathcal{H})=0.1$，表示甲医生认为是说不清楚何种病症的可能性；

$m_2(\bar{h})=0.2$，表示乙医生认为不是感冒的可能性；

$m_2(\mathcal{H})=0.8$，表示乙医生认为是说不清楚何种病症的可能性。

问题是判定患者是感冒的可能性究竟有多大，或者判定这种可能性落在什么范围内。注意$\mathcal{H}=\{h\}\cup\{\bar{h}\}$，且$\{h\}\cap\{\bar{h}\}=\varnothing$，但

$$m_1(\mathcal{H})\neq m_1(\{h\})+m_1(\{\bar{h}\})$$

□

定义 3.3.3 设$\mathcal{H}$表示某个有限集合，$\mathcal{P}(\mathcal{H})$表示$\mathcal{H}$的所有子集构成的集类，映射$Bel:\mathcal{P}(\mathcal{H})\to[0,1]$称为**信度函数（belief function）**，如果：

(1) $Bel(\varnothing)=0$；$Bel(\mathcal{H})=1$； (3-3-4)

(2) 对$\mathcal{H}$中的任意子集$A_1,A_2,\cdots,A_n$有

$$Bel\left(\bigcup_{i=1}^{n}A_i\right)\geqslant\sum_{\substack{I\subseteq\{1,2,\cdots,n\}\\ I\neq\varnothing}}(-1)^{|I|+1}Bel\left(\bigcap_{i\in I}A_i\right)\tag{3-3-5}$$

式中$|I|$表示集合I中元素的个数。

这说明信度函数表示对假设的信任程度估计的下限（悲观估计）。假定仅对$\mathcal{H}$中的任意两个子集A_1,A_2有

$$Bel(A_1\cup A_2)\geqslant Bel(A_1)+Bel(A_2)-Bel(A_1\cap A_2)\tag{3-3-6}$$

则称$Bel:\mathcal{P}(\mathcal{H})\to[0,1]$为**弱信度函数（weak belief function）**。

定义 3.3.4 设$\mathcal{H}$表示某个有限集合，$\mathcal{P}(\mathcal{H})$表示$\mathcal{H}$的所有子集构成的集类，映射$Pl:\mathcal{P}(\mathcal{H})\to[0,1]$称为**似真度函数（plausibility function）**，如果

(1) $Pl(\varnothing)=0$；$Pl(\mathcal{H})=1$； (3-3-7)

(2) 对$\mathcal{H}$中的任意子集$A_1,A_2,\cdots,A_n$有

$$Pl\left(\bigcap_{i=1}^{n}A_i\right)\leqslant\sum_{\substack{I\subseteq\{1,2,\cdots,n\}\\ I\neq\varnothing}}(-1)^{|I|+1}Pl\left(\bigcup_{i\in I}A_i\right)\tag{3-3-8}$$

式中$|I|$表示集合I中元素的个数。

这说明似真度函数表示对假设的信任程度估计的上限（乐观估计）。假定仅对X中的任意两个子集A_1,A_2有

$$Pl(A_1\cap A_2)\leqslant Pl(A_1)+Pl(A_2)-Pl(A_1\cup A_2)\tag{3-3-9}$$

则称$Pl:\mathcal{P}(\mathcal{H})\to[0,1]$为**弱似真度函数（weak plausibility function）**。

例题 3.3.4 仍考虑诊断问题，假定先验知识告诉我们病人的疾病只有三种可能性h_1,h_2,h_3，构成基本假设空间$\mathcal{H}=\{h_1,h_2,h_3\}$，于是事件空间为

$$\mathcal{P}(\mathcal{H})=\{\varnothing,\{h_1\},\{h_2\},\{h_3\},\{h_1,h_2\},\{h_1,h_3\},\{h_2,h_3\},\{h_1,h_2,h_3\}\}$$

而三个医生分别按自己的诊断为上述事件空间给出了三个不同的概率P_1,P_2,P_3，它们

满足

$$\begin{cases}P_1(\{h_1\})=0.5, & P_1(\{h_2\})=0, & P_1(\{h_3\})=0.5\\ P_2(\{h_1\})=0.5, & P_2(\{h_2\})=0.5, & P_2(\{h_3\})=0\\ P_3(\{h_1\})=0, & P_3(\{h_2\})=0.5, & P_3(\{h_3\})=0.5\end{cases}$$

按概率公式,可计算得到

$$\begin{cases}P_1(\{h_1,h_2\})=0.5, & P_1(\{h_1,h_3\})=1, & P_1(\{h_2,h_3\})=0.5\\ P_2(\{h_1,h_2\})=1, & P_2(\{h_1,h_3\})=0.5, & P_2(\{h_2,h_3\})=0.5\\ P_3(\{h_1,h_2\})=0.5, & P_3(\{h_1,h_3\})=0.5, & P_3(\{h_2,h_3\})=1\end{cases}$$

$$\begin{cases}P_1(\varnothing)=P_2(\varnothing)=P_3(\varnothing)=0\\ P_1(\mathcal{H})=P_2(\mathcal{H})=P_3(\mathcal{H})=1\end{cases}$$

对于任意事件 $A\in\mathcal{P}(\mathcal{H})$,其**概率下界**和**概率上界**分别定义为

$$P_*(A)=\min_i\{P_i(A):i=1,2,3\},\quad P^*(A)=\max_i\{P_i(A):i=1,2,3\}$$

于是:

$$P_*(\{h_1\})=P_*(\{h_2\})=P_*(\{h_3\})=0$$

$$P_*(\{h_1,h_2\})=P_*(\{h_2,h_3\})=P_*(\{h_1,h_3\})=0.5$$

$$P_*(\mathcal{H})=1,P_*(\varnothing)=0$$

$$P^*(\{h_1\})=P^*(\{h_2\})=P^*(\{h_3\})=0.5$$

$$P^*(\{h_1,h_2\})=P^*(\{h_2,h_3\})=P^*(\{h_1,h_3\})=1$$

$$P^*(\mathcal{H})=1,P^*(\varnothing)=0$$

这就是概率下界和概率上界。显然,概率下界和概率上界具有如下性质:

(1) $P_*(\varnothing)=P^*(\varnothing)=0$; $P_*(\mathcal{H})=P^*(\mathcal{H})=1$

(2) $0\leqslant P_*(A)\leqslant P^*(A)\leqslant 1,\forall A\in\mathcal{P}(\mathcal{H})$

(3) $P^*(A)=1-P_*(A^c),\forall A\in P(\mathcal{H})$(其中 $A^c=\mathcal{H}-A$)

(4) $P_*(A)+P_*(B)\leqslant P_*(A\cup B)\leqslant P_*(A)+P^*(B)\leqslant P^*(A\cup B)\leqslant P^*(A)+P_*(B),\forall A,B\in\mathcal{P}(\mathcal{H}),A\cap B=\varnothing$

概率下界和概率上界虽然满足有界性,但一般不再满足可加性。

显然,因为 $P_*(A\cap B)\geqslant 0$,所以有

$$P_*(A\cup B)\geqslant P_*(A)+P_*(B)-P_*(A\cap B),\quad \forall A,B\in\mathcal{P}(\mathcal{H}) \tag{3-3-10}$$

从而 P_* 是弱信度函数。

同样地,因为

$$\begin{aligned}P^*(A\cap B)&=1-P_*(A^c\cup B^c)\leqslant 1-P_*(A^c)-P_*(B^c)+P_*(A^c\cap B^c)\\&=1-P_*(A^c)+1-P_*(B^c)-1+P_*(A^c\cap B^c)\\&=P^*(A)+P^*(B)-P^*(A\cup B)\end{aligned} \tag{3-3-11}$$

从而 P^* 是弱似真度函数。令 $A_1=\{h_1\},A_2=\{h_2\},A_3=\{h_3\}$,而

$$P^*(A_1\cap A_2\cap A_3)=P^*(\varnothing)=0$$

从而有

$$P^*(A_1)+P^*(A_2)+P^*(A_3)-P^*(A_1\cup A_2)-P^*(A_2\cup A_3)-P^*(A_1\cup A_3)+$$
$$P^*(A_1\cup A_2\cup A_3)=0.5+0.5+0.5-1-1-1+1=-0.5$$

所以式(3-3-8)不成立，从而 P^* 不是似真度函数。 □

定理 3.3.1 设$\mathcal{H}$表示某个有限集合，Bel 和 Pl 分别表示$\mathcal{H}$上的信度函数和似真度函数，则有

$$Pl(A)=1-Bel(A^c) \tag{3-3-12}$$

$$Bel(A)=1-Pl(A^c) \tag{3-3-13}$$

证明 由定义及集合并交运算可证。 ■

定理 3.3.2 设 m、Bel 和 Pl 分别是$\mathcal{H}$上的 mass 函数、信度函数和似真度函数，则对任意 $A\in\mathcal{P}(\mathcal{H})$有

$$Bel(A)=\sum_{D\subseteq A}m(D) \tag{3-3-14}$$

$$Pl(A)=\sum_{D\cap A\neq\varnothing}m(D) \tag{3-3-15}$$

且 $Bel(A)\leqslant Pl(A)$。

证明 根据 mass 函数定义知，$Bel(\varnothing)=m(\varnothing)=0$，$Bel(\mathcal{H})=\sum\limits_{A\subseteq\mathcal{H}}m(A)=1$，而且对任意 $A\in\mathcal{P}(\mathcal{H})$有 $Bel(A)\geqslant 0$，且根据信度函数的定义知

$$1=Bel(\mathcal{H})=Bel(A\cup A^c)\geqslant Bel(A)+Bel(A^c)$$

从而 $Bel(A)\leqslant 1-Bel(A^c)\leqslant 1$。对于 $D\subseteq\mathcal{H}$，设 $A_1,A_2,\cdots,A_n$ 是$\mathcal{H}$中的任意子集，记 $I(D)=\{1,2,\cdots,n\}\cap\{i: D\subseteq A_i\}$，显然 $I(D)\neq\varnothing\Leftrightarrow\exists i\in\{1,2,\cdots,n\}$，使得 $D\subseteq A_i$，而

$$D\subseteq\bigcap_{i\in I}A_i\Leftrightarrow I\subseteq I(D)$$

于是，

$$\begin{aligned}\sum_{\substack{I\subseteq\{1,2,\cdots,n\}\\ I\neq\varnothing}}(-1)^{|I|+1}Bel\Big(\bigcap_{i\in I}A_i\Big)&=\sum_{\substack{I\subseteq\{1,2,\cdots,n\}\\ I\neq\varnothing}}(-1)^{|I|+1}\Big[\sum_{I\subseteq I(D),I(D)\neq\varnothing}m(D)\Big]\\&=\sum_{I(D)\neq\varnothing}m(D)\Big[\sum_{I(D)\neq\varnothing,I\subseteq I(D)}(-1)^{|I|+1}\Big]=\sum_{I(D)\neq\varnothing}m(D)\\&\leqslant\sum\Big\{m(D): D\subseteq\bigcup_{i=1}^{n}A_i\Big\}=Bel\Big(\bigcup_{i=1}^{n}A_i\Big)\end{aligned}$$

所以 Bel 是信度函数。由 $Pl(A)=1-Bel(A^c)$即可知 Pl 是似真度函数。 ■

定义 3.3.5 设$\mathcal{H}$是有限集合，Bel 和 Pl 分别是定义在$\mathcal{P}(\mathcal{H})$上的信度函数和似真度函数，对于任意 $A\in\mathcal{P}(\mathcal{H})$，其**信度区间**(**belief interval**)定义为

$$[Bel(A),Pl(A)]\subseteq[0,1] \tag{3-3-16}$$

信度区间表示事件发生的下限估计到上限估计的可能范围。

定理 3.3.3 设 $z_1,z_2,\cdots,z_l\in\mathcal{O}$为 l 个互斥且完备的观测，即 $\mu(z_i)$表示 z_i 发生的概率，满足 $z_i\cap z_j=\varnothing$，$\forall i\neq j$ 且 $\sum\limits_{i=1}^{l}\mu(z_i)=1$；对于每个 $z_i\in\mathcal{O}$，当 $m(\cdot|z_i)$，$Bel(\cdot|z_i)$，$Pl(\cdot|z_i)$分别是$\mathcal{H}$上的 mass 函数、信度函数和似真度函数时，则

$$m(A)=\sum_{i=1}^{l}m(A\mid z_i)\mu(z_i) \tag{3-3-17}$$

$$Bel(A)=\sum_{i=1}^{l}Bel(A\mid z_i)\mu(z_i) \tag{3-3-18}$$

$$Pl(A)=\sum_{i=1}^{l}Pl(A\mid z_i)\mu(z_i) \tag{3-3-19}$$

仍分别是$\mathcal{H}$上的 mass 函数、信度函数和似真度函数。

证明 容易证明 $m(\varnothing)=0$，而且

$$\sum_{A\subseteq\mathcal{H}}m(A)=\sum_{A\subseteq\mathcal{H}}\sum_{i=1}^{l}m(A\mid z_i)\mu(z_i)=\sum_{i=1}^{l}\mu(z_i)\sum_{A\subseteq\mathcal{H}}m(A\mid z_i)=1$$

从而 m 是 mass 函数。同理可证信度函数和似真度函数。 ■

例题 3.3.5 设某工厂要为某设备的故障 A 的发生率 $m(A)$做出判断。而根据统计，各指标分类等级发生的概率分别为 $\mu(z_1)=0.1$，$\mu(z_2)=0.15$，$\mu(z_3)=0.3$，$\mu(z_4)=0.25$，$\mu(z_5)=0.2$。已经知道在各检验指标 z 分类等级条件下故障 A 的发生率分别为：

(1) $m(A|z_1)=0.03$，z_1 表示严重超标；$m(A|z_2)=0.025$，z_2 表示超标；

(2) $m(A|z_3)=0.01$，z_3 表示轻微超标；$m(A|z_4)=0.005$，z_4 表示良好；

(3) $m(A|z_5)=0.001$，z_5 表示优良。

于是，故障 A 的发生率为

$$m(A)=0.03\times0.1+0.025\times0.15+0.01\times0.3+0.005\times0.25+0.001\times0.2=0.0112$$ □

3.3.3 Dempster 公式

定理 3.3.4(Dempster 公式) 设 m_1,m_2 是$\mathcal{H}$上的两个 mass 函数，则

$$m(\varnothing)=0$$

$$m(A)=\frac{1}{N}\sum_{E\cap F=A}m_1(E)m_2(F),\quad A\neq\varnothing \tag{3-3-20}$$

是 mass 函数，其中

$$N=\sum_{E\cap F\neq\varnothing}m_1(E)m_2(F)>0 \tag{3-3-21}$$

为归一化系数。

证明 $m(\varnothing)=0$ 已经给定，只需证明 $\sum_{A\subseteq\mathcal{H}}m(A)=1$。而

$$\sum_{A\subseteq\mathcal{H}}m(A)=m(\varnothing)+\sum_{A\subseteq\mathcal{H},A\neq\varnothing}m(A)=\sum_{A\subseteq\mathcal{H},A\neq\varnothing}\frac{1}{N}\sum_{E\cap F=A}m_1(E)\cdot m_2(F)$$

$$=\frac{1}{N}\sum_{E\cap F\neq\varnothing}m_1(E)\cdot m_2(F)=\frac{1}{N}N=1$$

从而 m 是 mass 函数。 ■

设 m_1,m_2 是$\mathcal{H}$上的两个 mass 函数，而 m 是其合成的 mass 函数，一般记为

$$m=m_1\oplus m_2 \tag{3-3-22}$$

合成公式满足结合律和交换律。

一般情况下，如果$\mathcal{H}$上有 n 个 mass 函数 $m_1, m_2, \cdots, m_n$，如果

$$N = \sum_{\bigcap_{i=1}^{n} E_i \neq \varnothing} \prod_{i=1}^{n} m_i(E_i) > 0 \tag{3-3-23}$$

则有如下合成公式：

$$m(A) = (m_1 \oplus \cdots \oplus m_n)(A) = \frac{1}{N} \sum_{\bigcap_{i=1}^{n} E_i = A} \prod_{i=1}^{n} m_i(E_i) \tag{3-3-24}$$

如果 $N=0$，则所得 mass 函数存在矛盾。

例题 3.3.6 在例题 3.3.3 中，求两个医生诊断的 mass 函数，以及相应的信度函数和似真度函数。此时

$$\begin{aligned} N &= \sum_{E \cap F \neq \varnothing} m_1(E) \cdot m_2(F) = m_1(h) m_2(\mathcal{H}) + m_1(\mathcal{H}) m_2(\bar{h}) + m_1(\mathcal{H}) m_2(\mathcal{H}) \\ &= 0.9 \times 0.8 + 0.1 \times 0.2 + 0.1 \times 0.8 = 0.82 \end{aligned}$$

所以

$$m(h) = \frac{1}{0.82} m_1(h) m_2(\mathcal{H}) = \frac{0.9 \times 0.8}{0.82} = \frac{36}{41}$$

$$m(\bar{h}) = \frac{1}{0.82} m_1(\mathcal{H}) m_2(\bar{h}) = \frac{0.1 \times 0.2}{0.82} = \frac{1}{41}$$

$$m(\mathcal{H}) = \frac{1}{0.82} m_1(\mathcal{H}) m_2(\mathcal{H}) = \frac{0.1 \times 0.8}{0.82} = \frac{4}{41}$$

这就是得到的 mass 函数。而按式(3-3-15)和式(3-3-16)，则 h 和 $\bar{h}$ 的信度函数与似真度函数分别为

$$Bel(h) = \sum_{D \subseteq h} m(D) = m(h) = \frac{36}{41}$$

$$Pl(h) = \sum_{D \cap h \neq \varnothing} m(D) = m(h) + m(\mathcal{H}) = \frac{36+4}{41} = \frac{40}{41}$$

$$Bel(\bar{h}) = \sum_{D \subseteq \bar{h}} m(D) = m(\bar{h}) = \frac{1}{41}$$

$$Pl(\bar{h}) = \sum_{D \cap \bar{h} \neq \varnothing} m(D) = m(\bar{h}) + m(\mathcal{H}) = \frac{1+4}{41} = \frac{5}{41}$$

所以 h 的信度区间为 $\left[\frac{36}{41}, \frac{40}{41}\right]$，而 $\bar{h}$ 的信度区间为 $\left[\frac{1}{41}, \frac{5}{41}\right]$。 □

例题 3.3.7 假定设备的故障有四种类型构成假设空间$\mathcal{H}=\{h_1, h_2, h_3, h_4\}$，而检测获取的系统状态估计分别是 $z_1, z_2 \in \mathcal{O}$。现在已知给定 z_i 时的 mass 函数如下

$$m(\{h_1, h_2\} \mid z_1) = 0.9; \quad m(\{h_3, h_4\} \mid z_1) = 0.1$$

$$m(h_1 \mid z_2) = 0.7; \quad m(\{h_2, h_3, h_4\} \mid z_2) = 0.3$$

（此时隐含：当 $A \neq \{h_1, h_2\}$或$\{h_3, h_4\}$时，$m(A|z_1)=0$；当 $A \neq \{h_1\}$或$\{h_2, h_3, h_4\}$时，$m(A|z_2)=0$）。

假定 z_1, z_2 发生的概率分别是 $\mu(z_1)=0.8, \mu(z_2)=0.2$，则

$$m(h_1)=m(h_1 \mid z_2)\mu(z_2)=0.7\times 0.2=0.14$$
$$m(\{h_1,h_2\})=m(\{h_1,h_2\} \mid z_1)\mu(z_1)=0.9\times 0.8=0.72$$
$$m(\{h_3,h_4\})=m(\{h_3,h_4\} \mid z_1)\mu(z_1)=0.1\times 0.8=0.08$$
$$m(\{h_2,h_3,h_4\})=m(\{h_2,h_3,h_4\} \mid z_2)\mu(z_2)=0.3\times 0.2=0.06$$

所以是 mass 函数。于是可得

$$Bel(h_1)=\sum_{D\subseteq h_1} m(D)=m(h_1)=0.14$$

$$Pl(h_1)=\sum_{D\cap h_1\neq\varnothing} m(D)=m(h_1)+m(\{h_1,h_2\})=0.14+0.72=0.86$$

$$Bel(\{h_1,h_2\})=\sum_{D\subseteq\{h_1,h_2\}} m(D)=m(h_1)+m(\{h_1,h_2\})=0.14+0.72=0.86$$

$$Pl(\{h_1,h_2\})=\sum_{D\cap\{h_1,h_2\}\neq\varnothing} m(D)=m(h_1)+m(\{h_1,h_2\})+m(\{h_1,h_2,h_3\})$$
$$=0.14+0.72+0.06=0.92$$

$$Bel(\{h_3,h_4\})=\sum_{D\subseteq\{h_3,h_4\}} m(D)=m(\{h_3,h_4\})=0.08$$

$$Pl(\{h_3,h_4\})=\sum_{D\cap\{h_3,h_4\}\neq\varnothing} m(D)=m(\{h_3,h_4\})+m(\{h_2,h_3,h_4\})$$
$$=0.08+0.06=0.14$$

$$Bel(\{h_2,h_3,h_4\})=\sum_{D\subseteq\{h_2,h_3,h_4\}} m(D)=m(\{h_2,h_3,h_4\})=0.06$$

$$Pl(\{h_2,h_3,h_4\})=\sum_{D\cap\{h_2,h_3,h_4\}\neq\varnothing} m(D)=m(\{h_1,h_2\})+m(\{h_3,h_4\})+m(\{h_2,h_3,h_4\})$$
$$=0.72+0.08+0.06=0.86$$

从而 h_1 的信度区间是[0.14,0.86]；$\{h_1,h_2\}$的信度区间是[0.86,0.92]；$\{h_3,h_4\}$的信度区间是[0.08,0.14]；而$\{h_2,h_3,h_4\}$的信度区间是[0.14,0.86]。 □

3.3.4 证据推理

定理 3.3.5 设 m 是假设空间$\mathcal{H}$上的 mass 函数，$\mathcal{P}(\mathcal{H})$表示$\mathcal{H}$的所有子集构成的幂集，P 是$\mathcal{H}$上的概率分布，则有 v: $\mathcal{P}(\mathcal{H})\to[0,1]$，满足 $v(\varnothing)=0$，且

$$v(A)=\frac{m(A)\cdot P(A)}{\sum_{\varnothing\neq B\subseteq\mathcal{H}} m(B)\cdot P(B)} \tag{3-3-25}$$

以及 γ: $\mathcal{P}(\mathcal{H})\to[0,1]$，满足 $\gamma(\varnothing)=0$；且

$$\gamma(A)=\frac{m(A)/P(A)}{\sum_{\varnothing\neq B\subseteq\mathcal{H}} m(B)/P(B)} \tag{3-3-26}$$

仍是$\mathcal{H}$上的 mass 函数。

证明 由于 $v(\varnothing)=0$，且

$$\sum_{\varnothing \neq A \subseteq \mathcal{H}} v(A) = \sum_{\varnothing \neq A \subseteq \mathcal{H}} \frac{m(A) \cdot P(A)}{\sum\limits_{\varnothing \neq B \subseteq \mathcal{H}} m(B) \cdot P(B)} = 1$$

从而 v 是$\mathcal{H}$上的 mass 函数。同理可证 γ 也是$\mathcal{H}$上的 mass 函数。■

定理 3.3.6 设$\mathcal{H}$是有限集合，m_1 和 m_2 都是定义在$\mathcal{P}(\mathcal{H})$上的 mass 函数，P 是$\mathcal{H}$上的概率分布，则有 v：$\mathcal{P}(\mathcal{H}) \to [0,1]$，满足 $v(\varnothing)=0$，且

$$v(A) = \frac{(\gamma_1 \oplus \gamma_2)(A) \cdot P(A)}{\sum\limits_{\varnothing \neq D \subseteq \mathcal{H}} (\gamma_1 \oplus \gamma_2)(D) \cdot P(D)}, \quad A \in \mathcal{P}(\mathcal{H}) \tag{3-3-27}$$

仍是$\mathcal{H}$上的 mass 函数，其中

$$\gamma_i(A) = \frac{m_i(A)/P(A)}{\sum\limits_{\varnothing \neq B \subseteq \mathcal{H}} m_i(B)/P(B)}, \quad i=1,2 \tag{3-3-28}$$

记为 $v(A)=(m_1 \otimes m_2)(A)$。同时对于 $\forall A \subseteq \mathcal{H}, A \neq \varnothing$，有

$$(m_1 \otimes m_2)(A) = \frac{\sum\limits_{E \cap F = A} \left[P(A) \dfrac{m_1(E)}{P(E)} \cdot \dfrac{m_2(F)}{P(F)} \right]}{\sum\limits_{\varnothing \neq D \subseteq \mathcal{H}} \sum\limits_{E \cap F = D} \left[P(D) \dfrac{m_1(E)}{P(E)} \cdot \dfrac{m_2(F)}{P(F)} \right]} \tag{3-3-29}$$

证明 由定理 3.3.5 知，$m_1 \otimes m_2$ 是$\mathcal{H}$上的 mass 函数；当 $\forall A \subseteq \mathcal{H}, A \neq \varnothing$ 时，有

$$(m_1 \otimes m_2)(A) = \frac{(\gamma_1 \oplus \gamma_2)(A) \cdot P(A)}{\sum\limits_{\varnothing \neq B \subseteq \mathcal{H}} (\gamma_1 \oplus \gamma_2)(B) \cdot P(B)}$$

代入 $\gamma_1 \oplus \gamma_2$ 的合成公式并进行简化后得

$$(m_1 \otimes m_2)(A) = \frac{\sum\limits_{E \cap F = A} [P(A) \cdot \gamma_1(E) \cdot \gamma_2(F)]}{\sum\limits_{\varnothing \neq D \subseteq \mathcal{H}} \sum\limits_{E \cap F = D} [P(D) \cdot \gamma_1(E) \cdot \gamma_2(F)]}$$

将式(3-3-28)代入上式做适当化简即得式(3-3-29)。■

归纳起来，证据推理的一般模型可用如下方式描述。

定义 3.3.6 设$\mathcal{H}=\{h_1, \cdots, h_n\}$表示假设空间，$\mathcal{P}(\mathcal{H})$表示$\mathcal{H}$的所有子集构成的集类；$\mathcal{O}=\{z_1, z_2, \cdots, z_l\}$表示观测空间，$\mu_i(z_i)$表示 z_i 发生的概率，而 P 是$\mathcal{H}$上的先验概率分布。对于每个 $z_i \in \mathcal{O}$，$m(\cdot \mid z_i)$和 $m(\cdot \mid \bar{z}_i)$都是$\mathcal{H}$上的 mass 函数，此处 $\bar{z}_i$ 表示 z_i 不发生。证据推理模型描述为

$$\{(\mathcal{H}, P), (z_i, \mu_i), i=1,2,\cdots,l; \quad m(\cdot \mid z_i), m(\cdot \mid \bar{z}_i), i=1,2,\cdots,l\} \tag{3-3-30}$$

其中规则描述如下：如果观测 z_i 发生，则假设 $A \in \mathcal{P}(\mathcal{H})$具有强度 $m(A \mid z_i)$；如果观测 z_i 不发生，则假设 $A \in \mathcal{P}(\mathcal{H})$具有强度 $m(A \mid \bar{z}_i)$。

证据推理一般模型的计算步骤是：

(1) 计算 mass 函数 $m_i(A)$，即

$$m_i(A) = m(A \mid z_i)\mu_i(z_i) + m(A \mid \bar{z}_i)\mu_i(\bar{z}_i), \quad i=1,2,\cdots,l \tag{3-3-31}$$

(2) 利用先验概率 P，计算 mass 函数 $\gamma_i(A)$，即

$$\gamma_i(A) = \frac{m_i(A)/P(A)}{\sum\limits_{\varnothing \neq B \subseteq \mathcal{H}} m_i(B)/P(B)}, \quad i=1,2,\cdots,l \tag{3-3-32}$$

(3) 利用 Dempster-Shafer 合成公式，计算 mass 函数 $\gamma(A)$，即

$$\gamma(A)=(\gamma_1 \oplus \gamma_2 \oplus \cdots \oplus \gamma_l)(A) \tag{3-3-33}$$

(4) 计算 mass 函数 $v(A)$，即

$$v(A)=\frac{\gamma(A)\cdot P(A)}{\sum\limits_{\varnothing\neq B\subseteq\mathcal{H}}\gamma(B)\cdot P(B)} \tag{3-3-34}$$

(5) 计算信度函数和似真度函数，即

$$Bel(A)=\sum_{B\subseteq A}v(B) \tag{3-3-35}$$

$$Pl(A)=\sum_{A\cap B\neq\varnothing}v(B) \tag{3-3-36}$$

于是，$[Bel(A),Pl(A)]$就是假设 $A\in\mathcal{P}(\mathcal{H})$的信任区间。

3.3.5 证据理论中的不确定度指标

描述不确定性的理论与方法很多，比如概率论、模糊集、可能性理论、证据理论以及粗糙集。这些理论可以看作是互补的，分别从不同角度来描述各种不同类型的不确定性。不确定性主要有三类[10]，如图 3-3-1 所示。

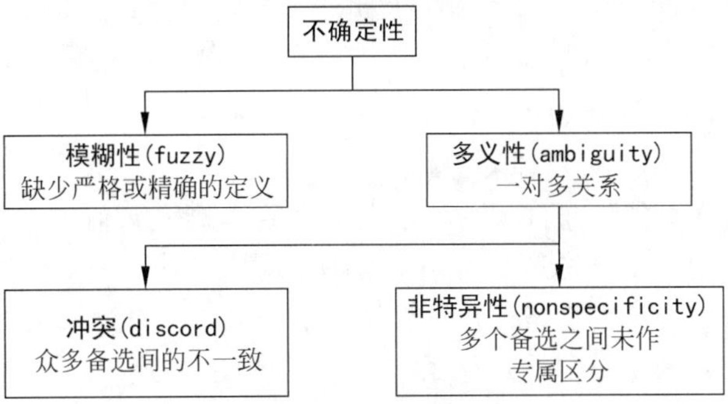

图 3-3-1　不确定性类型

本节将介绍几种用于描述不确定性程度的度量或指标——**不确定度(measure of uncertainty)**。

众所周知，严格的概率测度必须满足概率公理中的可列可加性。任何一个事件(或集合)的概率，必须等于这个事件的所有互斥子事件的概率之和。概率的这种特性就称为协调性。在经典集合论及概率框架中的不确定度主要有两类：

(1) Hartley 熵[11]：

$$\mathrm{H}(A)=\log_2(|A|),\quad A\subseteq\Theta \tag{3-3-37}$$

其中$|\cdot|$表示集合的势，即该集合包含元素的个数。

(2) Shannon 熵[12]：设 $p=\{p_\theta|u\in\Theta\}$是 Θ 上定义的概率分布，则熵定义为

$$\mathrm{S}(p)=-\sum_{\theta\in\Theta}p_\theta\log_2 p_\theta \tag{3-3-38}$$

这两个熵是建立其他不确定度的基础。对于证据理论而言，mass 函数不再遵守可

列可加性，即一个事件（或集合）的 mass 函数，不一定等于这个事件的所有互斥子事件的 mass 函数之和。对 mass 函数来说，可定义的不确定度主要包括：

（1）非特异度(nonspecificity measure)[13]：

$$\mathrm{N}(m)=\sum_{A\subseteq\Theta}m(A)\log_2|A| \tag{3-3-39}$$

非特异度是针对非特异性的度量，可看作是所有焦元的 Hartley 熵的加权和。当一个证据体的所有焦元均为单点时，mass 函数退化为概率，非特异性度量达到最小值 0。当证据体仅有一个焦元 Θ 时，非特异性度量达到最大值。

（2）聚合不确定性度(aggregated uncertainty measure，AU measure)[14]：设 Θ 为一有限论域，Bel 是定义在 Θ 上的信度函数。与 Bel 关联的聚合不确定度定义为

$$\mathrm{AU}(Bel)=\max_{\mathcal{P}_{Bel}}\left[-\sum_{\theta\in\Theta}p_\theta\log_2 p_\theta\right] \tag{3-3-40}$$

这实际上是一个优化求解问题，即在所有可能的概率分布情况下，选取使得式(3-3-40)取值最大的一组概率分布；这组概率分布要求与给定的信度函数 Bel 一致，即满足 $p_\theta\in[0,1]$，$\forall\theta\in\Theta$ 且 $\sum_{\theta\in\Theta}p_\theta=1$；同时要求 $Bel(A)=\sum_{\theta\in\Theta}p_\theta$，$\forall A\subseteq\Theta$。式(3-3-40)中的 $\mathcal{P}_{Bel}$ 代表所有满足上述条件的概率分布。

AU 满足作为不确定性度的五个条件[15]：

① 概率一致性条件：当 m 定义为概率测度，则 AU 蜕化为 Shannon 信息熵。

② 集合一致性条件：当证据体的焦元只有一个的时候，即 $\exists A\subseteq\Theta, m(A)=1$，$\forall B\neq A, m(B)=0$，AU 蜕化为 Hartley 熵，即 $\mathrm{AU}(m)=\log_2|A|$。

③ 取值范围：$0\leqslant\mathrm{AU}(m)\leqslant\log_2|\Theta|$。

④ 边缘分布的次可加性条件：即对任意两个基本概率赋值 m_X 与 m_Y，其联合基本概率赋值 m 满足：$\mathrm{AU}(m)\leqslant\mathrm{AU}(m_X)+\mathrm{AU}(m_Y)$。

⑤ 独立边缘分布的可加性条件：即对任意两个独立的基本概率赋值 m_X 与 m_Y，其联合基本概率赋值 m 满足：$\mathrm{AU}(m)=\mathrm{AU}(m_X)+\mathrm{AU}(m_Y)$。

AU 的设计也有些不足之处[8]，如计算复杂度、对证据变化的高度不敏感性等。

（3）总体不确定度(total uncertainty measure，TU measure)：可以看作是非特异度和 AU 的线性组合，即

$$\mathrm{TU}(m,\delta)=\delta\mathrm{AU}(m)+(1-\delta)\mathrm{N}(m) \tag{3-3-41}$$

3.3.6 证据理论存在的主要问题与发展

证据理论在表示和处理不确定性问题时具有明显的优势，然而，在处理不确定性推理时也存在一些问题[17-18]，主要集中在 Dempster 证据组合公式的使用上。

（1）组合爆炸问题。Dempster 证据组合规则最为直观的一个缺陷在于在进行证据组合时，会引起“焦元爆炸”问题，焦元数目随着辨识框架元素数目以指数形式递增，造成计算量的激增。如果辨识框架有 n 个元素，那么可能的焦元数目为 2^n+n-1 个。以 20 个元素的辨识框架为例，所有可能焦元的数目为 1.048576×10^7。针对这一问题，已经出现了不少解决方法，主要的思路包括预设焦元结构、减少焦元数量以及改进证据组合算

法等。比较有代表性的是基于神经网络[19]的证据组合算法以及 Barnett 提出的方法[20]。

(2) 有限辨识框架及证据体独立性问题。Dempster 证据组合规则虽然具有简单的表达式,但其隐含条件是相对苛刻的,实际应用中往往忽略或者弱化这些条件,这样的后果是会带来很多不合理现象。证据组合公式的使用条件包括:

① D-S 证据理论讨论的是一种离散且有限的辨识框架(close-world),这种框架是由一些具有完备性和互斥性(exhaustive and exclusive)的元素构成;

② 参与证据组合的证据体,被认为是相互独立的。

正是这样两个条件的存在,限制了 Dempster 组合规则在一些不确定性问题中的应用。针对条件①中说到的辨识框架问题,Schubert 在 *On nonspecific evidence*[21]一文中做过讨论。下面介绍的 DSmT 可以说是对传统证据理论框架的一个拓展,能够从很大程度上解决因辨识框架引起的问题。条件②中提及的证据体独立性问题,在实际应用中往往很难满足,即绝对严格独立的证据体几乎是不存在的。很多研究者致力于研究对相关证据的处理[22-24],对相关证据的 mass 函数进行去相关性处理,然后再进行证据组合。有学者提出了证据能量、相关系数等概念[25],并对组合规则做了改进,也得到了一些有意义的结论。

(3) 高冲突证据组合问题。当参与证据组合的证据体之间存在较大冲突时,Dempster 组合规则往往无法有效处理,常常会得出有悖常理、违反直觉的结论。关于这方面的研究,已经成了当前热点之一。下面将针对这一问题做出详细的讨论。需要指出的是,这里讨论的"冲突"(conflict)是指参与证据组合的证据体之间的冲突,而上节所述的"冲突"(discord)是针对证据体内部而言的。

此外,在证据理论的实际使用当中,mass 函数的生成或获取往往是最困难的一步,也有很多文献致力于设计合理有效的 mass 函数生成法。Dempster 证据组合规则是对称的规则,参与证据组合的证据体没有重要性上的差异。许多研究工作都围绕建立非对称的证据推理规则而展开,特别是条件证据与证据更新。

基于 Dempster-Shafer 证据理论,许多研究者都作了拓展性研究,提出了一些新的模型和规则,诸如 TBM 模型[26]、DSmT[27]等。

(1) 可传递信度模型。可传递信度模型(transferable belief model,TBM)是 Philippe Smets 于 20 世纪 80 年代,在证据理论基础上提出的一种扩展模型。TBM 旨在建立一种用不完全概率函数来量化信度表示的理论,主要研究信度随证据变化时的更新问题。

TBM 模型是一个双层结构,包括 credal 层以及 pignistic 层。其中,在 credal 层处理的是信度的获取和更新问题;在 pignistic 层,将 credal 层得到的信度转换成 pignistic 概率进而据此进行决策。credal 层先于 pignistic 层。在 credal 层上随时可以对信度进行赋值和更新,在 pignistic 层仅进行决策。

① credal 层:在 credal 层对于证据处理的规则包括 Dempster 证据组合规则以及式(3-3-42)中的条件推理规则。

定义 3.3.7[26] 假设 m 是辨识框架 Θ 上的 mass 函数。若新到的证据支持 Θ 上的一个命题 B,即 $m(B)=1$,则定义条件 mass 函数为

$$m_B(A)=\begin{cases}\dfrac{\sum\limits_{X\subseteq\bar{B}} m(A\cup X)}{1-\sum\limits_{X\subseteq\bar{B}} m(X)}, & A\subseteq B\\ 0, & \text{其他}\end{cases} \tag{3-3-42}$$

从上式中不难看出：当新出现的证据支持命题（或事件）B 为真，则原有证据中的基本信度赋值 $m(A)$ 传递到命题 $A\cap B$ 上。可传递信度模型也正是因此而得名。

② pignistic 层：在 credal 层上做证据处理时，焦元可以是单点的（singleton），也可以是复合的（compound or composite）。所谓单点焦元对应于辨识框架中的一个单一元素（单命题）。而复合焦元对应于辨识框架中元素的组合（复合命题）。依据单点焦元给出的结论是清晰的，而依据复合焦元给出的结论相对是模糊的。证据组合实质上就是一种聚焦过程，使得模糊的结论能够相对清晰化。在 TBM 模型中，决策时需要将 credal 层上的各种单命题及复合命题结论都转换成单命题结论，也就是将基于证据理论的信度框架转换到概率框架来进行决策。为此，Smets 定义了 pignistic 概率：

$$\mathrm{BetP}_m(A)=\sum_{B\subseteq\Theta} m(B)\frac{|A\cap B|}{|B|} \tag{3-3-43}$$

对于单点焦元，是

$$\mathrm{BetP}_m(\theta)=\sum_{\theta\in B,B\subseteq\Theta}\frac{m(B)}{|B|} \tag{3-3-44}$$

其中，$|\cdot|$表示集合中元素的个数。从式(3-3-43)可以看出，一个复合焦元的 mass 函数赋值是被平均分配到组成该复合焦元的所有单点焦元上的。

（2）Dezert-Smarandache 理论。由 Dezert 和 Smarandache 等创立的 Dezert-Smarandache 理论（DSmT）[27-29]，又称作**似真与冲突推理理论**（**plausible and paradoxical reasoning**），其主要创新是在辨识框架中引入了冲突信息。相对于 D-S 证据理论中的幂集 2^Θ 概念，DSmT 提出了**超幂集**（**hyper-powerset**）D^Θ 的概念。D^Θ 是通过辨识框架 $\Theta=\{\theta_1,\theta_2,\cdots,\theta_n\}$中的基本元素进行交、并运算产生的集合；即在 DSmT 中，辨识框架中的元素不再是不可分的。D^Θ 需要满足以下三个条件：

① $\varnothing,\theta_1,\theta_2,\cdots,\theta_n\in D^\Theta$；

② 若 $A,B\in D^\Theta$，则 $A\cap B\in D^\Theta$ 且 $A\cup B\in D^\Theta$；

③ 除了条件①、②中获得的元素之外，再没有其他元素属于 D^Θ。

对于 DSmT 来说，由于它是建立在超幂集的概念上的，运算量是个令人头疼的问题，当$|\Theta|=n$ 时，D^Θ 的势达到 2^{2^Θ} 数量级。

DSmT 是从 D-S 证据理论基础上拓展而来，因此也沿袭使用了 D-S 证据理论中的基本概率赋值（mass 函数）、信度函数（Bel）以及似真度函数（Pl）等。但由于模型基本框架的变化，DSmT 的组合规则不同于 D-S 证据理论中的 Dempster 组合规则。

定义 3.3.8 （DSmT 证据组合规则）[27] 假定辨识框架 Θ 上性质不同的两个证据，其焦元分别为 B_i 和 C_j $(i=1,2,\cdots,n;\ j=1,2,\cdots,m)$，其 mass 函数分别为 m_1,m_2，组合后的 mass 函数为

$$m(A)=\begin{cases}0, & A=\varnothing \\ \sum\limits_{B_i,C_j\in D^{\Theta},B_i\cap C_j=A} m_1(B_i)m_2(C_j), & A\neq\varnothing\end{cases} \tag{3-3-45}$$

这个规则在实际中有广泛应用。

近年来证据理论又有很大发展。证据距离用来度量两条证据之间的差异程度，证据距离越大，则两条证据差异程度越大。下面给出一些新的概念。

(1) Tessem 距离[88]。

$$d_{\mathrm{T}}(m_1,m_2)=\max_{A\subseteq\Theta}\{|\mathrm{Bet}P_1(A)-\mathrm{Bet}P_2(A)|\} \tag{3-3-46}$$

其中，$\mathrm{Bet}P(A)$就是前述 pignistic 概率转换得到的转换概率[89]，定义如式(3-3-43)所示。

(2) 基于模糊隶属度的证据相似性度量[90]。

$$d_{\mathrm{F}}(m_1,m_2)=1-\frac{\sum\limits_{i=1}^{n}(\mu^{(1)}(\theta_i)\wedge\mu^{(2)}(\theta_i))}{\sum\limits_{i=1}^{n}(\mu^{(1)}(\theta_i)\vee\mu^{(2)}(\theta_i))} \tag{3-3-47}$$

其中，$\wedge$表示合取运算(最小值)，$\vee$表示析取运算(最大值)。

(3) Jousselme 距离[91]。

$$d_{\mathrm{J}}(m_1,m_2)=\sqrt{0.5\cdot(m_1-m_2)^{\mathrm{T}}Jac(m_1-m_2)} \tag{3-3-48}$$

其中，$Jac(A,B)$是 Jaccard 加权矩阵，$Jac(A,B)=\dfrac{|A\cap B|}{|A\cup B|}$。

(4) 基于区间数的证据距离[92]。

假设区间数表示为$\tilde{a}$，用a^-表示$\tilde{a}$的下界，a^+表示$\tilde{a}$的上界。区间数$\tilde{a}_1$与$\tilde{a}_2$之间的 Wasserstein 距离[6]定义为

$$d_{BI}(\tilde{a}_1,\tilde{a}_2)=\sqrt{\left[\frac{a_1^-+a_1^+}{2}-\frac{a_2^-+a_2^+}{2}\right]^2+\frac{1}{3}\left[\frac{a_1^+-a_1^-}{2}-\frac{a_2^+-a_2^-}{2}\right]^2} \tag{3-3-49}$$

两个 mass 函数$m_i(i=1,2)$的信度区间模型如下：

$$BI_i=\begin{bmatrix}[Bel_i(A_1),Pl_i(A_1)]\\ [Bel_i(A_2),Pl_i(A_2)]\\ \vdots\\ [Bel_i(A_{2^n-1}),Pl_i(A_{2^n-1})]\end{bmatrix}=\begin{bmatrix}BI_i(A_1)\\ BI_i(A_2)\\ \vdots\\ BI_i(A_{2^n-1})\end{bmatrix}$$

基于 Wasserstein 距离定义了两种证据距离，Euclidean 系列的证据距离定义为

$$d_{BI}^{E}(m_1,m_2)=\sqrt{N_{\mathrm{c}}\cdot\sum_{i=1}^{2^n-1}[d_{BI}(BI_1(A_i),BI_2(A_i))]^2} \tag{3-3-50}$$

其中，$N_{\mathrm{c}}=1/2^{n-1}$是归一化因子。Chebyshev 系列的证据距离定义为

$$d_{BI}^{C}(m_1,m_2)=\max_{A_i\subseteq\Theta,i=1,\cdots,2^n-1}\{d_{BI}(BI_1(A_i),BI_2(A_i))\} \tag{3-3-51}$$

3.3.7 关于证据函数不确定性的研讨

关于证据的不确定性是一个值得进一步研讨的问题，如下资料供研究者参考。证据函数的不确定性度量包含两个部分，分别是不一致性（discord）和非特异性（non-specificity）。常用的不确定性度量方法中有分别针对不一致性和非特异性进行度量的，也有对这两部分进行总体度量的。

1. 关于不一致性的度量方法

（1）Confusion 度量（confusion measure）[96]

$$\mathrm{Conf}(m)=-\sum_{A\subseteq\Theta}m(A)\log_2(Bel(A)) \tag{3-3-52}$$

（2）Dissonance 度量（dissonance measure）[97]

$$\mathrm{Diss}(m)=-\sum_{A\subseteq\Theta}m(A)\log_2(Pl(A)) \tag{3-3-53}$$

（3）Discord 度量（discord measure）[98]

$$\mathrm{Disc}(m)=-\sum_{A\subseteq\Theta}m(A)\log_2\left[1-\sum_{B\subseteq\Theta}m(B)\frac{|B-A|}{|B|}\right] \tag{3-3-54}$$

（4）Strife 度量（strife measure）[99]

$$\mathrm{Stri}(m)=-\sum_{A\subseteq\Theta}m(A)\log_2\left[1-\sum_{B\subseteq\Theta}m(B)\frac{|A-B|}{|A|}\right] \tag{3-3-55}$$

2. 关于非特异性的度量方法

（1）Dubois & Prade 非特异性度量[100]

$$\mathrm{NS}^{\mathrm{DP}}(m)=\sum_{A\subseteq\Theta}m(A)\log_2|A| \tag{3-3-56}$$

（2）Yager 特异性度量[97]

$$\mathrm{S}^{\mathrm{Y}}(m)=\sum_{A\subseteq\Theta}\frac{m(A)}{|A|} \tag{3-3-57}$$

（3）Korner 非特异性度量[101]

$$\mathrm{NS}^{\mathrm{K}}(m)=\sum_{A\subseteq\Theta}m(A)\cdot|A| \tag{3-3-58}$$

（4）Korner 非特异性度量（一般形式）[101]

$$\mathrm{NS}^{\mathrm{f}}(m)=\sum_{A\subseteq\Theta}m(A)\cdot f(|A|) \tag{3-3-59}$$

3. 总体不确定性度量方法

（1）聚合不确定度（aggregated uncertainty measure，AU）[102]

$$\mathrm{AU}(m)=\max\left[-\sum_{\theta=\Theta}p_\theta\log_2 p_\theta\right] \tag{3-3-60}$$

$$
\text{s.t.}\begin{cases}\sum_{\theta\in\Theta} p_\theta = 1 \\ p_\theta \in [0,1], \quad \forall \theta\in\Theta \\ Bel(A) \leqslant \sum_{\theta\in\Theta} p_\theta \leqslant 1 - Bel(\bar{A}), \quad \forall A\in\Theta \end{cases}
$$

(2) 含混度(ambiguity measure, AM)[103]

$$
\mathrm{AM}(m) = -\sum_{\theta\in\Theta} \mathrm{Bet}P_m(\theta)\log_2(\mathrm{Bet}P_m(\theta)) \tag{3-3-61}
$$

其中,$\mathrm{Bet}P_m(\theta) = \sum_{\theta\in B\subseteq\Theta} m(B)/|B|$,是 pignistic 概率转换得到的转换概率[105]。

(3) 基于距离的总体不确定性度量[106]

$$
\mathrm{TU}^I(m) = 1 - \frac{1}{n}\cdot\sqrt{3}\cdot\sum_{i=1}^{n} d_{\mathrm{BI}}([Bel(\{\theta_i\}), Pl(\{\theta_i\})], [0,1]) \tag{3-3-62}
$$

其中,d^I 是信度区间 $[Bel(\{\theta_i\}), Pl(\{\theta_i\})]$ 和 $[0,1]$ 之间的 Wasserstein 距离[44]。$[0,1]$ 是最不确定的情况。Wasserstein 距离能够表示两区间数之间的距离。区间数 $\tilde{a}$,用 a^- 表示 $\tilde{a}$ 的下界,a^+ 表示 $\tilde{a}$ 的上界。区间数 $\tilde{a}_1$ 与 $\tilde{a}_2$ 之间的 Wasserstein 距离定义为

$$
d_{\mathrm{BI}}(\tilde{a}_1, \tilde{a}_2) = \sqrt{\left[\frac{a_1^- + a_1^+}{2} - \frac{a_2^- + a_2^+}{2}\right]^2 + \frac{1}{3}\left[\frac{a_1^+ - a_1^-}{2} - \frac{a_2^+ - a_2^-}{2}\right]^2} \tag{3-3-63}
$$

3.4 随机集理论基础

自从 G. Matheron 于 1975 年出版了《随机集与积分几何学》一书以来,关于随机集理论的研究方兴未艾[31-34],其成功地用于解决各种问题,现在已经成为信息融合研究领域最受关注的研究方向之一。

3.4.1 一般概念

从本质上讲,随机集与随机变量并没有太大的差别,随机变量处理的是随机点问题,而随机集处理的是随机集合问题,即后者处理的对象是可能结果的一组元素。如果把后者的集值结果看作是某个特殊空间的点,则二者就没有区别了。然而,集值的引入却带来许多令人意想不到的奇特结果,这正是利用随机集建立多源信息融合统一理论方面最吸引人的地方。

考虑一个概率空间 $(\Omega, \mathcal{F}, P)$ 和一个可测空间 $(Y, \mathcal{B}_Y)$,其中 Y 是观测集合,而 $\mathcal{B}_Y$ 表示相应的 Borelσ-域。对于一般的随机变量 $x: \Omega\to Y$ 而言,概率空间只是一个数学上的概念,而实际观测到的变量在可测空间。定义在概率空间上的概率测度 P 一般难以直接用于计算,因此通常把它转换成可测空间上的概率分布,即

$$
P_x \triangleq P\circ x^{-1}: \mathcal{B}_Y \to [0,1] \tag{3-4-1}
$$

也就是说,要求 x 可测,即对于 $\forall A\in\mathcal{B}_Y$,则 $\{\omega\in\Omega: x(\omega)\in A\}\in\mathcal{F}$,而且

$$
P_x(A) = P\{\omega: x(\omega)\in A\} \tag{3-4-2}
$$

下面考虑一个集值映射。

定义 3.4.1 设$(\Omega,\mathcal{F},P)$是一个概率空间，$(Y,\mathcal{B}_Y)$是一个可测空间，定义**集值映射**(**set-valued mapping**)为

$$X: \Omega \to \mathcal{P}(Y) \tag{3-4-3}$$

其中$\mathcal{P}(Y)$是 Y 的所有子集构成的集类。给定 $A\in\mathcal{B}_Y$，其**上逆**(**upper inverse**)定义为

$$X^*(A) \triangleq \{\omega \in \Omega: X(\omega) \cap A \neq \varnothing\} \tag{3-4-4}$$

下逆(**lower inverse**)定义为

$$X_*(A) \triangleq \{\omega \in \Omega: \varnothing \neq X(\omega) \subseteq A\} \tag{3-4-5}$$

逆(**inverse**)定义为

$$X^{-1}(A) \triangleq \{\omega \in \Omega: X(\omega) = A\} \tag{3-4-6}$$

上述集值映射称为是**开的**(或**闭的**或**紧的**)，如果对于任意 $\omega\in\Omega$，$X(\omega)$是 Y 中**开的**(或**闭的**或**紧的**)子集。

在不致引起混淆的前提下，我们记

$$A^* \triangleq X^*(A), \quad A_* \triangleq X_*(A), \quad A^{-1} \triangleq X^{-1}(A) \tag{3-4-7}$$

一个集值映射的上逆和下逆，实质上是对随机变量逆概念的推广，显然有 $A_*\subseteq A^*$。

定理 3.4.1 设 $X: \Omega\to\mathcal{P}(Y)$是一个集值映射，则如下条件等价：

① $X(\omega)\neq\varnothing, \quad \forall\omega\in\Omega$ (3-4-8)

② $X_*(A)\subseteq X^*(A), \quad \forall A\subseteq Y$ (3-4-9)

③ $X_*(\varnothing)=\varnothing$ (3-4-10)

④ $X^*(Y)=\Omega$ (3-4-11)

证明 见文献[30]。 ■

定理 3.4.2 设 $X: \Omega\to\mathcal{P}(\Omega)$是一个集值映射，则如下条件等价：

① $\omega\in X(\omega), \quad \forall\omega\in\Omega$ (3-4-12)

② $X_*(A)\subseteq A, \quad \forall A\subseteq\Omega$ (3-4-13)

③ $A\subseteq X^*(A), \quad \forall A\subseteq\Omega$ (3-4-14)

证明 见文献[30]。 ■

定义 3.4.2 设 $X: \Omega\to\mathcal{P}(Y)$是一个集值映射，定义算子：$j: \mathcal{P}(Y)\to\mathcal{P}(\Omega)$，且对于任意 $A\in\mathcal{P}(Y)$，记

$$j(A) = X^{-1}(A) \subseteq \Omega \tag{3-4-15}$$

如果 $j(A)\neq\varnothing$，则称 A 是 j 的一个**焦集**(**focus set**)；且令

$$\mathcal{J} \triangleq \{j(A) \in \mathcal{P}(\Omega): j(A) \neq \varnothing, A \subseteq Y\} \tag{3-4-16}$$

则必有

$$\begin{cases} \bigcup \{j(A): A \subseteq Y\} = \Omega \\ A_1, A_2 \in \mathcal{P}(Y), A_1 \neq A_2 \Rightarrow j(A_1) \cap j(A_2) = \varnothing \end{cases} \tag{3-4-17}$$

这样，$\mathcal{J}$构成对 Ω 的一个划分，于是称算子 j 是集值映射 X 的**关系划分函数**。

定理 3.4.3 设$\mathcal{P}_0(Y)=\mathcal{P}(Y)-\varnothing$，$X: \Omega\to\mathcal{P}_0(Y)$是一个集值映射，$j$ 是 X 的关系划分函数，则有如下性质：

① $X_*(A)=\bigcup\{j(A'):A'\subseteq A\},\quad A\subseteq Y$ (3-4-18)

② $X^*(A)=\bigcup\{j(A'):A'\cap A\neq\varnothing\},\quad A\subseteq Y$ (3-4-19)

③ $j(A)=X_*(A)-\bigcup\{X_*(A'):A'\subsetneq A\},\quad A\subseteq Y$ (3-4-20)

证明 见文献[30]。 ■

从概念上说，一个随机集就是满足某些可测性条件的集值映射。虽然根据不同的可测性有不同的定义，但大多数都是基于上逆和下逆的概念。

定义 3.4.3 式(3-4-3)定义的集值映射 X 如果对于 $\forall A\in\mathcal{B}_Y$ 均有 $A^*\in\mathcal{F}$，则称 X 是**强可测的**(**strongly measurable**)；而强可测的集值映射 X 定义为**随机集**(**random set**)。

注意，对于 $\forall A\in\mathcal{B}_Y$，因为 $A_*=Y^*\cap((A^c)^*)^c$(注 A^c 是 A 在 Y 中的补集，$(B^*)^c$ 是 B^* 在 Ω 中的补集)，所以如果 X 是强可测的，必然对于 $\forall A\in\mathcal{B}_Y$ 均有 $A_*\in\mathcal{F}$。

随机集是对随机变量概念的推广，是由基本事件空间到观测空间的幂集的一个映射，它比随机变量高了一个复杂层次。随机集不再符合概率公理的一切结论。然而，在解决复杂系统问题时就可能克服所遇到的困难，这种对随机变量的概念进行推广，在一个复杂层次上可以满足系统分析的需要。

定义 3.4.4 给定一个随机集 $X:\Omega\to\mathcal{P}(Y)$，$A\in\mathcal{B}_Y$ 的**上概率**(**upper probability**)定义为

$$P_X^*(A)\triangleq P(A^*)/P(Y^*) \tag{3-4-21}$$

下概率(**lower probability**)定义为

$$P_{*X}(A)\triangleq P(A_*)/P(Y^*) \tag{3-4-22}$$

在不致因为不确定哪个随机集诱导上概率和下概率而引起混淆的前提下，记

$$P^*=P_X^*,\quad P_*=P_{*X} \tag{3-4-23}$$

我们可以把随机集视为对一个随机变量 $x_0:\Omega\to Y$ 不精确观察的结果，这个随机变量就称为**原始随机变量**(**original random variable**)，而且对于任意 $\omega\in\Omega$，$x_0(\omega)\in X(\omega)$。因此，假定对于任意 $\omega\in\Omega$，$X(\omega)\neq\varnothing$，从而对 $\forall A\in\mathcal{B}_Y$ 有 $P^*(A)=P(A^*)$，$P_*(A)=P(A_*)$。这样，由随机集诱导的上概率和下概率是一对共轭函数。

如果随机集 X 是对随机变量 x_0 不精确观察的结果，我们有关这个随机变量的所有知识就是它属于 X 的**可测选择类**(**class of measurable selection**)或称为**选择器**(**selector**)，即

$$S_X\triangleq\{x:\Omega\to Y\text{ 是随机变量},x(\omega)\in X(\omega),\forall\omega\} \tag{3-4-24}$$

x_0 的概率分布属于

$$P_X\triangleq\{P_x:x\in S_X\} \tag{3-4-25}$$

关于 $P_{x_0}(A)$ 的信息由如下**值集**(**set of values**)给出

$$P_X(A)\triangleq\{P_x(A):x\in S_X\},\quad\forall A\in\mathcal{B}_Y \tag{3-4-26}$$

还有另外两个概率类在某些场合是有用的，其中第一个是

$$\Delta_X\triangleq\{Q\text{ 是概率分布}:Q(A)\in P_X(A),\forall A\in\mathcal{B}_Y\} \tag{3-4-27}$$

这是概率分布函数的集合，其值是与随机集给出的信息相容的，显然有 $P_X\subseteq\Delta_X$。如果它们相一致，关于原始变量分布的信息等价于其取值的信息；而第二个概率类是

$$M_{P^*} \triangleq \{Q \text{ 是概率分布}: Q(A) \leqslant P^*(A), \forall A \in \mathcal{B}_Y\} \tag{3-4-28}$$

这是由 P^* 支配的概率分布函数，或者说是由 P^* 生成的**纲领集**（**credal set**）。这个概率类是凸的，在实际应用中比 P_X 容易处理。因为不等式 $P_*(A) \leqslant P_x(A) \leqslant P^*(A)$，对于任意 $x \in S_X$，$A \in \mathcal{B}_Y$ 都有效，我们能够推导出 $\Delta_X \subseteq M_{P^*}$，然后得到 $P_X \subseteq \Delta_X \subseteq M_{P^*}$。可以证明，这两个包含关系可能是严格包含的，所以利用上概率和下概率在某些场合会使精度降低，而反过来也会引起某种错误判定。因此，我们感兴趣的是判断在什么情况下利用 P_* 和 P^* 是合理的。

虽然一个随机集的选择器的分布类和由它诱导的上概率在许多文献中都深入研究过，但必须注意它们之间的联系。对于 Y 是有限集合的情况，下面将特别予以关注。我们将着重讨论以下两个问题：

(1) 研究 Δ_X 与 M_{P^*} 之间的关系使我们知道，对于某些任意的 $A \in \mathcal{B}_Y$，上概率和下概率关于 $P_{x_0}(A)$ 的值是否提供足够的信息。

(2) 研究什么时候 $P_X = M_{P^*}$，即在什么条件下上概率保持关于 $P_{x_0}(A)$ 的所有信息。

3.4.2 概率模型

1. $P_*(A)$，$P^*(A)$ 作为 $P_{x_0}(A)$ 的模型

首先，我们研究 Δ_X 与 M_{P^*} 之间的关系。因为我们已经提到，Δ_X 是对某些信息的建模，而这些信息给出了 $\mathcal{B}_Y$ 中元素的概率值。因此，通过研究其与 M_{P^*} 的相等关系，则可窥见对于任意 $A \in \mathcal{B}_Y$ 的"真"概率，P_* 和 P^* 的信息是充足的。

定理 3.4.4 设 $(\Omega, \mathcal{F}, P)$ 是一个概率空间，$(Y, \mathcal{B}_Y)$ 是一个可测空间，$X: \Omega \to \mathcal{P}(Y)$ 是随机集，则

$$\Delta_X = M_{P^*} \Leftrightarrow P_X(A) = [P_*(A), P^*(A)], \quad \forall A \in \mathcal{B}_Y \tag{3-4-29}$$

证明 见文献[35]。 ■

任取 $A \in \mathcal{B}_Y$，然后考虑 $P_X(A)$ 和 $[P_*(A), P^*(A)]$，显然后者是前者的扩展集合。为了给出相等条件，我们必须考察 $P_X(A)$ 的最大、最小值是否和 $P^*(A)$，$P_*(A)$ 相一致，而且 $P_X(A)$ 是否是凸的。

文献中已经证明，$P_X(A)$ 有一个最大值和一个最小值（实际上是[0,1]区间的一个闭子集），而且这些值并不在任意情况下与 $P^*(A)$，$P_*(A)$ 相一致，即使在 $S_X \neq \varnothing$ 的非平凡情况下也是如此。进而，在一般情况下 $P_X(A)$ 也不是凸的。下面的定理给出 $P^*(A) = \max P_X(A)$ 和 $P_*(A) = \min P_X(A)$ 的充分条件。

定理 3.4.5 考虑 $(\Omega, \mathcal{F}, P)$ 是一个概率空间，(Y, d) 是一个度量空间，$X: \Omega \to \mathcal{P}(Y)$ 是随机集，则在满足下列任意条件的前提下：

① Y 是可分的度量空间，且 X 是紧的；

② Y 是可分的度量空间，且 X 是开的；

③ Y 是光滑的空间，且 X 是闭的；

④ Y 是σ-紧度量空间，且 X 是闭的；

则有

$$P^{*}(A)=\max P_{X}(A),\quad P_{*}(A)=\min P_{X}(A),\quad \forall A\in\mathcal{B}_{Y}\tag{3-4-30}$$

证明 （略）。■

注 该定理对于等式 $P^{*}=\max P_{X}$，以及 $P_{*}=\min P_{X}$ 给出了充分条件。P^{*} 的一致性意味着它是所支配有限相加概率集合的上包络。可以证明，在定理规定条件下，它实际上就是选择器诱导的可数相加概率类的上包络。类似地，可以对 P_{*} 做出类似的评论。

定理 3.4.6 设 $X:\Omega\to\mathcal{P}(Y)$是一个随机集，$v:Y\to\mathbb{R}$ 是一个有界随机变量，只要满足定理 3.4.5 的几个条件之一，则

$$\int v\mathrm{d}P^{*}=\sup\left\{\int v\mathrm{d}P_{x}:x\in S_{X}\right\},\quad \int v\mathrm{d}P_{*}=\inf\left\{\int v\mathrm{d}P_{x}:x\in S_{X}\right\}\tag{3-4-31}$$

证明 （略）。■

定理 3.4.7 设 $X:\Omega\to\mathcal{P}(Y)$是一个随机集，且 $A\in\mathcal{B}_{Y}$，令 $x_1,x_2\in S_X$ 满足

$$P_{x_1}(A)=\max P_{X}(A),\quad P_{x_2}(A)=\min P_{X}(A)$$

则

$$P_{X}(A)\text{ 是凸的 }\Leftrightarrow x_1^{-1}(A)-x_2^{-1}(A)\text{ 不是不可分的最小元}\tag{3-4-32}$$

证明 （略）。■

注 此处所谓不可分的最小元是指对于$\forall\alpha\in(0,1)$，不存在任何可测集 $B\in\mathcal{F}$，使得 $B\in[x_1^{-1}(A)-x_2^{-1}(A)]$，且 $P(B)=\alpha P[x_1^{-1}(A)-x_2^{-1}(A)]$。

推论 设 $X:\Omega\to\mathcal{P}(Y)$是一个随机集，满足定理 3.4.5 的几个条件之一。如果对于$\forall A\in\mathcal{B}_{Y}$，$A^{*}-A_{*}$ 不是不可分的最小元，则

$$\Delta_{X}=M_{P^{*}}\tag{3-4-33}$$

2. P^{*}，P_{*} 作为 P_{x_0} 的模型

现在研究 P_X 与 $M_{P^{*}}$ 之间的相等关系，因为这使我们知道上概率是否保持了原始随机变量分布 P_{x_0} 的所有可用的信息。Δ_X 与 $M_{P^{*}}$ 之间的相等关系，并不能保证 P_X 与 $M_{P^{*}}$ 之间存在相等关系。那么一种可行的方法就是确定 $P_X=\Delta_X$ 的充分条件，然后结合上述推论得到所要的结果。不幸的是推论中的式子判定却并不容易。在有限维情况下，表征 P_X 与 $M_{P^{*}}$ 之间的相等关系将更容易，可由此导出 Y 是可分度量空间条件下的一些有用结果。

当Y是有限集时，给定 $Y=\{y_1,y_2,\cdots,y_n\}$，$X:\Omega\to\mathcal{P}(Y)$是一个随机集，可以得出：$P_X=M_{P^{*}}\Leftrightarrow P_X$ 是凸的。但是这个等价关系对于 Y 由无限个元构成的集合并不成立。

例题 3.4.1 设 $Y=\{y_1,y_2,\cdots,y_n\}$是一个有限集，$X:\Omega\to\mathcal{P}(Y)$是一个随机集，而$\mathcal{P}(Y)$由 2^n 个 Y 的可能子集构成（包括空集$\varnothing$和 Y 本身），则 $X(\omega)\in\mathcal{P}(Y)$，$\forall\omega\in\Omega$。设 S^n 表示序列$\{1,2,\cdots,n\}$所有可能的重排构成的集合，而 $\pi\in S^n$，则有序列$\{\pi(1),\pi(2),\cdots,\pi(n)\}$是对原序列的一种重排。对于任意 $A\in\mathcal{P}(Y)$，则 $\exists\pi\in S^n$，$j=0,1,2,\cdots,n$，使得

$$A=\{y_{\pi(1)},y_{\pi(2)},\cdots,y_{\pi(j)}\};\quad \text{当 } j=0 \text{ 时，}\quad A=\varnothing\tag{3-4-34}$$

于是有

$$\begin{cases} P_X(A)=P_X(\{y_{\pi(1)},y_{\pi(2)},\cdots,y_{\pi(j)}\}) \\ P^*(A)=\max P_X(A) \\ P_*(A)=\min P_X(A) \end{cases} \tag{3-4-35}$$

现在考虑 $n=3$ 的情况，则

$$Y=\{y_1,y_2,y_3\},\quad \mathcal{P}(Y)=\{\varnothing,\{y_1\},\{y_2\},\{y_3\},\{y_1,y_2\},\{y_1,y_3\},\{y_2,y_3\},Y\}$$

对于 $\forall A\in\mathcal{P}(Y)$，$P_x(A)$=事件发生的概率。不妨记为

$$\begin{cases} P_x(\varnothing)=p_{000}, & P_x(\{y_1\})=p_{100} \\ P_x(\{y_2\})=p_{010}, & P_x(\{y_3\})=p_{001} \\ P_x(\{y_1,y_2\})=p_{110}, & P_x(\{y_1,y_3\})=p_{101} \\ P_x(\{y_2,y_3\})=p_{011}, & P_x(Y)=p_{111} \end{cases} \tag{3-4-36}$$

则有表 3-4-1 所示的上概率和下概率。

表 3-4-1 $Y=\{y_1,y_2,y_3\}$ 情况下的上概率和下概率

$A\in\mathcal{P}(Y)$	$P^*(A)$	$P_*(A)$
$\varnothing$	0	0
$\{y_1\}$	$(p_{100}+p_{110}+p_{101}+p_{111})/(1-p_{000})$	$p_{100}/(1-p_{000})$
$\{y_2\}$	$(p_{010}+p_{110}+p_{011}+p_{111})/(1-p_{000})$	$p_{010}/(1-p_{000})$
$\{y_3\}$	$(p_{001}+p_{101}+p_{011}+p_{111})/(1-p_{000})$	$p_{001}/(1-p_{000})$
$\{y_1,y_2\}$	$(p_{100}+p_{010}+p_{110}+p_{101}+p_{011}+p_{111})/(1-p_{000})$	$(p_{100}+p_{010}+p_{110})/(1-p_{000})$
$\{y_1,y_3\}$	$(p_{100}+p_{001}+p_{110}+p_{101}+p_{011}+p_{111})/(1-p_{000})$	$(p_{100}+p_{001}+p_{101})/(1-p_{000})$
$\{y_2,y_3\}$	$(p_{010}+p_{001}+p_{110}+p_{101}+p_{011}+p_{111})/(1-p_{000})$	$(p_{010}+p_{001}+p_{011})/(1-p_{000})$
Y	1	1

此时，$P_X(A)=[P_*(A),P^*(A)]\subseteq[0,1]$。 □

例题 3.4.2 设 $X:(0,1)\to\mathcal{P}([0,1])$ 是一个随机集，把概率空间 $((0,1),\mathcal{B}_{(0,1)},\lambda_{(0,1)})$ 映射到可测空间 $([0,1],\mathcal{B}_{[0,1]})$，且 $X(\omega)=(0,\omega)$，$\forall\omega\in(0,1)$。容易看出这个映射是强可测的。

(1) 给定 $x\in S(X)$，可以验证 $P_x(\{0\})=0$，$P_x([0,\omega])\geqslant\omega$，$\forall\omega\in(0,1)$，而且 $\lambda_{(0,1)}(\{\omega\in(0,1):P_x([0,\omega])=\omega\})=0$。

(2) 反之，考虑一个概率测度 $Q:\mathcal{B}_{[0,1]}\to[0,1]$ 满足 $Q([0,\omega))\geqslant\omega$，而且对于 $(0,1)$ 的几乎空子集(all but a null subset) N_Q，有 $Q([0,\omega))>\omega$。Q 的分位点函数(quantile function) x 是一个可测映射，满足 $P_x=Q$，$x(\omega)\in X(\omega)$，$\forall\omega\notin N_Q$。对 N_Q 上的 x 进行修改，对其可测性不影响，使得它的取值包含在 X 的值中，据此能够导出 $Q\in P_X$。

(3) 能够推导出 P_X 是概率测度类，且 $Q(\{0\})=0$，$Q([0,\omega])\geqslant\omega$，$\forall\omega$；而且对于 $[0,1]$ 的几乎空子集，有 $Q([0,\omega])>\omega$，而且容易验证这个类是凸的。

(4) $\mathcal{B}_{[0,1]}$ 上的 Lebesgue 测度 $\lambda_{[0,1]}$ 满足 $\lambda_{[0,1]}(A)\leqslant P^*(A)$，$\forall A\in\mathcal{B}_{[0,1]}$，因此它属于 M_{P^*}，而且显然并不以概率 1 满足 $\lambda_{[0,1]}([0,\omega])>\omega$，因而 $P_X\not\subset M_{P^*}$。 □

定理 3.4.8 设 (Y,d) 是一个可分的度量空间，考虑一个集类 $\mathcal{U}\subseteq\mathcal{B}_Y$，使得

(1) 对有限交运算是封闭的；

(2) 每个开集都是有限集，或者是$\mathcal{U}$中元的可数并，令$\{P_n\}$和 P 都是$\mathcal{B}_Y$上的概率测度，使得

$$P_n(A) \underset{n\to\infty}{\to} P(A), \quad \forall A \in \mathcal{U} \tag{3-4-37}$$

那么，序列$\{P_n\}$弱收敛于 P。

证明 （略）。 ■

3.4.3 随机集的 mass 函数模型

本节将在随机集理论框架内对 mass 函数模型重新描述，以便得到二者之间的联系。

定理 3.4.9 考虑$(\Omega,\mathcal{F},P)$是一个概率空间，U 是一个有限集合构成的论域空间，而 $X: \Omega\to\mathcal{P}(U)$是随机集，且对$\forall\, \omega\in\Omega$，$X(\omega)\neq\varnothing$，$X(\omega)\neq U$，则

$$m(A)=P\{X^{-1}(A)\} \tag{3-4-38}$$

$$Bel(A)=P\{X_*(A)\} \tag{3-4-39}$$

$$Pl(A)=P\{X^*(A)\} \tag{3-4-40}$$

分别是$\mathcal{P}(U)$上的 mass 函数、信度函数与似真度函数，而且

$$Be(A)=\sum_{A'\subseteq A} m(A') \tag{3-4-41}$$

$$Pl(A)=\sum_{A'\cap A\neq\varnothing} m(A') \tag{3-4-42}$$

于是对任意 $A\in\mathcal{P}(U)$，$Bel(A)\leqslant Pl(A)$，$Bel(A)=1-Pl(A^c)$。

证明 因为 $X(\omega)\neq\varnothing$，则 $X^{-1}(\varnothing)=\varnothing$；同时当 $A_1\neq A_2$ 时，$X^{-1}(A_1)\cap X^{-1}(A_2)=\varnothing$；且有

$$\sum_{A\subseteq Y} X^{-1}(A)=U$$

于是 $X^{-1}(A)$是对 Ω 的关系划分，从而 m 是 mass 函数。又因为

$$\begin{aligned}Bel(A)&=\sum_{A'\subseteq A} m(A')=\sum_{A'\subseteq A} P(X^{-1}(A'))=P\Big(\sum_{A'\subseteq A} X^{-1}(A')\Big)\\&=P(\omega\in\Omega: \varnothing\neq X(\omega)\subseteq A)=P(X_*(A))\end{aligned}$$

所以式(3-4-39)得证；类似可证式(3-4-40)。由信度函数与似真度函数的定义即可得到式(3-4-41)和式(3-4-42)。 ■

这样，我们把研究随机集的问题与研究证据理论的问题就统一起来了。

定理 3.4.10 考虑$(\Omega,\mathcal{F},P)$是一个概率空间，U 是一个有限集合构成的论域空间，而 $X_1: \Omega\to\mathcal{P}(U)$，$X_2: \Omega\to\mathcal{P}(U)$是相互独立的随机集，相应的 mass 函数分别是 m_1 和 m_2，则 Dempster-Shafer 合成公式就是这两个相互独立随机集的交运算，即

$$m(A)=P\{\omega\in\Omega: X_1(\omega)\cap X_2(\omega)=A\}, \quad A\in\mathcal{P}(U) \tag{3-4-43}$$

证明 设 m_1，m_2 是$\mathcal{P}(U)$上的两个独立的 mass 函数，即存在两个独立的随机集 $X_1: \Omega\to\mathcal{P}(U)$和 $X_2: \Omega\to\mathcal{P}(U)$，使得

$$m_1(E)=P\{X_1^{-1}(E)\}, \quad m_2(F)=P\{X_2^{-1}(F)\}, \quad \forall E,F\subseteq U$$

任意取 m_1, m_2,假定 $A=\varnothing$,则 $m(\varnothing)=0$ 已经给定;当 $A\neq\varnothing$,选择相互独立的 $E, F\subseteq U$,使得 $E\cap F=A$,则两个 mass 函数的合成就意味着

$$
\begin{aligned}
m(A) &= P(X^{-1}(A)) = P\{\omega\in\Omega\colon X(\omega)=A\} \\
&= \frac{1}{N}\sum_{E\cap F=A} P\{\omega\in\Omega\colon X_1(\omega)=E, X_2(\omega)=F\} \\
&= \frac{1}{N}\sum_{E\cap F=A} P\{\omega\in\Omega\colon X_1(\omega)=E\}\cdot P\{\omega\in\Omega\colon X_2(\omega)=F\} \\
&= \frac{1}{N}\sum_{E\cap F=A} P(X_1^{-1}(E))\cdot P(X_2^{-1}(F)) = \frac{1}{N}\sum_{E\cap F=A} m_1(E)\cdot m_2(F)
\end{aligned}
$$

其中 N 是归一化因子。现在只需证明,即

$$
\begin{aligned}
\sum_{B\subseteq U} m(B) &= m(\varnothing) + \sum_{B\subseteq U, B\neq\varnothing} m(B) = \sum_{B\subseteq U, B\neq\varnothing}\frac{1}{N}\sum_{E\cap F=B} m_1(E)\cdot m_2(F) \\
&= \frac{1}{N}\sum_{E\cap F\neq\varnothing} m_1(E)\cdot m_2(F) = \frac{1}{N}N = 1
\end{aligned}
$$

从而 m 是 mass 函数。 ■

注 应用如此广泛且理论推导如此晦涩的证据合成理论,用随机集的观点来看竟然是如此简单,仅仅是两个独立随机集的交运算。

Dempster 公式的意义在于,两个不同的可能性判断经过合成后变成统一的判断,这是一种形式的信息融合,在许多实际问题中都有应用。注意,这是一种集合运算,与概率的数值计算完全不同。一般情况下,如果 U 上有 n 个独立的 mass 函数 $m_1, m_2, \cdots, m_n$,而且 $N=\sum\limits_{\bigcap_{i=1}^{n} E_i\neq\varnothing}\prod\limits_{i=1}^{n} m_i(E_i)>0$,则有如下合成公式

$$
m(A) = (m_1\oplus\cdots\oplus m_n)(A) = \frac{1}{N}\sum_{\bigcap_{i=1}^{n} E_i=A}\prod_{i=1}^{n} m_i(E_i) \tag{3-4-44}
$$

如果 $n=0$,则所得 mass 函数存在矛盾。

对于非独立的几个 mass 函数的合成,见文献[36]。

3.4.4 随机集与模糊集的转换

证据理论是不确定性表示和推理的重要理论和方法之一。对于不确定性推理的定量方法,首先要解决的问题是如何实现对不确定性信息的表示和度量。不同的不确定性推理方法各有其不同的不确定性信息表示与描述方法。证据理论中的不确定性信息表示与描述可通过 mass 函数来实现。定义在某一辨识框架幂集上的 mass 函数是对传统概率定义的一种推广。确定一个 mass 函数应包括两个部分:焦元结构的确定和相应的 mass 赋值的确定。得到 mass 函数,即获得随机集描述,便可以很方便地求取证据理论中的其他函数(信度函数、似真度函数)以及依据证据组合规则进行不确定性推理。在证据理论的实际应用中,mass 函数的生成与获取至关重要,却往往也是最困难的一步。目

前还没有统一的方法，其生成方法往往与具体应用相关。本节将讨论 mass 函数生成方法。

定义 3.4.5 设$(\Omega,\mathcal{F},P)$是一个概率空间，U 是一个有限集合构成的论域空间，而 $X:\Omega\to\mathcal{P}(U)$是随机集，定义

$$\mu_X(u)\triangleq P\{\omega\in\Omega: u\in X(\omega)\},\quad \forall u\in U \tag{3-4-45}$$

称之为该随机集的**单点覆盖函数**(**one-point covering function**)。

单点覆盖函数 $\mu_X: U\to[0,1]$可以视为一个模糊隶属函数，这样就把模糊集 μ_X 与随机集 X 联系起来了。注意，这是由随机集(或 mass 函数)向模糊集的转换，而反过来由模糊集向随机集(或 mass 函数)的转换要复杂得多。

用模糊集诱导随机集合的方法可以很多，先介绍一种简单的方法。

定义 3.4.6 设 $\widetilde{F}$ 是 U 上的一个模糊集，ω 是区间$[0,1]$上均匀分布的随机变量，则相应的随机集可以定义为

$$X_{\widetilde{F}}(\omega)\triangleq\widetilde{F}^{-1}[\omega,1] \tag{3-4-46}$$

其中 $\widetilde{F}^{-1}: A\subseteq[0,1]\to\mathcal{P}(U)$表示逆映射，从而 $X_{\widetilde{F}}:[0,1]\to\mathcal{P}(U)$是一个随机集。

这样，研究模糊集的问题就变成研究随机集的问题。但是，这种转换赋予一个很强的假设：ω 是区间$[0,1]$上均匀分布。这个假设在很多情况下不一定成立。

我们研究 mass 函数生成的一般方法。

1. 依据目标类型数和环境加权系数确定 mass 函数[37-38]

当考虑目标类型数及传感器(信息源)环境对分类和识别的影响时，可采用如下的经验方法确定 mass 函数。

设 M 为传感器目标类型数，N 是传感器总数，$C_i(o_j)$是传感器 i 对目标类型 o_j 的关联系数($j=1,\cdots,M, i=1,\cdots,N$)。$\lambda_i$ 是传感器 i 的环境加权系数，且定义

$$\begin{cases}\alpha_i=\max\{C_i(o_j)\mid j=1,\cdots,M\}\\ \xi_i=M\lambda_i\Big/\sum\limits_{j=1}^{M}C_i(o_j)\\ \beta_i=(\xi_i-1)/(N-1),N\geqslant 2\\ R_i=(\lambda_i\alpha_i\beta_i)\Big/\sum\limits_{l=1}^{N}\lambda_l\alpha_l\beta_l\end{cases},\quad i=1,\cdots,N \tag{3-4-47}$$

传感器(信息源)i 对目标 o_j 的 mass 函数转换为

$$\begin{cases}m_i(\{o_j\})=\dfrac{C_i(o_j)}{\sum\limits_{l=1}^{M}C_i(o_l)+M(1-R_i)(1-\lambda_i\alpha_i\beta_i)}\\ m_i(\{\Theta\})=\dfrac{M(1-R_i)(1-\lambda_i\alpha_i\beta_i)}{\sum\limits_{l=1}^{M}C_i(o_l)+M(1-R_i)(1-\lambda_i\alpha_i\beta_i)}\end{cases},\quad i=1,\cdots,N \tag{3-4-48}$$

上式是对辨识框架全集的基本概率赋值，用来描述“不知道”或“未知”。

在本方法中，焦元结构预先设定为单点焦元和辨识框架的全集。

2. 基于统计证据的 mass 函数获取方法[37,39]

若有一批证据是基于统计实验结果获得的，称这批证据为**统计证据**。统计证据是证据理论在统计问题中的应用，是 Shafer 用非统计方法研究统计问题的一种尝试。

设统计试验的观测由一组概率模型$\{p_\theta | \theta \in \Theta\}$确定。$p_\theta$ 是给定θ时的概率密度函数。Shafer 的方法给出下面两个假设。

第一个假设：观测 $\boldsymbol{x}$ 决定一个似真度函数，满足

$$Pl(\{\theta\}) = cp_\theta(\boldsymbol{x}), \quad \forall \theta \in \Theta \tag{3-4-49}$$

其中，c 为常数，与 θ 无关。

第二个假设：似真度函数应该是一致(consonant)的。所谓“一致”是指所有证据体中焦元都是嵌套(nested)结构的，即对于任一 $A_i \subseteq \Theta, i=1,\cdots,r$，总有：$m(A_i)>0$ 及 $\sum\limits_{i=1,\cdots,r} m(A_i)=1, A_i \subset A_j, \forall i<j$。

在上述两个假设成立的前提下，得到的一致似真度函数为

$$Pl(A) = \frac{\max\{p_\theta: \theta \in A\}}{\max\{p_\theta: \theta \in \Theta\}}, \quad A \neq \varnothing, A \subseteq \Theta \tag{3-4-50}$$

结合式(3-4-49)可得

$$c = \frac{1}{\max\{p_\theta: \theta \in \Theta\}} \tag{3-4-51}$$

相应的支撑函数为

$$Sp_x(A) = 1 - \frac{\max\{p_\theta: \theta \in A^c\}}{\max\{p_\theta: \theta \in \Theta\}} \tag{3-4-52}$$

假定 $\Theta^0 = \{\theta^{(1)}, \theta^{(2)}, \cdots, \theta^{(N)}\}$是 Θ 的有序集，满足 $p_{\theta^{(i)}} > p_{\theta^{(j)}}, \forall 1 \leqslant i < j \leqslant N$，则称 $Sp_x(A)$为一致支撑函数。相应的 mass 函数为

$$m_x(A) = \begin{cases} \dfrac{p_{\theta^{(k)}}(\boldsymbol{x}) - p_{\theta^{(k+1)}}(\boldsymbol{x})}{p_{\theta^{(1)}}(\boldsymbol{x})}, & \forall A = \{\theta^{(1)}, \theta^{(2)}, \cdots, \theta^{(k)}\}, 1 \leqslant k \leqslant N-1 \\ \dfrac{p_{\theta^{(N)}}(\boldsymbol{x})}{p_{\theta^{(1)}}(\boldsymbol{x})}, & \forall A = \Theta^0 = \Theta \\ 0, & \text{其他} \end{cases} \tag{3-4-53}$$

上述一致 mass 函数虽然易于实现，但只适用于满足一致支持假设的特定场合。为此，可通过弱化一致支持假设得到推广方法：设$\{W_1, W_2, \cdots, W_r\}$是 Θ 的一个划分，若 $\forall k=1,\cdots,r$，Sp 在每个 W_k 上是一致的，我们说支持函数 $Sp: 2^\Theta \to [0,1]$是部分一致的。若 Sp 在 Θ 的一个划分$\{W_1, W_2, \cdots, W_r\}$上部分一致，令 $W_k^o = \{w_k^{(1)}, w_k^{(2)}, \cdots, w_k^{(n_k)}\}$是 W_k 对应的有序集，使得 $\forall 1 \leqslant i < j \leqslant n_k$，有 $p_{w_k^{(i)}} > p_{w_k^{(j)}}$。其中 $\sum\limits_{k=1,\cdots,r} n_k = N$。此时，$Sp$ 对应的 mass 函数为

$$m(A)=\begin{cases}C_p\{p_{w_k^{(l)}}-p_{w_k^{(l+1)}}\}, & \forall A=\{w_k^{(1)},w_k^{(2)},\cdots,w_k^{(l)}\},1\leqslant l\leqslant n_k-1\\ C_p p_{w_k^{(n_k)}}, & \forall A=W_k^o,1\leqslant k\leqslant n_k-1\\ 0, & 其他\end{cases} \tag{3-4-54}$$

其中，$C_p=\left[\sum\limits_{k=1,\cdots,r}\max\{p_w: w\in W_k\}\right]^{-1}$。

3. 基于隶属度函数生成mass函数的方法

经典集合论中，“属于”或“不属于”，两者必取其一，非此即彼。也就是说经典集合中的特征函数与二值逻辑相对应，只能取0,1两个值，也就无法表达现实中存在的“亦此亦彼”的模糊现象。取值推广到[0,1]闭区间，这就形成了模糊数学中的隶属度函数。关于隶属度函数的获取已经出现了许多行之有效的方法，包括模糊统计方法、主观指派方法、二元对比排序法等[40-41]。

设$\Theta=\{\theta_1,\theta_2,\cdots,\theta_n\}$为辨识框架，$\{f_1,f_2,\cdots,f_n\}$为相应的隶属度函数，有如下几种典型的mass函数生成方法。

(1) 依$P_i=f_i\Big/\sum\limits_{j=1,\cdots,n}f_j$将隶属度函数归一化，对应的mass函数生成如下[42]

$$m(\{\theta_i\})=P_i \tag{3-4-55}$$

该方法实际上是预设了焦元结构为单点焦元。这样的mass函数定义方式实际上等同于标准的概率定义。单点焦元的优势在于运算简单方便，但无法充分体现证据理论的优势，即无法表达和区分“不确定”和“不知道”。

(2) 依$P_i=f_i\Big/\sum\limits_{j=1,\cdots,n}f_j$将隶属度函数归一化，对应的mass函数生成如下[43]

$$\begin{cases}m(\{\theta_i\})=\alpha P_i\\ m(\Theta)=1-\alpha\sum\limits_{i=1}^{n}P_i\end{cases} \tag{3-4-56}$$

其中，α为折扣系数。该方法实际上是预设了焦元结构为单点焦元及辨识框架的全集。将概率值打折扣赋予单点焦元，剩余部分赋给全集，以表征“不知道”。

(3) 依$P_i=f_i\Big/\sum\limits_{j=1,\cdots,n}f_j$将隶属度函数归一化，对应的mass函数生成如下[43]

$$\begin{cases}m(\{\theta_i\})=\alpha\cdot P_i\\ m(\{\theta_i^c\})=\alpha\cdot\sum\limits_{j\neq i}P_j\\ m(\Theta)=1-m(\{\theta_i\})-m(\{\theta_i^c\})=1-\alpha\end{cases} \tag{3-4-57}$$

其中，α为折扣系数，$\theta_i^c=\Theta-\theta_i$是$\theta_i$的余集。该方法实际上是将mass赋值赋予辨识框架中单点焦元及其相应反命题的焦元，剩余部分mass赋值赋予全集，来描述“不知道”。

(4) 依$P_i=f_i\Big/\sum\limits_{j=1,\cdots,n}f_j$将隶属度函数归一化，取$i_1=\arg\max\limits_j P_j$，$i_2=\arg$

$\max\limits_{j,j\neq i}P_j$,对应的 mass 函数生成如下[44]:

$$\begin{cases}m(A_1)=P_{i_1}, & A_1=\{\theta_{i_1}\}\\ m(A_2)=P_{i_2}, & A_2=\{\theta_{i_2}\}\\ m(\Theta)=1-m(A_1)-m(A_2)\end{cases} \tag{3-4-58}$$

该方法中,选取隶属度值最高的辨识框架中的两个元素,作为单点焦元,以及辨识框架全集作为焦元结构的定义。归一化过后的隶属度赋值的最大两个赋值赋予上述两个单点焦元,剩余赋值赋予全集,来描述"不知道"。

(5) 协调证据中的隶属度函数向 mass 函数的转换。协调的 mass 函数,也称作一致支撑的 mass 函数,焦元满足依次嵌套。此时隶属度函数等价于单点似真度函数[45-46]。此时的单点似真度函数也被称为外形函数或单点覆盖函数。

一般地,设 m 是一个协调(一致支持)的 mass 函数,若其焦元为

$$A_i=\{x_j;\ j\leqslant i\}\quad (i\leqslant n) \tag{3-4-59}$$

其中,n 为辨识框架中元素的个数。$r_i,i=1,\cdots,n,\max\limits_i r_i=1$ 为其隶属度函数,则有

$$m(A_i)=r_i-r_{i+1}\quad (i\leqslant n) \tag{3-4-60}$$

其中,$r_{n+1}=0$。

该方法求解 mass 函数,也预设了焦元结构为嵌套形式。

本节介绍的很多方法都是由隶属度函数出发来获取 mass 函数,这是因为隶属度函数本身是针对单点赋值的,其获取与 mass 函数的获取(包括焦元结构的确定以及相应的 mass 赋值的确定)相比,相对较为容易。

还有其他一些 mass 函数的获取方法,比如文献[47]中,利用目标速度和加速度获取 mass 函数;文献[48]中,利用模糊 c-均值聚类来实现 mass 函数的获取;而在文献[49]中,则是利用基于 Gauss 模型假设的迭代估计来实现 mass 函数获取;在文献[50]中,利用广义粗集模型中的容差关系及决策表来生成 mass 函数。随着证据理论研究的深入和应用的拓展,相信会有越来越多行之有效的 mass 函数获取方法出现。

3.5 随机有限集概略

因为随机有限集理论正在成为多目标跟踪领域的一个研究热点,而且其理论基础与随机集理论有一定的联系,因而本节主要讨论随机有限集的基本概念和理论,然后讨论 Mahler 的有限集统计理论。

3.5.1 概述

在图像研究中,如果物体几何形状是随机变化的,用一个点过程描述这样的问题就很难满足。在目标跟踪中,如果跟踪的目标不是一个点目标,而是一个随机变化的目标群,同样用点过程来描述和处理有本质的困难。

20 世纪 60 年代,人们已经注意到这个问题。Moyal 首先提出了群体随机点过程的概念[51]。1975 年,Matheron 第一个系统地提出了随机几何的思想,并提出用随机集(闭

集)来解决这个问题的思路[52]。随机有限集是具有有限个元的随机集,由于其简单性在处理实际问题时受到特别重视,人们对其进行了更多的研究。1976 年 Ripley[53]的研究和 1984 年 Baudin [54]的研究指出,随机有限集在本质上也是随机点过程的研究基础,二者实质上是等价的。随机有限集应用于信息融合领域起始于 1990 年 Mahler 提出的有限集统计(Finite Set Statistics,FISST)理论[55-61],并且逐步应用于目标跟踪领域[62]。

3.5.2 随机有限集的概念

先考虑 Matheron 拓扑,Matheron 拓扑又称为 Hit-or-Miss 拓扑。在实数域上,经常用到 Borel σ-代数。同样,在实数域上所有的闭子集,我们希望找到某种意义下的拓扑$\mathcal{T}$。在该意义下,随机闭集的概率属性能够用更为简单的方式刻画出来。

设 $U=\mathbb{R}^d$ 表示 d 维实数空间,$\mathcal{F}(\mathbb{R}^d)$表示$\mathbb{R}^d$ 上的所有闭子集,Ω 表示基本事件空间。定义随机集 $X: \Omega\to\mathcal{F}$,设 $A\subseteq U$,子集类$\mathcal{F}_A=\{F\in\mathcal{F}: F\cap A\neq\varnothing\}\subseteq\mathcal{F}$,指的是"击中"(Hit)$A$ 的所有闭子集类;而$\mathcal{F}_A$ 的补集类$\mathcal{F}_A^c=\{F\in\mathcal{F}: F\cap A=\varnothing\}$则表示"未击中"(Miss)$A$ 的所有子闭子集类。所以以这种方式产生的拓扑称为 Hit-or-Miss 拓扑。如果仅限于有限可测闭子集,那么这种映射就称为随机有限集,下面给出严格定义。

定义 3.5.1 对于局部紧的 Hausdorff 可分空间 E(例如$\mathbb{R}^n$),$\mathcal{F}(E)$是 E 上所有有限子集构成的集类,称为 Mathéron 拓扑;Ω 表示基本事件空间,定义可测映射[56,63]

$$\Sigma: \Omega\to\mathcal{F}(E) \tag{3-5-1}$$

那么,Σ 就称为**随机有限集(random finite sets,RFS)**。

考虑$(\Omega,\mathcal{B},P)$是一个概率空间,定义于概率测度 P 上的 RFS 的**概率特性**为

$$P_\Sigma(A)=P(\Sigma^{-1}(A))=P(\{\omega:\Sigma(\omega)\in A\}) \tag{3-5-2}$$

分别有三种方式进行刻画:

(1) **概率分布函数**。对于任意的 Borel 子集 $A\in\mathcal{F}(E)$,随机有限集 Σ 的分布函数为

$$P_\Sigma(A)=P(\Sigma^{-1}(A))=P(\{\omega: \Sigma(\omega)=A\})^{①} \tag{3-5-3}$$

(2) **信度函数(belief mass function,BMF)**。对于任意闭子集 $A\subseteq E$,

$$\beta_\Sigma(A)=P(\{\omega: \Sigma(\omega)\subseteq A\}) \tag{3-5-4}$$

(3) **空概率(void probability)**函数。对于任意闭子集 $A\subseteq E$,

$$\zeta_\Sigma(A)=P(\{\omega: \Sigma(\omega)\cap A\neq\varnothing\})=\beta_\Sigma(A^c) \tag{3-5-5}$$

其中,A^c 是 A 的补集。

3.5.3 随机有限集的统计

对于一般的随机变量的概率密度(离散情况下是概率质量函数),可以通过积分(离散情况下求和)获得概率分布函数。同样,对概率分布函数可利用 Randon-Nikedym 导数获得概率密度函数。

但对于 RFS(随机有限集)来说,定义在可测集 E 上的置信测度不满足可列可加性,

① 参考文献[55]给出的表达式是 $P_\Sigma(A)=P(\Sigma^{-1}(A))=P(\{\omega: \Sigma(\omega)\in A\})$,疑是笔误。

Randon-Nikedym 导数不能直接应用，并且传统的概率分布是定义在区间上的，而对于集合来说，区间不再适用，只能用集合之间的包含关系来定义，因此随机有限集 Σ 的概率分布定义如下：

$$P_{\Sigma}(S)=P(\Sigma \in S) \tag{3-5-6}$$

随机有限集的测度和一般概率密度不同，它是定义在可测的有限集上的，而不是 Broel 集上。它的概率属性一般通过置信函数(belife-mass function)来刻画。我们以随机有限集的积分为例来说明随机有限集不能直接套用通常的概率统计理论。设 $Y\in\mathbb{R}^m$，它的期望定义为

$$E(Y)=\int_{S\subseteq\mathbf{R}^m}\boldsymbol{y}p_Y(\boldsymbol{y})\mathrm{d}\boldsymbol{y} \tag{3-5-7}$$

其中 $S\subseteq\mathbb{R}^m$ 是概率密度函数 $p_Y(\boldsymbol{y})$的分布范围。但是，对于随机有限集 Σ 来说，必须定义$\mathbb{R}^m$ 上的某个 σ 有限测度 q，令 $Y=q(\Sigma)$，根据 Robbin 公式，Y 的期望定义为

$$E(Y)=E[q(\Sigma)]=\int\mu_{\Sigma}(\boldsymbol{z})\mathrm{d}q(\boldsymbol{z}) \tag{3-5-8}$$

其中 $\mu_{\Sigma}(\boldsymbol{z})$是随机有限集 Σ 的单点覆盖函数，并且 $\mu_{\Sigma}(z)\triangleq P(\omega\in\Omega:\boldsymbol{z}\in\Sigma(\omega))$。如果 Σ 为随机有限集，并且 $q(\boldsymbol{z})$是关于 Lebesgue 测度绝对连续的，就会发现对任何随机有限集，$q(\boldsymbol{z})=0$，并且 $\mu_{\Sigma}(\boldsymbol{z})=0$；因此，Robbin 公式只有平凡解。这说明对随机有限集来说，不能直接套用一般随机变量积分的思路。

由于类似的原因，以及随机有限集问题本身的复杂性，它在实际工程中很难直接应用。为此，Mahler 提出了一套面向工程的基于随机有限集的统计方法，即有限集统计理论(FISST)。其关键是解决随机有限集的置信密度和置信函数之间的关系，核心是建立了 FISST 上的有限集积分和有限集导数。

1. 有限集积分

定义 3.5.2 对于 RFS，$Y\subseteq\mathcal{Y}$，$\mathcal{Y}$是目标跟踪空间；对于 Y 的任意实值函数 $f(Y)$，在空间 $S\subseteq\mathcal{Y}$上的积分定义为

$$\int_S f(Y)\delta Y=f(\varnothing)+\sum_{n=1}^{\infty}\frac{1}{n!}\int_{S^n}f(\{\boldsymbol{y}_1,\cdots,\boldsymbol{y}_n\})\mathrm{d}\boldsymbol{y}_1\cdots\mathrm{d}\boldsymbol{y}_n \tag{3-5-9}$$

如果 $S=\mathcal{Y}$时满足$\int_{S=\mathcal{Y}}f(Y)\delta Y=1$，那么 $f(Y)$就是密度函数。

此时，似然函数和转移密度同样满足$\int f_k(Z\mid X)\delta Z=1$，$\int f_{k+1|k}(Y\mid X)\delta Y=1$。

例题 3.5.1(全局均匀密度函数)[64] 考虑混杂空间$\mathcal{R}=\mathbb{R}^n\times W$，其中 W 是有限的离散空间。T 为混杂空间$\mathcal{R}$上的一个闭子集，对于所有的有限子集 $Z\subseteq\mathcal{R}$，定义如下集函数为

$$u_{T,M}(Z)=\begin{cases}\dfrac{|Z|!}{M\lambda(T)^{|Z|}}, & Z\subseteq T,\ |Z|<M\\ 0, & \text{其他}\end{cases}$$

那么根据式(3-5-9)，对于所有闭子集 S 有

$$\int_S u_{T,M}(Z)\delta Z=\sum_{n=0}^{\infty}\frac{1}{n!}\int_{S^n}u_{T,M}(\{\xi_1,\cdots,\xi_n\})\mathrm{d}\lambda(\xi_1)\cdots\mathrm{d}\lambda(\xi_n)$$
$$=\sum_{n=0}^{M-1}\frac{1}{n!}\int_{(T\cap S)^n}\frac{n!}{M\lambda(T)^n}\mathrm{d}\lambda(\xi_1)\cdots\mathrm{d}\lambda(\xi_n)$$
$$=\frac{1}{M}\sum_{n=0}^{M-1}\frac{\lambda(S\cap T)^n}{\lambda(T)^n}=1$$
□

2. 有限集导数

对于任意随机有限集 Y 的集函数 $F(Y)$，其导数定义为

$$\begin{cases}\dfrac{\delta F}{\delta \boldsymbol{y}}(S)=\lim\limits_{\nu(E_y)\to 0}\dfrac{F(S\cup E_y)-F(S)}{\nu(E_y)}\\ \dfrac{\delta\beta}{\delta Y}(S)=\dfrac{\delta^n\beta}{\delta\boldsymbol{y}_n\cdots\delta\boldsymbol{y}_1}(S)=\dfrac{\delta\delta^{n-1}\beta}{\delta\boldsymbol{y}_n\delta\boldsymbol{y}_{n-1}\cdots\delta\boldsymbol{y}_1}(S)\end{cases}\tag{3-5-10}$$

其中 $\beta(S)$ 是置信函数，$\nu(S)$ 是状态空间 S 的超体积(Lebesgue 测度)。

有限集导数满足如下的和律、积律、常数律和幂律。

和律：
$$\frac{\delta}{\delta Y}(a_1\beta_1(S)+a_2\beta_2(S))=a_1\frac{\delta\beta_1}{\delta Y}(S)+a_2\frac{\delta\beta_2}{\delta Y}(S)\tag{3-5-11}$$

其中 a_1, a_2 是任意常数。

积律：
$$\frac{\delta}{Y}(\beta_1(S)\beta_2(S))=\sum_{W\subseteq Y}\frac{\delta\beta_1}{\delta W}(S)\frac{\delta\beta_1}{\delta(Y-W)}(S)\tag{3-5-12}$$

常数律：
$$\frac{\delta}{\delta Y}\quad K=0,\quad 如果 Y\neq\varnothing\tag{3-5-13}$$

其中 K 为常数。

幂律：如果 $p(S)$ 是一个置信函数，它具有密度函数 $f_p(\boldsymbol{y})$，则

$$\frac{\delta}{\delta Y}p(S)^n=\begin{cases}\dfrac{n!}{(n-k)!}p(S)^{n-k}f_p(\boldsymbol{y}_1)\cdots f_p(\boldsymbol{y}_k), & k\leqslant n\\ 0, & k>n\end{cases}\tag{3-5-14}$$

例如，对于量测集 S 和状态集 X，S 关于 X 的条件置信函数如下

$$\begin{cases}\beta_k(S\mid X)=P(\Sigma_k\subseteq S)=\int_S f_k(Z\mid X)\delta Z\\ \beta_{k+1|k}(S\mid X)=P(\Sigma_{k+1|k}\subseteq S)=\int_S f_{k+1|k}(Y\mid X)\delta Y\end{cases}\tag{3-5-15}$$

其中 Σ_k，Z 均是 RFS，那么可以通过求导获得如下的密度函数

$$\begin{cases}f_k(Z\mid X)=\dfrac{\delta\beta_k}{\delta Z}(\varnothing\mid X)\\ f_{k+1|k}(Y\mid X)=\dfrac{\delta\beta_{k+1|k}}{\delta Y}(\varnothing\mid X)\end{cases}\tag{3-5-16}$$

例题 3.5.2 考虑杂波条件下单目标似然函数。假设在 k 时刻，Σ_k 为量测 RFS，X_k 为目标状态集，其中目标量测 RFS 为 Φ_k，杂波量测 RFS 为 C_k，即 $\Sigma_k=\Phi_k\cup C_k$，量测数据集为 $Y_k=\{y_k^i\}$。那么，在量测空间 S_o 中置信函数为

$$\beta_{\Sigma_k}(S_o \mid X_k) = P(\Sigma_k \subseteq S_o \mid X_k) = P(\Phi_k \subseteq S_o \mid X_k)P(C_k \subseteq S_o)$$
$$= \beta_{\Phi_k}(S_o \mid X_k)\beta_{C_k}(S_o)$$

利用乘积律，对上式求导并取空集

$$\begin{aligned}\frac{\delta}{\delta Y_k}(\beta_{\Phi_k}(S_o \mid X_k)\beta_{C_k}(S_o)) &= \sum_{W \subseteq Y_k} \frac{\delta\beta_{\Phi_k}}{\delta W}(S)\frac{\delta\beta_{C_k}}{\delta(Y_k - W)}(S) \\ &= \sum_{Z_k \subseteq Y_k} \frac{\delta\beta_{\Phi_k}}{\delta Z_k}(S)\frac{\delta\beta_{C_k}}{\delta(Y_k - Z_k)}(S) \\ &= \sum_{Z_k \subseteq Y_k} f_{\Phi_k}(Z_k \mid X_k) f_{C_k}(Y_k - Z_k) \\ &= p_c(m_k)(1 - P_D) + p_c(m_k - 1)P_D \sum_i f_{\Phi_k}(z_k^i \mid x_k)\end{aligned}$$ □

例题 3.5.3 两个目标似然函数，对于如下的置信函数

$\beta_\Sigma(S \mid \{\boldsymbol{x}\}) = 1 - P_D + P_D p_f(S \mid \boldsymbol{x})$

$\beta_\Sigma(S \mid \{\boldsymbol{x}_1, \boldsymbol{x}_2\}) = [1 - P_D + P_D p_f(S \mid \boldsymbol{x}_1)][1 - P_D + P_D p_f(S \mid \boldsymbol{x}_2)]$

那么，似然密度分别为

$f(\varnothing \mid \varnothing) = 1$

$f(\varnothing \mid \{\boldsymbol{x}\}) = 1 - P_D$

$f(\{\boldsymbol{z}\} \mid \{\boldsymbol{x}\}) = P_D f(\boldsymbol{z} \mid \boldsymbol{x})$

$f(\varnothing \mid \{\boldsymbol{x}_1, \boldsymbol{x}_2\}) = (1 - P_D)^2$

$f(\{\boldsymbol{z}\} \mid \{\boldsymbol{x}_1, \boldsymbol{x}_2\}) = P_D(1 - P_D)f(\boldsymbol{z} \mid \boldsymbol{x}_1) + P_D(1 - P_D)f(\boldsymbol{z} \mid \boldsymbol{x}_2)$

$f(\{\boldsymbol{z}_1, \boldsymbol{z}_2\} \mid \{\boldsymbol{x}_1, \boldsymbol{x}_2\}) = P_D^2 f(\boldsymbol{z}_1 \mid \boldsymbol{x}_1)f(\boldsymbol{z}_2 \mid \boldsymbol{x}_2) + P_D^2 f(\boldsymbol{z}_2 \mid \boldsymbol{x}_1)f(\boldsymbol{z}_1 \mid \boldsymbol{x}_2)$

其中，$\boldsymbol{x}, \boldsymbol{x}_1, \boldsymbol{x}_2$ 为不同目标的状态，$\boldsymbol{z}, \boldsymbol{z}_1, \boldsymbol{z}_2$ 对应各自的量测；$p_f(S|\boldsymbol{x})$是密度为 $f(\boldsymbol{z}|\boldsymbol{x})$ 的概率分布函数。 □

3.5.4 典型 RFS(随机有限集)分布函数

分布函数是随机有限集理论的基础，依据分布函数的不同，典型的 RFS 包括 Poisson RFS、单 Bernoulli RFS、多 Bernoulli RFS 等。下面对几种 RFS 做一个简要的介绍。

1. Poisson RFS

对于状态空间$\mathbb{X}$ 上的 RFS X，若其势$|X|$满足 Poisson 分布，就称为 Poisson RFS，用 $v(\boldsymbol{x})$表示其强度函数，则其均值和概率密度函数可以分别表示为 $\bar{N} = \int v(\boldsymbol{x})\mathrm{d}\boldsymbol{x}$ 和 $v(\boldsymbol{x})/\bar{N}$。Poisson RFS 的概率密度函数可以表示为

$$\pi(X) = \mathrm{e}^{-\bar{N}} v^X \tag{3-5-17}$$

对于状态空间上的 $h: \mathbb{X} \to \mathbb{R}$，满足 $h^X = \prod_{x \in X} h(\boldsymbol{x})$，规定 $h^{\varnothing} = 1$。

2. Bernoulli RFS

对于状态空间$\mathbb{X}$ 上的 Bernoulli RFS，若用 p 表示其元素分布的概率密度函数，用 r

表示其存在概率，则其概率密度函数可以表示为

$$\pi(X)=\begin{cases}1-r, & X=\varnothing \\ r\cdot p(\boldsymbol{x}), & X=\{\boldsymbol{x}\}\end{cases} \tag{3-5-18}$$

3. 多 Bernoulli RFS

对于多 Bernoulli RFS，它是个数固定且彼此之间相互独立的 Bernoulli RFS 的集合，分别用 $r^{(i)}$，$p^{(i)}$ 表示每个 Bernoulli RFS 的存在概率和概率密度函数，且满足 $r^{(i)}\in(0,1)$，$i=1,2,\cdots,M$，$X=\bigcup_{i=1}^{M}X^{(i)}$，$M$ 表示其中所包含的 Bernoulli RFS 的数量。由于 Bernoulli RFS 的概率密度函数仅仅与参数 r 和 p 有关，所以完全可以用参数集 $\{(r^{(i)},p^{(i)})\}_{i=1}^{M}$ 对其表示。对参数集进行预测更新即可，其势分布可以表示为 $\sum_{i=1}^{M}r^{(i)}$，概率密度函数如下

$$\begin{cases}\pi(\phi)=\prod_{j=1}^{M}(1-r^{(j)}) \\ \pi(\{\boldsymbol{x}_1,\cdots,\boldsymbol{x}_n\})=\pi(\phi)\sum_{\{i_1,\cdots,i_n\}\in\mathcal{F}_n(\{1,\cdots,M\})}\prod_{j=1}^{n}\dfrac{r^{(i_j)}p^{(i_j)}(\boldsymbol{x}_j)}{1-r^{(i_j)}}\end{cases} \tag{3-5-19}$$

3.5.5 标签 RFS

不同于传统的 RFS，标签 RFS 为不同目标的状态 $\boldsymbol{x}(\boldsymbol{x}\in\mathbb{X})$ 添加了可以识别身份的标签 $l\in\mathbb{L}=\{\alpha_i:i\in N\}$，其中 N 表示目标的个数。为区别非标签 RFS 变量，多目标的状态用粗体标签 RFS 表示为[94-95]

$$\boldsymbol{X}_k=\{(\boldsymbol{x}_{k,1},l_1),\cdots,(\boldsymbol{x}_{k,N(k)},l_{N(k)})\} \tag{3-5-20}$$

其中用大写实体的 $\boldsymbol{X}_k$ 表示多目标状态集合，用小写实体 $\boldsymbol{x}_{k,i}$ 表示目标 i 在 k 时刻的带标签状态。为了实现不同目标的标签是不同的，用下述方程进行约束

$$\Delta(\boldsymbol{X})=\begin{cases}1, & |\mathcal{L}(\boldsymbol{X})|=|\boldsymbol{X}| \\ 0, & |\mathcal{L}(\boldsymbol{X})|\neq|\boldsymbol{X}|\end{cases} \tag{3-5-21}$$

其中，$\mathcal{L}(\boldsymbol{X})$ 表示状态集到 $\boldsymbol{X}$ 标签 l 的映射，$|\cdot|$ 表示集合中元素的个数。

简单地说，标签随机有限集(L-RFS)就是在标准 RFS 中为每个元素增添一个独一无二的标签。这样一来可以用来识别定位跟踪区域内的每个目标，从而生成有效航迹。用 $\mathbb{L}=\{\alpha_i:i\in N\}$ 表示标签空间，在原来的状态 $\boldsymbol{x}\in\mathbb{X}$ 上添加一个标签信息 $l\in\mathbb{L}$，则目标状态 $(\boldsymbol{x},l)$ 定义在了空间 $\mathbb{X}\times\mathbb{L}$ 上。

1. 标签 Poisson RFS

类比于前面提及的 Poisson RFS，标签泊松 RFS 只是添加了一个标签信息，这里就不做过多赘述，直接给出概率密度函数的表达式[95]

$$\pi(\{(\boldsymbol{x}_1,l_1),\cdots,(\boldsymbol{x}_n,l_n)\})=\delta_{L(n)}(\{l_1,\cdots,l_n\})\mathrm{Pois}_{\langle v,1\rangle}(n)\prod_{i=1}^{n}\frac{v(\boldsymbol{x}_i)}{\langle v,1\rangle} \tag{3-5-22}$$

其中，$\mathrm{Pois}_\lambda(n)=\mathrm{e}^{-\lambda}\lambda^n/n!$ 表示参数为 λ 的 Poisson 分布，$L(n)=\{\alpha_i\in L\}_{i=1}^{n}$。

2. 标签多 Bernoulli RFS

若将标签多 Bernoulli RFS 的参数集表示为$\{(r^{(\zeta)},p^{(\zeta)}):\zeta\in\Psi\}$，将与之对应的标签状态表示为 $\alpha(\zeta)$，其中，$\alpha:\Psi\to L$ 是一个单射，在原来状态信息的基础上增添了标签信息，把原来状态空间$\mathbb{X}$ 上的问题扩展到了空间$\mathbb{X}\times\mathbb{L}$ 上，其概率密度函数可以表示为[95]

$$\pi(\{(\boldsymbol{x}_1,l_1),\cdots,(\boldsymbol{x}_n,l_n)\})=\delta_{(n)}(|\{l_1,\cdots,l_n\}|)\times$$
$$\prod_{\zeta\in\Psi}(1-r^{(\zeta)})\prod_{j=1}^{n}\frac{1_{\alpha(\Psi)}(l_j)r^{(\alpha^{-1}(l_j))}p^{(\alpha^{-1}(l_j))}(\boldsymbol{x}_j)}{1-r^{(\alpha^{-1}(l_j))}} \tag{3-5-23}$$

简化公式为

$$\pi(\boldsymbol{X})=\Delta(\boldsymbol{X})1_{\alpha(\Psi)}(\mathcal{L}(\boldsymbol{X}))[\Phi(X;\cdot)]^{\Psi} \tag{3-5-24}$$

其中，$\Delta(\boldsymbol{X})$为表示标签是否唯一的一个指标，$\delta_{|X|}(|\mathcal{L}(\boldsymbol{X})|)$为指示函数，用来表示是否恰好为定位跟踪区域内的每个目标添加了一个唯一的标签，$\mathcal{L}(\boldsymbol{X})$表示 $\boldsymbol{X}$ 的标签，则有

$$\Phi(\boldsymbol{X};\zeta)=\begin{cases}1-r^{(\zeta)}, & \alpha(\zeta)\notin\mathcal{L}(\boldsymbol{X})\\ r^{(\zeta)}p^{(\zeta)}(\boldsymbol{x}), & (\boldsymbol{x},\alpha(\zeta))\in\boldsymbol{X}\end{cases} \tag{3-5-25}$$

3. 广义标签多 Bernoulli RFS

GLMB 为空间$\mathbb{X}\times\mathbb{L}$ 上的标签 RFS，其分布为[95]

$$\pi(\boldsymbol{X})=\Delta(\boldsymbol{X})\sum_{c\in C}w^{(c)}(\mathcal{L}(\boldsymbol{X}))[p^{(c)}]^{X} \tag{3-5-26}$$

其中，C 为离散变量，$w^{(c)}(L)$，$p^{(c)}$分别满足

$$\begin{cases}\displaystyle\sum_{l\in L}\sum_{c\in C}w^{(c)}(l)=1\\ \displaystyle\int p^{(\zeta)}(\boldsymbol{x},l)\mathrm{d}\boldsymbol{x}=1\end{cases} \tag{3-5-27}$$

3.5.6 随机有限集的 Bayes 滤波

考虑传统的 Bayes 滤波公式为

$$p_{k|k-1}(\boldsymbol{x}_k\mid\boldsymbol{z}_{1:k-1})=\int p_{k|k-1}(\boldsymbol{x}_k\mid\boldsymbol{x}_{k-1})p_{k-1|k-1}(\boldsymbol{x}_{k-1}\mid\boldsymbol{z}_{1:k-1})\mathrm{d}\boldsymbol{x}_{k-1} \tag{3-5-28}$$

$$p_{k|k}(\boldsymbol{x}_k\mid\boldsymbol{z}_{1:k})=\frac{g_k(\boldsymbol{z}_k\mid\boldsymbol{x}_k)p_{k|k-1}(\boldsymbol{x}_k\mid\boldsymbol{z}_{1:k-1})}{\int p_k(\boldsymbol{z}_k\mid\boldsymbol{x}_k)p_{k|k-1}(\boldsymbol{x}_k\mid\boldsymbol{z}_{1:k})\mathrm{d}\boldsymbol{x}_k} \tag{3-5-29}$$

其中 $\boldsymbol{z}_{1:k-1}\triangleq\{\boldsymbol{z}_1,\boldsymbol{z}_2,\cdots,\boldsymbol{z}_{k-1}\}$。类似地，对于随机有限集来说，基于信度函数上的集合积分和导数，Mahler 给出了 FISST 框架下的 Bayes 公式如下

$$f_{k|k-1}(X_k \mid Z_{1:k-1})=\int f_{k|k-1}(X_k \mid X_{k-1})f_{k-1|k-1}(X_{k-1} \mid Z_{1:k-1})\delta X_{k-1} \tag{3-5-30}$$

$$f_{k|k}(X_k \mid Z_{1:k})=\frac{\rho_k(Z_k \mid X_k)f_{k|k-1}(X_k \mid Z_{1:k-1})}{\int\rho_k(Z_k \mid X_k)f_{k|k-1}(X_k \mid Z_{1:k-1})\delta X_k} \tag{3-5-31}$$

其中 $X_k, Z_{1:k-1}$ 分别是系统状态和直到 $k-1$ 时刻的量测；而 $f_{k|k}(\cdot), f_{k|k-1}(\cdot)$, $\rho_k(\cdot)$分别是状态更新、状态提前一步预测和量测噪声的置信密度函数。

FISST 框架下的 Bayes 公式和传统概率框架下的 Bayes 公式有何异同？有何联系？Vo 等给出了如下的命题[65]。

命题 1 假设 Σ 是局部紧的 Hausdorff 可分空间 E 上的 RFS，并且具有概率测度 P_Σ 和信度函数 β_Σ，如果 P_Σ 是关于 μ 绝对连续，μ 是一个没有进行正则化的 Poisson 点过程测度，具有单位 K^{-1}，对于任意子集 $A\in\mathcal{F}(E)$，定义如下 Poisson 点过程测度

$$\mu(A)=\sum_{i=0}^{\infty}\frac{\lambda^i(\Sigma^{-1}(A)\cap E^i)}{i!}$$

那么

$$\frac{\mathrm{d}P_\Sigma}{\mathrm{d}\mu}=K^{|X|}d(\beta_\Sigma)_X \tag{3-5-32}$$

这说明 FISST 框架下的置信密度函数是带有单位 $K^{-|X|}$ 的，传统的 Bayes 公式和 FISST 框架下的 Bayes 公式相差单位 $K^{-|X|}$。因此，二者之间存在如下关系

$$\begin{cases}
p_{k-1|k-1}(X \mid Z_{1:k-1})=K_s^{|X|}f_{k-1|k-1}(X \mid Z_{1:k-1})\\
p_{k|k-1}(X \mid Z_{1:k-1})=K_s^{|X|}f_{k|k-1}(X \mid Z_{1:k-1})\\
p_{k|k-1}(X \mid Z_{1:k-1})=K_s^{|X|}f_{k|k-1}(X \mid Z_{1:k-1})\\
p_{k|k-1}(X \mid X_{k-1})=K_s^{|X|}f_{k|k-1}(X \mid X_{k-1})\\
p_{k|k-1}(X \mid X_{k-1})=K_s^{|X|}f_{k|k-1}(X \mid X_{k-1})\\
p_{k|k-1}(X \mid X_{k-1})=K_s^{|X|}f_{k|k-1}(X \mid X_{k-1})\\
p_{k|k-1}(X \mid X_{k-1})=K_s^{|X|}f_{k|k-1}(X \mid X_{k-1})\\
p_{k|k-1}(X \mid X_{k-1})=K_s^{|X|}f_{k|k-1}(X \mid X_{k-1})\\
p_{k|k}(X \mid Z_{1:k})=K_s^{|X|}f_{k|k}(X \mid Z_{1:k})\\
g_k(Z \mid X_k)=K_o^{|Z|}\rho_k(Z \mid X_k)
\end{cases} \tag{3-5-33}$$

其中，$p_{k|k}(\cdot), p_{k|k-1}(\cdot)$分别表示通常概率意义下的先验密度函数和提前一步预测密度函数，$g_k(\cdot)$是似然函数；而 $f_{k|k}(\cdot), f_{k|k-1}(\cdot), \rho_k(\cdot)$分别是相应的置信密度函数。

对随机变量(向量)而言，在线性高斯情况下，利用标准的 Kalman 滤波器，就可以更新状态变量的一阶矩和二阶矩的估计。然而，对于随机有限集而言，是否存在只需更新前两阶矩的滤波公式呢？这就需要解决两个问题：首先要确定随机有限集的矩是否存在；其次在矩存在的前提下，是否存在其递推公式。此外，随机有限集 Bayes 公式的计算也有着本质的困难。

(1) 计算难度大大增加。根据式(3-5-29)的随机有限集 Bayes 公式中包含一系列的

高维积分，这个在实际中很难应用。此外，式(3-5-29)存在一个假设：置信密度函数 $f(\{\boldsymbol{y}_1,\cdots,\boldsymbol{y}_n\})$ 的分布是对称的，即对于序列 $\{\boldsymbol{y}_1,\cdots,\boldsymbol{y}_n\}$ 的任意的序列重排 $\{\boldsymbol{y}_{i_1},\cdots,\boldsymbol{y}_{i_n}\}$，$f(\{\boldsymbol{y}_{i_1},\cdots,\boldsymbol{y}_{i_n}\})$ 与 $f(\{\boldsymbol{y}_1,\cdots,\boldsymbol{y}_n\})$ 二者具有相同的分布。

(2) 估计准则的含义是什么？是否存在？对于传统的随机变量(向量)，常用的 Bayes 估计准则包括最小均方差估计(MSE)和极大后验估计(MAP)，分别定义如下：

$$\text{MSE:}\ \hat{\boldsymbol{x}}_k = E(\boldsymbol{x}_k \mid \boldsymbol{z}_{1:k})$$

$$\text{MAP:}\ \hat{\boldsymbol{x}}_k = \arg\max_{x_k} f(\boldsymbol{x}_k \mid \boldsymbol{z}_{1:k})$$

但是，对于随机有限集 X_k 来说，条件期望 $E(X_k \mid Z_{1:k})$ 没有任何意义，或者说根本不存在，更谈不上 MSE 准则问题。MAP 估计则与状态的单位有关系。因此，这些估计准则均不适用于随机有限集的估计。这些困难促使人们寻找更为可行、简化和实用的算法，这一点，我们将在随机有限集多目标跟踪理论中进一步讨论。

3.6 统计学习理论与支持向量机基础

1963 年 Vapnik 在解决模式识别问题时提出了支持向量方法，这种方法从训练集中选择一组特征子集，使得对特征子集的划分等价于对整个数据集的划分，这组特征子集被称为支持向量(support vector, SV)，这种理论称为支持向量机(support vector machine, SVM)理论。1971 年 Kimeldorf 提出使用线性不等约束重新构造 SV 的核空间，解决了一部分线性不可分问题；1990 年，Grace、Boser 和 Vapnik 等开始对 SVM 进行系统研究；1995 年 Vapnik 正式提出统计学习理论[70]。SVM 理论越来越受到人们的关注，而且已经几乎成为数据分类的一种标准方法。

3.6.1 统计学习理论的一般概念

机器学习是一种基于数据的学习方法，它主要研究从观测数据(样本)出发寻找规律并构造一个模型，利用该模型可对未知数据或者无法观测的数据进行预测。这种模型被称为**学习机**(**learning machine**)。机器学习的过程就是构建学习机的过程。机器学习包含很多种方法，如决策树、遗传算法、人工神经网络、隐 Markov 链(HMM)等。然而迄今为止，关于机器学习还没有一种被共同接受的理论框架，但关于实现方法大致可以分为三种。

第一种是经典的(参数)**统计估计方法**(**statistical estimation method**)。在这种方法下，参数的依赖关系被认为是先验已知的，训练样本用于估计依赖关系的参数。这种方法的缺点在于：一是因为"维数灾难"，很难将这种方法扩展到高维数据空间；二是先验的依赖关系在很多情况下难于获取。

第二种方法是 20 世纪 80 年代发展起来的**经验非线性方法**(**empirical nonlinear method**)，如人工神经网络(ANN)和多变量自适应回归分析。这些方法利用已知样本建立非线性模型，克服了传统参数估计方法的困难。但是，这些方法目前还缺乏统一的数学理论指导。

第三种方法是 20 世纪 60 年代后期发展起来的**统计学习理论**(**statistical learning theory 或 SLT**),它是专门用于有限样本情况下非参数估计问题的机器学习理论。与传统统计学相比,这种体系下的统计推理规则不仅考虑了对渐近性能的要求,而且追求在现有有限信息的条件下得到最优结果。Vapnik 等从 20 世纪 60 至 70 年代开始致力于此方面研究,到 90 年代中期其理论发展已趋于成熟,而且统计学习理论开始受到越来越广泛的重视。

统计学习理论建立在一套较坚实的理论基础之上,为解决有限样本学习问题提供了一个统一的框架。它能将很多现有方法纳入其中,有望帮助解决许多原来难以解决的问题(如神经网络结构选择问题、局部极小点问题等);同时,在这一理论基础上发展了一种新的通用学习方法——支持向量机理论,它已初步表现出很多优于已有方法的性能。一些学者认为,SLT 和 SVM 正在成为继神经网络研究之后新的研究热点,并将有力地推动机器学习理论和技术的发展。

机器学习的目的是根据给定的训练样本求取系统输入输出之间依赖关系的估计,使它能够对系统行为做出尽可能准确的预测。

定义 3.6.1 设变量 y 与变量 $\boldsymbol{x}$ 之间存在一定的未知依赖关系,即遵循某一未知的联合概率分布 $P(\boldsymbol{x},y)$,机器学习问题就是根据 l 个独立同分布(i. i. d)的观测样本

$$(\boldsymbol{x}_1,y_1),(\boldsymbol{x}_2,y_2),\cdots,(\boldsymbol{x}_l,y_l) \tag{3-6-1}$$

在一组函数$\{f(\boldsymbol{x},\alpha)\}$中按某个准则选择一个最优的函数 $f(\boldsymbol{x},\alpha_0)$对依赖关系进行估计,其中 α 是参数,而 $f(\boldsymbol{x},\alpha)$就称为是一个**学习机**(**learning machine**)。如果对于给定的输入 $\boldsymbol{x}$ 和 α 的一个选择,其输出 $f(\boldsymbol{x},\alpha)$总是相同的,这个学习机称为是**确定性的**(**deterministic**);否则称为**不确定性的**(**uncertainty**)。对于确定性学习机中 α 的一个特定选择,就称其为**训练过的学习机**(**trained machine**)。

例题 3.6.1 考虑具有固定结构的一个人工神经网络,α 就是所有的权系数和偏置,在此意义下就是一个学习机。如果给定 α 的一组值,这个人工神经网络就是一个训练过的学习机。显然,给定一组输入 $\boldsymbol{x}$ 和 α 的值,这个人工神经网络输出为确定值,则其为确定性的人工神经网络。 □

定义 3.6.2 对于一个学习机,**损失函数**(**loss function**)$L(y,f(\boldsymbol{x},\alpha))$表示用 $f(\boldsymbol{x},\alpha)$对 y 进行预测而造成的损失。不同类型的学习问题有不同形式的损失函数,针对三类主要的学习问题分别定义如下。

(1) **模式识别问题**:输出变量 y 是类别标号;对于只有两种模式的情况 $y=\{0,1\}$或者 $y=\{-1,1\}$,此时损失函数一般定义为

$$L(y,f(\boldsymbol{x},\alpha))=\begin{cases}0(\text{或}-1), & y=f(\boldsymbol{x},\alpha)\\ 1, & y\neq f(\boldsymbol{x},\alpha)\end{cases} \tag{3-6-2}$$

(2) **函数逼近问题**:$y\in\mathbb{R}$ 是连续变量,损失函数一般以定义为

$$L(y,f(\boldsymbol{x},\alpha))=(y-f(\boldsymbol{x},\alpha))^2 \quad \text{或} \quad L(y,f(\boldsymbol{x},\alpha))=\frac{1}{2}\mid y-f(\boldsymbol{x},\alpha)\mid \tag{3-6-3}$$

(3) **概率密度估计问题**:学习的目的是根据训练样本决定 x 的概率密度,设被估计的概率密度为 $p(\boldsymbol{x},\alpha)$,则损失函数一般定义为

$$L(p(\boldsymbol{x},\alpha))=-\log p(\boldsymbol{x},\alpha) \tag{3-6-4}$$

定义 3.6.3 对于一个学习机，损失函数的期望

$$R(\alpha)=\int L(y,f(\boldsymbol{x},\alpha))\mathrm{d}P(\boldsymbol{x},y) \tag{3-6-5}$$

称为**期望风险**(**expected risk**)或**真实风险**(**actual risk**)。而**经验风险**(**empirical risk**)则是训练集上的平均误差，即

$$R_{\mathrm{emp}}(\alpha)=\frac{1}{l}\sum_{i=1}^{l}L(y_i,f(\boldsymbol{x}_i,\alpha)) \tag{3-6-6}$$

注意经验风险中并没有出现概率分布。对于特定的 α 的一个选择，以及特定的训练样本$(\boldsymbol{x}_i,y_i)$，经验风险是一个确定的值。

传统的机器学习方法采用了所谓的**经验风险最小化**(ERM)准则，即用样本定义经验风险如式(3-6-6)所示。该式作为对式(3-6-5)的估计，设计学习算法使其最小化，这就是经验风险最小化准则。

3.6.2 学习机的VC维与风险界

定义 3.6.4 考虑相应于两个模式类的识别问题，其中函数 $f(\boldsymbol{x},\alpha)\in\{1,-1\}$，$\forall\boldsymbol{x}$，$\alpha$。对于给定的一组 l 个点，可以按所有 2^l 个可能的方式进行标识；对于每个可能的标识，如果在$\{f(\alpha)\}$中总能取得一个函数，这个函数能够用来正确地区分这些标识，称这 l 个点构成的点集能够被$\{f(\alpha)\}$**分隔**(**shattered**)。函数族$\{f(\alpha)\}$的 **VC 维**(**Vapnik Chervonenkis dimension**)定义为能够被$\{f(\alpha)\}$分隔的训练点 l 的最大数目。若对任意数目的样本都有函数能将它们分隔，则函数集的VC维是无限大。

注意，如果VC维是 h，那么至少存在一组 h 个点的集合能够被分隔。但是在一般情况下，任意一组 h 个点的集合都能被分隔的结论却是不正确的。

例题 3.6.2 考虑一个分类问题。假定所有的数据来自空间$\mathbb{R}^2$。对于空间的任意三个点的集合$\{\boldsymbol{x}_1,\boldsymbol{x}_2,\boldsymbol{x}_3\}$，分为"左""上""下"，而且有8种($2^3$)可能的标识(见图3-6-1(a))

$$\begin{cases}\boldsymbol{x}_1\to1,\boldsymbol{x}_2\to-1,\boldsymbol{x}_3\to1; & \boldsymbol{x}_1\to-1,\boldsymbol{x}_2\to1,\boldsymbol{x}_3\to-1; & \boldsymbol{x}_1\to-1,\boldsymbol{x}_2\to-1,\boldsymbol{x}_3\to-1\\ \boldsymbol{x}_1\to1,\boldsymbol{x}_2\to1,\boldsymbol{x}_3\to1; & \boldsymbol{x}_1\to1,\boldsymbol{x}_2\to1,\boldsymbol{x}_3\to-1; & \boldsymbol{x}_1\to-1,\boldsymbol{x}_2\to-1,\boldsymbol{x}_3\to1\\ \boldsymbol{x}_1\to1,\boldsymbol{x}_2\to-1,\boldsymbol{x}_3\to-1; & \boldsymbol{x}_1\to-1,\boldsymbol{x}_2\to1,\boldsymbol{x}_3\to1 & \end{cases}$$

对于这种标识，总可以找到一组有向直线将不同的标识点进行分隔(注意标识不是赋值)。

$\{f(\alpha)\}$由有向直线组成，对于给定的直线，在直线一边的所有点规定属于类别1，而所有在另一边的点规定属于类别−1。直线的方向在图3-6-1(a)中用箭头表示，其正方向一边的点标识为1。所以$\mathbb{R}^2$中一组有向直线的VC维是3。然而，同一直线上的三个点任意标识，却不能保证被有向直线分隔，这却不影响$\mathbb{R}^2$中一组有向直线的VC维是3。

但是，对于空间四个点的集合$\{\boldsymbol{x}_1,\boldsymbol{x}_2,\boldsymbol{x}_3,\boldsymbol{x}_4\}$，分为"左上""右上""左下""右下"，我们仅取一种标识(见图3-6-1(b))：$\boldsymbol{x}_1\to-1,\boldsymbol{x}_2\to1,\boldsymbol{x}_3\to1,\boldsymbol{x}_4\to-1$，任何一个有向直线都不能把不同的标识点进行分隔。其实，对于任意四个点的集合，采用16种可能的标识，都不可能找到一组有向直线将不同的标识点完全进行分隔。 □

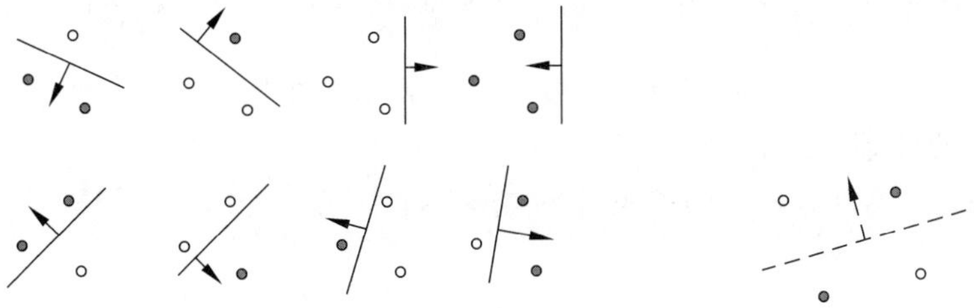

(a) 三个点被有向直线分隔　　(b) 四个点不能被有向直线分隔

图 3-6-1　$\mathbb{R}^2$ 中的 VC 维

现在考虑$\mathbb{R}^n$ 中的有向超平面，下面的定理将非常有用。

引理 1　$\mathbb{R}^n$ 中两个点集能够被一个超平面分隔的充分与必要条件是其凸包(包含该点集的最小凸集)的交集为空集。

证明　见文献[1,67]。■

定理 3.6.1　考虑$\mathbb{R}^n$ 中 m 个点的集合，选择其中任何一个点作为原点，那么 m 个点能够被有向超平面分隔的充分与必要条件是，除了原点外其余点的位置向量是线性独立的。

证明

(1) 其余点的位置向量线性独立⇒m 个点能够被有向超平面分隔。把原点标识为 O，而且假定其余的 $m-1$ 个点的位置向量是线性独立的。考虑对任意一种可能的标识，按二值标识把 m 个点划分为两个子集 S_1 和 S_2，分别有 m_1 和 m_2 个点，所以 $m_1+m_2=m$。不妨设 S_1 包含点 O，则根据凸组合的定义，S_1 的凸包 C_1 中所有点的位置向量 $\boldsymbol{x}$ 满足

$$\boldsymbol{x}=\sum_{i=1}^{m_1}\alpha_i\boldsymbol{s}_{1i},\quad \sum_{i=1}^{m_1}\alpha_i=1,\quad \alpha_i\geqslant 0 \tag{3-6-7}$$

其中 $\boldsymbol{s}_{1i}$ 就是 S_1 中 m_1 个点的位置向量(包括原点的零向量)。类似地，S_2 的凸包 C_2 中所有点的位置向量 $\boldsymbol{x}$ 满足

$$\boldsymbol{x}=\sum_{i=1}^{m_2}\beta_i\boldsymbol{s}_{2i},\quad \sum_{i=1}^{m_2}\beta_i=1,\quad \beta_i\geqslant 0 \tag{3-6-8}$$

其中 $\boldsymbol{s}_{2i}$ 就是 S_2 中 m_2 个点的位置向量。

现在假定 $C_1\cap C_2=D\neq\varnothing$，存在 $\boldsymbol{x}\in D\subseteq\mathbb{R}^n$ 同时满足式(3-6-4)和式(3-6-5)，两方程相减得

$$\sum_{i=1}^{m_1}\alpha_i\boldsymbol{s}_{1i}-\sum_{j=1}^{m_2}\alpha_j\boldsymbol{s}_{2j}=0 \tag{3-6-9}$$

这就表明这两组 $m-1$ 个非零位置向量线性相关，这与线性独立的假设相矛盾。再根据引理 1，因为 $C_1\cap C_2=\varnothing$，则存在一个超平面分隔 S_1 和 S_2。

(2) m 个点能够被有向超平面分隔⇒其余点的位置向量线性独立。反设 $m-1$ 个非零位置向量线性相关，则存在 $m-1$ 个数 γ_i 使得

$$\sum_{i=1}^{m-1}\gamma_i\boldsymbol{s}_i=0 \tag{3-6-10}$$

如果所有的 γ_i 具有相同的符号，则可以通过比例变换使得 $\gamma_i \in [0,1]$，且 $\sum_i \gamma_i = 1$。

上式表明原点处在其他点的凸包中，根据引理1，不存在超平面可以把原点与其他点分离，所以 m 个点不能够被有向超平面分隔。

如果所有的 γ_i 不具有相同的符号，把所有负号的放在一边，得

$$\sum_{i \in I_1} |\gamma_i| \boldsymbol{s}_i = \sum_{j \in I_2} |\gamma_j| \boldsymbol{s}_j \tag{3-6-11}$$

其中 I_1, I_2 是对集合 $S-O$ 的划分所对应的指标集合。变换比例使得下面两组中的任意一组成立

$$\begin{cases} \sum_{i \in I_1} |\gamma_i| = 1, \quad 且 \sum_{j \in I_2} |\gamma_j| \leqslant 1 \\ \sum_{i \in I_1} |\gamma_i| \leqslant 1, \quad 且 \sum_{j \in I_2} |\gamma_j| = 1 \end{cases} \tag{3-6-12}$$

不失一般性，假设后者成立。那么方程(3-6-7)的左边是点集 $\left\{ \sum_{i \in I_1} \boldsymbol{s}_i \right\} \cup O$ 的凸包中点的位置向量，右边就是点集 $\sum_{j \in I_2} \boldsymbol{s}_j$ 的凸包中点的位置向量，所以凸包的交集不空。根据引理1，不存在超平面可以把两个凸包分离，所以 m 个点不能够被有向超平面分隔。

这与假设相矛盾，所以结论成立。 ■

推论 $\mathbb{R}^n$ 中有向超平面集合的VC维是 $n+1$。

证明 因为我们总能在 $\mathbb{R}^n$ 中选择 $n+1$ 个点，其中一个点作为原点，而其余 n 个点的位置向量线性独立；但是，我们却不能在 $\mathbb{R}^n$ 中选择 $n+2$ 个点，其中一个点作为原点，而其余 $n+1$ 个点的位置向量线性独立（$\mathbb{R}^n$ 维数的限制），从而结论成立。 ■

注 在 $\mathbb{R}^n$ 中至少可以找到一组 $n+1$ 个点能够被超平面分隔，但不是任意一组 $n+1$ 个点都能够被超平面分隔。例如把所有点集中在一条直线上的情况就不能被分隔。

定义 3.6.5 对于一个学习机，假定损失函数以概率 $1-\eta$ 取值，其中 $0 \leqslant \eta \leqslant 1$，那么下面的误差界成立

$$R(\alpha) \leqslant R_{\text{emp}}(\alpha) + \sqrt{\frac{h(\log(2l/h)+1) - \log(\eta/4)}{l}} \tag{3-6-13}$$

其中 h 是VC维，是对上述容量概念的一个度量，上式右边称为**风险界(risk bound)**，又称为推广性的界。它由两部分组成，第一项是训练误差造成的经验风险，第二项是置信范围，而后者与学习机的VC维及训练样本数有关。

此式表明，在有限训练样本下，学习机的VC维越高（复杂性越高），则置信范围越大，导致真实风险与经验风险之差可能越大。这就是为什么片面追求经验风险最小化会导致出现过学习(over fitting)现象。机器学习过程不但要使经验风险最小，还要使VC维尽量小以缩小置信范围，才能取得较小的实际风险，对新的样本才有较好的泛化能力。

关于式(3-6-13)的风险界，有三点必须注意。一是它不依赖于概率分布 $P(\boldsymbol{x}, y)$，因为我们只是假定训练数据和测试数据是按分布 $P(\boldsymbol{x}, y)$ 抽取的独立同分布的数据；二是上式左边通常是无法计算的；三是只要我们知道了 h 的值，上式右边的值是很容易计算的。

VC 维是对给定的一组函数容量概念的具体化。直观上说，人们可能期望有较多参数的学习机具有更高的 VC 维，而有较少参数的学习机具有更低的 VC 维。但是这种直观的认识却是不对的。例如，下面例题中的学习机只有一个参数，但它的 VC 维却是无限大。

例题 3.6.3 考虑阶跃函数 $\theta(z),z\in\mathbb{R}$，$\theta(z)=1,\forall z>0$；$\theta(z)=-1,\forall z\leqslant 0$。再考虑一个参数的函数族，定义为

$$f(x,\alpha)\equiv\theta(\sin(\alpha x)),\quad x,\alpha\in\mathbb{R} \tag{3-6-14}$$

选择任意一个 $l\in\mathbb{N}$，寻求 l 个点能够被这一族函数分隔。选择点 $x_i=10^{-i}$，$i=1,2,\cdots,l$；规定标识 $y_1,y_2,\cdots,y_l$，$y_i\in\{-1,1\}$。于是，如果我们选择

$$\alpha=\left(1+\sum_{i=1}^{l}\frac{(1-y_i)10^i}{2}\right)\pi \tag{3-6-15}$$

那么 $f(\alpha)$ 就能给出这种标识。图 3-6-2 是 $l=4$ 的一种标识的图形表示。所以这个学习机的 VC 维是无限大。需要注意的是，虽然在本例题中对任意大的 l，总能找到 l 个点构成的点集，按任意标识都可以被选择的函数族分隔，但并不意味着任意 l 个点构成的点集都可以被选择的函数族分隔。例如取 $l=4$，$x_i=i$，$i=1,2,3,4$；相应的 $y_1,y_2,y_4=-1$，$y_3=1$，就不能被式(3-6-15)的函数族分隔。

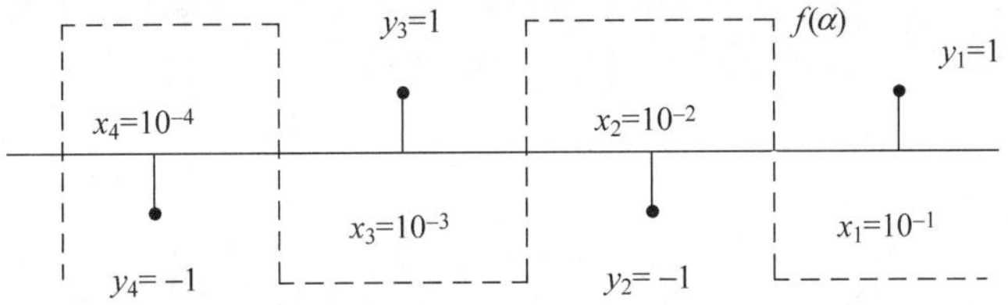

图 3-6-2 $l=4$ 的一种分隔

□

现在回过头来考察式(3-6-13)的界，其右边第二项随着 h 的变化而变化。给定一个置信水平 95%($\eta=0.05$)，而且假定训练集的样本数是 10000，VC 置信范围将是 h 的单调增函数，无论 l 取值多大均是如此，如图 3-6-3 所示。于是，人们希望在经验风险为零的前提下，选择一个学习机，使得与其相关联的函数具有最小的 VC 维。然而，这将导致最差的误差界。于是，人们又希望在经验风险非零的前提下，选择一个学习机，使式(3-6-13)的右边为最小。如果采用这一策略，仅仅以式(3-6-13)为导向，只选择概率，就可得到实际风险的上界。这样做并不妨碍具有相同经验风险值的具体的学习机有很高的 VC 维，而得到更好的性能。

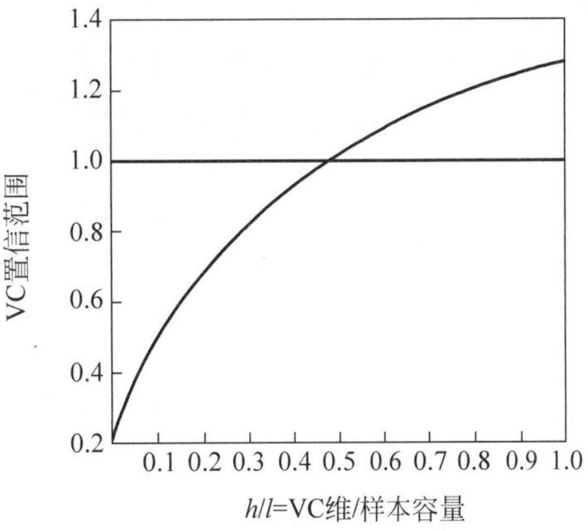

图 3-6-3 VC 置信范围随 h 单调增

所以可以通过最小化 h 而达到最小化风险界的目的。

下面将讨论**结构风险最小化**(**structural risk minimization，SRM**)的问题。由式(3-6-13)

看出，要控制学习机器的实际风险，必须同时控制经验风险和置信范围。而为了使得式(3-6-13)右边两项同时最小化，必须使 VC 维成为一个可控制的变量。

注意，式(3-6-13)的 VC 置信范围依赖于函数类的选择，尽管经验风险和实际风险都通过训练过程依赖于具体函数的选择。我们希望在被选择的函数集中找到一些子集，使得对这个子集风险界达到最小。显然因为 VC 维是整数，我们难以使其平滑变化。于是，通过把整个函数族分解为嵌套的子集引入一种“结构”。对于每个子集，要么计算得到 VC 维 h 的值，要么得到 h 的界。于是，SRM 就是求取这些使得实际风险达到最小界的函数子集的一个过程。要做到这一点，通过简单地训练一组学习机来完成，一个学习机对应于一个子集；而对于给定的子集，训练的目的就是最小化经验风险。然后按序列取训练过的学习机，其经验风险与 VC 置信范围都是最小的。

统计学习理论提出的结构风险最小化方法，就是以经验风险和置信范围这两项最小化为目标的一种归纳方法。方法是把函数集 $\{f(\boldsymbol{x},\alpha)\}$ 构造成一个嵌套的函数子集结构，即令 $S_n=\{f(\boldsymbol{x},\alpha)$：满足第 n 种约束$\}$，同时满足

$$S_1 \subset S_2 \subset \cdots \subset S_n \subset \cdots \tag{3-6-16}$$

各个子集对应的 VC 维满足

$$h_1 \leqslant h_2 \leqslant \cdots \leqslant h_n \leqslant \cdots \tag{3-6-17}$$

此时机器学习的任务是在每个子集中寻找经验风险最小的函数，在子集间折中考虑经验风险和置信范围，使得实际风险最小，如图 3-6-4 所示。

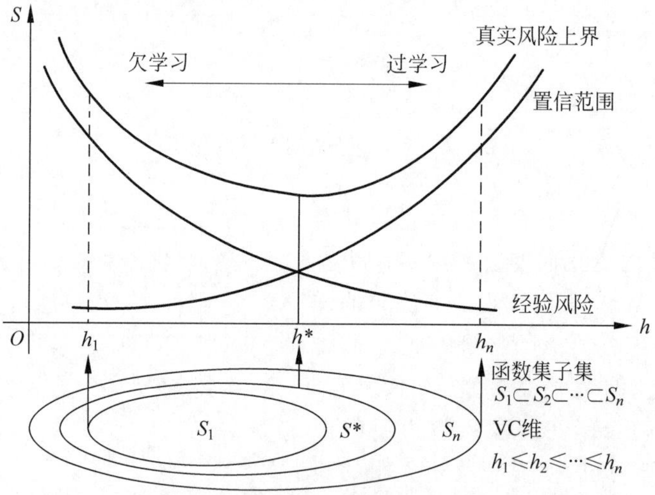

图 3-6-4　按 VC 维排序使函数嵌套的结构风险最小化

3.6.3　线性支持向量机

我们仍考虑标识过的训练数据 $\{\boldsymbol{x}_i, y_i\}, i=1,2,\cdots,l$，其中 $\boldsymbol{x}_i\in\mathbb{R}^n, y_i\in\{-1,1\}$。现在讨论最简单的情况：在可分离数据上训练得到的线性学习机。

定义 3.6.6　设 $\mathbb{R}^n$ 中有一个超平面 $\boldsymbol{w}^{\mathrm{T}}\boldsymbol{x}+b=0$，其中 $\boldsymbol{w}\in\mathbb{R}^n$ 是参数向量即超平面

的法线，$b\in\mathbb{R}$ 是截距，$|b|/\|\boldsymbol{w}\|$ 是超平面到原点的垂直距离（此处 $\|\cdot\|$ 是欧氏范数），如果这个超平面可以把标识为正的样本集与标识为负的样本集分离开来，则称其为**分离超平面**（**separating hyperplane**）。设 d_+ 是分离超平面到正样本集的最短距离，而 d_- 是其到负样本集的最短距离。这个分离超平面的**"余度"**（**margin**）定义为 $d_+ + d_-$。

定义 3.6.7 所谓**线性支持向量机**（**linear support vector machine**）就是一种算法，以求得具有最大余度的分离超平面，即要求所有训练数据满足如下约束条件

$$\begin{cases}\boldsymbol{x}_i^{\mathrm{T}}\boldsymbol{w}+b\geqslant+1, & y_i=+1,\\ \boldsymbol{x}_i^{\mathrm{T}}\boldsymbol{w}+b\leqslant-1, & y_i=-1,\end{cases}\quad i=1,2,\cdots,l \tag{3-6-18}$$

或者写成一个式子

$$y_i(\boldsymbol{x}_i^{\mathrm{T}}\boldsymbol{w}+b)-1\geqslant 0,\quad \forall i \tag{3-6-19}$$

而以等式形式满足式(3-6-19)的点称为**支持向量**（**support vector**）。

现在我们考察式(3-6-18)，满足 $\boldsymbol{x}^{\mathrm{T}}\boldsymbol{w}+b=+1$ 的超平面是 H_1，其法线仍然是 $\boldsymbol{w}$，它到原点的垂直距离是 $|1-b|/\|\boldsymbol{w}\|$；而满足 $\boldsymbol{x}^{\mathrm{T}}\boldsymbol{w}+b=-1$ 的超平面是 H_2，其法线也是 $\boldsymbol{w}$，它到原点的垂直距离是 $|-1-b|/\|\boldsymbol{w}\|$；这是两个平行的超平面。而且 $d_+=d_-=1/\|\boldsymbol{w}\|$，余度是 $2/\|\boldsymbol{w}\|$。注意，在平行的两个超平面 H_1 和 H_2 之间没有任何训练点。

于是，线性支持向量机求取一对具有最大余度超平面的问题，即在满足式(3-6-19)的前提下对 $\|\boldsymbol{w}\|^2$ 求最小的问题；就是如下约束优化问题

$$\begin{cases}\min\limits_{\boldsymbol{w}}\dfrac{1}{2}\|\boldsymbol{w}\|^2\\ \text{s.t.}\quad y_i(\boldsymbol{x}_i^{\mathrm{T}}\boldsymbol{w}+b)-1\geqslant 0,\quad\forall i\end{cases} \tag{3-6-20}$$

这是一个典型的凸二次规划问题，因为目标函数本身是凸函数，而满足约束的点集也是凸集。

图 3-6-5 给出了二维情况下典型的线性分离直线。处在 H_1 或 H_2 上的点以等式形式满足式(3-6-19)，它们的变化影响余度的变化，即影响问题的解，这就是支持向量。

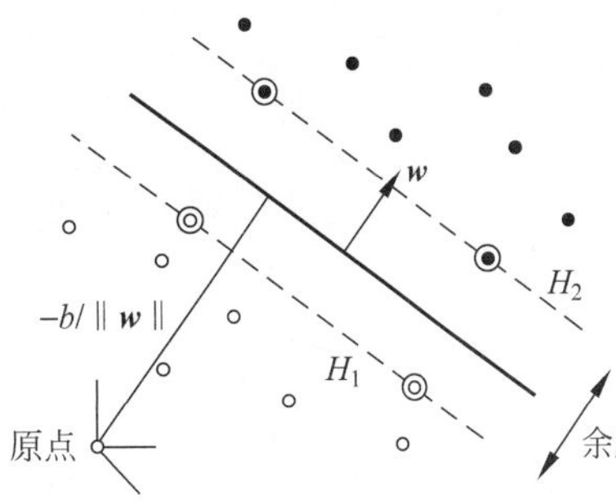

图 3-6-5 线性分离超平面：画圈的点是支持向量

现在把问题转换到 Lagrange 公式。这样做的必要性是：①上述优化问题中的约束条件能够用 Lagrange 乘子的约束来代替，而后者一般易于处理；②在把问题重新描述的过程中，训练数据将以向量点积的形式出现，便于推广到非线性情况。针对式(3-6-19)的不等式引入正 Lagrange 乘子 $\alpha_i, i=1,2,\cdots,l$；于是给出 Lagrange 函数为

$$L_{\mathrm{P}}=\frac{1}{2}\|\boldsymbol{w}\|^2-\sum_{i=1}^{l}\alpha_i y_i(\boldsymbol{x}_i^{\mathrm{T}}\boldsymbol{w}+b)+\sum_{i=1}^{l}\alpha_i \tag{3-6-21}$$

而对于式(3-6-20)的优化问题，根据文献[66]中的定理 9.5.1，可以等价地求解其所谓 Wolfe 对偶问题，即

$$\begin{cases} \max\limits_{\boldsymbol{w},\boldsymbol{\alpha}} L_{\mathrm{P}} = \dfrac{1}{2}\|\boldsymbol{w}\|^2 - \sum\limits_{i=1}^{l}\alpha_i y_i(\boldsymbol{x}_i^{\mathrm{T}}\boldsymbol{w} + b) + \sum\limits_{i=1}^{l}\alpha_i \\ \text{s.t.} \quad \dfrac{\partial L_{\mathrm{P}}}{\partial \boldsymbol{w}} = \boldsymbol{w} - \sum\limits_{i=1}^{l}\alpha_i y_i \boldsymbol{x}_i = 0, \quad \alpha_i \geqslant 0, \quad i = 1,2,\cdots,l \end{cases} \tag{3-6-22}$$

式中$\boldsymbol{\alpha} = (\alpha_1, \alpha_2, \cdots, \alpha_l)^{\mathrm{T}}$,其解与式(3-6-20)的解取得相同的 $\boldsymbol{w}$ 值。

注意,上式的约束条件等于给定方程

$$\boldsymbol{w} = \sum_{j=1}^{l}\alpha_j y_j \boldsymbol{x}_j \tag{3-6-23}$$

同时考虑到

$$\frac{\partial L_{\mathrm{P}}}{\partial b} = \sum_{i=1}^{l}\alpha_i y_i = 0 \tag{3-6-24}$$

把以上两个式子代入式(3-6-21),得

$$L_{\mathrm{D}} = \sum_{i=1}^{l}\alpha_i - \frac{1}{2}\sum_{i,j=1}^{l}\alpha_i\alpha_j y_i y_j \boldsymbol{x}_i^{\mathrm{T}}\boldsymbol{x}_j \tag{3-6-25}$$

于是,对于可分离的线性支持向量机的训练问题就是如下规划问题

$$\begin{cases} \max\limits_{\alpha} L_{\mathrm{D}} = \sum\limits_{i=1}^{l}\alpha_i - \dfrac{1}{2}\sum\limits_{i,j=1}^{l}\alpha_i\alpha_j y_i y_j \boldsymbol{x}_i^{\mathrm{T}}\boldsymbol{x}_j \\ \text{s.t.} \quad \sum\limits_{i=1}^{l}\alpha_i y_i = 0, \quad \alpha_i \geqslant 0, \quad i = 1,2,\cdots,l \end{cases} \tag{3-6-26}$$

把求解得到的最优$\boldsymbol{\alpha}$ 值代入式(3-6-23)就得到最优的 $\boldsymbol{w}$ 值。

对于约束优化问题,Karush-Kuhn-Tucker(KKT)条件无论从理论上或实践上都是非常重要的。对于上述约束优化问题,等价的 KKT 条件可以写成[67]

$$\begin{cases} \dfrac{\partial}{\partial w_j}L_{\mathrm{P}} = w_j - \sum\limits_{i=1}^{l}\alpha_i y_i x_{ij} = 0, & j = 1,2,\cdots,n \\ \dfrac{\partial}{\partial b}L_{\mathrm{P}} = -\sum\limits_{i=1}^{l}\alpha_i y_i = 0 & \\ y_i(\boldsymbol{x}_i^{\mathrm{T}}\boldsymbol{w} + b) - 1 \geqslant 0, & i = 1,2,\cdots,l \\ \alpha_i \geqslant 0, \quad \alpha_i(y_i(\boldsymbol{x}_i^{\mathrm{T}}\boldsymbol{w} + b) - 1) = 0, & \forall i \end{cases} \tag{3-6-27}$$

由此不仅可以得到最优的 $\boldsymbol{w}$ 值,而且可以求得最优的 α 值和 b 值。

一旦我们利用 l 个样本完成了对 SVM 的训练,我们如何来利用它对数据进行分类呢?实际上我们只是简单地确定测试数据 $\boldsymbol{x}$ 处在决策分界面(分类超平面)的哪一边。所以分类函数是

$$f(\boldsymbol{x}) = \operatorname{sgn}(\boldsymbol{w}^{\mathrm{T}}\boldsymbol{x} + b) \tag{3-6-28}$$

其中 sgn(·)是符号函数;只是根据括号内的符号来确定 $\boldsymbol{x}$ 的模式。

以上讨论都是针对完全线性可分情况的。然而当数据非完全线性可分时,支持向量学习方法要通过构造一个**"软余度"(soft margin)**的分类超平面来达到最优分类的效果,如图 3-6-6 所示。

在非完全线性可分情况下,需要考虑分类误差带来的损失,这时在式(3-6-19)中引入一个松弛变量 $\xi_i \geqslant 0 \quad i = 1,\cdots,l$,成为

$$y_i(\boldsymbol{x}_i^{\mathrm{T}}\boldsymbol{w}+b)-1+\xi_i \geqslant 0,\quad \forall i \tag{3-6-29}$$

这时构造的“软余度”分类超平面是由如下优化问题确定

$$\begin{cases}\min\limits_{\boldsymbol{w}} \quad \dfrac{1}{2}\|\boldsymbol{w}\|^2+C\Big(\sum\limits_{i=1}^{l}\xi_i\Big)^k \\ \text{s.t.} \quad y_i(\boldsymbol{x}_i^{\mathrm{T}}\boldsymbol{w}+b)-1+\xi_i \geqslant 0,\quad i=1,\cdots,l\end{cases} \tag{3-6-30}$$

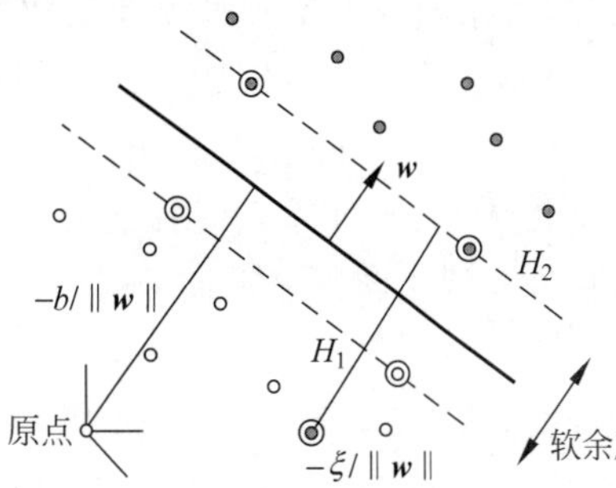

图 3-6-6　非完全线性可分时的分离超平面

式中 C 是对分类错误的惩罚因子，由使用者选择，用于调整置信范围和经验误差之间的均衡，较大的 C 意味着较小的经验误差，而小的 C 意味着更大的分类余度，而在数据不完全可分的情况下，参数 C 确定了经验风险的水平。而参数 k 也是可以选择的正整数，以保证是一个凸规划问题；$k=2$ 是二次规划问题。而 $k=1$ 具有更大的优越性，此时 Wolfe 对偶问题变为

$$\begin{cases}\max\limits_{\alpha} L_{\mathrm{D}}=\sum\limits_{i=1}^{l}\alpha_i-\dfrac{1}{2}\sum\limits_{i,j=1}^{l}\alpha_i\alpha_j y_i y_j \boldsymbol{x}_i^{\mathrm{T}}\boldsymbol{x}_j \\ \text{s.t.} \quad \sum\limits_{i=1}^{l}\alpha_i y_i=0,\quad 0\leqslant \alpha_i \leqslant C,\quad i=1,2,\cdots,l\end{cases} \tag{3-6-31}$$

问题的解则由下式给出

$$\boldsymbol{w}=\sum_{i=1}^{N_s}\alpha_i y_i \boldsymbol{x}_i \tag{3-6-32}$$

其中 N_s 就是支持向量数。这与最优超平面的差别仅仅是 α_i 有上界 C，如图 3-6-6 所示。

为了得到 KKT 条件，原问题的 Lagrange 函数变为

$$L_{\mathrm{P}}=\frac{1}{2}\|\boldsymbol{w}\|^2+C\sum_{i=1}^{l}\xi_i-\sum_{i=1}^{l}\alpha_i[y_i(\boldsymbol{x}_i^{\mathrm{T}}\boldsymbol{w}+b)-1+\xi_i]-\sum_{i=1}^{l}\mu_i\xi_i \tag{3-6-33}$$

其中 μ_i 是对于松弛变量 ξ_i 非负性的 Lagrange 乘子。于是，有原约束优化问题的 KKT 条件是

$$\begin{cases}\dfrac{\partial}{\partial w_j}L_{\mathrm{P}}=w_j-\sum\limits_{i=1}^{l}\alpha_i y_i x_{ij}=0,\quad j=1,2,\cdots,n \\ \dfrac{\partial}{\partial b}L_{\mathrm{P}}=-\sum\limits_{i=1}^{l}\alpha_i y_i=0 \\ y_i(\boldsymbol{x}_i^{\mathrm{T}}\boldsymbol{w}+b)-1+\xi_i \geqslant 0,\quad i=1,2,\cdots,l \\ \xi_i \geqslant 0,\quad \alpha_i \geqslant 0,\quad \mu_i \geqslant 0,\quad i=1,2,\cdots,l \\ \alpha_i(y_i(\boldsymbol{x}_i^{\mathrm{T}}\boldsymbol{w}+b)-1+\xi_i)=0,\quad \forall i \\ \mu_i\xi_i=0,\quad \forall i\end{cases} \tag{3-6-34}$$

类似地，我们可以利用最后两个方程来确定 b 的值。

3.6.4　非线性支持向量机

前面讨论的最优分类面都是线性情况，而实际中的大部分识别问题都不必是线性可

分的，其数据的分类需要非线性函数。如何把线性分类的方法推广应用到非线性情况，是 SVM 研究中关键的问题。此时要获得好的分类效果，必须采用非线性决策函数，统计学习理论采用如下的方法。

定义 3.6.8 所谓**非线性支持向量机**（**nonlinear support vector machine**）通过某种预先选择的非线性映射

$$\Phi: \mathcal{L} \to \mathcal{H} \tag{3-6-35}$$

进行变换，其中 $\mathcal{L}=\mathbb{R}^n$ 是一个低维的欧氏空间，而 $\mathcal{H}$ 是一个高维内积线性特征空间，一般是 Hilbert 空间；定义一个**核函数**（**kernel function**）K，使得

$$K(\boldsymbol{x}_i, \boldsymbol{x}_j) = \langle \Phi(\boldsymbol{x}_i), \Phi(\boldsymbol{x}_j) \rangle, \quad \forall \boldsymbol{x}_i, \boldsymbol{x}_j \in \mathcal{L} \tag{3-6-36}$$

其中 $\langle \cdot, \cdot \rangle$ 表示 $\mathcal{H}$ 中的内积，使得式(3-6-26)中的目标函数变为

$$L_{\mathrm{D}} = \sum_{i=1}^{l} \alpha_i - \frac{1}{2} \sum_{i,j=1}^{l} \alpha_i \alpha_j y_i y_j K(\boldsymbol{x}_i, \boldsymbol{x}_j) \tag{3-6-37}$$

这样就把低维空间的非线性分类问题转化为高维空间的线性分类问题，采用的方法与线性支持向量机相同。

注 在最优分类面中采用适当的核函数 $K(\boldsymbol{x}_i, \boldsymbol{x}_j)$ 就可以实现某一非线性变换后的线性分类，而计算复杂度却没有增加。用式(3-6-37)代替式(3-6-26)中的目标函数，优化问题是完全相同的，仅仅把问题由低维空间的线性分类变成高维空间的线性分类。问题在于求得最优解需要得到高维空间 $\mathcal{H}$ 的 $\boldsymbol{w}$，即把式(3-6-23)的 $\boldsymbol{x}_i$ 用 $\Phi(\boldsymbol{x}_i)$ 代替，例题 3.6.5 将说明如何构造 Φ。

例题 3.6.4 常用的一个核函数就是 Gauss 径向基函数（此时无须知道 Φ 的具体表示）

$$K(\boldsymbol{x}_i, \boldsymbol{x}_j) = \exp\{-\| \boldsymbol{x}_i - \boldsymbol{x}_j \|^2 / (2\sigma^2)\}$$

在此特例中 $\mathcal{H}$ 是一个无限维空间，此时直接应用 Φ 并不方便，在训练算法中可以处处用 $K(\boldsymbol{x}_i, \boldsymbol{x}_j)$ 来代替 $\Phi(\boldsymbol{x}_i)$ 与 $\Phi(\boldsymbol{x}_j)$ 的内积，从而产生一个新的支持向量机对无限维空间进行分类。 □

下面我们将讨论什么样的函数 K 是允许的。

定理 3.6.2（Mercer 条件） 对于任意的对称函数 $K(\boldsymbol{x}, \boldsymbol{y})$，$\boldsymbol{x}, \boldsymbol{y} \in \mathcal{L}$，以及一个映射 $\Phi: \mathcal{L} \to \mathcal{H}$，它可以表示为特征空间 $\mathcal{H}$ 中的内积运算，即 $K(\boldsymbol{x}, \boldsymbol{y}) = \langle \Phi(\boldsymbol{x}), \Phi(\boldsymbol{y}) \rangle$ 的充分必要条件是，对于任意不恒等于零的 $g \in L^2(\mathcal{L})$，有下式成立

$$\int K(\boldsymbol{x}, \boldsymbol{y}) g(\boldsymbol{x}) g(\boldsymbol{y}) \mathrm{d}\boldsymbol{x} \mathrm{d}\boldsymbol{y} \geqslant 0 \tag{3-6-38}$$

证明 见文献[72]。 ■

例题 3.6.5 考虑 $\mathcal{L}=\mathbb{R}^2$ 中的数据，我们选择 $K(\boldsymbol{x}_i, \boldsymbol{x}_j) = (\boldsymbol{x}_i^{\mathrm{T}} \boldsymbol{x}_j)^2$，则容易找到空间 $\mathcal{H}$，以及映射 $\Phi: \mathbb{R}^2 \to \mathcal{H}$，使得 $(\boldsymbol{x}^{\mathrm{T}} \boldsymbol{y})^2 = \langle \Phi(\boldsymbol{x}), \Phi(\boldsymbol{y}) \rangle$。我们选择 $\mathcal{H}=\mathbb{R}^3$，则有

$$\Phi(\boldsymbol{x}) = [x_1^2, \sqrt{2} x_1 x_2, x_2^2]^{\mathrm{T}}$$

我们定义 $B=[0,1]\times[0,1]\subset\mathbb{R}^2$，它在 Φ 的作用下 $\mathcal{H}$ 中的象如图 3-6-7 所示。

对于 B 中的数据，经变换后到了高维空间。

注意，对于给定的核函数，Φ 和 $\mathcal{H}$ 都不是唯一的。

例如，对于$\mathcal{H}=\mathbb{R}^3$，可以选择 $\Phi(\boldsymbol{x})=\frac{1}{\sqrt{2}}[(x_1^2-x_2^2),2x_1x_2,(x_1^2+x_2^2)]^{\mathrm{T}}$；而且对于$\mathcal{H}=\mathbb{R}^4$，可以选择 $\Phi(\boldsymbol{x})=[x_1^2,x_1x_2,x_1x_2,x_2^2]^{\mathrm{T}}$。 □

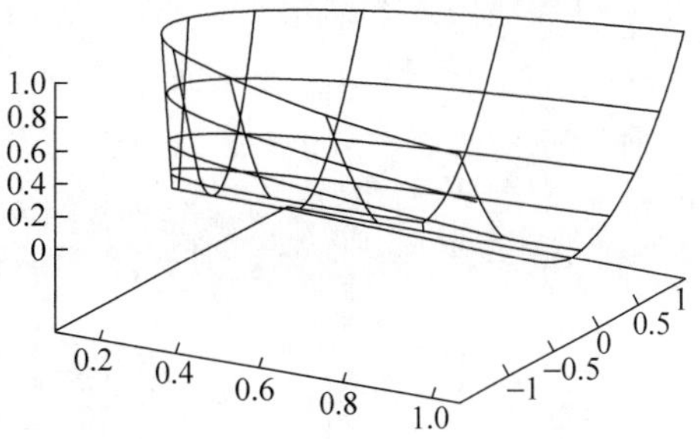

图 3-6-7 映射 $\boldsymbol{\Phi}$ 作用下 $\boldsymbol{B}$ 在$\mathcal{H}$中的象

在 SVM 完成训练后，相应于式(3-6-28)的分类函数为

$$f(\boldsymbol{x})=\operatorname{sgn}\left[\sum_{i=1}^{N_s}\alpha_i y_i K(\boldsymbol{s}_i,\boldsymbol{x})+b\right] \tag{3-6-39}$$

其中 $\boldsymbol{s}_i$ 是支持向量，sgn(•)是符号函数。上面描述的就是一般非线性情况下的支持向量机。

前面我们已经多次提到对映射 Φ 隐含处理的思想，但是我们也可以先构造 Φ，然后再得到核函数。下面的例题就是由 Φ 构造核函数的例子。

例题 3.6.6 考虑$\mathcal{L}=\mathbb{R}$，对于 $x\in\mathbb{R}$，设其可以进行 Fourier 展开并作前 N 项近似

$$g(x)=\frac{a_0}{2}+\sum_{i=1}^{N}[a_{1i}\cos(ix)+a_{2i}\sin(ix)]$$

而且能够视为$\mathcal{H}=\mathbb{R}^{2N+1}$ 中的内积，即设

$$\begin{cases}\boldsymbol{a}=[a_0/\sqrt{2},a_{11},\cdots,a_{1N},a_{21},\cdots,a_{2N}]^{\mathrm{T}}\in\mathbb{R}^{2N+1}\\ \Phi(x)=[1/\sqrt{2},\cos(x),\cdots,\cos(Nx),\sin(x),\cdots,\sin(Nx)]^{\mathrm{T}}\in\mathbb{R}^{2N+1}\end{cases}$$

则 $g(x)=\langle\boldsymbol{a},\Phi(x)\rangle=\boldsymbol{a}^{\mathrm{T}}\Phi(x)$；相应地，核函数可以写成

$$\langle\Phi(x_i),\Phi(x_j)\rangle=K(x_i,x_j)=\frac{\sin[(N+1/2)(x_i-x_j)]}{2\sin[(x_i-x_j)/2]}$$

这很容易证明。令 $\delta=x_i-x_j$，则有

$$\begin{aligned}\langle\Phi(x_i),\Phi(x_j)\rangle&=\frac{1}{2}+\sum_{l=1}^{N}\cos(lx_i)\cos(lx_j)+\sin(lx_i)\sin(lx_j)\\&=-\frac{1}{2}+\sum_{l=0}^{N}\cos(l\delta)=-\frac{1}{2}+\operatorname{Re}\left\{\sum_{l=0}^{N}\mathrm{e}^{\mathrm{j}l\delta}\right\}\\&=-\frac{1}{2}+\operatorname{Re}\{(1-\mathrm{e}^{\mathrm{j}(N+1)\delta})/(1-\mathrm{e}^{\mathrm{j}\delta})\}\\&=[\cos N\delta-\cos(N+1)\delta]/[2(1-\cos\delta)]\\&=[\sin((N+1/2)\delta)]/[2\sin(\delta/2)]\end{aligned}$$

这个方法对于很多用点积表示的数据都是适用的，只是表达形式有差异。 □

非线性 SVM 的常用核函数还有

$$K(\boldsymbol{x},\boldsymbol{y})=(\boldsymbol{x}^{\mathrm{T}}\boldsymbol{y}+1)^p \tag{3-6-40}$$

这是一个次方为 p 的多项式数据分类器，图 3-6-8 是一个 3 次分类器产生的结果。而

$$K(\boldsymbol{x},\boldsymbol{y})=\mathrm{e}^{-\|\boldsymbol{x}-\boldsymbol{y}\|^2/(2\sigma^2)} \tag{3-6-41}$$

是一个 Gauss 径向基函数(RBF)分类器，而且在此情况下通过 SVM 训练可以自动得到支持

向量 $\boldsymbol{s}_i$、权值向量$\boldsymbol{\alpha}$ 和截距 b 都能自动产生，而且可以获得比经典 RBF 更好的结果。同时

$$K(\boldsymbol{x},\boldsymbol{y})=\tanh(\kappa\boldsymbol{x}^{\mathrm{T}}\boldsymbol{y}-\delta) \tag{3-6-42}$$

是一种特殊的两层 sigmoid 神经网络分类器。

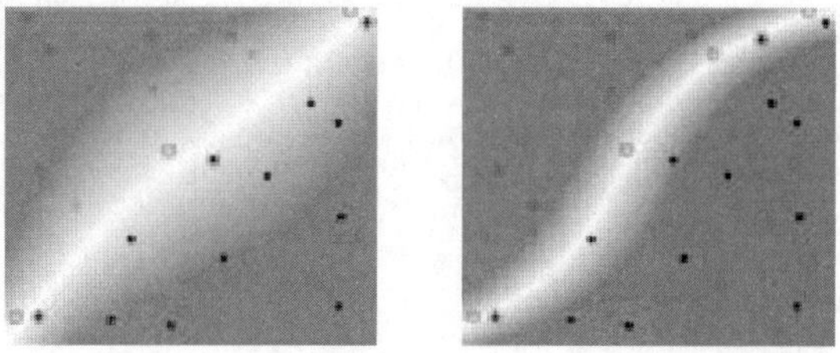

图 3-6-8　3 次多项式核函数产生的分界面：背景色表示决策面的形状

3.6.5　用于孤立点发现的 One-class SVM 算法

以上讨论的均是有监督的机器学习算法，能够处理的都是有标定的数据，1999 年 Bernhard Scholkopf 等提出一种能够处理无标定的数据的 One-class SVM 算法[72]，它是一种无监督学习的方法，主要用于异常检测和孤立点发现。孤立点发现的问题可描述如下。

定义 3.6.9　给定未标定训练数据 $\boldsymbol{x}_1,\cdots,\boldsymbol{x}_l\in\mathcal{L}$，其中 $l\in\mathbb{N}$ 是训练数据的样本数，$\mathcal{L}$是低维样本空间；假定训练数据中大部分具备某种特性，而很小部分属于孤立点，**One-class SVM** 就是要找到一个函数 $f(\boldsymbol{x})$，在大部分样本上取值为$+1$，而在孤立点上取值为-1。其思路是通过核函数的选择，将低维样本空间变换到高维特征空间，然后在特征空间中寻找一个最优分类面，任一点的 $f(\boldsymbol{x})$值由其落在分类面的两侧来决定。同分类的 SVM 类似，这个问题的解由以下优化问题来得到

$$\begin{cases}\min\limits_{\boldsymbol{w},\xi_i,b}\ \dfrac{1}{2}\|\boldsymbol{w}\|^2+\dfrac{1}{vl}\sum\limits_{i=1}^{l}\xi_i-b\\ \text{s.t.}\quad \boldsymbol{w}^{\mathrm{T}}\Phi(\boldsymbol{x}_i)\geqslant b-\xi_i,\quad \xi_i\geqslant 0,\quad \forall i\end{cases} \tag{3-6-43}$$

其中 $v\in(0,1)$是个控制参数，Φ：$\mathcal{L}\rightarrow\mathcal{H}$是变换。

如果$(\boldsymbol{w}^{\mathrm{T}},b)^{\mathrm{T}}$ 是上面这个优化问题的解，则决策函数为

$$f(\boldsymbol{x})=\mathrm{sgn}(\boldsymbol{w}^{\mathrm{T}}\Phi(\boldsymbol{x})-b) \tag{3-6-44}$$

$f(\boldsymbol{x})$对数据集中大多数点取值为正，同时要求$\|\boldsymbol{w}\|$比较小，而优化问题(3-6-43)中的参数 v 用于控制二者的折中。同样，对于问题(3-6-43)的解首先用核函数将原问题映射到特征空间，并采用 Lagrange 优化方法，得到原问题的对偶问题

$$\begin{cases}\min\limits_{\alpha}\quad \dfrac{1}{2}\sum\limits_{i,j=1}^{l}\alpha_i\alpha_jK(\boldsymbol{x}_i,\boldsymbol{x}_j)\\ \text{s.t.}\quad 0\leqslant\alpha_i\leqslant\dfrac{1}{vl},\quad \sum\limits_{i=1}^{l}\alpha_i=1\end{cases} \tag{3-6-45}$$

其中 $K(\boldsymbol{x}_i,\boldsymbol{x}_j)$是核函数，$\boldsymbol{\alpha}=(\alpha_1,\cdots,\alpha_l)^{\mathrm{T}}$。其最终判决函数 $f(\boldsymbol{x})$为

$$f(\boldsymbol{x})=\mathrm{sgn}\left[\sum_{i=1}^{l}a_iK(\boldsymbol{x}_i,\boldsymbol{x})-b\right] \tag{3-6-46}$$

这样，就通过核函数将输入空间转化到特征空间中，然后在特征空间中构造超平面，根据数据到原点的距离来实现分类，发现孤立点。

采用不同的核函数 $K(\boldsymbol{x},\boldsymbol{y})$，可以实现不同类型非线性决策面的学习机。核函数的形式主要有多项式核函数如式(3-6-40)、Gauss 核函数如式(3-6-41)等。

3.6.6 最小二乘支持向量机

J. A. K. Suykens 在 2001 年提出最小二乘支持向量机[84]，采用最小二乘线性系统作为损失函数，代替传统所采用的二次规划方法，取得了较好的效果。该方法运算简单，收敛速度快，精度高。算法描述如下。

定义 3.6.10 设训练样本集 $D=\{(\boldsymbol{x}_i,y_i): i=1,2,\cdots,l\}$，$\boldsymbol{x}_i\in\mathbb{R}^n$ 是输入数据，$y_i\in\mathbb{R}$ 是输出数据，**最小二乘支持向量机(least squares support vector machines, LS SVM)**描述为

$$\begin{cases}\min\limits_{\boldsymbol{w},b,\boldsymbol{e}} J(\boldsymbol{w},\boldsymbol{e})=\dfrac{1}{2}\|\boldsymbol{w}\|^2+\dfrac{1}{2}\gamma\sum\limits_{i=1}^{l}e_i^2\\ \text{s.t.}\quad y_i=\boldsymbol{w}^{\mathrm{T}}\Phi(\boldsymbol{x}_i)+b+e_i,\quad i=1,2,\cdots,l\end{cases}\tag{3-6-47}$$

其中，$\Phi: \mathcal{L}=\mathbb{R}^n\rightarrow\mathcal{H}$是非线性映射；权值向量 $\boldsymbol{w}\in\mathcal{H}$，$b$ 是偏差量，$e_i\in\mathbb{R}$ 是误差，而 $\boldsymbol{e}=[e_1,\cdots,e_l]^{\mathrm{T}}\in\mathbb{R}^l$ 是误差向量，J 是损失函数，γ 是可调常数。

核空间映射函数的目的是从原始空间中抽取特征，将原始空间中的样本映射为高维特征空间中的一个向量，以解决原始空间中线性不可分的问题。

根据优化函数式(3-6-47)，定义 Lagrange 函数为

$$L(\boldsymbol{w},b,\boldsymbol{e},\boldsymbol{\alpha})=J(\boldsymbol{w},\boldsymbol{e})-\sum_{i=1}^{l}\alpha_i[\boldsymbol{w}^{\mathrm{T}}\Phi(\boldsymbol{x}_i)+b+e_i-y_i]\tag{3-6-48}$$

式中，$\alpha_i\in\mathbb{R}$ 是 Lagrange 乘子，$\boldsymbol{\alpha}=[\alpha_1,\cdots,\alpha_l]^{\mathrm{T}}\in\mathbb{R}^l$；$\boldsymbol{e}=[e_1,\cdots,e_l]^{\mathrm{T}}\in\mathbb{R}^l$。对上式进行优化，得

$$\begin{cases}\dfrac{\partial L}{\partial \boldsymbol{w}}=0\Rightarrow\boldsymbol{w}=\sum\limits_{i=1}^{l}\alpha_i\Phi(\boldsymbol{x}_i)\\ \dfrac{\partial L}{\partial b}=0\Rightarrow\sum\limits_{i=1}^{l}\alpha_i=0\\ \dfrac{\partial L}{\partial e_i}=0\Rightarrow\alpha_i=\gamma e_i,\quad i=1,2,\cdots,l\\ \dfrac{\partial L}{\partial \alpha_i}=0\Rightarrow\boldsymbol{w}^{\mathrm{T}}\Phi(\boldsymbol{x}_i)+b+e_i-y_i=0,\quad i=1,2,\cdots,l\end{cases}\tag{3-6-49}$$

消除变量 $\boldsymbol{w},\boldsymbol{e}$，可得矩阵方程

$$\begin{bmatrix}0 & \boldsymbol{1}^{\mathrm{T}}\\ \boldsymbol{1} & \boldsymbol{\Omega}+\dfrac{1}{\gamma}\boldsymbol{I}\end{bmatrix}\begin{bmatrix}b\\ \boldsymbol{\alpha}\end{bmatrix}=\begin{bmatrix}0\\ \boldsymbol{y}\end{bmatrix}\tag{3-6-50}$$

式中，$\boldsymbol{y}=[y_1,\cdots,y_l]^{\mathrm{T}}$，$\boldsymbol{1}=[1,\cdots,1]^{\mathrm{T}}\in\mathbb{R}^l$，而且

$$\boldsymbol{\Omega}=\{\boldsymbol{\Omega}_{ij}\}_{l\times l},\quad \boldsymbol{\Omega}_{ij}=\Phi^{\mathrm{T}}(\boldsymbol{x}_j)\Phi(\boldsymbol{x}_i)=K(\boldsymbol{x}_j,\boldsymbol{x}_i) \tag{3-6-51}$$

于是利用最小二乘法可以得到参数$[b,\alpha^{\mathrm{T}}]^{\mathrm{T}}$的估计,其中核函数可以有不同的形式,如多项式核、多层感知(MLP)核、样条生成核和 RBF 核等。LS-SVM 的预测函数为

$$y(\boldsymbol{x})=\sum_{i=1}^{l}\alpha_i K(\boldsymbol{x},\boldsymbol{x}_i)+b \tag{3-6-52}$$

文献[83]中采用最小二乘支持向量机对时间序列预测进行了研究,取得了良好的效果。

3.6.7 模糊支持向量机

在分类问题中我们往往关心的是对重要点的正确分类,并不关心一些像噪声之类的点是否被误分。这样,我们不再要求每个训练点精确属于两个类别中的某一个,而是以某种可能性属于某一类,这就引入模糊支持向量机的概念[75]。

定义 3.6.11 设给定一组数据集 $D=\{(\boldsymbol{x}_i,y_i,s_i):i=1,2,\cdots,l\}$,其中 $\boldsymbol{x}_i\in\mathbb{R}^n$ 是训练样本数据,$y_i\in\{-1,1\}$是标识数据,$s_i\in[\sigma,1]$是 $\boldsymbol{x}_i$ 的隶属度,其中 $\sigma>0$ 是无穷小量。定义 Φ: $\mathbb{R}^n\to\mathcal{Z}$是非线性映射,其中$\mathcal{Z}$是特征空间;**模糊支持向量机(fuzzy support vector machine,FSVM)**定义为如下优化问题

$$\begin{cases}\min\quad \dfrac{1}{2}\|\boldsymbol{w}\|^2+C\displaystyle\sum_{i=1}^{l}s_i\xi_i\\ \text{s.t.}\quad y_i(\boldsymbol{w}^{\mathrm{T}}\boldsymbol{z}_i+b)\geqslant 1-\xi_i,\quad \xi_i\geqslant 0,\quad i=1,2,\cdots,l\end{cases} \tag{3-6-53}$$

其中 $\boldsymbol{z}_i=\Phi(\boldsymbol{x}_i)$,$C$ 是一个常量,ξ_i 是 SVM 中的误差度量,$s_i\xi_i$ 是不同权值的误差度量。

注意,一个很小的 s_i 减少了 ξ_i 的作用,因此,相应的 x_i 被认为是不重要的。为了求解这个最优问题,我们构造 Lagrange 函数

$$L(\boldsymbol{w},b,\xi,\boldsymbol{\alpha},\boldsymbol{\beta})=\frac{1}{2}\|\boldsymbol{w}\|^2+C\sum_{i=1}^{l}s_i\xi_i-\sum_{i=1}^{l}\alpha_i(y_i(\boldsymbol{w}^{\mathrm{T}}\boldsymbol{z}_i+b)-1+\xi_i)-\sum_{i=1}^{l}\beta_i\xi_i \tag{3-6-54}$$

这些参数必须满足下面的条件

$$\begin{cases}\dfrac{\partial L(\boldsymbol{w},b,\xi,\boldsymbol{\alpha},\boldsymbol{\beta})}{\partial \boldsymbol{w}}=\boldsymbol{w}-\displaystyle\sum_{i=1}^{l}\alpha_i y_i\boldsymbol{z}_i=0\\ \dfrac{\partial L(\boldsymbol{w},b,\xi,\boldsymbol{\alpha},\boldsymbol{\beta})}{\partial b}=-\displaystyle\sum_{i=1}^{l}\alpha_i y_i=0\\ \dfrac{\partial L(\boldsymbol{w},b,\xi,\boldsymbol{\alpha},\boldsymbol{\beta})}{\partial \xi_i}=s_iC-\alpha_i-\beta_i=0,\quad i=1,2,\cdots,l\end{cases} \tag{3-6-55}$$

将这些条件应用于 Lagrange 函数式(3-6-54),则问题式(3-6-53)等价地变为

$$\begin{cases}\max J(\boldsymbol{\alpha})=\displaystyle\sum_{i=1}^{l}\alpha_i-\frac{1}{2}\sum_{i=1}^{l}\sum_{j=1}^{l}\alpha_i\alpha_j y_i y_j K(\boldsymbol{x}_i,\boldsymbol{x}_j)\\ \text{s.t.}\quad \displaystyle\sum_{i=1}^{l}y_i\alpha_i=0,\quad 0\leqslant\alpha_i\leqslant s_iC,\quad i=1,\cdots,l\end{cases} \tag{3-6-56}$$

类似地也可以得到 Kuhn-Tucker 条件。

3.6.8 小波支持向量机

定义 3.6.12 设支持向量机的核函数是由能够逼近任意非线性函数的多维小波函数构成,则称其为**小波核(wavelet kernal)**函数,而相应的支持向量机称为**小波支持向量机(wavelet support vector machine,WSVM)**[76]。设有小波母函数

$$h_{a,c}(x)=|a|^{-1/2}h\left(\frac{x-c}{a}\right) \tag{3-6-57}$$

此处 $x,a,c\in\mathbb{R}$,a 是伸缩因子,c 是转移因子。函数 $f\in L^2(\mathbb{R})$的小波变换可以写为

$$W_{a,c}(f)=\langle f(x),h_{a,c}(x)\rangle \tag{3-6-58}$$

其中$\langle\cdot,\cdot\rangle$表示 $L^2(\mathbb{R})$中的内积。式(3-6-58)表示函数 $f(x)$在小波基 $h_{a,c}(x)$上的分解。

对于任意小波母函数 $h(x)$,它必须满足下面的条件

$$W_h=\int_0^{\infty}\frac{|H(\omega)|^2}{|\omega|}\mathrm{d}\omega<\infty \tag{3-6-59}$$

其中 $H(\omega)$是 $h(x)$的 Fourier 变换。我们可以重构 $f(x)$如下

$$f(x)=\frac{1}{W_h}\int_{-\infty}^{\infty}\int_0^{\infty}W_{a,c}(f)h_{a,c}(x)\mathrm{d}a/a^2\mathrm{d}c \tag{3-6-60}$$

如果对上式取有限项近似,则有

$$\hat{f}(x)=\sum_{i=1}^{l}W_i h_{a_i,c_i}(x) \tag{3-6-61}$$

对于一个普通的多维小波函数,我们可以把它写成一维小波函数的乘积

$$h(\boldsymbol{x})=\prod_{i=1}^{N}h(x_i) \tag{3-6-62}$$

式中 $\boldsymbol{x}=(x_1,\cdots,x_n)^{\mathrm{T}}\in\mathbb{R}^n$。这里每个一维小波母函数必须满足式(3-6-59)。

定理 3.6.3 令 $h(x)$是一个小波母函数,a 和 c 分别表示伸缩和转移因子,$x,a,c\in\mathbb{R}$;如果 $\boldsymbol{x},\boldsymbol{x}'\in\mathbb{R}^n$,则内积小波核函数为

$$K(\boldsymbol{x},\boldsymbol{x}')=\prod_{i=1}^{n}h\left(\frac{x_i-c_i}{a}\right)h\left(\frac{x'_i-c'_i}{a}\right) \tag{3-6-63}$$

转移不变小波核函数(满足转移不变核法则)为

$$K(\boldsymbol{x},\boldsymbol{x}')=\prod_{i=1}^{n}h\left(\frac{x_i-x'_i}{a}\right) \tag{3-6-64}$$

证明 见文献[76]中附录 A。 ■

定理 3.6.4 考虑具有一般性的小波函数

$$h(x)=\cos(1.75x)(-x^2/2) \tag{3-6-65}$$

并给定伸缩因子 a,且 $a,x\in\mathbb{R}$;如果 $\boldsymbol{x},\boldsymbol{x}'\in\mathbb{R}^n$,则小波核函数为

$$K(\boldsymbol{x},\boldsymbol{x}')=\prod_{i=1}^{n}h\left(\frac{x_i-x'_i}{a}\right)=\prod_{i=1}^{n}\{\cos[1.75(x_i-x'_i)/a]\exp[-\|x_i-x'_i\|/(2a^2)]\} \tag{3-6-66}$$

证明 见文献[76]中附录B。■

现在，我们给出WSVM作为分类器的决策函数

$$f(\boldsymbol{x})=\operatorname{sgn}\left\{\sum_{i=1}^{l}\alpha_i y_i\prod_{j=1}^{n}h[(x_j-x_j^{(i)})/a_i]+b\right\} \tag{3-6-67}$$

式中，$\boldsymbol{x}=(x_1,\cdots,x_n)^{\mathrm{T}}\in\mathbb{R}^n$，$x_j^{(i)}$ 表示第 i 个训练样本的第 j 个分量。

3.6.9 核主成分分析

定义 3.6.13 核主成分分析（kernel principal component analysis，KPCA）就是线性主成分分析的非线性泛化，它把原始数据空间非线性地映射到一个高维特征空间，并在这个特征空间中进行主成分分析。

图 3-6-9 给出了线性 PCA 与 KPCA 的比较图。

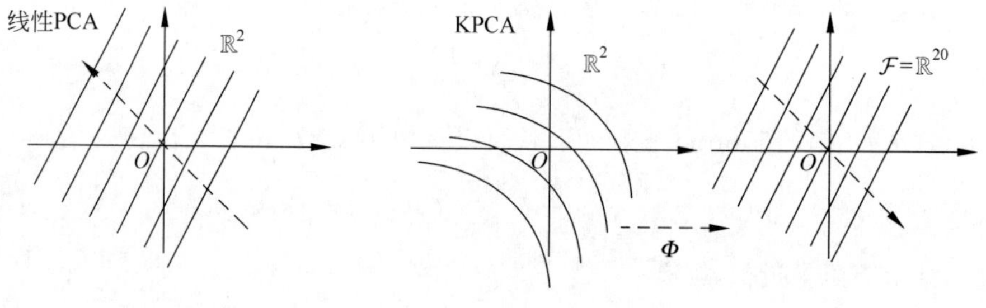

图 3-6-9 线性 PCA 与 KPCA

设变换 Φ：$\mathbb{R}^n\to\mathcal{F}$实现了输入空间到特征空间的映射，即把输入空间的样本点 $\boldsymbol{x}_1$，$\boldsymbol{x}_2$，…，$\boldsymbol{x}_l$ 变换为特征空间的样本点 $\Phi(\boldsymbol{x}_1)$，$\Phi(\boldsymbol{x}_2)$，…，$\Phi(\boldsymbol{x}_l)$。假设[80]

$$\sum_{i=1}^{l}\Phi(\boldsymbol{x}_i)=0 \tag{3-6-68}$$

则$\mathcal{F}$空间上的协方差阵为

$$\boldsymbol{C}=\frac{1}{l}\sum_{j=1}^{l}\Phi(\boldsymbol{x}_j)\Phi^{\mathrm{T}}(\boldsymbol{x}_j) \tag{3-6-69}$$

现在求 $\boldsymbol{C}$ 的特征值 $\lambda\geqslant 0$ 和特征向量 $\boldsymbol{v}\in\mathcal{F}\backslash\{0\}$，

$$\lambda\boldsymbol{v}=\boldsymbol{C}\boldsymbol{v} \tag{3-6-70}$$

因为 $\boldsymbol{C}\boldsymbol{v}=\dfrac{1}{l}\sum_{j=1}^{l}\Phi(\boldsymbol{x}_j)<\Phi(\boldsymbol{x}_j),\boldsymbol{v}>=\lambda\boldsymbol{v}$，则所有非零特征值 $\lambda\neq 0$ 对应的特征向量 $\boldsymbol{v}$ 都在 $\Phi(\boldsymbol{x}_1)$，$\Phi(\boldsymbol{x}_2)$，…，$\Phi(\boldsymbol{x}_l)$张成的平面内，从而存在不完全为零的系数 $\alpha_1,\alpha_2,\cdots,\alpha_l$，使得

$$\boldsymbol{v}=\sum_{i=1}^{l}\alpha_i\Phi(\boldsymbol{x}_i) \tag{3-6-71}$$

这样，对于 $j=1,2,\cdots,l$ 有

$$\lambda\langle\Phi(\boldsymbol{x}_j),\boldsymbol{v}\rangle=\langle\Phi(\boldsymbol{x}_j),\boldsymbol{C}\boldsymbol{v}\rangle=\lambda\sum_{i=1}^{l}\alpha_i\langle\Phi(\boldsymbol{x}_j),\Phi(\boldsymbol{x}_i)\rangle$$

$$=\frac{1}{l}\sum_{i=1}^{l}\alpha_i\langle\boldsymbol{\Phi}(\boldsymbol{x}_j),\sum_{s=1}^{l}\boldsymbol{\Phi}(\boldsymbol{x}_s)\rangle\langle\boldsymbol{\Phi}(\boldsymbol{x}_s),\boldsymbol{\Phi}(\boldsymbol{x}_i)\rangle \tag{3-6-72}$$

其中$\langle\cdot,\cdot\rangle$表示$\mathcal{F}$中的内积。

定义

$$\begin{cases}\boldsymbol{\alpha}\triangleq[\alpha_1,\alpha_2,\cdots,\alpha_l]^{\mathrm{T}}\\ \boldsymbol{K}\triangleq\{K_{ij}\}_{l\times l},\quad K_{ij}=\langle\Phi(\boldsymbol{x}_i),\Phi(\boldsymbol{x}_j)\rangle,\quad i,j=1,2,\cdots,l\end{cases} \tag{3-6-73}$$

则式(3-6-72)可以表示为

$$l\lambda\boldsymbol{K}\boldsymbol{\alpha}=\boldsymbol{K}\boldsymbol{K}\boldsymbol{\alpha} \tag{3-6-74}$$

显然,方程

$$l\lambda\boldsymbol{\alpha}=\boldsymbol{K}\boldsymbol{\alpha} \tag{3-6-75}$$

的解则必满足式(3-6-74)。通过对式(3-6-75)的求解,即可获得要求的特征值和特征向量。

图 3-6-10 给出了线性 KPCA 的一般原理。

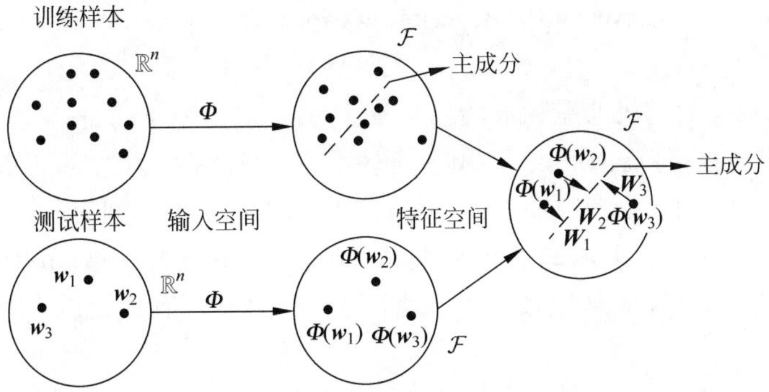

图 3-6-10　KPCA 的一般原理图

3.7　Bayes 网络基础

过去 30 多年间,Bayes 网络(BN)已经成为人工智能领域内不确定环境中进行知识表示和推理的一种有效工具[86-87]。BN 不仅对于大规模变量的联合概率分布提供了一种自然的紧凑的表示方式,而且也对于有效的概率推断提供了一个牢固的基础。虽然对于一类特殊的 BN 如树状网络或单连接网络存在多项式时间的推断算法,但对一般的网络却是一个 NP 难题。然而,在把 BN 应用于实际问题时,人们所面临的主要挑战就是如何设计一个简单而有效的近似推断算法,使得对于大规模的概率模型仍然能够满足实时性约束。目前已经发展了许多严格而又近似的 BN 推断算法,其中有些也是实时算法。本节将提供有关 BN 推断算法的基础知识,并不对具体算法进行深入讨论。

Bayes 网络也称为 **Bayes 置信网络**(**Bayesian belief network**),或**因果网络**(**causal network**),或**概率网络**(**probabilistic network**),是当前人工智能领域内进行不确定性知识表示和推理的主要工具之一。

3.7.1 Bayes网络的一般概念

定理 3.7.1（Bayes 定理，Thomas Bayes，1763） Bayes 更新公式如下

$$p(H \mid E,c)=\frac{p(H \mid c)p(E \mid H,c)}{p(E \mid c)} \tag{3-7-1}$$

其中，H 是假设变量，E 是证据变量，c 是背景变量（可以不存在）；左边一项 $p(H|E,c)$ 称为后验概率，即考虑了 E 和 c 的影响之后 H 的概率；$p(H|c)$项称为只给定 c 时 H 的先验概率；$p(E|H,c)$是假定假设 H 和背景信息 c 为真的条件下证据 E 发生的概率，称为似然；而 $p(E|c)$是与假设 H 无关的证据 E 的概率。

证明 （略）。 ■

利用 Bayes 公式，我们可以把对假设的先验知识通过联合证据而更新成后验知识，从而达到更接近"真实"的目的，这就是 Bayes 推理的基础。

首先我们给出如下定义。

定义 3.7.1 一个 **Bayes 网络（Bayesian network，BN）**就是一个图，满足如下条件：

(1) 一组随机变量$\{x_1,x_2,\cdots,x_n\}$构成了网络的结点，$V=\{1,2,\cdots,n\}$表示有限结点集合，而与之相应的随机变量构成随机向量 $\boldsymbol{x}=\{x_1,x_2,\cdots,x_n\}$；

(2) 一组有向边（带箭头的连线）用于连接 V 中两两结点，由结点 k 指向结点 s 的箭头表示随机变量 x_k 直接影响随机变量 x_s；而 W 则表示各结点间有限个有向边的集合；

(3) 每个结点都有一个**局部条件概率表（local conditional probability table，LCPT）**，用于定量描述其父结点（指向它的结点）对该结点的作用，所有变量的 LCPT 构成**条件概率表（CPT）**；

(4) 该图不存在有向环，因而称为**有向无环图（directed acyclic graph，DAG）**。

DAG 则定义了一个 Bayes 网络的结构。

为了理解 Bayes 网络的本质，我们先考虑对一个因果性问题进行建模。

例题 3.7.1 考虑下面一个所谓"判断妻子是否在家"问题，这是一个不确定判断问题。假定当某甲一个人晚上回家时，在进门以前希望知道妻子是否在家。根据经验，当他的妻子离开家时经常把前门的灯打开，但有时候她希望客人来时也打开这个灯。他们还养着一只狗，当无人在家时，这只狗被关在后院，而狗生病时也关在后院。如果狗在后院，就可以听见狗叫声，但有时听见的是邻居的狗叫。图 3-7-1 给出了这种逻辑关系的描述。

某甲可能利用这个图来预测他的妻子是否在家。如果妻子外出，狗也外出；如果灯是亮的，狗也不叫，妻子很可能外出。注意，这个例子的因果链并不是绝对的。也许，他的妻子外出时并没有带狗，也许没有开灯。有时我们能够利用这个图来推断，有时若证据不全时就很难推断。例如，如果灯是亮的但没有听到狗叫，是否能判定妻子在家呢？同样地，听到狗叫，但灯不亮又如何呢？一般情况下我们根据经验规定了相关事件发生的概率（见图 3-7-1 中的概率表，其中根结点规定的是先验概率，而非根结点规定的是条件概率；其中每个变量均取二值，如 a 表示该事件发生，$\bar{a}$ 表示该事件不发生）。利用这个网络，我们只能判断其妻子在家的可能性大小。

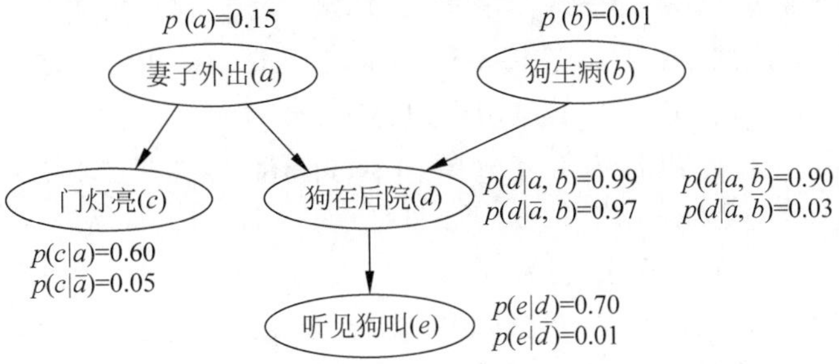

图 3-7-1 "判断妻子是否在家"问题的 Bayes 网络图

3.7.2 独立性假设

使用概率论的缺点之一就是荒谬地对大量的事件规定其完全概率分布，如果有 n 个随机变量，完全分布就要求有 2^n-1 个联合概率分布函数。这对规模较大的系统处理起来是不现实的。Bayes 网络必须建立独立性假设。

对于一个 Bayes 网络，随机变量 b 与其连接路径上最邻近的两个变量 a 和 c 之间存在三种连接方式，如图 3-7-2 所示。其中

① 直线连接(linear connection)：一个结点在其上，另一个结点在其下；

② 会聚连接(converging connection)：两个结点在其上；

③ 分叉连接(diverging connection)：两个结点在其下。

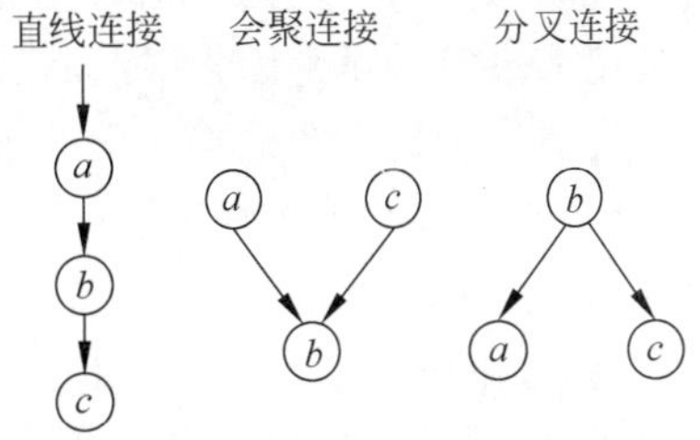

图 3-7-2 三种连接方式

以上相应于由 b 到 a 和 c 的箭头三种可能的组合。

下面给出所谓 d 连接路径的定义。

定义 3.7.2 在一个 Bayes 网络中，证据 $E=\{e_1,e_2,\cdots,e_m\}$ 定义为一组观测值。q 和 r 是网络中的两个结点，称由 q 到 r 的路径关于证据 E 是 **d 连接路径(d-connecting path)**，如果在该路径中的每个结点 s 具有如下特性之一：

(1) 是直线连接或分叉连接，而且 $s\notin E$；

(2) 是会聚连接，且 $s\in E$，或其后代结点属于 E。

定义 3.7.3 称变量 a 在给定证据 E(E 可以是空集，也可以非空但不包含 a 和 b)的条件下依赖于变量 b，如果给定 E 时，存在由 a 到 b 的一条 d 连接路径。若给定证据 E，变量 a 不依赖于(dependent on)变量 b，则称变量 a 在给定证据 E 时**独立于(independent on)**变量 b。

设 f 是任意随机变量，对于两个随机变量 a 和 b，给定 E 时彼此独立，但在给定 $E\cup\{f\}$ 有可能相互依赖。反之，在给定 E 时彼此依赖，但在给定 $E\cup\{f\}$ 有可能相互独立。如果两个随机变量 a 和 b 相互独立，简单地写成 $p(a|b)=p(a)$，而给定 e 时有可能使得 $p(a|b,e)\neq p(a|e)$。下面我们用例子来说明。

例题 3.7.2 考虑"判断妻子是否在家"的问题，给定"狗在后院"这一证据，由"妻子外出"到"听见狗叫"之间不存在 d 连接路径，实际上证据阻断了二者之间的连接。 □

在相关文献中，名词"d 分离"的应用更加普遍。

定义 3.7.4 两个结点称为是 **d 分离(d-separation)**，如果它们之间不存在 d 连接路径。

粗略地说，两个结点之间是 d 连接的，要么它们之间就是因果路径(对应于条件 1)，要么存在证据结点使得这两个结点之间相关(对应于条件 2)。

例题 3.7.3 为了理解这个定义，试想定义中的条件 1 不成立，那么我们就可以说，一个 d 连接路径可以不被证据所阻断。但这是不对的，因为已经看到，一旦知道了中间结点的状态，就不需要进一步知道任何事情。

参考图 3-7-1，我们说"狗生病"和"妻子外出"都能引起"狗在后院"这一状态的发生。但是，"狗生病"的概率依赖于"妻子外出"吗？根本不依赖。(我们可以想象存在某种依赖关系，但这可能要用其他 Bayes 网络来描述，不属于我们讨论的范围)。注意，它们二者只有一个路径，就是会聚到"狗在后院"。如果两个变量都能引起某个变量状态相同的变化，而它们二者之间又不存在任何联系，就说它们是相互独立的。于是，任何时候都有两种可能的原因引起同一状态变化的情形发生，这样我们就有了会聚结点。Bayes 网络常被用来决定是哪个因素引起状态的改变，会聚结点是常用的方法。

现在让我们来考虑定义中的条件 2。假定我们已经知道了"狗在后院"这一证据，此时"妻子外出"和"狗生病"是相互独立的吗？非也！虽然在没有证据时它们二者是相互独立的，但知道了"妻子在家"就增大了"狗生病"的概率，因为我们已经在很大程度上排除了"狗外出"的可能性，从而把"不太可能"变成"很大可能"。此时"妻子外出"和"狗生病"之间存在着 d 连接路径。这个路径通过"狗在后院"这个结点，而这个结点本身是一个条件结点。如果我们并没有"狗在后院"这一证据，而是仅仅"听见狗叫"。在此情况下，我们并不能肯定"狗在后院"，但是我们有了相关的证据"听见狗叫"，使得"狗在后院"的概率提高了。事实上，"听见狗叫"这个证据把它与会聚结点之上的两个结点联系起来了。条件 2 还说明，如果我们只有影响会聚结点的间接证据，也只能通过会聚结点形成路径。 □

如果一个结点随机变量取值的个数增多，CPT 的规模也将会随之增大，复杂的网络将会产生 NP 难题。然而在大多数情况下，实际的网络都由成百上千个结点组成，所以问题的简化将非常重要。

3.7.3 一致性概率

在建立 Bayes 网络时，一个常犯的错误就是规定的概率是非一致性的。

例题 3.7.4 考虑一个网络，其中有 $p(a|b)=0.7$，$p(b|a)=0.3$，且 $p(b)=0.5$，仔细看这些数据，好像没有出现什么差错。但是应用 Bayes 公式会有

$$p(a)p(b \mid a)/p(b)=p(a \mid b) \Rightarrow p(a)=p(b)p(a \mid b)/p(b \mid a)$$
$$\Rightarrow p(a)=0.5 \times 0.7/0.3>1$$

这显然是错误的。 □

毋庸置疑，当网络的结点对应的概率取数很多时，问题就变得非常复杂，需要专门的技术来处理概率一致性问题。因此，对于 Bayes 网络的每个结点，给定与其父结点所有可能的组合数，必须要求：

(1) 这些数字符合一致性要求；

(2) 由 LCPT 规定的概率分布是唯一的。

下面会看到这个要求是正确的。首先要引入联合分布的概念。

定义 3.7.5 一组随机变量$\{x_1,x_2,\cdots,x_n\}$的**联合分布**(**joint distribution**)定义为

$$p(x_1,x_2,\cdots,x_n) \tag{3-7-2}$$

其所有可能的取值之和必须等于 1。

例题 3.7.5 考虑某一 Bayes 网络的两个随机变量$\{x_1,x_2\}$，而且它们都是二值变量；所有可能的联合分布是

$$p(a,b),\quad p(\bar{a},b),\quad p(a,\bar{b}),\quad p(\bar{a},\bar{b})$$

其中 $p(a,b)=p(x_1=a,x_2=b)$，而且 $\bar{a}$ 表示“非 a”；同时要求它们之和必须等于 1，即 $p(a,b)+p(\bar{a},b)+p(a,\bar{b})+p(\bar{a},\bar{b})=1$。从而有

$$p(a\mid b)=p(a,b)/p(b)=p(a,b)/[p(a,b)+p(\bar{a},b)]$$ □

一般而言，对于 n 个随机变量$\{x_1,x_2,\cdots,x_n\}$，假定它们都是二值变量，所有可能的联合分布有 2^n 个，而且要求

$$\sum_{2^n\text{可能值}} p(x_1,x_2,\cdots,x_n)=1 \tag{3-7-3}$$

对于一个 Bayes 网络而言，其联合概率分布由每个随机变量的分布的乘积唯一地进行定义。

设 $S\subseteq V$ 是 Bayes 网络部分结点构成的集合，$\boldsymbol{x}_s$ 表示与之相应的随机向量；Bayes 网络的**结构图**(**graph of structure**)就规定了这些变量之间的条件独立关系。设图形结构表示为 $G=(G_1,G_2,\cdots,G_n)$，其中 $G_i\subseteq V$ 表示结点 i 的父结点集合，在给定图形结构的前提下，变量 $\boldsymbol{x}=\{x_1,x_2,\cdots,x_n\}$的概率构成如下

$$p(\boldsymbol{x}\mid G,\theta)=\prod_{i=1}^{n} p(x_i\mid \boldsymbol{x}_{G_i},\theta) \tag{3-7-4}$$

其中 $\boldsymbol{x}_{G_i}$ 是 x_i 所有父结点随机变量构成的随机向量，θ 是相关的参数，而 $p(x_i|\boldsymbol{x}_{G_i},\theta)$ 是局部条件概率分布。

例题 3.7.6 考虑图 3-7-1 的 Bayes 网络，来检查其概率一致性

(1) 结点“a”：$p(a)=0.15,p(\bar{a})=0.85\Rightarrow p(a)+p(\bar{a})=1$

(2) 结点“b”：$p(b)=0.01,p(\bar{b})=0.09\Rightarrow p(b)+p(\bar{b})=1$

(3) 结点“c”：

$$p(c\mid a)=0.60,p(c\mid\bar{a})=0.05\Rightarrow p(\bar{c}\mid a)=0.40,p(\bar{c}\mid\bar{a})=0.95$$

$$\Rightarrow p(a,c)=p(c\mid a)p(a)=0.60\times0.15=0.09,$$

$$p(\bar{a},c)=p(c\mid\bar{a})p(\bar{a})=0.05\times0.85=0.0425,$$

$$p(a,\bar{c})=p(\bar{c}\mid a)p(a)=0.40\times0.15=0.06,$$

$$p(\bar{a},\bar{c})=p(\bar{c}\mid\bar{a})p(\bar{a})=0.95\times0.85=0.8075,$$

$$\Rightarrow p(a,c)+p(\bar{a},c)+p(a,\bar{c})+p(\bar{a},\bar{c})$$
$$=0.09+0.0425+0.06+0.8075=1$$

（4）结点“d”：

$$p(d\mid a,b)=0.99,p(d\mid a,\bar{b})=0.90,p(d\mid\bar{a},b)=0.97,p(d\mid\bar{a},\bar{b})=0.03,$$
$$\Rightarrow p(\bar{d}\mid a,b)=0.01,p(\bar{d}\mid a,\bar{b})=0.10,p(\bar{d}\mid\bar{a},b)=0.03,p(\bar{d}\mid\bar{a},\bar{b})=0.97$$
$$\Rightarrow p(a,b,d)=p(d\mid a,b)p(a)p(b)=0.99\times0.15\times0.01=0.001\,485,$$
$$p(a,\bar{b},d)=p(d\mid a,\bar{b})p(a)p(\bar{b})=0.90\times0.15\times0.99=0.133\,65,$$
$$p(\bar{a},b,d)=p(d\mid\bar{a},b)p(\bar{a})p(b)=0.97\times0.85\times0.01=0.008\,245,$$
$$p(\bar{a},\bar{b},d)=p(d\mid\bar{a},\bar{b})p(\bar{a})p(\bar{b})=0.03\times0.85\times0.99=0.025\,245,$$
$$p(a,b,\bar{d})=p(\bar{d}\mid a,b)p(a)p(b)=0.01\times0.15\times0.01=0.000\,015,$$
$$p(a,\bar{b},\bar{d})=p(\bar{d}\mid a,\bar{b})p(a)p(\bar{b})=0.10\times0.15\times0.99=0.014\,85,$$
$$p(\bar{a},b,\bar{d})=p(\bar{d}\mid\bar{a},b)p(\bar{a})p(b)=0.03\times0.85\times0.01=0.000\,255,$$
$$p(\bar{a},\bar{b},\bar{d})=p(\bar{d}\mid\bar{a},\bar{b})p(\bar{a})p(\bar{b})=0.97\times0.85\times0.99=0.816\,255$$
$$\Rightarrow p(a,b,d)+p(a,\bar{b},d)+p(\bar{a},b,d)+p(\bar{a},\bar{b},d)+$$
$$p(a,b,\bar{d})+p(a,\bar{b},\bar{d})+p(\bar{a},b,\bar{d})+p(\bar{a},\bar{b},\bar{d})$$
$$=0.001\,485+0.133\,65+0.008\,245+0.025\,245+$$
$$0.000\,015+0.014\,85+0.000\,255+0.816\,255=1$$

（5）结点“e”：

$$p(e\mid d)=0.70,p(e\mid\bar{d})=0.01,p(d)=0.168\,625,p(\bar{d})=0.831\,375$$
$$\Rightarrow p(\bar{e}\mid d)=0.30,p(\bar{e}\mid\bar{d})=0.99$$
$$\Rightarrow p(d,e)=p(e\mid d)p(d)=0.70\times0.168\,625=0.118\,037\,5$$
$$p(\bar{d},e)=p(e\mid\bar{d})p(\bar{d})=0.01\times0.831\,375=0.008\,313\,75$$
$$p(d,\bar{e})=p(\bar{e}\mid d)p(d)=0.30\times0.168\,625=0.050\,587\,5$$
$$p(\bar{d},\bar{e})=p(\bar{e}\mid\bar{d})p(\bar{d})=0.99\times0.831\,375=0.823\,061\,25$$
$$\Rightarrow p(d,e)+p(\bar{d},e)+p(d,\bar{e})+p(\bar{d},\bar{e})$$
$$=0.118\,037\,5+0.008\,313\,75+0.050\,587\,5+0.823\,061\,25=1$$

所以满足概率一致性要求。同时得到给定网络结构和条件概率表时变量的联合分布。

□

3.7.4 Bayes 网络推断

一个 Bayes 网络可以看作一个概率专家系统，其中概率知识基础由网络拓扑以及每个结点的 LCPT 表示。建立这个知识基础的主要目的是用于推断，即计算产生对该领域问题的解答。Bayes 网络主要有两种推断方式，即置信更新和置信修正。

定义 3.7.6 设 E 表示所有**证据结点（evidence node）**，λ 表示证据结点上的观测值，y 表示所有**询问结点（query node）**，所谓**置信更新（belief update）**，或称为**概率推断**

(**probability inference**)，就是在给定 λ 的条件下，求 $\mathbf{y}$ 的后验概率分布

$$p(\mathbf{y} \mid \lambda) \tag{3-7-5}$$

可以由 CTP 得到 $\mathbf{y}$ 的先验分布 $p(\mathbf{y})$，以及似然 $p(\lambda|\mathbf{y})$，从而可以由 Bayes 公式得

$$p(\mathbf{y} \mid \lambda)=\frac{p(\lambda \mid \mathbf{y})p(\mathbf{y})}{\sum_{\mathbf{y}} p(\lambda \mid \mathbf{y})p(\mathbf{y})} \tag{3-7-6}$$

而对于 $\mathbf{y}$ 的任意函数 $f(\mathbf{y})$，也可以推断其后验期望，即

$$E[f(\mathbf{y}) \mid \lambda]=\frac{\sum_{\mathbf{y}} f(\mathbf{y})p(\lambda \mid \mathbf{y})p(\mathbf{y})}{\sum_{\mathbf{y}} p(\lambda \mid \mathbf{y})p(\mathbf{y})} \tag{3-7-7}$$

定义 3.7.7 所谓**置信修正**(**belief revision**)就是在给定观测证据的前提下，对某些假设变量求取最有可能的例证；产生的结果就是假设变量的一个最优例证表。

很多置信更新算法经过很小的修改就能用于置信修正，反之亦然。本节只讨论置信更新算法。置信更新的计算，在使用 Bayes 网络时最大的困难就是在一般情况下这是一个 NP 难题。其次，随着网络规模的增大，计算量则按指数增长。解决这个问题的思路就是：要么系统规模很小，一般只有数十个结点；要么结点成千上万，而计算时间可以任意延长。

首先，我们必须澄清是否需要得到精确解。精确解在一般情况下是 NP 难题，近似解则要求与精确解非常接近，要以很高的概率在正确解的很小邻域内。

首先我们必须从最简单的问题开始研究精确解问题。

定义 3.7.8 所谓**单连接网络**(**singly connected network**)或称**多叉树网络**(**polytree network**)，就是在相应的基础无向图上任意两个结点之间至多有一个连接路径。

所谓**基础无向图**(**underlying undirected graph**)就是忽略箭头后的网络图。

例题 3.7.7 考虑图 3-7-3 和图 3-7-4 的网络，其相应的基础无向图(不管其方向)任意两点间至多存在一条路径，所以是单连接网络。

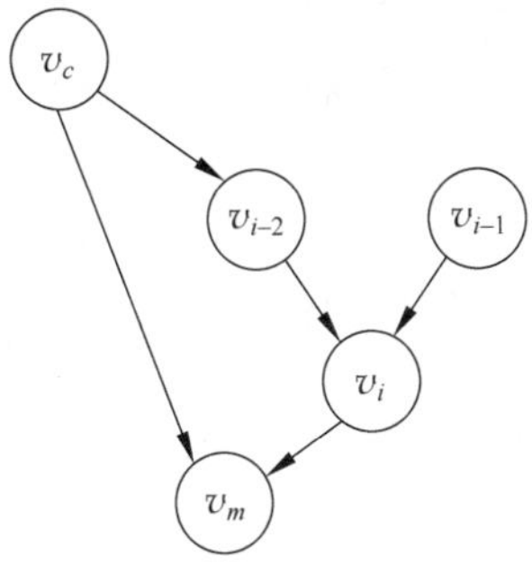

图 3-7-3 非单连接网络

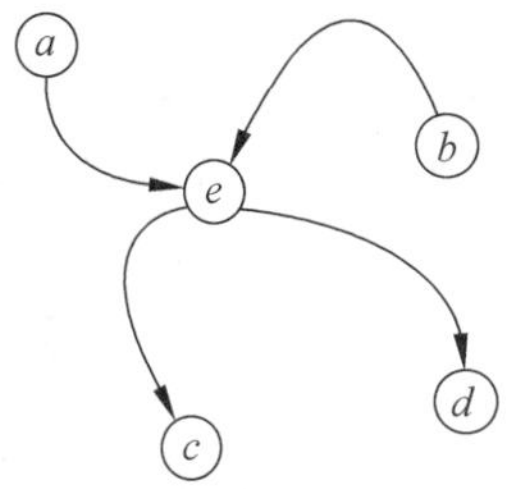

图 3-7-4 单连接网络的关系

而图 3-7-3 中，在结点 v_c 和 v_m 之间，除了路径 v_c-v_m 之外，还有路径 $v_c-v_{i-2}-v_i-v_m$，所以是非单连接网络。 □

对于单连接网络，假定我们只考虑单个询问结点 y，我们针对图 3-7-5 的情况分别加以讨论。

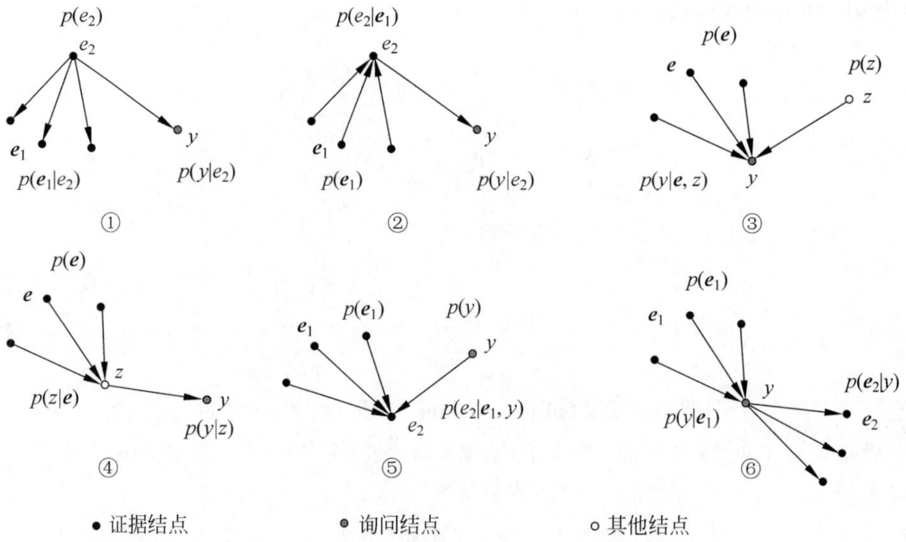

图 3-7-5　单连接网络进行推断的几种连接方式

图中，①、②、③均为 d 分离的，所以比较简单，即

① 分叉连接，但 $e_2 \in E$。此时如果有证据 $\boldsymbol{e}_1=\lambda_1, e_2=\lambda_2$，则

$$p(y \mid \lambda)=p(y \mid \lambda_1,\lambda_2)=p(y \mid \lambda_2) \tag{3-7-8}$$

② 直线连接，但 $e_2 \in E$。此时如果有证据 $\boldsymbol{e}_1=\lambda_1, e_2=\lambda_2$，则

$$p(y \mid \lambda)=p(y \mid \lambda_1,\lambda_2)=p(y \mid \lambda_2) \tag{3-7-9}$$

③ 会聚连接，但 $y \notin E$。此时如果有证据 $\boldsymbol{e}=\lambda$，则

$$p(y \mid \lambda)=\sum_z p(y \mid \lambda, z) \tag{3-7-10}$$

而其中④、⑤、⑥ 均为 d 连接的，所以相对比较复杂，即

④ 直线连接，且 $z \notin E$。此时如果有证据 $\boldsymbol{e}=\lambda$，则

$$\begin{aligned}p(y \mid \lambda)&=\frac{p(y,\lambda)}{p(\lambda)}=\frac{\sum_z p(y,z,\lambda)}{p(\lambda)}=\frac{\sum_z p(y \mid z)p(z \mid \lambda)p(\lambda)}{p(\lambda)}\\&=\sum_z p(y \mid z)p(z \mid \lambda)\end{aligned} \tag{3-7-11}$$

⑤ 会聚连接，且 $e_2 \in E$。此时如果有证据 $\boldsymbol{e}_1=\lambda_1, e_2=\lambda_2$，则

$$\begin{aligned}p(y \mid \lambda)=p(y \mid \lambda_1,\lambda_2)&=\frac{p(y,\lambda_1,\lambda_2)}{p(\lambda_1,\lambda_2)}=\frac{p(\lambda_2 \mid \lambda_1,y)p(\lambda_1)p(y)}{\sum_y p(\lambda_2 \mid \lambda_1,y)p(\lambda_1)p(y)}\\&=\frac{p(\lambda_2 \mid \lambda_1,y)p(y)}{\sum_y p(\lambda_2 \mid \lambda_1,y)p(y)}\end{aligned} \tag{3-7-12}$$

⑥ 直线连接，且 $y \notin E$。这是比较复杂的一种情况。此时如果有证据 $\boldsymbol{e}_1=\lambda_1, \boldsymbol{e}_2=\lambda_2$，则有

$$p(y \mid \lambda)=p(y \mid \lambda_1,\lambda_2)=\frac{p(y \mid \lambda_1)p(\lambda_2 \mid y)}{\sum_y p(y \mid \lambda_1)p(\lambda_2 \mid y)} \tag{3-7-13}$$

其中右边分子上第一项为向上连接的后验概率，第二项为向下连接的后验概率，而分母则是分子对所有可能的 y 值求和。这将使得问题得以大大简化，现在证明如下：

首先根据 Bayes 规则，得

$$p(y \mid \lambda_1,\lambda_2)=\frac{p(y,\lambda_1,\lambda_2)}{p(\lambda_1,\lambda_2)}=\frac{p(y)p(\lambda_1 \mid y)p(\lambda_2 \mid \lambda_1,y)}{p(\lambda_1,\lambda_2)}$$

其次，注意

$$p(\lambda_2 \mid \lambda_1,y)=p(\lambda_2 \mid y)$$

这是因为，根据单连接条件，y 把 λ_1 和 λ_2 分开来了，从而得到

$$p(y \mid \lambda_1,\lambda_2)=\frac{p(y)p(\lambda_1 \mid y)p(\lambda_2 \mid y)}{p(\lambda_1)p(\lambda_2 \mid \lambda_1)}$$

重新调整各项，得到

$$p(y \mid \lambda_1,\lambda_2)=\frac{p(y)p(\lambda_1 \mid y)}{p(\lambda_1)}\cdot\frac{p(\lambda_2 \mid y)}{p(\lambda_2 \mid \lambda_1)}$$

再对上式右边第一个分式应用 Bayes 规则，可得

$$p(y \mid \lambda_1,\lambda_2)=\frac{p(y \mid \lambda_1)p(\lambda_2 \mid y)}{p(\lambda_2 \mid \lambda_1)}$$

再利用式(3-7-11)，即可得到式(3-7-13)。 □

例题 3.7.8 仍考虑图 3-7-1 的 Bayes 网络，假定我们已经知道“妻子外出”并“听见狗叫”，问“狗在后院”的后验概率是多少？

此时，$\lambda_1=a,\lambda_2=e,y=d$，

$$\begin{aligned}p(y=d \mid \lambda)&=p(d \mid a)=p(d \mid a,b)p(b)+p(d \mid a,\bar{b})p(\bar{b})\\&=0.99\times 0.01+0.9\times 0.99=0.900\,801\end{aligned}$$

$$p(\lambda_2 \mid y=d)=p(e \mid d)=0.7$$

而

$$\begin{aligned}p(y=\bar{d} \mid \lambda_1)&=p(\bar{d} \mid a)=p(\bar{d} \mid a,b)p(b)+p(\bar{d} \mid a,\bar{b})p(\bar{b})\\&=0.01\times 0.01+0.1\times 0.99=0.0991\end{aligned}$$

$$p(\lambda_2 \mid y=\bar{d})=p(e \mid \bar{d})=0.01$$

所以根据式(3-7-12)有

$$\begin{aligned}p(y \mid \lambda_1,\lambda_2)&=\frac{p(y \mid \lambda_1)p(\lambda_2 \mid y)}{\sum_y p(y \mid \lambda_1)p(\lambda_2 \mid y)}\\&=\frac{0.900\,801\times 0.7}{0.900\,801\times 0.7+0.0991\times 0.01}=0.998\,431\end{aligned}$$

即在知道“妻子外出”并“听见狗叫”的前提下，“狗在后院”的可能性是 0.998 431。 □

例题 3.7.9 再次考虑图 3-7-1 的 Bayes 网络，假定我们已经知道“妻子外出”并知道“狗在后院”，问“狗生病”的后验概率是多少？

此时，$\lambda_1=a,\lambda_2=d,y=b$，

$$p(\lambda_2 \mid \lambda_1,y=b)=p(d \mid a,b)=0.99,\quad p(y=b)=0.01$$

而

$$p(\lambda_2 \mid \lambda_1, y=\bar{b}) = p(d \mid a, \bar{b}) = 0.90, \quad p(y=\bar{b}) = 0.99$$

根据式(3-7-11)则有

$$p(y \mid \lambda_1, \lambda_2) = \frac{p(\lambda_2 \mid \lambda_1, y)p(y)}{\sum_y p(\lambda_2 \mid \lambda_1, y)p(y)} = \frac{0.99 \times 0.01}{0.99 \times 0.01 + 0.90 \times 0.99} = 0.011$$

即在知道“妻子外出”并知道“狗在后院”的前提下,“狗生病”的可能性是 0.011。

这个后验概率比较接近先验概率。但是,如果改变条件概率

$$p(\lambda_2 \mid \lambda_1, y=\bar{b}) = p(d \mid a, \bar{b}) = 0.09$$

即在“妻子外出”和“狗生病”同时发生时,“狗在后院”的可能性是 0.09,则在知道“妻子外出”并知道“狗在后院”的前提下,“狗生病”的可能性变为

$$p(y \mid \lambda_1, \lambda_2) = \frac{p(\lambda_2 \mid \lambda_1, y)p(y)}{\sum_y p(\lambda_2 \mid \lambda_1, y)p(y)} = \frac{0.99 \times 0.01}{0.99 \times 0.01 + 0.09 \times 0.99} = 0.10$$

使得可能性提高了一个数量级。 □

关于 Bayes 网络推断有许多精确方法和近似方法,而且有所谓参数自适应和结构自适应的方法,此处不再详细讨论。

3.8 大数据时代的云计算

正如第 1 章末所述,随着互联网技术和云计算技术等的飞速发展,信息领域的大数据时代已经来临。我们处理的多源信息融合技术也随着大数据时代的到来发生了重大变化。现代化的军事应用或工业应用系统,大都利用互联网和云计算技术来处理日益复杂的信息融合问题。本节讨论大数据时代的云计算及其对信息融合技术实现的影响。

3.8.1 云计算的概念

近年来,云计算(cloud computing)研究成为各大领域的关注热点。很多学者和专业人士逐步将云计算作为计算机网络技术应用架构的一个核心。云计算服务所提供的庞大网络数据中心不仅存储着大部分的应用软件和数据信息,还掌握着应用程序的管理及信息数据的安全维护工作。在为用户提供查询便利的同时,也可消除诸多安全隐患。

对云计算的定义有多种说法。现阶段广为接受的是美国国家标准与技术研究院(NIST)的定义:云计算是一种按使用量付费的模式,这种模式提供可用的、便捷的、按需的网络访问,进入可配置的计算资源共享池(资源包括网络、服务器、存储、应用软件和服务等),这些资源能够被快速提供,只需投入很少的管理工作或与服务供应商进行很少的交互。

云计算通常通过互联网来提供动态易扩展且经常是虚拟化的资源。云是网络、互联网的一种比喻说法,云计算甚至可以实现每秒 10 万亿次的运算能力,拥有这么强大的计算能力可以模拟核爆炸、预测气候变化和市场发展趋势,当然可以用来快速实现网络化的多源信息融合。在许多情况下,用户可以通过计算机、手机等方式接入数据融合中心,

按自己的需求进行运算处理。

云计算常与网格计算、效用计算、自主计算相混淆。网格计算是分布式计算的一种，是由一群松散耦合的计算机组成的一个超级虚拟计算机，常用来执行一些大型任务；效用计算是IT资源的一种打包和计费方式，比如按照计算、存储分别计量费用，像传统的电力等公共设施一样；自主计算是具有自我管理功能的计算机系统。事实上，云计算部署依赖于计算机集群(但与网格的组成、体系结构、目的、工作方式大相径庭)，也吸收了自主计算和效用计算的特点。

换句话说，云计算是分布式计算(distributed computing)、并行计算(parallel computing)、效用计算(utility computing)、网络存储(network storage technologies)、虚拟化(virtualization)、负载均衡(load balance)、热备份冗余(high available)等传统计算机和网络技术发展融合的产物。云计算是继20世纪80年代大型计算机到客户端-服务器的大转变之后的又一种巨变。

被普遍接受的云计算特点如下：

(1) 超大规模。"云"具有相当的规模，Google云计算已经拥有100多万台服务器，Amazon、IBM、微软、雅虎等的"云"均拥有几十万台服务器。企业私有云一般拥有数百上千台服务器。"云"能赋予用户前所未有的计算能力。

(2) 虚拟化。云计算支持用户在任意位置使用各种终端获取应用服务。所请求的资源来自"云"，而不是固定的有形的实体。应用在"云"中某处运行，但实际上用户无须了解，也不用担心应用运行的具体位置。只需要一台笔记本或者一个手机，就可以通过网络服务来实现需要的一切，甚至包括超级计算这样的任务。

(3) 高可靠性。"云"使用了数据多副本容错、计算结点同构可互换等措施来保障服务的高可靠性，使用云计算比使用本地计算机可靠。

(4) 通用性。云计算不针对特定的应用，在"云"的支撑下可以构造出千变万化的应用，同一个"云"可以同时支撑不同的应用运行。

(5) 高可扩展性。"云"的规模可以动态伸缩，满足应用和用户规模增长的需要。

(6) 按需服务。"云"是一个庞大的资源池，用户按需购买；云可以像自来水、电、煤气那样计费。

(7) 极其廉价。由于"云"的特殊容错措施可以采用极其廉价的结点来构成云，"云"的自动化集中式管理使大量企业无须负担日益高昂的数据中心管理成本，"云"的通用性使资源的利用率较之传统系统大幅提升，因此用户可以充分享受"云"的低成本优势，经常只要花费很少的资金、几天时间就能完成以前需要大量资金、数月才能完成的任务。

(8) 潜在的危险性。云计算服务除了提供计算服务外，还必然提供了存储服务。但是云计算服务当前垄断在私人机构(企业)手中，仅仅能够提供商业信用。对于政府机构、商业用户、军事机构选择云计算服务应保持足够的警惕。一旦商业用户大规模使用私人机构提供的云计算服务，无论其技术优势有多强，都不可避免地让这些私人机构以"数据(信息)"的重要性挟制整个社会。对于信息社会而言，"信息"是至关重要的。另一方面，云计算中的数据对于数据所有者以外的其他云计算用户是保密的，但是对于提供云计算的商业机构而言确实毫无秘密可言。所有这些潜在的危险，是政府机构、商业机构和军事机构选择云计算服务，特别是国外机构提供的云计算服务时，不得不考虑的一个重要的前提。

3.8.2 云计算的快速发展

2006年8月9日，Google首席执行官埃里克·施密特(Eric Schmidt)在搜索引擎大会(SES San Jose 2006)上首次提出"云计算"的概念。2007年10月，Google与IBM开始在美国大学校园，包括卡内基梅隆大学、麻省理工学院、斯坦福大学、加州大学伯克利分校及马里兰大学等，推广云计算的计划，这项计划希望能降低分布式计算技术在学术研究方面的成本，并为这些大学提供相关的软硬件设备及技术支持。而学生则可以通过网络开发各项以大规模计算为基础的研究计划。2008年1月30日，Google宣布在台湾地区启动"云计算学术计划"，将与台湾大学、台湾交通大学等学校合作，将这种先进的大规模、快速将云计算技术推广到校园。2008年2月1日，IBM宣布将在中国无锡太湖新城科教产业园为中国的软件公司建立全球第一个云计算中心(Cloud Computing Center)。2008年7月29日，雅虎、惠普和英特尔宣布一项涵盖美国、德国和新加坡的联合研究计划，推出云计算研究测试床，推进云计算。该计划要与合作伙伴创建6个数据中心作为研究试验平台，每个数据中心配置1400～4000个处理器。这些合作伙伴包括新加坡资讯通信发展管理局、德国卡尔斯鲁厄大学Steinbuch计算中心、美国伊利诺伊大学香槟分校、英特尔研究院、惠普实验室和雅虎。2008年8月3日，美国专利商标局网站信息显示，戴尔正在申请"云计算"商标，此举旨在加强对这一未来可能重塑技术架构的术语的控制权。2010年3月5日，Novell与云安全联盟(CSA)共同宣布一项供应商中立计划，名为"可信任云计算计划(Trusted Cloud Initiative)"。2010年7月，美国国家航空航天局和包括Rackspace、AMD、英特尔、戴尔等支持厂商共同宣布"OpenStack"开放源代码计划，微软在2010年10月表示支持OpenStack与Windows Server 2008 R2的集成；而Ubuntu已把OpenStack加至11.04版本中。2011年2月，思科系统正式加入OpenStack，重点研制OpenStack的网络服务。2014年3月，中国国际云计算技术和应用展览会在北京开幕，云计算综合标准化技术体系已形成草案。工信部要我国从五个方面促进云计算快速发展：一是要加强规划引导和合理布局，统筹规划全国云计算基础设施建设和云计算服务产业的发展；二是要加强关键核心技术研发，创新云计算服务模式，支持超大规模云计算操作系统，核心芯片等基础技术的研发推动产业化；三是要面向具有迫切应用需求的重点领域，以大型云计算平台建设和重要行业试点示范、应用带动产业链上下游的协调发展；四是要加强网络基础设施建设；五是要加强标准体系建设，组织开展云计算以及服务的标准制定工作，构建云计算标准体系。

3.8.3 云计算对多源信息融合技术实现的影响

云计算环境下，软件开发的环境、工作模式也将发生变化。基于互联网技术应用的多源信息融合系统，在云计算环境中也必然发生很大变化。

(1) 多源信息融合系统所开发的软件，必须与云计算相适应，能够与虚拟化为核心的云平台有机结合，适应运算能力、存储能力的动态变化。虽然，传统的软件工程理论不会发生根本性的变革，但基于云平台的开发工具、开发环境、开发平台将为敏捷开发、项目组内协同、异地开发等带来便利。软件开发项目组内可以利用云平台，实现在线开发，并通过云实现知识积累、软件复用。软件测试的环境也可移植到云平台上，通过云构建测试环境；软件测试也应该可以通过云实现协同、知识共享和测试复用。

(2) 新的软件要能够满足大量用户的使用，包括数据存储结构、处理能力。在云平台上，软件可以是一种服务，如 SaaS，也可以就是一个 Web Services，如苹果的在线商店中的应用软件等。

(3) 要互联网化，基于互联网提供软件的应用。

(4) 安全性要求更高，可以抗攻击，并能保护私有信息。

(5) 可工作于移动终端、手机、网络计算机等各种环境。

3.9 小结

本章主要给出了与多源信息融合相关的智能计算与识别理论基础，不包含已经熟知的神经元网络，以及模式识别教程中的一般内容。本章讨论的大都是二值问题，且与分类问题密切相关。首先给出了有关模式识别、智能学习与统计模式识别的一般概念，然后讲述了信息系统与粗糙集理论的基础知识。然后重点讲述了在信息融合中有特殊意义的证据理论及 D-S 合成公式，以及证据推理的一般方法。随机集理论是近年来颇受学术界关注的信息融合新工具，但其理论基础和方法还有待进一步研究。支持向量机是当前统计学习研究的热点，其优越的性能使得这一方法得到普遍重视。Bayes 网络也是一个非常有希望的工具，但实用方法仍需要进一步开发。本章内容相对分散，一般给出比较完整的表述，但难免有支离破碎的感觉，希望读者在此基础上参阅有关文献。

本章最后讲述了大数据时代的云计算及其对信息融合技术实现的影响，这是当前和未来发展的一个重要技术领域。

参考文献

[1] 韩崇昭. 应用泛函分析——自动控制的数学基础[M]. 北京：清华大学出版社，2008.

[2] Marek W，Pawlak Z. Rough sets and information systems[J]. Fundamenta Informaticae，1984，17：105-115.

[3] Pawlak Z. Rough Sets：Theoretical Aspects of Reasoning about Data[M]. Dordrecht：Kluwer Academic Publishers，1991.

[4] Pawlak Z. Rough Sets[J]. International Journal of Computer and Information Sciences. 1982，11：341-356.

[5] 张文修，梁怡，吴伟志. 信息系统与知识发现[M]. 北京：科学出版社，2003.

[6] 张文修，米据生，吴伟志. 不协调目标信息系统的知识约简[J]. 计算机学报，2003，26(1)：12-18.

[7] Yao Y Y. Generalized Rough Set Models[C]//Polkowski L，Skowron A，eds. Rough sets in Knowledge Discovery. Heidelberg：Physica-Verlag，1998. 286-318.

[8] 韩德强. 基于证据推理的多源分类融合理论与方法研究[D]. 西安：西安交通大学，2008.

[9] Klir G J，Yuan B. Fuzzy Sets and Fuzzy Logic：Theory and Applications[M]. Upper Saddle River，NJ：Prentice-Hall，1995.

[10] Hartley R V L. Transmission of information[J]. Bell System Technical Journal, 1928, 7: 535-563.

[11] Shannon C E. A mathematical theory of communication[J]. Bell System Technical Journal, 1948, 27: 379-423, 623-656.

[12] Dubois D, Prade H. A note on measures of specificity for fuzzy sets[J]. International Journal of General Systems, 1985, 10 (4): 279-283.

[13] Harmanec D, Klir G J. Measuring total uncertainty in Dempster-Shafer theory[J]. International Journal of General Systems, 1994, 22 (4): 405-419.

[14] Klir G J, Wierman M J. Uncertainy-Based Information[M]. 2nd ed. Heidelberg, Germany: Physica-Verlag, 1999.

[15] Klir G J, Smith R M. Recent developments in generalized information theory[J]. International Journal of Fuzzy Systems, 1999, 1 (1): 1-13.

[16] 戴冠中，潘泉，张山鹰，等. 证据推理的进展及存在问题[J]. 控制理论与应用，1999，(04): 465-469.

[17] 杨阳. 证据推理组合方法的分类、评价准则及应用研究[D]. 西安：西北工业大学，2006.

[18] Denoeux T. An evidence-theoretic neural network classifier [C]//Proceedings of IEEE International Conference on Systems, Man and Cybernetics, Vancouver, 1995: 712-714.

[19] Barnett J A. Computational methods for a mathematical theory of evidence[C]//Proceedings of the 7th International Joint Conference on Artificial Intelligence, Vancouver, Canada, 1981: 868-875.

[20] Schubert J. On nonspecific evidence[J]. International Journal of Intelligent Systems, 1993, 8: 711-725.

[21] 孙怀江，胡钟山，杨静宇. 学习相关源证据[J]. 南京大学学报(自然科学版)，2001，(02): 154-158.

[22] 孙怀江，杨静宇. 一种相关证据合成方法[J]. 计算机学报，1999，(09): 1004-1007.

[23] 孙怀江，胡钟山，杨静宇. 基于证据理论的多分类器融合方法研究[J]. 计算机学报，2001，(03): 231-235.

[24] Wu Y G, Yang J Y, Ke L, et al. On the evidence inference theory[J]. Information Sciences, 1996, 89 (3-4): 245-260.

[25] Smets P. The transferable belief model [J]. Artificial Intelligence, 1994, 66 (2): 191-234.

[26] Smarandache F, Dezert J. Advances and Applications of DSmT for Information Fusion Vol II [M]. Rehoboth: American Research Press, 2006.

[27] Dezert J, Smarandache F. On the generation of hyper-powersets for the DSmT[C]//Proceedings of the 6th International Conference on Information Fusion, 2003: 1118-1125.

[28] Dezert J. Foundations for a new theory of plausible and paradoxical reasoning[J]. Information and Security Journal, 2002, 9: 13-57.

[29] Matheron G. Random Sets and Integral Geometry[M]. New York: John Wiley, 1975.

[30] Molchanov I S. Limit Theorems for Union of Random Closed Sets. Lecture Notes in Mathematics[M]. Springer-Verlag, 1993.

[31] Peng T, Wang P, Kandel A. Knowledge acquisition by random sets[J]. International Journal of Intelligent Systems, 1997, 11: 113-147.

[32] Sanchez L. A random sets-based method for identifying fuzzy models[J]. Fuzzy Sets and Systems, 1998, 343-454.

[33] Nunez-Garcia J, Wolkenhauer O. Random Sets and Histograms[EB/OL]. [2010-07-20]. http://www.umist.ac.uk/csc/.

[34] Miranda E,Couso I,Gil P. Extreme points of credal sets generated by 2-alternating capacities[J]. International Journal of Approximate Reasoning,2003,33: 95-115.
[35] 孙怀江,杨静宇. 一种相关证据合成方法[J]. 计算机学报,1999,22(9): 272-290.
[36] 何友,王国宏,路大金,等. 多传感器信息融合及应用[M]. 北京: 电子工业出版社,2000.
[37] Selzer F,Gutfinger D. LADAR and FLIR based sensor fusion for automatic target classification [C]//Proceedings of SPIE,Montreal,Canada,1988: 236-246.
[38] Shafer G. A Mathematical Theory of Evidence[M]. Princeton: Princeton University Press,1967.
[39] Zadeh L A. Fuzzy sets[J]. Information Control,1965,8: 338-353.
[40] 谢季坚,刘承平. 模糊数学方法及其应用[M]. 2版. 武汉: 华中科技大学出版社,2000.
[41] Bi Y X, Bell D, Wang H, et al. Combining multiple classifiers using Dempster's rule of combination for text categorization[M]//. Lecture Notes in Artificial Intelligence-Modeling Decisions for Artificial Intelligence. Berlin: Springer Verlag,2004: 127-138.
[42] Valente F,Hermansky H. Combination of acoustic classifiers based on Dempster-Shafer theory of evidence[C]//Proceedings of IEEE International Conference on Acoustics, Speech and Signal Processing,2007: IV-1129-IV-1132.
[43] Bi Y X,Bell D,Guan J W. Combining evidence from classifiers in text categorization[C]// Proceedings of the 8th International Conference on KES,Wellington,New Zealand 2004: 521-528.
[44] 段新生. 证据理论与决策、人工智能[M]. 北京: 中国人民大学出版社,1990.
[45] 张文修,梁怡. 不确定性推理原理[M]. 西安: 西安交通大学出版社,1996.
[46] Begler P L. Shafer-Dempster reasoning with applications to multisensor target identification system[J]. IEEE Transactions on Systems,Man and Cybernetics,1987,17: 968-977.
[47] Zhu Y M, Dupuis O, Kaftandjian V, et al. Automatic determination of mass functions in Dempster-Shafer theory using fuzzy c-means and spatial neighborhood information for image segmentation[J]. Optical Engineering,2002,41(4): 760-770.
[48] Salzenstein F, Boudraa A O. Iterative estimation of Dempster-Shafer's basic probability assignment: application to multisensor image segmentation[J]. Optical Engineering, 2004, 43 (6): 1293-1299.
[49] 孙亮. 高维遥感数据融合与分类的知识发现方法研究[D]. 西安: 西安交通大学,2006.
[50] Moyal J E. The general theory of stochastic population processes[J]. Acta Mathematica,1962, 108: 1-31.
[51] Mathéron G. Random Sets and Integral Geometry[M]. New York: Wiley,1975.
[52] Ripley B. Locally finite random sets: foundations for point process theory[J]. Annals of Prob, 1976,6(4): 983-994.
[53] Baudin M. Multidimensional Point Processes and Random Closed Sets[J]. Journal of Applied Prob,1984,21: 173-178.
[54] Mahler R. Nonadditive Probability, Finite-set Statistics and, and Information Fusion[C]//New Orleans,LA 1995: 1947-1952.
[55] El-Fallah A,Mahler R,Ravichandrana B,et al. Adaptive Data Fusion Using Finite-Set Statistics [C]//Orlando,Florida 1999: 80-91.
[56] Mahler R. Random Sets: Unification and Computation for Information Fusion-A Retrospective Assessment[C]//Stockholm,Sweden,2004.
[57] Mahler R P S. "Statistics 101 " for Multisensor, Multitarget Data Fusion[J]. IEEE A&E SYSTEMS MAGAZINE,2004,19 (1): 53-64.
[58] Mahler R P S. The Random-Set Approach to Data Fusion[J]. SPIE,1994,2237: 287-295.
[59] Mahler R. Multisensor-multitarget statistics. Data Fusion Handbook[M]. Boca Raton: CRC

Press,2001.
[60] Mahler R. The search for tractable Bayesian multitarget filters[C]. SPIE,2000: 310-320.
[61] Nguyen H T. An Introduction to Random Sets[M]. Taylor & Francis Group,LLC,2006.
[62] Goodman I R,Mahler R P S,Nguyen H T. Mathematics of data fusion[M]. Kluwer academic publishers,1997.
[63] Vo B,Singh S,Doucet A. Sequential Monte Carlo Methods for Multi-Target Filtering with Random Finite Sets[J]. IEEE Transactions on Aerospace and Electronic systems,2005,41(4): 1224-1245.
[64] Fletcher R. Practical Methods of Optimization[M]. 2nd ed. Hoboken: John Wiley and Sons, Inc. ,1987.
[65] Christopher J C Burges. A Tutorial on Support Vector Machines for Pattern Recognition[J]. Data Mining and Knowledge Discovery,1998,2: 121-167.
[66] Vapnik V. Estimation of Dependences Based on Empirical Data [M]. Moscow: Nauka,1979 (English translation: New York: Springer Verlag,1982).
[67] Vapnik V. The Nature of Statistical Learning Theory[M]. New York: Springer Verlag,1995.
[68] Vapnik V,Golowich S,Smola A. Support vector method for function approximation,regression estimation and signal processing[J]. Advances in Neural Information Processing Systems,1996, 9: 281-287.
[69] Strang G T. Introduction to Applied Mathematics [M]. Wellesley: Wellesley-Cambridge Press,1986.
[70] Scholkopf B,Sung K,Burges C,et al. A comparing support vector machines with Gaussian kernels to radial basis function classifiers[J]. IEEE Trans. Sign. Processing,1997,45: 2758-2765.
[71] Suykens J A K,Vandewalle J,De Moor B. Optimal Control by Least Squares Support Vector Machines[J]. Neural Networks,2001,14(1): 23-35.
[72] Zhu J Y,Ren B,Zhang H X,et,al. Time Series Prediction via New Support Vector Machines[J]. IEEE,In Proceeding of 2002 ICMLC,China Beijing,2002.
[73] Lin C F,Wang S D. Fuzzy Support Vector Machine[J]. IEEE Trans. On Neural Networks, 2002,13(2): 28-29.
[74] Zhang L,Zhou W D,Jiao L C. wavelet support vector machine[J]. IEEE Trans. On SMC-Part B: CYBERNETICS,2004,34(1): 120-125.
[75] Zhang Q H,Benveniste A. Wavelet networks[J]. IEEE Trans. Neural Networks,1992,3: 889-898.
[76] Szu H H,Telfer B,Kadambe S. Neural network adaptive wavelets for signal representational and classification[J]. Opt. Eng. ,1992,31: 1907-1916.
[77] 张恒喜,郭基联,朱家元,等. 小样本多元数据分析方法及应用[M]. 西安：西北工业大学出版社,2002.
[78] 肖健华,吴今培. 基于核的特征提取技术及应用研究[J]. 计算机工程,2002,28(10): 36-38.
[79] Lima A,Zen H,Nankaku Y,et al. On the Use of Kernel PCA for Feature Extraction in Speech Recognition[J]. IEICE Transactions on information and systems,2004,E87-D(12): 2802-2811.
[80] Bernhard S,John C P. Estimating the Support of a High-Dimensional Distribution[R]. Microsoft Research Technical Report MSR-TR-99-87,1999,1-28.
[81] Scholkopf B. Statistical Learning and Kernel Methods[R]. Microsoft Research Technical Report MSR-TR-2000-23,2000,1-29.
[82] Suykens J A K,Vandewalle J,De Moor B. Optimal Control by Least Squares Support Vector Machines[J]. Neural Networks,2001,14(1): 23-35.
[83] Charniak E. Bayesian Networks without Tears[EB/OL]. [2010-07-21]. http://www.aaai.org.
[84] Bottcher S G,Dethlefsen C. Learning Bayesian Networks with R[C]//Proceedings of the 3rd

International Workshop on Distributed Statistical Computing (DSC) March 20-22, Vienna, Austria,2003.

[85] Koivisto M,Sood K. Exact Bayesian Structure Discovery in Bayesian Networks[J]. Journal of Machine Learning Research 5,2004,549-573.

[86] Tessem B. Approximations for efficient computation in the theory of evidence[J]. Artificial Intelligence, 1993, 61(2): 315-329.

[87] Smets P. Decision making in the TBM: The necessity of the pignistic transformation[J]. International Journal of Approximate Reasoning, 2005, 38(2): 133-147.

[88] Han D Q, Dezert J, Han C Z, et al. New dissimilarity measures in evidence theory[C]// Proceedings of the 14th International Conference on Information Fusion, Chicago, IL, USA, 2011: 1-7.

[89] Jousselme A L, Grenier D, Bossé É. A new distance between two bodies of evidence[J]. Information Fusion, 2001, 2(2): 91-101.

[90] Han DQ, Dezert J, Yang Y. Belief Interval-Based Distance Measures in the Theory of Belief Functions[J]. IEEE Transactions on Systems, Man, and Cybernetics: Systems, 2018, 48(6): 833-850.

[91] Irpino A, Verde R. Dynamic clustering of interval data using a Wasserstein-based distance[J]. Pattern Recognition Letters, 2008, 29(11): 1648-1658.

[92] Vo B T, Vo B N. A random finite set conjugate prior and application to multi-target tracking [C]//2011 Seventh International Conference on Intelligent Sensors, Sensor Networks and Information Processing. IEEE, 2011: 431-436.

[93] Vo B T, Vo B N. Labeled random finite sets and multi-object conjugate priors[J]. IEEE Transactions on Signal Processing, 2013, 61(13): 3460-347.

[94] Höhle U. Entropy with respect to plausibility measures[C]//Proceedings of the 12th IEEE International Symposium on Multiple-Valued Logic, 1982: 167-169.

[95] Yager RR. Entropy and specificity in a mathematical theory of evidence[J]. International Journal of General Systems, 1983, 9(4): 249-260.

[96] Klir G J, Ramer A. Uncertainty in the Dempster-Shafer theory: a critical reexamination[J]. Int. J. Gen. Syst., 1990, 18(2): 155-166.

[97] Klir GJ, Parviz B. A note on the measure of discord[C]//Proceedings of the Eighth International Conference on Uncertainty in Artificial Intelligence, Morgan Kaufmann Publishers Inc., 1992: 138-141.

[98] Dubois D, Prade H. A note on measures of specificity for fuzzy sets[J]. International Journal of General Systems, 1985, 10(4): 279-283.

[99] Korner R, Nather W. On the specificity of evidences[J]. Fuzzy Sets and Systems, 1995, 71(2): 183-196.

[100] Harmanec D, Klir GJ. Measuring total uncertainty in Dempster-Shafer theory: a novel approach [J]. International Journal of General Systems, 1994, 22(4): 405-419.

[101] Jousselme A L, Liu C S, Grenier D, et al. Measuring ambiguity in the evidence theory[J]. IEEE Transactions on Systems Man and Cybernetics Part A: Systems and Humans, 2006, 36 (5): 890-903.

[102] Smets P. Decision making in the TBM: The necessity of the pignistic transformation[J]. International Journal of Approximate Reasoning, 2005, 38(2): 133-147.

[103] Yang Y, Han D Q. A new distance-based total uncertainty measure in the theory of belief functions[J]. Knowledge-Based Systems, 2016, 94: 114-123.

[104] Irpino A, Verde R. Dynamic clustering of interval data using a Wasserstein-based distance[J]. Pattern Recognition Letters, 2008, 29(11): 1648-1658.

第4章 目标跟踪

4.1 基本概念与原理

目标跟踪是指为了维持对目标当前状态的估计，同时也是对传感器接收到的量测进行处理的过程。这里所提到的目标状态包括：

① 运动学分量。

② 其他分量：有辐射的信号强度、谱特性、“属性”信息等。

③ 常数或其他缓变参数：耦合系数、传播速度等。

量测是指被噪声污染的有关目标状态的观测信息，包括直接的位置估计、斜距、方位角信息、两个传感器间的抵达时间差，以及由于Doppler频移导致的传感器间的观测频差等。

目标跟踪处理过程所关注的量测通常不是原始的观测数据，而是信号处理子系统或者检测子系统的输出信号。

机动多目标跟踪(multiple maneuvering target tracking，MMTT)的根本任务是将传感器所接收到的量测信息，分解为对应于各种不确定机动信息源所产生的不同观测集合或轨迹上的有用信息。机动多目标跟踪综合运用了随机统计决策、自适应滤波、知识工程、神经网络、模糊推理等现代信息处理技术，其输出的结果包括被跟踪的目标数目以及相应于每一条轨迹的目标运动参数如位置、速度、加速度及目标分类特征等，同时为战场态势评估和威胁估计提供决策支持。

航迹(track)是目标跟踪领域经常提到的概念，它是指基于源于同一目标的一组量测信息获得目标状态轨迹的估计。

在机动多目标跟踪理论发展过程中，研究困难主要来源于两种不确定性：一是目标运动方式的不确定性，二是量测起源的不确定性。

在跟踪器设计过程中，目标模型的选择将直接关系到滤波性能的好坏，好的模型可以提高估计性能，坏的模型导致滤波性能变差甚至引发滤波发散。但是在实际的跟踪系统中，由于缺乏对被跟踪目标运动模型的先验知识，即所谓目标运动方式具有不确定性，导致滤波性能严重受模型制约。4.3节将系统介绍常见的目标跟踪模型。

所谓量测起源的不确定性是指传感器接收到的量测信息与我们感兴趣的目标对应关系的不确定性。这正是数据关联技术所要研究

和解决的问题。在机动多目标跟踪领域的研究内容中,数据关联是最重要而又最困难的部分。量测起源不确定性起因包括:

① 检测过程导致的随机虚警。

② 由虚假的反射体或辐射体产生的杂波。

③ 干扰杂波。

④ 假目标或其他对抗措施。

按照关联数据的来源性质,该问题可以分为三类:量测-量测关联(用于航迹起始和集中式多传感量测关联),量测-航迹关联(用于航迹保持或更新),航迹-航迹关联(用于航迹融合)。有两类模型可以用于建模数据关联问题:

① 确定性模型:在关联过程中,假设量测的机动信息源是确定的,忽视关联结论可能错误的事实。

② 概率模型:基于 Bayes 网络,首先计算独立事件(量测与目标对应关系)的概率,然后计算基于某种变换的状态估计。

有关数据关联的详细讨论会在第 7 章专门研究。图 4-1-1 给出了一个简单的机动目标跟踪基本原理框图。

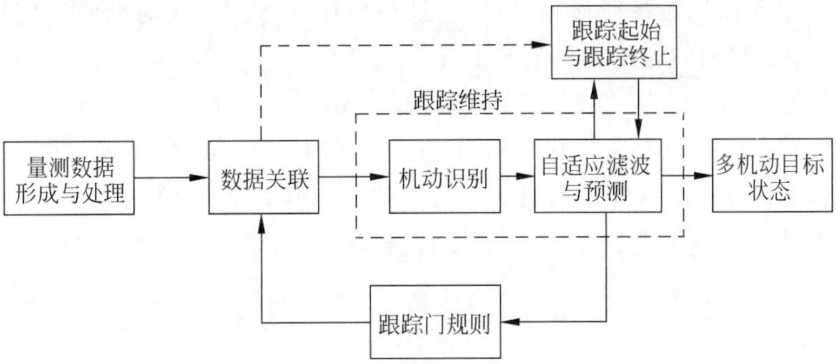

图 4-1-1　机动目标跟踪基本原理

事实上,整个机动目标跟踪过程是个递推过程。首先通过跟踪起始逻辑创建新目标档案。接下来,通过跟踪门规则和数据关联规则实现量测和航迹的配对,然后利用机动辨识及自适应滤波与预测等跟踪维持方法估计各个目标的状态,从而更新已建立的目标航迹。在跟踪空间中那些不与任何已知目标关联的量测集合被用来建立新目标档案,当有目标离开跟踪空间或被摧毁时,由跟踪终止方法消除多余目标档案。最后由目标预测状态可以确定下一时刻的跟踪门中心和大小,在新的观测到来之前,并重新开始下一时刻的递推循环。

随着多目标跟踪理论研究的日益成熟与深入,多目标跟踪技术在军事和许多民用领域都有着广泛的应用,可以列举的主要领域包括:弹道导弹防御、空防、海洋监视、战场监视、精确制导、高空突防,以及空中交通管制、汽车防碰撞、导航、机器人视觉等。多目标跟踪理论研究涉及诸多方面,包括量测数据形成与处理、机动目标模型、机动检测与机动辨识、自适应滤波与预测、跟踪坐标系与滤波状态变量的选取、跟踪门的形成、数据关联、跟踪起始与终止等。

4.2 跟踪门

跟踪门是整个跟踪空域中的一块子区域，它将传感器接收到的回波量测划分为可能源于目标和可能不源于目标两个部分。其中心位于被跟踪目标的预测位置，大小由接收正确回波的概率来确定。将落入跟踪门内的回波称为候选回波。跟踪门的形成既是限制不可能决策数目的关键环节，又是维持跟踪或保持目标轨迹更新的先决条件。

在数据关联过程中，如果只有一个回波落入该目标的跟踪门内，则此回波被直接用于航迹更新；如果多于一个以上的回波落在被跟踪目标的跟踪门内，那么通过跟踪门逻辑可以粗略确定用于航迹更新的回波集合。然后通过更高级的数据关联技术，以最终确定用于目标航迹更新的回波。因此，跟踪门的形成方法是多目标跟踪领域中首当其冲的问题。

4.2.1 滤波残差

考虑一个处于跟踪维持阶段的目标（已经初始化）。设 $k-1$ 时刻状态变量的滤波预报值为 $\hat{\boldsymbol{x}}_{k|k-1}$，$k$ 时刻的观测方程为

$$\boldsymbol{z}_k=\boldsymbol{H}_k\boldsymbol{x}_k+\boldsymbol{v}_k \tag{4-2-1}$$

其中，$\boldsymbol{z}_k$ 为传感器在 k 时刻接收到的量测，$\boldsymbol{H}_k$ 为观测矩阵，量测噪声 $\boldsymbol{v}_k$ 是具有零均值和正定协方差阵 $\boldsymbol{R}_k$ 的 Gauss 噪声向量。定义观测量 $\boldsymbol{z}_k$ 与预报观测量 $\hat{z}_{k|k-1}$ 之差为**滤波残差向量**

$$\tilde{z}_{k|k-1}=\boldsymbol{z}_k-\hat{\boldsymbol{z}}_{k|k-1} \tag{4-2-2}$$

其中

$$\hat{\boldsymbol{z}}_{k|k-1}=\boldsymbol{H}_k\hat{\boldsymbol{x}}_{k|k-1} \tag{4-2-3}$$

其**残差协方差阵**为

$$\boldsymbol{S}_k=\boldsymbol{H}_k\boldsymbol{P}_{k|k-1}\boldsymbol{H}_k^{\mathrm{T}} \tag{4-2-4}$$

其中，$\boldsymbol{P}_{k|k-1}$ 为一步预测协方差阵。

假设在 k 时刻源于目标的真实量测服从正态分布，即

$$p(z_k\mid \boldsymbol{Z}^{k-1})=\mathcal{N}(z_k;\hat{z}_{k|k-1},\boldsymbol{S}_k) \tag{4-2-5}$$

其中，$\boldsymbol{Z}^{k-1}$ 为直到 $k-1$ 时刻的所有量测。并假定观测维数为 M，则**残差向量范数**为

$$d_k^2=\tilde{\boldsymbol{z}}_{k|k-1}^{\mathrm{T}}\boldsymbol{S}_k^{-1}\tilde{\boldsymbol{z}}_{k|k-1} \tag{4-2-6}$$

可以证明，d_k^2 服从自由度为 M 的 χ^2 分布。

此时，我们可以在整个测量空间中定义一个子区域 V_k，使得在此区域内目标可以以某个较高的概率 P_{G} 被发现。这个概率一般被称作**门概率**，即

$$P_{\mathrm{G}}\triangleq P(\boldsymbol{z}_k\in V_k) \tag{4-2-7}$$

上式中 $\boldsymbol{z}_k$ 代表源于目标的真实量测。

4.2.2 矩形跟踪门

最简单的跟踪门形成方法是在跟踪空间内定义一个矩形区域，即**矩形跟踪门**。

设残差向量 $\tilde{z}_{k|k-1}$、量测向量 z_k 以及预报量测向量 $\hat{z}_{k|k-1}$ 的第 i 个分量分别为 $\tilde{z}_{k|k-1,i}$，$z_{k,i}$ 和 $\hat{z}_{k|k-1,i}$；跟踪门常数为 $K_{G,i}$，它取决于观测密度、检测概率以及状态向量的维数。则当观测量 z_k 满足如下关系

$$\tilde{z}_{k|k-1,i} \triangleq | z_{k,i} - \hat{z}_{k|k-1,i} | \leqslant K_G \cdot \sigma_{ri}, \quad i = 1, 2, \cdots, M \tag{4-2-8}$$

则称 z_k 为**候选回波**。这里 σ_{ri} 为第 i 个残差的标准偏差。

4.2.3 椭球跟踪门

设 γ 为椭球跟踪门的门限大小，当回波 z_k 满足如下关系时

$$d_k^2 \leqslant \gamma \tag{4-2-9}$$

称 z_k 为候选回波。上式即称为**椭球跟踪门规则**。

根据椭球跟踪门规则，可以确定其极大似然门限 γ_0，使得位于跟踪门内的正确回波最大可能来自被跟踪的目标，而不是多余回波。最优跟踪门限 γ_0 的表达式为

$$\gamma_0 = 2\ln \frac{P_D}{(1-P_D)\beta(2\pi)^{M/2}\sqrt{|S|}} \tag{4-2-10}$$

式中，P_D 为检测概率，β 为新回波密度（目标回波和多余回波），M 为观测维数，$|\boldsymbol{S}|$ 为残差协方差阵的行列式。

事实上，最优跟踪门限 γ_0 也可用作确定跟踪终止的准则。

4.2.4 其他跟踪门

除了前面提到的两种常见的跟踪门外，还有球面坐标系下的扇形跟踪门，以及基于数据关联性能评价的优化跟踪门算法[1]等。

在实际的多目标跟踪问题中，跟踪门的使用非常广泛。当目标无机动时，跟踪门的大小一般为常值；当目标机动时，调整门的大小以保证一定的接收正确回波的概率就成了关键问题。因此，在机动多目标跟踪领域，如何使跟踪门自动适应目标机动范围和强度的变化是一个值得深入讨论的问题。

4.3 目标运动模型

大多数机动目标跟踪问题都是基于模型的。也就是说，依赖于两个描述：一是目标行为，通常用动态运动模型表示；另一个是对目标的观测，称为观测模型。本节和下节将分别介绍这两类模型[2-3]。

4.3.1 机动目标跟踪的数学模型

目标跟踪的主要目的就是估计移动目标的状态轨迹。虽然目标在空间上几乎从来不是一个真正的点，且其方向信息对于跟踪也是有用的，但通常还是把目标看作空间没有形状的一个点，特别对于目标建模更是如此。目标动态模型描述了目标状态 $\boldsymbol{x}$ 随时间的演化过程。

几乎所有的机动目标跟踪方法都是基于模型的。总是假定目标运动及其量测能够用某个已知的数学模型严格表示。常用的就是下述状态空间模型

$$\begin{cases}\boldsymbol{x}_{k+1}=\boldsymbol{f}_k(\boldsymbol{x}_k,\boldsymbol{u}_k,\boldsymbol{w}_k), \\ \boldsymbol{z}_k=\boldsymbol{h}_k(\boldsymbol{x}_k)+\boldsymbol{v}_k,\end{cases} \quad k\in\mathbb{N} \tag{4-3-1}$$

其中，$\boldsymbol{x}_k,\boldsymbol{z}_k,\boldsymbol{u}_k$ 分别是 k 时刻目标的状态、量测和控制输入向量；$\{\boldsymbol{w}_k\},\{\boldsymbol{v}_k\}$分别是过程噪声序列和量测噪声序列；$\boldsymbol{f}_k(\cdot),\boldsymbol{h}_k(\cdot)$是某些时变的向量值函数。通常这个离散时间模型来源于如下混合时间模型

$$\begin{cases}\dot{\boldsymbol{x}}(t)=\boldsymbol{f}(\boldsymbol{x}(t),\boldsymbol{u}(t),t)+\boldsymbol{w}(t),\boldsymbol{x}(t_0)=\boldsymbol{x}_0 \\ \boldsymbol{z}_k=\boldsymbol{h}_k(\boldsymbol{x}_k)+\boldsymbol{v}_k\end{cases} \tag{4-3-2}$$

相应的线性形式分别为

$$\begin{cases}\boldsymbol{x}_{k+1}=\boldsymbol{F}_k\boldsymbol{x}_k+\boldsymbol{E}_k\boldsymbol{u}_k+\boldsymbol{G}_k\boldsymbol{w}_k, \\ \boldsymbol{z}_k=\boldsymbol{H}_k\boldsymbol{x}_k+\boldsymbol{v}_k,\end{cases} \quad k\in\mathbb{N}\text{（离散时间模型）} \tag{4-3-3}$$

$$\begin{cases}\dot{\boldsymbol{x}}(t)=\boldsymbol{A}(t)\boldsymbol{x}(t)+\boldsymbol{E}(t)\boldsymbol{u}(t)+\boldsymbol{B}(t)\boldsymbol{w}(t), \\ \boldsymbol{z}_k=\boldsymbol{H}_k\boldsymbol{x}_k+\boldsymbol{v}_k,\end{cases} \quad t\in\mathbb{R},k\in\mathbb{N}\text{（混合离散时间模型）} \tag{4-3-4}$$

如前所述，对于目标跟踪而言，挑战之一是目标运动模式的不确定性。这个不确定性表现为：对跟踪者来说，被跟踪目标的精确动态模型是不知道的。虽然式(4-3-2)这种一般形式的模型通常是已知的，但跟踪者不知道目标实际的控制输入 $\boldsymbol{u}$，不知道 $\boldsymbol{f}$ 的具体形式和相关参数，也不知道在跟踪时噪声 $\boldsymbol{w}$ 的统计特性。于是，对于机动目标跟踪来说，首要任务就是目标运动建模，其目的就是建立一个能很好表示目标运动效果且易于跟踪的模型。

本节描述的建模方法，无须知道目标真正的动态行为，这些方法可按两个方面完成：

① 把 $\boldsymbol{u}$ 作为一个具有某种统计特性的随机过程去逼近实际非随机的控制输入。

② 用带有适当设计参数的某些代表性的运动模型来描述典型的目标轨迹。

这里把目标运动分为两类模式：机动和非机动。非机动运动是指，在惯性参考坐标系中，目标按某个定常速度作直线和水平运动，所以这种模式也称为均衡运动。广义地讲，所有不是机动运动的模式都叫非机动模式。

4.3.2 非机动目标动态模型

在三维物理空间的点目标运动,可以用三维的位移和速度向量来描述。例如可以用向量 $\boldsymbol{x}=[x,\dot{x},y,\dot{y},z,\dot{z}]^{\mathrm{T}}$ 来描述笛卡儿坐标系的一个状态向量,其中(x,y,z)是位移向量,而$(\dot{x},\dot{y},\dot{z})$是速度向量。当把目标视为点目标时,非机动运动就可以用向量值方程 $\dot{\boldsymbol{x}}(t)=0$ 来描述,其中 $\boldsymbol{x}=[\dot{x},\dot{y},z]^{\mathrm{T}}$。

需要指出的是,z 方向被区别对待是因为在这里仅仅假设运动模型在水平的(x,y)平面内是非机动的,而在 z 方向可以是机动的。

实际上,这个理想方程通常被修正为 $\dot{\boldsymbol{x}}(t)=\boldsymbol{w}(t)\approx 0$,其中 $\boldsymbol{w}(t)$是一个白噪声过程,对 $\boldsymbol{x}$ 的影响"很小",认为由于紊乱而具有不可预测的建模误差。相应的状态空间模型是

$$\dot{\boldsymbol{x}}(t)=\operatorname{diag}[\boldsymbol{A}_{\mathrm{cv}},0]\boldsymbol{x}(t)+\operatorname{diag}[\boldsymbol{B}_{\mathrm{cv}},1]\boldsymbol{w}(t) \tag{4-3-5}$$

其中 $\boldsymbol{x}=[x,\dot{x},y,\dot{y},z]^{\mathrm{T}}$;而 $\boldsymbol{w}(t)=[w_x(t),w_y(t),w_z(t)]^{\mathrm{T}}$ 是一个连续时间向量值白噪声过程,且有

$$\boldsymbol{A}_{\mathrm{cv}}=\begin{bmatrix}0&1&0&0\\0&0&0&0\\0&0&0&1\\0&0&0&0\end{bmatrix},\quad \boldsymbol{B}_{\mathrm{cv}}=\begin{bmatrix}0&0\\1&0\\0&0\\0&1\end{bmatrix} \tag{4-3-6}$$

与上述连续时间模型直接对应的离散化模型是(T 是采样间隔)

$$\begin{aligned}\boldsymbol{x}_{k+1}&=\operatorname{diag}[\boldsymbol{F}_{\mathrm{cv}},1]\boldsymbol{x}_k+\operatorname{diag}[\boldsymbol{G}_{\mathrm{cv}},T]\boldsymbol{w}_k\\&=\operatorname{diag}[\boldsymbol{F}_2,\boldsymbol{F}_2,1]\boldsymbol{x}_k+\operatorname{diag}[\boldsymbol{G}_2,\boldsymbol{G}_2,T]\boldsymbol{w}_k\end{aligned} \tag{4-3-7}$$

其中 $\boldsymbol{F}_{\mathrm{cv}}=\operatorname{diag}[\boldsymbol{F}_2,\boldsymbol{F}_2]$,$\boldsymbol{G}_{\mathrm{cv}}=\operatorname{diag}[\boldsymbol{G}_2,\boldsymbol{G}_2]$,$\boldsymbol{F}_2=\begin{bmatrix}1&T\\0&1\end{bmatrix}$,$\boldsymbol{G}_2=\begin{bmatrix}T^2/2\\T\end{bmatrix}$。

噪声 $\boldsymbol{w}_k=[w_x,w_y,w_z]_k^{\mathrm{T}}$ 为离散时间白噪声序列,注意 w_x,w_y 分别是沿 x 轴和 y 轴的噪声"加速度",而 w_z 相应于沿 z 轴的噪声"速度"。这个结果也可以直接由离散时间框架得到。

如果 $\boldsymbol{w}$ 各分量是不耦合的,用上述方程描述的非机动运动在 x,y,z 方向上也是不耦合的。在此情况下,噪声协方差为

$$\operatorname{cov}(\boldsymbol{G}\boldsymbol{w}_k)=\operatorname{diag}[\operatorname{var}(w_x)\boldsymbol{Q}_2,\operatorname{var}(w_y)\boldsymbol{Q}_2,\operatorname{var}(w_z)],\quad \boldsymbol{Q}_2=\begin{bmatrix}T^4/4&T^3/2\\T^3/2&T^2\end{bmatrix} \tag{4-3-8}$$

上述式(4-3-5)和式(4-3-7)的方程分别对应连续和离散时间**常速模型**(**CV**)。更准确地说,是近似常速模型。

在上述模型中,任何不必要的分量(如加速度)的引入,只能导致跟踪性能的变差。

4.3.3 坐标不耦合的目标机动模型

绝大多数目标机动沿各坐标的分量都是耦合的。为了简单起见,许多已经开发的机

动模型仍然假定坐标耦合很弱，以至于能够忽略不计。对于把实际非随机控制输入 $\boldsymbol{u}$ 作为随机过程处理的模型更是这种情况。由此，我们只需考虑特定的坐标方向即可。

在跟踪中，对目标的控制输入 $\boldsymbol{u}$ 通常可以假定为一个未知加速度。因为它未知，所以可以假设用一个随机过程来表示。这类模型在文献中一般被分为三类，即

(1) 白噪声模型：将控制输入建模为白噪声，这包括匀速(CV)模型、匀加速(CA)模型和多项式模型等。

(2) Morkov 过程模型：控制输入被建模为 Morkov 过程，这包括 Singer 模型及其变形，以及其他一些模型。

(3) 半 Morkov 跳跃过程模型：控制输入被建模为半 Morkov 跳跃过程。

设 $x,\dot{x},\ddot{x}$ 分别是沿某个特定方向的位移、速度和加速度，令

$$\ddot{x}(t)=a(t) \tag{4-3-9}$$

而问题在于如何定义 $a(t)$。我们用 $\boldsymbol{x}=[x,\dot{x},\ddot{x}]^{\mathrm{T}}$ 表示目标状态，则有如下模型需要讨论。

1. 白噪声加速度模型

对于目标机动而言，这是最简单的一种模型。它假定目标加速度 $\ddot{x}(t)$ 是一个独立(白噪声)过程。这与前述非机动模型仅用白噪声来描述过程噪声不同，此处的白噪声 w 用于对控制输入的作用进行建模，它比非机动模型时的作用更大。机动的目的在于完成某个任务，所以很少出现机动特性与时间变化无关的情况。然而，简单性是该模型最具吸引力的地方。

2. Wiener 过程加速度模型

假定加速度是一个 Wiener 过程，或者更确切地说，加速度是一个独立增量随机过程。这个模型简称为**常加速度(CA)模型**，更确切地说是一个“近似常加速度模型”。

这个模型通常有两个版本。第一个版本称为“白噪声加加速度(Jerk)模型”，即假定加速度的导数 $\dot{a}(t)$(加加速度，Jerk)是一个白噪声过程 $w(t)$。确切地说，连续时间白噪声过程是不存在的，因为需要无限大能量。因而方程应为增量方程 $\mathrm{d}a(t)=\mathrm{d}\hat{w}(t)$，而 $\hat{w}(t)$ 是一个独立增量过程或 Wiener 过程，但 $w(t)=\mathrm{d}\hat{w}(t)/\mathrm{d}t$ 是不存在的(见韩崇昭等编著《随机系统理论》，西安交通大学出版社，1987)。

令状态变量为 $\boldsymbol{x}=[x,\dot{x},\ddot{x}]^{\mathrm{T}}=[x,v,a]^{\mathrm{T}}$，其状态空间表示是

$$\dot{\boldsymbol{x}}(t)=\begin{bmatrix}0&1&0\\0&0&1\\0&0&0\end{bmatrix}\boldsymbol{x}(t)+\begin{bmatrix}0\\0\\1\end{bmatrix}w(t) \tag{4-3-10}$$

等价的离散时间方程是

$$\boldsymbol{x}_{k+1}=\boldsymbol{F}_3\boldsymbol{x}_k+\boldsymbol{w}_k,\quad \boldsymbol{F}_3=\begin{bmatrix}1&T&T^2/2\\0&1&T\\0&0&1\end{bmatrix} \tag{4-3-11}$$

其中

$$E[w(t+\tau)w(t)]=S_w\delta(\tau) \tag{4-3-12}$$

且

$$\boldsymbol{Q}=\mathrm{cov}(\boldsymbol{w}_k)=S_w\boldsymbol{Q}_3 \tag{4-3-13}$$

$$\boldsymbol{Q}_3=\begin{bmatrix} T^5/20 & T^4/8 & T^3/6 \\ T^4/8 & T^3/3 & T^2/2 \\ T^3/6 & T^2/2 & T \end{bmatrix} \tag{4-3-14}$$

注意 S_w 是连续时间白噪声 $w(t)$的功率谱密度(本质上是独立增量过程 $\hat{w}(t)$的方差函数)。

第二个版本称为“Wiener 序列加速度模型”,该模型假定加速度增量是一个独立(白噪声)过程。事实上,所谓加速度在一个时间段的增量就是加加速度在这个时间段的积分。

以上模型是简单的,但也是粗糙的。实际上几乎没有坐标间不耦合的(近似)定常加速度的情况发生。

对于大多数实际情况而言,一个连续时间模型较相应的离散时间模型更精确,这是因为目标运动对时间变量是连续的。对于离散时间 CA 模型(即上述第二版本模型),加速度增量 $\Delta a_k=a_{k+1}-a_k=a(t_{k+1})-a(t_k)$独立于已经过去的各采样区间这一假设具有数学上的简单性,但是很难得到验证。这个假设对某个采样周期 T 为真,但对其他采样周期 T'未必真。

3. 一般多项式模型

众所周知,任何连续目标轨迹都可以用某个阶次的多项式以任意精度逼近。这样,可以把目标运动建成笛卡儿坐标系中的 n 阶多项式模型[2]

$$\boldsymbol{x}(t)=\begin{bmatrix} x(t) \\ y(t) \\ z(t) \end{bmatrix}=\begin{bmatrix} a_0 & a_1 & \cdots & a_n \\ b_0 & b_1 & \cdots & b_n \\ c_0 & c_1 & \cdots & c_n \end{bmatrix}\cdot\begin{bmatrix} 1 \\ t \\ \vdots \\ t^n/n! \end{bmatrix}+\begin{bmatrix} w_x(t) \\ w_y(t) \\ w_z(t) \end{bmatrix} \tag{4-3-15}$$

系数 a_i,b_i,c_i 具有不同的选择;其中(x,y,z)是位移坐标,(w_x,w_y,w_z)是相应的噪声项。这样的 n 阶多项式模型总是假定位移的 n 阶时间导数是(近似)常量(即为白噪声 w)。前面描述的 CV 和 CA 模型都是其特例($n=1$ 或 2)。注意,每个 n 阶多项式在每个坐标上都有 $n+1$ 个参数,所以把一般 n 阶多项式模型也称为 $n+1$ 阶模型。

这个模型作为跟踪模型并不具有吸引力,其原因是这个模型需要一组数据进行拟合,即进行平滑,而跟踪的目的是滤波和预测,并不是拟合与平滑。困难在于难以找到一个有效的算法以得到系数 a_i,b_i,c_i。但是,一些特殊的 n 阶多项式模型可以用于跟踪。

4. Singer 加速度模型——零均值一阶 Markov 模型

在随机建模中,一个随机变量用来表示一个未知的时不变量,而一个未知的时变量则可用随机过程来描述。白噪声构成最简单一类随机过程,对于连续变量而言就是独立增量过程或 Wiener 过程。Singer 模型[5]假定目标加速度 $a(t)$是一个零均值的平稳一阶

Markov 过程,具有自相关量 $R_a(\tau)=E[a(t+\tau)a(t)]=\sigma^2 e^{-\alpha|\tau|}$,或者说具有功率谱密度 $S_a(\omega)=2\alpha\sigma^2/(\omega^2+\alpha^2)$。这样的过程 $a(t)$ 就是如下线性时不变系统的状态

$$\dot{a}(t)=-\alpha a(t)+w(t) \tag{4-3-16}$$

此处 $w(t)$ 是零均值白噪声过程,具有定常功率谱密度 $S_w=2\alpha\sigma^2$。其等价离散时间方程是

$$a_{k+1}=\beta a_k+w_k^a \tag{4-3-17}$$

其中 w_k^a 是一个零均值白噪声序列,具有方差 $\sigma^2(1-\beta^2)$,且有 $\beta=e^{-\alpha T}$。令状态变量为 $\boldsymbol{x}=[x,\dot{x},\ddot{x}]^{\mathrm{T}}=[x,v,a]^{\mathrm{T}}$,则连续时间 Singer 模型的状态空间表示为

$$\dot{\boldsymbol{x}}(t)=\begin{bmatrix}0 & 1 & 0\\ 0 & 0 & 1\\ 0 & 0 & -\alpha\end{bmatrix}\boldsymbol{x}(t)+\begin{bmatrix}0\\0\\1\end{bmatrix}w(t) \tag{4-3-18}$$

等价的离散时间模型是

$$\boldsymbol{x}_{k+1}=\boldsymbol{F}_\alpha\boldsymbol{x}_k+\boldsymbol{w}_k=\begin{bmatrix}1 & T & (\alpha T-1+e^{-\alpha T})/\alpha^2\\ 0 & 1 & (1-e^{-\alpha T})/\alpha\\ 0 & 0 & e^{-\alpha T}\end{bmatrix}\boldsymbol{x}_k+\boldsymbol{w}_k \tag{4-3-19}$$

$\boldsymbol{w}_k$ 的协方差阵是 α,T 的函数,读者可在文献[4-6]中找到。

Singer 模型的成功依赖于精确获得参数 α 和 σ^2。参数 $\alpha=1/\tau_m$ 是机动时间常数 τ_m 的倒数,依赖于机动时间持续长短。比如对于飞机,按 Singer 的建议,当懒散回转时,$\tau_m\approx 60\mathrm{s}$;而当逃逸机动时,$\tau_m\approx 10\sim 20\mathrm{s}$。但对参数 α 的确定,至今没有提出有效的方法。参数 σ^2 就是加速度的瞬时变化,可以处理成随机变量。Singer 还提出通过如下三重一致混合分布对加速度的分布进行建模。目标可能以概率 P_0 无加速运动,以等概率 $P_{\max}$ 按最大加速度 $\pm a_{\max}$ 进行加速或减速;或者在区间 $(-a_{\max},+a_{\max})$ 按一致分布的加速度进行加速或减速,结果得到

$$\sigma^2=\frac{a_{\max}^2}{3}(1+4P_{\max}-P_0) \tag{4-3-20}$$

其中 $P_{\max}$,P_0 和 $a_{\max}$ 都是设计参数。注意,这个关于加速度的三重一致混合分布显然能够用于其他机动模型。

由式(4-3-18)和式(4-3-19)显然可以看出如下几个极限情况,即

(1) 当机动时间常数 τ_m 增大(即 αT 减小)时,Singer 模型就还原成近似常加速度(CA)模型(更精确地说,是白噪声 Jerk 模型)。如果基于式(4-3-18)直接建立离散时间状态空间模型,则有

$$\boldsymbol{x}_{k+1}=\begin{bmatrix}1 & T & T^2/2\\ 0 & 1 & T\\ 0 & 0 & \beta\end{bmatrix}\boldsymbol{x}_k+\boldsymbol{G}_3\boldsymbol{w}_k \tag{4-3-21}$$

当 τ_m 增大时其极限就是 Wiener 序列加速度模型。Singer 模型和 CA 模型之间的关系是合理的,因为 Singer 模型的确定性部分当 τ_m 增大时的极限为常值。

(2) 当机动时间常数 τ_m 减小(即 αT 增大)时,Singer 模型就还原成近似常速(CV)模型。在此情况下,加速度变成噪声。

这样，选择 $0<\alpha T<\infty$，Singer 模型相应于在常速模型和常加速模型之间移动。所以 Singer 模型较之 CV 模型和 CA 模型具有更宽的覆盖面。

Singer 加速度模型对于目标跟踪而言是一个标准模型。这是第一个把未知目标加速度表征为时间相关(有色)随机过程的模型，而且可以作为进一步开发更有效目标机动模型的基础。最近提出的其他一些模型都是 Singer 模型的简单变种。

Singer 模型本质上是一个先验模型，因为它并不利用关于目标机动的在线信息，虽然通过对设计参数 α，T，$P_{\max}$，P_0 和 $a_{\max}$ 的自适应可以做成一个自适应模型。我们不能期望任何先验模型在实际目标机动时加速度多变的情况下具有很好的效果。作为先验模型，在假定加速度的三重一致混合分布均衡的情况下，Singer 模型也是均衡的。Singer 模型的主要缺点之一是其均衡性，即在任意时刻目标加速度的均值为零。实际上，在没有关于目标机动的在线信息的情况下，这是能够做到的最好模型。

5. 均值自适应加速度模型

另有一种加速度模型称为“当前”模型[7-8]，本质上就是一个带自适应的 Singer 模型，即 Singer 模型被修正而具有非零均值：$a(t)=\tilde{a}(t)+\bar{a}(t)$，其中 $\tilde{a}(t)$ 是零均值 Singer 加速度过程，而 $\bar{a}(t)$ 就是加速度的均值，在每个采样区间假定为常值。这样的非零均值加速度满足

$$\dot{a}(t)=-\alpha\tilde{a}(t)+w(t),\quad \text{或}\quad \dot{a}(t)=-\alpha a(t)+\alpha\bar{a}(t)+w(t) \tag{4-3-22}$$

因为 $\dot{a}(t)=\dot{\tilde{a}}(t)$。利用所有可利用的在线信息(如直到 k 时刻的观察序列 $\boldsymbol{Z}^k$)得到 a_k 的估计 $\hat{a}_k$，它取均值 $\bar{a}_{k+1}$ 的“当前”值，所以得名。这个模型比 Singer 模型具有更大的潜力。

仍考虑状态为 $\boldsymbol{x}=[x,\dot{x},\ddot{x}]^{\mathrm{T}}=[x,v,a]^{\mathrm{T}}$，“当前”模型的状态空间表示为

$$\dot{\boldsymbol{x}}(t)=\begin{bmatrix}0&1&0\\0&0&1\\0&0&-\alpha\end{bmatrix}\boldsymbol{x}(t)+\begin{bmatrix}0\\0\\\alpha\end{bmatrix}\bar{a}(t)+\begin{bmatrix}0\\0\\1\end{bmatrix}w(t) \tag{4-3-23}$$

等价的离散时间模型是

$$\boldsymbol{x}_{k+1}=\boldsymbol{F}_\alpha\boldsymbol{x}_k+\left(\begin{bmatrix}T^2/2\\T\\1\end{bmatrix}-\begin{bmatrix}(\alpha T-1+\mathrm{e}^{-\alpha T})/\alpha^2\\(1-\mathrm{e}^{-\alpha T})/\alpha\\\mathrm{e}^{-\alpha T}\end{bmatrix}\right)\bar{a}_k+\boldsymbol{w}_k \tag{4-3-24}$$

其中 $\boldsymbol{F}_\alpha$ 由式(4-3-19)给出。以上两个方程与 Singer 模型的差别仅仅分别加了与 $\bar{a}(t)$ 或 $\bar{a}_k$ 有关的一项。噪声 $w(t)$ 及 $\boldsymbol{w}_k$ 都与 Singer 模型相同。注意，“当前”模型相应于具有非零均值噪声 w 的 Singer 模型。

“当前”模型关键的一个假设是 $\bar{a}_{k+1}=\hat{a}_k$，更具体地说

$$\bar{a}_{k+1}\triangleq E[a_{k+1}\mid\boldsymbol{Z}^k]=E[a_k\mid\boldsymbol{Z}^k]\triangleq\hat{a}_k \tag{4-3-25}$$

其中 $\boldsymbol{Z}^k$ 是直到 k 时刻的所有量测。因为式(4-3-24)的第三个方程导致

$$a_{k+1}=\mathrm{e}^{-\alpha T}a_k+(1-\mathrm{e}^{-\alpha T})\bar{a}_k+w_k^\alpha \tag{4-3-26}$$

这容易产生歧义而且可以避免，文献[2]建议在“当前”模型中把 $\bar{a}_{k+1}=\hat{a}_k$ 用下面的递推式替换

$$\begin{aligned}\bar{a}_{k+1}&=E[a_{k+1}\mid \boldsymbol{Z}^k]=\mathrm{e}^{-\alpha T}E[a_k\mid \boldsymbol{Z}^k]+(1-\mathrm{e}^{-\alpha T})\bar{a}_k\\&=\mathrm{e}^{-\alpha T}\hat{a}_k+(1-\mathrm{e}^{-\alpha T})\bar{a}_k\end{aligned}\tag{4-3-27}$$

这个关系式更有意义，因为 $\bar{a}_{k+1}$ 不仅依赖当前的信息 $\hat{a}_k$，而且依赖过去的信息 $\bar{a}_k$。然而，这样导致的结果就使得它不再是纯粹的“当前”模型了。

在“当前”模型中，用 $k+1$ 时刻加速度 a_{k+1} 的条件概率密度 $p(a_{k+1}|\hat{a}_k)$ 代替了原本在 Singer 模型中的先验（无条件）概率密度 $p(a_{k+1})$。显然，条件密度比先验密度携带更精确的信息，而且便于应用。下面是文献[6]中提出的 a_{k+1} 的所谓条件 Rayleigh 密度

$$p(a\mid\hat{a}_k)=\begin{cases}c_k^{-2}(a_{\max}-a)\exp[-(a_{\max}-a)^2/(2c_k^2)]\mathbf{1}(a_{\max}-a), & \hat{a}_k>0\\ c_k^{-2}(a-a_{-\max})\exp[-(a-a_{-\max})^2/(2c_k^2)]\mathbf{1}(a-a_{-\max}), & \hat{a}_k<0\end{cases}\tag{4-3-28}$$

其中 $\mathbf{1}(\cdot)$ 是单位阶跃函数；$a_{-\max}$ 是负加速度的极限，不必等于 $-a_{\max}$；c_k 是依赖于 $\hat{a}_k$ 的参数。注意，Singer 模型的三重一致分布假设仅仅是为了满足计算加速度误差方差的需要。类似地，条件 Rayleigh 假设也是为了得到加速度预测误差的方差，即

$$\sigma_k^2\triangleq E[(a_{k+1}-\bar{a}_{k+1})^2\mid \boldsymbol{Z}^k]=\begin{cases}(4-\pi)(a_{\max}-\hat{a}_k)/\pi, & \hat{a}_k>0\\(4-\pi)(a_{-\max}+\hat{a}_k)/\pi, & \hat{a}_k<0\end{cases}\tag{4-3-29}$$

这个结果的成立需要简单地假定 $E[a_{k+1}|\boldsymbol{Z}^k]=E[a_{k+1}|\hat{a}_k]$，即 $\hat{a}_k$ 是 $\boldsymbol{Z}^k$ 对 a_{k+1} 的充分统计。

6. 用于摆动目标的 Markov 模型

很多时候，由于风的影响或者平台摇摆，目标沿着一个坐标方向的加速度是摆动的。对这种机动情形，Singer 模型是不合适的。这种加速度的自相关最好按下式描述

$$\begin{cases}R_a(\tau)=\sigma_a^2\mathrm{e}^{-\alpha|\tau|}\cos(\omega_c\tau)=\sigma_a^2\mathrm{e}^{-\zeta\omega_n|\tau|}\cos(\omega_n\sqrt{1-\zeta^2}\,\tau)\\ \omega_n^2=\alpha^2+\omega_c^2,\quad \zeta=\dfrac{\alpha}{\omega_n}\end{cases}\tag{4-3-30}$$

其中，$\sigma_a^2,\alpha,\omega_c,\zeta$ 以及 ω_n 分别代表平均功率、阻尼系数、实际的（阻尼）频率、阻尼比，以及未受阻尼的目标加速度的自然频率。

这样的加速度过程就是下述二阶系统的输出，系统由功率谱密度为 $2\alpha\sigma^2$ 的白噪声 $w(t)$ 驱动

$$\begin{bmatrix}\dot{a}(t)\\\dot{d}(t)\end{bmatrix}=\begin{bmatrix}0 & 1\\-\omega_n^2 & -2\zeta\omega_n\end{bmatrix}\begin{bmatrix}a(t)\\d(t)\end{bmatrix}+\begin{bmatrix}1\\(1-2\zeta)\omega_n\end{bmatrix}w(t)\tag{4-3-31}$$

其中，$d(t)=\dot{a}(t)-w(t)$ 被称为加速度漂移。

对于 $\boldsymbol{x}=[x,\dot{x},\ddot{x},d]=[x,v,a,d]$，增广状态空间模型为

$$\dot{\boldsymbol{x}}(t)=\boldsymbol{A}\boldsymbol{x}(t)+\boldsymbol{B}w(t)=\begin{bmatrix}0 & 1 & 0 & 0\\0 & 0 & 1 & 0\\0 & 0 & 0 & 1\\0 & 0 & -\omega_n^2 & -2\zeta\omega_n\end{bmatrix}\boldsymbol{x}(t)+\begin{bmatrix}0\\0\\1\\(1-2\zeta)\omega_n\end{bmatrix}w(t)\tag{4-3-32}$$

7. 半 Markov 跳跃过程模型

在 Singer 模型中，目标加速度被近似为一个连续时间零均值的 Markov 过程，这种机动加速度的零均值特性对于模拟机动目标来说似乎不太合理。事实上，一些目标机动加速度是非零均值的，此时，一个分段常数的假设是合理的。

一个最简单的分段常数随机过程是所谓的半 Markov 跳跃过程。不同于 Markov 过程的是，它仅在一系列跳跃的时间间隔上具有 Markov 性。

在有关文献中，已有几种 Markov 跳跃均值模型被提出。最常见的一种就是将未知输入 $u(t)$(可看作是加速度的非零均值)假设为一个有限状态半 Markov 过程[9-10]。特别地，$u(t)$ 可以划分为 n 个已知的水平 $\bar{a}_1,\bar{a}_2,\cdots,\bar{a}_n$，输入序列 $\{u(t_k)\}$ 是一个半 Markov 过程，具有已知的转移概率 $P\{u(t_k)=\bar{a}_j \mid u(t_{k-1})=\bar{a}_i\}$ 和延迟时间 τ，其概率为 $P_{ij}(\tau)=P_{ij}(\tau_{ij}\leqslant\tau)$，这里 $\tau_{ij}=t_k-t_{k-1}$ 用以描述在跳跃到 $\bar{a}_j$ 水平之前，在 $\bar{a}_i$ 水平上的延迟时间。而且，此时的加速度模型被描述为跳跃均值模型和 Singer 模型的组合，即

$$a(t)=-\theta v(t)+u(t)+\tilde{a}(t)$$

其中，$\tilde{a}(t)$ 相应于式(4-3-16)中的 Singer 加速度，v 是速度，θ 为阻力系数，$u(t)$ 是未知的加速度均值。

若选择状态向量 $\boldsymbol{x}=[x,\dot{x},\ddot{x}]^{\mathrm{T}}$，则相应的连续时间状态方程为

$$\dot{\boldsymbol{x}}(t)=\begin{bmatrix}0 & 1 & 0\\ 1 & -\theta & 0\\ 0 & 0 & -\alpha\end{bmatrix}\boldsymbol{x}(t)+\begin{bmatrix}0\\1\\0\end{bmatrix}u(t)+\begin{bmatrix}0\\0\\1\end{bmatrix}w(t) \tag{4-3-33}$$

式中，α 为机动频率，$w(t)$ 为白噪声。未知的加速度均值 $u(t)$ 可通过类似于多模型模式的加权和表示

$$\hat{u}(t)=\sum_{i=1}^{n}\bar{a}_i P\{u(t)=\bar{a}_i \mid \boldsymbol{Z}_s, s\leqslant t\}$$

其中，权系数的计算依赖于量测集合 $\boldsymbol{Z}_s$、模型初始概率、转移概率以及延迟时间分布情况等信息。

8. 高度机动目标的 Jerk 模型(加加速度模型)

加加速度是加速度的导数。在大多数坐标不耦合的目标模型中，一般用加速度来描述目标的机动特性，并将其建模为一个随机过程。在力学、运动学、交通动力学中，这种描述是十分自然的，因为加速度直接同目标的作用力相联系。这就是目标加速度通常被看作控制输入 $\boldsymbol{u}$ 的原因。但是，对于某些目标，尤其是机动性灵活的目标，使用一个随机加加速度模型来描述目标的机动则更为方便。

下面是两种常用的加加速度模型。

(1) 一阶 Markov 加加速度模型。

Singer 提出的一阶 Markov 模型是应用于目标的加速度上，同样的目标建模方法也适用于其他目标函数，如加加速度。该模型同 Singer 模型十分相似，其状态空间在每个坐标轴上有四维(位置、速度、加速度、加加速度)。该模型假设目标的加速度变化率服从

零均值、平稳的一阶时间相关过程，其时间相关函数为指数衰减形式。目标加速度变化率的“阶跃”通常简称为 Jerk 机动。同 Singer 模型相比，该模型具有更精确地描述目标机动性的潜能。

(2) 非零均值加加速度模型。

虽然 Singer 模型通常被认为是一个针对目标加速度的模型，但该模型可以解释为一个零均值加加速度，并有

$$\dot{\tilde{a}}(t)=-\alpha\tilde{a}(t)+w(t),\quad \tilde{a}(0)=0 \tag{4-3-34}$$

通过在 Singer 模型中引入一个附加项，可以得到一个非零均值加加速度模型

$$\dot{a}(t)=-\alpha a(t)+w(t)+\bar{\dot{a}} \tag{4-3-35}$$

这里 $\bar{\dot{a}}$ 为一个非零期望加加速度。此模型和“当前”模型在精神上是相同的，它们的目的在于添加一个非零均值到描述加速度的方程中来改进 Singer 模型。比较式(4-3-35)和式(4-3-16)可得，如果 $\bar{\dot{a}}=\alpha\bar{a}(t)$（$\bar{a}(t)$为假设的加速度的分段常值），它们是等价的。因此，它们的区别主要在于加加速度均值 $\bar{\dot{a}}$ 和加速度均值 $\bar{a}(t)$是如何获得的。

4.3.4 二维水平运动模型

绝大多数的二维和三维目标机动模型为转弯运动模型。与前面基于随机过程的模型不同，这些模型的建立主要基于目标的运动学特性。这是因为随机过程适于对时间相关过程进行建模，而运动学模型适于描述空间轨迹。图 4-3-1 所示为二维目标运动几何学。

在图 4-3-1 中，a_t 为切向加速度，沿着速度方向；a_n 为法向加速度，垂直于速度方向。二维目标运动学方程如下

$$\begin{cases}\dot{x}(t)=v(t)\cos\phi(t)\\ \dot{y}(t)=v(t)\sin\phi(t)\\ \dot{v}(t)=a_t(t)\\ \dot{\phi}(t)=a_n(t)/v(t)\end{cases} \tag{4-3-36}$$

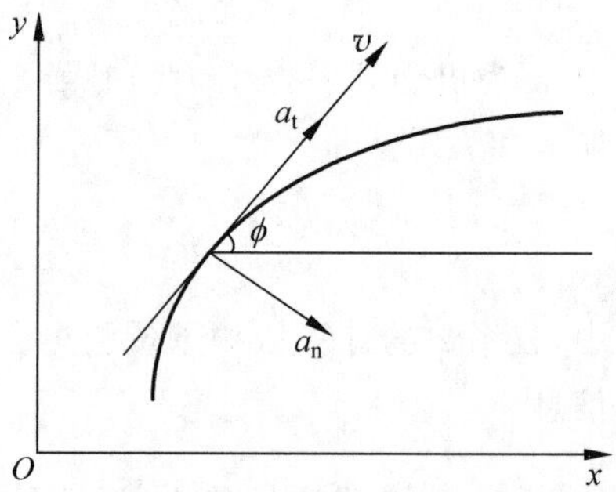

图 4-3-1 二维目标运动几何学

这里，(x,y)，v，ϕ 分别代表目标在笛卡儿坐标系中的位置、地速，以及航向改变角（偏航角）。

这是一个普遍方程，同时考虑切向加速度和法向加速度。它可以退化为以下几种特殊形式。

(1) $a_n=0$，$a_t=0$，直线 CV 运动；

(2) $a_n=0$，$a_t\neq0$，直线加速度运动（如果 a_t 为常数，则为 CA 运动）；

(3) $a_n\neq0$，$a_t=0$，曲线匀速运动（如果 a_n 为常数，则为 CT(constant turn)运动），即匀速转弯运动。

下面重点描述二维匀速转弯模型。

1. 已知转弯角速度 ω 的 CT 模型

该模型假设目标以(近似)匀速和(近似)匀角速度运动。令 $\omega=\dot{\phi}$ 代表**转弯角速度**(**turn rate**),状态向量为 $\boldsymbol{x}=[x,\dot{x},y,\dot{y}]^{\mathrm{T}}$,由式(4-3-36)可得

$$\dot{\boldsymbol{x}}(t)=[\dot{x}(t),-\omega\dot{y}(t),\dot{y}(t),\omega\dot{x}(t)]^{\mathrm{T}}=\boldsymbol{A}(\omega)\boldsymbol{x}(t)+\boldsymbol{B}(\omega)\boldsymbol{w}(t) \tag{4-3-37}$$

其中 $\boldsymbol{w}(t)=[w_x,w_y]^{\mathrm{T}}$,且

$$\boldsymbol{A}(\omega)=\begin{bmatrix}0&1&0&0\\0&0&0&-\omega\\0&0&0&1\\0&\omega&0&0\end{bmatrix},\quad \boldsymbol{B}(\omega)=\begin{bmatrix}0&0\\1&0\\0&0\\0&1\end{bmatrix}$$

如果 ω 已知,此方程就是线性方程。其离散形式为

$$\boldsymbol{x}_{k+1}=\begin{bmatrix}1&\dfrac{\sin\omega T}{\omega}&0&-\dfrac{1-\cos\omega T}{\omega}\\0&\cos\omega T&0&-\sin\omega T\\0&\dfrac{1-\cos\omega T}{\omega}&1&\dfrac{\sin\omega T}{\omega}\\0&\sin\omega T&0&\cos\omega T\end{bmatrix}\boldsymbol{x}_k+\begin{bmatrix}T^2/2&0\\T&0\\0&T^2/2\\0&T\end{bmatrix}\boldsymbol{w}_k \tag{4-3-38}$$

其中噪声的协方差阵是

$$\boldsymbol{Q}=\operatorname{cov}(\boldsymbol{w}_k)=S_k\begin{bmatrix}\dfrac{2(\omega T-\sin\omega T)}{\omega^3}&\dfrac{1-\cos\omega T}{\omega^2}&0&\dfrac{\omega T-\sin\omega T}{\omega^2}\\\dfrac{1-\cos\omega T}{\omega^2}&T&-\dfrac{\omega T-\sin\omega T}{\omega^2}&0\\0&-\dfrac{\omega T-\sin\omega T}{\omega^2}&\dfrac{2(\omega T-\sin\omega T)}{\omega^3}&\dfrac{1-\cos\omega T}{\omega^2}\\\dfrac{\omega T-\sin\omega T}{\omega^2}&0&\dfrac{1-\cos\omega T}{\omega^2}&T\end{bmatrix}$$

2. 未知转弯角速度 ω 的 CT 模型

不同于前面的已知角速度的 CT 模型,这时的目标转弯角速度作为状态向量中的一个分量,需要估计。此时扩展的目标状态向量描述如下

$$\boldsymbol{x}=[x,\dot{x},y,\dot{y},\omega]^{\mathrm{T}}$$

同理,有上面的式(4-3-37)和式(4-3-38)成立,只是附加了一个有关转弯角速度 ω 额外的方程。

下面给出两种常见的对转弯角速度 ω 的建模方法。

(1) Wiener 过程模型。

连续时间形式

$$\dot{\omega}(t)=w_\omega(t) \tag{4-3-39}$$

离散时间形式

$$\omega_{k+1}=\omega_k+w_{\omega,k} \tag{4-3-40}$$

（2）一阶 Markov 过程模型。

连续时间形式

$$\dot{\omega}(t)=-\frac{1}{\tau_w}\omega(t)+w_\omega(t) \tag{4-3-41}$$

离散时间形式

$$\omega_{k+1}=\mathrm{e}^{-T/\tau_w}\omega_k+w_{\omega,k} \tag{4-3-42}$$

这里，τ_ω 表示角速度的时间相关常数，w_ω 为白噪声。

4.3.5 三维模型

二维模型在三维目标跟踪中的应用一般只限于跟踪民用飞机（如空中交通管制系统）。这些目标的机动大多是在水平方向上进行匀速运动或转弯运动，而在垂直方向上很少发生机动。所以，z 方向可以建模成 CV 模型。

但是，在跟踪高度机动的三维军事目标的过程中，上述方法却远不能达到要求。此时，机动并不仅仅发生在水平面上，因此需要引出三维模型。在此仅仅介绍角速度已知的三维 CT 模型，即三维匀速转弯模型。此转弯模型的运动轨迹在一个平面内，但不一定在水平面。

设$\mathcal{I}=O_{xyz}$ 表示惯性系，其中 O 和 x,y,z 分别表示笛卡儿坐标系的原点和各坐标轴；$\mathcal{B}=P_{\xi\eta\zeta}$ 表示目标系，其中 P 和ξ,η,ζ 分别表示运动坐标系的原点和各坐标轴；而目标系$\mathcal{B}$相对惯性系$\mathcal{I}$的角速度为$\boldsymbol{\Omega}_{\mathcal{B}\mathcal{I}}$。目标的角速度定义在目标系为$\boldsymbol{\Omega}^{\mathcal{B}}=(p,q,r)$，在惯性系里的角速度为

$$\boldsymbol{\Omega}=p\boldsymbol{\xi}+q\boldsymbol{\eta}+r\boldsymbol{\zeta}$$

其中 $p=\dot{\boldsymbol{\eta}}\cdot\boldsymbol{\zeta}$，$q=\dot{\boldsymbol{\zeta}}\cdot\boldsymbol{\xi}$，$r=\dot{\boldsymbol{\xi}}\cdot\boldsymbol{\eta}$。

对于任意时变向量 $\boldsymbol{u}(t)$，根据运动学的基本关系，则有

$$\frac{\mathrm{d}\boldsymbol{u}^{\mathcal{I}}}{\mathrm{d}t}=\frac{\mathrm{d}\boldsymbol{u}^{\mathcal{B}}}{\mathrm{d}t}+\boldsymbol{\Omega}_{\mathcal{B}\mathcal{I}}\times\boldsymbol{u}$$

其中 $\boldsymbol{u}^{\mathcal{I}}$，$\boldsymbol{u}^{\mathcal{B}}$ 分别是 $\boldsymbol{u}$ 在惯性系$\mathcal{I}$和目标系$\mathcal{B}$中的表示向量。

现在考虑一种重要情况，假定目标系中的 ξ 轴与目标速度向量重合，即$\boldsymbol{\xi}=\boldsymbol{v}/v$，其中 $v=\|\boldsymbol{v}\|$是速度向量的幅值，即目标速度。根据向量分析中的 Poisson 公式$\dot{\boldsymbol{\xi}}=\boldsymbol{\Omega}\times\boldsymbol{\xi}$，则有

$$\frac{\dot{\boldsymbol{v}}v-\boldsymbol{v}\dot{v}}{v^2}=\boldsymbol{\Omega}\times\frac{\boldsymbol{v}}{v} \tag{4-3-43}$$

即

$$\dot{\boldsymbol{v}}=\dot{v}\frac{\boldsymbol{v}}{v}+\boldsymbol{\Omega}\times\boldsymbol{v}=\frac{\boldsymbol{v}\cdot\dot{\boldsymbol{v}}}{v^2}\boldsymbol{v}+\boldsymbol{\Omega}\times\boldsymbol{v} \tag{4-3-44}$$

这就意味着总的加速度等于线性加速度$(\boldsymbol{v}/v)\dot{v}$ 和转弯加速度$\boldsymbol{\Omega}\times\boldsymbol{v}$ 之和。进而由式(4-3-44)可以得到

$$\boldsymbol{\Omega}=\frac{\boldsymbol{\Omega}\cdot\boldsymbol{v}}{v^2}\boldsymbol{v}+\frac{\boldsymbol{v}\times\boldsymbol{a}}{v^2} \tag{4-3-45}$$

其中 $\boldsymbol{a}=\dot{\boldsymbol{v}}$。式(4-3-44)和式(4-3-45)是等价的。

由式(4-3-45)可以看出,当且仅当$\boldsymbol{\Omega}\perp\boldsymbol{v}$(即$\boldsymbol{\Omega}\cdot\boldsymbol{v}=\boldsymbol{0}$),才有

$$\boldsymbol{\Omega}=(\boldsymbol{v}\times\boldsymbol{a})/v^2 \tag{4-3-46}$$

进而由式(4-3-46)知,则$\boldsymbol{\Omega}\perp\boldsymbol{v}$,且$\boldsymbol{\Omega}$与$\boldsymbol{a}$,$\boldsymbol{v}$所在的平面(机动面)直交。于是,如果$\boldsymbol{\Omega}$的方向保持不变,则机动运动在一个平面内,但不必在水平面内。

现在我们只考虑定常三维转弯模型,由式(4-3-44)知,如果目标以定常速度(即 $\dot{v}=0$)运动,则有

$$\boldsymbol{a}=\boldsymbol{\Omega}\times\boldsymbol{v} \tag{4-3-47}$$

一般情况下,因为$\boldsymbol{\Omega}$是未知的,一种最简单可行的方法就是在惯性系对其分量$\boldsymbol{\Omega}_x$,$\boldsymbol{\Omega}_y$,$\boldsymbol{\Omega}_z$进行估计。

进而考虑在平面内的定常三维转弯模型,假定$\boldsymbol{\Omega}\perp\boldsymbol{v}$,而且$\dot{\boldsymbol{\Omega}}=\boldsymbol{0}$,则有

$$\dot{\boldsymbol{a}}=\boldsymbol{\Omega}\times\boldsymbol{a}=\boldsymbol{\Omega}\times(\boldsymbol{\Omega}\times\boldsymbol{v})=(\boldsymbol{\Omega}\cdot\boldsymbol{v})\boldsymbol{\Omega}-(\boldsymbol{\Omega}\cdot\boldsymbol{\Omega})\boldsymbol{v}=-\omega^2\boldsymbol{v} \tag{4-3-48}$$

其中

$$\omega\triangleq\|\boldsymbol{\Omega}\|=\frac{\|\boldsymbol{v}\times\boldsymbol{a}\|}{v^2}=\frac{\|\boldsymbol{v}\|\|\boldsymbol{a}\|}{v^2}=\frac{a}{v} \tag{4-3-49}$$

就是转弯角速度。因此,三维 CT 模型可以建模成一个二阶 Markov 过程

$$\dot{\boldsymbol{a}}=-\omega^2\boldsymbol{v}+\boldsymbol{w} \tag{4-3-50}$$

设状态变量 $\boldsymbol{x}=[x,y,z,\dot{x},\dot{y},\dot{z},\ddot{x},\ddot{y},\ddot{z}]^{\mathrm{T}}$,则状态方程为

$$\dot{\boldsymbol{x}}(t)=\begin{bmatrix}0 & \boldsymbol{I}_{3\times3} & 0\\ 0 & 0 & \boldsymbol{I}_{3\times3}\\ 0 & -\omega^2\boldsymbol{I}_{3\times3} & 0\end{bmatrix}\boldsymbol{x}(t)+\begin{bmatrix}0\\0\\\boldsymbol{I}_{3\times3}\end{bmatrix}\boldsymbol{w}(t) \tag{4-3-51}$$

或者设状态变量 $\boldsymbol{x}=[x,\dot{x},\ddot{x},y,\dot{y},\ddot{y},z,\dot{z},\ddot{z}]^{\mathrm{T}}$,则状态方程为

$$\dot{\boldsymbol{x}}(t)=\mathrm{diag}[\boldsymbol{A}(\omega),\boldsymbol{A}(\omega),\boldsymbol{A}(\omega)]\boldsymbol{x}(t)+\mathrm{diag}[\boldsymbol{B},\boldsymbol{B},\boldsymbol{B}]\boldsymbol{w}(t) \tag{4-3-52}$$

其中

$$\boldsymbol{A}(\omega)=\begin{bmatrix}0 & 1 & 0\\ 0 & 0 & 1\\ 0 & -\omega^2 & 0\end{bmatrix},\quad \boldsymbol{B}=\begin{bmatrix}0\\0\\1\end{bmatrix} \tag{4-3-53}$$

等价的离散模型为

$$\boldsymbol{x}_{k+1}=\mathrm{diag}[\boldsymbol{F}(\omega),\boldsymbol{F}(\omega),\boldsymbol{F}(\omega)]\boldsymbol{x}_k+\boldsymbol{w}_k \tag{4-3-54}$$

其中

$$\boldsymbol{F}(\omega)=\begin{bmatrix}1 & \dfrac{\sin\omega T}{w} & \dfrac{1-\cos\omega T}{\omega^2}\\ 0 & \cos\omega T & \dfrac{\sin\omega T}{\omega}\\ 0 & -\omega\sin\omega T & \cos\omega T\end{bmatrix} \tag{4-3-55}$$

另一种直接离散形式为

$$\boldsymbol{x}_{k+1}=\mathrm{diag}[\boldsymbol{F}(\omega),\boldsymbol{F}(\omega),\boldsymbol{F}(\omega)]\boldsymbol{x}_k+\mathrm{diag}[\boldsymbol{G},\boldsymbol{G},\boldsymbol{G}]\boldsymbol{w}_k \tag{4-3-56}$$

其中 $\boldsymbol{F}(\omega)$同式(4-3-55),$\boldsymbol{G}=[0.167T^3,0.5T^2,T]^{\mathrm{T}}$。

此处仅描述了最简单的三维 CT 模型，对于更精确且更复杂的情况，读者可参阅文献[2]。

4.4 量测模型

本节介绍的量测模型可以表征如下：全都来源于处于跟踪状态的“点目标”（即无量测起源的不确定性）；全部是量测而不是更广泛意义下的观测，后者可能包括其他信息诸如由图像跟踪提供的目标属性信息等。

4.4.1 传感器坐标模型

用于目标跟踪的传感器按自然传感器坐标系（CS，coordinate system）或称框架提供对目标的量测。在很多情况下（如雷达），这个 CS 就是三维的球坐标系或二维的极坐标系，量测为距离 r，方位角 θ 和俯仰角 η，见图 4-4-1，可能还有距离变化率（Doppler）$\dot{r}$。在实用中，这些量通常是带噪声量测，即

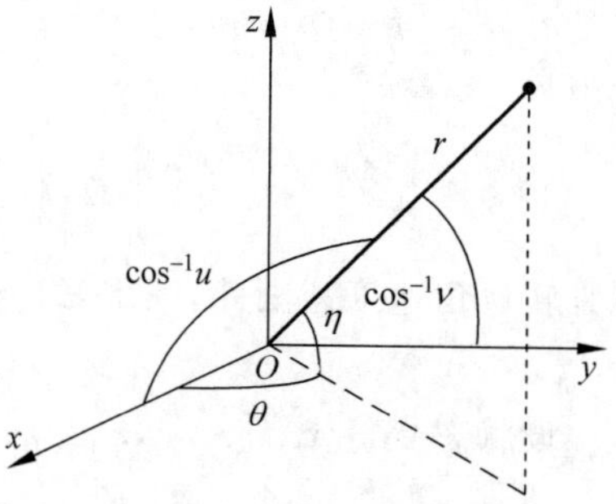

图 4-4-1　传感器坐标系

$$\begin{cases} r_m = r + \tilde{r} \\ \theta_m = \theta + \tilde{\theta} \\ \eta_m = \eta + \tilde{\eta} \\ \dot{r}_m = \dot{r} + \tilde{\dot{r}} \end{cases} \tag{4-4-1}$$

其中 (r,θ,η) 表示在传感器球坐标中目标真实位置（无误差），而 $\tilde{r},\tilde{\theta},\tilde{\eta},\tilde{\dot{r}}$ 分别是各量测量的随机误差。假定这些量测都是在 k 时刻得到的。通常假定这些量测噪声是零均值的 Gauss 白噪声，互不相关，即 $\boldsymbol{v}_k = [\tilde{r}_k,\tilde{\theta}_k,\tilde{\eta}_k,\tilde{\dot{r}}_k]^{\mathrm{T}}$，$k=1,2,\cdots$ 是零均值白噪声序列，且

$$\boldsymbol{v}_k \sim \mathcal{N}(0,\boldsymbol{R}_k),\quad R_k = \mathrm{diag}(\sigma_r^2,\sigma_\theta^2,\sigma_\eta^2,\sigma_{\dot{r}}^2) \tag{4-4-2}$$

需要指出的是，对于相控阵雷达等边跟踪边搜索（SWT）的监视系统[11]，传感器提供的量测数据是以目标位置相对于坐标轴的方向余弦 u 和 v 的形式给出的，而不是方位角 θ 和俯仰角 η。由此，RUV 量测模型为

$$\begin{cases} r_m = r + \tilde{r} \\ u_m = u + \tilde{u} \\ v_m = v + \tilde{v} \\ \dot{r}_m = \dot{r} + \tilde{\dot{r}} \end{cases} \tag{4-4-3}$$

其中 u 和 v 表示在传感器球坐标中无误差方向余弦，而 v_u 和 v_v 是相应的量测随机误差。通常假定这些量测噪声也是零均值的 Gauss 白噪声，并且互不相关，即 $\boldsymbol{v}_k = [v_r, v_u, v_v, v_{\dot{r}}]^{\mathrm{T}}$ 是零均值白噪声序列，且

$$\boldsymbol{v}_k \sim \mathcal{N}(0,\boldsymbol{R}_k),\quad \boldsymbol{R}_k = \mathrm{diag}(\sigma_r^2,\sigma_u^2,\sigma_v^2,\sigma_{\dot{r}}^2)$$

上述两种量测模型能够写成向量与矩阵的紧凑形式

$$z_k = H_k x_k + v_k, \quad v_k \sim \mathcal{N}(0, R_k) \tag{4-4-4}$$

其中 $z_k=[r_m,\theta_m,\eta_m,\dot{r}_m]^{\mathrm{T}}$ 或 $z_k=[r_m,u_m,v_m,\dot{r}_m]^{\mathrm{T}}$，$x_k=[r,\theta,\eta,\dot{r},\cdots]^{\mathrm{T}}$ 或 $x_k=[r,u,v,\dot{r},\cdots]^{\mathrm{T}}$，$v_k=[\tilde{r},\tilde{\theta},\tilde{\eta},\tilde{\dot{r}}]^{\mathrm{T}}$ 或 $v_k=[\tilde{r},\tilde{u},\tilde{v},\tilde{\dot{r}}]^{\mathrm{T}}$，$H_k=[I,0]$，而 I 和 0 分别代表单位阵和零阵。

4.4.2 在各种坐标系中的跟踪

用于目标跟踪的各种坐标系包括地心惯性系(ECI)、地固地心直角坐标系(ECF)、东北天系(ENU)、雷达表面系(LF)等。许多因素影响着坐标系的选择。

目标运动的描述一般都在笛卡儿坐标系中，但量测却在传感器坐标系中。于是，对于跟踪而言，坐标系有四种基本的可能性，即混合坐标系、笛卡儿坐标系、传感器坐标系，以及其他坐标系。

1. 在混合坐标系中跟踪

这是最流行的方法。目标动力学和量测建模为

$$z = h(x) + v \tag{4-4-5}$$

其中目标状态 x 和过程噪声在笛卡儿坐标系中，量测 z 及其可加噪声 v 在传感器坐标系。设 $x=(x,y,z)^{\mathrm{T}}$ 是目标在笛卡儿坐标系的真实位置。对于球面系，有量测 $z=[r_m,\theta_m,\eta_m,\dot{r}_m]^{\mathrm{T}}$，而 $h(x)=[r,\theta,\eta,\dot{r}]^{\mathrm{T}}=[h_r,h_\theta,h_\eta,h_{\dot{r}}]^{\mathrm{T}}$，其中

$$h_r = r = \sqrt{x^2+y^2+z^2} \tag{4-4-6}$$

$$h_\theta = \theta = \tan^{-1}(y/x) \tag{4-4-7}$$

$$h_\eta = \eta = \tan^{-1}(z/\sqrt{x^2+y^2}) \tag{4-4-8}$$

$$h_{\dot{r}} = \dot{r} = (x\dot{x}+y\dot{y}+z\dot{z})/\sqrt{x^2+y^2+z^2} \tag{4-4-9}$$

许多非线性估计与滤波方法如扩展 Kalman 滤波(EKF)可以用于这一框架下的机动目标跟踪。一个典型的 EKF 实现就是采用混合坐标系。

2. 在笛卡儿坐标系中跟踪

在此方法中，把在传感器坐标系中的量测必须转换到笛卡儿坐标系。显然，在传感器坐标系中表示的任一量测，都在笛卡儿坐标系有严格的等价表示。设

$$x_p = [x,y,z]^{\mathrm{T}} = Hx$$

表示传感器无误差量测(r,θ,η)或(r,u,v)在笛卡儿坐标系的等价表示，其中 x 是目标状态。然而，目标在笛卡儿坐标系中的真正位置对跟踪者而言却是未知的。一旦目标位置带噪声的量测转换到笛卡儿坐标系，在笛卡儿坐标系中的量测方程就可以取如下“线性”形式

$$z_c = x_p + v_c = Hx + v_c \tag{4-4-10}$$

这一量测有时也称为**伪线性量测**。与上述混合坐标系跟踪相比较，这一模型再无必要处理非线性量测。这一方法的主要优点就是，如果目标的动态方程是线性的，则能够应用

线性 Kalman 滤波器来进行状态估计。

一般情况下，量测噪声$\boldsymbol{v}_c$ 被粗略地处理成具有零均值的随机序列，而其协方差阵则由一阶 Taylor 级数展开来确定。需要强调的是，一般情况下量测噪声$\boldsymbol{v}_c$ 不仅是坐标耦合的，非 Gauss 的，而且是依赖于状态的。对状态的依赖性可能更显得重要，但文献中大都不予重视或者置之不理。由于$\boldsymbol{v}_c$ 对状态 $\boldsymbol{x}$ 的非线性依赖，这个量测模型事实上还是非线性的。这样做的结果，即使量测转换严格按（状态依赖）$\boldsymbol{v}_c$ 的前两阶矩进行理想的处理，在线性动态方程的情况下利用 Kalman 滤波获得“最优”状态估计结果仍然是一种幻想。

由于这种非线性状态依赖仅仅存在于量测噪声$\boldsymbol{v}_c$ 中，而不是存在于量测函数 $\boldsymbol{h}(\cdot)$ 中，似乎有希望使得它对跟踪性能的影响，较之 $\boldsymbol{h}(\cdot)$是非线性按一般非线性滤波方法处理时会相对小一点。然而，目前缺乏有效的技术来处理含有对状态依赖的非 Gauss 噪声的量测，却有大量的技术可以用来处理非线性量测方程 $\boldsymbol{h}(\cdot)$。另一方面，该方法的弱点还在于由传感器坐标系转换成笛卡儿坐标系要求距离已知，对于仅有角度量测的情况，需要采用距离的估计值。然而，当应用一个不精确的距离时，转换量测就会降低精度。事实上，仅有角度量测是很少转换成笛卡儿坐标系的。另外，在纯笛卡儿坐标系中建立坐标解耦滤波器是很困难的。

另外，在上述量测转换中并不处理距离变化率 $\dot{r}$。当包含距离变化率时，处理过程显然会更复杂。在此情况下，量测转换将是非线性的。为了在笛卡儿坐标系进行跟踪，可以利用 $d \triangleq r_m \dot{r}_m = x\dot{x} + y\dot{y} + z\dot{z} + \tilde{d}$ 作为位移(x, y, z)和速度$(\dot{x}, \dot{y}, \dot{z})$的量测，此量测是状态变量的二次函数而不是高次非线性的。这显然比直接转换距离变化率 $\dot{r}_m = (x\dot{x} + y\dot{y} + z\dot{z})/\sqrt{x^2 + y^2 + z^2} + \tilde{\dot{r}}$ 要好得多，因为后者是高度非线性的。对于不相关的距离和距离变化率误差，量测 d 具有误差 $\tilde{d} = r_m \dot{r}_m - r\dot{r}$，均值为零，方差是 $\bar{r}^2 \sigma_{\dot{r}}^2 + \bar{\dot{r}}^2 \sigma_r^2 + \sigma_r^2 \sigma_{\dot{r}}^2$，对于远距离目标，这是相当大的。

3. *在传感器坐标系中跟踪*

反过来，目标动态也可以由笛卡儿坐标系转换到传感器坐标系，而使量测结构保持不变。然而，在传感器坐标系（球面坐标系）来表示典型的目标运动则导致高度非线性、坐标耦合，有时甚至会得到非常复杂的模型。例如，定常速度（CV）运动在笛卡儿坐标系中有一个很简单的描述，两个或三个独立的两状态一维（CV）模型。相同的运动在球面坐标系是非线性的，而且很复杂。

但是，这个方法也有某些优点。最重要的是量测模型的线性性、解耦性、Gauss 结构保持不变。大多数跟踪滤波器单纯运行在传感器坐标系。它们的共同特征就是利用了上述线性 Gauss 量测模型。它们的关键差别在于目标动力学如何建模。详细的讨论不在本书的范围内。为了完整性，简单地提供一些技术供参考。

最简单的方法就是直接利用某些解耦的一维目标动态模型，诸如 CV、CA 和 Singer 模型作为距离（距离变化率）以及其他量测量的模型。这个方法粗略地考虑传感器坐标系下的目标模型，并不直接把目标动态模型转换到传感器坐标系。

4. 在其他坐标系中跟踪

虽然目标运动和量测最好分别在笛卡儿坐标系和传感器坐标系进行描述，显然做跟踪并不必要完全在这些坐标系中。修正的笛卡儿坐标系和熟知的修正极坐标系对于只有角度的跟踪就是很好的例子。

4.4.3 混合坐标系的线性化模型

在本节中，通篇只考虑由 t_{k-1} 到 t_k 的一步滤波，而用 $\bar{\boldsymbol{x}}$ 表示一步提前预报状态 $\hat{\boldsymbol{x}}_{k|k-1}$，用 $\hat{\boldsymbol{x}}$ 表示更新状态 $\hat{\boldsymbol{x}}_{k|k}$；相应的误差协方差阵分别用 $\bar{\boldsymbol{P}}$ 和 $\boldsymbol{P}$ 表示。

处理非线性量测模型的标准方法就是扩展 Kalman 滤波(EKF)。一般地说，它依赖于其 Taylor 级数展开取前几项对非线性量测的逼近，特别一阶近似应用最广泛，就是对非线性模型的线性化，导出了基于导数的线性化模型。另外，处理非线性量测还有其他的线性化模型。

1. 基于导数的线性化

对于式(4-4-5)的非线性量测模型进行线性化的最广泛应用的方法就是对量测函数 $\boldsymbol{h}(\boldsymbol{x})$在预报状态 $\bar{\boldsymbol{x}}$ 处的展开并略去所有的非线性项，即

$$\boldsymbol{h}(\boldsymbol{x}) \approx \boldsymbol{h}(\bar{\boldsymbol{x}}) + \left.\frac{\partial \boldsymbol{h}}{\partial \boldsymbol{x}}\right|_{\boldsymbol{x}=\bar{\boldsymbol{x}}}(\boldsymbol{x}-\bar{\boldsymbol{x}}) \tag{4-4-11}$$

用线性模型对式(4-4-5)近似，得

$$\boldsymbol{z}=\boldsymbol{H}(\bar{\boldsymbol{x}})\boldsymbol{x}+\boldsymbol{d}(\bar{\boldsymbol{x}})+\boldsymbol{v} \tag{4-4-12}$$

其中 $\boldsymbol{H}(\bar{\boldsymbol{x}})=\partial \boldsymbol{h}/\partial \boldsymbol{x}\big|_{\boldsymbol{x}=\bar{\boldsymbol{x}}}$ 是 $\boldsymbol{h}(\boldsymbol{x})$的 Jacobi 阵，而 $\boldsymbol{d}(\bar{\boldsymbol{x}})=\boldsymbol{h}(\bar{\boldsymbol{x}})-\boldsymbol{H}(\bar{\boldsymbol{x}})\bar{\boldsymbol{x}}$。

利用线性 Kalman 滤波方程，状态预报及其协方差阵更新如下

$$\boldsymbol{K}=\bar{\boldsymbol{P}}\boldsymbol{H}^{\mathrm{T}}(\boldsymbol{H}\bar{\boldsymbol{P}}\boldsymbol{H}^{\mathrm{T}}+\boldsymbol{R})^{-1} \tag{4-4-13}$$

$$\hat{\boldsymbol{x}}=\bar{\boldsymbol{x}}+\boldsymbol{K}(\boldsymbol{z}-\bar{\boldsymbol{z}}) \tag{4-4-14}$$

$$\boldsymbol{P}=(\boldsymbol{I}-\boldsymbol{K}\boldsymbol{H})\bar{\boldsymbol{P}}=(\boldsymbol{I}-\boldsymbol{K}\boldsymbol{H})\bar{\boldsymbol{P}}(\boldsymbol{I}-\boldsymbol{K}\boldsymbol{H})^{\mathrm{T}}+\boldsymbol{K}\boldsymbol{R}\boldsymbol{K}^{\mathrm{T}} \tag{4-4-15}$$

其中 $\boldsymbol{H}=\boldsymbol{H}(\bar{\boldsymbol{x}})$，而 $\bar{\boldsymbol{z}}=\boldsymbol{H}(\bar{\boldsymbol{x}})\bar{\boldsymbol{x}}+\boldsymbol{d}(\bar{\boldsymbol{x}})+\bar{\boldsymbol{v}}=\boldsymbol{h}(\bar{\boldsymbol{x}})+\bar{\boldsymbol{v}}$。注意，$\boldsymbol{H}$ 在此仅仅是为了协方差阵更新和滤波增益计算，而式(4-4-15)对于任意的 $\boldsymbol{K}$ 和 $\boldsymbol{H}$ 都是有效的。值得指出的是，利用式(4-4-15)更新协方差阵尽管很常见，但应尽可能避免，这至少基于如下两个原因：首先，这会引起讨厌的数值问题；其次，仅当增益 $\boldsymbol{K}$ 真正最优时它在理论上才有效，而实际中很少出现这种情况。能够看出，由式(4-4-13)给出的增益不再是最优的，因为它没有考虑线性化误差带来的影响。

这个线性化模型是适用的，仅当 $\boldsymbol{x}-\bar{\boldsymbol{x}}$ 充分小。然而这却很难保证，因为 $\bar{\boldsymbol{x}}=\hat{\boldsymbol{x}}_{k|k-1}$ 的精度依赖于目标状态的传播(即动态模型)，以及以前的状态估计 $\hat{\boldsymbol{x}}_{k-1|k-1}$。这种不精确可能积累而且导致滤波发散。

2. 基于差分的线性化

现在我们提出一种新的线性化模型，该模型不仅有望更精确，而且比上述基于导数

的线性化更简单。

为了简单起见，首先考虑标量非线性量测 $z=h(x)+v$。设

$$H(x,\bar{x})=\frac{h(x)-h(\bar{x})}{x-\bar{x}},\quad \forall x\neq\bar{x} \tag{4-4-16}$$

显然，$H(x^*,\bar{x})$就是连接 $h(x^*)$和 $h(\bar{x})$的直线斜率（见图 4-4-2）。为方便起见，记

$$H(\bar{x},\bar{x})=\lim_{x\to\bar{x}}\frac{h(x)-h(\bar{x})}{x-\bar{x}}=H(\bar{x})=\left.\frac{\partial h}{\partial x}\right|_{x=\bar{x}} \tag{4-4-17}$$

这就是 $h(x)$在 $\bar{x}$ 的正切斜率。如果 x^* 是比 $\bar{x}$ 更好的估计，有理由期望

$$z=h(\bar{x})+H(x^*,\bar{x})(x-\bar{x})+v \tag{4-4-18}$$

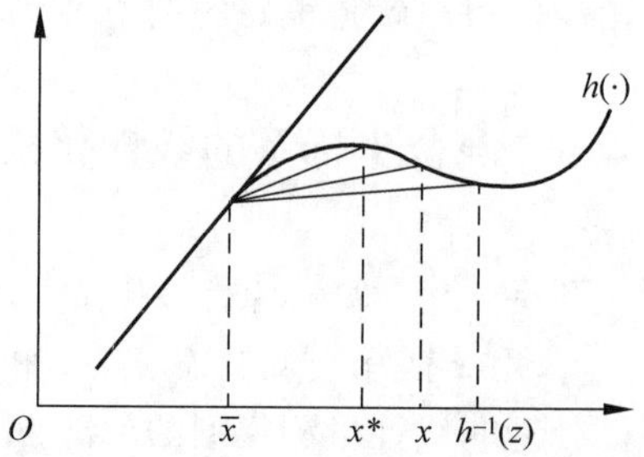

图 4-4-2　各种线性化比较

这是比基于导数的线性化模型 $z=h(\bar{x})+H(\bar{x},\bar{x})(x-\bar{x})+v$ 更好的线性化模型。

在向量情况下，基于差分的线性化模型可以写成

$$\boldsymbol{z}=\boldsymbol{h}(\bar{\boldsymbol{x}})+\boldsymbol{H}(\boldsymbol{x}^*,\bar{\boldsymbol{x}})(\boldsymbol{x}-\bar{\boldsymbol{x}})+\boldsymbol{v} \tag{4-4-19}$$

其中

$$\boldsymbol{H}(\boldsymbol{x}^*,\bar{\boldsymbol{x}})=\{\boldsymbol{H}_{ij}\},\quad \boldsymbol{H}_{ij}=\frac{\boldsymbol{h}_i(x_j^*,\bar{\boldsymbol{x}})-\boldsymbol{h}_i(\bar{\boldsymbol{x}})}{x_j^*-\bar{x}_j} \tag{4-4-20}$$

其中，$\boldsymbol{h}_i$ 为 $\boldsymbol{h}$ 的第 i 行，$\boldsymbol{h}_i(x_j^*,\bar{\boldsymbol{x}})=\boldsymbol{h}_i(\boldsymbol{x})\big|_{x=[\bar{x}_1,\cdots,\bar{x}_{j-1},x_j^*,\bar{x}_{j+1},\cdots,\bar{x}_n]^{\mathrm{T}}}$。

显然，这个线性化模型是很好实现的，因为它并不包括 Jacobi 矩阵的计算，而后者对于复杂的非线性函数 $\boldsymbol{h}$ 而言在理论分析和计算上都是很困难的。一般情况下这个线性化模型有希望比基于导数的线性化模型如 EKF 更精确，只要 $\boldsymbol{x}^*$ 是 $\boldsymbol{x}$ 的比 $\bar{\boldsymbol{x}}$ 更精确的估计。

有几种方法可以确定 $\boldsymbol{x}^*$。首先，对跟踪应用不失一般性，假定 $\boldsymbol{h}=[\boldsymbol{h}_1^{\mathrm{T}},\boldsymbol{h}_2^{\mathrm{T}}]^{\mathrm{T}}$，而 $\boldsymbol{h}_1$ 是可逆的。令 $\boldsymbol{x}_1=\boldsymbol{h}_1^{-1}(\boldsymbol{z})$，在目标位置三维量测的情况下，$\boldsymbol{x}_1$ 就是三维目标位置。一种可行的方案是选择 $\boldsymbol{x}^*=[\boldsymbol{x}_1^{\mathrm{T}},\bar{\boldsymbol{x}}_2^{\mathrm{T}}]^{\mathrm{T}}=[\boldsymbol{h}_1^{-1}(z),\bar{\boldsymbol{x}}_2^{\mathrm{T}}]^{\mathrm{T}}$。我们也可以首先利用 EKF 把状态估计由 $\bar{\boldsymbol{x}}$ 更新为 $\hat{\boldsymbol{x}}$，然后利用 $\boldsymbol{x}^*=\hat{\boldsymbol{x}}$ 代入上述线性化模型中。对于形如 $\hat{\boldsymbol{x}}=\bar{\boldsymbol{x}}+\boldsymbol{K}(\boldsymbol{z}-\bar{\boldsymbol{z}})$的状态更新，这一模型的应用至少会有望使得协方差的更新更加精确，有

$$\boldsymbol{P}=[\boldsymbol{I}-\boldsymbol{K}\boldsymbol{H}(\boldsymbol{x}^*,\bar{\boldsymbol{x}})]\bar{\boldsymbol{P}}[\boldsymbol{I}-\boldsymbol{K}\boldsymbol{H}(\boldsymbol{x}^*,\bar{\boldsymbol{x}})]^{\mathrm{T}}+\boldsymbol{K}\boldsymbol{R}\boldsymbol{K}^{\mathrm{T}} \tag{4-4-21}$$

3. 最优线性化模型

以上所述基于导数的线性化模型和基于差分的线性化模型，一般情况下都没有最优性，甚至很多情况下很糟糕。现在我们总结一下有关文献提出的在均方误差（MSE）意义下最优的线性化模型。

设非线性函数 $\boldsymbol{h}(\boldsymbol{x})$在 $\bar{\boldsymbol{x}}$ 附近能用一个线性模型最优地近似，即

$$\boldsymbol{h}(\boldsymbol{x})\approx\boldsymbol{a}+\boldsymbol{H}(\boldsymbol{x}-\bar{\boldsymbol{x}}) \tag{4-4-22}$$

具有最小的 MSE，并记 $\tilde{\boldsymbol{x}}=\boldsymbol{x}-\bar{\boldsymbol{x}}$，则有如下待优化的目标函数

$$J = E[(\boldsymbol{h}(\boldsymbol{x}) - \boldsymbol{a} - \boldsymbol{H}\tilde{\boldsymbol{x}})^{\mathrm{T}}(\boldsymbol{h}(\boldsymbol{x}) - \boldsymbol{a} - \boldsymbol{H}\tilde{\boldsymbol{x}})] \tag{4-4-23}$$

可以证明

$$\boldsymbol{a} = \{E[\boldsymbol{h}(\boldsymbol{x})] - E[\boldsymbol{h}(\boldsymbol{x})\tilde{\boldsymbol{x}}^{\mathrm{T}}]\bar{\boldsymbol{P}}^{-1}E[\tilde{\boldsymbol{x}}]\}/(1 - E[\tilde{\boldsymbol{x}}]^{\mathrm{T}}\bar{\boldsymbol{P}}^{-1}E[\tilde{\boldsymbol{x}}]) \tag{4-4-24}$$

$$\boldsymbol{H} = \{E[\boldsymbol{h}(\boldsymbol{x})\tilde{\boldsymbol{x}}^{\mathrm{T}}] - E[\boldsymbol{h}(\boldsymbol{x})]E[\tilde{\boldsymbol{x}}^{\mathrm{T}}]\}\bar{\boldsymbol{P}}^{-1}(\boldsymbol{I} - E[\tilde{\boldsymbol{x}}]^{\mathrm{T}}E[\tilde{\boldsymbol{x}}]\bar{\boldsymbol{P}}^{-1})^{-1} \tag{4-4-25}$$

其中 $\bar{\boldsymbol{P}} = E[\tilde{\boldsymbol{x}}\tilde{\boldsymbol{x}}^{\mathrm{T}}]$。当 $E[\tilde{\boldsymbol{x}}]=0$ 时，方程可以简化成

$$\boldsymbol{a} = E[\boldsymbol{h}(\boldsymbol{x})], \quad \boldsymbol{H} = E[\boldsymbol{h}(\boldsymbol{x})\tilde{\boldsymbol{x}}^{\mathrm{T}}]\bar{\boldsymbol{P}}^{-1} \tag{4-4-26}$$

现在考虑一个标量非线性量测的例子 $z=x^3+v$，假定 $x \sim \mathcal{N}(\bar{x}, \bar{P})$，那么最优线性化模型是

$$z = \bar{x}^3 + 3\bar{P}\bar{x} + (3\bar{x}^2 + 3\bar{P})(x - \bar{x}) + v \tag{4-4-27}$$

因为 $a=E[x^3]=\bar{x}^3+3\bar{P}\bar{x}$，而 $H=E[x^3\tilde{x}]\bar{P}^{-1}=3\bar{x}^2+3\bar{P}$。与基于导数的线性化模型 $z=\bar{x}^3+3\bar{x}^2(x-\bar{x})+v$ 相比，因为原有的方法低估了变差 $h(x)-h(\bar{x})$，而最优线性化模型在许多情况下似乎更吸引人。

4. 线性化误差降低技术

(1) 序贯处理：众所周知，降低线性化误差最简单的方法就是对量测分量的序贯处理。非线性量测的处理应该按其精确度的顺序进行，较精确的优先处理。

(2) 迭代 EKF：一旦得到更新的状态 $\hat{\boldsymbol{x}}$，非线性量测模型就可以在 $\hat{\boldsymbol{x}}$ 处重新线性化，这将比在 $\bar{\boldsymbol{x}}$ 处的线性化降低误差。基于重新线性化模型，状态及其误差协方差阵都能够进行更新。这个过程能够重复，结果在 Kalman 滤波的家族中又得到一个所谓迭代扩展 Kalman 滤波(IEKF)。如果 Kalman 滤波应用了基于导数的线性化模型，这个迭代算法是

$$\hat{\boldsymbol{x}}^{(0)} = \bar{\boldsymbol{x}} \tag{4-4-28}$$

$$\hat{\boldsymbol{x}}^{(i+1)} = \bar{\boldsymbol{x}} + \boldsymbol{K}(\hat{\boldsymbol{x}}^{(i)})[\boldsymbol{z} - \boldsymbol{h}(\hat{\boldsymbol{x}}^{(i)}) - \boldsymbol{H}(\hat{\boldsymbol{x}}^{(i)})(\boldsymbol{x} - \hat{\boldsymbol{x}}^{(i)})], \quad i=0,1,2,\cdots,L \tag{4-4-29}$$

$$\hat{\boldsymbol{x}} = \hat{\boldsymbol{x}}^{(L+1)} \tag{4-4-30}$$

$$\boldsymbol{P} = [\boldsymbol{I} - \boldsymbol{K}(\hat{\boldsymbol{x}}^{(L)})\boldsymbol{H}(\hat{\boldsymbol{x}}^{(L)})]\bar{\boldsymbol{P}}[\boldsymbol{I} - \boldsymbol{K}(\hat{\boldsymbol{x}}^{(L)})\boldsymbol{H}(\hat{\boldsymbol{x}}^{(L)})]^{\mathrm{T}} + \boldsymbol{K}(\hat{\boldsymbol{x}}^{(L)})\boldsymbol{R}\boldsymbol{K}(\hat{\boldsymbol{x}}^{(L)})^{\mathrm{T}} \tag{4-4-31}$$

其中

$$\boldsymbol{H}(\hat{\boldsymbol{x}}^{(i)}) = \left.\frac{\partial \boldsymbol{h}}{\partial \boldsymbol{x}}\right|_{\boldsymbol{x}=\hat{\boldsymbol{x}}^{(i)}}, \quad \boldsymbol{K}(\hat{\boldsymbol{x}}^{(i)}) = \bar{\boldsymbol{P}}\boldsymbol{H}^{\mathrm{T}}(\hat{\boldsymbol{x}}^{(i)})[\boldsymbol{H}(\hat{\boldsymbol{x}}^{(i)})\bar{\boldsymbol{P}}\boldsymbol{H}^{\mathrm{T}}(\hat{\boldsymbol{x}}^{(i)}) + \boldsymbol{R}]^{-1}, \quad i=1,2,\cdots,L。$$

(3) 高阶多项式模型：另外一个直接的方法就是在 Taylor 级数展开中取二次项(可能还有高次项)以提高多项式逼近非线性量测模型的精度。在 Kalman 滤波的家族中有所谓二阶(以及高阶)EKF。相关文献的仿真结果表明二阶 EKF 较之一阶 EKF 在性能上有很大改进。然而，二阶 EKF 并非经常用于实际中，主要是因为其复杂的运算和所获有限的性能改进。

4.4.4 笛卡儿坐标系下的模型

1. 量测位置的转换

球面坐标系到笛卡儿坐标系的变换 $\boldsymbol{\varphi} = \boldsymbol{h}^{-1}$，而 $\boldsymbol{h} = [h_r, h_\theta, h_\eta]^{\mathrm{T}}$ 是由下式给定

$$\boldsymbol{z}_c=\begin{bmatrix}x_{\mathrm{m}}\\y_{\mathrm{m}}\\z_{\mathrm{m}}\end{bmatrix}=\boldsymbol{\varphi}(\boldsymbol{z})=\boldsymbol{\varphi}(r_{\mathrm{m}},\theta_{\mathrm{m}},\eta_{\mathrm{m}})=\begin{bmatrix}r_{\mathrm{m}}\cos\theta_{\mathrm{m}}\cos\eta_{\mathrm{m}}\\r_{\mathrm{m}}\sin\theta_{\mathrm{m}}\cos\eta_{\mathrm{m}}\\r_{\mathrm{m}}\sin\eta_{\mathrm{m}}\end{bmatrix}\tag{4-4-32}$$

其中 $\boldsymbol{z}=(r_{\mathrm{m}},\theta_{\mathrm{m}},\eta_{\mathrm{m}})^{\mathrm{T}}$ 和 $\boldsymbol{z}_c=(x_{\mathrm{m}},y_{\mathrm{m}},z_{\mathrm{m}})^{\mathrm{T}}$ 都是带噪声量测，分别在原始的球面坐标系和笛卡儿坐标系表示。

如果没有距离量测，上式中的 r_{m} 只能用其估计值 $\hat{r}$ 代替。

2. 转换量测的标准模型

通过转换后，笛卡儿坐标系的量测模型具有如下形式

$$\boldsymbol{z}_c=\boldsymbol{H}\boldsymbol{x}+\boldsymbol{v}_c=\boldsymbol{x}_p+\boldsymbol{v}_c\tag{4-4-33}$$

其中 $\boldsymbol{x}_p=\boldsymbol{H}\boldsymbol{x}$ 是状态向量 $\boldsymbol{x}=(r,\theta,\eta)^{\mathrm{T}}$ 在笛卡儿坐标系的位置向量，$\boldsymbol{v}_c$ 是量测误差。

设传感器坐标系中的量测为 $\boldsymbol{z}=\boldsymbol{x}+\boldsymbol{v}=(r_{\mathrm{m}},\theta_{\mathrm{m}},\eta_{\mathrm{m}})^{\mathrm{T}}$，将 $\boldsymbol{\varphi}(\boldsymbol{x})$ 进行 Taylor 级数展开，则有

$$\boldsymbol{x}_p=\boldsymbol{\varphi}(\boldsymbol{x})=\boldsymbol{\varphi}(\boldsymbol{z}-\boldsymbol{v})=\boldsymbol{\varphi}(\boldsymbol{z})-\boldsymbol{J}(\boldsymbol{z})\boldsymbol{v}+\mathrm{HOT}(\boldsymbol{v})\tag{4-4-34}$$

其中 $\boldsymbol{x}=(r,\theta,\eta)^{\mathrm{T}}$ 就是球面坐标系中无噪声真实目标位置，$\mathrm{HOT}(\boldsymbol{v})$ 表示高阶项（阶数≥2），而 Jacobi 矩阵 $\boldsymbol{J}(\boldsymbol{z})$ 在带噪声量测 $\boldsymbol{z}$ 处赋值得到

$$\boldsymbol{J}(\boldsymbol{z})=\left.\frac{\partial\boldsymbol{\varphi}}{\partial\boldsymbol{\mu}}\right|_{\boldsymbol{\mu}=\boldsymbol{z}}=\begin{bmatrix}\cos\theta_{\mathrm{m}}\cos\eta_{\mathrm{m}} & -r_{\mathrm{m}}\sin\theta_{\mathrm{m}}\cos\eta_{\mathrm{m}} & -r_{\mathrm{m}}\cos\theta_{\mathrm{m}}\sin\eta_{\mathrm{m}}\\\sin\theta_{\mathrm{m}}\cos\eta_{\mathrm{m}} & r_{\mathrm{m}}\cos\theta_{\mathrm{m}}\cos\eta_{\mathrm{m}} & -r_{\mathrm{m}}\sin\theta_{\mathrm{m}}\sin\eta_{\mathrm{m}}\\\sin\eta_{\mathrm{m}} & 0 & r_{\mathrm{m}}\cos\eta_{\mathrm{m}}\end{bmatrix}\tag{4-4-35}$$

那么，严格的转换量测模型式(4-4-33)可写成

$$\boldsymbol{z}_c=\boldsymbol{\varphi}(\boldsymbol{z})=\boldsymbol{\varphi}(\boldsymbol{x}+\boldsymbol{v})=\boldsymbol{x}_p+\boldsymbol{v}_c=\boldsymbol{x}_p+\underbrace{\boldsymbol{J}(\boldsymbol{z})\boldsymbol{v}+\mathrm{HOT}(\boldsymbol{v})}_{\boldsymbol{v}_c}\tag{4-4-36}$$

显然，转换量测误差 $\boldsymbol{v}_c$ 是非零均值非 Gauss 的，同时不仅状态相关而且沿坐标相关。对其建模与处理是一个非常复杂的过程，后面将进行详细讨论。

4.5 雷达量测转换

在雷达跟踪系统中，目标动态模型通常在笛卡儿坐标系中进行建模，而雷达量测一般却是在极/球坐标系中得到的。这样，雷达目标跟踪就成为一个非线性估计问题。解决这一问题的一类方法就是 4.4.3 节介绍的在混合坐标系下的跟踪，主要的方法为 EKF 和二阶 EKF，即将雷达对目标运动状态的非线性量测方程围绕目标运动状态的一步预测值进行 Taylor 级数展开，分别取一阶和二阶进行截断，以得到雷达量测的预测值及新息的协方差阵。但是这种近似可能会在目标运动状态估计及相应误差协方差阵的计算上引入大的误差，从而导致滤波器的性能变为次优甚至发散。解决这一问题的另一类常用方法就是**转换量测 Kalman 滤波（converted measurement Kalman filtering，CMKF）**算法，即先将雷达量测通过坐标变换表示成笛卡儿坐标系中量测的伪线性形式，然后估计转换量测误差的前两阶矩并基于 Kalman 滤波完成目标跟踪。这一方法已经得到广泛的研究[12-24]，差别仅在于转换量测误差偏差和协方差求法的不同。下面介绍几种典型的量测

转换方法。

4.5.1 二维去偏量测转换

在极坐标系中，相对于目标的真实斜距 r 和方位角 θ，雷达量测得到的斜距 r_m 和方位角 θ_m 可以被定义为

$$\begin{cases} r_m = r + \tilde{r} \\ \theta_m = \theta + \tilde{\theta} \end{cases} \tag{4-5-1}$$

其中，假定斜距量测误差 $\tilde{r}$ 和方位角量测误差 $\tilde{\theta}$ 为相互独立且均值为零的 Gauss 噪声，标准差分别为 σ_r 和 σ_θ。

上面给出的极坐标系中的量测可以通过下式转换成笛卡儿坐标系中的量测

$$\begin{cases} x_m = r_m \cos\theta_m \\ y_m = r_m \sin\theta_m \end{cases} \tag{4-5-2}$$

这就是量测转换。

1. 真实偏差和协方差

式(4-5-2)可以进一步被写为

$$\begin{cases} x_m = x + \tilde{x} = (r + \tilde{r})\cos(\theta + \tilde{\theta}) \\ y_m = y + \tilde{y} = (r + \tilde{r})\sin(\theta + \tilde{\theta}) \end{cases} \tag{4-5-3}$$

其中

$$\begin{cases} x = r\cos\theta \\ y = r\sin\theta \end{cases} \tag{4-5-4}$$

这是目标在笛卡儿坐标系中的真实位置。

这样一来，利用三角等式，笛卡儿坐标系中每个方向上的量测误差就可以写为

$$\begin{cases} \tilde{x} = r\cos\theta(\cos\tilde{\theta} - 1) - \tilde{r}\sin\theta\sin\tilde{\theta} - r\sin\theta\sin\tilde{\theta} + \tilde{r}\cos\theta\cos\tilde{\theta} \\ \tilde{y} = r\sin\theta(\cos\tilde{\theta} - 1) + \tilde{r}\cos\theta\sin\tilde{\theta} + r\cos\theta\sin\tilde{\theta} + \tilde{r}\sin\theta\cos\tilde{\theta} \end{cases} \tag{4-5-5}$$

可以看出，$\tilde{x}$ 和 $\tilde{y}$ 不仅相互不独立，而且都依赖于目标真实的斜距、方位角，以及斜距、方位角的量测误差。根据 $\tilde{\theta}$ 是均值为零的 Gauss 噪声，可得

$$\begin{cases} E[\cos\tilde{\theta}] = e^{-\sigma_\theta^2/2}, \quad E[\sin\tilde{\theta}] = 0 \\ E[\cos^2\tilde{\theta}] = 1/2(1 + e^{-2\sigma_\theta^2}), \quad E[\sin^2\tilde{\theta}] = 1/2(1 - e^{-2\sigma_\theta^2}) \\ E[\sin\tilde{\theta}\cos\tilde{\theta}] = 0 \end{cases} \tag{4-5-6}$$

令 $\boldsymbol{v}^c = [\tilde{x}, \tilde{y}]^{\mathrm{T}}$，而

$$\begin{cases} \boldsymbol{\mu}_t = E[\boldsymbol{v}^c \mid r, \theta] = [\mu_t^x, \mu_t^y]^{\mathrm{T}} \\ \boldsymbol{R}_t = \mathrm{cov}[\boldsymbol{v}^c \mid r, \theta] = \begin{bmatrix} R_t^{xx} & R_t^{xy} \\ R_t^{yx} & R_t^{yy} \end{bmatrix} \end{cases} \tag{4-5-7}$$

则由式(4-5-6)可得

$$\begin{cases}\mu_t^x = r\cos\theta(\mathrm{e}^{-\sigma_\theta^2/2} - 1) \\ \mu_t^y = r\sin\theta(\mathrm{e}^{-\sigma_\theta^2/2} - 1)\end{cases} \tag{4-5-8}$$

$$\begin{aligned} R_t^{xx} &= \mathrm{var}[\tilde{x} \mid r,\theta] = r^2\mathrm{e}^{-\sigma_\theta^2}[\cos^2\theta(\cosh(\sigma_\theta^2) - 1) + \sin^2\theta\sinh(\sigma_\theta^2)] + \\ &\quad \sigma_r^2\mathrm{e}^{-\sigma_\theta^2}[\cos^2\theta\cosh(\sigma_\theta^2) + \sin^2\theta\sinh(\sigma_\theta^2)] \end{aligned} \tag{4-5-9}$$

$$\begin{aligned} R_t^{yy} &= \mathrm{var}[\tilde{y} \mid r,\theta] = r^2\mathrm{e}^{-\sigma_\theta^2}[\sin^2\theta(\cosh(\sigma_\theta^2) - 1) + \cos^2\theta\sinh(\sigma_\theta^2)] + \\ &\quad \sigma_r^2\mathrm{e}^{-\sigma_\theta^2}[\sin^2\theta\cosh(\sigma_\theta^2) + \cos^2\theta\sinh(\sigma_\theta^2)] \end{aligned} \tag{4-5-10}$$

$$R_t^{xy} = \mathrm{cov}[\tilde{x},\tilde{y} \mid r,\theta] = \sin\theta\cos\theta\mathrm{e}^{-2\sigma_\theta^2}[\sigma_r^2 + r^2(1 - \mathrm{e}^{\sigma_\theta^2})] \tag{4-5-11}$$

式(4-5-5)～式(4-5-11)为式(4-5-3)的转换量测误差的均值(偏差)和协方差阵的精确表达。可以看出,对于大的互斜距误差(远的斜距和大的方位角误差),转换量测的偏差非常显著。

2. 平均真实偏差和协方差

从式(4-5-5)～式(4-5-11)还可以看出,真实偏差和协方差要求已知目标真实的斜距和方位角。但是在实际当中,目标真实的斜距和方位角是无法得到的。为了使其实用,可在量测得到的位置值($r_\mathrm{m},\theta_\mathrm{m}$)已知的条件下对上述的真实均值和协方差阵求数学期望,分别称为**平均真实偏差**和**平均真实协方差阵**,即

$$\begin{cases}\boldsymbol{\mu}_a = E[\boldsymbol{\mu}_t \mid r_\mathrm{m},\theta_\mathrm{m}] = [\mu_a^x,\mu_a^y]^\mathrm{T} \\ \boldsymbol{R}_a = E[\boldsymbol{R}_t \mid r_\mathrm{m},\theta_\mathrm{m}] = \begin{bmatrix} R_a^{xx} & R_a^{xy} \\ R_a^{yx} & R_a^{yy}\end{bmatrix}\end{cases} \tag{4-5-12}$$

利用式(4-5-1)将式(4-5-12)的两个式子分别展开,并利用三角关系式,可得

$$\begin{cases}\mu_a^x = r_\mathrm{m}\cos\theta_\mathrm{m}(\mathrm{e}^{-\sigma_\theta^2} - \mathrm{e}^{-\sigma_\theta^2/2}) \\ \mu_a^y = r_\mathrm{m}\sin\theta_\mathrm{m}(\mathrm{e}^{-\sigma_\theta^2} - \mathrm{e}^{-\sigma_\theta^2/2})\end{cases} \tag{4-5-13}$$

$$\begin{aligned} R_a^{xx} &= r_\mathrm{m}^2\mathrm{e}^{-2\sigma_\theta^2}\{\cos^2\theta_\mathrm{m}[\cosh(2\sigma_\theta^2) - \cosh(\sigma_\theta^2)] + \sin^2\theta_\mathrm{m}[\sinh(2\sigma_\theta^2) - \sinh(\sigma_\theta^2)]\} + \\ &\quad \sigma_r^2\mathrm{e}^{-2\sigma_\theta^2}\{\cos^2\theta_\mathrm{m}[2\cosh(2\sigma_\theta^2) - \cosh(\sigma_\theta^2)] + \sin^2\theta_\mathrm{m}[2\sinh(2\sigma_\theta^2) - \sinh(\sigma_\theta^2)]\} \end{aligned} \tag{4-5-14}$$

$$\begin{aligned} R_a^{yy} &= r_\mathrm{m}^2\mathrm{e}^{-2\sigma_\theta^2}\{\sin^2\theta_\mathrm{m}[\cosh(2\sigma_\theta^2) - \cosh(\sigma_\theta^2)] + \cos^2\theta_\mathrm{m}[\sinh(2\sigma_\theta^2) - \sinh(\sigma_\theta^2)]\} + \\ &\quad \sigma_r^2\mathrm{e}^{-2\sigma_\theta^2}\{\sin^2\theta_\mathrm{m}[2\cosh(2\sigma_\theta^2) - \cosh(\sigma_\theta^2)] + \cos^2\theta_\mathrm{m}[2\sinh(2\sigma_\theta^2) - \sinh(\sigma_\theta^2)]\} \end{aligned} \tag{4-5-15}$$

$$R_a^{xy} = R_a^{yx} = \sin\theta_\mathrm{m}\cos\theta_\mathrm{m}\mathrm{e}^{-4\sigma_\theta^2}[\sigma_r^2 + (r_\mathrm{m}^2 + \sigma_r^2)(1 - \mathrm{e}^{\sigma_\theta^2})] \tag{4-5-16}$$

值得注意的是,按此求得的平均协方差阵大于真实协方差阵,这是由于以量测值为

条件求数学期望引入了附加的误差。另外,只有对远斜距或大方位角误差(也就是说,大的互斜距误差),偏差和上面提到的协方差阵的增大才会显著。

这样,式(4-5-2)的量测转换就应当修正为

$$\boldsymbol{z}^{c}=\begin{bmatrix}x_{\mathrm{m}}^{c}\\ y_{\mathrm{m}}^{c}\end{bmatrix}=\begin{bmatrix}r_{\mathrm{m}}\cos\theta_{\mathrm{m}}\\ r_{\mathrm{m}}\sin\theta_{\mathrm{m}}\end{bmatrix}-\boldsymbol{\mu}_{a} \tag{4-5-17}$$

4.5.2 三维去偏量测转换

在球坐标系中,相对于目标的真实斜距 r、方位角 θ 和俯仰角 η,雷达量测得到的斜距 r_{m},方位角 θ_{m} 和俯仰角 η_{m} 可以被定义为

$$\begin{cases}r_{\mathrm{m}}=r+\tilde{r}\\ \theta_{\mathrm{m}}=\theta+\tilde{\theta}\\ \eta_{\mathrm{m}}=\eta+\tilde{\eta}\end{cases} \tag{4-5-18}$$

其中,假定斜距量测误差 $\tilde{r}$,方位角量测误差 $\tilde{\theta}$ 和俯仰角量测误差 $\tilde{\eta}$ 为相互独立,均值为零的 Gauss 噪声,标准差分别为 σ_r,σ_θ 和 σ_η。

上面给出的球坐标系中的量测可以通过下式转换成笛卡儿坐标系中的量测

$$\begin{cases}x_{\mathrm{m}}=r_{\mathrm{m}}\cos\eta_{\mathrm{m}}\cos\theta_{\mathrm{m}}\\ y_{\mathrm{m}}=r_{\mathrm{m}}\cos\eta_{\mathrm{m}}\sin\theta_{\mathrm{m}}\\ z_{\mathrm{m}}=r_{\mathrm{m}}\sin\eta_{\mathrm{m}}\end{cases} \tag{4-5-19}$$

与前面的变换一致。

1. 真实偏差和协方差

式(4-5-19)可以进一步被写为

$$\begin{cases}x_{\mathrm{m}}=x+\tilde{x}=(r+\tilde{r})\cos(\eta+\tilde{\eta})\cos(\theta+\tilde{\theta})\\ y_{\mathrm{m}}=y+\tilde{y}=(r+\tilde{r})\cos(\eta+\tilde{\eta})\sin(\theta+\tilde{\theta})\\ z_{\mathrm{m}}=z+\tilde{z}=(r+\tilde{r})\sin(\eta+\tilde{\eta})\end{cases} \tag{4-5-20}$$

其中

$$x=r\cos\eta\cos\theta,\quad y=r\cos\eta\sin\theta,\quad z=r\sin\eta \tag{4-5-21}$$

为目标在笛卡儿坐标系中的真实位置。令 $\boldsymbol{v}^{c}=[\tilde{x},\tilde{y},\tilde{z}]^{\mathrm{T}}$,而且

$$\begin{cases}\boldsymbol{\mu}_{t}=E[\boldsymbol{v}^{c}\mid r,\theta,\eta]=[\mu_{t}^{x},\mu_{t}^{y},\mu_{t}^{z}]^{\mathrm{T}}\\ \boldsymbol{R}_{t}=\operatorname{cov}[\boldsymbol{v}^{c}\mid r,\theta,\eta]=\begin{bmatrix}R_{t}^{xx} & R_{t}^{xy} & R_{t}^{xz}\\ R_{t}^{yx} & R_{t}^{yy} & R_{t}^{yz}\\ R_{t}^{zx} & R_{t}^{zy} & R_{t}^{zz}\end{bmatrix}\end{cases} \tag{4-5-22}$$

则由式(4-5-6)可得

$$\begin{cases}\mu_t^x = r\cos\eta\cos\theta(\mathrm{e}^{-\sigma_\eta^2/2}\mathrm{e}^{-\sigma_\theta^2/2}-1)\\ \mu_t^y = r\cos\eta\sin\theta(\mathrm{e}^{-\sigma_\eta^2/2}\mathrm{e}^{-\sigma_\theta^2/2}-1)\\ \mu_t^z = r\sin\eta(\mathrm{e}^{-\sigma_\eta^2/2}-1)\end{cases} \tag{4-5-23}$$

$$\begin{cases}R_t^{xx} = \mathrm{var}[\tilde{x}\mid r,\theta,\eta]=[r^2(\alpha_x\alpha_{xy}-\cos^2\theta\cos^2\eta)+\sigma_r^2\alpha_x\alpha_{xy}]\mathrm{e}^{-\sigma_\theta^2}\mathrm{e}^{-\sigma_\eta^2}\\ R_t^{yy} = \mathrm{var}[\tilde{y}\mid r,\theta,\eta]=[r^2(\alpha_y\alpha_{xy}-\sin^2\theta\cos^2\eta)+\sigma_r^2\alpha_y\alpha_{xy}]\mathrm{e}^{-\sigma_\theta^2}\mathrm{e}^{-\sigma_\eta^2}\\ R_t^{zz} = \mathrm{var}[\tilde{z}\mid r,\theta,\eta]=[r^2(\alpha_z-\sin^2\eta)+\sigma_r^2\alpha_z]\mathrm{e}^{-\sigma_\eta^2}\end{cases} \tag{4-5-24}$$

$$\begin{cases}R_t^{xy} = \mathrm{cov}[\tilde{x},\tilde{y}\mid r,\theta,\eta]=[r^2(\alpha_{xy}-\cos^2\eta\mathrm{e}^{\sigma_\theta^2})+\sigma_r^2\alpha_{xy}]\sin\theta\cos\theta\mathrm{e}^{-2\sigma_\theta^2}\mathrm{e}^{-\sigma_\eta^2}\\ R_t^{yz}\,\mathrm{ov}[\tilde{y},\tilde{z}\mid r,\theta,\eta]=[r^2(1-\mathrm{e}^{\sigma_\eta^2})+\sigma_r^2]\sin\theta\sin\eta\cos\eta\mathrm{e}^{-\sigma_\theta^2/2}\mathrm{e}^{-2\sigma_\eta^2}\\ R_t^{xz} = v[\tilde{x},\tilde{z}\mid r,\theta,\eta]=[r^2(1-\mathrm{e}^{\sigma_\eta^2})+\sigma_r^2]\cos\theta\sin\eta\cos\eta\mathrm{e}^{-\sigma_\theta^2/2}\mathrm{e}^{-2\sigma_\eta^2}\end{cases} \tag{4-5-25}$$

其中

$$\begin{cases}\alpha_x = \sin^2\theta\cdot\sinh\sigma_\theta^2+\cos^2\theta\cdot\cosh\sigma_\theta^2\\ \alpha_y = \sin^2\theta\cdot\cosh\sigma_\theta^2+\cos^2\theta\cdot\sinh\sigma_\theta^2\\ \alpha_z = \sin^2\eta\cdot\cosh\sigma_\eta^2+\cos^2\eta\cdot\sinh\sigma_\eta^2\\ \alpha_{xy} = \sin^2\eta\cdot\sinh\sigma_\eta^2+\cos^2\eta\cdot\cosh\sigma_\eta^2\end{cases} \tag{4-5-26}$$

这就是真实偏差和协方差。

2. 平均真实偏差和协方差

从式(4-5-23)～式(4-5-26)可以看出，真实的偏差和协方差要求已知目标真实的斜距、方位角和俯仰角，但是在实际当中，目标真实的斜距、方位角和俯仰角是无法得到的。为了使它们变得能够实用，可在量测得到的位置值($r_{\mathrm{m}},\theta_{\mathrm{m}},\eta_{\mathrm{m}}$)已知的条件下对上述的真实均值和协方差阵求数学期望，分别称为**平均的真实偏差**和**平均的真实协方差阵**，即

$$\begin{cases}\boldsymbol{\mu}_a = E[\boldsymbol{\mu}_t|r_{\mathrm{m}},\theta_{\mathrm{m}},\eta_{\mathrm{m}}]=[\mu_a^x,\mu_a^y,\mu_a^z]^{\mathrm{T}}\\ \boldsymbol{R}_a = E[\boldsymbol{R}_t|r_{\mathrm{m}},\theta_{\mathrm{m}},\eta_{\mathrm{m}}]=\begin{bmatrix}R_a^{xx} & R_a^{xy} & R_a^{xz}\\ R_a^{yx} & R_a^{yy} & R_a^{yz}\\ R_a^{zx} & R_a^{zy} & R_a^{zz}\end{bmatrix}\end{cases} \tag{4-5-27}$$

利用式(4-5-18)将式(4-5-27)各式展开，并利用三角关系式，可得

$$\begin{cases}\mu_a^x = r_{\mathrm{m}}\cos\eta_{\mathrm{m}}\cos\theta_{\mathrm{m}}(\mathrm{e}^{-\sigma_\eta^2}\mathrm{e}^{-\sigma_\theta^2}-\mathrm{e}^{-\sigma_\eta^2/2}\mathrm{e}^{-\sigma_\theta^2/2})\\ \mu_a^y = r_{\mathrm{m}}\cos\eta_{\mathrm{m}}\sin\theta_{\mathrm{m}}(\mathrm{e}^{-\sigma_\eta^2}\mathrm{e}^{-\sigma_\theta^2}-\mathrm{e}^{-\sigma_\eta^2/2}\mathrm{e}^{-\sigma_\theta^2/2})\\ \mu_a^z = r_{\mathrm{m}}\sin\eta_{\mathrm{m}}(\mathrm{e}^{-\sigma_\eta^2}-\mathrm{e}^{-\sigma_\eta^2/2})\end{cases} \tag{4-5-28}$$

$$\begin{cases} R_a^{xx} = [r_m^2(\tilde{\beta}_x\tilde{\beta}_{xy} - \tilde{\alpha}_x\tilde{\alpha}_{xy}) + \sigma_r^2(2\tilde{\beta}_x\tilde{\beta}_{xy} - \tilde{\alpha}_x\tilde{\alpha}_{xy})]e^{-2\sigma_\theta^2}e^{-2\sigma_\eta^2} \\ R_a^{yy} = [r_m^2(\tilde{\beta}_y\tilde{\beta}_{xy} - \tilde{\alpha}_y\tilde{\alpha}_{xy}) + \sigma_r^2(2\tilde{\beta}_y\tilde{\beta}_{xy} - \tilde{\alpha}_y\tilde{\alpha}_{xy})]e^{-2\sigma_\theta^2}e^{-2\sigma_\eta^2} \\ R_a^{zz} = [r_m^2(\tilde{\beta}_z - \tilde{\alpha}_z) + \sigma_r^2(2\tilde{\beta}_z - \tilde{\alpha}_z)]e^{-2\sigma_\eta^2} \end{cases} \tag{4-5-29}$$

$$\begin{cases} R_a^{xy} = [r_m^2(\tilde{\beta}_{xy} - \tilde{\alpha}_{xy}e^{\sigma_\theta^2}) + \sigma_r^2(2\tilde{\beta}_{xy} - \tilde{\alpha}_{xy}e^{\sigma_\theta^2})]\sin\theta_m\cos\theta_m e^{-4\sigma_\theta^2}e^{-2\sigma_\eta^2} \\ R_a^{yz} = [r_m^2(1 - e^{\sigma_\eta^2}) + \sigma_r^2(2 - e^{\sigma_\eta^2})]\sin\theta_m\sin\eta_m\cos\eta_m e^{-\sigma_\theta^2}e^{-4\sigma_\eta^2} \\ R_a^{xz} = [r_m^2(1 - e^{\sigma_\eta^2}) + \sigma_r^2(2 - e^{\sigma_\eta^2})]\cos\theta_m\sin\eta_m\cos\eta_m e^{-\sigma_\theta^2}e^{-4\sigma_\eta^2} \end{cases} \tag{4-5-30}$$

其中

$$\begin{cases} \tilde{\alpha}_x = \sin^2\theta_m \cdot \sinh\sigma_\theta^2 + \cos^2\theta_m \cdot \cosh\sigma_\theta^2 \\ \tilde{\alpha}_y = \sin^2\theta_m \cdot \cosh\sigma_\theta^2 + \cos^2\theta_m \cdot \sinh\sigma_\theta^2 \\ \tilde{\alpha}_z = \sin^2\eta_m \cdot \cosh\sigma_\eta^2 + \cos^2\eta_m \cdot \sinh\sigma_\eta^2 \\ \tilde{\alpha}_{xy} = \sin^2\eta_m \cdot \sinh\sigma_\eta^2 + \cos^2\eta_m \cdot \cosh\sigma_\eta^2 \end{cases} \tag{4-5-31}$$

$$\begin{cases} \tilde{\beta}_x = \sin^2\theta_m \cdot \sinh 2\sigma_\theta^2 + \cos^2\theta_m \cdot \cosh 2\sigma_\theta^2 \\ \tilde{\beta}_y = \sin^2\theta_m \cdot \cosh 2\sigma_\theta^2 + \cos^2\theta_m \cdot \sinh 2\sigma_\theta^2 \\ \tilde{\beta}_z = \sin^2\eta_m \cdot \cosh 2\sigma_\eta^2 + \cos^2\eta_m \cdot \sinh 2\sigma_\eta^2 \\ \tilde{\beta}_{xy} = \sin^2\eta_m \cdot \sinh 2\sigma_\eta^2 + \cos^2\eta_m \cdot \cosh 2\sigma_\eta^2 \end{cases} \tag{4-5-32}$$

这样一来，式(4-5-19)的量测转换就应当修正为

$$\boldsymbol{z}^c = \begin{bmatrix} x_m^c \\ y_m^c \\ z_m^c \end{bmatrix} = \begin{bmatrix} r_m\cos\eta_m\cos\theta_m \\ r_m\cos\eta_m\sin\theta_m \\ r_m\sin\eta_m \end{bmatrix} - \boldsymbol{\mu}_a \tag{4-5-33}$$

4.5.3 无偏量测转换

1. 二维情况

假定在式(4-5-1)所描述的二维雷达量测方程中，斜距量测误差 $\tilde{r}$ 和方位角量测误差 $\tilde{\theta}$ 不一定为 Gauss 分布，但具有对称的概率密度函数，同时二者依然相互独立，均值为零且标准差分别为 σ_r 和 σ_θ，则有

$$E[\sin\tilde{\theta}] = 0 \tag{4-5-34}$$

这样，对式(4-5-2)两边求数学期望，可得

$$\begin{cases} E[x_m] = \lambda_\theta r\cos\theta \\ E[y_m] = \lambda_\theta r\sin\theta \end{cases} \tag{4-5-35}$$

其中

$$\lambda_\theta = E[\cos\tilde{\theta}] \tag{4-5-36}$$

称为**偏差补偿因子**。可以看出，当 $\lambda_\theta \neq 1$ 时，式(4-5-2)给出的量测转换是有偏的。当 $\lambda_\theta \neq 0$(至少对于单峰的，或在 $[-a,a]$ $(a<\pi)$ 上均匀分布的概率密度函数，这一条件成立)时，可以通过下式得到一种无偏的转换

$$\begin{cases} x_{\mathrm{m}}^{u} = \lambda_\theta^{-1} r_{\mathrm{m}} \cos\theta_{\mathrm{m}} \\ y_{\mathrm{m}}^{u} = \lambda_\theta^{-1} r_{\mathrm{m}} \sin\theta_{\mathrm{m}} \end{cases} \tag{4-5-37}$$

值得注意的是，由式(4-5-37)可以看出，转换量测偏差的本质是乘性的，并且依赖于方位角量测噪声余弦的统计特性，而4.5.1节和4.5.2节所介绍的方法则是采用加法进行补偿来去偏。

4.5.1节和4.5.2节所介绍的方法在求解转换量测误差的前两阶矩时，采用了先以雷达的真实量测为条件求出真实的偏差和协方差阵，然后以雷达的量测值为条件对真实偏差和协方差阵求取数学期望的嵌套条件方法。下面介绍一种以雷达的量测为条件来求解式(4-5-37)的无偏转换量测相应的误差协方差阵的方法[17]。文献[17]通过仿真实验表明，与采用嵌套条件方法得到的转换量测误差的前两阶矩相比，直接以雷达的量测为条件求得的转换量测误差的统计特性具有更强的一致性和鲁棒性。式(4-5-37)可以进一步被写为

$$\begin{cases} x_{\mathrm{m}}^{u} = x + \tilde{x}_{\mathrm{m}}^{u} = \lambda_\theta^{-1} r_{\mathrm{m}} \cos\theta_{\mathrm{m}} \\ y_{\mathrm{m}}^{u} = y + \tilde{y}_{\mathrm{m}}^{u} = \lambda_\theta^{-1} r_{\mathrm{m}} \sin\theta_{\mathrm{m}} \end{cases} \tag{4-5-38}$$

其中 $x = r\cos\theta, y = r\sin\theta$。令

$$\begin{cases} \boldsymbol{v}_{\mathrm{m}}^{u} = [\tilde{x}_{\mathrm{m}}^{u}, \tilde{y}_{\mathrm{m}}^{u}]^{\mathrm{T}} \\ \boldsymbol{R}_p = \operatorname{cov}[\boldsymbol{v}_{\mathrm{m}}^{u} \mid r_{\mathrm{m}}, \theta_{\mathrm{m}}] = \begin{bmatrix} R_p^{xx} & R_p^{xy} \\ R_p^{yx} & R_p^{yy} \end{bmatrix} \end{cases} \tag{4-5-39}$$

则由概率论知识可得

$$\begin{aligned} R_p^{xx} &= \operatorname{var}[\tilde{x}_{\mathrm{m}}^{u} \mid r_{\mathrm{m}}, \theta_{\mathrm{m}}] = E[(\lambda_\theta^{-1} r_{\mathrm{m}} \cos\theta_{\mathrm{m}} - r\cos\theta)^2 \mid r_{\mathrm{m}}, \theta_{\mathrm{m}}] \\ &= E\{[\lambda_\theta^{-1} r_{\mathrm{m}} \cos\theta_{\mathrm{m}} - (r_{\mathrm{m}} - \tilde{r})\cos(\theta_{\mathrm{m}} - \tilde{\theta})]^2 \mid r_{\mathrm{m}}, \theta_{\mathrm{m}}\} \\ &= (\lambda_\theta^{-2} - 2) r_{\mathrm{m}}^2 \cos^2\theta_{\mathrm{m}} + \frac{1}{2}(r_{\mathrm{m}}^2 + \sigma_r^2)(1 + \lambda_\theta' \cos 2\theta_{\mathrm{m}}) \end{aligned} \tag{4-5-40}$$

$$\begin{aligned} R_p^{xy} &= \operatorname{cov}[\tilde{x}_{\mathrm{m}}^{u}, \tilde{y}_{\mathrm{m}}^{u} \mid r_{\mathrm{m}}, \theta_{\mathrm{m}}] = E[(\lambda_\theta^{-1} r_{\mathrm{m}} \cos\theta_{\mathrm{m}} - r\cos\theta)(\lambda_\theta^{-1} r_{\mathrm{m}} \sin\theta_{\mathrm{m}} - r\sin\theta) \mid r_{\mathrm{m}}, \theta_{\mathrm{m}}] \\ &= E\{[\lambda_\theta^{-1} r_{\mathrm{m}} \cos\theta_{\mathrm{m}} - (r_{\mathrm{m}} - \tilde{r})\cos(\theta_{\mathrm{m}} - \tilde{\theta})][\lambda_\theta^{-1} r_{\mathrm{m}} \sin\theta_{\mathrm{m}} - (r_{\mathrm{m}} - \tilde{r})\sin(\theta_{\mathrm{m}} - \tilde{\theta})] \mid r_{\mathrm{m}}, \theta_{\mathrm{m}}\} \\ &= (\lambda_\theta^{-2} - 2) r_{\mathrm{m}}^2 \sin\theta_{\mathrm{m}} \cos\theta_{\mathrm{m}} + \frac{1}{2}(r_{\mathrm{m}}^2 + \sigma_r^2) \lambda_\theta' \sin 2\theta_{\mathrm{m}} \end{aligned} \tag{4-5-41}$$

$$\begin{aligned} R_p^{yy} &= \operatorname{var}[\tilde{y}_{\mathrm{m}}^{u} \mid r_{\mathrm{m}}, \theta_{\mathrm{m}}] = E[(\lambda_\theta^{-1} r_{\mathrm{m}} \sin\theta_{\mathrm{m}} - r\sin\theta)^2 \mid r_{\mathrm{m}}, \theta_{\mathrm{m}}] \\ &= E\{[\lambda_\theta^{-1} r_{\mathrm{m}} \sin\theta_{\mathrm{m}} - (r_{\mathrm{m}} - \tilde{r})\sin(\theta_{\mathrm{m}} - \tilde{\theta})]^2 \mid r_{\mathrm{m}}, \theta_{\mathrm{m}}\} \\ &= (\lambda_\theta^{-2} - 2) r_{\mathrm{m}}^2 \sin^2\theta_{\mathrm{m}} + \frac{1}{2}(r_{\mathrm{m}}^2 + \sigma_r^2)(1 - \lambda_\theta' \cos 2\theta_{\mathrm{m}}) \end{aligned} \tag{4-5-42}$$

其中

$$\lambda_\theta' = E[\cos 2\tilde{\theta}] \tag{4-5-43}$$

2. 三维情况

假定在式(4-5-28)所描述的三维雷达量测方程中，斜距量测误差 $\tilde{r}$，方位角量测误差 $\tilde{\theta}$ 和俯仰角量测误差 $\tilde{\eta}$ 不一定为Gauss分布，但具有对称的概率密度函数，同时，三者依然相互独立，均值为零且标准差分别为 σ_r，σ_θ 和 σ_η。

与二维情况类似，通过下式可得雷达量测的一种无偏的量测转换

$$\begin{cases} x_{\mathrm{m}}^{u}=\lambda_{\eta}^{-1}\lambda_{\theta}^{-1}r_{\mathrm{m}}\cos\eta_{\mathrm{m}}\cos\theta_{\mathrm{m}} \\ y_{\mathrm{m}}^{u}=\lambda_{\eta}^{-1}\lambda_{\theta}^{-1}r_{\mathrm{m}}\cos\eta_{\mathrm{m}}\sin\theta_{\mathrm{m}} \\ z_{\mathrm{m}}^{u}=\lambda_{\eta}^{-1}\sin\eta_{\mathrm{m}} \end{cases} \tag{4-5-44}$$

其中

$$\lambda_{\eta}=E[\cos\tilde{\eta}] \tag{4-5-45}$$

式(4-5-44)可以进一步被写为

$$\begin{cases} x_{\mathrm{m}}^{u}=x+\tilde{x}_{\mathrm{m}}^{u}=\lambda_{\eta}^{-1}\lambda_{\theta}^{-1}r_{\mathrm{m}}\cos\eta_{\mathrm{m}}\cos\theta_{\mathrm{m}} \\ y_{\mathrm{m}}^{u}=y+\tilde{y}_{\mathrm{m}}^{u}=\lambda_{\eta}^{-1}\lambda_{\theta}^{-1}r_{\mathrm{m}}\cos\eta_{\mathrm{m}}\sin\theta_{\mathrm{m}} \\ z_{\mathrm{m}}^{u}=z+\tilde{z}_{\mathrm{m}}^{u}=\lambda_{\eta}^{-1}\sin\eta_{\mathrm{m}} \end{cases} \tag{4-5-46}$$

其中

$$\begin{cases} x=r\cos\eta\cos\theta \\ y=r\cos\eta\sin\theta \\ z=r\sin\eta \end{cases}$$

令

$$\begin{cases} \boldsymbol{v}_{\mathrm{m}}^{u}=[\tilde{x}_{\mathrm{m}}^{u},\tilde{y}_{\mathrm{m}}^{u},\tilde{z}_{\mathrm{m}}^{u}]^{\mathrm{T}} \\ \boldsymbol{R}_{p}=\operatorname{cov}[\boldsymbol{v}_{\mathrm{m}}^{u}\mid r_{\mathrm{m}},\theta_{\mathrm{m}},\eta_{\mathrm{m}}]=\begin{bmatrix} R_{p}^{xx} & R_{p}^{xy} & R_{p}^{xz} \\ R_{p}^{yx} & R_{p}^{yy} & R_{p}^{yz} \\ R_{p}^{zx} & R_{p}^{zy} & R_{p}^{zz} \end{bmatrix} \end{cases} \tag{4-5-47}$$

则由概率论知识以及式(4-5-43)可得

$$\begin{aligned} R_{p}^{xx}&=\operatorname{var}[\tilde{x}_{\mathrm{m}}^{u}\mid r_{\mathrm{m}},\theta_{\mathrm{m}},\eta_{\mathrm{m}}]=E[(\lambda_{\eta}^{-1}\lambda_{\theta}^{-1}r_{\mathrm{m}}\cos\eta_{\mathrm{m}}\cos\theta_{\mathrm{m}}-r\cos\eta\cos\theta)^{2}\mid r_{\mathrm{m}},\theta_{\mathrm{m}},\eta_{\mathrm{m}}] \\ &=E\{[\lambda_{\eta}^{-1}\lambda_{\theta}^{-1}r_{\mathrm{m}}\cos\eta_{\mathrm{m}}\cos\theta_{\mathrm{m}}-(r_{\mathrm{m}}-\tilde{r})\cos(\eta_{\mathrm{m}}-\tilde{\eta})\cos(\theta_{\mathrm{m}}-\tilde{\theta})]^{2}\mid r_{\mathrm{m}},\theta_{\mathrm{m}},\eta_{\mathrm{m}}\} \\ &=[(\lambda_{\theta}\lambda_{\eta})^{-2}-2]r_{\mathrm{m}}^{2}\cos^{2}\theta_{\mathrm{m}}\cos^{2}\eta_{\mathrm{m}}+\frac{1}{4}(r_{\mathrm{m}}^{2}+\sigma_{r}^{2})(1+\lambda_{\theta}'\cos2\theta_{\mathrm{m}})(1+\lambda_{\eta}'\cos2\eta_{\mathrm{m}}) \end{aligned} \tag{4-5-48}$$

$$\begin{aligned} R_{p}^{yy}&=\operatorname{var}[\tilde{y}_{\mathrm{m}}^{u}\mid r_{\mathrm{m}},\theta_{\mathrm{m}},\eta_{\mathrm{m}}]=E[(\lambda_{\eta}^{-1}\lambda_{\theta}^{-1}r_{\mathrm{m}}\cos\eta_{\mathrm{m}}\sin\theta_{\mathrm{m}}-r\cos\eta\sin\theta)^{2}\mid r_{\mathrm{m}},\theta_{\mathrm{m}},\eta_{\mathrm{m}}] \\ &=E\{[\lambda_{\eta}^{-1}\lambda_{\theta}^{-1}r_{\mathrm{m}}\cos\eta_{\mathrm{m}}\sin\theta_{\mathrm{m}}-(r_{\mathrm{m}}-\tilde{r})\cos(\eta_{\mathrm{m}}-\tilde{\eta})\sin(\theta_{\mathrm{m}}-\tilde{\theta})]^{2}\mid r_{\mathrm{m}},\theta_{\mathrm{m}},\eta_{\mathrm{m}}\} \\ &=[(\lambda_{\theta}\lambda_{\eta})^{-2}-2]r_{\mathrm{m}}^{2}\sin^{2}\theta_{\mathrm{m}}\cos^{2}\eta_{\mathrm{m}}+\frac{1}{4}(r_{\mathrm{m}}^{2}+\sigma_{r}^{2})(1-\lambda_{\theta}'\cos2\theta_{\mathrm{m}})(1+\lambda_{\eta}'\cos2\eta_{\mathrm{m}}) \end{aligned} \tag{4-5-49}$$

$$R_{p}^{zz}=\operatorname{var}[\tilde{z}_{\mathrm{m}}^{u}\mid r_{\mathrm{m}},\theta_{\mathrm{m}},\eta_{\mathrm{m}}]=E[(\lambda_{\eta}^{-1}r_{\mathrm{m}}\sin\eta_{\mathrm{m}}-r\sin\eta)^{2}\mid r_{\mathrm{m}},\theta_{\mathrm{m}},\eta_{\mathrm{m}}]$$

$$=E\{[\lambda_\eta^{-1}r_m\sin\eta_m-(r_m-\tilde{r})\sin(\eta_m-\tilde{\eta})]^2\mid r_m,\theta_m,\eta_m\}$$

$$=(\lambda_\eta^{-2}-2)r_m^2\sin^2\eta_m+\frac{1}{2}(r_m^2+\sigma_r^2)(1-\lambda'_\eta\cos2\eta_m) \tag{4-5-50}$$

$$R_p^{xy}=\mathrm{cov}[\tilde{x}_m^u,\tilde{y}_m^u\mid r_m,\theta_m,\eta_m]=E[(\lambda_\eta^{-1}\lambda_\theta^{-1}r_m\cos\eta_m\cos\theta_m-r\cos\eta\cos\theta)\times$$
$$(\lambda_\eta^{-1}\lambda_\theta^{-1}r_m\cos\eta_m\sin\theta_m-r\cos\eta\sin\theta)\mid r_m,\theta_m,\eta_m]$$
$$=E\{[\lambda_\eta^{-1}\lambda_\theta^{-1}r_m\cos\eta_m\cos\theta_m-(r_m-\tilde{r})\cos(\eta_m-\tilde{\eta})\cos(\theta_m-\tilde{\theta})]\times$$
$$[\lambda_\eta^{-1}\lambda_\theta^{-1}r_m\cos\eta_m\sin\theta_m-(r_m-\tilde{r})\cos(\eta_m-\tilde{\eta})\sin(\theta_m-\tilde{\theta})]\mid r_m,\theta_m,\eta_m\}$$
$$=[(\lambda_\theta\lambda_\eta)^{-2}-2]r_m^2\sin\theta_m\cos\theta_m\cos^2\eta_m+\frac{1}{4}(r_m^2+\sigma_r^2)\lambda'_\theta\sin2\theta_m(1+\lambda'_\eta\cos2\eta_m) \tag{4-5-51}$$

$$R_p^{xz}=\mathrm{cov}[\tilde{x}_m^u,\tilde{z}_m^u\mid r_m,\theta_m,\eta_m]$$
$$=E[(\lambda_\eta^{-1}\lambda_\theta^{-1}r_m\cos\eta_m\cos\theta_m-r\cos\eta\cos\theta)(\lambda_\eta^{-1}r_m\sin\eta_m-r\sin\eta)\mid r_m,\theta_m,\eta_m]$$
$$=E\{[\lambda_\eta^{-1}\lambda_\theta^{-1}r_m\cos\eta_m\cos\theta_m-(r_m-\tilde{r})\cos(\eta_m-\tilde{\eta})\cos(\theta_m-\tilde{\theta})]\times$$
$$[\lambda_\eta^{-1}r_m\sin\eta_m-(r_m-\tilde{r})\sin(\eta_m-\tilde{\eta})]\mid r_m,\theta_m,\eta_m\}$$
$$=(\lambda_\theta^{-1}\lambda_\eta^{-2}-\lambda_\theta^{-1}-\lambda_\theta)r_m^2\cos\theta_m\sin\eta_m\cos\eta_m+\frac{1}{2}(r_m^2+\sigma_r^2)\lambda_\theta\lambda'_\eta\cos\theta_m\sin2\eta_m \tag{4-5-52}$$

$$R_p^{yz}=\mathrm{cov}[\tilde{y}_m^u,\tilde{z}_m^u\mid r_m,\theta_m,\eta_m]$$
$$=E[(\lambda_\eta^{-1}\lambda_\theta^{-1}r_m\cos\eta_m\sin\theta_m-r\cos\eta\sin\theta)(\lambda_\eta^{-1}r_m\sin\eta_m-r\sin\eta)\mid r_m,\theta_m,\eta_m]$$
$$=E\{[\lambda_\eta^{-1}\lambda_\theta^{-1}r_m\cos\eta_m\sin\theta_m-(r_m-\tilde{r})\cos(\eta_m-\tilde{\eta})\sin(\theta_m-\tilde{\theta})]\times$$
$$[\lambda_\eta^{-1}r_m\sin\eta_m-(r_m-\tilde{r})\sin(\eta_m-\tilde{\eta})]\mid r_m,\theta_m,\eta_m\}$$
$$=(\lambda_\theta^{-1}\lambda_\eta^{-2}-\lambda_\theta^{-1}-\lambda_\theta)r_m^2\sin\theta_m\sin\eta_m\cos\eta_m+\frac{1}{2}(r_m^2+\sigma_r^2)\lambda_\theta\lambda'_\eta\sin\theta_m\sin2\eta_m \tag{4-5-53}$$

其中

$$\lambda'_\eta=E[\cos2\tilde{\eta}] \tag{4-5-54}$$

3. 偏差补偿因子的计算

式(4-5-36)、式(4-5-43)、式(4-5-45)和式(4-5-54)的偏差补偿因子 λ_θ，λ'_θ，λ_η 和 λ'_η 可以由方位角量测噪声 $\tilde{\theta}$ 和俯仰角量测噪声 $\tilde{\eta}$ 的概率密度函数来确定。当 $\tilde{\theta}$ 和 $\tilde{\eta}$ 都服从 Gauss 分布时，可得

$$\begin{cases}\lambda_\theta=E[\cos\tilde{\theta}]=\mathrm{e}^{-\sigma_\theta^2/2}\\ \lambda'_\theta=E[\cos2\tilde{\theta}]=\mathrm{e}^{-2\sigma_\theta^2}=\lambda_\theta^4\\ \lambda_\eta=E[\cos\tilde{\eta}]=\mathrm{e}^{-\sigma_\eta^2/2}\\ \lambda'_\eta=E[\cos2\tilde{\eta}]=\mathrm{e}^{-2\sigma_\eta^2}=\lambda_\eta^4\end{cases} \tag{4-5-55}$$

当 $\tilde{\theta}$ 和 $\tilde{\eta}$ 都服从$[-a,a]$上的均匀分布时,可得

$$\begin{cases}\lambda_\theta = E[\cos\tilde{\theta}] = (\sin a)/a \\ \lambda'_\theta = E[\cos 2\tilde{\theta}] = (\sin 2a)/2a \\ \lambda_\eta = E[\cos\tilde{\eta}] = (\sin a)/a \\ \lambda'_\eta = E[\cos 2\tilde{\eta}] = (\sin 2a)/2a\end{cases} \tag{4-5-56}$$

这就是三维情况下的无偏量测转换。

4.5.4 修正的无偏量测转换

1. 二维情况

与 4.5.1 节和 4.5.2 节介绍的采用嵌套条件的加性去偏量测转换方法相比,4.5.3 节给出的基于乘性偏差补偿因子的无偏量测转换方法具有更好的一致性和鲁棒性,但这种无偏量测转换方法在推导转换量测误差和协方差阵时存在着兼容性问题。上一小节介绍无偏量测转换方法时,转换量测误差的均值是直接以目标相对于雷达的真实斜距、方位角和俯仰角为条件来计算的;而转换量测误差的协方差阵,由于目标相对于雷达的真实斜距、方位角和俯仰角无法得到,所以是以雷达对目标真实斜距、方位角和俯仰角的量测值为条件来计算的。下面仅通过对二维雷达量测中式(4-5-40)的分析来具体说明这一点,对于转换量测误差协方差阵其他分量也可以进行类似的分析。

由概率论可知,式(4-5-40)应当为

$$R_p^{xx} = E[(\lambda_\theta^{-1} r_{\mathrm{m}} \cos\theta_{\mathrm{m}} - r\cos\theta)^2 \mid r_{\mathrm{m}}, \theta_{\mathrm{m}}] - E^2[\lambda_\theta^{-1} r_{\mathrm{m}} \cos\theta_{\mathrm{m}} - r\cos\theta \mid r_{\mathrm{m}}, \theta_{\mathrm{m}}] \tag{4-5-57}$$

在文献[17]的推导中,令上式中的第二项为零,主要的理论依据就是式(4-5-35)和式(4-5-37),即

$$\begin{cases}E[x_{\mathrm{m}}^u] = r\cos\theta \\ E[y_{\mathrm{m}}^u] = r\sin\theta\end{cases} \tag{4-5-58}$$

但是,上式成立即式(4-5-37)的量测转换是无偏的前提,是目标相对于雷达的真实斜距和方位角已知,也就是说

$$\begin{cases}E[x_{\mathrm{m}}^u \mid r, \theta] = r\cos\theta \\ E[y_{\mathrm{m}}^u \mid r, \theta] = r\sin\theta\end{cases} \tag{4-5-59}$$

这样就可以看出,文献[17]在推导式(4-5-40)时实际上就使用了两种不同的条件,即对于式(4-5-57)的前半部分直接以雷达的量测值为条件来计算,而后半部分则是首先以目标相对于雷达的真实斜距和方位角为条件,然后以雷达的量测值为条件来计算的。这样就清楚地看出,文献[17]给出的无偏量测转换方法在计算转换量测误差的均值和协方差阵时存在着兼容性问题。

为了克服这一不足,我们在文献[21]中提出严格以雷达量测为条件来计算式(4-5-38)的无偏转换量测误差的均值和协方差阵,具体过程介绍如下。令 $\boldsymbol{v}_{\mathrm{m}}^u = [\tilde{x}_{\mathrm{m}}^u, \tilde{y}_{\mathrm{m}}^u]^{\mathrm{T}}$,且

$$\begin{cases}\boldsymbol{\mu}_p=E[\boldsymbol{v}_{\rm m}^u|r_{\rm m},\theta_{\rm m}]=[\mu_p^x,\mu_p^y]^{\rm T}\\ \boldsymbol{R}_p=\mathrm{cov}[\boldsymbol{v}_{\rm m}^u|r_{\rm m},\theta_{\rm m}]=\begin{bmatrix}R_p^{xx} & R_p^{xy}\\ R_p^{yx} & R_p^{yy}\end{bmatrix}\end{cases}\tag{4-5-60}$$

则由概率论知识以及式(4-5-36)和式(4-5-43)可得

$$\begin{cases}\mu_p^x=E[\tilde{x}_{\rm m}^u\mid r_{\rm m},\theta_{\rm m}]=(\lambda_\theta^{-1}-\lambda_\theta)r_{\rm m}\cos\theta_{\rm m}\\ \mu_p^y=E[\tilde{y}_{\rm m}^u\mid r_{\rm m},\theta_{\rm m}]=(\lambda_\theta^{-1}-\lambda_\theta)r_{\rm m}\sin\theta_{\rm m}\end{cases}\tag{4-5-61}$$

$$\begin{aligned}R_p^{xx}&=\mathrm{var}[\tilde{x}_{\rm m}^u\mid r_{\rm m},\theta_{\rm m}]\\&=E[(\lambda_\theta^{-1}r_{\rm m}\cos\theta_{\rm m}-r\cos\theta)^2\mid r_{\rm m},\theta_{\rm m}]-E^2[\lambda_\theta^{-1}r_{\rm m}\cos\theta_{\rm m}-r\cos\theta\mid r_{\rm m},\theta_{\rm m}]\\&=-\lambda_\theta^2r_{\rm m}^2\cos^2\theta_{\rm m}+\frac{1}{2}(r_{\rm m}^2+\sigma_r^2)(1+\lambda'_\theta\cos2\theta_{\rm m})\end{aligned}\tag{4-5-62}$$

$$\begin{aligned}R_p^{yy}&=\mathrm{var}[\tilde{y}_{\rm m}^u\mid r_{\rm m},\theta_{\rm m}]\\&=E[(\lambda_\theta^{-1}r_{\rm m}\sin\theta_{\rm m}-r\sin\theta)^2\mid r_{\rm m},\theta_{\rm m}]-E^2[\lambda_\theta^{-1}r_{\rm m}\sin\theta_{\rm m}-r\sin\theta\mid r_{\rm m},\theta_{\rm m}]\\&=-\lambda_\theta^2r_{\rm m}^2\sin^2\theta_{\rm m}+\frac{1}{2}(r_{\rm m}^2+\sigma_r^2)(1-\lambda'_\theta\cos2\theta_{\rm m})\end{aligned}\tag{4-5-63}$$

$$\begin{aligned}R_p^{xy}&=\mathrm{cov}[\tilde{x}_{\rm m}^u,\tilde{y}_{\rm m}^u\mid r_{\rm m},\theta_{\rm m}]=E[(\lambda_\theta^{-1}r_{\rm m}\cos\theta_{\rm m}-r\cos\theta)(\lambda_\theta^{-1}r_{\rm m}\sin\theta_{\rm m}-r\sin\theta)\mid r_{\rm m},\theta_{\rm m}]-\\&\quad E[\lambda_\theta^{-1}r_{\rm m}\cos\theta_{\rm m}-r\cos\theta\mid r_{\rm m},\theta_{\rm m}]\cdot E[\lambda_\theta^{-1}r_{\rm m}\sin\theta_{\rm m}-r\sin\theta\mid r_{\rm m},\theta_{\rm m}]\\&=-\lambda_\theta^2r_{\rm m}^2\sin\theta_{\rm m}\cos\theta_{\rm m}+\frac{1}{2}(r_{\rm m}^2+\sigma_r^2)\lambda'_\theta\sin2\theta_{\rm m}\end{aligned}\tag{4-5-64}$$

2. 三维情况

与二维情况类似，令$\boldsymbol{v}_{\rm m}^u=[\tilde{x}_{\rm m}^u,\tilde{y}_{\rm m}^u,\tilde{z}_{\rm m}^u]^{\rm T}$，且

$$\begin{cases}\boldsymbol{\mu}_p=E[\boldsymbol{v}_{\rm m}^u|r_{\rm m},\theta_{\rm m}]=[\mu_p^x,\mu_p^y,\mu_p^z]^{\rm T}\\ \boldsymbol{R}_p=\mathrm{cov}[\boldsymbol{v}_{\rm m}^u|r_{\rm m},\theta_{\rm m},\eta_{\rm m}]=\begin{bmatrix}R_p^{xx} & R_p^{xy} & R_p^{xz}\\ R_p^{yx} & R_p^{yy} & R_p^{yz}\\ R_p^{zx} & R_p^{zy} & R_p^{zz}\end{bmatrix}\end{cases}\tag{4-5-65}$$

则由概率论知识以及式(4-5-36)、式(4-5-43)、式(4-5-45)和式(4-5-54)可得

$$\begin{cases}\mu_p^x=E[\tilde{x}_{\rm m}^u\mid r_{\rm m},\theta_{\rm m},\eta_{\rm m}]=(\lambda_\theta^{-1}\lambda_\eta^{-1}-\lambda_\theta\lambda_\eta)r_{\rm m}\cos\eta_{\rm m}\cos\theta_{\rm m}\\ \mu_p^y=E[\tilde{y}_{\rm m}^u\mid r_{\rm m},\theta_{\rm m},\eta_{\rm m}]=(\lambda_\theta^{-1}\lambda_\eta^{-1}-\lambda_\theta\lambda_\eta)r_{\rm m}\cos\eta_{\rm m}\sin\theta_{\rm m}\\ \mu_p^z=E[\tilde{z}_{\rm m}^u\mid r_{\rm m},\theta_{\rm m},\eta_{\rm m}]=(\lambda_\eta^{-1}-\lambda_\eta)r_{\rm m}\sin\eta_{\rm m}\end{cases}\tag{4-5-66}$$

$$\begin{aligned}R_p^{xx}&=\mathrm{var}[\tilde{x}_{\rm m}^u\mid r_{\rm m},\theta_{\rm m},\eta_{\rm m}]=E[(\lambda_\eta^{-1}\lambda_\theta^{-1}r_{\rm m}\cos\eta_{\rm m}\cos\theta_{\rm m}-r\cos\eta\cos\theta)^2\mid r_{\rm m},\theta_{\rm m},\eta_{\rm m}]-\\&\quad E^2[\lambda_\eta^{-1}\lambda_\beta^{-1}r_{\rm m}\cos\eta_{\rm m}\cos\beta_{\rm m}-r\cos\eta\cos\beta\mid r_{\rm m},\theta_{\rm m},\eta_{\rm m}]\\&=-\lambda_\theta^2\lambda_\eta^2r_{\rm m}^2\cos^2\theta_{\rm m}\cos^2\eta_{\rm m}+\frac{1}{4}(r_{\rm m}^2+\sigma_r^2)(1+\lambda'_\theta\cos2\theta_{\rm m})(1+\lambda'_\eta\cos2\eta_{\rm m})\end{aligned}\tag{4-5-67}$$

$$R_p^{yy}=\text{var}[\tilde{y}_m^u \mid r_m,\theta_m,\eta_m]=E[(\lambda_\eta^{-1}\lambda_\theta^{-1}r_m\cos\eta_m\sin\theta_m-r\cos\eta\sin\theta)^2 \mid r_m,\theta_m,\eta_m]-$$
$$E^2[\lambda_\eta^{-1}\lambda_\theta^{-1}r_m\cos\eta_m\sin\theta_m-r\cos\eta\sin\theta \mid r_m,\theta_m,\eta_m]$$
$$=-\lambda_\theta^2\lambda_\eta^2 r_m^2\sin^2\theta_m\cos^2\eta_m+\frac{1}{4}(r_m^2+\sigma_r^2)(1-\lambda'_\theta\cos2\theta_m)(1+\lambda'_\eta\cos2\eta_m) \quad (4\text{-}5\text{-}68)$$

$$R_p^{zz}=\text{var}[\tilde{z}_m^u \mid r_m,\theta_m,\eta_m]=E[(\lambda_\eta^{-1}r_m\sin\eta_m-r\sin\eta)^2 \mid r_m,\theta_m,\eta_m]-$$
$$E^2[\lambda_\eta^{-1}r_m\sin\eta_m-r\sin\eta \mid r_m,\theta_m,\eta_m]$$
$$=-\lambda_\eta^2 r_m^2\sin^2\eta_m+\frac{1}{2}(r_m^2+\sigma_r^2)(1-\lambda'_\eta\cos2\eta_m) \quad (4\text{-}5\text{-}69)$$

$$R_p^{xy}=\text{cov}[\tilde{x}_m^u,\tilde{y}_m^u \mid r_m,\theta_m,\eta_m]=E[(\lambda_\eta^{-1}\lambda_\theta^{-1}r_m\cos\eta_m\cos\theta_m-r\cos\eta\cos\theta)\times$$
$$(\lambda_\eta^{-1}\lambda_\theta^{-1}r_m\cos\eta_m\sin\theta_m-r\cos\eta\sin\theta) \mid r_m,\theta_m,\eta_m]-$$
$$E[\lambda_\eta^{-1}\lambda_\theta^{-1}r_m\cos\eta_m\cos\theta_m-r\cos\eta\cos\theta \mid r_m,\theta_m,\eta_m]\times$$
$$E[\lambda_\eta^{-1}\lambda_\theta^{-1}r_m\cos\eta_m\sin\theta_m-r\cos\eta\sin\theta \mid r_m,\theta_m,\eta_m]$$
$$=-\lambda_\theta^2\lambda_\eta^2 r_m^2\sin\theta_m\cos\theta_m\cos^2\eta_m+\frac{1}{4}(r_m^2+\sigma_r^2)\lambda'_\theta\sin2\theta_m(1+\lambda'_\eta\cos2\eta_m) \quad (4\text{-}5\text{-}70)$$

$$R_p^{xz}=\text{cov}[\tilde{x}_m^u,\tilde{z}_m^u \mid r_m,\theta_m,\eta_m]$$
$$=E[(\lambda_\eta^{-1}\lambda_\theta^{-1}r_m\cos\eta_m\cos\theta_m-r\cos\eta\cos\theta)(\lambda_\eta^{-1}r_m\sin\eta_m-r\sin\eta) \mid r_m,\theta_m,\eta_m]-$$
$$E[\lambda_\eta^{-1}\lambda_\theta^{-1}r_m\cos\eta_m\cos\theta_m-r\cos\eta\cos\theta \mid r_m,\theta_m,\eta_m]E[\lambda_\eta^{-1}r_m\sin\eta_m-$$
$$r\sin\eta \mid r_m,\theta_m,\eta_m]$$
$$=-\lambda_\theta\lambda_\eta^2 r_m^2\cos\theta_m\sin\eta_m\cos\eta_m+\frac{1}{2}(r_m^2+\sigma_r^2)\lambda_\theta\lambda'_\eta\cos\theta_m\sin2\eta_m \quad (4\text{-}5\text{-}71)$$

$$R_p^{yz}=\text{cov}[\tilde{y}_m^u,\tilde{z}_m^u \mid r_m,\theta_m,\eta_m]$$
$$=E[(\lambda_\eta^{-1}\lambda_\theta^{-1}r_m\cos\eta_m\sin\theta_m-r\cos\eta\sin\theta)(\lambda_\eta^{-1}r_m\sin\eta_m-r\sin\eta) \mid r_m,\theta_m,\eta_m]-$$
$$E[\lambda_\eta^{-1}\lambda_\theta^{-1}r_m\cos\eta_m\sin\theta_m-r\cos\eta\sin\theta \mid r_m,\theta_m,\eta_m]E[\lambda_\eta^{-1}r_m\sin\eta_m-$$
$$r\sin\eta \mid r_m,\theta_m,\eta_m]$$
$$=-\lambda_\theta\lambda_\eta^2 r_m^2\sin\theta_m\sin\eta_m\cos\eta_m+\frac{1}{2}(r_m^2+\sigma_r^2)\lambda_\theta\lambda'_\eta\sin\theta_m\sin2\eta_m \quad (4\text{-}5\text{-}72)$$

文献[21]通过仿真实验已经表明,修正后的无偏量测转换方法尽管对于静态定位问题和文献[17]提出的无偏量测转换方法在一致性上基本相同,但是对于动态跟踪问题,修正后的无偏量测转换方法具有更强的一致性,相应的基于修正后的无偏量测转换方法的 Kalman 滤波器具有更小的均方根误差。

4.6 基于雷达量测和 BLUE 准则的目标跟踪

4.6.1 基于 BLUE 准则的二维量测转换

上节介绍的量测转换方法有如下缺陷:

(1) 转换量测误差依赖于目标的运动状态；

(2) 转换量测误差的协方差阵是以雷达在当前时刻的量测或目标运动的状态和雷达在当前时刻的量测为条件来估计的；

(3) 转换量测误差序列不再是白化的。

然而，在标准 Kalman 滤波器的假设中，要求量测噪声与目标运动状态独立，量测噪声的协方差阵是无条件的并且量测噪声是白噪声。所以尽管上面介绍的量测转换方法在完成雷达量测的转换后，利用 Kalman 滤波器完成了对目标运动状态的估计，但这种估计器绝不是最优的。下面介绍文献[25-27]提出的一种针对极坐标系和球坐标系中雷达量测的近似最佳线性无偏估计(BLUE)滤波器，这种方法直接在 BLUE 准则下对目标的运动状态进行估计，不仅克服了上面介绍的量测转换方法的缺陷，而且在估计误差和滤波器的可靠性方面都明显超过了上面介绍的量测转换方法。

假定目标按照如下的线性动态模型运动

$$\boldsymbol{x}_k = \boldsymbol{F}_{k-1}\boldsymbol{x}_{k-1} + \boldsymbol{w}_{k-1} \tag{4-6-1}$$

其中，$\boldsymbol{w}_k$ 是具有均值为零且协方差阵为 $\boldsymbol{Q}_k$ 的白噪声序列。

在极坐标系中，雷达对目标真实斜距 r_k 和方位角 θ_k 的量测分别定义为

$$\begin{cases} r_k^{\mathrm{m}} = r_k + \tilde{r}_k \\ \theta_k^{\mathrm{m}} = \theta_k + \tilde{\theta}_k \end{cases} \tag{4-6-2}$$

其中，假定量测噪声 $\tilde{r}_k$ 和 $\tilde{\theta}_k$ 均为均值为零的白噪声序列，标准差分别为 σ_r 和 σ_θ，且两者互不相关。

将雷达在极坐标系中的量测转换到笛卡儿坐标系中，可得

$$\begin{aligned} x_k^c &= r_k^{\mathrm{m}}\cos\theta_k^{\mathrm{m}} = (r_k + \tilde{r}_k)\cos(\theta_k + \tilde{\theta}_k) = x_k\cos\tilde{\theta}_k - y_k\sin\tilde{\theta}_k + \frac{x_k}{r_k}\tilde{r}_k\cos\tilde{\theta}_k - \frac{y_k}{r_k}\tilde{r}_k\sin\tilde{\theta}_k \\ &= h_k^x(\boldsymbol{x}_k, \boldsymbol{v}_k^{\mathrm{m}}) \end{aligned} \tag{4-6-3}$$

$$\begin{aligned} y_k^c &= r_k^{\mathrm{m}}\sin\theta_k^{\mathrm{m}} = (r_k + \tilde{r}_k)\sin(\theta_k + \tilde{\theta}_k) = y_k\cos\tilde{\theta}_k + x_k\sin\tilde{\theta}_k + \frac{y_k}{r_k}\tilde{r}_k\cos\tilde{\theta}_k + \frac{x_k}{r_k}\tilde{r}_k\sin\tilde{\theta}_k \\ &= h_k^y(\boldsymbol{x}_k, \boldsymbol{v}_k^{\mathrm{m}}) \end{aligned} \tag{4-6-4}$$

其中

$$\begin{cases} \boldsymbol{x}_k = [x_k, \dot{x}_k, y_k, \dot{y}_k]^{\mathrm{T}} \\ \boldsymbol{v}_k^{\mathrm{m}} = [\tilde{r}_k, \tilde{\theta}_k]^{\mathrm{T}} \\ r_k = \sqrt{x_k^2 + y_k^2} \end{cases} \tag{4-6-5}$$

这样，雷达在极坐标系中对目标运动状态的非线性量测方程就可以表示为

$$\boldsymbol{z}_k = \boldsymbol{h}(\boldsymbol{x}_k, \boldsymbol{v}_k^{\mathrm{m}}) = [h_k^x(\boldsymbol{x}_k, \boldsymbol{v}_k^{\mathrm{m}}), \quad h_k^y(\boldsymbol{x}_k, \boldsymbol{v}_k^{\mathrm{m}})]^{\mathrm{T}} \tag{4-6-6}$$

其中 $\boldsymbol{z}_k = [x_k^c, y_k^c]^{\mathrm{T}}$。对于式(4-6-1)的目标运动状态方程和式(4-6-6)的雷达量测方程，如果已知目标在 $k-1$ 时刻状态的 BLUE 估计为 $\hat{\boldsymbol{x}}_{k-1|k-1}$，相应的误差协方差阵为 $\boldsymbol{P}_{k-1|k-1}$，则目标在 k 时刻的运动状态可用如下递推 BLUE 滤波器进行最优估计

$$\begin{cases}\hat{\boldsymbol{x}}_{k|k-1}=E^*[\boldsymbol{x}_k \mid \boldsymbol{z}^{k-1}]=\boldsymbol{F}_{k-1}\hat{\boldsymbol{x}}_{k-1|k-1}\\ \tilde{\boldsymbol{x}}_{k|k-1}=\boldsymbol{x}_k-\hat{\boldsymbol{x}}_{k|k-1}\\ \boldsymbol{P}_{k|k-1}=\mathrm{cov}[\tilde{\boldsymbol{x}}_{k|k-1}]=\boldsymbol{F}_{k-1}\boldsymbol{P}_{k-1|k-1}\boldsymbol{F}_{k-1}^{\mathrm{T}}+\boldsymbol{Q}_{k-1}\end{cases}\tag{4-6-7}$$

$$\begin{cases}\hat{\boldsymbol{z}}_{k|k-1}=E^*[\boldsymbol{z}_k \mid \boldsymbol{z}^{k-1}]\\ \tilde{\boldsymbol{z}}_{k|k-1}=\boldsymbol{z}_k-\hat{\boldsymbol{z}}_{k|k-1}\\ \boldsymbol{S}_k=\mathrm{cov}[\tilde{\boldsymbol{z}}_{k|k-1}]\\ \boldsymbol{K}_k=\mathrm{cov}[\tilde{\boldsymbol{x}}_{k|k-1},\tilde{\boldsymbol{z}}_{k|k-1}]\boldsymbol{S}_k^{-1}\end{cases}\tag{4-6-8}$$

$$\begin{cases}\hat{\boldsymbol{x}}_{k|k}=\hat{\boldsymbol{x}}_{k|k-1}+\boldsymbol{K}_k\tilde{\boldsymbol{z}}_{k|k-1}\\ \tilde{\boldsymbol{x}}_{k|k}=\boldsymbol{x}_k-\hat{\boldsymbol{x}}_{k|k}\\ \boldsymbol{P}_{k|k}=\mathrm{cov}[\boldsymbol{x}_k-\hat{\boldsymbol{x}}_{k|k}]=\boldsymbol{P}_{k|k-1}-\boldsymbol{K}_k\boldsymbol{S}_k\boldsymbol{K}_k^{\mathrm{T}}\end{cases}\tag{4-6-9}$$

可以看出，只要能够计算得到 $\hat{\boldsymbol{z}}_{k|k-1}$，$\boldsymbol{S}_k$ 和 $\mathrm{cov}[\tilde{\boldsymbol{x}}_{k|k-1},\tilde{\boldsymbol{z}}_{k|k-1}]$，就可以最优地估计目标在 k 时刻的运动状态。

假定 $\tilde{r}_k$ 和 $\tilde{\theta}_k$ 服从 Gauss 分布，可得

$$\begin{cases}\lambda_1=E[\cos\tilde{\theta}_k]=\mathrm{e}^{-\sigma_\theta^2/2}\\ \lambda_2=E[\cos^2\tilde{\theta}_k]=\dfrac{1}{2}(1+\mathrm{e}^{-2\sigma_\theta^2})\\ \lambda_3=E[\sin^2\tilde{\theta}_k]=\dfrac{1}{2}(1-\mathrm{e}^{-2\sigma_\theta^2})\\ E[\sin\tilde{\theta}_k\cos\tilde{\theta}_k]=E[\sin\tilde{\theta}_k]=0\end{cases}\tag{4-6-10}$$

由于 (r_k,θ_k) 和 $(\tilde{r}_k,\tilde{\theta}_k)$ 相互独立，所以 (x_k,y_k) 和 $(\tilde{r}_k,\tilde{\theta}_k)$ 也是相互独立的。另外由于 $[\tilde{r}_k,\tilde{\theta}_k]^{\mathrm{T}}$ 是白噪声序列，所以 $E\{[\tilde{r}_k,\tilde{\theta}_k]^{\mathrm{T}}|\boldsymbol{z}^{k-1}\}=E\{[\tilde{r}_k,\tilde{\theta}_k]^{\mathrm{T}}\}=\boldsymbol{0}$。

引理 4.6.1 对于标量值的 x，y 和 z，如果 y 与 x 和 z 都独立，则有

$$E^*[xy \mid z]=E[y]E^*[x \mid z]\tag{4-6-11}$$

证明 由于 y 与 x 和 z 都独立，所以 $E[xy]=E[x]E[y]$，从而有

$$\begin{aligned}\mathrm{cov}[xy,z]&=E[xyz]-E[xy]E[z]=E[y]E[xz]-E[y]E[x]E[z]\\&=E[y](E[xz]-E[x]E[z])=E[y]\mathrm{cov}[x,z]\end{aligned}$$

这样则有

$$\begin{aligned}E^*[xy \mid z]&=E[xy]+\mathrm{cov}[xy,z]\mathrm{cov}^{-1}[z](z-E[z])\\&=E[y]\{E[x]+\mathrm{cov}[x,z]\mathrm{cov}^{-1}[z](z-E[z])\}\\&=E[y]E^*[x \mid z]\end{aligned}$$

■

引理 4.6.2 对于 BLUE 估计的误差协方差阵，则有

$$\begin{cases}\mathrm{cov}[\tilde{\boldsymbol{x}}]=E[(\boldsymbol{x}-\hat{\boldsymbol{x}})(\boldsymbol{x}-\hat{\boldsymbol{x}})^{\mathrm{T}}]=E[\boldsymbol{x}\boldsymbol{x}^{\mathrm{T}}]-E[\hat{\boldsymbol{x}}\hat{\boldsymbol{x}}^{\mathrm{T}}]\\ \mathrm{cov}[\tilde{\boldsymbol{x}},\tilde{\boldsymbol{y}}]=E[(\boldsymbol{x}-\hat{\boldsymbol{x}})(\boldsymbol{y}-\tilde{\boldsymbol{y}})^{\mathrm{T}}]=E[\boldsymbol{x}\boldsymbol{y}^{\mathrm{T}}]-E[\hat{\boldsymbol{x}}\hat{\boldsymbol{y}}^{\mathrm{T}}]\end{cases}\tag{4-6-12}$$

其中，$\hat{\boldsymbol{x}}=E^*[\boldsymbol{x}|\boldsymbol{z}]$，$\tilde{\boldsymbol{x}}=\boldsymbol{x}-\hat{\boldsymbol{x}}$，$\hat{\boldsymbol{y}}=E^*[\boldsymbol{y}|\boldsymbol{z}]$，$\tilde{\boldsymbol{y}}=\boldsymbol{y}-\hat{\boldsymbol{y}}$。

证明 因为

$$\operatorname{cov}[\tilde{\boldsymbol{x}},\tilde{\boldsymbol{y}}]\triangleq E[(\boldsymbol{x}-\hat{\boldsymbol{x}})(\boldsymbol{y}-\hat{\boldsymbol{y}})^{\mathrm{T}}]=E[(\boldsymbol{x}-\hat{\boldsymbol{x}})\boldsymbol{y}^{\mathrm{T}}]-E[(\boldsymbol{x}-\hat{\boldsymbol{x}})\hat{\boldsymbol{y}}^{\mathrm{T}}]=E[(\boldsymbol{x}-\hat{\boldsymbol{x}})\boldsymbol{y}^{\mathrm{T}}]$$
$$=E[\boldsymbol{x}\boldsymbol{y}^{\mathrm{T}}]-E[\hat{\boldsymbol{x}}\boldsymbol{y}^{\mathrm{T}}]=E[\boldsymbol{x}\boldsymbol{y}^{\mathrm{T}}]-E[\hat{\boldsymbol{x}}(\boldsymbol{y}-\hat{\boldsymbol{y}}+\hat{\boldsymbol{y}})^{\mathrm{T}}]=E[\boldsymbol{x}\boldsymbol{y}^{\mathrm{T}}]-E[\hat{\boldsymbol{x}}\hat{\boldsymbol{y}}^{\mathrm{T}}]$$

其中，第二行和最后一行成立的原因是根据正交原理可得$(\boldsymbol{x}-\hat{\boldsymbol{x}})\perp\hat{\boldsymbol{y}}$和$(\boldsymbol{y}-\hat{\boldsymbol{y}})\perp\hat{\boldsymbol{x}}$。

类似地可得

$$\operatorname{cov}[\tilde{\boldsymbol{x}}]=E[\boldsymbol{x}\boldsymbol{x}^{\mathrm{T}}]-E[\hat{\boldsymbol{x}}\hat{\boldsymbol{x}}^{\mathrm{T}}]$$ ■

由引理4.6.1就可得量测$\boldsymbol{z}_k$的一步预测为

$$\hat{\boldsymbol{z}}_{k|k-1}=[\hat{x}^c_{k|k-1},\hat{y}^c_{k|k-1}]^{\mathrm{T}}=[\lambda_1\hat{x}_{k|k-1},\lambda_1\hat{y}_{k|k-1}]^{\mathrm{T}}=[\lambda_1\hat{\boldsymbol{x}}_{k|k-1}(1,1),\lambda_1\hat{\boldsymbol{x}}_{k|k-1}(3,1)]^{\mathrm{T}} \tag{4-6-13}$$

其中$\hat{\boldsymbol{x}}_{k|k-1}(i,1),i=1,3$表示位于$\hat{\boldsymbol{x}}_{k|k-1}$第$i$行和第1列的元素。

由引理4.6.2可得

$$\operatorname{cov}[\tilde{\boldsymbol{x}}_{k|k-1},\tilde{\boldsymbol{z}}_{k|k-1}]=E[\boldsymbol{x}_k\boldsymbol{z}_k^{\mathrm{T}}]-E[\hat{\boldsymbol{x}}_{k|k-1}\hat{\boldsymbol{z}}_{k|k-1}^{\mathrm{T}}]$$
$$=\begin{bmatrix}\lambda_1\boldsymbol{P}_{k|k-1}(1,1) & \lambda_1\boldsymbol{P}_{k|k-1}(1,3)\\ \lambda_1\boldsymbol{P}_{k|k-1}(2,1) & \lambda_1\boldsymbol{P}_{k|k-1}(2,3)\\ \lambda_1\boldsymbol{P}_{k|k-1}(3,1) & \lambda_1\boldsymbol{P}_{k|k-1}(3,3)\\ \lambda_1\boldsymbol{P}_{k|k-1}(4,1) & \lambda_1\boldsymbol{P}_{k|k-1}(4,3)\end{bmatrix}=\lambda_1[\boldsymbol{P}_{k|k-1}(\cdot,1)\quad \boldsymbol{P}_{k|k-1}(\cdot,3)] \tag{4-6-14}$$

其中$\boldsymbol{P}_{k|k-1}(i,j),i=1,2,3,4,j=1,3$表示位于$\boldsymbol{P}_{k|k-1}$第$i$行和第$j$列的元素，$\boldsymbol{P}_{k|k-1}(\cdot,j),j=1,3$表示$\boldsymbol{P}_{k|k-1}$的第$j$列构成的列向量。

进一步由引理4.6.2还可得

$$\boldsymbol{S}_k=E[\boldsymbol{z}_k\boldsymbol{z}_k^{\mathrm{T}}]-E[\hat{\boldsymbol{z}}_{k|k-1}\hat{\boldsymbol{z}}_{k|k-1}^{\mathrm{T}}]=\begin{bmatrix}S_{11} & S_{12}\\ S_{21} & S_{22}\end{bmatrix} \tag{4-6-15}$$

其中

$$S_{11}=E[(x^c_k)^2]-E[(\hat{x}^c_{k|k-1})^2]=\lambda_2\boldsymbol{P}_{k|k-1}(1,1)+\lambda_3\boldsymbol{P}_{k|k-1}(3,3)+$$
$$\lambda_2\sigma_r^2E\left[\frac{x_k^2}{r_k^2}\right]+\lambda_3\sigma_r^2E\left[\frac{y_k^2}{r_k^2}\right]+(\lambda_2-\lambda_1^2)E[\hat{x}^2_{k|k-1}]+\lambda_3E[\hat{y}^2_{k|k-1}] \tag{4-6-16}$$

$$S_{22}=E[(y^c_k)^2]-E[(\hat{y}^c_{k|k-1})^2]=\lambda_2\boldsymbol{P}_{k|k-1}(3,3)+\lambda_3\boldsymbol{P}_{k|k-1}(1,1)+$$
$$\lambda_2\sigma_r^2E\left[\frac{y_k^2}{r_k^2}\right]+\lambda_3\sigma_r^2E\left[\frac{x_k^2}{r_k^2}\right]+(\lambda_2-\lambda_1^2)E[\hat{y}^2_{k|k-1}]+\lambda_3E[\hat{x}^2_{k|k-1}] \tag{4-6-17}$$

$$S_{12}=S_{21}=E[x^c_ky^c_k]-E[\hat{x}^c_{k|k-1}\hat{y}^c_{k|k-1}]=(\lambda_2-\lambda_3)\boldsymbol{P}_{k|k-1}(1,3)+$$
$$\sigma_r^2(\lambda_2-\lambda_3)E\left[\frac{x_ky_k}{r_k^2}\right]+(\lambda_2-\lambda_3-\lambda_1^2)E[\hat{x}_{k|k-1}\hat{y}_{k|k-1}] \tag{4-6-18}$$

可以看出，$\boldsymbol{S}_k$的各个元素不仅依赖于目标真实位置(x_k,y_k)的非线性函数的数学期望，而且依赖于目标真实位置的一步预测值$(\hat{x}_{k|k-1},\hat{y}_{k|k-1})$的二阶矩，无法直接应用，所以在实际当中，需要作一些近似，即

$$\begin{cases}E[\hat{x}_{k|k-1}^2]\approx\hat{x}_{k|k-1}^2\\E[\hat{y}_{k|k-1}^2]\approx\hat{y}_{k|k-1}^2\\E[\hat{x}_{k|k-1}\hat{y}_{k|k-1}]\approx\hat{x}_{k|k-1}\hat{y}_{k|k-1}\\E\left[\dfrac{x_k^2}{r_k^2}\right]\approx\dfrac{\hat{x}_{k|k-1}^2}{\hat{x}_{k|k-1}^2+\hat{y}_{k|k-1}^2}\\E\left[\dfrac{y_k^2}{r_k^2}\right]\approx\dfrac{\hat{y}_{k|k-1}^2}{\hat{x}_{k|k-1}^2+\hat{y}_{k|k-1}^2}\\E\left[\dfrac{x_ky_k}{r_k^2}\right]\approx\dfrac{\hat{x}_{k|k-1}\hat{y}_{k|k-1}}{\hat{x}_{k|k-1}^2+\hat{y}_{k|k-1}^2}\end{cases}\tag{4-6-19}$$

文献[25]通过理论分析说明，对于实际的雷达量测目标跟踪问题，式(4-6-19)的近似是合理的。

4.6.2 基于BLUE准则的三维量测转换

假定目标按照如下的线性动态模型运动

$$\boldsymbol{x}_k=\boldsymbol{F}_{k-1}\boldsymbol{x}_{k-1}+\boldsymbol{w}_{k-1}\tag{4-6-20}$$

其中，$\boldsymbol{w}_k$ 是均值为零且协方差阵为 $\boldsymbol{Q}_k$ 的白噪声序列。

在球坐标系中，雷达对目标真实斜距 r_k、方位角 θ_k 和俯仰角 η_k 的量测分别定义为

$$\begin{cases}r_k^{\mathrm{m}}=r_k+\tilde{r}_k\\\theta_k^{\mathrm{m}}=\theta_k+\tilde{\theta}_k\\\eta_k^{\mathrm{m}}=\eta_k+\tilde{\eta}_k\end{cases}\tag{4-6-21}$$

其中，假定量测噪声 $\tilde{r}_k$，$\tilde{\theta}_k$ 和 $\tilde{\eta}_k$ 均为具有零均值的白噪声序列，标准差分别为 σ_r，σ_θ 和 σ_η，且三者互不相关。

将雷达在球坐标系中的量测转换到笛卡儿坐标系中，可得

$$\begin{aligned}x_k^c&=r_k^{\mathrm{m}}\cos\theta_k^{\mathrm{m}}\cos\eta_k^{\mathrm{m}}=(r_k+\tilde{r}_k)\cos(\theta_k+\tilde{\theta}_k)\cos(\eta_k+\tilde{\eta}_k)\\&=x_k\cos\tilde{\theta}_k\cos\tilde{\eta}_k-y_k\sin\tilde{\theta}_k\cos\tilde{\eta}_k+\frac{x_k}{r_k}\tilde{r}_k\cos\tilde{\theta}_k\cos\tilde{\eta}_k-\\&\quad\frac{y_k}{r_k}\tilde{r}_k\sin\tilde{\theta}_k\cos\tilde{\eta}_k-\frac{x_kz_k}{r_k'}\cos\tilde{\theta}_k\sin\tilde{\eta}_k+\frac{y_kz_k}{r_k'}\sin\tilde{\theta}_k\sin\tilde{\eta}_k-\\&\quad\frac{x_k}{r_k'}\frac{z_k}{r_k}\tilde{r}_k\cos\tilde{\theta}_k\sin\tilde{\eta}_k+\frac{y_k}{r_k'}\frac{z_k}{r_k}\tilde{r}_k\sin\tilde{\theta}_k\sin\tilde{\eta}_k\\&=h_k^x(\boldsymbol{x}_k,\boldsymbol{v}_k^{\mathrm{m}})\end{aligned}\tag{4-6-22}$$

$$\begin{aligned}y_k^c&=r_k^{\mathrm{m}}\sin\theta_k^{\mathrm{m}}\cos\eta_k^{\mathrm{m}}=(r_k+\tilde{r}_k)\sin(\theta_k+\tilde{\theta}_k)\cos(\eta_k+\tilde{\eta}_k)\\&=y_k\cos\tilde{\theta}_k\cos\tilde{\eta}_k+x_k\sin\tilde{\theta}_k\cos\tilde{\eta}_k+\frac{y_k}{r_k}\tilde{r}_k\cos\tilde{\theta}_k\cos\tilde{\eta}_k+\\&\quad\frac{x_k}{r_k}\tilde{r}_k\sin\tilde{\theta}_k\cos\tilde{\eta}_k-\frac{y_kz_k}{r_k'}\cos\tilde{\theta}_k\sin\tilde{\eta}_k-\frac{x_kz_k}{r_k'}\sin\tilde{\theta}_k\sin\tilde{\eta}_k-\end{aligned}$$

$$\frac{y_k}{r'_k}\frac{z_k}{r_k}\tilde{r}_k\cos\tilde{\theta}_k\sin\tilde{\eta}_k-\frac{x_k}{r'_k}\frac{z_k}{r_k}\tilde{r}_k\sin\tilde{\theta}_k\sin\tilde{\eta}_k$$

$$=h_k^y(\boldsymbol{x}_k,\boldsymbol{v}_k^{\mathrm{m}}) \tag{4-6-23}$$

$$z_k^c=r_k^{\mathrm{m}}\sin\eta_k^{\mathrm{m}}=(r_k+\tilde{r}_k)\sin(\eta_k+\tilde{\eta}_k)=z_k\cos\tilde{\eta}_k+r'_k\sin\tilde{\eta}_k+\frac{z_k}{r_k}\tilde{r}_k\cos\tilde{\eta}_k+\frac{r'_k}{r_k}\tilde{r}_k\sin\tilde{\eta}_k$$

$$=h_k^z(\boldsymbol{x}_k,\boldsymbol{v}_k^{\mathrm{m}}) \tag{4-6-24}$$

其中 $\boldsymbol{x}_k=[x_k,\dot{x}_k,y_k,\dot{y}_k,z_k,\dot{z}_k]^{\mathrm{T}}$，$\boldsymbol{v}_k^{\mathrm{m}}=[\tilde{r}_k,\tilde{\theta}_k,\tilde{\eta}_k]^{\mathrm{T}}$，$r_k=\sqrt{x_k^2+y_k^2+z_k^2}$，$r'_k=\sqrt{x_k^2+y_k^2}$。

这样，雷达在球坐标系中对目标运动状态的非线性量测方程就可以表示为

$$\boldsymbol{z}_k=\boldsymbol{h}(\boldsymbol{x}_k,\boldsymbol{v}_k^{\mathrm{m}})=[h_k^x(\boldsymbol{x}_k,\boldsymbol{v}_k^{\mathrm{m}}),h_k^y(\boldsymbol{x}_k,\boldsymbol{v}_k^{\mathrm{m}}),h_k^z(\boldsymbol{x}_k,\boldsymbol{v}_k^{\mathrm{m}})]^{\mathrm{T}}=[x_k^c,y_k^c,z_k^c]^{\mathrm{T}} \tag{4-6-25}$$

对于式(4-6-20)的目标运动状态方程和式(4-6-25)的雷达量测方程的基础上，如果已知目标在 $k-1$ 时刻状态的 BLUE 估计为 $\hat{\boldsymbol{x}}_{k-1|k-1}$，相应的误差协方差阵为 $\boldsymbol{P}_{k-1|k-1}$，则目标在 k 时刻的运动状态可用如下递推 BLUE 滤波器进行最优估计

$$\begin{cases}\hat{\boldsymbol{x}}_{k|k-1}=E^*[\boldsymbol{x}_k\mid\boldsymbol{z}^{k-1}]=\boldsymbol{F}_{k-1}\hat{\boldsymbol{x}}_{k-1|k-1}\\ \tilde{\boldsymbol{x}}_{k|k-1}=\boldsymbol{x}_k-\hat{\boldsymbol{x}}_{k|k-1}\\ \boldsymbol{P}_{k|k-1}=\mathrm{cov}[\tilde{\boldsymbol{x}}_{k|k-1}]=\boldsymbol{F}_{k-1}\boldsymbol{P}_{k-1|k-1}\boldsymbol{F}_{k-1}^{\mathrm{T}}+\boldsymbol{Q}_{k-1}\end{cases} \tag{4-6-26}$$

$$\begin{cases}\hat{\boldsymbol{z}}_{k|k-1}=E^*[\boldsymbol{z}_k\mid\boldsymbol{z}^{k-1}]\\ \tilde{\boldsymbol{z}}_{k|k-1}=\boldsymbol{z}_k-\hat{\boldsymbol{z}}_{k|k-1}\\ \boldsymbol{S}_k=\mathrm{cov}[\tilde{\boldsymbol{z}}_{k|k-1}]\\ \boldsymbol{K}_k=\mathrm{cov}[\tilde{\boldsymbol{x}}_{k|k-1},\tilde{\boldsymbol{z}}_{k|k-1}]\boldsymbol{S}_k^{-1}\end{cases} \tag{4-6-27}$$

$$\begin{cases}\hat{\boldsymbol{x}}_{k|k}=\hat{\boldsymbol{x}}_{k|k-1}+\boldsymbol{K}_k\tilde{\boldsymbol{z}}_{k|k-1}\\ \tilde{\boldsymbol{x}}_{k|k}=\boldsymbol{x}_k-\hat{\boldsymbol{x}}_{k|k}\\ \boldsymbol{P}_{k|k}=\mathrm{cov}[\boldsymbol{x}_k-\hat{\boldsymbol{x}}_{k|k}]=\boldsymbol{P}_{k|k-1}-\boldsymbol{K}_k\boldsymbol{S}_k\boldsymbol{K}_k^{\mathrm{T}}\end{cases} \tag{4-6-28}$$

可以看出，只要能够计算得到 $\hat{\boldsymbol{z}}_{k|k-1}$，$\boldsymbol{S}_k$ 和 $\mathrm{cov}[\tilde{\boldsymbol{x}}_{k|k-1},\tilde{\boldsymbol{z}}_{k|k-1}]$，就可以最优地估计目标在 k 时刻的运动状态。

假定 $\tilde{r}_k$，$\tilde{\theta}_k$ 和 $\tilde{\eta}_k$ 服从 Gauss 分布，可得

$$\begin{cases}\lambda_1=E[\cos\tilde{\theta}_k]=\mathrm{e}^{-\sigma_\theta^2/2}\\ \lambda_2=E[\cos^2\tilde{\theta}_k]=\dfrac{1}{2}(1+\mathrm{e}^{-2\sigma_\theta^2})\\ \lambda_3=E[\sin^2\tilde{\theta}_k]=\dfrac{1}{2}(1-\mathrm{e}^{-2\sigma_\theta^2})\\ \mu_1=E[\cos\tilde{\eta}_k]=\mathrm{e}^{-\sigma_\eta^2/2}\\ \mu_2=E[\cos^2\tilde{\eta}_k]=\dfrac{1}{2}(1+\mathrm{e}^{-2\sigma_\eta^2})\\ \mu_3=E[\sin^2\tilde{\eta}_k]=\dfrac{1}{2}(1-\mathrm{e}^{-2\sigma_\eta^2})\\ E[\sin\tilde{\theta}_k\cos\tilde{\theta}_k]=E[\sin\tilde{\theta}_k]=E[\sin\tilde{\eta}_k\cos\tilde{\eta}_k]=E[\sin\tilde{\eta}_k]=0\end{cases} \tag{4-6-29}$$

由于(r_k,θ_k,η_k)和$(\tilde{r}_k,\tilde{\theta}_k,\tilde{\eta}_k)$相互独立，所以$(x_k,y_k,z_k)$和$(\tilde{r}_k,\tilde{\theta}_k,\tilde{\eta}_k)$也是相互独立的。又由于$[\tilde{r}_k,\tilde{\theta}_k,\tilde{\eta}_k]^{\mathrm{T}}$是白噪声序列，则$E\{[\tilde{r}_k,\tilde{\theta}_k,\tilde{\eta}_k]^{\mathrm{T}}|\boldsymbol{z}^{k-1}\}=E\{[\tilde{r}_k,\tilde{\theta}_k,\tilde{\eta}_k]^{\mathrm{T}}\}=\boldsymbol{0}$。这样，由引理 4.6.1 就可得量测$\boldsymbol{z}_k$的一步预测为

$$\begin{aligned}\hat{\boldsymbol{z}}_{k|k-1}&=[\hat{x}^c_{k|k-1},\quad \hat{y}^c_{k|k-1},\quad \hat{z}^c_{k|k-1}]^{\mathrm{T}}=[\lambda_1\mu_1\hat{x}_{k|k-1},\quad \lambda_1\mu_1\hat{y}_{k|k-1},\quad \mu_1\hat{z}_{k|k-1}]^{\mathrm{T}}\\&=[\lambda_1\mu_1\hat{\boldsymbol{x}}_{k|k-1}(1,1),\quad \lambda_1\mu_1\hat{\boldsymbol{x}}_{k|k-1}(3,1),\quad \mu_1\hat{\boldsymbol{x}}_{k|k-1}(5,1)]^{\mathrm{T}}\end{aligned}\tag{4-6-30}$$

其中$\hat{\boldsymbol{x}}_{k|k-1}(i,1),i=1,3,5$表示位于$\hat{\boldsymbol{x}}_{k|k-1}$第$i$行和第1列的元素。再由引理 4.6.2 可得

$$\begin{aligned}\operatorname{cov}[\tilde{\boldsymbol{x}}_{k|k-1},\tilde{\boldsymbol{z}}_{k|k-1}]&=E[\boldsymbol{x}_k\boldsymbol{z}_k^{\mathrm{T}}]-E[\hat{\boldsymbol{x}}_{k|k-1}\hat{\boldsymbol{z}}_{k|k-1}^{\mathrm{T}}]\\&=\begin{bmatrix}\mu_1\lambda_1\boldsymbol{P}_{k|k-1}(1,1) & \mu_1\lambda_1\boldsymbol{P}_{k|k-1}(1,3) & \mu_1\boldsymbol{P}_{k|k-1}(1,5)\\ \mu_1\lambda_1\boldsymbol{P}_{k|k-1}(2,1) & \mu_1\lambda_1\boldsymbol{P}_{k|k-1}(2,3) & \mu_1\boldsymbol{P}_{k|k-1}(2,5)\\ \mu_1\lambda_1\boldsymbol{P}_{k|k-1}(3,1) & \mu_1\lambda_1\boldsymbol{P}_{k|k-1}(3,3) & \mu_1\boldsymbol{P}_{k|k-1}(3,5)\\ \mu_1\lambda_1\boldsymbol{P}_{k|k-1}(4,1) & \mu_1\lambda_1\boldsymbol{P}_{k|k-1}(4,3) & \mu_1\boldsymbol{P}_{k|k-1}(4,5)\\ \mu_1\lambda_1\boldsymbol{P}_{k|k-1}(5,1) & \mu_1\lambda_1\boldsymbol{P}_{k|k-1}(5,3) & \mu_1\boldsymbol{P}_{k|k-1}(5,5)\\ \mu_1\lambda_1\boldsymbol{P}_{k|k-1}(6,1) & \mu_1\lambda_1\boldsymbol{P}_{k|k-1}(6,3) & \mu_1\boldsymbol{P}_{k|k-1}(6,5)\end{bmatrix}\\&=\mu_1[\lambda_1\boldsymbol{P}_{k|k-1}(\cdot,1),\quad \lambda_1\boldsymbol{P}_{k|k-1}(\cdot,3),\quad \boldsymbol{P}_{k|k-1}(\cdot,5)]\end{aligned}\tag{4-6-31}$$

其中$\boldsymbol{P}_{k|k-1}(i,j),i=1,2,\cdots,6,j=1,3,5$表示位于$\boldsymbol{P}_{k|k-1}$第$i$行和第$j$列的元素，而$\boldsymbol{P}_{k|k-1}(\cdot,j),j=1,3,5$则表示$\boldsymbol{P}_{k|k-1}$的第$j$列构成的列向量。

再进一步由引理 4.6.2 还可得

$$\boldsymbol{S}_k=E[\boldsymbol{z}_k\boldsymbol{z}_k^{\mathrm{T}}]-E[\hat{\boldsymbol{z}}_{k|k-1}\hat{\boldsymbol{z}}_{k|k-1}^{\mathrm{T}}]=\begin{bmatrix}S_{11} & S_{12} & S_{13}\\ S_{21} & S_{22} & S_{23}\\ S_{31} & S_{32} & S_{33}\end{bmatrix}\tag{4-6-32}$$

其中

$$\begin{aligned}S_{11}=&\ E[(x^c_k)^2]-E[(\hat{x}^c_{k|k-1})^2]=\lambda_2\mu_2\boldsymbol{P}_{k|k-1}(1,1)+\lambda_3\mu_2\boldsymbol{P}_{k|k-1}(3,3)+\\&\lambda_2\mu_2\sigma_r^2E\left[\frac{x_k^2}{r_k^2}\right]+\lambda_3\mu_2\sigma_r^2E\left[\frac{y_k^2}{r_k^2}\right]+\lambda_2\mu_3\sigma_r^2E\left[\frac{x_k^2z_k^2}{(r'_k)^2r_k^2}\right]+\lambda_2\mu_3E\left[\frac{x_k^2z_k^2}{(r'_k)^2}\right]+\\&\lambda_3\mu_3E\left[\frac{y_k^2z_k^2}{(r'_k)^2}\right]+\lambda_3\mu_3\sigma_r^2E\left[\frac{y_k^2z_k^2}{(r'_k)^2r_k^2}\right]+(\lambda_2\mu_2-\lambda_1^2\mu_1^2)E[\hat{x}^2_{k|k-1}]+\lambda_3\mu_2E[\hat{y}^2_{k|k-1}]\end{aligned}\tag{4-6-33}$$

$$\begin{aligned}S_{22}=&\ E[(y^c_k)^2]-E[(\hat{y}^c_{k|k-1})^2]=\lambda_2\mu_2\boldsymbol{P}_{k|k-1}(3,3)+\lambda_3\mu_2\boldsymbol{P}_{k|k-1}(1,1)+\lambda_2\mu_2\sigma_r^2E\left[\frac{y_k^2}{r_k^2}\right]+\\&\lambda_3\mu_2\sigma_r^2E\left[\frac{x_k^2}{r_k^2}\right]+\lambda_3\mu_3\sigma_r^2E\left[\frac{x_k^2z_k^2}{(r'_k)^2r_k^2}\right]+\lambda_2\mu_3E\left[\frac{y_k^2z_k^2}{(r'_k)^2}\right]+\lambda_3\mu_3E\left[\frac{x_k^2z_k^2}{(r'_k)^2}\right]+\\&\lambda_2\mu_3\sigma_r^2E\left[\frac{y_k^2z_k^2}{(r'_k)^2r_k^2}\right]+(\lambda_2\mu_2-\lambda_1^2\mu_1^2)E[\hat{y}^2_{k|k-1}]+\lambda_3\mu_2E[\hat{x}^2_{k|k-1}]\end{aligned}\tag{4-6-34}$$

$$S_{33}=E[(z^c_k)^2]-E[(\hat{z}^c_{k|k-1})^2]=\mu_2\boldsymbol{P}_{k|k-1}(5,5)+\mu_3\{\boldsymbol{P}_{k|k-1}(1,1)+\boldsymbol{P}_{k|k-1}(3,3)\}+$$

$$\mu_2\sigma_r^2 E\left[\frac{z_k^2}{r_k^2}\right]+\mu_3\sigma_r^2 E\left[\frac{(r'_k)^2}{r_k^2}\right]+(\mu_2-\mu_1^2)E[\hat{z}_{k|k-1}^2]+\mu_3 E[\hat{x}_{k|k-1}^2+\hat{y}_{k|k-1}^2]$$

(4-6-35)

$$S_{12}=E[x_k^c y_k^c]-E[\hat{x}_{k|k-1}^c\hat{y}_{k|k-1}^c]=\mu_2(\lambda_2-\lambda_3)\boldsymbol{P}_{k|k-1}(1,3)+\sigma_r^2\mu_2(\lambda_2-\lambda_3)E\left[\frac{x_k y_k}{r_k^2}\right]+$$

$$(\lambda_2-\lambda_3)\mu_3 E\left[\frac{x_k y_k z_k^2}{(r'_k)^2}\right]+\sigma_r^2(\lambda_2-\lambda_3)\mu_3 E\left[\frac{x_k y_k z_k^2}{(r'_k)^2 r_k^2}\right]+$$

$$[\mu_2(\lambda_2-\lambda_3)-\lambda_1^2\mu_1^2]E[\hat{x}_{k|k-1}\hat{y}_{k|k-1}] \tag{4-6-36}$$

$$S_{13}=E[x_k^c z_k^c]-E[\hat{x}_{k|k-1}^c\hat{z}_{k|k-1}^c]=\lambda_1(\mu_2-\mu_3)\left\{\boldsymbol{P}_{k|k-1}(1,5)+\sigma_r^2 E\left[\frac{x_k z_k}{r_k^2}\right]\right\}+$$

$$[(\mu_2-\mu_3)\lambda_1-\lambda_1^2\mu_1]E[\hat{x}_{k|k-1}\hat{z}_{k|k-1}] \tag{4-6-37}$$

$$S_{23}=S_{32}=E[y_k^c z_k^c]-E[\hat{y}_{k|k-1}^c\hat{z}_{k|k-1}^c]=\lambda_1(\mu_2-\mu_3)\left\{\boldsymbol{P}_{k|k-1}(3,5)+\sigma_r^2 E\left[\frac{y_k z_k}{r_k^2}\right]\right\}+$$

$$[(\mu_2-\mu_3)\lambda_1-\lambda_1^2\mu_1]E[\hat{y}_{k|k-1}\hat{z}_{k|k-1}] \tag{4-6-38}$$

可以看出，$\boldsymbol{S}_k$ 的各个元素不仅依赖于目标真实位置(x_k,y_k,z_k)的非线性函数的数学期望，而且依赖于目标真实位置的一步预测值$(\hat{x}_{k|k-1},\hat{y}_{k|k-1},\hat{z}_{k|k-1})$的二阶矩，无法直接应用。所以在实际当中，需要作如下近似

$$\begin{cases}E[\hat{x}_{k|k-1}^2]\approx\hat{x}_{k|k-1}^2\\E[\hat{y}_{k|k-1}^2]\approx\hat{y}_{k|k-1}^2\\E[\hat{z}_{k|k-1}^2]\approx\hat{z}_{k|k-1}^2\end{cases} \tag{4-6-39}$$

$$\begin{cases}E[\hat{x}_{k|k-1}\hat{y}_{k|k-1}]\approx\hat{x}_{k|k-1}\hat{y}_{k|k-1}\\E[\hat{x}_{k|k-1}\hat{z}_{k|k-1}]\approx\hat{x}_{k|k-1}\hat{z}_{k|k-1}\\E[\hat{y}_{k|k-1}\hat{z}_{k|k-1}]\approx\hat{y}_{k|k-1}\hat{z}_{k|k-1}\end{cases} \tag{4-6-40}$$

$$\begin{cases}E\left[\dfrac{x_k^2}{r_k^2}\right]\approx\dfrac{\hat{x}_{k|k-1}^2}{\hat{x}_{k|k-1}^2+\hat{y}_{k|k-1}^2+\hat{z}_{k|k-1}^2}\\E\left[\dfrac{y_k^2}{r_k^2}\right]\approx\dfrac{\hat{y}_{k|k-1}^2}{\hat{x}_{k|k-1}^2+\hat{y}_{k|k-1}^2+\hat{z}_{k|k-1}^2}\\E\left[\dfrac{z_k^2}{r_k^2}\right]\approx\dfrac{\hat{z}_{k|k-1}^2}{\hat{x}_{k|k-1}^2+\hat{y}_{k|k-1}^2+\hat{z}_{k|k-1}^2}\\E\left[\dfrac{(r'_k)^2}{r_k^2}\right]\approx\dfrac{\hat{x}_{k|k-1}^2+\hat{y}_{k|k-1}^2}{\hat{x}_{k|k-1}^2+\hat{y}_{k|k-1}^2+\hat{z}_{k|k-1}^2}\end{cases} \tag{4-6-41}$$

$$\begin{cases}E\left[\dfrac{x_k y_k}{r_k^2}\right]\approx\dfrac{\hat{x}_{k|k-1}\hat{y}_{k|k-1}}{\hat{x}_{k|k-1}^2+\hat{y}_{k|k-1}^2+\hat{z}_{k|k-1}^2}\\E\left[\dfrac{x_k z_k}{r_k^2}\right]\approx\dfrac{\hat{x}_{k|k-1}\hat{z}_{k|k-1}}{\hat{x}_{k|k-1}^2+\hat{y}_{k|k-1}^2+\hat{z}_{k|k-1}^2}\\E\left[\dfrac{y_k z_k}{r_k^2}\right]\approx\dfrac{\hat{y}_{k|k-1}\hat{z}_{k|k-1}}{\hat{x}_{k|k-1}^2+\hat{y}_{k|k-1}^2+\hat{z}_{k|k-1}^2}\end{cases} \tag{4-6-42}$$

$$
\begin{cases}
E\left[\dfrac{x_k^2 z_k^2}{(r_k')^2 r_k^2}\right] \approx \dfrac{\hat{x}_{k|k-1}^2 \hat{z}_{k|k-1}^2}{(\hat{x}_{k|k-1}^2 + \hat{y}_{k|k-1}^2)(\hat{x}_{k|k-1}^2 + \hat{y}_{k|k-1}^2 + \hat{z}_{k|k-1}^2)} \\
E\left[\dfrac{y_k^2 z_k^2}{(r_k')^2 r_k^2}\right] \approx \dfrac{\hat{y}_{k|k-1}^2 \hat{z}_{k|k-1}^2}{(\hat{x}_{k|k-1}^2 + \hat{y}_{k|k-1}^2)(\hat{x}_{k|k-1}^2 + \hat{y}_{k|k-1}^2 + \hat{z}_{k|k-1}^2)} \\
E\left[\dfrac{x_k^2 z_k^2}{(r_k')^2}\right] \approx \dfrac{\hat{x}_{k|k-1}^2 \hat{z}_{k|k-1}^2}{\hat{x}_{k|k-1}^2 + \hat{y}_{k|k-1}^2} \\
E\left[\dfrac{y_k^2 z_k^2}{(r_k')^2}\right] \approx \dfrac{\hat{y}_{k|k-1}^2 \hat{z}_{k|k-1}^2}{\hat{x}_{k|k-1}^2 + \hat{y}_{k|k-1}^2}
\end{cases}
\tag{4-6-43}
$$

$$
\begin{cases}
E\left[\dfrac{x_k y_k z_k^2}{(r_k')^2}\right] \approx \dfrac{\hat{x}_{k|k-1} \hat{y}_{k|k-1} \hat{z}_{k|k-1}^2}{\hat{x}_{k|k-1}^2 + \hat{y}_{k|k-1}^2} \\
E\left[\dfrac{x_k y_k z_k^2}{(r_k')^2 r_k^2}\right] \approx \dfrac{\hat{x}_{k|k-1} \hat{y}_{k|k-1} \hat{z}_{k|k-1}^2}{(\hat{x}_{k|k-1}^2 + \hat{y}_{k|k-1}^2)(\hat{x}_{k|k-1}^2 + \hat{y}_{k|k-1}^2 + \hat{z}_{k|k-1}^2)}
\end{cases}
\tag{4-6-44}
$$

文献[26-27]通过理论分析说明，对于实际的雷达量测目标跟踪问题，式(4-6-39)～式(4-6-44)的近似是合理的。

4.7 带 Doppler 量测的雷达目标跟踪

4.7.1 极坐标系中带 Doppler 量测的雷达目标跟踪

实际采用的雷达，尤其是 Doppler 雷达，往往还可以提供 Doppler 量测。理论计算与实践已经证明[12]，充分利用 Doppler 量测信息可以有效地提高目标的跟踪精度。

解决带 Doppler 量测的雷达目标跟踪问题的最常用的方法是 EKF，但由于此时雷达量测和目标运动状态之间完全是非线性关系，所以估计效果往往很差。文献[12]提出采用斜距和 Doppler 量测的乘积构造伪量测，然后用线性化方法得到了转换量测误差的统计特性。文献[32]对文献[12]的方法做了进一步的改进，位置转换量测误差的统计特性用文献[14]中的嵌套条件方法[10]得到，但伪量测的统计特性仍采用文献[12]中的线性化方法得到。文献[13-14]已经证明，这种采用线性化方法得到的转换量测误差的统计特性，仅当量测误差在一非常窄的范围内取值时才是一致性估计。文献[36]提出了位置和 Doppler 量测序贯处理的序贯扩展 Kalman 滤波(SEKF)算法，采用 EKF 对 Doppler 量测直接进行处理，由于 Doppler 量测和目标运动状态之间是强非线性关系，所以对 Doppler 量测信息的利用并不充分。

另外，在已有的带 Doppler 量测的雷达目标跟踪算法中，通常假设斜距、角度和 Doppler 的量测误差统计独立，然而最近的研究表明[33]，对于某些波形而言，斜距和 Doppler 量测误差是统计相关的。

为了更加充分地利用雷达的 Doppler 量测信息，我们在文献[38-39]中，将文献[13-14]仅仅考虑位置量测的二维和三维去偏一致转换量测 Kalman 滤波算法，推广到包含 Doppler 量测且斜距误差和 Doppler 误差相关的情况，下面就加以介绍。

1. 问题描述

在笛卡儿坐标系中，目标的运动模型一般可表示成

$$\boldsymbol{x}_k=\boldsymbol{\Phi}_{k-1}\boldsymbol{x}_{k-1}+\boldsymbol{G}_{k-1}\boldsymbol{u}_{k-1}+\boldsymbol{\Gamma}_{k-1}\boldsymbol{w}_{k-1} \tag{4-7-1}$$

其中，$\boldsymbol{x}_k=[x_k,y_k,\dot{x}_k,\dot{y}_k,\boldsymbol{s}_{1\times(n-4)}]^{\mathrm{T}}$ 为目标运动状态，x_k,y_k 分别为目标在 x,y 两个方向上的位置分量，$\dot{x}_k,\dot{y}_k$ 为相应的速度分量，$\boldsymbol{s}_{1\times(n-4)}$ 为其余的状态分量；$\boldsymbol{\Phi}_k\in\mathbb{R}^{n\times n}$ 为状态转移矩阵，$\boldsymbol{G}_k,\boldsymbol{\Gamma}_k$ 为适当维数的系数矩阵；$\boldsymbol{u}_k$ 为确定性输入向量，$\boldsymbol{w}_k$ 是均值为零且方差为 $\boldsymbol{Q}_k$ 的 Gauss 白噪声序列。

设一部两坐标雷达位于坐标原点，则在极坐标系下雷达的量测方程可表示为

$$\boldsymbol{z}_k^{\mathrm{m}}=[r_k^{\mathrm{m}},\theta_k^{\mathrm{m}},\dot{r}_k^{\mathrm{m}}]^{\mathrm{T}}=\boldsymbol{f}_k(\boldsymbol{x}_k)+\boldsymbol{v}_k^{\mathrm{m}}=[r_k,\theta_k,\dot{r}_k]^{\mathrm{T}}+\boldsymbol{v}_k^{\mathrm{m}} \tag{4-7-2}$$

其中

$$\begin{cases}r_k=\sqrt{x_k^2+y_k^2}\\ \theta_k=\arctan(y_k/x_k)\\ \dot{r}_k=(x_k\dot{x}_k+y_k\dot{y}_k)/\sqrt{x_k^2+y_k^2}\\ \boldsymbol{v}_k^{\mathrm{m}}=[\tilde{r}_k,\tilde{\theta}_k,\tilde{\dot{r}}_k]^{\mathrm{T}}\end{cases} \tag{4-7-3}$$

而 $r_k^{\mathrm{m}},\theta_k^{\mathrm{m}}$ 和 $\dot{r}_k^{\mathrm{m}}$ 分别为雷达对目标的斜距、方位角和 Doppler 的量测值；r_k,θ_k 和 $\dot{r}_k$ 为相应的真值；$\tilde{r}_k,\tilde{\theta}_k$ 和 $\tilde{\dot{r}}_k$ 为相应的加性量测误差，假定它们都为均值为零的 Gauss 白噪声序列，方差分别为 $\sigma_r^2,\sigma_\theta^2$ 和 $\sigma_{\dot{r}}^2$，且 $\tilde{r}_k$ 和 $\tilde{\theta}_k$ 不相关，$\tilde{\dot{r}}_k$ 和 $\tilde{\theta}_k$ 不相关，$\tilde{\dot{r}}_k$ 和 $\tilde{r}_k$ 的相关系数为 ρ。

2. 量测转换

将极坐标系下的位置(斜距和方位角)量测转换到笛卡儿坐标系下，可表示成

$$\begin{cases}x_k^c=r_k^{\mathrm{m}}\cos\theta_k^{\mathrm{m}}=x_k+\tilde{x}_k\\ y_k^c=r_k^{\mathrm{m}}\sin\theta_k^{\mathrm{m}}=y_k+\tilde{y}_k\end{cases} \tag{4-7-4}$$

其中，$\tilde{x}_k,\tilde{y}_k$ 分别为位置转换量测误差在笛卡儿坐标系中 x,y 两个方向上的分量。

为了减弱 Doppler 量测和目标运动状态之间的强非线性程度，可采用如下的伪量测转换方程

$$\xi_k^c=r_k^{\mathrm{m}}\dot{r}_k^{\mathrm{m}}=x_k\dot{x}_k+y_k\dot{y}_k+\tilde{\xi}_k \tag{4-7-5}$$

其中，$\tilde{\xi}_k$ 为笛卡儿坐标系中伪量测 ξ_k 的转换误差。

由式(4-7-4)和式(4-7-5)可知，雷达量测从极坐标系转换到笛卡儿坐标系后可整体表示为

$$\boldsymbol{z}_k^c=[x_k^c,y_k^c,\xi_k^c]^{\mathrm{T}}=\boldsymbol{h}_k(\boldsymbol{x}_k)+\boldsymbol{v}_k^c=[x_k,y_k,x_k\dot{x}_k+y_k\dot{y}_k]^{\mathrm{T}}+[\tilde{x}_k,\tilde{y}_k,\tilde{\xi}_k]^{\mathrm{T}} \tag{4-7-6}$$

3. 转换量测误差的真实偏差和协方差

定理 4.7.1 由式(4-7-2)的雷达量测误差的已知条件可得

$$E[\tilde{r}_k^2\tilde{\dot{r}}_k]=E[\tilde{r}_k\tilde{\dot{r}}_k^2]=0 \tag{4-7-7}$$

$$E[\tilde{r}_k^2\tilde{\dot{r}}_k^2]=(1+2\rho^2)\sigma_r^2\sigma_{\dot{r}}^2 \tag{4-7-8}$$

证明 由式(4-7-2)的雷达量测误差的已知条件以及概率论的知识可知,$\tilde{r}_k$ 和 $\tilde{\dot{r}}_k$ 的联合概率密度函数为

$$f(s,t)=\frac{1}{2\pi\sigma_r\sigma_{\dot{r}}\sqrt{1-\rho^2}}\exp\left[\frac{-1}{2(1-\rho^2)}\left(\frac{s^2}{\sigma_r^2}-2\rho\frac{st}{\sigma_r\sigma_{\dot{r}}}+\frac{t^2}{\sigma_{\dot{r}}^2}\right)\right]$$

其中$\frac{s^2}{\sigma_r^2}-2\rho\frac{st}{\sigma_r\sigma_{\dot{r}}}+\frac{t^2}{\sigma_{\dot{r}}^2}=\left(\frac{s}{\sigma_r}-\frac{\rho t}{\sigma_{\dot{r}}}\right)^2+\left(\sqrt{1-\rho^2}\frac{t}{\sigma_{\dot{r}}}\right)^2$。令

$$u=\frac{1}{\sqrt{1-\rho^2}}\left(\frac{s}{\sigma_r}-\frac{\rho t}{\sigma_{\dot{r}}}\right),\quad v=\frac{t}{\sigma_{\dot{r}}}$$

则

$$E[\tilde{r}_k^2\tilde{\dot{r}}_k]=\int_{-\infty}^{+\infty}\int_{-\infty}^{+\infty}s^2t\cdot f(s,t)\mathrm{d}s\mathrm{d}t=\frac{\sigma_r^2\sigma_{\dot{r}}}{2\pi}\int_{-\infty}^{+\infty}\int_{-\infty}^{+\infty}(\sqrt{1-\rho^2}u+\rho v)^2v\exp\left(-\frac{u^2+v^2}{2}\right)\mathrm{d}u\mathrm{d}v$$

其中

$$\int_{-\infty}^{+\infty}\int_{-\infty}^{+\infty}u^2v\exp\left(-\frac{u^2+v^2}{2}\right)\mathrm{d}u\mathrm{d}v=\int_{-\infty}^{+\infty}u^2e^{-\frac{u^2}{2}}\mathrm{d}u\int_{-\infty}^{+\infty}ve^{-\frac{v^2}{2}}\mathrm{d}v=0$$

$$\int_{-\infty}^{+\infty}\int_{-\infty}^{+\infty}uv^2\exp\left(-\frac{u^2+v^2}{2}\right)\mathrm{d}u\mathrm{d}v=\int_{-\infty}^{+\infty}ue^{-\frac{u^2}{2}}\mathrm{d}u\int_{-\infty}^{+\infty}v^2e^{-\frac{v^2}{2}}\mathrm{d}v=0$$

$$\int_{-\infty}^{+\infty}\int_{-\infty}^{+\infty}v^3\exp\left(-\frac{u^2+v^2}{2}\right)\mathrm{d}u\mathrm{d}v=\int_{-\infty}^{+\infty}e^{-\frac{u^2}{2}}\mathrm{d}u\int_{-\infty}^{+\infty}v^3e^{-\frac{v^2}{2}}\mathrm{d}v=0$$

因此 $E[\tilde{r}_k^2\tilde{\dot{r}}_k]=0$。同理可证:$E[\tilde{r}_k\tilde{\dot{r}}_k^2]=0$,从而式(4-7-7)得证。

下面证明式(4-7-8)。因为

$$\begin{aligned}E[\tilde{r}_k^2\tilde{\dot{r}}_k^2]&=\int_{-\infty}^{+\infty}\int_{-\infty}^{+\infty}s^2t^2\cdot f(s,t)\mathrm{d}s\mathrm{d}t\\&=\frac{\sigma_r^2\sigma_{\dot{r}}^2}{2\pi}\int_{-\infty}^{+\infty}\int_{-\infty}^{+\infty}(\sqrt{1-\rho^2}u+\rho v)^2v^2\exp\left(-\frac{u^2+v^2}{2}\right)\mathrm{d}u\mathrm{d}v\end{aligned}$$

其中

$$\int_{-\infty}^{+\infty}\int_{-\infty}^{+\infty}u^2v^2\exp\left(-\frac{u^2+v^2}{2}\right)\mathrm{d}u\mathrm{d}v=\int_{-\infty}^{+\infty}u^2e^{-\frac{u^2}{2}}\mathrm{d}u\int_{-\infty}^{+\infty}v^2e^{-\frac{v^2}{2}}\mathrm{d}v=2\pi$$

$$\int_{-\infty}^{+\infty}\int_{-\infty}^{+\infty}uv^3\exp\left(-\frac{u^2+v^2}{2}\right)\mathrm{d}u\mathrm{d}v=\int_{-\infty}^{+\infty}ue^{-\frac{u^2}{2}}\mathrm{d}u\int_{-\infty}^{+\infty}v^3e^{-\frac{v^2}{2}}\mathrm{d}v=0$$

$$\int_{-\infty}^{+\infty}\int_{-\infty}^{+\infty}v^4\exp\left(-\frac{u^2+v^2}{2}\right)\mathrm{d}u\mathrm{d}v=\int_{-\infty}^{+\infty}e^{-\frac{u^2}{2}}\mathrm{d}u\int_{-\infty}^{+\infty}v^4e^{-\frac{v^2}{2}}\mathrm{d}v=2\pi\cdot 3$$

所以

$$E[\tilde{r}_k^2\tilde{\dot{r}}_k^2]=(1+2\rho^2)\sigma_r^2\sigma_{\dot{r}}^2$$ ■

在目标的真实位置及 Doppler 已知的条件下,由式(4-7-7)、式(4-7-8)以及式(4-7-2)的雷达量测误差的已知条件,可得转换量测误差的真实均值和协方差分别为

$$\begin{cases}\boldsymbol{\mu}_{k,t}=E[\boldsymbol{v}_k^c \mid r_k,\theta_k,\dot{r}_k]=[\mu_{k,t}^x,\mu_{k,t}^y,\mu_{k,t}^\xi]^{\mathrm{T}} \\ \boldsymbol{R}_{k,t}=\operatorname{cov}[\boldsymbol{v}_k^c \mid r_k,\theta_k,\dot{r}_k]=\begin{bmatrix}R_{k,t}^{xx} & R_{k,t}^{xy} & R_{k,t}^{x\xi} \\ R_{k,t}^{yx} & R_{k,t}^{yy} & R_{k,t}^{y\xi} \\ R_{k,t}^{\xi x} & R_{k,t}^{\xi y} & R_{k,t}^{\xi\xi}\end{bmatrix}\end{cases} \tag{4-7-9}$$

其中,$\mu_{k,t}^x$,$\mu_{k,t}^y$ 和 $R_{k,t}^{xx}$,$R_{k,t}^{yy}$,$R_{k,t}^{xy}$,$R_{k,t}^{yx}$ 同式(4-5-8)~式(4-5-11),且

$$\begin{cases}\mu_{k,t}^\xi=\rho\sigma_r\sigma_{\dot{r}} \\ R_{k,t}^{x\xi}=R_{k,t}^{\xi x}=(\sigma_r^2\dot{r}_k+r_k\rho\sigma_r\sigma_{\dot{r}})\cos\theta_k\mathrm{e}^{-\sigma_\theta^2/2} \\ R_{k,t}^{y\xi}=R_{k,t}^{\xi y}=(\sigma_r^2\dot{r}_k+r_k\rho\sigma_r\sigma_{\dot{r}})\sin\theta_k\mathrm{e}^{-\sigma_\theta^2/2} \\ R_{k,t}^{\xi\xi}=r_k^2\sigma_{\dot{r}}^2+\sigma_r^2\dot{r}_k^2+(1+\rho^2)\sigma_r^2\sigma_{\dot{r}}^2+2r_k\dot{r}_k\rho\sigma_r\sigma_{\dot{r}}\end{cases} \tag{4-7-10}$$

这就是转换量测误差的真实偏差和协方差。

4. 平均的转换量测误差的真实偏差和协方差

由于目标的真实位置和 Doppler 总是未知的,所以式(4-7-9)不能直接应用。为了使其变得实用,可在量测值已知的条件下对上述的真实均值和协方差求数学期望,即

$$\begin{cases}\boldsymbol{\mu}_{k,a}=E[\boldsymbol{\mu}_{k,t} \mid r_k^{\mathrm{m}},\theta_k^{\mathrm{m}},\dot{r}_k^{\mathrm{m}}]=[\mu_{k,a}^x,\mu_{k,a}^y,\mu_{k,a}^\xi]^{\mathrm{T}} \\ \boldsymbol{R}_{k,a}=E[\boldsymbol{R}_{k,t} \mid r_k^{\mathrm{m}},\theta_k^{\mathrm{m}},\dot{r}_k^{\mathrm{m}}]=\begin{bmatrix}R_{k,a}^{xx} & R_{k,a}^{xy} & R_{k,a}^{x\xi} \\ R_{k,a}^{yx} & R_{k,a}^{yy} & R_{k,a}^{y\xi} \\ R_{k,a}^{\xi x} & R_{k,a}^{\xi y} & R_{k,a}^{\xi\xi}\end{bmatrix}\end{cases} \tag{4-7-11}$$

其中,$\mu_{k,a}^x$,$\mu_{k,a}^y$ 和 $R_{k,a}^{xx}$,$R_{k,a}^{yy}$,$R_{k,a}^{xy}$,$R_{k,a}^{yx}$ 同式(4-5-13)~式(4-5-16),且

$$\begin{cases}\mu_{k,a}^\xi=\rho\sigma_r\sigma_{\dot{r}} \\ R_{k,a}^{x\xi}=R_{k,a}^{\xi x}=(\sigma_r^2\dot{r}_k^{\mathrm{m}}+r_k^{\mathrm{m}}\rho\sigma_r\sigma_{\dot{r}})\cos\theta_k^{\mathrm{m}}\mathrm{e}^{-\sigma_\theta^2} \\ R_{k,a}^{y\xi}=R_{k,a}^{\xi y}=(\sigma_r^2\dot{r}_k^{\mathrm{m}}+r_k^{\mathrm{m}}\rho\sigma_r\sigma_{\dot{r}})\sin\theta_k^{\mathrm{m}}\mathrm{e}^{-\sigma_\theta^2} \\ R_{k,a}^{\xi\xi}=(r_k^{\mathrm{m}})^2\sigma_{\dot{r}}^2+\sigma_r^2(\dot{r}_k^{\mathrm{m}})^2+3(1+\rho^2)\sigma_r^2\sigma_{\dot{r}}^2+2r_k^{\mathrm{m}}\dot{r}_k^{\mathrm{m}}\rho\sigma_r\sigma_{\dot{r}}\end{cases} \tag{4-7-12}$$

虽然一般来说转换量测误差并不服从 Gauss 分布,但是采用与文献[13-14,17]相类似的分析方法,可以验证式(4-7-11)是转换量测误差前两阶矩的一致性估计,所以在跟踪滤波过程当中,可以近似认为转换量测误差服从 Gauss 分布,用式(4-7-6)的转换量测方程替代式(4-7-2)的雷达的实际量测方程。

5. 跟踪滤波器

由式(4-7-6)可以看出,转换量测是目标运动状态的非线性函数,所以要完成跟踪滤波就必须对 $\boldsymbol{h}_k(\boldsymbol{x}_k)$ 进行线性化处理,常用的方法就是围绕状态的一步预测值 $\hat{\boldsymbol{x}}_{k|k-1}$ 对 $\boldsymbol{h}_k(\boldsymbol{x}_k)$ 利用 Taylor 级数进行展开,但是,由于位置转换量测是目标运动状态的线性函数,所以序贯滤波估计,即优先处理位置转换量测,得到对应的状态滤波值 $\hat{\boldsymbol{x}}_{k|k}^p$,然后再

围绕 $\hat{\boldsymbol{x}}_{k|k}^{p}$ 对伪量测的非线性函数进行 Taylor 级数展开,无疑可以减小线性化处理中引起的误差。

由式(4-7-11)可知,位置和伪量测 ξ_k^c 的转换误差相关,所以要实现序贯滤波估计,必须首先去除掉它们之间的相关性。将协方差阵 $\boldsymbol{R}_{k,a}$ 按位置和伪量测两部分分块可表示成

$$\boldsymbol{R}_{k,a}=\begin{bmatrix}\boldsymbol{R}_{k,a}^{p} & (\boldsymbol{R}_{k,a}^{\xi p})^{\mathrm{T}}\\ \boldsymbol{R}_{k,a}^{\xi p} & \boldsymbol{R}_{k,a}^{\xi}\end{bmatrix} \tag{4-7-13}$$

令

$$\begin{cases}\boldsymbol{L}_k=-\boldsymbol{R}_{k,a}^{\xi p}(\boldsymbol{R}_{k,a}^{p})^{-1}=[L_k^1,L_k^2]\\ \boldsymbol{B}_k=\begin{bmatrix}\boldsymbol{I}_2 & \boldsymbol{0}\\ \boldsymbol{L}_k & 1\end{bmatrix}\end{cases} \tag{4-7-14}$$

在式(4-7-6)两边左乘以 $\boldsymbol{B}_k$,则由矩阵的 Cholesky 分解[2]可得

$$\begin{cases}\boldsymbol{z}_k^{c,p}=\boldsymbol{H}_k^{c,p}\boldsymbol{x}_k+\boldsymbol{v}_k^{c,p}\\ \varepsilon_k^c=h_k^{\varepsilon}(\boldsymbol{x}_k)+\tilde{\varepsilon}_k\end{cases} \tag{4-7-15}$$

其中

$$\begin{cases}\boldsymbol{z}_k^{c,p}=[x_k^c,y_k^c]^{\mathrm{T}}\\ \boldsymbol{H}_k^{c,p}=[\boldsymbol{I}_2,\boldsymbol{0}_{2\times(n-2)}]\\ \boldsymbol{v}_k^{c,p}=[\tilde{x}_k,\tilde{y}_k]^{\mathrm{T}}\\ E[\boldsymbol{v}_k^{c,p}]=\boldsymbol{\mu}_{k,a}^{p}=[\mu_{k,a}^{x},\mu_{k,a}^{y}]^{\mathrm{T}}\\ \mathrm{cov}[\boldsymbol{v}_k^{c,p}]=\boldsymbol{R}_{k,a}^{p}\\ \varepsilon_k^c=L_k^1x_k^c+L_k^2y_k^c+\xi_k^c\\ h_k^{\varepsilon}(\boldsymbol{x}_k)=L_k^1x_k+L_k^2y_k+x_k\dot{x}_k+y_k\dot{y}_k\\ \tilde{\varepsilon}_k=L_k^1\tilde{x}_k+L_k^2\tilde{y}_k+\tilde{\xi}_k\\ E[\tilde{\varepsilon}_k]=\mu_{k,a}^{\varepsilon}=L_k^1\mu_{k,a}^{x}+L_k^2\mu_{k,a}^{y}+\mu_{k,a}^{\xi}\\ \mathrm{var}[\tilde{\varepsilon}_k]=R_{k,a}^{\varepsilon}=R_{k,a}^{\xi}-\boldsymbol{R}_{k,a}^{\xi p}(\boldsymbol{R}_{k,a}^{p})^{-1}(\boldsymbol{R}_{k,a}^{\xi p})^{\mathrm{T}}\end{cases} \tag{4-7-16}$$

且 $\tilde{\varepsilon}_k$ 和 $\boldsymbol{v}_k^{c,p}$ 不相关。

这样,利用式(4-7-1)的目标运动状态方程和式(4-7-15)的量测方程,就可以序贯地完成对目标运动状态的滤波估计,主要包括以下四个步骤。

步骤 1 时间更新滤波估计

$$\begin{cases}\hat{\boldsymbol{x}}_{k|k-1}=\boldsymbol{\Phi}_{k-1}\hat{\boldsymbol{x}}_{k-1|k-1}+\boldsymbol{G}_{k-1}\boldsymbol{u}_{k-1}\\ \boldsymbol{P}_{k|k-1}=\boldsymbol{\Phi}_{k-1}\boldsymbol{P}_{k-1|k-1}\boldsymbol{\Phi}_{k-1}^{\mathrm{T}}+\boldsymbol{\Gamma}_{k-1}Q_{k-1}\boldsymbol{\Gamma}_{k-1}^{\mathrm{T}}\end{cases} \tag{4-7-17}$$

步骤 2 位置量测更新滤波估计

$$\begin{cases}\boldsymbol{K}_k^p=\boldsymbol{P}_{k|k-1}(\boldsymbol{H}_k^{c,p})^{\mathrm{T}}[\boldsymbol{H}_k^{c,p}\boldsymbol{P}_{k|k-1}(\boldsymbol{H}_k^{c,p})^{\mathrm{T}}+\boldsymbol{R}_{k,a}^p]^{-1}\\ \hat{\boldsymbol{x}}_{k|k}^p=\hat{\boldsymbol{x}}_{k|k-1}+\boldsymbol{K}_k^p[\boldsymbol{z}_k^{c,p}-\boldsymbol{\mu}_{k,a}^p-\boldsymbol{H}_k^{c,p}\hat{\boldsymbol{x}}_{k|k-1}]\\ \boldsymbol{P}_{k|k}^p=(\boldsymbol{I}_n-\boldsymbol{K}_k^p\boldsymbol{H}_k^{c,p})\boldsymbol{P}_{k|k-1}\end{cases}\tag{4-7-18}$$

步骤 3 伪量测更新滤波估计

由式(4-7-15)可以看出,伪量测是目标运动状态的二次函数,所以用二阶 EKF[12] 就足以最好地完成目标运动状态的非线性跟踪滤波,即

$$\begin{cases}\boldsymbol{K}_k^{\varepsilon}=\boldsymbol{P}_{k|k}^p(\boldsymbol{H}_k^{\varepsilon})^{\mathrm{T}}[\boldsymbol{H}_k^{\varepsilon}\boldsymbol{P}_{k|k}^p(\boldsymbol{H}_k^{\varepsilon})^{\mathrm{T}}+R_{k,a}^{\varepsilon}+A_k]^{-1}\\ \hat{\boldsymbol{x}}_{k|k}^{\varepsilon}=\hat{\boldsymbol{x}}_{k|k}^p+\boldsymbol{K}_k^{\varepsilon}\left[\varepsilon_k^c-\mu_{k,a}^{\varepsilon}-h_k^{\varepsilon}(\hat{\boldsymbol{x}}_{k|k}^p)-\dfrac{1}{2}\delta_k^2\right]\\ \boldsymbol{P}_{k|k}^{\varepsilon}=(\boldsymbol{I}_n-\boldsymbol{K}_k^{\varepsilon}\boldsymbol{H}_k^{\varepsilon})\boldsymbol{P}_{k|k}^p\end{cases}\tag{4-7-19}$$

其中 $\boldsymbol{H}_k^{\varepsilon}$ 为 $h_k^{\varepsilon}(\boldsymbol{x}_k)$在 $\hat{\boldsymbol{x}}_{k|k}^p$ 处的 Jacobian 矩阵,即

$$\boldsymbol{H}_k^{\varepsilon}=[L_k^1+\hat{\dot{x}}_{k|k}^p,L_k^2+\hat{\dot{y}}_{k|k}^p,\hat{x}_{k|k}^p,\hat{y}_{k|k}^p,\boldsymbol{0}_{1\times(n-4)}]\tag{4-7-20}$$

而 δ_k^2 由 $h_k^{\varepsilon}(\boldsymbol{x}_k)$的二阶导数组成,即

$$\delta_k^2=2\boldsymbol{P}_{k|k}^p(1,3)+2\boldsymbol{P}_{k|k}^p(2,4)\tag{4-7-21}$$

同时 A_k 为

$$\begin{aligned}A_k=&\boldsymbol{P}_{k|k}^p(1,1)\boldsymbol{P}_{k|k}^p(3,3)+\boldsymbol{P}_{k|k}^p(2,2)\boldsymbol{P}_{k|k}^p(4,4)+2\boldsymbol{P}_{k|k}^p(1,2)\boldsymbol{P}_{k|k}^p(3,4)+\\&2\boldsymbol{P}_{k|k}^p(1,4)\boldsymbol{P}_{k|k}^p(2,3)+[\boldsymbol{P}_{k|k}^p(1,3)]^2+[\boldsymbol{P}_{k|k}^p(2,4)]^2\end{aligned}\tag{4-7-22}$$

其中 $\boldsymbol{P}_{k|k}^p(i,j)$表示位于位置滤波误差协方差阵 $\boldsymbol{P}_{k|k}^p$ 第 i 行第 j 列的元素。

步骤 4 最终滤波估计

$$\begin{cases}\hat{\boldsymbol{x}}_{k|k}=\hat{\boldsymbol{x}}_{k|k}^{\varepsilon}\\ \boldsymbol{P}_{k|k}=\boldsymbol{P}_{k|k}^{\varepsilon}\end{cases}\tag{4-7-23}$$

这就是极坐标系中带 Doppler 量测的雷达目标跟踪算法。

4.7.2 球坐标系中带 Doppler 量测的雷达目标跟踪

1. 问题描述

在笛卡儿坐标系中,目标的运动模型一般仍可表示成

$$\boldsymbol{x}_k=\boldsymbol{\Phi}_{k-1}\boldsymbol{x}_{k-1}+\boldsymbol{G}_{k-1}\boldsymbol{u}_{k-1}+\boldsymbol{\Gamma}_{k-1}\boldsymbol{w}_{k-1}\tag{4-7-24}$$

其中,$\boldsymbol{x}_k=[x_k,y_k,z_k,\dot{x}_k,\dot{y}_k,\dot{z}_k,\boldsymbol{s}_{1\times(n-6)}]^{\mathrm{T}}$ 为目标运动状态,x_k,y_k 和 z_k 分别为目标在 x,y 和 z 三个方向上的位置分量,$\dot{x}_k$,$\dot{y}_k$ 和 $\dot{z}_k$ 为相应的速度分量,$\boldsymbol{s}_{1\times(n-6)}$ 为其余的状态分量,$\boldsymbol{\Phi}_k\in\mathbb{R}^{n\times n}$ 为状态转移矩阵,$\boldsymbol{G}_k$,$\boldsymbol{\Gamma}_k$ 为适当维数的系数矩阵;$\boldsymbol{u}_k$ 为确定性输入向量,$\boldsymbol{w}_k$ 是均值为零且协方差阵为 $\boldsymbol{Q}_k$ 的 Gauss 白噪声序列。

设一部三坐标雷达位于坐标原点,则在球坐标系下雷达的量测方程可表示为

$$\boldsymbol{z}_k^{\mathrm{m}}=[r_k^{\mathrm{m}},\eta_k^{\mathrm{m}},\theta_k^{\mathrm{m}},\dot{r}_k^{\mathrm{m}}]^{\mathrm{T}}=\boldsymbol{f}_k(\boldsymbol{x}_k)+\boldsymbol{v}_k^{\mathrm{m}}=[r_k,\eta_k,\theta_k,\dot{r}_k]^{\mathrm{T}}+\boldsymbol{v}_k^{\mathrm{m}}\tag{4-7-25}$$

其中

$$\begin{cases} r_k = \sqrt{x_k^2 + y_k^2 + z_k^2} \\ \eta_k = \tan^{-1}(z_k / \sqrt{x_k^2 + y_k^2}) \\ \theta_k = \tan^{-1}(y_k / x_k) \\ \dot{r}_k = (x_k \dot{x}_k + y_k \dot{y}_k + z_k \dot{z}_k) / \sqrt{x_k^2 + y_k^2 + z_k^2} \\ \boldsymbol{v}_k^{\mathrm{m}} = [\tilde{r}_k, \tilde{\eta}_k, \tilde{\theta}_k, \tilde{\dot{r}}_k]^{\mathrm{T}} \end{cases} \tag{4-7-26}$$

而 $r_k^{\mathrm{m}}, \eta_k^{\mathrm{m}}, \theta_k^{\mathrm{m}}$ 和 $\dot{r}_k^{\mathrm{m}}$ 分别为雷达对目标的斜距、高低角、方位角和 Doppler 的量测值，r_k，η_k, θ_k 和 $\dot{r}_k$ 为相应的真值，$\tilde{r}_k, \tilde{\eta}_k, \tilde{\theta}_k$ 和 $\tilde{\dot{r}}_k$ 为相应的加性量测误差；假定它们都是均值为零的 Gauss 白噪声序列，方差分别为 $\sigma_r^2, \sigma_\eta^2, \sigma_\theta^2$ 和 $\sigma_{\dot{r}}^2$，且 $\tilde{r}_k, \tilde{\eta}_k$ 和 $\tilde{\theta}_k$ 三者互不相关，$\tilde{\dot{r}}_k$ 和 $\tilde{\eta}_k, \tilde{\theta}_k$ 不相关，$\tilde{\dot{r}}_k$ 和 $\tilde{r}_k$ 的相关系数为 ρ。

2. 量测转换

将球坐标系下的位置量测（斜距、高低角和方位角）转换到笛卡儿坐标系下，可表示成

$$\begin{cases} x_k^c = r_k^{\mathrm{m}} \cos\eta_k^{\mathrm{m}} \cos\theta_k^{\mathrm{m}} = x_k + \tilde{x}_k \\ y_k^c = r_k^{\mathrm{m}} \cos\eta_k^{\mathrm{m}} \sin\theta_k^{\mathrm{m}} = y_k + \tilde{y}_k \\ z_k^c = r_k^{\mathrm{m}} \sin\eta_k^{\mathrm{m}} = z_k + \tilde{z}_k \end{cases} \tag{4-7-27}$$

其中，$\tilde{x}_k, \tilde{y}_k, \tilde{z}_k$ 分别为位置转换量测误差在笛卡儿坐标系中 x, y, z 三个方向上的分量。

为了减弱 Doppler 量测和目标运动状态之间的强非线性程度，可采用如下的伪量测转换方程

$$\xi_k^c = r_k^{\mathrm{m}} \dot{r}_k^{\mathrm{m}} = x_k \dot{x}_k + y_k \dot{y}_k + z_k \dot{z}_k + \tilde{\xi}_k \tag{4-7-28}$$

其中 $\tilde{\xi}_k$ 为笛卡儿坐标系中伪量测 ξ_k 的转换误差。

由式(4-7-27)和式(4-7-28)可知，雷达量测从球坐标系转换到笛卡儿坐标系后可整体表示为

$$\begin{aligned} \boldsymbol{z}_k^c &= [x_k^c, y_k^c, z_k^c, \xi_k^c]^{\mathrm{T}} = \boldsymbol{h}_k(\boldsymbol{x}_k) + \boldsymbol{v}_k^c \\ &= [x_k, y_k, z_k, x_k \dot{x}_k + y_k \dot{y}_k + z_k \dot{z}_k]^{\mathrm{T}} + [\tilde{x}_k, \tilde{y}_k, \tilde{z}_k, \tilde{\xi}_k]^{\mathrm{T}} \end{aligned} \tag{4-7-29}$$

3. 转换量测误差的真实偏差和协方差

在目标的真实位置及 Doppler 已知的条件下，由式(4-7-7)、式(4-7-8)以及式(4-7-25)的雷达量测误差的已知条件可得转换量测误差的真实均值和协方差分别为

$$\begin{cases} \boldsymbol{\mu}_{k,t} = E[\boldsymbol{v}_k^c \mid r_k, \eta_k, \theta_k, \dot{r}_k] = [\mu_{k,t}^x, \mu_{k,t}^y, \mu_{k,t}^z, \mu_{k,t}^\xi]^{\mathrm{T}} \\ \boldsymbol{R}_{k,t} = \mathrm{cov}[\boldsymbol{v}_k^c \mid r_k, \eta_k, \theta_k, \dot{r}_k] = \begin{bmatrix} R_{k,t}^{xx} & R_{k,t}^{xy} & R_{k,t}^{xz} & R_{k,t}^{x\xi} \\ R_{k,t}^{yx} & R_{k,t}^{yy} & R_{k,t}^{yz} & R_{k,t}^{y\xi} \\ R_{k,t}^{zx} & R_{k,t}^{zy} & R_{k,t}^{zz} & R_{k,t}^{z\xi} \\ R_{k,t}^{\xi x} & R_{k,t}^{\xi y} & R_{k,t}^{\xi z} & R_{k,t}^{\xi\xi} \end{bmatrix} \end{cases} \tag{4-7-30}$$

其中，$\mu_{k,t}^{x},\mu_{k,t}^{y},\mu_{k,t}^{z}$ 和 $R_{k,t}^{xx},R_{k,t}^{xy},R_{k,t}^{yx},R_{k,t}^{xz},R_{k,t}^{zx},R_{k,t}^{yy},R_{k,t}^{yz},R_{k,t}^{zy},R_{k,t}^{zz}$ 同式(4-5-23)～式(4-5-25)，且

$$\mu_{k,t}^{\xi}=\rho\sigma_r\sigma_{\dot r} \tag{4-7-31}$$

$$\begin{cases}R_{k,t}^{x\xi}=R_{k,t}^{\xi x}=(\sigma_r^2\dot r_k+r_k\rho\sigma_r\sigma_{\dot r})\cos\eta_k\cos\theta_k\,\mathrm{e}^{-\sigma_\eta^2/2-\sigma_\theta^2/2}\\ R_{k,t}^{y\xi}=R_{k,t}^{\xi y}=(\sigma_r^2\dot r_k+r_k\rho\sigma_r\sigma_{\dot r})\cos\eta_k\sin\theta_k\,\mathrm{e}^{-\sigma_\eta^2/2-\sigma_\theta^2/2}\\ R_{k,t}^{z\xi}=R_{k,t}^{\xi z}=(\sigma_r^2\dot r_k+r_k\rho\sigma_r\sigma_{\dot r})\sin\eta_k\,\mathrm{e}^{-\sigma_\eta^2/2}\\ R_{k,t}^{\xi\xi}=r_k^2\sigma_{\dot r}^2+\sigma_r^2\dot r_k^2+(1+\rho^2)\sigma_r^2\sigma_{\dot r}^2+2r_k\dot r_k\rho\sigma_r\sigma_{\dot r}\end{cases} \tag{4-7-32}$$

这就是转换量测误差的真实偏差和协方差。

4．平均转换量测误差的真实偏差和协方差

由于目标的真实位置和Doppler总是未知的，所以式(4-7-30)不能直接应用，为了使它们变得实用，可在量测值已知的条件下对上述的真实均值和协方差求数学期望，即

$$\begin{cases}\boldsymbol{\mu}_{k,a}=E[\boldsymbol{\mu}_{k,t}\mid r_k^{\mathrm m},\eta_k^{\mathrm m},\theta_k^{\mathrm m},\dot r_k^{\mathrm m}]=[\mu_{k,a}^{x},\mu_{k,a}^{y},\mu_{k,a}^{z},\mu_{k,a}^{\xi}]^{\mathrm T}\\ \boldsymbol{R}_{k,a}=E[\boldsymbol{R}_{k,t}\mid r_k^{\mathrm m},\eta_k^{\mathrm m},\theta_k^{\mathrm m},\dot r_k^{\mathrm m}]=\begin{bmatrix}R_{k,a}^{xx}&R_{k,a}^{xy}&R_{k,a}^{xz}&R_{k,a}^{x\xi}\\ R_{k,a}^{yx}&R_{k,a}^{yy}&R_{k,a}^{yz}&R_{k,a}^{y\xi}\\ R_{k,a}^{zx}&R_{k,a}^{zy}&R_{k,a}^{zz}&R_{k,a}^{z\xi}\\ R_{k,a}^{\xi x}&R_{k,a}^{\xi y}&R_{k,a}^{\xi z}&R_{k,a}^{\xi\xi}\end{bmatrix}\end{cases} \tag{4-7-33}$$

其中，$\mu_{k,a}^{x},\mu_{k,a}^{y},\mu_{k,a}^{z}$ 和 $R_{k,a}^{xx},R_{k,a}^{xy},R_{k,a}^{yx},R_{k,a}^{xz},R_{k,a}^{zx},R_{k,a}^{yy},R_{k,a}^{yz},R_{k,a}^{zy},R_{k,a}^{zz}$ 同式(4-5-28)～式(4-5-30)，且

$$\mu_{k,a}^{\xi}=\rho\sigma_r\sigma_{\dot r} \tag{4-7-34}$$

$$\begin{cases}R_{k,a}^{x\xi}=R_{k,a}^{\xi x}=(\sigma_r^2\dot r_k^{\mathrm m}+r_k^{\mathrm m}\rho\sigma_r\sigma_{\dot r})\cos\eta_k^{\mathrm m}\cos\theta_k^{\mathrm m}\,\mathrm{e}^{-\sigma_\eta^2-\sigma_\theta^2}\\ R_{k,a}^{y\xi}=R_{k,a}^{\xi y}=(\sigma_r^2\dot r_k^{\mathrm m}+r_k^{\mathrm m}\rho\sigma_r\sigma_{\dot r})\cos\eta_k^{\mathrm m}\sin\theta_k^{\mathrm m}\,\mathrm{e}^{-\sigma_\eta^2-\sigma_\theta^2}\\ R_{k,a}^{z\xi}=R_{k,a}^{\xi z}=(\sigma_r^2\dot r_k^{\mathrm m}+r_k^{\mathrm m}\rho\sigma_r\sigma_{\dot r})\sin\eta_k^{\mathrm m}\,\mathrm{e}^{-\sigma_\eta^2}\\ R_{k,a}^{\xi\xi}=(r_k^{\mathrm m})^2\sigma_{\dot r}^2+\sigma_r^2(\dot r_k^{\mathrm m})^2+3(1+\rho^2)\sigma_r^2\sigma_{\dot r}^2+2r_k^{\mathrm m}\dot r_k^{\mathrm m}\rho\sigma_r\sigma_{\dot r}\end{cases} \tag{4-7-35}$$

虽然一般来说转换量测误差并不服从Gauss分布，但是采用与文献[13-14,17]相类似的分析方法，可以验证式(4-7-33)是转换量测误差前两阶矩的一致性估计，所以在跟踪滤波过程当中，可以近似认为转换量测误差服从Gauss分布，用式(4-7-29)的转换量测方程替代式(4-7-25)的雷达的实际量测方程。

5．跟踪滤波器

由式(4-7-29)可以看出，转换量测是目标运动状态的非线性函数，此时要完成跟踪滤波就必须对 $\boldsymbol{h}_k(\boldsymbol{x}_k)$ 进行线性化处理，常用的方法就是围绕状态的一步预测值 $\hat{\boldsymbol{x}}_{k|k-1}$ 对 $\boldsymbol{h}_k(\boldsymbol{x}_k)$ 利用Taylor级数进行展开。但是，由于位置转换量测是目标运动状态的线性函

数,所以如果进行序贯滤波估计,即优先处理位置转换量测,得到对应的状态滤波值 $\hat{\boldsymbol{x}}_{k|k}^{p}$,然后再围绕 $\hat{\boldsymbol{x}}_{k|k}^{p}$ 对伪量测的非线性函数进行 Taylor 级数展开,可以减小线性化处理引起的误差。

由式(4-7-33)可知,位置和伪量测 ξ_k^c 的转换误差相关,所以要实现序贯滤波估计,必须首先去除掉它们之间的相关性。

将协方差阵 $\boldsymbol{R}_{k,a}$ 按位置和伪量测两部分分块可表示成

$$\boldsymbol{R}_{k,a}=\begin{bmatrix}\boldsymbol{R}_{k,a}^{p} & (\boldsymbol{R}_{k,a}^{\xi p})^{\mathrm{T}}\\ \boldsymbol{R}_{k,a}^{\xi p} & \boldsymbol{R}_{k,a}^{\xi}\end{bmatrix} \tag{4-7-36}$$

令

$$\begin{cases}\boldsymbol{L}_k=-\boldsymbol{R}_{k,a}^{\xi p}(\boldsymbol{R}_{k,a}^{p})^{-1}=[L_k^1,L_k^2,L_k^3]\\ \boldsymbol{B}_k=\begin{bmatrix}\boldsymbol{I}_3 & \boldsymbol{0}\\ \boldsymbol{L}_k & 1\end{bmatrix}\end{cases} \tag{4-7-37}$$

在式(4-7-29)两边左乘以 $\boldsymbol{B}_k$,则由矩阵的 Cholesky 分解[2]可得

$$\begin{cases}\boldsymbol{z}_k^{c,p}=\boldsymbol{H}_k^{c,p}\boldsymbol{x}_k+\boldsymbol{v}_k^{c,p}\\ \varepsilon_k^c=h_k^{\varepsilon}(\boldsymbol{x}_k)+\tilde{\varepsilon}_k\end{cases} \tag{4-7-38}$$

其中

$$\begin{cases}\boldsymbol{z}_k^{c,p}=[x_k^c,y_k^c,z_k^c]^{\mathrm{T}}\\ \boldsymbol{H}_k^{c,p}=[\boldsymbol{I}_3,\boldsymbol{0}_{3\times(n-3)}]\\ \boldsymbol{v}_k^{c,p}=[\tilde{x}_k,\tilde{y}_k,\tilde{z}_k]^{\mathrm{T}}\\ E[\boldsymbol{v}_k^{c,p}]=\boldsymbol{\mu}_{k,a}^{p}=[\mu_{k,a}^{x},\mu_{k,a}^{y},\mu_{k,a}^{z}]^{\mathrm{T}}\\ \mathrm{cov}[\boldsymbol{v}_k^{c,p}]=\boldsymbol{R}_{k,a}^{p}\\ \varepsilon_k^c=L_k^1x_k^c+L_k^2y_k^c+L_k^3z_k^c+\xi_k^c\\ h_k^{\varepsilon}(\boldsymbol{x}_k)=L_k^1x_k+L_k^2y_k+L_k^3z_k+x_k\dot{x}_k+y_k\dot{y}_k+z_k\dot{z}_k\\ \tilde{\varepsilon}_k=L_k^1\tilde{x}_k+L_k^2\tilde{y}_k+L_k^3\tilde{z}_k+\tilde{\xi}_k\\ E[\tilde{\varepsilon}_k]=\mu_{k,a}^{\varepsilon}=L_k^1\mu_{k,a}^{x}+L_k^2\mu_{k,a}^{y}+L_k^3\mu_{k,a}^{z}+\mu_{k,a}^{\xi}\\ \mathrm{var}[\tilde{\varepsilon}_k]=R_{k,a}^{\varepsilon}=R_{k,a}^{\xi}-\boldsymbol{R}_{k,a}^{\xi p}(\boldsymbol{R}_{k,a}^{p})^{-1}(\boldsymbol{R}_{k,a}^{\xi p})^{\mathrm{T}}\end{cases} \tag{4-7-39}$$

且 $\tilde{\varepsilon}_k$ 和 $\boldsymbol{v}_k^{c,p}$ 不相关。

这样,利用式(4-7-24)的目标运动状态方程和式(4-7-38)的量测方程就可以序贯地完成对目标运动状态的滤波估计,主要包括以下四个步骤。

步骤 1 时间更新滤波估计

$$\begin{cases}\hat{\boldsymbol{x}}_{k|k-1}=\boldsymbol{\Phi}_{k-1}\hat{\boldsymbol{x}}_{k-1|k-1}+\boldsymbol{G}_{k-1}\boldsymbol{u}_{k-1}\\ \boldsymbol{P}_{k|k-1}=\boldsymbol{\Phi}_{k-1}\boldsymbol{P}_{k-1|k-1}\boldsymbol{\Phi}_{k-1}^{\mathrm{T}}+\boldsymbol{\Gamma}_{k-1}Q_{k-1}\boldsymbol{\Gamma}_{k-1}^{\mathrm{T}}\end{cases} \tag{4-7-40}$$

步骤 2 位置量测更新滤波估计

$$\begin{cases}\boldsymbol{K}_k^p = \boldsymbol{P}_{k|k-1}(\boldsymbol{H}_k^{c,p})^{\mathrm{T}}[\boldsymbol{H}_k^{c,p}\boldsymbol{P}_{k|k-1}(\boldsymbol{H}_k^{c,p})^{\mathrm{T}} + \boldsymbol{R}_{k,a}^p]^{-1} \\ \hat{\boldsymbol{x}}_{k|k}^p = \hat{\boldsymbol{x}}_{k|k-1} + \boldsymbol{K}_k^p[\boldsymbol{z}_k^{c,p} - \boldsymbol{\mu}_{k,a}^p - \boldsymbol{H}_k^{c,p}\hat{\boldsymbol{x}}_{k|k-1}] \\ \boldsymbol{P}_{k|k}^p = (\boldsymbol{I}_n - \boldsymbol{K}_k^p\boldsymbol{H}_k^{c,p})\boldsymbol{P}_{k|k-1}\end{cases} \tag{4-7-41}$$

步骤 3　伪量测更新滤波估计

由式(4-7-38)可以看出，伪量测 ε_k^c 是目标运动状态的二次函数，所以用二阶 EKF[12] 就可以最优地完成目标运动状态的非线性跟踪滤波，即

$$\begin{cases}\boldsymbol{K}_k^{\varepsilon} = \boldsymbol{P}_{k|k}^p(\boldsymbol{H}_k^{\varepsilon})^{\mathrm{T}}[\boldsymbol{H}_k^{\varepsilon}\boldsymbol{P}_{k|k}^p(\boldsymbol{H}_k^{\varepsilon})^{\mathrm{T}} + R_{k,a}^{\varepsilon} + A_k]^{-1} \\ \hat{\boldsymbol{x}}_{k|k}^{\varepsilon} = \hat{\boldsymbol{x}}_{k|k}^p + \boldsymbol{K}_k^{\varepsilon}\left[\varepsilon_k^c - \mu_{k,a}^{\varepsilon} - h_k^{\varepsilon}(\hat{\boldsymbol{x}}_{k|k}^p) - \dfrac{1}{2}\delta_k^2\right] \\ \boldsymbol{P}_{k|k}^{\varepsilon} = (\boldsymbol{I}_n - \boldsymbol{K}_k^{\varepsilon}\boldsymbol{H}_k^{\varepsilon})\boldsymbol{P}_{k|k}^p\end{cases} \tag{4-7-42}$$

其中 $\boldsymbol{H}_k^{\varepsilon}$ 为 $h_k^{\varepsilon}(\boldsymbol{x}_k)$ 在 $\hat{\boldsymbol{x}}_{k|k}^p$ 处的 Jacobian 矩阵，即

$$\boldsymbol{H}_k^{\varepsilon} = [L_k^1 + \hat{\dot{x}}_{k|k}^p, L_k^2 + \hat{\dot{y}}_{k|k}^p, L_k^3 + \hat{\dot{z}}_{k|k}^p, \hat{x}_{k|k}^p, \hat{y}_{k|k}^p, \hat{z}_{k|k}^p, \boldsymbol{0}_{1\times(n-6)}] \tag{4-7-43}$$

而且 δ_k^2 由 $h_k^{\varepsilon}(\boldsymbol{x}_k)$的二阶导数组成，即

$$\delta_k^2 = 2\boldsymbol{P}_{k|k}^p(1,4) + 2\boldsymbol{P}_{k|k}^p(2,5) + 2\boldsymbol{P}_{k|k}^p(3,6) \tag{4-7-44}$$

$$\begin{aligned}A_k = {} & \boldsymbol{P}_{k|k}^p(1,1)\boldsymbol{P}_{k|k}^p(4,4) + \boldsymbol{P}_{k|k}^p(2,2)\boldsymbol{P}_{k|k}^p(5,5) + \boldsymbol{P}_{k|k}^p(3,3)\boldsymbol{P}_{k|k}^p(6,6) + \\ & 2\boldsymbol{P}_{k|k}^p(1,2)\boldsymbol{P}_{k|k}^p(4,5) + 2\boldsymbol{P}_{k|k}^p(1,5)\boldsymbol{P}_{k|k}^p(2,4) + 2\boldsymbol{P}_{k|k}^p(1,3)\boldsymbol{P}_{k|k}^p(4,6) + \\ & 2\boldsymbol{P}_{k|k}^p(1,6)\boldsymbol{P}_{k|k}^p(3,4) + 2\boldsymbol{P}_{k|k}^p(2,3)\boldsymbol{P}_{k|k}^p(5,6) + 2\boldsymbol{P}_{k|k}^p(2,6)\boldsymbol{P}_{k|k}^p(3,5) + \\ & [\boldsymbol{P}_{k|k}^p(1,4)]^2 + [\boldsymbol{P}_{k|k}^p(2,5)]^2 + [\boldsymbol{P}_{k|k}^p(3,6)]^2\end{aligned} \tag{4-7-45}$$

其中 $\boldsymbol{P}_{k|k}^p(i,j)$表示位于位置滤波误差协方差阵 $\boldsymbol{P}_{k|k}^p$ 第 i 行第 j 列的元素。

步骤 4　最终滤波估计

$$\begin{cases}\hat{\boldsymbol{x}}_{k|k} = \hat{\boldsymbol{x}}_{k|k}^{\varepsilon} \\ \boldsymbol{P}_{k|k} = \boldsymbol{P}_{k|k}^{\varepsilon}\end{cases} \tag{4-7-46}$$

这就是球坐标系中带 Doppler 量测的雷达目标跟踪算法。

4.8　时间配准

4.8.1　问题描述

在多传感器目标跟踪系统中，利用信息融合技术综合处理来自各传感器的量测和估计数据，具有降低虚警率、增大数据覆盖面、提高目标探测识别与跟踪能力，并具有增强系统故障容错与鲁棒性等优点。在融合过程中，来自多个传感器的数据通常要变换到相同的时空参照系中。但由于存在传感器的偏差和量测误差，直接进行转换很难保证精度和发挥多传感器的优越性，因此在对多传感器数据进行处理时需要寻求一些传感器的配准算法[40-43]，尤其在网络化系统中更是如此。

传感器的**配准**是指多传感器数据“无误差”转换时所需要的处理过程，一般主要包括时间配准和空间配准两个方面。所谓**时间配准**就是将关于同一目标的各传感器不同步的量测信息同步到同一时刻。由于各传感器（平台）对目标的量测是相互独立进行的，且

采样周期往往不同(如光学传感器和雷达传感器),所以它们向融合中心报告的时刻往往是不同的。另外,由于通信网络的不同延迟,各传感器(平台)和融合中心之间传送信息所需的时间也各不相同,因此各传感器报告间有可能存在时间差。所以融合前需将不同步的信息配准到相同的融合时刻。所谓**空间配准**又称为**传感器配准**(sensor registration),就是借助于多传感器对空间共同目标的量测对传感器的偏差进行估计和补偿。本节讨论时间配准问题,空间配准留在下一节讨论。

同一个目标由不同传感器跟踪产生的航迹就有一定的偏差。这种偏差不同于单传感器跟踪时对目标的随机量测误差,它是一种固定的偏差(至少在较长一段时间内不会改变)。对于单传感器来说,目标航迹的固定偏差对各个目标来说都是一样,只是产生一个固定的偏移,并不会影响整个系统的跟踪性能。而对于多传感器系统来说,配准误差造成同一目标不同传感器的航迹之间有较大的偏差。本来是同一个目标的航迹,却由于相互偏差较大而可能被认为是不同的目标,从而给航迹关联和融合带来了模糊和困难,使融合得到的系统航迹的性能下降,丧失了多传感器处理本身应有的优点。

和跟踪系统中的随机误差不同,配准误差是一种固定的误差。对于随机误差,用航迹跟踪滤波技术就能够较好地消除。而对于固定的配准误差,就必须首先根据各个传感器的数据估计出各传感器在中心系统的配准误差,然后对各自航迹进行误差补偿,从而消除配准误差。

配准可以被考虑为一个包含两个阶段的过程:传感器初始化和相对配准。传感器初始化相对于系统坐标独立地配准每一个传感器。一旦完成了传感器初始化,我们就可以利用共同的目标来开始相对的传感器配准过程。在相对的传感器配准过程中,收集足够多的数据点以计算系统偏差,计算得到的系统偏差被用来调整随后得到的传感器数据以做进一步的处理。

4.8.2 最小二乘时间配准算法

时间配准的一般做法是将各传感器数据统一到扫描周期较长的一个传感器数据上。目前,常用的方法有两种:W. D. Blair 教授等人提出的最小二乘准则配准法[44]和王宝树教授提出的内插外推法[45],但这两种方法都对目标的运动模型做了匀速运动的假设,对于做机动运动的目标,效果往往很差。

在网络化制导中,多传感器的采样起始时间、采样频率、数据链传输时延等的不一致都可能导致量测数据在时间上的不同步,因此时间配准算法是多传感器目标跟踪的基础。通常所说的时间配准是指将不同采样时间的量测数据以某一传感器的采样频率为基准进行统一。在网络制导中,融合中心以制导周期为时间间隔为导弹提供目标的运动状态,而不是按照传感器的采样周期为导弹提供数据。因此要采用配准频率的概念,将传感器的采样时间与配准时间进行对齐。

目前常用的时间配准算法除内插外推法[44]和最小二乘法[45]之外,还有曲线拟合法[96,97]以及基于 KF 的时间配准算法等。内插外推法的插值函数的选择对配准结果影响较大,目前常用的三点插值法和拉格朗日插值法在目标机动时效果不好。最小二乘法是工程中应用较为广泛的时间配准算法,但是其假设目标做匀速运动,且传感器的采样频率之比为整数。曲线拟合的时间配准算法对配准频率要求较低，但是存在计算量和存储量的问题。针对以上问题，近期出现了基于多模型的最小二乘时间配准算法[99]、基于B样条插值的时间配准算法[101]和基于自适应变长滑窗的时间配准算法[100,101]。下面对基于最小二乘准则的时间配准算法和最新发展的算法做一简单介绍。

1. 整周期比条件下单模最小二乘时间配准算法

假设目标在时间配准的时间段内一直保持匀速直线运动(CV)单模状态，有两类传感器对其跟踪，分别表示为传感器 a 和传感器 b，其采样周期分别为 τ 和 T，且两者之比为 $\tau:T=n$，所以为整周期比。如果第一类传感器 a 对目标状态最近一次更新时刻为 $(k-1)\tau$，下一次更新时刻为 $k\tau=(k-1)\tau+nT$，这就意味着在传感器 a 连续两次目标状态更新之间传感器 b 有 n 次量测值。因此可采用最小二乘法，将传感器 b 这 n 次量测值进行融合，就可以消除由于时间偏差而引起的对目标状态量测的不同步，从而消除时间偏差对多传感器数据融合造成的影响。

用 $\boldsymbol{Z}_n=[z_1,z_2,\cdots,z_n]^{\mathrm{T}}$ 表示 $(k-1)$ 至 k 时刻的传感器 b 的 n 个位置量测构成的集合，z_n 和 k 时刻传感器 a 的量测值同步，若用 $\boldsymbol{U}=[z,\dot{z}]^{\mathrm{T}}$ 表示 $z_1,z_2,\cdots,z_n$ 融合以后的量测值及其导数构成的列向量，则传感器 b 的量测值 z_i 可以表示成如下形式

$$z_i=z+(i-n)T\cdot\dot{z}+v_i,\quad i=1,2,\cdots,n \tag{4-8-1}$$

其中，v_i 表示量测噪声，将上式改写为向量形式为

$$\boldsymbol{Z}_n=\boldsymbol{W}_n\boldsymbol{U}+\boldsymbol{V}_n \tag{4-8-2}$$

其中，$\boldsymbol{V}_n=[v_1,v_2,\cdots,v_n]^{\mathrm{T}}$，其均值为零，协方差阵为

$$\mathrm{cov}[\boldsymbol{V}_n]=\mathrm{diag}\{\sigma_r^2,\sigma_r^2,\cdots,\sigma_r^2\} \tag{4-8-3}$$

而 σ_r^2 为融合以前的位置量测噪声方差；同时有

$$\boldsymbol{W}_n=\begin{bmatrix}1 & 1 & \cdots & 1\\(1-n)T & (2-n)T & \cdots & (n-n)T\end{bmatrix}^{\mathrm{T}} \tag{4-8-4}$$

根据最小二乘准则，有如下目标函数

$$J=\boldsymbol{V}_n^{\mathrm{T}}\boldsymbol{V}_n=[\boldsymbol{Z}_n-\boldsymbol{W}_n\hat{\boldsymbol{U}}]^{\mathrm{T}}[\boldsymbol{Z}_n-\boldsymbol{W}_n\hat{\boldsymbol{U}}] \tag{4-8-5}$$

要使 J 为最小，J 对 $\hat{\boldsymbol{U}}$ 求偏导数并令其等于零，得

$$\frac{\partial J}{\partial\hat{\boldsymbol{U}}}=-2(\boldsymbol{W}_n^{\mathrm{T}}\boldsymbol{Z}_n-\boldsymbol{W}_n^{\mathrm{T}}\boldsymbol{W}_n\hat{\boldsymbol{U}})=0 \tag{4-8-6}$$

从而有

$$\hat{\boldsymbol{U}}=[\hat{z},\hat{\dot{z}}]^{\mathrm{T}}=(\boldsymbol{W}_n^{\mathrm{T}}\boldsymbol{W}_n)^{-1}\boldsymbol{W}_n^{\mathrm{T}}\boldsymbol{Z}_n \tag{4-8-7}$$

相应的误差协方差阵为

$$\boldsymbol{R}_{\hat{U}}=(\boldsymbol{W}_n^{\mathrm{T}}\boldsymbol{W}_n)^{-1}\sigma_r^2 \tag{4-8-8}$$

将 $\boldsymbol{Z}_n$ 的表达式及式(4-8-4)代入式(4-8-7)和式(4-8-8)，可得融合以后的量测值及量测噪声方差分别为

$$\hat{z}_k=c_1\sum_{i=1}^{n}z_i+c_2\sum_{i=1}^{n}i\cdot z_i \tag{4-8-9}$$

$$\mathrm{var}[\hat{z}_k]=\frac{2\sigma_r^2(2n+1)}{n(n+1)} \tag{4-8-10}$$

其中，$c_1=-2/n$；$c_2=6/[n(n+1)]$。

2. 整周期比条件下多模最小二乘时间配准算法

下面考虑整周期比条件下的多模型最小二乘(multiple model least square，MM-LS)时间配准算法。此处考虑三种模型，即匀速(CV)直线运动、匀加速(CA)直线运动、匀加加速(CJ)直线运动。针对不同的模型，矩阵 $\boldsymbol{W}_n$ 和 $\boldsymbol{U}$ 的定义具有不同的形式，因此虚拟量测的加权值也不尽相同。

(1) 采用 CV 模型时，$\boldsymbol{U}^{(1)}$，$\boldsymbol{W}_n^{(1)}$ 与单模型的 LS 时间配准算法中相同。

(2) 若采用 CA 模型，则有

$$\begin{cases}\boldsymbol{U}^{(2)}=[\hat{z},\hat{\dot{z}},\hat{\ddot{z}}]^{\mathrm{T}}\\ \boldsymbol{W}_n^{(2)}=\begin{bmatrix}1 & 1 & \cdots & 1\\ (1-n)\tau & (2-n)\tau & \cdots & (n-n)\tau\\ \dfrac{-[(1-n)\tau]^2}{2} & \dfrac{-[(2-n)\tau]^2}{2} & \cdots & \dfrac{-[(n-n)\tau]^2}{2}\end{bmatrix}^{\mathrm{T}}\end{cases} \tag{4-8-11}$$

(3) 若采用 CJ 模型，则有

$$\begin{cases}\boldsymbol{U}^{(3)}=[\hat{z},\hat{\dot{z}},\hat{\ddot{z}},\hat{\dddot{z}}]^{\mathrm{T}}\\ \boldsymbol{W}_n^{(3)}=\begin{bmatrix}1 & 1 & \cdots & 1\\ (1-n)\tau & (2-n)\tau & \cdots & (n-n)\tau\\ -\dfrac{[(1-n)\tau]^2}{2} & -\dfrac{[(2-n)\tau]^2}{2} & \cdots & -\dfrac{[(n-n)\tau]^2}{2}\\ \dfrac{[(1-n)\tau]^3}{6} & \dfrac{[(2-n)\tau]^3}{6} & \cdots & \dfrac{[(n-n)\tau]^3}{6}\end{bmatrix}^{\mathrm{T}}\end{cases} \tag{4-8-12}$$

根据 LS 算法原理，建立如下目标函数

$$J=\boldsymbol{V}_n^{\mathrm{T}}\boldsymbol{V}_n=[\boldsymbol{Z}_n-\boldsymbol{W}_n\hat{\boldsymbol{U}}]^{\mathrm{T}}[\boldsymbol{Z}_n-\boldsymbol{W}_n\hat{\boldsymbol{U}}] \tag{4-8-13}$$

要使 J 为最小，J 对 $\hat{\boldsymbol{U}}$ 求偏导数并令其等于零，得

$$\frac{\partial J}{\partial\hat{\boldsymbol{U}}}=-2[\boldsymbol{W}_n^{\mathrm{T}}\boldsymbol{Z}_n-\boldsymbol{W}_n^{\mathrm{T}}\boldsymbol{W}_n\hat{\boldsymbol{U}}]=0 \tag{4-8-14}$$

从而有

$$\hat{\boldsymbol{U}}=[\boldsymbol{W}_n^{\mathrm{T}}\boldsymbol{W}_n]^{-1}\boldsymbol{W}_n^{\mathrm{T}}\boldsymbol{Z}_n \tag{4-8-15}$$

相应的协方差阵为

$$\boldsymbol{R}_{\hat{U}}=(\boldsymbol{W}_n^{\mathrm{T}}\boldsymbol{W}_n)^{-1}\sigma_r^2 \tag{4-8-16}$$

将 $\boldsymbol{W}_n^{(1)}$、$\boldsymbol{W}_n^{(2)}$、$\boldsymbol{W}_n^{(3)}$ 分别代入式(4-8-15)和式(4-8-16)，可得

(1)

$$\begin{cases}\boldsymbol{U}^{(1)}=\begin{bmatrix}\hat{z}^{(1)}\\ \hat{\dot{z}}^{(1)}\end{bmatrix}=\boldsymbol{C}^{(1)}\cdot\boldsymbol{M}^{(1)\mathrm{T}}\\ (\sigma^{(1)})^2=\mathrm{var}[\hat{z}^{(1)}]=\dfrac{2\sigma_r^2(2n-1)}{n(n+1)}\end{cases} \tag{4-8-17}$$

其中，$\boldsymbol{M}^{(1)}=\left[\sum_{i=1}^{n} z_i \quad \sum_{i=1}^{n} i \cdot z_i\right]$，$\boldsymbol{C}^{(1)}=\begin{bmatrix} \dfrac{-2}{n} & \dfrac{6}{n(n+1)} \\ \dfrac{-6}{n(n-1)\tau} & \dfrac{12}{n(n^2-1)\tau} \end{bmatrix}$。

(2)
$$\begin{cases} \boldsymbol{U}^{(2)}=\left[\hat{z}^{(2)} \quad \hat{\dot{z}}^{(2)} \quad \hat{\ddot{z}}^{(2)}\right]^{\mathrm{T}}=\boldsymbol{C}^{(2)} \cdot \boldsymbol{M}^{(2)\mathrm{T}} \\ (\sigma^{(2)})^2=\operatorname{var}\left[\hat{z}^{(2)}\right]=\dfrac{3\sigma_r^2(3n^2-3n+2)}{n(n+1)(n+2)} \end{cases} \tag{4-8-18}$$

其中，$\boldsymbol{M}^{(2)}=\left[\sum_{i=1}^{n} z_i \quad \sum_{i=1}^{n} i \cdot z_i \quad \sum_{i=1}^{n} i^2 \cdot z_i\right]$，

$$\boldsymbol{C}^{(2)}=\begin{bmatrix} \dfrac{3}{n} & \dfrac{-6(4n+3)}{n(n+1)(n+2)} & \dfrac{30}{n(n+1)(n+2)} \\ \dfrac{6(4n-3)}{n(n-1)(n-2)\tau} & \dfrac{12(11-14n^2)}{n(n^2-1)(n^2-4)\tau} & \dfrac{180}{n(n+1)(n^2-4)\tau} \\ \dfrac{-60}{n(n-1)(n-2)\tau^2} & \dfrac{360}{n(n-1)(n^2-4)\tau^2} & \dfrac{-360}{n(n^2-1)(n^2-4)\tau^2} \end{bmatrix}。$$

(3)
$$\begin{cases} \boldsymbol{U}^{(3)}=\left[\hat{z}^{(3)} \quad \hat{\dot{z}}^{(3)} \quad \hat{\ddot{z}}^{(3)} \quad \hat{\dddot{z}}^{(3)}\right]^{\mathrm{T}}=\boldsymbol{C}^{(3)} \cdot \boldsymbol{M}^{(3)\mathrm{T}} \\ (\sigma^{(3)})^2=\operatorname{var}\left[\hat{z}^{(3)}\right]=\dfrac{8\sigma_r^2(2n^3-3n^2+7n-3)}{n(n+1)(n+2)(n+3)} \end{cases} \tag{4-8-19}$$

其中，$\boldsymbol{M}^{(3)}=\left[\sum_{i=1}^{n} z_i \quad \sum_{i=1}^{n} i \cdot z_i \quad \sum_{i=1}^{n} i^2 \cdot z_i \quad \sum_{i=1}^{n} i^3 \cdot z_i\right]$，

$\boldsymbol{C}^{(3)}=$

$$\begin{bmatrix} -\dfrac{4}{n} & \dfrac{20(3n^2+6n+5)}{n(n+1)(n+2)(n+3)} & \dfrac{-60(3n+2)}{n(n+1)(n+2)(n+3)} & \dfrac{140}{n(n+1)(n+2)(n+3)} \\ \dfrac{20(-3n^2+6n-5)}{n(n-1)(n-2)(n-3)\tau} & \dfrac{40(21n^4-24n^2+55)}{n(n^2-1)(n^2-4)(n^2-9)\tau} & \dfrac{60(-39n^3+60n^2+n-50)}{n(n^2-1)(n^2-4)(n^2-9)\tau} & \dfrac{280(6n^2-15n+11)}{n(n^2-1)(n^2-4)(n^2-9)\tau} \\ \dfrac{120(3n-2)}{n(n-1)(n-2)(n-3)\tau^2} & \dfrac{-120(39n^3+60n^2-n-50)}{n(n^2-1)(n^2-4)(n^2-9)\tau^2} & \dfrac{360(34n^2-26)}{n(n^2-1)(n^2-4)(n^2-9)\tau^2} & \dfrac{-8400}{n(n+1)(n^2-4)(n^2-9)\tau^2} \\ \dfrac{-840}{n(n-1)(n-2)(n-3)\tau^3} & \dfrac{1680(6n^2+15n+11)}{n(n^2-1)(n^2-4)(n^2-9)\tau^3} & \dfrac{-25200}{n(n-1)(n^2-4)(n^2-9)\tau^3} & \dfrac{16800}{n(n^2-1)(n^2-4)(n^2-9)\tau^3} \end{bmatrix}。$$

由此,可以得到三种模型下的最小二乘时间配准的位置以及各模型所对应的位置的一阶、二阶、三阶导数,即速度、加速度与加加速度。

根据最小均方误差准则,得配准值为

$$\hat{z}=\frac{\hat{z}^{(1)}/\sigma^{(1)}+\hat{z}^{(2)}/\sigma^{(2)}+\hat{z}^{(3)}/\sigma^{(3)}}{1/\sigma^{(1)}+1/\sigma^{(2)}+1/\sigma^{(3)}} \tag{4-8-20}$$

相应误差的协方差为

$$\sigma^2=\operatorname{var}[\hat{z}]=\frac{3}{(1/\sigma^{(1)}+1/\sigma^{(2)}+1/\sigma^{(3)})^2} \tag{4-8-21}$$

由式(4-8-20)可以看出,最终的 MM-LS 时间配准结果为三种模型时间 LS 时间配准结果的加权。当目标机动时,MM-LS 时间配准算法的结果显然优于仅仅依赖 CV 模型

的时间配准算法的结果。

3. 非整周期比条件下的多模最小二乘时间配准算法

根据上一小节整周期比条件下的 MM-LS 时间配准算法,其两个假设往往与实际情况不符,限制了 LS 时间配准算法的应用。在实际应用中,配准周期即飞行体的制导周期与传感器的采样周期很难成整数倍关系,且目标也不可能一直保持匀速直线运动。因此本小节讨论非整周期比条件下的 MM-LS 时间配准算法。

若配准周期与传感器的采样周期之比为非整数倍,其情形如图 4-8-1 所示。

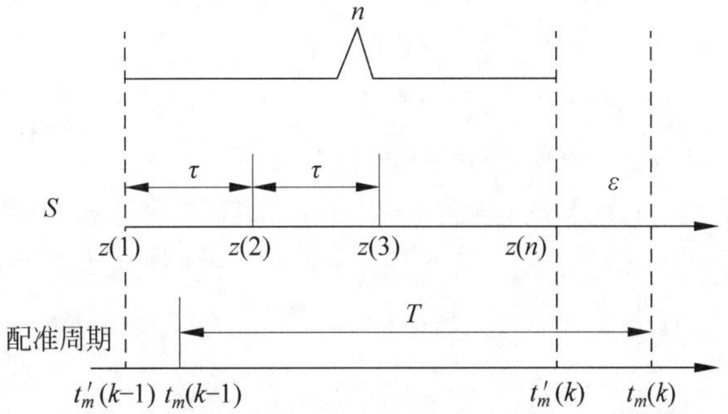

图 4-8-1　非整周期比条件下传感器采样时间与配准周期的时序关系

首先利用上一小节整周期条件下 MM-LS 时间配准算法得到采样周期整数倍时刻 $t'_m(k)$处的状态 $\boldsymbol{U}$。假定 $t'_m(k)$为最接近真实配准时刻 $t_m(k)$的传感器采样周期整数倍时刻,它们之间的间隔时间为 ε。根据上一小节 CV、CA、CJ 三种模型的求解结果,得到 $t'_m(k)$时刻三种模型的时间配准值,然后分别利用三个模型在 $t'_m(k)$时刻配准值进行外推,获得配准时刻 $t_m(k)$处的外推值,即配准结果。具体过程描述如下。

(1) 匀速直线运动模型:

$$\hat{z}^{(1)}_{t_m(k)} = \hat{z}^{(1)} + \hat{\dot{z}}^{(1)} \cdot \varepsilon \tag{4-8-22}$$

(2) 匀加速直线运动模型:

$$\hat{z}^{(2)}_{t_m(k)} = \hat{z}^{(2)} + \hat{\dot{z}}^{(2)} \cdot \varepsilon + \hat{\ddot{z}}^{(2)} \cdot \varepsilon^2/2 \tag{4-8-23}$$

(3) 加加速直线运动模型:

$$\hat{z}^{(3)}_{t_m(k)} = \hat{z}^{(3)} + \hat{\dot{z}}^{(3)} \cdot \varepsilon + \hat{\ddot{z}}^{(3)} \cdot \varepsilon^2/2 + \hat{\dddot{z}}^{(3)} \cdot \varepsilon^3/6 \tag{4-8-24}$$

同样根据式(4-8-20)和式(4-8-21)可以得到传感器的采样周期与配准周期之比为非整倍情况下的 MM-LS 时间配准的结果。

4.8.3 基于 B 样条插值的时间配准算法[101]

内插外推法是一种最简单的时间配准方法。在该算法中,将某时间段内的传感器采样数据按照时间顺序进行排列,采用三点插值法或拉格朗日插值法,将插值点设置为需要统一对准的配准时刻,从而将某一时间段内的多传感器的采样数据统一到同一时间基准。但是无论是三点插值法还是拉格朗日插值法都是对量测数据的线性加权,因此当目标机动较大时，配准效果不佳。

针对此问题，本小节将B样条插值函数用于内插外推的时间配准算法，同三点插值、拉格朗日插值算法相比，B样条插值的特点在连接处函数平滑可导，可解决配准时刻在插值两端误差较大的问题；同时，常用的三次B样条函数为非线性函数，基于此函数的时间配准算法的权值不是通过简单的线性计算得到的，从而可提高目标机动条件下的时间配准精度。

1．三点抛物线插值法时间配准算法原理

内插、外推法是在同一时间片内，对各传感器采集的关于目标的观测信息进行内插、外推，将高精度观测时间上的数据推算到低采样率的观测点上，以达到两类传感器时间上的同步。针对导弹制导问题，需将传感器的采样数据向导弹制导指令产生的时刻同步，此时，传感器的采样周期必须小于导弹的制导周期。

假定在 t_i 时刻，传感器 A 的量测为 $y_A(t_i)$，采样周期为 h，导弹的制导周期为 T，传感器的数据到达时间（time of arrival，TOA）与导弹制导周期的时序关系如图 4-8-2 所示。

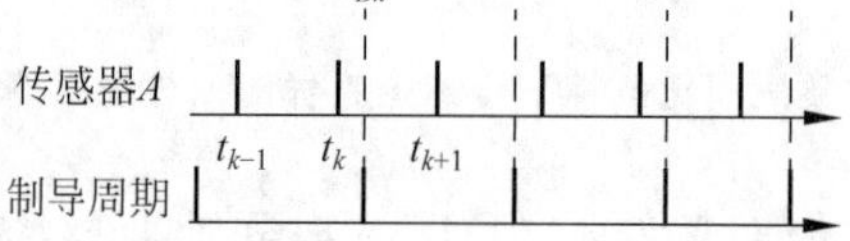

图 4-8-2　传感器 A 量测数据 TOA 与制导周期的时序关系

在图 4-8-2 中，t_{Bk} 为当前制导指令提供时刻，t_{k-1}，t_k，t_{k+1} 为传感器 A 距离 t_{Bk} 时刻最近的三个量测时刻，采用三点抛物线插值时间配准算法，则 t_{Bk} 时刻的配准结果为

$$\breve{\boldsymbol{y}}_A(t_{Bk})=\frac{(t_{Bk}-t_k)(t_{Bk}-t_{k+1})}{(t_{k-1}-t_k)(t_{k-1}-t_{k+1})}\boldsymbol{y}_A(t_{k-1})+\frac{(t_{Bk}-t_{k-1})(t_{Bk}-t_{k+1})}{(t_k-t_{k-1})(t_k-t_{k+1})}\boldsymbol{y}_A(t_k)+\frac{(t_{Bk}-t_{k-1})(t_{Bk}-t_k)}{(t_{k+1}-t_{k-1})(t_{k+1}-t_k)}\boldsymbol{y}_A(t_{k+1}) \tag{4-8-25}$$

由式(4-8-25)可以看出，三点抛物线插值时间配准算法的结果即为三个时刻的量测值的加权，而加权系数完全根据采样时刻与配准时刻的时间差求得。

同三点插值、拉格朗日插值算法相比，B样条插值的特点为在连接处为平滑可导，可解决配准时刻在插值的两端误差较大的问题。同时，通常采用的三次B样条函数为非线性函数，采用样条函数插值时间配准算法的权值不再是通过线性计算得到，从而提高目标机动情况下的时间配准精度。因此，下面将介绍基于B样条插值的时间配准算法。

2．B样条插值的时间配准方法

根据图 4-8-2 所描述的传感器采样时间与配准时间的时序关系，B样条插值时间配准算法在 t_{Bk} 时刻的配准结果为

$$\breve{\boldsymbol{y}}_A(t_{Bk})=\sum_{j=-1}^{3}b_jB\left(\frac{t_{Bk}-\tau_j}{h}\right) \tag{4-8-26}$$

其中,b_j 为样条函数的系数。根据样条插值的计算方法,b_j 需满足以下方程组

$$\begin{cases}\sum \dfrac{b_j}{h}B'\left(\dfrac{\tau_0-\tau_j}{h}\right)=\boldsymbol{y}'_A(t_{k-1})=\dfrac{\boldsymbol{y}_A(t_k)-\boldsymbol{y}_A(t_{k-1})}{h}\\ \sum b_j B\left(\dfrac{\tau_i-\tau_j}{h}\right)=\boldsymbol{y}_A(\tau_i)\\ \sum \dfrac{b_j}{h}B'\left(\dfrac{\tau_n-\tau_j}{h}\right)=\boldsymbol{y}'_A(t_{k+1})=\dfrac{\boldsymbol{y}_A(t_{k+1})-\boldsymbol{y}_A(t_k)}{h}\end{cases} \tag{4-8-27}$$

其中,t_{k-1},t_k,t_{k+1} 为传感器 A 的量测时刻,$\boldsymbol{y}_A(t_{k-1}),\boldsymbol{y}_A(t_k),\boldsymbol{y}_A(t_{k+1})$分别为这三个时刻对应的量测数据,$\tau_0=t_{k-1}<\tau_1=t_k<\tau_2=t_{k+1}$;$h=t_{k+1}-t_{k-1}$ 为传感器 A 的采样周期。$\tau_{-1}=\tau_0-h$,$\tau_3=\tau_2+h$ 为插值的两端;$B(\cdot)$是 B 样条插值函数。将式(4-8-27)展开,可得到

$$\begin{bmatrix}\frac{1}{h}B'\left(\frac{\tau_0-\tau_{-1}}{h}\right) & \frac{1}{h}B'\left(\frac{\tau_0-\tau_0}{h}\right) & \frac{1}{h}B'\left(\frac{\tau_0-\tau_1}{h}\right) & \frac{1}{h}B'\left(\frac{\tau_0-\tau_2}{h}\right) & \frac{1}{h}B'\left(\frac{\tau_0-\tau_3}{h}\right)\\ B\left(\frac{\tau_0-\tau_{-1}}{h}\right) & B\left(\frac{\tau_0-\tau_0}{h}\right) & B\left(\frac{\tau_0-\tau_1}{h}\right) & B\left(\frac{\tau_0-\tau_2}{h}\right) & B\left(\frac{\tau_0-\tau_3}{h}\right)\\ B\left(\frac{\tau_1-\tau_{-1}}{h}\right) & B\left(\frac{\tau_1-\tau_0}{h}\right) & B\left(\frac{\tau_1-\tau_1}{h}\right) & B\left(\frac{\tau_1-\tau_2}{h}\right) & B\left(\frac{\tau_1-\tau_3}{h}\right)\\ B\left(\frac{\tau_2-\tau_{-1}}{h}\right) & B\left(\frac{\tau_2-\tau_{-1}}{h}\right) & B\left(\frac{\tau_2-\tau_{-1}}{h}\right) & B\left(\frac{\tau_2-\tau_{-1}}{h}\right) & B\left(\frac{\tau_2-\tau_{-1}}{h}\right)\\ \frac{1}{h}B'\left(\frac{\tau_2-\tau_{-1}}{h}\right) & \frac{1}{h}B'\left(\frac{\tau_2-\tau_0}{h}\right) & \frac{1}{h}B'\left(\frac{\tau_2-\tau_1}{h}\right) & \frac{1}{h}B'\left(\frac{\tau_2-\tau_2}{h}\right) & \frac{1}{h}B'\left(\frac{\tau_2-\tau_3}{h}\right)\end{bmatrix}\begin{bmatrix}b_{-1}\\ b_0\\ b_1\\ b_2\\ b_3\end{bmatrix}$$

$$=\begin{bmatrix}\dfrac{\boldsymbol{y}_A(t_k)-\boldsymbol{y}_A(t_{k-1})}{h}\\ \boldsymbol{y}_A(t_{k-1})\\ \boldsymbol{y}_A(t_k)\\ \boldsymbol{y}_A(t_{k+1})\\ \dfrac{\boldsymbol{y}_A(t_{k+1})-\boldsymbol{y}_A(t_k)}{h}\end{bmatrix} \tag{4-8-28}$$

写成矩阵形式为

$$\boldsymbol{Lb}=\boldsymbol{y}_A \tag{4-8-29}$$

采用标准的三次样条插值函数,则为

$$B_3(t)=\begin{cases}0, & |t|\geqslant 2\\ \dfrac{|t|^3}{2}-t^2+\dfrac{2}{3}, & |t|<1\\ -\dfrac{|t|^3}{6}+t^2-2|t|+\dfrac{4}{3}, & 1\leqslant|t|<2\end{cases} \tag{4-8-30}$$

将式(4-8-30)代入式(4-8-29),计算可得 $\boldsymbol{L}$ 为

$$
\boldsymbol{L}=\begin{bmatrix}
-\frac{1}{2h} & 0 & \frac{1}{2h} & 0 & 0 \\
\frac{1}{6} & \frac{2}{3} & \frac{1}{6} & 0 & 0 \\
0 & \frac{1}{6} & \frac{2}{3} & \frac{1}{6} & 0 \\
0 & 0 & \frac{1}{6} & \frac{2}{3} & \frac{1}{6} \\
0 & 0 & -\frac{1}{2h} & 0 & \frac{1}{2h}
\end{bmatrix} \tag{4-8-31}
$$

根据式(4-8-25)，t_{Bk} 时刻的配准结果被表示为样条函数加权和的形式，但在实际应用中，时间配准结果应该表示为量测数据加权和的形式。根据式(4-8-29)，可得

$$
\boldsymbol{b}=\boldsymbol{L}^{-1}\boldsymbol{y}_A=\begin{bmatrix}
-\frac{13h}{6} & -\frac{1}{2} & 2 & -\frac{1}{2} & \frac{h}{6} \\
\frac{7h}{12} & \frac{7}{4} & -1 & \frac{1}{4} & -\frac{h}{12} \\
-\frac{h}{6} & -\frac{1}{2} & 2 & -\frac{1}{2} & \frac{h}{6} \\
\frac{h}{12} & \frac{1}{4} & -1 & \frac{7}{4} & -\frac{7h}{12} \\
-\frac{h}{6} & -\frac{1}{2} & 2 & -\frac{1}{2} & \frac{13h}{6}
\end{bmatrix}
\begin{bmatrix}
\frac{\boldsymbol{y}_A(t_k)-\boldsymbol{y}_A(t_{k-1})}{h} \\
\boldsymbol{y}_A(t_{k-1}) \\
\boldsymbol{y}_A(t_k) \\
\boldsymbol{y}_A(t_{k+1}) \\
\frac{\boldsymbol{y}_A(t_{k+1})-\boldsymbol{y}_A(t_k)}{h}
\end{bmatrix}
$$

$$
=\begin{bmatrix}
\frac{5}{3}y_A(t_{k-1})-\frac{1}{3}y_A(t_k)-\frac{1}{3}y_A(t_{k+1}) \\
\frac{7}{6}y_A(t_{k-1})-\frac{1}{3}y_A(t_k)+\frac{1}{6}y_A(t_{k+1}) \\
-\frac{1}{3}y_A(t_{k-1})+\frac{5}{3}y_A(t_k)-\frac{1}{3}y_A(t_{k+1}) \\
\frac{1}{6}y_A(t_{k-1})-\frac{1}{3}y_A(t_k)+\frac{7}{6}y_A(t_{k+1}) \\
-\frac{1}{3}y_A(t_{k-1})-\frac{1}{3}y_A(t_k)+\frac{5}{3}y_A(t_{k+1})
\end{bmatrix} \tag{4-8-32}
$$

将式(4-8-32)代入式(4-8-26)，可得

$$
\breve{\boldsymbol{y}}_A(t_{Bk})=\sum_{j=-1}^{3}b_jB\left(\frac{t_{Bk}-\tau_j}{h}\right)=\lambda_1\boldsymbol{y}_A(t_{k-1})+\lambda_2\boldsymbol{y}_A(t_k)+\lambda_3\boldsymbol{y}_A(t_{k+1}) \tag{4-8-33}
$$

其中，时间配准中的加权系数为

$$
\begin{cases}
\lambda_1=\frac{5}{3}B\left(\frac{t_{Bk}-\tau_{-1}}{h}\right)+\frac{7}{6}B\left(\frac{t_{Bk}-\tau_0}{h}\right)-\frac{1}{3}B\left(\frac{t_{Bk}-\tau_1}{h}\right)+\frac{1}{6}B\left(\frac{t_{Bk}-\tau_2}{h}\right)-\frac{1}{3}B\left(\frac{t_{Bk}-\tau_3}{h}\right) \\
\lambda_2=-\frac{1}{3}B\left(\frac{t_{Bk}-\tau_{-1}}{h}\right)-\frac{1}{3}B\left(\frac{t_{Bk}-\tau_0}{h}\right)+\frac{5}{3}B\left(\frac{t_{Bk}-\tau_1}{h}\right)-\frac{1}{3}B\left(\frac{t_{Bk}-\tau_2}{h}\right)-\frac{1}{3}B\left(\frac{t_{Bk}-\tau_3}{h}\right) \\
\lambda_3=-\frac{1}{3}B\left(\frac{t_{Bk}-\tau_{-1}}{h}\right)+\frac{1}{6}B\left(\frac{t_{Bk}-\tau_0}{h}\right)-\frac{1}{3}B\left(\frac{t_{Bk}-\tau_1}{h}\right)+\frac{7}{6}B\left(\frac{t_{Bk}-\tau_2}{h}\right)+\frac{5}{3}B\left(\frac{t_{Bk}-\tau_3}{h}\right)
\end{cases} \tag{4-8-34}
$$

由式(4-8-33)可以看出，基于B样条函数插值的时间配准算法，选取了离配准时间最近的三个时刻的量测数据，采用内插外推算法思想，选取B样条插值函数对其进行插值，得到配准时刻，即制导指令提供时刻的传感器量测时间配准结果。另外，加权系数与选取的标准的三次B样条函数有关，所以其系数按非线性计算得到，可在一定程度上消除目标机动对时间配准的影响。

4.8.4 自适应变长滑窗的时间配准算法[100]

1. 曲线拟合时间配准算法原理

假定雷达记录的量测数据打上高精度的GPS时间戳，且其数据格式为$\{(x_1,y_1,t_1),(x_2,y_2,t_2),\cdots,(x_m,y_m,t_m)\}$，配准时刻为$t_{m1},t_{m2},\cdots,t_{mn}$，则曲线拟合算法的基本原理是：根据雷达探测数据$(x_i,t_i)$拟合出一条曲线$f_1(t)$，$(y_i,t_i)$拟合出一条曲线$f_2(t)$，从而确定出$t_{m(j)}$，$j=1,2,\cdots,n$时刻目标的位置。

假定在时间窗口$\boldsymbol{t}=(t_1,t_2,\cdots,t_n)^{\mathrm{T}}$内雷达在$x$和$y$方向的量测数据为$\boldsymbol{x}=(x_1,x_2,\cdots,x_n)^{\mathrm{T}}$，$\boldsymbol{y}=(y_1,y_2,\cdots,y_n)^{\mathrm{T}}$。雷达在$x$方向的测量精度为$\sigma_1^2$，在$y$方向的测量精度为$\sigma_2^2$。采用最小二乘的$M$次多项式拟合，即寻找$\boldsymbol{a}=[a_0,a_1,\cdots,a_M]^{\mathrm{T}}$，使得$J=\sum_{j=1}^{n}(f(t_j)-y_j)^2$最小，其中$f(t)=a_0+a_1t+a_2t^2+\cdots+a_Mt^M$。令

$$\boldsymbol{D}=\begin{bmatrix} t_1^M & \cdots & t_1^2 & t_1 & 1 \\ \vdots & \vdots & \vdots & \vdots & \vdots \\ t_n^M & \cdots & t_n^2 & t_n & 1 \end{bmatrix} \Rightarrow \begin{cases} \boldsymbol{x}=\boldsymbol{D}\boldsymbol{a}_x \\ \boldsymbol{y}=\boldsymbol{D}\boldsymbol{a}_y \end{cases} \tag{4-8-35}$$

其中，$\boldsymbol{a}_x$，$\boldsymbol{a}_y$分别表示对$\boldsymbol{x}$和$\boldsymbol{y}$以最小二乘准则拟合后得到的多项式系数向量。

令$\boldsymbol{H}=(\boldsymbol{D}^{\mathrm{T}}\boldsymbol{D})^{-1}\boldsymbol{D}^{\mathrm{T}}$，$\boldsymbol{D}_r=[t_r^M,\cdots,t_r,1]$，则配准时刻$t_r$目标的估计位置为

$$\begin{cases} x_{t_r}=\boldsymbol{D}_r\boldsymbol{H}\boldsymbol{X} \\ y_{t_r}=\boldsymbol{D}_r\boldsymbol{H}\boldsymbol{Y} \end{cases} \tag{4-8-36}$$

同时，得到该估计的理论精度为$\sigma_{ri}^2=\boldsymbol{D}_r\boldsymbol{H}\sigma_i^2\boldsymbol{H}^{\mathrm{T}}\boldsymbol{D}_r^{\mathrm{T}}$。

2. 状态突变点的确定

拟合时滑窗越长，窗口中包含的冗余信息越多，对随机误差的抑制效果越好，但目标大机动时滑窗越长，误差越大。所以在目标平稳运动阶段可以适当增大滑窗长度，而在目标机动时要减小滑窗长度。因此根据运动模式对曲线拟合的滑窗长度进行选择，下面将通过定义运动模式突变点和对运动进行模式划分来解决此问题。

将运动模式的突变点定义为目标在直线运动和曲线运动直接切换的时刻，按照目标运动的斜率来判断突变点，即在$i+1$时刻，目标运动的斜率$q(i+1)$可以表示为

$$q(i+1)=\frac{y(i+1)-y(i)}{x(i+1)-x(i)} \tag{4-8-37}$$

构建判别函数

$$M(i+1)=[y(i+1)-y(i)]-q(i)[x(i+1)-x(i)] \tag{4-8-38}$$

若 $M(i+1)=0$，则表示目标在时刻 $i+1$ 的运动轨迹的斜率与时刻 i 的斜率相等，即目标在$[i,i+1]$时间段内做直线运动；若 $M(i+1)\neq 0$，则表示目标在时刻 $i+1$ 的运动轨迹的斜率与时刻 i 的斜率不相等，即目标在$[i,i+1]$时间段内做曲线运动。因此，可以通过对 M 的判别来确定目标的运动状态突变点。考虑噪声造成的影响，判别法则应描述如下：

设定一个门限 λ，若满足

$$\begin{cases} M(i)>\lambda \text{ 且 } M(i+1)\leqslant\lambda \\ M(i)\leqslant\lambda \text{ 且 } M(i+1)>\lambda \end{cases} \tag{4-8-39}$$

则 $i+1$ 时刻即为运动模式突变点，其中满足式(4-8-39)中第一个式子为从曲线运动模式转为直线运动模式；满足式(4-8-39)中第二个式子为从直线运动模式转为曲线运动模式。

3. 门限确定算法

假定雷达在 y 方向的量测误差 $V\sim N(0,\sigma_1^2)$，x 方向的量测误差 $W\sim N(0,\sigma_2^2)$，且任意两次测量之间的误差互不相关，V 与 W 之间的协方差阵为 $\begin{bmatrix}\sigma_1^2 & \rho \\ \rho & \sigma_2^2\end{bmatrix}$。在考虑误差的情况下，判别函数可描述为

$$\begin{aligned} M(i+1)=&[y'(i+1)+v(i+1)-y'(i)-v(i)]- \\ &q(i)[x'(i+1)+w(i+1)-x'(i)-w(i)] \end{aligned} \tag{4-8-40}$$

其中，x'和 y'表示目标的真实位置，则 $y=y'+v$，$x=x'+w$。

为减弱噪声对判别的影响，将门限 λ 设为目标在$[i,i+1]$时间段做直线运动时对应的 $M^2(i+1)$的均值，即 $E(M^2(i+1))$，有

$$\begin{aligned} E(M^2(i+1))=&E([y(i+1)+v(i+1)-y(i)-v(i)]- \\ &q(i)[x(i+1)+w(i+1)-x(i)-w(i)]^2) \\ =&E\{[y(i+1)-y(i)-q(i)(x(i+1)-x(i))]^2+ \\ &[v(i+1)-v(i)-q(i)(w(i+1)-w(i))]^2+ \\ &2[y(i+1)-y(i)-q(i)(x(i+1)-x(i))]\cdot \\ &[v(i+1)-v(i)-q(i)(w(i+1)-w(i))]\} \end{aligned} \tag{4-8-41}$$

由于$[i,i+1]$时间段内目标做直线运动，所以有

$$[y(i+1)-y(i)-q(i)(x(i+1)-x(i))]^2=0 \tag{4-8-42}$$

而两次量测之间的误差互不相关，所以

$$\begin{cases} E(w(i)w(j))=0 \\ E(v(i)v(j))=0 \end{cases},\quad i\neq j \tag{4-8-43}$$

且由 V 与 W 的协方差阵已知

$$E(v(i)w(j))=\rho \tag{4-8-44}$$

将式(4-8-42)～式(4-8-43)代入式(4-8-41)中可得

$$E(M^2(i+1))=2(\sigma_1^2+q(i)\sigma_2^2) \tag{4-8-45}$$

所以,在运动状态突变点判定时将门限值设定为

$$\lambda=2(\sigma_1^2+q(i)\sigma_2^2) \tag{4-8-46}$$

从而得如下判定条件

$$\begin{cases}(\mathrm{a})\ M(i)>2(\sigma_1^2+q(i-1)\sigma_2^2)\ \text{且}\ M(i+1)\leqslant 2(\sigma_1^2+q(i)\sigma_2^2)\\(\mathrm{b})\ M(i)\leqslant 2(\sigma_1^2+q(i-1)\sigma_2^2)\ \text{且}\ M(i+1)>2(\sigma_1^2+q(i)\sigma_2^2)\end{cases} \tag{4-8-47}$$

4. 滑窗长度确定法则

在固定滑窗曲线拟合算法中,为兼顾实时性与精确性,滑窗长度一般取 5～15 的固定值,此处将根据不同的运动模式,自适应地采用变长度滑窗进行曲线拟合。此时滑窗长度确定法则可描述如下:

① 目标在配准时刻之前的 15 个雷达数据时刻内无运动模式的突变,即一直处于类直线运动或一直处于曲线运动状态。若一直处于类直线运动状态,则拟合多项式取 1 阶;若一直处于曲线运动状态,则拟合多项式取 3 阶。滑窗长度取固定值 a。

② 目标在配准时刻之前的 15 个采样时刻内存在运动模式突变,即由曲线运动转为类直线运动或由类直线运动转为曲线运动。若由曲线运动转为类直线运动,则拟合多项式取 1 阶;若由类直线运动转为曲线运动,则拟合多项式取 3 阶。滑窗长度为突变点至当前时刻,当突变点至当前时刻长度小于 b 时,滑窗长度取 b;当突变点至当前时刻长度大于 a 时,滑窗长度取 a。

上述 a,b 分别为滑窗的最大值与最小值。a 的取值与雷达数据率相关,若雷达的数据率较高,则一定时长内的雷达数据较多,故 a 的取值应较大,即 a 的大小与雷达的数据率成正比。b 的取值必须大于等于曲线拟合的阶数。

5. 自适应变长滑窗曲线拟合时间配准算法步骤

综上所述,下面给出的自适应变长滑窗曲线拟合时间配准算法步骤如下:

(1) 在当前时间配准时刻,将接收到的雷达数据按照 GPS 时间戳按时间先后进行排序,并保留最近 15 个数据。

(2) 计算保留的 15 个数据点的斜率,并计算每一点所对应的门限值,利用式(4-8-47)确定此时段内目标的运动状态并判定有无运动模式突变点。

(3) 根据滑窗长度确定法则确定滑窗长度与拟合多项式的阶数。

(4) 对滑窗内数据进行曲线拟合,确定时间配准时刻目标的位置。

4.9 空间配准

4.9.1 问题描述

在上一节讨论了时间配准问题,本节主要讨论空间配准问题。再次强调,**空间配准**,

又称为**传感器配准**（sensor registration），就是借助于多传感器对空间共同目标的量测对传感器的偏差进行估计和补偿。对于同一平台内采用不同坐标系的各传感器的量测，平台融合时必须将它们转换成同一坐标系中的数据。对于多个不同平台，各平台采用坐标系是不同的，所以在融合各平台间信息前，也需要将它们转换到同一量测坐标系中，而融合后还需将融合结果转换成各平台坐标系的数据后，再传送给各个平台。因此传感器空间配准又可以分为**平台级配准**和**系统级配准**。多传感器配准误差的主要来源有：

(1) 传感器的配准误差，也就是传感器本身的偏差。

(2) 各传感器参考坐标中量测的方位角、高低角和斜距偏差。通常是由传感器的惯性量测单元的量测仪器引起的。

(3) 相对于公共坐标系的传感器的位置误差和计时误差。位置误差通常由传感器导航系统的偏差引起，而计时误差常由传感器的时钟偏差所至。

(4) 各传感器采用的跟踪算法不同，所以其局部航迹的精度不同。

(5) 各传感器本身的位置不确定，从而在由各传感器向融合中心进行坐标转换时产生偏差。

(6) 坐标转换公式的精度不够，为了减小系统的计算负担而在投影变换时采用了一些近似方法（如将地球视为标准的球体等）。

(7) 雷达天线的正北参考方向本身不够精确。

空间配准算法是信息融合的基础与前提，本节将仔细讨论空间配准问题。

4.9.2 常用坐标系

为了准确地描述传感器所探测到的目标的运动状态，必须选用适当的坐标系。根据实际配准过程中可能涉及的情况，下面介绍几种常用的坐标系。

1. 载机笛卡儿坐标系

载机笛卡儿坐标系的原点在载机重心处，Y 轴在载机的对称面内与载机固联，与载体轴线一致指向前方，Z 轴处于对称面内，垂直于 Y 轴指向上方，X 轴向右为正，构成右手坐标系。

2. 载机球/极坐标系

机载传感器在载机球/极坐标系中对目标提供的量测为(r,θ,η)，其中，r 为径向距离，θ 为方位角，η 为俯仰角。

3. 地心地固坐标系

地心地固（earth-centered earth-fixed coordinates，ECEF）坐标系，又称地心地球坐标系或地心坐标系。

该坐标系以地球质心为原点，随地球矢量旋转，Z 轴指向协议地极原点，代表转轴的方向，即 Z 轴与地球自转轴相同，指向北极，X 轴指向过格林威治本初子午线与赤道交点的笛卡儿空间直角坐标系，Y 轴和 Z 轴、X 轴构成右手坐标系。

4. 大地坐标系

大地坐标系(geodetic coordinates)即地理坐标(L,λ,H),其中,L 为地理纬度,λ 为地理经度,H 代表海拔高度。

4.9.3 坐标转换

1. 由大地坐标系向ECEF的转换

假设 P 点的大地坐标为(L,λ,H),则其相应的ECEF坐标(x,y,z)为

$$\begin{cases} x=(C+H)\cos L\cos\lambda \\ y=(C+H)\cos L\sin\lambda \\ z=[C(1-e^2)+H]\sin L \end{cases} \tag{4-9-1}$$

其中

$$C=\frac{E_q}{(1-e^2\sin^2 L)^{1/2}} \tag{4-9-2}$$

E_q 是赤道半径,e 为地球偏心率,C 为卯酉圈半径。

2. 由载机球/极坐标向载机笛卡儿坐标系的转换

设机载传感器对目标在球/极坐标系的量测为(r,θ,η)(径向距离、方位角、俯仰角),则其相应的载机笛卡儿坐标(x,y,z)为

$$\begin{cases} x=r\cos\eta\cos\theta \\ y=r\cos\eta\sin\theta \\ z=r\sin\eta \end{cases} \tag{4-9-3}$$

这就完成了坐标系的转换。

3. 由ECEF向大地坐标系的转换

假设 P 点的ECEF坐标为(x,y,z),则其相应的大地坐标(L,λ,H)为

$$\lambda=2\arctan[(\sqrt{x^2+y^2}-x)/y] \tag{4-9-4}$$

对于 L 和 H 的转换值,Paul[46]第一次提出了如下精确的解析变换公式

$$\begin{cases} r_{xy}=\sqrt{x^2+y^2} \\ \alpha=(r_{xy}^2+a^2e^4)/(1-e^2) \\ \beta=(r_{xy}^2-a^2e^4)/(1-e^2) \\ q=1+13.5z^2(\alpha^2-\beta^2)/(z^2+\beta)^2 \\ p=\sqrt[3]{q+\sqrt{q^2-1}} \\ t=(z^2+\beta)(p+p^{-1})/12-\beta/6+z^2/12 \\ L=\mathrm{atan}((z/2+\sqrt{t}+\sqrt{z^2/4-\beta/2-t+\alpha z/(4\sqrt{t})})/r_{xy}) \\ H=r_{xy}/\cos\phi-R \end{cases} \tag{4-9-5}$$

而且，当 z/a 充分小时，L 的表达式应该用下式来替换

$$L=\operatorname{atan}((\alpha+\beta+\gamma)z/(2\beta r_{xy})-\gamma(\alpha+\gamma)^2z^3/(4\beta^4 r_{xy})) \tag{4-9-6}$$

其中，$\gamma=\sqrt{\alpha^2-\beta^2}$。

后来，文献[47]第一次提出了没有异常的精确解析公式，文献[48-50]都分别开发了一种简练的精确变换公式，文献[51]也给出了一种精确的变换公式，同样没有异常问题；另外，文献[52-55]还给出了几种近似方法。

4. 坐标平移

设任意一点 P 在坐标系 $OX_aY_aZ_a$ 中的位置为

$$\boldsymbol{x}_a=[x_a,y_a,z_a]^{\mathrm{T}} \tag{4-9-7}$$

坐标系 $OX_bY_bZ_b$ 和坐标系 $OX_aY_aZ_a$ 的各个坐标轴平行，坐标系 $OX_aY_aZ_a$ 的原点在坐标系 $OX_bY_bZ_b$ 中的坐标为

$$\bar{\boldsymbol{x}}=[\bar{x},\bar{y},\bar{z}]^{\mathrm{T}} \tag{4-9-8}$$

则 P 点在 $OX_bY_bZ_b$ 中的位置为

$$\boldsymbol{x}_b=[x_b,y_b,z_b]^{\mathrm{T}}=\boldsymbol{x}_a+\bar{\boldsymbol{x}} \tag{4-9-9}$$

5. 坐标旋转

设任意一点 P 在坐标系 $OX_aY_aZ_a$ 中的位置仍为 $\boldsymbol{x}_a=[x_a,y_a,z_a]^{\mathrm{T}}$，而在坐标系 $OX_bY_bZ_b$ 中的位置为

$$\boldsymbol{x}_b=[x_b,y_b,z_b]^{\mathrm{T}} \tag{4-9-10}$$

假定这两个直角坐标系的坐标原点共点，则由两坐标系间的几何关系可知

$$\boldsymbol{x}_b=\boldsymbol{L}_{ba}\boldsymbol{x}_a \tag{4-9-11}$$

其中

$$\boldsymbol{L}_{ba}=\begin{bmatrix}\cos(X_b,X_a) & \cos(X_b,Y_a) & \cos(X_b,Z_a)\\ \cos(Y_b,X_a) & \cos(Y_b,Y_a) & \cos(Y_b,Z_a)\\ \cos(Z_b,X_a) & \cos(Z_b,Y_a) & \cos(Z_b,Z_a)\end{bmatrix} \tag{4-9-12}$$

上式称为由 a 坐标系到 b 坐标系的转换矩阵，它的各元素是相应坐标轴之间的方向余弦。可以证明，坐标转换矩阵 $\boldsymbol{L}_{ba}$ 满足下面可逆正交条件

$$\boldsymbol{L}_{ba}^{\mathrm{T}}=\boldsymbol{L}_{ba}^{-1}=\boldsymbol{L}_{ab} \tag{4-9-13}$$

坐标转换矩阵的取值可由基本旋转矩阵的合成得到。若坐标系 $OX_aY_aZ_a$ 仅绕 X_a 轴逆时针方向转过角度 φ_1 而达到坐标系 $OX_bY_bZ_b$，则旋转矩阵为

$$\boldsymbol{L}_1(\varphi_1)=\begin{bmatrix}1 & 0 & 0\\ 0 & \cos\varphi_1 & \sin\varphi_1\\ 0 & -\sin\varphi_1 & \cos\varphi_1\end{bmatrix} \tag{4-9-14}$$

同样，若坐标系 $OX_aY_aZ_a$ 仅绕 Y_a 轴或者 Z_a 逆时针方向转过角度 φ_2 或 φ_3 而达到坐标系 $OX_bY_bZ_b$，则旋转矩阵分别为

$$\boldsymbol{L}_2(\varphi_2)=\begin{bmatrix}\cos\varphi_2 & 0 & -\sin\varphi_2\\ 0 & 1 & 0\\ \sin\varphi_2 & 0 & \cos\varphi_2\end{bmatrix},\quad \boldsymbol{L}_3(\varphi_3)=\begin{bmatrix}\cos\varphi_3 & \sin\varphi_3 & 0\\ -\sin\varphi_3 & \cos\varphi_3 & 0\\ 0 & 0 & 1\end{bmatrix} \tag{4-9-15}$$

由 $\boldsymbol{L}_1(\varphi_1)$,$\boldsymbol{L}_2(\varphi_2)$,$\boldsymbol{L}_3(\varphi_3)$可得由 a 坐标系到 b 坐标系的一般转换矩阵 $\boldsymbol{L}_{ba}$ 为

$$\boldsymbol{L}_{ba}=\boldsymbol{L}_1(\varphi_1)\boldsymbol{L}_2(\varphi_2)\boldsymbol{L}_3(\varphi_3) \tag{4-9-16}$$

而且由 $\boldsymbol{L}_{ba}$ 即可确定出两坐标系之间的坐标关系。而对于坐标原点不共点的两个任意直角坐标系之间的相互转换可以采用先旋转再平移的方法来完成。

4.9.4 空间配准算法概述

文献[56]对于雷达配准问题给出了精彩的综述,而文献[57]试图根据所有四种配准问题(传感器校准误差、姿态误差、位置误差和定时误差)都被同时考虑时来确定不同的误差。但是,如正如文献[58]指出的那样,由于不同误差之间的耦合,这种尝试是不成功的。其他文献关于传感器配准只同时考虑了一种或两种误差源。当只有一种误差被估计时,通常可以得到满意的估计性能,而涉及两种误差源的结果都不太确定。

解决传感器配准问题的方法主要有下面三类。

(1) 对误差参数提供离线解,典型的方法是通过 Newton-Raphson 方法或批处理的加权最小二乘方法,并且要求使用合作目标,即要求知道位置的目标。这些方法都假定误差是时不变的。文献[59-60]已经使用这样的方法来计算传感器偏差。如果除了偏差外,二次传感器的位置误差(相对于一个一次雷达)也要求估计时,文献[59]指出不可能对所有的未知量进行求解。

(2) 第二类方法放宽了第一类方法中合作目标和误差时不变的假设,将配准误差估计和目标估计进行解耦。例如,文献[60]使用一个 Kalman 滤波器来对传感器偏差提供在线的估计。文献[61]已经设计了扩展 Kalman 滤波器来估计二次传感器的传感器偏差或者二次传感器相对于一次传感器的方向误差。文献[58]已经提供了一个方法,在同时考虑传感器偏差和方向误差时,如何配准一个二次的三维雷达。他们指出,所有 12 个不确定变量不能够同时确定,但是能够成功地估计这些变量的 5 个线性联合。然而,这些方法只局限于传感器之间的距离很小的情况。

(3) 第三类方法试图同时对目标变量和传感器系统误差进行求解。当量测噪声和传感器位置误差都污染传感器数据时,文献[62]通过计算目标位置估计的一个最大似然函数给出了这一配准问题最早的贡献之一。更近的研究对于联合目标和传感器不确定性状态构成的一个扩维的状态向量应用 Kalman 滤波器方法。文献[60,63]已经说明了 EKF 对于不同的跟踪/配准问题的效果。但是这种方法计算量非常大[64],所以只对有限数量的目标有效。而且,许多工作主要用来解耦或把整个问题分解成两个单独的问题,也就是说,用第三类方法进行初始形成,然后转移到第二类方法进行求解。

文献[65]提出的两级递推的 Kalman 滤波器来估计,对于系统模型和量测模型与目标运动状态和传感器偏差都是线性关系的情况,该方法能够对偏差估计和目标跟踪进行

解耦。而文献[66]指出，当初始的参数满足一定的关系时，上述两级 Kalman 滤波器与扩维的 Kalman 滤波器等价。对于非线性系统，这一等价性就会丧失，要实现解耦就必须做出一定的近似。文献[63,64]已经基于不同程度近似提出了对配准误差估计和航迹维持进行解耦的方法。另外，文献[65]提出的两级 Kalman 滤波器要求已知目标的动态模型，所以它是依赖于航迹的，也就是说，这样的一个 Kalman 滤波器对于特定的航迹（举例来说，匀速运动的航迹）可以工作，但是对于其他的目标运动航迹（举例来说，机动运动的航迹）可能不会产生精确的结果。对机动目标进行自适应跟踪从原理上来说是可行的，但是要对偏差估计和自适应跟踪同时进行可能会非常复杂并且不切实际。所以，空间配准的一支主要的研究力量就是研究与目标运动航迹无关的传感器斜距、方位角和俯仰角偏差的估计[67-73]。这些方法不需要已知目标的动态模型，所以可用于非机动和机动运动的目标。

目前在线非合作目标的空间配准算法主要包括基于 ECEF 的空间配准算法和基于联合状态向量的空间配准算法。但是无论采用哪种方法，目前的研究都集中于同步传感器的空间配准问题，而融合中心接收到的不同传感器的量测数据通常是异步的。因此，本节将时间配准与空间配准结合，给出了仅使用目标位置信息的基于 ECEF 的异步传感器空间配准算法[108,109]。

下面通过对几种典型空间配准算法具体说明空间配准问题的解决思路。

4.9.5 二维空间配准算法

1. 二维配准问题描述

如图 4-9-1 所示，由于传感器 a（传感器 b）有斜距和方位角偏差 Δr_a，$\Delta\theta_a$（Δr_b，$\Delta\theta_b$），结果在系统平面上报告有两个目标，而实际上只有一个真实目标。

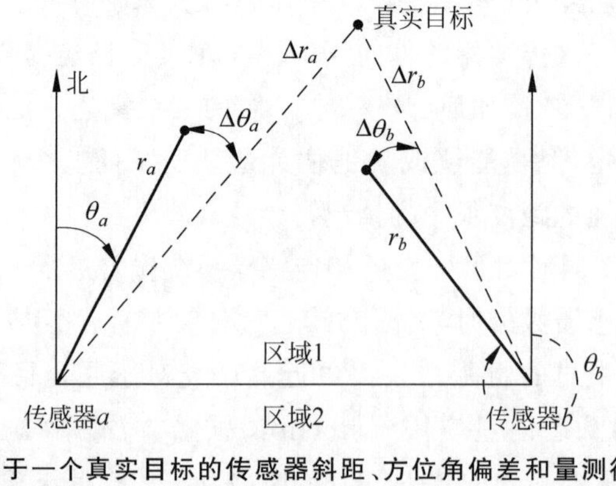

图 4-9-1　相对于一个真实目标的传感器斜距、方位角偏差和量测得到的目标位置

在图 4-9-2 中，r_a，θ_a 和 r_b，θ_b 分别表示传感器 a 和 b 的斜距和方位角量测，x_{sa}，y_{sa} 和 x_{sb}，y_{sb} 分别表示传感器 a 和 b 在全局坐标平面上的位置，x_a，y_a 和 x_b，y_b 分别表示传感器 a 和 b 在全局坐标平面上的量测。从这一配置就可以推导出如下的基本方程

$$\begin{cases} x_a = x_{sa} + r_a \sin\theta_a \\ y_a = y_{sa} + r_a \cos\theta_a \\ x_b = x_{sb} + r_b \sin\theta_b \\ y_b = y_{sb} + r_b \cos\theta_b \end{cases} \tag{4-9-17}$$

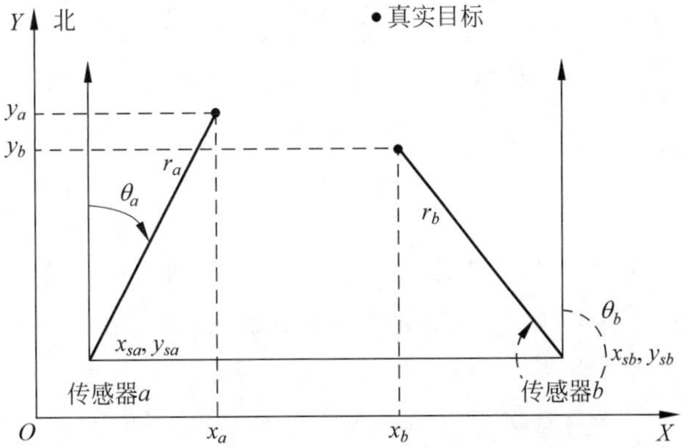

图 4-9-2 在系统平面上的偏差估计配置

如果忽略掉噪声项,则有

$$\begin{cases} r_a = r'_a + \Delta r_a \\ \theta_a = \theta'_a + \Delta\theta_a \\ r_b = r'_b + \Delta r_b \\ \theta_b = \theta'_b + \Delta\theta_b \end{cases} \tag{4-9-18}$$

其中,r'_a,θ'_a 和 r'_b,θ'_b 分别表示目标相对于传感器 a 和 b 的真实斜距和方位角,Δr_a,$\Delta\theta_a$ 和 Δr_b,$\Delta\theta_b$ 分别表示传感器 a 和 b 的斜距和方位角偏差。将式(4-9-18)代入式(4-9-17)并且将得到的方程相对于 Δr_a,$\Delta\theta_a$,Δr_b 和 $\Delta\theta_b$ 进行一阶泰勒级数展开,可以得到

$$\begin{cases} x_a - x_b \approx \sin\theta_a \Delta r_a - \sin\theta_b \Delta r_b + r_a \cos\theta_a \Delta\theta_a - r_b \cos\theta_b \Delta\theta_b \\ y_a - y_b \approx \cos\theta_a \Delta r_a - \cos\theta_b \Delta r_b - r_a \sin\theta_a \Delta\theta_a + r_b \sin\theta_b \Delta\theta_b \end{cases} \tag{4-9-19}$$

式(4-9-19)对下面将要介绍的几种与目标运动航迹无关的偏差估计方法提供了基础。

2. 实时质量控制法

实时质量控制法(real time quality control, RTQC)[67]是一个简单的平均方法。在RTQC方法中,式(4-9-19)重写为

$$\begin{cases} (x_a - x_b)\sin\theta_a + (y_a - y_b)\cos\theta_a = \Delta r_a - \cos(\theta_a - \theta_b)\Delta r_b - r_b \sin(\theta_a - \theta_b)\Delta\theta_b \\ (x_b - x_a)\sin\theta_b + (y_b - y_a)\cos\theta_b = -\cos(\theta_a - \theta_b)\Delta r_a + \Delta r_b + r_a \sin(\theta_a - \theta_b)\Delta\theta_a \end{cases} \tag{4-9-20}$$

其中有两个分量,而且左边为量测的函数,右边有四个未知量,即 Δr_a,$\Delta\theta_a$,Δr_b,$\Delta\theta_b$,所以式(4-9-20)是欠定的。RTQC 方法试图通过下面的机制来解决这一问题,并且反过来改善数值条件。如图 4-9-1 所示,在传感器 a 和 b 之间画一条虚构的直线。这样就将二

维平面划分成两个区域：一个位于连接两个传感器的直线之上(区域 1)；一个位于连接两个传感器的直线之下(区域 2)。数据点根据其在区域 1 还是区域 2 而被分成两组。每次当传感器 a 和 b 报告区域 1 中的一条航迹的位置时，式(4-9-20)便产生两个方程，分别都是 $\Delta r_a,\Delta\theta_a,\Delta r_b,\Delta\theta_b$ 的函数。类似地，区域 2 中的位置报告导致了另外两个方程。这四个方程被用来计算 $\Delta r_a,\Delta\theta_a,\Delta r_b$ 和 $\Delta\theta_b$。这一方法的主要局限性是数据必须沿连接两个传感器的直线对称分布。如果一条航迹中的数据完全位于这条直线的一边，则 RTQC 方法不好应用，原因是从数据当中只能构造两个方程。此外，当数据集只包含很少的量测时，这一方法也不能产生可以接受的结果。

3. 最小二乘(LS)法

LS 法[68]通过下面的机制来消除 RTQC 方法的局限性。假定目标始终位于两个传感器的重叠区域，考虑不同时刻的传感器量测，也就是说，$k=1,2,\cdots,N$。在每个时刻 k，式(4-8-64)产生如下一对方程

$$\begin{cases} x_{a,k}-x_{b,k}\approx \sin\theta_{a,k}\Delta r_a-\sin\theta_{b,k}\Delta r_b+r_{a,k}\cos\theta_{a,k}\Delta\theta_a-r_{b,k}\cos\theta_{b,k}\Delta\theta_b \\ y_{a,k}-y_{b,k}\approx \cos\theta_{a,k}\Delta r_a-\cos\theta_{b,k}\Delta r_b-r_{a,k}\sin\theta_{a,k}\Delta\theta_a+r_{b,k}\sin\theta_{b,k}\Delta\theta_b \end{cases} \tag{4-9-21}$$

在 N 个量测之后，总共就有 $2N$ 个方程，它们足以(如果 $N\geqslant 2$)用来求解上面给出的四个未知量。相应地，就可以得到如下的一个线性方程

$$\boldsymbol{z}=\boldsymbol{A}\boldsymbol{x} \tag{4-9-22}$$

其中

$$\begin{cases} \boldsymbol{z}=[\cdots,x_{a,i}-x_{b,i},y_{a,i}-y_{b,i},\cdots]^{\mathrm{T}}, \quad i=1,2,\cdots,N \\ \boldsymbol{x}=[\Delta r_a,\Delta\theta_a,\Delta r_b,\Delta\theta_b]^{\mathrm{T}} \end{cases} \tag{4-9-23}$$

$$\boldsymbol{A}=\begin{bmatrix} \sin\theta_{a,1} & r_{a,1}\cos\theta_{a,1} & -\sin\theta_{b,1} & -r_{b,1}\cos\theta_{b,1} \\ \cos\theta_{a,1} & -r_{a,1}\sin\theta_{a,1} & -\cos\theta_{b,1} & r_{b,1}\sin\theta_{b,1} \\ \sin\theta_{a,2} & r_{a,2}\cos\theta_{a,2} & -\sin\theta_{b,2} & -r_{b,2}\cos\theta_{b,2} \\ \cos\theta_{a,2} & -r_{a,2}\sin\theta_{a,2} & -\cos\theta_{b,2} & r_{b,2}\sin\theta_{b,2} \\ \vdots & \vdots & \vdots & \vdots \\ \sin\theta_{a,N} & r_{a,N}\cos\theta_{a,N} & -\sin\theta_{b,N} & -r_{b,N}\cos\theta_{b,N} \\ \cos\theta_{a,N} & -r_{a,N}\sin\theta_{a,N} & -\cos\theta_{b,N} & r_{b,N}\sin\theta_{b,N} \end{bmatrix} \tag{4-9-24}$$

由式(4-9-22)可以看出，这一线性系统是超定的，在最小二乘意义下，可以得到传感器偏差向量 $\boldsymbol{x}$ 的估计为

$$\hat{\boldsymbol{x}}=(\boldsymbol{A}^{\mathrm{T}}\boldsymbol{A})^{-1}\boldsymbol{A}^{\mathrm{T}}\boldsymbol{z} \tag{4-9-25}$$

4. 极大似然法

LS 法为**极大似然(maximum likelihood, ML)**法[69]的一个特例，在 ML 法和 GLS 法[56]中，考虑了传感器的随机量测噪声。假定传感器相应于偏差向量 $\boldsymbol{x}$ 的随机量测噪声向量为

$$\boldsymbol{v}=[v_{r_a},v_{\theta_a},v_{r_b},v_{\theta_b}]^{\mathrm{T}} \tag{4-9-26}$$

其中，v_{r_a}，v_{θ_a} 和 v_{r_b}，v_{θ_b} 分别表示传感器 a 和 b 的斜距和方位角量测噪声，$\boldsymbol{v}$ 服从 Gauss 分布，且

$$\begin{cases}E[\boldsymbol{v}]=\boldsymbol{0}\\ \boldsymbol{\Sigma}=\mathrm{cov}[\boldsymbol{v}]=\mathrm{diag}\{\sigma_{r_a}^2,\sigma_{\theta_a}^2,\sigma_{r_b}^2,\sigma_{\theta_b}^2\}\end{cases} \tag{4-9-27}$$

考虑传感器的随机量测噪声时，式(4-8-28)就可以被重写为

$$\begin{cases}r_a=r'_a+\Delta r_a+v_{r_a}\\ \theta_a=\theta'_a+\Delta\theta_a+v_{\theta_a}\\ r_b=r'_b+\Delta r_b+v_{r_b}\\ \theta_b=\theta'_b+\Delta\theta_b+v_{\theta_b}\end{cases} \tag{4-9-28}$$

将式(4-9-28)代入式(4-9-26)，并相对于偏差向量 $\boldsymbol{x}$ 和量测噪声向量 $\boldsymbol{v}$ 进行线性化，可得 N 次量测后的线性方程

$$\boldsymbol{z}=\boldsymbol{A}(\boldsymbol{x}+\boldsymbol{v})=\boldsymbol{A}\boldsymbol{x}+\boldsymbol{A}\boldsymbol{v} \tag{4-9-29}$$

进一步，由式(4-9-27)可知

$$\begin{cases}E[\boldsymbol{A}\boldsymbol{v}]=\boldsymbol{0}\\ \boldsymbol{C}=\mathrm{cov}[\boldsymbol{A}\boldsymbol{v}]=\boldsymbol{A}\boldsymbol{\Sigma}\boldsymbol{A}^{\mathrm{T}}\end{cases} \tag{4-9-30}$$

则传感器偏差向量 $\boldsymbol{x}$ 的 ML 估计就为

$$\hat{\boldsymbol{x}}=(\boldsymbol{A}^{\mathrm{T}}\boldsymbol{\Sigma}^{-1}\boldsymbol{A})^{-1}\boldsymbol{A}^{\mathrm{T}}\boldsymbol{\Sigma}^{-1}\boldsymbol{z} \tag{4-9-31}$$

5. 广义最小二乘法

文献[56]给出的**广义最小二乘(generalized least square，GLS)法**也考虑了传感器的随机量测噪声，传感器偏差向量 $\boldsymbol{x}$ 的 GLS 估计结果与式(4-9-31)完全相同，只是在计算协方差阵 $\boldsymbol{C}$ 时令所有的非对角块为零，即

$$\boldsymbol{C}=\mathrm{diag}\{\boldsymbol{C}_1,\boldsymbol{C}_2,\cdots,\boldsymbol{C}_N\} \tag{4-9-32}$$

其中

$$\boldsymbol{C}_i=\boldsymbol{A}_i\boldsymbol{\Sigma}\boldsymbol{A}_i^{\mathrm{T}},\quad i=1,2,\cdots,N \tag{4-9-33}$$

而 $\boldsymbol{A}_i$ 为式(4-9-33)的矩阵 $\boldsymbol{A}$ 的第 $2i-1$ 行与第 $2i$ 行构成的分块阵。

6. 基于 Kalman 滤波器的空间配准算法

仅仅考虑传感器 a 和 b 在 k 时刻的量测，则式(4-9-29)可以写为

$$\boldsymbol{z}_k=\boldsymbol{A}_k(\boldsymbol{x}_k+\boldsymbol{v}_k)=\boldsymbol{A}_k\boldsymbol{x}_k+\boldsymbol{A}_k\boldsymbol{v}_k \tag{4-9-34}$$

其中

$$\begin{cases}\boldsymbol{z}_k=[x_{a,k}-x_{b,k},y_{a,k}-y_{b,k}]^{\mathrm{T}}\\ \boldsymbol{A}_k=\begin{bmatrix}\sin\theta_{a,k} & r_{a,k}\cos\theta_{a,k} & -\sin\theta_{b,k} & -r_{b,k}\cos\theta_{b,k}\\ \cos\theta_{a,k} & -r_{a,k}\sin\theta_{a,k} & -\cos\theta_{b,k} & r_{b,k}\sin\theta_{b,k}\end{bmatrix}\\ \boldsymbol{x}_k=[\Delta r_a,\Delta\theta_a,\Delta r_b,\Delta\theta_b]^{\mathrm{T}}\\ \boldsymbol{v}_k=[v_{r_a},v_{\theta_a},v_{r_b},v_{\theta_b}]^{\mathrm{T}}\end{cases}$$

而且假定传感器偏差向量时不变，且与噪声无关，则可以构造如下状态方程

$$\boldsymbol{x}_k = \boldsymbol{x}_{k-1} \tag{4-9-35}$$

这样，利用式(4-9-35)的状态方程和式(4-9-34)的量测方程，就可以应用 Kalman 滤波器对传感器的偏差向量进行估计

$$\begin{cases}\hat{\boldsymbol{x}}_{k|k-1} = \hat{\boldsymbol{x}}_{k-1|k-1} \\ \boldsymbol{P}_{k|k-1} = \boldsymbol{P}_{k-1|k-1} \\ \hat{\boldsymbol{x}}_{k|k} = \hat{\boldsymbol{x}}_{k|k-1} + \boldsymbol{K}_k(\boldsymbol{z}_k - \boldsymbol{A}_k\hat{\boldsymbol{x}}_{k|k-1}) \\ \boldsymbol{K}_k = \boldsymbol{P}_{k|k-1}\boldsymbol{A}_k^{\mathrm{T}}(\boldsymbol{A}_k\boldsymbol{P}_{k|k-1}A_k^{\mathrm{T}} + \boldsymbol{C}_k)^{-1} \\ \boldsymbol{P}_{k|k} = (\boldsymbol{I}_4 - \boldsymbol{K}_k\boldsymbol{A}_k)\boldsymbol{P}_{k|k-1}\end{cases} \tag{4-9-36}$$

其中，由式(4-8-78)可得

$$\boldsymbol{C}_k = \boldsymbol{A}_k\boldsymbol{\Sigma}\boldsymbol{A}_k^{\mathrm{T}} \tag{4-9-37}$$

4.9.6 精确极大似然空间配准算法

在上面给出的几种算法中，RTQC 法和 LS 法完全忽略掉了传感器量测噪声的影响，把在公共坐标系中的差异完全归咎于传感器配准误差(传感器偏差)；ML 法、GLS 法和基于 Kalman 滤波器的方法虽然考虑了传感器量测噪声的影响，但只有在量测噪声相对很小时才会产生好的性能。下面介绍一种新的方法以克服以上方法的局限性，称为**精确极大似然空间配准**(exact maximum likelihood，EML)算法。

考虑两个传感器 a 和 b 对同一目标的斜距和方位角进行量测，配准误差的几何关系如图 4-9-3 所示。不失一般性，假定传感器 a 位于坐标原点，传感器 b 在公共坐标系中的位置为(u,v)。用 T_k 表示第 k 个目标，$\{r_{a,k},\theta_{a,k}\}$和$\{r_{b,k},\theta_{b,k}\}$分别表示传感器 a 和 b 对第 k 个目标的斜距和方位角量测，$\{\Delta r_a,\Delta\theta_a\}$和$\{\Delta r_b,\Delta\theta_b\}$分别表示传感器 a 和 b 的斜距和方位角偏差。

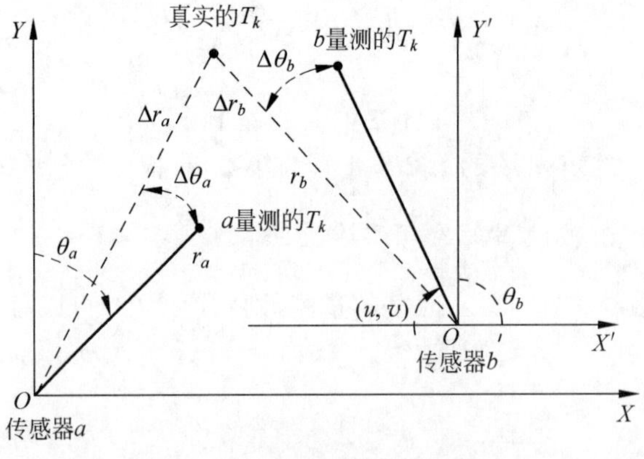

图 4-9-3 配准误差几何关系

1. 配准模型描述

令$\{x_{a,k},y_{a,k}\}$和$\{x_{b,k},y_{b,k}\}$分别表示传感器 a 和 b 在系统平面对 T_k 的量测，

$\{r'_{a,k},\theta'_{a,k}\}$和$\{r'_{b,k},\theta'_{b,k}\}$分别表示传感器 a 和 b 对 T_k 的真实斜距和方位角。由图 4-8-5 所示的配准误差几何关系可得

$$\begin{cases} x_{a,k}=(r'_{a,k}+\Delta r_a)\sin(\theta'_{a,k}+\Delta\theta_a)+n_k^1 \\ y_{a,k}=(r'_{a,k}+\Delta r_a)\cos(\theta'_{a,k}+\Delta\theta_a)+n_k^2 \\ x_{b,k}=(r'_{b,k}+\Delta r_b)\sin(\theta'_{b,k}+\Delta\theta_b)+n_k^3 \\ y_{b,k}=(r'_{b,k}+\Delta r_b)\cos(\theta'_{b,k}+\Delta\theta_b)+n_k^4 \end{cases} \tag{4-9-38}$$

其中，$\{n_k^i,i=1,2,3,4\}$表示随机量测噪声。假定量测噪声为 Gauss 独立同分布，且共同的方差为 σ_n^2。

对于小的系统偏差，式(4-9-38)可以进行一阶线性展开，得

$$\begin{cases} x_{a,k}\approx r'_{a,k}\sin\theta'_{a,k}+\Delta r_a\sin\theta'_{a,k}+r'_{a,k}\cos\theta'_{a,k}\Delta\theta_a+n_k^1 \\ y_{a,k}\approx r'_{a,k}\cos\theta'_{a,k}+\Delta r_a\cos\theta'_{a,k}-r'_{a,k}\sin\theta'_{a,k}\Delta\theta_a+n_k^2 \\ x_{b,k}\approx r'_{b,k}\sin\theta'_{b,k}+\Delta r_b\sin\theta'_{b,k}+r'_{b,k}\cos\theta'_{b,k}\Delta\theta_b+u+n_k^3 \\ y_{b,k}\approx r'_{b,k}\cos\theta'_{b,k}+\Delta r_b\cos\theta'_{b,k}-r'_{b,k}\sin\theta'_{b,k}\Delta\theta_b+v+n_k^4 \end{cases} \tag{4-9-39}$$

而且令$\{x'_k,y'_k\}$表示 T_k 在系统平面上的真实笛卡儿坐标，则

$$\begin{cases} x'_k=r'_{a,k}\sin\theta'_{a,k}=r'_{b,k}\sin\theta'_{b,k}+u \\ y'_k=r'_{a,k}\cos\theta'_{a,k}=r'_{b,k}\cos\theta'_{b,k}+v \end{cases} \tag{4-9-40}$$

将式(4-9-40)代入式(4-9-39)，可得

$$\begin{cases} x_{a,k}=x'_k+\dfrac{\Delta r_a}{r'_{a,k}}x'_k+y'_k\Delta\theta_a+n_k^1 \\ y_{a,k}=y'_k+\dfrac{\Delta r_a}{r'_{a,k}}y'_k-x'_k\Delta\theta_a+n_k^2 \\ x_{b,k}=x'_k+\dfrac{\Delta r_b}{r'_{b,k}}x'_k+y'_k\Delta\theta_b-\dfrac{\Delta r_b}{r'_{b,k}}u-v\Delta\theta_b+n_k^3 \\ y_{b,k}=y'_k+\dfrac{\Delta r_b}{r'_{b,k}}y'_k-x'_k\Delta\theta_b-\dfrac{\Delta r_b}{r'_{b,k}}v+u\Delta\theta_b+n_k^4 \end{cases} \tag{4-9-41}$$

或者用紧凑的矩阵形式也可以写成

$$\boldsymbol{x}_k=\boldsymbol{A}_k\boldsymbol{\eta}+\boldsymbol{b}_k+\boldsymbol{n}_k \tag{4-9-42}$$

其中，$\boldsymbol{x}_k=[x_{a,k},y_{a,k},x_{b,k},y_{b,k}]^{\mathrm{T}}$，$\boldsymbol{b}_k=[x'_k,y'_k,x'_k,y'_k]^{\mathrm{T}}$，$\boldsymbol{n}_k=[n_k^1,n_k^2,n_k^3,n_k^4]^{\mathrm{T}}$，$\boldsymbol{\eta}=[\Delta\theta_a,\Delta r_a,\Delta\theta_b,\Delta r_b]^{\mathrm{T}}$；称 $\boldsymbol{x}_k$ 为目标量测向量，$\boldsymbol{n}_k$ 为 T_k 的随机量测误差向量，$\boldsymbol{\eta}$ 为系统偏差向量；$\boldsymbol{n}_k$ 的协方差阵为$\sigma_n^2\boldsymbol{I}_4$，其中 $\boldsymbol{I}_4$ 为 4×4 单位阵；$\boldsymbol{A}_k=\mathrm{diag}\{\boldsymbol{A}_k^{11},\boldsymbol{A}_k^{22}\}$，且

$$\boldsymbol{A}_k^{11}=\begin{bmatrix} y'_k & \dfrac{x'_k}{r'_{a,k}} \\ -x'_k & \dfrac{y'_k}{r'_{a,k}} \end{bmatrix},\quad \boldsymbol{A}_k^{22}=\begin{bmatrix} y'_k-v & \dfrac{x'_k-u}{r'_{b,k}} \\ -(x'_k-u) & \dfrac{y'_k-v}{r'_{b,k}} \end{bmatrix} \tag{4-9-43}$$

值得注意的是，$\boldsymbol{A}_k$ 和 $\boldsymbol{b}_k$ 不依赖于系统偏差，而是由 T_k 在系统平面的真实位置确定。

2. EML 配准算法

EML 配准算法[71]是基于传感器量测的似然函数工作的。假定量测噪声服从正态分布，则$\{\boldsymbol{x}_k; k=1,2,\cdots,K\}$的条件密度函数就可以写为

$$p(\boldsymbol{x}_1,\boldsymbol{x}_2,\cdots,\boldsymbol{x}_K)=\prod_{k=1}^{K}\frac{1}{(2\pi)^2\sigma_n^4}\exp\left\{-\frac{1}{2\sigma_n^2}(\boldsymbol{x}_k-\boldsymbol{A}_k\boldsymbol{\eta}-\boldsymbol{b}_k)^{\mathrm{T}}(\boldsymbol{x}_k-\boldsymbol{A}_k\boldsymbol{\eta}-\boldsymbol{b}_k)\right\} \tag{4-9-44}$$

忽略常数项，则相应的负对数似然函数为

$$J=-\log p=2K\log(2\pi\sigma_n^2)+\frac{1}{2\sigma_n^2}\sum_{k=1}^{K}\|\boldsymbol{x}_k-\boldsymbol{A}_k\boldsymbol{\eta}-\boldsymbol{b}_k\|_F^2 \tag{4-9-45}$$

其中，$\|\cdot\|_F$ 表示 Frobenius 范数。极大似然估计的原理就是相对于未知参数对似然函数求极大化。令$\boldsymbol{\xi}_k=[x_k',y_k']^{\mathrm{T}}$，很明显，$J$ 是$\boldsymbol{\xi}_k$，$\boldsymbol{\eta}$ 和σ_n^2 的函数。在式(4-9-45)中，如果固定$\boldsymbol{\xi}_k$ 和$\boldsymbol{\eta}$，并且相对于σ_n^2 对 J 求极小化，可得噪声方差的估计为

$$\hat{\sigma}_n^2=\frac{1}{4K}\sum_{k=1}^{K}\|\boldsymbol{x}_k-\boldsymbol{A}_k\boldsymbol{\eta}-\boldsymbol{b}_k\|_F^2 \tag{4-9-46}$$

然后，将$\hat{\sigma}_n^2$ 反代回式(4-9-45)中就可以对$\boldsymbol{\xi}_k$ 和$\boldsymbol{\eta}$ 进行求解

$$[\hat{\boldsymbol{\xi}}_k,\hat{\boldsymbol{\eta}}]=\arg\min_{\xi_k,\eta} J \tag{4-9-47}$$

其中，有

$$J=\frac{1}{K}\sum_{k=1}^{K}\|\boldsymbol{x}_k-\boldsymbol{A}_k\boldsymbol{\eta}-\boldsymbol{b}_k\|_F^2 \tag{4-9-48}$$

3. EML 准则函数的优化

一般来说，J 是$\boldsymbol{\xi}_k$ 和$\boldsymbol{\eta}$ 的非线性函数，通常得不到解析解。然而，由于在式(4-9-48)中$\boldsymbol{\xi}_k$ 和$\boldsymbol{\eta}$ 是分离的，可以利用交替优化技术相对于$\{\boldsymbol{\xi}_k\}$和$\boldsymbol{\eta}$ 进行序贯优化。这一算法在这两步之间来回交替，直到收敛。第一步，通过固定真实的目标位置向量$\{\boldsymbol{\xi}_k\}$来估计偏差向量$\boldsymbol{\eta}$。由于$\boldsymbol{\eta}$ 为给定$\{\boldsymbol{\xi}_k\}$时 J 的最小化点，有$\partial J/\partial\boldsymbol{\eta}=0$，即

$$\frac{\partial J}{\partial\boldsymbol{\eta}}=-2\sum_{k=1}^{K}\boldsymbol{A}_k^{\mathrm{T}}(\boldsymbol{x}_k-\boldsymbol{A}_k\boldsymbol{\eta}-\boldsymbol{b}_k)=0 \tag{4-9-49}$$

这样一来，$\boldsymbol{\eta}$ 的估计值可以通过求解式(4-9-49)得到

$$\hat{\boldsymbol{\eta}}=\left(\sum_{k=1}^{K}\boldsymbol{A}_k^{\mathrm{T}}\boldsymbol{A}_k\right)^{-1}\sum_{k=1}^{K}\boldsymbol{A}_k^{\mathrm{T}}(\boldsymbol{x}_k-\boldsymbol{b}_k) \tag{4-9-50}$$

在第二步，真实的目标位置向量通过下式来估计

$$\hat{\boldsymbol{\xi}}_k=\arg\min_{\boldsymbol{\xi}_k} J,\quad k=1,2,\cdots,K \tag{4-9-51}$$

其中，系统偏差用上一步的估计值来代替，即$\boldsymbol{\eta}=\hat{\boldsymbol{\eta}}$。令

$$J_k=\|\boldsymbol{x}_k-\boldsymbol{A}_k\boldsymbol{\eta}-\boldsymbol{b}_k\|_F^2 \tag{4-9-52}$$

由于 J_k 非负且与$\boldsymbol{\xi}_k$ 有关，所以式(4-9-51)就等价于

$$\hat{\boldsymbol{\xi}}_k=\arg\min_{\boldsymbol{\xi}_k} J_k,\quad k=1,2,\cdots,K \tag{4-9-53}$$

式(4-9-53)是一个非线性优化问题,其解析解一般是得不到的。可以采用收敛性较好的 Newton 迭代法。当用于式(4-9-53)时,$\boldsymbol{\xi}_k$ 第 $p+1$ 步的迭代可通过下式计算

$$\hat{\boldsymbol{\xi}}_k^{(p+1)}=\hat{\boldsymbol{\xi}}_k^{(p)}-\mu_p\boldsymbol{H}_k^{-1}\boldsymbol{G}_k \tag{4-9-54}$$

其中,μ_p 为第 p 次迭代的步长,$\boldsymbol{H}_k$ 为 J_k 相对于$\boldsymbol{\xi}_k$ 的 Hessian 阵,$\boldsymbol{G}_k$ 为梯度。梯度和 Hessian 阵都是在$\hat{\boldsymbol{\xi}}_k^{(p)}$ 处计算的,而梯度 $\boldsymbol{G}_k$ 为

$$\boldsymbol{G}_k=2\boldsymbol{R}_k\boldsymbol{\gamma}_k \tag{4-9-55}$$

其中

$$\boldsymbol{\gamma}_k=\boldsymbol{x}_k-\boldsymbol{A}_k\boldsymbol{\eta}-\boldsymbol{b}_k \tag{4-9-56}$$

$$\boldsymbol{R}_k=\begin{bmatrix} -1-\dfrac{\Delta r_a(y_k')^2}{(r_{a,k}')^3} & -\Delta\theta_a+\dfrac{\Delta r_a x_k' y_k'}{(r_{a,k}')^3} \\ \Delta\theta_a+\dfrac{\Delta r_a x_k' y_k'}{(r_{a,k}')^3} & -1-\dfrac{\Delta r_a(x_k')^2}{(r_{a,k}')^3} \\ -1-\dfrac{\Delta r_b(y_k'-v)^2}{(r_{b,k}')^3} & -\Delta\theta_b+\dfrac{\Delta r_b(x_k'-u)(y_k'-v)}{(r_{b,k}')^3} \\ \Delta\theta_b+\dfrac{\Delta r_b(x_k'-u)(y_k'-v)}{(r_{b,k}')^3} & -1-\dfrac{\Delta r_b(x_k'-u)^2}{(r_{b,k}')^3} \end{bmatrix}^{\mathrm{T}} \tag{4-9-57}$$

$\boldsymbol{R}_k$ 为$\boldsymbol{\gamma}_k$ 相对于$\boldsymbol{\xi}_k$ 的 Jacobian 阵,注意所有的量都是基于上一步得到的值计算的。

给定$\boldsymbol{\eta}$,J_k 的 Hessian 阵 $\boldsymbol{H}_k$ 可计算如下

$$\boldsymbol{H}_k=\frac{\partial^2 J_k}{\partial\boldsymbol{\xi}_k\partial\boldsymbol{\xi}_k}=2\left[\frac{\partial\boldsymbol{\gamma}_k}{\partial\boldsymbol{\xi}_k}\left(\frac{\partial\boldsymbol{\gamma}_k}{\partial\boldsymbol{\xi}_k}\right)^{\mathrm{T}}+\frac{\partial^2\boldsymbol{\gamma}_k}{\partial\boldsymbol{\xi}_k\partial\boldsymbol{\xi}_k}\boldsymbol{\gamma}_k\right] \tag{4-9-58}$$

Hessian 阵的作用是修正梯度以实现更快的收敛。由于负梯度表示准则函数下降的方向,为了收敛在每次迭代时 Hessian 阵都必须为正定的。在实际中,这一条件不能被保证,通常不得不用一个半正定阵来近似 Hessian 阵。由于$\boldsymbol{\eta}$ 的 EML 估计对于大量的量测都是一致的,所以与式(4-9-58)的第一项相比,残差$|\boldsymbol{\gamma}_k|$很小(注意在没有随机量测误差时,残差等于零)并且可以被忽略。这样一来,就可以用下式来近似 Hessian 阵

$$\boldsymbol{H}_k=2\boldsymbol{R}_k\boldsymbol{R}_k^{\mathrm{T}} \tag{4-9-59}$$

该矩阵为半正定阵。Hessian 阵的这一近似就是 Gauss 对 Newton 法的修正(或者叫作 Gauss-Newton 法),它可以保证准则函数的下降。

EML 配准算法可被总结为以下几个步骤:

(1) 设定一个门限 ε,并且令 $p=0$。

(2) 对于 $k=1,2,\cdots,K$,获取真实目标位置向量$\hat{\boldsymbol{\xi}}_k^{(p)}$ 的一个初始估计,并且按照式(4-9-50)来计算估计$\hat{\boldsymbol{\eta}}^{(p)}$。

(3) 用 Gauss-Newton 法相对于$\boldsymbol{\xi}_k$ 最小化准则函数 J_k,并且得到估计$\hat{\boldsymbol{\xi}}_k^{(p+1)}$。

(4) 按照式(4-8-86)估计$\hat{\boldsymbol{\eta}}^{(p+1)}$。计算 $d=\|\hat{\boldsymbol{\eta}}^{(p+1)}-\hat{\boldsymbol{\eta}}^{(p)}\|_F^2$ 并且检查不等式 $d\leqslant\varepsilon$。如果不等式成立,就将估计的系统偏差向量赋值为$\hat{\boldsymbol{\eta}}=\hat{\boldsymbol{\eta}}^{(p+1)}$。如果不等式不成立,令 $p=p+1$,并且继续第(3)步。

值得注意的是,最后两步的顺序可以颠倒一下。如果沿着$\boldsymbol{\xi}_k$ 的方向开始,则初始的

估计可以通过变换传感器 a 和 b 报告的量测到系统平面并且对它们取平均来得到。如果算法从 $\boldsymbol{\eta}$ 被调用，则 $\boldsymbol{\eta}$ 的初始估计可以被设为零或上一步的估计。

4.9.7 基于地心坐标系的空间配准算法

尽管4.9.5节和4.9.6节介绍了多种不同的配准算法，但这些都是基于立体投影(stereographic projection)在一个两维区域平面上实现的[74-75]。更确切地说，首先利用立体投影技术把传感器量测投影到与地球正切的局部传感器坐标上，然后变换到区域平面，并利用不同传感器报告量测之间的差异来估计传感器偏差。尽管立体投影能够减轻一个配准算法的计算复杂度，但这一方法还有一些缺点。首先，立体投影给局部传感器和区域平面的量测引入了误差。尽管更高阶的近似可以将变换的精度保证到几米，但由于地球本身是一个椭球而不是一个圆球，所以海里误差仍然存在。其次，立体投影扭曲了数据。值得注意的是，立体投影是保角的，但这一保角性只能保留方位角，而不能保留斜距。由此可以断定系统偏差将会依赖于量测，而不再是时不变的。这样，在区域平面上的两维配准模型就不能正确地表示实际的传感器模型。下面介绍一种直接在三维空间中对传感器偏差进行估计的方法，称为基于**地心地固坐标系的空间配准**算法。

1. 大地坐标转换

在大地坐标系下，一个传感器在椭圆形地球上的位置可以表示为(L,λ,H)，其中 L 为地理纬度，λ 为地理经度，H 表示距参考椭球的高度。参考椭球是一个旋转椭球，通常被用来表示平均海平面。纬度 L 被定义为地球表面上的法线与其在赤道平面上的投影之间的夹角。ECEF 笛卡儿坐标系的原点在地球中心，它的 x 轴穿过了格林尼治子午线，它的 z 轴与地球的旋转轴重合，它的 y 轴位于赤道平面形成了一个右手坐标系。给定一个传感器的大地坐标(L_s,λ_s,H_s)，则它的 ECEF 笛卡儿坐标(x_s,y_s,z_s)可以用下式确定

$$\begin{cases} x_s=(C+H_s)\cos L_s\cos\lambda_s \\ y_s=(C+H_s)\cos L_s\sin\lambda_s \\ z_s=[C(1-e^2)+H_s]\sin L_s \end{cases} \tag{4-9-60}$$

其中，e 和 E_q 分别表示地球的偏心率和赤道半径；而 C 为卯酉圈半径，被定义为

$$C=\frac{E_q}{(1-e^2\sin^2 L_s)^{1/2}} \tag{4-9-61}$$

给定一个雷达的量测(r_t,θ_t,η_t)，其中，r_t 为斜距，θ_t 为相对于正北的方位角，η_t 为俯仰角，则局部笛卡儿坐标就可以写为

$$\begin{cases} x_t=r_t\sin\theta_t\cos\eta_t \\ y_t=r_t\cos\theta_t\cos\eta_t \\ z_t=r_t\sin\eta_t \end{cases} \tag{4-9-62}$$

在一些应用中，目标距平均海平面的高度 H_t 被用来描述目标的位置。图4-9-4给出了将 H_t 转换成局部俯仰角的例子，其中地球近似为球体，平均半

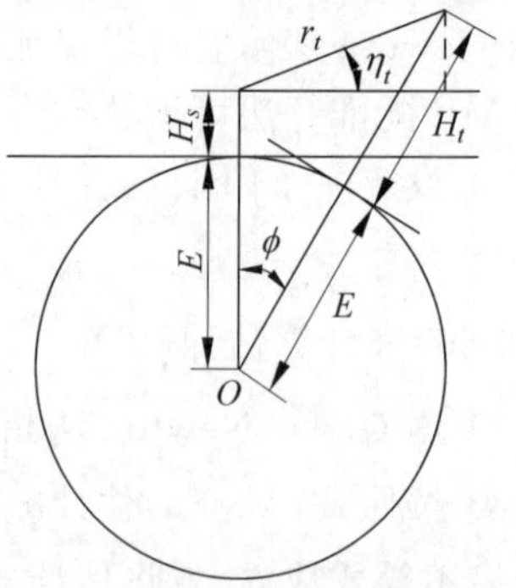

图4-9-4 局部俯仰角和距平均海平面的高度之间转换的几何关系

径为 E。利用余弦定律,可得

$$\cos\phi=\frac{(H_s^2+E)^2+(H_t+E)^2-r_t^2}{2(E+H_s)(E+H_t)} \tag{4-9-63}$$

由几何学可得

$$(E+H_t)\cos\phi=r_t\sin\eta_t+H_s+E \tag{4-9-64}$$

并且俯仰角 η_t 通过下式与距平均海平面的高度相关,即

$$\eta_t=\arcsin\left[\frac{H_t^2-H_s^2+2E(H_t-H_s)-r_t^2}{2r_t(E+H_s)}\right] \tag{4-9-65}$$

由局部笛卡儿坐标系到 ECEF 坐标系的转换可以通过旋转和平移局部笛卡儿坐标系来实现。所以可以通过下式将目标的局部笛卡儿坐标(x_l,y_l,z_l)转换成 ECEF 坐标(x_t,y_t,z_t)

$$\begin{bmatrix}x_t\\y_t\\z_t\end{bmatrix}=\begin{bmatrix}x_s\\y_s\\z_s\end{bmatrix}+\begin{bmatrix}-\sin\lambda_s & -\sin L_s\cos\lambda_s & \cos L_s\cos\lambda_s\\ \cos\lambda_s & -\sin L_s\sin\lambda_s & \cos L_s\sin\lambda_s\\ 0 & \cos L_s & \sin L_s\end{bmatrix}\begin{bmatrix}x_l\\y_l\\z_l\end{bmatrix} \tag{4-9-66}$$

2. 配准算法

令(L_a,λ_a,H_a)和(L_b,λ_b,H_b)分别表示传感器 a 和 b 的大地坐标,(x_a,y_a,z_a)和(x_b,y_b,z_b)分别表示传感器 a 和 b 的 ECEF 坐标,T_k 表示第 k 个目标,$(r_{a,k},\theta_{a,k},\eta_{a,k})$和$(r_{b,k},\theta_{b,k},\eta_{b,k})$分别表示传感器 a 和 b 对于第 k 个目标的斜距、方位角和俯仰角量测,$(\Delta r_a,\Delta\theta_a,\Delta\eta_a)$和$(\Delta r_b,\Delta\theta_b,\Delta\eta_b)$分别表示传感器 a 和 b 的传感器偏差。

T_k 在传感器 a 和 b 的局部笛卡儿坐标系中的坐标可以写为

$$\begin{cases}x'_{al,k}=(r_{a,k}-\Delta r_a)\sin(\theta_{a,k}-\Delta\theta_a)\cos(\eta_{a,k}-\Delta\eta_a)\\ y'_{al,k}=(r_{a,k}-\Delta r_a)\cos(\theta_{a,k}-\Delta\theta_a)\cos(\eta_{a,k}-\Delta\eta_a)\\ z'_{al,k}=(r_{a,k}-\Delta r_a)\sin(\eta_{a,k}-\Delta\eta_a)\end{cases} \tag{4-9-67}$$

同时还有

$$\begin{cases}x'_{bl,k}=(r_{b,k}-\Delta r_b)\sin(\theta_{b,k}-\Delta\theta_b)\cos(\eta_{b,k}-\Delta\eta_b)\\ y'_{bl,k}=(r_{b,k}-\Delta r_b)\cos(\theta_{b,k}-\Delta\theta_b)\cos(\eta_{b,k}-\Delta\eta_b)\\ z'_{bl,k}=(r_{b,k}-\Delta r_b)\sin(\eta_{b,k}-\Delta\eta_b)\end{cases} \tag{4-9-68}$$

根据式(4-9-66)～式(4-9-68)的坐标可以通过下式转换成 ECEF 坐标

$$\begin{bmatrix}x_{t,k}\\y_{t,k}\\z_{t,k}\end{bmatrix}=\begin{bmatrix}x_a\\y_a\\z_a\end{bmatrix}+\begin{bmatrix}-\sin\lambda_a & -\sin L_a\cos\lambda_a & \cos L_a\cos\lambda_a\\ \cos\lambda_a & -\sin L_a\sin\lambda_a & \cos L_a\sin\lambda_a\\ 0 & \cos L_a & \sin L_a\end{bmatrix}\begin{bmatrix}x'_{al,k}\\y'_{al,k}\\z'_{al,k}\end{bmatrix} \tag{4-9-69}$$

$$\begin{bmatrix}x_{t,k}\\y_{t,k}\\z_{t,k}\end{bmatrix}=\begin{bmatrix}x_b\\y_b\\z_b\end{bmatrix}+\begin{bmatrix}-\sin\lambda_b & -\sin L_b\cos\lambda_b & \cos L_b\cos\lambda_b\\ \cos\lambda_b & -\sin L_b\sin\lambda_b & \cos L_b\sin\lambda_b\\ 0 & \cos L_b & \sin L_b\end{bmatrix}\begin{bmatrix}x'_{bl,k}\\y'_{bl,k}\\z'_{bl,k}\end{bmatrix} \tag{4-9-70}$$

由于式(4-9-69)和式(4-9-70)表示同一目标 T_k 的 ECEF 坐标,令其相等,可得

$$\underline{\boldsymbol{x}}_a+\boldsymbol{R}_a\underline{\boldsymbol{x}}'_{al,k}=\underline{\boldsymbol{x}}_b+\boldsymbol{R}_b\underline{\boldsymbol{x}}'_{bl,k} \tag{4-9-71}$$

其中，$\boldsymbol{R}_a$ 和 $\boldsymbol{R}_b$ 表示式(4-9-69)和式(4-9-70)中的旋转矩阵，且

$$\begin{cases} \underline{\boldsymbol{x}}_a = [x_a, y_a, z_a]^{\mathrm{T}} \\ \underline{\boldsymbol{x}}_b = [x_b, y_b, z_b]^{\mathrm{T}} \\ \underline{\boldsymbol{x}}'_{al,k} = [x'_{al,k}, y'_{al,k}, z'_{al,k}]^{\mathrm{T}} \\ \underline{\boldsymbol{x}}'_{bl,k} = [x'_{bl,k}, y'_{bl,k}, z'_{bl,k}]^{\mathrm{T}} \end{cases}$$

这就是得到的结果。令 $\underline{\boldsymbol{\xi}}_a = [\Delta r_a, \Delta\theta_a, \Delta\eta_a]^{\mathrm{T}}$，$\underline{\boldsymbol{\xi}}_b = [\Delta r_b, \Delta\theta_b, \Delta\eta_b]^{\mathrm{T}}$，并且假定系统偏差相对很小，则式(4-9-71)用一阶近似可以展开为

$$\underline{\boldsymbol{x}}_{ae,k} + \boldsymbol{R}_a \boldsymbol{J}_{a,k} \underline{\boldsymbol{\xi}}_a = \underline{\boldsymbol{x}}_{be,k} + \boldsymbol{R}_b \boldsymbol{J}_{b,k} \underline{\boldsymbol{\xi}}_b \tag{4-9-72}$$

其中，$\underline{\boldsymbol{x}}_{ae,k}$ 和 $\underline{\boldsymbol{x}}_{be,k}$ 分别表示传感器 a 和 b 报告的目标 T_k 的 ECEF 笛卡儿坐标，$\boldsymbol{J}_{a,k}$ 和 $\boldsymbol{J}_{b,k}$ 分别表示 $\underline{\boldsymbol{x}}'_{al,k}$ 和 $\underline{\boldsymbol{x}}'_{bl,k}$ 相对于 $\underline{\boldsymbol{\xi}}_a$ 和 $\underline{\boldsymbol{\xi}}_b$ 在 $\underline{\boldsymbol{\xi}}_a = \boldsymbol{0}$ 和 $\underline{\boldsymbol{\xi}}_b = \boldsymbol{0}$ 处计算得到的 Jacobian 矩阵，为

$$\boldsymbol{J}_{a,k} = \begin{bmatrix} \dfrac{\partial x'_{al,k}}{\partial \Delta r_a} & \dfrac{\partial x'_{al,k}}{\partial \Delta\theta_a} & \dfrac{\partial x'_{al,k}}{\partial \Delta\eta_a} \\ \dfrac{\partial y'_{al,k}}{\partial \Delta r_a} & \dfrac{\partial y'_{al,k}}{\partial \Delta\theta_a} & \dfrac{\partial y'_{al,k}}{\partial \Delta\eta_a} \\ \dfrac{\partial z'_{al,k}}{\partial \Delta r_a} & \dfrac{\partial z'_{al,k}}{\partial \Delta\theta_a} & \dfrac{\partial z'_{al,k}}{\partial \Delta\eta_a} \end{bmatrix} \tag{4-9-73}$$

$$\boldsymbol{J}_{b,k} = \begin{bmatrix} \dfrac{\partial x'_{bl,k}}{\partial \Delta r_b} & \dfrac{\partial x'_{bl,k}}{\partial \Delta\theta_b} & \dfrac{\partial x'_{bl,k}}{\partial \Delta\eta_b} \\ \dfrac{\partial y'_{bl,k}}{\partial \Delta r_b} & \dfrac{\partial y'_{bl,k}}{\partial \Delta\theta_b} & \dfrac{\partial y'_{bl,k}}{\partial \Delta\eta_b} \\ \dfrac{\partial z'_{bl,k}}{\partial \Delta r_b} & \dfrac{\partial z'_{bl,k}}{\partial \Delta\theta_b} & \dfrac{\partial z'_{bl,k}}{\partial \Delta\eta_b} \end{bmatrix} \tag{4-9-74}$$

$$\begin{cases} \dfrac{\partial x'_{al,k}}{\partial \Delta r_a} = -\sin\theta_{a,k}\cos\eta_{a,k} \\ \dfrac{\partial x'_{bl,k}}{\partial \Delta r_b} = -\sin\theta_{b,k}\cos\eta_{b,k} \\ \dfrac{\partial y'_{al,k}}{\partial \Delta r_a} = -\cos\theta_{a,k}\cos\eta_{a,k} \\ \dfrac{\partial y'_{bl,k}}{\partial \Delta r_b} = -\cos\theta_{b,k}\cos\eta_{b,k} \\ \dfrac{\partial z'_{al,k}}{\partial \Delta r_a} = -\sin\eta_{a,k} \\ \dfrac{\partial z'_{bl,k}}{\partial \Delta r_b} = -\sin\eta_{b,k} \end{cases} \tag{4-9-75}$$

$$\begin{cases}\dfrac{\partial x'_{al,k}}{\partial\Delta\theta_a}=-r_{a,k}\cos\theta_{a,k}\cos\eta_{a,k}\\\dfrac{\partial x'_{bl,k}}{\partial\Delta\theta_b}=-r_{b,k}\cos\theta_{b,k}\cos\eta_{b,k}\\\dfrac{\partial y'_{al,k}}{\partial\Delta\theta_a}=r_{a,k}\sin\theta_{a,k}\cos\eta_{a,k}\\\dfrac{\partial y'_{bl,k}}{\partial\Delta\theta_b}=r_{b,k}\sin\theta_{b,k}\cos\eta_{b,k}\\\dfrac{\partial z'_{al,k}}{\partial\Delta\theta_a}=0\\\dfrac{\partial z'_{bl,k}}{\partial\Delta\theta_b}=0\end{cases}\tag{4-9-76}$$

$$\begin{cases}\dfrac{\partial x'_{al,k}}{\partial\Delta\eta_a}=r_{a,k}\sin\theta_{a,k}\sin\eta_{a,k}\\\dfrac{\partial x'_{bl,k}}{\partial\Delta\eta_b}=r_{b,k}\sin\theta_{b,k}\sin\eta_{b,k}\\\dfrac{\partial y'_{al,k}}{\partial\Delta\eta_a}=r_{a,k}\cos\theta_{a,k}\sin\eta_{a,k}\\\dfrac{\partial y'_{bl,k}}{\partial\Delta\eta_b}=r_{b,k}\cos\theta_{b,k}\sin\eta_{b,k}\\\dfrac{\partial z'_{al,k}}{\partial\Delta\eta_a}=-r_{a,k}\cos\eta_{a,k}\\\dfrac{\partial z'_{bl,k}}{\partial\Delta\eta_b}=-r_{b,k}\cos\eta_{b,k}\end{cases}\tag{4-9-77}$$

将式(4-9-72)表示成矩阵形式，可得

$$\boldsymbol{L}_k\underline{\boldsymbol{\xi}}=\Delta\underline{\boldsymbol{x}}_k\tag{4-9-78}$$

其中，$\underline{\boldsymbol{\xi}}=[\underline{\boldsymbol{\xi}}_a^{\mathrm{T}},\underline{\boldsymbol{\xi}}_b^{\mathrm{T}}]^{\mathrm{T}}$，$\Delta\underline{\boldsymbol{x}}_k=\underline{\boldsymbol{x}}_{be,k}-\underline{\boldsymbol{x}}_{ae,k}$，$\boldsymbol{L}_k=[\boldsymbol{R}_a\boldsymbol{J}_{a,k},-\boldsymbol{R}_b\boldsymbol{J}_{b,k}]$。

式(4-9-78)为 ECEF 配准算法[72]的基本方程。理论上来说，对于单一的量测，式(4-9-78)的解不是唯一的，需要更多的目标报告。当有 $K(K>1)$个量测时，传感器偏差可以通过如下方程的最小二乘解来求得

$$\boldsymbol{L}\underline{\boldsymbol{\xi}}=\Delta\underline{\boldsymbol{x}}\tag{4-9-79}$$

其中，$\boldsymbol{L}=[\boldsymbol{L}_1^{\mathrm{T}},\boldsymbol{L}_2^{\mathrm{T}},\cdots,\boldsymbol{L}_K^{\mathrm{T}}]^{\mathrm{T}}$，$\Delta\underline{\boldsymbol{x}}=[\Delta\underline{\boldsymbol{x}}_1^{\mathrm{T}},\Delta\underline{\boldsymbol{x}}_2^{\mathrm{T}},\cdots,\Delta\underline{\boldsymbol{x}}_K^{\mathrm{T}}]^{\mathrm{T}}$，$\underline{\boldsymbol{\xi}}=[\underline{\boldsymbol{\xi}}_a^{\mathrm{T}},\underline{\boldsymbol{\xi}}_b^{\mathrm{T}}]^{\mathrm{T}}$，也就是

$$\hat{\underline{\boldsymbol{\xi}}}_{LS}=(\boldsymbol{L}^{\mathrm{T}}\boldsymbol{L})^{-1}\boldsymbol{L}^{\mathrm{T}}\Delta\underline{\boldsymbol{x}}\tag{4-9-80}$$

其中，假定 $\boldsymbol{L}$ 列满秩以保证 $\underline{\boldsymbol{\xi}}$ 可以被唯一求解得到。

4.9.8 基于位置信息的异步传感器空间配准算法

本小节将时间配准与空间配准问题结合，给出基于 ECEF 的异步传感器位置信息的

空间配准算法[108,109]。

1. 基于ECEF的空间配准算法原理

假设传感器在大地(地理)坐标系下坐标为(L,λ,H),大地坐标向ECEF坐标的转换公式前面已经表述过。在4.9.7节已经专门介绍了基于地心地固坐标系的空间配准算法,此处不再赘述。需要说明如下。

1）传感器量测模型

假设传感器在大地坐标系下的坐标为(L,λ,H),转换到ECEF坐标系下的坐标为

$$\begin{cases} x_s=(C+H)\cos L\cos\lambda \\ y_s=(C+H)\cos L\sin\lambda \\ z_s=(C(1-e^2)+H)\sin L \end{cases} \tag{4-9-81}$$

其中,(L,λ,H)分别为经度、纬度和海拔高度；e为地球偏心率；C为卯酉圈半径。

假设传感器对目标的距离、俯仰角和相对正北方位角的测量分别为(r,θ,φ),将其转换至本地直角坐标系下,则有

$$\begin{cases} x=r\cos\theta\sin\varphi \\ y=r\cos\theta\cos\varphi \\ z=r\sin\theta \end{cases} \tag{4-9-82}$$

假设目标在ECEF坐标系下的坐标为$\boldsymbol{x}_e=[x_e,y_e,z_e]^{\mathrm{T}}$,则有

$$\boldsymbol{x}_e=\boldsymbol{x}_s+\boldsymbol{B}\boldsymbol{x} \tag{4-9-83}$$

其中,$\boldsymbol{B}=\begin{bmatrix} -\sin\lambda & -\sin L\cos\lambda & \cos L\cos\lambda \\ \cos\lambda & -\sin L\sin\lambda & \cos L\sin\lambda \\ 0 & \cos L & \sin L \end{bmatrix}$为转换矩阵。

2）伪量测方程

假设在k时刻,目标在传感器本地直角坐标系下的真实位置为$\boldsymbol{x}'(k)=[x'(k),y'(k),z'(k)]^{\mathrm{T}}$,而在本地极坐标系下的量测值为$[r(k),\theta(k),\varphi(k)]$,转换至本地直角坐标系下为$\boldsymbol{x}(k)=[x(k),y(k),z(k)]^{\mathrm{T}}$。假设传感器在距离、俯仰角、方位角的量测偏差为$\xi(k)=[\Delta r(k),\Delta\theta(k),\Delta\varphi(k)]^{\mathrm{T}}$,于是有

$$\begin{cases} x'(k)=[r-\Delta r-n_r]\cos[\theta-\Delta\theta-n_\theta]\sin[\varphi-\Delta\varphi-n_\varphi] \\ y'(k)=[r-\Delta r-n_r]\cos[\theta-\Delta\theta-n_\theta]\cos[\varphi-\Delta\varphi-n_\varphi] \\ z'(k)=[r-\Delta r-n_r]\sin[\theta-\Delta\theta-n_\theta] \end{cases} \tag{4-9-84}$$

其中,$\boldsymbol{n}(k)=[n_r(k),n_\theta(k),n_\varphi(k)]^{\mathrm{T}}$为传感器量测的随机噪声,其为均值为零,方差为$(\sigma_r^2,\sigma_\theta^2,\sigma_\varphi^2)$的白噪声。对式(4-9-84)进行泰勒展开,可得

$$\begin{cases} x'(k)\approx r\cos\theta\sin\varphi-\cos\theta\sin\varphi[\Delta r+n_r]+r\sin\theta\sin\varphi[\Delta\theta+n_\theta]-r\cos\theta\cos\varphi[\Delta\varphi+n_\varphi] \\ y'(k)\approx r\cos\theta\sin\varphi-\cos\theta\sin\varphi[\Delta r+n_r]+r\sin\theta\sin\varphi[\Delta\theta+n_\theta]-r\cos\theta\cos\varphi[\Delta\varphi+n_\varphi] \\ z'(k)=r\sin\theta-\sin\theta[\Delta r+n_r]-r\cos\theta[\Delta\theta+n_\theta] \end{cases} \tag{4-9-85}$$

写成向量、矩阵形式为

$$\boldsymbol{x}'(k)=\boldsymbol{x}(k)+\boldsymbol{C}(k)[\xi(k)+\boldsymbol{n}(k)] \tag{4-9-86}$$

其中

$$\boldsymbol{C}(k)=\begin{bmatrix}-\cos\theta(k)\sin\varphi(k) & r(k)\sin\theta(k)\sin\varphi(k) & -r(k)\cos\theta(k)\cos\varphi(k)\\ -\cos\theta(k)\cos\varphi(k) & r(k)\sin\theta(k)\cos\varphi(k) & r(k)\cos\theta(k)\sin\varphi(k)\\ -\sin\theta(k) & -r(k)\cos\theta(k) & 0\end{bmatrix}$$

假设目标在 ECEF 坐标系下的真实位置为 $\boldsymbol{x}'_e=[x'_e,y'_e,z'_e]^{\mathrm{T}}$，现有传感器 A 和 B 同时对目标进行探测，根据式(4-9-83)可得

$$\boldsymbol{x}'_e=\boldsymbol{x}_{As}+\boldsymbol{B}_A\boldsymbol{x}'_A(k)=\boldsymbol{x}_{Bs}+\boldsymbol{B}_B\boldsymbol{x}'_B(k) \tag{4-9-87}$$

其中，$\boldsymbol{x}_{As}$，$\boldsymbol{x}_{Bs}$ 分别是传感器 A 和 B 本身在 ECEF 坐标系下的坐标值；$\boldsymbol{x}'_A(k)$，$\boldsymbol{x}'_B(k)$分别是目标在传感器 A 和 B 本地直角坐标系下的真实位置。定义伪量测方程为

$$\boldsymbol{z}(k)\triangleq\boldsymbol{x}_{Ae}(k)-\boldsymbol{x}_{Be}(k) \tag{4-9-88}$$

其中，$\boldsymbol{x}_{Ae}(k)=\boldsymbol{x}_{As}+\boldsymbol{B}_A\boldsymbol{x}_A(k)$；$\boldsymbol{x}_{Be}(k)=\boldsymbol{x}_{Bs}+\boldsymbol{B}_B\boldsymbol{x}_B(k)$。

将式(4-9-86)和式(4-9-87)代入式(4-9-88)，可以得到关于传感器偏差的伪量测方程为

$$\boldsymbol{z}(k)=\boldsymbol{H}(k)\beta(k)+\boldsymbol{w}(k) \tag{4-9-89}$$

其中，$\boldsymbol{H}(k)\triangleq[-\boldsymbol{B}_A\boldsymbol{C}_A(k)\boldsymbol{B}_B\boldsymbol{C}_B(k)]\begin{bmatrix}\boldsymbol{n}_A(k)\\ \boldsymbol{n}_B(k)\end{bmatrix}$；$\boldsymbol{z}(k)$为伪量测向量；$\boldsymbol{H}(k)$为测量矩阵；$\boldsymbol{\beta}(k)$为传感器偏差向量；$\boldsymbol{w}(k)$为测量噪声向量。

由于 $\boldsymbol{n}_A(k)$，$\boldsymbol{n}_B(k)$为零均值、相互独立的高斯型随机变量，因此 $\boldsymbol{w}(k)$同样是零均值高斯型随机变量，其协方差阵为 $\boldsymbol{R}(k)$。

3) 状态方程

不失一般性，对传感器偏差建立如下的动态随机过程模型[107]

$$\beta(k+1)=\boldsymbol{F}(k)\beta(k)+\boldsymbol{\nu}(k) \tag{4-9-90}$$

其中，$\boldsymbol{F}(k)$为传感器偏差的状态转移矩阵；$\boldsymbol{\nu}(k)$为传感器偏差的策动噪声，其均值为零、协方差阵为 $\boldsymbol{Q}(k)$。$\boldsymbol{F}(k)$与$\boldsymbol{\nu}(k)$必须根据实际系统偏差的变化情况建立模型。当偏差固定时，$\boldsymbol{F}(k)$为单位阵，$\boldsymbol{\nu}(k)$的协方差阵为零阵。

2. 异步传感器空间配准算法

基于 ECEF 的空间配准算法的伪量测方程中，所用的量测值为同一时刻的量测值，也就是同步传感器的空间配准算法。但是，实际工程中，传感器的量测大多数是非同步的，因此，现有的同步传感器空间配准算法无法直接应用于工程实践之中。现有的文献[94-95,102-103]研究了异步传感器的空间配准算法，其思想都为：对传感器的量测进行加权，确定加权系数以消除伪量测方程中的目标状态。其推导过程都假设目标的运动状态转移矩阵为 CV 运动时对应的状态转移矩阵，因此在目标机动时误差较大。如果仅利用目标位置信息的空间配准算法，可有效抑制目标机动对空间配准精度的影响。

(1) 基于 B 样条插值时间配准的伪量测方程。

由于 B 样条插值时间配准的插值函数的非线性特性，使其具有处理机动目标时间配准的特性，所以采用上一节中的 B 样条插值时间配准算法对量测数据进行对准。由于基

于 ECEF 的传感器空间配准的配准框架为双传感器探测同一目标，假设传感器 A 的采样频率大于传感器 B，其探测数据时序关系如图 4-9-5 所示。图中，将传感器 A 的数据向传感器 B 的数据量测时刻进行配准，由式(4-9-86)可知，传感器 A 在 t_{k-1}, t_k, t_{k+1} 时刻在本地直角坐标系下的量测数据为

$$\begin{cases} \boldsymbol{y}_A(t_{k-1}) = \boldsymbol{y}'_A(t_{k-1}) - \boldsymbol{C}_A(t_{k-1})\xi_A(t_{k-1}) + n_{\boldsymbol{y}_A(t_{k-1})} \\ \boldsymbol{y}_A(t_k) = \boldsymbol{y}'_A(t_k) - \boldsymbol{C}_A(t_k)\xi_A(t_k) + n_{\boldsymbol{y}_A(t_k)} \\ \boldsymbol{y}_A(t_{k+1}) = \boldsymbol{y}'_A(t_{k+1}) - \boldsymbol{C}_A(t_{k+1})\xi_A(t_{k+1}) + n_{\boldsymbol{y}_A(t_{k+1})} \end{cases} \tag{4-9-91}$$

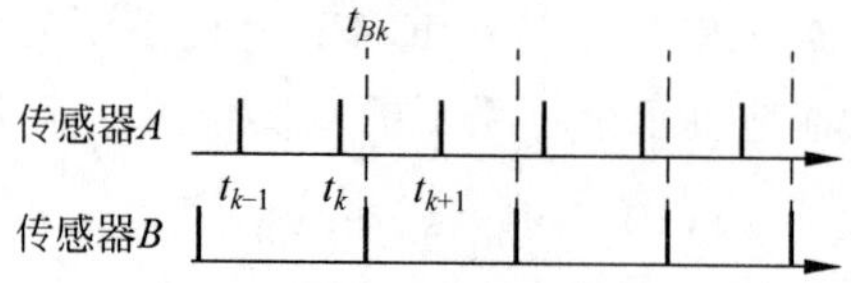

图 4-9-5　传感器 A、B 量测数据 TOA 的时序关系

其中，$\boldsymbol{y}'_A(t)$为目标 t 时刻在传感器 A 本地直角坐标系下的真实位置；$\xi_A(t)$为相应时刻传感器 A 的系统误差；$\boldsymbol{n}_{\boldsymbol{y}_A(t)}$为相应时刻的随机噪声，其均值为零，协方差阵为 $\boldsymbol{R}_A(t)$的高斯白噪声。将传感器 A 的量测值按照基于 B 样条插值的时间配准算法向 t_{Bk} 时刻进行配准，即可得

$$\begin{aligned} \breve{\boldsymbol{y}}_A(t_{Bk}) = & [\lambda_1 \boldsymbol{y}'_A(t_{k-1}) + \lambda_2 \boldsymbol{y}'_A(t_k) + \lambda_3 \boldsymbol{y}'_A(t_{k+1})] + \\ & [\lambda_1 \boldsymbol{C}_A(t_{k-1})\xi_A(t_{k-1}) + \lambda_2 \boldsymbol{C}_A(t_k)\xi_A(t_k) + \lambda_3 \boldsymbol{C}_A(t_{k+1})\xi_A(t_{k+1})] + \\ & [\lambda_1 \boldsymbol{n}_{\boldsymbol{y}_A(t_{k-1})} + \lambda_2 \boldsymbol{n}_{\boldsymbol{y}_A(t_k)} + \lambda_3 \boldsymbol{n}_{\boldsymbol{y}_A(t_{k+1})}] \\ = & \breve{\boldsymbol{y}}'_A(t_{Bk}) + \breve{\xi}_A(t_{k-1}, t_k, t_{k+1} + \boldsymbol{n}_{\boldsymbol{y}_A(t_{k-1}, t_k, t_{k-1})} \end{aligned} \tag{4-9-92}$$

其中，$\breve{\boldsymbol{y}}'_A(t_{Bk})$为目标在 t_{Bk} 时刻在传感器 A 的本地直角坐标系下的真实位置；$\breve{\xi}_A(t_{k-1}, t_k, t_{k+1})$为传感器的系统误差；$\boldsymbol{n}_{\boldsymbol{y}_A(t_{k-1}, t_k, t_{k+1})}$为传感器 A 的随机噪声，其均值为零，协方差阵为

$$\boldsymbol{R}_A = \lambda_1^2 \boldsymbol{R}_A(k-1) + \lambda_2^2 \boldsymbol{R}_A(k) + \lambda_3^2 \boldsymbol{R}_A(k+1) \tag{4-9-93}$$

的高斯白噪声。

在 t_{Bk} 时刻，传感器 B 对目标的量测为

$$\boldsymbol{y}_B(t_{Bk}) = \boldsymbol{y}'_B(t_{Bk}) + \boldsymbol{C}_B(t_{Bk})\xi_B(t_{Bk}) + \boldsymbol{n}_{\boldsymbol{y}_B(t_{Bk})} \tag{4-9-94}$$

其中，$\boldsymbol{y}'_B(t_{Bk})$为目标在 t_{Bk} 时刻在传感器 B 的本地直角坐标系下的真实位置；$\xi_B(t_{Bk})$为传感器 B 的系统误差；$\boldsymbol{n}_{\boldsymbol{y}_B(t_{Bk})}$为随机噪声，其均值为零，协方差为 $\boldsymbol{R}_B(t_{Bk})$的高斯白噪声。

根据式(4-9-88)的伪量测的定义，由传感器 A 的配准值及传感器 B 的量测构成的伪量测方程为

$$\boldsymbol{z}(k) = [\boldsymbol{x}_{AS}(t_{Bk}) + \boldsymbol{B}_A(t_{Bk})\breve{\boldsymbol{y}}_A(t_{Bk})] - [\boldsymbol{x}_{BS}(t_{Bk}) + \boldsymbol{B}_B(t_{Bk})\boldsymbol{y}_B(t_{Bk})] \tag{4-9-95}$$

假定目标在 ECEF 坐标系中的位置为 $\boldsymbol{x}_e$，由于传感器 A 与传感器 B 探测同一个目标，所以有

$$\boldsymbol{x}_e = \boldsymbol{x}_{AS}(t_{Bk}) + \boldsymbol{B}_A(t_{Bk})\breve{y}'_A(t_{Bk}) = \boldsymbol{x}_{BS}(t_{Bk}) + \boldsymbol{B}_B(t_{Bk})\breve{y}'_B(t_{Bk}) \tag{4-9-96}$$

其中，传感器 A 与传感器 B 在 ECEF 坐标系下的坐标的位置为 $\boldsymbol{x}_{AS}(t)$ 和 $\boldsymbol{x}_{BS}(t)$；$\boldsymbol{B}_A(t_{Bk})$和 $\boldsymbol{B}_B(t_{Bk})$为传感器 A、B 的本地直角坐标系向 ECEF 转换时的转换矩阵。故式(4-9-95)可改为

$$\boldsymbol{z}(k)=\boldsymbol{G}(k)\beta(k)+\boldsymbol{w}(k) \tag{4-9-97}$$

其中，$\boldsymbol{G}(k)$为量测矩阵，表达式为

$$\boldsymbol{G}(k)=\begin{bmatrix}-\lambda_1\boldsymbol{J}_A(t_{k-1}) & -\lambda_2\boldsymbol{J}_A(t_k) & -\lambda_3\boldsymbol{J}_A(t_{k+1}) & \boldsymbol{J}_B(t_{BK})\end{bmatrix} \tag{4-9-98}$$

其中

$$\begin{cases}\boldsymbol{J}_A(t_{k-1})=\boldsymbol{B}_A(t_{k-1})\boldsymbol{C}_A(t_{k-1}), & \boldsymbol{J}_A(t_k)=\boldsymbol{B}_A(t_k)\boldsymbol{C}_A(t_k)\\ \boldsymbol{J}_A(t_{k+1})=\boldsymbol{B}_A(t_{k+1})\boldsymbol{C}_A(t_{k+1}), & \boldsymbol{J}_B(t_{BK})=\boldsymbol{B}_B(t_{BK})\boldsymbol{C}_B(t_{Bk})\end{cases}$$

$\beta(k)$为传感器系统误差向量，表达式为

$$\beta(k)=\begin{bmatrix}\xi_A(t_{k-1}) & \xi_A(t_k) & \xi_A(t_{k+1}) & \xi_B(t_{Bk})\end{bmatrix}^{\mathrm{T}} \tag{4-9-99}$$

$\boldsymbol{w}(k)$为随机噪声，表示为

$$\boldsymbol{w}(k)=\lambda_1\boldsymbol{n}_{\boldsymbol{y}_A(t_{k-1})}+\lambda_2\boldsymbol{n}_{\boldsymbol{y}_A(t_k)}+\lambda_3\boldsymbol{n}_{\boldsymbol{y}_A(t_{k+1})}-\boldsymbol{n}_{\boldsymbol{y}_B(t_{Bk})} \tag{4-9-100}$$

为零均值的高斯白噪声，其协方差阵为

$$\boldsymbol{R}_w(k)=\lambda_1^2\boldsymbol{R}_A(k-1)+\lambda_2^2\boldsymbol{R}_A(k)+\lambda_3^2\boldsymbol{R}_A(k+1)+\boldsymbol{R}_B(k_{BK}) \tag{4-9-101}$$

由式(4-9-97)可知，此伪量测与同步传感器空间配准的伪量测方程相似，均与目标的状态无关。但是，由式(4-9-91)～式(4-9-97)可以看出，此处的伪量测方程的推导过程只用到了目标位置信息，而与目标的运动状态无关。所以，此异步传感器的空间配准算法可解决目标机动条件下的异步传感器空间配准问题。

特别地，当传感器 A 的采样时刻与传感器 B 的采样时刻刚好相等时，则无须采用此配准算法，直接采用同步传感器的空间配准算法即可。

(2) 系统误差估计算法。

根据前述伪量测结论，可建立状态方程与量测方程如下

$$\begin{cases}\beta_{k+1}=\boldsymbol{F}_{k|k-1}\boldsymbol{\beta}_k+\boldsymbol{\nu}_k\\ \boldsymbol{z}_k=\boldsymbol{G}_k\boldsymbol{\beta}_k+\boldsymbol{w}_k\end{cases} \tag{4-9-102}$$

其中，状态转移矩阵 $\boldsymbol{F}_{k|k-1}$ 与传感器的系统误差变化规律相关，当传感器的系统误差缓变时，其近似取值为 $\boldsymbol{I}$，其中 $\boldsymbol{I}$ 为 $n\times n$ 的单位矩阵，n 为状态向量$\boldsymbol{\beta}$ 的维数。

根据式(4-9-102)的动态系统，可以采用 KF 对系统偏差向量$\boldsymbol{\beta}$ 进行估计。下面列出一步预测、Kalman 增益、估计更新的具体方程：

$$\begin{cases}\hat{\boldsymbol{\beta}}_{k|k-1}=\boldsymbol{F}_{k|k-1}\hat{\boldsymbol{\beta}}_{k-1|k-1}\\ \boldsymbol{P}_{k|k-1}=\boldsymbol{F}_{k|k-1}\boldsymbol{P}_{k-1|k-1}\boldsymbol{F}_{k|k-1}^{\mathrm{T}}+\boldsymbol{Q}_{k-1}\\ \hat{\boldsymbol{z}}_{k|k-1}=\boldsymbol{G}_k\hat{\boldsymbol{\beta}}_{k|k-1}\\ \boldsymbol{S}_k=\boldsymbol{G}_k\boldsymbol{P}_{k|k-1}\boldsymbol{G}_k^{\mathrm{T}}+\boldsymbol{R}_{wk}\\ \boldsymbol{K}_k=\boldsymbol{P}_{k|k-1}\boldsymbol{G}_k^{\mathrm{T}}\boldsymbol{S}_k^{-1}\\ \hat{\boldsymbol{\beta}}_{k|k}=\hat{\boldsymbol{\beta}}_{k|k-1}+\boldsymbol{K}_k[\boldsymbol{z}_k-\hat{\boldsymbol{z}}_{k|k-1}]\\ \boldsymbol{P}_{k|k}=\boldsymbol{P}_{k|k-1}-\boldsymbol{K}_k\boldsymbol{S}_k\boldsymbol{K}_k^{\mathrm{T}}\end{cases} \tag{4-9-103}$$

其中，$\boldsymbol{R}_{wk}$ 就是式(4-9-101)的 $\boldsymbol{R}_w(k)$。至此，可得到传感器 A 和传感器 B 的系统误差的估计值 $\hat{\beta}(k|k)$。

(3) 异步传感器空间配准算法性能分析。

通常可假定传感器 A 和传感器 B 的随机噪声的协方差阵为时不变的，即 $\boldsymbol{R}_A(k)=\boldsymbol{R}_A$ 和 $\boldsymbol{R}_B(k_i)=\boldsymbol{R}_B$，则时间配准后的量测值的噪声协方差阵为

$$\boldsymbol{R}_A(t_{Bk})=(\lambda_1^2+\lambda_2^2+\lambda_3^2)\boldsymbol{R}_A \tag{4-9-104}$$

根据式(4-9-101)，伪量测方程中的随机噪声的协方差阵为

$$\boldsymbol{R}_w(k)=(\lambda_1^2+\lambda_2^2+\lambda_3^2)\boldsymbol{R}_A+\boldsymbol{R}_B \tag{4-9-105}$$

由 KF(Kalman 滤波器)理论可知，其估计精度受噪声协方差阵 $\boldsymbol{R}_w(k)$ 影响。通常，在 $\boldsymbol{R}_w(k)$ 较小的情况下，其估计结果 $\hat{\beta}(k|k)$ 与真实值越接近。而 $\boldsymbol{R}_w(k)$ 的取值与 $\lambda_1,\lambda_2,\lambda_3$ 以及传感器自身的随机噪声的协方差阵相关，而 $\lambda_1,\lambda_2,\lambda_3$ 的取值与传感器的采样频率及采样起始时刻相关。

由于在伪量测方程的推导过程中仅使用了目标的位置信息，而没有使用目标的速度等信息，因此，异步传感器空间配准算法在目标机动时仍可取得良好效果。

4.10 基于随机有限集的多目标跟踪概述

由于前述时空配准和后面的数据关联都是目标跟踪的一个复杂技术难题，近年来急速发展的基于随机有限集的多目标跟踪有可能解决这一难题。本节主要讨论基于随机有限集(RFS)的多目标跟踪理论，首先讨论基于随机有限集框架下的目标运动模型、量测模型、概率假设密度(PHD)，以及基于 PHD 的系列跟踪滤波器。

如本书 3.5 节“随机有限集概略”所述，随机有限集的条件期望是不存在的，那么随机有限集的一阶矩自然也是不存在的。因此，按照传统的方法定义随机有限集的一阶矩(均值)就很难行得通，因此它没有任何含义。随机集和点过程理论有着紧密的联系，对每一个随机集，对应一个随机点过程，点过程和目标跟踪算法之间的关系曾被关注过[82]。而随机点过程中的一阶矩是很早就有定义的，它表示空间中随机点数的期望值。一个自然的想法是可以直接借用它作为随机有限集一阶矩的定义。Mahler 把它引入随机有限集多目标跟踪概念中，即概率假设密度(PHD)[83,84]，但它的物理意义和传统的随机变量一阶矩(期望值)完全不同，它的物理含义指的是状态空间点上期望目标个数。对于矩的递推公式，一般意义下的递推公式并不存在。能否在某些条件下存在呢？Mahler 给出了 Possion 条件下近似的一阶矩递推滤波公式，即多目标 PHD 递推滤波器。

4.10.1 RFS 目标运动和量测模型

对于单目标而言，目标状态是状态空间中的一个点，它可以通过一个状态向量表示该点的状态。同样，在量测空间，目标产生一个量测属于量测空间中的一个点，同样可以通过一个量测向量来表示。在多目标情况下，目标状态和目标量测可以表示为

$$X_k=\{\boldsymbol{x}_k^1,\cdots,\boldsymbol{x}_k^{m(k)}\}\in\mathcal{F}(E_s) \tag{4-10-1}$$

$$Z_k = \{\boldsymbol{z}_k^1, \cdots, \boldsymbol{z}_k^{n(k)}\} \in \mathcal{F}(E_o) \tag{4-10-2}$$

其中，E_s，E_o 分别是状态空间和量测空间，X_k，Z_k 分别表示状态集和量测集，$m(k)$，$n(k)$是状态向量和量测向量的个数。在随机集框架下，目标的个数是随机变化的。因此，多目标状态集和量测集的个数也是随时间变化的。对于目标 RFS Ξ_k 来说，X_k 是一次实现，它包括两部分：原来存在的目标 RFS $S_k(X_{k-1})$和新产生的目标 RFS $N_k(X_{k-1})$，因此

$$\Xi_k = S_k(X_{k-1}) \cup N_k(X_{k-1}) \in \mathcal{F}(E_s) \tag{4-10-3}$$

其中，新产生的目标 RFS 包含两部分：新生目标 RFS Γ_k 和再生(spawn，从一个目标中产生另一个新的目标)目标 RFS $B_k(X_{k-1})$

$$N_k(X_{k-1}) = B_k(X_{k-1}) \cup \Gamma_k(X_{k-1}) \tag{4-10-4}$$

量测 RFS Σ_k 也包含两部分：目标量测 RFS $\Phi_k(X_k)$和杂波量测 RFS C_k，所以

$$\Sigma_k = \Phi_k(X_k) \cup C_k \in \mathcal{F}(E_o) \tag{4-10-5}$$

4.10.2 PHD(概率假设密度)滤波器

随机有限集的一阶矩称为概率假设密度。随机有限集对应的计数变量可表示为

$$N(S) = \int_S v_k(\boldsymbol{x} \mid Z^k)\mathrm{d}\boldsymbol{x} \tag{4-10-6}$$

其中，$v_k(\boldsymbol{x}|Z^k)$是概率假设密度，$N(S)$是状态空间 S 中期望目标个数，$Z^k=\{Z_1, Z_2, \cdots, Z_k\}$。类似于常增益 Kalman 滤波器。通过递推预测和更新 PHD，获取目标个数的分布信息，进而获得目标状态的分布信息[84]。

假设 $k-1$ 时刻，目标的 PHD 为 $v_{k-1}(\boldsymbol{x})$，多目标状态演化式为 $f(X_k|X_{k-1})$，则有如下两步。

(1) PHD 预测步：

$$v_{k|k-1}(\boldsymbol{x} \mid Z^{k-1}) = \gamma_k(\boldsymbol{x}) + \int \phi(\boldsymbol{x}_k \mid \boldsymbol{x}_{k-1}) v_{k-1}(\boldsymbol{x}_{k-1} \mid Z^{k-1})\mathrm{d}\boldsymbol{x}_{k-1} \tag{4-10-7}$$

$$\phi(\boldsymbol{x}_k \mid \boldsymbol{x}_{k-1}) = b(\boldsymbol{x}_k \mid \boldsymbol{x}_{k-1}) + P_S(\boldsymbol{x}_{k-1}) f(\boldsymbol{x}_k \mid \boldsymbol{x}_{k-1}) \tag{4-10-8}$$

其中，$\gamma_k(\boldsymbol{x})$表示新生的目标 PHD，$b(\boldsymbol{x}_k|\boldsymbol{x}_{k-1})$指的是再生的目标方程，$P_S(\boldsymbol{x}_{k-1})$是目标的生存概率，它表示了目标死亡的信息。

(2) PHD 更新步：

$$v_k(\boldsymbol{x} \mid Z^k) = (1 - P_D(\boldsymbol{x})) v_{k|k-1}(\boldsymbol{x} \mid Z^{k-1}) + \sum_{z_k \in Z_k} \frac{P_D(\boldsymbol{x})\rho(\boldsymbol{z}_k \mid \boldsymbol{x}_k)}{\lambda_k c_k(\boldsymbol{z}_k) + \int P_D(\boldsymbol{x})\rho(\boldsymbol{z}_k \mid \boldsymbol{x}_k) v_{k|k-1}(\boldsymbol{x})\mathrm{d}\boldsymbol{x}} v_{k|k-1}(\boldsymbol{x} \mid Z^{k-1}) \tag{4-10-9}$$

其中，λ_k 是期望的杂波个数，$c_k(z_k)$是一个杂波点密度，$P_D(\boldsymbol{x})$是目标检测概率，$\rho(\boldsymbol{z}_k | \boldsymbol{x}_k)$是似然函数。PHD 是目标期望个数在状态空间的分布，它只是包含目标状态信息，而不能直接提供目标的状态分布。

PHD 滤波器通过对 PHD 函数 $v_k(\boldsymbol{x}|Z^k)$进行积分获得目标个数的估计。对于目标状态，如图 4-10-1 所示，目标最可能出现的位置是 PHD 波峰位置，因此，一般采用波峰提

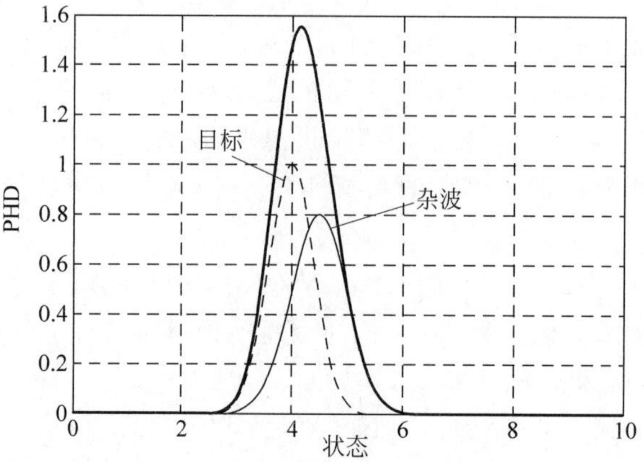

图 4-10-1 “PHD-状态”分布图

取技术获取目标状态，例如 K 均值算法、有限混合模型算法、核密度算法。PHD 滤波器本质上是一种联合决策与估计算法，从 PHD 滤波器可以看出，通过计算各个量测分配给某个状态点上的强度信息和，获得目标状态的分析信息，它没有数据关联这一步骤，是一种新颖而有效的多目标跟踪滤波器。

不过，PHD 滤波器有下面几个不足之处。一是受杂波/虚警干扰后，目标个数的估计就会出现比较大的偏差和波动。如图 4-10-1 所示，假设目标受到某一个杂波点的干扰后，目标个数的估计将近 1.6，接近 2 个目标。二是预测步后验密度必须近似 Poisson 分布。为了解决这两个问题，Mahler 进一步给出了 Cardinality-PHD（CPHD）滤波器，其主要工作包括两点：一是放松了 Poisson 假设；二是目标个数采用目标分布的 MAP 准则估计，而不是采用 PHD 的后验期望来估计。这样，目标个数的估计偏差变小，精度提高。

4.10.3 CPHD（基数概率假设密度）滤波器

PHD 滤波器只是递推目标 PHD 强度函数，CPHD 滤波器同时递推目标个数分布函数和 PHD 强度函数。同 PHD 滤波器一样，CPHD 滤波器递推过程也分为预测和更新两步[85-86]。

（1）CPHD 预测步：

$$p_{k|k-1}(n)=\sum_{j=0}^{\infty}p_{k-1|k-1}(j)M(n,j) \tag{4-10-10}$$

$$M(n,j)=\sum_{i=0}^{\min(n,j)}p_{\text{birth}}(n-i)C_i^j(1-P_S)^{j-i}P_S^i \tag{4-10-11}$$

其中，$p_{\text{birth}}(n)$是从 $k-1$ 时刻到 k 时刻产生目标 n 个目标的概率。该公式是根据目标死亡，出生个数的不同而划分的事件空间。$M(n,j)$指的是总共 n 个目标，其中上一时刻有 j 个目标，这 j 个目标中，在 k 时刻有 $j-i$ 个死亡，i 个目标保存下来了；同时，k 时刻又新生 $n-i$ 个目标。强度预测和 PHD 相同，见式(4-10-7)。

(2) CPHD更新步：

$$p_{k|k}(n)=\frac{L(Z_k \mid n)}{L(Z_k)}p_{k|k-1}(n) \tag{4-10-12}$$

$$v_k(\boldsymbol{x})=(1-P_D)\frac{L(Z_k \mid D_0)}{L(Z_k)}v_{k|k-1}(\boldsymbol{x})+P_D\frac{L(Z_k \mid D_1)}{L(Z_k)}v_{k|k-1}(\boldsymbol{x}) \tag{4-10-13}$$

其中，D_0，D_1 分别表示目标未被检测到和被检测到事件；$L(\cdot)$是似然函数，其中似然函数定义如下

$$L(Z_k \mid D_0)=\frac{1}{n_{k|k-1}}\sum_{j=0}^{m_k}\alpha_k^{(j+1)}\beta_k^j\sigma_j(\{L_k^{(1)},\cdots,L_k^{(m_k)}\}) \tag{4-10-14}$$

$$L(Z_k \mid D_1)=\sum_{j=1}^{m_k}\rho(\boldsymbol{z}_k^{(s)} \mid \boldsymbol{x})L(Z_k \mid \alpha_k^j=s) \tag{4-10-15}$$

$$L(Z_k \mid \alpha_k^j=s)=\frac{1}{n_{k|k-1}}\sum_{j=0}^{m_k}\alpha_k^{(j)}\beta_k^j\sigma_j(\{L_k^{(1)},\cdots,L_k^{(m_k)}\}\backslash L_k^{(s)}) \tag{4-10-16}$$

$$L(Z_k)=\frac{1}{n_{k|k-1}}\sum_{j=0}^{m_k}\alpha_k^{(j)}\beta_k^j\sigma_j(\{L_k^{(1)},\cdots,L_k^{(m_k)}\}) \tag{4-10-17}$$

$$L(Z_k \mid n)=\sum_{j=0}^{\min(m_k,n)}\beta_k^j\frac{n!}{(n-j)!}(1-P_D)^{n-j}\sigma_j(\{L_k^{(1)},\cdots,L_k^{(m_k)}\}) \tag{4-10-18}$$

$$\alpha_k^{(j)}=\sum_{n=j}^{\infty}\frac{n!}{(n-j)!}p_{k|k-1}(n)(1-P_D)^{n-j} \tag{4-10-19}$$

$$\beta_k^j=p_c(m_k-j)\frac{(m_k-j)!}{m_k!}\lambda^{-j} \tag{4-10-20}$$

$$\sigma_j(\{y_1,\cdots,y_m\})=\sum_{1\leqslant i_1\leqslant\cdots\leqslant i_m<m}y_{i_1}\cdots y_{i_j} \tag{4-10-21}$$

$$L_k^{(s)}=\frac{1}{c_k^{(s)}n_{k|k-1}}\int P_D(\boldsymbol{x})v_{k|k-1}(\boldsymbol{x})\rho(\boldsymbol{z}_k^{(s)} \mid \boldsymbol{x})\mathrm{d}\boldsymbol{x} \tag{4-10-22}$$

其中，$p_c(n)$是具有 n 虚警的概率，$c_k^{(s)}$ 是杂波密度，$\sigma_j(.)$是初等对称函数。从更新步式(4-10-12)和式(4-10-13)可以看出，目标个数分布函数和PHD强度函数是互相耦合的，CPHD最大的优点是目标个数的估计更为精确，不足是计算量大大增加。

4.10.4 GM-PHD(混合高斯PHD)滤波器

PHD和CPHD滤波器可以联合估计目标个数和目标状态，但是，目标状态的提取需要专门的算法(例如聚类算法)获得。在线性高斯条件下，Vo等给出了类似Kalman滤波器的递推估计公式[87]，只需分别更新混合高斯项的一阶和二阶矩；不需要特别的聚类算法，便可直接估计目标状态(为简单起见，$v_{k-1}(\boldsymbol{x}|Z^{k-1})$ 中的量测累计用 $v_{k-1}(\boldsymbol{x})$ 表示，其他类似)。

（1）GM-PHD 预测步：假设在 $k-1$ 时刻，PHD 分布如下

$$v_{k-1}(\boldsymbol{x})=\sum_{i=1}^{J_{k-1}}\omega_{k-1}^{(i)}\ \mathcal{N}(\boldsymbol{x};\boldsymbol{m}_{k-1}^{(i)},\boldsymbol{P}_{k-1}^{(i)}) \tag{4-10-23}$$

那么，在预测步，PHD 强度 $v_{k|k-1}(\boldsymbol{x}|Z^{k-1})$ 为

$$v_{k|k-1}(\boldsymbol{x})=v_{s,k|k-1}(\boldsymbol{x})+v_{\beta,k|k-1}(\boldsymbol{x})+v_{\gamma,k|k-1}(\boldsymbol{x}) \tag{4-10-24}$$

其中

$$v_{s,k|k-1}(\boldsymbol{x})=P_S\sum_{i=1}^{J_{k-1}}\omega_{k-1}^{(i)}\ \mathcal{N}(\boldsymbol{x};\boldsymbol{m}_{s,k|k-1}^{(i)},\boldsymbol{P}_{s,k|k-1}^{(i)}) \tag{4-10-25}$$

$$\boldsymbol{m}_{s,k|k-1}^{(i)}=\boldsymbol{F}_{k-1}\boldsymbol{m}_{s,k-1}^{(i)} \tag{4-10-26}$$

$$\boldsymbol{P}_{s,k|k-1}^{(i)}=\boldsymbol{Q}_{k-1}+\boldsymbol{F}_{k-1}\boldsymbol{P}_{s,k-1}^{(i)}\boldsymbol{F}_{k-1}^{\mathrm{T}} \tag{4-10-27}$$

$$v_{\beta,k|k-1}(\boldsymbol{x})=\sum_{j=1}^{J_{k-1}}\sum_{l=1}^{J_{\beta,k}}\omega_{k-1}^{(j)}\omega_{\beta,k}^{(l)}\ \mathcal{N}(\boldsymbol{x};\boldsymbol{m}_{\beta,k|k-1}^{(j,l)},\boldsymbol{P}_{\beta,k|k-1}^{(i,l)}) \tag{4-10-28}$$

$$\boldsymbol{m}_{\beta,k|k-1}^{(j,l)}=\boldsymbol{F}_{\beta,k-1}^{l}\boldsymbol{m}_{k-1}^{(j)}+d_{\beta,k-1}^{l} \tag{4-10-29}$$

$$\boldsymbol{P}_{\beta,k|k-1}^{j,l}=\boldsymbol{Q}_{\beta,k-1}^{l}+\boldsymbol{F}_{\beta,k-1}^{(l)}\boldsymbol{P}_{\beta,k-1}^{(l)}\boldsymbol{F}_{\beta,k-1}^{(l)^{\mathrm{T}}} \tag{4-10-30}$$

$$v_{\gamma,k|k-1}(\boldsymbol{x})=\sum_{i=1}^{J_{\gamma,k}}\omega_{\gamma,k|k-1}^{(i)}\ \mathcal{N}(\boldsymbol{x};\boldsymbol{m}_{\gamma,k}^{(i)},\boldsymbol{P}_{\gamma,k}^{(i)}) \tag{4-10-31}$$

其中，$v_{s,k|k-1}(\boldsymbol{x})$，$v_{\beta,k|k-1}(\boldsymbol{x})$，$v_{\gamma,k|k-1}(\boldsymbol{x})$分别代表已存在(旧)目标、再生目标和新生目标 PHD 分布函数。

（2）GM-PHD 更新步：假设在预测步，目标 PHD 强度函数满足高斯混合分布为

$$v_{k|k-1}(\boldsymbol{x})=\sum_{i=1}^{J_{k|k-1}}\omega_{k|k-1}^{i}\ \mathcal{N}(\boldsymbol{x};\boldsymbol{m}_{k|k-1}^{(i)},\boldsymbol{P}_{k|k-1}^{(i)}) \tag{4-10-32}$$

那么在更新步，获得一组量测 $Z_k=\{\boldsymbol{z}\}$ 目标的后验 PHD 强度为

$$v_k(\boldsymbol{x})=(1-P_D(\boldsymbol{x}))v_{k|k-1}(\boldsymbol{x})+\sum_{z\in Z_k}\sum_{j=1}^{J_{k|k-1}}\omega_k^{(j)}(z)\ \mathcal{N}(\boldsymbol{x},\boldsymbol{m}_k^{(j)}(z),\boldsymbol{P}_k^{(j)}) \tag{4-10-33}$$

其中

$$\omega_k^{(j)}(\boldsymbol{z})=\frac{P_D\rho_k(\boldsymbol{z}\mid m_k^{(j)}(\boldsymbol{z}))\omega_{k|k-1}^{(j)}}{\kappa_k+\sum_{l=1}^{J_{k|k-1}}v_{k|k-1}\rho_k(\boldsymbol{z}\mid m_k^{(l)}(\boldsymbol{z}))} \tag{4-10-34}$$

$$\boldsymbol{m}_k^{(j)}(\boldsymbol{z})=\boldsymbol{m}_{k|k-1}^{(j)}+\boldsymbol{K}_k^{(j)}(\boldsymbol{z}-\boldsymbol{H}_k\boldsymbol{m}_{k|k-1}^{(j)}) \tag{4-10-35}$$

$$\boldsymbol{P}_k^{(j)}=(I-\boldsymbol{K}_k^{(j)})\boldsymbol{P}_{k|k-1}^{(j)} \tag{4-10-36}$$

$$\boldsymbol{K}_k^{(j)}=\boldsymbol{P}_{k|k-1}^{(j)}\boldsymbol{H}_k^{\mathrm{T}}(\boldsymbol{H}_k\boldsymbol{P}_{k|k-1}^{(j)})\boldsymbol{H}_k^{\mathrm{T}}+\boldsymbol{R}_k)^{-1} \tag{4-10-37}$$

其中，$\rho_k(z|.)$是似然函数。

（3）GM-PHD 目标个数估计。

根据 PHD 的定义，目标个数可以通过 PHD 在状态空间的积分估计。因此，预测步和更新步目标个数估计值分别为

$$\hat{N}_{k|k-1} = \int_{S_k} v_{k|k-1}(\boldsymbol{x})\mathrm{d}\boldsymbol{x} = \sum_{i=1}^{J_{k|k-1}} \omega_{k|k-1}^{(i)} \tag{4-10-38}$$

$$\hat{N}_k = \int_{S_k} v_k(\boldsymbol{x})\mathrm{d}\boldsymbol{x} = (1-P_D)\hat{N}_{k|k-1} + \sum_{z \in Z_k}\sum_{i=1}^{J_k} \omega_k^{(i)}(\boldsymbol{z}) \tag{4-10-39}$$

(4) GM-PHD 目标状态估计。

GM-PHD 是集值的估计,目标状态估计是根据估计的目标个数,依次提取具有 $\hat{N}_k$ 个混合权重大于某个阈值的高斯项均值作为状态估计值。由于权重系数是表示目标强度的,所以权重和可能大于 1,它表示可能存在多个目标,例如,当权重值为 2,表示可能有两个目标。

除此之外,对于机动目标跟踪方面,主要的成果集中于 Vo[88,89] 和 T. Kirubarajan 等人的工作[90,91],感兴趣的读者可以查阅相关文献。PHD/CPHD 滤波器不仅仅在雷达目标跟踪领域得到了广泛的研究,在图像等领域也得到应用[92,93],图像处理方面也有不少应用。目前,基于随机有限集的多目标跟踪主要集中在基于 PHD/CPHD 滤波器上,这也是当前非关联条件(不考虑数据关联)下,多目标跟踪领域主流的算法。即使如此,PHD/CPHD 滤波器也只是基于 RFS 一阶矩的近似算法,还有许多更深入、更全面和更重要的工作需要进一步去研究。

4.10.5 CBMeMBer 滤波器

CBMeMBer 滤波器[110]是 Vo 等对 MeMBer 滤波器存在的有偏估计问题的改进,二者区别体现在更新步上。CBMeMBer 滤波器递归方程的建立需要下面的假设条件:

(1) 各目标之间相互独立,各传感器的观测相互独立。

(2) 目标 RFS 集为多伯努利分布。

(3) 杂波是 Poisson RFS,与目标观测相互独立。

预测步:令 $k-1$ 时刻多目标的后验密度由多伯努利分布近似

$$\pi_k = \{(r_{k-1}^{(i)}, p_{k-1}^{(i)} i)\}_{i=1}^{M_{k-1}} \tag{4-10-40}$$

式中,$r_{k-1}^{(i)}$ 为生存概率,$p_{k-1}^{(i)}$ 为概率密度分布,M_{k-1} 为目标假设轨迹数。多目标密度函数预测步为

$$\pi_{(k|k-1)} = \{(r_{k-1}^{(i)}, p_{k-1}^{(i)})\}_{i=1}^{M_{k-1}} \cup \{(r_{\Gamma,k}^{(i)}, p_{\Gamma,k}^{(i)})\}_{i=1}^{M_{\Gamma,k}} \tag{4-10-41}$$

更新步:k 时刻预测的多目标密度表示为

$$\pi_{k|k-1} = \{(r_{k|k-1}^{(i)}, p_{k|k-1}^{(i)})\}_{i=1}^{M_{k|k-1}} \tag{4-10-42}$$

那么更新的后验多目标密度可以由下面的多伯努利形式近似

$$\pi_k \simeq \{(r_{L,k}^{(i)}, p_{L,k}^{(i)})\}_{i=1}^{M_{k|k-1}} \cup \{(r_{U,k}(z), p_{(U,k)}(\cdot, z))\}_{z \in Z_k} \tag{4-10-43}$$

其中

$$r_{i,k}^{(i)} = r_{k|k-1}^{(i)} \frac{1 - \langle p_{k|k-1}^{(i)}, p_{D,k}\rangle}{1 - r_{k|k-1}^{(i)}\langle p_{k|k-1}^{(i)}, p_{D,k}\rangle} \tag{4-10-44}$$

$$p_{L,k}^{(i)} = p_{k|k-1}^{(i)}(\boldsymbol{x}) \frac{1 - p_{D,k}(\boldsymbol{x})}{1 - \langle p_{k|k-1}^{(i)}, p_{D,k}\rangle} \tag{4-10-45}$$

$$r_{U,k}(z)=\frac{\displaystyle\sum_{i=1}^{M_{k|k-1}}\frac{r_{k|k-1}^{(i)}(1-r_{k|k-1}^{(i)})\langle p_{k|k-1}^{(i)},p_{D,k}L_z\rangle}{(1-r_{k|k-1}^{(i)}\langle p_{k|k-1}^{(i)},p_{D,k}\rangle)^2}}{\mathcal{K}_k(z)+\displaystyle\sum_{i=1}^{M_{k|k-1}}\frac{r_{k|k-1}^{(i)}\langle p_{k|k-1}^{(i)},p_{D,k}L_z\rangle}{1-r_{k|k-1}^{(i)}\langle p_{k|k-1}^{(i)},p_{D,k}\rangle}} \tag{4-10-46}$$

$$p_{U,k}(\cdot,z)=\frac{\displaystyle\sum_{i=1}^{M_{k|k-1}}\frac{r_{k|k-1}^{(i)}}{1-r_{k|k-1}^{(i)}}p_{k|k-1}^{(i)}(x)p_{D,k}(x)L_z(x)}{\displaystyle\sum_{i=1}^{M_{k|k-1}}\frac{r_{k|k-1}^{(i)}}{1-r_{k|k-1}^{(i)}}\langle p_{k|k-1}^{(i)},p_{D,k}L_z\rangle} \tag{4-10-47}$$

4.10.6 GLMB(基于广义标签多伯努利)滤波器

GLMB 滤波器引入了标签(label)的概念,标签即身份的代号,即给每个目标编了序列,序列由目标的出生时刻和同一时刻出生的序列组成,此序列即为标签。这样,可以用加了标签的标签 RFS 代替 RFS 来表示多目标,并且序列的组成保证了标签不重复,即每个标签都是独一无二的。由于这个特性,GLMB 滤波得以对多目标的轨迹进行估计,这与之前仅可以进行目标状态估计和目标个数估计的 PHD 和 CPHD 等滤波器相比,无疑是一个巨大的进步。标准 GLMB 分布为

$$\pi(X)=\Delta(X)\sum_{c\in C}\omega^{(c)}(L(X))[p^{(c)}]^X \tag{4-10-48}$$

其中,C 表示离散变量,$p^{(c)}(\cdot,l)$表示概率密度,$\omega^{(c)}(I)$ 为权重且 $\sum_{(I,c)\in F(L)\times c}\omega^{(c)}(I)=1$。该算法在 Bayes 递推下是封闭的。

虽然 GLMB 分布计算比较困难,针对这个问题,Vo 等人给出了解决办法,如果 GLMB 滤波器转为如式(4-10-48)所示的形式,即 δ-GLMB 分布形式

$$\pi(X)=\Delta(X)\sum_{(I,\xi)\in F(L)\times\Xi}\omega^{(I,\xi)}\delta_I(L(X))[p^{(\xi)}]^X \tag{4-10-49}$$

式中,$\omega^{(I,\xi)}=w^{(\xi)}(I)$,状态空间为$\mathbb{X}$,标签空间为$\mathbb{L}$ 的 δ-GLMB RF 满足如下公式的分布函数条件

$$\begin{cases}C=\mathcal{F}(\mathbb{L})\times\Xi\\ w^{(c)}(L)=w^{(I,\xi)}(L)=w^{(I,\xi)}\delta_I(L)\\ p^{(c)}=p^{(I,\xi)}=p^{(\xi)}\end{cases} \tag{4-10-50}$$

其中 Ξ 是离散空间,它的分布函数为

$$\pi(X)=\Delta(X)\sum_{(I,\xi)\in\mathcal{F}(L)\times\Xi}w^{(I,\xi)}\delta_I(\mathcal{L}(X))[p^{(\xi)}]^X \tag{4-10-51}$$

基于 δ-GLMB 分布与 Bayes 递推过程,可以得到如下的 δ-GLMB 滤波算法,分别包括预测步和更新步。

1. δ-GLMB 预测步

如果多目标先验概率分布为式(4-10-51),那么多目标的预测还是一个 GLMB 分布,预测步为

$$\pi_+(X_+)=\Delta(X_+)\sum_{I_+,\xi()\in\mathcal{F}(\mathbb{L})\times\Xi}w_+^{(I_+,\xi)}\delta_{I_+}(\mathcal{L}(X_+))[p_+^{(\xi)}]^{X^+} \tag{4-10-52}$$

其中

$$\begin{cases}w_+^{(I_+,\xi)()}\ w_B(I_+\cap\mathbb{B})w_s^{(\xi)}(I_+\cap L)\\ p_+^{(\xi)}(x,l)=1_L(l)p_s^{(\xi)}(x,l)+(1-1_{\mathbb{L}}(l))p_b(x,l)\\ p_s^{(\xi)}(x,l)=\dfrac{\langle p_s(\cdot,l)f(x\mid\cdot,l),p^{(\xi)}(\cdot,l)\rangle}{\eta_s^{(\xi)}(l)}\\ \eta_s^{(\xi)}(l)=\int\langle p_s(\cdot,l)f(x\mid\cdot,l),p^{(\xi)}(\cdot,l)\rangle\mathrm{d}x\\ w_s^{(\xi)}(L)=[\eta_s^{(\xi)}]^L\sum\limits_{I\in L}1_I(L)[q_s^{(\xi)}]^{I-L}w^{(I,\xi)}\\ q_s^{(\xi)}(l)=\langle q_s(\cdot,l),p_s^{(\xi)}(\cdot,l)\rangle\end{cases}$$

为表示简单，上式中带有＋下标的表示预测步，$w_B(I_+\cap\mathbb{B})$是新生标签 $I_+\cap\mathbb{B}$ 的权重，$w_s^{(\xi)}(I_+\cap\mathbb{L})$ 是存活标签$(I_+\cap\mathbb{L})$的权重. $p_b(x,l)$是新生目标的概率密度，$p_s^{(\xi)}(x,l)$是由先验密度 $p^{(\xi)}(\cdot,l)$得到的存活目标的密度. $f(x\mid\cdot,l)$表示存活目标的概率密度。

2. δ-GLMB 更新步

如果多目标先验概率形式为公式(4-10-51)，则多目标后验概率密度仍然是一个 δ-GLMB 分布

$$\pi(X\mid Z)=\Delta(X)\sum_{(I,\xi)\in\mathcal{F}(\mathbb{L})\times\Xi}\sum_{\theta\in\Theta}w^{(I,\xi,\theta)}(Z)\times\delta_I(\mathcal{L}(X))[p^{(\xi,\theta)}(\cdot\mid Z)]^X \tag{4-10-53}$$

其中，Θ 为有向图空间，$\theta:\mathbb{L}\rightarrow\{0,1,\cdots,|Z|\}$，$\theta(i)=\theta(i')>0$ 表示 $i=i'$，而

$$\begin{cases}w^{(I,\xi,\theta)}(Z)=\dfrac{\delta_{\theta^{-1}(\{0:|Z|\})}(I)w^{(I,\xi)}[\eta_Z^{(\xi,\theta)}]^I}{\sum\limits_{(I,\xi)\in\mathcal{F}(\mathbb{L})\times\Xi}\sum\limits_{\theta\in\Theta}\delta_{\theta^{-1}(\{0:|Z|\})}(I)w^{(I,\xi)}[\eta_Z^{(\xi,\theta)}]^I}\\ p^{(\xi,\theta)}(\boldsymbol{x},l\mid Z)=\dfrac{p^{(\xi)}(\boldsymbol{x},l)\psi_Z(\boldsymbol{x},l;\theta)}{\eta_Z^{(\xi,\theta)}(l)}\\ \eta_Z^{(\zeta,\theta)}(l)=\langle p^{(\xi)}(\cdot,l)\psi_Z(\cdot,l;\theta)\rangle\\ \psi_Z(\boldsymbol{x},l;\theta)=\delta_0(\theta(l))q_D(\boldsymbol{x},l)+(1-\delta_0(\theta(l)))\dfrac{p_D(\boldsymbol{x},l)g(\boldsymbol{z}_{\theta(l)}\mid\boldsymbol{x},l)}{k(\boldsymbol{z}_{\theta(l)})}\end{cases}$$

其中，θ 表示量测的关联图，在随机有限集多目标似然函数的分析中起到了至关重要的作用，下面给出其定义。

定义 4-10-1 所谓关联图就是一个映射：$\theta:\mathbb{L}\rightarrow\{0,1,\cdots,|Z|\}$，如果 $\theta(i)=\theta(i')>0$，意味着 $i=i'$，集合 Θ 表示关联图空间，其子集 I 可以用 $\Theta(I)$表示。关联图描述了轨迹与量测之间的对应关系，即轨迹 l 产生的量测为 $\boldsymbol{z}_{\theta(l)}\in Z$，未检测到的轨迹用 0 表示。

假设目标及杂波的检测是独立的，那么多目标似然函数为

$$g(Z\mid X)=e^{-\langle k,1\rangle}k^Z\sum_{\theta\in\Theta(\mathcal{L}(X))}[\psi_Z(\cdot;\theta)]^X \tag{4-10-54}$$

其中

$$\psi_Z(\boldsymbol{x},l;\theta)=\begin{cases}\dfrac{p_D(\boldsymbol{x},l)g(\boldsymbol{z}_{\theta(l)}\mid x,l)}{k(\boldsymbol{z}_{\theta(l)})}, & \theta(l)>0\\ 1-p_D(\boldsymbol{x},l), & \theta(l)=0\end{cases} \tag{4-10-55}$$

4.11 小结

本章集中讨论了目标跟踪的相关问题，主要包括目标跟踪的基本概念和原理、跟踪门和各种目标运动模型，深入分析了一般的动态跟踪模型，同时给出了一般的量测模型，重点讨论了雷达量测转换问题。在此基础上深入研究了各种目标跟踪问题，并重点介绍了在此方面所做出的贡献。

时间配准和空间配准是多传感器目标跟踪的重要环节，本章在原版的基础上，把“时间域空间配准”一节分成“时间配准”和“空间配准”两节。在“时间配准”一节中，除了传统最小二乘时间配准算法之外，新增了B样条插值时间配准算法和自适应变长滑窗时间配准算法。这三种时间配准算法风格各异、各具优势。在“空间配准”一节中，详细介绍了目标跟踪中涉及的各种坐标系，以及相应的坐标转换关系。在此基础上详细讨论了二维空间配准算法、精确极大似然空间配准算法等。进而在基于ECEF的同步传感器的空间配准算法的基础上，还增加了一种新的异步传感器空间配准算法，即首先采用基于B样条的时间配准算法将传感器的量测进行时间同步；随后计算伪量测方程，建立异步传感器空间配准算法，该算法在目标机动时仍可取得良好效果。

本章之末对基于随机有限集的多目标跟踪进行了概述，这是一个新发展的方向，许多方面还很不成熟，但我们的思路比较新颖，可以规避一般目标跟踪中数据关联带来的难题。

最后，还需要重点说明与目标跟踪密切相关的数据关联问题。数据关联是整个多目标跟踪系统中的一个核心问题。在实际的目标跟踪环境中，由于传感器自身性能的限制，在整个测量过程中总是不可避免地会引入测量误差；即使目标只有一个，由于杂波的干扰，有效量测也可能为多个，我们需要通过统计方法来建立目标与量测的对应关系。对于多目标情况，问题就更为复杂，此时无法判定量测数据是来自感兴趣的目标，还是虚警或是其他目标。为了获得目标的状态估计，一个主要的困难是建立量测到目标之间的对应关系。本书第6章将系统介绍贯穿于多传感多目标跟踪过程中的各种数据关联算法。

参考文献

[1] 王明辉.性能优化的跟踪门算法[J].电子学报，2000，28(6)：13-15.

[2] Li X R，Jilkov V P. Survey of maneuvering target tracking-part I：dynamic models[J]. IEEE Transactions on Aerospace and Electronic Systems，2003，39(4)：1333-1364.

[3] Li X R，Jilkov V P. A survey of maneuvering target tracking-part Ⅲ：Measurement models[C]//In Proc 2001 SPIE Conf. Signal and Data Processing of Small Targets. San Diego，CA：2001. 423-446.

[4] Bar-Shalom Y，Li X R，Kirubarajan T. Estimation with Applications to Tracking and Navigation：Theory，Algorithm and Software[M]. New York：Wiley，2001.

[5] Singer R A. Estimating optimal tracking filter performance for manned maneuvering targets[J]. IEEE Transactions on Aerospace and Electronic Systems, 1970, 6: 473-483.

[6] Blackman S S, Popoli R F. Design and Analysis of Modern Tracking Systems[M]. Boston, MA: Artech House, 1999.

[7] 周宏仁,敬忠良,王培德. 机动目标跟踪[M]. 北京:国防工业出版社,1991.

[8] Zhou H R, and Kumar K S P. A "current" statistical model and adaptive algorithm for estimating maneuvering targets[J]. AIAA Journal of Guidance, 1984,7(5): 596-602.

[9] Gholson N H, Moose R L. Maneuvering target tracking using adaptive state estimation[J]. IEEE Transactions on Aerospace and Electronic Systems, 1977,13(3): 310-316.

[10] Moose R L, Ingham H F, Mecabe D H. Modeling and estimation for tracking maneuvering targets[J]. IEEE Trans. on Aerospace and Electronic Systems, 1979,15(3): 448-456.

[11] Daum F E,Fitzgerald R J. Decoupled Kalman Filters for Phased Array Radar Tracking[J]. IEEE Transactions on Automatic Control,1983,28: 269-282.

[12] Farina A, Studer F A. Radar Data Processing, Vol. I: Introduction and Tracking, Vol. II: Advanced Topics and Applications[M]. Letchworth: Research Studies Press, 1985.

[13] Lerro D, Bar-Shalom Y. Tracking with debiased consistent converted measurements vs. EKF [J]. IEEE Transactions on Aerospace and Electronic Systems, 1993, 29(3): 1015-1022.

[14] Suchomski P. Explicit expressions for debiased statistics of 3D converted measurements[J]. IEEE Transactions on Aerospace and Electronic Systems, 1999, 35(1): 368-370.

[15] 杨春玲,倪晋麟,刘国岁,等. 转换坐标 Kalman 滤波器的雷达目标跟踪[J]. 电子学报,1999,27(3): 121-123.

[16] Mo L, Song X, Zhou Y, et al. Unbiased converted measurements for Target Tracking[C]//Proceedings of the IEEE 1997 National Aerospace and Electronics Conference. Dayton, OH, USA, 1997. 1039-1041.

[17] Mo L, Song X, Zhou Y, et al. Unbiased converted measurements for tracking[J]. IEEE Transactions on Aerospace and Electronic Systems, 1998, 34(3): 1023-1027.

[18] Fletcher F K, Kershaw D J. Performance analysis of unbiased and classical conversion techniques [J]. IEEE Transactions on Aerospace and Electronic Systems, 2002, 38(4): 1441-1444.

[19] Miller M D, Drummond O E. Coordinate transformation bias in target tracking[C]//Proceedings of the 1999 SPIE Conference on Signal and Data Processing of Small Targets. Denver, CO, 1999. 409-424.

[20] Miller M D, Drummond O E. Comparison of methodologies for mitigating coordinate transformation bias in target tracking[C]//Proceedings of the 2000 SPIE Conference on Signal and Data Processing of Small Targets. Orlando, Florida, USA, 2000. 414-427.

[21] Duan Z S, Han C Z, Li X Rong. Comments on unbiased converted measurements for tracking[J]. IEEE Transactions on Aerospace and Electronic Systems, 2004, 40(4): 1374-1377.

[22] 王国宏,毛士艺,何友. 均方意义下的最优无偏转换测量 Kalman 滤波[J]. 系统仿真学报,2002, 14(1): 119-124.

[23] Park S E, Lee J G. Design of a practical tracking algorithm with radar measurements[J]. IEEE Transactions on Aerospace and Electronic Systems, 1998, 34(4): 1337-1344.

[24] Park S E, Lee J G. Improved Kalman filter design for three-dimensional radar tracking[J]. IEEE Transactions on Aerospace and Electronic Systems, 2001, 37(2): 727-739.

[25] Zhao Z L, Li X R,Jilkov V P, et al. Optimal linear unbiased filtering with polar measurements for target tracking[C]//Proceedings of the 5th International Conference on Information Fusion. Annapolis, MD, 2002. 1527-1534.

[26] Zhao Z L, Li X R, Jilkov V P. Best linear unbiased filtering with nonlinear measurements for target tracking[C]//Proceedings of the 2003 SPIE Conference on Signal and Data Processing of Small Targets. Orlando, FL, USA, 2003. 418-428.

[27] Zhao Z L, Li X Rong, Jilkov V P. Best linear unbiased filtering with nonlinear measurements for target tracking[J]. IEEE Transactions on Aerospace and Electronic Systems, 2004, 40(4): 1324-1337.

[28] Dai Y P, Wang Y Y, Yang W Q, et al. A gain rotation model with range rate[C]//Proceedings of the 35th SICE Annual Conference. 1996. 1095-1098.

[29] Kameda H, Tsujimichi S, Kosuge Y. Target tracking under dense environment using range rate measurements[C]//Proceedings of the 37th SICE Annual Conference. 1998. 927-932.

[30] Dai Y P, Jin C Z, Hu J L, et al. A target tracking algorithm with range rate under the color measurement environment [C]//Proceedings of the 38th SICE Annual Conference. 1999. 1145-1148.

[31] Dai Y P, Hirasawa K, Murata J, et al. Use of pseudo measurement to real-time target tracking [C]//Proceedings of IEEE International Conference on Systems, Man, and Cybernetics, Vol. 5. Tokyo, Japan, 1999. 33-38.

[32] Zollo S, Ristic B. On polar and versus cartesian coordinates for target tracking[C]//Proceedings of the 5th International Symposium on Signal Processing and its Applications. Brisbane, Australia, 1999. 499-502.

[33] Bar-Shalom Y. Negative correlation and optimal tracking with doppler measurements[J]. IEEE Transactions on Aerospace and Electronic Systems, 2001, 37(3): 1117-1120.

[34] 王建国，何佩琨，龙腾. 径向速度测量在 Kalman 滤波中的应用[J]. 北京理工大学学报，2002，22(2)：225-227.

[35] 王建国，商艳海，龙腾，等. Doppler 雷达测量数据的 Kalman 滤波器设计[J]. 北京理工大学学报，2002，22(6)：750-753.

[36] 王建国，龙腾，何佩琨. 一种在 Kalman 滤波中引入径向速度测量的新方法[J]. 信号处理，2002，18(5)：414-416.

[37] Wang J G, He P K, Long T. Use of the radial velocity measurement in target tracking[J]. IEEE Transactions on Aerospace and Electronic Systems, 2003, 39(2): 401-413.

[38] 段战胜，韩崇昭. 极坐标系中带 Doppler 量测的雷达目标跟踪[J]. 系统仿真学报，2004，16(12)：2860-2863.

[39] Duan Z S, Han C Z, Li X R. Sequential nonlinear tracking filter with range-rate measurements in spherical coordinates[C]//Proceedings of the 7th International Conference on Information Fusion, Vol. 1. Stockholm, Sweden, 2004. 599-605.

[40] 李教. 多平台多传感器多源信息融合系统时空配准及性能评估研究[D]. 西安：西北工业大学，2003.

[41] 贺席兵. 信息融合中多平台多传感器的时空对准研究[D]. 西安：西北工业大学，2001.

[42] 陈非，敬忠良，姚晓东. 空基多平台多传感器时间空间配准与目标跟踪[J]. 控制与决策，2001，16(Suppl)：808-811.

[43] 余谅，邓宏洋. 空中交通管制系统中多雷达数据的配准法[J]. 四川联合大学学报(工程科学版)，1999，3(3)：19-25.

[44] Blair W D, Rice T R, Alouani A T, et al. Asynchronous data fusion for target tracking with a multitasking radar and optical sensor [C]//Proceedings of the 1991 SPIE Conference on Acquisition, Tracking, and Pointing V. Orlando, FL, USA, 1991. 234-245.

[45] 王宝树，李芳社. 基于数据融合技术的多目标跟踪算法研究[J]. 西安电子科技大学学报，1998，

25(3): 269-272.

[46] Paul M K. A note on computation of geodetic coordinates from geocentric(cartesian)coordinates [J]. Bull, Geodesique, 1973, 108: 135-139.

[47] Heikkinen M. Geschlossene formeln zur berechnung raumlicher geodaetischer koordinaten aus rechtwinkligen koordinaten[J]. Z. Vermess., 1982, 107: 207-211(in German).

[48] Barbee T W. Geodetic latitude of a point in space[J]. Journal of Spacecraft and Rockets, 1982, 19 (4): 378-380.

[49] Borkowski K M. Transformation of geocentric to geodetic coordinates without approximations [J]. Astrophysics and Space Science, 1987, 139: 1-4.

[50] Borkowski K M. Accurate algorithms to transform geocentric to geodetic coordinates[J]. Bull. Geodesique, 1989, 63: 50-56.

[51] Zhu J. Exact conversion of earth-centered, earth-fixed coordinates to geodetic coordinates[J]. Journal of Guidance, Control and Dynamics, 1993, 16(2): 389-391.

[52] Lupash L O. A new algorithm for computation of the geodetic coordinates as a function of earth-centered earth-fixed coordinates[J]. Journal of Guidance, Control and Dynamics, 1985, 8(6): 787-789.

[53] Nautiyal A. Algorithm to generate geodetic coordinates from earth-centered earth-fixed coordinates[J]. Journal of Guidance, Control and Dynamics, 1988, 11(3): 281-283.

[54] Olson D K. Calculation of geodetic coordinates from earth-centered earth-fixed coordinates[J]. Journal of Guidance, Control and Dynamics, 1988, 11(2): 188-190.

[55] Wu Y X, Wang P, Hu X P. Algorithm of earth-centered earth-fixed coordinates to geodetic coordinates[J]. IEEE Transactions on Aerospace and Electronic Systems, 2003, 39(4): 1457-1461.

[56] Dana M P. Registration: A prerequisite for multiple sensor tracking[M]//Bar-Shalom Y, Ed. Multitarget-Multisensor Tracking: Advanced Applications. Norwood MA: Artech House, 1990.

[57] Fischer W L, Muehe C E, Cameron A G. Registration errors in a netted surveillance system[R]. Report 1980-40, MIT Lincoln Lab, Setp. 1980.

[58] Helmick R E, Rice T R. Removal of alignment errors in an integrated system of two 3D sensors [J]. IEEE Transactions on Aerospace and Electronic Systems, 1993, 29(4): 1333-1343.

[59] Cowley D C, Shafai B. Registration in multi-sensor data fusion and tracking[C]//Proceedings of the 1993 American Control Conference. San Francisco, CA, 1993. 875-879.

[60] Dhar S. Application of a recursive method for registration error correction in tracking with multiple sensors[C]//Proceedings of the 1993 American Control Conference. San Francisco, CA, 1993. 869-874.

[61] Dela Cruz E, Alouani A T, Rice T R, et al. Sensor registration in multisensor systems[C]// Proceedings of the 1992 SPIE Conference on Signal and Data Processing of Small Targets. Orlando, FL, USA, 1992. 382-393.

[62] Wax M. Position location from sensors with position uncertainty[J]. IEEE Transactions on Aerospace and Electronic Systems, 1983, 19(5): 658-661.

[63] Blom H A P, Hogendoorn R A, van Doorn B A. Design of multisensor tracking system for advanced air traffic control [M]//Bar-Shalom Y, Ed. Multitarget-Multisensor Tracking: Applications and Advances, ch. 2. Norwood, MA: Artech House, 1992.

[64] van Doorn B A, Blom H A P. Systematic error estimation in multisensor fusion systems[C]// Proceedings of the 1993 SPIE Conference on Signal and Data Processing of Small Targets. Orlando, FL, USA, 1993. 450-461.

[65] Friedland B. Treatment of bias in recursive filtering[J]. IEEE Transactions on Automatic Control, 1969, 14(4): 359-367.

[66] Ignagni M B. An alternate derivation and extension of Friedland's two-stage Kalman estimator [J]. IEEE Transactions on Automatic Control, 1981, 26(3): 746-750.

[67] Burke J J. The SAGE real quality control fraction and its interface with BUIC II/BUIC III[R]. MITRE Corp. Tech. Rep. 308, Nov, 1966.

[68] Leung H, Blanchette M. A least squares fusion of multiple radar data. In: Proceedings of RADAR 1994. Paris, France, 1994. 364-369.

[69] Sokkappa B G. TOS#16: Registration Computation for RTQC[R]. The MITRE Corporation, WP-7681, 1971.

[70] Xue D P, Farooq M. New registration algorithms for the north warning system. Project Report of Department of Electrical and Computer Engineering, Royal Military College of Canada, February 1996.

[71] Zhou Y F, Leung H. An exact maximum likelihood registration algorithm for data fusion[J]. IEEE Transactions on Signal Processing, 1997, 45(6): 1560-1572.

[72] Zhou Y F, Leung H, Martin B. Sensor alignment with earth-centered earth-fixed coordinate system[J]. IEEE Transactions on Aerospace and Electronic Systems, 1999, 35(2): 410-416.

[73] Karmiely H, Siegelmann H T. Sensor registration using neural network[J]. IEEE Transactions on Aerospace and Electronic Systems, 2000, 36(1): 85-100.

[74] Mulholland R G, Stout D W. Stereographic projection in the national airspace system[J]. IEEE Transactions on Aerospace and Electronic Systems, 1982,18: 48-57.

[75] Kim K H,Smyton P A. Stereographic projection in netted radar system: Technical Report 10296 [R]. MITRE Corporation, May 1988.

[76] Nabaa N, Bishop R H. Solution to a multisensor tracking problem with sensor registration errors [J]. IEEE Transactions on Aerospace and Electronic Systems, 1999, 35(1): 354-363.

[77] Leung H, Blanchette M, Gault K. Comparison of registration error correction techniques for air surveillance radar network[C]//Proceedings of the 1995 SPIE Conference on Signal Data Processing Small Targets. San Diego, CA, 1995. 498-508.

[78] Abbas H,Xue D P, Farooq M, et al. Track-independent estimation schemes for registration in a network of sensors[C]//Proceedings of the 35th IEEE Conference on Decision and Control. Kobe, Japan, 1996. 2563-2568.

[79] Okello N,Ristic B. Maximum likelihood registration for multiple dissimilar sensors[J]. IEEE Transactions on Aerospace and Electronic Systems, 2003, 39(3): 1074-1083.

[80] Zhou Y F. A Kalman filter based registration approach for asynchronous sensors in multiple sensor fusion applications[C]//Proceedings of 2004 IEEE International Conference on Acoustics, Speech, and Signal Processing. Montreal, Quebec, Canada, 2004. II/293-II/296.

[81] Okello N N, Challa S. Joint sensor registration and track-to-track fusion for distributed trackers [J]. IEEE Transactions on Aerospace and Electronic Systems, 2004, 40(3): 808-823.

[82] Shozo Mori, C Y C. Point Process Formalism for Multiple Target Tracking[C]//The 5th international conference on information fusion. 2002: Annapolis, Maryland, USA. p. 10-17.

[83] Mahler R. A theoretical foundation for the Stein-Winter Probability Hypothesis Density (PHD) multi-target tracking approach[C]//Proceedings of the MSS Nat'l Symp. on Sensor and Data Fusion, San Antonio,2000.

[84] Mahler R P S, Multitarget Bayes Filtering via First-Order Multitarget Moments[J]. IEEE Transactions on Aerospace and Electronic systems, 2003,39(4): 1152-1178.

[85] Mahler R. A Theory of PHD Filters of Higher Order in Target Number, in Signal Processing, Sensor Fusion, and Target Recognition XV[C]//Proc. of SPIE. 2006.

[86] Ulmke M, Erdinc O, Willett P. Gaussian Mixture Cardinalized PHD Filter for Ground Moving Target Tracking[C]//The 10th international conference on information fusion 2007: Canada.

[87] Vo B N, Ma W K, The Gaussian Mixture Probability Hypothesis Density Filter[J]. IEEE Transactions on signal processing, 2006,54(11): 4091-4104.

[88] Pasha S A, Vo B N, Tuan H D, et al, A Gaussian mixture PHD filter for jump Markov system model[J]. IEEE Transactions on Aerospace and Electronic systems (accepted), 2008.

[89] Vo B N, Pasha A, Tuan H D. A Gaussian Mixture PHD Filter for Nonlinear Jump Markov Models[C]//Proceedings of the 45th IEEE Conference on Decision & Control 2006: San Diego, CA, USA. 3162-3167.

[90] Punithakumar K, Kirubarajan T. A Multiple Model Probability Hypothesis Density Filter for Tracking Maneuvering Targets. Signal and Data Processing of Small Targets[C]//Proceedings of SPIE, 2004. 5428: 113-121.

[91] Punithakumar K, Kirubarajan T. Multiple-Model Probability Hypothesis Density Filter for Tracking Maneuvering Targets[J]. IEEE Transactions on Aerospace and Electronic Systems, 2008. 44(1): 87-97.

[92] Norikazu Ikoma, Hiroshi Maeda. Tracking of Feature Points in Image Sequence by SMC Implementation of PHD Filter[C]//in SICE Annual Conference. 2004: Sapporo, Japan. 1696-1701.

[93] Clark D E, Bell J. Bayesian multiple target tracking in forward scan sonar images using the PHD filter[J]. IEEE Proceeding Radar Sonar Navigation, 2005. 152(5): 327-334.

[94] Lin X, Bar-Shalom Y, Kirubarajan T. Multisensor-multitarget bias estimation for general asynchronous sensors[J]. IEEE Transactions on Aerospace and Electronic Systems, 2005,41(3): 899-921.

[95] Qi Y, Jing Z, Hu S. General solution for asynchronous sensors bias estimation [C]//11th International Conference on Information Fusion, June 2008(14): 1-7.

[96] 潘自凯,董文锋,王正国. 基于曲线拟合的 PRS/IRS 时间对准方法研究[J]. 空军雷达学院学报. 2011,25(5): 343-346.

[97] 李林,黄柯棣,何芳. 集中式多传感器融合系统中的时间配准研究[J]. 传感技术学报, 2007,20(11): 2445-2449.

[98] 曾宪伟, 方洋旺, 王洪强. 基于多模型时间配准的雷达融合跟踪[J]. 数据采集与处理. 2009, 6(11): 840-843.

[99] 雍宵驹,方洋旺,高翔,张磊,封普文,用于多源信息中制导的 MM-LS 时间配准算法[J]. 西安电子科技大学学报, 2014,41(4): 166-172.

[100] 雍宵驹,方洋旺,高翔,等,自适应变长滑窗曲线拟合时间配准算法[J]. 西安电子科技大学学报, 2014,41(3): 209-213.

[101] 雍宵驹,网络制导中的信息融合关键技术研究[D]. 空军工程大学,2015.

[102] Rafati A, Moshiri B, Rezaei J. A new algorithm for general asynchronous sensor bias estimation in multisensor-multitarget systems[C]//Proc. 10th Int. Conf. on Information Fusion, Quebec Canada, July 2007(83).

[103] Ying M, Jiang-yuan H, Zhi-hui Y. 3D asynchronous multisensor target tracking performance with bias compensation [C]//2nd International Conference on Computer Engineering and Technology (ICCET), April 2010, V5-401-V5-406(84).

[104] Unser M, Aldroubi A, Eden M. B-spline Signal Processing: Part I[J]. IEEE Transactions on Signal Processing, 1993,41(2): 821-833(156).

[105] 郭海军.弹道测量数据融合技术[M].北京：国防工业出版社，2012：167-168(222).
[106] Yang W J, Cui F, Li X, et al. Research on time registration algorithms of multi-sensor fusion system[C]//Proceedings of the Conference on Computer Science and Automation Engineering. Shanghai: IEEE, 2011: 446-449(223).
[107] Hu Y Y, Zhou D H. Bias fusion estimation for multi-target tracking systems with multiple asynchronous sensors[J]. Aerospace Science and Technology, 2013, 27: 95-104(224).
[108] 雍霄驹，方洋旺，张登福，等，网络瞄准中异步传感器空间配准算法[J]. 北京航空航天大学学报，2014，40(12)：1707-1712.
[109] Yong X J, Fang Y W, Wu Y L, et al, An Asynchronous Sensor Bias Estimation Algorithm Utilizing Targets' Positions Only[J]. Information Fusion, 2016, 27(1): 57-63.
[110] Vo B T, Vo B N, Cantoni A. The cardinality balanced multi-target multi-Bernoulli filter and its implementations[J]. IEEE Transactions on Signal Processing, 2009, 57(2): 409-423.
[111] Vo B T, Vo B N. A random finite set conjugate prior and application to multi-target tracking [C]//2011 Seventh International Conference on Intelligent Sensors, Sensor Networks and Information Processing. IEEE, 2011: 431-436.
[112] Vo B T, Vo B N. Labeled random finite sets and multi-object conjugate priors[J]. IEEE Transactions on Signal Processing, 2013, 61(13): 3460-3475.

第5章 检测融合

5.1 概论

信息融合理论的一个重要研究内容是多传感器检测融合。就是将来自多个不同传感器的观测数据或判决结果进行综合，从而形成一个关于同一环境或事件的更完全、更准确的判决；多传感器检测融合系统由融合中心及多部传感器构成，融合系统的融合方式则可分为集中式和分布式两种方式。在集中式融合方式下，各个传感器将其观测数据直接传输到融合中心，融合中心根据所有传感器的观测数据进行假设检验，从而形成最终的判决。在分布式融合方式下，各个传感器首先基于自己的观测进行判决，然后将判决结果传输到融合中心；融合中心根据所有传感器的判决进行假设检验，并形成系统最终的判决。集中式检测融合问题本质上是一个经典的假设检验问题。因此，检测融合理论的主要研究内容是分布式多传感器检测融合。

分布式检测融合理论的开创性工作是由 Tenney 和 Sandell[1] 于 1981 年发表的。他们研究了由融合中心及两个传感器构成的检测融合系统，并在融合规则固定的条件下，给出了使系统检测性能达到最优的传感器判决规则。所得研究结果的重要意义在于，它指出了在多传感器检测系统中，为了提高系统性能需要对各个传感器的判决规则进行联合最优化。这一结果是在多传感器条件下对经典检测理论的一个重要推广。

将融合规则的设计方法纳入经典假设检验理论框架的重要工作是由 Chair 和 Vashney[2] 完成的。在传感器判决规则固定的条件下，文献[2]将各部传感器的判决视为融合中心的观测量，并将融合规则视为一般的假设检验判决规则。这样，采用经典假设检验理论立即可以得出，最优融合规则为似然比判决规则。

在文献[1-2]的基础上，Reibman 和 Nolte[3] 提出了一种全局最优化检测融合系统的设计方法，即联合设计融合规则及各个传感器的判决规则，从而使融合系统的检测性能达到最优。全局最优化方法是检测融合理论的一个核心研究内容。采用全局最优化方法设计融合系统，可有效提高融合系统的检测能力[4-8]。

采用检测融合方法的主要目的，就是通过对多个传感器检测结果的融合，获得任意单个传感器所无法达到的检测性能。因此，融合系统检测性能优于单个传感器检测性能的充分必要条件就成为检测融合理论关注的一个主要问题。关于这一充分必要条件，文献[9]给出了一个简单的结论。而对这一简单结论的重要推广则由文献[10-11]给出。根据文献[10-12]，在 N 个传感器融合系统中，如果至少存在两个传感器观测质量较好，则融合系统的检测性能就可明显优于单个传感器。相反，如果存在一个传感器其观测质量远远优于其他传感器，则相对于该传感器，融合系统的检测性能不会得到明显提高。实际上，这一规律指出了融合方法最有可能表现其优越性的一种应用环境，即对观测质量相近的传感器进行融合。

文献[10-12]所得结论对于检测融合系统的设计具有重要指导意义。在融合系统设计过程中，经常需要采用异质传感器构造融合系统，从而有效利用不同类型传感器的观测互补性。但是，不同类型的传感器通常具有不同的作用域。而在其共同作用域内，其观测质量可能会有较大差异。因此，在采用异质传感器构造检测融合系统时，首先需要对其在共同作用域内的观测质量进行分析，并据此选择相应的检测手段或检测设备进行融合[12]。

在实际应用中，提高融合系统检测能力的一个有效途径是采用软决策融合方法。在分布式检测融合系统中，各个传感器的输出可以是一个明确的判决结果（即硬决策），也可以是一个带有判决可信度信息的软决策。文献[9]表明，软决策融合系统的检测性能可明显优于硬决策融合系统。软决策融合问题本质上是一个量化检测融合问题[13-14]。文献[13-14]采用最大距离准则对传感器量化规则进行优化，并得出了一种次优的传感器量化规则。文献[15]则较好地解决了这一问题，给出了分布式量化检测融合系统中各个传感器的最优量化规则。根据文献[12,15-16]，在信噪比很低的条件下，通过采用量化检测融合方法，可大幅度提高对微弱信号的检测能力。

在一定条件下，多传感器检测系统中各个传感器的观测量可以认为是相互独立的。传感器观测量的独立性假设可以大大简化系统性能优化问题的复杂度。可以证明，在传感器观测独立的条件下，最优传感器判决规则为似然比判决规则，而在传感器观测相关的条件下，最优传感器判决规则就无法简化为简单的似然比门限判决。

由于相关条件下检测融合问题的复杂性，检测融合算法经常采用的一个假设是各个传感器观测独立。假设各个传感器观测独立的主要依据是：①在多传感器检测系统中，当各个传感器之间的间距较大时，传感器观测量的独立性假设近似成立；②即使各个传感器的观测量是相关的，在弱相关条件下采用独立观测模型对系统性能进行优化，同样可以获得明显优于单个传感器的检测性能。事实上，这种传感器观测量的独立性假设在模式识别领域的分类器融合中已被广为采用，并已证明可有效提高融合系统的分类性能。文献[12]关于检测融合系统的研究结果也同样表明了在弱相关条件下采用这一独立性假设的有效性。

在各个传感器观测相关性不容忽略的条件下，文献[17]给出了一种次优的系统性能优化方法，即限定各个传感器均采用似然比门限判决，并在此基础上对融合规则及传感器判决门限进行联合最优化。根据文献[17-18]，在传感器观测相关的条件下，采用该融合算法可获得明显优于单个传感器的检测性能。

实际上，融合系统的性能优化问题是和融合系统的配置结构紧密相关的。分布式检测融合系统可以采用多种不同的系统配置结构，如并行结构、串行结构、树形结构、网络结构以及带反馈的融合结构等[7,8,19,20]。在分布式融合系统的设计过程中，除了上面列举的各种系统配置结构，任何其他合理的系统配置结构都是可以接受的。关键问题在于，该系统结构是否有利于提高融合系统的检测性能，以及是否便于对系统性能进行优化及分析。本章研究的系统配置结构包括目前最为常用的三种结构，即并行结构、串行结构及树形结构，并针对不同的配置结构，给出相应的最优及次优检测融合算法。

5.2 并行结构融合系统的最优分布式检测融合算法

在并行结构融合系统中，各个传感器对同一目标或现象进行独立观测和判决，并将判决结果直接传送至融合中心。融合中心对各个传感器的判决进行融合，并给出系统的最终判决。本节研究并行结构融合系统的系统性能优化问题，以及融合规则和传感器判决规则的优化准则，使融合系统最终判决的 Bayes 风险达到最小。

5.2.1 系统描述

假设分布式并行检测融合系统由融合中心及 N 个传感器构成，如图 5-2-1 所示。用 H_0 表示零假设，用 H_1 表示备选假设。第 k 个传感器根据其观测 y_k 独立进行判决，并将判决结果 u_k 送至融合中心。$u_k=0$ 表示传感器 k 判决 H_0 为真，$u_k=1$ 表示该传感器判决 H_1 为真。融合中心对各部传感器的判决 $\boldsymbol{u}=(u_1,u_2,\cdots,u_N)$进行融合，并给出系统的最终判决 u_0，$u_0=0$ 或 1。

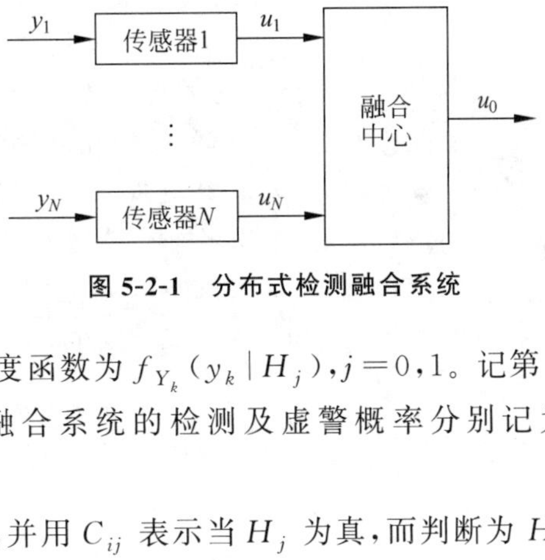

图 5-2-1 分布式检测融合系统

记第 k 个传感器观测量 y_k 的条件概率密度函数为 $f_{Y_k}(y_k|H_j)$，$j=0,1$。记第 k 个传感器的检测及虚警概率为 P_{Dk}、P_{Fk}。融合系统的检测及虚警概率分别记为 P_D^f，P_F^f。

给定先验概率 $P_0=P(H_0)$、$P_1=P(H_1)$，并用 C_{ij} 表示当 H_j 为真，而判断为 H_i 时所需付出的代价，则融合系统的 Bayes 风险可以表示为

$$R_B=\sum_{i=0}^{1}\sum_{j=0}^{1}C_{ij}P_jP(u_0=i\mid H_j) \tag{5-2-1}$$

由于 $P(u_0=i|H_1)=(P_D^f)^i(1-P_D^f)^{1-i}$，$P(u_0=i|H_0)=(P_F^f)^i(1-P_F^f)^{1-i}$，对式(5-2-1)进行简单整理可得

$$R_B=C_FP_F^f-C_DP_D^f+C \tag{5-2-2}$$

式中

$$\begin{cases}C_F=P_0(C_{10}-C_{00})\\C_D=P_1(C_{01}-C_{11})\\C=C_{01}P_1+C_{00}P_0\end{cases} \tag{5-2-3}$$

在实际应用中，做出一个错误判决通常比做出正确判决要付出较多的代价。因此，本章假设 $C_{10}>C_{00}$，$C_{01}>C_{11}$，这意味着 $C_F>0$，$C_D>0$。由于 $P_D^f=P(u_0=1|H_1)$，$P_F^f=P(u_0=1|H_0)$，容易证明

$$P_D^f=\sum_{\boldsymbol{u}}P(u_0=1\mid\boldsymbol{u})P(\boldsymbol{u}\mid H_1) \tag{5-2-4}$$

$$P_F^f=\sum_{\boldsymbol{u}}P(u_0=1\mid\boldsymbol{u})P(\boldsymbol{u}\mid H_0) \tag{5-2-5}$$

将式(5-2-4)、式(5-2-5)代入式(5-2-2)，则融合系统的 Bayes 风险可进一步表示为

$$R_B=C+\sum_{\boldsymbol{u}}P(u_0=1\mid\boldsymbol{u})[C_FP(\boldsymbol{u}\mid H_0)-C_DP(\boldsymbol{u}\mid H_1)] \tag{5-2-6}$$

显然，融合系统的 Bayes 风险是由融合中心及各个传感器的判决规则共同决定的。记第 i 个传感器的判决规则为 γ_i，$u_i=\gamma_i(y_i)$，$i=1,\cdots,N$；记融合中心的判决规则(即融合规则)为 γ_0，$u_0=\gamma_0(\boldsymbol{u})$，则最优分布式检测系统的优化目标就是寻求一个系统判决规则 $\gamma=\{\gamma_0,\gamma_1,\cdots,\gamma_N\}$，使得融合系统的 Bayes 风险 $R_B(\gamma)$ 取得最小值。由于融合规则 γ_0 可由条件概率 $P(u_0=1|\boldsymbol{u},\gamma_0)$ 完全描述，传感器判决规则 γ_i 可由条件概率 $P(u_i=1|y_i,\gamma_i)$ 完全描述，因此在便于理论推导的情况下，本章直接采用条件概率 $P(u_0=1|\boldsymbol{u},\gamma_0)$ 或 $P(u_i=1|y_i,\gamma_i)$ 给出融合规则及传感器判决规则。采用条件概率形式给出的判决规则，称为随机化判决规则。

5.2.2 最优分布式检测的必要条件

融合系统检测性能的优化问题涉及融合中心及各个传感器判决规则的联合最优化，即全局最优化问题。这一全局最优化问题可以分两步解决。首先，假设各个传感器的判决规则已经确定，可以求出融合中心的最优融合规则。其次，假设融合中心的最优融合规则已经确定，可以求出各个传感器的最优判决规则。联合求解融合中心及各个传感器的最优判决规则，就可获得使系统 Bayes 风险达到最小的最优系统判决规则。

定理 5.2.1 假设各个传感器的判决规则已经确定，则使系统 Bayes 风险达到最小的最优融合规则为

$$\Lambda(\boldsymbol{u})\underset{H_0}{\overset{H_1}{\gtrless}}T \tag{5-2-7}$$

式中，$\Lambda(\boldsymbol{u})$ 为融合中心观测量的似然比，即 $\Lambda(\boldsymbol{u})=P(\boldsymbol{u}|H_1)/P(\boldsymbol{u}|H_0)$，$T=C_F/C_D$ 为判决门限。

证明 根据式(5-2-6)，为了使融合系统的 Bayes 风险取得最小值，条件概率 $P(u_0=1|\boldsymbol{u})$ 应该满足

$$P(u_0=1\mid\boldsymbol{u})=\begin{cases}1, & C_FP(\boldsymbol{u}\mid H_0)-C_DP(\boldsymbol{u}\mid H_1)<0\\0, & C_FP(\boldsymbol{u}\mid H_0)-C_DP(\boldsymbol{u}\mid H_1)\geqslant 0\end{cases}$$

显然，该式等价于

$$u_0=\begin{cases}1, & C_FP(\boldsymbol{u}\mid H_0)-C_DP(\boldsymbol{u}\mid H_1)<0\\0, & C_FP(\boldsymbol{u}\mid H_0)-C_DP(\boldsymbol{u}\mid H_1)\geqslant 0\end{cases}$$

根据上式，立即可得式(5-2-7)的最优融合规则。 ■

定理 5.2.2 假设融合规则已经确定，则使系统 Bayes 风险达到最小的各个传感器的最优判决规则为

$$f_{Y_k}(y_k \mid H_1)\sum_{\tilde{\boldsymbol{u}}_k} C_{\mathrm{D}} A(\tilde{\boldsymbol{u}}_k) P(\tilde{\boldsymbol{u}}_k \mid y_k, H_1) \underset{H_0}{\overset{H_1}{\gtrless}}$$

$$f_{Y_k}(y_k \mid H_0)\sum_{\tilde{\boldsymbol{u}}_k} C_{\mathrm{F}} A(\tilde{\boldsymbol{u}}_k) P(\tilde{\boldsymbol{u}}_k \mid y_k, H_0) \tag{5-2-8}$$

式中 $\tilde{\boldsymbol{u}}_k=(u_1,\cdots,u_{k-1},u_{k+1},\cdots,u_N)$，$A(\tilde{\boldsymbol{u}}_k)=P(u_0=1|\tilde{\boldsymbol{u}}_k,u_k=1)-P(u_0=1|\tilde{\boldsymbol{u}}_k,u_k=0)$，$k=1,2,\cdots,N$。

证明 考虑第 k 个传感器的最优判决规则，记 $\tilde{\boldsymbol{u}}_k=(u_1,\cdots,u_{k-1},u_{k+1},\cdots,u_N)$，则根据式(5-2-4)可得

$$P_{\mathrm{D}}^f=\sum_{\tilde{\boldsymbol{u}}_k}\{P(u_0=1 \mid \tilde{\boldsymbol{u}}_k,u_k=0)P(\tilde{\boldsymbol{u}}_k,u_k=0 \mid H_1)+$$

$$P(u_0=1 \mid \tilde{\boldsymbol{u}}_k,u_k=1)P(\tilde{\boldsymbol{u}}_k,u_k=1 \mid H_1)\} \tag{5-2-9}$$

由于

$$P(\tilde{\boldsymbol{u}}_k,u_k=0 \mid H_1)=P(\tilde{\boldsymbol{u}}_k \mid H_1)-P(\tilde{\boldsymbol{u}}_k,u_k=1 \mid H_1)$$

对式(5-2-9)进行简单整理可得

$$P_{\mathrm{D}}^f=\sum_{\tilde{\boldsymbol{u}}_k}P(u_0=1 \mid \tilde{\boldsymbol{u}}_k,u_k=0)P(\tilde{\boldsymbol{u}}_k \mid H_1)+$$

$$\sum_{\tilde{\boldsymbol{u}}_k}A(\tilde{\boldsymbol{u}}_k)P(\tilde{\boldsymbol{u}}_k,u_k=1 \mid H_1) \tag{5-2-10}$$

式中

$$A(\tilde{\boldsymbol{u}}_k)=P(u_0=1 \mid \tilde{\boldsymbol{u}}_k,u_k=1)-P(u_0=1 \mid \tilde{\boldsymbol{u}}_k,u_k=0)$$

同样，根据式(5-2-5)，融合系统的虚警概率可以表示为

$$P_{\mathrm{F}}^f=\sum_{\tilde{\boldsymbol{u}}_k}P(u_0=1 \mid \tilde{\boldsymbol{u}}_k,u_k=0)P(\tilde{\boldsymbol{u}}_k \mid H_0)+$$

$$\sum_{\tilde{\boldsymbol{u}}_k}A(\tilde{\boldsymbol{u}}_k)P(\tilde{\boldsymbol{u}}_k,u_k=1 \mid H_0) \tag{5-2-11}$$

将式(5-2-10)、式(5-2-11)代入式(5-2-2)，可得

$$R_{\mathrm{B}}=C_k+C_{\mathrm{F}}\sum_{\tilde{\boldsymbol{u}}_k}A(\tilde{\boldsymbol{u}}_k)P(\tilde{\boldsymbol{u}}_k,u_k=1 \mid H_0)-$$

$$C_{\mathrm{D}}\sum_{\tilde{\boldsymbol{u}}_k}A(\tilde{\boldsymbol{u}}_k)P(\tilde{\boldsymbol{u}}_k,u_k=1 \mid H_1) \tag{5-2-12}$$

式中 $C_k=C+\sum_{\tilde{\boldsymbol{u}}_k}P(u_0=1 \mid \tilde{\boldsymbol{u}}_k,u_k=0)\{C_{\mathrm{F}}P(\tilde{\boldsymbol{u}}_k \mid H_0)-C_{\mathrm{D}}P(\tilde{\boldsymbol{u}}_k \mid H_1)\}$。

由于各个传感器独立进行检测和判决，容易证明

$$P(\tilde{\boldsymbol{u}}_k,u_k=i \mid H_j)=\int_{y_k}P(\tilde{\boldsymbol{u}}_k \mid y_k,H_j)P(u_k=i \mid y_k)f_{Y_k}(y_k \mid H_j)\mathrm{d}y_k,\quad i,j=0,1 \tag{5-2-13}$$

将上式代入式(5-2-12)并进行简单整理，可得

$$R_B = C_k + \int_{y_k} P(u_k = 1 \mid y_k)\{C_F \sum_{\tilde{\boldsymbol{u}}_k} A(\tilde{\boldsymbol{u}}_k) P(\tilde{\boldsymbol{u}}_k \mid y_k, H_0) f_{Y_k}(y_k \mid H_0) -$$

$$C_D \sum_{\tilde{\boldsymbol{u}}_k} A(\tilde{\boldsymbol{u}}_k) P(\tilde{\boldsymbol{u}}_k \mid y_k, H_1) f_{Y_k}(y_k \mid H_1)\} \mathrm{d}y_k$$

由于 C_k 的取值和第 k 个传感器的判决规则无关，故为了使系统 Bayes 风险取得最小值，根据上式可知条件概率 $P(u_k=1|y_k)$，对于 $k=1,2,\cdots,N$ 必须满足

$$P(u_k = 1 \mid y_k) = \begin{cases} 1, & C_F \sum_{\tilde{\boldsymbol{u}}_k} A(\tilde{\boldsymbol{u}}_k) P(\tilde{\boldsymbol{u}}_k \mid y_k, H_0) f_{Y_k}(y_k \mid H_0) \\ & < C_D \sum_{\tilde{\boldsymbol{u}}_k} A(\tilde{\boldsymbol{u}}_k) P(\tilde{\boldsymbol{u}}_k \mid y_k, H_1) f_{Y_k}(y_k \mid H_1) \\ 0, & \text{其他} \end{cases}$$

根据该条件概率，立即可得最优传感器判决规则式(5-2-8)。 ■

定理 5.2.1 及定理 5.2.2 给出了最优分布式检测的必要条件。为了使系统性能达到最优，可以根据定理 5.2.1 及定理 5.2.2 联合求解最优融合规则及各个传感器的最优判决规则。根据定理 5.2.1 及定理 5.2.2 容易看出，最优融合规则及最优传感器判决规则是耦合的。由于最优传感器判决规则不是似然比门限判决，因此求解最优系统判决规则非常困难。但是，在各个传感器观测独立的条件下，最优传感器判决规则可简化为简单的似然比门限判决。这样，为了获得最优系统判决规则，就仅需联合求解最优融合规则及各个传感器的最优判决门限。

5.2.3 传感器观测独立条件下的最优分布式检测

为了推导各个传感器观测独立条件下的最优系统判决规则，需要首先给出融合规则单调性的定义。

定义 5.2.1 给定一个融合规则，如果对于任意的 k，$1 \leqslant k \leqslant N$，该融合规则均满足

$$A(\tilde{\boldsymbol{u}}_k) = P(u_0 = 1 \mid \tilde{\boldsymbol{u}}_k, u_k = 1) - P(u_0 = 1 \mid \tilde{\boldsymbol{u}}_k, u_k = 0) \geqslant 0$$

则称该融合规则是单调的。

假设各个传感器观测相互独立，即

$$f_{Y_1 \cdots Y_N}(y_1, \cdots, y_N \mid H_j) = \prod_{i=1}^{N} f_{Y_i}(y_i \mid H_j), \quad j = 0, 1$$

则容易证明 $P(\tilde{\boldsymbol{u}}_k|y_k, H_j) = P(\tilde{\boldsymbol{u}}_k|H_j)$。根据式(5-2-8)，最优传感器判决规则就可简化为

$$C_D \sum_{\tilde{\boldsymbol{u}}_k} A(\tilde{\boldsymbol{u}}_k) P(\tilde{\boldsymbol{u}}_k \mid H_1) f_{Y_k}(y_k \mid H_1) \mathop{\gtrless}_{H_0}^{H_1}$$

$$C_F \sum_{\tilde{\boldsymbol{u}}_k} A(\tilde{\boldsymbol{u}}_k) P(\tilde{\boldsymbol{u}}_k \mid H_0) f_{Y_k}(y_k \mid H_0) \tag{5-2-14}$$

进而，为了求解最优系统判决规则，可以合理假设 $P_{Di} \geqslant P_{Fi}$，$i=1,\cdots,N$[7,12]。这样，在

传感器观测独立且 $P_{Di} \geqslant P_{Fi}$ 的条件下，立即可以证明由定理 5.2.1 给出的最优融合规则是单调的。

定理 5.2.3 最优融合规则的单调性：假设融合系统中各个传感器的观测相互独立，且满足 $P_{Di} \geqslant P_{Fi}, i=1,2,\cdots,N$，则由定理 5.2.1 给出的最优融合规则是单调的。

证明 根据式(5-2-7)，最优融合规则可以表示为

$$\frac{P(\boldsymbol{u} \mid H_1)}{P(\boldsymbol{u} \mid H_0)} \underset{H_0}{\overset{H_1}{\gtrless}} \frac{C_F}{C_D}$$

由于各个传感器观测独立，该最优融合规则可以进一步表示为

$$\frac{P(\tilde{\boldsymbol{u}}_k \mid H_1)}{P(\tilde{\boldsymbol{u}}_k \mid H_0)} \frac{P(u_k \mid H_1)}{P(u_k \mid H_0)} \underset{H_0}{\overset{H_1}{\gtrless}} \frac{C_F}{C_D} \tag{5-2-15}$$

式中，$\tilde{\boldsymbol{u}}_k = (u_1, \cdots, u_{k-1}, u_{k+1}, \cdots, u_N)$。由于 $P_{Dk} \geqslant P_{Fk}$，容易证明

$$\frac{P(u_k = 1 \mid H_1)}{P(u_k = 1 \mid H_0)} \geqslant \frac{P(u_k = 0 \mid H_1)}{P(u_k = 0 \mid H_0)}$$

这样，如果

$$\frac{P(\tilde{\boldsymbol{u}}_k \mid H_1)}{P(\tilde{\boldsymbol{u}}_k \mid H_0)} \frac{P(u_k = 0 \mid H_1)}{P(u_k = 0 \mid H_0)} \geqslant \frac{C_F}{C_D} \tag{5-2-16}$$

则必有

$$\frac{P(\tilde{\boldsymbol{u}}_k \mid H_1)}{P(\tilde{\boldsymbol{u}}_k \mid H_0)} \frac{P(u_k = 1 \mid H_1)}{P(u_k = 1 \mid H_0)} \geqslant \frac{C_F}{C_D} \tag{5-2-17}$$

根据式(5-2-15)～式(5-2-17)可以看出，如果对于判决向量 $\boldsymbol{u} = (\tilde{\boldsymbol{u}}_k, u_k = 0)$，融合中心的判决为 $u_0 = 1$，则对于 $\boldsymbol{u} = (\tilde{\boldsymbol{u}}_k, u_k = 1)$ 其判决也必然为 $u_0 = 1$。因此

$$P(u_0 = 1 \mid \tilde{\boldsymbol{u}}_k, u_k = 1) - P(u_0 = 1 \mid \tilde{\boldsymbol{u}}_k, u_k = 0) \geqslant 0$$

即由定理 5.2.1 给出的最优融合规则是单调的。■

由于最优融合规则是单调的，为了求解最优系统判决规则就仅需考虑单调融合规则。对于任意给定的单调融合规则，融合系统的最优传感器判决规则由下面的定理给出。

定理 5.2.4 假设融合系统中各个传感器的观测相互独立，则对于任意给定的单调融合规则，使系统检测性能达到最优的传感器判决规则为

$$\Lambda_k(y_k) \underset{H_0}{\overset{H_1}{\gtrless}} T_k, k = 1, 2, \cdots, N$$

式中 $\Lambda_k(y_k)$ 为单个传感器观测量的似然比，即 $\Lambda_k(y_k) = f_{Y_k}(y_k \mid H_1) / f_{Y_k}(y_k \mid H_0)$

$$T_k = \frac{C_F \sum_{\tilde{\boldsymbol{u}}_k} A(\tilde{\boldsymbol{u}}_k) P(\tilde{\boldsymbol{u}}_k \mid H_0)}{C_D \sum_{\tilde{\boldsymbol{u}}_k} A(\tilde{\boldsymbol{u}}_k) P(\tilde{\boldsymbol{u}}_k \mid H_1)} \tag{5-2-18}$$

其中 $\tilde{\boldsymbol{u}}_k = (u_1, \cdots, u_{k-1}, u_{k+1}, \cdots, u_N)$，$A(\tilde{\boldsymbol{u}}_k) = P(u_0 = 1 \mid \tilde{\boldsymbol{u}}_k, u_k = 1) - P(u_0 = 1 \mid \tilde{\boldsymbol{u}}_k, u_k = 0)$。

证明 由于 $C_F > 0, C_D > 0, A(\tilde{\boldsymbol{u}}_k) \geqslant 0$，根据式(5-2-14)，该定理立即得证。■

根据定理 5.2.4 可以看出，在各个传感器观测独立的条件下，最优传感器判决规则

可简化为似然比门限判决。这样，为了获得最优系统判决规则，就仅需根据定理 5.2.1 及定理 5.2.4 联合求解最优融合规则及各个传感器的最优判决门限。由于最优融合规则及最优传感器判决门限是耦合的，因此需要采用数值迭代算法进行求解。

求解最优融合规则及最优传感器判决门限的数值迭代算法可描述如下：

(1) 任意选择一个初始融合规则 $f^{(0)}$ 及一组初始传感器判决门限 $T_k^{(0)}$，$k=1,2,\cdots,N$，计算 $\{f^{(0)},T_1^{(0)},T_2^{(0)},\cdots,T_N^{(0)}\}$对应的系统 Bayes 风险 $R_{\mathrm{B}}^{(0)}$。设置循环变量 $n=1$，设置循环终止控制量 $\zeta>0$。

(2) 固定$\{T_1^{(n-1)},T_2^{(n-1)},\cdots,T_N^{(n-1)}\}$，根据式(5-2-7)求解融合规则 $f^{(n)}$。

(3) 对于第 1 个传感器，固定$\{f^{(n)},T_2^{(n-1)},\cdots,T_N^{(n-1)}\}$，并根据式(5-2-18)计算判决门限 $T_1^{(n)}$。同样，对于第 k 个传感器，$k=2,3,\cdots,N$，固定$\{f^{(n)},T_1^{(n)}\cdots,T_{k-1}^{(n)},T_{k+1}^{(n-1)},\cdots,T_N^{(n-1)}\}$，并根据式(5-2-18)计算判决门限 $T_k^{(n)}$。

(4) 计算$\{f^{(n)},T_1^{(n)},T_2^{(n)},\cdots,T_N^{(n)}\}$对应的系统 Bayes 风险 $R_{\mathrm{B}}^{(n)}$。如果 $R_{\mathrm{B}}^{(n-1)}-R_{\mathrm{B}}^{(n)}>\zeta$，则令 $n=n+1$，并转到第(2)步继续循环，否则终止循环，并认为$\{f^{(n)},T_1^{(n)},T_2^{(n)},\cdots,T_N^{(n)}\}$为最优融合规则及最优传感器判决门限。

显然，该数值迭代算法的收敛性与初始条件有关。对于任意给定的条件概率密度函数 $f_{Y_k}(y_k|H_j)$，$k=1,2,\cdots,N$，$j=0,1$，通过选择适当的初始条件，该迭代算法通常可迅速收敛于最优融合规则及最优传感器判决门限。

5.2.4 实例计算

例题 5.2.1 考虑两个简单的分布式检测融合系统。融合系统 1 由融合中心及两个传感器构成。融合系统 2 由融合中心及三个传感器构成。假设融合系统中各个传感器的观测量相互独立，且服从 Gauss 分布

$$f_{Y_k}(y_k \mid H_1)=\frac{1}{\sqrt{2\pi}}\exp\left\{-\frac{(y_k-a_k)^2}{2}\right\} \tag{5-2-19}$$

$$f_{Y_k}(y_k \mid H_0)=\frac{1}{\sqrt{2\pi}}\exp\left\{-\frac{y_k^2}{2}\right\} \tag{5-2-20}$$

融合系统的性能优化准则采用最小错误概率准则，即 $C_{00}=C_{11}=0$，$C_{01}=C_{10}=1$。最优融合规则及最优传感器判决门限采用 3.2.3 节给出的数值迭代算法进行求解。

首先考虑融合系统 1。令 $a_1=2.2$，$a_2=2.0$，则融合系统的**接收机工作特性**(**receiver operating characteristic，ROC**)曲线，即传感器的检测概率与虚警概率的关系曲线如图 5-2-2 所示；融合系统的 Bayes 风险随先验概率 P_0 的变化关系如图 5-2-3 所示。图中，实线代表融合系统的检测性能，虚线则代表各个传感器采用 Bayes 判决规则时的检测性能。根据图 5-2-2 及图 5-2-3 可以看出，融合系统的检测性能比单个传感器的检测性能有明显提高。

下面考虑融合系统 2。令 $a_1=2.2$，$a_2=2.0$，$a_3=1.8$，则融合系统的 ROC 曲线如图 5-2-4 所示，融合系统的 Bayes 风险随先验概率 P_0 的变化关系如图 5-2-5 所示。根据

图 5-2-4 及图 5-2-5 可以看出,随着融合系统中传感器数量的增加,系统性能的提高更加明显。

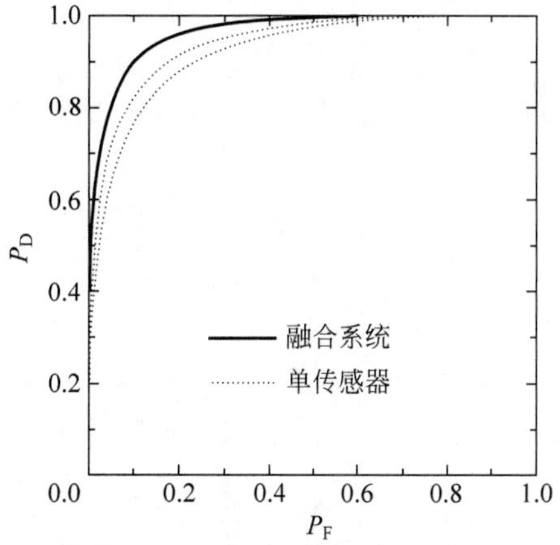

(a_1=2.2, a_2=2.0, N=2)

图 5-2-2 融合系统 1 的 ROC 曲线

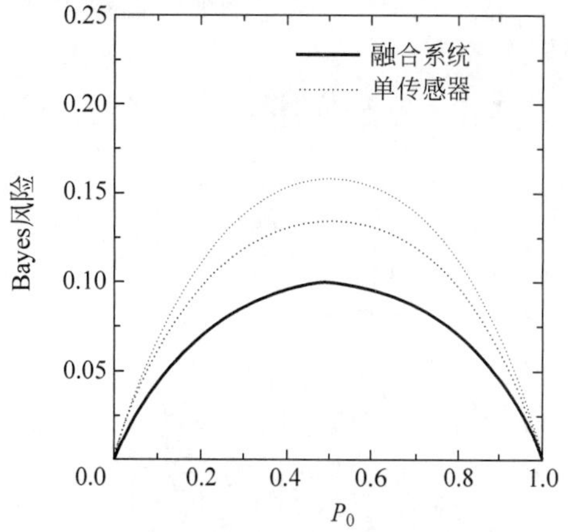

(a_1=2.2, a_2=2.0, N=2)

图 5-2-3 融合系统 1 的 Bayes 风险

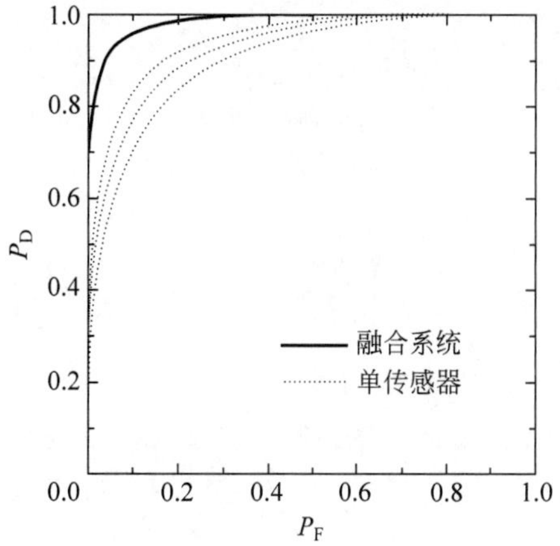

(a_1=2.2, a_2=2.0, a_3=1.8, N=3)

图 5-2-4 融合系统 2 的 ROC 曲线

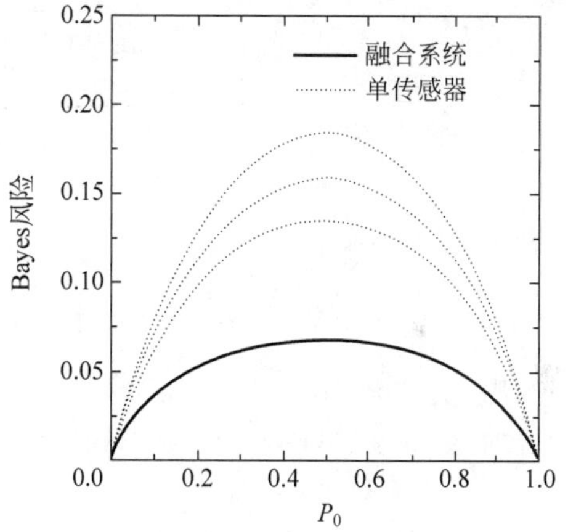

(a_1=2.2, a_2=2.0, a_3=1.8, N=3)

图 5-2-5 融合系统 2 的 Bayes 风险 □

5.3 串行结构融合系统的最优分布式检测融合算法

与并行结构相对应,融合系统可以采用的另一种配置结构为串行结构。与并行结构不同,在分布式串行融合系统中,不存在一个唯一的融合中心对各个传感器的判决进行融合。相反,融合过程是以分布式的方式由各个传感器共同完成的。融合系统的最终判决由一个指定的传感器直接给出。本节研究分布式串行检测融合系统的性能优化问题。各个传感器判决规则的优化准则为,使融合系统的 Bayes 风险取得最小值。与并行结构融合系统相似,在各个传感器观测相关的条件下,虽然可以推导出最优传感器判决规则需要满足的必要条件,但是由于不能将其简化为似然比判决规则,因此很难求解。本节研究各个传感器观测独立条件下的最优检测问题。在各个传感器观测独立的条件下，可以证明最优传感器判决规则为似然比判决。这样，为了求解最优系统判决规则，就仅需联合求解各个传感器的最优似然比判决门限。

5.3.1 系统描述

设分布式串行检测融合系统由 N 个传感器构成(见图 5-3-1)。各个传感器按串行结构连接且对同一目标或现象进行观测。第一个传感器直接根据其观测量 y_1 进行判决，并将其判决结果 u_1 传送至第 2 个传感器。第 i 个传感器则根据其观测量 y_i 及前一个传感器的判决 u_{i-1} 进行假设检验，并将其判决结果 u_i 传送至下一个传感器，$i=2,3,\cdots,N$。第 i 个传感器的判决过程实际上是一个对 y_i 及 u_{i-1} 进行融合的过程。最后一个传感器的判决结果 u_N 则为融合系统的最终判决。

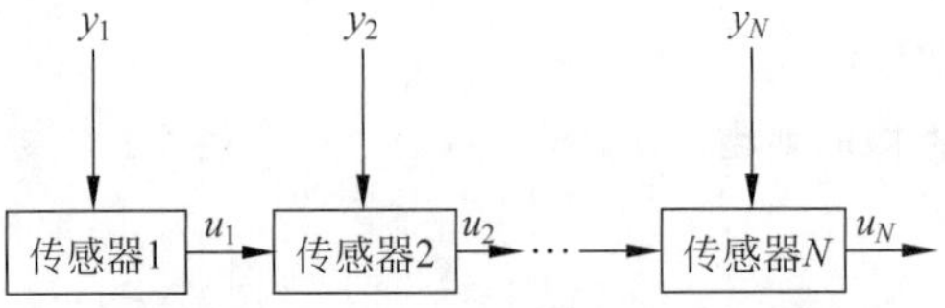

图 5-3-1 分布式串行检测融合系统

记融合系统中各个传感器的检测及虚警概率分别为 P_{Di}、P_{Fi}，则融合系统的检测及虚警概率分别由 P_{DN}、P_{FN} 给出。给定先验概率 P_0、P_1 及代价权因子 C_{ij}，容易证明融合系统的 Bayes 风险可以表示为

$$R_B=\sum_{i=0}^{1}\sum_{j=0}^{1}C_{ij}P_jP(u_N=i\mid H_j)=C_FP_{FN}-C_DP_{DN}+C \tag{5-3-1}$$

式中，$C_F=P_0(C_{10}-C_{00})$，$C_D=P_1(C_{01}-C_{11})$，$C=C_{01}P_1+C_{00}P_0$。显然，串行融合系统的检测性能由各个传感器的判决规则共同决定。记第 i 个传感器的判决规则为 γ_i，则融合系统检测性能的优化目标就是寻求一个系统判决规则 $\gamma=\{\gamma_1,\gamma_2,\cdots,\gamma_N\}$，使得系统 Bayes 风险 $R_B(\gamma)$ 取得最小值。

5.3.2 传感器观测独立条件下最优分布式检测的必要条件

假设各个传感器的观测相互独立。为了使融合系统的检测性能达到最优，需要联合设计各个传感器的最优判决规则。可以证明，各个传感器的最优判决规则需要满足下述必要条件。

定理 5.3.1 假设融合系统中各个传感器的观测相互独立，则为了使系统的 Bayes 风险达到最小，第 1 个传感器的判决规则必须满足

$$P(u_1=1\mid y_1)=\begin{cases}1, & C_FA(u_N,u_1,H_0)f_{Y_1}(y_1\mid H_0)\\ & \quad <C_DA(u_N,u_1,H_1)f_{Y_1}(y_1\mid H_1)\\ 0, & 其他\end{cases} \tag{5-3-2}$$

第 $k(k=2,3,\cdots,N)$ 个传感器的判决规则必须满足

$$P(u_k=1\mid y_k,u_{k-1})=\begin{cases}1, & C_F A(u_N,u_k,H_0)f_{Y_k}(y_k\mid H_0)P(u_{k-1}\mid H_0) \\ & <C_D A(u_N,u_k,H_1)f_{Y_k}(y_k\mid H_1)P(u_{k-1}\mid H_1) \\ 0, & 其他\end{cases} \tag{5-3-3}$$

式中，$f_{Y_k}(y_k|H_j)$为传感器观测量 y_k 的条件概率密度函数，且

$$A(u_i,u_k,H_j)=P(u_i=1\mid u_k=1,H_j)-P(u_i=1\mid u_k=0,H_j)$$

证明 首先考虑传感器 1 的判决规则。融合系统的检测概率可以表示为

$$P_{DN}=P(u_N=1\mid H_1)=P(u_N=1\mid u_1=0,H_1)P(u_1=0\mid H_1)+$$
$$P(u_N=1\mid u_1=1,H_1)P(u_1=1\mid H_1)$$

由于 $P(u_1=0|H_1)=1-P(u_1=1|H_1)$，对上式进行简单整理可得

$$P_{DN}=P(u_N=1\mid u_1=0,H_1)+A(u_N,u_1,H_1)P(u_1=1\mid H_1) \tag{5-3-4}$$

式中

$$A(u_i,u_k,H_j)=P(u_i=1\mid u_k=1,H_j)-P(u_i=1\mid u_k=0,H_j)$$

同样，融合系统的虚警概率可以表示为

$$P_{FN}=P(u_N=1\mid u_1=0,H_0)+A(u_N,u_1,H_0)P(u_1=1\mid H_0) \tag{5-3-5}$$

将式(5-3-4)、式(5-3-5)代入式(5-3-1)，并注意到

$$P(u_1=1\mid H_j)=\int P(u_1=1\mid y_1)f_{Y_1}(y_1\mid H_j)\mathrm{d}y_1,\quad j=0,1$$

可得

$$R_B=C_1+\int P(u_1=1\mid y_1)\{C_F A(u_N,u_1,H_0)f_{Y_1}(y_1\mid H_0)-$$
$$C_D A(u_N,u_1,H_1)f_{Y_1}(y_1\mid H_1)\}\mathrm{d}y_1 \tag{5-3-6}$$

式中

$$C_1=C+C_F P(u_N=1\mid u_1=0,H_0)-C_D P(u_N=1\mid u_1=0,H_1)$$

由于假设各个传感器的观测相互独立，容易证明 C_1 的取值与第 1 个传感器的判决规则无关。这样，根据式(5-3-6)，为了使融合系统的 Bayes 风险取得最小值，传感器 1 的判决规则必须满足

$$P(u_1=1\mid y_1)=\begin{cases}1, & C_F A(u_N,u_1,H_0)f_{Y_1}(y_1\mid H_0) \\ & <C_D A(u_N,u_1,H_1)f_{Y_1}(y_1\mid H_1) \\ 0, & 其他\end{cases}$$

下面考虑第 k 个传感器的判决规则，$k=2,3,\cdots,N$。与式(5-3-4)及式(5-3-5)相似，融合系统的检测及虚警概率可以表示为

$$P_{DN}=P(u_N=1\mid u_k=0,H_1)+A(u_N,u_k,H_1)P(u_k=1\mid H_1) \tag{5-3-7}$$

$$P_{FN}=P(u_N=1\mid u_k=0,H_0)+A(u_N,u_k,H_0)P(u_k=1\mid H_0) \tag{5-3-8}$$

由于各个传感器的观测相互独立，易知

$$P(u_k=1\mid H_j)=\sum_{u_{k-1}}\int P(u_k=1\mid y_k,u_{k-1})f_{Y_k}(y_k\mid H_j)P(u_{k-1}\mid H_j)\mathrm{d}y_k \tag{5-3-9}$$

将式(5-3-7)、式(5-3-8)代入式(5-3-1)，并利用式(5-3-9)，经简单整理可得

$$R_B = C_k + \sum_{u_{k-1}} \int P(u_k = 1 \mid y_k, u_{k-1})\{C_F A(u_N, u_k, H_0) f_{Y_k}(y_k \mid H_0) P(u_{k-1} \mid H_0) - C_D A(u_N, u_k, H_1) f_{Y_k}(y_k \mid H_1) P(u_{k-1} \mid H_1)\} \mathrm{d}y_k \tag{5-3-10}$$

式中

$$C_k = C + C_F P(u_N = 1 \mid u_k = 0, H_0) - C_D P(u_N = 1 \mid u_k = 0, H_1)$$

同样，由于各个传感器的观测相互独立，C_k 的取值与第 k 个传感器的判决规则无关。因此，根据式(5-3-10)，为了使系统的 Bayes 风险取得最小值，传感器 k 的判决规则必须满足

$$P(u_k = 1 \mid y_k, u_{k-1}) = \begin{cases} 1, & C_F A(u_N, u_k, H_0) f_{Y_k}(y_k \mid H_0) P(u_{k-1} \mid H_0) \\ & < C_D A(u_N, u_k, H_1) f_{Y_k}(y_k \mid H_1) P(u_{k-1} \mid H_1) \quad k = 2,3,\cdots,N \\ 0, & \text{其他} \end{cases}$$

■

为了求解最优系统判决规则，需要根据式(5-3-2)及式(5-3-3)联合求解各个传感器的最优判决规则。容易看出，给定传感器 1 的观测量 y_1，由于 $P(u_1=1|y_1)=1$ 等价于该传感器的判决为 $u_1=1$(即判决 H_1 为真)，$P(u_1=1|y_1)=0$ 等价于该传感器的判决为 $u_1=0$(即判决 H_0 为真)，因此由式(5-3-2)给出的最优判决规则立即可以表示为

$$C_D A(u_N, u_1, H_1) f_{Y_1}(y_1 \mid H_1) \underset{H_0}{\overset{H_1}{\gtrless}} C_F A(u_N, u_1, H_0) f_{Y_1}(y_1 \mid H_0) \tag{5-3-11}$$

同样，由式(5-3-3)给出的最优判决规则可以表示为

$$C_D A(u_N, u_k, H_1) f_{Y_k}(y_k \mid H_1) P(u_{k-1} \mid H_1) \underset{H_0}{\overset{H_1}{\gtrless}} C_F A(u_N, u_k, H_0) f_{Y_k}(y_k \mid H_0) P(u_{k-1} \mid H_0), \quad k = 2,3,\cdots,N \tag{5-3-12}$$

容易看出，由式(5-3-11)、式(5-3-12)给出的最优传感器判决规则并不能直接表示为似然比门限判决。为了将其简化为简单的似然比门限判决，必须首先确定 $A(u_N, u_k, H_j)$ 的符号。

5.3.3 传感器观测独立条件下的最优分布式检测

与并行检测融合系统的性能优化问题相似，为了求解串行融合系统的最优系统判决规则，同样可以合理假设 $P_{Dk} \geqslant P_{Fk}, k = 1,2,\cdots,N$[8,12]。在各个传感器观测独立且 $P_{Dk} \geqslant P_{Fk}$ 的条件下，可以得出 $A(u_N, u_k, H_j)$ 的若干性质。根据这些性质可以证明 $A(u_N, u_k, H_j) \geqslant 0$，并将最优传感器判决规则简化为似然比门限判决。

引理 1 $A(u_N, u_N, H_j) = 1, j = 0,1$。

证明 由于 $A(u_N, u_N, H_j) = P(u_N = 1|u_N = 1, H_j) - P(u_N = 1|u_N = 0, H_j)$，且 $P(u_N = 1|u_N = 1, H_j) = 1$，$P(u_N = 1|u_N = 0, H_j) = 0$，引理 1 立即得证。 ■

引理 2 $A(u_N, u_k, H_j) = \prod_{i=k+1}^{N} A(u_i, u_{i-1}, H_j), k = 1,2,\cdots,N-1$。

证明 首先，当 $k=N-1$ 时引理 2 自然成立。下面考虑 $k\leqslant N-2$ 时的情况。对于任意给定的 $i, i\geqslant k+2$，易知

$$P(u_i=1\mid u_k=1,H_j)=P(u_i=1\mid u_{i-1}=0,u_k=1,H_j)P(u_{i-1}=0\mid u_k=1,H_j)+P(u_i=1\mid u_{i-1}=1,u_k=1,H_j)P(u_{i-1}=1\mid u_k=1,H_j) \tag{5-3-13}$$

由于各个传感器的观测相互独立，可得

$$\begin{aligned}P(u_i=1\mid u_{i-1},u_k,H_j)&=\int P(u_i=1\mid y_i,u_{i-1},u_k,H_j)f_{Y_i}(y_i\mid u_{i-1},u_k,H_j)\mathrm{d}y_i\\&=\int P(u_i=1\mid y_i,u_{i-1},H_j)f_{Y_i}(y_i\mid u_{i-1},H_j)\mathrm{d}y_i\\&=P(u_i=1\mid u_{i-1},H_j)\end{aligned} \tag{5-3-14}$$

又由于 $P(u_{i-1}=0\mid u_k=1,H_j)=1-P(u_{i-1}=1\mid u_k=1,H_j)$，根据式(5-3-13)及式(5-3-14)易得

$$P(u_i=1\mid u_k=1,H_j)=P(u_i=1\mid u_{i-1}=0,H_j)+A(u_i,u_{i-1},H_j)P(u_{i-1}=1\mid u_k=1,H_j),\quad i\geqslant k+2 \tag{5-3-15}$$

式中

$$A(u_i,u_k,H_j)=P(u_i=1\mid u_k=1,H_j)-P(u_i=1\mid u_k=0,H_j)$$

采用同样方法可以证明

$$P(u_i=1\mid u_k=0,H_j)=P(u_i=1\mid u_{i-1}=0,H_j)+A(u_i,u_{i-1},H_j)P(u_{i-1}=1\mid u_k=0,H_j),\quad i\geqslant k+2 \tag{5-3-16}$$

这样，根据式(5-3-15)及式(5-3-16)可得

$$A(u_i,u_k,H_j)=A(u_i,u_{i-1},H_j)A(u_{i-1},u_k,H_j),\quad i\geqslant k+2 \tag{5-3-17}$$

由于 $N\geqslant k+2$，根据式(5-3-17)易知

$$A(u_N,u_k,H_j)=A(u_N,u_{N-1},H_j)A(u_{N-1},u_k,H_j)$$

对上式重复使用式(5-3-17)，可得

$$A(u_N,u_k,H_j)=\prod_{i=k+1}^{N}A(u_i,u_{i-1},H_j),\quad k\leqslant N-2$$ ■

引理 3 如果 $A(u_N,u_{k+1},H_j)\geqslant 0$，则 $A(u_N,u_k,H_j)\geqslant 0, k=1,\cdots,N-1$。

证明 如果 $A(u_N,u_{k+1},H_j)\geqslant 0$，则根据式(5-3-12)，第 $k+1$ 个传感器的最优判决规则可以表示为

$$\frac{f_{Y_{k+1}}(y_{k+1}\mid H_1)P(u_k\mid H_1)}{f_{Y_{k+1}}(y_{k+1}\mid H_0)P(u_k\mid H_0)}\underset{H_0}{\overset{H_1}{\gtrless}}\frac{C_{\mathrm{F}}A(u_N,u_{k+1},H_0)}{C_{\mathrm{D}}A(u_N,u_{k+1},H_1)} \tag{5-3-18}$$

由于 $P_{\mathrm{D}k}\geqslant P_{\mathrm{F}k}$，易知

$$\frac{f_{Y_{k+1}}(y_{k+1}\mid H_1)P(u_k=1\mid H_1)}{f_{Y_{k+1}}(y_{k+1}\mid H_0)P(u_k=1\mid H_0)}\geqslant\frac{f_{Y_{k+1}}(y_{k+1}\mid H_1)P(u_k=0\mid H_1)}{f_{Y_{k+1}}(y_{k+1}\mid H_0)P(u_k=0\mid H_0)} \tag{5-3-19}$$

根据式(5-3-18)及式(5-3-19)容易看出，对于任意给定的观测量 y_{k+1}，如果在 $u_k=0$ 的条件下第 $k+1$ 个传感器的判决为 $u_{k+1}=1$，则在 $u_k=1$ 的条件下，其判决也必然为 $u_{k+1}=1$。因此

$$P(u_{k+1}=1\mid y_{k+1},u_k=1)\geqslant P(u_{k+1}=1\mid y_{k+1},u_k=0) \tag{5-3-20}$$

由于

$$P(u_{k+1}=1 \mid u_k=1,H_j)=\int P(u_{k+1}=1 \mid y_{k+1},u_k=1)f_{Y_{k+1}}(y_{k+1} \mid H_j)\mathrm{d}y_{k+1}$$

$$P(u_{k+1}=1 \mid u_k=0,H_j)=\int P(u_{k+1}=1 \mid y_{k+1},u_k=0)f_{Y_{k+1}}(y_{k+1} \mid H_j)\mathrm{d}y_{k+1}$$

根据式(5-3-20)易知

$$\begin{aligned}A(u_{k+1},u_k,H_j)=&P(u_{k+1}=1 \mid u_k=1,H_j)\\&-P(u_{k+1}=1 \mid u_k=0,H_j)\geqslant 0\end{aligned} \tag{5-3-21}$$

又根据引理 2 可得

$$A(u_N,u_k,H_j)=A(u_N,u_{k+1},H_j)A(u_{k+1},u_k,H_j)$$

因此，如果 $A(u_N,u_{k+1},H_j)\geqslant 0$，则根据式(5-3-21)，可得 $A(u_N,u_k,H_j)\geqslant 0, k=1,2,\cdots,N-1$。 ■

根据引理 1 及引理 3，可以证明 $A(u_N,u_k,H_j)\geqslant 0$。首先，根据引理 1 可得 $A(u_N,u_N,H_j)>0$。由于 $A(u_N,u_N,H_j)\geqslant 0$，根据引理 3 可得 $A(u_N,u_{N-1},H_j)\geqslant 0$。重复利用引理 3，则最终可得 $A(u_N,u_k,H_j)\geqslant 0, k=1,2,\cdots,N-1$。

由于 $A(u_N,u_k,H_j)\geqslant 0$，根据式(5-3-11)及式(5-3-12)，各个传感器的最优判决规则可以简化为简单的似然比门限判决。

定理 5.3.2 假设融合系统中各个传感器的观测相互独立，则为了使系统 Bayes 风险取得最小值，第 1 个传感器的最优判决规则为

$$\frac{f_{Y_1}(y_1 \mid H_1)}{f_{Y_1}(y_1 \mid H_0)} \underset{H_0}{\overset{H_1}{\gtrless}} \frac{C_F A(u_N,u_1,H_0)}{C_D A(u_N,u_1,H_1)} \tag{5-3-22}$$

第 k 个传感器的最优判决规则为

$$\frac{f_{Y_k}(y_k \mid H_1)}{f_{Y_k}(y_k \mid H_0)} \underset{H_0}{\overset{H_1}{\gtrless}} \frac{C_F A(u_N,u_k,H_0)P(u_{k-1} \mid H_0)}{C_D A(u_N,u_k,H_1)P(u_{k-1} \mid H_1)},\quad k=2,\cdots,N \tag{5-3-23}$$

式中

$$A(u_N,u_k,H_j)=P(u_N=1 \mid u_k=1,H_j)-P(u_N=1 \mid u_k=0,H_j)$$

证明 由于 $A(u_N,u_k,H_j)\geqslant 0, C_F>0, C_D>0$，根据式(5-3-11)及式(5-3-12)，该定理立即得证。 ■

根据定理 5.3.2 可以看出，在各个传感器观测独立的条件下，最优传感器判决规则为似然比判决规则。但是需要指出的是，传感器 1 的最优判决规则是一个普通的似然比判决规则，即通过将其观测量的似然比与某一固定门限进行比较而得出判决结果。相反，传感器 $k(k=2,\cdots,N)$ 的最优判决规则却是具有两个门限的似然比判决。其中，一个门限用于 $u_{k-1}=0$ 时的判决，另一个门限用于 $u_{k-1}=1$ 时的判决。用 T_1 表示第 1 个传感器的判决门限，则根据式(5-3-22)及引理 2 可得

$$T_1=\frac{C_F\prod_{i=2}^{N}A(u_i,u_{i-1},H_0)}{C_D\prod_{i=2}^{N}A(u_i,u_{i-1},H_1)} \tag{5-3-24}$$

用 $T_{k,0}$、$T_{k,1}$ 分别表示第 k 个传感器在 $u_{k-1}=0$ 及 $u_{k-1}=1$ 条件下的判决门限，则根据

引理 1、引理 2 及式(5-3-23)可得

$$T_{k,m}=\frac{C_{\mathrm{F}}P(u_{k-1}=m\mid H_0)\prod_{i=k+1}^{N}A(u_i,u_{i-1},H_0)}{C_{\mathrm{D}}P(u_{k-1}=m\mid H_1)\prod_{i=k+1}^{N}A(u_i,u_{i-1},H_1)},\quad k=2,3,\cdots,N-1,m=0,1 \tag{5-3-25}$$

及

$$T_{N,m}=\frac{C_{\mathrm{F}}P(u_{N-1}=m\mid H_0)}{C_{\mathrm{D}}P(u_{N-1}=m\mid H_1)},\quad m=0,1 \tag{5-3-26}$$

由于各个传感器的判决规则为似然比判决，为了使融合系统的检测性能达到最优，仅需联合求解由式(5-3-24)～式(5-3-26)给出的 $2N-1$ 个最优传感器判决门限。由于最优传感器判决门限是耦合的，因此需要采用数值方法进行求解。根据式(5-3-24)～式(5-3-26)容易看出，由于 $P(u_i=m|H_j)$ 及 $A(u_i,u_{i-1},H_j)$ 均可表示为传感器判决门限的函数，因此采用数值迭代算法很容易求得各个传感器的最优判决门限。

求解最优传感器判决门限的数值迭代算法可以描述如下：

(1) 任意选择一组初始判决门限 $T_1^{(0)}$、$T_{k,m}^{(0)}$，$k=2,3,\cdots,N$，$m=0,1$，并计算相应的系统 Bayes 风险 $R_{\mathrm{B}}^{(0)}$。设置循环变量 $n=1$，设置循环终止控制量 $\zeta>0$。

(2) 对于第 1 个传感器，固定 $\{\{T_{2,m}^{(n-1)}\}_{m=0}^{1},\cdots,\{T_{N,m}^{(n-1)}\}_{m=0}^{1}\}$，并根据式(5-3-24)计算判决门限 $T_1^{(n)}$。同样，对于第 k 个传感器，$k=2,\cdots,N-1$，固定 $\{T_1^{(n)},\{T_{2,m}^{(n)}\}_{m=0}^{1},\cdots,\{T_{k-1,m}^{(n)}\}_{m=0}^{1},\{T_{k+1,m}^{(n-1)}\}_{m=0}^{1},\cdots,\{T_{N,m}^{(n-1)}\}_{m=0}^{1}\}$，并根据式(5-3-25)计算判决门限 $T_{k,m}^{(n)}$。对于第 N 个传感器，则固定 $\{T_1^{(n)},\{T_{2,m}^{(n)}\}_{m=0}^{1},\cdots,\{T_{N-1,m}^{(n)}\}_{m=0}^{1}\}$，并根据式(5-3-26)计算 $T_{N,m}^{(n)}$，$m=0,1$。

(3) 计算 $\{T_1^{(n)},\{T_{2,m}^{(n)}\}_{m=0}^{1},\cdots,\{T_{N,m}^{(n)}\}_{m=0}^{1}\}$ 对应的系统 Bayes 风险 $R_{\mathrm{B}}^{(n)}$。如果 $R_{\mathrm{B}}^{(n-1)}-R_{\mathrm{B}}^{(n)}>\zeta$，则令 $n=n+1$ 并转至第(2)步继续循环，否则终止循环并认为 $\{T_1^{(n)},\{T_{2,m}^{(n)}\}_{m=0}^{1},\cdots,\{T_{N,m}^{(n)}\}_{m=0}^{1}\}$ 为各个传感器的最优判决门限。

同任何其他数值迭代算法一样，上面给出的迭代算法存在以下两方面的问题。首先，该算法不能保证收敛于最优传感器判决门限。当循环终止时，所得的系统 Bayes 风险可能只是一个局部极小值。其次，该算法给出的最终结果依赖于初始条件。这样，当该算法不能收敛于最优传感器判决门限时，可采用不同的初始条件进行尝试。

5.3.4 实例计算

例题 5.3.1 考虑一个简单的双传感器串行检测系统。传感器 1 根据其观测 y_1 独立进行判决，并将其判决结果 u_1 传送至传感器 2。传感器 2 根据其观测 y_2 及传感器 1 的判决 u_1 进行假设检验，并给出融合系统的最终判决 u_2。传感器观测量的条件概率密度函数由式(5-2-19)及式(5-2-20)给出。融合系统的性能优化准则采用最小错误概率准则。各个传感器的最优判决门限采用 5.3.3 节给出的数值迭代算法进行求解。

令 $a_1=2.0$，$a_2=2.5$，则融合系统的 ROC 曲线如图 5-3-2 所示。融合系统的 Bayes

风险随先验概率 P_0 的变化关系如图 5-3-3 所示。图中，实线代表融合系统的检测性能，虚线则代表各个传感器采用 Bayes 判决规则时的检测性能。根据图 5-3-2 及图 5-3-3 可以看出，融合系统的检测性能比单个传感器的检测性能有明显提高。

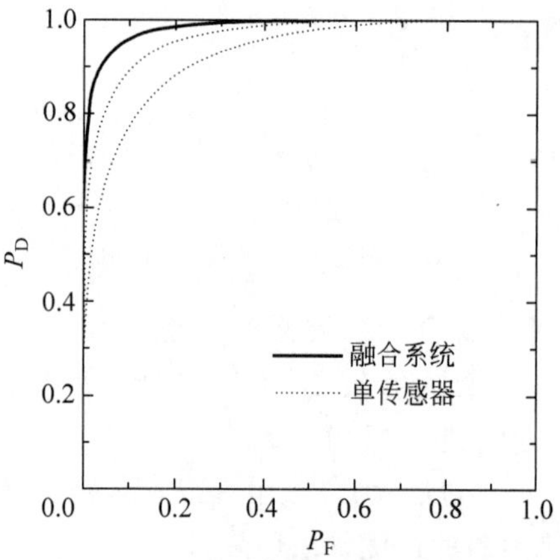

$(a_1=2.0, a_2=2.5, N=2)$

图 5-3-2　融合系统的 ROC 曲线

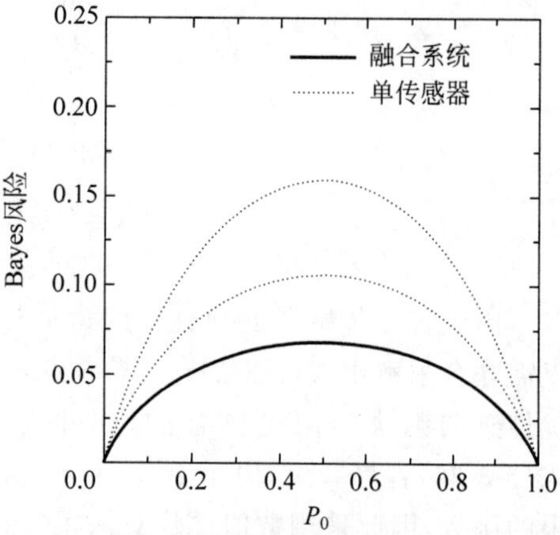

$(a_1=2.0, a_2=2.5, N=2)$

图 5-3-3　融合系统的 Bayes 风险　□

5.4　树形结构融合系统的最优分布式检测融合算法

并行及串行系统结构是融合系统可以采用的两种最基本的配置结构。还有一种较为复杂的系统配置结构是树形结构，树形结构是对并行及串行结构的推广。在特定条件下，树形结构可简化为简单的并行或串行结构。树形结构融合系统的基本组成单元称为结点。各结点可以是对同一目标或现象直接进行观测的传感器，也可以是仅对其前级结点的判决进行融合的局部融合器。融合系统的最终判决由唯一的根结点给出。本节研究树形结构检测融合系统的性能优化问题。各结点判决规则的优化准则为，使融合系统的 Bayes 风险取得最小值。与并行及串行结构融合系统相似，在各结点观测相关的条件下，虽然可以推导出最优结点判决规则需要满足的必要条件，但是由于不能将其简化为似然比判决规则，因此很难求解。本章研究各结点观测独立条件下的最优检测问题。在各结点观测独立的条件下，可以证明最优结点判决规则为似然比判决。这样，为了求解最优结点判决规则，就仅需联合求解各结点的最优似然比判决门限。

5.4.1　系统描述

设融合系统由 N 个结点构成，且各结点按树形结构配置（见图 5-4-1）。各结点对同一目标或现象进行观测，并独立进行判决。用 H_0 表示零假设，用 H_1 表示备选假设。融合系统的最终判决由结点 N（根结点）给出。

融合系统的树形结构可以用一有向图 $G=\langle V,E\rangle$ 描述，式中 $V=\{1,2,\cdots,N\}$ 是所有结点的集合，$E=\{\langle i,j\rangle\}$ 是所有有向边的集合。有向边 $\langle i,j\rangle$ 描述了结点 i 与结点 j 之

间的连接关系，且具有方向性。$\langle i,j\rangle$表示结点 i 将其判决 u_i 传送至结点 j，并在结点 j 与其他信息进行融合。

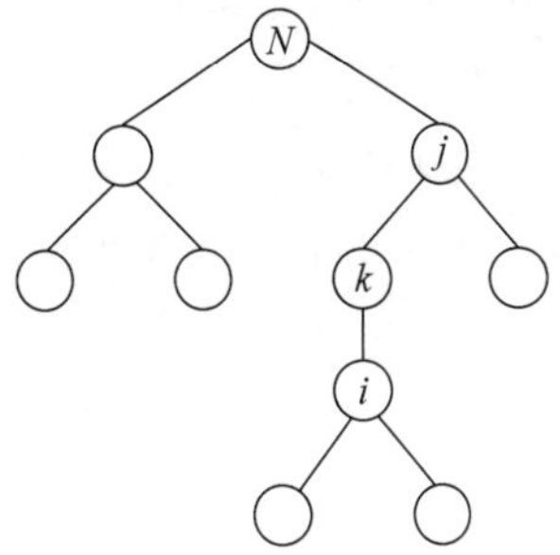

图 5-4-1 树形结构检测融合系统

对于任一结点 k，如果$\langle i,k\rangle\in E$，则称结点 i 为其直接前级结点，如果$\langle k,j\rangle\in E$，则称结点 j 为其直接后级结点。记集合 A_k 为结点 k 的所有直接前级结点，记集合 B_k 为结点 k 的所有直接后级结点，则 A_k 的基数$|A_k|$称为结点 k 的输入度，B_k 的基数$|B_k|$称为结点 k 的输出度。显然，对于树形结构融合系统，输出度$|B_k|$应满足$|B_k|\leqslant 1$。输出度$|B_k|>1$ 的融合系统则称为网络结构融合系统。

输入度为 0 的结点称为叶结点，输出度为 0 的结点称为根结点，输入及输出度均不为 0 的结点称为中间结点。本章假设融合系统的最终判决由唯一的根结点 N 给出，即 $|B_N|=0,|B_k|=1,k\neq N$。

记结点 k 的观测量为 y_k，记其所有直接前级结点判决的集合为 I_k，即 $I_k=\{u_i,i\in A_k\}$，则结点 k 的判决规则 γ_k 可以表示为 $u_k=\gamma_k(y_k,I_k)$，$u_k=0,1$。显然，结点 k 的判决过程就是对其观测量 y_k 及 I_k 的融合过程。在以下讨论中，称 y_k 为结点 k 的直接观测量，称 I_k 为其间接观测量。y_k、I_k 统称为结点 k 的观测量。

树形结构融合系统中各结点可以具有不同的观测结构。对于叶结点 k，由于其输入度为 0，故 I_k 不存在，其观测量仅由直接观测 y_k 构成。同样，对于某些中间结点(包括根结点)，其直接观测量可以存在，也可以不存在。这样，对于不存在直接观测量的结点 k，其观测量仅由间接观测 I_k 构成。

为了对具有不同观测结构的结点进行统一处理，可以采用一种虚拟观测的方法。对于叶结点 k，可为其提供一个虚拟观测 I_k，I_k 满足 $P(I_k|H_0)=P(I_k|H_1)$，且 I_k 与 y_k 相互独立。对于不存在直接观测量的结点 k，可为其提供一个虚拟观测 y_k，y_k 的条件概率密度函数满足 $f_{Y_k}(y_k|H_0)=f_{Y_k}(y_k|H_1)$，且 y_k 与 I_k 相互独立。由于 $P(I_k|H_0)=P(I_k|H_1)$，$f_{Y_k}(y_k|H_0)=f_{Y_k}(y_k|H_1)$，虚拟观测量的引入并不要求任何附加的先验知识，也不会对系统检测性能造成任何影响。

通过引入虚拟观测量，可以采用统一的方法对各个结点的判决规则进行优化。而系统性能的优化问题，就是求解一个最优系统判决规则 $\gamma=\{\gamma_1,\gamma_2,\cdots,\gamma_N\}$，使融合系统的 Bayes 风险取得最小值。记融合系统中各结点的检测及虚警概率分别为 P_{Di}、P_{Fi}，$i=1,2,\cdots,N$，则融合系统的检测及虚警概率分别由 P_{DN}、P_{FN} 给出。与式(5-3-1)相似，融合系统的 Bayes 风险可以表示为

$$R_B=C_FP_{FN}-C_DP_{DN}+C \tag{5-4-1}$$

式中，常数 C，$C_F\geqslant 0$，$C_D\geqslant 0$ 的定义同式(5-3-1)。

5.4.2 结点观测独立条件下最优分布式检测的必要条件

对于由 N 个结点构成的树形结构融合系统，其系统性能由 N 个结点的判决规则共同决定。因此，为了使系统性能达到最优，需要联合求解各结点的最优判决规则。假设

各个结点的直接观测量相互独立，则容易证明，各结点的最优判决规则需要满足下述必要条件。

定理 5.4.1 假设各结点的直接观测量相互独立，则为了使融合系统的 Bayes 风险取得最小值，各结点的判决规则必须满足

$$P(u_k=1\mid y_k,I_k)=\begin{cases}1, & \text{如果 } C_F A(u_N,u_k,H_0)P(I_k\mid H_0)f_{Y_k}(y_k\mid H_0)< \\ & C_D A(u_N,u_k,H_1)P(I_k\mid H_1)f_{Y_k}(y_k\mid H_1) \\ 0, & \text{其他} \qquad k=1,2,\cdots,N\end{cases} \tag{5-4-2}$$

式中，$f_{Y_k}(y_k|H_j)$为结点观测量 y_k 的条件概率密度函数

$$A(u_N,u_k,H_j)=P(u_N=1\mid u_k=1,H_j)-P(u_N=1\mid u_k=0,H_j)$$

证明 对于任意给定的结点 k，融合系统的检测概率可以表示为

$$\begin{aligned}P_{DN}&=P(u_N=1\mid H_1)\\&=P(u_N=1\mid u_k=0,H_1)P(u_k=0\mid H_1)+\\&\quad P(u_N=1\mid u_k=1,H_1)P(u_k=1\mid H_1)\\&=P(u_N=1\mid u_k=0,H_1)\{1-P(u_k=1\mid H_1)\}+\\&\quad P(u_N=1\mid u_k=1,H_1)P(u_k=1\mid H_1)\\&=P(u_N=1\mid u_k=0,H_1)+A(u_N,u_k,H_1)P(u_k=1\mid H_1)\end{aligned} \tag{5-4-3}$$

式中 $A(u_i,u_k,H_j)=P(u_i=1|u_k=1,H_j)-P(u_i=1|u_k=0,H_j)$；同样，融合系统的虚警概率可以表示为

$$P_{FN}=P(u_N=1\mid u_k=0,H_0)+A(u_N,u_k,H_0)P(u_k=1\mid H_0) \tag{5-4-4}$$

又由于各结点的直接观测量相互独立，容易证明

$$P(u_k=1\mid H_j)=\sum_{I_k}\int P(u_k=1\mid I_k,y_k)P(I_k\mid H_j)f_{Y_k}(y_k\mid H_j)\mathrm{d}y_k \tag{5-4-5}$$

将式(5-4-3)～式(5-4-5)代入式(5-4-1)，并经简单整理可得

$$\begin{aligned}R_B=C_k+\sum_{I_k}\int P(u_k=1\mid y_k,I_k)\{&C_F A(u_N,u_k,H_0)P(I_k\mid H_0)f_{Y_k}(y_k\mid H_0)-\\&C_D A(u_N,u_k,H_1)P(I_k\mid H_1)f_{Y_k}(y_k\mid H_1)\}\mathrm{d}y_k\end{aligned} \tag{5-4-6}$$

式中 $C_k=C+C_F P(u_N=1|u_k=0,H_0)-C_D P(u_N=1|u_k=0,H_1)$。

记结点 k 及其所有子结点（即以结点 k 为根结点的子树）的集合为 V_k，记其补集为 $\widetilde{V}_k=V-V_k$，则 $\widetilde{V}_k$ 中所有结点直接观测量的集合可以表示为 $\widetilde{Y}_k=\{y_i,i\in\widetilde{V}_k\}$。由于各结点的直接观测量相互独立，则有

$$\begin{aligned}P(u_N=1\mid u_k=0,H_j)&=\int_{\widetilde{Y}_k}P(u_N=1\mid\widetilde{Y}_k,u_k=0,H_j)f(\widetilde{Y}_k\mid u_k=0,H_j)\mathrm{d}\widetilde{Y}_k\\&=\int_{\widetilde{Y}_k}P(u_N=1\mid\widetilde{Y}_k,u_k=0)f(\widetilde{Y}_k\mid H_j)\mathrm{d}\widetilde{Y}_k\end{aligned}$$

式中，$f(\widetilde{Y}_k|H_j)$为 $\widetilde{Y}_k$ 的条件概率密度函数。根据上式易知，C_k 的取值和结点 k 的判决规则无关。这样，根据式(5-4-6)，为了使融合系统的 Bayes 风险取得最小值，结点 k 的判决规则必须满足

$$P(u_k=1\mid y_k,I_k)=\begin{cases}1, & \text{如果 } C_{\mathrm{F}}A(u_N,u_k,H_0)P(I_k\mid H_0)f_{Y_k}(y_k\mid H_0)< \\ & C_{\mathrm{D}}A(u_N,u_k,H_1)P(I_k\mid H_1)f_{Y_k}(y_k\mid H_1) \quad k=1,2,\cdots,N \\ 0, & \text{其他}\end{cases}$$

■

定理 5.4.1 实际上以随机化判决规则的形式给出了各个结点的最优判决规则。容易看出,给定传感器 k 的观测量 y_k、I_k,由于 $P(u_k=1|y_k,I_k)=1$ 等价于该结点的判决为 $u_k=1$(即判决 H_1 为真),$P(u_k=1|y_k,I_k)=0$ 等价于该结点的判决为 $u_k=0$(即判决 H_0 为真),因此由式(5-4-2)给出的最优结点判决规则立即可以表示为

$$C_{\mathrm{D}}A(u_N,u_k,H_1)f_{Y_k}(y_k\mid H_1)P(I_k\mid H_1)\underset{H_0}{\overset{H_1}{\gtrless}} C_{\mathrm{F}}A(u_N,u_k,H_0)f_{Y_k}(y_k\mid H_0)P(I_k\mid H_0)\quad k=1,2,\cdots,N \tag{5-4-7}$$

显然,为了使融合系统的检测性能达到最优,需要根据式(5-4-7)联合求解各结点的最优判决规则。但是,由于式(5-4-7)给出的最优判决规则没有采用似然比判决规则的表达形式,因此不便采用数值方法进行求解。同串行融合系统的最优传感器判决规则一样,为了将式(5-4-7)表示为似然比门限判决,必须首先确定 $A(u_N,u_k,H_j)$的符号。

5.4.3 结点观测独立条件下的最优分布式检测

假设结点 k 共有 N_k 个后级结点,依次记为 $j_1,j_2,\cdots,j_{N_k}$,即$\langle k,j_1\rangle\in E$,$\langle j_1,j_2\rangle\in E$,$\cdots$,$\langle j_{N_k-1},j_{N_k}\rangle\in E$。由于任何一个结点 k 的最后一个后级结点均为根结点,故有 $j_{N_k}=N$,$k=1,\cdots,N-1$。显然,由于任一结点的输出度$|B_k|=1$,$j_1,j_2,\cdots,j_{N_k}$ 给出了由结点 k 到达根结点 N 的唯一路径。记该路径为 $E_k=\{\langle j_{l-1},j_l\rangle,l=1,\cdots,N_k\}$,式中 $j_0=k$,$j_{N_k}=N$,则在各结点观测独立的条件下可以证明 $A(u_N,u_k,H_j)$的下述性质。

引理 1 $A(u_N,u_N,H_j)=1,j=0,1$。

证明 由于 $P(u_N=1|u_N=1,H_j)=1$,$P(u_N=1|u_N=0,H_j)=0$,立即可得

$$A(u_N,u_N,H_j)=P(u_N=1\mid u_N=1,H_j)-P(u_N=1\mid u_N=0,H_j)=1$$ ■

引理 2 $A(u_N,u_k,H_j)=\prod_{\langle p,q\rangle\in E_k}A(u_q,u_p,H_j),k=1,2,\cdots,N-1$。

证明 首先,如果 E_k 仅有一个元素,即结点 k 的直接后级结点为根结点 N,引理 2 自然成立。

当 E_k 包含不止一个元素时,对于任意的$\langle p,q\rangle\in E_k$,则有

$$\begin{aligned}P(u_q=1\mid u_k=1,H_j)=&P(u_q=1\mid u_p=0,u_k=1,H_j)P(u_p=0\mid u_k=1,H_j)+\\&P(u_q=1\mid u_p=1,u_k=1,H_j)P(u_p=1\mid u_k=1,H_j)\end{aligned} \tag{5-4-8}$$

记 $I_{q,p}=\{u_l,l\in A_q,l\neq p\}$,则由于各结点的观测相互独立,容易证明

$$P(u_q=1\mid u_p,u_k,H_j)=\sum_{I_{q,p}}\int P(u_q$$

$$=1 \mid y_q, I_{q,p}, u_p, u_k, H_j) f_{Y_q}(y_q \mid H_j) P(I_{q,p} \mid u_p, u_k, H_j) \mathrm{d}y_q$$

$$= \sum_{I_{q,p}} \int P(u_q = 1 \mid y_q, I_{q,p}, u_p, H_j) f_{Y_q}(y_q \mid H_j) P(I_{q,p} \mid u_p, H_j) \mathrm{d}y_q$$

$$= P(u_q = 1 \mid u_p, H_j)$$

根据上式，由式(5-4-8)可得

$$\begin{aligned} P(u_q=1 \mid u_k=1,H_j) &= P(u_q=1 \mid u_p=0,H_j)P(u_p=0 \mid u_k=1,H_j) + \\ &\quad P(u_q=1 \mid u_p=1,H_j)P(u_p=1 \mid u_k=1,H_j) \\ &= P(u_q=1 \mid u_p=0,H_j)\{1-P(u_p=1 \mid u_k=1,H_j)\} + \\ &\quad P(u_q=1 \mid u_p=1,H_j)P(u_p=1 \mid u_k=1,H_j) \\ &= P(u_q=1 \mid u_p=0,H_j) + \\ &\quad A(u_q,u_p,H_j)P(u_p=1 \mid u_k=1,H_j) \end{aligned} \tag{5-4-9}$$

式中

$$A(u_q,u_p,H_j) = P(u_q=1 \mid u_p=1,H_j) - P(u_q=1 \mid u_p=0,H_j)$$

采用同样方法可以证明

$$\begin{aligned} P(u_q=1 \mid u_k=0,H_j) &= P(u_q=1 \mid u_p=0,H_j) + \\ &\quad A(u_q,u_p,H_j)P(u_p=1 \mid u_k=0,H_j) \end{aligned} \tag{5-4-10}$$

根据式(5-4-9)及式(5-4-10)可得

$$A(u_q,u_k,H_j) = A(u_q,u_p,H_j)A(u_p,u_k,H_j) \tag{5-4-11}$$

由于$E_k = \{\langle j_{l-1}, j_l \rangle, l=1,2,\cdots,N_k\}$，$j_0 = k$，$j_{N_k} = N$，当$\langle p,q \rangle = \langle j_{N_k-1}, j_{N_k} \rangle$时，根据式(5-4-11)可得

$$A(u_N,u_k,H_j) = A(u_{j_{N_k}}, u_{j_{N_k-1}}, H_j)A(u_{j_{N_k-1}}, u_k, H_j)$$

对上式重复使用式(5-4-11)，可得

$$A(u_N,u_k,H_j) = \prod_{l=1}^{N_k} A(u_{j_l}, u_{j_{l-1}}, H_j) = \prod_{\langle p,q \rangle \in E_k} A(u_q,u_p,H_j)$$ ■

引理 3 对于任意的$\langle p,q \rangle \in E_k$，如果$A(u_N,u_q,H_j) \geqslant 0$则$A(u_N,u_p,H_j) \geqslant 0$。

证明 该引理的证明方法与串行结构条件下引理 3 的证明相似，故予以省略。 ■

根据引理 1 及引理 3，容易证明$A(u_N,u_k,H_j) \geqslant 0$，$k=1,2,\cdots,N$。这样，根据式(5-4-7)，各结点的最优判决规则立即可以简化为似然比门限判决。

定理 5.4.2 假设融合系统中各结点的直接观测量相互独立，则使系统 Bayes 风险达到最小的各结点的最优判决规则为

$$\frac{f_{Y_k}(y_k \mid H_1)}{f_{Y_k}(y_k \mid H_0)} \underset{H_0}{\overset{H_1}{\gtrless}} \frac{C_F A(u_N,u_k,H_0)P(I_k \mid H_0)}{C_D A(u_N,u_k,H_1)P(I_k \mid H_1)}, \quad k=1,2,\cdots,N \tag{5-4-12}$$

式中

$$A(u_N,u_k,H_j) = P(u_N=1 \mid u_k=1,H_j) - P(u_N=1 \mid u_k=0,H_j)$$

证明 由于$A(u_N,u_k,H_j) \geqslant 0$，$C_F > 0$，$C_D > 0$，根据式(5-4-7)，该定理立即得证。 ■

定理 5.4.2 表明，在各结点观测独立的条件下，最优结点判决规则为似然比判决规则。事实上，该最优判决规则是在统一的结点观测结构下导出的。对于不同的结点观测

结构，该最优判决规则具有不同的表达形式。对于叶结点 k，由于其输入度为 0，其间接观测量为虚拟观测，即 $P(I_k|H_0)=P(I_k|H_1)$，因此式(5-4-12)可以简化为

$$\frac{f_{Y_k}(y_k \mid H_1)}{f_{Y_k}(y_k \mid H_0)} \underset{H_0}{\overset{H_1}{\gtrless}} \frac{C_F A(u_N, u_k, H_0)}{C_D A(u_N, u_k, H_1)} \tag{5-4-13}$$

根据上式立即可以看出，叶结点的最优判决规则为一普通的似然比门限判决（即具有一个固定的判决门限）。

同样，对于不存在直接观测量的结点 k，由于其直接观测为虚拟观测，即 $f_{Y_k}(y_k|H_0)=f_{Y_k}(y_k|H_1)$，因此式(5-4-12)可以简化为

$$\frac{P(I_k \mid H_1)}{P(I_k \mid H_0)} \underset{H_0}{\overset{H_1}{\gtrless}} \frac{C_F A(u_N, u_k, H_0)}{C_D A(u_N, u_k, H_1)} \tag{5-4-14}$$

显然，如果将 I_k 视为结点 k 的观测量，式(5-4-14)同样可视为一个具有固定门限的似然比判决。

对于同时具有直接及间接观测量的结点 k，其最优判决规则直接由式(5-4-12)给出。容易看出，这一最优判决规则是具有多个判决门限的似然比判决。显然，由于 I_k 由 $|A_k|$ 个结点 k 的直接前级结点的判决构成，且每一前级结点的判决可以有两个不同的取值（0 或 1），因此 I_k 可以有 $2^{|A_k|}$ 个不同的取值。这样，为了求解其最优判决规则 γ_k，就需要确定 $2^{|A_k|}$ 个最优判决门限。

对于叶结点及不具有直接观测量的结点 k，其最优判决规则可由一个最优判决门限 T_k 确定。对于同时具有直接及间接观测量的结点 k，其最优判决规则就需要由一组最优判决门限 $T_k(I_k)$ 确定。根据引理 2 及式(5-4-12)～式(5-4-14)，当结点 k 为叶结点或不具有直接观测量时，其最优判决门限应满足

$$T_k = \frac{C_F \prod_{\langle p,q\rangle \in E_k} A(u_q, u_p, H_0)}{C_D \prod_{\langle p,q\rangle \in E_k} A(u_q, u_p, H_1)} \tag{5-4-15}$$

当结点 k 同时具有直接及间接观测量时，其最优判决门限应满足

$$T_k(I_k) = \frac{C_F P(I_k \mid H_0) \prod_{\langle p,q\rangle \in E_k} A(u_q, u_p, H_0)}{C_D P(I_k \mid H_1) \prod_{\langle p,q\rangle \in E_k} A(u_q, u_p, H_1)} \tag{5-4-16}$$

显然，为了使融合系统的检测性能达到最优，需要根据式(5-4-15)及式(5-4-16)联合求解各结点的最优判决门限。由于各结点的最优判决门限是相互耦合的，因此需要采用数值算法进行求解。下面给出一个求解最优结点判决门限的数值迭代算法。为了简化算法描述的复杂度，这里假设各结点采用统一的结点观测模型。在具体编程实现时，对于叶结点或不具有直接观测量的结点 k，可采用式(5-4-15)对结点判决门限进行迭代。

求解最优结点判决门限的数值迭代算法可描述如下：

(1) 任意选择一组初始判决门限 $T_k^{(0)}(I_k)$，$k=1,2,\cdots,N$，并计算相应的系统 Bayes 风险 $R_B^{(0)}$。设置循环变量 $n=1$，设置循环终止控制量 $\zeta>0$。

(2) 对于结点 1，固定$\{T_2^{(n-1)}(I_2),\cdots,T_N^{(n-1)}(I_N)\}$，并根据式(5-4-16)计算判决门

限 $T_1^{(n)}(I_1)$。以此类推，对于结点 k，$k=2,\cdots,N$，固定 $\{T_1^{(n)}(I_1),T_2^{(n)}(I_2),\cdots,T_{k-1}^{(n)}(I_{k-1}),T_{k+1}^{(n-1)}(I_{k+1}),\cdots,T_N^{(n-1)}(I_N)\}$，并根据式(5-4-16)计算判决门限 $T_k^{(n)}(I_k)$。

(3) 计算 $\{T_1^{(n)}(I_1),T_2^{(n)}(I_2),\cdots,T_N^{(n)}(I_N)\}$ 对应的系统 Bayes 风险 $R_B^{(n)}$。如果 $R_B^{(n-1)}-R_B^{(n)}>\zeta$，则令 $n=n+1$ 并转至第(2)步继续循环，否则终止循环并认为 $\{T_1^{(n)}(I_1),T_2^{(n)}(I_2),\cdots,T_N^{(n)}(I_N)\}$ 就是各结点的最优判决门限。

5.4.4 实例计算

例题 5.4.1 考虑一个由三个传感器构成的树形结构融合系统。假设各个传感器的观测相互独立。传感器 1 及传感器 2 分别根据其观测 y_1 及 y_2 独立进行判决，并将其判决结果 u_1，u_2 传送至传感器 3。传感器 3 根据其观测 y_3 及前级传感器的判决 u_1、u_2 进行假设检验，并给出系统的最终判决 u_3。融合系统中各个传感器观测量的条件概率密度函数为 Gauss 分布(见 5.2.4 节)，系统性能的优化准则采用最小错误概率准则。各个传感器的最优判决门限采用 5.4.3 节给出的数值迭代算法进行求解。

令 $a_1=1.5$，$a_2=1.8$，$a_3=2.0$，则融合系统的 ROC 曲线如图 5-4-2 所示。融合系统的 Bayes 风险随先验概率 P_0 的变化关系如图 5-4-3 所示。图中，实线代表融合系统的检测性能，虚线则代表各个传感器采用 Bayes 判决规则时的检测性能。根据图 5-4-2 及图 5-4-3 可以看出，融合系统的检测性能比单个传感器的检测性能有明显提高。

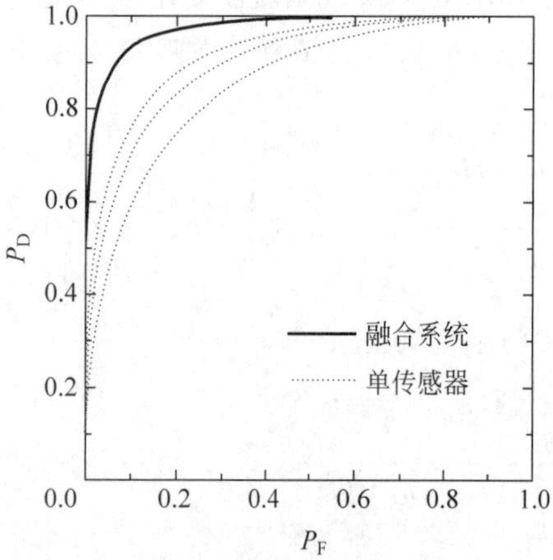

(a_1=1.5, a_2=1.8, a_3=2.0, N=3)

图 5-4-2 融合系统的 ROC 曲线

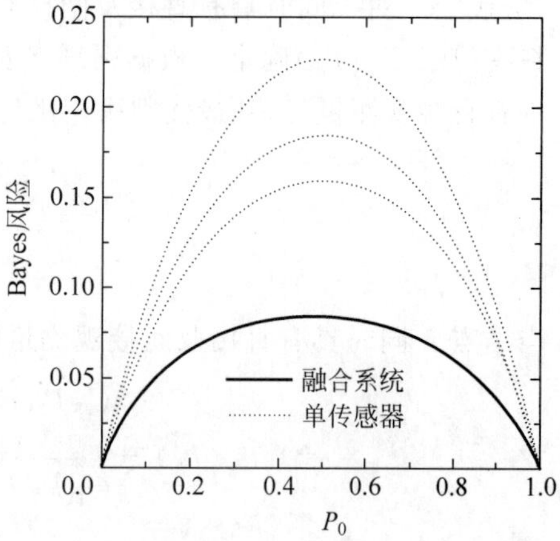

(a_1=1.5, a_2=1.8, a_3=2.0, N=3)

图 5-4-3 融合系统的 Bayes 风险 □

5.5 分布式量化检测系统

在前面几节研究的分布式检测融合系统中，各个传感器仅向融合中心传送一位二进制判决信息。但是，由于该判决信息仅相当于对传感器观测量的 1bit 量化，而且不能充分反映传感器的全部观测信息，因此限制了融合系统检测性能的进一步提高。

事实上，根据融合系统通信能力的差异，各个传感器可以向融合中心提供不同级别的观测信息。例如，当系统通信能力较差，或出于系统自身隐蔽性的要求，各个传感器可仅向融合中心提供一位二进制判决信息。相反，在系统通信能力较强且没有自身隐蔽性要求的情况下，各个传感器则可将其观测数据全部传送至融合中心。各个传感器仅向融合中心传送一位二进制判决信息的融合系统称为分布式硬决策检测融合系统。与之相对应，各个传感器向融合中心传送其全部观测信息的融合系统则称为集中式融合系统。

在多数情况下，融合系统的通信能力虽然不能保证各个传感器可将其观测信息全部传送至融合中心，但是却远大于各个传感器仅向融合中心传送一位二进制判决信息所需的通信能力。这样，为了尽可能提高融合系统的检测性能，一个合理的选择就是首先对各个传感器的观测量或检测统计量进行有限位量化，然后将该量化信息传送至融合中心进行融合。这种各个传感器均向融合中心传送有限位量化信息的融合系统称为分布式量化检测融合系统。在分布式量化检测融合系统中，各个传感器的量化位数可由融合系统的具体通信能力决定。

本章研究采用并行系统结构的分布式 Bayes 量化检测系统。由于融合系统的检测性能由融合规则及各个传感器的量化规则共同决定，因此为了使系统性能达到最优，就需要联合设计最优融合规则及各个传感器的最优量化规则。

对于采用串行及树形系统结构的分布式量化检测融合系统，同样需要对各个传感器或结点的量化规则进行联合最优化。由于基本推导方法相似，故本章予以省略。

5.5.1 系统描述

设分布式并行量化检测融合系统由融合中心及 N 个传感器构成(图 5-2-1)。各个传感器对其观测量 y_k 独立进行量化，并将量化结果 u_k 传送至融合中心。融合中心对各个传感器的量化结果进行融合，并形成系统的最终判决 u_0。$u_0=0$ 表示融合系统判决 H_0 为真，$u_0=1$ 表示融合系统判决 H_1 为真。

假设第 k 个传感器向融合中心传送 m_k 位二进制量化信息，则该传感器的量化规则 γ_k 可以表示为

$$u_k=\gamma_k(y_k)=\begin{cases}0, & y_k\in\Omega_k^{(0)}\\ 1, & y_k\in\Omega_k^{(1)}\\ \vdots & \vdots\\ M_k-1, & y_k\in\Omega_k^{(M_k-1)}\end{cases}\quad M_k=2^{m_k},\quad k=1,2,\cdots,N$$

式中，$\Omega_k^{(0)},\Omega_k^{(1)},\cdots,\Omega_k^{(M_k-1)}$ 可以是第 k 个传感器观测空间的任一划分。记所有 N 个传感器的输出为 $\boldsymbol{u}=(u_1,u_2,\cdots,u_N)$，则融合系统的检测及虚警概率可以表示为

$$P_D^f=\sum_{\boldsymbol{u}}P(u_0=1\mid\boldsymbol{u})P(\boldsymbol{u}\mid H_1)\tag{5-5-1}$$

$$P_F^f=\sum_{\boldsymbol{u}}P(u_0=1\mid\boldsymbol{u})P(\boldsymbol{u}\mid H_0)\tag{5-5-2}$$

给定先验概率 P_0, P_1 及代价权因子 C_{ij}，根据式(5-5-1)及式(5-5-2)，融合系统的 Bayes 风险可以表示为

$$\begin{aligned} R_B &= C_F P_F^f - C_D P_D^f + C \\ &= C + \sum_{\boldsymbol{u}} P(u_0 = 1 \mid \boldsymbol{u})[C_F P(\boldsymbol{u} \mid H_0) - C_D P(\boldsymbol{u} \mid H_1)] \end{aligned} \tag{5-5-3}$$

式中，常数 C、C_F、C_D 的定义同式(5-2-3)。

融合系统的 Bayes 风险是由融合规则 $u_0 = \gamma_0(\boldsymbol{u})$ 及各个传感器的量化规则 $u_k = \gamma_k(y_k)$ 共同决定的。分布式量化检测融合系统的性能优化问题，就是寻求一个最优的系统判决规则 $\gamma = \{\gamma_0, \gamma_1, \cdots, \gamma_N\}$，使得融合系统的 Bayes 风险 $R_B(\gamma)$ 取得最小值。

5.5.2 最优分布式量化检测的必要条件

为了使分布式量化检测融合系统的性能达到最优，需要联合设计融合规则及各个传感器的量化规则。同样，这一联合优化问题可以分两步完成。首先，在各个传感器量化规则固定的条件下，确定融合中心的最优融合规则。其次，在融合规则固定的条件下，确定各个传感器的最优量化规则。联合求解融合中心的最优融合规则及各个传感器的最优量化规则，就可获得使系统 Bayes 风险达到最小的最优系统判决规则。

首先考虑在各个传感器量化规则固定条件下的最优融合规则。根据式(5-5-3)容易证明，该最优融合规则为似然比门限判决。

定理 5.5.1 假设各个传感器的量化规则已经确定，则使系统 Bayes 风险达到最小的最优融合规则为

$$\Lambda(\boldsymbol{u}) \underset{H_0}{\overset{H_1}{\gtrless}} T \tag{5-5-4}$$

式中 $\Lambda(\boldsymbol{u})$ 为融合中心观测量的似然比，即 $\Lambda(\boldsymbol{u}) = P(\boldsymbol{u} \mid H_1)/P(\boldsymbol{u} \mid H_0)$，$T = C_F/C_D$ 为判决门限。

证明 与定理 5.2.1 的证明方法相同，故予以省略。 ■

在融合规则固定的条件下，各个传感器的最优量化规则由下面的定理给出。

定理 5.5.2 假设融合规则固定，且传感器 k 向融合中心传送 m_k 位二进制量化信息，则使系统 Bayes 风险达到最小的各个传感器的最优量化规则可以表示为

$$u_k = \begin{cases} 0, & C_k^0(y_k) = C_k(y_k) \\ 1, & C_k^1(y_k) = C_k(y_k) \\ \vdots & \vdots \\ M_k - 1, & C_k^{M_k - 1}(y_k) = C_k(y_k) \end{cases} \quad k = 1, 2, \cdots, N \tag{5-5-5}$$

式中，$M_k = 2^{m_k}$，而

$$\begin{aligned} C_k^m(y_k) = \sum_{\tilde{\boldsymbol{u}}_k} P(u_0 = 1 \mid \tilde{\boldsymbol{u}}_k, u_k = m)\{C_F P(\tilde{\boldsymbol{u}}_k \mid y_k, H_0) \times \\ f_{Y_k}(y_k \mid H_0) - C_D P(\tilde{\boldsymbol{u}}_k \mid y_k, H_1) f_{Y_k}(y_k \mid H_1)\} \end{aligned}$$

$$C_k(y_k)=\min\{C_k^0(y_k),C_k^1(y_k),\cdots,C_k^{M_k-1}(y_k)\}$$

$$\tilde{\boldsymbol{u}}_k=(u_1,\cdots,u_{k-1},u_{k+1},\cdots,u_N)$$

证明 根据式(5-5-3),融合系统的 Bayes 风险可以表示为

$$\begin{aligned}R_{\mathrm{B}}&=C+\sum_{\boldsymbol{u}}P(u_0=1\mid\boldsymbol{u})[C_{\mathrm{F}}P(\boldsymbol{u}\mid H_0)-C_{\mathrm{D}}P(\boldsymbol{u}\mid H_1)]\\&=C+\sum_{m=0}^{M_k-1}\sum_{\tilde{\boldsymbol{u}}_k}P(u_0=1\mid\tilde{\boldsymbol{u}}_k,u_k=m)[C_{\mathrm{F}}P(\tilde{\boldsymbol{u}}_k,u_k\\&=m\mid H_0)-C_{\mathrm{D}}P(\tilde{\boldsymbol{u}}_k,u_k=m\mid H_1)]\end{aligned}\tag{5-5-6}$$

式中,$M_k=2^{m_k}$,$\tilde{\boldsymbol{u}}_k=(u_1,\cdots,u_{k-1},u_{k+1},\cdots,u_N)$。又由于各个传感器对其观测量 y_k 独立进行量化,容易证明

$$P(\tilde{\boldsymbol{u}}_k,u_k=m\mid H_j)=\int_{y_k}P(u_k=m\mid y_k)P(\tilde{\boldsymbol{u}}_k\mid y_k,H_j)f_{Y_k}(y_k\mid H_j)\mathrm{d}y_k\tag{5-5-7}$$

将式(5-5-7)代入式(5-5-6),经简单整理可得

$$\begin{aligned}R_{\mathrm{B}}=&C+\sum_{m=0}^{M_k-1}\sum_{\tilde{\boldsymbol{u}}_k}P(u_0=1\mid\tilde{\boldsymbol{u}}_k,u_k=m)\times\\&\int_{y_k}P(u_k=m\mid y_k)[C_{\mathrm{F}}P(\tilde{\boldsymbol{u}}_k\mid y_k,H_0)f_{Y_k}(y_k\mid H_0)-\\&C_{\mathrm{D}}P(\tilde{\boldsymbol{u}}_k\mid y_k,H_1)f_{Y_k}(y_k\mid H_1)]\mathrm{d}y_k\\=&C+\int_{y_k}\sum_{m=0}^{M_k-1}P(u_k=m\mid y_k)\sum_{\tilde{\boldsymbol{u}}_k}P(u_0=1\mid\tilde{\boldsymbol{u}}_k,u_k=m)\times\\&[C_{\mathrm{F}}P(\tilde{\boldsymbol{u}}_k\mid y_k,H_0)f_{Y_k}(y_k\mid H_0)-C_{\mathrm{D}}P(\tilde{\boldsymbol{u}}_k\mid y_k,H_1)f_{Y_k}(y_k\mid H_1)]\mathrm{d}y_k\\=&C+\int_{y_k}\sum_{m=0}^{M_k-1}P(u_k=m\mid y_k)C_k^m(y_k)\mathrm{d}y_k\end{aligned}\tag{5-5-8}$$

式中

$$\begin{aligned}C_k^m(y_k)=&\sum_{\tilde{\boldsymbol{u}}_k}P(u_0=1\mid\tilde{\boldsymbol{u}}_k,u_k=m)\{C_{\mathrm{F}}P(\tilde{\boldsymbol{u}}_k\mid y_k,H_0)f_{Y_k}(y_k\mid H_0)-\\&C_{\mathrm{D}}P(\tilde{\boldsymbol{u}}_k\mid y_k,H_1)f_{Y_k}(y_k\mid H_1)\}\end{aligned}$$

显然,由于 C 为常数,为了使式(5-5-8)取得最小值,条件概率 $P(u_k=m\mid y_k)$ 应该满足

$$P(u_k=m\mid y_k)=\begin{cases}1, & C_k^m(y_k)=\min\{C_k^0(y_k),C_k^1(y_k),\cdots,C_k^{M_k-1}(y_k)\}\\0, & C_k^m(y_k)\neq\min\{C_k^0(y_k),C_k^1(y_k),\cdots,C_k^{M_k-1}(y_k)\}\\ & m=0,1,\cdots,M_k-1\end{cases}$$

记 $C_k(y_k)=\min\{C_k^0(y_k),C_k^1(y_k),\cdots,C_k^{M_k-1}(y_k)\}$,则根据上式立即可得与其等价的最优量化规则为

$$u_k=\begin{cases}0, & C_k^0(y_k)=C_k(y_k)\\ 1, & C_k^1(y_k)=C_k(y_k)\\ \vdots & \vdots \\ M_k-1, & C_k^{M_k-1}(y_k)=C_k(y_k)\end{cases}\quad k=1,2,\cdots,N$$ ■

定理 5.5.1 及定理 5.5.2 给出了最优分布式量化检测的必要条件。为了使系统性能达到最优，需要根据定理 5.5.1 及定理 5.5.2 联合求解最优融合规则及各个传感器的最优量化规则。

5.5.3 传感器观测独立条件下的最优分布式量化检测

对于分布式量化检测融合系统，同样可以给出融合规则单调性的定义。

定义 5.5.1 给定融合规则，如果对于任意一个传感器 k，$1\leqslant k\leqslant N$，及传感器输出 $m,l,0\leqslant l\leqslant m\leqslant M_k-1$，该融合规则均满足

$$P(u_0=1\mid\tilde{\boldsymbol{u}}_k,u_k=m)-P(u_0=1\mid\tilde{\boldsymbol{u}}_k,u_k=l)\geqslant 0$$

则称该融合规则是单调的。

在各个传感器观测独立的条件下，可以证明[12,15,16]由定理 5.5.1 给出的最优融合规则是单调的。这样，为了使系统检测性能达到最优，就仅需考虑单调的融合规则。在融合规则单调的条件下，最优传感器量化规则就可简化为简单的似然比量化规则。

定理 5.5.3 假设融合系统中各个传感器的观测量相互独立，则对于任意给定的单调融合规则，使系统检测性能达到最优的各个传感器的量化规则可以表示为

$$u_k=\begin{cases}0, & T_{k,0}\leqslant\Lambda_k(y_k)<T_{k,1}\\ 1, & T_{k,1}\leqslant\Lambda_k(y_k)<T_{k,2}\\ \vdots & \vdots \\ M_k-1, & T_{k,M_k-1}\leqslant\Lambda_k(y_k)<T_{k,M_k}\end{cases}\quad k=1,2,\cdots,N \tag{5-5-9}$$

式中，$\Lambda_k(y_k)$为单个传感器观测量的似然比，即 $\Lambda_k(y_k)=f_{Y_k}(y_k\mid H_1)/f_{Y_k}(y_k\mid H_0)$，$M_k=2^{m_k}$，$T_{k,0}=0$，$T_{k,M_k}=\infty$，

$$T_{k,m}=\frac{C_{\mathrm{F}}\sum\limits_{\tilde{\boldsymbol{u}}_k}A(\tilde{\boldsymbol{u}}_k,m,m-1)P(\tilde{\boldsymbol{u}}_k\mid H_0)}{C_{\mathrm{D}}\sum\limits_{\tilde{\boldsymbol{u}}_k}A(\tilde{\boldsymbol{u}}_k,m,m-1)P(\tilde{\boldsymbol{u}}_k\mid H_1)},\quad m=1,2,\cdots,M_k-1 \tag{5-5-10}$$

$$A(\tilde{\boldsymbol{u}}_k,m,m-1)=P(u_0=1\mid\tilde{\boldsymbol{u}}_k,u_k=m)-P(u_0=1\mid\tilde{\boldsymbol{u}}_k,u_k=m-1)$$

$$\tilde{\boldsymbol{u}}_k=(u_1,\cdots,u_{k-1},u_{k+1},\cdots,u_N)$$

证明 在各个传感器观测独立的条件下，易知

$$P(\tilde{\boldsymbol{u}}_k\mid y_k,H_j)=P(\tilde{\boldsymbol{u}}_k\mid H_j)\quad j=0,1;\ k=1,2,\cdots,N$$

这样，根据定理 5.5.2，各个传感器的最优量化规则就可以表示为

$$u_k=\begin{cases}0, & y_k\in\Omega_k^{(0)}\\ 1, & y_k\in\Omega_k^{(1)}\\ \vdots & \vdots\\ M_k-1, & y_k\in\Omega_k^{(M_k-1)}\end{cases}\quad k=1,2,\cdots,N \tag{5-5-11}$$

式中

$$\Omega_k^{(m)}=\{y_k: C_k^m(y_k)=\min\{C_k^0(y_k),C_k^1(y_k),\cdots,C_k^{M_k-1}(y_k)\}\} \tag{5-5-12}$$

$$C_k^m(y_k)=\sum_{\tilde{\boldsymbol{u}}_k}P(u_0=1\,|\tilde{\boldsymbol{u}}_k,u_k=m)\{C_FP(\tilde{\boldsymbol{u}}_k\mid H_0)f_{Y_k}(y_k\mid H_0)-$$
$$C_DP(\tilde{\boldsymbol{u}}_k\mid H_1)f_{Y_k}(y_k\mid H_1)\} \tag{5-5-13}$$

容易证明,式(5-5-11)对传感器 k 观测空间的划分是一个似然比划分。首先,当 $y_k\in\Omega_k^{(m)}$ 时,$1\leqslant m\leqslant M_k-2$,根据式(5-5-12)易得

$$C_k^{m-1}(y_k)\geqslant C_k^m(y_k) \tag{5-5-14}$$

$$C_k^m(y_k)\leqslant C_k^{m+1}(y_k) \tag{5-5-15}$$

将式(5-5-13)代入式(5-5-14),则有

$$\sum_{\tilde{\boldsymbol{u}}_k}P(u_0=1\,|\tilde{\boldsymbol{u}}_k,u_k=m-1)[C_FP(\tilde{\boldsymbol{u}}_k\mid H_0)f_{Y_k}(y_k\mid H_0)-C_DP(\tilde{\boldsymbol{u}}_k\mid H_1)f_{Y_k}(y_k\mid H_1)]$$
$$\geqslant\sum_{\tilde{\boldsymbol{u}}_k}P(u_0=1\,|\tilde{\boldsymbol{u}}_k,u_k=m)[C_FP(\tilde{\boldsymbol{u}}_k\mid H_0)f_{Y_k}(y_k\mid H_0)-C_DP(\tilde{\boldsymbol{u}}_k\mid H_1)f_{Y_k}(y_k\mid H_1)]$$

对上式进行简单整理,可得

$$f_{Y_k}(y_k\mid H_1)\sum_{\tilde{\boldsymbol{u}}_k}C_DA(\tilde{\boldsymbol{u}}_k,m,m-1)P(\tilde{\boldsymbol{u}}_k\mid H_1)$$
$$\geqslant f_{Y_k}(y_k\mid H_0)\sum_{\tilde{\boldsymbol{u}}_k}C_FA(\tilde{\boldsymbol{u}}_k,m,m-1)P(\tilde{\boldsymbol{u}}_k\mid H_0) \tag{5-5-16}$$

式中 $A(\tilde{\boldsymbol{u}}_k,m,m-1)=P(u_0=1|\tilde{\boldsymbol{u}}_k,u_k=m)-P(u_0=1|\tilde{\boldsymbol{u}}_k,u_k=m-1)$。根据融合规则的单调性,易知 $A(\tilde{\boldsymbol{u}}_k,m,m-1)\geqslant 0$。这样根据式(5-5-16)立即可得

$$\frac{f_{Y_k}(y_k\mid H_1)}{f_{Y_k}(y_k\mid H_0)}\geqslant\frac{C_F\sum_{\tilde{\boldsymbol{u}}_k}A(\tilde{\boldsymbol{u}}_k,m,m-1)P(\tilde{\boldsymbol{u}}_k\mid H_0)}{C_D\sum_{\tilde{\boldsymbol{u}}_k}A(\tilde{\boldsymbol{u}}_k,m,m-1)P(\tilde{\boldsymbol{u}}_k\mid H_1)} \tag{5-5-17}$$

同样,将式(5-5-13)代入式(5-5-15),并经简单整理,可得

$$f_{Y_k}(y_k\mid H_1)\sum_{\tilde{\boldsymbol{u}}_k}C_DA(\tilde{\boldsymbol{u}}_k,m+1,m)P(\tilde{\boldsymbol{u}}_k\mid H_1)$$
$$\leqslant f_{Y_k}(y_k\mid H_0)\sum_{\tilde{\boldsymbol{u}}_k}C_FA(\tilde{\boldsymbol{u}}_k,m+1,m)P(\tilde{\boldsymbol{u}}_k\mid H_0)$$

由于融合规则是单调的,易知 $A(\tilde{\boldsymbol{u}}_k,m+1,m)\geqslant 0$。故根据上式立即可得

$$\frac{f_{Y_k}(y_k\mid H_1)}{f_{Y_k}(y_k\mid H_0)}\leqslant\frac{C_F\sum_{\tilde{\boldsymbol{u}}_k}A(\tilde{\boldsymbol{u}}_k,m+1,m)P(\tilde{\boldsymbol{u}}_k\mid H_0)}{C_D\sum_{\tilde{\boldsymbol{u}}_k}A(\tilde{\boldsymbol{u}}_k,m+1,m)P(\tilde{\boldsymbol{u}}_k\mid H_1)} \tag{5-5-18}$$

这样,当 $y_k \in \Omega_k^{(m)}$ 时,$1 \leqslant m \leqslant M_k - 2$,根据式(5-5-17)及式(5-5-18)可得

$$\frac{C_F \sum_{\tilde{\boldsymbol{u}}_k} A(\tilde{\boldsymbol{u}}_k, m, m-1) P(\tilde{\boldsymbol{u}}_k \mid H_0)}{C_D \sum_{\tilde{\boldsymbol{u}}_k} A(\tilde{\boldsymbol{u}}_k, m, m-1) P(\tilde{\boldsymbol{u}}_k \mid H_1)} \leqslant \frac{f_{Y_k}(y_k \mid H_1)}{f_{Y_k}(y_k \mid H_0)} \leqslant \frac{C_F \sum_{\tilde{\boldsymbol{u}}_k} A(\tilde{\boldsymbol{u}}_k, m+1, m) P(\tilde{\boldsymbol{u}}_k \mid H_0)}{C_D \sum_{\tilde{\boldsymbol{u}}_k} A(\tilde{\boldsymbol{u}}_k, m+1, m) P(\tilde{\boldsymbol{u}}_k \mid H_1)} \tag{5-5-19}$$

采用同样方法,当 $y_k \in \Omega_k^{(0)}$ 时,可以证明

$$\frac{f_{Y_k}(y_k \mid H_1)}{f_{Y_k}(y_k \mid H_0)} \leqslant \frac{C_F \sum_{\tilde{\boldsymbol{u}}_k} A(\tilde{\boldsymbol{u}}_k, 1, 0) P(\tilde{\boldsymbol{u}}_k \mid H_0)}{C_D \sum_{\tilde{\boldsymbol{u}}_k} A(\tilde{\boldsymbol{u}}_k, 1, 0) P(\tilde{\boldsymbol{u}}_k \mid H_1)} \tag{5-5-20}$$

当 $y_k \in \Omega_k^{(M_k - 1)}$ 时,可以证明

$$\frac{f_{Y_k}(y_k \mid H_1)}{f_{Y_k}(y_k \mid H_0)} \geqslant \frac{C_F \sum_{\tilde{\boldsymbol{u}}_k} A(\tilde{\boldsymbol{u}}_k, M_k - 1, M_k - 2) P(\tilde{\boldsymbol{u}}_k \mid H_0)}{C_D \sum_{\tilde{\boldsymbol{u}}_k} A(\tilde{\boldsymbol{u}}_k, M_k - 1, M_k - 2) P(\tilde{\boldsymbol{u}}_k \mid H_1)} \tag{5-5-21}$$

令 $T_{k,0} = 0, T_{k,M_k} = \infty$,而

$$T_{k,m} = \frac{C_F \sum_{\tilde{\boldsymbol{u}}_k} A(\tilde{\boldsymbol{u}}_k, m, m-1) P(\tilde{\boldsymbol{u}}_k \mid H_0)}{C_D \sum_{\tilde{\boldsymbol{u}}_k} A(\tilde{\boldsymbol{u}}_k, m, m-1) P(\tilde{\boldsymbol{u}}_k \mid H_1)}, \quad k = 1, 2, \cdots, N, \quad 1 \leqslant m \leqslant M_k - 1$$

则根据式(5-5-19)~式(5-5-21),由式(5-5-11)给出的最优量化规则立即可以表示为

$$u_k = \begin{cases} 0, & T_{k,0} \leqslant \Lambda_k(y_k) < T_{k,1} \\ 1, & T_{k,1} \leqslant \Lambda_k(y_k) < T_{k,2} \\ \vdots & \vdots \\ M_k - 1, & T_{k,M_k - 1} \leqslant \Lambda_k(y_k) < T_{k,M_k} \end{cases} \qquad k = 1, 2, \cdots, N$$

式中,$\Lambda_k(y_k) = f_{Y_k}(y_k | H_1) / f_{Y_k}(y_k | H_0)$。 ■

定理 5.5.3 表明,在融合规则单调且各个传感器观测独立的条件下,最优量化规则为似然比量化规则。这样,为了使量化检测融合系统的检测性能达到最优,就仅需根据定理 5.5.1 及定理 5.5.3 联合求解最优融合规则及各个传感器的最优量化门限。由于最优融合规则及最优量化门限是耦合的,因此需要采用数值方法进行求解。

求解最优融合规则及最优量化门限的数值迭代算法可以描述如下:

(1) 任意选择一个初始融合规则 $f^{(0)}$ 及各个传感器的初始量化门限 $T_{k,m}^{(0)}, k = 1, 2, \cdots, N, m = 0, 1, \cdots, M_k$,且满足 $T_{k,0}^{(0)} = 0, T_{k,M_k}^{(0)} = \infty, T_{k,0}^{(0)} \leqslant T_{k,1}^{(0)} \leqslant \cdots \leqslant T_{k,M_k}^{(0)}$。计算 $\{f^{(0)}, \{T_{1,m}^{(0)}\}_{m=0}^{M_1}, \{T_{2,m}^{(0)}\}_{m=0}^{M_2}, \cdots, \{T_{N,m}^{(0)}\}_{m=0}^{M_N}\}$ 对应的系统 Bayes 风险 $R_B^{(0)}$。设置循环变量 $n = 1$,设置循环终止控制量 $\zeta > 0$。

(2) 固定 $\{\{T_{1,m}^{(n-1)}\}_{m=0}^{M_1}, \{T_{2,m}^{(n-1)}\}_{m=0}^{M_2}, \cdots, \{T_{N,m}^{(n-1)}\}_{m=0}^{M_N}\}$,根据式(5-5-4)求解融合规则 $f^{(n)}$。

(3) 对于第 1 个传感器，固定$\{f^{(n)},\{T_{2,m}^{(n-1)}\}_{m=0}^{M_2},\cdots,\{T_{N,m}^{(n-1)}\}_{m=0}^{M_N}\}$，并根据式(5-5-10)计算 $T_{1,m}^{(n)},m=1,2,\cdots,M_1-1$。以此类推，对于第 k 个传感器，$k=2,3,\cdots,N$，固定$\{f^{(n)},\{T_{1,m}^{(n)}\}_{m=0}^{M_1},\cdots,\{T_{k-1,m}^{(n)}\}_{m=0}^{M_{k-1}},\{T_{k+1,m}^{(n-1)}\}_{m=0}^{M_{k+1}},\cdots,\{T_{N,m}^{(n-1)}\}_{m=0}^{M_N}\}$，并根据式(5-5-10)计算量化门限 $T_{k,m}^{(n)},m=1,2,\cdots,M_k-1$。

(4) 计算$\{f^{(n)},\{T_{1,m}^{(n)}\}_{m=0}^{M_1},\{T_{2,m}^{(n)}\}_{m=0}^{M_2},\cdots,\{T_{N,m}^{(n)}\}_{m=0}^{M_N}\}$对应的系统 Bayes 风险 $R_{\mathrm{B}}^{(n)}$。如果 $R_{\mathrm{B}}^{(n-1)}-R_{\mathrm{B}}^{(n)}>\zeta$，则令 $n=n+1$，并转至第(2)步继续循环，否则终止循环，并认为$\{f^{(n)},\{T_{1,m}^{(n)}\}_{m=0}^{M_1},\{T_{2,m}^{(n)}\}_{m=0}^{M_2},\cdots,\{T_{N,m}^{(n)}\}_{m=0}^{M_N}\}$为最优融合规则及各个传感器的最优量化门限。

5.5.4 实例计算

例题 5.5.1 考虑一个简单的双传感器量化检测融合系统。假设各个传感器的观测量相互独立且服从 Gauss 分布(见 5.2.4 节)。融合系统的性能优化准则采用最小错误概率准则，最优传感器量化门限采用 5.5.3 节给出的数值迭代算法进行求解。

假设各个传感器均向融合中心传送两位二进制量化信息，即 $m_k=2,M_k=4,k=1,2$。令 $a_1=2.0,a_2=1.8$，则最优量化检测系统的 ROC 曲线如图 5-5-1 所示。融合系统的 Bayes 风险随先验概率 P_0 的变化关系如图 5-5-2 所示。图中，实线代表融合系统的检测性能，虚线则代表各个传感器采用 Bayes 判决规则时的检测性能。根据图 5-5-1 及图 5-5-2 可以看出，融合系统的检测性能比单个传感器的检测性能有明显提高。

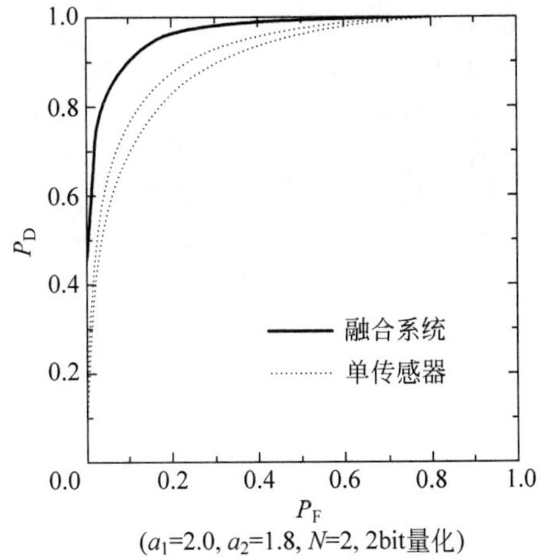

图 5-5-1 最优量化检测融合系统的 ROC 曲线

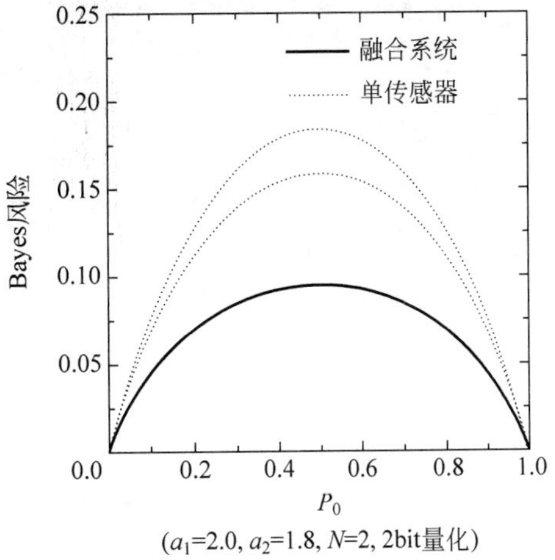

图 5-5-2 最优量化检测融合系统的 Bayes 风险

最优量化检测系统与最优硬决策检测系统的性能对比如图 5-5-3 及图 5-5-4 所示。最优量化检测系统与集中式融合系统的性能对比如图 5-5-5 及图 5-5-6 所示。由图 5-5-3～图 5-5-6 可以看出，最优量化检测系统的性能明显优于最优硬决策检测系统，且接近集中式融合系统的检测性能。

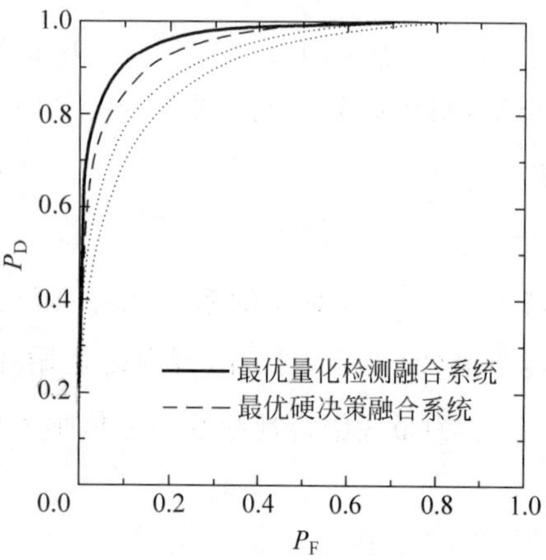

(a_1=2.0, a_2=1.8, N=2, 2bit量化)

图 5-5-3　最优量化检测与硬决策融合系统的 ROC 曲线

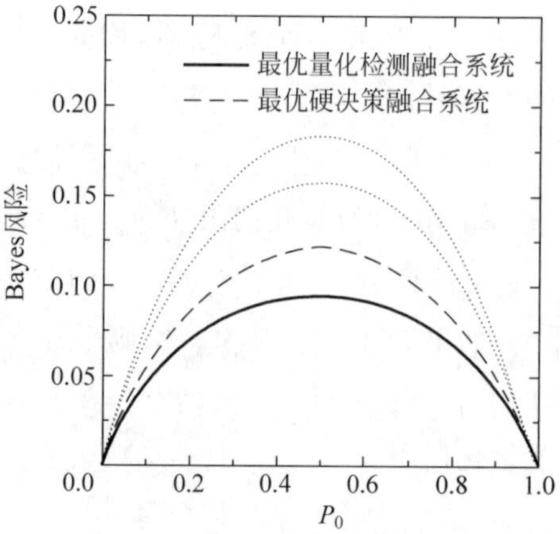

(a_1=2.0, a_2=1.8, N=2, 2bit量化)

图 5-5-4　最优量化检测与硬决策融合系统的 Bayes 风险

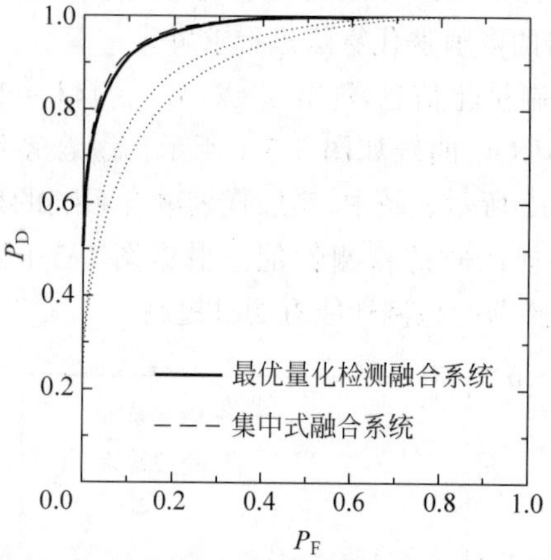

(a_1=2.0, a_2=1.8, N=2, 2bit量化)

图 5-5-5　最优量化检测与集中式融合系统的 ROC 曲线

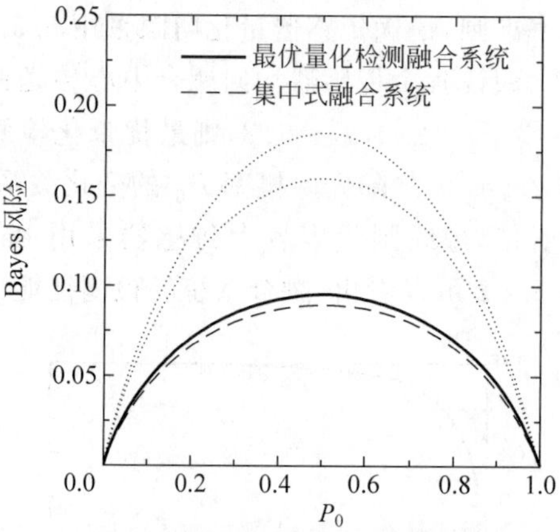

(a_1=2.0, a_2=1.8, N=2, 2bit量化)

图 5-5-6　最优量化检测与集中式融合系统的 Bayes 风险

□

5.6　分布式 N-P 检测融合系统

在前面几节研究的分布式检测融合系统中，系统性能的优化准则为最小风险准则。采用最小风险准则对系统性能进行优化，需要首先确定先验概率及代价权因子。但是，在许多重要应用领域，先验概率及代价权因子很难确定。在这种情况下，一个可行的选择就是采用 Neyman-Pearson（N-P）准则。

本节研究并行结构条件下的分布式 N-P 检测融合系统。由于分布式硬决策检测系统可以视为分布式量化检测系统的一个特例，因此本节直接推导量化检测系统的最优系统判决规则。在各个传感器观测独立的条件下，前面所得关于 Bayes 检测系统的结论，很容易推广到分布式 N-P 检测系统。在各个传感器观测相关的条件下，由于最优传感器判决规则不再是简单的似然比判决，因此本节给出一种次优的检测融合方法，即限定各个传感器均采用似然比量化规则，并对融合规则及量化门限进行联合最优化。

在串行及树形系统结构条件下，Bayes 检测融合系统的相关结论同样可以推广到 N-P 检测融合系统。由于基本推导方法相似，故这里予以省略。

5.6.1 最优分布式量化检测的必要条件

考虑由融合中心及 N 个传感器构成的分布式并行量化检测融合系统。假设传感器 k 输出 m_k 位二进制量化信息。对于分布式 N-P 检测系统而言，系统性能的优化准则为，在给定虚警概率 $P_F^f=\alpha$ 的条件下，使系统检测概率 P_D^f 取得最大值。采用拉格朗日方法，这一带有约束条件的优化问题可以描述为，在 $P_F^f=\alpha$ 的条件下使目标函数 F 取得最大值

$$F=P_D^f-\lambda(P_F^f-\alpha) \tag{5-6-1}$$

将式(5-5-1)、式(5-5-2)代入式(5-6-1)，则目标函数 F 可以进一步表示为

$$F=\sum_{\boldsymbol{u}} P(u_0=1 \mid \boldsymbol{u})[P(\boldsymbol{u} \mid H_1)-\lambda P(\boldsymbol{u} \mid H_0)]+\alpha\lambda \tag{5-6-2}$$

显然，融合系统的检测性能由融合规则 γ_0 及各个传感器的量化规则 γ_k 共同决定。为了使系统检测性能达到最优，需要联合设计融合规则 γ_0 及量化规则 γ_k，$k=1,2,\cdots,N$。

定理 5.6.1 假设融合系统中各个传感器的量化规则已经确定，则对于任意给定的虚警概率 $P_F^f=\alpha$，使系统检测概率取得最大值的最优融合规则为

$$P(u_0=1 \mid \boldsymbol{u})=\begin{cases}1, & \Lambda(\boldsymbol{u})>\lambda \\ r, & \Lambda(\boldsymbol{u})=\lambda \\ 0, & \Lambda(\boldsymbol{u})<\lambda\end{cases} \tag{5-6-3}$$

式中 $\Lambda(\boldsymbol{u})=P(\boldsymbol{u}|H_1)/P(\boldsymbol{u}|H_0)$，融合中心的判决门限 λ 及随机化因子 r 由虚警概率 α 确定

$$\sum_{\Lambda(\boldsymbol{u})>\lambda} P(\boldsymbol{u} \mid H_0)+r\sum_{\Lambda(\boldsymbol{u})=\lambda} P(\boldsymbol{u} \mid H_0)=\alpha \tag{5-6-4}$$

证明 根据式(5-6-2)，目标函数 F 可以表示为

$$F=\sum_{\boldsymbol{u}} P(u_0=1 \mid \boldsymbol{u})\{\Lambda(\boldsymbol{u})-\lambda\}/P(\boldsymbol{u} \mid H_0)+\alpha\lambda$$

式中，$\Lambda(\boldsymbol{u})=P(\boldsymbol{u}|H_1)/P(\boldsymbol{u}|H_0)$。由于各个传感器的量化规则已经确定，对于任意给定的虚警概率 α 及判决门限 λ，为了使目标函数 F 取得最大值，最优融合规则应该满足

$$P(u_0=1 \mid \boldsymbol{u})=\begin{cases}1, & \Lambda(\boldsymbol{u})>\lambda \\ r, & \Lambda(\boldsymbol{u})=\lambda \\ 0, & \Lambda(\boldsymbol{u})<\lambda\end{cases}$$

式中，r 为随机化因子，$r\in[0,1]$。又根据上式及(5-5-2)易得

$$P_F^f=\sum_{\Lambda(\boldsymbol{u})>\lambda} P(\boldsymbol{u} \mid H_0)+r\sum_{\Lambda(\boldsymbol{u})=\lambda} P(\boldsymbol{u} \mid H_0)$$

这样，给定虚警概率 $P_F^f=\alpha$，判决门限 λ 及随机化因子 r 就必须满足式(5-6-4)。 ■

定理 5.6.2 假设融合规则固定，且传感器 k 向融合中心传送 m_k 位二进制量化信

息,则对于任意给定的系统虚警概率 α,$0<\alpha<1$,使系统检测概率取得最大值的各个传感器的最优量化规则为

$$u_k=\begin{cases}0, & C_k^0(y_k)=C_k(y_k)\\ 1, & C_k^1(y_k)=C_k(y_k)\\ \vdots & \vdots\\ M_k-1, & C_k^{M_k-1}(y_k)=C_k(y_k)\end{cases}\quad k=1,2,\cdots,N \tag{5-6-5}$$

式中,$M_k=2^{m_k}$,而

$$C_k^m(y_k)=\sum_{\tilde{\boldsymbol{u}}_k}P(u_0=1\mid\tilde{\boldsymbol{u}}_k,u_k=m)\{P(\tilde{\boldsymbol{u}}_k\mid y_k,H_1)f_{Y_k}(y_k\mid H_1)-\lambda P(\tilde{\boldsymbol{u}}_k\mid y_k,H_0)f_{Y_k}(y_k\mid H_0)\}$$

$$C_k(y_k)=\max\{C_k^0(y_k),C_k^1(y_k),\cdots,C_k^{M_k-1}(y_k)\}$$

$$\tilde{\boldsymbol{u}}_k=(u_1,\cdots,u_{k-1},u_{k+1},\cdots,u_N)$$

且 λ 的取值应该满足 $P_F^f=\alpha$。

证明 令 $\tilde{\boldsymbol{u}}_k=(u_1,\cdots,u_{k-1},u_{k+1},\cdots,u_N)$,则根据式(5-6-2)目标函数 F 可以表示为

$$F=\alpha\lambda+\sum_{m=0}^{M_k-1}\sum_{\tilde{\boldsymbol{u}}_k}P(u_0=1\mid\tilde{\boldsymbol{u}}_k,u_k=m)[P(\tilde{\boldsymbol{u}}_k,u_k=m\mid H_1)-\lambda P(\tilde{\boldsymbol{u}}_k,u_k=m\mid H_0)] \tag{5-6-6}$$

式中 $M_k=2^{m_k}$。又由于各个传感器对其观测量 y_k 独立进行量化,容易证明

$$P(\tilde{\boldsymbol{u}}_k,u_k=m\mid H_j)=\int_{y_k}P(u_k=m\mid y_k)P(\tilde{\boldsymbol{u}}_k\mid y_k,H_j)f_{Y_k}(y_k\mid H_j)\mathrm{d}y_k$$

将上式代入式(5-6-6),并经简单整理可得

$$F=\alpha\lambda+\int_{y_k}\sum_{m=0}^{M_k-1}P(u_k=m\mid y_k)C_k^m(y_k)\mathrm{d}y_k \tag{5-6-7}$$

式中

$$C_k^m(y_k)=\sum_{\tilde{\boldsymbol{u}}_k}P(u_0=1\mid\tilde{\boldsymbol{u}}_k,u_k=m)\{P(\tilde{\boldsymbol{u}}_k\mid y_k,H_1)f_{Y_k}(y_k\mid H_1)-\lambda P(\tilde{\boldsymbol{u}}_k\mid y_k,H_0)f_{Y_k}(y_k\mid H_0)\}$$

容易看出,由于 $\alpha\lambda$ 的取值与量化规则 γ_k 无关,故为了使式(5-6-7)取得最大值,条件概率 $P(u_k=m\mid y_k)$ 应该满足

$$P(u_k=m\mid y_k)=\begin{cases}1, & C_k^m(y_k)=\max\{C_k^0(y_k),C_k^1(y_k),\cdots,C_k^{M_k-1}(y_k)\}\\ 0, & C_k^m(y_k)\neq\max\{C_k^0(y_k),C_k^1(y_k),\cdots,C_k^{M_k-1}(y_k)\}\end{cases}\quad m=0,1,\cdots,M_k-1$$

记 $C_k(y_k)=\max\{C_k^0(y_k),C_k^1(y_k),\cdots,C_k^{M_k-1}(y_k)\}$,则根据该条件概率,立即可得与

其等价的最优量化规则式(5-6-5)。又根据式(5-6-1)可知

$$F=P_{\mathrm{D}}^{f}-\lambda(P_{\mathrm{F}}^{f}-\alpha)$$

这样,通过选择 λ 的取值使之满足 $P_{\mathrm{F}}^{f}=\alpha$,则由式(5-6-5)给出的最优量化规则就可保证在 $P_{\mathrm{F}}^{f}=\alpha$ 的条件下使检测概率 P_{D}^{f} 取得最大值。■

定理 5.6.1 及定理 5.6.2 给出了融合系统检测性能达到最优的必要条件。为了获得最优系统检测性能,需要根据定理 5.6.1 及定理 5.6.2 联合求解最优融合规则及 N 个传感器的最优量化规则。根据定理 5.6.2 可以看出,由于最优量化规则不是似然比量化规则,因此最优系统判决规则很难求解。

5.6.2 传感器观测独立条件下的最优分布式检测

在各个传感器观测独立的条件下,可以证明由定理 5.6.1 给出的最优融合规则是单调的。这样,为了使系统检测性能达到最优,就仅需考虑单调的融合规则。在融合规则单调的条件下,最优传感器量化规则就可简化为简单的似然比量化规则。

定理 5.6.3 假设融合系统中各个传感器的观测相互独立,且融合中心采用一给定的单调融合规则,则对于任意给定的虚警概率 α,$0<\alpha<1$,使系统检测概率达到最大的各个传感器的最优量化规则为

$$u_k=\begin{cases}0, & T_{k,0}\leqslant \Lambda_k(y_k)<T_{k,1}\\ 1, & T_{k,1}\leqslant \Lambda_k(y_k)<T_{k,2}\\ \vdots & \vdots\\ M_k-1, & T_{k,M_k-1}\leqslant \Lambda_k(y_k)<T_{k,M_k}\end{cases}\qquad k=1,2,\cdots,N$$

式中,$\Lambda_k(y_k)=f_{Y_k}(y_k|H_1)/f_{Y_k}(y_k|H_0)$,$M_k=2^{m_k}$,$T_{k,0}=0$,$T_{k,M_k}=\infty$,

$$T_{k,m}=\lambda\frac{\sum\limits_{\tilde{\boldsymbol{u}}_k}A(\tilde{\boldsymbol{u}}_k,m,m-1)P(\tilde{\boldsymbol{u}}_k\mid H_0)}{\sum\limits_{\tilde{\boldsymbol{u}}_k}A(\tilde{\boldsymbol{u}}_k,m,m-1)P(\tilde{\boldsymbol{u}}_k\mid H_1)},\quad m=1,2,\cdots,M_k-1 \tag{5-6-8}$$

式中

$$A(\tilde{\boldsymbol{u}}_k,m,m-1)=P(u_0=1|\tilde{\boldsymbol{u}}_k,u_k=m)-P(u_0=1|\tilde{\boldsymbol{u}}_k,u_k=m-1)$$

$$\tilde{\boldsymbol{u}}_k=(u_1,\cdots,u_{k-1},u_{k+1},\cdots,u_N)$$

且 λ 的取值需要满足

$$P_{\mathrm{F}}^{f}=\alpha \tag{5-6-9}$$

证明 该定理的证明与定理 5.5.3 相似,故予以省略。■

定理 5.6.3 表明,在融合规则单调且各个传感器观测独立的条件下,最优量化规则为似然比量化规则。这样,根据定理 5.6.1 及定理 5.6.3 联合求解最优融合规则及最优传感器量化门限,就可获得全局最优化系统判决规则。由于最优融合规则与最优量化门限是耦合的,因此需要采用数值迭代算法进行求解。

5.6.3 传感器观测相关条件下的次优分布式检测

根据定理5.6.2可以看出，在各个传感器观测相关的条件下，最优量化规则不是似然比量化规则，因此即使采用数值迭代方法也很难求解。这样，在传感器观测相关的条件下，就需要考虑一些次优的检测方法。其中，一个可行的次优检测方法是，限定传感器量化规则为似然比量化规则，并对融合规则及各个传感器的量化门限进行联合最优化。

定理5.6.4 假设融合规则已经确定，且各个传感器向融合中心传送 m_k 位二进制量化信息。又假设各个传感器均采用似然比量化规则，即

$$u_k=\begin{cases}0, & T_{k,0}\leqslant \Lambda_k(y_k)<T_{k,1}\\ 1, & T_{k,1}\leqslant \Lambda_k(y_k)<T_{k,2}\\ \vdots & \vdots\\ M_k-1, & T_{k,M_k-1}\leqslant \Lambda_k(y_k)<T_{k,M_k}\end{cases}\quad k=1,2,\cdots,N \tag{5-6-10}$$

式中，$\Lambda_k(y_k)=f_{Y_k}(y_k|H_1)/f_{Y_k}(y_k|H_0)$，$M_k=2^{m_k}$，$T_{k,0}=0$，$T_{k,M_k}=\infty$，则对于任意给定的虚警概率 α，$0<\alpha<1$，为了使系统检测概率达到最大，各个传感器的最优量化门限 $T_{k,m}$ 由下式给出

$$T_{k,m}=\lambda\frac{\sum\limits_{\tilde{\boldsymbol{u}}_k}A(\tilde{\boldsymbol{u}}_k,m,m-1)P(\tilde{\boldsymbol{u}}_k\mid T_{k,m},H_0)}{\sum\limits_{\tilde{\boldsymbol{u}}_k}A(\tilde{\boldsymbol{u}}_k,m,m-1)P(\tilde{\boldsymbol{u}}_k\mid T_{k,m},H_1)},\quad m=1,2,\cdots,M_k-1 \tag{5-6-11}$$

式中

$$A(\tilde{\boldsymbol{u}}_k,m,m-1)=P(u_0=1|\tilde{\boldsymbol{u}}_k,u_k=m)-P(u_0=1|\tilde{\boldsymbol{u}}_k,u_k=m-1)$$

$$\tilde{\boldsymbol{u}}_k=(u_1,\cdots,u_{k-1},u_{k+1},\cdots,u_N)$$

且 λ 的取值应满足

$$P_{\mathrm{F}}^{f}=\alpha \tag{5-6-12}$$

证明 对于任意给定的判决向量 $\boldsymbol{u}$，由于融合规则已经确定，故 $P(u_0=1|\boldsymbol{u})$ 为常数。这样，根据式(5-6-2)，目标函数 F 关于量化门限 $T_{k,m}$ 的偏导数可以表示为

$$\frac{\partial F}{\partial T_{k,m}}=\sum_{\boldsymbol{u}}P(u_0=1\mid\boldsymbol{u})\left[\frac{\partial P(\boldsymbol{u}\mid H_1)}{\partial T_{k,m}}-\lambda\frac{\partial P(\boldsymbol{u}\mid H_0)}{\partial T_{k,m}}\right]$$

令 $\tilde{\boldsymbol{u}}_k=(u_1,\cdots,u_{k-1},u_{k+1},\cdots,u_N)$，则上式可以进一步表示为

$$\frac{\partial F}{\partial T_{k,m}}=\sum_{i=0}^{M_k-1}\sum_{\tilde{\boldsymbol{u}}_k}P(u_0=1|\tilde{\boldsymbol{u}}_k,u_k=i)\left[\frac{\partial P(\tilde{\boldsymbol{u}}_k,u_k=i\mid H_1)}{\partial T_{k,m}}-\lambda\frac{\partial P(\tilde{\boldsymbol{u}}_k,u_k=i\mid H_0)}{\partial T_{k,m}}\right] \tag{5-6-13}$$

由于各个传感器均采用似然比量化规则，容易证明

$$P(\tilde{\boldsymbol{u}}_k,u_k=i\mid H_j)=\int_{T_{k,i}}^{T_{k,i+1}}P(\tilde{\boldsymbol{u}}_k\mid\eta_k,H_j)f_{\Lambda_k}(\eta_k\mid H_j)\mathrm{d}\eta_k$$

式中，$f_{\Lambda_k}(\eta_k|H_j)$ 为 $\Lambda_k(y_k)$ 的条件概率密度函数。根据上式易得

$$\frac{\partial P(\tilde{\boldsymbol{u}}_k, u_k = i \mid H_j)}{\partial T_{k,m}} = \begin{cases} P(\tilde{\boldsymbol{u}}_k \mid T_{k,m}, H_j) f_{\Lambda_k}(T_{k,m} \mid H_j), & i = m-1 \\ -P(\tilde{\boldsymbol{u}}_k \mid T_{k,m}, H_j) f_{\Lambda_k}(T_{k,m} \mid H_j), & i = m \qquad j = 0,1 \\ 0, & i \neq m-1, m \end{cases} \tag{5-6-14}$$

将式(5-6-14)代入式(5-6-13)，并进行简单整理，可得

$$\frac{\partial F}{\partial T_{k,m}} = -\sum_{\tilde{\boldsymbol{u}}_k} A(\tilde{\boldsymbol{u}}_k, m, m-1)[P(\tilde{\boldsymbol{u}}_k \mid T_{k,m}, H_1) f_{\Lambda_k}(T_{k,m} \mid H_1) - \lambda P(\tilde{\boldsymbol{u}}_k \mid T_{k,m}, H_0) f_{\Lambda_k}(T_{k,m} \mid H_0)] \tag{5-6-15}$$

式中

$$A(\tilde{\boldsymbol{u}}_k, m, m-1) = P(u_0 = 1 \mid \tilde{\boldsymbol{u}}_k, u_k = m) - P(u_0 = 1 \mid \tilde{\boldsymbol{u}}_k, u_k = m-1)$$

设$\{T_{k,1}, T_{k,2}, \cdots, T_{k,M_k-1}\}_{k=1}^{N}$为给定虚警概率的条件下，使系统检测概率达到最大的最优量化门限，则应有$\dfrac{\partial F}{\partial T_{k,m}} = 0, m = 1, 2, \cdots, M_k - 1, k = 1, 2, \cdots, N$，将式(5-6-15)代入上式，并经简单整理，可得

$$\frac{f_{\Lambda_k}(T_{k,m} \mid H_1)}{f_{\Lambda_k}(T_{k,m} \mid H_0)} = \lambda \frac{\sum_{\tilde{\boldsymbol{u}}_k} A(\tilde{\boldsymbol{u}}_k, m, m-1) P(\tilde{\boldsymbol{u}}_k \mid T_{k,m}, H_0)}{\sum_{\tilde{\boldsymbol{u}}_k} A(\tilde{\boldsymbol{u}}_k, m, m-1) P(\tilde{\boldsymbol{u}}_k \mid T_{k,m}, H_1)} \tag{5-6-16}$$

根据似然比条件概率密度的性质易知

$$T_{k,m} = \frac{f_{\Lambda_{k1}}(T_{k,m} \mid H_1)}{f_{\Lambda_k}(T_{k,m} \mid H_0)}$$

因此，根据式(5-6-16)立即可得最优量化门限需要满足的条件为

$$T_{k,m} = \lambda \frac{\sum_{\tilde{\boldsymbol{u}}_k} A(\tilde{\boldsymbol{u}}_k, m, m-1) P(\tilde{\boldsymbol{u}}_k \mid T_{k,m}, H_0)}{\sum_{\tilde{\boldsymbol{u}}_k} A(\tilde{\boldsymbol{u}}_k, m, m-1) P(\tilde{\boldsymbol{u}}_k \mid T_{k,m}, H_1)}$$ ■

显然，在量化规则采用似然比量化规则的条件下，为了获得最优系统检测性能，需要根据定理 5.6.1 及定理 5.6.4 联合求解最优融合规则及各个传感器的最优量化门限。由于最优融合规则及最优量化门限是耦合的，因此需要采用数值迭代算法进行求解。

传感器观测相关条件下求解最优融合规则及最优量化门限的数值迭代算法可描述如下：

(1) 给定系统的虚警概率 α，任意选择一个初始融合规则 $f^{(0)}$ 及一组初始量化门限 $T_{k,m}^{(0)}, m = 0, 1, \cdots, M_k, k = 1, 2, \cdots, N$，且满足 $P_{\mathrm{F}}^{f} = \alpha$。计算$\{f^{(0)}, \{T_{1,m}^{(0)}\}_{m=0}^{M_1}, \cdots, \{T_{N,m}^{(0)}\}_{m=0}^{M_N}\}$对应的系统检测概率 $P_{\mathrm{D}}^{f(0)}$。设置循环变量 $n=1$，设置循环终止控制量 $\zeta>0$。

(2) 对于第 1 个传感器，固定$\{f^{(n-1)}, \{T_{2,m}^{(n-1)}\}_{m=0}^{M_2}, \cdots, \{T_{N,m}^{(n-1)}\}_{m=0}^{M_N}\}$，并根据式(5-6-11)及式(5-6-12)计算 $T_{1,m}^{(n)}, m = 1, 2, \cdots, M_k - 1$。同样，对于第 k 个传感器，$k = 2, \cdots, N$，固定$\{f^{(n-1)}, \{T_{1,m}^{(n)}\}_{m=0}^{M_1}, \cdots, \{T_{k-1,m}^{(n)}\}_{m=0}^{M_{k-1}}, \{T_{k+1,m}^{(n-1)}\}_{m=0}^{M_{k+1}}, \cdots,$

$\{T_{N,m}^{(n-1)}\}_{m=0}^{M_N}\}$，并根据式(5-6-11)及式(5-6-12)计算量化门限 $T_{k,m}^{(n)}, m=1,2,\cdots,M_k-1$。

(3) 固定$\{\{T_{1,m}^{(n)}\}_{m=0}^{M_1},\{T_{2,m}^{(n)}\}_{m=0}^{M_2},\cdots,\{T_{N,m}^{(n)}\}_{m=0}^{M_N}\}$，根据式(5-6-3)及式(5-6-4)求解融合规则 $f^{(n)}$。

(4) 计算$\{f^{(n)},\{T_{1,m}^{(n)}\}_{m=0}^{M_1},\cdots,\{T_{N,m}^{(n)}\}_{m=0}^{M_N}\}$对应的系统检测概率 $P_D^{f(n)}$。如果 $P_D^{f(n)}-P_D^{f(n-1)}>\zeta$，则令 $n=n+1$，并转至第(2)步继续循环，否则终止循环，并认为$\{f^{(n)},\{T_{1,m}^{(n)}\}_{m=0}^{M_1},\cdots,\{T_{N,m}^{(n)}\}_{m=0}^{M_N}\}$为最优融合规则及各个传感器的最优量化门限。

需要指出的是，如果假设各个传感器观测量之间的相关性可以忽略，则有

$$P(\tilde{\boldsymbol{u}}_k \mid T_k, H_j)=P(\tilde{\boldsymbol{u}}_k \mid H_j)$$

这样式(5-6-11)就可简化为

$$T_{k,m}=\lambda \frac{\sum\limits_{\tilde{\boldsymbol{u}}_k} A(\tilde{\boldsymbol{u}}_k, m, m-1) P(\tilde{\boldsymbol{u}}_k \mid H_0)}{\sum\limits_{\tilde{\boldsymbol{u}}_k} A(\tilde{\boldsymbol{u}}_k, m, m-1) P(\tilde{\boldsymbol{u}}_k \mid H_1)} \tag{5-6-17}$$

容易看出，式(5-6-17)就是传感器观测独立条件下的最优量化门限式(5-6-8)。

5.6.4 分布式硬决策 N-P 检测融合系统

考虑由融合中心及 N 个传感器构成的分布式硬决策 N-P 检测融合系统。各个传感器对同一目标进行观测并独立进行判决。$u_k=0$ 表示传感器 k 判决 H_0 为真，$u_k=1$ 表示该传感器判决 H_1 为真。融合中心对各个传感器的判决进行融合，并给出系统的最终判决 u_0。融合系统的性能优化准则为，在给定虚警概率 α 的条件下，使系统检测概率 P_D^f 取得最大值。对于这一分布式硬决策检测系统，根据定理 5.6.1～定理 5.6.4，立即可得其最优及次优系统判决规则。

定理 5.6.5 假设融合系统中各个传感器的观测相互独立，且融合中心采用一给定的单调融合规则，则对于任意给定的虚警概率 α，$0<\alpha<1$，使系统检测概率取得最大值的最优传感器判决规则为

$$\Lambda_k(y_k) \underset{H_0}{\overset{H_1}{\gtrless}} T_k$$

式中，$\Lambda_k(y_k)=f_{Y_k}(y_k|H_1)/f_{Y_k}(y_k|H_0)$，

$$T_k=\lambda \frac{\sum\limits_{\tilde{\boldsymbol{u}}_k} A(\tilde{\boldsymbol{u}}_k) P(\tilde{\boldsymbol{u}}_k \mid H_0)}{\sum\limits_{\tilde{\boldsymbol{u}}_k} A(\tilde{\boldsymbol{u}}_k) P(\tilde{\boldsymbol{u}}_k \mid H_1)} \tag{5-6-18}$$

式中

$$A(\tilde{\boldsymbol{u}}_k)=P(u_0=1 \mid \tilde{\boldsymbol{u}}_k, u_k=1)-P(u_0=1 \mid \tilde{\boldsymbol{u}}_k, u_k=0)$$

$$\tilde{\boldsymbol{u}}_k=(u_1,\cdots,u_{k-1},u_{k+1},\cdots,u_N)$$

且 λ 的取值应满足 $P_F^f=\alpha$。

证明 令 $m_k=1,k=1,2,\cdots,N$,则根据定理 5.6.4,该定理立即得证。 ■

定理 5.6.6 假设融合系统中各个传感器的观测是相关的,且各个传感器均采用似然比判决规则,即

$$\Lambda_k(y_k) \underset{H_0}{\overset{H_1}{\gtrless}} T_k$$

式中,$\Lambda_k(y_k)=f_{Y_k}(y_k|H_1)/f_{Y_k}(y_k|H_0)$,则对于任意给定的融合规则及虚警概率 α,$0<\alpha<1$,使系统检测概率取得最大值的最优传感器判决门限为

$$T_k=\lambda\frac{\sum\limits_{\tilde{\boldsymbol{u}}_k}A(\tilde{\boldsymbol{u}}_k)P(\tilde{\boldsymbol{u}}_k \mid T_k,H_0)}{\sum\limits_{\tilde{\boldsymbol{u}}_k}A(\tilde{\boldsymbol{u}}_k)P(\tilde{\boldsymbol{u}}_k \mid T_k,H_1)} \tag{5-6-19}$$

式中

$$A(\tilde{\boldsymbol{u}}_k)=P(u_0=1|\tilde{\boldsymbol{u}}_k,u_k=1)-P(u_0=1|\tilde{\boldsymbol{u}}_k,u_k=0)$$

$$\tilde{\boldsymbol{u}}_k=(u_1,\cdots,u_{k-1},u_{k+1},\cdots,u_N)$$

且 λ 的取值应满足 $P_F^f=\alpha$。

证明 令 $m_k=1,k=1,2,\cdots,N$,则根据定理 5.6.4,该定理立即得证。 ■

显然,在各个传感器观测独立的条件下,根据定理 5.6.1 及定理 5.6.5 联合求解最优融合规则及各个传感器的最优判决门限,即可获得硬决策融合系统的最优系统检测性能。同样,对于相关传感器融合系统,根据定理 5.6.1 及定理 5.6.6 则可获得似然比判决规则条件下的最优系统性能。这里需要指出的是,对于相关传感器融合系统,如果各个传感器观测量的相关性可以忽略不计,则式(5-6-19)就可简化为式(5-6-18)。

5.6.5 实例计算

例题 5.6.1 考虑一个简单的双传感器检测融合系统,假设各个传感器的观测量服从 Gauss 分布(见 5.2.4 节)。首先考虑传感器观测独立条件下的最优系统检测性能。各个传感器均向融合中心传送两位二进制量化信息,即 $m_k=2,M_k=4,k=1,2$。令 $a_1=2.0,a_2=1.8$,则最优量化检测系统的 ROC 曲线如图 5-6-1 所示。图中,实线代表最优量化检测系统的检测性能,虚线则代表单个传感器采用 N-P 判决规则时的检测性能。由于雷达、声呐等检测系统通常工作在较低的虚警概率,因此采用对数 ROC 曲线可以更好地描述其检测性能。最优量化检测系统的对数 ROC 曲线如图 5-6-2 所示。根据图 5-6-1 及图 5-6-2 可知,融合系统的检测性能明显优于单个传感器。最优量化检测系统与最优硬决策检测融合系统的性能对比如图 5-6-3 所示。根据图 5-6-3 可以看出,最优量化检测系统的性能明显优于最优硬决策检测系统。

下面考虑传感器观测相关条件下的次优系统检测性能,两个传感器均向融合中心传送一位二进制判决信息。假设两个传感器在 H_0 条件下观测独立。在 H_1 条件下,两个传感器观测相关,且相关系数为 $\rho_{1,2}$。两个传感器均采用似然比门限判决,最优融合规则及传感器判决门限根据定理 5.6.1 及定理 5.6.6 给出。令 $a_1=1.8,a_2=1.6,\rho_{1,2}=0.2$,则融合系统的 ROC 曲线如图 5-6-4 所示。图中,实线代表融合系统的检测性能,虚线则

代表单个传感器采用 N-P 判决规则时的检测性能。根据图 5-6-4 可以看出，在各个传感器观测相关的条件下，融合系统的检测性能仍然明显优于单个传感器的检测性能。

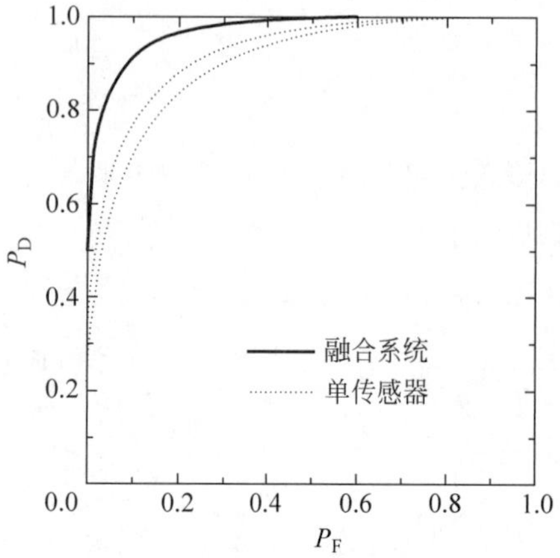

$(a_1=2.0, a_2=1.8, N=2$, 2bit量化)

图 5-6-1　最优量化检测融合系统的 ROC 曲线

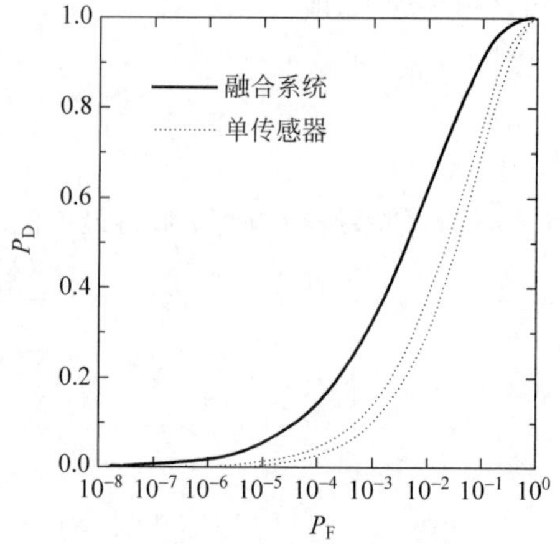

$(a_1=2.0, a_2=1.8, N=2$, 2bit量化)

图 5-6-2　最优量化检测融合系统的对数 ROC 曲线

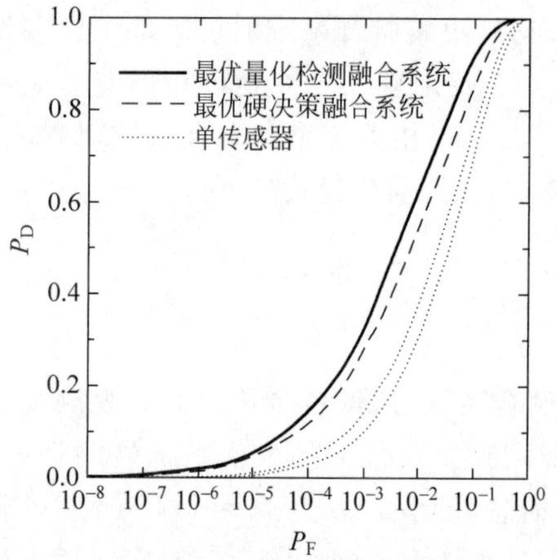

$(a_1=2.0, a_2=1.8, N=2$, 2bit量化)

图 5-6-3　最优量化检测与硬决策融合系统的 ROC 曲线

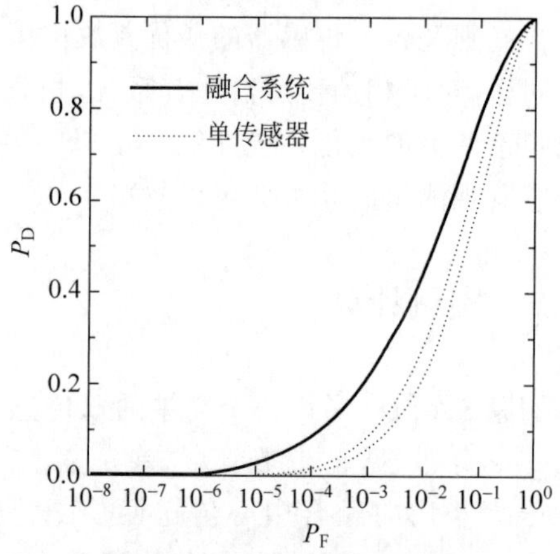

$(a_1=1.8, a_2=1.6, \rho_{1,2}=0.2, N=2)$

图 5-6-4　相关传感器融合系统的 ROC 曲线　□

5.7　小结

本章研究了分布式多传感器检测融合系统的检测性能优化问题。融合系统可以采用并行、串行及树形系统配置结构。各个传感器可向融合中心传送一位二进制判决信息或多位二进制量化信息。由于融合系统的检测性能由融合中心及各个传感器的判决规则共同决定，因此为了使系统性能达到最优，需要联合设计最优融合规则及各个传感器的判决规则。在各个传感器观测独立的条件下，最优传感器判决规则可以简化为似然比门限判决，因此通过联合求解最优融合规则及最优传感器判决门限就可获得最优系统判决规则。在各个传感器观测相关的条件下，最优传感器判决规则不再是简单的门限判决，因此即使采用数值迭代算法也很难求解。为此，对于相关传感器融合系统，本章给出了一种次优的检测融合算法，即限定各个传感器均采用似然比判决规则，并对融合规则及传感器判决门限进行联合最优化。

最后需要特别指出的是，为了求解最优系统判决规则，需要假设各个传感器观测量的条件概率密度函数已知。但是，在实际应用中，传感器观测量的密度函数通常未知，因此需要采用有限的样本进行估计。这样，就需要对检测融合算法的稳定性或鲁棒性进行分析。事实上，为了设计一个实用的检测融合系统，至少应该考虑以下几个主要问题，即传感器观测量的建模、传感器观测模型的参数估计、融合系统的检测融合算法及融合系统检测性能的稳定性分析。传感器观测量的建模及传感器观测模型的参数估计在经典的检测与估计理论中已有定论，本章的主要研究内容为融合系统的检测融合算法。关于融合系统检测性能的稳定性问题，文献[12,18]结合仿真研究得出了若干重要结论。主要结论包括：①在传感器观测独立的条件下，系统性能对传感器观测模型的参数变化不敏感。根据该结论可知，在密度函数未知的条件下，通过参数估计获得传感器观测量的密度函数并据此设计最优融合算法，仍可有效保证融合系统的检测性能。②在传感器观测相关的条件下，系统性能对传感器观测量之间的相关特性不敏感。根据该结论可知，当融合系统中各个传感器之间的相关性较弱时，可以合理假设各个传感器观测相互独立并据此设计最优检测融合算法。需要指出的是，文献[12,18]关于系统性能稳定性的分析主要是结合实例计算及仿真研究进行的，系统性能稳定性分析的理论化方法尚有待进一步研究。

参考文献

[1] Tenney R R, Sandell N R Jr. Detection with Distributed Sensors[J]. IEEE Trans. On Aerospace and Elect. Syst., 1980, AES-17: 98-101.

[2] Chair Z, Varshney P K. Optimal Data Fusion in Multiple Sensor Detection Systems[J]. IEEE Trans. on Aerospace and Elect. Syst., 1986, 22(1): 98-101.

[3] Reibman A R, Nolte L W. Optimal Detection and Performance of Distributed Sensor Systems[J]. IEEE Trans. on Aerospace and Elect. Syst., 1987, AES-23: 24-30.

[4] Hoballah I Y, Varshney P K. Distributed Bayesian Signal Detection[J]. IEEE Trans. on Info. Theory, 1989, 35(5): 995-1000.

[5] Blum R S, Kassam S A. Optimum Distributed Detection of Weak Signals in Dependent Sensors[J]. IEEE Trans. on Info. Theory, 1992, 38(3): 1066-1079.

[6] Blum R S. Necessary Conditions for Optimum Distributed Sensor Detectors under the Neyman-Pearson Criterion[J]. IEEE Trans. on info. Theory, 1996, 42(3): 990-994.

[7] Xiang M, Han C. Distributed Detection under Bayesian Criterion: Part Ⅰ-Parallel Structure[C]// Proc. 4th int'l. Conf. Information Fusion, Montreal, 2001.

[8] Xiang M, Han C. Distributed Detection under Bayesian Criterion: Part Ⅱ-Serial Structure[C]// Proc. 4th int'l. Conf. Information Fusion, Montreal, 2001.

[9] Thomopoulos S C A, Viswanathan R, Bougoulias D K. Optimal Decision Fusion in Multiple Sensor Systems[J]. IEEE Trans. on Aerospace and Elect. Syst., 1987, AES-23: 644-653.

[10] Xiang M, Zhao J. New Results on the Performance of Distributed Bayesian Detection Systems[J]. IEEE Trans. Syst., Man, Cybern., 2001, 31(1): 73-78.

[11] Xiang M, Zhao J. On the Performance of Distributed Neyman-Pearson Detection Systems[J]. IEEE Trans. Syst., Man, Cybern., 2001, 31(1): 78-83.

[12] 相明. 分布式多传感器检测系统的最优及次优检测融合算法研究[D]. 西安：西安交通大学, 2002.

[13] Lee C C, Chao J J. Optimum Local Decision Space Partitioning for Distributed Detection[J]. IEEE Trans. on Aerospace and Elect. Syst, 1989, 25(4): 536-544.

[14] Longo M, Lookabaugh T D, Gray R M. Quantization for Decentralized Hypothesis Testing under Communication Constraints[J]. IEEE Trans. on Info. Theory, 1990, 36(2): 241-255.

[15] Xiang M, Han C. Global Optimization for Distributed and Quantized Bayesian Detection System. Proc. 3rd int'l. Conf. on Information Fusion, Paris, 2000.

[16] 相明. 分布式多传感器检测数据融合算法及其应用研究[D]. 西安：西北工业大学, 1999.

[17] Xiang M, Han C. Global Optimization for Distributed Detection System under the Constraint of Likelihood Ratio Quantizers[C]//Proc. 3rd int'l. Conf. on Information Fusion, Paris, 2000.

[18] Xiang M, Han C. On Optimum Distributed Detection and Robustness of System Performance [C]//Proc. 5th int'l. Conf. on Information Fusion, Annapolis, 2002.

[19] Xiang M, Han C. Optimization of Distributed Detection Networks with Tree Structures[C]// Proc. 5th int'l. Conf. on Information Fusion, Annapolis, 2002.

[20] Varshney P K. Distributed Detection and Data Fusion [M]. Berlin, Germany: Springer Verlag, 1996.

[21] Thomopoulos S C A, Viswanathan R, Bougoulias D K. Optimal Decision Fusion in Multiple Sensor Systems[J]. IEEE Trans. on Aerospace and Elect. Syst., 1987, AES-23: 644-653.

[22] Blum R S, Deans M C. Distributed random signal detection with multibit sensor decisions[J]. IEEE Trans. on Info. Theory, 1998, 44(2): 516-524.

[23] Drakopoulos E, Lee C C. Optimum Multisensor Fusion of Correlated Local Decisions[J]. IEEE Trans. on Aerospace and Elect. Syst., 1991, 27(4): 593-606.

[24] Kam M, Zhu Q, Gray W S. Optimal Data Fusion of Correlated Local Decisions in Multiple Sensor Detection Systems[J]. IEEE Trans. on Aerospace and Elect. Syst., 1992, 28(3): 916-920.

[25] Willett P, Swaszek P F, Blum R S. The good, bad, and ugly: Distributed detection of a known signal in dependent Gaussian noise[J]. IEEE Trans. on Signal Processing, 2000, 48(12): 3266-3279.

[26] Zhu Y M, Blum R S, Luo Z Q, et al. Unexpected properties and optimum-distributed sensor detectors for dependent observation cases[J]. IEEE Trans. on Automatic Control, 2000, 45(1): 62-72.

[27] Mirjalily G, Zhi-Quan Luo, Davidson T N, et al. Blind adaptive decision fusion for distributed detection[J]. IEEE Trans. on Aerospace and Elect. Syst., 2003, 39(1): 34-52.

[28] Chen J G, Ansari N. Adaptive fusion of correlated local decisions[J]. IEEE Trans. Syst., Man, Cybern., Part C, 1998, 28(2): 276-281.

第6章 估计融合

6.1 估计融合系统结构

数据融合这一概念是在20世纪70年代提出来的,当时并未引起人们足够的重视。但是,随着科学技术的迅猛发展,以及军事、工业领域中不断增长的复杂度,使得军事指挥和工业控制等面临着数据量大、信息超载的严重问题,这就需要新的技术途径对过多的信息进行消化、解释和评估,从而使得人们越来越认识到数据融合的重要性。

本章讨论估计融合问题。所谓**估计融合**(**estimation fusion**)就是传统估计理论与数据融合理论的有机结合,或者说就是针对估计问题的数据融合,即研究在估计未知量的过程中,如何最佳利用多个数据集合中所包含的有用信息。这些数据集合通常来自多个信息源(大多数情况是多个传感器)。很明显,估计融合具有广泛的应用,原因是许多实际的估计问题都涉及来自多个信息源的数据。估计融合最重要的应用领域之一,就是在使用多个传感器(同类的或者异类的)的目标跟踪中的航迹融合,或者航迹到航迹的融合。

在实际应用中,大多数多传感器数据融合系统(特别是多传感器多目标跟踪,以及杂波环境中的多传感器单目标跟踪等)在进行估计融合之前,都需要进行关联(主要包括点迹到航迹的关联、航迹到航迹的关联),以决定来自不同传感器的哪些量测数据是属于同一目标。数据关联也是数据融合理论中非常具有挑战性的一个领域,对估计融合的结果有直接的影响。这一部分内容在第7章讨论,本章假定多传感器的量测和估计针对同一个目标。

目前的估计融合算法都与融合结构密切相关,融合结构大致分成三大类:集中式、分布式和混合式[1-4]。

所谓**集中式融合**就是所有传感器量测数据都传送到一个中心处理器进行处理和融合,所以也称为**中心式融合**(**centralized fusion**)或**量测融合**(**measurement fusion**)。图6-1-1是一个集中式融合系统的例子。在集中式处理结构中,融合中心可以利用所有传感器的原始量测数据,没有任何信息的损失,因而融合结果是最优的。但这种结构需要频带很宽的数据传输链路来传输原始数据,并且需要有较强处理能力的中心处理器，所以工程上实现起来较为困难。

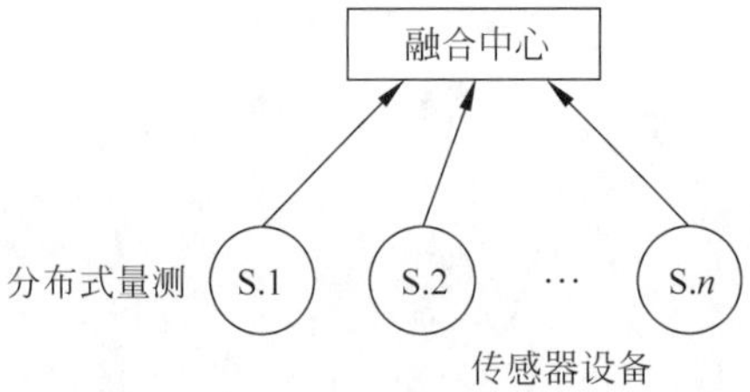

图 6-1-1　集中式融合结构

分布式融合(distributed fusion)也称为**传感器级融合**或**自主式融合**。在这种结构中，每个传感器都有自己的处理器，进行一些预处理，然后把中间结果送到中心结点，进行融合处理。由于各传感器都具有自己的局部处理器，能够形成局部航迹，所以在融合中心也主要是对各局部航迹进行融合，所以这种融合方法通常也称为**航迹融合**(track fusion)。这种结构因对信道容量要求低，系统生命力强，工程上易于实现而受到很大重视，并成为信息融合研究的重点。分布式航迹融合系统根据其通信方式的不同又可分为：

(1) 无反馈分层融合结构(见图 6-1-2)：各传感器结点把各自的局部估计全部传送到中心结点以形成全局估计，这是最常见的分布式融合结构。

(2) 有反馈分层融合结构(见图 6-1-3)：在这种结构中，中心结点的全局估计可以反馈到各局部结点，它具有容错的优点。当检测出某个局部结点的估计结果很差时，不必把它排斥于系统之外，而是可以利用全局结果来修改局部结点的状态。这样既改善了局部结点的信息，又可继续利用该结点的信息。文献[5]证明了此种结构并不能改善融合系统的性能，但可以提高局部估计的精度。

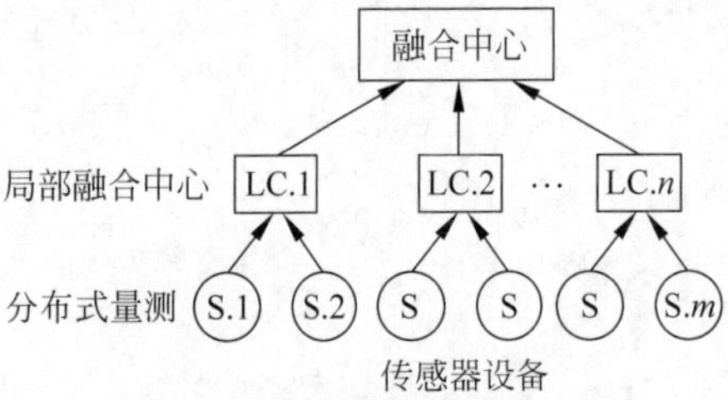

图 6-1-2　无反馈分层融合结构

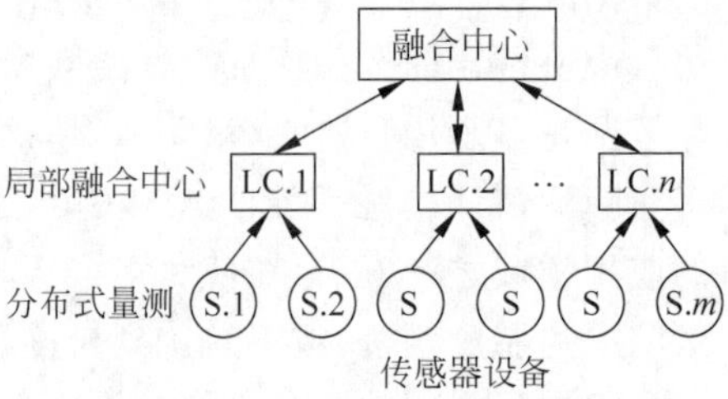

图 6-1-3　有反馈分层融合结构

图 6-1-4 给出的是完全分布式融合结构，在这种一般化的系统结构中，各结点由网状或链状等形式的通信方式相连接。一个结点可以享有与它相连结点的信息。这也意味着各局部结点可以不同程度地享有全局信息的一部分，从而能在多点上获得较好的估计。在极端情况下(也即所有传感器结点相互连接时)，每个结点都可以作为中心结点获得全局最优解。

典型的**混合式融合**(hybrid fusion)结构如图 6-1-5 所示，它是集中式结构和分布式结构的一种综合，融合中心得到的可能是原始量测数据，也可能是局部结点处理过的数据。

对应于上述三种融合结构，文献中已经提出了很多算法，其中研究较多的是分布式融合和混合式融合算法，而集中式融合由于可以得到最完整的信息，其结果最优，所以一般是作为与其他融合算法的结果作对比用的。下面就对各种常见的融合算法作详细介绍。

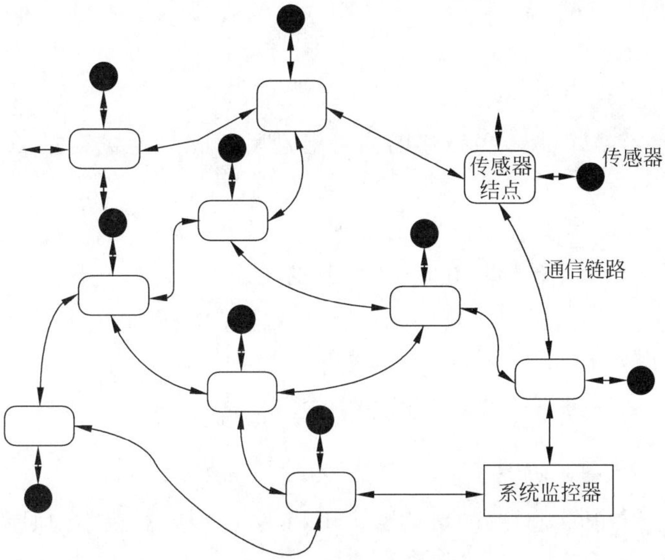

图 6-1-4 完全分布式融合结构

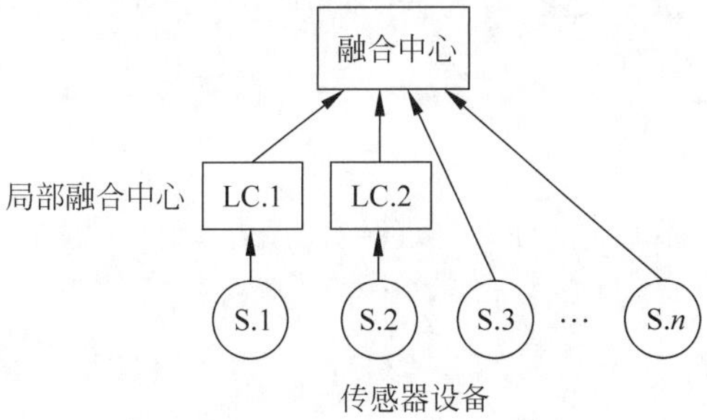

图 6-1-5 混合式融合结构

6.2 集中式融合系统

在集中式融合结构下，融合中心可以得到所有传感器传送来的原始数据，数据量最大，最完整，所以往往可以提供最优的融合性能，可作为各种分布式和混合式融合算法性能比较的参照。

在多传感器目标跟踪系统中，目标运动方程一般可以表示为

$$\boldsymbol{x}_{k+1}=\boldsymbol{\Phi}_k\boldsymbol{x}_k+\boldsymbol{\Gamma}_k\boldsymbol{w}_k \tag{6-2-1}$$

其中，$\boldsymbol{x}_k\in\mathbb{R}^n$ 是 k 时刻的目标运动状态向量，$\boldsymbol{\Phi}_k\in\mathbb{R}^{n\times n}$ 是系统的状态转移矩阵，$\boldsymbol{\Gamma}_k\in\mathbb{R}^{n\times r}$ 是过程噪声分布矩阵。假设 $\boldsymbol{w}_k\in\mathbb{R}^r$ 是均值为零的白噪声序列，目标运动初始状态 $\boldsymbol{x}_0$ 是均值为 $\bar{\boldsymbol{x}}_0$，协方差阵为 $\boldsymbol{P}_0$ 的随机向量，且

$$\operatorname{cov}[\boldsymbol{w}_k,\boldsymbol{w}_j]=\boldsymbol{Q}_k\delta_{kj},\quad \boldsymbol{Q}_k\geqslant 0$$

$$\operatorname{cov}[\boldsymbol{x}_0,\boldsymbol{w}_k]=0$$

其中，δ_{kj} 是 Kronecker delta 函数，即

$$\delta_{kj}=\begin{cases}1, & k=j\\ 0, & k\neq j\end{cases}$$

假设有 N 个传感器对式(6-2-1)描述的同一运动目标独立地进行量测，相应的量测方程为

$$\boldsymbol{z}_{k+1}^{i}=\boldsymbol{H}_{k+1}^{i}\boldsymbol{x}_{k+1}+\boldsymbol{v}_{k+1}^{i},\quad i=1,2,\cdots,N \tag{6-2-2}$$

其中，$\boldsymbol{z}_{k+1}^{i}\in\mathbb{R}^{m}$ 是第 i 个传感器在 $k+1$ 时刻的量测值，$\boldsymbol{H}_{k+1}^{i}\in\mathbb{R}^{m\times n}$ 是第 i 个传感器在 $k+1$ 时刻的量测矩阵，$\boldsymbol{v}_{k+1}^{i}\in\mathbb{R}^{m}$ 是第 i 个传感器在 $k+1$ 时刻的量测噪声，假定为均值为零的白噪声序列，且

$$\begin{cases}\operatorname{cov}[\boldsymbol{v}_{k+1}^{i},\boldsymbol{v}_{j+1}^{i}]=\boldsymbol{R}_{k+1}^{i}\delta_{kj}, & \boldsymbol{R}_{k+1}^{i}>0\\ \operatorname{cov}[\boldsymbol{w}_{j},\boldsymbol{v}_{k}^{i}]=0, & \operatorname{cov}[\boldsymbol{x}_{0},\boldsymbol{v}_{k}^{i}]=0\end{cases}$$

另外，假设各传感器在同一时刻的量测噪声不相关，各传感器在不同时刻的量测噪声也不相关。

对于式(6-2-1)给出的目标运动状态方程和式(6-2-2)给出的多传感器量测方程，常见的集中式融合算法有三种：并行滤波、序贯滤波以及数据压缩滤波[6,7]。

6.2.1 并行滤波

在并行滤波（量测扩维）结构的集中式融合算法[8]中，一般令

$$\begin{cases}\boldsymbol{z}_{k+1}=[(\boldsymbol{z}_{k+1}^{1})^{\mathrm{T}},(\boldsymbol{z}_{k+1}^{2})^{\mathrm{T}},\cdots,(\boldsymbol{z}_{k+1}^{N})^{\mathrm{T}}]^{\mathrm{T}}\\ \boldsymbol{H}_{k+1}=[(\boldsymbol{H}_{k+1}^{1})^{\mathrm{T}},(\boldsymbol{H}_{k+1}^{2})^{\mathrm{T}},\cdots,(\boldsymbol{H}_{k+1}^{N})^{\mathrm{T}}]^{\mathrm{T}}\\ \boldsymbol{v}_{k+1}=[(\boldsymbol{v}_{k+1}^{1})^{\mathrm{T}},(\boldsymbol{v}_{k+1}^{2})^{\mathrm{T}},\cdots,(\boldsymbol{v}_{k+1}^{N})^{\mathrm{T}}]^{\mathrm{T}}\end{cases} \tag{6-2-3}$$

则融合中心相应于接收到的所有传感器量测的伪（广义）量测方程可以表示为

$$\boldsymbol{z}_{k+1}=\boldsymbol{H}_{k+1}\boldsymbol{x}_{k+1}+\boldsymbol{v}_{k+1} \tag{6-2-4}$$

由式(6-2-2)的已知条件可知

$$\begin{cases}E[\boldsymbol{v}_{k+1}]=0\\ \boldsymbol{R}_{k+1}=\operatorname{cov}[\boldsymbol{v}_{k+1},\boldsymbol{v}_{k+1}]=\operatorname{diag}[\boldsymbol{R}_{k+1}^{1},\boldsymbol{R}_{k+1}^{2},\cdots,\boldsymbol{R}_{k+1}^{N}]\\ \operatorname{cov}[\boldsymbol{x}_{0},\boldsymbol{v}_{k}]=0,\quad \operatorname{cov}[\boldsymbol{w}_{j},\boldsymbol{v}_{k}]=0\end{cases} \tag{6-2-5}$$

以式(6-2-1)为目标运动的状态方程，以式(6-2-4)为融合中心虚拟的传感器的量测方程，假设已知融合中心在 k 时刻对于目标运动状态的融合估计为 $\hat{\boldsymbol{x}}_{k|k}$，相应的误差协方差阵为 $\boldsymbol{P}_{k|k}$，则融合中心相对于所有传感器量测的集中式融合过程根据信息滤波器形式的 Kalman 滤波器可以表示为

$$\begin{cases}\hat{\boldsymbol{x}}_{k+1|k}=\boldsymbol{\Phi}_{k}\hat{\boldsymbol{x}}_{k|k}\\ \boldsymbol{P}_{k+1|k}=\boldsymbol{\Phi}_{k}\boldsymbol{P}_{k|k}\boldsymbol{\Phi}_{k}^{\mathrm{T}}+\boldsymbol{\Gamma}_{k}\boldsymbol{Q}_{k}\boldsymbol{\Gamma}_{k}^{\mathrm{T}}\end{cases} \tag{6-2-6}$$

$$\begin{cases}\hat{\boldsymbol{x}}_{k+1|k+1}=\hat{\boldsymbol{x}}_{k+1|k}+\boldsymbol{K}_{k+1}(\boldsymbol{z}_{k+1}-\boldsymbol{H}_{k+1}\hat{\boldsymbol{x}}_{k+1|k})\\ \boldsymbol{K}_{k+1}=\boldsymbol{P}_{k+1|k+1}\boldsymbol{H}_{k+1}^{\mathrm{T}}\boldsymbol{R}_{k+1}^{-1}\\ \boldsymbol{P}_{k+1|k+1}^{-1}=\boldsymbol{P}_{k+1|k}^{-1}+\boldsymbol{H}_{k+1}^{\mathrm{T}}\boldsymbol{R}_{k+1}^{-1}\boldsymbol{H}_{k+1}\end{cases}\tag{6-2-7}$$

由式(6-2-5)可知

$$\boldsymbol{R}_{k+1}^{-1}=\mathrm{diag}[(\boldsymbol{R}_{k+1}^{1})^{-1},(\boldsymbol{R}_{k+1}^{2})^{-1},\cdots,(\boldsymbol{R}_{k+1}^{N})^{-1}]\tag{6-2-8}$$

将式(6-2-3)和式(6-2-8)代入式(6-2-7)中的增益阵可得

$$\boldsymbol{K}_{k+1}=\boldsymbol{P}_{k+1/k+1}[(\boldsymbol{H}_{k+1}^{1})^{\mathrm{T}}(\boldsymbol{R}_{k+1}^{1})^{-1},(\boldsymbol{H}_{k+1}^{2})^{\mathrm{T}}(\boldsymbol{R}_{k+1}^{2})^{-1},\cdots,(\boldsymbol{H}_{k+1}^{N})^{\mathrm{T}}(\boldsymbol{R}_{k+1}^{N})^{-1}]\tag{6-2-9}$$

进一步将式(6-2-9)和式(6-2-3)代入式(6-2-7)中的滤波方程可得

$$\hat{\boldsymbol{x}}_{k+1|k+1}=\hat{\boldsymbol{x}}_{k+1|k}+\boldsymbol{P}_{k+1|k+1}\sum_{i=1}^{N}(\boldsymbol{H}_{k+1}^{i})^{\mathrm{T}}(\boldsymbol{R}_{k+1}^{i})^{-1}(\boldsymbol{z}_{k+1}^{i}-\boldsymbol{H}_{k+1}^{i}\hat{\boldsymbol{x}}_{k+1|k})\tag{6-2-10}$$

将式(6-2-3)和式(6-2-8)代入式(6-2-7)中的误差协方差阵的逆阵可得

$$\boldsymbol{P}_{k+1|k+1}^{-1}=\boldsymbol{P}_{k+1|k}^{-1}+\sum_{i=1}^{N}(\boldsymbol{H}_{k+1}^{i})^{\mathrm{T}}(\boldsymbol{R}_{k+1}^{i})^{-1}\boldsymbol{H}_{k+1}^{i}\tag{6-2-11}$$

至此,式(6-2-6)、式(6-2-10)和式(6-2-11)就构成了并行滤波方式下集中式融合完整的递推方程组。

6.2.2 序贯滤波

对于式(6-2-1)和式(6-2-2)所描述的多传感器集中式融合目标跟踪系统,假设已知融合中心在 k 时刻对于目标运动状态的融合估计为 $\hat{\boldsymbol{x}}_{k|k}$,相应的误差协方差阵为 $\boldsymbol{P}_{k|k}$,则融合中心对于目标运动状态的一步预测为

$$\begin{cases}\hat{\boldsymbol{x}}_{k+1|k}=\boldsymbol{\Phi}_k\hat{\boldsymbol{x}}_{k|k}\\ \boldsymbol{P}_{k+1|k}=\boldsymbol{\Phi}_k\boldsymbol{P}_{k|k}\boldsymbol{\Phi}_k^{\mathrm{T}}+\boldsymbol{\Gamma}_k\boldsymbol{Q}_k\boldsymbol{\Gamma}_k^{\mathrm{T}}\end{cases}$$

由于各传感器在同一时刻的量测噪声之间互不相关,所以在融合中心可以按照传感器的序号 $1\rightarrow N$ 对融合中心的目标运动状态估计值进行序贯更新,其中传感器 1 的量测对于融合中心状态估计值的更新为

$$\begin{cases}\hat{\boldsymbol{x}}_{k+1|k+1}^{1\sim1}=\hat{\boldsymbol{x}}_{k+1|k}+\boldsymbol{K}_{k+1}^{1\sim1}(\boldsymbol{z}_{k+1}^{1}-\boldsymbol{H}_{k+1}^{1}\hat{\boldsymbol{x}}_{k+1|k})\\ \boldsymbol{K}_{k+1}^{1\sim1}=\boldsymbol{P}_{k+1|k+1}^{1\sim1}(\boldsymbol{H}_{k+1}^{1})^{\mathrm{T}}(\boldsymbol{R}_{k+1}^{1})^{-1}\\ (\boldsymbol{P}_{k+1|k+1}^{1\sim1})^{-1}=\boldsymbol{P}_{k+1|k}^{-1}+(\boldsymbol{H}_{k+1}^{1})^{\mathrm{T}}(\boldsymbol{R}_{k+1}^{1})^{-1}\boldsymbol{H}_{k+1}^{1}\end{cases}$$

传感器 $1<i\leqslant N$ 的量测对于融合中心状态估计值的更新为

$$\begin{cases}\hat{\boldsymbol{x}}_{k+1|k+1}^{1\sim i}=\hat{\boldsymbol{x}}_{k+1|k+1}^{1\sim i-1}+\boldsymbol{K}_{k+1}^{1\sim i}(\boldsymbol{z}_{k+1}^{i}-\boldsymbol{H}_{k+1}^{i}\hat{\boldsymbol{x}}_{k+1|k+1}^{1\sim i-1})\\ \boldsymbol{K}_{k+1}^{1\sim i}=\boldsymbol{P}_{k+1|k+1}^{1\sim i}(\boldsymbol{H}_{k+1}^{i})^{\mathrm{T}}(\boldsymbol{R}_{k+1}^{i})^{-1}\\ (\boldsymbol{P}_{k+1|k+1}^{1\sim i})^{-1}=(\boldsymbol{P}_{k+1|k+1}^{1\sim i-1})^{-1}+(\boldsymbol{H}_{k+1}^{i})^{\mathrm{T}}(\boldsymbol{R}_{k+1}^{i})^{-1}\boldsymbol{H}_{k+1}^{i}\end{cases}$$

融合中心最终的状态估计是

$$\begin{cases}\hat{\boldsymbol{x}}_{k+1|k+1}=\hat{\boldsymbol{x}}_{k+1|k+1}^{1\sim N}\\ \boldsymbol{P}_{k+1|k+1}=\boldsymbol{P}_{k+1|k+1}^{1\sim N}\end{cases}$$

文献[9]已经证明，序贯滤波结构的集中式融合结果与并行滤波结构的集中式融合结果具有相同的估计精度。

6.2.3 数据压缩滤波

在数据压缩滤波结构下，融合中心的伪量测方程一般可以被表示成

$$\boldsymbol{z}_{k+1}^{j}=\boldsymbol{H}_{k+1}^{j}\boldsymbol{x}_{k+1}+\boldsymbol{v}_{k+1}^{j},\quad j=a,b,c \tag{6-2-12}$$

其中，$\boldsymbol{z}_{k+1}^{j}$ 为融合中心经过数据压缩后的伪量测，$\boldsymbol{H}_{k+1}^{j}$ 为相应的量测矩阵，$\boldsymbol{v}_{k+1}^{j}$ 为相应的量测误差，是一均值为零且协方差阵为 $\boldsymbol{R}_{k+1}^{j}$ 的白噪声序列，j 是数据压缩滤波方法的编号。

以式(6-2-1)为目标运动的状态方程，以式(6-2-12)为多传感器的伪量测方程，则融合中心的集中式融合估计可表示为

$$\begin{cases}\hat{\boldsymbol{x}}_{k+1|k}=\boldsymbol{\Phi}_{k}\hat{\boldsymbol{x}}_{k|k}\\ \boldsymbol{P}_{k+1|k}=\boldsymbol{\Phi}_{k}\boldsymbol{P}_{k|k}\boldsymbol{\Phi}_{k}^{\mathrm{T}}+\boldsymbol{\Gamma}_{k}\boldsymbol{Q}_{k}\boldsymbol{\Gamma}_{k}^{\mathrm{T}}\\ \hat{\boldsymbol{x}}_{k+1|k+1}=\hat{\boldsymbol{x}}_{k+1|k}+\boldsymbol{K}_{k+1}^{j}(\boldsymbol{z}_{k+1}^{j}-\boldsymbol{H}_{k+1}^{j}\hat{\boldsymbol{x}}_{k+1|k})\\ \boldsymbol{K}_{k+1}^{j}=\boldsymbol{P}_{k+1|k+1}(\boldsymbol{H}_{k+1}^{j})^{\mathrm{T}}(\boldsymbol{R}_{k+1}^{j})^{-1}\\ \boldsymbol{P}_{k+1|k+1}^{-1}=\boldsymbol{P}_{k+1|k}^{-1}+(\boldsymbol{H}_{k+1}^{j})^{\mathrm{T}}(\boldsymbol{R}_{k+1}^{j})^{-1}\boldsymbol{H}_{k+1}^{j}\end{cases} \tag{6-2-13}$$

常见的数据压缩方法有三种，分别叙述如下。

1. 数据压缩方法 a

当矩阵 $\sum_{i=1}^{N}(H_{k+1}^{i})^{\mathrm{T}}(R_{k+1}^{i})^{-1}H_{k+1}^{i}$ 可逆时，由式(6-2-4)可得 $\boldsymbol{x}_{k+1}$ 的加权最小二乘估计[10]为

$$\hat{\boldsymbol{x}}_{k+1}^{\mathrm{WLS}}=\left[\sum_{i=1}^{N}(\boldsymbol{H}_{k+1}^{i})^{\mathrm{T}}(\boldsymbol{R}_{k+1}^{i})^{-1}\boldsymbol{H}_{k+1}^{i}\right]^{-1}\sum_{i=1}^{N}(\boldsymbol{H}_{k+1}^{i})^{\mathrm{T}}(\boldsymbol{R}_{k+1}^{i})^{-1}\boldsymbol{z}_{k+1}^{i} \tag{6-2-14}$$

相应的估计误差的协方差阵为

$$\mathrm{cov}[\tilde{\boldsymbol{x}}_{k+1}^{\mathrm{WLS}},\tilde{\boldsymbol{x}}_{k+1}^{\mathrm{WLS}}]=\left[\sum_{i=1}^{N}(\boldsymbol{H}_{k+1}^{i})^{\mathrm{T}}(\boldsymbol{R}_{k+1}^{i})^{-1}\boldsymbol{H}_{k+1}^{i}\right]^{-1} \tag{6-2-15}$$

此时，由 $\tilde{\boldsymbol{x}}_{k+1}^{\mathrm{WLS}}=\boldsymbol{x}_{k+1}-\hat{\boldsymbol{x}}_{k+1}^{\mathrm{WLS}}$，可令

$$\begin{cases}\boldsymbol{z}_{k+1}^{a}=\hat{\boldsymbol{x}}_{k+1}^{\mathrm{WLS}}\\ \boldsymbol{H}_{k+1}^{a}=\boldsymbol{I}\\ \boldsymbol{R}_{k+1}^{a}=\mathrm{cov}[\tilde{\boldsymbol{x}}_{k+1}^{\mathrm{WLS}},\tilde{\boldsymbol{x}}_{k+1}^{\mathrm{WLS}}]\end{cases} \tag{6-2-16}$$

文献[9]已经证明，数据压缩滤波方法 a 的集中式融合结果与并行滤波结构的集中式融合结果具有相同的估计精度。

2. 数据压缩方法 b

当各传感器的量测矩阵具有相同的乘性因子 $\boldsymbol{H}_{k+1}$，即

$$\boldsymbol{H}_{k+1}^{i}=\boldsymbol{M}_{k+1}^{i}\boldsymbol{H}_{k+1},\quad i=1,2,\cdots,N \tag{6-2-17}$$

且矩阵 $\sum_{i=1}^{N}(\boldsymbol{M}_{k+1}^{i})^{\mathrm{T}}(\boldsymbol{R}_{k+1}^{i})^{-1}\boldsymbol{M}_{k+1}^{i}$ 可逆时，令 $\boldsymbol{b}_{k+1}=\boldsymbol{H}_{k+1}\boldsymbol{x}_{k+1}$，由式(6-2-4)可得 $\boldsymbol{b}_{k+1}$ 的加权最小二乘估计为

$$\hat{\boldsymbol{b}}_{k+1}^{\mathrm{WLS}}=\left[\sum_{i=1}^{N}(\boldsymbol{M}_{k+1}^{i})^{\mathrm{T}}(\boldsymbol{R}_{k+1}^{i})^{-1}\boldsymbol{M}_{k+1}^{i}\right]^{-1}\sum_{i=1}^{N}(\boldsymbol{M}_{k+1}^{i})^{\mathrm{T}}(\boldsymbol{R}_{k+1}^{i})^{-1}\boldsymbol{z}_{k+1}^{i} \tag{6-2-18}$$

相应的估计误差的协方差阵为

$$\operatorname{cov}[\tilde{\boldsymbol{b}}_{k+1}^{\mathrm{WLS}},\tilde{\boldsymbol{b}}_{k+1}^{\mathrm{WLS}}]=\left[\sum_{i=1}^{N}(\boldsymbol{M}_{k+1}^{i})^{\mathrm{T}}(\boldsymbol{R}_{k+1}^{i})^{-1}\boldsymbol{M}_{k+1}^{i}\right]^{-1} \tag{6-2-19}$$

此时，由 $\tilde{\boldsymbol{b}}_{k+1}^{\mathrm{WLS}}=\boldsymbol{b}_{k+1}-\hat{\boldsymbol{b}}_{k+1}^{\mathrm{WLS}}=\boldsymbol{H}_{k+1}\boldsymbol{x}_{k+1}-\hat{\boldsymbol{b}}_{k+1}^{\mathrm{WLS}}$，可令

$$\boldsymbol{z}_{k+1}^{b}=\hat{\boldsymbol{b}}_{k+1}^{\mathrm{WLS}} \tag{6-2-20}$$

$$\boldsymbol{H}_{k+1}^{b}=\boldsymbol{H}_{k+1} \tag{6-2-21}$$

$$\boldsymbol{R}_{k+1}^{b}=\operatorname{cov}[\tilde{\boldsymbol{b}}_{k+1}^{\mathrm{WLS}},\tilde{\boldsymbol{b}}_{k+1}^{\mathrm{WLS}}] \tag{6-2-22}$$

文献[9]已经证明，数据压缩滤波方法 b 的集中式融合结果与并行滤波结构的集中式融合结果具有相同的估计精度。

3. 数据压缩方法 c

在式(6-2-2)的两边左乘以 $\left[\sum_{i=1}^{N}(\boldsymbol{R}_{k+1}^{i})^{-1}\right]^{-1}(\boldsymbol{R}_{k+1}^{i})^{-1}$，可得

$$\begin{aligned}&\left[\sum_{i=1}^{N}(\boldsymbol{R}_{k+1}^{i})^{-1}\right]^{-1}(\boldsymbol{R}_{k+1}^{i})^{-1}\boldsymbol{z}_{k+1}^{i}\\&=\left[\sum_{i=1}^{N}(\boldsymbol{R}_{k+1}^{i})^{-1}\right]^{-1}(\boldsymbol{R}_{k+1}^{i})^{-1}\boldsymbol{H}_{k+1}^{i}\boldsymbol{x}_{k+1}+\left[\sum_{i=1}^{N}(\boldsymbol{R}_{k+1}^{i})^{-1}\right]^{-1}(\boldsymbol{R}_{k+1}^{i})^{-1}\boldsymbol{v}_{k+1}^{i},\quad i=1,2,\cdots,N\end{aligned} \tag{6-2-23}$$

对于已知的 N 个传感器，将相应的式(6-2-23)左右两边进行相加，可得

$$\begin{aligned}&\left[\sum_{i=1}^{N}(\boldsymbol{R}_{k+1}^{i})^{-1}\right]^{-1}\cdot\sum_{i=1}^{N}(\boldsymbol{R}_{k+1}^{i})^{-1}\boldsymbol{z}_{k+1}^{i}\\&=\left\{\left[\sum_{i=1}^{N}(\boldsymbol{R}_{k+1}^{i})^{-1}\right]^{-1}\cdot\sum_{i=1}^{N}(\boldsymbol{R}_{k+1}^{i})^{-1}\boldsymbol{H}_{k+1}^{i}\right\}\boldsymbol{x}_{k+1}+\left[\sum_{i=1}^{N}(\boldsymbol{R}_{k+1}^{i})^{-1}\right]^{-1}\cdot\sum_{i=1}^{N}(\boldsymbol{R}_{k+1}^{i})^{-1}\boldsymbol{v}_{k+1}^{i}\end{aligned} \tag{6-2-24}$$

令

$$\boldsymbol{z}_{k+1}^{c}=\left[\sum_{i=1}^{N}(\boldsymbol{R}_{k+1}^{i})^{-1}\right]^{-1}\cdot\sum_{i=1}^{N}(\boldsymbol{R}_{k+1}^{i})^{-1}\boldsymbol{z}_{k+1}^{i} \tag{6-2-25}$$

$$H_{k+1}^c=\left[\sum_{i=1}^{N}(R_{k+1}^i)^{-1}\right]^{-1}\cdot\sum_{i=1}^{N}(R_{k+1}^i)^{-1}H_{k+1}^i \tag{6-2-26}$$

$$\boldsymbol{v}_{k+1}^c=\left[\sum_{i=1}^{N}(R_{k+1}^i)^{-1}\right]^{-1}\cdot\sum_{i=1}^{N}(R_{k+1}^i)^{-1}\boldsymbol{v}_{k+1}^i \tag{6-2-27}$$

则可知

$$E[\boldsymbol{v}_{k+1}^c]=0 \tag{6-2-28}$$

$$R_{k+1}^c=\mathrm{cov}[\boldsymbol{v}_{k+1}^c,\boldsymbol{v}_{k+1}^c]=\left[\sum_{i=1}^{N}(R_{k+1}^i)^{-1}\right]^{-1} \tag{6-2-29}$$

文献[11]已经证明，当 $H_{k+1}^1=H_{k+1}^2=\cdots=H_{k+1}^N=H_{k+1}$ 时，数据压缩滤波方法 c 的集中式融合结果与并行滤波结构的集中式融合结果在功能上是等价的，这也就相当于在数据压缩滤波方法 b 中，$M_{k+1}^1=M_{k+1}^2=\cdots=M_{k+1}^N=I$；但是，如果 $H_{k+1}^1\neq H_{k+1}^2\neq\cdots\neq H_{k+1}^N$，则这一功能上的等价性将不再成立。

以上多传感器集中式融合算法主要是针对在同一时刻各传感器的量测噪声之间互不相关的情形。不幸的是，许多重要的实际情况并不是这样的。文献[12]给出了几个例子，第一，通过对连续时间多传感器系统采样得到的离散时间异步多传感器系统的量测噪声是相关的；第二，如果在共同的噪声环境下对目标运动状态进行量测，则各传感器的量测噪声之间一般来说也是相关的，例如当在出现反干扰(例如，噪声是人为干扰)或大气噪声时对一个目标的状态进行量测；第三，许多实际传感器的量测误差由于依赖于目标状态或载机运动的不确定性，所以是耦合的，例如雷达量测的斜距误差可能依赖于目标的距离；第四，即使量测误差在原始坐标系中是不相关的，在经过非线性的坐标转化后由于误差依赖于状态，它们就变得相关了。对于在同一时刻各传感器的量测噪声之间相关的情形，相应的中心式融合算法可参见文献[13-17]。

6.3 分布式融合系统

现在，让我们定义两个术语。

定义 6.3.1 在多传感器融合系统中，每个传感器的跟踪器所给出的航迹称作**局部航迹**(local track)或**传感器航迹**(sensor track)。

定义 6.3.2 航迹融合系统将各个局部航迹或传感器航迹融合后形成的航迹称作**系统航迹**(system track)或**全局航迹**(global track)。当然，将局部航迹或传感器航迹与系统航迹融合后形成的航迹仍然称为系统航迹。

6.3.1 分布式融合结构

在这一小节里，我们考虑如图 6-3-1 所示的各模块组成的一个航迹融合(分层融合)系统。

各传感器、跟踪器产生自身的局部航迹，然后，各传感器周期性地将局部航迹传送到融合中心进行融合。

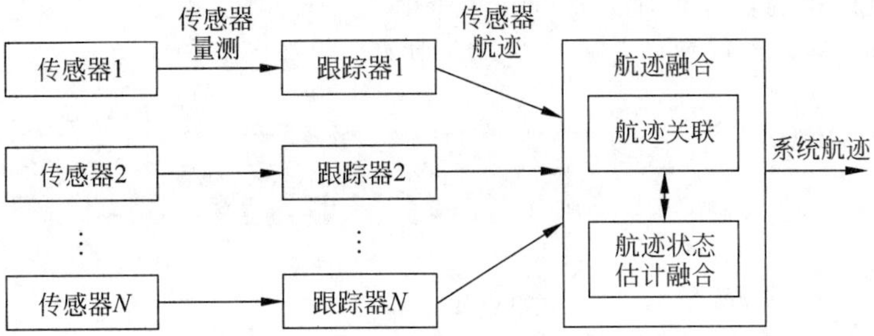

图 6-3-1　航迹融合系统

航迹融合包含两步：航迹关联和航迹状态估计融合。在航迹关联过程中，来自不同传感器的航迹进行关联以形成系统航迹，每个传感器的航迹相应于一个单独的假定的目标。给定了一个关联过程之后，系统航迹的状态估计就可以通过融合关联上的传感器航迹的状态估计来得到。

根据是否利用系统航迹的状态估计，航迹融合通常有两种可能的处理结构。

1. 传感器到传感器的航迹融合

传感器到传感器的航迹融合结构如图 6-3-2 所示，可以看出，来自不同传感器航迹（传播到同一时刻）的状态估计互相之间进行关联和融合以得到系统航迹的状态估计。在这一过程中不利用系统航迹以前的状态估计。要注意的是，对于这种结构，融合一般来说包含来自多于两个传感器的航迹集合。

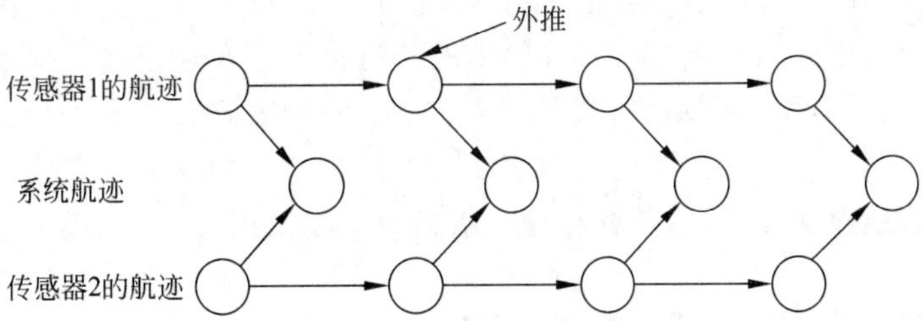

图 6-3-2　传感器到传感器的航迹融合

这种结构不必处理相关估计误差的问题（如果忽略掉共同的先验信息）。由于它基本上是一个无记忆的操作，所以关联和航迹估计融合中的误差不会从一个时刻传播到下一时刻。然而，由于过去的处理结果被丢弃掉了，这一方法可能没有传感器到系统的融合结构有效。

2. 传感器到系统的航迹融合

无论什么时候接收到一组传感器航迹，系统航迹的状态估计被外推到传感器航迹的时刻，并且与最新接收到的传感器航迹进行融合。当接收到另外一组传感器航迹时，重复这一过程。

传感器到系统的航迹融合把关联问题简化成一个 bi-partite 分配问题，所以可以利用常见的分配算法。然而，它必须处理相关估计误差的问题。在图 6-3-3 中，A 点的传感

器航迹和 B 点的系统航迹具有相关的误差,原因是它们都依赖于 C 点。进一步说,由于关联或融合中过去处理误差导致的系统航迹中的任何误差会影响将来的融合性能。

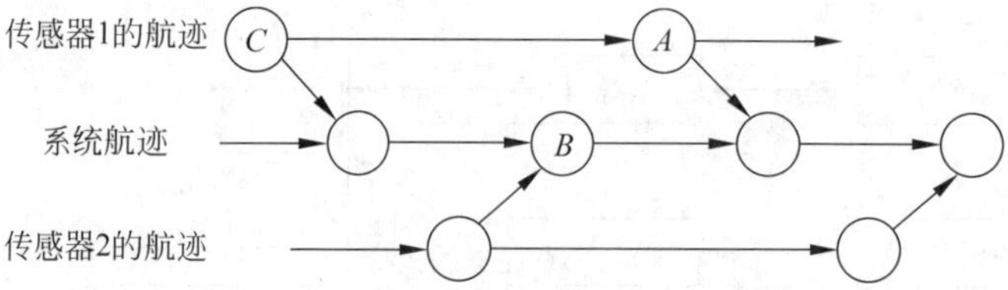

图 6-3-3　传感器到系统的航迹融合

6.3.2　航迹融合中各传感器局部估计误差相关的原因

如果各传感器局部估计误差之间互不相关,相应的融合算法非常简单,可见 6.3.3 小节。但在一般情况下,这一假设是不满足的,即各传感器的局部估计误差之间是相关的,具体原因如下所述。

1. 共同的先验估计

这种情况发生在传感器到系统的航迹融合结构中,如图 6-3-4 所示,为航迹融合问题的一个信息图表示。图中实心的方框表示量测,空心的方框表示融合,要么是一个量测和一条航迹的融合,要么是一条航迹和另外一条航迹的融合。假定航迹已经被传播到一个共同的时刻。图中航迹的位置表示了包含在航迹中的信息。基本上来说,在一个结点的一条航迹会包含祖先结点(航迹和量测)中的所有信息。在这个例子中,传感器航迹估计 $\hat{x}_j$ 和系统航迹估计 $\hat{x}_i$ 都包含从较早时刻传播来的传感器航迹估计 $\bar{x}_j$。图 6-3-4 也说明了两条传感器航迹不共享共同的先验估计(除共同的先验)。一般来说,如果在信息图中从量测到融合结点存在多径,就存在这一信息源引起的相关。

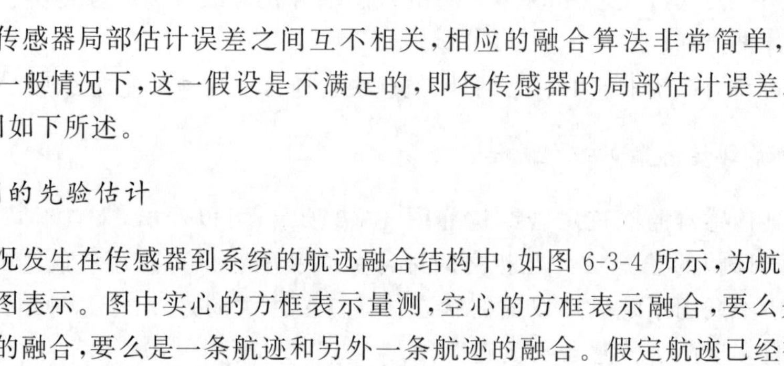

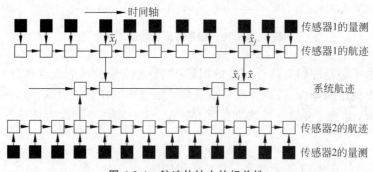

图 6-3-4　航迹估计中的相关性

2. 共同的过程噪声

这种情况甚至发生在传感器航迹不共享共同的量测而进行融合时。当目标动态方程不确定时,给定某一时刻的目标状态,来自两条传感器航迹的量测不一定条件独立。

这样一来，来自两条传感器航迹的估计误差就可能不独立。

假定有两条航迹 i 和 j，状态估计（估计或预测）和相应的误差协方差阵（都传播到同一时刻）分别为 $\hat{\boldsymbol{x}}^i$ 和 $\hat{\boldsymbol{x}}^j$，$\boldsymbol{P}^i$ 和 $\boldsymbol{P}^j$。估计融合问题就是找到最好的融合估计 $\hat{\boldsymbol{x}}$ 和误差协方差阵 $\boldsymbol{P}$。这两条航迹可能是一个传感器到传感器航迹融合结构中的两条航迹，或者是一个传感器到系统航迹融合结构中的一条系统航迹和一条传感器航迹。

6.3.3 简单凸组合融合算法

假定对于同一目标，传感器 i 和 j 的局部估计和相应的误差协方差阵分别为 $\hat{\boldsymbol{x}}^m_{k|k}$ 和 $\boldsymbol{P}^m_{k|k}$，$m=i,j$，假设相应的状态估计误差为

$$\begin{cases}\tilde{\boldsymbol{x}}^i_{k|k}=\boldsymbol{x}_k-\hat{\boldsymbol{x}}^i_{k|k}\\ \tilde{\boldsymbol{x}}^j_{k|k}=\boldsymbol{x}_k-\hat{\boldsymbol{x}}^j_{k|k}\end{cases}\tag{6-3-1}$$

且假定二者独立。下面考虑这两个传感器之间的航迹融合问题。

根据先验均值$\bar{\boldsymbol{x}}$ 和量测 $\boldsymbol{z}$ 产生后验均值 $\hat{\boldsymbol{x}}$ 的静态线性估计方程为

$$\hat{\boldsymbol{x}}=\bar{\boldsymbol{x}}+\boldsymbol{P}_{xz}\boldsymbol{P}_{zz}^{-1}(\boldsymbol{z}-\bar{\boldsymbol{z}})\tag{6-3-2}$$

把来自传感器 i 的信息看成"先验数据"$\boldsymbol{D}^i$，则有

$$p(\boldsymbol{x}\mid\boldsymbol{D}^i)=\mathcal{N}(\boldsymbol{x};\hat{\boldsymbol{x}}^i,\boldsymbol{P}^i)\tag{6-3-3}$$

其中为了简化省略掉了时间参数。同样可以得到一个"量测"

$$\hat{\boldsymbol{x}}^j=\boldsymbol{x}-\tilde{\boldsymbol{x}}^j\tag{6-3-4}$$

代表数据 $\boldsymbol{D}^j$。误差$\tilde{\boldsymbol{x}}^j$ 的均值为零，协方差为 $\boldsymbol{P}^j$，并且与$\tilde{\boldsymbol{x}}^i$ 独立。

对于给出的融合问题，式(6-3-2)中的对等项分别为

$$\begin{cases}\hat{\boldsymbol{x}}\rightarrow E[\boldsymbol{x}\mid\boldsymbol{D}^i,\boldsymbol{D}^j]\\ \bar{\boldsymbol{x}}\rightarrow\hat{\boldsymbol{x}}^i=E[\boldsymbol{x}\mid\boldsymbol{D}^i]\\ \boldsymbol{z}\rightarrow\hat{\boldsymbol{x}}^j\\ \bar{\boldsymbol{z}}\rightarrow E[\hat{\boldsymbol{x}}^j\mid\boldsymbol{D}^i]=\hat{\boldsymbol{x}}^i\end{cases}\tag{6-3-5}$$

同时，式(6-3-2)中的协方差阵分别为

$$\begin{cases}\boldsymbol{P}_{xz}\rightarrow E\{[\boldsymbol{x}-E(\boldsymbol{x}\mid\boldsymbol{D}^i)][\hat{\boldsymbol{x}}^j-E(\hat{\boldsymbol{x}}^j\mid\boldsymbol{D}^i)]^{\mathrm{T}}\}=E[\tilde{\boldsymbol{x}}^i(\hat{\boldsymbol{x}}^j-\hat{\boldsymbol{x}}^i)^{\mathrm{T}}]=\boldsymbol{P}^i\\ \boldsymbol{P}_{zz}\rightarrow E\{[\hat{\boldsymbol{x}}^j-E(\hat{\boldsymbol{x}}^j\mid\boldsymbol{D}^i)][\hat{\boldsymbol{x}}^j-E(\hat{\boldsymbol{x}}^j\mid\boldsymbol{D}^i)]^{\mathrm{T}}\}=E[(\tilde{\boldsymbol{x}}^i-\tilde{\boldsymbol{x}}^j)(\tilde{\boldsymbol{x}}^i-\hat{\boldsymbol{x}}^j)^{\mathrm{T}}]=\boldsymbol{P}^i+\boldsymbol{P}^j\end{cases}\tag{6-3-6}$$

有了这些量，那么式(6-3-2)就可以具体表示为

$$\hat{\boldsymbol{x}}=\hat{\boldsymbol{x}}^i+\boldsymbol{P}^i(\boldsymbol{P}^i+\boldsymbol{P}^j)^{-1}(\hat{\boldsymbol{x}}^j-\hat{\boldsymbol{x}}^i)\tag{6-3-7}$$

在各传感器局部估计误差互不相关的假设下，融合中心对于任意两个传感器之间的航迹融合结果的对称形式为

$$\hat{\boldsymbol{x}}=\boldsymbol{P}^j(\boldsymbol{P}^i+\boldsymbol{P}^j)^{-1}\hat{\boldsymbol{x}}^i+\boldsymbol{P}^i(\boldsymbol{P}^i+\boldsymbol{P}^j)^{-1}\hat{\boldsymbol{x}}^j\tag{6-3-8}$$

由式(6-3-3)相应的静态线性估计误差协方差阵

$$\boldsymbol{P}_{xx|z}=\boldsymbol{P}_{xx}-\boldsymbol{P}_{xz}\boldsymbol{P}_{zz}^{-1}\boldsymbol{P}_{zx}\tag{6-3-9}$$

可得相应的任意两个传感器在局部估计误差互不相关的假设下航迹融合估计误差的协

方差阵为

$$\boldsymbol{P}=\boldsymbol{P}^{i}-\boldsymbol{P}^{i}(\boldsymbol{P}^{i}+\boldsymbol{P}^{j})^{-1}\boldsymbol{P}^{i} \tag{6-3-10}$$

同样，将式(6-3-10)变形成对称的形式，可得协方差融合方程为

$$\boldsymbol{P}=\boldsymbol{P}^{i}(\boldsymbol{P}^{i}+\boldsymbol{P}^{j})^{-1}\boldsymbol{P}^{j} \tag{6-3-11}$$

融合式(6-3-8)和式(6-3-11)对应的信息矩阵形式的表达式分别为

$$\begin{cases}\hat{\boldsymbol{x}}=[(\boldsymbol{P}^{i})^{-1}+(\boldsymbol{P}^{j})^{-1}]^{-1}(\boldsymbol{P}^{i})^{-1}\hat{\boldsymbol{x}}^{i}+[(\boldsymbol{P}^{i})^{-1}+(\boldsymbol{P}^{j})^{-1}]^{-1}(\boldsymbol{P}^{j})^{-1}\hat{\boldsymbol{x}}^{j}\\ \boldsymbol{P}^{-1}=(\boldsymbol{P}^{i})^{-1}+(\boldsymbol{P}^{j})^{-1}\end{cases} \tag{6-3-12}$$

以上两式很容易扩展到传感器数目为 $N>2$ 的情况，假设所有的 N 个传感器的估计误差 $\tilde{\boldsymbol{x}}^{i}=\boldsymbol{x}-\hat{\boldsymbol{x}}^{i}$ 之间互不相关，则融合方程分别为

$$\begin{cases}\hat{\boldsymbol{x}}=\left[\sum_{i=1}^{N}(\boldsymbol{P}^{i})^{-1}\right]^{-1}\sum_{i=1}^{N}(\boldsymbol{P}^{i})^{-1}\hat{\boldsymbol{x}}^{i}\\ \boldsymbol{P}^{-1}=\sum_{i=1}^{N}(\boldsymbol{P}^{i})^{-1}\end{cases} \tag{6-3-13}$$

由于简单凸联合融合算法实现起来特别容易，所以它得到了广泛的应用。然而，当各传感器的局部估计误差相关时，它是次优的。例如，当其中一个航迹是系统航迹，而另一个为传感器航迹时，或者当存在过程噪声时，就是这种情况。但是，当两条航迹都是传感器航迹并且不存在过程噪声，两个传感器在初始时刻的估计误差也不相关时，简单凸联合融合算法则是最优的。也就是说，它能够得到和中心式融合相同的结果。

由本小节可以看出，当各传感器局部估计误差之间互不相关时，融合算法非常简单。但由 6.3.2 小节可知，在一般情况下，这一假设是不一定满足的，即各传感器的局部估计误差之间可能是相关的。下面讨论几种考虑各传感器局部估计误差之间相关性时传感器到传感器航迹融合算法。

6.3.4 Bar-Shalom-Campo 融合算法

假定对于同一目标，传感器 i 和 j 的航迹文件中初始的状态估计和协方差阵分别为 $\hat{\boldsymbol{x}}_{0|0}^{m}$ 和 $\boldsymbol{P}_{0|0}^{m}$，$m=i,j$；目标运动的动态方程为

$$\boldsymbol{x}_{k+1}=\boldsymbol{\Phi}_{k}\boldsymbol{x}_{k}+\boldsymbol{\Gamma}_{k}\boldsymbol{w}_{k} \tag{6-3-14}$$

其中，过程噪声 $\boldsymbol{w}_k$ 是均值为零的白噪声，协方差阵为 $\boldsymbol{Q}_k$；两个传感器的量测方程为

$$\boldsymbol{z}_{k}^{m}=\boldsymbol{H}_{k}^{m}\boldsymbol{x}_{k}+\boldsymbol{v}_{k}^{m},\quad m=i,j \tag{6-3-15}$$

其中，量测噪声 $\boldsymbol{v}_k^m$ 为零均值白噪声序列，协方差阵为 $\boldsymbol{R}_k^m$，且相互独立。

k 时刻只应用来自传感器 m 量测信息的状态估计为

$$\hat{\boldsymbol{x}}_{k|k}^{m}=\boldsymbol{\Phi}_{k-1}\hat{\boldsymbol{x}}_{k-1|k-1}^{m}+\boldsymbol{K}_{k}^{m}(\boldsymbol{z}_{k}^{m}-\boldsymbol{H}_{k}^{m}\boldsymbol{\Phi}_{k-1}\hat{\boldsymbol{x}}_{k-1|k-1}^{m}) \tag{6-3-16}$$

其中，$\boldsymbol{K}_k^m$ 为 Kalman 滤波器的增益阵，$m=i,j$。那么相应的估计误差为

$$\begin{aligned}\tilde{\boldsymbol{x}}_{k|k}^{m}&=\boldsymbol{x}_{k}-\hat{\boldsymbol{x}}_{k|k}^{m}\\&=\boldsymbol{\Phi}_{k-1}\boldsymbol{x}_{k-1}+\boldsymbol{\Gamma}_{k-1}\boldsymbol{w}_{k-1}-\boldsymbol{\Phi}_{k-1}\hat{\boldsymbol{x}}_{k-1|k-1}^{m}-\boldsymbol{K}_{k}^{m}\times\\&\quad[\boldsymbol{H}_{k}^{m}(\boldsymbol{\Phi}_{k-1}\boldsymbol{x}_{k-1}+\boldsymbol{\Gamma}_{k-1}\boldsymbol{w}_{k-1})+\boldsymbol{v}_{k}^{m}-\boldsymbol{H}_{k}^{m}\boldsymbol{\Phi}_{k-1}\hat{\boldsymbol{x}}_{k-1|k-1}^{m}]\\&=(\boldsymbol{I}-\boldsymbol{K}_{k}^{m}\boldsymbol{H}_{k}^{m})\boldsymbol{\Phi}_{k-1}\tilde{\boldsymbol{x}}_{k-1|k-1}^{m}+(\boldsymbol{I}-\boldsymbol{K}_{k}^{m}\boldsymbol{H}_{k}^{m})\boldsymbol{\Gamma}_{k-1}\boldsymbol{w}_{k-1}-\boldsymbol{K}_{k}^{m}\boldsymbol{v}_{k}^{m}\end{aligned} \tag{6-3-17}$$

则传感器 i 和 j 的局部估计误差之间的互协方差阵为[23]

$$\begin{aligned}\boldsymbol{P}_{k|k}^{ij} &\triangleq E[\tilde{\boldsymbol{x}}_{k|k}^{i}(\tilde{\boldsymbol{x}}_{k|k}^{j})^{\mathrm{T}}] \\ &=(\boldsymbol{I}-\boldsymbol{K}_{k}^{i}\boldsymbol{H}_{k}^{i})(\boldsymbol{\Phi}_{k-1}\boldsymbol{P}_{k-1|k-1}^{ij}\boldsymbol{\Phi}_{k-1}^{\mathrm{T}}+\boldsymbol{\Gamma}_{k-1}Q_{k-1}\boldsymbol{\Gamma}_{k-1}^{\mathrm{T}})(\boldsymbol{I}-\boldsymbol{K}_{k}^{j}\boldsymbol{H}_{k}^{j})^{\mathrm{T}} \\ &=\boldsymbol{P}_{k|k}^{i}(\boldsymbol{P}_{k|k-1}^{i})^{-1}(\boldsymbol{\Phi}_{k-1}\boldsymbol{P}_{k-1|k-1}^{ij}\boldsymbol{\Phi}_{k-1}^{\mathrm{T}}+\boldsymbol{\Gamma}_{k-1}Q_{k-1}\boldsymbol{\Gamma}_{k-1}^{\mathrm{T}})(\boldsymbol{P}_{k|k-1}^{j})^{-1}\boldsymbol{P}_{k|k}^{j}\end{aligned} \tag{6-3-18}$$

可以看出,由于共同的过程噪声和初始时刻各传感器局部估计误差之间可能存在的相关性的影响,任意两个传感器 i 和 j 的局部估计误差之间是相关的,在进行数据融合时,这种相关性应该进行考虑。

当参与融合的两条航迹都是传感器航迹,或者一条是传感器航迹,另外一条是系统航迹,且融合中心在完成融合后向各传感器有反馈时,即

$$\begin{cases}\hat{\boldsymbol{x}}_{k-1|k-1}^{m}=\hat{\boldsymbol{x}}_{k-1|k-1} \\ \boldsymbol{P}_{k-1|k-1}^{m}=\boldsymbol{P}_{k-1|k-1}\end{cases},\quad m=i,j \tag{6-3-19}$$

此时,式(6-3-18)给出的传感器局部估计误差之间互协方差的计算公式就为

$$\begin{aligned}\boldsymbol{P}_{k|k}^{ij} &=(\boldsymbol{I}-\boldsymbol{K}_{k}^{i}\boldsymbol{H}_{k}^{i})(\boldsymbol{\Phi}_{k-1}\boldsymbol{P}_{k-1|k-1}\boldsymbol{\Phi}_{k-1}^{\mathrm{T}}+\boldsymbol{\Gamma}_{k-1}Q_{k-1}\boldsymbol{\Gamma}_{k-1}^{\mathrm{T}})(\boldsymbol{I}-\boldsymbol{K}_{k}^{j}\boldsymbol{H}_{k}^{j})^{\mathrm{T}} \\ &=\boldsymbol{P}_{k|k}^{i}\boldsymbol{P}_{k|k-1}^{-1}(\boldsymbol{\Phi}_{k-1}\boldsymbol{P}_{k-1|k-1}\boldsymbol{\Phi}_{k-1}^{\mathrm{T}}+\boldsymbol{\Gamma}_{k-1}Q_{k-1}\boldsymbol{\Gamma}_{k-1}^{\mathrm{T}})\boldsymbol{P}_{k|k-1}^{-1}\boldsymbol{P}_{k|k}^{j} \\ &=\boldsymbol{P}_{k|k}^{i}\boldsymbol{P}_{k|k-1}^{-1}\boldsymbol{P}_{k|k}^{j}\end{aligned} \tag{6-3-20}$$

考虑上面给出的传感器局部估计误差 $\boldsymbol{P}_{k|k}^{i}\boldsymbol{P}_{k|k-1}^{-1}\boldsymbol{P}_{k|k}^{j}$ 间的相关性,式(6-3-6)应修正为

$$\begin{cases}\boldsymbol{P}_{xz}\rightarrow E[\tilde{\boldsymbol{x}}_{k|k}^{i}(\tilde{\boldsymbol{x}}_{k|k}^{i}-\tilde{\boldsymbol{x}}_{k|k}^{j})^{\mathrm{T}}\mid \boldsymbol{D}^{i}]=\boldsymbol{P}^{i}-\boldsymbol{P}^{ij} \\ \boldsymbol{P}_{zz}\rightarrow E[(\tilde{\boldsymbol{x}}_{k|k}^{i}-\tilde{\boldsymbol{x}}_{k|k}^{j})(\tilde{\boldsymbol{x}}_{k|k}^{i}-\tilde{\boldsymbol{x}}_{k|k}^{j})^{\mathrm{T}}]=\boldsymbol{P}^{i}+\boldsymbol{P}^{j}-\boldsymbol{P}^{ij}-\boldsymbol{P}^{ji}\end{cases} \tag{6-3-21}$$

相应的融合方程及误差协方差阵分别为

$$\begin{cases}\hat{\boldsymbol{x}}=\hat{\boldsymbol{x}}^{i}+(\boldsymbol{P}^{i}-\boldsymbol{P}^{ij})(\boldsymbol{P}^{i}+\boldsymbol{P}^{j}-\boldsymbol{P}^{ij}-\boldsymbol{P}^{ji})^{-1}(\hat{\boldsymbol{x}}^{j}-\hat{\boldsymbol{x}}^{i}) \\ \boldsymbol{P}=\boldsymbol{P}^{i}-(\boldsymbol{P}^{i}-\boldsymbol{P}^{ij})(\boldsymbol{P}^{i}+\boldsymbol{P}^{j}-\boldsymbol{P}^{ij}-\boldsymbol{P}^{ji})^{-1}(\boldsymbol{P}^{i}-\boldsymbol{P}^{ji})\end{cases} \tag{6-3-22}$$

最初开发这一融合算法是考虑到由于共同的过程噪声引起的相关性。然而,式(6-3-20)的推导仅仅依赖于两个传感器估计误差之间的相关性,而不依赖于特定的误差源。例如,共同的先验估计就有可能导致这种相关性。这一算法的优点是考虑了各传感器估计误差之间的相关性,主要缺点是为了计算各传感器估计误差之间的互协方差阵而需要大量的信息。如果所关心的系统是线性时不变的,则互协方差阵就能够离线进行计算;否则,Kalman 滤波器增益和量测矩阵的整个历史就需要被传送到完成融合的结点。

文献[19]已经证明,这种融合方法只是在最大似然(ML)意义下最优的,而不是在最小均方误差(MMSE)意义下最优的。这一点可以由下面的证明过程看出。

上述假定各传感器局部估计独立和考虑相关性是基于 Bayes MMSE 准则的一个基本假设,即

$$E[\hat{\boldsymbol{x}}^{j}\mid \boldsymbol{Z}^{i}]=\hat{\boldsymbol{x}}^{i} \tag{6-3-23}$$

其中,$\boldsymbol{Z}^{i}$ 表示来自传感器 i 的信息(累积量测)。

尽管从直觉上来看,上式是正确的,然而,只有在 $\boldsymbol{Z}^{i}\subset\boldsymbol{Z}^{j}$ 时,上式才能够精确成立。但此时,就没有融合的必要了,这一点可以由下面的方程看出。

$$E[\hat{\boldsymbol{x}}^j \mid \boldsymbol{Z}^i]=\int\hat{\boldsymbol{x}}^j p(\boldsymbol{Z}^j \mid \boldsymbol{Z}^i)\mathrm{d}\boldsymbol{Z}^j=\int E[\boldsymbol{x} \mid \boldsymbol{Z}^j]p(\boldsymbol{Z}^j \mid \boldsymbol{Z}^i)\mathrm{d}\boldsymbol{Z}^j$$
$$=\int\left[\int\boldsymbol{x}p(\boldsymbol{x} \mid \boldsymbol{Z}^j)\mathrm{d}\boldsymbol{x}\right]p(\boldsymbol{Z}^j \mid \boldsymbol{Z}^i)\mathrm{d}\boldsymbol{Z}^j=\int\boldsymbol{x}\int p(\boldsymbol{x} \mid \boldsymbol{Z}^j)p(\boldsymbol{Z}^j \mid \boldsymbol{Z}^i)\mathrm{d}\boldsymbol{Z}^j\mathrm{d}\boldsymbol{x}$$
$$\neq\int\boldsymbol{x}\int p(\boldsymbol{x} \mid \boldsymbol{Z}^i,\boldsymbol{Z}^j)p(\boldsymbol{Z}^j \mid \boldsymbol{Z}^i)\mathrm{d}\boldsymbol{Z}^j\mathrm{d}\boldsymbol{x}=\int\boldsymbol{x}p(\boldsymbol{x} \mid \boldsymbol{Z}^i)\mathrm{d}\boldsymbol{x}=\hat{\boldsymbol{x}}^i \tag{6-3-24}$$

从上式可以看出，只有在 $p(\boldsymbol{x}|\boldsymbol{Z}^j)=p(\boldsymbol{x}|\boldsymbol{Z}^i,\boldsymbol{Z}^j)$ 时，式(6-3-23)才会成立。也就是说，条件是 $\boldsymbol{Z}^i\subset\boldsymbol{Z}^j$。所以式(6-3-23)只能被看成一种近似，相应的融合结果也就是在MMSE意义下的近似。

上述的融合问题，可以在ML准则下进行不同的表示。构造如下的似然函数

$$L=-\ln p(\hat{\boldsymbol{x}}^i,\hat{\boldsymbol{x}}^j \mid \boldsymbol{x})\propto\left\{\begin{bmatrix}\hat{\boldsymbol{x}}^i\\\hat{\boldsymbol{x}}^j\end{bmatrix}-\begin{bmatrix}\boldsymbol{I}\\\boldsymbol{I}\end{bmatrix}\boldsymbol{x}\right\}^{\mathrm{T}}\boldsymbol{P}^{-1}\left\{\begin{bmatrix}\hat{\boldsymbol{x}}^i\\\hat{\boldsymbol{x}}^j\end{bmatrix}-\begin{bmatrix}\boldsymbol{I}\\\boldsymbol{I}\end{bmatrix}\boldsymbol{x}\right\} \tag{6-3-25}$$

其中

$$\boldsymbol{P}=\begin{bmatrix}\boldsymbol{P}^i & \boldsymbol{P}^{ij}\\\boldsymbol{P}^{ji} & \boldsymbol{P}^j\end{bmatrix}=\begin{bmatrix}\boldsymbol{A} & \boldsymbol{B}\\\boldsymbol{B}^{\mathrm{T}} & \boldsymbol{D}\end{bmatrix} \tag{6-3-26}$$

令 $\nabla_x L=0$，可得

$$\begin{cases}\hat{\boldsymbol{x}}^{\mathrm{ML}}=\left\{[\boldsymbol{I}\quad\boldsymbol{I}]\boldsymbol{P}^{-1}\begin{bmatrix}\boldsymbol{I}\\\boldsymbol{I}\end{bmatrix}\right\}^{-1}[\boldsymbol{I}\quad\boldsymbol{I}]\boldsymbol{P}^{-1}\begin{bmatrix}\hat{\boldsymbol{x}}^i\\\hat{\boldsymbol{x}}^j\end{bmatrix}\\\boldsymbol{P}^{\mathrm{ML}}=\left\{[\boldsymbol{I}\quad\boldsymbol{I}]\boldsymbol{P}^{-1}\begin{bmatrix}\boldsymbol{I}\\\boldsymbol{I}\end{bmatrix}\right\}^{-1}\end{cases} \tag{6-3-27}$$

由分块矩阵求逆可知

$$\boldsymbol{P}^{-1}=\begin{bmatrix}\boldsymbol{A} & \boldsymbol{B}\\\boldsymbol{B}^{\mathrm{T}} & \boldsymbol{D}\end{bmatrix}^{-1}=\begin{bmatrix}\boldsymbol{E} & \boldsymbol{F}\\\boldsymbol{F}^{\mathrm{T}} & \boldsymbol{H}\end{bmatrix} \tag{6-3-28}$$

其中

$$\begin{cases}\boldsymbol{E}=(\boldsymbol{A}-\boldsymbol{B}\boldsymbol{D}^{-1}\boldsymbol{B}^{\mathrm{T}})^{-1}\\\boldsymbol{F}=-\boldsymbol{E}\boldsymbol{B}\boldsymbol{D}^{-1}\\\boldsymbol{H}=\boldsymbol{D}^{-1}+\boldsymbol{D}^{-1}\boldsymbol{B}^{\mathrm{T}}\boldsymbol{E}\boldsymbol{B}\boldsymbol{D}^{-1}\end{cases} \tag{6-3-29}$$

将式(6-3-29)代入式(6-3-27)，可得

$$\begin{cases}\hat{\boldsymbol{x}}^{\mathrm{ML}}=(\boldsymbol{E}+\boldsymbol{F}^{\mathrm{T}}+\boldsymbol{F}+\boldsymbol{H})^{-1}(\boldsymbol{E}+\boldsymbol{F}^{\mathrm{T}})\hat{\boldsymbol{x}}^i+(\boldsymbol{E}+\boldsymbol{F}^{\mathrm{T}}+\boldsymbol{F}+\boldsymbol{H})^{-1}(\boldsymbol{F}+\boldsymbol{H})\hat{\boldsymbol{x}}^j\\\boldsymbol{P}^{\mathrm{ML}}=(\boldsymbol{E}+\boldsymbol{F}^{\mathrm{T}}+\boldsymbol{F}+\boldsymbol{H})^{-1}\end{cases} \tag{6-3-30}$$

进一步由矩阵求逆引理可得

$$\begin{cases}(\boldsymbol{E}+\boldsymbol{F}^{\mathrm{T}}+\boldsymbol{F}+\boldsymbol{H})^{-1}=\boldsymbol{D}-(\boldsymbol{D}-\boldsymbol{B}^{\mathrm{T}})(\boldsymbol{A}+\boldsymbol{D}-\boldsymbol{B}-\boldsymbol{B}^{\mathrm{T}})^{-1}(\boldsymbol{D}-\boldsymbol{B})\\\qquad=\boldsymbol{P}^j-(\boldsymbol{P}^j-\boldsymbol{P}^{ji})(\boldsymbol{P}^i+\boldsymbol{P}^j-\boldsymbol{P}^{ij}-\boldsymbol{P}^{ji})^{-1}(\boldsymbol{P}^j-\boldsymbol{P}^{ij})\\\qquad=\boldsymbol{P}^i-(\boldsymbol{P}^i-\boldsymbol{P}^{ij})(\boldsymbol{P}^i+\boldsymbol{P}^j-\boldsymbol{P}^{ij}-\boldsymbol{P}^{ji})^{-1}(\boldsymbol{P}^i-\boldsymbol{P}^{ji})\\(\boldsymbol{E}+\boldsymbol{F}^{\mathrm{T}}+\boldsymbol{F}+\boldsymbol{H})^{-1}(\boldsymbol{E}+\boldsymbol{F}^{\mathrm{T}})=(\boldsymbol{D}-\boldsymbol{B}^{\mathrm{T}})(\boldsymbol{A}+\boldsymbol{D}-\boldsymbol{B}-\boldsymbol{B}^{\mathrm{T}})^{-1}\\\qquad=(\boldsymbol{P}^j-\boldsymbol{P}^{ji})(\boldsymbol{P}^i+\boldsymbol{P}^j-\boldsymbol{P}^{ij}-\boldsymbol{P}^{ji})^{-1}\\(\boldsymbol{E}+\boldsymbol{F}^{\mathrm{T}}+\boldsymbol{F}+\boldsymbol{H})^{-1}(\boldsymbol{F}+\boldsymbol{H})=(\boldsymbol{A}-\boldsymbol{B})(\boldsymbol{A}+\boldsymbol{D}-\boldsymbol{B}-\boldsymbol{B}^{\mathrm{T}})^{-1}\\\qquad=(\boldsymbol{P}^i-\boldsymbol{P}^{ij})(\boldsymbol{P}^i+\boldsymbol{P}^j-\boldsymbol{P}^{ij}-\boldsymbol{P}^{ji})^{-1}\end{cases} \tag{6-3-31}$$

将式(6-3-31)代入式(6-3-30)可得

$$\begin{cases}\hat{\boldsymbol{x}}^{\mathrm{ML}}=(\boldsymbol{P}^{j}-\boldsymbol{P}^{ji})(\boldsymbol{P}^{i}+\boldsymbol{P}^{j}-\boldsymbol{P}^{ij}-\boldsymbol{P}^{ji})^{-1}\hat{\boldsymbol{x}}^{i}+(\boldsymbol{P}^{i}-\boldsymbol{P}^{ij})(\boldsymbol{P}^{i}+\boldsymbol{P}^{j}-\boldsymbol{P}^{ij}-\boldsymbol{P}^{ji})^{-1}\hat{\boldsymbol{x}}^{j}\\ \qquad=\hat{\boldsymbol{x}}^{i}+(\boldsymbol{P}^{i}-\boldsymbol{P}^{ij})(\boldsymbol{P}^{i}+\boldsymbol{P}^{j}-\boldsymbol{P}^{ij}-\boldsymbol{P}^{ji})^{-1}(\hat{\boldsymbol{x}}^{j}-\hat{\boldsymbol{x}}^{i})\\ \boldsymbol{P}^{\mathrm{ML}}=\boldsymbol{P}^{j}-(\boldsymbol{P}^{j}-\boldsymbol{P}^{ji})(\boldsymbol{P}^{i}+\boldsymbol{P}^{j}-\boldsymbol{P}^{ij}-\boldsymbol{P}^{ji})^{-1}(\boldsymbol{P}^{j}-\boldsymbol{P}^{ij})\\ \qquad=\boldsymbol{P}^{i}-(\boldsymbol{P}^{i}-\boldsymbol{P}^{ij})(\boldsymbol{P}^{i}+\boldsymbol{P}^{j}-\boldsymbol{P}^{ij}-\boldsymbol{P}^{ji})^{-1}(\boldsymbol{P}^{i}-\boldsymbol{P}^{ji})\end{cases}\tag{6-3-32}$$

将式(6-3-32)与式(6-3-22)进行比较可以看出，两种方法的融合结果完全相同。换句话说，由于缺乏先验信息，式(6-3-22)的融合结果只在ML意义下最优，而不在MMSE意义下最优。

上述的在ML意义下两传感器的融合算法很容易推广到传感器数目多于两个的情形。假设有 $N>2$ 个传感器对同一目标进行跟踪，各传感器在 k 时刻对目标运动状态 $\boldsymbol{x}$ 的局部估计为 $\hat{\boldsymbol{x}}^{i}$，相应的误差协方差阵为 $\boldsymbol{P}^{ii}$，$i=1,2,\cdots,N$。任意两个不同的传感器 i 和 j 的局部估计误差之间的互协方差阵为 $\boldsymbol{P}^{ij}$，假定系统是Gauss的，则在融合中心可构造(负的)对数似然函数为

$$L(\boldsymbol{x})=-\ln p(\hat{\boldsymbol{x}}^{1},\hat{\boldsymbol{x}}^{2},\cdots,\hat{\boldsymbol{x}}^{N}\mid\boldsymbol{x})$$

$$=c+\frac{1}{2}\left\{\begin{bmatrix}\hat{\boldsymbol{x}}^{1}\\ \hat{\boldsymbol{x}}^{2}\\ \vdots\\ \hat{\boldsymbol{x}}^{N}\end{bmatrix}-\begin{bmatrix}\boldsymbol{I}\\ \boldsymbol{I}\\ \vdots\\ \boldsymbol{I}\end{bmatrix}\boldsymbol{x}\right\}^{\mathrm{T}}P^{-1}\left\{\begin{bmatrix}\hat{\boldsymbol{x}}^{1}\\ \hat{\boldsymbol{x}}^{2}\\ \vdots\\ \hat{\boldsymbol{x}}^{N}\end{bmatrix}-\begin{bmatrix}\boldsymbol{I}\\ \boldsymbol{I}\\ \vdots\\ \boldsymbol{I}\end{bmatrix}\boldsymbol{x}\right\}\tag{6-3-33}$$

其中，c 为一常数，$\boldsymbol{I}$ 是单位阵，且

$$\boldsymbol{P}=\begin{bmatrix}\boldsymbol{P}^{11} & \boldsymbol{P}^{12} & \cdots & \boldsymbol{P}^{1N}\\ \boldsymbol{P}^{21} & \boldsymbol{P}^{22} & \cdots & \boldsymbol{P}^{2N}\\ \vdots & \vdots & & \vdots\\ \boldsymbol{P}^{N1} & \boldsymbol{P}^{N2} & \cdots & \boldsymbol{P}^{NN}\end{bmatrix}\tag{6-3-34}$$

令 $\boldsymbol{\mathcal{I}}\triangleq[\boldsymbol{I},\boldsymbol{I},\cdots,\boldsymbol{I}]^{\mathrm{T}}$，$\hat{\boldsymbol{\mathcal{X}}}\triangleq[(\hat{\boldsymbol{x}}^{1})^{\mathrm{T}},(\hat{\boldsymbol{x}}^{2})^{\mathrm{T}},\cdots,(\hat{\boldsymbol{x}}^{N})^{\mathrm{T}}]^{\mathrm{T}}$，则令 $\nabla_{x}L(\boldsymbol{x})=0$ 就可得目标运动状态 $\boldsymbol{x}$ 的ML融合估计和相应的融合估计误差协方差阵分别为[26]

$$\begin{cases}\hat{\boldsymbol{x}}^{\mathrm{ML}}=(\boldsymbol{\mathcal{I}}^{\mathrm{T}}\boldsymbol{P}^{-1}\boldsymbol{\mathcal{I}})^{-1}\boldsymbol{\mathcal{I}}^{\mathrm{T}}\boldsymbol{P}^{-1}\hat{\boldsymbol{\mathcal{X}}}\\ \boldsymbol{P}^{\mathrm{ML}}=(\boldsymbol{\mathcal{I}}^{\mathrm{T}}\boldsymbol{P}^{-1}\boldsymbol{\mathcal{I}})^{-1}\end{cases}\tag{6-3-35}$$

值得注意的是，式(6-3-35)给出的目标运动状态 $\boldsymbol{x}$ 在ML意义下的融合估计也是加权最小二乘估计(WLS)，其中，$\boldsymbol{P}^{-1}$ 充当的是权矩阵，这一点可以从Gauss情况下LS估计和ML估计之间的等价性得到。

6.3.5 不带反馈的最优分布式估计融合

从6.3.4小节可以看出，中心估计器为了联合各传感器的局部估计，就必须考虑传感器 i 和 j 的局部估计误差之间的“互协方差”。这一“互协方差”的计算非常复杂并且不切实际。进一步，所得到的结果不是最优的，尽管它非常接近最优[26]。

1. 算法描述

下面给出的算法说明了无须计算上述“互协方差”,但中心估计器却可以最优地联合各传感器的局部估计,其前提是各传感器可以提供如下各估计量

$$\{\hat{\boldsymbol{x}}^i_{k|k},\boldsymbol{P}^i_{k|k},\hat{\boldsymbol{x}}^i_{k|k-1},\boldsymbol{P}^i_{k|k-1}\},\quad i=1,2,\cdots,N \tag{6-3-36}$$

换句话说,最优的全局估计不仅需要各传感器局部的更新,还需要局部的预测。

下面讨论美国BAE Systems公司Chee Chong博士[39]等人提出的不带反馈(全局信息不会反馈到局部估计器),但是存在中心估计器的分布式估计融合算法。假定有 N 个同步的传感器对同一目标进行分布式跟踪,目标运动的状态方程和各传感器的量测方程一般来说可以表示为

$$\begin{cases}\boldsymbol{x}_{k+1}=\boldsymbol{\Phi}_k\boldsymbol{x}_k+\boldsymbol{w}_k\\ \boldsymbol{z}^i_k=\boldsymbol{H}^i_k\boldsymbol{x}_k+\boldsymbol{v}^i_k,\quad i=1,2,\cdots,N\end{cases},\quad k=0,1,\cdots \tag{6-3-37}$$

其中,$\boldsymbol{\Phi}_k\in\mathbb{R}^{r\times r}$,$\boldsymbol{x}_k,\boldsymbol{w}_k\in\mathbb{R}^r$,$\boldsymbol{H}^i_k\in\mathbb{R}^{l_i\times r}$,$\boldsymbol{z}^i_k,\boldsymbol{v}^i_k\in\mathbb{R}^{l_i}$。过程噪声 $\boldsymbol{w}_k$ 为零均值的白噪声序列,协方差阵为 $\boldsymbol{Q}_k$;量测噪声 $\boldsymbol{v}^i_k$ 也为均值为零的白噪声序列,协方差阵为 $\boldsymbol{R}^i_k$;同时假定各传感器的量测噪声之间互不相关,过程噪声和量测噪声也互不相关。令

$$\begin{cases}\boldsymbol{z}_k=[(\boldsymbol{z}^1_k)^{\mathrm{T}},(\boldsymbol{z}^2_k)^{\mathrm{T}},\cdots,(\boldsymbol{z}^N_k)^{\mathrm{T}}]^{\mathrm{T}}\\ \boldsymbol{H}_k=[(\boldsymbol{H}^1_k)^{\mathrm{T}},(\boldsymbol{H}^2_k)^{\mathrm{T}},\cdots,(\boldsymbol{H}^N_k)^{\mathrm{T}}]^{\mathrm{T}}\\ \boldsymbol{v}_k=[(\boldsymbol{v}^1_k)^{\mathrm{T}},(\boldsymbol{v}^2_k)^{\mathrm{T}},\cdots,(\boldsymbol{v}^N_k)^{\mathrm{T}}]^{\mathrm{T}}\end{cases} \tag{6-3-38}$$

则融合中心广义的量测方程可以表示为

$$\boldsymbol{z}_k=\boldsymbol{H}_k\boldsymbol{x}_k+\boldsymbol{v}_k \tag{6-3-39}$$

其中,根据式(6-3-37)的假设可知广义量测噪声 $\boldsymbol{v}_k$ 的统计特性为

$$\begin{cases}E[\boldsymbol{v}_k]=0\\ \mathrm{cov}\,[\boldsymbol{v}_k,\boldsymbol{v}_k]=\boldsymbol{R}_k=\mathrm{diag}(\boldsymbol{R}^1_k,\boldsymbol{R}^2_k,\cdots,\boldsymbol{R}^N_k)\\ \boldsymbol{E}[\boldsymbol{w}_k\boldsymbol{v}^{\mathrm{T}}_k]=0\end{cases} \tag{6-3-40}$$

采用信息形式的Kalman滤波器,则传感器 i 在 k 时刻的更新方程为

$$\begin{cases}\hat{\boldsymbol{x}}^i_{k|k}=\hat{\boldsymbol{x}}^i_{k|k-1}+\boldsymbol{P}^i_{k|k}(\boldsymbol{H}^i_k)^{\mathrm{T}}(\boldsymbol{R}^i_k)^{-1}(\boldsymbol{z}^i_k-\boldsymbol{H}^i_k\hat{\boldsymbol{x}}^i_{k|k-1})\\ (\boldsymbol{P}^i_{k|k})^{-1}=(\boldsymbol{P}^i_{k|k-1})^{-1}+(\boldsymbol{H}^i_k)^{\mathrm{T}}(R^i_k)^{-1}\boldsymbol{H}^i_k\end{cases} \tag{6-3-41}$$

其中

$$\begin{cases}\hat{\boldsymbol{x}}^i_{k|k}=E(\boldsymbol{x}_k\mid\boldsymbol{Z}^i_k)\triangleq E(\boldsymbol{x}_k\mid\boldsymbol{z}^i_1,\boldsymbol{z}^i_2,\cdots,\boldsymbol{z}^i_k)\\ \hat{\boldsymbol{x}}^i_{k|k-1}=E(\boldsymbol{x}_k\mid\boldsymbol{Z}^i_{k-1})\triangleq E(\boldsymbol{x}_k\mid\boldsymbol{z}^i_1,\boldsymbol{z}^i_2,\cdots,\boldsymbol{z}^i_{k-1})=\boldsymbol{\Phi}_{k-1}\hat{\boldsymbol{x}}^i_{k-1|k-1}\\ \boldsymbol{P}^i_{k|k}=E[(\hat{\boldsymbol{x}}^i_{k|k}-\boldsymbol{x}_k)(\hat{\boldsymbol{x}}^i_{k|k}-\boldsymbol{x}_k)^{\mathrm{T}}\mid\boldsymbol{Z}^i_k]\\ \boldsymbol{P}^i_{k|k-1}=E[(\hat{\boldsymbol{x}}^i_{k|k-1}-\boldsymbol{x}_k)(\hat{\boldsymbol{x}}^i_{k|k-1}-\boldsymbol{x}_k)^{\mathrm{T}}\mid\boldsymbol{Z}^i_{k-1}]\end{cases} \tag{6-3-42}$$

类似地,可得融合中心在 k 时刻的中心式航迹估计和相应的误差协方差阵分别为

$$\begin{cases}\hat{\boldsymbol{x}}_{k|k}=\hat{\boldsymbol{x}}_{k|k-1}+\boldsymbol{P}_{k|k}\boldsymbol{H}^{\mathrm{T}}_k\boldsymbol{R}^{-1}_k(\boldsymbol{z}_k-\boldsymbol{H}_k\hat{\boldsymbol{x}}_{k|k-1})\\ \boldsymbol{P}^{-1}_{k|k}=\boldsymbol{P}^{-1}_{k|k-1}+\boldsymbol{H}^{\mathrm{T}}_k\boldsymbol{R}^{-1}_k\boldsymbol{H}_k\end{cases} \tag{6-3-43}$$

其中

$$\begin{cases}\hat{\boldsymbol{x}}_{k|k} \triangleq E(\boldsymbol{x}_k \mid \boldsymbol{Z}_k) = E(\boldsymbol{x}_k \mid \boldsymbol{z}_1, \boldsymbol{z}_2, \cdots, \boldsymbol{z}_k) \\ \hat{\boldsymbol{x}}_{k|k-1} \triangleq E(\boldsymbol{x}_k \mid \boldsymbol{Z}_{k-1}) = E(\boldsymbol{x}_k \mid \boldsymbol{z}_1, \boldsymbol{z}_2, \cdots, \boldsymbol{z}_{k-1}) = \boldsymbol{\Phi}_{k-1}\hat{\boldsymbol{x}}_{k-1|k-1} \\ \boldsymbol{P}_{k|k} \triangleq E[(\hat{\boldsymbol{x}}_{k|k} - \boldsymbol{x}_k)(\hat{\boldsymbol{x}}_{k|k} - \boldsymbol{x}_k)^{\mathrm{T}} \mid \boldsymbol{Z}_k] \\ \boldsymbol{P}_{k|k-1} \triangleq E[(\hat{\boldsymbol{x}}_{k|k-1} - \boldsymbol{x}_k)(\hat{\boldsymbol{x}}_{k|k-1} - \boldsymbol{x}_k)^{\mathrm{T}} \mid \boldsymbol{Z}_{k-1}]\end{cases}$$

下面将会对式(6-3-43)进行变形使得它能够用式(6-3-36)的局部信息和中心预测 $\hat{\boldsymbol{x}}_{k|k-1}$ 进行表达。也就是说，中心估计器将不使用量测来获取全局估计，而仅仅联合局部估计。对式(6-3-36)的第一式乘以第二式，可得

$$\begin{aligned}(\boldsymbol{P}^i_{k|k})^{-1}\hat{\boldsymbol{x}}^i_{k|k} &= [(\boldsymbol{P}^i_{k|k-1})^{-1} + (\boldsymbol{H}^i_k)^{\mathrm{T}}(\boldsymbol{R}^i_k)^{-1}\boldsymbol{H}^i_k]\hat{\boldsymbol{x}}^i_{k|k-1} + \\ &\quad (\boldsymbol{P}^i_{k|k})^{-1}\boldsymbol{P}^i_{k|k}(\boldsymbol{H}^i_k)^{\mathrm{T}}(\boldsymbol{R}^i_k)^{-1}(\boldsymbol{z}^i_k - \boldsymbol{H}^i_k\hat{\boldsymbol{x}}^i_{k|k-1}) \\ &= (\boldsymbol{P}^i_{k|k-1})^{-1}\hat{\boldsymbol{x}}^i_{k|k-1} + (\boldsymbol{H}^i_k)^{\mathrm{T}}(\boldsymbol{R}^i_k)^{-1}\boldsymbol{z}^i_k\end{aligned} \tag{6-3-44}$$

这样就有

$$(\boldsymbol{H}^i_k)^{\mathrm{T}}(\boldsymbol{R}^i_k)^{-1}\boldsymbol{z}^i_k = (\boldsymbol{P}^i_{k|k})^{-1}\hat{\boldsymbol{x}}^i_{k|k} - (\boldsymbol{P}^i_{k|k-1})^{-1}\hat{\boldsymbol{x}}^i_{k|k-1} \tag{6-3-45}$$

这一式子下面将要被用来消除中心估计器更新方程中的量测。

利用式(6-3-38)和式(6-3-40)的块对角阵形式，中心估计器的状态更新方程式(6-3-43)可以重写为

$$\begin{cases}\hat{\boldsymbol{x}}_{k|k} = \hat{\boldsymbol{x}}_{k|k-1} + \boldsymbol{P}_{k|k}\sum\limits_{i=1}^{N}(\boldsymbol{H}^i_k)^{\mathrm{T}}(\boldsymbol{R}^i_k)^{-1}(\boldsymbol{z}^i_k - \boldsymbol{H}^i_k\hat{\boldsymbol{x}}_{k|k-1}) \\ \boldsymbol{P}^{-1}_{k|k} = \boldsymbol{P}^{-1}_{k|k-1} + \sum\limits_{i=1}^{N}(\boldsymbol{H}^i_k)^{\mathrm{T}}(\boldsymbol{R}^i_k)^{-1}\boldsymbol{H}^i_k\end{cases} \tag{6-3-46}$$

对上式第一式乘以第二式，整理后可得

$$\boldsymbol{P}^{-1}_{k|k}\hat{\boldsymbol{x}}_{k|k} = \boldsymbol{P}^{-1}_{k|k-1}\hat{\boldsymbol{x}}_{k|k-1} + \sum_{i=1}^{N}(\boldsymbol{H}^i_k)^{\mathrm{T}}(\boldsymbol{R}^i_k)^{-1}\boldsymbol{z}^i_k \tag{6-3-47}$$

将式(6-3-45)代入式(6-3-47)，可得全局最优的融合方程为

$$\boldsymbol{P}^{-1}_{k|k}\boldsymbol{x}_{k|k} = \boldsymbol{P}^{-1}_{k|k-1}\hat{\boldsymbol{x}}_{k|k-1} + \sum_{i=1}^{N}[(\boldsymbol{P}^i_{k|k})^{-1}\hat{\boldsymbol{x}}^i_{k|k} - (\boldsymbol{P}^i_{k|k-1})^{-1}\hat{\boldsymbol{x}}^i_{k|k-1}] \tag{6-3-48}$$

将式(6-3-41)第二式代入式(6-3-46)第二式，可得中心估计器的协方差更新方程

$$\boldsymbol{P}^{-1}_{k|k} = \boldsymbol{P}^{-1}_{k|k-1} + \sum_{i=1}^{N}[(\boldsymbol{P}^i_{k|k})^{-1} - (\boldsymbol{P}^i_{k|k-1})^{-1}] \tag{6-3-49}$$

由以上的推导过程可知，该融合算法完全是量测扩维的中心式融合算法通过矩阵变换得到的，所以也是全局最优的。

2. 和 Bar-Shalom-Campo 方法的比较

当传感器数目为 2 时，对任意传感器 i 和 j，式(6-3-48)和式(6-3-49)可简化为

$$\begin{cases}\boldsymbol{P}^{-1}_{k|k}\hat{\boldsymbol{x}}_{k|k} = \boldsymbol{P}^{-1}_{k|k-1}\hat{\boldsymbol{x}}_{k|k-1} + (\boldsymbol{P}^i_{k|k})^{-1}\hat{\boldsymbol{x}}^i_{k|k} - (\boldsymbol{P}^i_{k|k-1})^{-1}\boldsymbol{x}^i_{k|k-1} + (\boldsymbol{P}^j_{k|k})^{-1}\boldsymbol{x}^j_{k|k} - (\boldsymbol{P}^j_{k|k-1})^{-1}\hat{\boldsymbol{x}}^j_{k|k-1} \\ \boldsymbol{P}^{-1}_{k|k} = \boldsymbol{P}^{-1}_{k|k-1} + (\boldsymbol{P}^i_{k|k})^{-1} - (\boldsymbol{P}^i_{k|k-1})^{-1} + (\boldsymbol{P}^j_{k|k})^{-1} - (\boldsymbol{P}^j_{k|k-1})^{-1}\end{cases}$$

(6-3-50)

为了更明确地比较式(6-3-22)的 Bar-Shalom-Campo 融合算法与式(6-3-50)的最优分布式融合算法，上式第二式可以重写成

$$\begin{aligned}\boldsymbol{P}_{k|k} &= [\boldsymbol{P}_{k|k-1}^{-1} + (\boldsymbol{P}_{k|k}^{i})^{-1} - (\boldsymbol{P}_{k|k-1}^{i})^{-1} + (\boldsymbol{P}_{k|k}^{j})^{-1} - (\boldsymbol{P}_{k|k-1}^{j})^{-1}]^{-1} \\ &= \boldsymbol{P}_{k|k}^{i}\{\boldsymbol{P}_{k|k}^{i} + \boldsymbol{P}_{k|k}^{j} - \boldsymbol{P}_{k|k}^{j}[(\boldsymbol{P}_{k|k-1}^{i})^{-1} + (\boldsymbol{P}_{k|k-1}^{j})^{-1} - \boldsymbol{P}_{k|k-1}^{-1}]\boldsymbol{P}_{k|k}^{i}\}^{-1}\boldsymbol{P}_{k|k}^{j}\end{aligned} \tag{6-3-51}$$

令

$$\boldsymbol{P}^{\#} = \boldsymbol{P}_{k|k}^{j}[(\boldsymbol{P}_{k|k-1}^{i})^{-1} + (\boldsymbol{P}_{k|k-1}^{j})^{-1} - \boldsymbol{P}_{k|k-1}^{-1}]\boldsymbol{P}_{k|k}^{i}$$

并利用等式

$$\boldsymbol{P}_{k|k}^{j} = (\boldsymbol{P}_{k|k}^{i} + \boldsymbol{P}_{k|k}^{j} - \boldsymbol{P}^{\#}) - (\boldsymbol{P}_{k|k}^{i} - \boldsymbol{P}^{\#})$$

则式(6-3-51)可以变形成

$$\begin{aligned}\boldsymbol{P}_{k|k} &= \boldsymbol{P}_{k|k}^{i}(\boldsymbol{P}_{k|k}^{i} + \boldsymbol{P}_{k|k}^{j} - \boldsymbol{P}^{\#})^{-1}[(\boldsymbol{P}_{k|k}^{i} + \boldsymbol{P}_{k|k}^{j} - \boldsymbol{P}^{\#}) - (\boldsymbol{P}_{k|k}^{i} - \boldsymbol{P}^{\#})] \\ &= \boldsymbol{P}_{k|k}^{i} - \boldsymbol{P}_{k|k}^{i}(\boldsymbol{P}_{k|k}^{i} + \boldsymbol{P}_{k|k}^{j} - \boldsymbol{P}^{\#})^{-1}(\boldsymbol{P}_{k|k}^{i} - \boldsymbol{P}^{\#})\end{aligned} \tag{6-3-52}$$

比较式(6-3-22)和式(6-3-52)可以看出，式(6-3-22)不精确的一个原因就是其中没有利用先验信息，而式(6-3-52)有效利用了各类先验信息。

3. 非全速率通信

当融合的策略为各传感器每隔 n 步才将局部估计传送到融合中心进行融合时，式(6-3-48)和式(6-3-49)的融合公式就要相应地修改为

$$\begin{cases}\boldsymbol{P}_{k|k}^{-1}\hat{\boldsymbol{x}}_{k|k} = \boldsymbol{P}_{k|k-n}^{-1}\hat{\boldsymbol{x}}_{k|k-n} + \sum_{i=1}^{N}[(\boldsymbol{P}_{k|k}^{i})^{-1}\hat{\boldsymbol{x}}_{k|k}^{i} - (\boldsymbol{P}_{k|k-n}^{i})^{-1}\hat{\boldsymbol{x}}_{k|k-n}^{i}] \\ \boldsymbol{P}_{k|k}^{-1} = \boldsymbol{P}_{k|k-n}^{-1} + \sum_{i=1}^{N}[(\boldsymbol{P}_{k|k}^{i})^{-1} - (\boldsymbol{P}_{k|k-n}^{i})^{-1}]\end{cases} \tag{6-3-53}$$

这是非全速率通信的结果。

6.3.6 带反馈的最优分布式估计融合

下面研究的问题依然是上一小节给出的多传感器分布式融合目标跟踪系统。假定融合中心向局部传感器存在反馈时，那么在每次完成融合过程后，融合中心就将自己最新的航迹估计结果传送给各局部传感器。这样一来，各局部传感器的一步预测就要修改为[①]

$$\begin{cases}\hat{\hat{\boldsymbol{x}}}_{k|k-1}^{i} = \boldsymbol{\Phi}_{k-1}\hat{\hat{\boldsymbol{x}}}_{k-1|k-1} = \hat{\hat{\boldsymbol{x}}}_{k|k-1} \\ \hat{\boldsymbol{P}}_{k|k-1}^{i} = \hat{\boldsymbol{P}}_{k|k-1}\end{cases}, \quad i = 1, 2, \cdots, N \tag{6-3-54}$$

将式(6-3-54)代入式(6-3-48)，就可得带反馈的航迹融合结果为

$$\hat{\boldsymbol{P}}_{k|k}^{-1}\hat{\hat{\boldsymbol{x}}}_{k|k} = \hat{\boldsymbol{P}}_{k|k-1}^{-1}\hat{\hat{\boldsymbol{x}}}_{k|k-1} + \sum_{i=1}^{N}[(\hat{\boldsymbol{P}}_{k|k}^{i})^{-1}\hat{\hat{\boldsymbol{x}}}_{k|k}^{i} - \hat{\boldsymbol{P}}_{k|k-1}^{-1}\hat{\hat{\boldsymbol{x}}}_{k|k-1}]$$

---

① 为了能够和 6.3.5 小节给出的不带反馈情况下各局部传感器和融合中心的状态估计结果进行区别，本节用 $\hat{\hat{\boldsymbol{x}}}_{k|k}$，$\hat{\hat{\boldsymbol{x}}}_{k|k-1}$ 和 $\hat{\boldsymbol{P}}_{k|k}$，$\hat{\boldsymbol{P}}_{k|k-1}$ 表示带反馈的情形。

$$= \sum_{i=1}^{N} (\hat{\boldsymbol{P}}_{k|k}^{i})^{-1} \hat{\boldsymbol{x}}_{k|k}^{i} - (N-1) \hat{\boldsymbol{P}}_{k|k-1}^{-1} \hat{\boldsymbol{x}}_{k|k-1} \tag{6-3-55}$$

将式(6-3-48)代入式(6-3-49)就可得相应的误差协方差阵为

$$\hat{\boldsymbol{P}}_{k|k}^{-1} = \hat{\boldsymbol{P}}_{k|k-1}^{-1} + \sum_{i=1}^{N} \left[(\hat{\boldsymbol{P}}_{k|k}^{i})^{-1} - \hat{\boldsymbol{P}}_{k|k-1}^{-1} \right] = \sum_{i=1}^{N} (\hat{\boldsymbol{P}}_{k|k}^{i})^{-1} - (N-1) \hat{\boldsymbol{P}}_{k|k-1}^{-1} \tag{6-3-56}$$

很明显,式(6-3-48)和式(6-3-49)不带反馈的航迹融合结果,不可能再改善了。原因是它已经达到了中心式融合的性能。那么就会出现下面的问题:①式(6-3-54)～式(6-3-56)的带反馈的航迹融合算法也能够达到中心式融合的性能吗?②矩阵 $\hat{\boldsymbol{P}}_{k|k}$ 和 $\hat{\boldsymbol{P}}_{k|k}^{(i)}$ 依然分别是全局和局部跟踪误差的协方差阵吗?③反馈的优势何在?

四川大学的朱允民教授等已经证明[5],式(6-3-54)～式(6-3-56)带反馈的航迹融合算法,与中心式融合算法具有相同的性能;矩阵 $\hat{\boldsymbol{P}}_{k|k}$ 和 $\hat{\boldsymbol{P}}_{k|k}^{(i)}$ 依然分别是全局和局部跟踪误差的协方差阵,也就是说

$$\begin{cases} \hat{\hat{\boldsymbol{x}}}_{k|k} = \hat{\boldsymbol{x}}_{k|k}, \quad \hat{\boldsymbol{P}}_{k|k} = \boldsymbol{P}_{k|k} \\ \hat{\boldsymbol{P}}_{k|k}^{i} = E\left[(\hat{\hat{\boldsymbol{x}}}_{k|k}^{i} - \boldsymbol{x}_k)(\hat{\hat{\boldsymbol{x}}}_{k|k}^{i} - \boldsymbol{x}_k)^{\mathrm{T}} \right], \quad i = 1, 2, \cdots, N \end{cases} \tag{6-3-57}$$

在航迹融合过程中引入反馈的主要优势是可以减小局部估计误差的协方差阵,即

$$\hat{\boldsymbol{P}}_{k|k}^{i} \leqslant \boldsymbol{P}_{k|k}^{i}, \quad i = 1, 2, \cdots, N \tag{6-3-58}$$

具体证明过程如下。

1. 反馈航迹融合的全局最优性

很明显,带反馈或者不带反馈情况下全局和局部跟踪器具有相同的初始值是合理的,即给定初值并由 Kalman 滤波方程可以得出

$$\begin{cases} \hat{\hat{\boldsymbol{x}}}_{0|0} = \hat{\boldsymbol{x}}_{0|0} = \hat{\boldsymbol{x}}_{0|0}^{i} = \hat{\hat{\boldsymbol{x}}}_{0|0}^{i}, \quad \hat{\boldsymbol{P}}_{0|0} = \boldsymbol{P}_{0|0} = \boldsymbol{P}_{0|0}^{i} = \hat{\boldsymbol{P}}_{0|0}^{i} \\ \hat{\hat{\boldsymbol{x}}}_{k-1|k-1} = \hat{\boldsymbol{x}}_{k-1|k-1}, \quad \hat{\boldsymbol{P}}_{k-1|k-1} = \boldsymbol{P}_{k-1|k-1} \\ \hat{\hat{\boldsymbol{x}}}_{k|k-1} = \hat{\boldsymbol{x}}_{k|k-1}, \quad \hat{\boldsymbol{P}}_{k|k-1} = \boldsymbol{P}_{k|k-1} \end{cases} \tag{6-3-59}$$

将上式后半部分代入式(6-3-56),可得

$$\hat{\boldsymbol{P}}_{k|k}^{-1} = \boldsymbol{P}_{k|k-1}^{-1} + \sum_{i=1}^{N} \left[(\hat{\boldsymbol{P}}_{k|k}^{i})^{-1} - \boldsymbol{P}_{k|k-1}^{-1} \right] \tag{6-3-60}$$

另外,根据 Kalman 滤波器的信息滤波器形式,可得

$$(\hat{\boldsymbol{P}}_{k|k}^{i})^{-1} = (\hat{\boldsymbol{P}}_{k|k-1}^{i})^{-1} + (\boldsymbol{H}_k^i)^{\mathrm{T}} (\boldsymbol{R}_k^i)^{-1} \boldsymbol{H}_k^i \tag{6-3-61}$$

将式(6-3-54)代入式(6-3-61),可得

$$(\hat{\boldsymbol{P}}_{k|k}^{i})^{-1} = \hat{\boldsymbol{P}}_{k|k-1}^{-1} + (\boldsymbol{H}_k^i)^{\mathrm{T}} (\boldsymbol{R}_k^i)^{-1} \boldsymbol{H}_k^i \tag{6-3-62}$$

将式(6-3-61)代入式(6-3-59),可得

$$\hat{\boldsymbol{P}}_{k|k}^{-1} = \boldsymbol{P}_{k|k-1}^{-1} + \sum_{i=1}^{N} (\boldsymbol{H}_k^i)^{\mathrm{T}} (\boldsymbol{R}_k^i)^{-1} \boldsymbol{H}_k^i \tag{6-3-63}$$

将上式与式(6-3-46)进行比较后可以看出

$$\hat{\boldsymbol{P}}_{k|k}=\boldsymbol{P}_{k|k} \tag{6-3-64}$$

对于反馈情况下传感器 i 的局部估计，根据 Kalman 滤波器的信息滤波器形式，可得

$$\hat{\boldsymbol{x}}_{k|k}^{i}=\hat{\boldsymbol{x}}_{k|k-1}^{i}+\hat{\boldsymbol{P}}_{k|k}^{i}(\boldsymbol{H}_{k}^{i})^{\mathrm{T}}(\boldsymbol{R}_{k}^{i})^{-1}(\boldsymbol{z}_{k}^{i}-\boldsymbol{H}_{k}^{i}\hat{\boldsymbol{x}}_{k|k-1}^{i}),\quad i=1,2,\cdots,N$$

在上式两边左乘以 $(\hat{\boldsymbol{P}}_{k|k}^{i})^{-1}$ 并将式(6-3-54)代入，可得

$$(\hat{\boldsymbol{P}}_{k|k}^{i})^{-1}\hat{\hat{\boldsymbol{x}}}_{k|k}^{i}=(\hat{\boldsymbol{P}}_{k/k}^{i})^{-1}\hat{\hat{\boldsymbol{x}}}_{k|k-1}+(\boldsymbol{H}_{k}^{i})^{\mathrm{T}}(\boldsymbol{R}_{k}^{i})^{-1}(\boldsymbol{z}_{k}^{i}-\boldsymbol{H}_{k}^{i}\hat{\hat{\boldsymbol{x}}}_{k|k-1})$$

将 $\hat{\hat{\boldsymbol{x}}}_{k|k-1}=\hat{\boldsymbol{x}}_{k|k-1}$ 代入上式，可得

$$\begin{aligned}(\hat{\boldsymbol{P}}_{k|k}^{i})^{-1}\hat{\hat{\boldsymbol{x}}}_{k|k}^{i}&=(\hat{\boldsymbol{P}}_{k|k}^{i})^{-1}\hat{\boldsymbol{x}}_{k|k-1}+(\boldsymbol{H}_{k}^{i})^{\mathrm{T}}(\boldsymbol{R}_{k}^{i})^{-1}(\boldsymbol{z}_{k}^{i}-\boldsymbol{H}_{k}^{i}\hat{\boldsymbol{x}}_{k|k-1})\\&=(\hat{\boldsymbol{P}}_{k|k}^{i})^{-1}\hat{\boldsymbol{x}}_{k|k-1}+(\boldsymbol{H}_{k}^{i})^{\mathrm{T}}(\boldsymbol{R}_{k}^{i})^{-1}\boldsymbol{z}_{k}^{i}-(\boldsymbol{H}_{k}^{i})^{\mathrm{T}}(\boldsymbol{R}_{k}^{i})^{-1}\boldsymbol{H}_{k}^{i}\hat{\boldsymbol{x}}_{k|k-1}\end{aligned}$$

将式(6-3-61)代入上式，可得

$$\begin{aligned}(\hat{\boldsymbol{P}}_{k|k}^{i})^{-1}\hat{\hat{\boldsymbol{x}}}_{k|k}^{i}&=(\hat{\boldsymbol{P}}_{k|k}^{i})^{-1}\hat{\boldsymbol{x}}_{k|k-1}+(\boldsymbol{H}_{k}^{i})^{\mathrm{T}}(\boldsymbol{R}_{k}^{i})^{-1}\boldsymbol{z}_{k}^{i}-(\hat{\boldsymbol{P}}_{k|k}^{i})^{-1}\hat{\boldsymbol{x}}_{k|k-1}+\boldsymbol{P}_{k|k-1}^{-1}\hat{\boldsymbol{x}}_{k|k-1}\\&=(\boldsymbol{H}_{k}^{i})^{\mathrm{T}}(\boldsymbol{R}_{k}^{i})^{-1}\boldsymbol{z}_{k}^{i}+\boldsymbol{P}_{k|k-1}^{-1}\hat{\boldsymbol{x}}_{k|k-1}\end{aligned} \tag{6-3-65}$$

在式(6-3-47)两边同乘以 $\boldsymbol{P}_{k|k}$，可得

$$\hat{\boldsymbol{x}}_{k|k}=\boldsymbol{P}_{k|k}\left[\boldsymbol{P}_{k|k-1}^{-1}\hat{\boldsymbol{x}}_{k|k-1}+\sum_{i=1}^{N}(\boldsymbol{H}_{k}^{i})^{\mathrm{T}}(\boldsymbol{R}_{k}^{i})^{-1}\boldsymbol{z}_{k}^{i}\right] \tag{6-3-66}$$

在式(6-3-55)两边同乘以 $\hat{\boldsymbol{P}}_{k|k}$，可得

$$\hat{\hat{\boldsymbol{x}}}_{k|k}=\hat{\boldsymbol{P}}_{k|k}\left\{\hat{\boldsymbol{P}}_{k|k-1}^{-1}\hat{\hat{\boldsymbol{x}}}_{k|k-1}+\sum_{i=1}^{N}\left[(\hat{\boldsymbol{P}}_{k|k}^{i})^{-1}\hat{\hat{\boldsymbol{x}}}_{k|k}^{i}-\hat{\boldsymbol{P}}_{k|k-1}^{-1}\hat{\hat{\boldsymbol{x}}}_{k|k-1}\right]\right\}$$

将式(6-3-64)、式(6-3-59)和式(6-3-65)代入上式，可得

$$\hat{\hat{\boldsymbol{x}}}_{k|k}=\boldsymbol{P}_{k|k}\left[\boldsymbol{P}_{k|k-1}^{-1}\hat{\boldsymbol{x}}_{k|k-1}+\sum_{i=1}^{N}(H_{k}^{i})^{\mathrm{T}}(\boldsymbol{R}_{k}^{i})^{-1}\boldsymbol{z}_{k}^{i}\right] \tag{6-3-67}$$

将式(6-3-67)与式(6-3-66)进行比较后可以看出

$$\hat{\hat{\boldsymbol{x}}}_{k|k}=\hat{\boldsymbol{x}}_{k|k} \tag{6-3-68}$$

2. *局部估计误差*

下面来验证式(6-3-62)给出的 $\hat{\boldsymbol{P}}_{k|k}^{i}$ 依然是传感器 $\boldsymbol{i}$ 的局部估计误差的协方差阵。由式(6-3-65)，可得

$$\begin{aligned}\hat{\hat{\boldsymbol{x}}}_{k|k}^{i}&=\hat{\boldsymbol{P}}_{k|k}^{i}(\boldsymbol{H}_{k}^{i})^{\mathrm{T}}(\boldsymbol{R}_{k}^{i})^{-1}\boldsymbol{z}_{k}^{i}+\hat{\boldsymbol{P}}_{k|k}^{i}\boldsymbol{P}_{k|k-1}^{-1}\hat{\boldsymbol{x}}_{k|k-1}\\&=\hat{\boldsymbol{P}}_{k|k}^{i}(\boldsymbol{H}_{k}^{i})^{\mathrm{T}}(\boldsymbol{R}_{k}^{i})^{-1}\boldsymbol{v}_{k}^{i}+\hat{\boldsymbol{P}}_{k|k}^{i}(\boldsymbol{H}_{k}^{i})^{\mathrm{T}}(\boldsymbol{R}_{k}^{i})^{-1}\boldsymbol{H}_{k}^{i}\boldsymbol{x}_{k}+\hat{\boldsymbol{P}}_{k|k}^{i}\boldsymbol{P}_{k|k-1}^{-1}\hat{\boldsymbol{x}}_{k|k-1}\end{aligned}$$

将式(6-3-62)代入上式，可得

$$\begin{aligned}\hat{\hat{\boldsymbol{x}}}_{k|k}^{i}&=\hat{\boldsymbol{P}}_{k|k}^{i}(\boldsymbol{H}_{k}^{i})^{\mathrm{T}}(\boldsymbol{R}_{k}^{i})^{-1}\boldsymbol{v}_{k}^{i}+\hat{\boldsymbol{P}}_{k|k}^{i}\left[(\hat{\boldsymbol{P}}_{k|k}^{i})^{-1}-\hat{\boldsymbol{P}}_{k|k-1}^{-1}\right]\boldsymbol{x}_{k}+\hat{\boldsymbol{P}}_{k|k}^{i}\boldsymbol{P}_{k|k-1}^{-1}\hat{\boldsymbol{x}}_{k|k-1}\\&=\hat{\boldsymbol{P}}_{k|k}^{i}(\boldsymbol{H}_{k}^{i})^{\mathrm{T}}(\boldsymbol{R}_{k}^{i})^{-1}\boldsymbol{v}_{k}^{i}+\hat{\boldsymbol{P}}_{k|k}^{i}\boldsymbol{P}_{k|k-1}^{-1}(\hat{\boldsymbol{x}}_{k|k-1}-\boldsymbol{x}_{k})+\boldsymbol{x}_{k}\end{aligned}$$

这样就有

$$\begin{aligned}E[(\hat{\hat{\boldsymbol{x}}}_{k|k}^{i}-\boldsymbol{x}_{k})(\hat{\hat{\boldsymbol{x}}}_{k|k}^{i}-\boldsymbol{x}_{k})^{\mathrm{T}}]=E\{&[\hat{\boldsymbol{P}}_{k|k}^{i}(\boldsymbol{H}_{k}^{i})^{\mathrm{T}}(\boldsymbol{R}_{k}^{i})^{-1}\boldsymbol{v}_{k}^{i}+\hat{\boldsymbol{P}}_{k|k}^{i}\boldsymbol{P}_{k|k-1}^{-1}(\hat{\boldsymbol{x}}_{k|k-1}-\boldsymbol{x}_{k})]\times\\&[\hat{\boldsymbol{P}}_{k|k}^{i}(\boldsymbol{H}_{k}^{i})^{\mathrm{T}}(\boldsymbol{R}_{k}^{i})^{-1}\boldsymbol{v}_{k}^{i}+\hat{\boldsymbol{P}}_{k|k}^{i}\boldsymbol{P}_{k|k-1}^{-1}(\hat{\boldsymbol{x}}_{k|k-1}-\boldsymbol{x}_{k})]^{\mathrm{T}}\}\end{aligned}$$

$$=\hat{\boldsymbol{P}}^{i}_{k|k}(\boldsymbol{H}^{i}_{k})^{\mathrm{T}}(\boldsymbol{R}^{i}_{k})^{-1}\boldsymbol{H}^{i}_{k}\hat{\boldsymbol{P}}^{i}_{k|k}+\hat{\boldsymbol{P}}^{i}_{k|k}\boldsymbol{P}^{-1}_{k|k-1}\hat{\boldsymbol{P}}^{i}_{k|k}$$

将式(6-3-62)代入上式，可得

$$E[(\hat{\boldsymbol{x}}^{i}_{k|k}-\boldsymbol{x}_{k})(\hat{\boldsymbol{x}}^{i}_{k|k}-\boldsymbol{x}_{k})^{\mathrm{T}}]=\hat{\boldsymbol{P}}^{i}_{k|k}[(\hat{\boldsymbol{P}}^{i}_{k|k})^{-1}-\hat{\boldsymbol{P}}^{-1}_{k|k-1}]\hat{\boldsymbol{P}}^{i}_{k|k}+\hat{\boldsymbol{P}}^{i}_{k|k}\boldsymbol{P}^{-1}_{k|k-1}\hat{\boldsymbol{P}}^{i}_{k|k}=\hat{\boldsymbol{P}}^{i}_{k|k}$$

3. 反馈的优势

尽管由上面的证明可以看出，反馈并不能改善全局的跟踪性能，那么在航迹融合中采用反馈究竟能够带来什么好处呢？通过以下证明过程可以看出，在航迹融合过程中引入反馈的主要优势是可以减小局部估计误差的协方差阵。

由式(6-3-41)第二式和式(6-3-62)可得

$$\begin{aligned}(\hat{\boldsymbol{P}}^{i}_{k|k})^{-1}-(\boldsymbol{P}^{i}_{k|k})^{-1}&=\boldsymbol{P}^{-1}_{k|k-1}-(\boldsymbol{P}^{i}_{k|k-1})^{-1}\\&=(\boldsymbol{\Phi}_{k-1}\boldsymbol{P}_{k-1|k-1}\boldsymbol{\Phi}^{\mathrm{T}}_{k-1}+\boldsymbol{Q}_{k-1})^{-1}-\\&\quad(\boldsymbol{\Phi}_{k-1}\boldsymbol{P}^{i}_{k-1|k-1}\boldsymbol{\Phi}^{\mathrm{T}}_{k-1}+\boldsymbol{Q}_{k-1})^{-1}\geqslant 0\end{aligned}\tag{6-3-69}$$

其中，上式中最后一个不等式成立的原因是

$$\boldsymbol{P}_{k-1|k-1}\leqslant\boldsymbol{P}^{i}_{k-1|k-1},\quad k=2,3,\cdots\tag{6-3-70}$$

而上式成立的原因可证明如下，由式(6-3-59)可知

$$\boldsymbol{P}^{-1}_{1|0}-(\boldsymbol{P}^{i}_{1|0})^{-1}=(\boldsymbol{\Phi}_{0}\boldsymbol{P}_{0|0}\boldsymbol{\Phi}^{\mathrm{T}}_{0}+\boldsymbol{Q}_{0})^{-1}-(\boldsymbol{\Phi}_{0}\boldsymbol{P}^{i}_{0|0}\boldsymbol{\Phi}^{\mathrm{T}}_{0}+\boldsymbol{Q}_{0})^{-1}=0$$

而由上式、式(6-3-41)第二式以及式(6-3-46)第二式可知

$$\begin{aligned}\boldsymbol{P}^{-1}_{1|1}-(\boldsymbol{P}^{i}_{1|1})^{-1}&=\boldsymbol{P}^{-1}_{1|0}-(\boldsymbol{P}^{i}_{1|0})^{-1}+\sum_{j\neq i}(\boldsymbol{H}^{j}_{1})^{\mathrm{T}}(\boldsymbol{R}^{j}_{1})^{-1}\boldsymbol{H}^{j}_{1}\\&=\sum_{j\neq i}(\boldsymbol{H}^{j}_{1})^{\mathrm{T}}(\boldsymbol{R}^{j}_{1})^{-1}\boldsymbol{H}^{j}_{1}\geqslant 0\end{aligned}$$

则可得

$$\boldsymbol{P}^{-1}_{2|1}-(\boldsymbol{P}^{i}_{2|1})^{-1}=(\boldsymbol{\Phi}_{1}\boldsymbol{P}_{1|1}\boldsymbol{\Phi}^{\mathrm{T}}_{1}+\boldsymbol{Q}_{1})^{-1}-(\boldsymbol{\Phi}_{1}\boldsymbol{P}^{i}_{1|1}\boldsymbol{\Phi}^{\mathrm{T}}_{1}+\boldsymbol{Q}_{1})^{-1}\geqslant 0$$

$$\vdots$$

$$\boldsymbol{P}^{-1}_{k-1|k-1}-(\boldsymbol{P}^{i}_{k-1|k-1})^{-1}=\boldsymbol{P}^{-1}_{k-1|k-2}-(\boldsymbol{P}^{i}_{k-1|k-2})^{-1}+\sum_{j\neq i}(\boldsymbol{H}^{j}_{k-1})^{\mathrm{T}}(\boldsymbol{R}^{j}_{k-1})^{-1}\boldsymbol{H}^{j}_{k-1}\geqslant 0$$

所以，由式(6-3-69)可得

$$\hat{\boldsymbol{P}}^{i}_{k|k}\leqslant\boldsymbol{P}^{i}_{k|k}\tag{6-3-71}$$

这也进一步说明了

$$\begin{cases}\hat{\boldsymbol{x}}^{i}_{k|k}=E(\boldsymbol{x}_{k}\mid\boldsymbol{z}_{1},\boldsymbol{z}_{2},\cdots,\boldsymbol{z}_{k-1},\boldsymbol{z}^{i}_{k})\\\hat{\boldsymbol{x}}^{i}_{k|k}=E(\boldsymbol{x}_{k}\mid\boldsymbol{z}^{i}_{1},\boldsymbol{z}^{i}_{2},\cdots,\boldsymbol{z}^{i}_{k-1},\boldsymbol{z}^{i}_{k})\end{cases}$$

这就是二者的差异。

4. 部分反馈

上面研究的是融合中心向每个传感器都有反馈(全反馈)的情况，下面讨论融合中心只向 N 个传感器中的部分传感器进行反馈(部分反馈)的情形。不失一般性，假定融合中心只向前 $L(1\leqslant L\leqslant N)$个传感器进行反馈，即

$$\hat{\hat{x}}_{k|k-1}^i = \begin{cases} \boldsymbol{\Phi}_{k-1}\hat{\hat{x}}_{k-1|k-1} = \hat{\hat{x}}_{k|k-1}, & i=1,2,\cdots,L \\ \boldsymbol{\Phi}_{k-1}\hat{x}_{k-1|k-1}^i = \hat{x}_{k|k-1}^i, & i=L+1,L+2,\cdots,N \end{cases} \tag{6-3-72}$$

$$\hat{\boldsymbol{P}}_{k|k-1}^i = \begin{cases} \boldsymbol{\Phi}_{k-1}\hat{\boldsymbol{P}}_{k-1|k-1}\boldsymbol{\Phi}_{k-1}^{\mathrm{T}} + \boldsymbol{Q}_{k-1} = \hat{\boldsymbol{P}}_{k|k-1}, & i=1,2,\cdots,L \\ \boldsymbol{\Phi}_{k-1}\boldsymbol{P}_{k-1|k-1}^i\boldsymbol{\Phi}_{k-1}^{\mathrm{T}} + \boldsymbol{Q}_{k-1} = \boldsymbol{P}_{k|k-1}^i, & i=L+1,L+2,\cdots,N \end{cases} \tag{6-3-73}$$

将以上两式代入式(6-3-48)和式(6-3-49)，可得

$$\begin{aligned} \hat{\boldsymbol{P}}_{k|k}^{-1}\hat{\hat{x}}_{k|k} &= \hat{\boldsymbol{P}}_{k|k-1}^{-1}\hat{\hat{x}}_{k|k-1} + \sum_{i=1}^{L}\left[(\hat{\boldsymbol{P}}_{k|k}^i)^{-1}\hat{x}_{k|k}^i - \hat{\boldsymbol{P}}_{k|k-1}^{-1}\hat{\hat{x}}_{k|k-1}\right] + \\ &\quad \sum_{i=L+1}^{N}\left[(\boldsymbol{P}_{k|k}^i)^{-1}\hat{x}_{k|k}^i - (\boldsymbol{P}_{k|k-1}^i)^{-1}\hat{x}_{k|k-1}^i\right] \\ &= \sum_{i=L+1}^{N}\left[(\boldsymbol{P}_{k|k}^i)^{-1}\hat{x}_{k|k}^i - (\boldsymbol{P}_{k|k-1}^i)^{-1}\hat{x}_{k|k-1}^i\right] + \\ &\quad \sum_{i=1}^{L}(\hat{\boldsymbol{P}}_{k|k}^i)^{-1}\hat{x}_{k|k}^i - (L-1)\hat{\boldsymbol{P}}_{k|k-1}^{-1}\hat{\hat{x}}_{k|k-1} \end{aligned} \tag{6-3-74}$$

$$\begin{aligned} \hat{\boldsymbol{P}}_{k|k}^{-1} &= \hat{\boldsymbol{P}}_{k|k-1}^{-1} + \sum_{i=1}^{L}\left[(\hat{\boldsymbol{P}}_{k|k}^i)^{-1} - \hat{\boldsymbol{P}}_{k|k-1}^{-1}\right] + \sum_{i=L+1}^{N}\left[(\boldsymbol{P}_{k|k}^i)^{-1} - (\boldsymbol{P}_{k|k-1}^i)^{-1}\right] \\ &= \sum_{i=L+1}^{N}\left[(\boldsymbol{P}_{k|k}^i)^{-1} - (\boldsymbol{P}_{k|k-1}^i)^{-1}\right] + \sum_{i=1}^{L}(\hat{\boldsymbol{P}}_{k|k}^i)^{-1} - (L-1)\hat{\boldsymbol{P}}_{k|k-1}^{-1} \end{aligned} \tag{6-3-75}$$

采用与上面类似的方法，可以证明以上两式给出的部分反馈航迹融合结果具有与全反馈类似的性质。

5. 非全速率通信

当融合的策略为各传感器每隔 n 步才将局部估计传送到融合中心进行融合时，式(6-3-55)和式(6-3-56)的融合公式就要相应地修改为

$$\begin{aligned} \hat{\boldsymbol{P}}_{k|k}^{-1}\hat{\hat{x}}_{k|k} &= \hat{\boldsymbol{P}}_{k|k-n}^{-1}\hat{\hat{x}}_{k|k-n} + \sum_{i=1}^{N}\left[(\hat{\boldsymbol{P}}_{k|k}^i)^{-1}\hat{\hat{x}}_{k|k}^i - \hat{\boldsymbol{P}}_{k|k-n}^{-1}\hat{\hat{x}}_{k|k-n}\right] \\ &= \sum_{i=1}^{N}(\hat{\boldsymbol{P}}_{k|k}^i)^{-1}\hat{\hat{x}}_{k|k}^i - (N-1)\hat{\boldsymbol{P}}_{k|k-n}^{-1}\hat{\hat{x}}_{k|k-n} \end{aligned} \tag{6-3-76}$$

$$\hat{\boldsymbol{P}}_{k|k}^{-1} = \hat{\boldsymbol{P}}_{k|k-n}^{-1} + \sum_{i=1}^{N}\left[(\hat{\boldsymbol{P}}_{k|k}^i)^{-1} - \hat{\boldsymbol{P}}_{k|k-n}^{-1}\right] = \sum_{i=1}^{N}(\hat{\boldsymbol{P}}_{k|k}^i)^{-1} - (N-1)\hat{\boldsymbol{P}}_{k|k-n}^{-1} \tag{6-3-77}$$

6.3.7 无中心化分布式信息融合

随着基于传感器网络分布式目标跟踪和定位、安全管理及监视、多无人机和多机器人协同控制等的迫切需求，作为其核心技术之一的无中心化分布式信息融合已引起广泛关注[76]。无中心化分布式信息融合不需要获得来自各网络中心结点的传感器信息，其

中每个结点只需要和它的邻居进行信息交互，从而既节约成本，又增加灵活性。特别在移动传感器网络中，这种融合方式具有更好的可扩展性和鲁棒性。

在近几年，无中心化分布式信息融合研究主要集中在采用非线性滤波和一致性理论相结合的方法。文献[77-78]提出分布式 Kalman 滤波算法。文献[79-80]将其推广到扩展卡尔曼滤波中。Battistelli 等人总结现有的两种算法，即基于信息的一致性(CI)和基于量测的一致性(CM)算法，并提出一种新的混杂一致性滤波算法[79]。然而，稳定性分析仅局限于线性时不变系统。针对非线性系统的分布式滤波，文献[81-82]，以及文献[83-87]分别针对分布式无迹信息和分布式容积卡尔曼滤波进行了研究。文献[88]针对网络传输过程中存在故障、断续以及异构结点等情况下的分布式状态估计进行了研究。

本小节将重点介绍具有代表性的一类分布式状态估计，即分布式容积滤波算法和分布式无迹卡尔曼滤波算法。

1. 分布式容积滤波

(1) 传感器网络模型。

考虑有 N 个传感器网络结点的离散时间动态系统。每个结点为带有高斯白噪声的如下非线性系统

$$\begin{cases}\boldsymbol{x}_k=\boldsymbol{f}(\boldsymbol{x}_{k-1})+\boldsymbol{w}_{k-1}\\ \boldsymbol{z}_k^s=\boldsymbol{h}^k(x_k)+v_k^s,\quad s=1,2,\cdots,N\end{cases}\tag{6-3-78}$$

其中，$\boldsymbol{x}_k\in\mathbb{R}^n$ 为状态向量，$\boldsymbol{z}_k^s\in\mathbb{R}^m$ 为第 s 个结点的观测向量，$\boldsymbol{f}(\cdot)$、$\boldsymbol{h}(\cdot)$为非线性系统动态量测函数，假设其是连续可微的。过程噪声 $\boldsymbol{w}_k\in\mathcal{N}(\boldsymbol{0},\boldsymbol{\theta}_k)$，观测噪声为$\boldsymbol{v}_k^s\in\mathcal{N}(\boldsymbol{0},\boldsymbol{R}_k^s)$，且两者互不相关。

通信网络拓扑为一个无向网络$\mathcal{G}(\mathbb{N},\varepsilon)$，其中，$\mathbb{N}=\{1,2,\cdots,N\}$是传感器结点集，$\varepsilon$ 为边集。边$(s,j)\in\varepsilon$ 意味着结点 j 可以接收到结点 s 作为它的邻居的信息，反之亦然。

(2) 容积滤波算法。

对于每个传感器结点 s，容积滤波算法(CIF)包括时间更新和测量更新两个阶段[11]。

① 时间更新。令 $m(m=2n)$个容积点 $x_{k-1|k-1}^{s,j}(x_{k-1|k-1}^{s,i}\in\mathbb{R}^n)$是基于第 $k-1$ 步状态估计 $\hat{\boldsymbol{x}}_{k-1|k-1}^s$ 和平方根矩阵 $\boldsymbol{S}_{k-1|k-1}^s$，即

$$\boldsymbol{x}_{k-1|k-1}^{s,i}=\boldsymbol{S}_{k-1|k-1}^s\xi_i+\hat{\boldsymbol{x}}_{k-1|k-1}^s,\quad i=1,2,\cdots,m\tag{6-3-79}$$

其中

$$\xi_i=\begin{cases}\sqrt{n}\boldsymbol{e}_i, & 1\leqslant i\leqslant n\\ -\sqrt{n}\boldsymbol{e}_{i-n}, & n+1\leqslant i\leqslant m\end{cases}\tag{6-3-80}$$

$\boldsymbol{e}_i$ 为第 i 个元素为 1 的 n 维单位向量，$\boldsymbol{S}_{k-1|k-1}^s$ 是矩阵$(\boldsymbol{Y}_{k-1|k-1}^s)^{-1}$ 的平方根，而

$$\boldsymbol{Y}_{k-1|k-1}^s=E[(\boldsymbol{x}_{k-1}^s-\hat{\boldsymbol{x}}_{k-1}^s)(\boldsymbol{x}_{k-1}^s-\hat{\boldsymbol{x}}_{k-1}^s)^{\mathrm{T}}]\tag{6-3-81}$$

每个容积点 $\boldsymbol{x}_{k-1|k-1}^{s,i}$ 通过非线性状态转移函数映射到如下点

$$\boldsymbol{x}_{k|k-1}^{*s,i}=\boldsymbol{f}(\boldsymbol{x}_{k-1|k-1}^{s,i})\in\mathbb{R}^n,\quad i=1,2,\cdots,m\tag{6-3-82}$$

这样，预测状态$\bar{\boldsymbol{x}}_{k|k-1}^s$、预测信息矩阵 $\boldsymbol{Y}_{k|k-1}^s$ 和预测信息状态$\hat{\boldsymbol{y}}_{k|k-1}^s$ 为

$$
\begin{cases}
\hat{\boldsymbol{x}}^{s}_{k|k-1} = \dfrac{1}{m}\sum_{i=1}^{m}\boldsymbol{x}^{*s,i}_{k|k-1} \\
\boldsymbol{Y}^{s}_{k|k-1} = \left[\dfrac{1}{m}\sum_{i=1}^{m}\boldsymbol{x}^{*s,i}_{k|k-1}(\boldsymbol{x}^{*s,i}_{k|k-1})^{\mathrm{T}} - \hat{\boldsymbol{x}}^{s}_{k|k-1}(\hat{\boldsymbol{x}}^{s}_{k|k-1})^{\mathrm{T}} + \boldsymbol{\theta}_{k-1}\right]^{-1} \\
\hat{\boldsymbol{y}}^{s}_{k|k-1} = \boldsymbol{Y}^{s}_{k|k-1}\hat{\boldsymbol{x}}^{s}_{k|k-1}
\end{cases}
\tag{6-3-83}
$$

② 量测更新。首先，基于预测状态 $\hat{\boldsymbol{x}}^{s}_{k|k-1}$ 产生一个新的容积点 $\boldsymbol{x}^{s,i}_{k|k-1}\in\mathbb{R}^{n}$ 的集合，且其平方根矩阵 $\boldsymbol{S}^{s}_{k-1|k-1}$ 满足 $\boldsymbol{S}^{s}_{k-1|k-1}(\boldsymbol{S}^{s}_{k-1|k-1})^{\mathrm{T}}=(\boldsymbol{Y}^{s}_{k|k-1})^{-1}$，故

$$
\boldsymbol{x}^{s,i}_{k|k-1} = \boldsymbol{S}^{s}_{k|k-1}\xi_{i} + \hat{\boldsymbol{x}}^{s}_{k|k-1},\quad i=1,2,\cdots,m \tag{6-3-84}
$$

其次，用过量测函数传播容积点为

$$
\boldsymbol{z}^{s,i}_{k|k-1} = \boldsymbol{h}^{s}(\boldsymbol{x}^{s,i}_{k|k-1}),\quad i=1,2,\cdots,m \tag{6-3-85}
$$

而预测量测为

$$
\hat{\boldsymbol{z}}^{s,i}_{k|k-1} = \frac{1}{m}\sum_{i=1}^{m}\boldsymbol{z}^{s,i}_{k|k-1} \tag{6-3-86}
$$

接下来，信息状态分布 $\boldsymbol{i}^{s}_{k}$ 和相应的信息矩阵 $\boldsymbol{I}^{s}_{k}$ 为

$$
\begin{cases}
\boldsymbol{i}^{s}_{k} = \boldsymbol{Y}^{s}_{k|k-1}\boldsymbol{P}^{s}_{xz,k|k-1}(\boldsymbol{R}^{s}_{k})^{-1}[\boldsymbol{v}^{s}_{k} + (\boldsymbol{P}^{s}_{xz,k|k-1})^{\mathrm{T}}\boldsymbol{Y}^{s}_{k|k-1}\hat{\boldsymbol{x}}^{s}_{k|k-1}] \\
\boldsymbol{I}^{s}_{k} = \boldsymbol{Y}^{s}_{k|k-1}\boldsymbol{P}^{s}_{xz,k|k-1}(\boldsymbol{R}^{s}_{k})^{-1}(\boldsymbol{P}^{s}_{xz,k|k-1})^{-1}\boldsymbol{Y}^{s}_{k|k-1}
\end{cases}
\tag{6-3-87}
$$

其中，$\boldsymbol{P}^{s}_{xz,k|k-1} = \dfrac{1}{m}\sum_{i=1}^{m}\boldsymbol{x}^{s,i}_{k|k-1}(\boldsymbol{z}^{s,i}_{k|k-1})^{\mathrm{T}} - \hat{\boldsymbol{x}}^{s}_{k|k-1}(\hat{\boldsymbol{z}}^{s}_{k|k-1})^{\mathrm{T}}$，$\boldsymbol{v}^{s}_{k} = \boldsymbol{z}^{s}_{k} - \hat{\boldsymbol{z}}^{s}_{k|k-1}$。

最后，可以得到信息状态向量估计 $\hat{\boldsymbol{y}}^{s}_{k|k}$、信息矩阵估计 $\hat{\boldsymbol{Y}}^{s}_{k|k}$ 和状态估计 $\hat{\boldsymbol{x}}^{s}_{k|k}$ 为

$$
\begin{cases}
\hat{\boldsymbol{y}}_{k|k} = \hat{\boldsymbol{y}}^{s}_{k|k-1} + \boldsymbol{i}^{s}_{k} \\
\hat{\boldsymbol{Y}}_{k|k} = \boldsymbol{Y}^{s}_{k|k-1} + \boldsymbol{I}^{s}_{k} \\
\hat{\boldsymbol{x}}_{k|k} = (\hat{\boldsymbol{Y}}_{k|k})^{-1}\hat{\boldsymbol{y}}^{s}_{k|k}
\end{cases}
\tag{6-3-88}
$$

(3) 分布式容积滤波的一致性。

本小节将研究加权平均一致性算法，使所有传感器结点在信息状态向量估计和信息矩阵估计达到一致性。这里假设网络通信满足：①信息交互仅在每个结点和邻居之间进行；②局部信息状态向量估计和矩阵估计只基于所接收到的信息。

定义 6.3.1 考虑一个随机向量 $\boldsymbol{x}$，令 $\hat{\boldsymbol{x}}$ 是 $\boldsymbol{x}$ 的一个估计，$\boldsymbol{P}$ 是相应的估计误差的协方差。如果 $E\{(\boldsymbol{x}-\hat{\boldsymbol{x}})(\boldsymbol{x}-\boldsymbol{x})^{\mathrm{T}}\}\leqslant\boldsymbol{P}$，则称数对 $(\boldsymbol{x},\boldsymbol{P})$ 具有一致性。

注 由此定义可知，一致性意味着估计误差的协方差阵是实际误差协方差阵的一个上界。由信息对 $(\boldsymbol{y},\boldsymbol{Y})=(\boldsymbol{P}^{-1}\hat{\boldsymbol{x}},\boldsymbol{P}^{-1})$ 可知，如果 $\boldsymbol{Y}\leqslant[E\{(\boldsymbol{x}-\boldsymbol{Y}^{-1}\boldsymbol{y})(\boldsymbol{x}-\boldsymbol{Y}^{-1}\boldsymbol{y})^{\mathrm{T}}\}]^{-1}$，则 $(\boldsymbol{y},\boldsymbol{Y})$ 具有一致性。

为了便于介绍，对于 $(\hat{\boldsymbol{y}}^{s}_{k|k},\boldsymbol{Y}^{s}_{k|k})$，$s\in\mathbb{N}$，存在下面的极限

$$
(\hat{\boldsymbol{y}}^{*}_{k|k},\boldsymbol{Y}^{*}_{k|k}) = \lim_{l\to\infty}(\hat{\boldsymbol{y}}^{s}_{k,l},\boldsymbol{Y}^{s}_{k,l}) \tag{6-3-89}
$$

其中，$(\hat{y}^{s}_{k,l},Y^{s}_{k,l})(s\in\mathbb{N})$ 为第 l 次内部迭代之后在 k 时刻的第 s 个结点的信息对，即

$$
\begin{cases}
\hat{\boldsymbol{y}}^{s}_{k,l+1} = \pi^{s,s}\hat{\boldsymbol{y}}^{s}_{k,l} + \sum\limits_{j\in\mathbf{N}_{s}}\pi^{s,j}\hat{\boldsymbol{y}}^{j}_{k,l} \\
\boldsymbol{Y}^{s}_{k,l+1} = \pi^{s,s}\boldsymbol{Y}^{s}_{k,l} + \sum\limits_{j\in\mathbf{N}_{s}}\pi^{s,j}\boldsymbol{Y}^{j}_{k,l}
\end{cases}
\tag{6-3-90}
$$

其中，$\pi^{s,j}\geqslant 0, j\in\mathbb{N}_s\cup\{s\}$是加权系数，且 $\sum_{j\in\mathbf{N}_s\cup\{s\}}\pi^{s,j}=1$，初始条件为$\hat{\boldsymbol{y}}^s_{k,0}=\hat{\boldsymbol{y}}^s_{k|k}$，$\boldsymbol{Y}^s_{k,0}=\boldsymbol{Y}^s_{k|K}$，则称信息对达到**加权平均一致性**。

定理 6.3.1 考虑传感器网络拓扑$\mathcal{G}(\mathbb{N},\varepsilon)$，假设邻接矩阵 $\Pi=\{\pi^{s,j}\}\in\mathbb{R}^{n\times n}$ 是不可约矩阵，则每个信息矩阵对$(\hat{\boldsymbol{y}}^s_{k|k},\boldsymbol{Y}^s_{k|k})$，$s\in\mathbb{N}$能获得加权平均一致性，即满足式(6-3-90)的极限。

证明 参考文献[86]。■

基于以上分析，可以总结如下分布式容积滤波的算法步骤：

① 计算每个结点 s 的初始信息对$(\hat{\boldsymbol{y}}^s_{k,0},\hat{\boldsymbol{Y}}^s_{k,0})$，即

$$\begin{cases}\hat{\boldsymbol{y}}^s_{k,0}=\hat{\boldsymbol{y}}^s_{k|k-1}+\boldsymbol{Y}^s_{k|k-1}\boldsymbol{P}^s_{xz,k|k-1}(\boldsymbol{R}^s_k)^{-1}[\boldsymbol{v}^s_k+(\boldsymbol{P}^s_{xz,k|k-1})^{\mathrm{T}}\boldsymbol{Y}^s_{k|k-1}\hat{\boldsymbol{x}}^s_{k|k-1}]\\ \hat{\boldsymbol{Y}}^s_{k,0}=\boldsymbol{Y}^s_{k|k-1}+\boldsymbol{Y}^s_{k|k-1}\boldsymbol{P}^s_{xz,k|k-1}(\boldsymbol{R}^s_k)^{-1}(\boldsymbol{P}^s_{xz,k|k-1})^{\mathrm{T}}\boldsymbol{Y}^s_{k|k-1}\end{cases}$$

② 对于 $l=0,1,\cdots,L-1$，实现平均一致性算法：

- 广播信息$(\hat{\boldsymbol{y}}^s_{k,l},\boldsymbol{Y}^s_{k,l})$到邻居 $j\in\mathbb{N}_s$；
- 从所有的邻居 $j\in\mathbb{N}_s$ 接收信息$(\hat{\boldsymbol{y}}_{k,l},\boldsymbol{Y}^j_{k,l})$

$$\hat{\boldsymbol{y}}^s_{k,l+1}=\pi^{s,s}\hat{\boldsymbol{y}}^s_{k,l}+\sum_{j\in\mathbf{N}_s}\pi^{s,j}\hat{\boldsymbol{y}}^j_{k,l},\quad \boldsymbol{Y}^s_{k,l+1}=\pi^{s,s}\boldsymbol{Y}^s_{k,l}+\sum_{j\in\mathbf{N}_s}\pi^{s,j}\boldsymbol{Y}^s_{k,l}$$

③ 更新状态信息估计和信息矩阵估计；

④ 计算下一时刻 $k+1$ 的预测量。

注 加权矩阵$\boldsymbol{\Pi}$是不可约的当且仅当无向传感器网络是连通的。当网络是有限的，则$\boldsymbol{\Pi}$是不可约的必要条件是它的拓扑图是强连通的。

分布式滤波的一致性分析包括估计的一致性和估计误差的有界性。互协方差阵 $\boldsymbol{P}^s_{xz,k|k-1}$ 可近似表示为

$$\boldsymbol{P}^s_{xz,k|k-1}=E\{(\boldsymbol{x}_k-\hat{\boldsymbol{x}}^s_{k|k-1})(\boldsymbol{z}_k-\hat{\boldsymbol{z}}^s_{k|k-1})^{\mathrm{T}}\}\approx(\boldsymbol{Y}^s_{k|k-1})^{-1}(\boldsymbol{H}^s_k)^{\mathrm{T}}\tag{6-3-91}$$

其中，$\boldsymbol{H}^s_k\triangleq\partial\boldsymbol{h}^s(\boldsymbol{x})/\partial\boldsymbol{x}|_{\boldsymbol{x}=\hat{\boldsymbol{x}}^s_{k|k-1}}$，故

$$\boldsymbol{H}^s_k\approx(\boldsymbol{P}^s_{xz,k|k-1})^{\mathrm{T}}\boldsymbol{Y}^s_{k|k-1}\tag{6-3-92}$$

因此，定义伪量测矩阵$\widetilde{\boldsymbol{H}}^s_k$ 为

$$\widetilde{\boldsymbol{H}}^s_k=(\boldsymbol{P}^s_{xz,k|k-1})^{\mathrm{T}}\boldsymbol{Y}^s_{k|k-1}\tag{6-3-93}$$

类似地，由于

$$\begin{aligned}\boldsymbol{P}^s_{\boldsymbol{x}_{k-1},\boldsymbol{x}_{k|k-1}}&=E\{(\boldsymbol{x}_{k-1}-\hat{\boldsymbol{x}}^s_{k-1|k-1})(\boldsymbol{x}_k-\hat{\boldsymbol{x}}^s_{k|k-1})^{\mathrm{T}}\}\\&\approx E\{(x_{k-1}-\hat{\boldsymbol{x}}^s_{k-1|k-1})[\boldsymbol{F}^s_{k-1}(\boldsymbol{x}_{k-1}-\hat{\boldsymbol{x}}_{k-1|k-1})+\boldsymbol{w}_{k-1}]^{\mathrm{T}}\}^{\mathrm{T}}\\&=\boldsymbol{P}^s_{k-1|k-1}(\boldsymbol{F}^s_{k-1})^{\mathrm{T}}\end{aligned}\tag{6-3-94}$$

其中，$\boldsymbol{F}^s_{k-1}\triangleq\partial\boldsymbol{f}(x)/\partial\boldsymbol{x}|_{\boldsymbol{x}=\hat{\boldsymbol{x}}^s_{k-1|k-1}}$，因此，定义伪系统矩阵为

$$\widetilde{\boldsymbol{F}}^s_{k-1}\triangleq(\boldsymbol{P}^s_{k-1|k-1})^{\mathrm{T}}\boldsymbol{Y}^s_{k-1|k-1}\tag{6-3-95}$$

式中，$\boldsymbol{Y}^s_{k-1|k-1}=(\boldsymbol{P}^s_{k-1|k-1})^{-1}$，而 $\boldsymbol{P}^s_{x_{k-1},x_{k|k-1}}$ 为

$$\boldsymbol{P}^s_{x_{k-1},x_{k|k-1}}=\frac{1}{m}\sum_{i=1}^{m}(\boldsymbol{x}^{s,i}_{k-1|k-1}-\hat{\boldsymbol{x}}^s_{k-1|k-1})(\boldsymbol{x}^{*s,i}_{k|k-1}-\hat{\boldsymbol{x}}^s_{k|k-1})^{\mathrm{T}}\tag{6-3-96}$$

这样，离散时间非线性传感器网络可以被线性化为如下模型

$$\begin{cases} \boldsymbol{x}_k = \boldsymbol{\alpha}_{k-1}^s \widetilde{\boldsymbol{F}}_{k-1} \boldsymbol{x}_{k-1} + \boldsymbol{w}_{k-1} \\ \boldsymbol{x}_k^s = \boldsymbol{\beta}_k^s \overline{\boldsymbol{H}}_k^s \boldsymbol{x}_k + \boldsymbol{v}_k^s, \quad s = 1, 2, \cdots, N \end{cases} \tag{6-3-97}$$

式中未知的辅助矩阵 $\boldsymbol{\alpha}_k^s = \mathrm{diag}(\alpha_{k,1}^s, \cdots, \alpha_{k,n}^s)$ 和 $\beta_k^s = \mathrm{diag}(\beta_{k,v}^s, \cdots, \beta_{k,r}^s)$ 是在线性化逼近过程中被用来补偿逼近误差的。

定理 6.3.2 如果初始预测估计 $\{\hat{\boldsymbol{x}}_{1|0}^s\}_{s=1}^N$ 具有一致性，那么

$$\boldsymbol{Y}_{1|0}^s = E\{(\boldsymbol{x} - \hat{\boldsymbol{x}}_{1|0}^s)(\boldsymbol{x} - \hat{\boldsymbol{x}}_{1|0}^s)^{\mathrm{T}}\} \tag{6-3-98}$$

则对于每个时间步 $k > 1$ 和 $s \in \mathbb{N}$，均有 $\boldsymbol{Y}_{k|k-1}^s \leqslant [E\{(\boldsymbol{x}_k - \hat{\boldsymbol{x}}_{k|k-1}^s)(\boldsymbol{x}_k - \hat{\boldsymbol{x}}_{k|k-1}^s)^{\mathrm{T}}\}]^{-1}$ 和 $\boldsymbol{Y}_{k|k}^s \leqslant [E\{(\boldsymbol{x}_k - \hat{\boldsymbol{x}}_{k|k}^s)(\boldsymbol{x}_k - \hat{\boldsymbol{x}}_{k|k}^s)^{\mathrm{T}}\}]^{-1}$，分布式容积滤波算法保持一致性。

证明 见文献[86]。 ■

定理 6.3.3 考虑式(6-3-79)的离散时间传感器网络系统，和式(6-3-97)的线性化模型)，基于分布式容积估计算法，在一些假设条件下，则估计误差 $\tilde{\boldsymbol{x}}_{k+1}^s = \boldsymbol{x}_{k+1} - \hat{\boldsymbol{x}}_{k+1|k+1}^s$，对于任意 $s(s \in \mathbb{N})$，在均方意义下是指数有界的。

证明 参见文献[86]的定理 3。 ■

(4) 仿真研究——空中交通管制中的分布式协同状态估计目标信息。

本实例中，针对空中交通管制中的非线性系统状态估计的问题[12]，采用分布式容积信息滤波算法(DCIF)进行分析，并通过仿真与分布式 CKF 滤波算法进行比较。

考虑空中交通管制中的非线性系统状态估计情形。假设目标进行机动转弯，在 x-y 平面以固定的转弯率 ω 进行。转弯动力学由下列非线性差分方程确定

$$\boldsymbol{x}_k = \begin{bmatrix} 1 & \dfrac{\sin\omega h}{\omega} & 0 & -\dfrac{1-\cos\omega h}{\omega} \\ 0 & \cos\omega h & 0 & -\sin\omega h \\ 0 & \dfrac{1-\cos\omega h}{\omega} & 1 & \dfrac{\sin\omega h}{\omega} \\ 0 & \sin\omega h & 0 & \cos\omega h \end{bmatrix} \boldsymbol{x}_{k-1} + \begin{bmatrix} \dfrac{h^2}{2} & 0 \\ h & 0 \\ 0 & \dfrac{h^2}{2} \\ 0 & h \end{bmatrix} \boldsymbol{w}_{k-1}$$

其中，状态向量为 $\boldsymbol{x}_k = [\xi_k \quad \eta_k \quad \dot{\xi}_k \quad \dot{\eta}_k]^{\mathrm{T}}$；$\xi_k$ 和 η_k 为辨识位置，$\dot{\xi}_k$ 和 $\dot{\eta}_k$ 分别表示在 x 和 y 方向上的速度，$h=1$ 是采样周期，且 $\boldsymbol{w}_{k-1} \sim \mathcal{N}(0, \boldsymbol{Q}_{k-1})$ 为白噪声，其强度为 $\boldsymbol{Q}_{k-1} = 0.01\boldsymbol{I}_2$。

假设有 12 部地面固定雷达测量目标的距离和方位。它们的坐标分别为(0,30)，(80,30)，(160,30)，(240,30)，(0,60)，(80,60)，(160,60)，(240,60)，(0,90)，(80,90)，(160,90)，(240,90)。因此，传感器量测方程可以表示为

$$\boldsymbol{z}_k^s = \begin{bmatrix} r_k^s \\ \theta_k^s \end{bmatrix} = \begin{bmatrix} \sqrt{(\xi_k - x_0^s)^2 + (\eta_k - y_0^s)^2} \\ \arctan\left(\dfrac{\eta_k - y_0^s}{\xi_k - x_0^s}\right) \end{bmatrix} + \boldsymbol{v}_k^s$$

其中，$s = 1, \cdots, 12$，(x_0^s, y_0^s) 表示第 s 部雷达传感器的位置，$\boldsymbol{v}_k^s \sim \mathcal{N}(0, \boldsymbol{R}_k^s)$ 为白噪声，其强度为 $\boldsymbol{R}_k^s = \mathrm{diag}(\sigma_r^2, \sigma_\theta^2)$。

假设系统参数为 $\sigma_r=0.02\text{m}, \sigma_\theta=0.015\text{rad}$。实际初始状态和相应的协方差阵为

$$\begin{cases}\boldsymbol{x}_0=[-40\text{m} \quad 2\text{m}\cdot\text{s}^{-1} \quad 10\text{m} \quad 1\text{m}\cdot\text{s}^{-1}]^{\text{T}} \\ \boldsymbol{P}_0=\text{diag}[5\text{m}^2 \quad 0.5\text{m}^2\cdot\text{s}^{-2} \quad 4\text{m}^2 \quad 0.5^2\text{m}^2\cdot\text{s}^{-2}]\end{cases}$$

在每一次运行时，初始状态估计值从 $\mathcal{N}(\boldsymbol{x}_0,\boldsymbol{P}_0)$ 中随机选取 $\hat{\boldsymbol{x}}_{0|0}^s$。每次运行扫描的总数为 100。通信拓扑图如图 6-3-5 所示，其中任何两个结点的连线表示它们可以通信。在后续仿真中所采用的权矩阵为 Metropolis：

$$\pi^{s,j}=\begin{cases}(1+\max\{d_s,d_j\})^{-1}, & (s,j)\in\varepsilon \\ 1-\sum\limits_{(s,j)\in\varepsilon}\pi^{s,j}, & s=j \\ 0, & \text{其他}\end{cases}$$

需要对下面的仿真结果做几点说明：①在 12 个传感器网络中仅画出其中 4 个传感器的仿真曲线；②关于 DCIF 的一致性分析，仅给出传感器 2 的性能仿真曲线，因为网络中传感器的性能是相同的；③位置均方误差的平方根（PRMSE）作为性能度量指标，即计算所有网络结点的平均值。在时刻 k 的 PRMSE 性能度量为

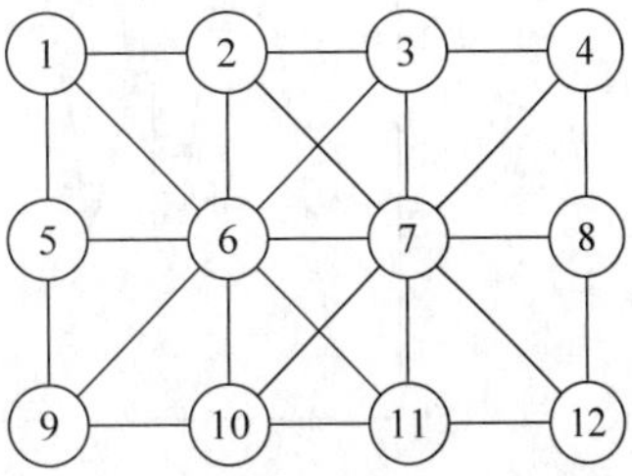

图 6-3-5　传感器网络的通信拓扑图

$$\text{PRMSE}(k)=\left[\frac{1}{M}\sum_{i=1}^{M}((\xi_k^i-\hat{\xi}_k^i)^2+(\eta_k^i-\hat{\eta}_k^i)^2)\right]^{1/2}$$

其中，(ξ_k,η_k) 和 $(\hat{\xi}_k,\hat{\eta}_k)$ 分别是第 i 轮 Monte Carlo 仿真时的实际值和估计值。M 为 Monte Carlo 仿真次数。为了进行综合比较，在相同条件下进行 100 次 Monte Carlo 仿真试验。图 6-3-6 显示系统的实际状态和估计状态。蓝线显示真实的状态轨迹，而其他四条线显示四个独立的滤波性能曲线。每个滤波器都达到一致性，此结果表明所提出的加权平均一致性算法是有效的。基于 CIF 算法的一致性展示了令人满意的估计性能。

对于传感器 2，也给出了局部后验估计误差，以及相应的两个标准偏差界的估计。这些界是通过 DCIF 算法两次逼近误差协方差的对角线元素的平方根获得。其结果显示在图 6-3-7 中。根据非线性估计的知识，如果称滤波器保持一致性，则估计误差应在 95%时间内保持在这些界的内部。明显地，误差总是很好地保持在这两个标准偏差里面，这说明所提出的 DCIF 算法是一致的。

图 6-3-8 绘制了协同步情况下 DCIF 算法和现有 CKF 算法的性能比较。显然，CM 需要一个最小的协同步数来处理稳定性的问题（这里，$L=12$ 协同步数是需要的）。相反，DCIF 算法仅需要更少的协同步数就能展示出令人满意的性能。

进一步，表 6-3-1 给出了在协同步数情况下均方 PRMSE 和运行时间。显然，DCIF 算法具有较小的运算量，说明其具有良好的实时性。背后的原因是 CM 在协同步之后还需要不止一次的乘法运算来求取 $\hat{y}_{k|k}^s$ 和 $Y_{k|k}^s$。而 DCIF 算法在协同步之后直接获得 $\hat{y}_{k|k}^s$ 和 $Y_{k|k}^s$。

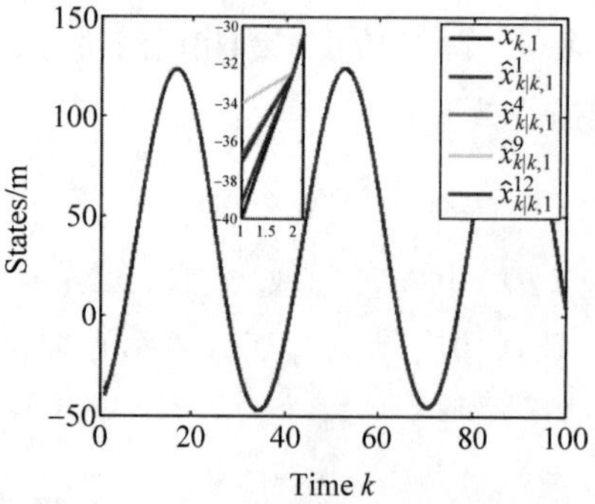

(a) 实际和估计的状态$x_{k,1}$

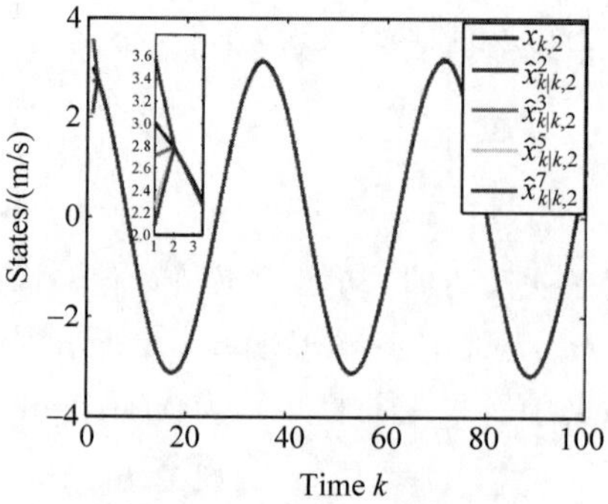

(b) 实际和估计的状态$x_{k,2}$

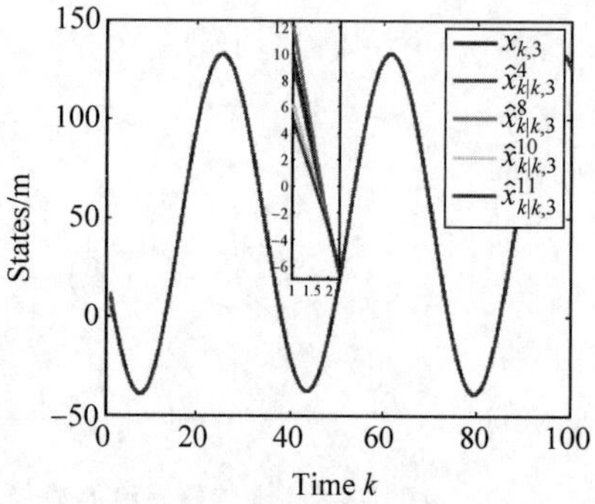

(c) 实际和估计的状态$x_{k,3}$

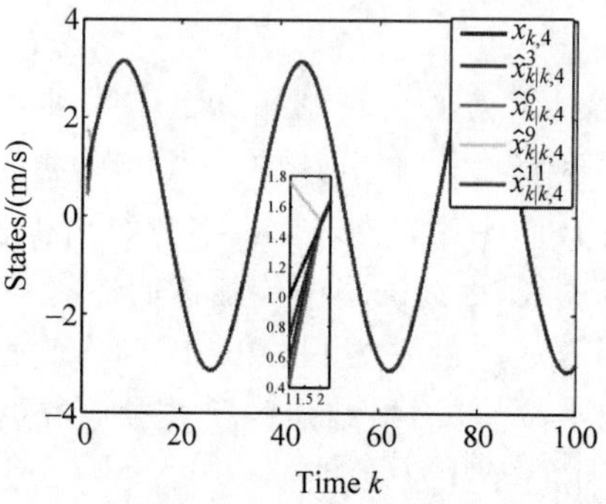

(d) 实际和估计的状态$x_{k,4}$

图 6-3-6　$L=12$ 时实际和估计的状态

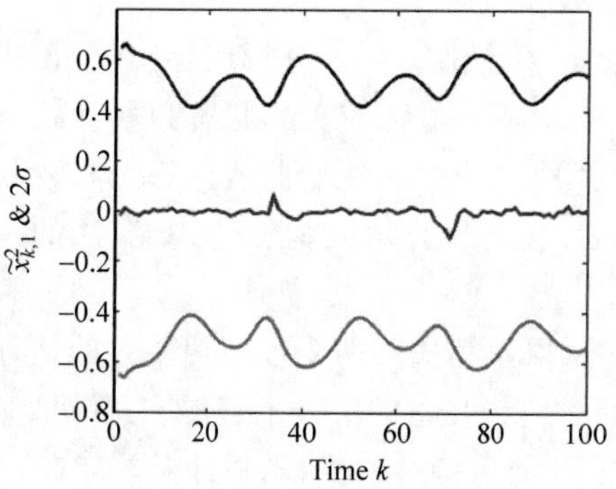

(a) $x_{k,1}-\hat{x}^2_{k|k,1}$和$2\sigma$

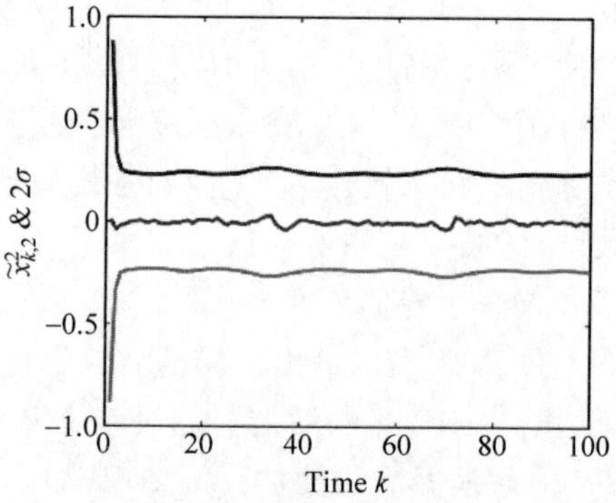

(b) $x_{k,2}-\hat{x}^2_{k|k,2}$和$2\sigma$

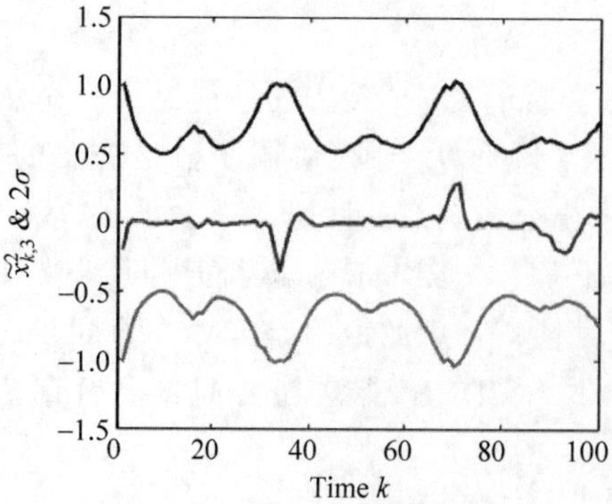

(c) $x_{k,3}-\hat{x}^2_{k|k,3}$和$2\sigma$

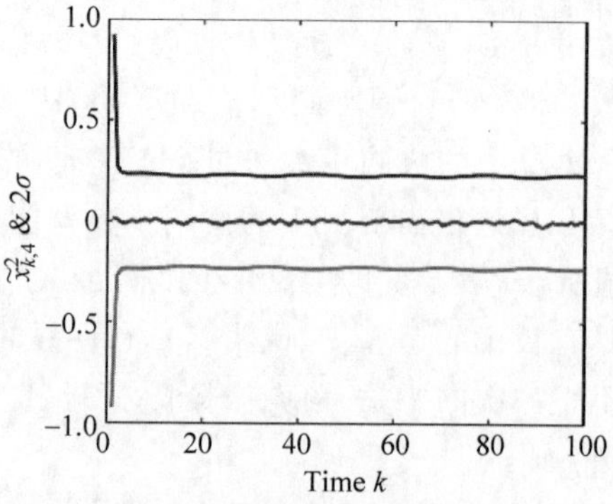

(d) $x_{k,4}-\hat{x}^2_{k|k,4}$和$2\sigma$

图 6-3-7　$L=10$ 时 $x_k-\hat{x}^2_{k|k}$ 和 2σ

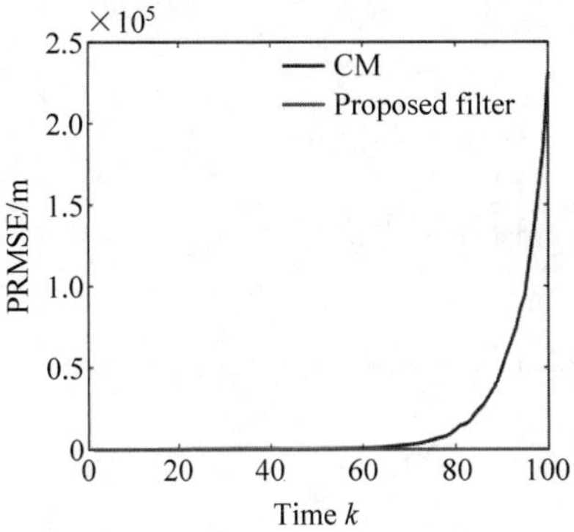

(a) 协同步数$L=2$

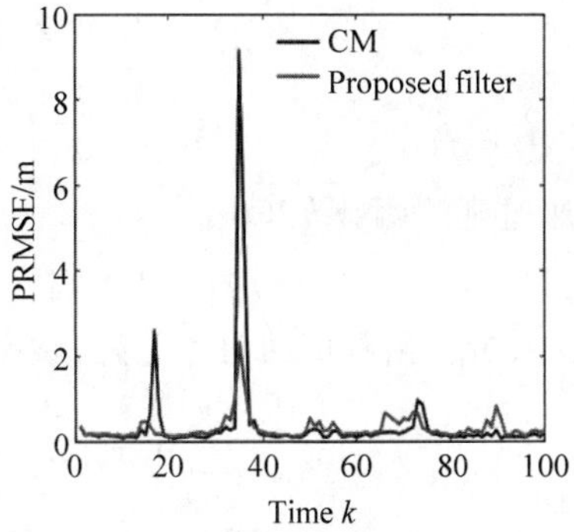

(b) 协同步数$L=12$

图 6-3-8　位置状态的 PRMSE

表 6-3-1　平均花费时间和 PRMSE 的性能比较

协同步数	$L=2$	$L=2$	$L=12$	$L=12$
算法	CM	DCIF	CM	DCIF
时间/s	2749	0.2579	0.2798	0.2623
PRMSE/m	15841	24.018	0.3627	0.3207

2. 分布式无迹 Kalman 滤波

本小节将无迹 Kalman 滤波算法和分布式网络一致性原理相结合，推导出分布式无迹 Kalman 滤波算法。假设传感器网络模型及网络拓扑结构同上一部分内容。

(1) 无迹 Kalman 滤波。

对于每个传感器结点 s，无迹 Kalman 滤波算法(UKF)总结如下[16]：在 $k-1$ 时刻基于状态估计 $\hat{\boldsymbol{x}}_{k-1}^{s}$ 和误差协方差阵 $\boldsymbol{P}_{k-1}^{s}$ 选择 $2n$ 个 σ 点

$$\begin{cases}\chi_{k-1}^{s,0}=\hat{\boldsymbol{x}}_{k-1}^{s}\\ \chi_{k-1}^{s,i}=\hat{\boldsymbol{x}}_{k-1}^{s}+\left(\sqrt{(n+\chi)\boldsymbol{P}_{k-1}^{s}}\right)_{i}, \quad i=1,\cdots,n\\ \chi_{k-1}^{s,i}=\hat{\boldsymbol{x}}_{k-1}^{s}+\left(\sqrt{(n+\chi)\boldsymbol{P}_{k-1}^{s}}\right)_{i-n}, \quad i=n+1,\cdots,2n\end{cases} \tag{6-3-99}$$

式中，χ 是标量因子，$\left(\sqrt{(n+\chi)\boldsymbol{P}_{k-1}^{s}}\right)_{i}$ 是矩阵$(n+\chi)\boldsymbol{P}_{k-1}^{s}$ 的平方根的第 i 列。注意，通常使用 Cholesky 分解来计算矩阵的平方根。σ 点通过非线性函数 $\boldsymbol{f}(\boldsymbol{x}_{k-1})$映射到

$$\chi_{k|k-1}^{s,i}=\boldsymbol{f}(\boldsymbol{x}_{k-1}^{s,i}) \quad ,i=0,1,\cdots,2n$$

下面，基于加权 σ 点计算预测状态和协方差阵

$$\begin{cases}\hat{\boldsymbol{x}}_{k|k-1}^{s}=\sum_{i=0}^{2n}W^{i}\chi_{k|k-1}^{s,i}, \quad s=1,2,\cdots,N\\ \boldsymbol{P}_{k|k-1}^{s}=\sum_{i=0}^{2n}W^{i}(\chi_{k|k-1}^{s,i}-\hat{\boldsymbol{x}}_{k|k-1}^{s})(\chi_{k|k-1}^{s,i}-\hat{\boldsymbol{x}}_{k|k-1}^{s})^{\mathrm{T}}+\boldsymbol{Q}_{k}\end{cases} \tag{6-3-100}$$

其中，权函数 W^{i} 为

$$W^i=\begin{cases}\dfrac{\chi}{n+\chi}, & s=0\\ \dfrac{1}{2(n+\chi)}, & s=1,2,\cdots,2n\end{cases}$$

σ 点通过观测函数 $\boldsymbol{h}^s(\boldsymbol{x}_k)$，$s=1,2,\cdots,N$ 传播到如下点

$$\boldsymbol{r}_k^{s,i}=\boldsymbol{h}^s(\chi_{k|k-1}^{s,i}),\quad i=0,1,\cdots,2n \tag{6-3-101}$$

量测预测值、量测预测值的协方差阵、状态-量测互协方差阵为

$$\begin{cases}\hat{\boldsymbol{z}}_k^s=\sum\limits_{i=0}^{2n}W^i\boldsymbol{r}_k^{s,i}, \quad s=1,2,\cdots,N\\ \boldsymbol{P}_{z_kz_k}^s=\sum\limits_{i=0}^{2n}W^i(\boldsymbol{r}_k^{s,i}-\hat{\boldsymbol{z}}_k^s)(\boldsymbol{r}_k^{s,i}-\hat{\boldsymbol{z}}_k^s)^{\mathrm{T}}+\boldsymbol{R}_k^s\\ \boldsymbol{P}_{x_kz_k}^s=\sum\limits_{i=0}^{2n}W^i(\chi_{k|k-1}^{s,i}-\hat{\boldsymbol{x}}_{k|k-1}^s)(\boldsymbol{r}_k^{s,i}-\hat{\boldsymbol{z}}_k^s)^{\mathrm{T}}\end{cases} \tag{6-3-102}$$

而 UKF 增益为

$$\boldsymbol{K}_k^s=\boldsymbol{P}_{x_kz_k}^s(\boldsymbol{P}_{z_kz_k}^s)^{-1},\quad s=1,2,\cdots,N \tag{6-3-103}$$

最终，得到状态估计及协方差阵为

$$\begin{cases}\hat{\chi}_k^s=\hat{\boldsymbol{x}}_{k|k-1}^s+\boldsymbol{K}_k^s(\boldsymbol{z}_k^s-\hat{\boldsymbol{z}}_k^s)\\ \boldsymbol{P}_k^s=\boldsymbol{P}_{k|k-1}^s-\boldsymbol{K}_k^s\boldsymbol{P}_{z_kz_k}^s(\boldsymbol{K}_k^s)^{\mathrm{T}}\end{cases} \tag{6-3-104}$$

(2) 加权平均一致性。

假设信息对的定义以及网络一致性权矩阵 $\pi=(\pi^{i,j})_{N\times N}$ 同上。下面给出基于 UKF 的加权平均一致性算法步骤[6]：

① 对于每个结点 $s\in\mathbb{N}$，收集量测信息 $\boldsymbol{z}_k^s$，得

$$\begin{cases}\hat{\chi}_k^s=\hat{\boldsymbol{x}}_{k|k-1}^s+\boldsymbol{K}_k^s(\boldsymbol{z}_k^s-\hat{\boldsymbol{z}}_k^s)\\ \boldsymbol{P}_k^s=\boldsymbol{P}_{k|k-1}^s-\boldsymbol{K}_k^s\boldsymbol{P}_{z_kz_k}^s(\boldsymbol{K}_k^s)^{\mathrm{T}}\end{cases}$$

② 初始化：$\hat{\boldsymbol{x}}_{k,0}^s=\hat{\boldsymbol{x}}_k^s$，$\boldsymbol{P}_{k,0}^s=\boldsymbol{P}_k^s$

③ 对于 $l=0,1,\cdots,L-1$，进行如下加权平均一致性算法：

- 广播信息 $\hat{\boldsymbol{x}}_{k,l}^s$ 和 $\boldsymbol{P}_{k,l}^s$ 到 s 的邻域 $N_s\backslash\{s\}$；
- 等待直到接收到来自邻居 $j\in N_s\backslash\{s\}$ 的信息 $\hat{\boldsymbol{x}}_{k,l}^j$ 和 $\boldsymbol{P}_{k,l}^j$；
- 加权求和 $\hat{\boldsymbol{x}}_{k,l}^j$，$\boldsymbol{P}_{k,l}^j$，得

$$\begin{cases}\hat{\boldsymbol{x}}_{k,l+1}^s=\sum\limits_{j\in N_s}\pi^{s,j}\hat{\boldsymbol{x}}_{k,l}^j\\ \boldsymbol{P}_{k,l+1}^s=\sum\limits_{j\in N_s}\pi^{i,j}\boldsymbol{P}_{k,l}^j\end{cases}$$

④ 设置状态估计

$$\begin{cases}\hat{\boldsymbol{x}}_k^s=\hat{\boldsymbol{x}}_{k,L}^s\\ \boldsymbol{P}_k^s=\boldsymbol{P}_{k,L}^s\end{cases}$$

⑤ 预测估计

$$\begin{cases} \hat{\boldsymbol{x}}_{k+1|k}^{s} = \sum_{i=0}^{2n} \boldsymbol{W}^{i} \chi_{k+1|k}^{s,i} \\ \boldsymbol{P}_{k+1|k}^{s} = \sum_{i=0}^{2n} \boldsymbol{W}^{i} (\chi_{k+1|k}^{s,i} - \hat{\boldsymbol{x}}_{k+1|k}^{s})(\chi_{k+1|k}^{s,i} - \hat{\boldsymbol{x}}_{k+1|k}^{s})^{\mathrm{T}} + \boldsymbol{Q}_{k} \end{cases}$$

注 在上述计算步骤中，利用定义 6-3-1 的信息对$(\hat{\boldsymbol{x}}_{k|k}^{s}, \boldsymbol{P}_{k|k}^{s})$，$s \in \mathbb{N}$，存在下面极限

$$(\hat{\boldsymbol{x}}_{k|k}^{*}, \boldsymbol{P}_{k,k}^{*}) = \lim_{l \to \infty} (\hat{\boldsymbol{x}}_{k,l}^{s}, \boldsymbol{P}_{k,l}^{s})$$

其中，$(\hat{\boldsymbol{x}}_{k,l}^{s}, \boldsymbol{P}_{k,l}^{s})$，$s \in \mathbb{N}$ 为在第 l 次内部迭代后在 k 时刻的第 s 个结点的信息对，即

$$\begin{cases} \hat{\boldsymbol{x}}_{k,l+1}^{s} = \sum_{j \in N_s} \pi^{s,j} \boldsymbol{x}_{k,l}^{j} \\ \boldsymbol{P}_{k,l+1}^{s} = \sum_{j \in N_s} \pi^{s,j} \boldsymbol{P}_{k,l}^{j} \end{cases}$$

其中 $\pi^{s,j} \geqslant 0, j \in N_s$ 是加权系数，且 $\sum_{j \in N_s} \pi^{s,j} = 1$。初始条件 $\hat{\boldsymbol{x}}_{k,0}^{s} = \hat{\boldsymbol{x}}_{k|k}^{s}, \boldsymbol{P}_{k,0}^{s} = \boldsymbol{P}_{k|k}^{s}$。而且当 $L \to \infty, \pi^{L} \to 1/N$。

下面给出估计误差的有界性的结论。首先对模型中非线性函数进行线性化，通过引入伪系统矩阵和伪量测矩阵，将离散非线性传感器网络模型转化为线性系统模型。然后基于此模型分析估计误差在均方意义下的指数有界性。

定理 6.3.4 考虑式(6-3-79)的离散时间传感器网络系统，和式(6-3-97)的线性化模型，分布式 UKF 算法在一些假设条件下，则估计误差 $\tilde{\boldsymbol{x}}_{k+1}^{s} = \boldsymbol{x}_{k+1} - \hat{\boldsymbol{x}}_{k+1|k+1}^{s}$ 对于任意 $s \in \mathbb{N}$ 在均方意义下是指数有界的。

证明 参见文献[81]的附录 A。 ■

6.4 状态估计的其他方法

6.4.1 最大后验概率状态估计融合

美国 George Mason 大学的 K. C. Chang 教授等人于 2004 年提出了基于 MAP 准则的**最大后验概率**(**maximum a posteriori probability, MAP**)状态估计融合方法[25]，并对其性能进行了分析。具体的融合过程包括以下三步：①在每个采样时刻，各传感器使用自己的局部量测来更新自己的局部航迹估计(先验)；②经过 n 个采样周期之后(其中，$n \geqslant 1$ 规定了通信速率)，各局部传感器把它们的估计传送到融合中心，然后融合中心基于各传感器的局部估计和融合中心的全局先验信息来计算全局航迹估计；③如果利用反馈机制，全部的或者部分的融合估计被回送给各局部传感器(一般来说，反馈的类型有许多种，下面仅考虑用融合估计直接代替局部估计的情况)。

下面考虑使用两个传感器跟踪同一目标的一个简单的航迹状态估计融合系统，但很容易扩展到传感器数目多于两个的情况。

目标运动状态可以用一离散时间线性动态系统建模为

$$\boldsymbol{x}_{k+1}=\boldsymbol{F}\boldsymbol{x}_k+\boldsymbol{G}\boldsymbol{w}_k,\quad k=0,1,2,\cdots \tag{6-4-1}$$

其中,$\boldsymbol{w}_k$ 是均值为零的高斯白噪声,协方差阵为 $\boldsymbol{Q}$。

两个传感器的量测过程可以建模为

$$\boldsymbol{z}_k^j=\boldsymbol{H}^j\boldsymbol{x}_k+\boldsymbol{v}_k^j,\quad j=1,2,\quad k=1,2,\cdots \tag{6-4-2}$$

其中,$\boldsymbol{v}_k^j$ 是均值为零的高斯白噪声,协方差阵为 $\boldsymbol{R}^j$。两个传感器的量测噪声假定不相关。

假定每个传感器利用 Kalman 滤波器来产生对于目标的局部航迹状态估计。在每 n 个采样周期的末端,每个局部传感器传送它的状态估计到融合中心进行航迹状态估计融合。然后当进行反馈时,融合后的航迹被回送给各局部传感器。在 k 时刻的局部状态估计假定为基于累积量测量 $\boldsymbol{Z}_k^j=\{\boldsymbol{z}_i^j,i=1,2,\cdots,k\},j=1,2$ 的最小均方误差估计,即 $\hat{\boldsymbol{x}}_{k|k}^j=E[\boldsymbol{x}_k|\boldsymbol{Z}_k^j]$,相应的误差协方差阵为 $\boldsymbol{P}_{k|k}^j$。

令 $\hat{\boldsymbol{x}}_{k|k}$ 和 $\boldsymbol{P}_{k|k}$ 分别表示融合后的状态估计和相应的误差协方差阵。由于式(6-4-1)和式(6-4-2)的模型是线性高斯的,所以在给定两个传感器的局部估计 $\hat{\boldsymbol{x}}_{k|k}^1$ 和 $\hat{\boldsymbol{x}}_{k|k}^2$ 的情况下,目标状态 $\boldsymbol{x}_k$ 的最大后验概率密度估计,为给定两个传感器局部估计 $\hat{\boldsymbol{x}}_{k|k}^1$ 和 $\hat{\boldsymbol{x}}_{k|k}^2$ 的情况下,目标状态 $\boldsymbol{x}_k$ 的条件均值,即最小均方误差估计可以表示为[20]

$$\begin{cases}\hat{\boldsymbol{x}}_{k|k}=\hat{\boldsymbol{x}}_{k|k-n}+\boldsymbol{W}_{k|k}^1(\hat{\boldsymbol{x}}_{k|k}^1-\hat{\boldsymbol{x}}_{k|k-n})+\boldsymbol{W}_{k|k}^2(\hat{\boldsymbol{x}}_{k|k}^2-\hat{\boldsymbol{x}}_{k|k-n})\\ \boldsymbol{P}_{k|k}=\boldsymbol{P}_{k|k-n}-\boldsymbol{\Sigma}_{x\hat{z}}\boldsymbol{\Sigma}_{\hat{z}\hat{z}}^{-1}\boldsymbol{\Sigma}_{x\hat{z}}^{\mathrm{T}}\end{cases} \tag{6-4-3}$$

其中,增益矩阵定义为

$$\boldsymbol{W}_{k|k}\triangleq[\boldsymbol{W}_{k|k}^1,\boldsymbol{W}_{k|k}^2]=\boldsymbol{\Sigma}_{x\hat{z}}\boldsymbol{\Sigma}_{\hat{z}\hat{z}}^{-1} \tag{6-4-4}$$

其中,$\boldsymbol{\Sigma}_{x\hat{z}}\triangleq[\boldsymbol{\Sigma}_1,\boldsymbol{\Sigma}_2]$ 为目标运动状态 $\boldsymbol{x}_k$ 和联合局部估计 $\hat{\boldsymbol{z}}\triangleq[(\hat{\boldsymbol{x}}_{k|k}^1)^{\mathrm{T}},(\hat{\boldsymbol{x}}_{k|k}^2)^{\mathrm{T}}]^{\mathrm{T}}$ 之间的互协方差阵,$\boldsymbol{\Sigma}_{\hat{z}\hat{z}}\triangleq[\boldsymbol{\Sigma}_{ij}]_{i,j=1,2}$ 为 $\hat{\boldsymbol{z}}$ 的协方差阵。不难看出,式(6-4-3)也是在给定两传感器局部估计条件下在 LMMSE 意义下的最优估计。

由式(6-4-1)可知

$$\boldsymbol{x}_k=\boldsymbol{F}^n\boldsymbol{x}_{k-n}+\sum_{i=1}^{n}\boldsymbol{F}^{n-i}\boldsymbol{G}\boldsymbol{w}_{k-(n-i+1)}$$

这样一来融合中心的 n 步预测和相应的误差协方差阵就可以表示为

$$\begin{cases}\hat{\boldsymbol{x}}_{k|k-n}=\boldsymbol{F}^n\hat{\boldsymbol{x}}_{k-n|k-n}\\ \boldsymbol{P}_{k|k-n}=\boldsymbol{F}^n\boldsymbol{P}_{k-n|k-n}(\boldsymbol{F}^n)^{\mathrm{T}}+\sum_{i=1}^{n}\boldsymbol{F}^{n-i}\boldsymbol{G}\boldsymbol{Q}\boldsymbol{G}^{\mathrm{T}}(\boldsymbol{F}^{n-i})^{\mathrm{T}}\end{cases} \tag{6-4-5}$$

其中用到了

$$\tilde{\boldsymbol{x}}_{k|k-n}=\boldsymbol{x}_k-\hat{\boldsymbol{x}}_{k|k-n}=\boldsymbol{F}^n\tilde{\boldsymbol{x}}_{k-n|k-n}+\sum_{i=1}^{n}\boldsymbol{F}^{n-i}\boldsymbol{G}\boldsymbol{w}_{k-(n-i+1)}$$

这样一来余下来的任务就是对 $\boldsymbol{\Sigma}_j$ 和 $\boldsymbol{\Sigma}_{ij}$ 的计算,下面分四种情况分别进行讨论。

1. 融合中心向各传感器有反馈且全速率通信($n=1$)

此时有

$$\begin{cases}\boldsymbol{\Sigma}_{x\hat{z}}=[\boldsymbol{\Sigma}_1,\boldsymbol{\Sigma}_2]=[\boldsymbol{P}_{k|k-1}-\boldsymbol{P}_{k|k}^1,\boldsymbol{P}_{k|k-1}-\boldsymbol{P}_{k|k}^2]\\ \boldsymbol{\Sigma}_{\hat{z}\hat{z}}\equiv\begin{bmatrix}\boldsymbol{\Sigma}_{11}&\boldsymbol{\Sigma}_{12}\\ \boldsymbol{\Sigma}_{21}&\boldsymbol{\Sigma}_{22}\end{bmatrix}=\begin{bmatrix}\boldsymbol{P}_{k|k-1}-\boldsymbol{P}_{k|k}^1&\boldsymbol{P}_{k|k-1}-\boldsymbol{P}_{k|k}^1-\boldsymbol{P}_{k|k}^2+\boldsymbol{P}_{k|k}^{12}\\ \boldsymbol{P}_{k|k-1}-\boldsymbol{P}_{k|k}^1-\boldsymbol{P}_{k|k}^2+\boldsymbol{P}_{k|k}^{21}&\boldsymbol{P}_{k|k-1}-\boldsymbol{P}_{k|k}^2\end{bmatrix}\end{cases}\tag{6-4-6}$$

其中，$\boldsymbol{P}_{k|k}^{ij}=\boldsymbol{P}_{k|k}^{i}\boldsymbol{P}_{k|k-1}^{-1}\boldsymbol{P}_{k|k}^{j}$ 为$\hat{\boldsymbol{x}}_{k|k}^{i}$ 和$\hat{\boldsymbol{x}}_{k|k}^{j}$ 之间的互协方差阵，下面给出各式的证明过程。

当融合中心向各传感器有反馈时，$\hat{\boldsymbol{x}}_{k|k-1}^1=\hat{\boldsymbol{x}}_{k|k-1}^2=\hat{\boldsymbol{x}}_{k|k-1}$，则由$\boldsymbol{\Sigma}_{x\hat{z}}$ 的定义可知

$$\begin{aligned}\boldsymbol{\Sigma}_i&=E[(\boldsymbol{x}_k-\hat{\boldsymbol{x}}_{k|k-1})(\hat{\boldsymbol{x}}_{k|k}^i-\hat{\boldsymbol{x}}_{k|k-1})^{\mathrm{T}}]=E[(\boldsymbol{x}_k-\hat{\boldsymbol{x}}_{k|k-1})((\boldsymbol{x}_k-\hat{\boldsymbol{x}}_{k|k-1})-(\boldsymbol{x}_k-\hat{\boldsymbol{x}}_{k|k}^i))^{\mathrm{T}}]\\&=\boldsymbol{P}_{k|k-1}-E[(\boldsymbol{x}_k-\hat{\boldsymbol{x}}_{k|k-1})(\boldsymbol{x}_k-\hat{\boldsymbol{x}}_{k|k}^i)^{\mathrm{T}}]\\&=\boldsymbol{P}_{k|k-1}-E[((\boldsymbol{x}_k-\hat{\boldsymbol{x}}_{k|k}^i)+(\hat{\boldsymbol{x}}_{k|k}^i-\hat{\boldsymbol{x}}_{k|k-1}))(\boldsymbol{x}_k-\hat{\boldsymbol{x}}_{k|k}^i)^{\mathrm{T}}]\\&=\boldsymbol{P}_{k|k-1}-\boldsymbol{P}_{k|k}^i-E[(\hat{\boldsymbol{x}}_{k|k}^i-\hat{\boldsymbol{x}}_{k|k-1})(\boldsymbol{x}_k-\hat{\boldsymbol{x}}_{k|k}^i)^{\mathrm{T}}]=\boldsymbol{P}_{k|k-1}-\boldsymbol{P}_{k|k}^i\end{aligned}$$

其中，上式的最后一个等式可由正交原理推出。再由$\boldsymbol{\Sigma}_{\hat{z}\hat{z}}$ 的定义可知

$$\begin{aligned}\boldsymbol{\Sigma}_{ij}&=E[(\hat{\boldsymbol{x}}_{k|k}^i-\hat{\boldsymbol{x}}_{k|k-1})(\hat{\boldsymbol{x}}_{k|k}^j-\hat{\boldsymbol{x}}_{k|k-1})^{\mathrm{T}}]\\&=E\{[(\hat{\boldsymbol{x}}_{k|k}^i-\boldsymbol{x}_k)+(\boldsymbol{x}_k-\hat{\boldsymbol{x}}_{k|k-1})][(\hat{\boldsymbol{x}}_{k|k}^j-\boldsymbol{x}_k)+(\boldsymbol{x}_k-\hat{\boldsymbol{x}}_{k|k-1})]^{\mathrm{T}}\}\\&=\boldsymbol{P}_{k|k-1}+E[(\hat{\boldsymbol{x}}_{k|k}^i-\boldsymbol{x}_k)(\hat{\boldsymbol{x}}_{k|k}^j-\boldsymbol{x}_k)^{\mathrm{T}}]+\\&\quad E[(\hat{\boldsymbol{x}}_{k|k}^i-\boldsymbol{x}_k)(\boldsymbol{x}_k-\hat{\boldsymbol{x}}_{k|k-1})^{\mathrm{T}}]+E[(\boldsymbol{x}_k-\hat{\boldsymbol{x}}_{k|k-1})(\hat{\boldsymbol{x}}_{k|k}^j-\boldsymbol{x}_k)^{\mathrm{T}}]\\&=\boldsymbol{P}_{k|k-1}+\boldsymbol{P}_{k|k}^{ij}-\boldsymbol{P}_{k|k}^i-\boldsymbol{P}_{k|k}^j\end{aligned}$$

很明显，由式(6-4-1)可知，当 $i=j$ 时，$\boldsymbol{\Sigma}_{ii}=\boldsymbol{P}_{k|k-1}-\boldsymbol{P}_{k|k}^i$。而且在上式中有

$$\begin{aligned}\boldsymbol{P}_{k|k}^{ij}&=E[(\hat{\boldsymbol{x}}_{k|k}^i-\boldsymbol{x}_k)(\hat{\boldsymbol{x}}_{k|k}^j-\boldsymbol{x}_k)^{\mathrm{T}}]\\&=E[((\hat{\boldsymbol{x}}_{k|k-1}-\boldsymbol{x}_k)+(\hat{\boldsymbol{x}}_{k|k}^i-\hat{\boldsymbol{x}}_{k|k-1}))((\hat{\boldsymbol{x}}_{k|k-1}-\boldsymbol{x}_k)+(\hat{\boldsymbol{x}}_{k|k}^j-\hat{\boldsymbol{x}}_{k|k-1}))^{\mathrm{T}}]\end{aligned}$$

其中

$$\begin{aligned}&(\hat{\boldsymbol{x}}_{k|k-1}-\boldsymbol{x}_k)+(\hat{\boldsymbol{x}}_{k|k}^i-\hat{\boldsymbol{x}}_{k|k-1})=(\hat{\boldsymbol{x}}_{k|k-1}-\boldsymbol{x}_k)-\boldsymbol{K}_k^i\boldsymbol{H}^i(\hat{\boldsymbol{x}}_{k|k-1}-\boldsymbol{x}_k)+\boldsymbol{K}_k^i\boldsymbol{v}_k^i\\&=(\boldsymbol{I}-\boldsymbol{K}_k^i\boldsymbol{H}^i)(\hat{\boldsymbol{x}}_{k|k-1}-\boldsymbol{x}_k)+\boldsymbol{K}_k^i\boldsymbol{v}_k^i\\&=[\boldsymbol{I}-\boldsymbol{P}_{k|k}^i(\boldsymbol{H}^i)^{\mathrm{T}}(\boldsymbol{R}_k^i)^{-1}\boldsymbol{H}^i](\hat{\boldsymbol{x}}_{k|k-1}-\boldsymbol{x}_k)+\boldsymbol{K}_k^i\boldsymbol{v}_k^i\\&=\boldsymbol{P}_{k|k}^i\boldsymbol{P}_{k|k-1}^{-1}(\hat{\boldsymbol{x}}_{k|k-1}-\boldsymbol{x}_k)+\boldsymbol{K}_k^i\boldsymbol{v}_k^i\end{aligned}$$

将上式代入再前面的式子，可得

$$\begin{aligned}\boldsymbol{P}_{k|k}^{ij}&=\boldsymbol{P}_{k|k}^i\boldsymbol{P}_{k|k-1}^{-1}E[(\hat{\boldsymbol{x}}_{k|k-1}-\boldsymbol{x}_k)(\hat{\boldsymbol{x}}_{k|k-1}-\boldsymbol{x}_k)^{\mathrm{T}}]\boldsymbol{P}_{k|k-1}^{-1}\boldsymbol{P}_{k|k}^j+\boldsymbol{K}_k^iE[\boldsymbol{v}_k^i(\boldsymbol{v}_k^j)^{\mathrm{T}}](\boldsymbol{K}_k^j)^{\mathrm{T}}\\&=\boldsymbol{P}_{k|k}^i\boldsymbol{P}_{k|k-1}^{-1}\boldsymbol{P}_{k|k}^j+\boldsymbol{K}_k^iE[\boldsymbol{v}_k^i(\boldsymbol{v}_k^j)^{\mathrm{T}}](\boldsymbol{K}_k^j)^{\mathrm{T}}\end{aligned}$$

由于传感器 i 和 j 在 k 时刻的量测噪声互不相关，所以

$$\boldsymbol{P}_{k|k}^{ij}=\boldsymbol{P}_{k|k}^i\boldsymbol{P}_{k|k-1}^{-1}\boldsymbol{P}_{k|k}^j\tag{6-4-7}$$

进而，在此情况下，MAP 融合准则在代数上与前面给出的信息矩阵融合准则(带反馈的最优分布式融合)等价，且所得的融合结果与中心式融合结果相同，所以是最优的。

2. 融合中心向各传感器无反馈且全速率通信($n=1$)

由于

$$\boldsymbol{x}_k - \hat{\boldsymbol{x}}_{k|k-1} = \boldsymbol{F}(\boldsymbol{x}_{k-1} - \hat{\boldsymbol{x}}_{k-1|k-1}) + \boldsymbol{G}\boldsymbol{w}_{k-1}$$

以及

$$\begin{aligned}\hat{\boldsymbol{x}}^j_{k|k} - \boldsymbol{x}_k &= (\boldsymbol{I} - \boldsymbol{K}^j_k\boldsymbol{H}^j)(\hat{\boldsymbol{x}}^j_{k|k-1} - \boldsymbol{x}_k) + \boldsymbol{K}^j_k\boldsymbol{v}^j_k \\ &= \boldsymbol{P}^j_{k|k}(\boldsymbol{P}^j_{k|k-1})^{-1}(\hat{\boldsymbol{x}}^j_{k|k-1} - \boldsymbol{x}_k) + \boldsymbol{K}^j_k\boldsymbol{v}^j_k \\ &= \boldsymbol{P}^j_{k|k}(\boldsymbol{P}^j_{k|k-1})^{-1}\boldsymbol{F}(\hat{\boldsymbol{x}}^j_{k-1|k-1} - \boldsymbol{x}_{k-1}) - \boldsymbol{P}^j_{k|k}(\boldsymbol{P}^j_{k|k-1})^{-1}\boldsymbol{G}\boldsymbol{w}_{k-1} + \boldsymbol{K}^j_k\boldsymbol{v}^j_k\end{aligned} \tag{6-4-8}$$

$$\begin{aligned}\hat{\boldsymbol{x}}^j_{k|k} - \hat{\boldsymbol{x}}_{k|k-1} &= (\boldsymbol{x}_k - \hat{\boldsymbol{x}}_{k|k-1}) + (\hat{\boldsymbol{x}}^j_{k|k} - \boldsymbol{x}_k) \\ &= \boldsymbol{F}(\boldsymbol{x}_{k-1} - \hat{\boldsymbol{x}}_{k-1|k-1}) + \boldsymbol{G}\boldsymbol{w}_{k-1} + \boldsymbol{P}^j_{k|k}(\boldsymbol{P}^j_{k|k-1})^{-1}\boldsymbol{F}(\hat{\boldsymbol{x}}^j_{k-1|k-1} - \boldsymbol{x}_{k-1}) - \\ &\quad \boldsymbol{P}^j_{k|k}(\boldsymbol{P}^j_{k|k-1})^{-1}\boldsymbol{G}\boldsymbol{w}_{k-1} + \boldsymbol{K}^j_k\boldsymbol{v}^j_k \\ &= \boldsymbol{F}(\boldsymbol{x}_{k-1} - \hat{\boldsymbol{x}}_{k-1|k-1}) - \boldsymbol{P}^j_{k|k}(\boldsymbol{P}^j_{k|k-1})^{-1}\boldsymbol{F}(\boldsymbol{x}_{k-1} - \hat{\boldsymbol{x}}^j_{k-1|k-1}) + \\ &\quad (\boldsymbol{I} - \boldsymbol{P}^j_{k|k}(\boldsymbol{P}^j_{k|k-1})^{-1})\boldsymbol{G}\boldsymbol{w}_{k-1} + \boldsymbol{K}^j_k\boldsymbol{v}^j_k\end{aligned}$$

根据定义可知

$$\begin{aligned}\boldsymbol{\Sigma}_j &= E[(\boldsymbol{x}_k - \hat{\boldsymbol{x}}_{k|k-1})(\hat{\boldsymbol{x}}^j_{k|k} - \hat{\boldsymbol{x}}_{k|k-1})^{\mathrm{T}}] \\ &= \boldsymbol{F}\boldsymbol{P}_{k-1|k-1}\boldsymbol{F}^{\mathrm{T}} - \boldsymbol{F}\boldsymbol{P}^{cf,j}_{k-1|k-1}\boldsymbol{F}^{\mathrm{T}}(\boldsymbol{P}^j_{k|k}(\boldsymbol{P}^j_{k|k-1})^{-1})^{\mathrm{T}} + \boldsymbol{G}\boldsymbol{Q}\boldsymbol{G}^{\mathrm{T}}(\boldsymbol{I} - \boldsymbol{P}^j_{k|k}(\boldsymbol{P}^j_{k|k-1})^{-1})^{\mathrm{T}}\end{aligned}$$

$$\begin{aligned}\boldsymbol{\Sigma}_{ij} &= E[(\hat{\boldsymbol{x}}^i_{k|k} - \hat{\boldsymbol{x}}_{k|k-1})(\hat{\boldsymbol{x}}^j_{k|k} - \hat{\boldsymbol{x}}_{k|k-1})^{\mathrm{T}}] \\ &= \boldsymbol{F}\boldsymbol{P}_{k-1|k-1}\boldsymbol{F}^{\mathrm{T}} - \boldsymbol{F}\boldsymbol{P}^{cf,j}_{k-1|k-1}\boldsymbol{F}^{\mathrm{T}}(\boldsymbol{P}^j_{k|k}(\boldsymbol{P}^j_{k|k-1})^{-1})^{\mathrm{T}} - \\ &\quad \boldsymbol{P}^i_{k|k}(\boldsymbol{P}^j_{k|k-1})^{-1}\boldsymbol{F}(\boldsymbol{P}^{cf}_{k-1|k-1})^{\mathrm{T}}\boldsymbol{F}^{\mathrm{T}} + \boldsymbol{P}^i_{k|k}(\boldsymbol{P}^i_{k|k-1})^{-1}\boldsymbol{F}\boldsymbol{P}^{ij}_{k-1|k-1}\boldsymbol{F}^{\mathrm{T}}(\boldsymbol{P}^j_{k|k}(\boldsymbol{P}^j_{k|k-1})^{-1})^{\mathrm{T}} + \\ &\quad (\boldsymbol{I} - \boldsymbol{P}^i_{k|k}(\boldsymbol{P}^j_{k|k-1})^{-1})\boldsymbol{G}\boldsymbol{Q}\boldsymbol{G}^{\mathrm{T}}(\boldsymbol{I} - \boldsymbol{P}^j_{k|k}(\boldsymbol{P}^j_{k|k-1})^{-1})^{\mathrm{T}}\end{aligned}$$

可以看出 $\boldsymbol{\Sigma}_j$ 和 $\boldsymbol{\Sigma}_{ij}$ 的计算依赖于 $\boldsymbol{P}^{cf,j}_{k|k}$ 和 $\boldsymbol{P}^{ij}_{k|k}$。

由式(6-4-8)可知

$$\begin{aligned}\hat{\boldsymbol{x}}_{k|k} - \boldsymbol{x}_k &= \hat{\boldsymbol{x}}_{k|k-1} - \boldsymbol{x}_k + \boldsymbol{W}^1_{k|k}(\hat{\boldsymbol{x}}^1_{k|k} - \hat{\boldsymbol{x}}_{k|k-1}) + \boldsymbol{W}^2_{k|k}(\hat{\boldsymbol{x}}^2_{k|k} - \hat{\boldsymbol{x}}_{k|k-1}) \\ &= \hat{\boldsymbol{x}}_{k|k-1} - \boldsymbol{x}_k + \boldsymbol{W}^1_{k|k}((\hat{\boldsymbol{x}}^1_{k|k} - \boldsymbol{x}_k) + (\boldsymbol{x}_k - \hat{\boldsymbol{x}}_{k|k-1})) + \\ &\quad \boldsymbol{W}^2_{k|k}((\hat{\boldsymbol{x}}^2_{k|k} - \boldsymbol{x}_k) + (\boldsymbol{x}_k - \hat{\boldsymbol{x}}_{k|k-1})) \\ &= (\boldsymbol{I} - \boldsymbol{W}^1_{k|k} - \boldsymbol{W}^2_{k|k})(\hat{\boldsymbol{x}}_{k|k-1} - \boldsymbol{x}_k) + \boldsymbol{W}^1_{k|k}(\hat{\boldsymbol{x}}^1_{k|k} - \boldsymbol{x}_k) + \boldsymbol{W}^2_{k|k}(\hat{\boldsymbol{x}}^2_{k|k} - \boldsymbol{x}_k)\end{aligned}$$

加之式(6-4-8)以及

$$\hat{\boldsymbol{x}}_{k|k-1} - \boldsymbol{x}_k = \boldsymbol{F}(\hat{\boldsymbol{x}}_{k-1|k-1} - \boldsymbol{x}_{k-1}) - \boldsymbol{G}\boldsymbol{w}_{k-1}$$

就可以得到

$$\begin{aligned}\boldsymbol{P}^{cf,j}_{k|k} &= E[(\hat{\boldsymbol{x}}_{k|k} - \boldsymbol{x}_k)(\hat{\boldsymbol{x}}^j_{k|k} - \boldsymbol{x}_k)^{\mathrm{T}}] \\ &= (\boldsymbol{I} - \boldsymbol{W}^1_{k|k} - \boldsymbol{W}^2_{k|k})(\boldsymbol{F}\boldsymbol{P}^{cf,j}_{k-1|k-1}\boldsymbol{F}^{\mathrm{T}}(\boldsymbol{P}^j_{k|k}(\boldsymbol{P}^j_{k|k-1})^{-1})^{\mathrm{T}} + \\ &\quad \boldsymbol{G}\boldsymbol{Q}\boldsymbol{G}^{\mathrm{T}}(\boldsymbol{P}^j_{k|k}(\boldsymbol{P}^j_{k|k-1})^{-1})^{\mathrm{T}}) + \boldsymbol{W}^j_{k|k}\boldsymbol{P}^j_{k|k} + \boldsymbol{W}^i_{k|k}\boldsymbol{P}^{ij}_{k|k}, \quad i,j=1,2, \quad i \neq j\end{aligned}$$

$$\begin{aligned}\boldsymbol{P}^{ij}_{k|k} &= E[(\boldsymbol{x}_k - \hat{\boldsymbol{x}}^i_{k|k})(\boldsymbol{x}_k - \hat{\boldsymbol{x}}^j_{k|k})^{\mathrm{T}}] \\ &= \boldsymbol{P}^i_{k|k}(\boldsymbol{P}^j_{k|k-1})^{-1}\boldsymbol{F}\boldsymbol{P}^{ij}_{k-1|k-1}\boldsymbol{F}^{\mathrm{T}}(\boldsymbol{P}^j_{k|k}(\boldsymbol{P}^j_{k|k-1})^{-1})^{\mathrm{T}} + \\ &\quad \boldsymbol{P}^i_{k|k}(\boldsymbol{P}^j_{k|k-1})^{-1}\boldsymbol{G}\boldsymbol{Q}\boldsymbol{G}^{\mathrm{T}}(\boldsymbol{P}^j_{k|k}(\boldsymbol{P}^j_{k|k-1})^{-1})^{\mathrm{T}}\end{aligned}$$

3. 融合中心向各传感器有反馈且 $n>1$

令

$$A_{n+1}^{j}=I,\quad A_{i}^{j}=A_{i+1}^{j}P_{k-n+i|k-n+i}^{j}(P_{k-n+i|k-n+i-1}^{j})^{-1}F$$

$$B_{i}^{j}=A_{i+1}^{j}P_{k-n+i|k-n+i}^{j}(H^{j})^{\mathrm{T}}(R^{j})^{-1},\quad i=1,2,\cdots,n$$

这样一来

$$A_{n}^{j}=A_{n+1}^{j}P_{k|k}^{j}(P_{k|k-1}^{j})^{-1}F=P_{k|k}^{j}(P_{k|k-1}^{j})^{-1}F$$

$$B_{n}^{j}=A_{n+1}^{j}P_{k|k}^{j}(H^{j})^{\mathrm{T}}(R^{j})^{-1}=P_{k|k}^{j}(H^{j})^{\mathrm{T}}(R^{j})^{-1}$$

从而

$$\begin{aligned}\hat{x}_{k|k}^{j}&=\hat{x}_{k|k-1}^{j}+P_{k|k}^{j}(H^{j})^{\mathrm{T}}(R^{j})^{-1}(z_{k}^{j}-H^{j}\hat{x}_{k|k-1}^{j})\\&=P_{k|k}^{j}(P_{k|k-1}^{j})^{-1}F\hat{x}_{k-1|k-1}^{j}+P_{k|k}^{j}(H^{j})^{\mathrm{T}}(R^{j})^{-1}z_{k}^{j}=A_{n}^{j}\hat{x}_{k-1|k-1}^{j}+B_{n}^{j}z_{k}^{j}\end{aligned}$$

类似地

$$\hat{x}_{k-1|k-1}^{j}=P_{k-1|k-1}^{j}(P_{k-1|k-2}^{j})^{-1}F\hat{x}_{k-2|k-2}^{j}+P_{k-1|k-1}^{j}(H^{j})^{\mathrm{T}}(R^{j})^{-1}z_{k-1}^{j}$$

代入上式,可得

$$\begin{aligned}\hat{x}_{k|k}^{j}&=A_{n}^{j}(P_{k-1|k-1}^{j}(P_{k|k-z}^{j})^{-1}F\hat{x}_{k-2|k-2}^{j}+P_{k-1|k-1}^{j}(H^{j})^{\mathrm{T}}(R^{j})^{-1}z_{k-1}^{j})+B_{n}^{j}z_{k}^{j}\\&=A_{n-1}^{j}\hat{x}_{k-2|k-2}^{j}+B_{n-1}^{j}z_{k-1}^{j}+B_{n}^{j}z_{k}^{j}\end{aligned}$$

进一步类似地,有

$$\hat{x}_{k-2|k-2}^{j}=P_{k-2|k-2}^{j}(P_{k-2|k-3}^{j})^{-1}F\hat{x}_{k-3|k-3}^{j}+P_{k-2|k-2}^{j}(H^{j})^{\mathrm{T}}(R^{j})^{-1}z_{k-2}^{j}$$

从而

$$\begin{aligned}\hat{x}_{k|k}^{j}&=A_{n-1}^{j}(P_{k-2|k-2}^{j}(P_{k-2|k-3}^{j})^{-1}F\hat{x}_{k-3|k-3}^{j}+P_{k-2|k-2}^{j}(H^{j})^{\mathrm{T}}(R^{j})^{-1}z_{k-2}^{j})+B_{n-1}^{j}z_{k-1}^{j}+B_{n}^{j}z_{k}^{j}\\&=A_{n-2}^{j}\hat{x}_{k-3|k-3}^{j}+B_{n-2}^{j}z_{k-2}^{j}+B_{n-1}^{j}z_{k-1}^{j}+B_{n}^{j}z_{k}^{j}\end{aligned}$$

重复与上面类似的过程,有

$$\hat{x}_{k|k}^{j}=A_{1}^{j}\hat{x}_{k-n|k-n}^{j}+\sum_{i=1}^{n}B_{i}^{j}z_{k-(n-i)}^{j}=A_{1}^{j}\hat{x}_{k-n|k-n}^{j}+\sum_{i=1}^{n}B_{i}^{j}H^{j}x_{k-(n-i)}+\sum_{i=1}^{n}B_{i}^{j}v_{k-(n-i)}^{j}$$

由于

$$x_{k-(n-i)}=F^{i}x_{k-n}+\sum_{h=1}^{i}F^{i-h}Gw_{k-n+(h-1)}$$

这样一来,则有

$$\begin{aligned}\hat{x}_{k|k}^{j}&=A_{1}^{j}\hat{x}_{k-n|k-n}^{j}+\sum_{i=1}^{n}B_{i}^{j}H^{j}(F^{i}x_{k-n}+\sum_{h=1}^{i}F^{i-h}Gw_{k-(n-(h-1))})+\sum_{i=1}^{n}B_{i}^{j}v_{k-(n-i)}^{j}\\&=A_{1}^{j}\hat{x}_{k-n|k-n}^{j}+\sum_{i=1}^{n}(B_{i}^{j}H^{j}F^{i}x_{k-n}+\sum_{h=1}^{i}B_{i}^{j}H^{j}F^{i-h}Gw_{k-(n-(h-1))})+\sum_{i=1}^{n}B_{i}^{j}v_{k-(n-i)}^{j}\end{aligned}$$

其中

$$\sum_{i=1}^{n}\sum_{h=1}^{i}B_{i}^{j}H^{j}F^{i-h}Gw_{k-(n-(h-1))}=\sum_{i=1}^{n}\sum_{h=i}^{n}B_{h}^{j}H^{j}F^{h-i}Gw_{k-n+i-1}$$

从而

$$\hat{x}_{k|k}^{j}=A_{1}^{j}\hat{x}_{k-n|k-n}^{j}+\sum_{i=1}^{n}\Big(B_{i}^{j}H^{j}F^{i}x_{k-n}+\sum_{h=i}^{n}B_{h}^{j}H^{j}F^{h-i}Gw_{k-n+i-1}\Big)+\sum_{i=1}^{n}B_{i}^{j}v_{k-(n-i)}^{j}$$

注意到

$$\boldsymbol{x}_k=\boldsymbol{F}^n\boldsymbol{x}_{k-n}+\sum_{i=1}^{n}\boldsymbol{F}^{n-i}\boldsymbol{G}\boldsymbol{w}_{k-(n-i+1)} \tag{6-4-9}$$

以及

$$\begin{aligned}\boldsymbol{z}_{k-(n-i)}^{j}&=\boldsymbol{H}^{j}\boldsymbol{x}_{k-(n-i)}+\boldsymbol{v}_{k-(n-i)}^{j}=\boldsymbol{H}^{j}\left(\boldsymbol{F}^{i}\boldsymbol{x}_{k-n}+\sum_{h=1}^{i}\boldsymbol{F}^{i-h}\boldsymbol{G}\boldsymbol{w}_{k-(n-(h-1))}\right)+\boldsymbol{v}_{k-(n-i)}^{j}\\&=\boldsymbol{H}^{j}\boldsymbol{F}^{i}\boldsymbol{x}_{k-n}+\sum_{h=1}^{i}\boldsymbol{H}^{j}\boldsymbol{F}^{i-h}\boldsymbol{G}\boldsymbol{w}_{k-(n-(h-1))}+\boldsymbol{v}_{k-(n-i)}^{j},\quad i=1,2,\cdots,n\end{aligned} \tag{6-4-10}$$

基于以上两式以及下面的等式

$$\begin{aligned}\sum_{h=i}^{n}\boldsymbol{B}_h^j\boldsymbol{H}^j\boldsymbol{F}^{h-i}&=\sum_{h=i}^{n}\boldsymbol{A}_{h+1}^{j}\boldsymbol{P}_{k-n+h|k-n+h}^{j}(\boldsymbol{H}^j)^{\mathrm{T}}(\boldsymbol{R}^j)^{-1}\boldsymbol{H}^j\boldsymbol{F}^{h-i}\\&=\sum_{h=i}^{n}\boldsymbol{A}_{h+1}^{j}\boldsymbol{P}_{k-n+h|k-n+h}^{j}((\boldsymbol{P}_{k-n+h|k-n+h}^{j})^{-1}-(\boldsymbol{P}_{k-n+h|k-n+h-1}^{j})^{-1})\boldsymbol{F}^{h-i}\\&=\sum_{h=i}^{n}\boldsymbol{A}_{h+1}^{j}\boldsymbol{F}^{h-i}-\sum_{h=i}^{n}\boldsymbol{A}_{h}^{j}\boldsymbol{F}^{h-1-i}=\boldsymbol{F}^{n-i}-\boldsymbol{A}_i^j\boldsymbol{F}^{-1}\end{aligned}$$

以及

$$\begin{aligned}\sum_{i=1}^{n}\boldsymbol{B}_i^j\boldsymbol{H}^j\boldsymbol{F}^{i}&=\sum_{i=1}^{n}\boldsymbol{A}_{i+1}^{j}\boldsymbol{P}_{k-n+i|k-n+i}^{j}(\boldsymbol{H}^j)^{\mathrm{T}}(\boldsymbol{R}^j)^{-1}\boldsymbol{H}^j\boldsymbol{F}^{i}\\&=\sum_{i=1}^{n}\boldsymbol{A}_{i+1}^{j}\boldsymbol{P}_{k-n+i|k-n+i}^{j}((\boldsymbol{P}_{k-n+h|k-n+h}^{j})^{-1}-(\boldsymbol{P}_{k-n+h|k-n+h-1}^{j})^{-1})\boldsymbol{F}^{i}\\&=\sum_{i=1}^{n}\boldsymbol{A}_{i+1}^{j}\boldsymbol{F}^{i}-\sum_{i=1}^{n}\boldsymbol{A}_{i}^{j}\boldsymbol{F}^{i-1}=\boldsymbol{F}^{n}-\boldsymbol{A}_1^j\end{aligned}$$

可以得到

$$\hat{\boldsymbol{x}}_{k|k}^{j}=\boldsymbol{A}_1^j\hat{\boldsymbol{x}}_{k-n|k-n}^{j}+(\boldsymbol{F}^n-\boldsymbol{A}_1^j)\boldsymbol{x}_{k-n}+\sum_{i=1}^{n}(\boldsymbol{F}^{n-i}-\boldsymbol{A}_i^j\boldsymbol{F}^{-1})\boldsymbol{G}\boldsymbol{w}_{k-n+i-1}+\sum_{i=1}^{n}\boldsymbol{B}_i^j\boldsymbol{v}_{k-(n-i)}^{j}$$

$$\begin{aligned}\hat{\boldsymbol{x}}_{k|k}^{j}-\hat{\boldsymbol{x}}_{k|k-n}&=(\boldsymbol{x}_k-\hat{\boldsymbol{x}}_{k|k-n})+(\hat{\boldsymbol{x}}_{k|k}^{j}-\boldsymbol{x}_k)\\&=(\boldsymbol{x}_k-\hat{\boldsymbol{x}}_{k|k-n})+\boldsymbol{A}_1^j(\hat{\boldsymbol{x}}_{k-n|k-n}^{j}-\boldsymbol{x}_{k-n})-\\&\quad\sum_{i=1}^{n}\boldsymbol{A}_i^j\boldsymbol{F}^{-1}\boldsymbol{G}\boldsymbol{w}_{k-n+i-1}+\sum_{i=1}^{n}\boldsymbol{B}_i^j\boldsymbol{v}_{k-(n-i)}^{j}\end{aligned}$$

其中

$$\boldsymbol{x}_k-\hat{\boldsymbol{x}}_{k|k-n}=\boldsymbol{F}^n(\boldsymbol{x}_{k-n}-\hat{\boldsymbol{x}}_{k-n|k-n})+\sum_{i=1}^{n}\boldsymbol{F}^{n-i}\boldsymbol{G}\boldsymbol{w}_{k-(n-i+1)}$$

这样一来，有

$$\begin{aligned}\hat{\boldsymbol{x}}_{k|k}^{j}-\hat{\boldsymbol{x}}_{k|k-n}&=(\boldsymbol{F}^n-\boldsymbol{A}_1^j)(\boldsymbol{x}_{k-n}-\hat{\boldsymbol{x}}_{k-n|k-n})+\\&\quad\sum_{i=1}^{n}(\boldsymbol{F}^{n-i}-\boldsymbol{A}_i^j\boldsymbol{F}^{-1})\boldsymbol{G}\boldsymbol{w}_{k-(n-i+1)}+\sum_{i=1}^{n}\boldsymbol{B}_i^j\boldsymbol{v}_{k-(n-i)}^{j}\end{aligned}$$

所以

$$\begin{aligned}\boldsymbol{\Sigma}_j &= E[(\boldsymbol{x}_k - \hat{\boldsymbol{x}}_{k|k-n})(\hat{\boldsymbol{x}}^j_{k|k} - \hat{\boldsymbol{x}}_{k|k-n})^{\mathrm{T}}] \\ &= \boldsymbol{F}^n \boldsymbol{P}_{k-n|k-n}(\boldsymbol{F}^n - \boldsymbol{A}^j_1)^{\mathrm{T}} + \sum_{i=1}^{n} \boldsymbol{F}^{n-i}\boldsymbol{GQG}^{\mathrm{T}}(\boldsymbol{F}^{n-i} - \boldsymbol{A}^j_i\boldsymbol{F}^{-1})^{\mathrm{T}}\end{aligned}$$

进一步,有

$$\begin{aligned}\boldsymbol{\Sigma}_{lj} &= E[(\hat{\boldsymbol{x}}^l_{k|k} - \hat{\boldsymbol{x}}_{k|k-n})(\hat{\boldsymbol{x}}^j_{k|k} - \hat{\boldsymbol{x}}_{k|k-n})^{\mathrm{T}}] \\ &= (\boldsymbol{F}^n - \boldsymbol{A}^l_1)\boldsymbol{P}_{k-n|k-n}(\boldsymbol{F}^n - \boldsymbol{A}^j_1)^{\mathrm{T}} + \sum_{i=1}^{n}(\boldsymbol{F}^{n-i} - \boldsymbol{A}^l_i\boldsymbol{F}^{-1})\boldsymbol{GQG}^{\mathrm{T}}(\boldsymbol{F}^{n-i} - \boldsymbol{A}^j_i\boldsymbol{F}^{-1})^{\mathrm{T}}\end{aligned}$$

4. 融合中心向各传感器无反馈且 $n>1$

令

$$\boldsymbol{A}^j = \boldsymbol{P}^j_s(\bar{\boldsymbol{P}}^j_{s1})^{-1}\boldsymbol{F}$$
$$\boldsymbol{B}^j_i = (\boldsymbol{A}^j)^{n-i}\boldsymbol{P}^j_s(\boldsymbol{H}^j)^{\mathrm{T}}(\boldsymbol{R}^j)^{-1}$$

其中,$\boldsymbol{P}^j_s$ 和 $\bar{\boldsymbol{P}}^j_{s1}$ 分别为稳态局部滤波和 n 步预测误差协方差阵,那么当 $n>1$ 并且没有反馈时,在每个局部传感器,随着 $k\to\infty$,有

$$\hat{\boldsymbol{x}}^j_{k|k} = \boldsymbol{P}^j_s(\bar{\boldsymbol{P}}^j_{s1})^{-1}\boldsymbol{F}\hat{\boldsymbol{x}}^j_{k-1|k-1} + \boldsymbol{P}^j_s(\boldsymbol{H}^j)^{\mathrm{T}}(\boldsymbol{R}^j)^{-1}\boldsymbol{z}^j_k = (\boldsymbol{A}^j)^n\hat{\boldsymbol{x}}^j_{k-n|k-n} + \sum_{i=1}^{n}\boldsymbol{B}^j_i\boldsymbol{z}^j_{k-n+i}$$

由上式以及式(6-4-9)和式(6-4-10),可以得到

$$\hat{\boldsymbol{x}}^j_{k|k} = (\boldsymbol{A}^j)^n\hat{\boldsymbol{x}}^j_{k-n|k-n} + \sum_{i=1}^{n}\boldsymbol{B}^j_i\left(\boldsymbol{H}^j\boldsymbol{F}^i\boldsymbol{x}_{k-n} + \sum_{h=1}^{i}\boldsymbol{H}^j\boldsymbol{F}^{i-h}\boldsymbol{G}\boldsymbol{w}_{k-(n-(h-1))}\right) + \sum_{i=1}^{n}\boldsymbol{B}^j_i\boldsymbol{v}^j_{k-(n-i)}$$

$$\begin{aligned}\hat{\boldsymbol{x}}^j_{k|k} - \boldsymbol{x}_k = {} & (\boldsymbol{A}^j)^n\hat{\boldsymbol{x}}^j_{k-n|k-n} + \left(\sum_{i=1}^{n}\boldsymbol{B}^j_i\boldsymbol{H}^j\boldsymbol{F}^i - \boldsymbol{F}^n\right)\boldsymbol{x}_{k-n} + \\ & \sum_{i=1}^{n}\sum_{h=1}^{i}\boldsymbol{B}^j_i\boldsymbol{H}^j\boldsymbol{F}^{i-h}\boldsymbol{G}\boldsymbol{w}_{k-(n-(h-1))} - \sum_{i=1}^{n}\boldsymbol{F}^{n-i}\boldsymbol{G}\boldsymbol{w}_{k-(n-i+1)} + \sum_{i=1}^{n}\boldsymbol{B}^j_i\boldsymbol{v}^j_{k-(n-i)}\end{aligned}$$

其中

$$\begin{aligned}\sum_{i=1}^{n}\boldsymbol{B}^j_i\boldsymbol{H}^j\boldsymbol{F}^i - \boldsymbol{F}^n &= \sum_{i=1}^{n}(\boldsymbol{A}^j)^{n-i}\boldsymbol{P}^j_s(\boldsymbol{H}^j)^{\mathrm{T}}(\boldsymbol{R}^j)^{-1}\boldsymbol{H}^j\boldsymbol{F}^i - \boldsymbol{F}^n \\ &= \sum_{i=1}^{n}(\boldsymbol{A}^j)^{n-i}\boldsymbol{P}^j_s((\boldsymbol{P}^j_s)^{-1} - (\bar{\boldsymbol{P}}^j_{s1})^{-1})\boldsymbol{F}^i - \boldsymbol{F}^n \\ &= \sum_{i=1}^{n}(\boldsymbol{A}^j)^{n-i}\boldsymbol{F}^i - \sum_{i=1}^{n}(\boldsymbol{A}^j)^{n-(i-1)}\boldsymbol{F}^{i-1} - \boldsymbol{F}^n \\ &= -(\boldsymbol{A}^j)^n\end{aligned}$$

$$\sum_{i=1}^{n}\sum_{h=1}^{i}\boldsymbol{B}^j_i\boldsymbol{H}^j\boldsymbol{F}^{i-h}\boldsymbol{G}\boldsymbol{w}_{k-(n-(h-1))} = \sum_{i=1}^{n}\sum_{h=i}^{n}\boldsymbol{B}^j_h\boldsymbol{H}^j\boldsymbol{F}^{h-i}\boldsymbol{G}\boldsymbol{w}_{k-n+i-1}$$

$$\begin{aligned}\sum_{h=i}^{n}\boldsymbol{B}^j_h\boldsymbol{H}^j\boldsymbol{F}^{h-i} &= \sum_{h=i}^{n}(\boldsymbol{A}^j)^{n-h}\boldsymbol{P}^j_s(\boldsymbol{H}^j)^{\mathrm{T}}(\boldsymbol{R}^j)^{-1}\boldsymbol{H}^j\boldsymbol{F}^{h-i} \\ &= \sum_{h=i}^{n}(\boldsymbol{A}^j)^{n-h}\boldsymbol{P}^j_s((\boldsymbol{P}^j_s)^{-1} - (\bar{\boldsymbol{P}}^j_{s1})^{-1})\boldsymbol{F}^{h-i}\end{aligned}$$

$$
\begin{aligned}
&= \sum_{h=i}^{n} (\boldsymbol{A}^{j})^{n-h} \boldsymbol{F}^{h-i} - \sum_{h=i}^{n}\sum_{h=i}^{n} (\boldsymbol{A}^{j})^{n-(h-1)} \boldsymbol{F}^{h-1-i} \\
&= \boldsymbol{F}^{n-i} - (\boldsymbol{A}^{j})^{n-(i-1)} \boldsymbol{F}^{-1}
\end{aligned}
$$

这样一来

$$
\begin{aligned}
\hat{\boldsymbol{x}}_{k|k}^{j} - \boldsymbol{x}_{k} &= (\boldsymbol{A}^{j})^{n} \hat{\boldsymbol{x}}_{k-n|k-n}^{j} - (\boldsymbol{A}^{j})^{n} \boldsymbol{x}_{k-n} + \sum_{i=1}^{n} (\boldsymbol{F}^{n-i} - (\boldsymbol{A}^{j})^{n-(i-1)} \boldsymbol{F}^{-1}) \boldsymbol{G}\boldsymbol{w}_{k-n+i-1} - \\
&\quad \sum_{i=1}^{n} \boldsymbol{F}^{n-i} \boldsymbol{G}\boldsymbol{w}_{k-(n-i+1)} + \sum_{i=1}^{n} \boldsymbol{B}_{i}^{j} \boldsymbol{v}_{k-(n-i)}^{j} \\
&= (\boldsymbol{A}^{j})^{n} (\hat{\boldsymbol{x}}_{k-n|k-n}^{j} - \boldsymbol{x}_{k-n}) - \sum_{i=1}^{n} (\boldsymbol{A}^{j})^{n-(i-1)} \boldsymbol{F}^{-1} \boldsymbol{G}\boldsymbol{w}_{k-n+i-1} + \\
&\quad \sum_{i=1}^{n} \boldsymbol{B}_{i}^{j} \boldsymbol{v}_{k-(n-i)}^{j}
\end{aligned} \tag{6-4-11}
$$

$$
\begin{aligned}
\hat{\boldsymbol{x}}_{k|k}^{j} - \hat{\boldsymbol{x}}_{k|k-n} &= (\boldsymbol{x}_{k} - \hat{\boldsymbol{x}}_{k|k-n}) + (\hat{\boldsymbol{x}}_{k|k}^{j} - \boldsymbol{x}_{k}) \\
&= (\boldsymbol{x}_{k} - \hat{\boldsymbol{x}}_{k|k-n}) + (\boldsymbol{A}^{j})^{n} (\hat{\boldsymbol{x}}_{k-n|k-n}^{j} - \boldsymbol{x}_{k-n}) - \\
&\quad \sum_{i=1}^{n} (\boldsymbol{A}^{j})^{n-(i-1)} \boldsymbol{F}^{-1} \boldsymbol{G}\boldsymbol{w}_{k-n+i-1} + \sum_{i=1}^{n} \boldsymbol{B}_{i}^{j} \boldsymbol{v}_{k-(n-i)}^{j}
\end{aligned}
$$

由于

$$
\boldsymbol{x}_{k} - \hat{\boldsymbol{x}}_{k|k-n} = \boldsymbol{F}^{n} (\boldsymbol{x}_{k-n} - \hat{\boldsymbol{x}}_{k-n|k-n}) + \sum_{i=1}^{n} \boldsymbol{F}^{n-i} \boldsymbol{G}\boldsymbol{w}_{k-(n-i+1)}
$$

所以

$$
\begin{aligned}
\hat{\boldsymbol{x}}_{k|k}^{j} - \hat{\boldsymbol{x}}_{k|k-n} &= \boldsymbol{F}^{n} (\boldsymbol{x}_{k-n} - \hat{\boldsymbol{x}}_{k-n|k-n}) - (\boldsymbol{A}^{j})^{n} (\boldsymbol{x}_{k-n} - \hat{\boldsymbol{x}}_{k-n|k-n}^{j}) + \\
&\quad \sum_{i=1}^{n} (\boldsymbol{F}^{n-i} - (\boldsymbol{A}^{j})^{n-(i-1)} \boldsymbol{F}^{-1}) \boldsymbol{G}\boldsymbol{w}_{k-n+i-1} + \sum_{i=1}^{n} \boldsymbol{B}_{i}^{j} \boldsymbol{v}_{k-(n-i)}^{j}
\end{aligned}
$$

由此有

$$
\begin{aligned}
\boldsymbol{\Sigma}_{j} &= E[(\boldsymbol{x}_{k} - \hat{\boldsymbol{x}}_{k|k-n})(\hat{\boldsymbol{x}}_{k|k}^{j} - \hat{\boldsymbol{x}}_{k|k-n})^{\mathrm{T}}] \\
&= \boldsymbol{F}^{n} \boldsymbol{P}_{k-n|k-n} (\boldsymbol{F}^{n})^{\mathrm{T}} - \boldsymbol{F}^{n} \boldsymbol{P}_{k-n|k-n}^{cf,j} ((\boldsymbol{A}^{j})^{n})^{\mathrm{T}} + \sum_{i=1}^{n} \boldsymbol{F}^{n-i} \boldsymbol{G}\boldsymbol{Q}\boldsymbol{G}^{\mathrm{T}} (\boldsymbol{F}^{n-i} - (\boldsymbol{A}^{j})^{n-(i-1)} \boldsymbol{F}^{-1})^{\mathrm{T}}
\end{aligned}
$$

其中

$$
\boldsymbol{P}_{k-n|k-n}^{cf,j} = E[(\boldsymbol{x}_{k-n} - \hat{\boldsymbol{x}}_{k-n|k-n})(\boldsymbol{x}_{k-n} - \hat{\boldsymbol{x}}_{k-n|k-n}^{j})^{\mathrm{T}}]
$$

同时还可以得到

$$
\begin{aligned}
\boldsymbol{\Sigma}_{lj} &= E[(\hat{\boldsymbol{x}}_{k|k}^{l} - \hat{\boldsymbol{x}}_{k|k-n})(\hat{\boldsymbol{x}}_{k|k}^{j} - \hat{\boldsymbol{x}}_{k|k-n})^{\mathrm{T}}] \\
&= \boldsymbol{F}^{n} \boldsymbol{P}_{k-n|k-n} (\boldsymbol{F}^{n})^{\mathrm{T}} - \boldsymbol{F}^{n} \boldsymbol{P}_{k-n|k-n}^{cf,j} ((\boldsymbol{A}^{j})^{n})^{\mathrm{T}} - \\
&\quad (\boldsymbol{A}^{l})^{n} (\boldsymbol{P}_{k-n|k-n}^{cf,j})^{\mathrm{T}} (\boldsymbol{F}^{n})^{\mathrm{T}} + (\boldsymbol{A}^{l})^{n} \boldsymbol{P}_{k-n|k-n}^{lj} ((\boldsymbol{A}^{j})^{n})^{\mathrm{T}} + \\
&\quad \sum_{i=1}^{n} (\boldsymbol{F}^{n-i} - (\boldsymbol{A}^{l})^{n-(i-1)} \boldsymbol{F}^{-1}) \boldsymbol{G}\boldsymbol{Q}\boldsymbol{G}^{\mathrm{T}} (\boldsymbol{F}^{n-i} - (\boldsymbol{A}^{j})^{n-(i-1)} \boldsymbol{F}^{-1})^{\mathrm{T}} + \sum_{i=1}^{n} \boldsymbol{B}_{i}^{l} \boldsymbol{R}^{lj} (\boldsymbol{B}_{i}^{j})^{\mathrm{T}}
\end{aligned}
$$

其中

$$
\boldsymbol{P}_{k-n|k-n}^{lj} = E[(\boldsymbol{x}_{k-n} - \hat{\boldsymbol{x}}_{k-n|k-n}^{l})(\boldsymbol{x}_{k-n} - \hat{\boldsymbol{x}}_{k-n|k-n}^{j})^{\mathrm{T}}]
$$

可以看出 $\boldsymbol{\Sigma}_j$ 和 $\boldsymbol{\Sigma}_{ij}$ 的计算依赖于 $\boldsymbol{P}_{k|k}^{cf,j}$ 和 $\boldsymbol{P}_{k|k}^{lj}$。

由式(6-4-3)可知

$$\begin{aligned}\hat{\boldsymbol{x}}_{k|k}-\boldsymbol{x}_k &= \hat{\boldsymbol{x}}_{k|k-n}-\boldsymbol{x}_k+\boldsymbol{W}_{k|k}^1(\hat{\boldsymbol{x}}_{k|k}^1-\hat{\boldsymbol{x}}_{k|k-n})+\boldsymbol{W}_{k|k}^2(\hat{\boldsymbol{x}}_{k|k}^2-\hat{\boldsymbol{x}}_{k|k-n})\\ &= \hat{\boldsymbol{x}}_{k|k-n}-\boldsymbol{x}_k+\boldsymbol{W}_{k|k}^1((\hat{\boldsymbol{x}}_{k|k}^1-\boldsymbol{x}_k)+(\boldsymbol{x}_k-\hat{\boldsymbol{x}}_{k|k-n}))+\\ &\quad \boldsymbol{W}_{k|k}^2((\hat{\boldsymbol{x}}_{k|k}^2-\boldsymbol{x}_k)+(\boldsymbol{x}_k-\hat{\boldsymbol{x}}_{k|k-n}))\\ &= (\boldsymbol{I}-\boldsymbol{W}_{k|k}^1-\boldsymbol{W}_{k|k}^2)(\hat{\boldsymbol{x}}_{k|k-n}-\boldsymbol{x}_k)+\boldsymbol{W}_{k|k}^1(\hat{\boldsymbol{x}}_{k|k}^1-\boldsymbol{x}_k)+\boldsymbol{W}_{k|k}^2(\hat{\boldsymbol{x}}_{k|k}^2-\boldsymbol{x}_k)\end{aligned}$$

加之式(6-4-11)以及

$$\hat{\boldsymbol{x}}_{k|k-n}-\boldsymbol{x}_k=\boldsymbol{F}^n(\hat{\boldsymbol{x}}_{k-n|k-n}-\boldsymbol{x}_{k-n})-\sum_{h=1}^{n}\boldsymbol{F}^{n-h}\boldsymbol{G}\boldsymbol{w}_{k-(n-h+1)}$$

就可以得到

$$\begin{aligned}\boldsymbol{P}_{k|k}^{cf,j} &= E[(\hat{\boldsymbol{x}}_{k|k}-\boldsymbol{x}_k)(\hat{\boldsymbol{x}}_{k|k}^j-\boldsymbol{x}_k)^{\mathrm{T}}]\\ &= (\boldsymbol{I}-\boldsymbol{W}_{k|k}^1-\boldsymbol{W}_{k|k}^2)(\boldsymbol{F}^n\boldsymbol{P}_{k-n|k-n}^{cf,j}((\boldsymbol{A}^j)^n)^{\mathrm{T}}+\sum_{h=1}^{n}\boldsymbol{F}^{n-h}\boldsymbol{GQG}^{\mathrm{T}}((\boldsymbol{A}^j)^{n-(h-1)}\boldsymbol{F}^{-1})^{\mathrm{T}})+\\ &\quad \boldsymbol{W}_{k|k}^j\boldsymbol{P}_{k|k}^j+\boldsymbol{W}_{k|k}^i\boldsymbol{P}_{k|k}^{ij},\quad i,j=1,2,\quad i\neq j\end{aligned}$$

$$\begin{aligned}\boldsymbol{P}_{k|k}^{lj} &= E[(\boldsymbol{x}_k-\hat{\boldsymbol{x}}_{k|k}^l)(\boldsymbol{x}_k-\hat{\boldsymbol{x}}_{k|k}^j)^{\mathrm{T}}]\\ &= (\boldsymbol{A}^l)^n\boldsymbol{P}_{k-n|k-n}^{lj}((\boldsymbol{A}^j)^n)^{\mathrm{T}}+\sum_{i=1}^{n}(\boldsymbol{A}^l)^{n-(i-1)}\boldsymbol{F}^{-1}\boldsymbol{GQG}^{\mathrm{T}}((\boldsymbol{A}^j)^{n-(i-1)}\boldsymbol{F}^{-1})^{\mathrm{T}}+\\ &\quad \sum_{i=1}^{n}\boldsymbol{B}_i^l\boldsymbol{R}^{lj}(\boldsymbol{B}_i^j)^{\mathrm{T}}\end{aligned}$$

值得注意的是，当 $n>1$ 时，MAP 融合结果(有反馈或者无反馈)与中心式融合结果不同，这是由于在每一次 MAP 融合迭代过程中，融合中心的先验信息是给定以前的各传感器局部估计的情况下的 LMMSE 估计，而不是给定所有以前量测的条件估计。

6.4.2 最优集中式估计的重构

上面介绍的各种融合算法都是通过对各传感器局部航迹估计进行最好的线性联合来实现融合的，另外一种航迹状态估计融合的方法则是试图通过综合各传感器的局部航迹估计，以及一些可能的附加信息来重构最优的估计(通过融合各个航迹中的量测)。

图 6-4-1 说明了这种方法对于传感器到系统航迹融合的基本原理。来自各传感器的量测被用来形成传感器级航迹。这些估计量周期性地进行融合以得到系统航迹的状态估计。

如图 6-4-1 所示，用来融合的传感器级航迹估计 $\hat{\boldsymbol{x}}_j$ 和系统航迹估计 $\hat{\boldsymbol{x}}_i$ 共享传感器航迹估计 $\bar{\boldsymbol{x}}_j$ 中的相同的量测，$\bar{\boldsymbol{x}}_j$ 在早些时候传送并且和系统航迹进行融合。

这种算法要么通过识别相同的信息并且在融合过程中去除，要么通过只发送与系统航迹不相关的信息，以避免信息的重复计算。后者用到了所谓“小航迹”[35-38]的概念。此处，小航迹不严格地被定义为计算得到的一个航迹段，使得其误差与其他航迹段的误差不相关。

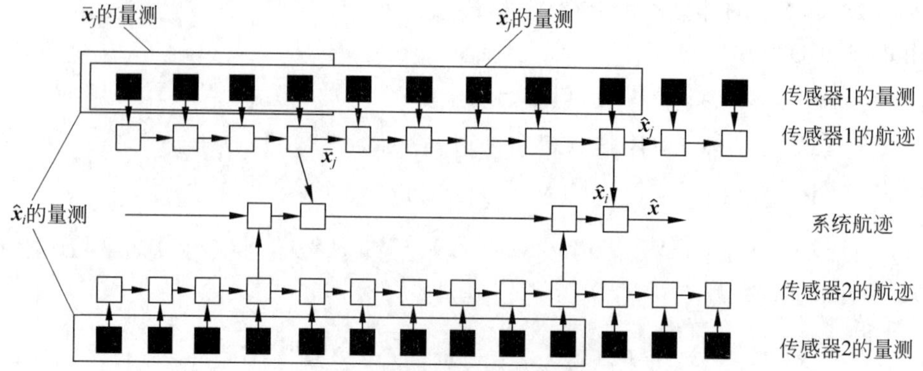

图 6-4-1　集中式估计的重构

1. 信息去相关

使用Kalman滤波器的信息滤波器形式，信息去相关方法可以容易地被推导出来[39-41]。其关键思想是识别用来融合的两个估计量中的相同信息，并且在融合的时候去除。当一个航迹是系统航迹，另一个航迹是传感器航迹时这种方法非常有用。此时，状态估计融合算法为

$$\begin{cases}\hat{\boldsymbol{x}}=\boldsymbol{P}(\boldsymbol{P}_i^{-1}\hat{\boldsymbol{x}}_i+\boldsymbol{P}_j^{-1}\hat{\boldsymbol{x}}_j-\bar{\boldsymbol{P}}_j^{-1}\bar{\boldsymbol{x}}_j)\\ \boldsymbol{P}=(\boldsymbol{P}_i^{-1}+\boldsymbol{P}_j^{-1}-\bar{\boldsymbol{P}}_j^{-1})^{-1}\end{cases}\tag{6-4-12}$$

其中，$\bar{\boldsymbol{x}}_j$ 和 $\bar{\boldsymbol{P}}_j$ 是传感器航迹上一次传送给系统航迹的状态估计和误差协方差阵（传播到相同的融合时刻）。这就是融合算法用到的附加信息。一般来说，传感器航迹和系统航迹都包含这个共同信息。为了避免重复计算，必须在结果中将其去除。

这种融合算法基于分布式融合的一般理论[41-43]，它支持任意的融合和通信结构，如带反馈的融合。前面介绍的信息图用来识别两个估计量共享的共同的信息，融合算法这样才能够避免重复计算。除了融合状态估计以及它们的误差协方差阵外，这种一般的方法还可以用来融合目标分类概率。

这种方法主要的优点是易于实现。因为先前发送的传感器航迹的状态估计和误差协方差阵可以被存起来然后传送到当前的融合时刻，因此不需要附加的通信。这种方法在没有过程噪声时是最优的。当过程噪声很小，并且传感器航迹的更新速率相当高时，表现出的性能下降也是很小的。

2. 等价量测

这种算法通过寻找“小航迹”的等价量测来消除传感器航迹间的相关性，也就是上一次与系统航迹通信以后传感器航迹中的传感器量测[44-46]。

由传感器航迹当前的估计及误差协方差和先前的估计及误差协方差（所有的都传播到相同的时刻）得到的等价量测 $\boldsymbol{u}_j$ 和误差协方差阵 $\boldsymbol{U}_j$ 分别如下：

$$\begin{cases}\boldsymbol{u}_j=\bar{\boldsymbol{x}}_j+\bar{\boldsymbol{P}}_j(\bar{\boldsymbol{P}}_j-\boldsymbol{P}_j)^{-1}(\hat{\boldsymbol{x}}_j-\bar{\boldsymbol{x}}_j)\\ \boldsymbol{U}_j=\bar{\boldsymbol{P}}_j(\bar{\boldsymbol{P}}_j-\boldsymbol{P}_j)^{-1}\boldsymbol{P}_j\end{cases}\tag{6-4-13}$$

等价量测的误差与全局航迹的估计误差条件不相关。这样,标准的 Kalman 更新方程可以用来联合等价量测当前的状态估计。状态估计的更新方程和估计误差协方差阵分别为

$$\begin{cases}\hat{\boldsymbol{x}}=\hat{\boldsymbol{x}}_i+\hat{\boldsymbol{P}}_i(\hat{\boldsymbol{P}}_i+\boldsymbol{U}_j)^{-1}(\boldsymbol{u}_j-\hat{\boldsymbol{x}}_i)\\ \boldsymbol{P}=\hat{\boldsymbol{P}}_i-\hat{\boldsymbol{P}}_i(\hat{\boldsymbol{P}}_i+\boldsymbol{U}_j)^{-1}\hat{\boldsymbol{P}}_i\end{cases}\tag{6-4-14}$$

式(6-4-13)和式(6-4-14)与信息去相关部分的式(6-4-12)完全等价。式(6-4-12)是信息矩阵的形式,而式(6-4-13)和式(6-4-14)是协方差阵的形式。因此,除数值计算问题以外,两种算法在性能和行为上应该完全相同。信息去相关算法有一个优点就是同样的方法可以用于非 Gauss 或离散概率分布。

3. 重新启动局部滤波器

另一种去除传感器航迹与系统航迹相关性的途径是仅利用上次通信后的量测生成局部航迹估计。这种方法有时被称为"来自量测的小航迹"[36]。如图 6-4-2 所示,局部和系统航迹因为没有分享共同的信息而不相关。按照信息图,每个量测只有一条单独的通向融合结点的路径。

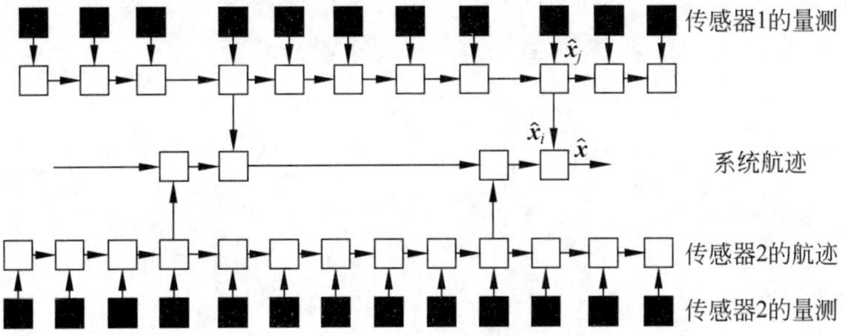

图 6-4-2 重新启动局部滤波器

在此方法中,在发送完一个传感器航迹与系统航迹融合后,局部滤波器使用新的量测来重新启动。从这些量测得到的估计就与系统航迹是不相关的,并且可以很容易地和系统航迹融合。因为传感器跟踪需要好的估计量来计算扩展 Kalman 滤波中的矩阵以及支持关联,因此处理所有量测的常规跟踪器也被使用。这样一来,周期性重启的局部滤波器就可以被看作"影子跟踪器"[37]。

这种方法的优点是它的简单性,缺点是需要修改现有的传感器跟踪算法。这种方法同样等价于式(6-4-12)~式(6-4-14)。

4. 全局重新启动

航迹融合中的主要问题是传感器航迹和系统航迹之间的相关性。如果在融合传感器航迹估计不用系统航迹的状态估计,则这种相关性问题就不存在。因为传感器融合已经包含了到当前时刻为止的所有有用的量测,因此形成的全局估计将是最优的,如图 6-4-3 所示。

在每个融合时刻,传感器级航迹估计进行相互融合以得到全局估计。融合算法是

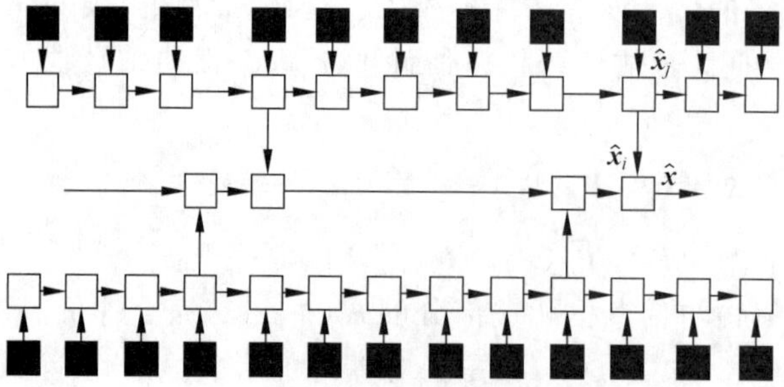

图 6-4-3　全局重新启动

$$\begin{cases}\hat{\boldsymbol{x}}=\boldsymbol{P}(\boldsymbol{P}_i^{-1}\hat{\boldsymbol{x}}_i+\boldsymbol{P}_j^{-1}\hat{\boldsymbol{x}}_j-\bar{\boldsymbol{P}}^{-1}\bar{\boldsymbol{x}})\\ \boldsymbol{P}=(\boldsymbol{P}_i^{-1}+\boldsymbol{P}_j^{-1}-\bar{\boldsymbol{P}}^{-1})^{-1}\end{cases}\tag{6-4-15}$$

其中，$\bar{\boldsymbol{x}}$ 和 $\bar{\boldsymbol{P}}$ 是传播到当前时刻的被传感器跟踪器使用的共同的先前状态和协方差阵。要注意的是虽然式(6-4-15)与式(6-4-12)是相同的，但是它们基于不同的处理结构并且使用不同的先验信息。当先验协方差阵 $\bar{\boldsymbol{P}}$ 比更新的估计误差协方差阵大很多时，或者当它由于前向传播而变得很大时，就有 $\boldsymbol{P}^{-1}\to\boldsymbol{0}$，因此这些公式就等价于前面描述的简单凸联合式(6-3-12)，即

$$\begin{cases}\hat{\boldsymbol{x}}=\boldsymbol{P}(\boldsymbol{P}_i^{-1}\hat{\boldsymbol{x}}_i+\boldsymbol{P}_j^{-1}\hat{\boldsymbol{x}}_j)\\ \boldsymbol{P}=(\boldsymbol{P}_i^{-1}+\boldsymbol{P}_j^{-1})^{-1}\end{cases}\tag{6-4-16}$$

这种方法的优点是因为用来融合的传感器航迹没有相关的估计误差，所以不需要任何去相关处理。

6.5 协方差交叉法

如 6.3 节介绍的方法所示，在分布式融合中计算局部估计误差之间的相关性是相当繁杂的，在有些情况下，计算局部估计误差之间的相关性甚至不可行。Simon Julier 等提出了所谓的协方差交叉法[73-74]。这种方法不需要计算局部估计误差之间的相关性。通过优化一定的目标函数，这种方法可以得到一种保守的分布式融合估计。

6.5.1 问题描述

定义 6.5.1　协方差交叉(covariance intersection)法，就是考虑如何由两个相关估计量 $\boldsymbol{a}$，$\boldsymbol{b}$ 进行数据融合，以得到最优融合估计量 $\boldsymbol{c}$ 及其协方差阵的估计阵 $\boldsymbol{P}_{cc}$。

设 $\boldsymbol{a}$，$\boldsymbol{b}$ 的数学期望和协方差阵分别为 $\bar{\boldsymbol{a}}$，$\bar{\boldsymbol{b}}$ 和 $\bar{\boldsymbol{P}}_{aa}$，$\bar{\boldsymbol{P}}_{bb}$，其真实值未知，但已知$\{\boldsymbol{a},\boldsymbol{P}_{aa}\}$和$\{\boldsymbol{b},\boldsymbol{P}_{bb}\}$对$\{\bar{\boldsymbol{a}},\bar{\boldsymbol{P}}_{aa}\}$和$\{\bar{\boldsymbol{b}},\bar{\boldsymbol{P}}_{bb}\}$的估计具有一致性，这里一致性的定义参见文献[70]。再设 $\tilde{\boldsymbol{a}}=\boldsymbol{a}-\bar{\boldsymbol{a}}$ 和 $\tilde{\boldsymbol{b}}=\boldsymbol{b}-\bar{\boldsymbol{b}}$，则 $\boldsymbol{a}$ 和 $\boldsymbol{b}$ 的协方差阵和互协方差阵分别为 $\bar{\boldsymbol{P}}_{aa}=E[\tilde{\boldsymbol{a}}\tilde{\boldsymbol{a}}^{\mathrm{T}}]$，$\bar{\boldsymbol{P}}_{bb}=E[\tilde{\boldsymbol{b}}\tilde{\boldsymbol{b}}^{\mathrm{T}}]$和 $\bar{\boldsymbol{P}}_{ab}=E[\tilde{\boldsymbol{a}}\tilde{\boldsymbol{b}}^{\mathrm{T}}]$，根据一致性的定义，有

$$\boldsymbol{P}_{aa}-\bar{\boldsymbol{P}}_{aa}\geqslant 0,\quad \boldsymbol{P}_{bb}-\bar{\boldsymbol{P}}_{bb}\geqslant 0\tag{6-5-1}$$

式(6-5-1)保证了在估计量空间的所有方向上，$\boldsymbol{P}_{aa}$，$\boldsymbol{P}_{bb}$ 都不会低估 $\bar{\boldsymbol{P}}_{aa}$，$\bar{\boldsymbol{P}}_{bb}$ 的值。$\boldsymbol{a}$，$\boldsymbol{b}$ 的互协方差阵 $\bar{\boldsymbol{P}}_{ab}$ 及其估计 $\boldsymbol{P}_{ab}$ 未知。

在上述条件基础上，我们考虑的问题是，设相关估计量 $\boldsymbol{a}$ 和 $\boldsymbol{b}$ 的相关程度未知，如何融合来自估计量 $\boldsymbol{a}$ 和 $\boldsymbol{b}$ 的信息，以产生新的估计量 $\{\boldsymbol{c},\boldsymbol{P}_{cc}\}$，使其在满足 $\boldsymbol{P}_{cc}$ 的某种范数最小的基础上是最优的；同时该估计应满足一致性，即 $\boldsymbol{P}_{cc}-\bar{\boldsymbol{P}}_{cc}\geqslant 0$（这里，$\bar{\boldsymbol{P}}_{cc}=E[\tilde{\boldsymbol{c}}\tilde{\boldsymbol{c}}^{\mathrm{T}}]$，$\tilde{\boldsymbol{c}}=\boldsymbol{c}-\bar{\boldsymbol{c}}$），并且在估计空间的任何一个方向上，$\boldsymbol{c}$ 的精度不会低于在此方向上 $\boldsymbol{a}$ 或 $\boldsymbol{b}$ 的最低精度。

定义 6.5.2 （协方差椭球）对于任意一个协方差阵 $\boldsymbol{P}$，其协方差椭球为满足条件 $\boldsymbol{x}^{\mathrm{T}}\boldsymbol{P}^{-1}\boldsymbol{x}=c$ 的所有点构成的轨迹，其中 c 为一常数。

6.5.2 相关程度已知的相关估计量最优融合

定理 6.5.1 若已知 $\hat{\boldsymbol{x}}_1$ 和 $\hat{\boldsymbol{x}}_2$ 是对同一随机向量的两个无偏估计，$\boldsymbol{P}_1$ 和 $\boldsymbol{P}_2$ 是相应的协方差阵，且非负定，则矩阵不等式

$$\boldsymbol{P}_1\geqslant \boldsymbol{P}_2 \tag{6-5-2}$$

等价于由 $\boldsymbol{P}_2$ 确定的 $\hat{\boldsymbol{x}}_2$ 的空间方差椭球被包含在由 $\boldsymbol{P}_1$ 确定的 $\hat{\boldsymbol{x}}_1$ 的空间方差椭球之内。

证明 用反证法。

充分性：根据矩阵不等式的定义[71]，式(6-5-2)等价于

$$\boldsymbol{P}_2^{-1}\geqslant \boldsymbol{P}_1^{-1} \tag{6-5-3}$$

即 $\boldsymbol{P}_2^{-1}-\boldsymbol{P}_1^{-1}$ 为非负定阵。再根据非负定阵的性质，对任意向量 $\boldsymbol{x}$ 均有

$$\boldsymbol{x}^{\mathrm{T}}(\boldsymbol{P}_2^{-1}-\boldsymbol{P}_1^{-1})\boldsymbol{x}\geqslant 0\text{，即 }\boldsymbol{x}^{\mathrm{T}}\boldsymbol{P}_1^{-1}\boldsymbol{x}\leqslant \boldsymbol{x}^{\mathrm{T}}\boldsymbol{P}_2^{-1}\boldsymbol{x} \tag{6-5-4}$$

如图 6-5-1 所示，作 $\hat{\boldsymbol{x}}_2$ 的协方差椭球（以二维示意，故椭球退化为椭圆）$\boldsymbol{x}^{\mathrm{T}}\boldsymbol{P}_2^{-1}\boldsymbol{x}=1$，并在椭球的任意方向上取一点 $\boldsymbol{y}_2$，则有

$$\boldsymbol{y}_2^{\mathrm{T}}\boldsymbol{P}_2^{-1}\boldsymbol{y}_2=1 \tag{6-5-5}$$

同时在 $\boldsymbol{O}\rightarrow\boldsymbol{y}_2$ 的相同方向上的 $\boldsymbol{y}_2$ 和 $\boldsymbol{O}$ 之间取一点 $\boldsymbol{y}_1$，则必有一个常数 $\lambda\in[0,1)$ 存在，使得

$$\boldsymbol{y}_1=\lambda\boldsymbol{y}_2 \tag{6-5-6}$$

若 $\boldsymbol{y}_1$ 恰好位于 $\hat{\boldsymbol{x}}_1$ 的协方差椭球 $\boldsymbol{x}^{\mathrm{T}}\boldsymbol{P}_1^{-1}\boldsymbol{x}=1$ 上，则有

$$\boldsymbol{y}_1^{\mathrm{T}}\boldsymbol{P}_1^{-1}\boldsymbol{y}_1=1 \tag{6-5-7}$$

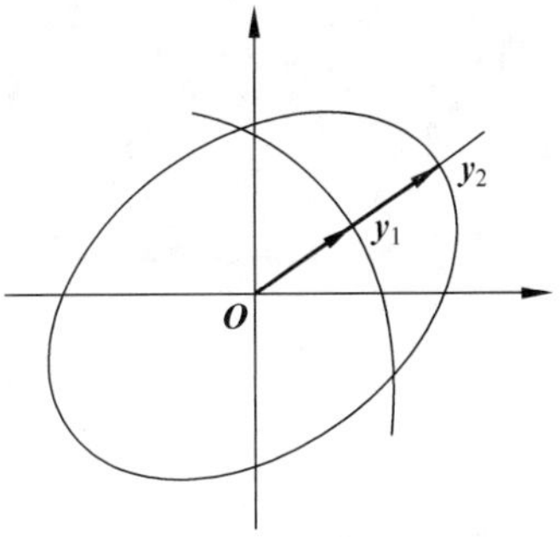

图 6-5-1 协方差椭球示意图

再由式(6-5-4)，可得

$$\boldsymbol{y}_1^{\mathrm{T}}\boldsymbol{P}_2^{-1}\boldsymbol{y}_1\geqslant \boldsymbol{y}_1^{\mathrm{T}}\boldsymbol{P}_1^{-1}\boldsymbol{y}_1=1 \tag{6-5-8}$$

将式(6-5-6)和式(6-5-5)代入式(6-5-8)的左边，可得

$$\boldsymbol{y}_1^{\mathrm{T}}\boldsymbol{P}_2^{-1}\boldsymbol{y}_1=\lambda^2\boldsymbol{y}_2^{\mathrm{T}}\boldsymbol{P}_2^{-1}\boldsymbol{y}_2=\lambda^2<1 \tag{6-5-9}$$

可以看出，式(6-5-8)和式(6-5-9)矛盾。因此，$\boldsymbol{y}_1$ 不可能是 $\hat{\boldsymbol{x}}_1$ 的协方差椭球上的一点。再由 $\boldsymbol{y}_2$ 取值的任意性可知，$\hat{\boldsymbol{x}}_1$ 的方差椭球上的任意一点都不会落在 $\hat{\boldsymbol{x}}_2$ 的方差椭球的

内部，即 $\hat{\boldsymbol{x}}_2$ 的方差椭球完全包含在 $\hat{\boldsymbol{x}}_1$ 的方差椭球之内，充分性成立。

类似地，容易证明命题的必要性也成立，即定理 6.5.1 成立。该定理给出了方差矩阵不等式和方差椭球之间的几何对应关系。 ■

为解决 6.5.1 节提出的问题，先设 $\overline{\boldsymbol{P}}_{ab}$ 的估计 $\boldsymbol{P}_{ab}$ 已知，并且 $\boldsymbol{P}_{ab}$ 保证矩阵

$$\boldsymbol{P}=\begin{bmatrix}\boldsymbol{P}_{aa} & \boldsymbol{P}_{ab}\\ \boldsymbol{P}_{ba} & \boldsymbol{P}_{bb}\end{bmatrix}\geqslant 0 \tag{6-5-10}$$

即为非负定阵。估计融合的一般方法是计算两个估计的线性组合

$$\boldsymbol{c}=\boldsymbol{W}_a\boldsymbol{a}+\boldsymbol{W}_b\boldsymbol{b} \tag{6-5-11}$$

其中，$\boldsymbol{W}_a$ 和 $\boldsymbol{W}_b$ 为线性加权阵。则计算协方差阵为

$$\boldsymbol{P}_{cc}=\boldsymbol{W}_a\boldsymbol{P}_{aa}\boldsymbol{W}_a^{\mathrm{T}}+\boldsymbol{W}_a\boldsymbol{P}_{ab}\boldsymbol{W}_b^{\mathrm{T}}+\boldsymbol{W}_b\boldsymbol{P}_{ba}\boldsymbol{W}_a^{\mathrm{T}}+\boldsymbol{W}_b\boldsymbol{P}_{bb}\boldsymbol{W}_b^{\mathrm{T}} \tag{6-5-12}$$

最优 $\boldsymbol{W}_a$ 和 $\boldsymbol{W}_b$ 可以通过使 $\boldsymbol{P}_{cc}$ 的迹最小求取。最优融合估计量及其协方差阵的更新方程为

$$\boldsymbol{c}=\boldsymbol{a}+(\boldsymbol{P}_{aa}-\boldsymbol{P}_{ab})(\boldsymbol{P}_{aa}+\boldsymbol{P}_{bb}-\boldsymbol{P}_{ab}-\boldsymbol{P}_{ba})^{-1}(\boldsymbol{b}-\boldsymbol{a}) \tag{6-5-13}$$

$$\boldsymbol{P}_{cc}=\boldsymbol{P}_{aa}-(\boldsymbol{P}_{aa}-\boldsymbol{P}_{ab})(\boldsymbol{P}_{aa}+\boldsymbol{P}_{bb}-\boldsymbol{P}_{ab}-\boldsymbol{P}_{ba})^{-1}(\boldsymbol{P}_{aa}-\boldsymbol{P}_{ab})^{\mathrm{T}} \tag{6-5-14}$$

下面考察式(6-5-14)的几何特性。对于二维估计，$\boldsymbol{P}_{aa}$ 和 $\boldsymbol{P}_{bb}$ 的方差椭球是两个椭圆，它们的交会区域就是两个椭圆的交会区。图 6-5-2 所示的是一个二维估计量最优融合的实例，$\boldsymbol{P}_{ab}$ 在保证式(6-5-10)非负定的范围内变动，两条实线椭圆分别表示两个已知估计量的协方差椭圆，虚线椭圆表示与一系列不同 $\boldsymbol{P}_{ab}$ 值相对应的最优融合估计量的协方差椭圆。

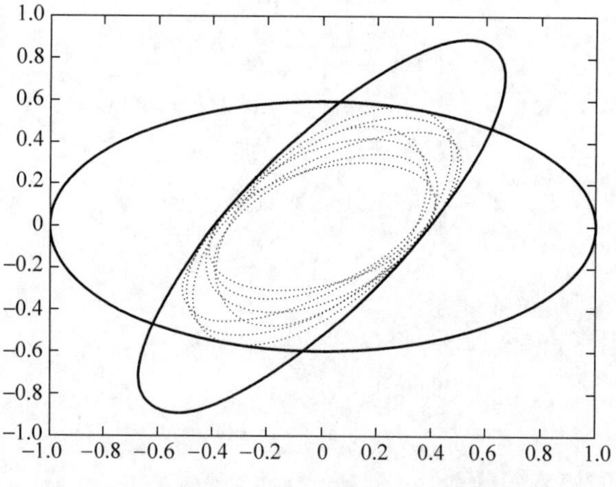

图 6-5-2 相关性已知情况下二维估计量进行最优融合的协方差椭圆

定理 6.5.2 设有二源局部相关估计量 $\boldsymbol{a}$、$\boldsymbol{b}$ 和方差阵 $\boldsymbol{P}_{aa}$、$\boldsymbol{P}_{bb}$、$\boldsymbol{P}_{ab}$、$\boldsymbol{P}_{ba}$，并且由式(6-5-13)和式(6-5-14)得到了全局最优融合 $\boldsymbol{c}$ 和 $\boldsymbol{P}_{cc}$，则由 $\boldsymbol{P}_{cc}$ 确定的 $\boldsymbol{c}$ 的方差椭球必然包含在分别由 $\boldsymbol{P}_{aa}$ 和 $\boldsymbol{P}_{bb}$ 确定的 $\boldsymbol{a}$ 和 $\boldsymbol{b}$ 的方差椭球的相交区域中。

证明 首先，对式(6-5-14)进行考察，由于式(6-5-10)非负定，因此($\boldsymbol{P}_{aa}+\boldsymbol{P}_{bb}-\boldsymbol{P}_{ab}-\boldsymbol{P}_{ba}$)是非负定的对称矩阵，从而有

$$(\boldsymbol{P}_{aa}-\boldsymbol{P}_{ab})(\boldsymbol{P}_{aa}+\boldsymbol{P}_{bb}-\boldsymbol{P}_{ab}-\boldsymbol{P}_{ba})^{-1}(\boldsymbol{P}_{aa}-\boldsymbol{P}_{ab})^{\mathrm{T}}\geqslant 0 \tag{6-5-15}$$

代入式(6-5-14)可得

$$P_{cc} \leqslant P_{aa} \tag{6-5-16}$$

同理有

$$P_{cc} \leqslant P_{bb} \tag{6-5-17}$$

根据定理 6.5.1 的结论，不等式(6-5-16)和式(6-5-17)在几何上的意义就是：c 的方差椭球被包围在由 a 和 b 的方差椭球构成的交叉区域中，这一结论与图 6-5-2 给出的结果相符。■

由以上相关性已知条件下的相关估计量最优融合的几何解释，可得如下结论：如果存在这样一种相关估计量的融合算法 $c=f(a,b)$，该算法能够保证在使式(6-5-10)非负定的条件下，无论 P_{ab} 取什么值，使 c 的方差椭球总是过 a 和 b 的方差椭球的交界(即包含 a 和 b 的方差椭球的交叉区域)，并位于 a 和 b 的方差椭球之间，那么该算法必然满足：

(1) 融合估计量具有一致性，即 $P_{cc}-\bar{P}_{cc} \geqslant 0$。

(2) 融合估计量的精度有界，即估计量在各方向上的精度都是可以获得的最好精度和最差精度之间的一个值，融合估计量的协方差等值图包含交会区的结构越紧凑，则估计量精度越好。

这样的融合算法实际上是将融合估计量的精度做了适当降低处理，使其不受相关性的影响，但融合后的估计量在空间某方向的精度至少不低于参与融合的估计量在此方向上可提供的最低精度。下面的小节通过解析几何途径构建该算法。

6.5.3 相关程度未知的相关估计量最优融合

设 P_{ab} 未知，并且 a 和 b 的协方差椭球方程分别为 $x^{\mathrm{T}}P_{aa}^{-1}x=k$ 和 $x^{\mathrm{T}}P_{bb}^{-1}x=k$，则根据解析几何的知识，过以上两个轨迹的交界，且位于以上两个轨迹之间的轨迹方程为

$$\omega(x^{\mathrm{T}}P_{aa}^{-1}x-k)+(1-\omega)(x^{\mathrm{T}}P_{bb}^{-1}x-k)=0 \tag{6-5-18}$$

其中，$\omega \in [0,1]$。整理式(6-5-18)可得

$$x^{\mathrm{T}}[\omega P_{aa}^{-1}+(1-\omega)P_{bb}^{-1}]x=k \tag{6-5-19}$$

如果取

$$P_{cc}^{-1}=\omega P_{aa}^{-1}+(1-\omega)P_{bb}^{-1} \tag{6-5-20}$$

那么式(6-5-19)就是 P_{cc} 的等值轨迹。如果融合算法的协方差阵更新是用式(6-5-20)表示的，则这就是我们要寻找的算法。下面寻找与式(6-5-20)对应的估计量更新方程。

再次考察相关性已知条件下的估计量最优融合方程，如果已知 $P_{ab}=0$，即 a 和 b 不相关，则式(6-5-13)和式(6-5-14)就变为

$$c=a+P_{aa}(P_{aa}+P_{bb})^{-1}(b-a) \tag{6-5-21}$$

$$P_{cc}=P_{aa}-P_{aa}(P_{aa}+P_{bb})^{-1}P_{aa} \tag{6-5-22}$$

对式(6-5-22)应用矩阵反演公式，并与式(6-5-21)左右同乘，可得两个独立估计量的最优融合方程

$$\boldsymbol{P}_{cc}^{-1}=\boldsymbol{P}_{aa}^{-1}+\boldsymbol{P}_{bb}^{-1} \tag{6-5-23}$$

$$\boldsymbol{P}_{cc}^{-1}\boldsymbol{c}=\boldsymbol{P}_{aa}^{-1}\boldsymbol{a}+\boldsymbol{P}_{bb}^{-1}\boldsymbol{b} \tag{6-5-24}$$

将式(6-5-23)与式(6-5-20)进行比较，如果将 $\boldsymbol{P}_{aa}^{-1}$ 和 $\boldsymbol{P}_{bb}^{-1}$ 分别放大为原来的 ω 倍和$(1-\omega)$倍，即分别取

$$\hat{\boldsymbol{P}}_{aa}^{-1}=\omega\boldsymbol{P}_{aa}^{-1},\quad \hat{\boldsymbol{P}}_{bb}^{-1}=(1-\omega)\boldsymbol{P}_{bb}^{-1} \tag{6-5-25}$$

代替 $\boldsymbol{P}_{aa}^{-1}$ 和 $\boldsymbol{P}_{bb}^{-1}$，则 $\boldsymbol{a}$ 和 $\boldsymbol{b}$ 的融合可以简单地按独立估计量之间的最优融合方程式(6-5-23)和式(6-5-24)进行，即

$$\boldsymbol{P}_{cc}^{-1}=\hat{\boldsymbol{P}}_{aa}^{-1}+\hat{\boldsymbol{P}}_{bb}^{-1} \tag{6-5-26}$$

$$\hat{\boldsymbol{P}}_{cc}^{-1}\boldsymbol{c}=\hat{\boldsymbol{P}}_{aa}^{-1}\boldsymbol{a}+\hat{\boldsymbol{P}}_{bb}^{-1}\boldsymbol{b} \tag{6-5-27}$$

于是，式(6-5-25)、式(6-5-26)和式(6-5-27)就是我们要构建的融合方法。与独立估计量的最优融合公式相比，该方法多了一个方差放大过程式(6-5-25)。图 6-5-3 为一个与图 6-5-2 相同的二维空间的融合实例，其中 ω 分别取 0.25、0.5 和 0.75。

定理 6.5.3 在满足式(6-5-10)非负定和 $\omega\in[0,1]$的条件下，无论 $\bar{\boldsymbol{P}}_{ab}$ 和 ω 取什么值，由式(6-5-25)、式(6-5-26)和式(6-5-27)确定的估计量都满足一致性，即

$$\boldsymbol{P}_{cc}-\bar{\boldsymbol{P}}_{cc}\geqslant 0$$

证明 设 $\bar{\boldsymbol{c}}$ 是 $\boldsymbol{c}$ 的数学期望，并有 $\tilde{\boldsymbol{c}}=\boldsymbol{c}-\bar{\boldsymbol{c}}$，则可得

$$\tilde{\boldsymbol{c}}=\boldsymbol{P}_{cc}[\omega\boldsymbol{P}_{aa}^{-1}\tilde{\boldsymbol{a}}+(1-\omega)\boldsymbol{P}_{bb}^{-1}\tilde{\boldsymbol{b}}] \tag{6-5-28}$$

对式(6-5-28)进行外积，并求数学期望可得 $\boldsymbol{c}$ 的真实协方差阵为

$$\begin{aligned}\bar{\boldsymbol{P}}_{cc}&=E[\tilde{\boldsymbol{c}}\tilde{\boldsymbol{c}}^{\mathrm{T}}]\\&=\boldsymbol{P}_{cc}[\omega^2\boldsymbol{P}_{aa}^{-1}\bar{\boldsymbol{P}}_{aa}\boldsymbol{P}_{aa}^{-1}+\omega(1-\omega)\boldsymbol{P}_{aa}^{-1}\bar{\boldsymbol{P}}_{ab}\boldsymbol{P}_{bb}^{-1}+\omega(1-\omega)\boldsymbol{P}_{bb}^{-1}\bar{\boldsymbol{P}}_{ba}\boldsymbol{P}_{aa}^{-1}+\\&\quad(1-\omega)^2\boldsymbol{P}_{bb}^{-1}\bar{\boldsymbol{P}}_{bb}\boldsymbol{P}_{bb}^{-1}]\boldsymbol{P}_{cc}\end{aligned} \tag{6-5-29}$$

由于 $\bar{\boldsymbol{P}}_{ab}$ 未知，所以 $\bar{\boldsymbol{P}}_{cc}$ 的真实值无法计算得到。将式(6-5-29)代入一致性估计条件 $\boldsymbol{P}_{cc}-\bar{\boldsymbol{P}}_{cc}\geqslant 0$，并前后同乘以 $\boldsymbol{P}_{cc}^{-1}$，整理后可得

$$\begin{aligned}&\boldsymbol{P}_{cc}^{-1}-\omega^2\boldsymbol{P}_{aa}^{-1}\bar{\boldsymbol{P}}_{aa}\boldsymbol{P}_{aa}^{-1}-\omega(1-\omega)\boldsymbol{P}_{aa}^{-1}\bar{\boldsymbol{P}}_{aa}\boldsymbol{P}_{bb}^{-1}-\omega(1-\omega)\times\\&\boldsymbol{P}_{bb}^{-1}\bar{\boldsymbol{P}}_{ba}\boldsymbol{P}_{aa}^{-1}-(1-\omega)^2\boldsymbol{P}_{bb}^{-1}\bar{\boldsymbol{P}}_{bb}\boldsymbol{P}_{bb}^{-1}\geqslant 0\end{aligned} \tag{6-5-30}$$

于是，对定理 6.5.3 的证明就转变为对不等式(6-5-30)的证明。

由 $\boldsymbol{a}$ 的一致性条件有 $\boldsymbol{P}_{aa}-\bar{\boldsymbol{P}}_{aa}\geqslant 0$，两边同时左乘和右乘 $\boldsymbol{P}_{aa}^{-1}$，可得 $\boldsymbol{P}_{aa}^{-1}\geqslant\boldsymbol{P}_{aa}^{-1}\bar{\boldsymbol{P}}_{aa}\boldsymbol{P}_{aa}^{-1}$；同理，由 $\boldsymbol{b}$ 的一致性条件，可得 $\boldsymbol{P}_{bb}^{-1}\geqslant\boldsymbol{P}_{bb}^{-1}\bar{\boldsymbol{P}}_{bb}\boldsymbol{P}_{bb}^{-1}$。将这两个不等式代入式(6-5-20)可得

$$\boldsymbol{P}_{cc}^{-1}=\omega\boldsymbol{P}_{aa}^{-1}+(1-\omega)\boldsymbol{P}_{bb}^{-1}\geqslant\omega\boldsymbol{P}_{aa}^{-1}\bar{\boldsymbol{P}}_{aa}\boldsymbol{P}_{aa}^{-1}+(1-\omega)\boldsymbol{P}_{bb}^{-1}\bar{\boldsymbol{P}}_{bb}\boldsymbol{P}_{bb}^{-1} \tag{6-5-31}$$

以上不等式的右侧即为 $\boldsymbol{P}_{cc}^{-1}$ 的下界，将其代入式(6-5-30)，可得

$$\omega(1-\omega)(\boldsymbol{P}_{aa}^{-1}\bar{\boldsymbol{P}}_{aa}\boldsymbol{P}_{aa}^{-1}-\boldsymbol{P}_{aa}^{-1}\bar{\boldsymbol{P}}_{ab}\boldsymbol{P}_{bb}^{-1}-\boldsymbol{P}_{bb}^{-1}\bar{\boldsymbol{P}}_{ba}\boldsymbol{P}_{aa}^{-1}+\boldsymbol{P}_{bb}^{-1}\bar{\boldsymbol{P}}_{bb}\boldsymbol{P}_{bb}^{-1})\geqslant 0$$

即

$$\omega(1-\omega)E[(\boldsymbol{P}_{aa}^{-1}\tilde{\boldsymbol{a}}-\boldsymbol{P}_{bb}^{-1}\tilde{\boldsymbol{b}})(\boldsymbol{P}_{aa}^{-1}\tilde{\boldsymbol{a}}-\boldsymbol{P}_{bb}^{-1}\tilde{\boldsymbol{b}})^{\mathrm{T}}]\geqslant 0 \tag{6-5-32}$$

对任何可能的 $\bar{\boldsymbol{P}}_{ab}$ 和 $\omega\in[0,1]$，不等式(6-5-32)成立，即式(6-5-30)成立。 ■

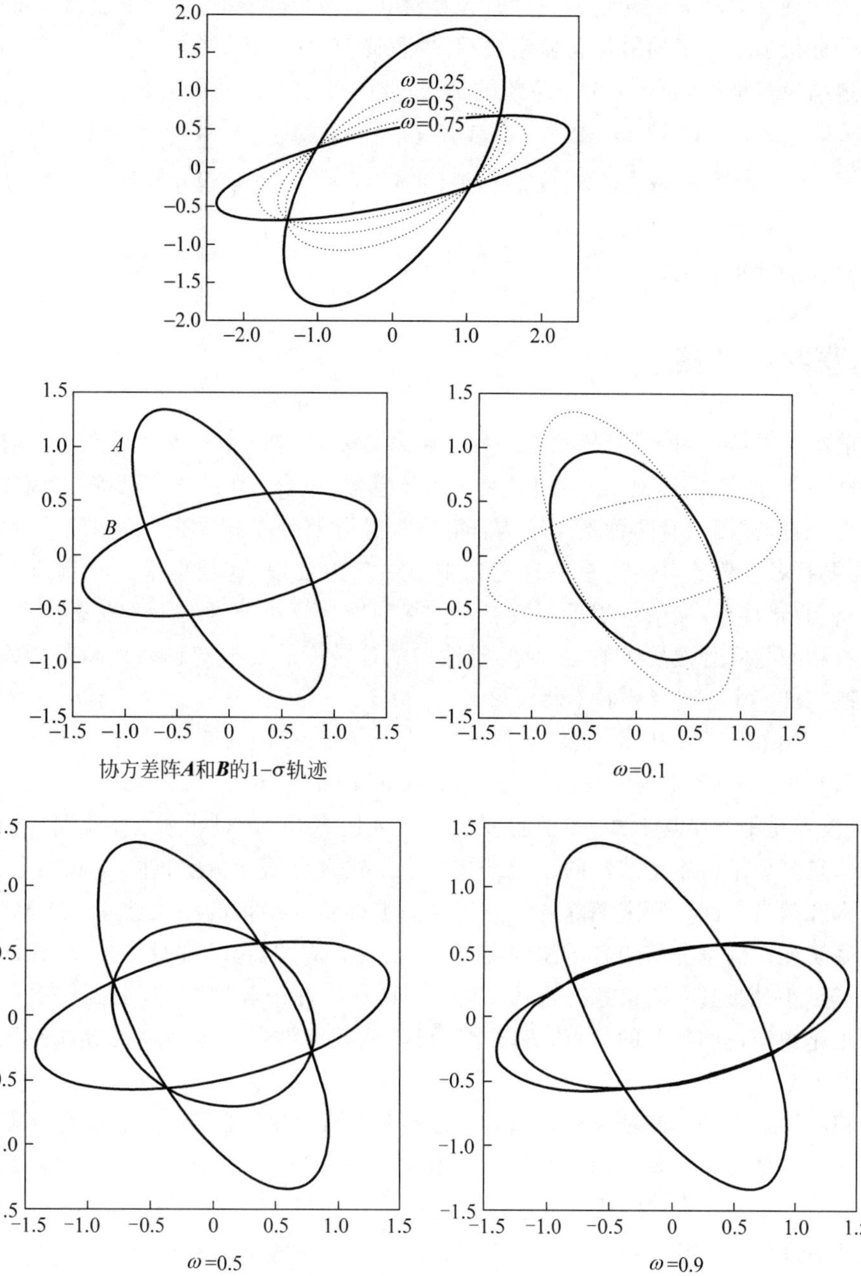

图 6-5-3 相关性未知的两个二维估计量利用新算法进行融合的协方差椭圆

估计的最优性由 ω 决定，ω 可依据 $\boldsymbol{P}_{cc}$ 的某一范数最小的准则，通过最优化方法搜索得到。该范数可以是 $\boldsymbol{P}_{cc}$ 的迹、特征值，也可以是 $\boldsymbol{P}_{cc}$ 的行列式。采用行列式要更好一些，因为它不受状态量单位的影响，同时可充分利用 $\boldsymbol{P}_{cc}$ 所有元素提供的信息。此时得到的 $\boldsymbol{P}_{cc}$ 的等值图是随 ω 在[0,1]中变化而产生的一系列包含在交会区的等值图中最紧凑的一个。

至此，通过解析几何的途径，构建了要寻找的估计量融合算法，并证明了该算法总能得到一致估计。与独立估计量的最优融合算法相比，只是增加了一个信息矩阵的放大过程和一个标量加权因子的最优化搜索过程，方程简单，易于实用。

上述结论可推广到有 m 个子系统的情形，此时可按下式进行融合

$$\boldsymbol{C}^{-1}=\omega_1\boldsymbol{A}_1^{-1}+\omega_2\boldsymbol{A}_2^{-1}+\cdots+\omega_m\boldsymbol{A}_m^{-1} \tag{6-5-33}$$

$$\boldsymbol{c}=\boldsymbol{C}(\omega_1\boldsymbol{A}_1^{-1}\boldsymbol{a}_1+\omega_2\boldsymbol{A}_2^{-1}\boldsymbol{a}_2+\cdots+\omega_m\boldsymbol{A}_m^{-1}\boldsymbol{a}_m) \tag{6-5-34}$$

$$\omega_1+\omega_2+\cdots+\omega_m=1 \tag{6-5-35}$$

这就是得到的结果。

6.6 联邦滤波器

目前组合导航中，传感器的数量和种类越来越多，比如 GPS、天文导航、无线电导航、Doppler 声呐、雷达、测深测潜仪、信息装置等传感器，组合导航系统需要将它们传送来的信息综合处理，常用的有两种基本结构：集中式融合及分布式融合。如果采用集中式融合，则需要把各个传感器的测量信息送到中心站集中处理，这种集中式处理方式存在计算负担重、容错性差、通信负担重等缺点。虽然随着计算机技术的飞速发展，计算负担重的困难将越来越降为次要矛盾，但对容错性和估计精度的要求却越来越高。这些因素推动了分散 Kalman 滤波级数的不断发展。

目前，分散化滤波技术已发展了 40 多年。在众多的分散化滤波方法中，N. A. Calson 等（1988 年）提出的**联邦滤波器（federated filter）**只对子滤波器的估计信息进行合成，子滤波器是平行结构形式，各子滤波器算法采用 Kalman 滤波算法，处理自己传感器的测量信息。为了使主滤波器的合成结果与集中式融合估计精度相同，Calson 采用方差上界技术和信息分配原则来消除各传感器子滤波器估计结果的相关性，把全局状态估计信息和系统噪声信息分配给各子滤波器，但不改变子滤波器算法的形式。联邦滤波方法由于计算量小、实现简单、信息分配方式灵活、具有良好的容错结构，受到许多研究者的关注。正是由于这些特殊的特点，美国空军已将联邦滤波器列为新一代导航系统通用的滤波器。

联邦滤波器采用了两项关键技术：①方差上界消除相关；②统一的信息分配原则。

联邦滤波器是一种具有两级结构的分散化滤波方法，它由若干个子滤波器和一个主滤波器组成；各个子滤波器独立地进行时间更新和测量更新；主滤波器的功能有：一是进行时间更新（这相当于是一个“影子”滤波器）；二是将各个滤波器的结果进行融合。融合后的结果可反馈到各个滤波器，作为下一个处理周期的初值。下面就对这一方法进行具体介绍。

6.6.1 问题描述

考虑如下线性系统模型，假设各子滤波器和主滤波器的状态转移矩阵、过程噪声分布阵和过程噪声相同

$$\boldsymbol{x}_{k+1}=\boldsymbol{\Phi}_k\boldsymbol{x}_k+\boldsymbol{\Gamma}_k\boldsymbol{w}_k \tag{6-6-1}$$

其中，$\boldsymbol{\Phi}_k$ 是系统的状态转移矩阵，$\boldsymbol{\Gamma}_k$ 是过程噪声分布矩阵。假设 $\boldsymbol{w}_k$ 是均值为零的白噪声序列，且

$$E[\boldsymbol{w}_k \boldsymbol{w}_j^{\mathrm{T}}] = \boldsymbol{Q}_k \delta_{kj}, \quad \boldsymbol{Q}_k \geqslant 0$$

其中，δ_{kj} 是 Kronecker delta 函数，即

$$\delta_{kj} = \begin{cases} 1, & k = j \\ 0, & k \neq j \end{cases}$$

假设有 N 个传感器对系统式(6-6-1)独立地进行量测，相应的量测方程为

$$\boldsymbol{z}_{k+1}^i = \boldsymbol{H}_{k+1}^i \boldsymbol{x}_{k+1} + \boldsymbol{v}_{k+1}^i \tag{6-6-2}$$

其中，$\boldsymbol{z}_{k+1}^i$ 是第 i 个传感器在 $k+1$ 时刻的量测值，$\boldsymbol{H}_{k+1}^i$ 是第 i 个传感器在 $k+1$ 时刻的量测矩阵，$\boldsymbol{v}_{k+1}^i$ 是第 i 个传感器在 $k+1$ 时刻的量测噪声，假设 $\boldsymbol{v}_{k+1}^i$ 是独立于 $\boldsymbol{w}_k$ 的均值为零的白噪声序列，且

$$E[\boldsymbol{v}_{k+1}^i (\boldsymbol{v}_{j+1}^i)^{\mathrm{T}}] = \boldsymbol{R}_{k+1}^i \delta_{kj}, \quad \boldsymbol{R}_{k+1}^i > 0$$

假设 $\hat{\boldsymbol{x}}_{k|k}^g$，$\boldsymbol{P}_{k|k}^g$ 表示联邦 Kalman 滤波器（融合中心）的最优估计值和协方差阵；$\hat{\boldsymbol{x}}_{k|k}^i$，$\boldsymbol{P}_{k|k}^i$ 表示第 i 个子滤波器的估计值和协方差阵（$i=1,2,\cdots,N$）；$\hat{\boldsymbol{x}}_{k|k}^m$，$\boldsymbol{P}_{k|k}^m$ 表示主滤波器的估计值和协方差阵。

6.6.2 方差上界技术

假设融合中心向各子滤波器无反馈，且已知主滤波器和各子滤波器在 k 时刻的估计 $\hat{\boldsymbol{x}}_{k|k}^i$ 及其协方差阵 $\boldsymbol{P}_{k|k}^i$（$i=1,2,\cdots,N,m$），对于主滤波器，在 k 时刻的数据融合过程完成后，有 $\hat{\boldsymbol{x}}_{k|k}^m = \hat{\boldsymbol{x}}_{k|k}$，$\boldsymbol{P}_{k|k}^m = \boldsymbol{P}_{k|k}$，则主滤波器的一步预测为（由于主滤波器无量测值，所以只有时间更新，而没有量测更新）

$$\begin{cases} \hat{\boldsymbol{x}}_{k+1|k}^m = \boldsymbol{\Phi}_k \hat{\boldsymbol{x}}_{k|k} \\ \boldsymbol{P}_{k+1|k}^m = \boldsymbol{\Phi}_k \boldsymbol{P}_{k|k} \boldsymbol{\Phi}_k^{\mathrm{T}} + \boldsymbol{\Gamma}_k Q_k \boldsymbol{\Gamma}_k^{\mathrm{T}} \end{cases}$$

传感器 i 的局部估计为

$$\begin{cases} \hat{\boldsymbol{x}}_{k+1|k}^i = \boldsymbol{\Phi}_k \hat{\boldsymbol{x}}_{k|k}^i \\ \boldsymbol{P}_{k+1|k}^i = \boldsymbol{\Phi}_k \boldsymbol{P}_{k|k}^i \boldsymbol{\Phi}_k^{\mathrm{T}} + \boldsymbol{\Gamma}_k Q_k \boldsymbol{\Gamma}_k^{\mathrm{T}} \\ \hat{\boldsymbol{x}}_{k+1|k+1}^i = \hat{\boldsymbol{x}}_{k+1|k}^i + \boldsymbol{K}_{k+1}^i (\boldsymbol{z}_{k+1}^i - \boldsymbol{H}_{k+1}^i \hat{\boldsymbol{x}}_{k+1|k}^i) \\ \boldsymbol{K}_{k+1}^i = \boldsymbol{P}_{k+1|k}^i (\boldsymbol{H}_{k+1}^i)^{\mathrm{T}} [\boldsymbol{H}_{k+1}^i \boldsymbol{P}_{k+1|k}^i (\boldsymbol{H}_{k+1}^i)^{\mathrm{T}} + \boldsymbol{R}_{k+1}^i]^{-1} \\ \boldsymbol{P}_{k+1|k+1}^i = (\boldsymbol{I} - \boldsymbol{K}_{k+1}^i \boldsymbol{H}_{k+1}^i) \boldsymbol{P}_{k+1|k}^i \end{cases}, \quad i = 1,2,\cdots,N$$

对于传感器 i（$i=1,2,\cdots,N$），有

$$\hat{\boldsymbol{x}}_{k+1|k+1}^i = \hat{\boldsymbol{x}}_{k+1|k}^i + \boldsymbol{K}_{k+1}^i (\boldsymbol{z}_{k+1}^i - \boldsymbol{H}_{k+1}^i \hat{\boldsymbol{x}}_{k+1|k}^i) = \boldsymbol{\Phi}_k \hat{\boldsymbol{x}}_{k|k}^i + \boldsymbol{K}_{k+1}^i (\boldsymbol{z}_{k+1}^i - \boldsymbol{H}_{k+1}^i \boldsymbol{\Phi}_k \hat{\boldsymbol{x}}_{k|k}^i)$$

$$\begin{aligned} \tilde{\boldsymbol{x}}_{k+1|k+1}^i &= \boldsymbol{x}_{k+1} - \hat{\boldsymbol{x}}_{k+1|k+1}^i \\ &= \boldsymbol{\Phi}_k \boldsymbol{x}_k + \boldsymbol{\Gamma}_k \boldsymbol{w}_k - \boldsymbol{\Phi}_k \hat{\boldsymbol{x}}_{k|k}^i - \boldsymbol{K}_{k+1}^i [\boldsymbol{H}_{k+1}^i (\boldsymbol{\Phi}_k \boldsymbol{x}_k + \boldsymbol{\Gamma}_k \boldsymbol{w}_k) + \boldsymbol{v}_{k+1}^i - \boldsymbol{H}_{k+1}^i \boldsymbol{\Phi}_k \hat{\boldsymbol{x}}_{k|k}^i] \\ &= (\boldsymbol{I} - \boldsymbol{K}_{k+1}^i \boldsymbol{H}_{k+1}^i) \boldsymbol{\Phi}_k \tilde{\boldsymbol{x}}_{k|k}^i + (\boldsymbol{I} - \boldsymbol{K}_{k+1}^i \boldsymbol{H}_{k+1}^i) \boldsymbol{\Gamma}_k \boldsymbol{w}_k - \boldsymbol{K}_{k+1}^i \boldsymbol{v}_{k+1}^i \end{aligned}$$

从而有

$$\begin{aligned}\boldsymbol{P}_{k+1|k+1}^{i,j} &= \operatorname{cov}[\tilde{\boldsymbol{x}}_{k+1|k+1}^{i}, \tilde{\boldsymbol{x}}_{k+1|k+1}^{j}] \\ &= (\boldsymbol{I}-\boldsymbol{K}_{k+1}^{i}\boldsymbol{H}_{k+1}^{i})\boldsymbol{\Phi}_k\boldsymbol{P}_{k|k}^{i,j}\boldsymbol{\Phi}_k^{\mathrm{T}}(\boldsymbol{I}-\boldsymbol{K}_{k+1}^{j}\boldsymbol{H}_{k+1}^{j})^{\mathrm{T}} + (\boldsymbol{I}-\boldsymbol{K}_{k+1}^{i}\boldsymbol{H}_{k+1}^{i})\boldsymbol{\Gamma}_k\boldsymbol{Q}_k\boldsymbol{\Gamma}_k^{\mathrm{T}}(\boldsymbol{I}-\boldsymbol{K}_{k+1}^{j}\boldsymbol{H}_{k+1}^{j})^{\mathrm{T}} \\ &= (\boldsymbol{I}-\boldsymbol{K}_{k+1}^{i}\boldsymbol{H}_{k+1}^{i})(\boldsymbol{\Phi}_k\boldsymbol{P}_{k|k}^{i,j}\boldsymbol{\Phi}_k^{\mathrm{T}} + \boldsymbol{\Gamma}_k\boldsymbol{Q}_k\boldsymbol{\Gamma}_k^{\mathrm{T}})(\boldsymbol{I}-\boldsymbol{K}_{k+1}^{j}\boldsymbol{H}_{k+1}^{j})^{\mathrm{T}}\end{aligned} \tag{6-6-3}$$

对于主滤波器，由于无量测值，所以其时间更新即为其量测更新，即

$$\hat{\boldsymbol{x}}_{k+1|k+1}^{m} = \hat{\boldsymbol{x}}_{k+1|k}^{m} = \boldsymbol{\Phi}_k\hat{\boldsymbol{x}}_{k|k}$$

$$\tilde{\boldsymbol{x}}_{k+1|k+1}^{m} = \boldsymbol{x}_{k+1} - \hat{\boldsymbol{x}}_{k+1|k+1}^{m} = \boldsymbol{\Phi}_k\boldsymbol{x}_k + \boldsymbol{\Gamma}_k\boldsymbol{w}_k - \boldsymbol{\Phi}_k\hat{\boldsymbol{x}}_{k|k} = \boldsymbol{\Phi}_k\tilde{\boldsymbol{x}}_{k|k} + \boldsymbol{\Gamma}_k\boldsymbol{w}_k$$

从而在任一子滤波器 i 和主滤波器之间就有

$$\begin{aligned}\boldsymbol{P}_{k+1|k+1}^{i,m} &= \operatorname{cov}[\tilde{\boldsymbol{x}}_{k+1|k+1}^{i}, \tilde{\boldsymbol{x}}_{k+1|k+1}^{m}] \\ &= (\boldsymbol{I}-\boldsymbol{K}_{k+1}^{i}\boldsymbol{H}_{k+1}^{i})\boldsymbol{\Phi}_k\boldsymbol{P}_{k|k}^{i,m}\boldsymbol{\Phi}_k^{\mathrm{T}} + (\boldsymbol{I}-\boldsymbol{K}_{k+1}^{i}\boldsymbol{H}_{k+1}^{i})\boldsymbol{\Gamma}_k\boldsymbol{Q}_k\boldsymbol{\Gamma}_k^{\mathrm{T}}\end{aligned} \tag{6-6-4}$$

可以看出，只有 $\boldsymbol{Q}_k=0$ 且 $\boldsymbol{P}_{0|0}^{i,j}=0$ 时，各子滤波器和主滤波器在 $k+1$ 时刻的滤波误差之间才是不相关的，而在通常情况下，这两个约束条件都难以成立，一是要求无系统噪声，这在实际应用中无法做到，另外，在初始时刻，通常取 $\hat{\boldsymbol{x}}_{0|0}^{i}=\bar{\boldsymbol{x}}_0$，$\boldsymbol{P}_{0|0}^{i}=\boldsymbol{P}_0$，此时 $\boldsymbol{P}_{0|0}^{i,j}=\boldsymbol{P}_0$。

令 $\boldsymbol{B}_{k+1}^{i}=(\boldsymbol{I}-\boldsymbol{K}_{k+1}^{i}\boldsymbol{H}_{k+1}^{i})\boldsymbol{\Phi}_k$，$\boldsymbol{C}_{k+1}^{i}=(\boldsymbol{I}-\boldsymbol{K}_{k+1}^{i}\boldsymbol{H}_{k+1}^{i})\boldsymbol{\Gamma}_k\ (i=1,2,\cdots,N)$，则

$$\begin{aligned}&\begin{bmatrix}\boldsymbol{P}_{k+1|k+1}^{1,1} & \cdots & \boldsymbol{P}_{k+1|k+1}^{1,N} & \boldsymbol{P}_{k+1|k+1}^{1,m} \\ \vdots & \ddots & \vdots & \vdots \\ \boldsymbol{P}_{k+1|k+1}^{N,1} & \cdots & \boldsymbol{P}_{k+1|k+1}^{N,N} & \boldsymbol{P}_{k+1|k+1}^{N,m} \\ \boldsymbol{P}_{k+1|k+1}^{m,1} & \cdots & \boldsymbol{P}_{k+1|k+1}^{m,N} & \boldsymbol{P}_{k+1|k+1}^{m,m}\end{bmatrix} \\ &= \begin{bmatrix}\boldsymbol{B}_{k+1}^{1}\boldsymbol{P}_{k|k}^{1,1}(\boldsymbol{B}_{k+1}^{1})^{\mathrm{T}} & \cdots & \boldsymbol{B}_{k+1}^{1}\boldsymbol{P}_{k|k}^{1,N}(\boldsymbol{B}_{k+1}^{N})^{\mathrm{T}} & \boldsymbol{B}_{k+1}^{1}\boldsymbol{P}_{k|k}^{1,m}\boldsymbol{\Phi}_k^{\mathrm{T}} \\ \vdots & \ddots & \vdots & \vdots \\ \boldsymbol{B}_{k+1}^{N}\boldsymbol{P}_{k|k}^{N,1}(\boldsymbol{B}_{k+1}^{1})^{\mathrm{T}} & \cdots & \boldsymbol{B}_{k+1}^{N}\boldsymbol{P}_{k|k}^{N,N}(\boldsymbol{B}_{k+1}^{N})^{\mathrm{T}} & \boldsymbol{B}_{k+1}^{N}\boldsymbol{P}_{k|k}^{N,m}\boldsymbol{\Phi}_k^{\mathrm{T}} \\ \boldsymbol{\Phi}_k\boldsymbol{P}_{k|k}^{m,1}(\boldsymbol{B}_{k+1}^{1})^{\mathrm{T}} & \cdots & \boldsymbol{\Phi}_k\boldsymbol{P}_{k|k}^{m,N}(\boldsymbol{B}_{k+1}^{N})^{\mathrm{T}} & \boldsymbol{\Phi}_k\boldsymbol{P}_{k|k}^{m,m}\boldsymbol{\Phi}_k^{\mathrm{T}}\end{bmatrix} + \\ &\begin{bmatrix}\boldsymbol{C}_{k+1}^{1}\boldsymbol{Q}_k(\boldsymbol{C}_{k+1}^{1})^{\mathrm{T}} & \cdots & \boldsymbol{C}_{k+1}^{1}\boldsymbol{Q}_k(\boldsymbol{C}_{k+1}^{N})^{\mathrm{T}} & \boldsymbol{C}_{k+1}^{1}\boldsymbol{Q}_k\boldsymbol{\Gamma}_k^{\mathrm{T}} \\ \vdots & \ddots & \vdots & \vdots \\ \boldsymbol{C}_{k+1}^{N}\boldsymbol{Q}_k(\boldsymbol{C}_{k+1}^{1})^{\mathrm{T}} & \cdots & \boldsymbol{C}_{k+1}^{N}\boldsymbol{Q}_k(\boldsymbol{C}_{k+1}^{N})^{\mathrm{T}} & \boldsymbol{C}_{k+1}^{N}\boldsymbol{Q}_k\boldsymbol{\Gamma}_k^{\mathrm{T}} \\ \boldsymbol{\Gamma}_k\boldsymbol{Q}_k(\boldsymbol{C}_{k+1}^{1})^{\mathrm{T}} & \cdots & \boldsymbol{\Gamma}_k\boldsymbol{Q}_k(\boldsymbol{C}_{k+1}^{N})^{\mathrm{T}} & \boldsymbol{\Gamma}_k\boldsymbol{Q}_k\boldsymbol{\Gamma}_k^{\mathrm{T}}\end{bmatrix} \\ &= \begin{bmatrix}\boldsymbol{B}_{k+1}^{1} & \cdots & 0 & 0 \\ \vdots & \ddots & \vdots & \vdots \\ 0 & \cdots & \boldsymbol{B}_{k+1}^{N} & 0 \\ 0 & \cdots & 0 & \boldsymbol{\Phi}_k\end{bmatrix}\begin{bmatrix}\boldsymbol{P}_{k|k}^{1,1} & \cdots & \boldsymbol{P}_{k|k}^{1,N} & \boldsymbol{P}_{k|k}^{1,m} \\ \vdots & \ddots & \vdots & \vdots \\ \boldsymbol{P}_{k|k}^{N,1} & \cdots & \boldsymbol{P}_{k|k}^{N,N} & \boldsymbol{P}_{k|k}^{N,m} \\ \boldsymbol{P}_{k|k}^{m,1} & \cdots & \boldsymbol{P}_{k|k}^{m,N} & \boldsymbol{P}_{k|k}^{m,m}\end{bmatrix}\begin{bmatrix}(\boldsymbol{B}_{k+1}^{1})^{\mathrm{T}} & \cdots & 0 & 0 \\ \vdots & \ddots & \vdots & \vdots \\ 0 & \cdots & (\boldsymbol{B}_{k+1}^{N})^{\mathrm{T}} & 0 \\ 0 & \cdots & 0 & \boldsymbol{\Phi}_k^{\mathrm{T}}\end{bmatrix} + \\ &\begin{bmatrix}\boldsymbol{C}_{k+1}^{1} & \cdots & 0 & 0 \\ \vdots & \ddots & \vdots & \vdots \\ 0 & \cdots & \boldsymbol{C}_{k+1}^{N} & 0 \\ 0 & \cdots & 0 & \boldsymbol{\Gamma}_k\end{bmatrix}\begin{bmatrix}\boldsymbol{Q}_k & \cdots & \boldsymbol{Q}_k & \boldsymbol{Q}_k \\ \vdots & \ddots & \vdots & \vdots \\ \boldsymbol{Q}_k & \cdots & \boldsymbol{Q}_k & \boldsymbol{Q}_k \\ \boldsymbol{Q}_k & \cdots & \boldsymbol{Q}_k & \boldsymbol{Q}_k\end{bmatrix}\begin{bmatrix}(\boldsymbol{C}_{k+1}^{1})^{\mathrm{T}} & \cdots & 0 & 0 \\ \vdots & \ddots & \vdots & \vdots \\ 0 & \cdots & (\boldsymbol{C}_{k+1}^{N})^{\mathrm{T}} & 0 \\ 0 & \cdots & 0 & \boldsymbol{\Gamma}_k^{\mathrm{T}}\end{bmatrix}\end{aligned} \tag{6-6-5}$$

可以看出，由于共同的过程噪声 $\boldsymbol{w}_k$ 的影响，即使 $\boldsymbol{P}_{k|k}^{i,j}=0$，也不会有 $\boldsymbol{P}_{k+1|k+1}^{i,j}=0$。现在用“方差上界”技术来消除掉这种相关性。由矩阵理论可知，上式右端由 $\boldsymbol{Q}_k$ 组成的方阵有以下上界

$$\begin{bmatrix} \boldsymbol{Q}_k & \cdots & \boldsymbol{Q}_k & \boldsymbol{Q}_k \\ \vdots & \ddots & \vdots & \vdots \\ \boldsymbol{Q}_k & \cdots & \boldsymbol{Q}_k & \boldsymbol{Q}_k \\ \boldsymbol{Q}_k & \cdots & \boldsymbol{Q}_k & \boldsymbol{Q}_k \end{bmatrix} \leqslant \begin{bmatrix} \gamma_1\boldsymbol{Q}_k & \cdots & 0 & 0 \\ \vdots & \ddots & \vdots & \vdots \\ 0 & \cdots & \gamma_N\boldsymbol{Q}_k & 0 \\ 0 & \cdots & 0 & \gamma_m\boldsymbol{Q}_k \end{bmatrix} \tag{6-6-6}$$

$$\frac{1}{\gamma_1}+\cdots+\frac{1}{\gamma_N}+\frac{1}{\gamma_m}=1,\quad 0\leqslant\frac{1}{\gamma_i}\leqslant 1,\quad 1\leqslant\gamma_i\leqslant\infty \tag{6-6-7}$$

可以看出，式(6-6-6)中的上界比原始矩阵的正定性更强。也就是说，上界矩阵与原始矩阵之差为半正定的。

对于初始状态协方差阵也可设置类似的上界，即

$$\begin{bmatrix} \boldsymbol{P}_{0|0}^{1,1} & \cdots & \boldsymbol{P}_{0|0}^{1,N} & \boldsymbol{P}_{0|0}^{1,m} \\ \vdots & \ddots & \vdots & \vdots \\ \boldsymbol{P}_{0|0}^{N,1} & \cdots & \boldsymbol{P}_{0|0}^{N,N} & \boldsymbol{P}_{0|0}^{N,m} \\ \boldsymbol{P}_{0|0}^{m,1} & \cdots & \boldsymbol{P}_{0|0}^{m,N} & \boldsymbol{P}_{0|0}^{m,m} \end{bmatrix} \leqslant \begin{bmatrix} \gamma_1\boldsymbol{P}_{0|0}^{1,1} & \cdots & 0 & 0 \\ \vdots & \ddots & \vdots & \vdots \\ 0 & \cdots & \gamma_N\boldsymbol{P}_{0|0}^{N,N} & 0 \\ 0 & \cdots & 0 & \gamma_m\boldsymbol{P}_{0|0}^{m,m} \end{bmatrix} \tag{6-6-8}$$

由此也可以看出，式(6-6-8)右端无相关项。也就是说，将主滤波器和各子滤波器自身的初始协方差阵再放大些就可以忽略主滤波器和各子滤波器初始估计误差之间的相关性，进一步由式(6-6-3)和式(6-6-4)可知，$\boldsymbol{P}_{k|k}^{i,j}=0(i\neq j,i,j=1,2,\cdots,N,m)$。

将式(6-6-6)和式(6-6-8)代入式(6-6-5)，可得

$$\begin{bmatrix} \boldsymbol{P}_{k+1|k+1}^{1,1} & \cdots & \boldsymbol{P}_{k+1|k+1}^{1,N} & \boldsymbol{P}_{k+1|k+1}^{1,m} \\ \vdots & \ddots & \vdots & \vdots \\ \boldsymbol{P}_{k+1|k+1}^{N,1} & \cdots & \boldsymbol{P}_{k+1|k+1}^{N,N} & \boldsymbol{P}_{k+1|k+1}^{N,m} \\ \boldsymbol{P}_{k+1|k+1}^{m,1} & \cdots & \boldsymbol{P}_{k+1|k+1}^{m,N} & \boldsymbol{P}_{k+1|k+1}^{m,m} \end{bmatrix}$$

$$\leqslant \begin{bmatrix} \boldsymbol{B}_{k+1}^1 & \cdots & 0 & 0 \\ \vdots & \ddots & \vdots & \vdots \\ 0 & \cdots & \boldsymbol{B}_{k+1}^N & 0 \\ 0 & \cdots & 0 & \boldsymbol{\Phi}_k \end{bmatrix} \begin{bmatrix} \boldsymbol{P}_{k|k}^{1,1} & \cdots & 0 & 0 \\ \vdots & \ddots & \vdots & \vdots \\ 0 & \cdots & \boldsymbol{P}_{k|k}^{N,N} & 0 \\ 0 & \cdots & 0 & \boldsymbol{P}_{k|k}^{m,m} \end{bmatrix} \begin{bmatrix} (\boldsymbol{B}_{k+1}^1)^{\mathrm{T}} & \cdots & 0 & 0 \\ \vdots & \ddots & \vdots & \vdots \\ 0 & \cdots & (\boldsymbol{B}_{k+1}^N)^{\mathrm{T}} & 0 \\ 0 & \cdots & 0 & \boldsymbol{\Phi}_k^{\mathrm{T}} \end{bmatrix} +$$

$$\begin{bmatrix} \boldsymbol{C}_{k+1}^1 & \cdots & 0 & 0 \\ \vdots & \ddots & \vdots & \vdots \\ 0 & \cdots & \boldsymbol{C}_{k+1}^N & 0 \\ 0 & \cdots & 0 & \boldsymbol{\Gamma}_k \end{bmatrix} \begin{bmatrix} \gamma_1\boldsymbol{Q}_k & \cdots & 0 & 0 \\ \vdots & \ddots & \vdots & \vdots \\ 0 & \cdots & \gamma_N\boldsymbol{Q}_k & 0 \\ 0 & \cdots & 0 & \gamma_m\boldsymbol{Q}_k \end{bmatrix} \begin{bmatrix} (\boldsymbol{C}_{k+1}^1)^{\mathrm{T}} & \cdots & 0 & 0 \\ \vdots & \ddots & \vdots & \vdots \\ 0 & \cdots & (\boldsymbol{C}_{k+1}^N)^{\mathrm{T}} & 0 \\ 0 & \cdots & 0 & \boldsymbol{\Gamma}_k^{\mathrm{T}} \end{bmatrix} \tag{6-6-9}$$

在上式中取等号，即放大估计误差协方差阵(所得结果比较保守)，可得分离的时间更新

$$\boldsymbol{P}_{k+1|k+1}^{i,i}=\boldsymbol{B}_{k+1}^{i}\boldsymbol{P}_{k|k}^{i,i}(\boldsymbol{B}_{k+1}^{i})^{\mathrm{T}}+\gamma_i\boldsymbol{C}_{k+1}^{i}\boldsymbol{Q}_k(\boldsymbol{C}_{k+1}^{i})^{\mathrm{T}},\quad i=1,2,\cdots,N \tag{6-6-10}$$

$$\boldsymbol{P}_{k+1|k+1}^{m,m}=\boldsymbol{\Phi}_k\boldsymbol{P}_{k|k}^{m,m}\boldsymbol{\Phi}_k^{\mathrm{T}}+\gamma_m\boldsymbol{\Gamma}_k\boldsymbol{Q}_k\boldsymbol{\Gamma}_k^{\mathrm{T}} \tag{6-6-11}$$

$$\boldsymbol{P}_{k+1|k+1}^{i,j}=0,\quad i\neq j,i,j=1,2,\cdots,N,m \tag{6-6-12}$$

当然，这样得到的局部滤波结果也是保守的。

值得注意的是，式(6-6-10)和式(6-6-11)与联邦滤波器最终表示式在$\boldsymbol{P}_{k|k}^{i,i}$和$\boldsymbol{P}_{k|k}^{m,m}$处还是有差别的，可以这样来理解：在最终的联邦滤波器表达式中，每一步完成融合过程后，融合中心完成对主滤波器和各子滤波器的重置，此时各子滤波器和主滤波器之间又变得相关了，可以再次仿照式(6-6-8)去掉这种相关性。这样，式(6-6-10)和式(6-6-11)的$\boldsymbol{P}_{k|k}^{i,i}$和$\boldsymbol{P}_{k|k}^{m,m}$就会变成$\gamma_i\boldsymbol{P}_{k|k}^{g}$，与最终联邦滤波器的表达式完全一致。

6.6.3 联邦滤波器的一般结构

联邦滤波器是一种两级滤波，如图6-6-1所示。图中公共参考系统的输出一方面直接给主滤波器，另一方面给各子滤波器（即局部滤波器）作为公共状态变量值。各子滤波器的局部估计值$\hat{\boldsymbol{x}}_{k|k}^{i}$（公共状态）及其协方差阵$\boldsymbol{P}_{k|k}^{i}$送入主滤波器，和主滤波器的估计值一起进行融合以得到全局最优估计。此外，从图中还可以看出，由子滤波器与主滤波器合成的全局估计值$\hat{\boldsymbol{x}}_{k|k}^{g}$及其相应的协方差阵$\boldsymbol{P}_{k|k}^{g}$被放大为$\beta_i^{-1}\boldsymbol{P}_{k|k}^{g}$（$0\leqslant\beta_i\leqslant1$）后再反馈到各子滤波器（图中用虚线表示），以重置各子滤波器的估计值，即

$$\hat{\boldsymbol{x}}_{k|k}^{i}=\hat{\boldsymbol{x}}_{k|k}^{g},\quad \boldsymbol{P}_{k|k}^{i}=\beta_i^{-1}\boldsymbol{P}_{k|k}^{g}$$

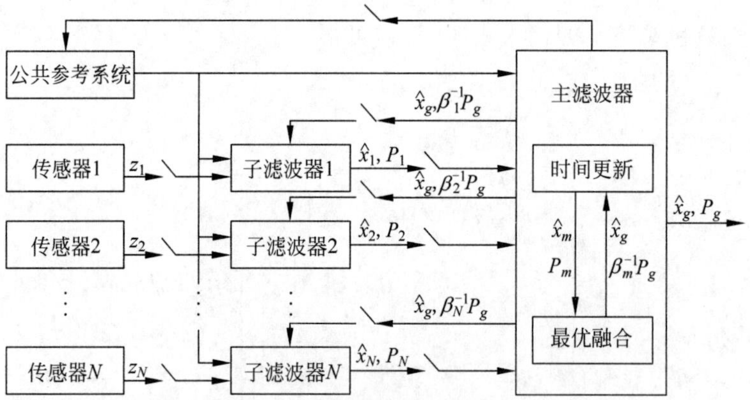

图6-6-1 联邦滤波器的一般结构

同时，主滤波器预测误差的协方差阵也可以重置为全局估计误差协方差阵的β_m^{-1}倍，即为$\beta_m^{-1}\boldsymbol{P}_{k|k}^{g}$（$0\leqslant\beta_m\leqslant1$）。这种反馈的结构是联邦滤波器区别于一般分散化滤波的特点。$\beta_i(i=1,2,\cdots,N,m)$称为“信息分配系数”，$\beta_i$是根据信息分配原则来确定的，不同的$\beta_i$值可以获得联邦滤波器的不同结构和不同的特性（即容错性、精度和计算量）。

6.6.4 联邦滤波器的工作流程

联邦滤波器中的信息有两类，即状态方程信息和量测方程信息。状态方程的信息包

括状态估计误差协方差阵的信息($P_{k|k}^{-1}$)和过程噪声方差的信息(Q_k^{-1})。状态方程的信息量是与状态方程中的过程噪声的方差成反比的,过程噪声越弱,状态方程就越精确。因此,状态方程的信息量可以通过过程噪声协方差阵的逆,即 Q_k^{-1} 来表示。此外,状态初值的信息也是状态方程的信息,初值的信息量可以用初值估计误差的协方差阵的逆 $P_{0|0}^{-1}$ 来表示。同理,量测方程的信息量可以用量测噪声协方差阵的逆,即 R_k^{-1} 来表示。

当状态方程、量测方程以及 $P_{0|0}$、Q_k、R_k 选定后,状态估计 $\hat{x}_{k|k}$ 以及估计误差协方差阵 $P_{k|k}$ 也就完全决定了,而状态估计的信息量可以用 $P_{k|k}^{-1}$ 来表示。对公共状态而言,它所对应的过程噪声包含在所有的子滤波器和主滤波器中,因此,过程噪声的信息量存在重复使用的问题。各子滤波器的量测方程中只包含了对应传感器的量测噪声,所以我们可以认为各个局部滤波器的量测信息是自然分割的,不存在重复使用的问题。

一般来说,联邦滤波器的工作流程包括信息分配、信息的时间更新、信息的量测更新和信息融合四个过程,下面分别对它们加以阐述。

1. 信息分配过程

信息分配就是在各子滤波器和主滤波器之间分配系统的信息。系统的过程信息 Q_k^{-1} 和$(P_{k|k}^{g})^{-1}$ 按如下的信息分配原则在各子滤波器和主滤波器之间进行分配

$$\begin{cases} Q_k^i = \beta_i^{-1} Q_k \\ P_{k|k}^i = \beta_i^{-1} P_{k|k}^g \\ \hat{x}_{k|k}^i = \hat{x}_{k|k}^g, \quad i = 1, 2, \cdots, N, m \end{cases}$$

其中,$\beta_i > 0$ 是信息分配系数,并满足信息分配原则

$$\sum_{i=1}^{N} \beta_i + \beta_m = 1$$

2. 信息的时间更新

时间更新过程在各子滤波器和主滤波器之间独立进行,各子滤波器和主滤波器的滤波算法为

$$\begin{cases} \hat{x}_{k+1|k}^i = \Phi_k \hat{x}_{k|k}^i \\ P_{k+1|k}^i = \Phi_k P_{k|k}^i \Phi_k^{\mathrm{T}} + \Gamma_k Q_k^i \Gamma_k^{\mathrm{T}}, \quad i = 1, 2, \cdots, N, m \end{cases}$$

3. 量测更新

由于主滤波器没有量测量,所以主滤波器没有量测更新。量测更新只在各个局部子滤波器中进行,量测更新通过下式起作用

$$\begin{cases} (P_{k+1|k+1}^i)^{-1} = (P_{k+1|k}^i)^{-1} + (H_{k+1}^i)^{\mathrm{T}} (R_{k+1}^i)^{-1} H_{k+1}^i \\ (P_{k+1|k+1}^i)^{-1} \hat{x}_{k+1|k+1}^i = (P_{k+1|k}^i)^{-1} \hat{x}_{k+1|k}^i + (H_{k+1}^i)^{\mathrm{T}} (R_{k+1}^i)^{-1} z_{k+1}^i, \quad i = 1, 2, \cdots, N \end{cases}$$

$$(P_{k+1|k+1}^i)^{-1} \hat{x}_{k+1|k+1}^i = (P_{k+1|k}^i)^{-1} \hat{x}_{k+1|k}^i + (H_{k+1}^i)^{\mathrm{T}} (R_{k+1}^i)^{-1} z_{k+1}^i, \quad i = 1, 2, \cdots, N$$

4. 信息融合

联邦滤波器核心算法是将各个局部滤波器的局部估计信息按下式进行融合，以得到全局的最优估计。

$$\boldsymbol{P}^{g}_{k+1|k+1}=[(\boldsymbol{P}^{1}_{k+1|k+1})^{-1}+(\boldsymbol{P}^{2}_{k+1|k+1})^{-1}+\cdots+(\boldsymbol{P}^{N}_{k+1|k+1})^{-1}+(\boldsymbol{P}^{m}_{k+1|k})^{-1}]^{-1} \tag{6-6-13}$$

$$\hat{\boldsymbol{x}}^{g}_{k+1|k+1}=\boldsymbol{P}^{g}_{k+1|k+1}[(\boldsymbol{P}^{1}_{k+1|k+1})^{-1}\hat{\boldsymbol{x}}^{1}_{k+1|k+1}+(\boldsymbol{P}^{2}_{k+1|k+1})^{-1}\hat{\boldsymbol{x}}^{2}_{k+1|k+1}+\cdots+ (\boldsymbol{P}^{N}_{k+1|k+1})^{-1}\hat{\boldsymbol{x}}^{N}_{k+1|k+1}+(\boldsymbol{P}^{m}_{k+1|k})^{-1}\hat{\boldsymbol{x}}^{m}_{k+1|k}] \tag{6-6-14}$$

通过以上信息分配、时间更新、量测更新和信息融合过程，在局部滤波器中由于方差上界技术引起的信息丢失，在融合过程中这种非最优性被重新合成，方程得到全局最优解。

6.6.5 联邦滤波器的最优性证明

集中式融合是在最小方差意义下对系统状态的最优估计，如果联邦滤波和它等价，那么联邦滤波也就是最小方差意义下对系统状态的最优估计。理论证明得出，有重置联邦滤波器与集中式融合是等价的，无重置联邦滤波器与集中式融合是不等价的，是最小方差意义下的次优估计。证明过程如下所述。

1. 有重置联邦滤波器与集中式融合等价

对于式(6-6-1)和式(6-6-2)构成的多传感器系统，集中式融合结构下融合中心的广义量测方程为

$$\boldsymbol{z}_{k+1}=\boldsymbol{H}_{k+1}\boldsymbol{x}_{k+1}+\boldsymbol{v}_{k+1} \tag{6-6-15}$$

其中

$$\begin{cases}\boldsymbol{z}_{k+1}=[(\boldsymbol{z}^{1}_{k+1})^{\mathrm{T}},(\boldsymbol{z}^{2}_{k+1})^{\mathrm{T}},\cdots,(\boldsymbol{z}^{N}_{k+1})^{\mathrm{T}}]^{\mathrm{T}}\\ \boldsymbol{H}_{k+1}=[(\boldsymbol{H}^{1}_{k+1})^{\mathrm{T}},(\boldsymbol{H}^{2}_{k+1})^{\mathrm{T}},\cdots,(\boldsymbol{H}^{N}_{k+1})^{\mathrm{T}}]^{\mathrm{T}}\\ \boldsymbol{v}_{k+1}=[(\boldsymbol{v}^{1}_{k+1})^{\mathrm{T}},(\boldsymbol{v}^{2}_{k+1})^{\mathrm{T}},\cdots,(\boldsymbol{v}^{N}_{k+1})^{\mathrm{T}}]^{\mathrm{T}}\end{cases}$$

并且

$$\begin{cases}E[\boldsymbol{v}_{k+1}\boldsymbol{v}^{\mathrm{T}}_{j+1}]=\boldsymbol{R}_{k+1}\delta_{kj}\\ \boldsymbol{R}_{k+1}=\mathrm{diag}(\boldsymbol{R}^{1}_{k+1},\boldsymbol{R}^{2}_{k+1},\cdots,\boldsymbol{R}^{N}_{k+1})\end{cases}$$

融合中心的时间更新为

$$\hat{\boldsymbol{x}}^{g}_{k+1|k}=\boldsymbol{\Phi}_{k}\hat{\boldsymbol{x}}^{g}_{k|k} \tag{6-6-16}$$

$$\boldsymbol{P}^{g}_{k+1|k}=\boldsymbol{\Phi}_{k}\boldsymbol{P}^{g}_{k|k}\boldsymbol{\Phi}^{\mathrm{T}}_{k}+\boldsymbol{\Gamma}_{k}\boldsymbol{Q}_{k}\boldsymbol{\Gamma}^{\mathrm{T}}_{k} \tag{6-6-17}$$

融合中心的量测更新为

$$(\boldsymbol{P}^{g}_{k+1|k+1})^{-1}=(\boldsymbol{P}^{g}_{k+1|k})^{-1}+\boldsymbol{H}^{\mathrm{T}}_{k+1}\boldsymbol{R}^{-1}_{k+1}\boldsymbol{H}_{k+1} \tag{6-6-18}$$

$$(\boldsymbol{P}^{g}_{k+1|k+1})^{-1}\hat{\boldsymbol{x}}^{g}_{k+1|k+1}=(\boldsymbol{P}^{g}_{k+1|k})^{-1}\hat{\boldsymbol{x}}^{g}_{k+1|k}+\boldsymbol{H}^{\mathrm{T}}_{k+1}\boldsymbol{R}^{-1}_{k+1}\boldsymbol{z}_{k+1} \tag{6-6-19}$$

集中式融合是全局最优的，如果能够证明联邦滤波算法与集中式融合是等效的，那么联

邦滤波算法也就是最优的。下面证明式(6-6-13)、式(6-6-14)和式(6-6-18)、式(6-6-19)分别等价。

(1) 首先将系统的信息进行分配,即在每次融合后对主滤波器和子滤波器重新分配和设置

$$\boldsymbol{Q}_k^i=\beta_i^{-1}\boldsymbol{Q}_k,\quad \boldsymbol{P}_{k|k}^i=\beta_i^{-1}\boldsymbol{P}_{k|k}^g \tag{6-6-20}$$

$$\hat{\boldsymbol{x}}_{k|k}^i=\hat{\boldsymbol{x}}_{k|k}^g,\quad i=1,2,\cdots,N,m \tag{6-6-21}$$

(2) 考虑时间更新过程,即由主滤波器和子滤波器的时间更新过程可得

$$\begin{aligned}(\boldsymbol{P}_{k+1|k}^g)^{-1}&=\sum_{i=1}^{N,m}(\boldsymbol{P}_{k+1|k}^i)^{-1}=\sum_{i=1}^{N,m}(\boldsymbol{\Phi}_k\boldsymbol{P}_{k|k}^i\boldsymbol{\Phi}_k^{\mathrm{T}}+\boldsymbol{\Gamma}_k\boldsymbol{Q}_k^i\boldsymbol{\Gamma}_k^{\mathrm{T}})^{-1}\\&=\sum_{i=1}^{N,m}(\boldsymbol{\Phi}_k\beta_i^{-1}\boldsymbol{P}_{k|k}^g\boldsymbol{\Phi}_k^{\mathrm{T}}+\boldsymbol{\Gamma}_k\beta_i^{-1}\boldsymbol{Q}_k\boldsymbol{\Gamma}_k^{\mathrm{T}})^{-1}\\&=\sum_{i=1}^{N,m}\beta_i(\boldsymbol{\Phi}_k\boldsymbol{P}_{k|k}^g\boldsymbol{\Phi}_k^{\mathrm{T}}+\boldsymbol{\Gamma}_k\boldsymbol{Q}_k\boldsymbol{\Gamma}_k^{\mathrm{T}})^{-1}\\&=\Big(\sum_{i=1}^{N,m}\beta_i\Big)(\boldsymbol{\Phi}_k\boldsymbol{P}_{k|k}^g\boldsymbol{\Phi}_k^{\mathrm{T}}+\boldsymbol{\Gamma}_k\boldsymbol{Q}_k\boldsymbol{\Gamma}_k^{\mathrm{T}})^{-1}\\&=(\boldsymbol{\Phi}_k\boldsymbol{P}_{k|k}^g\boldsymbol{\Phi}_k^{\mathrm{T}}+\boldsymbol{\Gamma}_k\boldsymbol{Q}_k\boldsymbol{\Gamma}_k^{\mathrm{T}})^{-1}\end{aligned} \tag{6-6-22}$$

可见式(6-6-22)与式(6-6-17)是相同的。将式(6-6-20)代入子滤波器的时间更新有

$$\begin{aligned}\boldsymbol{P}_{k+1|k}^i&=\boldsymbol{\Phi}_k\boldsymbol{P}_{k|k}^i\boldsymbol{\Phi}_k^{\mathrm{T}}+\boldsymbol{\Gamma}_k\boldsymbol{Q}_k^i\boldsymbol{\Gamma}_k^{\mathrm{T}}=\boldsymbol{\Phi}_k\beta_i^{-1}\boldsymbol{P}_{k|k}^g\boldsymbol{\Phi}_k^{\mathrm{T}}+\boldsymbol{\Gamma}_k\beta_i^{-1}\boldsymbol{Q}_k\boldsymbol{\Gamma}_k^{\mathrm{T}}\\&=\beta_i^{-1}(\boldsymbol{\Phi}_k\boldsymbol{P}_{k|k}^g\boldsymbol{\Phi}_k^{\mathrm{T}}+\boldsymbol{\Gamma}_k\boldsymbol{Q}_k\boldsymbol{\Gamma}_k^{\mathrm{T}})=\beta_i^{-1}\boldsymbol{P}_{k+1|k}^g\end{aligned} \tag{6-6-23}$$

于是通过式(6-6-14)可得

$$\begin{aligned}\hat{\boldsymbol{x}}_{k+1|k}^g&=\boldsymbol{P}_{k+1|k}^g\Big[\sum_{i=1}^{N,m}(\boldsymbol{P}_{k+1|k}^i)^{-1}\hat{\boldsymbol{x}}_{k+1|k}^i\Big]=\boldsymbol{P}_{k+1|k}^g\Big[\sum_{i=1}^{N,m}\beta_i(\boldsymbol{P}_{k+1|k}^g)^{-1}\hat{\boldsymbol{x}}_{k+1|k}^i\Big]\\&=\sum_{i=1}^{N,m}\beta_i\hat{\boldsymbol{x}}_{k+1|k}^i=\sum_{i=1}^{N,m}\beta_i\boldsymbol{\Phi}_k\hat{\boldsymbol{x}}_{k|k}^i=\sum_{i=1}^{N,m}\beta_i\boldsymbol{\Phi}_k\hat{\boldsymbol{x}}_{k|k}^g=\boldsymbol{\Phi}_k\hat{\boldsymbol{x}}_{k|k}^g\end{aligned} \tag{6-6-24}$$

所以式(6-6-24)与式(6-6-16)是等效的。

(3) 考虑量测更新过程,因为主滤波器没有量测更新,所以有

$$\boldsymbol{P}_{k+1|k+1}^m=\boldsymbol{P}_{k+1|k}^m,\quad \hat{\boldsymbol{x}}_{k+1|k+1}^m=\hat{\boldsymbol{x}}_{k+1|k}^m$$

成立。根据式(6-6-13)和子滤波器的滤波过程,有

$$\begin{aligned}(\boldsymbol{P}_{k+1|k+1}^g)^{-1}&=\sum_{i=1}^{N,m}(\boldsymbol{P}_{k+1|k+1}^i)^{-1}=\Big[\sum_{i=1}^{N}(\boldsymbol{P}_{k+1|k}^i)^{-1}+(\boldsymbol{H}_{k+1}^i)^{\mathrm{T}}(\boldsymbol{R}_{k+1}^i)^{-1}\boldsymbol{H}_{k+1}^i\Big]+(\boldsymbol{P}_{k+1|k}^m)^{-1}\\&=\sum_{i=1}^{N,m}(\boldsymbol{P}_{k+1|k}^i)^{-1}+\sum_{i=1}^{N}(\boldsymbol{H}_{k+1}^i)^{\mathrm{T}}(\boldsymbol{R}_{k+1}^i)^{-1}\boldsymbol{H}_{k+1}^i\\&=(\boldsymbol{P}_{k+1|k}^g)^{-1}+[(\boldsymbol{H}_{k+1}^1)^{\mathrm{T}},(\boldsymbol{H}_{k+1}^2)^{\mathrm{T}},\cdots,(\boldsymbol{H}_{k+1}^N)^{\mathrm{T}}]\times\\&\quad\mathrm{diag}[(\boldsymbol{R}_{k+1}^1)^{-1},(\boldsymbol{R}_{k+1}^2)^{-1},\cdots,(\boldsymbol{R}_{k+1}^N)^{-1}]\times[(\boldsymbol{H}_{k+1}^1)^{\mathrm{T}},(\boldsymbol{H}_{k+1}^2)^{\mathrm{T}},\cdots,(\boldsymbol{H}_{k+1}^N)^{\mathrm{T}}]^{\mathrm{T}}\\&=(\boldsymbol{P}_{k+1|k}^g)^{-1}+\boldsymbol{H}_{k+1}^{\mathrm{T}}\boldsymbol{R}_{k+1}^{-1}\boldsymbol{H}_{k+1}\end{aligned} \tag{6-6-25}$$

即上式与式(6-6-18)是等价的。

现将 $\hat{\boldsymbol{x}}_{k|k}^{i}=\hat{\boldsymbol{x}}_{k|k}^{g}$ 代入子滤波器的时间更新式，有 $\hat{\boldsymbol{x}}_{k+1|k}^{i}=\hat{\boldsymbol{x}}_{k+1|k}^{g}$，$i=1,2,\cdots,N,m$，则由式(6-6-14)和子滤波器的滤波过程有

$$\begin{aligned}
(\boldsymbol{P}_{k+1|k+1}^{g})^{-1}\hat{\boldsymbol{x}}_{k+1|k+1}^{g} &= \sum_{i=1}^{N,m}(\boldsymbol{P}_{k+1|k+1}^{i})^{-1}\hat{\boldsymbol{x}}_{k+1|k+1}^{i} \\
&= \sum_{i=1}^{N}\left[(\boldsymbol{P}_{k+1|k}^{i})^{-1}\hat{\boldsymbol{x}}_{k+1|k}^{i}+(\boldsymbol{H}_{k+1}^{i})^{\mathrm{T}}(\boldsymbol{R}_{k+1}^{i})^{-1}\boldsymbol{z}_{k+1}^{i}\right]+(\boldsymbol{P}_{k+1|k}^{m})^{-1}\hat{\boldsymbol{x}}_{k+1|k}^{m} \\
&= \sum_{i=1}^{N,m}\left[(\boldsymbol{P}_{k+1|k}^{i})^{-1}\hat{\boldsymbol{x}}_{k+1|k}^{i}\right]+\sum_{i=1}^{N}\left[(\boldsymbol{H}_{k+1}^{i})^{\mathrm{T}}(\boldsymbol{R}_{k+1}^{i})^{-1}\boldsymbol{z}_{k+1}^{i}\right] \\
&= \sum_{i=1}^{N,m}\left[(\boldsymbol{P}_{k+1|k}^{i})^{-1}\hat{\boldsymbol{x}}_{k+1|k}^{g}\right]+\sum_{i=1}^{N}\left[(\boldsymbol{H}_{k+1}^{i})^{\mathrm{T}}(\boldsymbol{R}_{k+1}^{i})^{-1}\boldsymbol{z}_{k+1}^{i}\right] \\
&= \left[\sum_{i=1}^{N,m}(\boldsymbol{P}_{k+1|k}^{i})^{-1}\right]\hat{\boldsymbol{x}}_{k+1|k}^{g}+\sum_{i=1}^{N}\left[(\boldsymbol{H}_{k+1}^{i})^{\mathrm{T}}(\boldsymbol{R}_{k+1}^{i})^{-1}\boldsymbol{z}_{k+1}^{i}\right] \\
&= (\boldsymbol{P}_{k+1|k}^{g})^{-1}\hat{\boldsymbol{x}}_{k+1|k}^{g}+\boldsymbol{H}_{k+1}^{\mathrm{T}}\boldsymbol{R}_{k+1}^{-1}\boldsymbol{z}_{k+1}
\end{aligned} \tag{6-6-26}$$

所以上式与式(6-6-19)是等价的。由此可知，有重置联邦滤波器和集中式融合的算法是等价的。

2. 无重置联邦滤波器与集中式融合的不等价

不等价的关键在于式(6-6-22)不成立，因而不能导出式(6-6-25)和式(6-6-26)，即

$$(\boldsymbol{P}_{k+1|k}^{g})^{-1}\neq\sum_{i=1}^{N,m}(\boldsymbol{P}_{k+1|k}^{i})^{-1}$$

或者

$$(\boldsymbol{\Phi}_{k}\boldsymbol{P}_{k|k}^{g}\boldsymbol{\Phi}_{k}^{\mathrm{T}}+\boldsymbol{\Gamma}_{k}\boldsymbol{Q}_{k}\boldsymbol{\Gamma}_{k}^{\mathrm{T}})^{-1}\neq\sum_{i=1}^{N,m}(\boldsymbol{\Phi}_{k}\boldsymbol{P}_{k|k}^{i}\boldsymbol{\Phi}_{k}^{\mathrm{T}}+\boldsymbol{\Gamma}_{k}\boldsymbol{Q}_{k}^{i}\boldsymbol{\Gamma}_{k}^{\mathrm{T}})^{-1} \tag{6-6-27}$$

但在 $\boldsymbol{P}_{k|k}^{i}$ 和 $\boldsymbol{Q}_{k}^{i}$ 比较小时上式近似成立，所以无重置联邦滤波器与集中式融合相比是次优的。

6.6.6 联邦滤波器的四种结构

针对参加组合的子滤波器情况，联邦滤波器可分为两类系统：A 类系统适用于现存可独立运行的子滤波器的组合，而且这种子滤波器内部结构不可改动；B 类系统适用于专门组合系统的开发，可同时考虑各子滤波器和主滤波器的性能，内部结构可根据要求更改。

联邦滤波器可以有多种实现形式，各种实现形式由于信息分配系数和信息反馈过程的不同而有不同的结构和特点。根据主滤波器和子滤波器信息处理方式的不同，联邦滤波器可以分为以下四种基本结构。

1. 融合-重置式结构

在**融合-重置式**(**fusion-reset mode,FR**)结构中,就是信息在各子滤波器和主滤波器之间按一定比例分配,各子滤波器独立地进行时间更新和量测更新,而主滤波器仅进行时间更新。此时融合后全局精度高,局部滤波器因为有全局滤波器的反馈重置,精度也得以提高。由于主滤波器对各子滤波器的重置作用,精度较低的子滤波器因为得到了精度较高的子滤波器的信息而使其精度提高了。在这种结构中,子滤波器必须等到主滤波器的融合结果反馈回来后才能进行下一步的滤波。此外,用全局滤波和局部滤波的信息可以很好地进行故障的检测。在某个传感器故障被隔离后,其他运行良好的局部滤波器的估计可以重新在主滤波器合成,进行滤波估计。但是,一个传感器的故障未被隔离前可能会通过全局滤波的重置使其他无故障传感器的局部滤波受到污染,使得系统的容错能力下降。在这种情况下,局部滤波器要重新初始化,其滤波值要经过一段过渡时间后才能使用,导致故障恢复能力下降。结构图如图 6-6-2 所示。

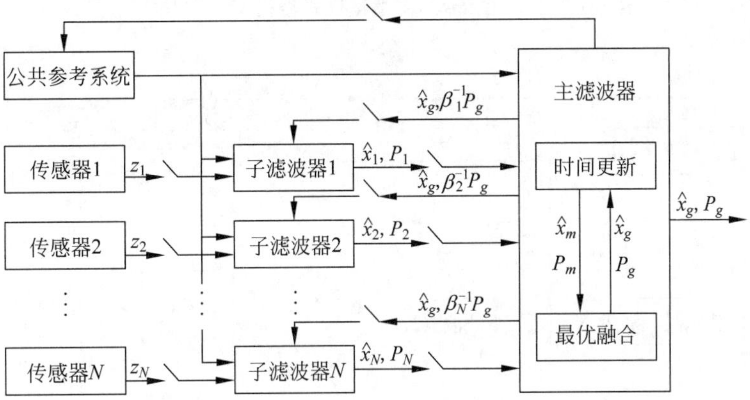

图 6-6-2　融合-重置式结构

2. 零重置式结构

在**零重置式**(**zero-reset mode,ZR**)结构中,主滤波器分配得到系统的全部信息($\beta_m=1$),而子滤波器由于过程噪声协方差阵为无穷,所以子滤波器状态方程已没有信息。因此对子滤波器来说,没有状态方程的信息就不需用 Kalman 滤波,而只需用量测信息来进行最小二乘估计,并将这些估计信息输出给主滤波器做量测值。这样局部滤波器的量测数据已经经过最小二乘法而平滑,主滤波器的工作频率可低于子滤波器的工作频率。由于子滤波器预测的协方差阵趋于无穷,所以不能通过信息来检测 k 时刻传感器故障。但可以利用主滤波器的信息来检测传感器的故障。另外,这种结构计算简单,工程实现比较容易。结构图如图 6-6-3 所示。

3. 无重置式结构

在**无重置式**(**no-reset mode,NR**)结构中,在初始时刻,各子滤波器根据所对应传感器的精度高低按一定的比例分配系统的信息,而且主滤波器无信息分配,其输出仅由时间更新确定。这种结构的主滤波器只是将各子滤波器的估计信息融合而不保留这些信息，并且结构中没有主滤波器到子滤波器的信息重置，因此各子滤波器独立地工作，容错能力强。结构图如图 6-6-4 所示。

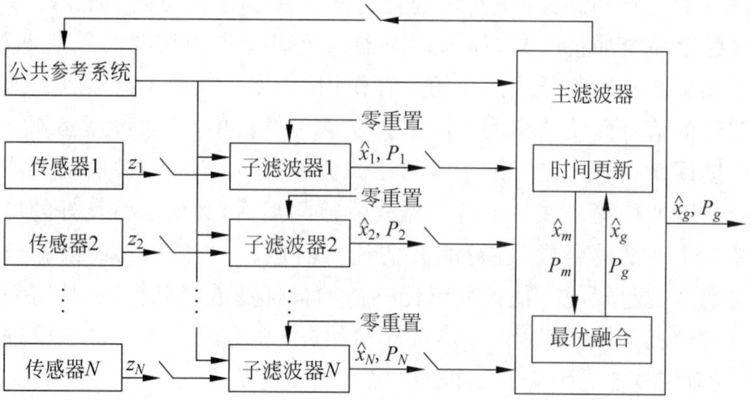

图 6-6-3　零重置式结构

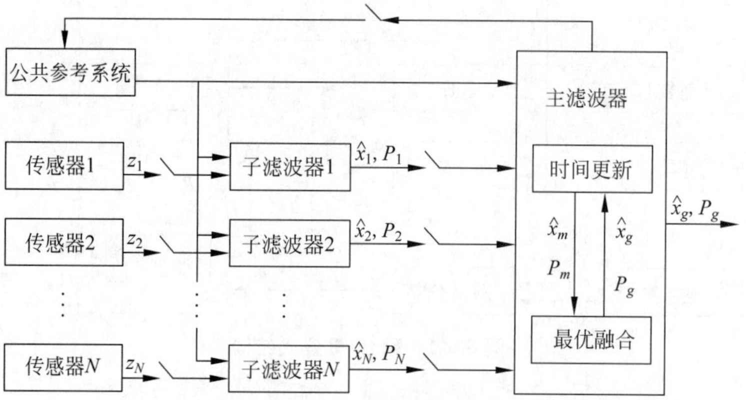

图 6-6-4　无重置式结构

4. 重调式结构

在重调式(rescale mode，RS)结构中，各子滤波器在主滤波器融合时仅将一部分($1-\alpha_i$，$0<\alpha_i<1$ 为信息保留系数)信息送入主滤波器，其余信息自己保留，然后各子滤波器根据信息保留系数重新调整其方差为 $1/\alpha_i$ 倍。主滤波器积累和保留系统的大部分信息，其余信息由各子滤波器保留。主滤波器以融合结果作为初值，滤波值由时间更新确定。这种结构允许不同子滤波器的信息在不同时刻来融合。结构图如图 6-6-5 所示。

比较四种结构，无复位(NR) 结构具有很强的容错能力。首先各子滤波器独立工作；其次由于没有主滤波器到子滤波器的信息重置，使它们相互之间没有污染能力，互不干扰，最适于故障检测，另外主滤波器对局部滤波器有很强的故障检测、隔离和恢复能力。当故障滤波器被检测到后，主滤波器可以很快地拒绝接纳它的信息，而融合剩余子滤波器的信息，得到系统的最优估计。唯一的不足之处是估计精度比(FR) 稍有下降，但换来的是容错性和可靠性。由于 NR 的特点，这种方案被认为容错型联邦滤波结构。

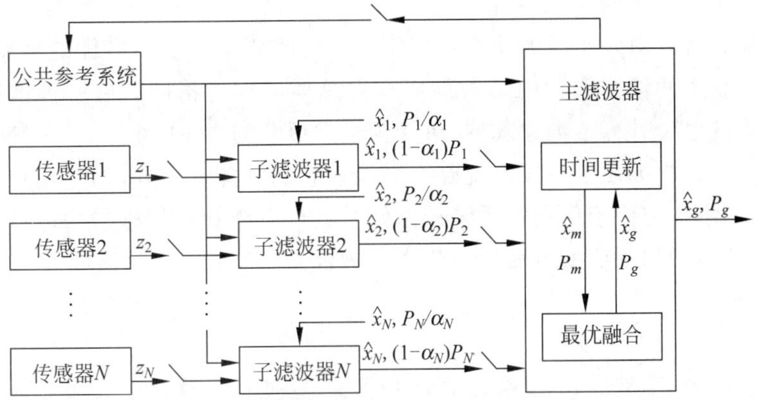

图 6-6-5　重调式结构

6.6.7　联邦滤波器四种结构的比较

1. 运算速度

NR 结构不需要重置，ZR 和 RS 结构需要重置，但可以在子滤波器向主滤波器发送完状态估计值和方差信息后立即进行，FR 方式则必须等到主滤波器的融合结束之后各子滤波器才能得到自己的重置值。因此，从运算速度上来看，NR 最快，ZR 和 RS 居中，FR 最慢。从计算量的大小来考虑，也会得出同样的结论。

2. 容错性能

容错能力指检测、隔离和恢复系统故障的能力。NR 方式具有较好的容错能力。它没有主滤波器到各子滤波器的信息反馈，不存在各子滤波器之间的交叉污染，故障被局限在一个子滤波器之内，便于系统的故障隔离，当检测出一个子滤波器的故障并把它隔离后，主滤波器还可用其他子滤波器的估计值继续合成结果，整个系统仍可正常运转。

总的来说，NR 结构在运算速度和容错能力方面均较好，它的缺点是精度有点低(但仍比任何一个子系统的精度高)，并需要各子滤波器在同一时刻把自己的估计结果送入主滤波器(这是容易做到的)。ZR 和 RS 结构允许子滤波器的估计值在不同时刻送入主滤波器，但容错性能较差。FR 方式具有最好的精度，但容错性能不理想，实现起来也较为复杂。

6.6.8　联邦滤波器的特点

联邦滤波与集中式融合相比，最大的优越性在速度和容错方面。下面从灵活性、速度和容错三方面来阐述它的特点。

1. 灵活性

每步都作融合并对各子滤波器重置的 FR 结构能够获得总体最优的精度，多步后再做融合并有对各子滤波器重置的结构可以获得总体的次优精度。后一种情况的好处是使得主滤波器的融合计算量大大降低，可降为最大负载的 1/10 到 1/5。联邦滤波灵活的实现方案可以使用户方便地根据系统要求来调整它的性能。另外，如果用户有新的传感器，联邦滤波的结构也便于用户对系统稍做修改就可以用新的传感器构造新子滤波器添加到系统中，从而增加系统的可靠性。集中式融合显然没有上述灵活性。

2. 速度

联邦滤波的各子滤波器的滤波运算是并行的，这使得运算速度大大提高。如果主滤波器是在子滤波器运行多步后再融合，则运算速度还能进一步加快。联邦滤波器的运算时间仅为集中式融合的几分之一，实时性较好。

3. 容错

联邦滤波结构中，各子滤波器相对独立，尤其是 NR 结构，没有各子滤波器之间的交叉污染，一旦某一子系统出现故障，故障被限制在一个子滤波器内，当检测出故障后，联邦滤波的结构使用户可以方便地隔离有故障的子滤波器，主滤波器的估计值用其他子滤波器的估计值合成，保证系统的正常运转。而在集中式融合结构中，一旦某一传感器出现故障，故障可能迅速污染整个系统，使系统情况恶化。

联邦滤波在上述诸方面的优越性使它成为智能容错组合导航系统的首选方案。

6.6.9 联邦滤波器的两种简化形式

需要注意 Carlson 的算法严格最优成立的前提：各子滤波器和主滤波器具有相同的状态向量，状态转移矩阵、过程噪声分布阵和过程噪声也相同，严格的初始系统误差协方差阵放大过程，以及量测周期与融合、重置周期一致。但在实际应用中，做到严格最优几乎是不可能的，因此多以近似最优形式出现，表现为以下几种情况。

(1) 每个子滤波器的状态都保持最小维数，即子滤波器 i 的状态估计量只包括参考系统的公共状态和第 i 个子滤波器的偏差状态 $\boldsymbol{x}_i=[\boldsymbol{x}_c^{\mathrm{T}} \mid \boldsymbol{x}_{bi}^{\mathrm{T}}]^{\mathrm{T}}$，这样，信息分配操作就只对 $\boldsymbol{x}_c^{\mathrm{T}}$ 进行，减少了子滤波器的计算量以及主滤波器与子滤波器之间的数据通信量。实际上对于并行滤波、融合来说，一般只考虑公共状态向量部分，这样做必然会损失公共状态向量和子滤波器特有状态向量之间的交联信息。

(2) 子滤波器本身的量测周期可短于主滤波器的融合周期，以减少主滤波器的计算负担。此时，子滤波器起到了数据压缩器的作用，即将两次融合周期内的多次量测值压缩为最后一次量测周期的局部状态估计。

Carlson 指出[51]，以上两种简化造成的精度损失非常小，对状态量的估计仍近于全局最优。

6.7 最优线性估计融合与统一融合规则

在这一节中,我们主要讨论美国新奥尔良大学 X. Rong Li 教授等人提出的统一线性数据模型和融合规则[12,58]。该模型和规则实现对中心式融合和分布式融合的统一考虑,很好地实现了估计融合理论的系统化。

6.7.1 问题描述

考虑一个带融合中心和 n 个传感器(局部站或者信息源)的分布式系统,其中每个传感器都连接到融合中心。以 $\boldsymbol{Z}_i$ 表示第 i 个传感器对于被估计量(也就是,被估计的量)$\boldsymbol{x}$ 的量测(以及相关噪声的矩)集。以 $\hat{\boldsymbol{x}}_i$ 表示第 i 个传感器对于 $\boldsymbol{x}$ 的局部估计,$\boldsymbol{P}_i=\operatorname{cov}(\tilde{\boldsymbol{x}}_i)$表示相应估计误差$\tilde{\boldsymbol{x}}_i=\boldsymbol{x}-\hat{\boldsymbol{x}}_i$ 的协方差阵。令 $\hat{\boldsymbol{x}}$ 和 $\boldsymbol{P}=\operatorname{cov}(\tilde{\boldsymbol{x}})$分别表示融合中心处对 $\boldsymbol{x}$ 的估计值及相应的误差$\tilde{\boldsymbol{x}}=\boldsymbol{x}-\hat{\boldsymbol{x}}$ 的协方差阵。

考虑这样的问题,即使用融合中心得到的所有的信息 $\boldsymbol{Y}=\{\boldsymbol{y}_1,\cdots,\boldsymbol{y}_n\}$来得到 $\hat{\boldsymbol{x}}$ 和 $\boldsymbol{P}$。

根据融合中心得到信息的类型,估计融合可以分成三类。

(1) 如果融合中心可以得到所有的未处理的①数据(或者量测),也就是说,如果 $\boldsymbol{Y}=\boldsymbol{Z}\triangleq\{\boldsymbol{Z}_1,\cdots,\boldsymbol{Z}_n\}$,那么这就是集中式融合(或者中心级融合)。

(2) 如果融合中心只能得到经过处理的数据,也就是说,如果对于非恒等映射 $g_i(\cdot)$,$\forall i$ 有 $\boldsymbol{Y}=\boldsymbol{D}\triangleq\{g_1(\boldsymbol{Z}_1),\cdots,g_n(\boldsymbol{Z}_n)\}$,那么这个问题就是**分散式融合**、**分布式融合**、**传感器级融合**或者**自治融合**。在大多数常用的分布式融合系统中,$\boldsymbol{Y}=\{\{\hat{\boldsymbol{x}}_1,\boldsymbol{P}_1\},\cdots,\{\hat{\boldsymbol{x}}_n,\boldsymbol{P}_n\}\}$;也就是说,融合中心只能得到局部估计$\{\hat{\boldsymbol{x}}_i,\boldsymbol{P}_i\}$(基于 $\boldsymbol{Z}_i$)。为了方便起见,称这样的系统为**标准分布式融合系统**,也可以称为**估计融合**。然而,要注意的是不要求$g_i(\boldsymbol{Z}_i)=\{\hat{\boldsymbol{x}}_i,\boldsymbol{P}_i\}$,而且由于没有把所有估计结果进行融合,所以把集中式融合称为估计融合似乎不太恰当。

(3) 如果融合中心得到的信息包括从一些传感器得到的未处理过的数据和从别的传感器得到的已经经过处理的数据($\boldsymbol{Y}\neq\boldsymbol{Z}$ 并且 $\boldsymbol{Y}\neq\boldsymbol{D}$),这样的系统被称为**混合式融合系统**。

本节只考虑线性无偏估计融合。也就是说,假定 $\hat{\boldsymbol{x}}$ 是 $\boldsymbol{x}$ 的线性无偏估计。

6.7.2 统一线性数据模型

1. 一个统一模型

令 $\boldsymbol{z}_i$ 表示第 i 个传感器的任意量测(多维的);也就是说 $\boldsymbol{z}_i$ 是 $\boldsymbol{Z}_i$ 中的一个一般量测。如果 $\boldsymbol{z}_i$ 是 $\boldsymbol{x}$ 的仿射函数,则它是一个线性量测,即满足下面的线性方程

① "未处理"意味着不进行任何数据处理,尽管量测数据通常是在信号处理后得到的。

$$z_i = h_i x + \eta_i \tag{6-7-1}$$

其中,h_i 是一个矩阵,并且不是 x 的函数; η_i 为量测噪声。这就是集中式融合的线性数据模型。

给出对于集中式、分布式和混合式融合的统一线性量测模型的关键之处如下:通过下面的等式,局部估计结果可以被看作是被估计容量的一个量测值

$$\hat{x}_i = x + (\hat{x}_i - x) = x + (-\tilde{x}_i) \tag{6-7-2}$$

其中,估计误差 $-\tilde{x}_i$ 充当量测噪声。需要强调的是,估计融合的这一量测模型对任何情况都是有效的,无一例外,因为它不依赖于任何假设,而只要 $\hat{x}_i$ 和 x 具有相同的维数。例如,它对于任意线性的或非线性的、最优的或非最优的估计器 $\hat{x}_i$,以及任意线性的或非线性的量测值 z_i 都是有效的。这个模型被称为**估计融合的数据模型**或者**标准分布式融合的数据模型**。

很明显,以上两个方程可以用一个统一的形式进行重写。然而,更一般的是可以考虑一类分布式系统,先对 z_i 进行线性处理,然后再传送到融合中心,即融合中心得到的是

$$\breve{y}_i = g_i(z_i) = a_i + B_i z_i = B_i h_i x + \breve{\eta}_i \tag{6-7-3}$$

其中,a_i 和 B_i 已知,且不是任何量测值的函数。这个模型被称为**分布式融合的线性数据模型**或**线性分布式数据模型**。很明显,当 $B_i = I$,并且 $\breve{\eta}_i = \eta_i$ 时,集中式的融合模型式(6-7-1)就成为这个模型的一个特例。并且,对于带线性量测值 z_i 的一个线性估计器 $\hat{x}_i$,当 $B_i h_i = I$ 并且 $\breve{\eta}_i = -\tilde{x}_i$ 时,式(6-7-2)就成为式(6-7-3)的一个特例。然而,式(6-7-2)普遍成立,它并不局限于线性情况。值得注意的是,在一个分布式系统中传送到融合中心的数据 y_i 也可能会是 z_i 的一个非线性函数。令

$$y_i = \begin{cases} z_i & \text{CL} \\ \hat{x}_i & \text{SD} \\ \breve{y}_i & \text{DL} \end{cases} \tag{6-7-4}$$

其中,CL 表示带线性量测的中心式融合,SD 表示标准分布式融合,DL 表示带线性数据的分布式融合。这样,令

$$H_i = \begin{Bmatrix} h_i & \text{CL} \\ I & \text{SD} \\ B_i h_i & \text{DL} \end{Bmatrix}, \quad v_i = \begin{cases} \eta_i & \text{CL} \\ -\tilde{x}_i & \text{SD}, \\ \breve{\eta}_i & \text{DL} \end{cases} \quad y = \begin{bmatrix} y_1 \\ \vdots \\ y_n \end{bmatrix}, \quad H = \begin{bmatrix} H_1 \\ \vdots \\ H_n \end{bmatrix}, \quad v = \begin{bmatrix} v_1 \\ \vdots \\ v_n \end{bmatrix}$$

则融合中心可得到的数据的一个统一线性模型为

$$y_i = H_i x + v_i \tag{6-7-5}$$

相应的批处理形式为

$$y = Hx + v \tag{6-7-6}$$

显然,这个模型不但对集中式和分布式融合有效,而且对混合式融合同样有效。这一统一模型的关键之处就是把融合中心可得到的量(特别是 $\hat{x}_i$)看作 x 的量测。

2. 数据模型中的相关性

一般来说,统一模型中的噪声分量 $v_1, \cdots, v_n$ 是相关的;也就是说,以下矩阵并不一

定是分块对角阵：

$$\boldsymbol{C}=\operatorname{cov}(\boldsymbol{v})=\begin{cases}\boldsymbol{R} & \text{CL}\\ \boldsymbol{\Sigma} & \text{SD}\\ \breve{\boldsymbol{R}} & \text{DL}\end{cases}$$

其中，$\boldsymbol{R}=\operatorname{cov}(\boldsymbol{\eta}_1,\cdots,\boldsymbol{\eta}_n)=$量测噪声协方差阵；$\boldsymbol{\Sigma}=\operatorname{cov}(\tilde{\boldsymbol{x}}_1,\cdots,\tilde{\boldsymbol{x}}_n)=$局部估计的先验联合误差协方差阵；$\breve{\boldsymbol{R}}=\operatorname{cov}(\breve{\boldsymbol{\eta}}_1,\cdots,\breve{\boldsymbol{\eta}}_n)=$等价量测噪声的协方差阵。

需要强调的是，统一模型的框架要求$\boldsymbol{\Sigma}$是无条件的(而不是有条件的)协方差阵。在文献中几乎总是假设$\boldsymbol{R}$为分块对角阵。不幸的是，许多重要的实际情况并不是这样的。这里给出了几个例子。第一，就像文献[65]指出的那样，通过对连续时间多传感器系统采样得到的离散时间异步多传感器系统的量测噪声是相关的。第二，如果$\boldsymbol{x}$是在共同的噪声环境下进行量测，则$\boldsymbol{\eta}_1,\cdots,\boldsymbol{\eta}_n$一般来说是相关的，例如当出现反干扰(如噪声是人为干扰)或大气噪声时对一个目标的状态进行量测。后面给出了属于这种类别的一类系统。第三，许多实际传感器的量测误差由于依赖于目标状态或载机运动的不确定性，所以是耦合的。例如，斜距误差可能依赖于目标的距离[66]。第四，即使量测误差在原始坐标系中是不相关的，经过非线性坐标转化后由于误差依赖于状态，它们就变得相关了，而这一过程对于数据融合来说是必需的。

一般来说，即使$\boldsymbol{R}$是分块对角阵，但$\boldsymbol{\Sigma}$却几乎从来都不是分块对角阵。这一点很容易理解，即使量测噪声是白噪声，Kalman 滤波器在不同时刻的估计误差一般来说是相关的。

一般来说，噪声$\boldsymbol{v}$和被估计量$\boldsymbol{x}$(如果$\boldsymbol{x}$是随机的)可能是相关的，即

$$\operatorname{cov}(\boldsymbol{x},\boldsymbol{v})=\boldsymbol{C}_{xv},\quad \operatorname{cov}(\boldsymbol{x},\boldsymbol{v}_i)=\boldsymbol{C}_{xv}^{i},\quad i=1,2,\cdots,n \tag{6-7-7}$$

例如，对于一个先验均值为$\bar{\boldsymbol{x}}$，且局部估计为最优线性无偏估计的标准分布式系统，有

$$\begin{aligned}\boldsymbol{C}_{xv}^{i}&=\operatorname{cov}(\boldsymbol{x},\boldsymbol{v}_i)=\operatorname{cov}(\boldsymbol{x},-\tilde{\boldsymbol{x}}_i)=\operatorname{cov}[(\tilde{\boldsymbol{x}}_i+\hat{\boldsymbol{x}}_i-\bar{\boldsymbol{x}}),-\tilde{\boldsymbol{x}}_i]\\&=-\operatorname{cov}(\tilde{\boldsymbol{x}}_i)-E[\hat{\boldsymbol{x}}_i\tilde{\boldsymbol{x}}_i^{\mathrm{T}}]+\bar{\boldsymbol{x}}E[\tilde{\boldsymbol{x}}_i^{\mathrm{T}}]=-\boldsymbol{P}_i\end{aligned} \tag{6-7-8}$$

其中，根据正交原理和无偏性可得式(6-7-8)的最后一个等式成立。量测噪声和被估计量之间的相关性以前往往被忽略掉了。它不仅在这里存在，而且在许多实际系统中以“依赖于斜距的误差”形式[66]存在。这个相关性还由于多传感器数据融合必需的坐标转换而产生。

总之，式(6-7-5)和式(6-7-6)的确是对于带线性量测的所有的集中式、分布式和混合式融合问题的一个统一的线性数据模型。然而，所要付出的代价是量测噪声可能是彼此相关的，并且与被估计量相关。结果是，任何基于这一统一模型的最优融合规则都必须考虑这种相关性。已有的融合算法从未考虑过量测噪声和被估计量之间的相关性。但是，为了在标准的分布式融合中能够使用式(6-7-2)的简单却又包括一切的数据模型，就必须考虑这种相关性。

3. 线性无偏分布式融合的数据模型

很明显，标准分布式融合模型普遍有效。然而，它导致了不同传感器等价噪声之间的相关性，以及传感器噪声和被估计量之间的相关性。通过在分布式融合中使用式(6-7-3)的

线性数据模型,这两种类型的相关性可以避免掉。但是,这个模型并不是普遍有效的,它只对于带不相关的实际量测噪声的线性量测在局部估计器的某些假定的结构下才成立。

假定 $\hat{\boldsymbol{x}}_i$ 用如下的形式给出

$$\hat{\boldsymbol{x}}_i=\bar{\boldsymbol{x}}_i+\boldsymbol{K}_i(\boldsymbol{z}_i-\boldsymbol{h}_i\bar{\boldsymbol{x}}_i-\bar{\boldsymbol{\eta}}_i)=(\boldsymbol{I}-\boldsymbol{K}_i\boldsymbol{h}_i)\bar{\boldsymbol{x}}_i+\boldsymbol{K}_i(\boldsymbol{z}_i-\bar{\boldsymbol{\eta}}_i)$$

且量测为线性形式 $\boldsymbol{z}_i=\boldsymbol{h}_i\boldsymbol{x}+\boldsymbol{\eta}_i$。值得注意的是,对于所有的带线性量测的线性无偏估计器(线性类中最优的或非最优的),这点都成立。那么

$$\begin{aligned}\breve{\boldsymbol{y}}_i&=\hat{\boldsymbol{x}}_i-(\boldsymbol{I}-\boldsymbol{K}_i\boldsymbol{h}_i)\bar{\boldsymbol{x}}_i=\boldsymbol{K}_i(\boldsymbol{z}_i-\bar{\boldsymbol{\eta}}_i)\\&=\boldsymbol{K}_i\boldsymbol{h}_i\boldsymbol{x}+\boldsymbol{K}_i(\boldsymbol{\eta}_i-\bar{\boldsymbol{\eta}}_i)=\boldsymbol{B}_i\boldsymbol{h}_ix+\breve{\boldsymbol{\eta}}_i\end{aligned}\tag{6-7-9}$$

就是一个线性量测。注意相应的噪声 $\breve{\boldsymbol{\eta}}$ 的协方差阵为

$$\boldsymbol{C}=\operatorname{cov}(\breve{\boldsymbol{\eta}})=[\boldsymbol{C}_{ij}]=[\boldsymbol{K}_i\boldsymbol{R}_{ij}\boldsymbol{K}_j^{\mathrm{T}}]=\boldsymbol{KRK}^{\mathrm{T}}\tag{6-7-10}$$

其中,$\boldsymbol{R}=\operatorname{cov}(\boldsymbol{\eta})$,并且 $\boldsymbol{K}=\operatorname{diag}(\boldsymbol{K}_1,\cdots,\boldsymbol{K}_n)$ 是对角矩阵,但 $\boldsymbol{K}_i$ 不一定是方阵。这样一来,如果 $\boldsymbol{R}$ 是块对角阵,则 $\boldsymbol{C}$ 也就是块对角阵。同样,如果 $\boldsymbol{\eta}$ 和 $\boldsymbol{x}$ 是不相关的,则 $\breve{\boldsymbol{\eta}}$ 和 $\boldsymbol{x}$ 也是不相关的。这样就避免了与基于标准分布式模型的统一模型相关的困难,这种模型的 $\boldsymbol{C}$ 不是块对角阵,并且 $\boldsymbol{C}_{xv}$ 非零。然而,在这一模型中,除了数据 $\breve{\boldsymbol{y}}_i=\hat{\boldsymbol{x}}_i-(\boldsymbol{I}-\boldsymbol{K}_i\boldsymbol{h}_i)\bar{\boldsymbol{x}}_i$ 以外,融合中心也必须得到(最优的或非最优的)增益 $\boldsymbol{K}_i$。文献[64-65]中提出了一种对 $\boldsymbol{x}$ 和 $\boldsymbol{v}$ 之间的相关性进行解耦的更一般的技术。

6.7.3 对于线性数据模型的统一最优融合规则

1. 最优性和假设

考虑两种最常用的线性估计方法:(线性)**加权最小二乘(WLS)**估计,以及**最佳线性无偏估计(BLUE)**。后一种本质上又称为**线性最小均方误差估计(LMMSE)**、**最小均方(LMS)估计**、**线性最小方差(LMV)估计**,或**线性无偏最小方差(LUMV)估计**。对于统一模型式(6-7-6),BLUE 估计和 WLS 估计分别定义为

$$\hat{\boldsymbol{x}}^{\mathrm{BLUE}}=\arg\min_{\hat{\boldsymbol{x}}=\boldsymbol{a}+\boldsymbol{By}}E[(\boldsymbol{x}-\hat{\boldsymbol{x}})(\boldsymbol{x}-\hat{\boldsymbol{x}})^{\mathrm{T}}],\quad E[\hat{\boldsymbol{x}}-\boldsymbol{x}]=0\tag{6-7-11}$$

$$\hat{\boldsymbol{x}}^{\mathrm{WLS}}=\arg\min_{\hat{\boldsymbol{x}}}(\boldsymbol{y}-\boldsymbol{H}\hat{\boldsymbol{x}})^{\mathrm{T}}\boldsymbol{W}(\boldsymbol{y}-\boldsymbol{H}\hat{\boldsymbol{x}})\tag{6-7-12}$$

其中,$\boldsymbol{a}$ 和 $\boldsymbol{B}$ 不依赖于 $\boldsymbol{Y}=\{\boldsymbol{y}_1,\cdots,\boldsymbol{y}_n\}$,并且 $\boldsymbol{W}$ 是正定的。它们分别对均方误差(MSE)矩阵 $E[(\boldsymbol{x}-\hat{\boldsymbol{x}})(\boldsymbol{x}-\hat{\boldsymbol{x}})^{\mathrm{T}}]$ 和量测拟合误差进行最小化。

进一步,我们定义 $\hat{\boldsymbol{x}}_*^{\mathrm{WLS}}=\hat{\boldsymbol{x}}^{\mathrm{WLS}}|_{\boldsymbol{W}=\boldsymbol{C}^{-1}}$,也就是说

$$\hat{\boldsymbol{x}}_*^{\mathrm{WLS}}=\arg\min_{\hat{\boldsymbol{x}}}(\boldsymbol{y}-\boldsymbol{H}\hat{\boldsymbol{x}})^{\mathrm{T}}\boldsymbol{C}^{-1}(\boldsymbol{y}-\boldsymbol{H}\hat{\boldsymbol{x}})\tag{6-7-13}$$

如果 $\hat{\boldsymbol{x}}_*^{\mathrm{WLS}}$ 唯一,它就被称为(线性)最优 WLS 估计器,原因是所有的(线性)WLS 估计器(事实上,在较大的一类估计器)中,它的 MSE 阵最小。

当最小化问题 $\min\limits_{\hat{\boldsymbol{x}}}(\boldsymbol{y}-\boldsymbol{H}\hat{\boldsymbol{x}})^{\mathrm{T}}\boldsymbol{C}^{-1}(\boldsymbol{y}-\boldsymbol{H}\hat{\boldsymbol{x}})$ 的解 $\hat{\boldsymbol{x}}$ 有多个时,通常会选取范数最小的那个。这样一来就不必假设 $\boldsymbol{H}^{\mathrm{T}}\boldsymbol{C}^{-1}\boldsymbol{H}$ 为非奇异阵。然而,对于最小二乘,通常假设 $\boldsymbol{W}$(或 $\boldsymbol{C}$)正定;否则最小二乘方法就是靠不住的——拟合误差为零并不表示估计误差为零。

每次需要这一假设将不再重述。另外，通常假设 $\bar{\boldsymbol{v}}=E[\boldsymbol{v}]$ 和 $\boldsymbol{C}$（或者非最优 WLS 融合中的 $\boldsymbol{W}$）是已知的①。就像将要在下面 7 中看到的那样，如果 $\bar{\boldsymbol{v}}$ 或者 $\boldsymbol{C}$ 有一个未知，那么最优的线性无偏融合器要么就不存在，要么没有意义。对于标准分布式融合，这一知识等价于知道所有的偏差，如果存在局部估计量估计误差之间的互协方差，也要知道。要注意的是这点与假设局部估计为无偏的不太严格，它本质上等价于假设所有的偏差已知并且相等。

当 $\boldsymbol{C}$（或 $\boldsymbol{W}$）是分块对角阵（并且量测噪声和被估计量之间不相关）时，这两个估计器非常简单，而且非常有名。相关文献中已有相应的融合规则的几种特殊形式。为了对一般的情况有效，尤其对标准分布式融合有效，开发对于量测噪声之间互相相关并且与被估计量相关情况下的 BLUE 和 WLS 融合器就很有意义。也正是提出方法的这种泛化能力使得它能够克服已有融合规则的各种局限性。

2. 带完全先验信息的 BLUE 融合

为了方便起见，如果被估计量的先验均值和先验协方差阵（同时也包括它和量测误差 $\boldsymbol{v}$ 之间的相关性）都是已知的，我们就认为 BLUE 融合具有完全的先验信息，原因是 BLUE 估计器使用的被估计量唯一的先验信息是它的前两阶矩。下面的定理给出了带完全先验信息的 BLUE 融合规则。

定理 6.7.1（带完全先验信息的 BLUE 融合） 利用数据模型式(6-7-6)，带有 $\boldsymbol{x}$ 的先验信息 $\bar{\boldsymbol{x}}=E[\boldsymbol{x}]$，$\boldsymbol{C}_x=\operatorname{cov}(\boldsymbol{x})$ 和 $\boldsymbol{C}_{xv}=\operatorname{cov}(\boldsymbol{x},\boldsymbol{v})$ 的唯一的 BLUE 融合器式(6-7-11)为

$$\hat{\boldsymbol{x}}=\bar{\boldsymbol{x}}+\widetilde{\boldsymbol{K}}[\boldsymbol{y}-\boldsymbol{H}\bar{\boldsymbol{x}}-\bar{\boldsymbol{v}}]=\bar{\boldsymbol{x}}+\boldsymbol{K}[\boldsymbol{y}-\boldsymbol{H}\bar{\boldsymbol{x}}-\bar{\boldsymbol{v}}] \tag{6-7-14}$$

$$\boldsymbol{P}=E[(\boldsymbol{x}-\hat{\boldsymbol{x}})(\boldsymbol{x}-\hat{\boldsymbol{x}})^{\mathrm{T}}]=\boldsymbol{C}_x-\widetilde{\boldsymbol{K}}\boldsymbol{C}_y\widetilde{\boldsymbol{K}}^{\mathrm{T}}=\boldsymbol{C}_x-\boldsymbol{K}\boldsymbol{C}_y\boldsymbol{K}^{\mathrm{T}} \tag{6-7-15}$$

其中

$$\boldsymbol{C}_y=\boldsymbol{H}\boldsymbol{C}_x\boldsymbol{H}^{\mathrm{T}}+\boldsymbol{C}+\boldsymbol{H}\boldsymbol{C}_{xv}+(\boldsymbol{H}\boldsymbol{C}_{xv})^{\mathrm{T}} \tag{6-7-16}$$

$$\boldsymbol{K}=\boldsymbol{C}_{xy}\boldsymbol{C}_y^{-1}=(\boldsymbol{C}_x\boldsymbol{H}^{\mathrm{T}}+\boldsymbol{C}_{xv})\boldsymbol{C}_y^{-1}$$

$$\widetilde{\boldsymbol{K}}=\boldsymbol{K}+\boldsymbol{B} \tag{6-7-17}$$

并且 $\boldsymbol{B}$ 是满足 $\boldsymbol{B}\boldsymbol{C}_y\boldsymbol{B}^{\mathrm{T}}=0$ 的任意矩阵。误差协方差阵和增益阵还有如下替换形式

$$\boldsymbol{P}=\boldsymbol{U}\boldsymbol{C}_x\boldsymbol{U}^{\mathrm{T}}+\boldsymbol{K}\boldsymbol{C}\boldsymbol{K}^{\mathrm{T}}-\boldsymbol{U}\boldsymbol{C}_{xv}\boldsymbol{K}^{\mathrm{T}}-(\boldsymbol{U}\boldsymbol{C}_{xv}\boldsymbol{K}^{\mathrm{T}})^{\mathrm{T}} \tag{6-7-18}$$

$$\boldsymbol{K}=(\boldsymbol{P}\boldsymbol{H}^{\mathrm{T}}+\boldsymbol{C}_{xv})(\boldsymbol{C}+\boldsymbol{H}\boldsymbol{C}_{xv})^{-1} \tag{6-7-19}$$

其中，在上式中假设所有方阵的逆阵存在，并且 $\boldsymbol{U}=\boldsymbol{I}-\boldsymbol{K}\boldsymbol{H}$。

注意：从本质上来说，该融合规则就是对数据模型式(6-7-6)应用了标准的 BLUE 估计器。方程式(6-7-18)普遍成立（也就是说，不局限于带最优增益的估计器）。当 $\boldsymbol{C}_y$ 奇异时，可把 $\boldsymbol{C}_y^{-1}$ 替换成 $\boldsymbol{C}_y^{+}$，则以上结果仍然有效，其中 $\boldsymbol{C}_y^{+}$ 为 $\boldsymbol{C}_y$ 唯一的 Moore-Penrose 伪逆（简称为 MP 逆）；但是，要注意的是在这种情况下式(6-7-19)不再有效。如果 $\boldsymbol{C}_{xv}=0$，则这个 BLUE 融合器就简化成我们所熟悉的带有不相关误差的 BLUE 估计器。

---

① 如何得到 $\boldsymbol{C}$ 可参考文献[60]。

3. 无先验信息的 BLUE 融合

如果没有关于被估计量的先验信息，或者信息不完全（举例来说，先验协方差阵未知或不存在），或者被估计量非随机，则定理 6.7.1 给出的 BLUE 融合规则就不能应用。在这些情况下，有名的 BLUE 估计公式

$$\hat{\boldsymbol{x}} = E[\boldsymbol{x}] + \mathrm{cov}(\breve{\boldsymbol{x}}, \tilde{\boldsymbol{y}})[\mathrm{cov}(\tilde{\boldsymbol{y}})]^{+}\tilde{\boldsymbol{y}} \tag{6-7-20}$$

$$\boldsymbol{P} = \boldsymbol{C}_x - \mathrm{cov}(\breve{\boldsymbol{x}}, \tilde{\boldsymbol{y}})[\mathrm{cov}(\tilde{\boldsymbol{y}})]^{+}\,\mathrm{cov}(\tilde{\boldsymbol{y}}, \breve{\boldsymbol{x}}) \tag{6-7-21}$$

明显不能应用，其中$\breve{\boldsymbol{x}} = \boldsymbol{x} - E[\boldsymbol{x}]$，并且$\tilde{\boldsymbol{y}} = \boldsymbol{y} - E[\boldsymbol{y}]$。然而，就像下面的命题描述的那样，式(6-7-11)定义的 BLUE 融合规则可能仍然存在。

命题 6.7.1（无先验信息时线性无偏融合器的存在性） 对于数据模型式(6-7-6)，$\bar{\boldsymbol{v}} = E[\boldsymbol{v}]$已知，当且仅当 $\boldsymbol{H}$ 列满秩，或者等价地 $\det(\boldsymbol{H}^{\mathrm{T}}\boldsymbol{H}) \neq 0$ 时，无 $\boldsymbol{x}$ 的先验信息的线性无偏融合器存在。

如果存在，则该 BLUE 融合器唯一（几乎肯定），并可由以下定理给出。

定理 6.7.2（不带先验信息的 BLUE 融合） 对于数据模型式(6-7-6)，$\bar{\boldsymbol{v}} = E[\boldsymbol{v}]$和$\boldsymbol{C} = \mathrm{cov}(\boldsymbol{v})$已知，当且仅当 $\boldsymbol{H}$ 列满秩（也就是说，$\boldsymbol{H}^{+} = (\boldsymbol{H}^{\mathrm{T}}\boldsymbol{H})^{-1}\boldsymbol{H}^{\mathrm{T}}$）时，不带 $\boldsymbol{x}$ 的先验信息的 BLUE 融合器存在。如果存在，任何这样的 BLUE 融合器通常由如下各式给出：

$$\hat{\boldsymbol{x}} = \widetilde{\boldsymbol{K}}(\boldsymbol{y} - \bar{\boldsymbol{v}}) = \boldsymbol{K}(\boldsymbol{y} - \bar{\boldsymbol{v}}) \tag{6-7-22}$$

$$\boldsymbol{P} = \widetilde{\boldsymbol{K}}\boldsymbol{C}\widetilde{\boldsymbol{K}}^{\mathrm{T}} = \boldsymbol{K}\boldsymbol{C}\boldsymbol{K}^{\mathrm{T}} \tag{6-7-23}$$

$$\boldsymbol{K} = \boldsymbol{H}^{+}[\boldsymbol{I} - \boldsymbol{C}(\boldsymbol{T}\boldsymbol{C}\boldsymbol{T})^{+}] \tag{6-7-24}$$

$$\widetilde{\boldsymbol{K}} = \boldsymbol{K} + \boldsymbol{B}^{\mathrm{T}}\boldsymbol{T} \tag{6-7-25}$$

其中，$\boldsymbol{T} = \boldsymbol{I} - \boldsymbol{H}\boldsymbol{H}^{+}$，$\boldsymbol{B}$ 是合适维数的满足$(\boldsymbol{C}^{\frac{1}{2}})^{\mathrm{T}}\boldsymbol{T}\boldsymbol{B} = 0$ 的任意矩阵，$\boldsymbol{C}^{\frac{1}{2}}$是 $\boldsymbol{C}$ 的任意平方根矩阵，上标“+”代表 MP 逆。BLUE 融合器 $\hat{\boldsymbol{x}}$ 唯一（几乎肯定）并且等于$\boldsymbol{K}(\boldsymbol{y} - \bar{\boldsymbol{v}})$。当且仅当$[\boldsymbol{H}, \boldsymbol{C}^{\frac{1}{2}}]$行满秩时，最优增益矩阵$\widetilde{\boldsymbol{K}}$ 唯一地由下式给出：

$$\widetilde{\boldsymbol{K}} = \boldsymbol{K} = \boldsymbol{H}^{+}[\boldsymbol{I} - \boldsymbol{C}\boldsymbol{T}^{\frac{1}{2}}((\boldsymbol{T}^{\frac{1}{2}})^{\mathrm{T}}\boldsymbol{C}\boldsymbol{T}^{\frac{1}{2}})^{-1}(\boldsymbol{T}^{\frac{1}{2}})^{\mathrm{T}}] \tag{6-7-26}$$

其中，$\boldsymbol{T}^{\frac{1}{2}}$是 $\boldsymbol{T}$ 的一个满秩的平方根矩阵。

注： 无论被估计量 $\boldsymbol{x}$ 是否随机量，这个定理都有效。这样一来，它就可以被看成经典的线性估计和 Bayes 线性估计的一个统一。对于随机的 $\boldsymbol{x}$，若$\bar{x}$ 未知，就 $\boldsymbol{C}_x$ 和 $\boldsymbol{C}_{x\boldsymbol{v}}$（即使它们已知）来说，这个公式是不变的。换句话说，$\boldsymbol{C}_x$ 和 $\boldsymbol{C}_{xv}$ 可能的效果只通过其他量，举例来说，$\boldsymbol{C}$ 来体现。对于已知 $\bar{\boldsymbol{v}} = E[\boldsymbol{v}]$的数据模型式(6-7-6)，对于标准分布式系统，在不带先验信息时，一个线性无偏（实际上是 BLUE）融合器总是存在，因为在这种情况下 $\boldsymbol{H} = [\boldsymbol{I}, \cdots, \boldsymbol{I}]^{\mathrm{T}}$ 就意味着 $\det(\boldsymbol{H}^{\mathrm{T}}\boldsymbol{H}) \neq 0$；对于一个集中式系统，当且仅当 $\det(\boldsymbol{H}^{\mathrm{T}}\boldsymbol{H}) \neq 0$ 时，不带先验信息的一个线性无偏（实际上是 BLUE）融合器才会存在。

4. 带不完全先验信息的 BLUE 融合

在实际当中，有时更希望定义一个奇异阵 $\boldsymbol{C}_x^{-1}$，这样一来，相应的协方差阵 $\boldsymbol{C}_x$ 是不存

在的①。当可以得到$\bar{x}$ 的部分而并非全部分量的先验信息时就是这种情况。例如，当跟踪刚从机场起飞的一个飞行器时，容易确定带一定协方差的先验速度向量（它一定在一定的速度范围之内），但是先验的位置向量不能确定（它可能在一个大的区域上）。确定这种知识的一个实际的手段就是令 $\boldsymbol{C}_x$ 的相应分量为无穷大，或者更精确地，令 $\boldsymbol{C}_x^{-1}$ 的相应分量（或特征值）为零。这样的一个不完全先验问题可以被转化成不带先验信息的一个问题，如下引理所述。

引理 1 给定 $\boldsymbol{x}$ 的部分先验信息：$\bar{x}=E[\boldsymbol{x}]$，一个半正定却对称的矩阵 $\boldsymbol{C}_x^{-1}$，以及互协方差阵 $\boldsymbol{C}_{xv}$，则对于已知 $\bar{\boldsymbol{v}}=E[\boldsymbol{v}]$和 $\boldsymbol{C}=\mathrm{cov}(\boldsymbol{v})$的数据模型式(6-7-6)，其带不完全先验信息的相应的 BLUE 融合可以被转化成不带先验信息的 BLUE 融合（定理 6.7.2），其中，$\boldsymbol{H}$ 和 $\boldsymbol{C}$ 分别被下面的$\widetilde{\boldsymbol{H}}$ 和 $\widetilde{\boldsymbol{C}}$ 所替代

$$\widetilde{\boldsymbol{H}}=\begin{bmatrix}\boldsymbol{I}_{r\times r}, & 0\\ & \boldsymbol{HV}\end{bmatrix},\quad \widetilde{\boldsymbol{C}}=\begin{bmatrix}\boldsymbol{\Lambda}_1^{-1} & -\boldsymbol{V}_1^{\mathrm{T}}\boldsymbol{C}_{xv}\\ -(\boldsymbol{V}_1^{\mathrm{T}}\boldsymbol{C}_{xv})^{\mathrm{T}} & \boldsymbol{C}\end{bmatrix}$$

其中，$\boldsymbol{V}=[\boldsymbol{V}_1,\boldsymbol{V}_2]$ 是对角化 $\boldsymbol{C}_x^{-1}$ 的正交矩阵，且

$$\boldsymbol{C}_x^{-1}=\boldsymbol{V}\mathrm{diag}(\boldsymbol{\Lambda}_1,0,\cdots,0)\boldsymbol{V}^{\mathrm{T}}$$

使得 $\boldsymbol{V}_1$ 相应于

$$\boldsymbol{\Lambda}_1=\mathrm{diag}(\lambda_1,\cdots,\lambda_r)>0,\quad r=\mathrm{rank}(\boldsymbol{C}_x^{-1})$$

定理 6.7.3（带不完全先验信息的 BLUE 融合） 像在引理 1 中一样，给定 $\boldsymbol{x}$ 的部分先验信息：$\bar{x}$，$\boldsymbol{C}_x^{-1}$和 $\boldsymbol{C}_{xv}$，当$\widetilde{\boldsymbol{H}}^{+}\widetilde{\boldsymbol{H}}=\boldsymbol{I}$ 时，对于已知 $\bar{\boldsymbol{v}}=E[\boldsymbol{v}]$和 $\boldsymbol{C}=\mathrm{cov}(\boldsymbol{v})$的数据模型式(6-7-6)，BLUE 融合器式(6-7-11)存在，其中，$\widetilde{\boldsymbol{H}}$ 如引理 1 所示。如果存在，任何这样的融合器可以写成

$$\hat{x}=\boldsymbol{VK}[(\boldsymbol{V}_1^{\mathrm{T}}\bar{x})^{\mathrm{T}},(\boldsymbol{y}-\bar{\boldsymbol{v}})^{\mathrm{T}}]^{\mathrm{T}} \tag{6-7-27}$$

$$\boldsymbol{P}=\boldsymbol{VK}\widetilde{\boldsymbol{C}}\boldsymbol{K}^{\mathrm{T}}\boldsymbol{V}^{\mathrm{T}} \tag{6-7-28}$$

其中，最优增益矩阵 $\boldsymbol{K}$ 如定理 6.7.2 给出，$\boldsymbol{H}$ 和 $\boldsymbol{C}$ 分别由引理 1 的$\widetilde{\boldsymbol{H}}$ 和$\widetilde{\boldsymbol{C}}$ 所替代。$\hat{x}$ 和 $\boldsymbol{K}$ 的唯一性由定理 6.7.2 可知成立，其中，$\boldsymbol{H}$ 和 $\boldsymbol{C}$ 分别由$\widetilde{\boldsymbol{H}}$ 和$\widetilde{\boldsymbol{C}}$ 所替代。

5. WLS 融合

定理 6.7.4（WLS 融合） 关于 WLS 融合有如下结论：

(1) 使用已知 $\bar{\boldsymbol{v}}=E[\boldsymbol{v}]$的数据模型式(6-7-6)范数最小的唯一 WLS 融合器式(6-7-12)为

$$\hat{x}=\boldsymbol{K}(\boldsymbol{y}-\bar{\boldsymbol{v}}) \tag{6-7-29}$$

其中，增益矩阵为

$$\boldsymbol{K}=(\boldsymbol{H}^{\mathrm{T}}\boldsymbol{WH})^{+}\boldsymbol{H}^{\mathrm{T}}\boldsymbol{W} \tag{6-7-30}$$

当且仅当 $\det(\boldsymbol{H}^{\mathrm{T}}\boldsymbol{WH})\neq 0$ 时，这一范数最小的 WLS 融合器变成如下唯一的 WLS 融合器

① 这里 $\boldsymbol{C}_x^{-1}$ 仅仅是一个符号，不一定是矩阵的逆，尽管在 $\boldsymbol{C}_x$ 存在时，它表示 $\boldsymbol{C}_x$ 的逆。

$$\hat{\boldsymbol{x}}=\boldsymbol{K}(\boldsymbol{y}-\bar{\boldsymbol{v}}) \tag{6-7-31}$$

$$\boldsymbol{K}=(\boldsymbol{H}^{\mathrm{T}}\boldsymbol{W}\boldsymbol{H})^{-1}\boldsymbol{H}^{\mathrm{T}}\boldsymbol{W} \tag{6-7-32}$$

对于一个未知的、非随机的 $\boldsymbol{x}$，它总是无偏的，并且误差协方差阵为

$$\boldsymbol{P}=\boldsymbol{K}\boldsymbol{C}\boldsymbol{K}^{\mathrm{T}} \tag{6-7-33}$$

（2）使用已知 $\bar{\boldsymbol{v}}=E[\boldsymbol{v}]$和 $\boldsymbol{C}=\mathrm{cov}(\boldsymbol{v})$的数据模型式(6-7-6)范数最小的唯一的最优 WLS 融合器式(6-7-13)为

$$\hat{\boldsymbol{x}}_*=\boldsymbol{K}_*(\boldsymbol{y}-\bar{\boldsymbol{v}}) \tag{6-7-34}$$

$$\boldsymbol{P}_*=\boldsymbol{K}_*\boldsymbol{C}\boldsymbol{K}_*^{\mathrm{T}}=(\boldsymbol{H}^{\mathrm{T}}\boldsymbol{C}^{-1}\boldsymbol{H})^{+} \tag{6-7-35}$$

其中，增益矩阵为

$$\boldsymbol{K}_*=\boldsymbol{P}_*\boldsymbol{H}^{\mathrm{T}}\boldsymbol{C}^{-1}=(\boldsymbol{H}^{\mathrm{T}}\boldsymbol{C}^{-1}\boldsymbol{H})^{+}\boldsymbol{H}^{\mathrm{T}}\boldsymbol{C}^{-1} \tag{6-7-36}$$

当且仅当 $\boldsymbol{H}^{\mathrm{T}}\boldsymbol{C}^{-1}\boldsymbol{H}$ 非奇异时，这一范数最小的融合器变成了唯一的最优的 WLS 融合器，其中 $\boldsymbol{P}_*=(\boldsymbol{H}^{\mathrm{T}}\boldsymbol{C}^{-1}\boldsymbol{H})^{-1}$。

6. 最优广义 WLS 融合

以上的 WLS 局限于被估计量 $\boldsymbol{x}$ 未知且不存在先验信息的情况，它不能（直接）应用于被估计量 $\boldsymbol{x}$ 为一带先验信息的随机变量的情况。

现在考虑使用最小二乘方法来提供随机变量 $\boldsymbol{x}$ 的一个最优（BLUE 意义下）"广义的"WLS 融合问题，其中 $\boldsymbol{x}$ 带先验均值$\bar{\boldsymbol{x}}$ 和协方差阵 $\boldsymbol{C}_x$ 且和数据误差相关，互协方差阵为 $\boldsymbol{C}_{xv}$。

引理 2 给定 $\boldsymbol{x}$ 的前两阶矩的先验信息：$\bar{\boldsymbol{x}}=E[\boldsymbol{x}]$，协方差阵 $\boldsymbol{C}_x$ 和 $\mathrm{cov}(\boldsymbol{x},\boldsymbol{v})=\boldsymbol{C}_{xv}$ 以及已知 $\bar{\boldsymbol{v}}=E[\boldsymbol{v}]$和 $\boldsymbol{C}=\mathrm{cov}(\boldsymbol{v})$的数据模型式(6-7-6)使得

$$\breve{\boldsymbol{C}}=\begin{bmatrix}\boldsymbol{C}_x & -\boldsymbol{C}_{xv}\\ -\boldsymbol{C}_{xv}^{\mathrm{T}} & \boldsymbol{C}\end{bmatrix}$$

非奇异，或者等价地

$$\det(\boldsymbol{C}_x)\neq 0 \text{ 且 } \det(\boldsymbol{C}-\boldsymbol{C}_{xv}^{\mathrm{T}}\boldsymbol{C}_x^{-1}\boldsymbol{C}_{xv})\neq 0$$

（或者 $\det(\boldsymbol{C})\neq 0$ 以及 $\det(\boldsymbol{C}_x-\boldsymbol{C}_{xv}\boldsymbol{C}^{-1}\boldsymbol{C}_{xv}^{\mathrm{T}})\neq 0$），在把 $\boldsymbol{H}$ 和 $\boldsymbol{C}$ 分别用$\breve{\boldsymbol{H}}=[\boldsymbol{I},\boldsymbol{H}^{\mathrm{T}}]^{\mathrm{T}}$ 和上面的$\breve{\boldsymbol{C}}$ 替代后，相应的最优广义 WLS 融合和最优 WLS 融合（定理 6.7.4）一致。

定理 6.7.5（最优广义 WLS 融合） 如在引理 2 中一样，给定$\bar{\boldsymbol{x}}$，$\boldsymbol{C}_x$ 和 $\boldsymbol{C}_{xv}$，且在数据模型式(6-7-6)中已知 $\bar{\boldsymbol{v}}$ 和 $\boldsymbol{C}=\mathrm{cov}(\boldsymbol{v})$，则范数最小的唯一的最优广义 WLS 融合器为

$$\hat{\boldsymbol{x}}=\boldsymbol{K}[\bar{\boldsymbol{x}}^{\mathrm{T}},(\boldsymbol{y}-\bar{\boldsymbol{v}})^{\mathrm{T}}]^{\mathrm{T}} \tag{6-7-37}$$

$$\boldsymbol{P}=\boldsymbol{K}\breve{\boldsymbol{C}}\boldsymbol{K}^{\mathrm{T}}=(\breve{\boldsymbol{H}}^{\mathrm{T}}\breve{\boldsymbol{C}}^{-1}\breve{\boldsymbol{H}})^{+} \tag{6-7-38}$$

其中，增益矩阵为 $\boldsymbol{K}=\boldsymbol{P}\breve{\boldsymbol{H}}^{\mathrm{T}}\breve{\boldsymbol{C}}^{-1}$ 并且当且仅当$\breve{\boldsymbol{H}}^{\mathrm{T}}\breve{\boldsymbol{C}}^{-1}\breve{\boldsymbol{H}}$ 非奇异时，这一范数最小的融合器变成唯一的最优的广义的 WLS 融合器，其中 $\boldsymbol{P}=(\breve{\boldsymbol{H}}^{\mathrm{T}}\breve{\boldsymbol{C}}^{-1}\breve{\boldsymbol{H}})^{-1}$ 且$\breve{\boldsymbol{H}}$ 和$\breve{\boldsymbol{C}}$ 如在引理 2 中所示。

7. 假设 $\bar{\boldsymbol{v}}$ 和 $\boldsymbol{C}$ 已知的合理性

现在来证明 $\bar{\boldsymbol{v}}$ 和 $\boldsymbol{C}$ 已知这一基本假设的合理性。

(1) $\bar{\boldsymbol{v}}$ 未知。对于使用统一线性数据模型式(6-7-6)的任意线性估计器 $\hat{\boldsymbol{x}}=\boldsymbol{a}+\boldsymbol{K}\boldsymbol{y}$；如果 $\boldsymbol{x}$ 是随机的，则有 $E[\hat{\boldsymbol{x}}]=\boldsymbol{a}+\boldsymbol{K}(\boldsymbol{H}\bar{\boldsymbol{x}}+\bar{\boldsymbol{v}})$；如果 $\boldsymbol{x}$ 是非随机的，则有 $E[\hat{\boldsymbol{x}}]=\boldsymbol{a}+\boldsymbol{K}(\boldsymbol{H}\boldsymbol{x}+\bar{\boldsymbol{v}})$。如果 $\bar{\boldsymbol{v}}=E[\boldsymbol{v}]$ 未知，那么则有以下情况。

① 如果 $\boldsymbol{x}$ 是随机的且已知先验均值为 $\bar{\boldsymbol{x}}$，无偏性要求

$$(\boldsymbol{I}-\boldsymbol{K}\boldsymbol{H})\bar{\boldsymbol{x}}-(\boldsymbol{a}+\boldsymbol{K}\bar{\boldsymbol{v}})=0,\quad \forall\ \bar{\boldsymbol{v}}$$

上式有一个唯一解 $\boldsymbol{K}=0$ 和 $\boldsymbol{a}=\bar{\boldsymbol{x}}$。这就导致了唯一解 $\hat{\boldsymbol{x}}=\bar{\boldsymbol{x}}$，它从本质上来说是无用的。

② 如果 $\boldsymbol{x}$ 是随机的且先验均值 $\bar{\boldsymbol{x}}$ 未知，无偏性要求

$$(\boldsymbol{I}-\boldsymbol{K}\boldsymbol{H})\bar{\boldsymbol{x}}-(\boldsymbol{a}+\boldsymbol{K}\bar{\boldsymbol{v}})=0,\quad \forall\ \bar{\boldsymbol{v}},\forall\bar{\boldsymbol{x}}$$

上式无解，这样就不存在一个线性无偏估计器。

③ 如果 $\boldsymbol{x}$ 是一非随机的未知量，无偏性要求

$$(\boldsymbol{I}-\boldsymbol{K}\boldsymbol{H})\boldsymbol{x}-(\boldsymbol{a}+\boldsymbol{K}\bar{\boldsymbol{v}})=0,\quad \forall\ \bar{\boldsymbol{v}},\forall\boldsymbol{x}$$

上式无解，这样就不存在一个线性无偏估计器。

(2) $\boldsymbol{C}$ 未知。对于使用统一线性数据模型式(6-7-6)的任意线性无偏估计器 $\hat{\boldsymbol{x}}=\boldsymbol{a}+\boldsymbol{K}\boldsymbol{y}$，估计误差 $\tilde{\boldsymbol{x}}=\boldsymbol{x}-\hat{\boldsymbol{x}}$ 和 MSE 矩阵 $\boldsymbol{P}=E[\tilde{\boldsymbol{x}}\tilde{\boldsymbol{x}}^{\mathrm{T}}]$ 为

$$\tilde{\boldsymbol{x}}=\begin{cases}\boldsymbol{U}(\boldsymbol{x}-\bar{\boldsymbol{x}})-\boldsymbol{K}(\boldsymbol{v}-\bar{\boldsymbol{v}}), & \boldsymbol{x}\ \text{为先验已知的随机变量}\\ -\boldsymbol{K}(\boldsymbol{v}-\bar{\boldsymbol{v}}), & \boldsymbol{x}\ \text{为非随机或者先验未知的随机变量}\end{cases}\tag{6-7-39}$$

$$\boldsymbol{P}=\begin{cases}\boldsymbol{K}\boldsymbol{C}\boldsymbol{K}^{\mathrm{T}}+\boldsymbol{U}\boldsymbol{C}_x\boldsymbol{U}^{\mathrm{T}}-\boldsymbol{U}\boldsymbol{C}_{xv}\boldsymbol{K}^{\mathrm{T}}-(\boldsymbol{U}\boldsymbol{C}_{xv}\boldsymbol{K}^{\mathrm{T}})^{\mathrm{T}}, & \boldsymbol{x}\ \text{为先验已知的随机变量}\\ \boldsymbol{K}\boldsymbol{C}\boldsymbol{K}^{\mathrm{T}}, & \boldsymbol{x}\ \text{为非随机或者先验未知的随机变量}\end{cases}\tag{6-7-40}$$

其中，$\boldsymbol{U}=\boldsymbol{I}-\boldsymbol{K}\boldsymbol{H}$。当 $\boldsymbol{x}$ 为非随机或者先验信息未知的随机变量时，如果 $\boldsymbol{C}$ 未知，$\boldsymbol{K}=0$ 时 $\boldsymbol{P}$ 才达到最小，但是这就导致了无意义的唯一解 $\hat{\boldsymbol{x}}=\boldsymbol{x}$。对于先验信息已知的随机变量 $\boldsymbol{x}$，如果 $\boldsymbol{C}$ 未知，$\boldsymbol{P}$ 相对于 $\boldsymbol{K}$ 没有最小值。从以下可以看出这一点。令

$$\boldsymbol{P}(\boldsymbol{K},\boldsymbol{C})=\boldsymbol{K}\boldsymbol{C}\boldsymbol{K}^{\mathrm{T}}+\boldsymbol{U}\boldsymbol{C}_x\boldsymbol{U}^{\mathrm{T}}-\boldsymbol{U}\boldsymbol{C}_{xv}\boldsymbol{K}^{\mathrm{T}}-(\boldsymbol{U}\boldsymbol{C}_{xv}\boldsymbol{K}^{\mathrm{T}})^{\mathrm{T}}$$

假定对于每一个 $\boldsymbol{C}$ 通过在一个非空集(不一定是单一的)里的 $\boldsymbol{K}_*$ 达到最小值 $\boldsymbol{P}(\boldsymbol{K}_*,\boldsymbol{C})=\boldsymbol{P}_*$。这就表示对于任意固定的 $\boldsymbol{C}$ 和任意 $\boldsymbol{K}\neq\boldsymbol{K}_*$ 有 $\boldsymbol{P}(\boldsymbol{K},\boldsymbol{C})\geqslant\boldsymbol{P}_*$。另一方面，众所周知，对于一个给定的 $\boldsymbol{C}$，当且仅当

$$\begin{aligned}\boldsymbol{K}\in\mathcal{K}&=\{\boldsymbol{C}_{xy}\boldsymbol{C}_y^{+}+\boldsymbol{B}\}\\&=\{(\boldsymbol{C}_x\boldsymbol{H}^{\mathrm{T}}+\boldsymbol{C}_{xv})[\boldsymbol{H}\boldsymbol{C}_x\boldsymbol{H}^{\mathrm{T}}+\boldsymbol{C}+\boldsymbol{H}\boldsymbol{C}_{xv}+(\boldsymbol{H}\boldsymbol{C}_{xv})^{\mathrm{T}}]^{+}+\boldsymbol{B}\}\end{aligned}$$

时，$\boldsymbol{P}(\boldsymbol{K},\boldsymbol{C})$ 达到它的最小值，其中 $\boldsymbol{B}$ 是满足 $\boldsymbol{B}\boldsymbol{C}_y\boldsymbol{B}^{\mathrm{T}}=0$ 的任意矩阵。注意上述"最优的" $\boldsymbol{K}_*$ 不能依赖于(未知的)$\boldsymbol{C}$。那么，$\boldsymbol{K}_*\notin\mathcal{K}$。这表示对于未知的 $\boldsymbol{C}$，如果碰巧 $\boldsymbol{K}\in\mathcal{K}$，那么 $\boldsymbol{P}(\boldsymbol{K},\boldsymbol{C})\leqslant\boldsymbol{P}(\boldsymbol{K}_*,\boldsymbol{C})=\boldsymbol{P}_*$ 并且 $\boldsymbol{P}(\boldsymbol{K},\boldsymbol{C})\neq\boldsymbol{P}_*$，但是这就与对于所有固定但未知的 $\boldsymbol{C}$，$\boldsymbol{P}_*$ 是通过 $\boldsymbol{K}$ 达到的最小值这一假设相矛盾。结果是，对于先验信息已知的随机变量 $\boldsymbol{x}$，如果 $\boldsymbol{C}$ 未知，那么通过 $\boldsymbol{K}$，$\boldsymbol{P}$ 就没有最小值。

同样地，对于线性无偏最优估计，假设量测 $\boldsymbol{y}$ 的均值 $\bar{\boldsymbol{y}}$ 和协方差阵 $\boldsymbol{C}_y$ 已知的合理性可以得到证明。

8. 线性融合规则表

总结一下融合规则以便于利用。表 6-7-1 针对集中式和标准分布式融合给出了统一的 BLUE 和最优的 WLS 规则。针对混合式融合的融合规则可以通过统一的模型以一种传感器灵敏的方式容易地得到——集中式、标准分布式和线性分布式数据模型分别用于传送原始数据、估计值和原始数据的线性函数的那些传感器。注意，就像在文献[62]中指出的那样，如果存在，那么无先验信息的 BLUE 融合和最优的 WLS 融合等价。

表 6-7-1　针对集中式和分布式结构的最优的线性融合规则

融合方法	集　中　式	分　布　式
数据模型	$z_i=\boldsymbol{h}_i\boldsymbol{x}+\boldsymbol{\eta}_i, i=1,\cdots,n$	$\hat{\boldsymbol{x}}_i=\boldsymbol{x}+(-\tilde{\boldsymbol{x}}_i), i=1,\cdots,n$
相关性	$\boldsymbol{R}=\mathrm{cov}(\boldsymbol{\eta}_1,\cdots,\boldsymbol{\eta}_n)$	$\Sigma=\mathrm{cov}(\tilde{\boldsymbol{x}}_1,\cdots,\tilde{\boldsymbol{x}}_n)$
接收数据	$\boldsymbol{z}_1,\cdots,\boldsymbol{z}_n$	$\hat{\boldsymbol{x}}_1,\cdots,\hat{\boldsymbol{x}}_n$
统一化	$\boldsymbol{y}=[\boldsymbol{z}_1^{\mathrm{T}},\cdots,\boldsymbol{z}_n^{\mathrm{T}}]^{\mathrm{T}}$ $\boldsymbol{H}=[\boldsymbol{h}_1^{\mathrm{T}},\cdots,\boldsymbol{h}_n^{\mathrm{T}}]^{\mathrm{T}}$ $\bar{\boldsymbol{v}}=E\{[\boldsymbol{\eta}_1^{\mathrm{T}},\cdots,\boldsymbol{\eta}_n^{\mathrm{T}}]^{\mathrm{T}}\}$ $\boldsymbol{C}=\boldsymbol{R}$	$\boldsymbol{y}=[\hat{\boldsymbol{x}}_1^{\mathrm{T}},\cdots,\hat{\boldsymbol{x}}_n^{\mathrm{T}}]^{\mathrm{T}}$ $\boldsymbol{H}=[\boldsymbol{I},\cdots,\boldsymbol{I}]^{\mathrm{T}}$ $\bar{\boldsymbol{v}}=E\{[(\hat{\boldsymbol{x}}_1-\boldsymbol{x})^{\mathrm{T}},\cdots,(\hat{\boldsymbol{x}}_n-\boldsymbol{x})^{\mathrm{T}}]^{\mathrm{T}}\}=0$ $\boldsymbol{C}=\Sigma$
BLUE 融合的统一	$\boldsymbol{A}_i=\mathrm{cov}(\boldsymbol{x},\boldsymbol{\eta}_i)$ $\boldsymbol{C}_{xv}=[\boldsymbol{A}_1,\cdots,\boldsymbol{A}_n]$	Σ 对角线上的元素为 $\boldsymbol{P}_i$ $\boldsymbol{C}_{xv}=-[\boldsymbol{P}_1,\cdots,\boldsymbol{P}_n]$(对于无偏的局部最优估计 $\hat{\boldsymbol{x}}_i$)
BLUE 融合	先验：$\bar{\boldsymbol{x}}=E[\boldsymbol{x}],\boldsymbol{C}_x=\mathrm{cov}(\boldsymbol{x})$ $\boldsymbol{C}_y=\boldsymbol{H}\boldsymbol{C}_x\boldsymbol{H}^{\mathrm{T}}+\boldsymbol{C}+\boldsymbol{H}\boldsymbol{C}_{xv}+(\boldsymbol{H}\boldsymbol{C}_{xv})^{\mathrm{T}},\boldsymbol{K}=(\boldsymbol{C}_x\boldsymbol{H}^{\mathrm{T}}+\boldsymbol{C}_{xv})\boldsymbol{C}_y^{-1}$ $\hat{\boldsymbol{x}}=\bar{\boldsymbol{x}}+\boldsymbol{K}(\boldsymbol{y}-\boldsymbol{H}\bar{\boldsymbol{x}}-\bar{\boldsymbol{v}}),\boldsymbol{P}=\boldsymbol{C}_x-\boldsymbol{K}\boldsymbol{C}_y\boldsymbol{K}^{\mathrm{T}}$	
最优 WLS 融合	当 $\det(\boldsymbol{H}^{\mathrm{T}}\boldsymbol{H})=0$ 时下面的结果是有偏的，反之则为无偏的： 若 $\boldsymbol{C}^{-1}$ 存在，则 $\boldsymbol{P}=(\boldsymbol{H}^{\mathrm{T}}\boldsymbol{C}^{-1}\boldsymbol{H})^{+},\boldsymbol{K}=\boldsymbol{P}\boldsymbol{H}^{\mathrm{T}}\boldsymbol{C}^{-1}$ 否则，令 $\boldsymbol{T}=\boldsymbol{I}-\boldsymbol{H}\boldsymbol{H}^{+},\boldsymbol{K}=\boldsymbol{H}^{+}[\boldsymbol{I}-\boldsymbol{C}(\boldsymbol{T}\boldsymbol{C}\boldsymbol{T})^{+}],\boldsymbol{P}=\boldsymbol{K}\boldsymbol{C}\boldsymbol{K}^{\mathrm{T}}$ 则 $\hat{\boldsymbol{x}}=\boldsymbol{K}(\boldsymbol{y}-\bar{\boldsymbol{v}})$	
注释	分布式$\mid_{\text{线性过程数据}}$=集中式$\mid_{z_i=\breve{z}_i,\boldsymbol{h}_i=\breve{\boldsymbol{h}}_i,\boldsymbol{R}=\breve{\boldsymbol{R}},\boldsymbol{C}_{xv}^i=\breve{\boldsymbol{C}}_{xv}^i}$ 如果 $\boldsymbol{C}_y^{-1}$ 不存在，可以用 MP 伪逆 $\boldsymbol{C}_y^{+}$ 代替	

表 6-7-2 总结了对于统一数据模型式(6-7-6)的 BLUE、最优 WLS 和最优广义 WLS 融合器。

表 6-7-2　统一的 BLUE 和最优的(集中式)WLS 融合规则

融合	BLUE	最优 WLS 融合	最优广义 WLS 融合
先验	$\bar{\boldsymbol{x}}=E[\boldsymbol{x}],\boldsymbol{C}_x=\mathrm{cov}(\boldsymbol{x})$	无	$\bar{\boldsymbol{x}}=E[\boldsymbol{x}],\boldsymbol{C}_x=\mathrm{cov}(\boldsymbol{x})$
数据模型	n 个传感器的系统；$\boldsymbol{y}_i=\boldsymbol{H}_i\boldsymbol{x}+\boldsymbol{v}_i, i=1,\cdots,n,\boldsymbol{v}=[\boldsymbol{v}_1^{\mathrm{T}},\cdots,\boldsymbol{v}_n^{\mathrm{T}}]^{\mathrm{T}}$ $\boldsymbol{A}_i=\mathrm{cov}(\boldsymbol{x},\boldsymbol{v}_i),\boldsymbol{A}=\mathrm{cov}(\boldsymbol{x},\boldsymbol{v})=[\boldsymbol{A}_1,\cdots,\boldsymbol{A}_n],\bar{\boldsymbol{C}}=\mathrm{cov}(\boldsymbol{v})$ 对于无偏的局部最优估计 $\hat{\boldsymbol{x}}_i$　$\boldsymbol{A}_i=-\mathrm{cov}(\bar{\boldsymbol{x}}_i)$		
	$\boldsymbol{H}=[\boldsymbol{H}_1^{\mathrm{T}},\cdots,\boldsymbol{H}_n^{\mathrm{T}}]^{\mathrm{T}}$		$\boldsymbol{H}=[(\boldsymbol{I},\boldsymbol{H}_1^{\mathrm{T}}),\boldsymbol{H}_2^{\mathrm{T}},\cdots,\boldsymbol{H}_n^{\mathrm{T}}]^{\mathrm{T}}$

续表

融合	BLUE	最优 WLS 融合	最优广义 WLS 融合
相关性	$\boldsymbol{C}_{xv}=\boldsymbol{A}$	$\boldsymbol{C}_{xv}=0$	
	$\boldsymbol{C}=\bar{\boldsymbol{C}}$ $\bar{\boldsymbol{v}}=E[\boldsymbol{v}]$		$\boldsymbol{C}=\begin{bmatrix}\boldsymbol{C}_x & -\boldsymbol{A}\\ -\boldsymbol{A}^{\mathrm{T}} & \bar{\boldsymbol{C}}\end{bmatrix}$ $\bar{\boldsymbol{v}}=E\{[0,\boldsymbol{v}^{\mathrm{T}}]^{\mathrm{T}}\}$
数据	$\boldsymbol{y}=[\boldsymbol{y}_1^{\mathrm{T}},\cdots,\boldsymbol{y}_n^{\mathrm{T}}]^{\mathrm{T}}$		$\boldsymbol{y}=[(\bar{\boldsymbol{x}}^{\mathrm{T}},\boldsymbol{y}_1^{\mathrm{T}})^{\mathrm{T}},\boldsymbol{y}_2^{\mathrm{T}},\cdots,\boldsymbol{y}_n^{\mathrm{T}}]^{\mathrm{T}}$
公式	$\boldsymbol{C}_y=\boldsymbol{H}\boldsymbol{C}_x\boldsymbol{H}^{\mathrm{T}}+\boldsymbol{C}+\boldsymbol{H}\boldsymbol{C}_{xv}+(\boldsymbol{H}\boldsymbol{C}_{xv})^{\mathrm{T}}$ $\boldsymbol{K}=(\boldsymbol{C}_x\boldsymbol{H}^{\mathrm{T}}+\boldsymbol{C}_{xv})\boldsymbol{C}_y^{-1}$ $\hat{\boldsymbol{x}}=\bar{\boldsymbol{x}}+\boldsymbol{K}(\boldsymbol{y}-\boldsymbol{H}\bar{\boldsymbol{x}}-\bar{\boldsymbol{v}})$ $\boldsymbol{P}=\boldsymbol{C}_x-\boldsymbol{K}\boldsymbol{C}_y\boldsymbol{K}^{\mathrm{T}}$	当 $\det(\boldsymbol{H}^{\mathrm{T}}\boldsymbol{H})=0$ 时下面的结果是有偏的， 反之则为无偏的： 若 $\boldsymbol{C}^{-1}$ 存在，则 $\boldsymbol{P}=(\boldsymbol{H}^{\mathrm{T}}\boldsymbol{C}^{-1}\boldsymbol{H})^{+}$，$\boldsymbol{K}=\boldsymbol{P}\boldsymbol{H}^{\mathrm{T}}\boldsymbol{C}^{-1}$ 否则，令 $\boldsymbol{T}=\boldsymbol{I}-\boldsymbol{H}\boldsymbol{H}^{+}$，$\boldsymbol{K}=\boldsymbol{H}^{+}[\boldsymbol{I}-\boldsymbol{C}(\boldsymbol{T}\boldsymbol{C}\boldsymbol{T})^{+}]$，$\boldsymbol{P}=\boldsymbol{K}\boldsymbol{C}\boldsymbol{K}^{\mathrm{T}}$ 则 $\hat{\boldsymbol{x}}=\boldsymbol{K}(\boldsymbol{y}-\bar{\boldsymbol{v}})$	
关系	BLUE＝最优广义 WLS 最优广义 WLS＝不带先验信息 BLUE（也就是，$\boldsymbol{C}_x^{-1}=0$）		
注释	如果 $\boldsymbol{C}_y^{-1}$ 不存在，可以用 MP 伪逆 $\boldsymbol{C}_y^{+}$ 代替		

在两张表里，对于标准分布式融合（除过 WLS 融合）互协方差阵 $\boldsymbol{C}_{xv}$ 的公式，为了简单起见假定局部估计 $\hat{\boldsymbol{x}}_i$ 无偏且根据 $E[\hat{\boldsymbol{x}}_i\tilde{\boldsymbol{x}}_i^{\mathrm{T}}]=0$（局部地）最优。

6.7.4 一般最优线性融合规则

在 6.7.3 小节给出了针对统一线性数据模型的不同的最优线性融合规则。在这一小节，给出在非线性也包含线性数据的情况下最优的线性融合规则。

1. 标准分布式融合

就像在前面强调的一样，对于标准分布式融合引入式(6-7-2)简单的线性"量测"模型实际上包含一切。如果 $\hat{\boldsymbol{x}}_i$ 和 $\boldsymbol{x}$ 具有相同的维数，那么它对于带任意线性或者非线性数据 $\boldsymbol{z}_i$ 的任意线性或非线性，最优或非最优的估计器 $\hat{\boldsymbol{x}}_i$ 都有效。

应该注意的是，6.7.3 小节给出的最优融合规则一般来说只是假设量测误差 $\boldsymbol{v}$ 的均值 $\bar{\boldsymbol{v}}$ 和协方差阵 $\boldsymbol{C}$ 已知，并且可能也知道互协方差阵 $\mathrm{cov}(\boldsymbol{x},\boldsymbol{v})=\boldsymbol{C}_{xv}$。对于标准分布式融合，这就等价于已知所有的偏差（如果存在）和局部估计误差的互协方差阵 $\boldsymbol{\Sigma}=[\mathrm{cov}(\tilde{\boldsymbol{x}}_i,\tilde{\boldsymbol{x}}_j)]$，并且可能也知道互协方差阵 $\mathrm{cov}(\boldsymbol{x},\tilde{\boldsymbol{x}}_i)$。就像前面讨论的一样，假定已知局部估计的偏差比假定局部估计器无偏更合理和限制更少。

有了以上对于前两阶矩的假设，在非线性也包含线性数据的情况下，对于标准分布式系统的最优线性（带完全、不完全先验信息和不带先验信息的 BLUE，最优 WLS 和最优广义 WLS）融合规则就如 6.7.3 小节所述。

2. 标准分布式融合规则的灵活性

要注意的是，在上面给出的标准分布式融合规则里，$\hat{\boldsymbol{x}}_i$ 可以为 $\boldsymbol{x}$ 的任何（无偏）估计。

例如，可能有“数据”集

$$\boldsymbol{Y}=[(\hat{\boldsymbol{x}}_{k-1}^{1})^{\mathrm{T}},(\hat{\boldsymbol{x}}_{k}^{1})^{\mathrm{T}},(\hat{\boldsymbol{x}}_{k-2}^{2})^{\mathrm{T}},(\hat{\boldsymbol{x}}_{k}^{2})^{\mathrm{T}},\cdots,(\hat{\boldsymbol{x}}_{k-1}^{m})^{\mathrm{T}}]^{\mathrm{T}}$$

其中，$\hat{\boldsymbol{x}}_i^j$ 表示第 j 个局部估计器使用局部数据 $\{\boldsymbol{z}_1^j,\cdots,\boldsymbol{z}_i^j\}$ 得到的估计值。理解了这一点，就可以看出，前面给出的分布式融合规则相对于已有的大多数结果优势很清楚。

现在总结如下：

(1) 前面给出的融合规则对于线性的和非线性的数据模型（也就是说，量测是被估计量的线性或者非线性函数）都有效，而以前的融合结果基于 Kalman 滤波，只对线性数据模型有效。

(2) 前面给出的融合规则对于量测噪声在不同传感器之间耦合，不同时刻之间耦合，和（或）与被估计量耦合的情况都有效。

(3) 融合的估计值仅仅通过 $\boldsymbol{\Sigma}$ 依赖于许多因素，例如：网络结构（举例来说，并行的，串行的，树形的或者一般结构），通信模式（举例来说，带或者不带反馈），融合策略（举例来说，传感器到传感器或者传感器到系统融合），单一的或者多平台，有或者无过程噪声。换句话说，融合规则对这些因素是不变的。这就意味着，在实际当中，只需要获得局部估计之间的耦合。

(4) 局部估计器不必使用相同的局部模型。这就克服了以前方法共同的局限。这一点在异步的情况下对于动态过程扩展这些融合规则尤为重要。局部的估计值可以基于不同的动态模型来得到，然后使用前面给出的融合规则进行融合。当然，在这些情况下前面给出的结果的一个成功的应用关键问题在于协方差阵 $\boldsymbol{\Sigma}$ 的确定。

(5) 前面给出的融合规则对于在任意时刻的融合都有效；如果前两阶矩正确得到并且要融合的量 $\boldsymbol{y}$ 和同一个被估计量 $\boldsymbol{x}$ 相关，则它们保证融合总是最优地进行（对于给定的信息）。换句话说，不管融合进行得多频繁以及融合什么（举例来说，量测，估计值，航迹或者其他），融合的每一个动作是最优的。

(6) 如果局部估计能够被转化成同一时刻状态（基于不同时刻的量测）的估计值，那么对于局部估计的同步性就没有要求。在实际当中，很难得到同步的局部估计。然而，大多数以前的结果只对同步的局部估计理论上有效，这样一来，在应用时就需要人为地同步。这样要么极大地增加了计算负担，要么降低了融合性能。前面给出的融合规则提供了一个更加方便和有效的框架来融合异步的局部估计。例如，在经过把所有的局部估计 $\hat{\boldsymbol{x}}^i(t_i|t_j)$ 简单转化成 $\hat{\boldsymbol{x}}^i(t_k|t_j)$ 之后，它们都能够（最优地）应用，也就是说，t_k 为融合中心估计状态共同的时间点，其中，当 $t_k>t_i$ 时，转换为预测，当 $t_k<t_i$ 时，转换为平滑。更多的细节可参见文献[64-65]。

3. 集中式融合

理论上来说，一个集中式融合器只不过是一个常规的估计器。令 $\boldsymbol{z}=[\boldsymbol{z}_1^{\mathrm{T}},\cdots,\boldsymbol{z}_n^{\mathrm{T}}]^{\mathrm{T}}$ 为局部数据 $\boldsymbol{z}_i$ 的叠加向量，其中局部数据为被估计量 $\boldsymbol{x}$ 的线性或者非线性量测。在这种情况下，只需把 $\boldsymbol{y}$ 用 $\boldsymbol{z}$ 进行替换，带完全先验信息的 BLUE 融合器式(6-7-11)就可以用式(6-7-20)和式(6-7-21)简单地给出。对于一个一般的非线性数据模型，不带先验信息和带不完全先验信息的 BLUE 融合规则还都没有。式(6-7-12)定义的线性 WLS 融合器和式(6-7-13)定义的其最优版本仍然由定理 6.7.4 给出,尽管现在 $\boldsymbol{H}$ 的选择很任意,并且这样一来这一线性 WLS 公式可能值得怀疑。对于一般非线性(最优或非最优,广义或非广义)的 WLS 估计不存在一般的公式,对于 WLS 融合也是这样。

6.8 非线性分层融合算法

在一些场合下,目标运动的动态模型或传感器的量测模型为非线性的,所涉及的随机量也不一定服从高斯分布。在这些场合下,依然感兴趣得到目标运动状态的融合估计,那么应当如何实现呢?下面讨论美国 BAE Systems 公司 Chee Chong 博士等人给出的非线性分层融合算法[30]。

目标运动模型的一个一般的描述为

$$\boldsymbol{x}_{k+1}=f_k(\boldsymbol{x}_k,\boldsymbol{w}_k),\quad k=0,1,2,\cdots \tag{6-8-1}$$

其中,$\boldsymbol{x}_k$ 为目标运动状态,$\boldsymbol{w}_k$ 为给定分布的白噪声序列,$f(\cdot,\cdot)$为已知的非线性函数。更为一般地,$\boldsymbol{x}_k$ 可以描述为一个已知状态转移概率分布 $p(\boldsymbol{x}_{k+1}|\boldsymbol{x}_k)$的马尔可夫序列。

假定有 M 个传感器对目标的运动状态进行观测,并且任意一个传感器 i 的局部量测模型为

$$\boldsymbol{z}_k^i=\boldsymbol{h}_k^i(\boldsymbol{x}_k,\boldsymbol{v}_k^i),i=1,2,\cdots,M \tag{6-8-2}$$

其中,$\boldsymbol{z}_k^i$ 为传感器 i 的量测,$\boldsymbol{v}_k^i$ 为已知分布的白噪声序列,量测函数 $h_k^i(\cdot,\cdot)$假定已知,并且$\boldsymbol{v}_k^i,i=1,2,\cdots,M,\boldsymbol{w}_t$ 和 $\boldsymbol{x}_0$ 中的任意两者之间相互独立。更为一般地,量测 $\boldsymbol{z}_k^i$ 可以通过似然函数 $p(\boldsymbol{z}_k^i|\boldsymbol{x}_k)$来定义。

如果所有的量测都被传送到融合中心,那么全局的量测模型就是

$$\boldsymbol{z}_k=\boldsymbol{h}_k(\boldsymbol{x}_k,\boldsymbol{v}_k) \tag{6-8-3}$$

其中

$$\begin{cases}\boldsymbol{z}_k=[(\boldsymbol{z}_k^1)^{\mathrm{T}}\quad(\boldsymbol{z}_k^2)^{\mathrm{T}}\quad\cdots\quad(\boldsymbol{z}_k^M)^{\mathrm{T}}]^{\mathrm{T}}\\ \boldsymbol{h}_k(\boldsymbol{x}_k,\boldsymbol{v}_k)=[(\boldsymbol{h}_k^1(\boldsymbol{x}_k,\boldsymbol{v}_k^1))^{\mathrm{T}}\quad(\boldsymbol{h}_k^2(\boldsymbol{x}_k,\boldsymbol{v}_k^2))^{\mathrm{T}}\quad\cdots\quad(\boldsymbol{h}_k^M(\boldsymbol{x}_k,\boldsymbol{v}_k^M))^{\mathrm{T}}]^{\mathrm{T}}\\ \boldsymbol{v}_k=[(\boldsymbol{v}_k^1)^{\mathrm{T}}\quad(\boldsymbol{v}_k^2)^{\mathrm{T}}\quad\cdots\quad(\boldsymbol{v}_k^M)^{\mathrm{T}}]^{\mathrm{T}}\end{cases}$$

假设所有的量测条件独立,也就是

$$p(\boldsymbol{z}_k\mid\boldsymbol{x}_k)=\prod_{i=1}^{M}p(\boldsymbol{z}_k^i\mid\boldsymbol{x}_k) \tag{6-8-4}$$

令 $\boldsymbol{Z}_k^i=\{z_1^i,z_2^i,\cdots,z_k^i\},\boldsymbol{Z}_k=\{z_1,z_2,\cdots,z_k\}$,则传感器 i 的局部估计就是

$$p(\boldsymbol{x}_k\mid\boldsymbol{Z}_k^i)=\frac{p(\boldsymbol{z}_k^i\mid\boldsymbol{x}_k)p(\boldsymbol{x}_k\mid\boldsymbol{Z}_{k-1}^i)}{p(\boldsymbol{z}_k^i\mid\boldsymbol{Z}_{k-1}^i)} \tag{6-8-5}$$

其中,$p(\boldsymbol{x}_k\mid\boldsymbol{Z}_{k-1}^i)=\int p(\boldsymbol{x}_k\mid\boldsymbol{x}_{k-1})p(\boldsymbol{x}_{k-1}\mid\boldsymbol{Z}_{k-1}^i)\mathrm{d}\boldsymbol{x}_{k-1}$。

类似地,在融合中心的全局估计(中心式)可以表示为

$$p(\boldsymbol{x}_k\mid\boldsymbol{Z}_k)=\frac{p(\boldsymbol{z}_k\mid\boldsymbol{x}_k)p(\boldsymbol{x}_k\mid\boldsymbol{Z}_{k-1})}{p(\boldsymbol{z}_k\mid\boldsymbol{Z}_{k-1})} \tag{6-8-6}$$

其中,$p(\boldsymbol{x}_k\mid\boldsymbol{Z}_{k-1})=\int p(\boldsymbol{x}_k\mid\boldsymbol{x}_{k-1})p(\boldsymbol{x}_{k-1}\mid\boldsymbol{Z}_{k-1})\mathrm{d}\boldsymbol{x}_{k-1}$。

由于假定在同一时刻所有的量测条件独立，有

$$p(\boldsymbol{x}_k \mid \boldsymbol{Z}_k)=\frac{\left(\prod_{i=1}^{M} p(\boldsymbol{z}_k^i \mid \boldsymbol{x}_k)\right) p(\boldsymbol{x}_k \mid \boldsymbol{Z}_{k-1})}{p(\boldsymbol{z}_k \mid \boldsymbol{Z}_{k-1})}$$

$$=\frac{\prod_{i=1}^{M} p(\boldsymbol{z}_k^i \mid \boldsymbol{Z}_{k-1}^i)}{p(\boldsymbol{z}_k \mid \boldsymbol{Z}_{k-1})}\left(\prod_{i=1}^{M} \frac{p(\boldsymbol{x}_k \mid \boldsymbol{Z}_k^i)}{p(\boldsymbol{x}_k \mid \boldsymbol{Z}_{k-1}^i)}\right) p(\boldsymbol{x}_k \mid \boldsymbol{Z}_{k-1}) \tag{6-8-7}$$

这样，当从融合中心到局部传感器没有反馈时，在融合中心的融合估计就为[30]

$$p(\boldsymbol{x}_k \mid \boldsymbol{Z}_k)=\boldsymbol{C}^{-1}(\boldsymbol{Z}_k)\left(\prod_{i=1}^{M} \frac{p(\boldsymbol{x}_k \mid \boldsymbol{Z}_k^i)}{p(\boldsymbol{x}_k \mid \boldsymbol{Z}_{k-1}^i)}\right) p(\boldsymbol{x}_k \mid \boldsymbol{Z}_{k-1}) \tag{6-8-8}$$

其中，$\boldsymbol{C}(\boldsymbol{Z}_k)$为归一化常数。对于这种情况，每个传感器传送局部估计 $p(\boldsymbol{x}_k|\boldsymbol{Z}_k^i)$到融合中心，同时融合中心基于 $p(\boldsymbol{x}_{k-1}|\boldsymbol{Z}_{k-1}^i)$计算 $p(\boldsymbol{x}_k|\boldsymbol{Z}_{k-1}^i)$。由于 $p(\boldsymbol{x}_k|\boldsymbol{Z}_{k-1}^i)$ 已经被包含在 $p(\boldsymbol{x}_k|\boldsymbol{Z}_{k-1})$当中，在上式中它的作用主要是为了避免被双重计数。

如果在融合之后，融合中心将最新的估计回传给各个局部传感器，即在融合之后令

$$p(\boldsymbol{x}_{k-1} \mid \boldsymbol{Z}_{k-1}^i)=p(\boldsymbol{x}_{k-1} \mid \boldsymbol{Z}_{k-1}) \tag{6-8-9}$$

那么在融合中心的融合估计就为[30]

$$p(\boldsymbol{x}_k \mid \boldsymbol{Z}_k)=\boldsymbol{C}^{-1}(\boldsymbol{Z}_k)\prod_{i=1}^{M} p(\boldsymbol{x}_k \mid \boldsymbol{Z}_k^i)(p(\boldsymbol{x}_k \mid \boldsymbol{Z}_{k-1}))^{-(M-1)} \tag{6-8-10}$$

在这种情况下，由于 $p(\boldsymbol{x}_k|\boldsymbol{Z}_{k-1})$ 包含了局部估计的公共信息，所以需要被移除 $M-1$ 次以避免被双重计数。

6.9 为什么需要估计融合

在多传感器估计融合领域，大家普遍直观地认为当多个传感器被采用时，有用信息会增加，所以多传感器融合估计的性能要好于单传感器的估计性能，同时采用的传感器数目越多，融合估计的性能越好。这些认知在已有的文献中大多通过 Monte-Carlo 仿真实验来验证。在本节中，针对中心式融合和 Bar-Shalom-Campo 分布式融合方法，我们从理论上来证明以上认识是正确的[75]。

考虑如下动态系统

$$\boldsymbol{x}_k=\boldsymbol{\Phi}_{k-1}\boldsymbol{x}_{k-1}+\boldsymbol{\Gamma}_{k-1}\boldsymbol{w}_{k-1}$$

其中，$\boldsymbol{x}_k\in\mathbb{R}^n$，$\boldsymbol{w}_k$ 是均值为零协方差阵为 $\boldsymbol{Q}_k$ 的白噪声序列，$E[x_0]=\bar{x}_0$，$\mathrm{cov}(x_0)=P_0$，且 $\boldsymbol{x}_0$ 与 $\boldsymbol{w}_k$ 不相关。

假设总共有 M 个传感器在同时观测系统状态

$$\boldsymbol{z}_k^i=\boldsymbol{H}_k^i\boldsymbol{x}_k+\boldsymbol{v}_k^i,\quad i=1,2,\cdots,M$$

其中，$\boldsymbol{z}_k^i\in\mathbb{R}^m$，$\boldsymbol{v}_k^i$ 是均值为零协方差阵为 $\boldsymbol{R}_k^i>0$ 的白噪声序列，且与 $\boldsymbol{w}_j$ 和 $\boldsymbol{x}_0$ 都不相关，同时不同传感器的量测噪声之间也互不相关。

当估计器无偏时，误差协方差阵是衡量融合估计相对于系统状态真值离散程度的一个很好的指标。接下来主要利用误差协方差阵来证明以上对估计融合的认识。

6.9.1 中心式融合

在线性最小均方误差准则下，基于前 N 个传感器原始量测的最优中心式融合可以表示为

$$\begin{cases}\hat{\boldsymbol{x}}_{k|k-1}^{1\sim N}=\boldsymbol{\Phi}_{k-1}\hat{\boldsymbol{x}}_{k-1|k-1}^{1\sim N}\\ \boldsymbol{P}_{k|k-1}^{1\sim N}=\boldsymbol{\Phi}_{k-1}\boldsymbol{P}_{k-1|k-1}^{1\sim N}\boldsymbol{\Phi}_{k-1}^{\mathrm{T}}+\boldsymbol{\Gamma}_{k-1}\boldsymbol{Q}_{k-1}\boldsymbol{\Gamma}_{k-1}^{\mathrm{T}}\\ \boldsymbol{K}_{k}^{1\sim N}=\boldsymbol{P}_{k|k}^{1\sim N}(\boldsymbol{H}_{k}^{1\sim N})^{\mathrm{T}}(\boldsymbol{R}_{k}^{1\sim N})^{-1}\\ \hat{\boldsymbol{x}}_{k|k}^{1\sim N}=\hat{\boldsymbol{x}}_{k|k-1}^{1\sim N}+\boldsymbol{K}_{k}^{1\sim N}(\boldsymbol{z}_{k}^{1\sim N}-\boldsymbol{H}_{k}^{1\sim N}\hat{\boldsymbol{x}}_{k|k-1}^{1\sim N})\end{cases}\tag{6-9-1}$$

$$(\boldsymbol{P}_{k|k}^{1\sim N})^{-1}=(\boldsymbol{P}_{k|k-1}^{1\sim N})^{-1}+(\boldsymbol{H}_{k}^{1\sim N})^{\mathrm{T}}(\boldsymbol{R}_{k}^{1\sim N})^{-1}\boldsymbol{H}_{k}^{1\sim N}\tag{6-9-2}$$

其中，$1\leqslant N\leqslant M$，并且

$$\begin{cases}\boldsymbol{z}_{k}^{1\sim N}=[(\boldsymbol{z}_{k}^{N})^{\mathrm{T}}\quad(\boldsymbol{z}_{k}^{N-1})^{\mathrm{T}}\quad\cdots\quad(\boldsymbol{z}_{k}^{1})^{\mathrm{T}}]^{\mathrm{T}}\\ \boldsymbol{H}_{k}^{1\sim N}=[(\boldsymbol{H}_{k}^{N})^{\mathrm{T}}\quad(\boldsymbol{H}_{k}^{N-1})^{\mathrm{T}}\quad\cdots\quad(\boldsymbol{H}_{k}^{1})^{\mathrm{T}}]^{\mathrm{T}}\\ \boldsymbol{v}_{k}^{1\sim N}=[(\boldsymbol{v}_{k}^{N})^{\mathrm{T}}\quad(\boldsymbol{v}_{k}^{N-1})^{\mathrm{T}}\quad\cdots\quad(\boldsymbol{v}_{k}^{1})^{\mathrm{T}}]^{\mathrm{T}}\\ \boldsymbol{R}_{k}^{1\sim N}=\operatorname{cov}(\boldsymbol{v}_{k}^{1\sim N})=\operatorname{diag}(\boldsymbol{R}_{k}^{N},\boldsymbol{R}_{k}^{N-1},\cdots,\boldsymbol{R}_{k}^{1})\end{cases}\tag{6-9-3}$$

在此基础上，对于中心式融合，以下定理成立。

定理 6.9.1 在任意时刻 k，有

$$(\boldsymbol{H}_{k}^{1\sim N+1})^{\mathrm{T}}(\boldsymbol{R}_{k}^{1\sim N+1})^{-1}\boldsymbol{H}_{k}^{1\sim N+1}\geqslant(\boldsymbol{H}_{k}^{1\sim N})^{\mathrm{T}}(\boldsymbol{R}_{k}^{1\sim N})^{-1}\boldsymbol{H}_{k}^{1\sim N}\tag{6-9-4}$$

证明 在给定假设下，很容易得到

$$(\boldsymbol{R}_{k}^{1\sim N})^{-1}=\operatorname{diag}((\boldsymbol{R}_{k}^{N})^{-1},(\boldsymbol{R}_{k}^{N-1})^{-1},\cdots,(\boldsymbol{R}_{k}^{1})^{-1})$$

进一步，结合式(6-9-3)，有

$$\begin{aligned}&(\boldsymbol{H}_{k}^{1\sim N+1})^{\mathrm{T}}(\boldsymbol{R}_{k}^{1\sim N+1})^{-1}\boldsymbol{H}_{k}^{1\sim N+1}-(\boldsymbol{H}_{k}^{1\sim N})^{\mathrm{T}}(\boldsymbol{R}_{k}^{1\sim N})^{-1}\boldsymbol{H}_{k}^{1\sim N}\\ &=\sum_{i=1}^{N+1}(\boldsymbol{H}_{k}^{i})^{\mathrm{T}}(\boldsymbol{R}_{k}^{i})^{-1}\boldsymbol{H}_{k}^{i}-\sum_{i=1}^{N}(\boldsymbol{H}_{k}^{i})^{\mathrm{T}}(\boldsymbol{R}_{k}^{i})^{-1}\boldsymbol{H}_{k}^{i}\\ &=(\boldsymbol{H}_{k}^{N+1})^{\mathrm{T}}(\boldsymbol{R}_{k}^{N+1})^{-1}\boldsymbol{H}_{k}^{N+1}\geqslant 0\end{aligned}$$

也就是说

$$(\boldsymbol{H}_{k}^{1\sim N+1})^{\mathrm{T}}(\boldsymbol{R}_{k}^{1\sim N+1})^{-1}\boldsymbol{H}_{k}^{1\sim N+1}\geqslant(\boldsymbol{H}_{k}^{1\sim N})^{\mathrm{T}}(\boldsymbol{R}_{k}^{1\sim N})^{-1}\boldsymbol{H}_{k}^{1\sim N}$$ ■

推论 如果 $\boldsymbol{H}_{k}^{N+1}$ 是列满秩的，即，$\operatorname{rank}(\boldsymbol{H}_{k}^{N+1})=n$，则定理 6.9.1 中的不等式是严格成立的，即

$$(\boldsymbol{H}_{k}^{1\sim N+1})^{\mathrm{T}}(\boldsymbol{R}_{k}^{1\sim N+1})^{-1}\boldsymbol{H}_{k}^{1\sim N+1}>(\boldsymbol{H}_{k}^{1\sim N})^{\mathrm{T}}(\boldsymbol{R}_{k}^{1\sim N})^{-1}\boldsymbol{H}_{k}^{1\sim N}$$

证明 如果 $\boldsymbol{H}_{k}^{N+1}$ 是列满秩的，则 $(\boldsymbol{H}_{k}^{N+1})^{\mathrm{T}}$ 是行满秩的。从而由矩阵理论可知

$$(\boldsymbol{H}_{k}^{N+1})^{\mathrm{T}}(\boldsymbol{R}_{k}^{N+1})^{-1}\boldsymbol{H}_{k}^{N+1}>0$$

代入定理 6.9.1，很容易得到

$$(\boldsymbol{H}_{k}^{1\sim N+1})^{\mathrm{T}}(\boldsymbol{R}_{k}^{1\sim N+1})^{-1}\boldsymbol{H}_{k}^{1\sim N+1}>(\boldsymbol{H}_{k}^{1\sim N})^{\mathrm{T}}(\boldsymbol{R}_{k}^{1\sim N})^{-1}\boldsymbol{H}_{k}^{1\sim N}$$ ■

定理 6.9.2 如果 $\hat{\boldsymbol{x}}_{0|0}^{1\sim N+1}=\hat{\boldsymbol{x}}_{0|0}^{1\sim N}=\bar{\boldsymbol{x}}_{0}$，$\boldsymbol{P}_{0|0}^{1\sim N+1}=\boldsymbol{P}_{0|0}^{1\sim N}=\boldsymbol{P}_{0}$，也就是说，基于不同传感器数目的融合器具有相同的初始估计，则

$$\boldsymbol{P}_{k|k}^{1\sim N+1} \leqslant \boldsymbol{P}_{k|k}^{1\sim N}$$

证明 由于假定 $\boldsymbol{P}_{0|0}^{1\sim N+1}=\boldsymbol{P}_{0|0}^{1\sim N}=\boldsymbol{P}_0$，则由式(6-9-1)可得

$$\boldsymbol{P}_{1|0}^{1\sim N+1} = \boldsymbol{P}_{1|0}^{1\sim N}$$

等价地有$(\boldsymbol{P}_{1|0}^{1\sim N+1})^{-1}=(\boldsymbol{P}_{1|0}^{1\sim N})^{-1}$。由式(6-9-2)以及定理6.9.1可得

$$(\boldsymbol{P}_{1|1}^{1\sim N+1})^{-1} \geqslant (\boldsymbol{P}_{1|1}^{1\sim N})^{-1}$$

等价地有 $\boldsymbol{P}_{1|1}^{1\sim N+1}\leqslant\boldsymbol{P}_{1|1}^{1\sim N}$。由式(6-9-1)可得

$$\boldsymbol{P}_{2|1}^{1\sim N+1} \leqslant \boldsymbol{P}_{2|1}^{1\sim N}$$

等价地有$(\boldsymbol{P}_{2|1}^{1\sim N+1})^{-1}\geqslant(\boldsymbol{P}_{2|1}^{1\sim N})^{-1}$。再由式(6-9-2)以及定理6.9.1可得

$$(\boldsymbol{P}_{2|2}^{1\sim N+1})^{-1} \geqslant (\boldsymbol{P}_{2|2}^{1\sim N})^{-1}$$

等价地有 $\boldsymbol{P}_{2|2}^{1\sim N+1}\leqslant\boldsymbol{P}_{2|2}^{1\sim N}$。沿时间轴重复以上过程，则有

$$\boldsymbol{P}_{k|k}^{1\sim N+1} \leqslant \boldsymbol{P}_{k|k}^{1\sim N}, \quad \forall k > 2$$ ■

推论 假定存在一个 k'，其中 $k'\leqslant k$，能够使得定理6.9.1推论的假设成立，也就是 $\operatorname{rank}(\boldsymbol{H}_{k'}^{N+1})=n$，并且已知 $\hat{\boldsymbol{x}}_{0|0}^{1\sim N+1}=\hat{\boldsymbol{x}}_{0|0}^{1\sim N}=\bar{\boldsymbol{x}}_0$，$\boldsymbol{P}_{0|0}^{1\sim N+1}=\boldsymbol{P}_{0|0}^{1\sim N}=\boldsymbol{P}_0$，也就是基于不同传感器数目的融合器具有相同的初始估计，则

$$\boldsymbol{P}_{k|k}^{1\sim N+1} < \boldsymbol{P}_{k|k}^{1\sim N}$$

证明 如果存在一个 k'，其中 $k'\leqslant k$，能够使得 $\boldsymbol{H}_{k'}^{N+1}$ 是列满秩的，则由定理6.9.1推论可得

$$(\boldsymbol{H}_{k'}^{1\sim N+1})^{\mathrm{T}}(\boldsymbol{R}_{k'}^{1\sim N+1})^{-1}\boldsymbol{H}_{k'}^{1\sim N+1} > (\boldsymbol{H}_{k'}^{1\sim N})^{\mathrm{T}}(\boldsymbol{R}_{k'}^{1\sim N})^{-1}\boldsymbol{H}_{k'}^{1\sim N}$$

代入定理6.9.2的推导过程，可得

$$\boldsymbol{P}_{k|k}^{1\sim N+1} < \boldsymbol{P}_{k|k}^{1\sim N}$$ ■

由定理6.9.2及其推论可以清楚地看出，使用的传感器越多，融合估计的性能越好。

6.9.2 分布式融合

采用6.3.4小节所介绍的Bar-Shalom-Campo方法，则基于前 N 个传感器局部估计的最优分布式融合可以表示为

$$\begin{cases}\hat{\boldsymbol{x}}_{k|k}^{1\sim N}=\boldsymbol{P}_{k|k}^{1\sim N}\boldsymbol{I}_N^{\mathrm{T}}(\boldsymbol{P}_k^{1\sim N})^{-1}\hat{\boldsymbol{x}}_k^{1\sim N}\\ \boldsymbol{P}_{k|k}^{1\sim N}=(\boldsymbol{I}_N^{\mathrm{T}}(\boldsymbol{P}_k^{1\sim N})^{-1}\boldsymbol{I}_N)^{-1}\end{cases}$$

其中，$\boldsymbol{I}_N=\underbrace{[\boldsymbol{I}_{n\times n}\quad \boldsymbol{I}_{n\times n}\quad \cdots\quad \boldsymbol{I}_{n\times n}]}_{N个I_{n\times n}}^{\mathrm{T}}$，$\hat{\boldsymbol{x}}_k^{1\sim N}=[(\hat{\boldsymbol{x}}_{k|k}^{N})^{\mathrm{T}}\quad (\hat{\boldsymbol{x}}_{k|k}^{N-1})^{\mathrm{T}}\quad \cdots\quad (\hat{\boldsymbol{x}}_{k|k}^{1})^{\mathrm{T}}]^{\mathrm{T}}$，而

$$\boldsymbol{P}_k^{1\sim N}=\begin{bmatrix}\boldsymbol{P}_{k|k}^{N} & \boldsymbol{P}_{k|k}^{N,N-1} & \cdots & \boldsymbol{P}_{k|k}^{N,1}\\ \boldsymbol{P}_{k|k}^{N-1,N} & \boldsymbol{P}_{k|k}^{N-1} & \cdots & \boldsymbol{P}_{k|k}^{N-1,1}\\ \vdots & \vdots & \ddots & \vdots\\ \boldsymbol{P}_{k|k}^{1,N} & \boldsymbol{P}_{k|k}^{1,N-1} & \cdots & \boldsymbol{P}_{k|k}^{1}\end{bmatrix}$$

在此基础上，对于中心式融合，以下定理成立。

定理 6.9.3 对于上面所述的分布式融合算法有

$$\boldsymbol{P}_{k|k}^{1\sim N+1} \leqslant \boldsymbol{P}_{k|k}^{1\sim N} \tag{6-9-5}$$

证明 可以很容易地看出,证明 $\boldsymbol{P}_{k|k}^{1\sim N+1} \leqslant \boldsymbol{P}_{k|k}^{1\sim N}$ 与证明下式等价

$$\boldsymbol{I}_{N+1}^{\mathrm{T}}(\boldsymbol{P}_{k}^{1\sim N+1})^{-1}\boldsymbol{I}_{N+1} \geqslant \boldsymbol{I}_{N}^{\mathrm{T}}(\boldsymbol{P}_{k}^{1\sim N})^{-1}\boldsymbol{I}_{N}$$

由 $\boldsymbol{I}_{N+1}$ 的定义可知

$$\begin{aligned}&\boldsymbol{I}_{N+1}^{\mathrm{T}}(\boldsymbol{P}_{k}^{1\sim N+1})^{-1}\boldsymbol{I}_{N+1} - \boldsymbol{I}_{N}^{\mathrm{T}}(\boldsymbol{P}_{k}^{1\sim N})^{-1}\boldsymbol{I}_{N}\\&= \boldsymbol{I}_{N+1}^{\mathrm{T}}[(\boldsymbol{P}_{k}^{1\sim N+1})^{-1} - \mathrm{diag}\{0_{m\times m}, (\boldsymbol{P}_{k}^{1\sim N})^{-1}\}]\boldsymbol{I}_{N+1}\end{aligned}$$

对于 $\forall \boldsymbol{a} \in \mathbb{R}^{(N+1)m}, \boldsymbol{a} \neq 0$,将它分块表示为 $\boldsymbol{a} = [\boldsymbol{a}_1^{\mathrm{T}} \quad \boldsymbol{a}_2^{\mathrm{T}}]^{\mathrm{T}}$,其中 $\boldsymbol{a}_1 \in \mathbb{R}^m, \boldsymbol{a}_2 \in \mathbb{R}^{Nm}$,那么就有

$$\boldsymbol{a} = \boldsymbol{b} + \boldsymbol{c}$$

其中

$$\boldsymbol{b} = [\boldsymbol{a}_1^{\mathrm{T}} \quad \boldsymbol{0}_{Nm\times 1}^{\mathrm{T}}]^{\mathrm{T}} \tag{6-9-6}$$

$$\boldsymbol{c} = [\boldsymbol{0}_{m\times 1}^{\mathrm{T}} \quad \boldsymbol{a}_2^{\mathrm{T}}]^{\mathrm{T}} \tag{6-9-7}$$

这样一来对于 $\forall \boldsymbol{b} \neq 0_{(N+1)m\times 1}$,也就是,$\boldsymbol{a}_1 \neq \boldsymbol{0}_{m\times 1}$,就有

$$\begin{aligned}\boldsymbol{b}^{\mathrm{T}}[(\boldsymbol{P}_{k}^{1\sim N+1})^{-1} - \mathrm{diag}\{\boldsymbol{0}_{m\times m}, (\boldsymbol{P}_{k}^{1\sim N})^{-1}\}]\boldsymbol{b} &= \boldsymbol{b}^{\mathrm{T}}(\boldsymbol{P}_{k}^{1\sim N+1})^{-1}\boldsymbol{b} - \boldsymbol{b}^{\mathrm{T}}\mathrm{diag}\{0_{m\times m}, (\boldsymbol{P}_{k}^{1\sim N})^{-1}\}\boldsymbol{b}\\&= \boldsymbol{b}^{\mathrm{T}}(\boldsymbol{P}_{k}^{1\sim N+1})^{-1}\boldsymbol{b} > 0\end{aligned} \tag{6-9-8}$$

将 $\boldsymbol{P}_{k}^{1\sim N+1}$ 分块表示为

$$\boldsymbol{P}_{k}^{1\sim N+1} = \begin{bmatrix}\boldsymbol{P}_{k|k}^{N+1} & \boldsymbol{P}_{k}^{ru}\\ \boldsymbol{P}_{k}^{ld} & \boldsymbol{P}_{k}^{1\sim N}\end{bmatrix} \tag{6-9-9}$$

其中,$\boldsymbol{P}_{k}^{ru} = [\boldsymbol{P}_{k|k}^{N+1,N} \quad \cdots \quad \boldsymbol{P}_{k|k}^{N+1,2} \quad \boldsymbol{P}_{k|k}^{N+1,1}]$,$\boldsymbol{P}_{k}^{ld} = (\boldsymbol{P}_{k}^{ru})^{\mathrm{T}}$。令

$$\begin{bmatrix}\breve{\boldsymbol{P}}_{k}^{lu} & \breve{\boldsymbol{P}}_{k}^{ru}\\ \breve{\boldsymbol{P}}_{k}^{ld} & \breve{\boldsymbol{P}}_{k}^{rd}\end{bmatrix} = \begin{bmatrix}\boldsymbol{P}_{k|k}^{N+1} & \boldsymbol{P}_{k}^{ru}\\ \boldsymbol{P}_{k}^{ld} & \boldsymbol{P}_{k}^{1\sim N}\end{bmatrix}^{-1}$$

其中,$\breve{\boldsymbol{P}}_{k}^{lu}$ 与 $\boldsymbol{P}_{k|k}^{N+1}$,$\breve{\boldsymbol{P}}_{k}^{ru}$ 与 $\boldsymbol{P}_{k}^{ru}$,$\breve{\boldsymbol{P}}_{k}^{ld}$ 与 $\boldsymbol{P}_{k}^{ld}$,$\breve{\boldsymbol{P}}_{k}^{rd}$ 与 $\boldsymbol{P}_{k}^{1\sim N}$ 分别具有相同的维数,那么由 Schur 等式,就有

$$\begin{aligned}\breve{\boldsymbol{P}}_{k}^{rd} = &(\boldsymbol{P}_{k}^{1\sim N})^{-1}\boldsymbol{P}_{k}^{ld}(\boldsymbol{P}_{k|k}^{N+1} - \boldsymbol{P}_{k}^{ru}(\boldsymbol{P}_{k}^{1\sim N})^{-1}\boldsymbol{P}_{k}^{ld})^{-1}\boldsymbol{P}_{k}^{ru}(\boldsymbol{P}_{k}^{1\sim N})^{-1} +\\&(\boldsymbol{P}_{k}^{1\sim N})^{-1}\end{aligned} \tag{6-9-10}$$

进一步,由于 $\boldsymbol{P}_{k}^{ld} = (\boldsymbol{P}_{k}^{ru})^{\mathrm{T}}$ 以及 $(\boldsymbol{P}_{k}^{1\sim N})^{-1}$ 是对称的,就有

$$(\boldsymbol{P}_{k}^{1\sim N})^{-1}\boldsymbol{P}_{k}^{ld}(\boldsymbol{P}_{k|k}^{N+1} - \boldsymbol{P}_{k}^{ru}(\boldsymbol{P}_{k}^{1\sim N})^{-1}\boldsymbol{P}_{k}^{ld})^{-1}\boldsymbol{P}_{k}^{ru}(\boldsymbol{P}_{k}^{1\sim N})^{-1} \geqslant 0 \tag{6-9-11}$$

由式(6-9-6)、式(6-9-7)和式(6-9-10)可得

$$\begin{aligned}&\boldsymbol{c}^{\mathrm{T}}[(\boldsymbol{P}_{k}^{1\sim N+1})^{-1} - \mathrm{diag}\{\boldsymbol{0}_{m\times m}, (\boldsymbol{P}_{k}^{1\sim N})^{-1}\}]\boldsymbol{c}\\&= \boldsymbol{c}^{\mathrm{T}}(\boldsymbol{P}_{k}^{1\sim N+1})^{-1}\boldsymbol{c} - \boldsymbol{c}^{\mathrm{T}}\mathrm{diag}\{\boldsymbol{0}_{m\times m}, (\boldsymbol{P}_{k}^{1\sim N})^{-1}\}\boldsymbol{c}\\&= [\boldsymbol{0}_{m\times 1}^{\mathrm{T}} \quad \boldsymbol{a}_2^{\mathrm{T}}]\begin{bmatrix}\breve{\boldsymbol{P}}_{k}^{lu} & \breve{\boldsymbol{P}}_{k}^{ru}\\ \breve{\boldsymbol{P}}_{k}^{ld} & \breve{\boldsymbol{P}}_{k}^{rd}\end{bmatrix}\begin{bmatrix}\boldsymbol{0}_{m\times 1}\\ \boldsymbol{a}_2\end{bmatrix} - [\boldsymbol{0}_{m\times 1}^{\mathrm{T}} \quad \boldsymbol{a}_2^{\mathrm{T}}]\mathrm{diag}\{\boldsymbol{0}_{m\times m}, (\boldsymbol{P}_{k}^{1\sim N})^{-1}\}\begin{bmatrix}\boldsymbol{0}_{m\times 1}\\ \boldsymbol{a}_2\end{bmatrix}\\&= \boldsymbol{a}_2^{\mathrm{T}}\breve{\boldsymbol{P}}_{k}^{rd}\boldsymbol{a}_2 - \boldsymbol{a}_2^{\mathrm{T}}(\boldsymbol{P}_{k}^{1\sim N})^{-1}\boldsymbol{a}_2\\&= \boldsymbol{a}_2^{\mathrm{T}}\{(\boldsymbol{P}_{k}^{1\sim N})^{-1}\boldsymbol{P}_{k}^{ld}(\boldsymbol{P}_{k|k}^{N+1} - \boldsymbol{P}_{k}^{ru}(\boldsymbol{P}_{k}^{1\sim N})^{-1}\boldsymbol{P}_{k}^{ld})^{-1}\boldsymbol{P}_{k}^{ru}(\boldsymbol{P}_{k}^{1\sim N})^{-1}\}\boldsymbol{a}_2\end{aligned}$$

进而由式(6-9-11),对于 $\forall \boldsymbol{c} \neq \boldsymbol{0}_{(N+1)m\times 1}$,也就是 $\boldsymbol{a}_2 \neq \boldsymbol{0}_{Nm\times 1}$,我们就有

$$\boldsymbol{c}^{\mathrm{T}}[(\boldsymbol{P}_k^{1\sim N+1})^{-1} - \mathrm{diag}\{\boldsymbol{0}_{m\times m},(\boldsymbol{P}_k^{1\sim N})^{-1}\}]\boldsymbol{c} \geqslant 0 \tag{6-9-12}$$

总而言之,对于 $\forall \boldsymbol{a} \in \mathbb{R}^{(N+1)m}$,$\boldsymbol{a} \neq 0$,如果 $\boldsymbol{c} \neq \boldsymbol{0}_{(N+1)m\times 1}$(也就是,$\boldsymbol{a}_2 \neq \boldsymbol{0}_{Nm\times 1}$),并且 $\boldsymbol{b} \neq \boldsymbol{0}_{(N+1)m\times 1}$(即 $\boldsymbol{a}_1 \neq \boldsymbol{0}_{m\times 1}$),那么由式(6-9-8)和式(6-9-12),有

$$\begin{aligned}&\boldsymbol{a}^{\mathrm{T}}[(\boldsymbol{P}_k^{1\sim N+1})^{-1} - \mathrm{diag}\{\boldsymbol{0}_{m\times m},(\boldsymbol{P}_k^{1\sim N})^{-1}\}]\boldsymbol{a}\\ =&\boldsymbol{b}^{\mathrm{T}}[(\boldsymbol{P}_k^{1\sim N+1})^{-1} - \mathrm{diag}\{\boldsymbol{0}_{m\times m},(\boldsymbol{P}_k^{1\sim N})^{-1}\}]\boldsymbol{b} +\\ &\boldsymbol{c}^{\mathrm{T}}[(\boldsymbol{P}_k^{1\sim N+1})^{-1} - \mathrm{diag}\{\boldsymbol{0}_{m\times m},(\boldsymbol{P}_k^{1\sim N})^{-1}\}]\boldsymbol{c} > 0\end{aligned}$$

或者说,如果 $\boldsymbol{c} \neq \boldsymbol{0}_{(N+1)m\times 1}$(即 $\boldsymbol{a}_2 \neq \boldsymbol{0}_{Nm\times 1}$),但是 $\boldsymbol{b} = \boldsymbol{0}_{(N+1)m\times 1}$(即 $\boldsymbol{a}_1 = \boldsymbol{0}_{m\times 1}$),则由式(6-9-12)有

$$\begin{aligned}&\boldsymbol{a}^{\mathrm{T}}[(\boldsymbol{P}_k^{1\sim N+1})^{-1} - \mathrm{diag}\{\boldsymbol{0}_{m\times m},(\boldsymbol{P}_k^{1\sim N})^{-1}\}]\boldsymbol{a}\\ =&\boldsymbol{b}^{\mathrm{T}}[(\boldsymbol{P}_k^{1\sim N+1})^{-1} - \mathrm{diag}\{\boldsymbol{0}_{m\times m},(\boldsymbol{P}_k^{1\sim N})^{-1}\}]\boldsymbol{b} +\\ &\boldsymbol{c}^{\mathrm{T}}[(\boldsymbol{P}_k^{1\sim N+1})^{-1} - \mathrm{diag}\{\boldsymbol{0}_{m\times m},(\boldsymbol{P}_k^{1\sim N})^{-1}\}]\boldsymbol{c}\\ =&\boldsymbol{c}^{\mathrm{T}}[(\boldsymbol{P}_k^{1\sim N+1})^{-1} - \mathrm{diag}\{\boldsymbol{0}_{m\times m},(\boldsymbol{P}_k^{1\sim N})^{-1}\}]\boldsymbol{c} \geqslant 0\end{aligned}$$

或者说,如果 $\boldsymbol{c} = \boldsymbol{0}_{(N+1)m\times 1}$(即 $\boldsymbol{b} \neq \boldsymbol{0}_{(N+1)m\times 1}$),则由式(6-9-8)有

$$\begin{aligned}&\boldsymbol{a}^{\mathrm{T}}[(\boldsymbol{P}_k^{1\sim N+1})^{-1} - \mathrm{diag}\{\boldsymbol{0}_{m\times m},(\boldsymbol{P}_k^{1\sim N})^{-1}\}]\boldsymbol{a}\\ =&\boldsymbol{b}^{\mathrm{T}}[(\boldsymbol{P}_k^{1\sim N+1})^{-1} - \mathrm{diag}\{\boldsymbol{0}_{m\times m},(\boldsymbol{P}_k^{1\sim N})^{-1}\}]\boldsymbol{b} +\\ &\boldsymbol{c}^{\mathrm{T}}[(\boldsymbol{P}_k^{1\sim N+1})^{-1} - \mathrm{diag}\{\boldsymbol{0}_{m\times m},(\boldsymbol{P}_k^{1\sim N})^{-1}\}]\boldsymbol{c}\\ =&\boldsymbol{b}^{\mathrm{T}}[(\boldsymbol{P}_k^{1\sim N+1})^{-1} - \mathrm{diag}\{\boldsymbol{0}_{m\times m},(\boldsymbol{P}_k^{1\sim N})^{-1}\}]\boldsymbol{b} > 0\end{aligned}$$

综合考虑以上三种情况,可以看出对于 $\forall \boldsymbol{a} \in \mathbb{R}^{(N+1)m}$,$\boldsymbol{a} \neq 0$,则有

$$\boldsymbol{a}^{\mathrm{T}}[(\boldsymbol{P}_k^{1\sim N+1})^{-1} - \mathrm{diag}\{\boldsymbol{0}_{m\times m},(\boldsymbol{P}_k^{1\sim N})^{-1}\}]\boldsymbol{a} \geqslant 0$$

也就是说

$$(\boldsymbol{P}_k^{1\sim N+1})^{-1} - \mathrm{diag}\{\boldsymbol{0}_{m\times m},(\boldsymbol{P}_k^{1\sim N})^{-1}\} \geqslant 0$$

从而由矩阵理论可知

$$\boldsymbol{I}_{N+1}^{\mathrm{T}}[(\boldsymbol{P}_k^{1\sim N+1})^{-1} - \mathrm{diag}\{\boldsymbol{0}_{m\times m},(\boldsymbol{P}_k^{1\sim N})^{-1}\}]\boldsymbol{I}_{N+1} \geqslant 0$$

进一步由式(6-9-5)得

$$\boldsymbol{I}_{N+1}^{\mathrm{T}}(\boldsymbol{P}_k^{1\sim N+1})^{-1}\boldsymbol{I}_{N+1} - \boldsymbol{I}_N^{\mathrm{T}}(\boldsymbol{P}_k^{1\sim N})^{-1}\boldsymbol{I}_N \geqslant 0$$

即

$$\boldsymbol{I}_{N+1}^{\mathrm{T}}(\boldsymbol{P}_k^{1\sim N+1})^{-1}\boldsymbol{I}_{N+1} \geqslant \boldsymbol{I}_N^{\mathrm{T}}(\boldsymbol{P}_k^{1\sim N})^{-1}\boldsymbol{I}_N$$

■

注 1 由定理 6.9.2 和定理 6.9.3 可以看出,对于传感器的同步组合,融合估计性能有如下关系

$$\boldsymbol{P}_{k|k}^{1} \geqslant \boldsymbol{P}_{k|k}^{1\sim 2} \geqslant \cdots \geqslant \boldsymbol{P}_{k|k}^{1\sim M}$$

也就是说,随着传感器数目的增加,融合估计的性能在逐渐改善。

注 2 假如只有两个传感器(举例来说,传感器 s_1 和 s_2),则有

$$\begin{cases}\boldsymbol{P}_{k|k}^{\{s_1\}} \geqslant \boldsymbol{P}_{k|k}^{\{s_1,s_2\}}\\ \boldsymbol{P}_{k|k}^{\{s_2\}} \geqslant \boldsymbol{P}_{k|k}^{\{s_1,s_2\}}\end{cases}$$

也就是说,融合估计的性能好于任何一个单传感器的估计,而不是介于两个单传感器估

计性能之间。

注 3 当传感器的数目多于两个时(举例来说,传感器 s_1,s_2 和 s_3),很容易得到

$$P_{k|k}^{\{s_i\}} \geqslant P_{k|k}^{\{s_i,s_j\}} \geqslant P_{k|k}^{\{s_1,s_2,s_3\}}, \quad i,j=1,2,3,i\neq j$$

但是为了进一步确定 $P_{k|k}^{\{s_1,s_2\}}$,$P_{k|k}^{\{s_1,s_3\}}$ 和 $P_{k|k}^{\{s_2,s_3\}}$ 之间的关系,$P_{k|k}^{\{s_1,s_2\}}$ 和 $P_{k|k}^{\{s_3\}}$ 之间的关系,以及 $P_{k|k}^{\{s_1,s_3\}}$ 和 $P_{k|k}^{\{s_2\}}$ 之间的关系,$P_{k|k}^{\{s_2,s_3\}}$ 和 $P_{k|k}^{\{s_1\}}$ 之间的关系,就需要 $P_{k|k}^{\{s_1\}}$,$P_{k|k}^{\{s_2\}}$ 和 $P_{k|k}^{\{s_3\}}$ 之间更加具体的关系。

注 4 由定理 6.9.2 和定理 6.9.3,有

$$P_{k|k}^{1\sim N+1} \leqslant P_{k|k}^{1\sim N}$$

由矩阵论的知识,可以进一步得到

$$\begin{cases} P_{k|k}^{1\sim N+1}(i,i) \leqslant P_{k|k}^{1\sim N}(i,i), & i=1,2,\cdots,n,\forall N \\ \mathrm{tr}(P_{k|k}^{1\sim N+1}) \leqslant \mathrm{tr}(P_{k|k}^{1\sim N}), & \forall N \end{cases}$$

其中,$P(i,i)$表示方阵 P 的第(i,i)个元素。

6.10 小结

上面给出了一种关于估计融合的一般系统方法。这与前面提到的那些基于 Kalman 滤波器来匹配集中式和分布式融合规则的方法相比,更一般且更灵活。对于集中式、分布式和混合式融合结构在线性类别下提出了许多最优的融合规则,它们具有统一的形式。无论是在加权最小二乘(WLS)意义下还是最佳线性无偏估计(BLUE)意义下,当出现上面提到的各种互相关时,对于任意数量的传感器,这些规则都是最优的。这些结果不但避免了其他算法的缺点,而且易于实现。

以上介绍的是 X. Rong Li 教授等提出的基于统一模型最优线性估计融合理论的第一部分[12,58-59,68],主要是在一个固定时间点的融合。然而,这并不意味着提出的这些融合规则不能直接应用于一个动态过程的融合,如航迹融合。尤其是,提出的分布式融合规则可直接应用到传感器到传感器的航迹融合中去。关于前面给出的不同融合规则和融合结构之间的关系可参考文献[62];关于分布式融合的最优性以及效率可参考文献[61];关于局部估计之间互相关性清楚、精确的计算可参考文献[60];关于有限通信能力对融合的影响可参考文献[63];关于异步航迹融合以及动态过程估计融合特有的其他问题可参考文献[64-65]。

根据网络化系统对估计融合技术发展的现实,本章特别介绍了中心化分布式信息融合技术涉及的各个方面。

参考文献

[1] Mutambara A G O. Decentralized Estimation and Control for Multisensor Systems[M]. Boca Raton: CRC Press,1998.

[2] Hall D L. Mathematical Techniques in Multisensor Data Fusion[M]. Norwood, MA: Artech House,1992.

［3］ 刘同明，夏祖勋，解洪成．数据融合技术及其应用［M］．北京：国防工业出版社，1998.
［4］ 何友，王国宏，陆大金，等．多传感器信息融合及应用［M］．北京：电子工业出版社，2000.
［5］ Zhu Y M，You Z S，Zhao J，et al. The optimality for the distributed Kalman filtering fusion with feedback［J］. Automatica，2001，37(9)：1489-1493.
［6］ 桑炜森，顾耀平．综合电子战新技术新方法［M］．北京：国防工业出版社，1993.
［7］ 杨春玲，刘国岁，余英林．非线性系统中多传感器目标跟踪融合算法研究［J］．航空学报，2000，21(6)：512-515.
［8］ Roecker J A，McGillem C D. Comparison of two-sensor tracking methods based on state vector fusion and measurement fusion［J］. IEEE Transactions on Aerospace and Electronic Systems，1988，24(4)：447-449.
［9］ 余安喜，胡卫东，周文辉．多传感器量测融合算法的性能比较［J］．国防科技大学学报，2003，25(6)：39-44.
［10］ 段战胜，韩崇昭，陶唐飞．基于最小二乘准则的多传感器参数估计数据融合［J］．计算机工程与应用，2004，40(15)：1-3.
［11］ Gan Q，Harris C J. Comparison of two measurement fusion methods for Kalman-filter-based multisensor data fusion［J］. IEEE Transactions on Aerospace and Electronic Systems，2001，37(1)：273-280.
［12］ Li X R，Zhu Y M，Wang J，et al. Optimal linear estimation fusion—Part I：unified fusion rules［J］. IEEE Transactions on Information Theory，2003，49(9)：2192-2208.
［13］ Roy S，Iltis R A. Decentralized linear estimation in correlated measurement noise［J］. IEEE Transactions on Aerospace and Electronic Systems，1991，27(6)：939-941.
［14］ Li X R. Canonical transform for tracking with kinematic models［J］. IEEE Transactions on Aerospace and Electronic Systems，1997，33(4)：1212-1224.
［15］ Jin X B，Sun Y X. Optimal centralized state fusion estimation for multi-sensor system with correlated measurement noise［C］//Proc. 2003 IEEE Conference on Control Applications. Istanbul，Turkey，2003，770-772.
［16］ Jin X B，Sun Y X. Optimal estimation for multisensor data fusion system with correlated measurement noise［C］//Proceedings of the 6th International Conference on Signal Processing，Beijing，China，2002：1641-1644.
［17］ Duan Z S，Han C Z，Tao T F. Optimal multi-sensor fusion target tracking with correlated measurement noises［C］//Proceedings of the 2004 IEEE International Conference on Systems，Man and Cybernetics. Hague，Netherlands，2004：1272-1278.
［18］ Chong C Y，Mori S，Barker W H，et al. Architectures and algorithms for track association and fusion［J］. IEEE Aerospace and Electronic Systems Magazine，2000，15(1)：5-13.
［19］ Chang K C，Saha R K，Bar-shalom Y. On optimal track-to-track fusion［J］. IEEE Transactions on Aerospace and Electronic Systems，1997，33(4)：1271-1276.
［20］ Mori S，Barker W H，Chong C Y，et al. Track association and track fusion with non-deterministic target dynamics［J］. IEEE Transactions on Aerospace and Electronic Systems，2002，38(2)：659-668.
［21］ Chong C Y，Mori S. Convex combination and covariance intersection algorithms in distributed fusion［C］//Proceedings of the 4th International Conference on Information Fusion. Montreal，Canada，2001：WeA2/11-WeA2/18.
［22］ Chang K C，Tian Z，Saha R K. Performance evaluation of track fusion with information matrix filter［J］. IEEE Transactions on Aerospace and Electronic Systems，2002，38(2)：455-466.
［23］ Bar-Shalom Y. On the track-to-track correlation problem［J］. IEEE Transactions on Automatic

Control,1981,26 (2): 571-572.

[24] Bar-Shalom Y,Campo L. The effect of the common process noise on the two-sensor fused-track covariance[J]. IEEE Transactions on Aerospace and Electronic Systems,1986,22(6): 803-805.

[25] Chang K C,Tian Z,Mori S,et al. Performance evaluation for MAP state estimate fusion[J]. IEEE Transactions on Aerospace and Electronic Systems,2004,40(2): 706-714.

[26] Chen H, Kirubarajan T, Bar-Shalom Y. Performance limits of track-to-track fusion versus centralized estimation: theory and application [J]. IEEE Transactions on Aerospace and Electronic Systems,2003,39(2): 386-400.

[27] Hashmipour H R,Roy S,Laub A J. Decentralized structures for parallel Kalman filtering[J]. IEEE Transactions on Automatic Control,1988,33(1): 88-93.

[28] Chong C Y, Chang K C, Mori S. Distributed tracking in distributed sensor networks[C]// Proceedings of the 1986 American Conference, Seatle,WA,1986.

[29] Chong C Y,Chang K C,Mori S. Tracking multiple targets with distributed acoustic sensors[C]// Proceedings of the 1987 American Conference,Minneapolis,MN,1987.

[30] Chong C Y,Mori S,Chang K C. Distributed Multitarget Multisensor Tracking[M]//Bar-Shalom Y,Ed. Multitarget-multisensor tracking: Advanced applications, Vol. 1. Norwood,MA: Artech House,1995. 126-138.

[31] Durrant-Whyte H F,Rao B S Y,Hu H. Toward a fully decentralized architecture for multi-sensor data fusion [C]//Proc. 1990 IEEE International Conference on Robotics and Automation, Cincinnati,OH,1990. 1331-1336.

[32] 杨万海. 多传感器数据融合及其应用[M]. 西安: 西安电子科技大学出版社,2004.

[33] Rhodes I. A tutorial introduction to estimation and filtering[J]. IEEE Transactions on Automatic Control,1971,16(6): 688-706.

[34] Zhu Y M,Li X Rong. Best linear unbiased estimation fusion[C]//Proc. 1999 International Conf. on Information Fusion,Sunnyvale,CA,USA,1999: 1054-1061.

[35] Drummond O E. Feedback in track fusion without process noise[C]//Proceedings of the 1995 SPIE Conference on Signal and Data Processing of Small Targets, San Diego,CA, USA, 1995: 369-383.

[36] Drummond O E. Hybrid sensor fusion algorithm architecture and tracklets[C]//Proceedings of the 1997 SPIE Conference on Signal and Data Processing of Small Targets ,San Diego,CA,USA,1997: 485-502.

[37] Drummond O E. Tracklets and a hybrid fusion with process noise[C]//Proceedings of the 1997 SPIE Conference on Signal and Data Processing of Small Targets, San Diego, CA, USA, 1997: 512-524.

[38] Miller M D,Drummond O E,Perrella A J. Tracklets and covariance truncation options for theater missile tracking[C]//Proc. 1998 International Conf. on Multisource-Multisensor Data Fusion, 1998: 165-174.

[39] Chong C Y. Hierarchical estimation [C]//Proc. MIT/ONR Workshop on C3. Monterey, CA,1979.

[40] Chong C Y, Mori S,Chang K C. Information fusion in distributed sensor networks[C]//Proc. 1985 American Control Conference,1985: 830-835.

[41] LiggIns M E Ⅱ,Chong C Y,Kadar I,et al. Distributed fusion architectures and algorithms for target tracking[C]//Proceedings of the IEEE,1997,85(1): 95-107.

[42] Chong C Y,Mori S,Chang K C. Distributed Multitarget Multisensor TrackIng[M]//Bar-Shalom Y. , ed. Multitarget Multisensor Tracking: Advanced Applications. Norwood, MA: Artech

House,1990：247-295.
[43] Chong C Y. Distributed fusion architectures and algorithms[C]//Proc. 1998 International Conf. on Multisource-Multisensor Data Fusion,1998：95-107.
[44] Frenkel G. Flexible architectures for sensor fusion in theater missile defense[R]. IDA Paper P-2935,1994.
[45] Frenkel G. Track fusion for intercept support[R]. IDA Working Paper,1995.
[46] Frenkel G. Multisensor tracking of ballistic targets[C]//Proceedings of the 1995 SPIE Conference on Signal and Data Processing of Small Targets,San Diego,CA,USA,1995：337-346.
[47] Gelb A. Applied Optimal Estimation[M]. Cambridge,Mass.：MIT Press,1974.
[48] 刘广军,吴晓平. 级联 SINS/GPS 系统的相关 Kalman 滤波[J]. 火力与指挥控制,2002,27(1)：25-32.
[49] Carlson N A. Federated filter for fault-tolerant integrated navigation systems[C]//Proceedings of the 1988 IEEE Position Location and Navigation Symposium. Orlando,FL,1988. 110-119.
[50] Carlson N A. Federated square root filter for decentralized parallel processes[J]. IEEE Transactions on Aerospace and Electronic Systems,1990,26(3)：517-527.
[51] Carlson N A. Federated Kalman filter simulation results[J]. Navigation. 1994,41(3)：297-321.
[52] 付梦印,邓志红,张继伟. Kalman 滤波理论及其在导航系统中的应用[M]. 北京：科学出版社,2003.
[53] 李佳宁. 组合导航系统中的数据融合技术[D]. 哈尔滨：哈尔滨工程大学,2002.
[54] 吕孝乐. 数据融合技术研究及其在船舶组合导航中的应用[D]. 哈尔滨：哈尔滨工程大学,2002.
[55] 张崇猛,陈超英,庄良杰,等. 信息融合理论及其在 INS/GPS/Doppler 组合导航系统中的应用[J]. 中国惯性技术学报,1999,7(3)：1-8.
[56] 张海涛. 惯性基智能容错组合导航设计理论关键问题研究[D]. 西安：西北工业大学,2001.
[57] 刘广军. 组合导航系统的数据处理与仿真[D]. 郑州：解放军信息工程大学,2002.
[58] Li X R,Zhu Y M,Han C Z. Unified optimal linear estimation fusion—part Ⅰ：unified models and fusion rules[C]//Proc. 2000 International Conf. on Information Fusion, Paris, France, 2000：MoC2. 10-MoC2. 17.
[59] Li X R, Wang J. Unified optimal linear estimation fusion—part Ⅱ：discussions and examples[C]//Proc. 2000 International Conf. on Information Fusion, Paris, France, 2000：MoC2. 18-MoC2. 25.
[60] Li X R,Zhang P. Optimal linear estimation fusion—part Ⅲ：cross-correlation of local estimation errors[C]//Proc. 2001 International Conf. on Information Fusion,Montreal,QC,Canada,2001：WeB1. 11-WeB1. 18.
[61] Li X R, Zhang K S. Optimal linear estimation fusion—part Ⅳ：optimality and efficiency of distributed fusion[C]//Proc. 2001 International Conf. on Information Fusion. Montreal, QC, Canada,2001：WeB1. 19-WeB1. 26.
[62] Li X R,Zhang K S,Zhao J,et al. Optimal linear estimation fusion—part Ⅴ：relationships[C]//Proc. 2002 International Conf. on Information Fusion, Annapolis,MD,USA,2002：497-504.
[63] Zhang K S, Li X R, Zhang P, et al. Optimal linear estimation fusion—part Ⅵ：sensor data compression[C]//Proc. 2003 International Conf. on Information Fusion,Cairns,Australia,2003：221-228.
[64] Li X R. Optimal linear estimation fusion—part Ⅶ：dynamic systems[C]//Proc. 2003 International Conf. on Information Fusion, Cairns,Austrailia,2003：455-462.
[65] Li X R. Optimal linear estimation fusion for multisensor dynamic systems[C]//Proc. Workshop on Multiple Hypothesis Tracking-A tribute to Sam Blackman, San Diego,CA,2003.
[66] Fitzgerald R J. Analytic track solutions with range-dependent errors[J]. IEEE Transactions on Aerospace and Electronic Systems,2000,36(1)：343-348.

[67] Grime S, Durrant-Whyte H F. Data fusion in decentralized sensor networks[J]. Control Engineering Practice, 1994, 2(5): 849-863.

[68] Zhu Y M, Li X R. Best linear unbiased estimation fusion[C]//Proceedings of the 1999 International Conference on Information Fusion, Sunnyvale, CA, 1999: 1054-1061.

[69] Jazwinski A H. Stochastic Processes and Filtering Theory[M]. New York: Academic Press, 1970.

[70] 程云鹏. 矩阵论[M]. 西安：西北工业大学出版社，1999.

[71] Hall D L, Linas J. Handbook of Multisensor Data Fusion[M]. New York: CRC Press, 2001.

[72] Zhu Y M. Multisensor Decision and Estimation Fusion[M]. Boston: Kluwer Academic Publishers, 2003.

[73] Julier S J, Uhlmann J K. A non-divergent estimation algorithm in the presence of unknown correlations [C]//Proceedings of the 1997 American Control Conference. Albuquerque, NM, 1997: 2369-2373.

[74] Julier S J, Uhlmann J K. Generalized and split covariance intersection and addition[R]. Technial Disclosure Report, Naval Research Laboratory, 1998.

[75] Duan Z S, Li X R, Yang M. Why are More Sensors Better in Estimation Fusion[C]//Proc of 2007 International Colloquium on Information Fusion, Xi'an, China, Aug 22-25, 2007: 173～179.

[76] Li W, Wang Z, Wei G, et al, A survey on multi-sensor fusion and consensus filtering for sensor networks[J]. Discrete Dynamics in Nature and Society, 2015: 12[2020-12-05]. Http://dx. doi. org/10. 1155/ 2015/683701. doi: 10. 1155/2015/683701.

[77] Li W, Jia Y, Du J. Distributed Kalman consensus filter with intermittent observations[J]. Journal of the Franklin Institute, 2015, 37: 1041-1048.

[78] Li L, Xia Y. Stochastic stability of the unscented Kalman filter with intermittent observations[J]. Automatica, 2012, 48(5): 978-981.

[79] Safarinejadian B, Kowsari E. Fault detection in non-linear systems based on GP-EKF and GP-UKF algorithms[J]. Syst. Sci. Control Eng., 2014, 2(1): 610-620.

[80] Long H, Qu Z, Fan X, Liu S. Distributed extended Kalmanfilter based on consensus filter for wireless sensor network[C]//Proceedings of the World Congress on Intelligent Control and Automation, Beijing, China, 2012: 4315-4319.

[81] Li, Wei G, Han F, Liu Y. Weighted average consensus-based unscented Kalman filtering[J]. IEEE Trans. Cybern, 2016, 46(2): 558-567.

[82] Lee D J. Nonlinear estimation and multiple sensor fusion using unscented information filtering [J]. IEEE Signal Process. Lett., 2018, 15: 861-864.

[83] Arasaratnam, Haykin S. Cubature Kalman filters[J]. IEEE Trans. on Autom. Control, 2009, 54 (6): 1254-1269.

[84] Wanasinghe T R, Mann G K, Gosine R G. Stability analysis of the discrete-time cubature Kalman filter[C]//Proceedings of the Conference on Decision and Control, Osaka, Japan, 2015: 5031-5036.

[85] Xu B, Zhang P, Wen H, Wu X. Stochastic stability and performance analysis of cubature Kalman filter[J]. Neurocomputing, 2016, 186: 218-227.

[86] Chen Q, Wang W, Yin C. Distributed cubature information filtering based on weighted average consensus[J]. Neurocomputing, 2017, 243: 115-124.

[87] Tan Q, Dong X. Weighted average consensus-based cubature information filtering for mobile sensor networks with intermittent observations[C]//Proceedings of Chinese Control Conference, 2017: 8946-8951.

[88] Olfati-Saber R and Murray R M. Consensus problems in networks of agents with switching topology and time-delays[J]. IEEE Trans. on Autom. Control, 2004, 49(9): 1520-1533.

第7章 数据关联

7.1 引言

在多传感信息融合系统中，由于缺乏跟踪环境的先验知识以及受传感器自身性能的制约，在整个量测过程中不可避免地会引入量测误差(噪声)；另外，我们往往并不知道目标的确切数目，即使目标只有一个，由于杂波的干扰，有效量测也可能为多个，需要通过统计方法来建立目标与量测的对应关系。对于多目标而言，情况就更为复杂，此时无法判定量测数据是来自感兴趣的目标，还是虚警或是其他目标。正是由于传感器观测过程和多目标跟踪环境中存在的各种不确定性以及随机性，破坏了回波量测与其目标源之间的对应关系，需要运用数据关联技术寻求解决问题的方法。

数据关联过程是确定传感器接收到的量测信息和目标源对应关系的过程。它是多传感多目标跟踪系统中最核心且最重要的内容。不管什么样的目标跟踪算法，其实施都是以正确的数据关联结果为前提的，如果关联错误，那么估计结果将会很差。在仅有单个目标单个回波量测的情况下，目标源与量测的对应关系自然建立，无须进行数据关联。但当目标较多且相互靠近时，关联的过程就变得十分复杂。

数据关联问题广泛存在于多传感多目标跟踪的各个过程。跟踪过程中的新目标检测，需要在多个采样周期之间进行"量测-量测"的数据关联，以便为新目标建立起始航迹提供充分的初始化信息；而观测数据的直接融合也需要进行"量测-量测"关联，以稳定航迹生存周期；为了更新航迹，维持跟踪的持续性，还需要进行"量测-航迹"关联以确定用于航迹修正的新观测数据。另外，在分布式多传感系统中，为了对由多个局部传感器输出的多目标航迹数据进行融合，首先需要进行"航迹-航迹"之间的数据关联，以确定哪些局部航迹源于同一个被跟踪的目标。

7.2 量测-航迹关联算法：经典方法

所谓的量测-航迹关联是将有效回波(跟踪门逻辑的输出)与已知目标的预报航迹相比较并最终确定正确的量测-航迹对应关系的过程。

本节主要对经典的量测-航迹关联算法进行介绍。

7.2.1 最近邻方法

1971 年 Singer[1,2]等提出了一种具有固定记忆并且能在多回波环境下工作的跟踪方法，被称作**最近邻(nearest neighbor，NN)**方法。在这种滤波方法中，仅将在统计意义上与被跟踪目标预测位置最近的量测作为与目标关联的回波信号。该统计距离定义为新息向量的加权范数：

$$\mathrm{d}_k^2=\tilde{\boldsymbol{z}}_{k|k-1}^{\mathrm{T}}\boldsymbol{S}_k^{-1}\tilde{\boldsymbol{z}}_{k|k-1} \tag{7-2-1}$$

其中，$\tilde{\boldsymbol{z}}_{k|k-1}$ 表示滤波新息(滤波残差向量)，$\boldsymbol{S}_k$ 为新息协方差阵，d_k^2 为残差向量的范数，可以理解为目标预测位置与有效回波之间的统计距离。

NN 方法的基本含义是，"唯一性"地选择落在相关跟踪门之内且与被跟踪目标预测位置最近的观测作为与目标关联的对象，所谓"最近"表示统计距离最小或者残差概率密度最大。

最近邻法便于实现，计算量小，因此适用于信噪比高，目标密度小的情况。但在目标回波密度较大的情况下，多目标相关波门互相交叉，最近的回波未必由感兴趣的目标产生。所以最近邻法的抗干扰能力差，在目标密度较大和目标作机动运动时容易产生关联错误。

7.2.2 概率数据关联

概率数据关联(probability data association，PDA)方法首先是由 Bar-Shalom 和 Tse 于 1975 年提出的[3]，它适用于杂波环境中单目标的跟踪问题。

概率数据关联理论的基本假设是，在监视空域中仅有一个目标存在，并且这个目标的航迹已经形成。在目标跟踪与数据关联领域，我们经常使用杂波的概念。事实上，杂波是指由邻近的干扰目标、气象、电磁以及声音干扰等引起的检测或回波，它们往往在数量、位置以及密度上都是随机的。在杂波环境下，由于随机因素的影响，在任一时刻，某一给定目标的有效回波往往不止一个。PDA 理论认为所有有效回波都有可能源于目标，只是每个有效回波源于目标的概率不同。

设以下符号表示特定的含义：

$\boldsymbol{Z}_k=\{\boldsymbol{z}_{k,1},\boldsymbol{z}_{k,2},\cdots,\boldsymbol{z}_{k,m_k}\}$：表示传感器在 k 时刻的确认量测集合；

$\boldsymbol{z}_{k,i}$：表示 k 时刻传感器接收到的第 i 个量测；

m_k：表示 k 时刻确认量测个数；

$\boldsymbol{Z}^k=\{\boldsymbol{Z}_1,\boldsymbol{Z}_2,\cdots,\boldsymbol{Z}_k\}$：表示直到时刻 k 的累积确认量测集；

θ_k^i：表示 $z_{k,i}$ 是来自目标的正确量测的事件；

θ_k^0：表示传感器所确认的量测没有一个是正确的事件。

再令

$$\beta_k^i=P(\theta_k^i\mid\boldsymbol{Z}^k),\quad i=0,1,\cdots,m_k \tag{7-2-2}$$

表示在 k 时刻第 i 个量测来自目标这一事件的概率;β_k^0 意为没有量测源于目标的概率。根据 θ_k^i 的定义可以看出 $\{\theta_k^0,\theta_k^1,\cdots,\theta_k^{m_k}\}$ 是整个事件空间的一个不相交完备分割,从而有

$$\sum_{i=0}^{m_k}\beta_k^i=1 \tag{7-2-3}$$

计算 β_k^i 依赖的基本假设是:

(1) 假量测(虚警)在跟踪门内服从均匀分布,即

$$P(\boldsymbol{z}_{k,i}\mid\theta_k^j,\boldsymbol{Z}^{k-1})=V_k^{-1},\quad i\neq j \tag{7-2-4}$$

其中,V_k 表示跟踪门的体积。

(2) 正确量测服从正态分布,即

$$P(\boldsymbol{z}_{k,i}\mid\theta_k^i,\boldsymbol{Z}^{k-1})=P_{\mathrm{G}}^{-1}\Lambda_{k,i} \tag{7-2-5}$$

其中

$$\Lambda_{k,i}=\frac{1}{(2\pi)^{n_z/2}\mid S_k\mid^{1/2}}\exp\left\{-\frac{1}{2}\tilde{\boldsymbol{z}}_{k|k-1,i}^{\mathrm{T}}\boldsymbol{S}_k^{-1}\tilde{\boldsymbol{z}}_{k|k-1,i}\right\} \tag{7-2-6}$$

代表给定新息 $\tilde{\boldsymbol{z}}_{k|k-1,i}$ 时的似然函数。而量测误差

$$\tilde{\boldsymbol{z}}_{k|k-1,i}=\boldsymbol{z}_{k,i}-\hat{\boldsymbol{z}}_{k|k-1} \tag{7-2-7}$$

表示用第 i 个量测计算的新息向量,n_z 表示量测向量的维数,P_{G} 表示正确量测落入跟踪门的概率。

(3) 每个采样时刻至多有一个真实量测,这个事件发生的概率为 P_{D}。应用 Bayes 公式和乘法定理,有

$$\begin{aligned}\beta_k^i&=P(\theta_k^i\mid\boldsymbol{Z}^k)=P(\theta_k^i\mid\boldsymbol{Z}_k,m_k,\boldsymbol{Z}^{k-1})\\&=\frac{1}{c}P(\boldsymbol{Z}_k\mid\theta_k^i,m_k,\boldsymbol{Z}^{k-1})P(\theta_k^i\mid m_k,\boldsymbol{Z}^{k-1}),\quad i=0,1,\cdots,m_k\end{aligned} \tag{7-2-8}$$

其中

$$c=\sum_{i=0}^{m_k}P(\boldsymbol{Z}_k\mid\theta_k^i,m_k,\boldsymbol{Z}^{k-1})P(\theta_k^i\mid m_k,\boldsymbol{Z}^{k-1}) \tag{7-2-9}$$

已知 k 时刻以前的有效量测集 $\boldsymbol{Z}^{k-1}$,以及 k 时刻的 m_k 个确认量测都源于杂波的情况下,可得 $\boldsymbol{Z}_k$ 的联合概率密度函数为

$$P(\boldsymbol{Z}_k\mid\theta_k^0,m_k,\boldsymbol{Z}^{k-1})=\prod_{i=1}^{m_k}P(\boldsymbol{z}_{k,i}\mid\theta_k^0,m_k,\boldsymbol{Z}^{k-1})=V_k^{-m_k} \tag{7-2-10}$$

对于 $i=1,2,\cdots,m_k$ 的任一情形,$\boldsymbol{Z}_k$ 的联合概率密度函数为

$$\begin{aligned}P(\boldsymbol{Z}_k\mid\theta_k^i,m_k,\boldsymbol{Z}^{k-1})&=P(\boldsymbol{z}_{k,i}\mid\theta_k^i,m_k,\boldsymbol{Z}^{k-1})\prod_{j=1,j\neq i}^{m_k}P(\boldsymbol{z}_{k,j}\mid\theta_k^i,m_k,\boldsymbol{Z}^{k-1})\\&=V_k^{-m_k+1}P_{\mathrm{G}}^{-1}(2\pi)^{-n_z/2}\mid\boldsymbol{S}_k\mid^{-1/2}e_{k,i}\end{aligned} \tag{7-2-11}$$

其中

$$e_{k,i}=\exp\left(-\frac{1}{2}\tilde{\boldsymbol{z}}_{k|k-1,i}^{\mathrm{T}}\boldsymbol{S}_k^{-1}\tilde{\boldsymbol{z}}_{k|k-1,i}\right) \tag{7-2-12}$$

为计算式 $P(\theta_k^i|m_k,\boldsymbol{Z}^{k-1})$,令 M^t 表示跟踪门内有效量测的个数,M^f 表示错误量

测的总数。根据假设(3),若目标被检测到并且其量测落入跟踪门内,则有 $M^f=m_k-1$,否则 $M^f=m_k$。

应用全概率公式,得

$$\begin{aligned}\gamma_i(m_k) &\triangleq P(\theta_k^i \mid m_k, \boldsymbol{Z}^{k-1}) = P(\theta_k^i \mid m_k) \\ &= P(\theta_k^i \mid M^f=m_k-1, M^t=m_k)P(M^f=m_k-1 \mid M^t=m_k) + \\ &\quad P(\theta_k^i \mid M^f=m_k, M^t=m_k)P(M^f=m_k \mid M^t=m_k) \\ &= \begin{cases} \dfrac{1}{m_k}P_DP_G\left[P_DP_G+(1-P_DP_G)\dfrac{\mu_f(m_k)}{\mu_f(m_k-1)}\right]^{-1}, & i=1,2,\cdots,m_k \\ (1-P_DP_G)\dfrac{\mu_f(m_k)}{\mu_f(m_k-1)}\left[P_DP_G+(1-P_DP_G)\dfrac{\mu_f(m_k)}{\mu_f(m_k-1)}\right]^{-1}, & i=0 \end{cases}\end{aligned} \tag{7-2-13}$$

其中,μ_f 为杂波数目的概率密度函数,可以通过如下两种模型对其进行建模。

(1) 参数模型。

假设虚警量测数 M^f 服从参数为 λV_k 的 Poisson 分布,即

$$\mu_f(m_k)=P(M^f=m_k)=\mathrm{e}^{-\lambda V_k}\frac{(\lambda V_k)^{m_k}}{m_k!}, \quad m_k=0,1,\cdots \tag{7-2-14}$$

其中,λV_k 表示跟踪门内虚警量测数的期望值。

(2) 非参数模型。

假设虚警量测数 M^f 服从均匀分布,即

$$\mu_f(m_k)=P(M^f=m_k)=\frac{1}{N}, \quad m_k=0,1,\cdots,N-1 \tag{7-2-15}$$

这里 N 设定为虚警量测数的最大可能值。

若采用参数模型(1),有

$$\gamma_i(m_k)=\begin{cases}\dfrac{P_DP_G}{P_DP_Gm_k+(1-P_DP_G)\lambda V_k}, & i=1,2,\cdots,m_k \\ \dfrac{(1-P_DP_G)\lambda V_k}{P_DP_Gm_k+(1-P_DP_G)\lambda V_k}, & i=0\end{cases} \tag{7-2-16}$$

若采用非参数模型(2),有

$$\gamma_i(m_k)=\begin{cases}\dfrac{P_DP_G}{m_k}, & i=1,2,\cdots,m_k \\ 1-P_DP_G, & i=0\end{cases} \tag{7-2-17}$$

应用参数模型并综合式(7-2-8)、式(7-2-11)和式(7-2-16),可得

$$\beta_k^i=\frac{e_{k,i}}{b_k+\sum_{j=1}^{m_k}e_{k,j}} \quad i=1,2,\cdots,m_k \tag{7-2-18}$$

$$\beta_k^0=\frac{b_k}{b_k+\sum_{j=1}^{m_k}e_{k,j}} \tag{7-2-19}$$

其中

$$b_k=\lambda(2\pi)^{n_z/2}\,|\boldsymbol{S}_k|^{1/2}(1-P_\mathrm{D}P_\mathrm{G})/P_\mathrm{D} \tag{7-2-20}$$

若此处跟踪门采用的是椭球跟踪门，则有

$$V_k=c_{n_z}\gamma^{n_z/2}\,|\boldsymbol{S}_k|^{1/2} \tag{7-2-21}$$

这里 γ 为椭球跟踪门的门限，n_z 为量测向量的维数，c_{n_z} 为 n_z 维单位超球面的体积，有

$$c_{n_z}=\frac{\pi^{n_z/2}}{\Gamma((n_z/2)+1)}=\begin{cases}\dfrac{\pi^{n_z/2}}{(n_z/2)!}, & n_z\text{ 是偶数}\\[2ex] \dfrac{2^{n_z+1}((n_z+1)/2)!\ \pi^{(n_z-1)/2}}{(n_z+1)!}, & n_z\text{ 是奇数}\end{cases} \tag{7-2-22}$$

将式(7-2-21)代入式(7-2-20)，有

$$b_k=\frac{(2\pi)^{n_z/2}\lambda V_k(1-P_\mathrm{D}P_\mathrm{G})}{c_{n_z}\gamma^{n_z/2}P_\mathrm{D}} \tag{7-2-23}$$

应用非参数模型，有

$$b_k=\frac{(2\pi)^{n_z/2}m_k(1-P_\mathrm{D}P_\mathrm{G})}{c_{n_z}\gamma^{n_z/2}P_\mathrm{D}} \tag{7-2-24}$$

应用全期望公式对目标状态进行更新

$$\hat{\boldsymbol{x}}_{k|k}=E(\boldsymbol{x}_k\mid\boldsymbol{Z}^k)=\sum_{i=0}^{m_k}E(\boldsymbol{x}_k\mid\theta_k^i,\boldsymbol{Z}^k)P(\theta_k^i\mid\boldsymbol{Z}^k)=\sum_{i=0}^{m_k}\hat{\boldsymbol{x}}_{k|k}^i\beta_k^i \tag{7-2-25}$$

其中，$\hat{\boldsymbol{x}}_{k|k}^i$ 为利用量测 $\boldsymbol{z}_{k,i}$ 对目标状态的估计

$$\hat{\boldsymbol{x}}_{k|k}^i=\hat{\boldsymbol{x}}_{k|k-1}+\boldsymbol{K}_k\hat{\boldsymbol{z}}_{k|k-1,i} \tag{7-2-26}$$

其中，$\boldsymbol{K}_k$ 为 Kalman 增益矩阵。从而目标状态估计可以表达为

$$\hat{\boldsymbol{x}}_{k|k}=\hat{\boldsymbol{x}}_{k|k-1}+\boldsymbol{K}_k\tilde{\boldsymbol{z}}_{k|k-1} \tag{7-2-27}$$

其中

$$\tilde{\boldsymbol{z}}_{k|k-1}=\sum_{i=1}^{m_k}\beta_k^i\tilde{\boldsymbol{z}}_{k|k-1,i} \tag{7-2-28}$$

即代表组合新息。相应地，目标状态估计协方差阵为(详细推导见文献[3-4])

$$\boldsymbol{P}_{k|k}=\beta_k^0\boldsymbol{P}_{k|k-1}+(1-\beta_k^0)\boldsymbol{P}_{k|k}^c+\tilde{\boldsymbol{P}}_k \tag{7-2-29}$$

其中

$$\tilde{\boldsymbol{P}}_k=\boldsymbol{K}_k\left[\sum_{i=1}^{m_k}\beta_k^i\tilde{\boldsymbol{z}}_{k|k-1,i}\tilde{\boldsymbol{z}}_{k|k-1,i}^\mathrm{T}-\tilde{\boldsymbol{z}}_{k|k-1}\tilde{\boldsymbol{z}}_{k|k-1}^\mathrm{T}\right]\boldsymbol{K}_k^\mathrm{T} \tag{7-2-30}$$

$$\boldsymbol{P}_{k|k}^c=[\boldsymbol{I}-\boldsymbol{K}_k\boldsymbol{H}_k]\boldsymbol{P}_{k|k-1} \tag{7-2-31}$$

7.2.3 交互式多模型概率数据关联

在第 2 章中，我们已经对交互式多模型(IMM)算法进行了介绍。交互式多模型算法是目前混合估计算法研究的主流。其算法具有明显的并行结构，便于有效地并行实现。

而 7.2.2 小节介绍的 PDA 方法可以有效实现杂波环境中单目标的跟踪。将二者有机结合，引入**交互式多模型概率数据关联**(**IMMPDA**)算法，用以跟踪杂波环境中的单个机动目标。

考虑如下线性形式的随机混合系统

$$\boldsymbol{x}_{k+1}=\boldsymbol{F}_k(M^{(k)})\boldsymbol{x}_k+\boldsymbol{\Gamma}_k(M^{(k)})\boldsymbol{w}_k(M^{(k)}) \tag{7-2-32}$$

$$\boldsymbol{z}_k=\boldsymbol{H}_k(M^{(k)})\boldsymbol{x}_k+\boldsymbol{v}_k(M^{(k)}) \tag{7-2-33}$$

式中，$k\in\mathbb{N}$ 是离散时间变量，$\boldsymbol{x}_k\in\mathbb{R}^n$ 为**基础状态空间**(**base state space**) $\mathbb{R}^n$ 上的状态变量；$M^{(k)}\in\mathbb{M}\ (k=1,2,\cdots,r)$表示**系统模式空间**(**system mode space**)$\mathbb{M}$ 上的模式变量；$\boldsymbol{z}_k\in\mathbb{R}^m$ 是系统的量测；而 $\boldsymbol{w}_k\in\mathbb{R}^n$ 和$\boldsymbol{v}_k\in\mathbb{R}^m$ 分别表示系统的过程噪声和量测噪声。

假设第 i 个模型服从下述离散时间方程

$$\boldsymbol{x}_{k+1}=\boldsymbol{F}_k^{(i)}\boldsymbol{x}_k+\boldsymbol{\Gamma}_k^{(i)}\boldsymbol{w}_k^{(i)},\quad k\in\mathbb{N},\quad i=1,2,\cdots,r \tag{7-2-34}$$

$$\boldsymbol{z}_k=\boldsymbol{H}_k^{(i)}\boldsymbol{x}_k+\boldsymbol{v}_k^{(i)},\quad k\in\mathbb{N},\quad i=1,2,\cdots,r \tag{7-2-35}$$

而 $\boldsymbol{w}_k^{(i)}\sim\mathcal{N}(0,\boldsymbol{Q}_k^{(i)})$和$\boldsymbol{v}_k^{(i)}\sim\mathcal{N}(0,\boldsymbol{Q}_k^{(i)})$分别表示模型 i 过程噪声和量测噪声。

令 M_k 表示 k 时刻正确的模型，并假设模型 $M^{(j)}$ 的初始概率 μ_0^j，以及从 $M^{(i)}$ 到 $M^{(j)}$ 的转移概率阵$\boldsymbol{\pi}_{ij}$ 已知，分别为

$$\mu_0^j=P(M_0=M^{(j)}),\quad j=1,2,\cdots,r \tag{7-2-36}$$

$$\boldsymbol{\pi}_{ij}=P(M_{k+1}=M^{(j)}\mid M_k=M^{(i)}),\quad i,j=1,2,\cdots,r \tag{7-2-37}$$

在 k 时刻，模型 $M^{(j)}$ 正确的后验概率表示为

$$\mu_k^j=P(M_k=M^{(j)}\mid \boldsymbol{Z}^k) \tag{7-2-38}$$

这样，IMMPDA 算法思想如图 7-2-1 所示。

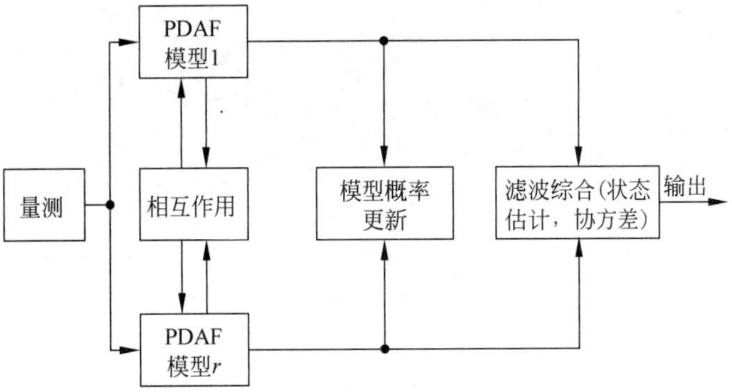

图 7-2-1　交互式多模型概率数据关联算法思想

IMMPDA 算法的滤波综合公式为

$$\begin{aligned}\hat{\boldsymbol{x}}_{k|k}&=E(\boldsymbol{x}_k\mid \boldsymbol{Z}^k)=\sum_{j=1}^{r}E(\boldsymbol{x}_k\mid \boldsymbol{Z}^k,M^{(j)})P(M^{(j)}\mid \boldsymbol{Z}^k)\\&=\sum_{j=1}^{r}\sum_{i=0}^{m_k}E(\boldsymbol{x}_k\mid \boldsymbol{Z}^k,M^{(j)},\theta_k^i)P(\theta_k^i\mid \boldsymbol{Z}^k,M^{(j)})P(M^{(j)}\mid \boldsymbol{Z}^k)\end{aligned}$$

$$= \sum_{j=1}^{r} \sum_{i=0}^{m_k} E(\boldsymbol{x}_k \mid \boldsymbol{Z}^k, M^{(j)}, \theta_k^i) P(\theta_k^i, M^{(j)} \mid \boldsymbol{Z}^k)$$

$$= \sum_{j=1}^{r} \sum_{i=0}^{m_k} E(\boldsymbol{x}_k \mid \theta_k^i, M^{(j)}, \boldsymbol{Z}^k) P(\theta_k^i \mid M^{(j)}, \boldsymbol{Z}^k) P(M^{(j)} \mid \boldsymbol{Z}^k) = \sum_{j=1}^{r} \hat{\boldsymbol{x}}_{k|k}^{(j)} \mu_k^{(j)} \tag{7-2-39}$$

其中，$\hat{\boldsymbol{x}}_{k|k}^{(j)}$ 为以模型$M^{(j)}$为条件的 PDA 输出，$\mu_k^{(j)}$ 为 k 时刻模型 $M^{(j)}$ 正确的概率。该算法的每一循环包括如下四个步骤：

(1) 相互作用。基于$\{\hat{\boldsymbol{x}}_{k-1|k-1}^{(i)}, \mu_{k-1}^{(i)},\ i=1,2,\cdots,r\}$，计算与模型 $M^{(j)}$ 匹配的滤波器的混合初始条件$\{\hat{\hat{\boldsymbol{x}}}_{k-1|k-1}^{(j)}, \hat{\boldsymbol{P}}_{k-1|k-1}^{(j)},\ j=1,2,\cdots,r\}$；由全期望公式可得

$$\begin{aligned}\hat{\hat{\boldsymbol{x}}}_{k-1|k-1}^{(j)} &\triangleq E(\boldsymbol{x}_{k-1} \mid M_k = M^{(j)}, \boldsymbol{Z}^{k-1}) \\ &= \sum_{i=1}^{r} E(\boldsymbol{x}_{k-1} \mid M_{k-1} = M^{(i)}, \boldsymbol{Z}^{k-1}) P(M_{k-1} = M^{(i)} \mid M_k = M^{(j)}, \boldsymbol{Z}^{k-1}) \\ &= \sum_{i=1}^{r} \hat{\boldsymbol{x}}_{k-1|k-1}^{(i)} \mu_{k-1|k-1}^{(i,j)}\end{aligned} \tag{7-2-40}$$

其中混合概率 $\mu_{k-1}^{(i,j)}$ 为

$$\begin{aligned}\mu_{k-1|k-1}^{(i,j)} &= P(M_{k-1} = M^{(i)} \mid M_k = M^{(j)}, \boldsymbol{Z}^{k-1}) \\ &= \frac{1}{\bar{c}_j} P(M_k = M^{(j)} \mid M_{k-1} = M^{(i)}, \boldsymbol{Z}^{k-1}) \times \\ &\quad P(M_{k-1} = M^{(i)} \mid \boldsymbol{Z}^{k-1}) = \frac{1}{\bar{c}_j} \boldsymbol{\pi}_{ij} \mu_{k-1}^{(i)}\end{aligned} \tag{7-2-41}$$

其中

$$\bar{c}_j = \sum_{i=1}^{r} \boldsymbol{\pi}_{ij} \mu_{k-1}^{(i)} \tag{7-2-42}$$

是模型 $M^{(j)}$ 的预测概率。相应的混合初始状态协方差阵为

$$\begin{aligned}\hat{\boldsymbol{P}}_{k-1|k-1}^{(j)} &= E\{[\boldsymbol{x}_{k-1} - \hat{\hat{\boldsymbol{x}}}_{k-1|k-1}^{(j)}][\boldsymbol{x}_{k-1} - \hat{\hat{\boldsymbol{x}}}_{k-1|k-1}^{(j)}]^{\mathrm{T}} \mid \boldsymbol{Z}^k\} \\ &= \sum_{i=1}^{r} \mu_{k-1|k-1}^{(i,j)} \{\boldsymbol{P}_{k-1|k-1}^{(i)} + [\hat{\boldsymbol{x}}_{k-1|k-1}^{(i)} - \hat{\hat{\boldsymbol{x}}}_{k-1|k-1}^{(j)}][\hat{\boldsymbol{x}}_{k-1|k-1}^{(i)} - \hat{\hat{\boldsymbol{x}}}_{k-1|k-1}^{(j)}]^{\mathrm{T}}\}\end{aligned} \tag{7-2-43}$$

(2) 滤波。基于混合初始条件和其协方差阵，应用 PDA 算法计算 k 时刻基于模型 $M^{(j)}$ 的状态估计 $\hat{\boldsymbol{x}}_{k|k}^{(j)}$ 和协方差阵 $\boldsymbol{P}_{k|k}^{(j)}$ 分别为

$$\hat{\boldsymbol{x}}_{k|k-1}^{(j)} = \boldsymbol{F}_{k-1}^{(j)} \hat{\hat{\boldsymbol{x}}}_{k-1|k-1}^{(j)} \tag{7-2-44}$$

$$\boldsymbol{P}_{k|k-1}^{(j)} = \boldsymbol{F}_{k-1}^{(j)} \hat{\boldsymbol{P}}_{k-1|k-1}^{(j)} (\boldsymbol{F}_{k-1}^{(j)})^{\mathrm{T}} + \boldsymbol{\Gamma}_{k-1}^{(j)} \boldsymbol{Q}_{k-1}^{(j)} (\boldsymbol{\Gamma}_{k-1}^{(j)})^{\mathrm{T}} \tag{7-2-45}$$

$$\hat{\boldsymbol{x}}_{k|k}^{(j)} = \hat{\boldsymbol{x}}_{k|k-1}^{(j)} + \boldsymbol{K}_k^{(j)} \tilde{z}_{k|k-1}^{(j)} \tag{7-2-46}$$

$$\boldsymbol{P}_{k|k}^{(j)} = \boldsymbol{P}_{k|k-1}^{(j)} - \boldsymbol{K}_k^{(j)} \boldsymbol{S}_k^{(j)} (\boldsymbol{K}_k^{(j)})^{\mathrm{T}} \tag{7-2-47}$$

其中，$\boldsymbol{K}_k^{(j)}$，$\tilde{z}_{k|k-1}^{(j)}$ 以及 $\boldsymbol{S}_k^{(j)}$ 分别是基于模型$M^{(j)}$ 得到的 Kalman 增益、组合新息以及新息协方差阵。

(3) 模型概率更新。基于量测计算模型概率为

$$\begin{aligned}\mu_k^{(j)} &= P(M_k = M^{(j)} \mid \boldsymbol{Z}^k) = P(M_k = M^{(j)} \mid \boldsymbol{Z}_k, \boldsymbol{Z}^{k-1}) \\ &= \frac{1}{c} P(\boldsymbol{Z}_k \mid M_k = M^{(j)}, \boldsymbol{Z}^{k-1}) P(M_k = M^{(j)} \mid \boldsymbol{Z}^{k-1}) \\ &= \frac{1}{c} \Lambda_k^{(j)} \sum_{i=1}^{r} P(M_k = M^{(j)} \mid M_{k-1} = M^{(i)}, \boldsymbol{Z}^{k-1}) P(M_{k-1} = M^{(i)} \mid \boldsymbol{Z}^{k-1}) \\ &= \frac{1}{c} \Lambda_k^{(j)} \sum_{i=1}^{r} \boldsymbol{\pi}_{ij} \mu_{k-1}^{(i)} = \frac{1}{c} \Lambda_k^{(j)} \bar{c}_j \end{aligned} \tag{7-2-48}$$

其中,似然函数 $\Lambda_k^{(j)}$ 是多量测新息的联合概率密度函数,即

$$\begin{aligned}\Lambda_k^{(j)} &= P(\boldsymbol{Z}_k \mid M_k = M^{(j)}, \boldsymbol{Z}^{k-1}) = P(\tilde{z}_{k|k-1,1}^{(j)}, \cdots, \tilde{z}_{k|k-1,mk}^{(j)} \mid M_k = M^{(j)}, \boldsymbol{Z}^{k-1}) \\ &= V_k^{-m_k} \gamma_0(m_k) + V_k^{-m_k+1} \sum_{i=1}^{m_k} P_G^{-1} \Lambda_{k,i}^{(j)} \gamma_i(m_k) \end{aligned} \tag{7-2-49}$$

其中,$\tilde{z}_{k|k-1,i}^{(j)}$ 是量测新息,$\Lambda_{k,i}^{(j)}$ 是对应于该量测新息的似然函数,$\boldsymbol{S}_k^{(j)}$ 是新息协方差阵,它们都是基于模型 $M^{(j)}$ 计算的,$\gamma_i(m_k)$ 是量测源于目标的先验概率,且

$$c = P(\boldsymbol{Z}_k \mid \boldsymbol{Z}^{k-1}) = \sum_{j=1}^{r} \Lambda_k^{(j)} \bar{c}_j \tag{7-2-50}$$

(4) 滤波综合。利用前述结果得到状态估计值与估计误差的协方差阵

$$\hat{\boldsymbol{x}}_{k|k} = \sum_{j=1}^{r} \hat{\boldsymbol{x}}_{k|k}^{(j)} \mu_k^{(j)} \tag{7-2-51}$$

$$\boldsymbol{P}_{k|k} = \sum_{j=1}^{r} [\boldsymbol{P}_{k|k}^{(j)} + (\hat{\boldsymbol{x}}_{k|k} - \hat{\boldsymbol{x}}_{k|k}^{(j)})(\hat{\boldsymbol{x}}_{k|k} - \hat{\boldsymbol{x}}_{k|k}^{(j)})^{\mathrm{T}}] \mu_k^{(j)} \tag{7-2-52}$$

7.2.4 联合概率数据关联

联合概率数据关联(joint probabilistic data association,JPDA)是 Bar-Shalom 教授和他的学生在仅适用于单目标跟踪 PDA 算法基础上,提出的一种适用于多目标情形的数据关联算法。

JPDA 方法以其较好的多目标相关性能,自从诞生之日就受到了广泛关注。然而,JPDA 算法的困难在于难以确切得到联合事件与关联事件的概率,因为这种方法中,联合事件数是所有候选回波数的指数函数,并随回波密度的增加出现计算上的组合爆炸现象。近年来,很多国内外学者针对各种实际应用,发展了一些次优的近似算法[5-9],这些算法在降低计算量的同时,也降低了算法的有效性和可靠性。

在 JPDA 算法中,首先按照多目标跟踪门之间的几何关系,划分为多个聚。在每个聚中,任何一个目标跟踪门与其他至少一个目标的跟踪门之间交集非空。JPDA 算法依次处理每个聚中的目标与量测。假设在某个聚中,目标个数为 N,确认量测数目为 m_k。为了表示该聚中确认量测和多目标跟踪门之间的复杂关系,Bar-Shalom 引入了确认矩阵的概念。确认矩阵 $\boldsymbol{\Omega}$ 定义为

$$\boldsymbol{\Omega} = \{w_j^t\}_{j=1,2,\cdots,m_k}^{t=0,1,2,\cdots,N} \tag{7-2-53}$$

其中,w_j^t 是二进制变量,$w_j^t=1$ 表示量测 j 落入目标 t 的跟踪门内;$w_j^t=0$ 表示量测 j

没有落入目标 t 的跟踪门内。若令 $t=0$ 表示虚警,此时 $\boldsymbol{\Omega}$ 对应的列元素 w_j^0 全都是 1,这是因为任一量测都有可能源于杂波或是虚警。

对于量测落入跟踪门相交区域的情形,意为该量测可能源于多个目标。联合概率数据关联的目的就是计算每一个量测与其可能的各种源目标相互关联的概率。为此,首先要研究在 k 时刻的所有(可行)联合事件的集合。

设 $\boldsymbol{\theta}_k=\{\theta_{k,i}\}_{i=1}^{n_k}$ 表示 k 时刻的所有(可行)联合事件的集合,n_k 表示集合 $\boldsymbol{\theta}_k$ 中元素的个数,其中

$$\theta_{k,i}=\bigcap_{j=1}^{m_k}\theta_{k,i}^{j,t_j} \tag{7-2-54}$$

代表第 i 个**联合事件**$(i=1,2,\cdots,n_k)$,它表示 m_k 个量测匹配于各自目标的一种可能,$\theta_{k,i}^{j,t_j}$ 表示量测 j 在第 i 个联合事件中源于目标 t_j 的事件$(0\leqslant t_j\leqslant N)$,$\theta_{k,i}^{j,0}$表示量测 j 在第 i 个联合事件中源于杂波或虚警。

设 $\theta_k^{j,t}$ 表示第 j 个量测与目标 t 关联的事件,则

$$\theta_k^{j,t}=\bigcup_{i=1}^{n_k}\theta_{k,i}^{j,t},\quad j=1,2,\cdots,m_k \tag{7-2-55}$$

这个事件称为**关联事件**。为讨论方便,用 $\theta_k^{0,t}$ 表示没有任何量测源于目标 t。

联合数据关联的关键是计算这些联合事件和关联事件的概率。它所依赖的两个基本假设是:

(1) 每一个量测有唯一的源,这里不考虑有不可分辨的量测的可能性。

(2) 对于一个给定的目标,最多有一个量测以其为源。

满足这两个假设的事件称为(可行)联合事件。根据以上两个原则对确认矩阵进行拆分,可得到与(可行)联合事件对应的可行矩阵。设

$$\hat{\boldsymbol{\Omega}}(\theta_{k,i})=[\hat{w}_j^t(\theta_{k,i})],\quad j=1,2,\cdots,m_k;\ t=0,1,\cdots,N;\quad i=1,2,\cdots,n_k \tag{7-2-56}$$

其中

$$\hat{w}_j^t(\theta_{k,i})=\begin{cases}1, & 若\ \theta_{k,i}^{j,t}\subset\theta_{k,i}\\ 0, & 其他\end{cases} \tag{7-2-57}$$

描述在第 i 个联合事件中,量测 j 是否源于目标 t。当量测 j 源于目标 t 时,$\hat{w}_j^t=1$,否则为 0。根据上述两个基本假设容易推出互联矩阵满足

$$\sum_{t=0}^{N}\hat{w}_j^t(\theta_{k,i})=1,\quad j=1,2,\cdots,m_k \tag{7-2-58}$$

$$\sum_{j=1}^{m_k}\hat{w}_j^t(\theta_{k,i})\leqslant 1,\quad t=1,2,\cdots,N \tag{7-2-59}$$

为了讨论方便,引入两个二元变量。

(1) 量测关联指示器:$\tau_j(\theta_{k,i})$,即

$$\tau_j(\theta_{k,i})=\begin{cases}1, & t_j>0\\ 0, & t_j=0\end{cases},\quad j=1,2,\cdots,m_k \tag{7-2-60}$$

其中，t_j 表示在联合事件 $\theta_{k,i}$ 中与量测 j 关联的目标编码。$\tau_j(\theta_{k,i})$ 用来指示量测 j 在可行事件 $\theta_{k,i}$ 中是否和一个真实目标关联。设

$$\tau(\theta_{k,i})=[\tau_1(\theta_{k,i}),\tau_2(\theta_{k,i}),\cdots,\tau_{m_k}(\theta_{k,i})] \tag{7-2-61}$$

则 $\tau(\theta_{k,i})$ 能够反映在可行事件 $\theta_{k,i}$ 中任一个量测是否与某个真实目标关联的情形。

(2) 目标检测指示器：$\delta_t(\theta_{k,i})$，即

$$\delta_t(\theta_{k,i})=\sum_{j=1}^{m_k}\hat{\omega}_j^t(\theta_{k,i})=\begin{cases}1, & \text{若存在 } j\text{，使得 } t_j=t\\ 0, & \text{其他}\end{cases},\quad t=1,2,\cdots,N \tag{7-2-62}$$

而 $\delta_t(\theta_{k,i})$ 称为目标检测指示器，表示在可行事件 $\theta_{k,i}$ 中目标 t 是否被检测到。设

$$\delta(\theta_{k,i})=[\delta_1(\theta_{k,i}),\delta_2(\theta_{k,i}),\cdots,\delta_N(\theta_{k,i})] \tag{7-2-63}$$

设 $\Phi(\theta_{k,i})$ 表示在可行事件 $\theta_{k,i}$ 中假量测的数量，则

$$\Phi(\theta_{k,i})=\sum_{j=1}^{m_k}[1-\tau_j(\theta_{k,i})] \tag{7-2-64}$$

根据JPDA的两个基本假设，对确认矩阵的拆分必须遵循以下两个原则：

(1) 在可行矩阵中，每一行有且仅有一个非零元。实际上，这是为使可行矩阵表示的(可行)联合事件满足第一个假设，即每个量测有唯一的源。

(2) 在可行矩阵中，除第一列外，每列最多只有一个非零元素。实际上，这是为了使可行矩阵表示的(可行)联合事件满足第二个假设，即每个目标最多有一个量测以其为源。

下面举例说明可行矩阵的形成过程。设当前扫描得到3个回波，此前已跟踪两个目标。3个回波，两个目标跟踪门之间的关系如图7-2-2所示。

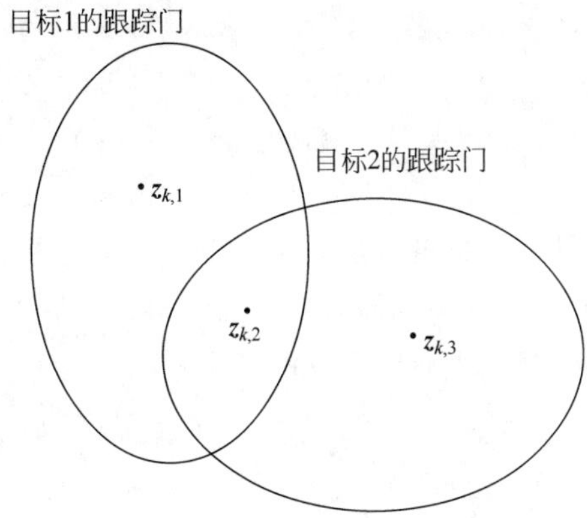

图7-2-2　确认矩阵及可行矩阵形成

按照确认矩阵的定义，有

$$\boldsymbol{\Omega}=\begin{bmatrix}1&1&0\\1&1&1\\1&0&1\end{bmatrix}$$

根据拆分原则，对确认矩阵 $\boldsymbol{\Omega}$ 进行拆分，可得如下8个可行矩阵以及与每个可行矩阵对应的可行事件。

$$\hat{\boldsymbol{\Omega}}(\theta_{k,1})=\begin{bmatrix}1&0&0\\1&0&0\\1&0&0\end{bmatrix},\quad \theta_{k,1}=\theta_{k,1}^{1,0}\cap\theta_{k,1}^{2,0}\cap\theta_{k,1}^{3,0}$$

$$\hat{\boldsymbol{\Omega}}(\theta_{k,2})=\begin{bmatrix}0&1&0\\1&0&0\\1&0&0\end{bmatrix},\quad \theta_{k,2}=\theta_{k,2}^{1,1}\cap\theta_{k,2}^{2,0}\cap\theta_{k,2}^{3,0}$$

$$\hat{\boldsymbol{\Omega}}(\theta_{k,3})=\begin{bmatrix}0&1&0\\0&0&1\\1&0&0\end{bmatrix},\quad \theta_{k,3}=\theta_{k,3}^{1,1}\cap\theta_{k,3}^{2,2}\cap\theta_{k,3}^{3,0}$$

$$\hat{\boldsymbol{\Omega}}(\theta_{k,4})=\begin{bmatrix}0&1&0\\1&0&0\\0&0&1\end{bmatrix},\quad \theta_{k,4}=\theta_{k,4}^{1,1}\cap\theta_{k,4}^{2,0}\cap\theta_{k,4}^{3,2}$$

$$\hat{\boldsymbol{\Omega}}(\theta_{k,5})=\begin{bmatrix}1&0&0\\0&1&0\\1&0&0\end{bmatrix},\quad \theta_{k,5}=\theta_{k,5}^{1,0}\cap\theta_{k,5}^{2,1}\cap\theta_{k,5}^{3,0}$$

$$\hat{\boldsymbol{\Omega}}(\theta_{k,6})=\begin{bmatrix}1&0&0\\0&1&0\\0&0&1\end{bmatrix},\quad \theta_{k,6}=\theta_{k,6}^{1,0}\cap\theta_{k,6}^{2,1}\cap\theta_{k,6}^{3,2}$$

$$\hat{\boldsymbol{\Omega}}(\theta_{k,7})=\begin{bmatrix}1&0&0\\0&0&1\\1&0&0\end{bmatrix},\quad \theta_{k,7}=\theta_{k,7}^{1,0}\cap\theta_{k,7}^{2,2}\cap\theta_{k,7}^{3,0}$$

$$\hat{\boldsymbol{\Omega}}(\theta_{k,8})=\begin{bmatrix}1&0&0\\1&0&0\\0&0&1\end{bmatrix},\quad \theta_{k,8}=\theta_{k,8}^{1,0}\cap\theta_{k,8}^{2,0}\cap\theta_{k,8}^{3,2}$$

确认矩阵拆分过后，接下来的工作就是计算关联概率。根据 JPDA 算法的两个假设可知，在 k 时刻与目标 t 互联的事件具有如下特性。

（1）互不相容性：

$$\theta_k^{j,t}\cap\theta_k^{i,t}=\varnothing,\quad i\neq j \tag{7-2-65}$$

（2）完备性：

$$P\left(\bigcup_{j=0}^{m_k}\theta_k^{j,t}\mid \boldsymbol{Z}^k\right)=1,\quad t=0,1,2,\cdots,N \tag{7-2-66}$$

从而，目标 t 的状态估计为

$$\begin{aligned}\hat{\boldsymbol{x}}_{k|k}^t&=E(\boldsymbol{x}_k^t\mid \boldsymbol{Z}^k)=E\left(\boldsymbol{x}_k^t,\ \bigcup_{j=0}^{m_k}\theta_k^{j,t}\mid \boldsymbol{Z}^k\right)\\&=\sum_{j=0}^{m_k}E(\boldsymbol{x}_k^t\mid\theta_k^{j,t},\boldsymbol{Z}^k)P(\theta_k^{j,t}\mid\boldsymbol{Z}^k)=\sum_{j=0}^{m_k}\beta_k^{j,t}\hat{\boldsymbol{x}}_{k|k,j}^t\end{aligned} \tag{7-2-67}$$

其中

$$\hat{\boldsymbol{x}}_{k|k,j}^t=E(\boldsymbol{x}_k^t\mid\theta_k^{j,t},\boldsymbol{Z}^k)\quad j=0,1,2,\cdots,m_k \tag{7-2-68}$$

表示利用第 j 个量测对目标 t 进行滤波得到的估计值，$\beta_k^{j,t}\triangleq P(\theta_k^{j,t}|\boldsymbol{Z}^k)$表示量测 j 源于目标 t 的概率。这里仍假定不与任何目标关联的量测在跟踪门内服从均匀分布，而与某个目标关联的量测服从 Gauss 分布，门概率 $P_G=1$。应用 Bayes 法则，基于 k 时刻所有量测的联合事件的条件概率为

$$P(\theta_{k,i}\mid\boldsymbol{Z}^k)=P(\theta_{k,i}\mid\boldsymbol{Z}_k,\boldsymbol{Z}^{k-1})=\frac{1}{c}P(\boldsymbol{Z}_k\mid\theta_{k,i},\boldsymbol{Z}^{k-1})P(\theta_{k,i}) \tag{7-2-69}$$

其中

$$c=\sum_{i=1}^{n_k}P(\boldsymbol{Z}_k\mid\theta_{k,i},\boldsymbol{Z}^{k-1})P(\theta_{k,i})\tag{7-2-70}$$

而量测的似然函数

$$P(\boldsymbol{Z}_k\mid\theta_{k,i},\boldsymbol{Z}^{k-1})=V^{-\phi(\theta_{k,i})}\prod_{j=1}^{m_k}(\Lambda_{k,j})^{\tau_j(\theta_{k,i})}\tag{7-2-71}$$

其中,V 代表跟踪门体积,似然函数 $\Lambda_{k,j}$ 定义为

$$\Lambda_{k,j}=(2\pi)^{-n_z/2}\mid S_k^{t_j}\mid^{-1/2}\exp[(\boldsymbol{z}_{k,j}-\hat{\boldsymbol{z}}_{k|k-1}^{t_j})^{\mathrm{T}}(S_k^{t_j})^{-1}(\boldsymbol{z}_{k,j}-\hat{\boldsymbol{z}}_{k|k-1}^{t_j})]\tag{7-2-72}$$

其中,$\hat{\boldsymbol{z}}_{k|k-1}^{t_j}$ 代表目标 t_j 的预报位置,$S_k^{t_j}$ 代表相应于目标 t_j 的新息协方差。实际上,一旦 $\theta_{k,i}$ 给定,则目标探测指示 $\delta(\theta_{k,i})$和虚假量测数 $\Phi(\theta_{k,i})$就完全确定了,因此

$$P(\theta_{k,i})=P(\theta_{k,i},\delta(\theta_{k,i}),\Phi(\theta_{k,i}))\tag{7-2-73}$$

应用乘法定理,有

$$P(\theta_{k,i})=P(\theta_{k,i}\mid\delta(\theta_{k,i}),\Phi(\theta_{k,i}))P(\delta(\theta_{k,i}),\Phi(\theta_{k,i}))\tag{7-2-74}$$

而且我们注意到,一旦虚警量测数给定以后,联合事件 $\theta_{k,i}$ 就由目标探测指示 $\delta(\theta_{k,i})$唯一确定了,而包含 $\Phi(\theta_{k,i})$个虚警的可能事件有 $C_{m_k}^{\Phi(\theta_{k,i})}$ 个,而对于其余 $m_k-\Phi(\theta_{k,i})$个真实量测,在包含 $\Phi(\theta_{k,i})$个虚警的事件中与目标共有$(m_k-\Phi(\theta_{k,i}))!$ 种可能的关联,所以

$$P(\theta_{k,i}\mid\delta(\theta_{k,i}),\Phi(\theta_{k,i}))=\frac{1}{(m_k-\Phi(\theta_{k,i}))!\;C_{m_k}^{\Phi(\theta_{k,i})}}=\frac{\Phi(\theta_{k,i})!}{m_k!}\tag{7-2-75}$$

而

$$P(\delta(\theta_{k,i}),\Phi(\theta_{k,i}))=\mu_f(\Phi(\theta_{k,i}))\cdot\prod_{t=1}^{N}(P_{\mathrm{D}}^t)^{\delta_t(\theta_{k,i})}(1-P_{\mathrm{D}}^t)^{1-\delta_t(\theta_{k,i})}\tag{7-2-76}$$

其中,P_{D}^t 表示目标 t 的检测概率,$\mu_f(\Phi(\theta_{k,i}))$表示虚警量测数的先验概率分配函数。按照概率分配函数 $\mu_f(\Phi(\theta_{k,i}))$所使用的模型,参数 JPDA 使用 $\mu_f(\Phi(\theta_{k,i}))$的 Poisson 分布,非参数 JPDA 使用 $\mu_f(\Phi(\theta_{k,i}))$的均匀分布,即

$$\mu_f(\Phi(\theta_{k,i}))=\begin{cases}\mathrm{e}^{-\lambda V}\dfrac{(\lambda V)^{\Phi(\theta_i(k))}}{\Phi(\theta_i(k))!}, & \text{参数 JPDA}\\ \varepsilon, & \text{非参数 JPDA}\end{cases}\tag{7-2-77}$$

从而,可行事件 $\theta_{k,i}$ 的先验概率为

$$P(\theta_{k,i})=\frac{\Phi(\theta_{k,i})!}{m_k!}\mu_f(\Phi(\theta_{k,i}))\cdot\prod_{t=1}^{N}(P_{\mathrm{D}}^t)^{\delta_t(\theta_{k,i})}(1-P_{\mathrm{D}}^t)^{1-\delta_t(\theta_{k,i})}\tag{7-2-78}$$

当使用参数模型时,有

$$P(\theta_{k,i}\mid\boldsymbol{Z}^k)=\frac{\lambda^{\Phi(\theta_{k,i})}}{c'}\prod_{j=1}^{m_k}(\Lambda_{k,j})^{\tau_j(\theta_{k,i})}\prod_{t=1}^{N}(P_{\mathrm{D}}^t)^{\delta_t(\theta_{k,i})}(1-P_{\mathrm{D}}^t)^{1-\delta_t(\theta_{k,i})}\tag{7-2-79}$$

其中,c'为新的归一化常数,$\Lambda_{k,j}$ 代表新息似然函数,由式(7-2-72)进行定义。

当使用非参数模型时,有

$$P(\theta_{k,i} \mid \boldsymbol{Z}^k)=\frac{\Phi(\theta_{k,i})!}{c''V^{\Phi(\theta_{k,i})}}\prod_{j=1}^{m_k}(\Lambda_{k,j})^{\tau_j(\theta_{k,i})}\prod_{t=1}^{N}(P_{\mathrm{D}}^t)^{\delta_t(\theta_{k,i})}(1-P_{\mathrm{D}}^t)^{1-\delta_t(\theta_{k,i})} \tag{7-2-80}$$

其中，c''亦为归一化常数。量测与目标 t 关联概率 $\beta_k^{j,t}$ 可由下式计算得到

$$\begin{cases}\beta_k^{j,t}=P(\theta_k^{j,t} \mid \boldsymbol{Z}^k)=P\left(\bigcup_{i=1}^{n_k}\theta_{k,i}^{j,t} \mid \boldsymbol{Z}^k\right)=\sum_{i=1}^{n_k}P(\theta_{k,i} \mid \boldsymbol{Z}^k)\hat{\omega}_j^t(\theta_{k,i})(1\leqslant j\leqslant m_k)\\ \beta_k^{0,t}=1-\sum_{j=1}^{m_k}\beta_k^{j,t}\end{cases} \tag{7-2-81}$$

状态估计协方差阵的计算是基于第 j 个量测对目标 t 的状态估计 $\hat{\boldsymbol{x}}_{k|k,j}^t$ 的协方差阵，即

$$\boldsymbol{P}_{k|k,j}^t=E\{[\boldsymbol{x}_k^t-\hat{\boldsymbol{x}}_{k|k,j}^t][\boldsymbol{x}_k^t-\hat{\boldsymbol{x}}_{k|k,j}^t]^{\mathrm{T}} \mid \theta_k^{j,t},\boldsymbol{Z}^k\} \tag{7-2-82}$$

根据 Kalman 滤波递推公式，有

$$\boldsymbol{P}_{k|k,j}^t=\boldsymbol{P}_{k|k-1}^t-\boldsymbol{K}_k^t\boldsymbol{S}_k^t(\boldsymbol{K}_k^t)^{\mathrm{T}} \tag{7-2-83}$$

其中，$\boldsymbol{K}_k^t$ 和 $\boldsymbol{S}_k^t$ 分别为 k 时刻目标 t 的滤波增益矩阵以及新息协方差阵。

当没有任何量测源于目标 t 时，目标状态估计值与其预测值相同，故有

$$\begin{aligned}\boldsymbol{P}_{k|k,0}^t&=E\{[\boldsymbol{x}_k^t-\hat{\boldsymbol{x}}_{k|k,0}^t][\boldsymbol{x}_k^t-\hat{\boldsymbol{x}}_{k|k,0}^t]^{\mathrm{T}} \mid \theta_k^{0,t},\boldsymbol{Z}^k\}\\&=E\{[\boldsymbol{x}_k^t-\hat{\boldsymbol{x}}_{k|k-1}^t][\boldsymbol{x}_k^t-\hat{\boldsymbol{x}}_{k|k-1}^t]^{\mathrm{T}} \mid \theta_k^{0,t},\boldsymbol{Z}^k\}=\boldsymbol{P}_{k|k-1}^t\end{aligned} \tag{7-2-84}$$

相应于 $\hat{\boldsymbol{x}}_{k|k}^t$ 的协方差阵为

$$\begin{aligned}\boldsymbol{P}_{k|k}^t&=E\{[\boldsymbol{x}_k^t-\hat{\boldsymbol{x}}_{k|k}^t][\boldsymbol{x}_k^t-\hat{\boldsymbol{x}}_{k|k}^t]^{\mathrm{T}} \mid \boldsymbol{Z}^k\}=\sum_{j=0}^{m_k}\beta_k^{j,t}E\{[\boldsymbol{x}_k^t-\hat{\boldsymbol{x}}_{k|k}^t][\boldsymbol{x}_k^t-\hat{\boldsymbol{x}}_{k|k}^t]^{\mathrm{T}} \mid \theta_k^{j,t},\boldsymbol{Z}^k\}\\&=\sum_{j=0}^{m_k}\beta_k^{j,t}E\{[(\boldsymbol{x}_k^t-\hat{\boldsymbol{x}}_{k|k,j}^t)+(\hat{\boldsymbol{x}}_{k|k,j}^t-\hat{\boldsymbol{x}}_{k|k}^t)][(\boldsymbol{x}_k^t-\hat{\boldsymbol{x}}_{k|k,j}^t)+(\hat{\boldsymbol{x}}_{k|k,j}^t-\hat{\boldsymbol{x}}_{k|k}^t)]^{\mathrm{T}} \mid \theta_k^{j,t},\boldsymbol{Z}^k\}\\&=\sum_{j=0}^{m_k}\beta_k^{j,t}E\{[\boldsymbol{x}_k^t-\hat{\boldsymbol{x}}_{k|k,j}^t][\boldsymbol{x}_k^t-\hat{\boldsymbol{x}}_{k|k,j}^t]^{\mathrm{T}} \mid \theta_k^{j,t},\boldsymbol{Z}^k\}+\\&\quad\sum_{j=0}^{m_k}\beta_k^{j,t}E\{[\boldsymbol{x}_k^t-\hat{\boldsymbol{x}}_{k|k,j}^t][\hat{\boldsymbol{x}}_{k|k,j}^t-\hat{\boldsymbol{x}}_{k|k}^t]^{\mathrm{T}} \mid \theta_k^{j,t},\boldsymbol{Z}^k\}+\\&\quad\sum_{j=0}^{m_k}\beta_k^{j,t}E\{[\hat{\boldsymbol{x}}_{k|k,j}^t-\hat{\boldsymbol{x}}_{k|k}^t][\boldsymbol{x}_k^t-\hat{\boldsymbol{x}}_{k|k,j}^t]^{\mathrm{T}} \mid \theta_k^{j,t},\boldsymbol{Z}^k\}+\\&\quad\sum_{j=0}^{m_k}\beta_k^{j,t}E\{[\hat{\boldsymbol{x}}_{k|k,j}^t-\hat{\boldsymbol{x}}_{k|k}^t][\hat{\boldsymbol{x}}_{k|k,j}^t-\hat{\boldsymbol{x}}_{k|k}^t]^{\mathrm{T}} \mid \theta_k^{j,t},\boldsymbol{Z}^k\}\end{aligned} \tag{7-2-85}$$

而

$$\begin{aligned}&\sum_{j=0}^{m_k}\beta_k^{j,t}E\{[\boldsymbol{x}_k^t-\hat{\boldsymbol{x}}_{k|k,j}^t][\boldsymbol{x}_k^t-\hat{\boldsymbol{x}}_{k|k,j}^t]^{\mathrm{T}} \mid \theta_k^{j,t},\boldsymbol{Z}^k\}\\&=\sum_{j=0}^{m_k}\beta_k^{j,t}\boldsymbol{P}_{k|k,j}^t=\beta_k^{0,t}\boldsymbol{P}_{k|k,0}^t+\sum_{j=1}^{m_k}\beta_k^{j,t}[\boldsymbol{P}_{k|k-1}^t-\boldsymbol{K}_k^t\boldsymbol{S}_k^t(\boldsymbol{K}_k^t)^{\mathrm{T}}]\end{aligned}$$

$$=\boldsymbol{P}_{k|k-1}^{t}-(1-\beta_k^{0,t})\boldsymbol{K}_k^t\boldsymbol{S}_k^t(\boldsymbol{K}_k^t)^{\mathrm{T}} \tag{7-2-86}$$

而且

$$\sum_{j=0}^{m_k}\beta_k^{j,t}E\{[\boldsymbol{x}_k^t-\hat{\boldsymbol{x}}_{k|k,j}^t][\hat{\boldsymbol{x}}_{k|k,j}^t-\hat{\boldsymbol{x}}_{k|k}^t]^{\mathrm{T}}\mid\theta_k^{j,t},\boldsymbol{Z}^k\}$$

$$=\sum_{j=0}^{m_k}\beta_k^{j,t}\{[E(\boldsymbol{x}_k^t\mid\theta_k^{j,t},\boldsymbol{Z}^k)-\hat{\boldsymbol{x}}_{k|k,j}^t](\hat{\boldsymbol{x}}_{k|k,j}^t-\hat{\boldsymbol{x}}_{k|k}^t)^{\mathrm{T}}\}=0 \tag{7-2-87}$$

同理

$$\sum_{j=0}^{m_k}\beta_{jt}(k)E\{[\hat{\boldsymbol{x}}_{k|k,j}^t-\hat{\boldsymbol{x}}_{k|k}^t][\boldsymbol{x}_k^t-\hat{\boldsymbol{x}}_{k|k,j}^t]^{\mathrm{T}}\mid\theta_{jt}(k),\boldsymbol{Z}^k\}=0 \tag{7-2-88}$$

并且

$$\sum_{j=0}^{m_k}\beta_k^{j,t}E\{[\hat{\boldsymbol{x}}_{k|k,j}^t-\hat{\boldsymbol{x}}_{k|k}^t][\hat{\boldsymbol{x}}_{k|k,j}^t-\hat{\boldsymbol{x}}_{k|k}^t]^{\mathrm{T}}\mid\theta_k^{j,t},\boldsymbol{Z}^k\}$$

$$=\sum_{j=0}^{m_k}\beta_k^{j,t}[\hat{\boldsymbol{x}}_{k|k,j}^t(\hat{\boldsymbol{x}}_{k|k,j}^t)^{\mathrm{T}}-\hat{\boldsymbol{x}}_{k|k}^t(\hat{\boldsymbol{x}}_{k|k}^t)^{\mathrm{T}}] \tag{7-2-89}$$

从而有

$$\boldsymbol{P}_{k|k}^{t}=E\{[\boldsymbol{x}_k^t-\hat{\boldsymbol{x}}_{k|k}^t][\boldsymbol{x}_k^t-\hat{\boldsymbol{x}}_{k|k}^t]^{\mathrm{T}}\mid\boldsymbol{Z}^k\}$$

$$=\boldsymbol{P}_{k|k-1}^{t}-(1-\beta_k^{0,t})\boldsymbol{K}_k^t\boldsymbol{S}_k^t(\boldsymbol{K}_k^t)^{\mathrm{T}}+\sum_{j=0}^{m_k}\beta_k^{j,t}[\hat{\boldsymbol{x}}_{k|k,j}^t(\hat{\boldsymbol{x}}_{k|k,j}^t)^{\mathrm{T}}-\hat{\boldsymbol{x}}_{k|k}^t(\hat{\boldsymbol{x}}_{k|k}^t)^{\mathrm{T}}]$$

(7-2-90)

7.2.5 多传感联合概率数据关联

在多传感多目标跟踪系统中，处理的是利用多传感器对多个目标的综合跟踪问题。这一小节中我们介绍如何将单传感器联合概率数据关联算法进行推广，以得到**多传感联合概率数据关联**（**MSJPDA**）算法。多传感联合概率数据关联算法包括两种基本结构，即并行处理结构和顺序处理结构。

1. 多传感联合概率数据关联算法的并行处理结构

(1) 模型描述。

首先假设在整个跟踪系统中有 N_s 个传感器，各个传感器之间的量测误差是统计独立的。记 k 时刻来自传感器 i 的确认量测数目为 $m_k^i(i=1,2,\cdots,N_s)$。

令 $\boldsymbol{x}_k^t$ 表示 k 时刻目标 t 的状态向量($t=1,2,\cdots,N$，N 为目标数目)，$\boldsymbol{z}_{k,j}^i$ 表示传感器 i 在 k 时刻收到的第 j 个量测，若量测 $\boldsymbol{z}_{k,j}^i$ 源于真实目标 t，则有如下量测方程成立

$$\boldsymbol{z}_{k,j}^i=\boldsymbol{H}_k^i\boldsymbol{x}_k^t+\boldsymbol{w}_k^i \tag{7-2-91}$$

其中，$\boldsymbol{H}_k^i$ 为 k 时刻传感器 i 的观测矩阵，$\boldsymbol{w}_k^i$ 代表 k 时刻传感器 i 的量测噪声向量，它是具有零均值和正定协方差阵 $\boldsymbol{R}_k^i$，且与所有其他噪声向量统计独立的 Gauss 噪声向量。将 k 时刻多传感器接收到的所有量测向量记为

$$Z_k=\{z_{k,1}^1,\cdots,z_{k,m_k^1}^1,z_{k,1}^2,\cdots,z_{k,m_k^2}^2,\cdots,z_{k,1}^{N_s},\cdots,z_{k,m_k^{N_s}}^{N_s}\} \tag{7-2-92}$$

定义 7.2.1 设

$$a_{ms}:\{1,2,\cdots,N\}\rightarrow\overbrace{\{\{0,1,\cdots,m_k^1\},\{0,1,\cdots,m_k^2\},\cdots,\{0,1,\cdots,m_k^{N_s}\}\}}^{N_s\text{组}} \tag{7-2-93}$$

是任意目标 $t(t=1,2,\cdots,N)$ 与 N_s 个传感器的一组量测的互联映射。对于映射 a_{ms}，包含有 N_s 个映射 $a_i:\{1,2,\cdots,N\}\rightarrow\{0,1,\cdots,m_k^i\},i=1,2,\cdots,N_s$，该映射 a_i 意为目标 t 与来自传感器 i 的量测之间的互联映射。对映射 a_i 而言，若 $a_i(t)=0$，则意味着传感器 i 没有量测与目标 t 互联。对每个互联映射 a_{ms}，引入两个互联事件，意义分别如下：

$\mathbb{H}_{a_i}(k)$：表示 k 时刻映射 a_i 反映的量测与目标对应关系是正确的事件；

$\mathbb{H}_{a_{ms}}(k)$：表示 k 时刻映射 a_{ms} 反映的量测与目标对应关系是正确的事件。

对于 $1\leqslant t\leqslant N$ 和 $L=(l_1,l_2,\cdots,l_{N_s})$，其中 $1\leqslant l_1\leqslant m_k^1,\cdots,1\leqslant l_{N_s}\leqslant m_k^{N_s}$，令 $\theta_k^{L,t}$ 表示对于 k 时刻的正确关联映射 a_{ms}，有 $a_{ms}(t)=L$ 成立的事件。对于 $1\leqslant t\leqslant N,1\leqslant i\leqslant N_s,0\leqslant l_i\leqslant m_k^i$；并令 $\theta_{k,i}^{l_i,t}$ 表示对于 k 时刻的正确关联映射 a_i，有 $a_i(t)=l_i$ 成立的事件。那么，事件 $\theta_k^{L,t}$ 为互不相容事件 $\mathbb{H}_{a_{ms}}(k)$ 的并[10]，即

$$\theta_k^{L,t}=\bigcup_{a_{ms}:\,a_{ms}(t)=L}\mathbb{H}_{a_{ms}}(k) \tag{7-2-94}$$

事件 $\theta_{k,i}^{l_i,t}$ 为互不相容事件 $\mathbb{H}_{a_i}(k)$ 的并[10]，即

$$\theta_{k,i}^{l_i,t}=\bigcup_{a_i:\,a_i(t)=l_i}\mathbb{H}_{a_i}(k) \tag{7-2-95}$$

令 $\beta_k^{L,t}$ 表示在给定量测集合 Z^k 情况下，事件 $\theta_k^{L,t}$ 的条件概率，有

$$\beta_k^{L,t}\triangleq P(\theta_k^{L,t}\mid Z^k)=\sum_{a_{ms}:\,a_{ms}(t)=L}P(\mathbb{H}_{a_{ms}}(k)\mid Z^k) \tag{7-2-96}$$

令 $\beta_{k,i}^{l_i,t}$ 表示在给定量测集合 Z^k 情况下，事件 $\theta_{k,i}^{l_i,t}$ 的条件概率，有

$$\beta_{k,i}^{l_i,t}\triangleq P(\theta_{k,i}^{l_i,t}\mid Z^k)=\sum_{a_i:\,a_i(t)=l_i}P(\mathbb{H}_{a_i}(k)\mid Z^k) \tag{7-2-97}$$

因为各个传感器之间的量测误差是统计独立的，根据式(7-2-96)，有

$$\begin{aligned}\beta_k^{L,t}&\triangleq\sum_{a_{ms}:\,a_{ms}(t)=L}P(\mathbb{H}_{a_{ms}}(k)\mid Z^k)=\sum_{a_{ms}:\,a_{ms}(t)=L}\prod_{i=1}^{N_s}P(\mathbb{H}_{a_i}(k)\mid Z^k)\\&=\sum_{a_1:\,a_1(t)=l_1,\cdots,a_{N_s}:\,a_{N_s}(t)=l_{N_s}}\prod_{i=1}^{N_s}P(\mathbb{H}_{a_i}(k)\mid Z^k)=\prod_{i=1}^{N_s}\sum_{a_i:\,a_i(t)=l_i}P(\mathbb{H}_{a_i}(k)\mid Z^k)\\&=\prod_{i=1}^{N_s}P(\theta_{k,i}^{l_i,t}\mid Z^k)=\prod_{i=1}^{N_s}\beta_{k,i}^{l_i,t}\end{aligned} \tag{7-2-98}$$

由上式可见，多传感器的联合事件概率 $\beta_k^{L,t}$ 恰好是单传感器事件概率 $\beta_{k,i}^{l_i,t}$ 的乘积。

(2) 多传感器滤波。

基于多传感器对目标 t 的状态估计为

$$\hat{x}_{k|k}^t=\sum_L\beta_k^{L,t}\hat{x}_{k|k,L}^t=\sum_L\prod_{i=1}^{N_s}\beta_{k,i}^{l_i,t}\hat{x}_{k|k,L}^t \tag{7-2-99}$$

其中，$\hat{\boldsymbol{x}}^t_{k|k,L}$ 表示基于给定量测组合 L 做出的对目标 t 的状态估计，其计算公式如下

$$\hat{\boldsymbol{x}}^t_{k|k,L}=\hat{\boldsymbol{x}}^t_{k|k-1}+\sum_{i=1}^{N_s}\boldsymbol{K}_k^{i,t}[\boldsymbol{z}^i_{k,l_i}-\boldsymbol{H}^i_k\hat{\boldsymbol{x}}^t_{k|k-1}] \tag{7-2-100}$$

其中，$\hat{\boldsymbol{x}}^t_{k|k-1}$ 为状态预报值，$\boldsymbol{K}_k^{i,t}$ 为利用传感器 i 对目标 t 进行滤波的增益矩阵。相应的协方差更新矩阵为[10,11]

$$\boldsymbol{P}^t_{k|k}=\sum_L\beta_k^{L,t}\left[\boldsymbol{P}^t_{k|k,L}+\hat{\boldsymbol{x}}^t_{k|k,L}(\hat{\boldsymbol{x}}^t_{k|k,L})^{\mathrm{T}}\right]-\hat{\boldsymbol{x}}^t_{k|k}(\hat{\boldsymbol{x}}^t_{k|k})^{\mathrm{T}} \tag{7-2-101}$$

其中，$\boldsymbol{P}^t_{k|k,L}$ 是对应于状态估计 $\hat{\boldsymbol{x}}^t_{k|k,L}$ 的协方差阵。直观上看，当把式(7-2-100)代入式(7-2-99)时，为计算 $\hat{\boldsymbol{x}}^t_{k|k}$ 需进行 $\prod_{i=1}^{N_s}m_k^i$ 次 Kalman 滤波，这表明整个多传感状态估计过程的计算量随传感器数量的增加呈指数规律增长。但在文献[12]中通过引入

$$\boldsymbol{K}^t_k=\left[\boldsymbol{K}_k^{1,t},\cdots,\boldsymbol{K}_k^{N_s,t}\right] \tag{7-2-102}$$

$$\boldsymbol{H}_k=[(\boldsymbol{H}^1_k)^{\mathrm{T}},\cdots,(\boldsymbol{H}^{N_s}_k)^{\mathrm{T}}]^{\mathrm{T}} \tag{7-2-103}$$

$$\boldsymbol{Z}_{k,L}=[(\boldsymbol{z}^1_{k,l_1})^{\mathrm{T}},\cdots,(\boldsymbol{z}^{N_s}_{k,l_{N_s}})^{\mathrm{T}}] \tag{7-2-104}$$

可以得到

$$\hat{\boldsymbol{x}}^t_{k|k}=[\boldsymbol{I}-\boldsymbol{K}^t_k\boldsymbol{H}_K]\hat{\boldsymbol{x}}^t_{k|k-1}+\sum_{i=1}^{N_s}\boldsymbol{K}_k^{i,t}\sum_{l_i=1}^{m_k^i}\beta^{l_i,t}_{k,i}\boldsymbol{z}^i_{k,l_i} \tag{7-2-105}$$

这样，MSJPDA 滤波可以通过形成 N_s 个拟测量来实现(每个拟测量是该传感器所有确认量测的加权和)。对每个拟测量应用一次 Kalman 滤波，并综合这些滤波结果，即可获得对目标的状态估计，所以实际上 MSJPDA 滤波复杂度随着传感器数量 N_s 呈线性增长。

2. 多传感联合概率数据关联算法的顺序处理结构

在多传感联合概率数据关联算法的顺序处理结构中，将来自多个传感器的量测信息依次进行处理。首先，基于第一个传感器的量测信息，计算相应于各个目标的中间状态估计值 $\hat{\boldsymbol{x}}^{1,t}_{k|k}$ 以及相应的协方差阵 $\boldsymbol{P}^{1,t}_{k|k}$；然后，将中间状态估计与相应的协方差阵作为预报状态以及预报状态协方差阵，并利用第 2 个传感器的量测信息，改进先前的中间状态估计与相应的协方差阵，从而得到各个目标的新的中间状态估计值 $\hat{\boldsymbol{x}}^{2,t}_{k|k}$ 以及相应的协方差阵 $\boldsymbol{P}^{2,t}_{k|k}$。按照此过程，依次处理多个传感器的量测信息，直到所有的 N_s 传感器都被处理完为止，将 $\hat{\boldsymbol{x}}^{N_s,t}_{k|k}$ 和 $\boldsymbol{P}^{N_s,t}_{k|k}$ 作为最终的状态估计和协方差阵输出。

令 $\hat{\boldsymbol{x}}^{i,t}_{k|k}$ 和 $\boldsymbol{P}^{i,t}_{k|k}$ 分别表示通过对传感器 i 的量测数据处理之后对目标 t 做出的状态估计和状态估计协方差阵，其计算方程为[11]

$$\hat{\boldsymbol{x}}^{i,t}_{k|k}=\hat{\boldsymbol{x}}^{i-1,t}_{k|k}+K_k^{i,t}\sum_{i=0}^{m_k^i}\beta^{l_i,t}_{k,i}[\boldsymbol{z}^i_{k,l_i}-\boldsymbol{H}^i_k\hat{\boldsymbol{x}}^{i-1,t}_{k|k}] \tag{7-2-106}$$

$$\boldsymbol{P}^{i,t}_{k|k}=\beta^{0,t}_{k,i}\boldsymbol{P}^{i-1,t}_{k|k}+[1-\beta^{0,t}_{k,i}][\boldsymbol{I}-\boldsymbol{K}_k^{i,t}\boldsymbol{H}^i_k\boldsymbol{P}^{i-1,t}_{k|k}]+$$

$$\boldsymbol{K}_k^{i,t}\left[\sum_{l_i=0}^{m_k^i}\beta_{k,i}^{l_i,t}\boldsymbol{z}_{k,l_i}^i(\boldsymbol{z}_{k,l_i}^i)^{\mathrm{T}}-\sum_{l_i=0}^{m_k^i}\beta_{k,i}^{l_i,t}\boldsymbol{z}_{k,l_i}^i\cdot\sum_{l_i=0}^{m_k^i}\beta_{k,i}^{l_i,t}(\boldsymbol{z}_{k,l_i}^i)^{\mathrm{T}}\right](\boldsymbol{K}_k^{i,t})^{\mathrm{T}}\quad(7\text{-}2\text{-}107)$$

此处

$$\hat{\boldsymbol{x}}_{k|k}^{0,t}=\hat{\boldsymbol{x}}_{k|k-1}^{t},\quad \boldsymbol{P}_{k|k}^{0,t}=\boldsymbol{P}_{k|k-1}^{t}\quad(7\text{-}2\text{-}108)$$

$$\hat{\boldsymbol{x}}_{k|k}^{N_s,t}=\hat{\boldsymbol{x}}_{k|k}^{t},\quad \boldsymbol{P}_{k|k}^{N_s,t}=\boldsymbol{P}_{k|k}^{t}\quad(7\text{-}2\text{-}109)$$

需要注意的是，在计算第 i 个传感器的量测-目标关联概率 $\beta_{k,i}^{l_i,t}$ 时，需要利用中间状态估计 $\hat{\boldsymbol{x}}_{k|k}^{i-1,t}$ 以及相应的协方差阵 $\boldsymbol{P}_{k|k}^{i-1,t}$ 信息。另外，对于顺序 MSJPDA 和并行 MSJPDA 结构中的关联概率 $\beta_{k,i}^{l_i,t}$，具有相同的含义，但取值不同。

文献[11]通过仿真分析比较了顺序 MSJPDA 和并行 MSJPDA 结构的跟踪性能。结果表明，无论从计算量上、航迹寿命，还是从估计精度上看，顺序 MSJPDA 都较并行 MSJPDA 具有更优越的性能。

7.3 量测-航迹关联的其他方法

7.3.1 基于粒子滤波的联合概率数据关联

粒子滤波方法作为求解非线性非 Gauss 问题的有效方法，在数据关联领域也有着广泛的应用[13-19]。本书第 2 章已对粒子滤波方法做了专门介绍，本节仅描述基于粒子滤波和联合概率数据关联思想的多目标数据关联方法[16-18]，该方法在基于非线性模型的数据关联领域有着广阔的发展空间。

1. 问题描述

目标 t 状态演化方程和量测方程

$$\boldsymbol{x}_{k+1}^t=f_k(\boldsymbol{x}_k^t,\boldsymbol{w}_k^t)\quad(7\text{-}3\text{-}1)$$

$$\boldsymbol{z}_k^t=h_k(\boldsymbol{x}_k^t,\boldsymbol{v}_k^t)\quad(7\text{-}3\text{-}2)$$

其中，$\boldsymbol{x}_k^t$ 和 $\boldsymbol{z}_k^t$ 分别表示 k 时刻目标 t 的状态，以及输出量测；映射 f_k 和 h_k 分别代表系统状态演化模型和量测模型(为简化符号起见，这里对目标不做特别区分)；$\boldsymbol{w}_k^t$ 和 $\boldsymbol{v}_k^t$ 分别表示过程噪声和量测噪声。

已知目标个数为 N，记 k 时刻多目标联合状态向量为 $\boldsymbol{X}_k$，即

$$\boldsymbol{X}_k=\{\boldsymbol{x}_k^1,\boldsymbol{x}_k^2,\cdots,\boldsymbol{x}_k^N\}$$

令 $\boldsymbol{X}^K$ 代表直到 K 时刻多目标联合状态历史，$\boldsymbol{Z}_k$ 代表 k 时刻所有量测，$\boldsymbol{Z}^K$ 代表直到 K 时刻量测历史。并引入 $\boldsymbol{X}_k^i$ 代表 k 时刻多目标联合状态向量的第 i 个粒子，即

$$\boldsymbol{X}_k^i=\{\boldsymbol{x}_k^{(i),1},\boldsymbol{x}_k^{(i),2},\cdots,\boldsymbol{x}_k^{(i),N}\}$$

整个粒子集合表示为

$$\{\boldsymbol{X}_k^{(i)}\}_{i=1}^{N_p}=\{\boldsymbol{x}_k^{(i),1},\boldsymbol{x}_k^{(i),2},\cdots,\boldsymbol{x}_k^{(i),N}\}_{i=1}^{N_p}$$

其中，N_p 表示粒子个数。参考本章 7.2.4 小节中的联合概率数据关联方法，根据 Bayes

公式，k 时刻第 i 个可行联合事件 $\theta_{k,i}$ 的后验概率为

$$\boldsymbol{P}(\theta_{k,i} \mid \boldsymbol{Z}^k)=\frac{1}{c}P(\boldsymbol{Z}_k \mid \theta_{k,i},\boldsymbol{Z}^{k-1})P(\theta_{k,i}) \tag{7-3-3}$$

此处，c 是一个归一化因子。

为算法简单起见，引入 P_{D} 和 P_{FA} 分别表示检测概率和虚警概率；则可行联合事件 $\theta_{k,i}$ 的先验概率也可表达为

$$P(\theta_{k,i})=P_{\mathrm{D}}^{N-n}(1-P_{\mathrm{D}})^n P_{\mathrm{FA}}^{m_k-(N-n)} \tag{7-3-4}$$

其中，m_k 和 n 分别表示 k 时刻量测总数和漏检目标数。设

$$P(\boldsymbol{Z}_k \mid \theta_{k,i},\boldsymbol{Z}^{k-1})=\prod_{\theta_k^{j,t}\subseteq\theta_{k,i}}\Lambda_{j,t} \tag{7-3-5}$$

其中，$\Lambda_{j,t}$ 表示第 j 个量测源于目标 t 的似然函数；$\theta_k^{j,t}$ 表示第 j 个量测与目标 t 关联的事件。那么，可行联合事件 $\theta_{k,i}$ 的后验概率亦可表达为

$$P(\theta_{k,i} \mid \boldsymbol{Z}^k)\propto P_{\mathrm{D}}^{N-n}(1-P_{\mathrm{D}})^n P_{\mathrm{FA}}^{m_k-(N-n)}\prod_{\theta_k^{j,t}\subseteq\theta_{k,i}}\Lambda_{j,t} \tag{7-3-6}$$

2. 基于多目标组合抽样的 JPDA

基于多目标组合抽样的 **JPDA（coupled sample based JPDA，CSBJPDA）**方法，在计算粒子加权时，将多目标组合起来考虑。在多目标聚集区域，由于多目标跟踪门可能存在交叉，导致各个目标状态之间具有相关性，此时 CSBJPDA 关联与跟踪性能较好。具体步骤如下：

（1）$k=0$，对于目标 $t=1,2,\cdots,N$，抽样产生 N_p 个粒子，即

$$\{\boldsymbol{x}_0^{(i),1},\boldsymbol{x}_0^{(i),2},\cdots,\boldsymbol{x}_0^{(i),N}\}_{i=1}^{N_p}=\{\boldsymbol{X}_0^{(i)}\}_{i=1}^{N_p}$$

其中，$\boldsymbol{X}_0^{(i)}$ 表示所有目标状态向量的串联，$\boldsymbol{x}_0^{(i),t}$ 由先验概率 $P(\boldsymbol{x}_0^t)$ 抽样得到。

（2）对于每个粒子 i，基于可行联合事件概率，计算粒子加权

$$w_k^{(i)}=\sum\nolimits_{\forall\theta_{k,l}}P(\theta_{k,l} \mid \boldsymbol{Z}^k)^{(i)} \tag{7-3-7}$$

对上式正则化，得

$$\tilde{w}_k^{(i)}=w_k^{(i)}\Big/\sum_{i=1}^{N_p}w_k^{(i)} \tag{7-3-8}$$

（3）通过重抽样，产生新的粒子集 $\{\boldsymbol{X}_k^{(i*)}\}_{i=1}^{N_p}$，以满足

$$P(\boldsymbol{X}_k^{(i*)}=\boldsymbol{X}_k^{(i)})=\tilde{w}_k^{(i)} \tag{7-3-9}$$

（4）对于 $i=1,2,\cdots,N_p$，预报产生新粒子

$$\boldsymbol{X}_{k+1}^{(i)}=f_k(\boldsymbol{X}_k^{(i*)},\boldsymbol{W}_k^{(i)}) \tag{7-3-10}$$

其中，$\boldsymbol{W}_k^{(i)}=\{\boldsymbol{w}_k^{(i),1},\boldsymbol{w}_k^{(i),2},\cdots,\boldsymbol{w}_k^{(i),N}\}$，意为对多目标过程噪声的第 i 个联合抽样。

（5）$k=k+1$，返回步骤（2）。

3. 基于独立抽样的 JPDA

基于独立抽样的 **JPDA（independent sample based JPDA，ISBJPDA）**方法是针对多目标聚集不严重的情况下开发的粒子滤波器。此时，可以假设多目标状态相互独立，为缩

减计算代价，采用 N 个独立的粒子滤波器跟踪不同的目标。

(1) $k=0$，对于目标 $t=1,2,\cdots,N$，从先验概率 $p(\boldsymbol{x}_0^t)$ 中分别独立地抽样产生 N_p 个粒子。

(2) 对于 $j=1,2,\cdots,m_k,t=1,2,\cdots,N$，计算量测与目标关联概率 $\beta_k^{j,t}$

$$\beta_k^{j,t}=\sum_{\theta_{k,l}:\theta_k^{j,t}\subseteq\theta_{k,l}} P(\theta_{k,l}\mid \boldsymbol{Z}^k)^{(i)} \tag{7-3-11}$$

(3) 对于每个目标，计算每个粒子的独立加权

$$w_k^{(i),t}=\sum_{j=0}^{m_k}\beta_k^{j,t}P(\boldsymbol{z}_k^j\mid \boldsymbol{x}_k^{(i),t}) \tag{7-3-12}$$

对式(7-3-12)正则化，得

$$\tilde{w}_k^{(i)}=w_k^{(i)}\Big/\sum_{i=1}^{N_p}w_k^{(i)} \tag{7-3-13}$$

(4) 对于每个目标，通过重抽样，产生新的粒子集 $\{\boldsymbol{x}_k^{(i*),t}\}_{i=1}^{N_p}$，以满足

$$P(\boldsymbol{x}_k^{(i*),t}=\boldsymbol{x}_k^{(i),t})=\tilde{w}_k^{(i)} \tag{7-3-14}$$

(5) 对于 $i=1,2,\cdots,N_p,t=1,2,\cdots,N$，预报产生新粒子

$$\boldsymbol{x}_{k+1}^{(i),t}=f_k(\boldsymbol{x}_k^{(i*),t},\boldsymbol{w}_k^{(i),t}) \tag{7-3-15}$$

其中，$\boldsymbol{w}_k^{(i),t}$ 意为对目标 t 过程噪声的第 i 个抽样。

(6) $k=k+1$，返回步骤(2)。

在文献[19]中，将量测与目标关联概率看作是随机变量，给出一个基于 Gibbs 抽样的方法来计算关联概率，提供了利用统计抽样方法解决数据关联问题的新思路，取得了较好的结果，这里不再详述。

7.3.2 多假设方法

1979 年 Reid[20] 针对多目标跟踪问题，基于"全邻"最优滤波器和 Bar-Shalom 的聚概念，提出了**多假设跟踪（multiple hypothesis tracking，MHT）**技术。此方法考虑每个新接收到的量测可能来自新目标、虚警或已有目标，它通过一个有限长度的时间滑窗，建立多个候选假设，并通过假设评估、假设管理（删除、合并、聚类等）技术实现多目标跟踪。

由于多假设方法是一种基于延迟逻辑的方法，不仅能够有效解决航迹保持过程中的数据关联问题，同时也适用于多目标航迹起始和终止。

MHT 方法试图获得数据关联问题的最优解，但是在大规模关联问题中，其使用受到极大的限制。因为该算法中可行联合假设的个数随着目标个数和杂波量测个数的增加，而呈指数增长。一些假设修剪技术的使用可以使得该算法在一定程度上具有可操作性。近年来，MHT 技术的研究热点在于假设管理技术的有效实现[21-22]。

1. 假设生成

设 $\boldsymbol{\Omega}^k$ 表示直到 k 时刻的关联假设集；$\boldsymbol{Z}_k=\{\boldsymbol{z}_{k,1},\cdots,\boldsymbol{z}_{k,m_k}\}$ 表示 k 时刻的量测集合；$\boldsymbol{Z}^k$ 表示直到 k 时刻的累积量测集。

$\boldsymbol{\Omega}^k$ 由直到 $k-1$ 时刻的关联假设集 $\boldsymbol{\Omega}^{k-1}$ 和当前量测集 $\boldsymbol{Z}_k$ 关联得到，而量测 $z_{k,i}$ 和一个目标的关联有如下三种可能：

(1) 量测 $\boldsymbol{z}_{k,i}$ 是原有某个航迹的继续；

(2) 量测 $\boldsymbol{z}_{k,i}$ 由新目标产生；

(3) 量测 $\boldsymbol{z}_{k,i}$ 源于虚警。

每个目标至多与一个落入跟踪门内的当前量测关联。

2. 假设概率计算

首先引入关联事件 θ_k，用来描述当前量测与目标之间的对应关系，它包含下述信息：

(1) τ 个源于已建立航迹的量测；

(2) v 个源于新目标的量测；

(3) ψ 个源于杂波或虚警的量测。

为计算各个假设的概率，对于事件 θ_k，引入如下记号：

$$\tau_i=\tau_i(\theta_k)\triangleq\begin{cases}1, & \text{若量测 } \boldsymbol{z}_{k,i} \text{ 源于已建立的目标航迹}\\ 0, & \text{其他}\end{cases} \quad i=1,2,\cdots,m_k \tag{7-3-16}$$

$$v_i=v_i(\theta_k)\triangleq\begin{cases}1, & \text{若量测 } \boldsymbol{z}_{k,i} \text{ 源于新目标}\\ 0, & \text{其他}\end{cases}, \quad i=1,2,\cdots,m_k \tag{7-3-17}$$

$$\psi_i=\psi_i(\theta_k)\triangleq\begin{cases}1, & \text{若量测 } \boldsymbol{z}_{k,i} \text{ 源于虚警}\\ 0, & \text{其他}\end{cases}, \quad i=1,2,\cdots,m_k \tag{7-3-18}$$

$$\delta_t=\delta_t(\theta_k)\triangleq\begin{cases}1, & \text{若假设集 } \boldsymbol{\Omega}^{k-1} \text{ 中的航迹 } t \text{ 在 } k \text{ 时刻被检测到}\\ 0, & \text{其他}\end{cases} \tag{7-3-19}$$

从而，在事件 θ_k 中已建立的航迹数为

$$\tau=\sum_{i=1}^{m_k}\tau_i \tag{7-3-20}$$

在事件 θ_k 中新起始的航迹数为

$$v=\sum_{i=1}^{m_k}v_i \tag{7-3-21}$$

在事件 θ_k 中的假量测数为

$$\psi=\sum_{i=1}^{m_k}\psi_i=m_k-\tau-v \tag{7-3-22}$$

设 $\Theta^{k,l}$ 表示关联假设集 $\boldsymbol{\Omega}^k$ 中的第 l 个假设，由假设生成的概念，它由 $\boldsymbol{\Omega}^{k-1}$ 中的某个假设 $\Theta^{k-1,s}$ 和关联事件 θ_k 组合得到，即

$$\Theta^{k,l}=\{\Theta^{k-1,s},\theta_k\} \tag{7-3-23}$$

利用 Bayes 公式，假设 $\Theta^{k,l}$ 的后验概率为

$$P(\Theta^{k,l}\mid \boldsymbol{Z}^k)=P(\theta_k,\Theta^{k-1,s}\mid \boldsymbol{Z}_k,\boldsymbol{Z}^{k-1})$$

$$=\frac{1}{c}P(\boldsymbol{Z}_k \mid \theta_k,\Theta^{k-1,s},\boldsymbol{Z}^{k-1})P(\theta_k \mid \Theta^{k-1,s},\boldsymbol{Z}^{k-1})P(\Theta^{k-1,s} \mid \boldsymbol{Z}^{k-1})$$

(7-3-24)

其中

$$c=P\{\boldsymbol{Z}_k \mid \boldsymbol{Z}^{k-1}\} \tag{7-3-25}$$

如果量测 $\boldsymbol{z}_{k,i}$ 源于一条已建立的航迹，则其服从 Gauss 分布，记 t_i 为与量测 $\boldsymbol{z}_{k,i}$ 关联的目标编号；若量测 $\boldsymbol{z}_{k,i}$ 源于杂波或虚警，则其在跟踪门内服从均匀分布，概率密度为 V^{-1}（这里 V 代表跟踪门体积）；若量测 $\boldsymbol{z}_{k,i}$ 源于一新目标，也假设其服从跟踪门内的均匀分布，则

$$P(\boldsymbol{Z}_k \mid \theta_k,\Theta^{k-1,s},\boldsymbol{Z}^{k-1})=\prod_{i=1}^{m_k}(\Lambda_{k,i})^{\tau_i}V^{-(1-\tau_i)}=V^{-\psi-v}\prod_{i=1}^{m_k}(\Lambda_{k,i})^{\tau_i} \tag{7-3-26}$$

其中，$\Lambda_{k,i}$ 代表新息的似然函数。式(7-3-24)中的第二项可由下式计算得到

$$\begin{aligned}P(\theta_k \mid \Theta^{k-1,s},\boldsymbol{Z}^{k-1})&=P\{\theta_k,\delta(\theta_k),\psi(\theta_k),v(\theta_k) \mid \Theta^{k-1,s},\boldsymbol{Z}^{k-1}\}\\&=P\{\theta_k \mid \delta(\theta_k),\psi(\theta_k),v(\theta_k),\Theta^{k-1,s},\boldsymbol{Z}^{k-1}\}\times\\&\quad P\{\delta(\theta_k),\psi(\theta_k),v(\theta_k) \mid \Theta^{k-1,s},\boldsymbol{Z}^{k-1}\}\\&=P\{\theta_k \mid \delta(\theta_k),\psi(\theta_k),v(\theta_k)\}P\{\delta(\theta_k),\psi(\theta_k),v(\theta_k)\}\end{aligned} \tag{7-3-27}$$

式(7-3-27)中的 $\delta(\theta_k)$ 表示与式(7-2-63)对应的目标检测指示器，以反映假设集 $\boldsymbol{\Omega}^{k-1}$ 中的各个航迹在 k 时刻是否被检测到，v,ψ 分别表示在事件 θ_k 中的新目标数和虚警数。包含 ψ 个虚警和 v 个新目标的事件的个数共有 $m_k!C_{m_k}^{\psi+v}C_{\psi+v}^{\psi}$ 个，故有

$$P\{\theta_k \mid \delta(\theta_k),\psi(\theta_k),v(\theta_k)\}=\frac{1}{m_k!C_{m_k}^{\psi+v}C_{\psi+v}^{v}}=\frac{\psi!\ v!}{m_k!} \tag{7-3-28}$$

而

$$P\{\delta(\theta_k),\psi(\theta_k),v(\theta_k)\}=\mu_n(v(\theta_k))\mu_f(\psi(\theta_k))\prod_t(P_{\mathrm{D}}^t)^{\delta_t(\theta_k)}(1-P_{\mathrm{D}}^t)^{1-\delta_t(\theta_k)}$$

(7-3-29)

其中，P_{D}^t 表示目标 t 的检测概率，$\mu_f(\psi(\theta_k))$ 和 $\mu_n(v(\theta_k))$ 分别表示虚警量测数和新目标数的先验概率分配函数。

将式(7-3-28)和式(7-3-29)代入式(7-3-27)中，可得

$$P(\theta_k \mid \Theta^{k-1,s},\boldsymbol{Z}^{k-1})=\frac{\psi!v!}{m_k!}\mu_n(v(\theta_k))\mu_f(\psi(\theta_k))\prod_t(P_{\mathrm{D}}^t)^{\delta_t(\theta_k)}(1-P_{\mathrm{D}}^t)^{1-\delta_t(\theta_k)}$$

(7-3-30)

将式(7-3-26)和式(7-3-30)代入式(7-3-24)中，可得

$$\begin{aligned}P(\Theta^{k,l} \mid \boldsymbol{Z}^k)=&\frac{1}{c}\frac{\psi!v!}{m_k!}\mu_n(v(\theta_k))\mu_f(\psi(\theta_k))\prod_t(P_{\mathrm{D}}^t)^{\delta_t(\theta_k)}(1-P_{\mathrm{D}}^t)^{1-\delta_t(\theta_k)}\times\\&\prod_{i=1}^{m_k}(\Lambda_{k,i})^{\tau_i}P\{\Theta^{k-1,s} \mid \boldsymbol{Z}^{k-1}\}\end{aligned} \tag{7-3-31}$$

3. 假设管理

在 MHT 算法中，可行联合假设的个数随着目标以及杂波数目的增加，呈指数增长。

所以，近年来 MHT 技术的研究热点在于假设管理技术的有效实现。假设管理主要是指假设删除和假设合并。

(1) 假设删除。

一般说来，有两种方法可用于对多假设进行删除。一种是阈值法，另一种是宽容法。它们都是基于假设后验概率的删除逻辑。在第一种方法中，需要预先给定一个阈值，仅保留那些概率超过阈值的所有假设。这种方法的缺点是阈值难以预先确定，而且有可能出现这样的情况，即假设的数量已很少但假设删除仍在继续。在宽容法中，需要将假设按概率大小进行排序，保留那些概率较大的几个假设。但此种方法在每个扫描周期都要对假设进行排序，这需要巨大的计算资源。

(2) 假设合并。

随着时间的推移，两个假设有可能越来越接近，它们之间的区别仅限于刚开始时的几个扫描周期，此时需要删除其一，只保留一个即可。

7.3.3 概率多假设方法

从 7.3.2 小节的介绍中，我们可以看出，传统的多假设跟踪方法依赖于量测与航迹之间分配关系的枚举。为了对迅速增长的可行假设数目进行有效的控制，需要借助假设删除以及门策略。但是，这样做很有可能将源于目标的量测序列删除掉，因为我们感兴趣的目标源信号可能会很微弱或是起伏很大。

另外一类方法就是从概率角度来考虑数据关联问题。

事实上，多目标跟踪问题可以看作是一个只有部分量测数据的一个状态估计问题。假设我们已经知道描述量测与目标之间对应关系的分配向量，那么就很容易计算出目标源于量测的似然函数。那么此时的多目标跟踪问题即可简化为一个单纯的估计问题。

对于不完全数据的估计问题，**期望极大化算法(EM)**是一个有效的解决手段，本书第 2 章已对 EM 算法的基本原理做了描述。R. L. Streit 和 T. E. Luginbubl[23-24] 将一般意义上的目标跟踪假设稍做修改，并将 EM 算法巧妙引入多目标跟踪问题中，提出了**概率多假设方法(PMHT)**，从而将整个数据关联和跟踪过程组合为一个简洁、有效的迭代过程。这里将 PMHT 以有限混合密度估计问题的形式给出[25-26]。

1. 基本符号

这里仍沿用 7.2.2 小节中符号 $\boldsymbol{Z}^k, \boldsymbol{Z}_k, z_{k,j}$ 以及 m_k 的定义。并令 $\boldsymbol{X}^K$ 表示直至 K 时刻的多目标状态历史

$$\boldsymbol{X}^K = \{\boldsymbol{X}_1, \boldsymbol{X}_2, \cdots, \boldsymbol{X}_K\} \tag{7-3-32}$$

其中，k 时刻的状态向量 $\boldsymbol{X}_k$ 由 N 个目标的状态向量联合组成，即

$$\boldsymbol{X}_k = \{\boldsymbol{x}_k^1, \boldsymbol{x}_k^2, \cdots, \boldsymbol{x}_k^N\} \tag{7-3-33}$$

此处，N 为目标个数。为表达简洁起见，在本小节中令

$$\mathcal{Z} \triangleq \boldsymbol{Z}^K, \quad \mathcal{X} \triangleq \boldsymbol{X}^K \tag{7-3-34}$$

为了表征量测起源的不确定性，引入分配向量 $\boldsymbol{Q}$，即

$$\boldsymbol{Q}=\{Q_1,Q_2,\cdots,Q_k\} \tag{7-3-35}$$

其中的每个元素 Q_k 表示 k 时刻的一个分配假设

$$Q_k=\{q_{k,1},q_{k,2},\cdots,q_{k,m_k}\} \tag{7-3-36}$$

其中，$q_{k,j}=t$ 意为在 k 时刻量测 $q_{k,j}$ 由目标 t 产生，$j=1,2,\cdots,m_k$；$t=1,2,\cdots,N$。

在PMHT方法中，一个量测并不被分配给一个特定的目标，而是分配给所有的目标。它将分配向量$\boldsymbol{Q}$看作是一个随机变量。在这里，定义了一个参数空间$\boldsymbol{\mathcal{O}}$，它由目标状态向量和分配向量联合组成。但是，在多目标跟踪问题中，**缺失数据**（**miss-data**）正是分配向量。所以它不能直接包含在估计参数中。取而代之，我们将量测与目标之间的分配概率加入到目标状态向量中。令

$$\boldsymbol{\Pi}=\{\boldsymbol{\Pi}_1,\boldsymbol{\Pi}_2,\cdots,\boldsymbol{\Pi}_K\} \tag{7-3-37}$$

其中，$\boldsymbol{\Pi}_k=\{\pi_k^1,\pi_k^2,\cdots,\pi_k^N\}$，这里 π_k^t 表示一个量测源于目标 $t(t=1,2,\cdots,N)$ 的概率。换句话说，概率 π_k^t 是独立于量测的，即

$$\pi_k^t=P(q_k^t=t),\quad 对于所有\ j=1,2,\cdots,m_k \tag{7-3-38}$$

要估计的参数向量为

$$\boldsymbol{\mathcal{O}}=\{\boldsymbol{\mathcal{X}},\boldsymbol{\Pi}\}=\{\boldsymbol{O}_1,\boldsymbol{O}_2,\cdots,\boldsymbol{O}_K\} \tag{7-3-39}$$

其中

$$\boldsymbol{O}_k=(\boldsymbol{\mathcal{X}}_k,\boldsymbol{\Pi}_k) \tag{7-3-40}$$

很自然地，我们将累积观测集合$\boldsymbol{\mathcal{Z}}$看作是**不完全数据**（**incomplete data**），其与缺失数据$\boldsymbol{Q}$联合构成**完全数据**（**complete data**）。

2. 基本假设

在传统的数据关联算法[20,27]中，要求以下两个基本假设成立：

(1) 每一个量测有唯一的源，不考虑有不可分辨的探测的可能性；

(2) 对于一个给定的目标，最多有一个量测以其为源。

基于第一个假设，分配概率 π_k^t 之间满足如下约束

$$\sum_{t=1}^{N}\pi_k^t=1 \tag{7-3-41}$$

在PMHT方法中，仅保留第一个约束，而无第二个约束的限制，以使不同的量测可以源于同一个目标。进而，假设各个目标的状态向量之间，以及分配向量 Q_k 与目标状态向量之间是统计独立的，并且分配向量的各个分量之间也是统计独立的，故有下式成立

$$P(Q_k)=\prod_{j=1}^{m_k}P(q_{k,j}) \tag{7-3-42}$$

3. 算法在极大似然意义下的形式

缺失数据$\boldsymbol{Q}$的概率密度函数为

$$P(\boldsymbol{Q}|\boldsymbol{\mathcal{O}})=\prod_{k=1}^{K}\prod_{j=1}^{m_k}\pi_k^{q_{k,j}} \tag{7-3-43}$$

那么，根据Bayes公式和独立性假设（传感器在不同扫描周期获得的量测之间以及分配

向量之间是独立的)，完全数据集的似然函数为

$$P(\boldsymbol{Z},\boldsymbol{Q}|\boldsymbol{O})=\prod_{k=1}^{K}P(\boldsymbol{Z}_k,\boldsymbol{Q}_k\mid\boldsymbol{O}_k)=\prod_{k=1}^{K}\prod_{j=1}^{m_k}P(\boldsymbol{z}_{k,j}\mid\boldsymbol{x}_k^{q_{k,j}})\pi_k^{q_{k,j}} \tag{7-3-44}$$

而不完全数据的似然函数为

$$\begin{aligned}P(\boldsymbol{Z}|\boldsymbol{O})&=\prod_{k=1}^{K}P(\boldsymbol{Z}_k\mid\boldsymbol{X}_k,\boldsymbol{\Pi}_k)\\&=\prod_{k=1}^{K}\prod_{j=1}^{m_k}P(\boldsymbol{z}_{k,j}\mid\boldsymbol{O}_k)=\prod_{k=1}^{K}\prod_{j=1}^{m_k}\sum_{t=1}^{N}P(\boldsymbol{z}_{k,j}\mid\boldsymbol{x}_k^t)\pi_k^t\end{aligned} \tag{7-3-45}$$

所以

$$P(\boldsymbol{Q}|\boldsymbol{Z},\boldsymbol{O})=\frac{P(\boldsymbol{Z},\boldsymbol{Q}|\boldsymbol{O})}{P(\boldsymbol{Z}|\boldsymbol{O})}=\prod_{k=1}^{K}\prod_{j=1}^{m_k}P(q_{k,j}\mid\boldsymbol{z}_{k,j},\boldsymbol{O}_k) \tag{7-3-46}$$

EM 算法是针对一个给定观测数据集合，求解参量极值的极大化算法。它是一个迭代过程，在每一次迭代循环过程中，依次执行期望步(E-步)和极大化步(M-步)，直至相邻两次迭代之间的参量无显著变化。

(1) 期望步。

引入$\boldsymbol{O}^*$作为在前一次迭代中的参数取值。在此步骤中，首先需要计算完全数据集的对数似然函数，它基于前一步参数取值$\boldsymbol{O}^*$和不完全数据集$\boldsymbol{Z}$(即量测数据)。

$$\begin{aligned}W(\boldsymbol{O}|\boldsymbol{O}^*)&=E\{\ln[P(\boldsymbol{Z},\boldsymbol{Q}|\boldsymbol{O})]\mid\boldsymbol{Z},\boldsymbol{O}^*\}\\&=\sum_{\boldsymbol{Q}}\ln[P(\boldsymbol{Z},\boldsymbol{Q}|\boldsymbol{O})]P(\boldsymbol{Q}|\boldsymbol{Z},\boldsymbol{O}^*)\end{aligned} \tag{7-3-47}$$

若记$n_b=\sum_{k=1}^{K}m_k$，则上面的和式中包括n_b项。

将式(7-3-46)和式(7-3-44)代入式(7-3-47)中，可以得到

$$W(\boldsymbol{O}|\boldsymbol{O}^*)=\sum_{\boldsymbol{Q}}\left\{\sum_{k=1}^{K}\sum_{j=1}^{m_k}\ln\left[P(\boldsymbol{z}_{k,j}\mid\boldsymbol{x}_k^{q_{k,j}})\pi_k^{q_{k,j}}\right]\right\}\left\{\prod_{k=1}^{K}\prod_{j=1}^{m_k}P(q_{k,j}\mid\boldsymbol{z}_{k,j},\boldsymbol{O}_K^*)\right\} \tag{7-3-48}$$

简化上面的和式，有

$$W(\boldsymbol{O}|\boldsymbol{O}^*)=\sum_{k=1}^{K}\sum_{j=1}^{m_k}\sum_{q_{k,j}=1}^{N}\ln\left[\pi_k^{q_{k,j}}\right]w_{k,j}^{q_{k,j}}+\sum_{k=1}^{K}\sum_{j=1}^{m_k}\sum_{q_{k,j}=1}^{N}\ln\left[P(\boldsymbol{z}_{k,j}\mid\boldsymbol{x}_k^{q_{k,j}})\right]w_{k,j}^{q_{k,j}} \tag{7-3-49}$$

因为对于任何$k\in\{1,2,\cdots,K\}$，$j\in\{1,2,\cdots,m_k\}$，有$q_{k,j}\in\{1,2,\cdots,N\}$，所以上式可转化为

$$W(\boldsymbol{O}|\boldsymbol{O}^*)=\sum_{t=1}^{N}\sum_{k=1}^{K}\left(\sum_{j=1}^{m_k}w_{k,j}^t\right)\ln(\pi_k^t)+\sum_{t=1}^{N}\sum_{k=1}^{K}\sum_{j=1}^{m_k}\ln[P(\boldsymbol{z}_{k,j}\mid\boldsymbol{x}_k^t)]w_{k,j}^t \tag{7-3-50}$$

其中

$$w_{k,j}^t=\frac{(\pi_k^t)^*P(\boldsymbol{z}_{k,j}\mid(\boldsymbol{x}_k^t)^*)}{P(\boldsymbol{z}_{k,j}\mid\boldsymbol{O}_k^*)} \tag{7-3-51}$$

此处,$(\pi_k^t)^*$,$(\boldsymbol{x}_k^t)^*$ 以及 $\boldsymbol{O}_k^*$ 分别表示经前一次迭代获得的 π_k^t,$\boldsymbol{x}_k^t$ 和 $\boldsymbol{O}_k$ 的值。从该式可以看出,期望函数 Q 被拆成两项,每一项包含一种类型的参数,这样的形式将使得参数的极大化步骤得以简化。而且,若假设 N 组参数之间是统计独立的,则有关这些参数的极大化可以分解成 N 个独立的过程。最后,因为在上式的第一项中,$\ln\pi_k^t$,$t\in\{1,2,\cdots,N\}$ 以线性形式出现,故我们还可以得到这类参数的解析解。

(2) 极大化步。

首先优化第一类参数 $\boldsymbol{\Pi}$,对所有的 $k\in\{1,2,\cdots,K\}$,有

$$\begin{cases}\max g(\boldsymbol{\Pi}_k)=\sum_{t=1}^{N}\sum_{j=1}^{m_k}\ln[\pi_k^t]w_{k,j}^t \\ \text{s. t.}\quad \sum_{t=1}^{N}\pi_k^t=1\end{cases} \tag{7-3-52}$$

求解如上优化问题,容易得到

$$\pi_k^t=\frac{1}{m_k}\sum_{j=1}^{m_k}w_{k,j}^t \tag{7-3-53}$$

对于第二类参数 $\boldsymbol{\mathcal{X}}$,对所有的 $k\in\{1,2,\cdots,K\}$,$t\in\{1,2,\cdots,N\}$,有

$$\boldsymbol{x}_k^t\in\arg\max_{\boldsymbol{x}_k^t}\sum_{j=1}^{m_k}\ln[P(\boldsymbol{z}_{k,j}\mid\boldsymbol{x}_k^t)]w_{k,j}^t \tag{7-3-54}$$

如果目标按确定轨迹运动,那么要估计的参数则可缩减为

$$\boldsymbol{\mathcal{O}}=\{\boldsymbol{X}_0,\boldsymbol{\Pi}\} \tag{7-3-55}$$

其中 $\boldsymbol{X}_0=\{\boldsymbol{x}_0^1,\boldsymbol{x}_0^2,\cdots,\boldsymbol{x}_0^N\}$,此时参数 $\boldsymbol{X}_0$ 的最优解为

$$\boldsymbol{x}_0^t\in\left\{\arg\max_{\boldsymbol{x}_0^t}\sum_{k=1}^{K}\sum_{j=1}^{m_k}\ln P(\boldsymbol{z}_{k,j}\mid\boldsymbol{x}_0^t)w_{k,j}^t\right\} \tag{7-3-56}$$

4. 算法在最大后验概率意义下的形式

以上给出了问题的极大似然(ML)形式。若已知待估计参数的先验概率知识,则可以得到算法的最大后验概率(MAP)形式。首先记

$$P(\boldsymbol{\mathcal{O}})\triangleq\ln[P(\boldsymbol{\mathcal{X}},\boldsymbol{\Pi})] \tag{7-3-57}$$

类似于文献[23-24]中的做法,假设分配概率向量 $\boldsymbol{\Pi}$ 无先验信息可以利用。将上式展开,可得

$$\begin{aligned}P(\boldsymbol{\mathcal{O}})&\triangleq\ln[P(\boldsymbol{\mathcal{X}},\boldsymbol{\Pi})]=\ln\left[P(\boldsymbol{X}_0)\prod_{k=1}^{K}P(\boldsymbol{X}_k\mid\boldsymbol{X}_{k-1})\right]\\&=\ln\left[\prod_{t=1}^{N}P(\boldsymbol{x}_0^t)\prod_{t=1}^{N}\prod_{k=1}^{K}P(\boldsymbol{x}_k^t\mid\boldsymbol{x}_{k-1}^t)\right]\\&=\sum_{t=1}^{N}\ln[P(\boldsymbol{x}_0^t)]+\sum_{t=1}^{N}\sum_{k=1}^{K}\ln[P(\boldsymbol{x}_k^t\mid\boldsymbol{x}_{k-1}^t)]\end{aligned} \tag{7-3-58}$$

此时期望函数 W 用 $\widetilde{W}$ 代替,有

$$\widetilde{W}(\boldsymbol{\mathcal{O}}\mid\boldsymbol{\mathcal{O}}^*)\triangleq W(\boldsymbol{\mathcal{O}}\mid\boldsymbol{\mathcal{O}}^*)+P(\boldsymbol{\mathcal{O}}) \tag{7-3-59}$$

将式(7-3-50)和式(7-3-58)代入上式,有

$$\widetilde{W}(\boldsymbol{\Theta}|\boldsymbol{\Theta}^*)=\sum_{t=1}^{N}\sum_{k=1}^{K}\left[\sum_{j=1}^{m_k}w_{k,j}^t\right]\ln[\pi_k^t]+\sum_{t=1}^{N}\sum_{k=1}^{K}\sum_{j=1}^{m_k}\ln[P(\boldsymbol{z}_{k,j}\mid\boldsymbol{x}_k^t)]w_{k,j}^t+$$
$$\sum_{t=1}^{N}\ln[P(\boldsymbol{x}_0^t)]+\sum_{t=1}^{N}\sum_{k=1}^{K}\ln[P(\boldsymbol{x}_k^t\mid\boldsymbol{x}_{k-1}^t)] \tag{7-3-60}$$

类似于算法的 ML 形式,关于参数$\boldsymbol{\mathcal{X}}$和$\boldsymbol{\Pi}$的优化可以分解为两个独立的过程,其中参数$\boldsymbol{\mathcal{X}}$的最优解为

$$(\boldsymbol{x}_0^t,\boldsymbol{x}_1^t,\cdots,\boldsymbol{x}_K^t)\in\arg\max_{\boldsymbol{x}_0^t,\boldsymbol{x}_1^t,\cdots,\boldsymbol{x}_K^t}\sum_{k=1}^{N}\sum_{j=1}^{m_k}\ln[P(\boldsymbol{z}_{k,j}\mid\boldsymbol{x}_k^t)]w_{k,j}^t+$$
$$\ln\left\{P(\boldsymbol{x}_0^t)+\sum_{k=1}^{K}\ln[P(\boldsymbol{x}_k^t\mid\boldsymbol{x}_{k-1}^t)]\right\} \tag{7-3-61}$$

参数$\boldsymbol{\Pi}$的最优解形式同式(7-3-53)。

值得指出的是,对于如下线性 Gauss Markov 模型,可以通过 Kalman 滤波过程得到参数$\boldsymbol{\mathcal{X}}$的解析解,即

$$\begin{cases}\boldsymbol{x}_k^t=\boldsymbol{\Phi}_{k-1}^t\boldsymbol{x}_{k-1}^t+\boldsymbol{v}_k^t, & k=1,2,\cdots,K\\ \boldsymbol{z}_k=\boldsymbol{H}_k^t\boldsymbol{x}_k^t+\boldsymbol{w}_k^t, & k=1,2,\cdots,K\end{cases} \tag{7-3-62}$$

其中,$\boldsymbol{v}_k^t$ 和 $\boldsymbol{w}_k^t$ 分别为k 时刻目标t 的过程噪声和量测噪声,为白 Gauss 过程,协方差阵分别为 $\boldsymbol{Q}_k^t$ 和$\boldsymbol{R}_k^t$。

考虑式(7-3-61)中待优化函数的指数函数形式

$$P(\boldsymbol{x}_0^t)\prod_{k=1}^{K}\left[P(\boldsymbol{x}_k^t\mid\boldsymbol{x}_{k-1}^t)\prod_{j=1}^{m_k}P(\boldsymbol{z}_{k,j}\mid\boldsymbol{x}_k^t)^{w_{k,j}^t}\right] \tag{7-3-63}$$

注意到

$$\prod_{j=1}^{m_k}P(\boldsymbol{z}_{k,j}\mid\boldsymbol{x}_k^t)^{w_{k,j}^t}\propto\prod_{j=1}^{m_k}\Lambda_{k,j} \tag{7-3-64}$$

其中,$w_{k,j}^t$ 由式(7-3-51)计算得到。而

$$\Lambda_{k,j}=N[\tilde{z}_{k|k-1,j};\boldsymbol{H}_k^t\boldsymbol{x}_k^t,(w_{k,j}^t)^{-1}\boldsymbol{R}_k^t]\propto\mathcal{N}(\tilde{z}_k^t;\boldsymbol{H}_k^t\boldsymbol{x}_k^t,(m_k\pi_k^t)^{-1}\boldsymbol{R}_k^t)$$

表示似然函数,其中,π_k^t 由式(7-3-53)计算得到。此处

$$\tilde{\boldsymbol{z}}_k^t=\frac{1}{m_k\pi_k^t}\sum_{j=1}^{m_k}w_{k,j}^t\boldsymbol{z}_{k,j} \tag{7-3-65}$$

此时,参数$\boldsymbol{\mathcal{X}}$的极大化过程可以由 Kalman 滤波完成,只不过代之以组合量测 $\tilde{z}_k^t$ 和组合协方差阵$\widetilde{\boldsymbol{R}}_k^t=\dfrac{\boldsymbol{R}_k^t}{m_k\pi_k^t}$。

5. 结论

综上所述,在参数的迭代寻优过程中,给定待估计参数的初值$\boldsymbol{\Theta}^{(0)}=\{\boldsymbol{\mathcal{X}}^{(0)},\boldsymbol{\Pi}^{(0)}\}$,下面给出如何基于第 i 步获得的参数取值来获得第 $i+1$ 步的参数更新值。

(1) 参数$\boldsymbol{\Pi}$的更新。

对于任意$k=1,2,\cdots,K$和$t=1,2,\cdots,N$

$$\pi_k^{t,i+1}=\frac{1}{m_k}\sum_{j=1}^{m_k}w_{k,j}^{t,i+1} \tag{7-3-66}$$

其中

$$w_{k,j}^{t,i+1}=\frac{\pi_k^{t,i}P(\boldsymbol{z}_{k,j}\mid\boldsymbol{x}_k^{t,i})}{P(\boldsymbol{z}_{k,j}\mid\boldsymbol{O}_k^i)} \tag{7-3-67}$$

而$\pi_k^{t,i}$,$\boldsymbol{x}_k^{t,i}$以及$\boldsymbol{O}_k^i$分别表示在第i次迭代中获得的π_k^t,$\boldsymbol{x}_k^t$和$\boldsymbol{O}_k$的值。

(2) 参数$\boldsymbol{\mathcal{X}}$的更新。

MAP形式为

$$\{\boldsymbol{x}_0^{t,i+1},\boldsymbol{x}_1^{t,i+1},\cdots,\boldsymbol{x}_K^{t,i+1}\}$$
$$\in\arg\max_{\boldsymbol{x}_0^t,\boldsymbol{x}_1^t,\cdots,\boldsymbol{x}_K^t}\left\{P(\boldsymbol{x}_0^t)\prod_{k=1}^{K}\left\{P(\boldsymbol{x}_k^t\mid\boldsymbol{x}_{k-1}^t)\prod_{j=1}^{m_k}P(\boldsymbol{z}_{k,j}\mid\boldsymbol{x}_k^t)^{w_{k,j}^{t,i+1}}\right\}\right\} \tag{7-3-68}$$

ML形式为

$$\boldsymbol{x}_k^{t,i+1}\in\arg\max_{\boldsymbol{x}_k^t}\sum_{j=1}^{m_k}\ln[P(\boldsymbol{z}_{k,j}\mid\boldsymbol{x}_k^t)]w_{k,j}^{t,i+1} \tag{7-3-69}$$

对于目标按确定轨迹运动,则目标的初始运动参数可以更新为

$$\boldsymbol{x}_0^{t,i+1}\in\left\{\arg\max_{\boldsymbol{x}_0^t}\sum_{k=1}^{K}\sum_{j=1}^{m_k}\ln[P(\boldsymbol{z}_{k,j}\mid\boldsymbol{x}_0^t)]w_{k,j}^{t,i+1}\right] \tag{7-3-70}$$

6. 扩展到多传感情形

前面所述的PMHT算法处理的是时间域上的数据关联问题。本节将PMHT算法扩展到多传感情形,以实现时空二维数据关联。为此,首先引入如下记号。

假设整个多传感系统包括N_s个传感器。记多传感所有量测信息集合为$\boldsymbol{\mathcal{Z}}$,有

$$\boldsymbol{\mathcal{Z}}=\{\boldsymbol{\mathcal{Z}}^s\}_{s=1}^{N_s} \tag{7-3-71}$$

其中,$\boldsymbol{\mathcal{Z}}^s$代表传感器$s$接收到的所有量测;$m_k^s$代表传感器$s$在$k$时刻接收到的所有量测;$\boldsymbol{z}_{k,i_s}^s(i_s=1,2,\cdots,m_k^s)$表示传感器$s$在$k$时刻接收到的第$i_s$量测。$\boldsymbol{\mathcal{X}}$以及$\boldsymbol{\Pi}$的含义与单传感情形一样,分别代表$N$个目标的联合状态向量和量测源于目标的概率。

记多传感所有分配向量为$\boldsymbol{\mathcal{Q}}$,有

$$\boldsymbol{\mathcal{Q}}=\{\boldsymbol{\mathcal{Q}}^s\}_{s=1}^{N_s} \tag{7-3-72}$$

其中$\boldsymbol{\mathcal{Q}}^s$代表传感器$s$接收到的量测与目标分配关系的向量。并假设来自不同传感器的量测是相互独立的,继而认为描述各个不同传感器量测与目标分配关系的分配向量之间也是统计独立的。

此时,完全数据集的似然函数为

$$P(\boldsymbol{\mathcal{Z}},\boldsymbol{\mathcal{Q}}\mid\boldsymbol{\mathcal{O}})=P(\boldsymbol{\mathcal{Z}}^1\cdots\boldsymbol{\mathcal{Z}}^{N_s},\boldsymbol{\mathcal{Q}}^1\cdots\boldsymbol{\mathcal{Q}}^{N_s}\mid\mathcal{O})$$
$$=\prod_{s=1}^{N_s}P(\boldsymbol{\mathcal{Z}}^s\mid\boldsymbol{\mathcal{Q}}^s,\boldsymbol{\mathcal{O}})P(\boldsymbol{\mathcal{Q}}^s,\boldsymbol{\mathcal{O}})=\prod_{s=1}^{N_s}\prod_{k=1}^{K}\prod_{i_s=1}^{m_k^s}P(\boldsymbol{z}_{k,i_s}^s\mid\boldsymbol{x}_k^{q_{k,i_s}})\pi_k^{q_{k,i_s}} \tag{7-3-73}$$

不完全数据的似然函数为

$$P(\mathcal{Z}|\mathcal{O})=\prod_{s=1}^{N_s}P(\mathcal{Z}^s|\mathcal{O})=\prod_{s=1}^{N_s}\prod_{k=1}^{K}\prod_{i_s=1}^{m_k^s}P(\boldsymbol{z}_{k,i_s}^s|\boldsymbol{O}_k)$$
$$=\prod_{s=1}^{N_s}\prod_{k=1}^{K}\prod_{i_s=1}^{m_k^s}\sum_{t=1}^{N}P(\boldsymbol{z}_{k,i_s}^s|\boldsymbol{x}_k^t)\pi_k^t \tag{7-3-74}$$

所以缺失数据的条件概率密度函数为

$$P(\mathcal{Q}|\mathcal{Z},\mathcal{O})=\frac{P(\mathcal{Z},\mathcal{Q}|\mathcal{O})}{P(\mathcal{Z}|\mathcal{O})}=\prod_{s=1}^{N_s}\prod_{k=1}^{K}\prod_{i_s=1}^{m_k^s}P(q_{k,i_s}|\boldsymbol{z}_{k,i_s}^s,\boldsymbol{O}_k) \tag{7-3-75}$$

其中

$$P(q_{k,is}|\boldsymbol{z}_{k,is}^s,\boldsymbol{O}_k)=\frac{P(\boldsymbol{z}_{k,i_s}^s|\boldsymbol{x}_k^{q_{k,i_s}})\pi_k^{q_{k,i_s}}}{\sum_{t=1}^{N}P(\boldsymbol{z}_{k,i_s}^s|\boldsymbol{x}_k^t)\pi_k^t} \tag{7-3-76}$$

这样，期望函数成为

$$Q(\mathcal{O}|\mathcal{O}^*)=\sum_{\mathcal{Q}}\ln[P(\mathcal{Z},\mathcal{Q}|\mathcal{O})]P(\mathcal{Q}|\mathcal{Z},\mathcal{O}^*)$$
$$=\sum_{\mathcal{Q}}\left\{\prod_{s=1}^{S}\prod_{k=1}^{K}\prod_{i_s=1}^{m_k^s}\ln[P(\boldsymbol{z}_{k,is}^s|\boldsymbol{x}_k^{q_{k,i_s}})\pi_k^{q_{k,i_s}}]\right\}\times$$
$$\left\{\prod_{s=1}^{S}\prod_{k=1}^{K}\prod_{i_s=1}^{m_k^s}P(q_{k,i_s}^s|\boldsymbol{z}_{k,i_s}^s,\boldsymbol{O}_k)\right\} \tag{7-3-77}$$

简化上面的和式，有

$$Q(\mathcal{O}|\mathcal{O}^*)=\sum_{t=1}^{N}\sum_{k=1}^{K}\left[\sum_{s=1}^{N_s}\sum_{i_s=1}^{m_k^s}w_{k,i_s}^t\right]\ln(\pi_k^t)+$$
$$\sum_{t=1}^{N}\sum_{k=1}^{K}\sum_{s=1}^{N_s}\sum_{i_s=1}^{m_k^s}\ln[P(\boldsymbol{z}_{k,i_s}^s|\boldsymbol{x}_k^t)]w_{k,i_s}^t \tag{7-3-78}$$

其中

$$w_{k,i_s}^t=\frac{(\pi_k^t)^*P(\boldsymbol{z}_{k,i_s}^s|(\boldsymbol{x}_k^t)^*)}{P(\boldsymbol{z}_{k,i_s}^s|\boldsymbol{O}_k^*)} \tag{7-3-79}$$

优化如上的期望函数，可得第一类参数$\boldsymbol{\Pi}$参数的最优值为

$$\pi_k^t=\frac{1}{\sum_{s=1}^{N_s}m_k^s}\left[\sum_{s=1}^{N_s}\sum_{i_s=1}^{m_k^s}w_{k,i_s}^t\right] \tag{7-3-80}$$

对于第二类参数$\mathcal{X}$，对所有的$k\in\{1,2,\cdots,K\}$，$t\in\{1,2,\cdots,N\}$，有

$$\boldsymbol{x}_k^{t,i+1}\in\arg\max_{\boldsymbol{x}_k^t}\left\{\sum_{s=1}^{N_s}\sum_{i_s=1}^{m_k^s}\ln[P(\boldsymbol{z}_{k,i_s}^s|\boldsymbol{x}_k^t)]w_{k,i_s}^t\right\} \tag{7-3-81}$$

7.3.4 基于期望极大化算法的杂波环境下机动目标跟踪

在传统的IMMPDA算法计算过程中，由于引入了虚警和不正确的目标运动模型，降低了对目标的跟踪精度。为了提高跟踪精度，文献[28]提出了一种新的基于期望极大化(EM)算法的机动目标状态估计方法。本节首先建立了基于EM算法的最大后验概率意义下的状态估计数学模型，然后采用离散优化技术解决EM算法中的极大化问题，并最终确定出系统的实际机动模式序列，同时分离出源于目标的量测序列，进而获得对目标状态更精确的估计。它有效地解决了最大后验概率状态估计中的不完全数据问题。

1. 问题描述

这里仍沿用7.2.3小节中的系统描述。直至K时刻目标的状态历史表示为

$$\boldsymbol{X}^K \triangleq \{\boldsymbol{x}_k\}_{k=1}^K \tag{7-3-82}$$

直至K时刻系统的实际运动模型序列表示为

$$\boldsymbol{M}^K \triangleq \{\boldsymbol{M}_k\}_{k=1}^K \tag{7-3-83}$$

其中，$\boldsymbol{M}_k$代表k时刻实际起作用的系统模型。而直至K时刻源于目标的量测序列定义为

$$\boldsymbol{\Psi}^K \triangleq \{\boldsymbol{\Psi}_k\}_{k=1}^K \tag{7-3-84}$$

式中，$\boldsymbol{\Psi}_k \in \{0,1,2,\cdots,m_k\}$按以下方式定义

$$\begin{cases} \boldsymbol{\Psi}_k = j, & \text{若 } k \text{ 时刻量测 } \boldsymbol{z}_{k,j} \text{ 源于目标} \\ \boldsymbol{\Psi}_k = 0, & \text{若 } k \text{ 时刻无量测源于目标} \end{cases} \tag{7-3-85}$$

本节要估计的参数为作用于系统的机动输入序列和源于目标的量测序列，按照以上的记法，即为

$$\boldsymbol{\theta} \triangleq (\boldsymbol{\Psi}^K, \boldsymbol{M}^K) \tag{7-3-86}$$

设已经获得量测集$\boldsymbol{Z}^K$，目的是在所有$r^K \prod_{k=1}^{K}(m_k+1)$个可能的量测和输入序列组合中，基于极大后验概率密度函数$p(\boldsymbol{\theta} \mid \boldsymbol{Z}^K)$，寻求最优的量测序列和机动输入序列。这里，$r$指模型集中模型的个数。以下给出的是一个离线算法。

2. 期望函数计算

在本节中，对照EM算法的模型，将观测数据$\boldsymbol{Z}^K$看作是“不完全”数据，将状态历史$\boldsymbol{X}^K$看作是缺失数据，二者形成所谓的完全数据。待估计的参数为源于目标的量测序列和作用于系统的机动输入序列。最大后验概率(MAP)意义下的EM算法在每个迭代循环需执行以下两步。

E-步：

$$Q(\boldsymbol{\theta} \mid \boldsymbol{\theta}_p) = E_{X^K}[\ln P(\boldsymbol{Z}^K, \boldsymbol{X}^K, \boldsymbol{\theta}) \mid \boldsymbol{Z}^K, \boldsymbol{\theta}_p] \tag{7-3-87}$$

M-步：

$$\boldsymbol{\theta}_{p+1}=\arg\max_{\boldsymbol{\theta}} Q(\boldsymbol{\theta},\boldsymbol{\theta}_p) \tag{7-3-88}$$

上式中，$\boldsymbol{\theta}_p \triangleq \{\boldsymbol{\Psi}_p^K, \boldsymbol{M}_p^K\}$为算法第 p 次迭代获得的参数估计值(最新的机动输入和量测序列估计)。

EM算法在实际使用中，首先要给定初始的参数估计$\boldsymbol{\theta}_0$，然后重复如上 E-步和 M-步，直至两次迭代的变化小于一个小正数。将式(7-3-88)展开，可得

$$\begin{aligned}
Q(\boldsymbol{\theta}\mid\boldsymbol{\theta}_p) &= E_{\boldsymbol{X}^K}[\ln P(\boldsymbol{X}^K,\boldsymbol{Z}^K,\boldsymbol{\Psi}^K,\boldsymbol{M}^K)\mid \boldsymbol{\Psi}_p^K,\boldsymbol{M}_p^K,\boldsymbol{Z}^K] \\
&= E_{\boldsymbol{X}^K}\Big\{\ln[P(M_0)P(\boldsymbol{x}_0)\prod_{k=1}^{K}(P(\boldsymbol{M}_k\mid\boldsymbol{M}_{k-1})P(\Phi_i)\cdot \\
&\quad P(\boldsymbol{x}_k\mid\boldsymbol{x}_{k-1},\boldsymbol{M}_{k-1})P(\boldsymbol{Z}_k\mid\boldsymbol{x}_k,\boldsymbol{\Psi}_k))]\mid\boldsymbol{\Psi}_p^K,\boldsymbol{M}_p^K,\boldsymbol{Z}^K\Big\} \\
&= \sum_{k=2}^{K}E_{\boldsymbol{X}^K}[\ln P(\boldsymbol{M}_k\mid\boldsymbol{M}_{k-1})\mid\boldsymbol{\Psi}_p^K,\boldsymbol{M}_p^K,\boldsymbol{Z}^K]+\sum_{k=2}^{K}E_{\boldsymbol{X}^K}[\ln P(\boldsymbol{\Psi}_k)\mid\boldsymbol{\Psi}_p^K,\boldsymbol{M}_p^K,\boldsymbol{Z}^K]+ \\
&\quad \sum_{k=2}^{K}E_{\boldsymbol{X}^K}[\ln P(\boldsymbol{x}_k\mid\boldsymbol{x}_{k-1},\boldsymbol{M}_{k-1})\mid\boldsymbol{\Psi}_p^K,\boldsymbol{M}_p^K,\boldsymbol{Z}^K]+ \\
&\quad \sum_{k=2}^{K}E_{\boldsymbol{X}^K}[\ln P(\boldsymbol{Z}_k\mid\boldsymbol{x}_k,\boldsymbol{\Psi}_k)\mid\boldsymbol{\Psi}_p^K,\boldsymbol{M}_p^K,\boldsymbol{Z}^K]+ \\
&\quad E_{\boldsymbol{X}^K}[\ln P(M_0)\mid\boldsymbol{\Psi}_p^K,\boldsymbol{M}_p^K,\boldsymbol{Z}^K]+E_{\boldsymbol{X}^K}[\ln P(\boldsymbol{x}_0)\mid\boldsymbol{\Psi}_p^K,\boldsymbol{M}_p^K,\boldsymbol{Z}^K]
\end{aligned} \tag{7-3-89}$$

3. 期望函数极大化

在这个环节中，通过极大化在 E-步获得的期望函数，从而获得较上一次迭代更优(即后验概率更大)的参数估计值。

将在 E-步得到的期望函数取负，问题转化为费用最小问题，即

$$\boldsymbol{\theta}_{p+1}=\arg\max_{\boldsymbol{\theta}} Q(\boldsymbol{\theta}\mid\boldsymbol{\theta}_p)=\arg\min_{\boldsymbol{\theta}}[-Q(\boldsymbol{\theta}\mid\boldsymbol{\theta}_p)] \tag{7-3-90}$$

可令

$$J(\boldsymbol{\Psi}^K,\boldsymbol{M}^K)\triangleq -E_{\boldsymbol{X}^K}\{\ln P(\boldsymbol{X}^K,\boldsymbol{Z}^K,\boldsymbol{M}^K,\boldsymbol{\Psi}^K)\mid\boldsymbol{\Psi}_p^K,\boldsymbol{M}_p^K,\boldsymbol{Z}^K\} \tag{7-3-91}$$

4. Viterbi 算法

Viterbi 算法是一种用于求解离散优化问题的有效手段，它通过递归方法获得网络图中费用最小的路径。以下给出了利用 Viterbi 算法搜索费用最小路径的过程。

设 d_j^l 表示到达 l 阶段结点 j 的最短距离($j=1,2,\cdots,n_l$；$l=1,2,\cdots,K$)，n_l 为各个阶段结点数目，$\phi(l,j)$表示连接 l 阶段结点 j 的最短距离的 $l-1$ 阶段的结点编号，算法步骤如下。

(1) 初始化：

$$d_j^1=0,\quad 1\leqslant j\leqslant n_1 \tag{7-3-92}$$

$$\phi(1,j)=0,\quad 1\leqslant j\leqslant n_1 \tag{7-3-93}$$

(2) 递推:

对于 $k=2,3,\cdots,K$,有

$$d_j^k = \min_{1\leqslant i\leqslant n_{k-1}} \{d_i^{k-1} + a_{ij}^k\}, \quad 1\leqslant j\leqslant n_k \tag{7-3-94}$$

$$\phi(k,j) = \arg\min_{1\leqslant i\leqslant n_{k-1}} \{d_i^{k-1} + a_{ij}^k\}, \quad 1\leqslant j\leqslant n_k \tag{7-3-95}$$

(3) 终止:

$$d^{K^*} = \min_{1\leqslant i\leqslant n_K} \{d_i^K\}, \quad 1\leqslant i\leqslant n_K \tag{7-3-96}$$

$$i_K^* = \arg\min_{1\leqslant i\leqslant n_K} \{d_i^K\}, \quad 1\leqslant i\leqslant n_K \tag{7-3-97}$$

(4) 回溯:

$$i_{k-1}^* = \xi(k, i_k^*), \quad k=K,K-1,\cdots,2 \tag{7-3-98}$$

从而获得具有最短路径的结点编号序列为$\{i_1^*, i_2^*, \cdots, i_{T-1}^*, i_T^*\}$。

但需要指出的是,此处由于要同时寻找最优的机动模型和量测两个序列,故直接应用 Viterbi 算法是不可行的。借鉴文献[29]的思想,考虑将每个采样时刻机动输入和有效量测的所有二元组合作为该时刻的网格结点,再计算网络中任意相邻两个结点的连接费用,然后就可应用 Viterbi 算法来搜索费用最小的路径。详细过程可参考文献[28-31]。

7.4 集中式多传感多目标跟踪的广义 *S*-维分配算法

为了维持整个多目标跟踪过程,必须首先将传感器接收到的量测数据和其目标源对应起来。但是,如果传感器是被动的,它只能提供目标的角度测量,而无距离度量。此时,单传感关联问题变得非常困难。为了更新目标的状态信息,需要将来自多个传感器的量测信息关联起来。集中式多传感器多目标跟踪问题可以描述为具有多传感量测互联和状态估计两个相关功能的最优化问题。

在一个多传感器多目标跟踪场景中,目标个数是未知的,这些目标或者是静止的,或者是运动的。假设有 N_s 个传感器在不同时刻对整个跟踪空间的不同区域进行观测。传感器可以是静止不动的,也可以位于一个运动的平台上,但是任何时刻传感器的位置都是已知的。传感器既可以是主动传感器,即可以获得目标完整的位置信息,也可以是被动传感器,即只能获得角度测量或视线测量(line of sight,LOS)。

不妨假设关联是在 S 个量测列表(LIST)中进行的,列表 s 中的第 i_s 个量测是在时刻 T_{si_s} 获得的,$s\in S$,$i_s=1,2,\cdots,n_s$,n_s 为列表 s 中的量测总数。列表 s 中的量测源于传感器 $\zeta_s\in\{1,2,\cdots,N_s\}$,这里 ζ_s 为列表到传感器编码的一个映射。假设传感器 ζ_s 在 T_{si_s} 时刻的位置为 $\boldsymbol{y}_{si_s}$。量测 $\boldsymbol{z}_{si_s}$ 或者源于真实的目标 p(位置在 $\boldsymbol{x}_p$),或者源于杂波。

在源于真实目标的情况下,$\boldsymbol{z}_{si_s}$ 可以表达为 $\boldsymbol{H}(\boldsymbol{x}_p, \boldsymbol{y}_{si_s}, T_{si_s})$(这里的 $\boldsymbol{H}$ 为观测矩阵)与加性 Gauss 白噪声$\mathcal{N}(0,\boldsymbol{R}_{\zeta_s})$之和。记各个传感器的检测概率为 $P_{\mathrm{D}_{\zeta_s}}$,且有 $P_{\mathrm{D}_{\zeta_s}}\leqslant 1$。记来自列表 s 和所有量测列表的量测集合分别为

$$\boldsymbol{Z}_s = \{\boldsymbol{z}_{si_s}\}_{i_s=0}^{n_s}, \quad \boldsymbol{Z} = \{\boldsymbol{Z}_s\}_{s=1}^{S} \tag{7-4-1}$$

若量测列表 s 中的量测 $\boldsymbol{z}_{si_s}$ 源于杂波,我们可以假设该量测在该传感器的观测区域

中服从均匀分布，表示为

$$f(\boldsymbol{z}_{si_s})=\frac{1}{\boldsymbol{\Psi}_{\zeta_s}} \tag{7-4-2}$$

式中$\boldsymbol{\Psi}_{\zeta_s}$ 是传感器 ζ_s 观测空域的体积。假设虚警量测间是统计独立的，并且也独立于目标测量。

值得注意的是，对任何一个传感器而言，一个目标有可能在某些采样周期没有被其检测到。为了简化由于漏测引起的不完整测量与目标的互联，为每个量测列表引入虚拟测量 $\boldsymbol{z}_{s0}$。来自列表 s 并分配给目标 t 的虚拟测量表示该目标没有被传感器 ζ_s 检测到。

我们的目标是将整个量测集合划分为与目标互联的量测子集和没有与任何目标互联的虚假量测子集。将不同量测列表中源于同一目标的量测关联起来，从而得到对目标的状态估计。广义 S-维分配算法是通过离散优化方法来极大化量测划分的似然函数，从而得到最佳划分。

在广义 S-维分配算法中，对于每个候选互联（由 S 个列表形成的量测组合 $\boldsymbol{Z}_{i_1,i_2,\cdots,i_S}=\{\boldsymbol{z}_{1i_1},\boldsymbol{z}_{2i_2},\cdots,\boldsymbol{z}_{si_S}\}$），首先基于该量测组合的广义对数似然比给其分配代价；然后对所有候选互联利用 S-维分配算法使代价全面极小化。

源于目标 t 的 S 元测量 $\boldsymbol{Z}_{i_1,i_2,\cdots,i_S}$ 的似然函数可以表示为

$$\Lambda(\boldsymbol{Z}_{i_1,i_2,\cdots,i_S}\mid t)=\prod_{s=1}^{S}[1-P_{\mathrm{D}_{\zeta_s}}]^{1-u(i_s)}[P_{\mathrm{D}_{\zeta_s}}f(\boldsymbol{z}_{si_s}\mid \boldsymbol{x}_p)]^{u(i_s)} \tag{7-4-3}$$

其中，$u(i_s)$为二值性函数，且有

$$u(i_s)=\begin{cases}0, & i_s=0\\ 1, & \text{其他}\end{cases} \tag{7-4-4}$$

量测都是虚假量测或与该目标无关（这里用 $t=\Phi$ 描述）的似然函数为

$$\Lambda(\boldsymbol{Z}_{i_1,i_2,\cdots,i_S}\mid t=\Phi)=\prod_{s=1}^{S}[1/\boldsymbol{\Psi}_{\zeta_s}]^{u(i_s)} \tag{7-4-5}$$

把 S 元候选互联分配给目标 t 的代价由负的对数似然比给出为

$$c_{i_1,i_2,\cdots,i_S}=-\ln\frac{\Lambda(\boldsymbol{Z}_{i_1,i_2,\cdots,i_S}\mid t)}{\Lambda(\boldsymbol{Z}_{i_1,i_2,\cdots,i_S}\mid t=\Phi)} \tag{7-4-6}$$

由于式(7-4-3)中的 $\boldsymbol{x}_p$ 是未知的，因此我们可以使用它的 ML 估计来代替，即

$$\hat{\boldsymbol{x}}_p=\arg\max_{\boldsymbol{x}_p}\Lambda(\boldsymbol{Z}_{i_1,i_2,\cdots,i_S}\mid t) \tag{7-4-7}$$

它使式(7-4-6)成为广义对数似然比，且有

$$\begin{aligned}c_{i_1,i_2,\cdots,i_s}=\sum_{s=1}^{S}\Big\{&[u(i_s)-1]\ln(1-P_{\mathrm{D}_{\zeta_s}})-u(i_s)\ln(P_{\mathrm{D}_{\zeta_s}}\boldsymbol{\Psi}_{\zeta_s}/\mid 2\pi\boldsymbol{R}_{\zeta_s}\mid^{1/2})+\\&\frac{u(i_s)}{2}[\boldsymbol{z}_{si_S}-\boldsymbol{H}(\hat{\boldsymbol{x}}_p,\boldsymbol{y}_{si},T_{si})]^{\mathrm{T}}\boldsymbol{R}_{\zeta_s}^{-1}[\boldsymbol{z}_{si_S}-\boldsymbol{H}(\hat{\boldsymbol{x}}_p,\boldsymbol{y}_{si},T_{si})]\Big\}\end{aligned} \tag{7-4-8}$$

在这里，我们的目标是寻找最可能的所有 S 维量测组合，并且要求每个量测只分配给一个目标或虚警，而且每个目标至多收到来自每个目录的一个量测。所以我们可以将上述问题描述为如下约束优化问题

$$\min \sum_{i_1=0}^{n_1} \sum_{i_2=0}^{n_2} \cdots \sum_{i_S=0}^{n_S} c_{i_1,i_2,\cdots,i_S} \rho_{i_1,i_2,\cdots,i_S} \tag{7-4-9}$$

而约束条件为

$$\begin{cases} \sum_{i_2=0}^{n_2} \sum_{i_3=0}^{n_3} \cdots \sum_{i_s=0}^{n_S} \rho_{i_1,i_2,\cdots,i_S} = 1, & i_1 = 1,2,\cdots,n_1 \\ \sum_{i_1=0}^{n_1} \sum_{i_3=0}^{n_3} \cdots \sum_{i_s=0}^{n_S} \rho_{i_1,i_2,\cdots,i_S} = 1, & i_2 = 1,2,\cdots,n_2 \\ \cdots\cdots \\ \sum_{i_1=0}^{n_1} \sum_{i_2=0}^{n_2} \cdots \sum_{i_{S-1}=0}^{n_{S-1}} \rho_{i_1,i_2,\cdots,i_S} = 1, & i_S = 1,2,\cdots,n_S \end{cases} \tag{7-4-10}$$

其中，$\rho_{i_1,i_2,\cdots,i_S}$ 是二进制变量，用以表征量测组合 $\boldsymbol{Z}_{i_1,i_2,\cdots,i_S}$ 是否与某个目标互联。若 $\boldsymbol{Z}_{i_1,i_2,\cdots,i_S}$ 与某个候选目标互联，则 $\rho_{i_1,i_2,\cdots,i_S}=1$；否则 $\rho_{i_1,i_2,\cdots,i_S}=0$。

对于如上所述的广义 S-维分配算法，当 $S\geqslant 3$ 时为一个求解复杂度随着问题规模的增大呈指数规律增长的问题。解决 S-维分配问题遇到的挑战主要是解决随着问题规模的扩大，随之而来的 NP-hard 问题。为了得到多维分配问题的有效解，可以采用一种分阶段拉格朗日松弛算法。该方法将广义多维分配问题转化为一系列的二维分配问题进行求解，从而获得具有多项式时间复杂度的近似最优解[32-33]。

7.5 多目标跟踪起始与跟踪终止算法

多目标**跟踪起始**与**跟踪终止**是机动目标跟踪领域的首要问题，它是建立新目标档案和消除多余目标档案的决策环节，本质上是一个决策问题。一般说来，跟踪起始包括两部分内容：暂时航迹的形成和对暂时航迹的确认和删除。跟踪终止意为对于已确认的目标航迹，当其离开监视空域时，终止对其进行继续跟踪，从而节省存储空间。

具有代表性的跟踪起始算法有简单的序列概率比检验，Bayes 轨迹确定方法[34-35]，以及以基于启发式算法和基于逻辑规则[4,36]为代表的序贯处理技术，它一般适用于杂波相对稀疏的环境，例如雷达和声呐跟踪环境。另外一类是以基于 Hough 变换和修正 Hough 变换[36-38]为代表的批处理技术，它一般适用于图像处理和强杂波跟踪环境中。它具有较顺序处理方法优越的性能，但它不能用于快速航迹起始，一般不能满足实时计算的要求。另外，将多假设技术[39-40]和序列概率比检验技术[41-42]应用于杂波环境下多目标跟踪起始也是目前研究的一个热点。跟踪终止是跟踪起始的逆问题，它是消除多余目标档案的一种决策方法。当被跟踪目标逃离跟踪空间或是被摧毁时，为避免不必要的存储和计算，跟踪器必须做出相应决策，以消除多余目标档案，完成跟踪终止功能。

上述方法传统上都是基于统计距离的判决规则，另外一类基于概率的判决规则正吸引着越来越多研究者的关注。在文献[43-48]中，通过引入**航迹存在概率**（**the probability of track existence**）或**航迹可感知概率**（**the probability of track perceivability**），将概率数据关联（PDA）和联合概率数据关联（JPDA）算法扩展到可以用于实现跟踪的起始与终止。

7.5.1 跟踪起始方法

1. 序列概率比检验

对于**序列概率比检验**(**SPRT**),首先要建立两种假设 H_1 和 H_0,其中 H_1 为目标存在,H_0 为目标不存在(回波来自虚警或杂波)。然后计算相应于每一种假设的似然函数 P_{0k} 和 P_{1k} 如下:

$$H_0: P_{0k}=P_F^m(1-P_F)^{k-m} \tag{7-5-1}$$

$$H_1: P_{1k}=P_D^m(1-P_D)^{k-m} \tag{7-5-2}$$

式中,P_D 和 P_F 分别为检测概率和虚警概率,m 为检测数,k 为扫描数。

定义相应于两种假设的似然比函数为

$$U_k=\frac{P_{1k}}{P_{0k}} \tag{7-5-3}$$

并设置两种决策门限 C_1 和 C_2。最后,SPRT 方法的决策逻辑如下:

当 $U_k \leqslant C_1$,接受假设 H_0;当 $U_k \geqslant C_2$,接受假设 H_1;当 $C_1<U_k<C_2$,不能做出决策,需继续检验。其中,门限 C_1 和 C_2 满足下列关系

$$C_1=\frac{\beta}{1-\alpha} \tag{7-5-4}$$

$$C_2=\frac{1-\beta}{\alpha} \tag{7-5-5}$$

此处,α 和 β 为预先给定的允许误差概率,α 为 H_0 正确时接受 H_1 的概率,β 为 H_1 正确时接受 H_0 的概率。取似然比函数的对数形式,决策逻辑式还可转化为易于计算的形式

$$\ln U_k=\ln(P_{1k}/P_{0k})=m\alpha_1-k\alpha_2 \tag{7-5-6}$$

其中

$$\alpha_1=\ln\{[P_D/(1-P_D)]/[P_F/(1-P_F)]\} \tag{7-5-7}$$

$$\alpha_2=\ln[(1-P_F)/(1-P_D)] \tag{7-5-8}$$

定义检验统计量 $ST(k)$为

$$ST(k)\triangleq m\alpha_1 \tag{7-5-9}$$

从而

$$\ln U_k=ST(k)-k\alpha_2 \tag{7-5-10}$$

再设置门限 $T_V(k)$和 $T_L(k)$分别为

$$T_V(k)=\ln C_2+k\alpha_2 \tag{7-5-11}$$

$$T_L(k)=\ln C_1+k\alpha_2 \tag{7-5-12}$$

这样决策逻辑变为如下形式

$$\begin{cases} ST(k)\leqslant T_L(k), & \text{接受假设 } H_0 \\ ST(k)\geqslant T_V(k), & \text{接受假设 } H_1 \\ T_L(k)<ST(k)<T_V(k), & \text{继续检验} \end{cases} \tag{7-5-13}$$

上述门限 $T_L(k)$ 和 $T_V(k)$ 为随扫描次数增加而增大的两条平行直线。

最后，期望的决策时间或扫描次数为

$$E(k)=\begin{cases}\dfrac{\alpha\ln C_2+(1-\alpha)\ln C_1}{P_F\alpha_1-\alpha_2}, & H_0\ \text{正确}\\[2ex] \dfrac{(1-\beta)\ln C_2+\beta\ln C_1}{P_D\alpha_1-\alpha_2}, & H_1\ \text{正确}\end{cases} \tag{7-5-14}$$

该方法属于"最近邻"相关方法，仅适合稀疏回波环境和独立非机动目标跟踪情况。

2. Bayes 轨迹确定方法

Bayes 轨迹确定(**BTC**)方法将检测历史和滤波残差新息引入统计决策中，因此其性能优于上面提到的序列概率比检验方法。

该方法的关键是计算在给定量测集合 D 条件下轨迹为真的后验概率 $P(T|D)$。由 Bayes 法则，有

$$P(T\mid D)=\frac{P(D\mid T)P_0(T)}{P(D)} \tag{7-5-15}$$

其中

$$P(D)=P(D\mid T)P_0(T)+P(D\mid F)P_0(F) \tag{7-5-16}$$

$$P_0(F)=1-P_0(T) \tag{7-5-17}$$

其中，$P(D|T)$ 和 $P(D|F)$ 分别为存在真实目标和虚假目标条件下接收量测集合 D 的概率；$P_0(T)$ 和 $P_0(F)$ 分别是存在真实目标和虚假目标的先验概率；$P(D)$ 为接收量测集合 D 的概率。

定义数据似然比

$$L(D)=\frac{P(D\mid T)}{P(D\mid F)} \tag{7-5-18}$$

从而

$$P(T\mid D)=\frac{L(D)P_0(T)}{L(D)P_0(T)+1-P_0(T)} \tag{7-5-19}$$

如果设 L_k 为第 k 次扫描时的数据似然比，$P(T|D_k)$ 为直到第 k 次扫描为止时目标为真的概率，那么上式可变为如下递推形式

$$P(T\mid D_k)=\frac{L_kP(T\mid D_{k-1})}{L_kP(T\mid D_{k-1})+1-P(T\mid D_{k-1})} \tag{7-5-20}$$

设置轨迹确定概率门限 P_{TC} 和轨迹终止门限 P_{TT}，最后决策逻辑为：

当 $P(T|D_k)\geqslant P_{TC}$ 时，接受轨迹为真的假设；

当 $P(T|D_k)<P_{TT}$ 时，接受跟踪终止的假设。

3. 启发式算法

启发式算法(heuristic method)和下面介绍的基于逻辑规则的方法，处理的是在一段连续扫描时间内传感器收到的量测数据序列，该序列作为对一个宽度为 N 的时间窗的输入。当位于该时间窗内的检测满足指定条件时，可以成功地起始一个航迹；否则，时间

窗向右滑动一个单元，重新进行航迹起始。启发式算法基于两个简单的规则，一般称之为速度约束和加速度约束，来缩减可能航迹的数目；而基于逻辑的方法利用预测和门技术，以一种类似于多假设方法的形式从大量可能航迹中辨别出真实目标航迹。

启发式算法利用如下两个简单规则来形成暂时航迹(tentative track)。

规则 1 设最大速度和最小速度满足 $v_{\max}\geqslant v_{\min}\geqslant 0$，而测量或者通过计算得到的速度应该介于最大速度和最小速度之间，即对于一个滑窗宽度为 N 的航迹起始，约束为

$$v_{\min}\leqslant\left\|\frac{r_{k+1}-r_k}{t_{k+1}-t_k}\right\|\leqslant v_{\max} \tag{7-5-21}$$

此处，r_k 为第 k 个扫描周期目标的位置向量，t_k 为采样时间。

规则 2 测量或者通过计算得到的加速度应该小于最大加速度 $a_{\max}$，若有超过一个以上的回波满足加速度约束，具有最小加速度的回波用于形成目标航迹，约束为

$$\left\|\frac{r_{k+1}-r_k}{t_{k+1}-t_k}-\frac{r_k-r_{k-1}}{t_k-t_{k-1}}\right\|\leqslant a_{\max}(t_{k+1}-t_k) \tag{7-5-22}$$

为了降低起始虚假航迹的可能性，在启发式规则中可以选择引入一个角度约束。令 Φ 表示向量 $r_{k+1}-r_k$ 和 r_k-r_{k-1} 之间的角度，即

$$\Phi=\arccos\left[\frac{\langle(r_{k+1}-r_k),(r_k-r_{k-1})\rangle}{\|r_{k+1}-r_k\|\cdot\|r_k-r_{k-1}\|}\right] \tag{7-5-23}$$

那么，角度约束可以表达为

$$|\Phi|\leqslant\Phi_0 \tag{7-5-24}$$

这里，$0<\Phi_0\leqslant\pi$ 是某个预先设定的阈值。需要指出的是，在基于启发式规则的方法中没有考虑到量测噪声的影响。

4. 基于逻辑规则的方法

基于逻辑规则(logic-based track initiation)的方法包括以下步骤。

(1) 两点初始化。这里，我们只考虑量测的位置信息。令 $\boldsymbol{z}_{k,i}^l$ 为 k 时刻量测 i 的第 l 个位置分量，这里 $l=1,2,\cdots,n_z$，$i=1,2,\cdots,m_k$。定义两个量测向量之间的距离

$$d_{ij}^l\triangleq\max[\boldsymbol{z}_{2,j}^l-\boldsymbol{z}_{1,i}^l-v_{\max}^l\Delta T,0]+\max[-\boldsymbol{z}_{2,j}^l+\boldsymbol{z}_{1,i}^l+v_{\min}^l\Delta T,0] \tag{7-5-25}$$

此处 ΔT 是两次扫描之间的时间间隔。

假设量测误差是独立、零均值的随机过程，协方差阵为 $\boldsymbol{R}_t$，则归一化的距离定义为

$$D_{ij}=d_{ij}^{\mathrm{T}}[\boldsymbol{R}_1+\boldsymbol{R}_2]^{-1}d_{ij} \tag{7-5-26}$$

D_{ij} 被用作为一个检验统计量，将其与基于 χ_2 分布获得的阈值 η 进行比较

$$D_{ij}\leqslant\eta \tag{7-5-27}$$

其中

$$P\{\chi_{n_z}^2\leqslant\eta\}=1-\alpha \tag{7-5-28}$$

这里 α 为一个小正数，代表显著性水平。当式(7-5-27)成立时，对应的两个量测形成一条暂时航迹。

(2) 对于在步骤(1)中形成的每一个候选目标航迹(包含相邻两个时刻的量测向量)，利用一阶多项式外推，形成下一个采样时刻相应于此候选目标航迹的量测确认区域。利用确认区域中的量测对其进行扩展，如果超过一个以上的量测位于确认区域内，则此候

选目标航迹分裂为多支;如果没有量测位于确认区域内,则此候选目标航迹被提前终止。

(3) 对于每一个候选目标航迹(包括3个或更多的量测),利用二阶多项式外推(或一阶多项式外推,如果估计加速度在统计意义下是不重要的[4]),类似于步骤(2),完成对其的扩展。

(4) 如上过程持续到采样时刻 N(一般 N 选择为 5~8)。最终通过比较新息与阈值的关系来确认该条候选航迹是否为真实目标航迹。

对于 $k=N$ 时刻的所有候选目标航迹 m,其对应的量测序列为

$$\{\boldsymbol{z}_{1,\rho(1,m)},\boldsymbol{z}_{2,\rho(2,m)},\cdots,\boldsymbol{z}_{N,\rho(N,m)}\}$$

这里,$\rho(k,m)$ 表示 k 时刻与暂时目标航迹 m 对应的量测编号。

定义累积新息

$$J^*(m)=\sum_{k=1}^{N}[\boldsymbol{z}_{k,\rho(k,m)}-\hat{z}_{k,m}]^{\mathrm{T}}(\boldsymbol{R}_k)^{-1}[\boldsymbol{z}_{k,\rho(k,m)}-\hat{z}_{k,m}] \tag{7-5-29}$$

其中,$\hat{z}_{k,m}$ 为通过多项式拟合得到的暂时航迹 m 的位置估值。

$$\hat{z}_{k,m}=\sum_{j=0}^{n_x}\hat{a}_j^m(k\Delta T)^j/j! \tag{7-5-30}$$

其中,$\hat{a}_j^m$ 为多项式拟合系数。

已经证明[4],统计量 $J^*(m)$ 满足自由度为 Nn_z-n_x 的 χ_2 分布(n_x 为多项式拟合的阶数)。将 $J^*(m)$ 与阈值 γ(基于自由度为 Nn_z-n_x 的 χ_2 分布获得)进行比较,当

$$J^*(m)\leqslant\gamma \tag{7-5-31}$$

时,此候选目标航迹被确认(成为目标航迹),在下一个采样周期到来时,进入跟踪阶段(计算方法详见文献[4])。

5. Hough 变换方法

前启发式算法和基于逻辑规则的方法属于顺序处理技术。而 Hough 变换方法属于一种批处理方法,它将过去 N 个扫描周期的量测数据同时处理,以确定出可能的目标航迹。这些数据被看作是一幅图像,如果在该图像中能检测到某种特定曲线(一般是直线)存在,则可以确定有目标航迹存在。

Hough 变换的基本原理是:它将测量空间中的一点变换到参量空间中的一个曲线或是曲面。而具有同一参量特征的点会在变换后的参量空间中相交。通过判断交点处的积累程度来完成对特征曲线的检测,从而判定是否有真实航迹存在。例如 x-y 平面上的一条直线在参量空间内对应一族曲线,而这些曲线相交于参量空间的某一点上。

在具体实现中,首先通过 Hough 变换将多个扫描周期接收到的所有测量点迹变换为参量空间中的一组曲线(或曲面)。然后将参量空间以一定的间隔划分为图元,通过判断每个图元上测量点的累积程度来检测目标的存在,这里的累积既可以是幅度的累积也可以是数量的累积。当参量空间的图元中累积数大于等于某个门限 N 时,判断为有目标航迹存在。

但是,该方法存在如下的问题:

(1) 目前文献中研究较多的是针对匀速运动(此时将测量点迹集合通过 Hough 变

换，变换到二维空间中的一族曲线）。但对由于机动导致的非匀速运动并没有有效算法，因为此时变换后的参数空间为一族曲面，需要检测 3-D 直方图中的峰值来判断公共的交点，具有实现起来的难以操作性。

(2) 在利用 Hough 变换起始目标航迹时，由于杂波的影响，对参量空间划分间隔的大小以及门限 N 的选择对航迹起始性能有很大的影响。直至目前还未见到有关这些参数选择的一般标准。

(3) 采用 Hough 变换起始目标航迹时，在密集杂波环境中使用较少的扫描次数很难起始目标航迹，此时需要更多的扫描次数。

解决多目标跟踪起始问题的其他方法，还有整数规划法、N 维分配法、多假设法以及模式匹配技术等。同时，也有人建议采用动态规划方法来解决跟踪起始和跟踪维持问题。另外，从应用观点，Castella 提出了解决航迹起始和终止的滑窗方法，其基本原理为当时间窗内的检测数达到某一特定值 M 或减小到某一特定值 N_D 时，轨迹起始和终止便告成功，这是跟踪起始和跟踪终止的最简单原则。

7.5.2 跟踪终止方法

1. 序列概率比检验

对于 SPRT 而言，首先仍然是建立假设 H_0 和 H_1，即 H_0 为跟踪维持，H_1 为跟踪终止。然后计算相应于两种假设的似然函数，同时定义检验统计变量 $ST(k)$，并设置门限 $T_V(k)$和 $T_L(k)$（见 7.5.1 小节）。最后，跟踪终止决策逻辑为

$$\begin{cases} ST(k) \leqslant T_L(k), & \text{接受假设 } H_0 \\ ST(k) \geqslant T_V(k), & \text{接受假设 } H_1 \\ T_L(k) < ST(k) < T_V(k), & \text{继续检验} \end{cases} \tag{7-5-32}$$

期望的跟踪终止决策时间或扫描次数如下

$$E(k)=\begin{cases} \dfrac{\alpha\ln C_2+(1-\alpha)\ln C_1}{P_F\alpha_1-\alpha_2}, & H_0 \text{ 正确} \\ \dfrac{(1-\beta)\ln C_2+\beta\ln C_1}{P_D\alpha_1-\alpha_2}, & H_1 \text{ 正确} \end{cases} \tag{7-5-33}$$

2. 跟踪门方法

由跟踪门规则可知，当由跟踪滤波器所产生的残差范数 d_k^2 满足如下关系时

$$d_k^2 \leqslant \gamma_0 \tag{7-5-34}$$

探测器接收到的回波最大可能来自被跟踪的目标。因此，只要 $\gamma_0>0$，就存在着更新被跟踪目标轨迹的可能；相反，若 $\gamma_0<0$，则所收到的回波最大可能来自信源目标而非被跟踪的目标。

如果已计算出椭球跟踪门大小，则一个自然而然的跟踪终止准则为，当且仅当

$$\gamma_0 < \gamma_{\min} \tag{7-5-35}$$

成立时，接受跟踪终止假设。其中 $\gamma_{\min}$ 为某一最小的门限值。$\gamma_{\min}$ 可由具有 M（观测维数）个自由度的标准 χ_M^2 分布求取，以保证在存在预先给定的轨迹更新条件下跟踪不至于终止。

3. Bayes 跟踪终止方法

Bayes 跟踪终止（BTT）方法，就是把 Bayes 轨迹确定方法方便地用来作跟踪终止决策。首先，仍然是计算给定量测集合 D_k 条件下轨迹为真的后验概率 $P(T|D_k)$，然后，设置跟踪终止门限 P_{TT}。最后，决策准则变为，当满足下式时

$$P(T \mid D_k) < P_{\mathrm{TT}} \tag{7-5-36}$$

接受跟踪终止假设。

7.5.3 基于目标可感知性的决策方法

在杂波环境中机动目标的跟踪问题一般包括航迹初始化、航迹确认、航迹终止以及航迹保持几个部分的内容。其中航迹保持处理的是：在假定目标存在且被传感器检测到的情况下（即目标是可感知的），对目标的状态估计问题；而航迹初始化、航迹确认以及航迹终止处理的是有关一个航迹是否对应于真实目标的决策问题。

对于航迹保持而言，人们主要关注的是对目标状态的估计精度，而对于航迹初始化、航迹确认以及航迹终止，人们关注的焦点是如何尽可能快且可靠地做出决策。

基于距离的判据（例如估计误差等），在航迹保持阶段是合理而且有效的，但是对于处理航迹初始化、航迹确认以及航迹终止的决策问题似乎是不合适的。在存在有大量杂波、虚警、漏检等不确定性的跟踪环境中，一个基于概率的决策比起基于距离的决策是更合理的。在很多文献中，众多学者们提出了诸如“航迹存在似然”“航迹存在概率”“目标可观测性”“航迹质量”等名词来描述这种基于概率的度量[43-44]。而在文献[46-47]中，作者引入了一个新的概念——**目标可感知性（target perceivability）**，它是上述概念的一个扩展与延伸。基于这个概念，可以将航迹保持、航迹初始化、航迹确认、航迹终止几个环节整合为一个有机的整体。

当目标存在且被传感器检测到时，称该目标为可感知的（perceivable）；相反地，当目标不存在，或者即使存在，但没有被传感器检测到时，称该目标为不可感知的（non-perceivable）。

1. 基本假设

目标可感知概率的推导基于如下四个假设。

假设 7.5.1 目标可感知性（target perceivability）作为一个时间序列，可以将之建模为一阶 Markov 链，并具有已知的转移概率

$$\pi_{11} = P\{O_k \mid O_{k-1}\}, \quad \pi_{21} = P\{O_k \mid \bar{O}_{k-1}\} \tag{7-5-37}$$

此处

$$O_k \triangleq \{\text{在 } k \text{ 时刻目标是可感知的}\} \tag{7-5-38}$$

$$\bar{O}_k \triangleq \{在 k 时刻目标是不可感知的\} \tag{7-5-39}$$

记 k 时刻一个给定航迹的确认量测集合为 $\boldsymbol{Z}_k$，记直至 k 时刻的量测序列集为

$$\boldsymbol{Z}^k = \{\boldsymbol{Z}_1, \boldsymbol{Z}_2, \cdots, \boldsymbol{Z}_k\} \tag{7-5-40}$$

记预测以及更新的目标可感知概率分别为 $P_{k|k-1}$ 和 $P_{k|k}$，定义为

$$P_{k|k-1} \triangleq P\{O_k \mid \boldsymbol{Z}^{k-1}\} \tag{7-5-41}$$

$$P_{k|k} \triangleq P\{O_k \mid \boldsymbol{Z}^k\} \tag{7-5-42}$$

基于该假设，有

$$P_{k|k-1} \triangleq \pi_{11} P_{k-1|k-1} + \pi_{21}(1 - P_{k-1|k-1}) \tag{7-5-43}$$

假设 7.5.2 对于给定时刻 k，每个航迹中源于目标的确认量测数 m_k^t 是一个非 0 即 1 的二元随机变量，其概率密度函数为

$$P\{m_k^t = m \mid O_k, Y^{k-1}\} = P_D P_G \delta_{m-1} + (1 - P_D P_G)\delta_m \tag{7-5-44}$$

其中，δ 为 Kronecker delta 函数，即

$$\delta_m = \begin{cases} 1, & m = 0 \\ 0, & 其他 \end{cases} \tag{7-5-45}$$

设 P_D 为目标的检测概率，P_G 为假设目标被检测到、源于目标的量测落入跟踪门内的概率。

假设 7.5.3 假设不同时刻的虚警量测是独立的，而且源于目标的检测和虚警量测是相互独立的。而且，序列 $\{\tilde{m}_k^t\}$ 和 $\{\tilde{m}_k^f\}$ 也是独立的零均值随机过程。即

$$\tilde{m}_k^t = m_k^t - E\{m_k^t \mid \boldsymbol{Z}^{k-1}\} \tag{7-5-46}$$

$$\tilde{m}_k^f = m_k^f - E\{m_k^f \mid \boldsymbol{Z}^{k-1}\} \tag{7-5-47}$$

其中，m_k^f 代表落入跟踪门内的虚警量测数。

假设 7.5.4 在任意给定时刻 k，假设跟踪门内的虚警量测数服从空间密度为 λ_k 为 Poisson 分布，也就是落入一个体积为 V_k 的跟踪门内的虚警量测数为 m_k^f 的概率为

$$\mu_k(m) = p\{m_k^f = m \mid \boldsymbol{Z}^{k-1}\} = \frac{(\lambda_k V_k)^m}{m!} e^{-\lambda_k V_k} \tag{7-5-48}$$

基于此假设，容易看出

$$\frac{\mu_k(m)}{\mu_k(m-1)} = \frac{\lambda_k V_k}{m} \tag{7-5-49}$$

2. 目标可感知概率的推导

定理 7.5.1 基于如上假设 7.5.1～假设 7.5.3，对于一个给定的航迹而言，预测和更新的目标可感知概率具有如下关系

$$P_{k|k} = \frac{(1 - \phi_k) P_{k|k-1}}{1 - \phi_k P_{k|k-1}} \tag{7-5-50}$$

此处

$$\phi_k \triangleq \begin{cases} P_D P_G \left[1 - m^{-1} \sigma_k V_k \dfrac{\mu_k(m-1)}{\mu_k(m)}\right], & m_k = m \neq 0 \\ P_D P_G, & m_k = 0 \end{cases} \tag{7-5-51}$$

其中

$$m_k \triangleq m_k^t + m_k^f \tag{7-5-52}$$

表示跟踪门内的所有确认量测数。

证明 略。 ■

σ_k 作为一个非负的充分统计量,有如下表达式

$$\sigma_k \triangleq \begin{cases} \sum_{i=1}^{m} P\left[\tilde{\boldsymbol{y}}_i \mid \theta_i, \boldsymbol{Z}^{k-1}\right] P_t(a_i)/P_f(a_i), & m_k = m \neq 0 \\ 0, \quad m_k = 0 \end{cases} \tag{7-5-53}$$

它总结了跟踪门内确认量测的所有信息;量测 $\boldsymbol{z}_i$ 定义为

$$\boldsymbol{z}_i \triangleq \{y_i, a_i\} \tag{7-5-54}$$

其中,y_i 代表运动学分量,a_i 代表属性分量,如幅度信息等;θ_i 代表第 i 个量测是源于目标的真实量测这个事件,而 θ_0 代表源于目标的量测不在跟踪门内这个事件;$P(\tilde{y}_i|\theta_i, \boldsymbol{Z}^{k-1})$代表基于事件 θ_i,第 i 个量测新息 $\tilde{z}_i$ 中运动学分量 y_i 的概率密度函数;而 $P_t(a_i)/P_f(a_i)$表示源于目标的量测中的属性分量和虚警量测的属性分量 a_i 的概率密度函数之比。

基于假设 7.5.4 中的 Poisson 分布假设,有

$$\phi_k = P_{\mathrm{D}} P_{\mathrm{G}}[1 - \sigma_k/\lambda_k] \tag{7-5-55}$$

$$P_{k|k} = \frac{\lambda_k(1 - P_{\mathrm{D}} P_{\mathrm{G}}) P_{k|k-1} + \sigma_k P_{\mathrm{D}} P_{\mathrm{G}} P_{k|k-1}}{\lambda_k(1 - P_{\mathrm{D}} P_{\mathrm{G}} P_{k|k-1}) + \sigma_k P_{\mathrm{D}} P_{\mathrm{G}} P_{k|k-1}} \tag{7-5-56}$$

3. 基于目标可感知概率的航迹决策

如前所述,基于距离的判据在制定有关航迹的决策时是不合适的。而基于如上目标可感知概率的概念,我们可以用如下决策逻辑来确认和终止航迹:

当 $P_{k|k} \geqslant P_c$ 时,航迹确认;

当 $P_{k|k} \geqslant P_t$ 时,航迹终止。

这里的 P_c 和 P_t 分别为用于决策的确认和终止门限。

4. 参数设计

如上基于目标可感知概率的决策方法中门限 P_c、P_t 以及转移概率 π_{ij} 的设计,对决策的正确性与及时性至关重要。文献[47]中给出了这些参数的设计原则与方法,以下给出其主要成果。

(1) 确认门限和转移概率的设计。

规则 1 确认门限的选择应该使得:若 $k-1$ 时刻的目标可感知概率 $P_{k-1|k-1}=1$,那么 k 时刻该目标航迹应被确认;若 $P_{k-1|k-1}<1$,且 k 时刻跟踪门内无确认量测,那么 k 时刻该目标航迹不能被确认。设计方法是

$$P_c = \frac{(1 - P_{\mathrm{D}} P_{\mathrm{G}})\pi_{11}}{1 - P_{\mathrm{D}} P_{\mathrm{G}} \pi_{11}}, \quad \pi_{21} < \pi_{11} \tag{7-5-57}$$

(2) 终止门限的设计。

规则 2 终止门限的选择应该使得：k 时刻的目标航迹被终止，当且仅当：

① $P_{k|k-1} \leqslant P_{1|0}$，且 k 时刻该目标跟踪门内无确认量测；

② $P_{k|k-1} < P_{1|0}$，且充分统计量 σ_k 相对于 λ_k 足够小。这里的 $P_{1|0}$ 是初始的目标可感知概率。设计方法是

$$P_t = \frac{(1 - P_{\mathrm{D}} P_{\mathrm{G}}) P_{1|0}}{1 - P_{\mathrm{D}} P_{\mathrm{G}} P_{1|0}} \tag{7-5-58}$$

(3) 初始可感知概率的设计。

规则 3 初始可感知概率 $P_{1|0}$ 的选择应该使得：当 σ_1 相对于 λ_1 大时，$P_{1|1}$ 应该尽可能多地增大；当 σ_1 相对于 λ_1 小时，$P_{1|1}$ 应该尽可能多地减少。设计方法是

$$P_{1|0} = \frac{1}{1 + \sqrt{\omega_1}} \tag{7-5-59}$$

此处

$$\omega_1 = 1 - P_{\mathrm{D}} P_{\mathrm{G}} + \frac{\sigma_1}{\lambda_1} P_{\mathrm{D}} P_{\mathrm{G}} \tag{7-5-60}$$

若 λ_1 未知，初始可感知概率可以设计为 $P_{1|0} = 0.5$。

5. 基于目标可感知概率的概率数据关联器

不难看出，概率数据关联方法隐含地假设目标总是可感知的，这在航迹保持阶段是正确的。对于航迹确认和航迹终止阶段，PDA 方法失去了应用的前提，这里的基于目标可感知概率的 PDA 方法为航迹初始化、航迹确认、航迹终止和航迹保持提供了一个有力的集成方案。

在**基于目标可感知概率的概率数据关联器(PB-PDA)**方法中，目标的状态估计为

$$\begin{aligned} \hat{\boldsymbol{x}}_{k|k} &\triangleq E(\boldsymbol{x}_k \mid O_k, \boldsymbol{Z}^k) = E(\boldsymbol{x}_k \mid \theta_i, O_k, \boldsymbol{Z}^k) P(\theta_i \mid O_k, \boldsymbol{Z}^k) \\ &= \hat{\boldsymbol{x}}_{k|k}^i \beta_k^i = \hat{\boldsymbol{x}}_{k|k-1} + \boldsymbol{K}_k \tilde{\boldsymbol{z}}_k \end{aligned} \tag{7-5-61}$$

其中

$$\hat{\boldsymbol{x}}_{k|k}^0 = \hat{\boldsymbol{x}}_{k|k-1} \tag{7-5-62}$$

$$\hat{\boldsymbol{x}}_{k|k}^i = \hat{\boldsymbol{x}}_{k|k-1} + \boldsymbol{K}_k \tilde{\boldsymbol{z}}_{k,i}, \quad i = 1, 2, \cdots, m_k \tag{7-5-63}$$

而

$$\hat{\boldsymbol{x}}_{k|k-1} \triangleq E(\boldsymbol{x}_k \mid O_k, \boldsymbol{Z}^{k-1}) \tag{7-5-64}$$

$$\tilde{\boldsymbol{z}}_k = \sum_{i=1}^{m_k} \beta_k^i \tilde{\boldsymbol{z}}_{k,i} \tag{7-5-65}$$

此处 $\tilde{\boldsymbol{z}}_{k,i}$ 为第 i 个量测的新息，$\boldsymbol{K}_k$ 为滤波增益；相应的状态估计协方差阵 $\boldsymbol{C}_{k|k}$ 分别为

(1) 当 $m_k = 0$ 时，有

$$\boldsymbol{C}_{k|k,0} \triangleq \boldsymbol{C}_{k|k-1} + b_0 \boldsymbol{K}_k \boldsymbol{S}_k \boldsymbol{K}_k^{\mathrm{T}} \tag{7-5-66}$$

其中 $\boldsymbol{C}_{k|k-1}$ 为相应于状态估计 $E\{\boldsymbol{x}_k | \theta_0, O_k, \boldsymbol{Z}^k\}$ 的协方差阵，而

$$b_0 = \frac{P_{\mathrm{D}} P_{\mathrm{G}} (1 - c_{\mathrm{T}})}{1 - P_{\mathrm{D}} P_{\mathrm{G}}} \tag{7-5-67}$$

$$c_{\mathrm{T}}=\frac{\Gamma_{\gamma/2}(n/2+1)}{(n/2)\Gamma_{\gamma/2}(n/2)} \tag{7-5-68}$$

其中，$\Gamma_{\gamma/2}(x)$为不完全 Gamma 分布[47]。

（2）当 $m_k>0$ 时，有

$$\begin{aligned}\boldsymbol{C}_{k|k}&=\beta_k^0[\boldsymbol{C}_{k|k-1}+b_0\boldsymbol{K}_kS_k(\boldsymbol{K}_k)^{\mathrm{T}}]+(1-\beta_k^0)[\boldsymbol{C}_{k|k-1}-\boldsymbol{K}_k\boldsymbol{S}_k(\boldsymbol{K}_k)^{\mathrm{T}}]+\widetilde{\boldsymbol{C}}_{k|k}\\&=\boldsymbol{C}_{k|k-1}+[\beta_k^0(1+b_0)-1]\boldsymbol{K}_kS_k(\boldsymbol{K}_k)^{\mathrm{T}}+\widetilde{\boldsymbol{C}}_{k|k}\end{aligned} \tag{7-5-69}$$

$$\widetilde{\boldsymbol{C}}_{k|k}=\boldsymbol{K}_k\left[\sum_{i=1}^{m_k}\beta_k^i\tilde{\boldsymbol{z}}_{k,i}(\tilde{\boldsymbol{z}}_{k,i})^{\mathrm{T}}-(\tilde{\boldsymbol{z}}_k\tilde{\boldsymbol{z}}_k)^{\mathrm{T}}\right]\boldsymbol{K}_k^{\mathrm{T}} \tag{7-5-70}$$

关联概率 β_k^i 按下式计算

$$\beta_k^0=\frac{\lambda_k}{\lambda_k+\sigma_kq} \tag{7-5-71}$$

$$\beta_k^i=\frac{P(\tilde{y}_i\mid\theta_i,\boldsymbol{Z}^{k-1})P_t(a_i)/P_f(a_i)}{\lambda_k/q+\sigma_k},\quad i=1,2,\cdots,m_k \tag{7-5-72}$$

其中

$$q=P_{\mathrm{D}}P_{\mathrm{G}}/(1-P_{\mathrm{D}}P_{\mathrm{G}}) \tag{7-5-73}$$

算法的详细推导见文献[45-46]。

7.6 分布式航迹关联

在实际的多传感信息融合系统中，多个传感器通常配置在一个很宽广的地理范围之上，而传感器之间以及传感器到融合中心之间的通信流量是受到限制的。在这种情况下，可以在各传感器处完成一定量的计算和处理任务，从而完成数据的部分压缩。然后，将经过压缩后的数据送到融合中心进行融合处理。与集中式系统相比，它具有更高的可靠性和可用性，可以降低通信带宽，并且两者也具有相似的性能。因而，在系统设计中，分布式结构已成为优先选用的方案。

在分布式多传感信息融合系统中，每个局部传感器在接收到各自的量测信息后，首先经过局部处理得到局部航迹，然后再将局部航迹送入融合中心进行处理。在融合中心，一个重要的任务是进行航迹-航迹关联，以确定来自不同传感器的局部航迹是否对应于同一个目标。实际上，就是解决传感器空间覆盖区域中的重复跟踪问题，因而航迹关联也被称为去重复。

用于航迹关联的算法通常可分为两类：一类是基于统计的方法，一类是基于模糊数学的方法。其中基于统计的方法包括加权法、修正法、独立序贯法、经典分配法、相关序贯法、统计双门限法等[49-51]。考虑到在航迹关联判决中存在着较大的模糊性，而这种模糊性可以用模糊数学中的隶属度函数表示，文献[52-54]中提出了模糊双门限航迹关联算法、模糊经典分配法、基于模糊综合函数的航迹关联准则等一系列模糊航迹关联方法。本节仅对用于航迹关联的经典统计方法加以介绍，更多的方法可参阅文献[12]中的描述。

7.6.1 基本符号

本节首先引入一些基本的表示方法。设整个分布式系统中有 N_s 个传感器，令 $\boldsymbol{x}_k^{l,i}$($l=1,2,\cdots,N_s$)代表传感器 l 第 i 个目标的真实状态；$\hat{\boldsymbol{x}}_{k|k}^{l,i}$，$\boldsymbol{P}_{k|k}^{l,i}$，$l=1,2,\cdots,N_s$ 分别代表传感器 l 对第 i 个目标的状态估计及其协方差阵。

记 $\tilde{\boldsymbol{x}}_k^{l,i}$ 为传感器 l 对航迹 i 的状态估计误差，有

$$\tilde{\boldsymbol{x}}_k^{l,i}=\boldsymbol{x}_k^{l,i}-\hat{\boldsymbol{x}}_{k|k}^{l,i} \tag{7-6-1}$$

引入

$$\hat{\boldsymbol{t}}_{l,m}^{i,j}(k)=\hat{\boldsymbol{x}}_{k|k}^{l,i}-\hat{\boldsymbol{x}}_{k|k}^{m,j} \tag{7-6-2}$$

作为下式的估计

$$\boldsymbol{t}_{l,m}^{i,j}(k)=\boldsymbol{x}_k^{l,i}-\boldsymbol{x}_k^{m,j} \tag{7-6-3}$$

有

$$\tilde{\boldsymbol{t}}_{l,m}^{i,j}(k)=\boldsymbol{t}_{l,m}^{i,j}(k)-\hat{\boldsymbol{t}}_{l,m}^{i,j}(k)=\tilde{\boldsymbol{x}}_k^{l,i}-\tilde{\boldsymbol{x}}_k^{m,j}$$

7.6.2 两个传感器之间的航迹关联

1. 加权航迹关联算法

该方法首先由 Singer 和 Kanyuck 在 1971 年提出[55]，它将航迹关联问题转化为如下假设检验问题。

H_0：传感器 l 的航迹 i 和传感器 m 的航迹 j 关联；(即，$\hat{\boldsymbol{x}}_{k|k}^{l,i}$ 和 $\hat{\boldsymbol{x}}_{k|k}^{m,j}$ 是同一目标的状态估计)；

H_1：传感器 l 的航迹 i 和传感器 m 的航迹 j 无关联。

加权法的基本假设：即假设局部结点间对同一个目标的状态估计误差 $\tilde{\boldsymbol{x}}_k^{l,i}$ 和 $\tilde{\boldsymbol{x}}_k^{m,j}$ 是独立的。此假设意味着，当 $\boldsymbol{x}_k^{l,i}=\boldsymbol{x}_k^{m,j}$(目标的真实状态)时，估计误差是统计独立的随机向量。在此假设成立的前提下，式(7-6-2)的协方差阵为

$$\begin{aligned}\boldsymbol{C}_{l,m}^{i,j}(k)&=E\{\tilde{\boldsymbol{t}}_{l,m}^{i,j}(k)[\tilde{\boldsymbol{t}}_{l,m}^{i,j}(k)]^{\mathrm{T}}\}\\&=E\{(\tilde{\boldsymbol{x}}_k^{l,i}-\tilde{\boldsymbol{x}}_k^{m,j})(\tilde{\boldsymbol{x}}_k^{l,i}-\tilde{\boldsymbol{x}}_k^{m,j})^{\mathrm{T}}\}=\boldsymbol{P}_{k|k}^{l,i}+\boldsymbol{P}_{k|k}^{m,j}\end{aligned} \tag{7-6-4}$$

而描述传感器 l 的航迹 i 和传感器 m 的航迹 j 的相似性的充分统计量为

$$\alpha_{l,m}^{i,j}(k)=(\hat{\boldsymbol{t}}_{l,m}^{i,j})^{\mathrm{T}}[\boldsymbol{C}_{l,m}^{i,j}(k)]^{-1}(\hat{\boldsymbol{t}}_{l,m}^{i,j}) \tag{7-6-5}$$

若假设 H_0 成立，$\alpha_{l,m}^{i,j}(k)$服从自由度为 n_x 的 χ^2 分布。这里，n_x 是状态估计向量的维数。如果 $\alpha_{l,m}^{i,j}(k)$低于使用 χ^2 分布获得的某一门限，接受假设 H_0，则判定传感器 l 的航迹 i 和传感器 m 的航迹 j 有关联；否则接受假设 H_1，判决二者无关联。

2. 修正航迹关联算法

在加权法中，基本假设是局部结点间对同一个目标的状态估计误差是独立的，但是，

由于共同的过程噪声，导致来自两个航迹文件的估计误差间并不总是独立的。

Bar-Shalom 在文献[49,56]中，考虑到共同过程噪声的影响，提出修正的加权法。其与加权法的根本区别就在于修正法考虑了其中的相关性。此时

$$\begin{aligned}\boldsymbol{B}_{l,m}^{i,j}(k) &= E\{(\tilde{\boldsymbol{x}}_k^{l,i}-\tilde{\boldsymbol{x}}_k^{m,j})(\tilde{\boldsymbol{x}}_k^{l,i}-\tilde{\boldsymbol{x}}_k^{m,j})^{\mathrm{T}}\} \\ &= \boldsymbol{P}_{k|k}^{l,i}+\boldsymbol{P}_{k|k}^{m,j}-\boldsymbol{P}_{k|k}^{(l,i),(m,j)}-(\boldsymbol{P}_{k|k}^{(l,i),(m,j)})^{\mathrm{T}}\end{aligned} \tag{7-6-6}$$

其中，$\boldsymbol{P}_{k|k}^{(l,i),(m,j)}$ 表示传感器 l 对目标 i 与传感器 m 对目标 j 状态估计之间的互协方差阵。于是，修正法的检验统计量为

$$\begin{aligned}\beta_{l,m}^{i,j}(k) &= (\hat{\boldsymbol{t}}_{l,m}^{i,j})^{\mathrm{T}}[\boldsymbol{B}_{l,m}^{i,j}(k)]^{-1}(\hat{\boldsymbol{t}}_{l,m}^{i,j}) \\ &= (\hat{\boldsymbol{x}}_k^{l,i}-\hat{\boldsymbol{x}}_k^{m,j})^{\mathrm{T}}[\boldsymbol{P}_{k|k}^{l,i}+\boldsymbol{P}_{k|k}^{m,j}-\boldsymbol{P}_{k|k}^{(l,i),(m,j)}-(\boldsymbol{P}_{k|k}^{(l,i),(m,j)})^{\mathrm{T}}]^{-1}(\hat{\boldsymbol{x}}_k^{l,i}-\hat{\boldsymbol{x}}_k^{m,j})\end{aligned} \tag{7-6-7}$$

如果 $\beta_{l,m}^{i,j}(k)$ 低于使用 χ^2 分布获得的某一门限，接受假设 H_0，判定传感器 l 的航迹 i 和传感器 m 的航迹 j 有关联；否则，接受假设 H_1，判决二者无关联。当过程噪声较大时，修正法较加权法的性能有所改善。

3. *序贯航迹关联算法*

前面介绍的加权法和修正法在密集目标环境下交叉，分叉航迹较多的场合下，其关联性能严重降低，出现了大量的错、漏关联航迹。何友教授借用雷达信号检测中的序贯检测思想，提出了序贯航迹关联方法[12,50,51]。该方法把航迹当前时刻的关联与其历史联系起来，并赋予良好的航迹关联质量与多义性处理技术，从而使其关联性能较加权法和修正法有很大的改善。

设两个局部传感器（传感器 l 和 m）直到 k 时刻对目标 i 和 j 状态估计之差的历史为

$$\{\hat{\boldsymbol{t}}_{l,m}^{i,j}(1),\hat{\boldsymbol{t}}_{l,m}^{i,j}(2),\cdots,\hat{\boldsymbol{t}}_{l,m}^{i,j}(k)\}$$

序贯航迹关联使用的统计量为

$$\lambda_{l,m}^{i,j}(k)=\sum_{n=1}^{k}(\hat{\boldsymbol{t}}_{l,m}^{i,j}(n))^{\mathrm{T}}[\boldsymbol{C}_{l,m}^{i,j}(n)]^{-1}\hat{\boldsymbol{t}}_{l,m}^{i,j}(n) \tag{7-6-8}$$

显然

$$\lambda_{l,m}^{i,j}(k)=\lambda_{l,m}^{i,j}(k-1)+(\hat{\boldsymbol{t}}_{l,m}^{i,j}(k))^{\mathrm{T}}[\boldsymbol{C}_{l,m}^{i,j}(k)]^{-1}\hat{\boldsymbol{t}}_{l,m}^{i,j}(k) \tag{7-6-9}$$

按照 Gauss 分布假设，随机量 $(\hat{\boldsymbol{t}}_{l,m}^{i,j}(n))^{\mathrm{T}}\boldsymbol{C}_{l,m}^{i,j}(n)\hat{\boldsymbol{t}}_{l,m}^{i,j}(n)$ 满足自由度为 n_x 的 χ^2 分布，于是，$\lambda_{l,m}^{i,j}(k)$ 便是具有 kn_x 自由度的 χ^2 分布随机量。这样，便可对 H_0 和 H_1 进行假设检验。如果满足

$$\lambda_{l,m}^{i,j}(k)\leqslant\delta(k) \tag{7-6-10}$$

则接收 H_0，否则接收 H_1，其中阈值满足

$$P(\lambda_{l,m}^{i,j}(k)>\delta(k)\mid H_0)=\alpha \tag{7-6-11}$$

式中，α 是检验的显著水平，通常取 0.05、0.01 或 0.1 等。

上述是所谓的加权序贯法。当式(7-6-8)中的 $\boldsymbol{C}_{l,m}^{i,j}(k)$ 取值为 $\boldsymbol{B}_{l,m}^{i,j}(k)$（由式(7-6-6)定义）时，是所谓的相关（修正）序贯法。如果令式(7-6-9)中 $\lambda_{l,m}^{i,j}(k-1)=0$，则此时的序贯法变成前面提到的加权法或修正法。从式(7-6-9)的表达上看出，序贯航迹关联方法是一种递推算法，它没有明显增加计算负担和存储量，并且可获得比加权法和修正法更好的

效果。

4. 航迹关联质量与多义性处理技术

航迹关联质量 $q_{l,m}^{i,j}(n)$ 是关于航迹关联历史情况的度量，它以数值形式表示，其大小反映了两个航迹正确关联的可靠程度。来自传感器 l 局部航迹 i 和传感器 m 局部航迹 j 的在 n 时刻的关联质量用 $q_{l,m}^{i,j}(n)$ 表示，计算式如下

$$q_{l,m}^{i,j}(n)=q_{l,m}^{i,j}(n-1)+\Delta q_{l,m}^{i,j}(n) \tag{7-6-12}$$

其中

$$\Delta q_{l,m}^{i,j}(n)=\begin{cases}1, & \text{如果航迹 } i,j \text{ 之间满足式(7-6-10)} \\ -1, & \text{其他}\end{cases} \tag{7-6-13}$$

而 $q_{l,m}^{i,j}(0)=0$，$\max[q_{l,m}^{i,j}(n)]=6$；如果航迹 i 和航迹 j 在 n 时刻第一次关联，则 $q_{l,m}^{i,j}(n-1)=0$；为了减少计算量，当 $q_{l,m}^{i,j}(n)=6$ 时，规定这两条航迹为固定关联对，在后续的关联检验中，这两条局部航迹不再进行关联检验，直接进入航迹合成阶段。

在传感器 m 中，若存在一个以上的局部航迹 j 满足 χ^2 分布，此时产生所谓的多义性问题，需要进行最终的关联对判决。选择使关联质量 $q_{l,m}^{i,j}(k)$ 最大的 j^* 为关联对。如果使关联质量最大的 j^* 仍然不止一个，则取使航迹间位置差矢量序列的平均范数最小的 j^* 为最终关联对，因而

$$j^*=\arg\min_{j\in\{j_{*1},j_{*2},\cdots,j_{*q}\}}\frac{1}{k}\sum_{n=1}^{k}\|\tilde{\boldsymbol{x}}_{n,p}^{i,j}\| \tag{7-6-14}$$

其中，$\tilde{\boldsymbol{x}}_{n,p}^{i,j}$ 是航迹 i,j 在 n 时刻的位置差；$\{j_{*1},j_{*2},\cdots,j_{*q}\}$ 是传感器 m 中那些使 $q_{l,m}^{i,j}(n)$ 相等的局部航迹编号集合。

7.6.3 多传感器之间的航迹关联

1. 直接法

对于多传感情况($N_s>2$)，所有的局部传感器不仅存在着共同的公共监视区，而且个别局部传感器之间也可能存在着局部的公共监视区。

在直接法中，由于关联在数学上是一个等价关系，首先是传感器 1 与传感器 2 的局部航迹关联，然后传感器 2 与传感器 3 的局部航迹关联，以此类推，直至所有 N_s 个传感器都被处理完毕，最后运用等价关系的可传递性形成多个局部传感器间的共同关联航迹。

当共同的公共监视区内的航迹处理完之后，再采用相同方法处理个别局部传感器之间的局部公共监视区内的航迹。

2. 基于状态估计的多维分配方法

作为一种离散优化方法，多维分配算法在数据关联领域有着广泛的应用。本章 7.4 节给出了基于多维分配算法的集中式多传感量测互联方法，本节介绍基于多维分配算法

的航迹关联算法[12,57]。

(1) 多传感独立序贯航迹关联算法。

首先构造充分统计量

$$\rho_{i_{s-1}i_s}(k)=\rho_{i_{s-1}i_s}(k-1)+(\hat{\boldsymbol{x}}_k^{s-1,i_{s-1}}-\hat{\boldsymbol{x}}_k^{s,i_s})^{\mathrm{T}}[\boldsymbol{C}_{s-1,s}^{i_{s-1},i_s}(k)]^{-1}(\hat{\boldsymbol{x}}_k^{s-1,i_{s-1}}-\hat{\boldsymbol{x}}_k^{s,i_s}) \tag{7-6-15}$$

其中，$\boldsymbol{C}$ 按式(7-6-4)定义；$s=1,2,\cdots,N_s$ 是局部传感器编号，$i_s=1,2,\cdots,n_s$ 是局部传感器 s 中的局部航迹编号。

基于式(7-6-15)，构造全局统计量

$$\alpha_{i_1,i_2,\cdots,i_{N_s}}(k)=\sum_{s=2}^{N_s}\rho_{i_{s-1}i_s}(k) \tag{7-6-16}$$

并定义一个二进制变量

$$\eta_{i_1,i_2,\cdots,i_{N_s}}(k)=\begin{cases}1, & \text{如果 } H_0 \text{ 成立}\\ 0, & \text{如果 } H_1 \text{ 成立}\end{cases} \tag{7-6-17}$$

其中，H_0 是原假设，表示局部航迹 $i_1,i_2,\cdots,i_{N_s}$ 对应于同一个目标；H_1 是对立假设，表示局部航迹 $i_1,i_2,\cdots,i_{N_s}$ 对应于不同目标。于是，多传感独立序贯航迹关联问题可以转化为如下的多维分配问题

$$\min_{\eta_{i_1,i_2,\cdots,i_{N_s}}}\sum_{i_1=1}^{n_1}\sum_{i_2=1}^{n_2}\cdots\sum_{i_{N_s}=1}^{n_{N_s}}\alpha_{i_1,i_2,\cdots,i_{N_s}}(k)\eta_{i_1,i_2,\cdots,i_{N_s}}(k) \tag{7-6-18}$$

相应的约束条件为

$$\begin{cases}\displaystyle\sum_{i_2=1}^{n_2}\sum_{i_3=1}^{n_3}\cdots\sum_{i_{N_s}=1}^{n_{N_s}}\eta_{i_1,i_2,\cdots,i_{N_s}}(k)=1, & \forall i_1=1,2,\cdots,n_1\\ \displaystyle\sum_{i_1=1}^{n_1}\sum_{i_3=1}^{n_3}\cdots\sum_{i_{N_s}=1}^{n_{N_s}}\eta_{i_1,i_2,\cdots,i_{N_s}}(k)=1, & \forall i_2=1,2,\cdots,n_2\\ \vdots & \vdots\\ \displaystyle\sum_{i_1=1}^{n_1}\sum_{i_2=1}^{n_2}\cdots\sum_{i_{N_s-1}=1}^{n_{N_s-1}}\eta_{i_1,i_2,\cdots,i_{N_s}}(k)=1, & \forall i_{N_s}=1,2,\cdots,n_{N_s}\end{cases} \tag{7-6-19}$$

对此多维分配问题，可采用拉格朗日松弛算法[38-40]进行求解。另外，也可通过人工神经元网络方法[58]以及遗传算法[59]进行求解。当 $N_s=2$ 时，上述问题即退化二维分配问题，可用于两传感器航迹关联检验。

(2) 多传感相关序贯航迹关联算法。

多传感相关序贯航迹关联算法是多传感独立序贯航迹关联算法的直接扩展，此时的充分统计量按下式定义

$$\lambda_{i_{s-1},i_s}(k)=\lambda_{i_{s-1},i_s}(k-1)+(\hat{\boldsymbol{x}}_k^{s-1,i_{s-1}}-\hat{\boldsymbol{x}}_k^{s,i_s})^{\mathrm{T}}[\boldsymbol{B}_{s-1,s}^{i_{s-1},i_s}(k)]^{-1}(\hat{\boldsymbol{x}}_k^{s-1,i_{s-1}}-\hat{\boldsymbol{x}}_k^{s,i_s}) \tag{7-6-20}$$

其中,$\boldsymbol{B}$ 按式(7-6-6)定义。基于式(7-6-20),构造全局统计量

$$\beta_{i_1,i_2,\cdots,i_{N_s}}(k)=\sum_{s=2}^{N_s}\lambda_{i_{s-1},i_s}(k) \tag{7-6-21}$$

并定义一个二进制变量

$$\tau_{i_1,i_2,\cdots,i_M}(k)=\begin{cases}1, & \text{如果 } H_0 \text{ 成立}\\ 0, & \text{如果 } H_1 \text{ 成立}\end{cases} \tag{7-6-22}$$

其中,H_0 是原假设,表示局部航迹 $i_1,i_2,\cdots,i_{N_s}$ 对应于同一个目标;H_1 是对立假设,表示局部航迹 $i_1,i_2,\cdots,i_{N_s}$ 对应于不同目标。

于是,多传感独立序贯航迹关联问题可以转化为如下的多维分配问题

$$\min_{\tau_{i_1,i_2,\cdots,i_{N_s}}}\sum_{i_1=1}^{n_1}\sum_{i_2=1}^{n_2}\cdots\sum_{i_{N_s}=1}^{n_{N_s}}\beta_{i_1,i_2,\cdots,i_{N_s}}(k)\tau_{i_1,i_2,\cdots,i_{N_s}}(k) \tag{7-6-23}$$

相应的约束条件为

$$\begin{cases}\sum_{i_2=1}^{n_2}\sum_{i_3=1}^{n_3}\cdots\sum_{i_{N_s}=1}^{n_{N_s}}\tau_{i_1,i_2,\cdots,i_{N_s}}(k)=1, & \forall i_1=1,2,\cdots,n_1\\ \sum_{i_1=1}^{n_1}\sum_{i_3=1}^{n_3}\cdots\sum_{i_{N_s}=1}^{n_{N_s}}\tau_{i_1,i_2,\cdots,i_{N_s}}(k)=1, & \forall i_2=1,2,\cdots,n_2\\ \vdots & \vdots\\ \sum_{i_1=1}^{n_1}\sum_{i_2=1}^{n_2}\cdots\sum_{i_{N_s-1}=1}^{n_{N_s-1}}\tau_{i_1,i_2,\cdots,i_{N_s}}(k)=1, & \forall i_{N_s}=1,2,\cdots,n_{N_s}\end{cases} \tag{7-6-24}$$

另外一类解决多传感航迹关联问题的多维分配算法是基于拟测量的[12,57],与基于状态估计的多维分配算法相比,此方法需耗费更多的计算和通信资源。

7.7 小结

数据关联是整个多目标跟踪系统中的核心问题。数据关联精度是影响跟踪和融合系统性能的关键因素,因为关联错误至少在一段时间内严重影响系统后续数据处理的精度。本章针对数据关联领域中的三类问题:量测-量测关联、量测-航迹关联、航迹-航迹关联,分别进行了阐述,不仅包括数据关联领域中的一些经典算法,同时也包括一些近年来受到广泛关注的研究热点。数据关联领域的难点在于目标批次过多和杂波密度过大导致计算上的组合爆炸问题,发展适用于并行计算的数据关联算法是大势所趋。

参考文献

[1] Singer R A, Sea R G. A new filter for optimal tracking in dense multitarget environment[C]// Proceedings of the ninth Allerton Conference Circuit and System Theory, Urbana, 1971: 201-211.

[2] Singer R A, Stein J J. An optimal tracking filter for processing sensor data of imprecisely determined origin in surveillance system [C]//Proceedings of the tenth IEEE Conference on Decision and Control, Miami Beach, 1971: 171-175.

[3] Bar-Shalom Y, Tse E. Tracking in a cluttered environment with probabilistic data association[J]. Automatica, 1975, 11(9): 451-460.

[4] Bar-Shalom Y, Fortmann T E. Tracking and Data Association[M]. Boston: Academic Press, 1988.

[5] Fitzgerald R J. Development of practical PDA logic for multitarget tracking by microprocessor [C]//Proceedings of the American Controls Conference. New York, USA: IEEE, 1986: 889-898.

[6] Roecker J A, Phillis G L. Suboptimal joint probabilistic data association[J]. IEEE Transactions on Aerospace and Electronic Systems, 1993, 29(2): 510-517.

[7] Roecker J A. A class of near optimal JPDA algorithm[J]. IEEE Transactions on Aerospace and Electronic Systems, 1994, 30(2): 504-510.

[8] O'Neil S D, Bridgland M F. Fast algorithm for joint probalistic data association[C]//Proceedings of the SDI panels on Tracking, 1991(3). 102-122.

[9] Fisher J L, Casasent D P. Fast JPDA multitarget tracking algorithm [J]. Applied Optics, 1989, 28(2): 371-376.

[10] O'Neil S D, Pao L Y. Multisensor fusion algorithms for tracking [C]//Proc. 1993 American Control Conf. Piscataway, NJ, USA: IEEE, 1993. 859-863.

[11] Pao L Y, Frei C W. A comparison of parallel and sequential implementation of a multisensor multitarget tracking algorithm [C]//Proc. 1995 American Control Conf. Seattle, Washington, 1995. 1683-1687.

[12] 何友,王国宏,彭应宁,等.多传感器信息融合及应用[M].北京:电子工业出版社,2000.

[13] Michanel M S. A Particle Filtering Approach to Joint Passive Radar Tracking and Target Classification [D]. Urbana-Champaign: the University of Illinois, 2002.

[14] Orton M, Fitzgerald W S. A Bayesian approach to tracking multiple targets using sensor arrays and particle filters[J]. IEEE Transactions on Signal Processing, 2002, 50(2): 216-223.

[15] Hue C, Cadre J P L, Perez P. Sequential monte carlo methods for multitarget tracking and data fusion[J]. IEEE on Signal Processing, 2002, 50(2): 309-325.

[16] Frank, Oliver, Nieto, et al. Multiple target tracking using sequential monte carlo methods and statistical data association [C]//IEEE/RSJ International Conference on Intelligent Robots and Systems, 2003, 3: 2718-2723.

[17] Schultz D, Burgard W, Fox D, et al. Tracking multiple moving targets with a mobile robot using particle filters and statistical data association[C]//IEEE International Conference on Robotics and Automation, 2001, 2: 1665-1670.

[18] Karlsson R, Gustafsson F. Monte Carlo data association for multiple target tracking[J]. IEEE Target Tracking: Algorithms and Applications, 2001, 1: 13/1-13/5.

[19] Hue C, Cadre J P L, Perez P. Tracking multiple objects with particle filtering [J]. IEEE Transactions on Aerospace and Electronic Systems, 2002, 38(3): 791-812.

[20] Reid D B. An algorithm for tracking multiple targets[J]. IEEE Trans on Automatic Control, 1979, 24: 843-854.

[21] Whang J H, Lee J G. Multiple Hypothesis Tracking for Maneuvering Targets in Clutter Environment. SICE'95, Sapporo: 1995. 1493-1498.

[22] Danchick R, Newman G E. A fast method for finding the exact N-best hypothesis for multitarget tracking[J]. IEEE Transactions on Aerospace and Electronic Systems, 1993, 29(2): 555-560.

[23] Streit R L, Luginbuhl T E. Maximum likelihood method for probabilistic multi-hypothesis

tracking[C]//Proceedings of SPIE International Symposium, Signal and Data Processing of Small Targets. Bellingham, WA, USA: The International Society for Optical Engineering, 1994. 394-405.

[24] Streit R L, Luginbuhl T E. A Probabilistic multi-hypothesis tracking algorithm without enumeration and pruning[C]//Proceedings of the Sixth Joint Service Data Fusion Symposium. Laurel, MD: 1993. 1015-1024.

[25] Redner R A, Walker H F. Mixture densities, maximum likelihood and the EM algorithm[J]. Society for Industrial and Applied Mathematics, 1984, 26(2): 185-237.

[26] Gauvrit H, Cadre J P L E, Jauffret C. A formulation of multi-target tracking as an incomplete data problem[J]. IEEE Transactions on Aerospace and Engineering Systems, 1997, 33(4): 142-1257.

[27] Fortmann T E, Bar-Shalom Y, Scheffe M. Sonar tracking of multiple targets using joint probabilistic data association[J]. IEEE Journal of Oceanic Enigeering, 1983, 8(3): 173-184.

[28] 朱洪艳. 机动目标跟踪理论与应用研究[D]. 西安：西安交通大学, 2003.

[29] Wolf J K, Viterbi A M. Finding the best set of K paths through a trellis with applications to multitarget tracking[J]. IEEE Transactions on Aerospace and Electronic Systems, 1989, 25(2): 287-295.

[30] Zhu H Y, Han C Z, Han H. A new EM-based algorithm for the tracking of the maneuver target in cluttered environment[C]//Proceedings of international symposium on NOLTA Vol. 2. Xi'an, PRC: 2002. 833-836.

[31] 朱洪艳, 韩崇昭, 韩红. 杂波环境中机动输入序列与量测序列的联合最优估计[J]. 西安交通大学学报, 2003, 37(2): 175-178.

[32] Pattipati K R, Deb S, Bar-Shalom Y. A new relaxation algorithm and passive sensor data association[J]. IEEE on Automatic Control, 1992, 37(1): 198-213.

[33] Poore A B, Rijavec N. Multitarget tracking multi-dimensional assignment problems, and lagrangian relaxations[C]//Proceedings of the SDI Panels on Tracking. Bellingham, WA, USA: Society of Photo-Optical Instrumentation Engineers, 1991(2): 3-51-3-74.

[34] 敬忠良. 神经网络技术与应用[M]. 北京：国防工业出版社, 1995.

[35] 周宏仁, 敬忠良, 王培德. 机动目标跟踪[M]. 北京：国防工业出版社, 1991.

[36] Hu Z J, Leung H. Statistical performance analysis of track initiation techniques[J]. IEEE Transactions on Aerospace and Electronic Systems, 1997, 45(2): 445-456.

[37] Alexier K M, Bojilov L V. A hough transform track initiation algorithm for multiple passive sensors[C]//Proceedings of the 3th International Conference on Information Fusion. USA: IEEE, 2000. TuB2_11-TuB2_16.

[38] Semerdjiev E A, Alexiev K M. Bojilov L V. Multiple sensor data association using hough transform for track initiation [C]//Proceedings of the First International Conference on Multisource-Multisensor Information. Fusion, 1998, 2: 980-985.

[39] Blackman S, Dempster R, Broida T. Multiple hypothesis track confirmation for infrared surveillance systems[J]. IEEE Transactions on Aerospace and Electronic Systems, 1993, 29(3), 810-823.

[40] Fukushima F, Ito M, Tsujimichi S, et al. Track-initiation with the measurements of optical sensors by using MHT techniques. SICE'99, Morioka, 1999: 1123-1128.

[41] Keuk V G. Sequential track extraction[J]. IEEE Transactions on Aerospace and Electronic Systems, 1998, 34(4): 1135-1148.

[42] Blostein D S. A sequential detection approach to target tracking[J]. IEEE Transactions on Aerospace and Electronic Systems, 1994, 30(1): 197-212.

[43] Musicki D, Evans R. Joint integrated probabilistic data association-JIPDA[C]//Proceedings of the 5th International Conference on Information Fusion. USA: IEEE, 2002: 1120-1125.
[44] Musicki D, Evans R J, Stankovic S. Integrated probabilistic data association[J]. IEEE Trans on Automatic and Control, 1994, 39(6): 1237-1241.
[45] Li X R, Li N, Jilkov V P. SPRT-based track confirmation and rejection[C]//Proceedings of the 5th International Conference on Information Fusion. USA: IEEE, 2002: 951-958.
[46] Li N, Li X R. Target perceivability and its applications[J]. IEEE Trans on Signal Processing, 2001, 49 (11): 2588-2604.
[47] Li N, Li X R. Tracker design based on target perceivability[J]. IEEE Transactions on Aerospace and Electronic Systems, 2001, 37(1): 214-225.
[48] Li X R, Li N. Intelligent PDAF: Refinement of IPDAF for tracking in clutter[C]//Proc. 29th Southeastern Symposium on System Theory. Piscataway, NJ, USA: IEEE, March 1997. 133-137.
[49] Bar-Shalom Y. On the track-to-track correlation problem[J]. IEEE Transactions on Automatic Control, 1981, 26(2): 571-572.
[50] 何友. 多传感器数据融合模型评述[J]. 清华大学学报, 1996, 36(9): 14-20.
[51] 何友. 多传感器数据融合中的两种新的航迹相关算法[J]. 电子学报, 1997, 25(9): 10-14.
[52] Tummala M, Midwood S A. A fuzzy association data fusion algorithm for vessel traffic system [M]. NPS EC-98-004, USA, 1998.
[53] Wilson J F. A fuzzy association algorithm[J]. SPIE, 1997, 3068: 76-87.
[54] 何友, 彭应宁, 陆大. 多目标多传感器模糊双门限航迹相关算法[J]. 电子学报, 1998, 26(3): 15-19.
[55] Singer R, Kanyuck A J. Computer control of multiple site track correlation[J]. Automatica, 1971, 7: 455-464.
[56] Bar-Shalom Y, Campo L. The effect of the common process noise on the two-sensor fused-track covariance[J]. IEEE Transactions on Aerospace and Electronic Systems, 1986, 22(6): 803-805.
[57] Chang C B, Youens L C. Measurement correlation for multiple sensor tracking in a dense target environment[J]. IEEE Transactions on Automatic Control, 1982, 27(6): 1250-1252.
[58] Maa C Y, Shanblatt M A. Linear and quadratic programming in neural network analysis[J]. IEEE Transactions on Neural Network, 1992, 3(4): 580-594.
[59] Hou E S H, Ansari H, Ren H. A genetic algorithm for multiprocessor scheduling[J]. IEEE Transactions on Parallel and Distributed Systems, 1994, 5(2): 113-120.

第8章 异步融合

8.1 异步融合的一般概念

二十多年来,由于多传感器数据融合技术在航空、航天、航海、军事、工业和商业中的广泛应用及其未来发展的广阔前景,对它的研究也在迅速升温。但在多传感信息融合理论中,研究较多的是所谓**同步融合**(synchronous fusion)问题,即假设各传感器同步地对目标进行测量,并且同步传送数据到融合中心。然而,实际中经常遇到的却是**异步融合**(asynchronous fusion)问题,这是因为所用的各种不同的传感器具有不同的采样速率(数据率),以及传感器固有的滞后(如预处理时间)与通信滞后的不同,都会产生多传感信息到达融合中心不同步,即异步问题发生。在第4章讨论过目标跟踪的时间配准问题,即多传感器的采样起始时间、采样频率、数据链传输时延等的不一致,可能导致量测数据在时间的不同步,因此时间配准算法是多传感器目标跟踪的基础。通常所说的时间配准是指将不同采样时间的量测数据以某一传感器的采样频率为基准进行统一。

本章讨论集中异步融合问题,首先是所谓**顺序量测**(**in-sequence measurement**,**ISM**)异步融合问题,这是一类常见的异步问题;其次是所谓**非顺序量测**(**out-of-sequence measurement**,**OOSM**)异步融合问题,这也是常见的一种异步问题。两者的主要差别在于各传感器获得量测数据的时间顺序是否与各传感器量测数据到达融合中心的时间顺序一致。如果一致,则为顺序量测异步融合问题,否则为非顺序异步融合问题。下面就分别对这两种情况所涉及问题的内涵及解决方法进行讨论。

8.2 顺序量测异步融合

8.2.1 问题描述

考虑对一个运动目标进行跟踪,其动态方程可以用随机微分方程表示为

$$\mathrm{d}\boldsymbol{x}(t)=\boldsymbol{A}(\boldsymbol{t})\boldsymbol{x}(t)\mathrm{d}t+\boldsymbol{\sigma}(t)\mathrm{d}\boldsymbol{\xi}(t) \tag{8-2-1}$$

其中，$\boldsymbol{x}(t)\in\mathbb{R}^n$；$\boldsymbol{A}(t)$，$\boldsymbol{\sigma}(t)$ 是适当维数的系数矩阵；$\boldsymbol{\xi}(t)$ 是具有零均值和单位增量协方差阵的 Wiener 过程。

设 $\boldsymbol{\Phi}(t,s)$ 是 $\boldsymbol{A}(t)$对应的状态转移矩阵，T 为融合中心的采样周期，则对式(8-2-1)所描述的连续时间线性系统进行采样离散化后可得

$$\boldsymbol{x}_k\triangleq\boldsymbol{x}(t_k)=\boldsymbol{\Phi}_{k,k-1}\boldsymbol{x}_{k-1}+\boldsymbol{w}_{k,k-1} \tag{8-2-2}$$

其中

$$\boldsymbol{\Phi}_{k,k-1}=\boldsymbol{\Phi}(t_k,t_{k-1})$$
$$t_k=kT$$
$$\boldsymbol{w}_{k,k-1}=\int_{t_{k-1}}^{t_k}\boldsymbol{\Phi}(t_k,\tau)\sigma(\tau)\mathrm{d}\boldsymbol{\xi}(\tau)$$

根据随机积分的性质可知，离散化后得到的过程噪声$\{\boldsymbol{w}_{k,k-1}\}$是均值为零的高斯白噪声序列，其协方差阵为

$$\boldsymbol{Q}_{k,k-1}=\operatorname{cov}[\boldsymbol{w}_{k,k-1}]=\int_{t_{k-1}}^{t_k}\boldsymbol{\Phi}(t_k,\tau)\boldsymbol{\sigma}(\tau)\boldsymbol{\sigma}^{\mathrm{T}}(\tau)\boldsymbol{\Phi}^{\mathrm{T}}(t_k,\tau)\mathrm{d}\tau$$

假定有 N 个传感器对目标的运动状态独立地进行量测，传感器 i 的采样周期为 T_i。假定在时间间隔$(t_{k-1},t_k]$所有的传感器共量测到了 N_k 个量测，在这一时间间隔中，某个给定的传感器可能提供了一个或者多个量测，也可能没有提供任何量测。令 n_k^i 为传感器 i 在时间间隔$(t_{k-1},t_k]$提供的量测数，则

$$N_k=\sum_{i=1}^{N}n_k^i \tag{8-2-3}$$

如果在这一时间间隔上传感器 j 没有提供任何量测，则在式(8-2-3)中令 n_k^j 为零。

令 λ_k^i 为 t_k 和量测 $i(i=1,2,\cdots,N_k)$产生时刻之间的时间间隔，在$(t_{k-1},t_k]$时间间隔上，所有的量测都传送到融合中心后，融合中心根据数据帧中的“时戳”标记，对所有量测按照量测时间的先后顺序进行排序，可以得到 $\lambda_k^1,\lambda_k^2,\cdots,\lambda_k^{N_k}$，如图 8-2-1 所示。那么量测 i 可以被表示成

$$\boldsymbol{z}_{k-\lambda_k^i}^i=\boldsymbol{H}_{k-\lambda_k^i}^i\boldsymbol{x}_{k-\lambda_k^i}+\boldsymbol{v}_{k-\lambda_k^i}^i,\quad i=1,2,\cdots,N_k \tag{8-2-4}$$

其中，$\boldsymbol{H}_{k-\lambda_k^i}^i$ 为提供量测 i 的传感器的量测矩阵，量测噪声$\boldsymbol{v}_{k-\lambda_k^i}^i$ 是均值为零，协方差阵为 $\boldsymbol{R}_{k-\lambda_k^i}^i$ 的白噪声序列。

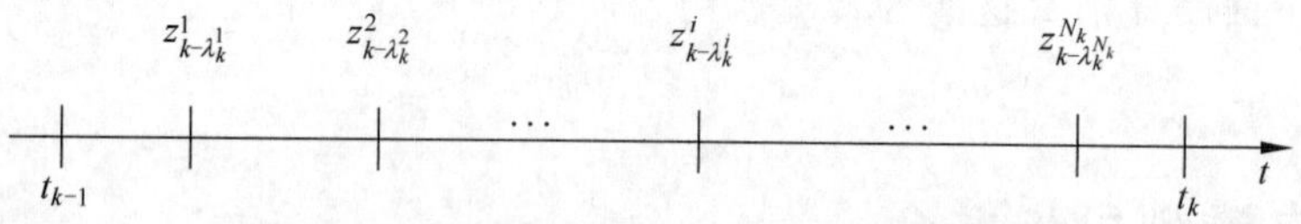

图 8-2-1　时间间隔$(t_{k-1},t_k]$上的传感器量测

令

$$\boldsymbol{z}_l=\{\boldsymbol{z}_{l-\lambda_l^i}^i\}_{i=1}^{N_l} \tag{8-2-5}$$

$$\boldsymbol{Z}^k=\{\boldsymbol{z}_l\}_{l=1}^k \tag{8-2-6}$$

并假定在 t_{k-1} 时刻在融合中心已经得到上个时刻的状态估计 $\hat{\boldsymbol{x}}_{k-1|k-1}=E^*[\boldsymbol{x}_{k-1}|\boldsymbol{Z}^{k-1}]$以及估计误差的协方差阵 $\boldsymbol{P}_{k-1|k-1}=\mathrm{cov}[\hat{\boldsymbol{x}}_{k-1|k-1}|\boldsymbol{Z}^{k-1}]$,则异步中心式融合问题可以简单地描述为：在 t_k 时刻,融合中心获得新的量测 $\boldsymbol{z}_k$ 后,求解 $\hat{\boldsymbol{x}}_{k|k}=E^*[\boldsymbol{x}_k|\boldsymbol{Z}^k]$ 和 $\boldsymbol{P}_{k|k}=\mathrm{cov}[\hat{\boldsymbol{x}}_{k|k}|\boldsymbol{Z}^k]$。

序贯滤波算法是解决上面给出的异步量测融合的最优算法,但由于某些传感器的数据率可能特别高,就会导致该算法的计算量非常高。为减小算法计算量,W. D. Blair 教授等人研究了光学传感器和雷达之间的量测融合问题[1-3],由于光学传感器比雷达具有更高的数据率,他们首先采用最小二乘估计技术实现了光学传感器多个异步量测的融合,使得融合后的等效量测与雷达量测同步,最后进行同步量测的融合。但由于在融合时对目标做了匀速运动的假设,所以这种仅仅依靠传感器量测数据,而不考虑目标实际运动模型的融合算法是次优的,难以进行准确的时间同步。下面介绍一种考虑目标运动模型来进行严格时间同步的异步量测融合算法。

8.2.2 顺序量测异步融合算法

由式(8-2-2)可知,在 $t_{k-\lambda_k^i}$ 时刻,$\boldsymbol{x}_k$ 可以表示为

$$\boldsymbol{x}_k=\boldsymbol{\Phi}_{k,k-\lambda_k^i}\boldsymbol{x}_{k-\lambda_k^i}+\boldsymbol{w}_{k,k-\lambda_k^i} \tag{8-2-7}$$

再由式(8-2-7)进一步可得

$$\boldsymbol{x}_{k-\lambda_k^i}=\boldsymbol{\Phi}_{k,k-\lambda_k^i}^{-1}(\boldsymbol{x}_k-\boldsymbol{w}_{k,k-\lambda_k^i}) \tag{8-2-8}$$

将式(8-2-8)代入式(8-2-4)可得

$$\begin{aligned}\boldsymbol{z}_{k-\lambda_k^i}^i&=\boldsymbol{H}_{k-\lambda_k^i}^i\boldsymbol{\Phi}_{k,k-\lambda_k^i}^{-1}(\boldsymbol{x}_k-\boldsymbol{w}_{k,k-\lambda_k^i})+\boldsymbol{v}_{k-\lambda_k^i}^i\\&=\boldsymbol{H}_{k-\lambda_k^i}^i\boldsymbol{\Phi}_{k,k-\lambda_k^i}^{-1}\boldsymbol{x}_k-\boldsymbol{H}_{k-\lambda_k^i}^i\boldsymbol{\Phi}_{k,k-\lambda_k^i}^{-1}\boldsymbol{w}_{k,k-\lambda_k^i}+\boldsymbol{v}_{k-\lambda_k^i}^i\end{aligned} \tag{8-2-9}$$

定义

$$\begin{cases}\bar{\boldsymbol{H}}_k^i=\boldsymbol{H}_{k-\lambda_k^i}^i\boldsymbol{\Phi}_{k,k-\lambda_k^i}^{-1}\\ \bar{\boldsymbol{\eta}}_k^i=\boldsymbol{v}_{k-\lambda_k^i}^i-\bar{\boldsymbol{H}}_k^i\boldsymbol{w}_{k,k-\lambda_k^i}\\ \bar{\boldsymbol{z}}_k^i=\boldsymbol{z}_{k-\lambda_k^i}^i\end{cases} \tag{8-2-10}$$

则有

$$\bar{\boldsymbol{z}}_k^i=\bar{\boldsymbol{H}}_k^i\boldsymbol{x}_k+\bar{\boldsymbol{\eta}}_k^i \tag{8-2-11}$$

再由式(8-2-2)和式(8-2-4)可知

$$\begin{cases}E[\bar{\boldsymbol{\eta}}_k^i]=0,\quad \mathrm{cov}[\bar{\boldsymbol{\eta}}_k^i]=\boldsymbol{R}_{k-\lambda_k^i}^i+\bar{\boldsymbol{H}}_k^i\boldsymbol{Q}_{k,k-\lambda_k^i}(\bar{\boldsymbol{H}}_k^i)^{\mathrm{T}}\\ \mathrm{cov}[\bar{\boldsymbol{\eta}}_k^i,\bar{\boldsymbol{\eta}}_k^j]=\bar{\boldsymbol{H}}_k^i\boldsymbol{Q}_{k,k-\lambda_k^s}(\bar{\boldsymbol{H}}_k^j)^{\mathrm{T}},\quad s=\max(i,j)\\ \mathrm{cov}[\boldsymbol{w}_{k,k-1},\bar{\boldsymbol{\eta}}_k^i]=-\boldsymbol{Q}_{k,k-\lambda_k^i}(\bar{\boldsymbol{H}}_k^i)^{\mathrm{T}}\end{cases} \tag{8-2-12}$$

令

$$\begin{cases}\boldsymbol{z}_k=[(\bar{\boldsymbol{z}}_k^1)^{\mathrm{T}},(\bar{\boldsymbol{z}}_k^2)^{\mathrm{T}},\cdots,(\bar{\boldsymbol{z}}_k^{N_k})^{\mathrm{T}}]^{\mathrm{T}}\\ \boldsymbol{H}_k=[(\bar{\boldsymbol{H}}_k^1)^{\mathrm{T}},(\bar{\boldsymbol{H}}_k^2)^{\mathrm{T}},\cdots,(\bar{\boldsymbol{H}}_k^{N_k})^{\mathrm{T}}]^{\mathrm{T}}\\ \boldsymbol{\eta}_k=[(\bar{\boldsymbol{\eta}}_k^1)^{\mathrm{T}},(\bar{\boldsymbol{\eta}}_k^2)^{\mathrm{T}},\cdots,(\bar{\boldsymbol{\eta}}_k^{N_k})^{\mathrm{T}}]^{\mathrm{T}}\end{cases}\tag{8-2-13}$$

则有

$$\boldsymbol{z}_k=\boldsymbol{H}_k\boldsymbol{x}_k+\boldsymbol{\eta}_k\tag{8-2-14}$$

且

$$\mathrm{cov}[\boldsymbol{\eta}_k,\boldsymbol{\eta}_k]=\begin{bmatrix}\bar{\boldsymbol{H}}_k^1\boldsymbol{Q}_{k,k-\lambda_k^1}(\bar{\boldsymbol{H}}_k^1)^{\mathrm{T}} & \bar{\boldsymbol{H}}_k^1\boldsymbol{Q}_{k,k-\lambda_k^2}(\bar{\boldsymbol{H}}_k^2)^{\mathrm{T}} & \cdots & \bar{\boldsymbol{H}}_k^1\boldsymbol{Q}_{k,k-\lambda_k^{N_k}}(\bar{\boldsymbol{H}}_k^{N_k})^{\mathrm{T}}\\ \bar{\boldsymbol{H}}_k^2\boldsymbol{Q}_{k,k-\lambda_k^2}(\bar{\boldsymbol{H}}_k^1)^{\mathrm{T}} & \bar{\boldsymbol{H}}_k^2\boldsymbol{Q}_{k,k-\lambda_k^2}(\bar{\boldsymbol{H}}_k^2)^{\mathrm{T}} & \cdots & \bar{\boldsymbol{H}}_k^2\boldsymbol{Q}_{k,k-\lambda_k^{N_k}}(\bar{\boldsymbol{H}}_k^{N_k})^{\mathrm{T}}\\ \vdots & \vdots & \ddots & \vdots\\ \bar{\boldsymbol{H}}_k^{N_k}\boldsymbol{Q}_{k,k-\lambda_k^{N_k}}(\bar{\boldsymbol{H}}_k^1)^{\mathrm{T}} & \bar{\boldsymbol{H}}_k^{N_k}\boldsymbol{Q}_{k,k-\lambda_k^2}(\bar{\boldsymbol{H}}_k^2)^{\mathrm{T}} & \cdots & \bar{\boldsymbol{H}}_k^{N_k}\boldsymbol{Q}_{k,k-\lambda_k^{N_k}}(\bar{\boldsymbol{H}}_k^{N_k})^{\mathrm{T}}\end{bmatrix}\tag{8-2-15}$$

$$\mathrm{cov}[\boldsymbol{w}_{k,k-1},\boldsymbol{\eta}_k]=[-\boldsymbol{Q}_{k,k-\lambda_k^1}(\bar{\boldsymbol{H}}_k^1)^{\mathrm{T}},-\boldsymbol{Q}_{k,k-\lambda_k^2}(\bar{\boldsymbol{H}}_k^2)^{\mathrm{T}},\cdots,-\boldsymbol{Q}_{k,k-\lambda_k^{N_k}}(\bar{\boldsymbol{H}}_k^{N_k})^{\mathrm{T}}]\tag{8-2-16}$$

对式(8-2-2)和式(8-2-14)应用第 2 章第 2.3.4 小节的过程噪声和量测噪声相关的 Kalman 滤波器即可得到融合中心的最优估计，但由于相应的协方差阵的维数相当高，所以该算法的计算复杂度也非常高，应该进一步研究能够简化计算的方法。

8.3 单个非顺序量测异步融合问题

8.3.1 非顺序量测问题产生的原因

在目标跟踪系统中，量测通常以“扫描”或者“帧”的形式采集，然后把这些量测传送到一个处理中心。描述目标运动的状态方程通常以连续时间的形式进行定义，然后离散化，原因是量测一般要求按照离散时间形式获得——传感器对每一个量测提供一个“时戳”。多传感器集中式跟踪系统是对来自所有传感器的量测在单一的一个中心进行处理。通常从不同的传感器传送扫描或者帧到中心时，由于数据率较高，网络传输存在随机的时间滞后，且各传感器量测预处理时间有所不同，则来自同一目标较早的量测，在较晚的量测之后到达融合中心的情况就有可能发生，这就是非顺序量测(OOSM)的情形。

这一情形甚至在没有扫描或帧的通信时间滞后时也可能发生。例如，假定传感器 1 的扫描 j 包含的时间间隔为$[t_{1,j-1},t_{1,j}]$，传感器 2 的扫描 l 相应于时间间隔$[t_{2,l-1},t_{2,l}]$，其中

$$t_{1,j-1}<t_{2,l-1}<t_{1,j}<t_{2,l}\tag{8-3-1}$$

也就是说，这两个时间间隔有一定的重叠。来自每个传感器的数据在每个扫描的末端被

传送到中心处理器。这样，来自传感器 2 的第 l 个扫描量测将会在来自传感器 1 的第 j 个扫描量测之后到达。现在，如果传感器 1 在接近它的第 j 个扫描的末端的 t_1 时刻得到来自某个目标的一个量测，并且传感器 2 在接近它的第 l 个扫描的开始得到来自同一目标的一个量测，即

$$t_{1,j-1} < t_{2,l-1} < t_2 < t_1 < t_{1,j} < t_{2,l}$$

那么，在 t_2 时刻的（较早的）量测将会在 t_1 时刻的量测之后到达信息处理器。也就是说，传感器量测非顺序地到达融合中心。

在目标跟踪系统中，融合中心通常只保留航迹的充分统计量——状态估计和相应的协方差阵。这样，当一个滞后的量测到达时，假定时戳为 t_d，在目标状态已经被更新到时刻 $t_k > t_d$ 之后，我们就会面临用来自时刻 t_d 的"较早的"量测来更新在时刻 t 的当前状态的问题。这就是在实际的多传感器系统中非常常见的"负时间量测更新"问题，原因是 $t_d - t_k$ 为负，而在标准的滤波问题中总假定为非负。此时，标准的滤波算法不能够被直接应用，必须研究新的滤波算法。

8.3.2 非顺序量测问题的数学描述

考虑式(8-2-1)对一个运动目标进行跟踪的动态方程，而传感器的量测方程为

$$\boldsymbol{z}_k = \boldsymbol{H}_k \boldsymbol{x}_k + \boldsymbol{v}_k \tag{8-3-2}$$

其中，量测噪声 $\{\boldsymbol{v}_k\}$ 是均值为零、协方差阵为 $\boldsymbol{R}_k$ 的白噪声序列。

另外，假设目标运动的初始时刻，过程噪声和量测噪声二者之间互不相关。假定来自时刻 t_d 的量测 z_d 为 l 步滞后，也就是说

$$t_{k-l} < t_d < t_{k-l+1} \tag{8-3-3}$$

其中，$1 \leqslant l \leqslant s$，$s$ 为各传感器量测到达融合中心的最大滞后时间。与式(8-2-2)类似，我们可以得到

$$\boldsymbol{w}_{k,k-1} = \int_{t_{k-1}}^{t_k} \boldsymbol{\Phi}(t_k, \tau) \sigma(\tau) \mathrm{d}\boldsymbol{\xi}(\tau) \tag{8-3-4}$$

$$\boldsymbol{x}_k = \boldsymbol{\Phi}_{k,d} \boldsymbol{x}_d + \boldsymbol{w}_{k,d} \tag{8-3-5}$$

其中，d 为 t_d 时刻的离散时间标记。上式可以按照后向差分重写为

$$\boldsymbol{x}_d = \boldsymbol{\Phi}_{d,k}(\boldsymbol{x}_k - \boldsymbol{w}_{k,d}) \tag{8-3-6}$$

其中，$\boldsymbol{\Phi}_{d,k} = \boldsymbol{\Phi}_{k,d}^{-1}$ 为后向状态转移矩阵。

要解决的问题如下：在时刻 $t = t_k$ 有

$$\hat{\boldsymbol{x}}_{k|k} \triangleq E^*[\boldsymbol{x}_k \mid \boldsymbol{Z}^k], \quad \boldsymbol{P}_{k|k} \triangleq \operatorname{cov}[\boldsymbol{x}_k \mid \boldsymbol{Z}^k] \tag{8-3-7}$$

其中，在时刻 t_k 累积的量测集合为

$$\boldsymbol{Z}^k \triangleq \{\boldsymbol{z}_i\}_{i=1}^{k} \tag{8-3-8}$$

随后，来自时刻 t_d 的较早的量测（从现在开始用离散时间标记 d 表示）

$$\boldsymbol{z}_d = \boldsymbol{H}_d \boldsymbol{x}_d + \boldsymbol{v}_d \tag{8-3-9}$$

在式(8-3-7)的状态估计已经计算出来以后到达。我们想用较早的量测式(8-3-9)来更新这一估计，即计算

$$\hat{\boldsymbol{x}}_{k|d}=E^*[\boldsymbol{x}_k \mid \boldsymbol{Z}^d], \quad \boldsymbol{P}_{k|d}=\operatorname{cov}[\boldsymbol{x}_k \mid \boldsymbol{Z}^d] \tag{8-3-10}$$

其中

$$\boldsymbol{Z}^d \triangleq \{\boldsymbol{Z}^k, \boldsymbol{z}_d\} \tag{8-3-11}$$

8.3.3 非顺序量测问题的主要处理算法

目前针对非顺序量测的滤波算法主要可分为四种，它们在各方面的性能差异和比较如表 8-3-1 所示。

表 8-3-1 主要非顺序量测滤波算法比较

性能比较	滤波算法			
	重新滤波法	数据缓存法	丢弃滞后量测法	直接更新法
滤波精度	最高	最高	最低	高
算法计算量	最大	小	最小	较小
算法存储量	最大	较小	最小	小
输出是否有滞后	无	有	无	无

第一种非顺序量测滤波算法是**重新滤波法**，它要求滤波器存储过去一段时间的量测数据和部分中间处理结果，当接收到滞后到达的传感器量测时，将滤波过程返回至该滞后量测被探测时刻，重新进行滤波。其中存储数据的历史时间长度应不小于最大滞后时间 s，存储的数据至少包括各时刻的状态估计、估计误差协方差阵、已接收的传感器量测及其噪声协方差阵。显然，重新滤波法可以取得与处理有序量测下 Kalman 滤波器相同的滤波精度，但它将增加滤波器的存储需求，并造成大量重复滤波，从而增加算法计算量，影响系统的实时性。

第二种是**数据缓存法**，它要求滤波器存储一段时间的传感器量测，对 s 时间以前的量测按探测时间排序，然后再进行滤波。这种算法避免了重复滤波，只增加了排序运算的计算量，并且同第一种算法一样，可以取得与处理有序量测的 Kalman 滤波器相同的滤波精度，但该算法需要较大的存储空间，以缓存过去最大滞后时间以内的传感器量测数据。另外，滤波器输出滞后的特点进一步使得其无法应用于实时系统。

第三种是**丢弃滞后量测法**，它采取丢弃滞后到达量测的策略，不做本次状态更新。这种算法尽管计算量和存储量都很小，而且输出没有滞后，但容易造成大量信息的丢失，滤波精度将严重降低。

第四种是**直接更新法**。假设在已知量测集合 $\boldsymbol{Z}^k=\{\boldsymbol{z}_1,\boldsymbol{z}_2,\cdots,\boldsymbol{z}_k\}$的情况下，滤波器最新时刻 t_k 的目标状态估计及其估计误差协方差阵分别为 $\hat{\boldsymbol{x}}_{k|k}$ 和 $\boldsymbol{P}_{k|k}$，此时滤波器滞后接收传感器在 $t_d(t_d<t_k)$时刻的量测 $\boldsymbol{z}_d$，则新的滤波时刻依然为 t_k。直接更新法将利用 $\boldsymbol{z}_d$ 对 t_k 时刻的目标状态直接进行再更新，以得到新的状态估计 $\hat{\boldsymbol{x}}_{k|d}=E^*[\boldsymbol{x}_k \mid \boldsymbol{Z}^k,\boldsymbol{z}_d]$及其误差协方差阵 $\boldsymbol{P}_{k|d}$。直接更新法的存储量和计算量较小，滤波输出没有滞后，而且具有潜在的高精度滤波性能，是实时多传感器组合跟踪系统的最佳选择。

8.3.4 直接更新法的通解

在 LMMSE 准则下，对于非顺序量测问题的最优更新算法为

$$\begin{cases}\hat{\boldsymbol{x}}_{k|d}=E^{*}(\boldsymbol{x}_k \mid \boldsymbol{Z}^k,\boldsymbol{z}_d)=\hat{\boldsymbol{x}}_{k|k}+\boldsymbol{K}_d(\boldsymbol{z}_d-\hat{\boldsymbol{z}}_{d|k})\\ \boldsymbol{P}_{k|d}=\mathrm{MSE}(\hat{\boldsymbol{x}}_{k|d} \mid \boldsymbol{Z}^k,\boldsymbol{z}_d)=\boldsymbol{P}_{k|k}-\boldsymbol{P}_{k,d|k}^{xz}S_d^{-1}(\boldsymbol{P}_{k,d|k}^{xz})^{\mathrm{T}}\\ \hat{\boldsymbol{z}}_{d|k}=E^{*}(\boldsymbol{z}_d \mid \boldsymbol{Z}^k)=\boldsymbol{H}_d\hat{\boldsymbol{x}}_{d|k}\\ \boldsymbol{K}_d=\boldsymbol{P}_{k,d|k}^{xz}(\boldsymbol{P}_{d,d|k}^{zz})^{-1}=\boldsymbol{P}_{k,d|k}^{xz}\boldsymbol{S}_d^{-1}\\ \boldsymbol{P}_{k,d|k}^{xz}=\mathrm{cov}(\boldsymbol{x}_k,\boldsymbol{z}_d \mid \boldsymbol{Z}^k)=E[(\boldsymbol{x}_k-\hat{\boldsymbol{x}}_{k|k})(\boldsymbol{z}_d-\hat{\boldsymbol{z}}_{d|k})^{\mathrm{T}} \mid \boldsymbol{Z}^k]\\ \boldsymbol{S}_d=\boldsymbol{P}_{d,d|k}^{zz}=\mathrm{cov}(\boldsymbol{z}_d,\boldsymbol{z}_d \mid \boldsymbol{Z}^k)=E[(\boldsymbol{z}_d-\hat{\boldsymbol{z}}_{d|k})(\boldsymbol{z}_d-\hat{\boldsymbol{z}}_{d|k})^{\mathrm{T}} \mid \boldsymbol{Z}^k]=E(\tilde{z}_{d|k}\tilde{z}_{d|k}^{\mathrm{T}})\end{cases} \tag{8-3-12}$$

对于所有的非顺序量测算法有

$$\boldsymbol{S}_d=\boldsymbol{H}_d\boldsymbol{P}_{d|k}\boldsymbol{H}_d^{\mathrm{T}}+\boldsymbol{R}_d \tag{8-3-13}$$

其中

$$\boldsymbol{P}_{d|k}=\mathrm{cov}[\boldsymbol{x}_d \mid \boldsymbol{Z}^k]=E[(\boldsymbol{x}_d-\hat{\boldsymbol{x}}_{d|k})(\boldsymbol{x}_d-\hat{\boldsymbol{x}}_{d|k})^{\mathrm{T}} \mid \boldsymbol{Z}^k]=E(\tilde{\boldsymbol{x}}_{d|k}\tilde{\boldsymbol{x}}_{d|k}^{\mathrm{T}}) \tag{8-3-14}$$

为了决定 $\hat{\boldsymbol{x}}_{k|d}$ 和 $\boldsymbol{P}_{k|d}$，我们需要 3 个关键的量：①$\hat{\boldsymbol{x}}_{d|k}$；②$\boldsymbol{P}_{d|k}$；③$\boldsymbol{P}_{k,d|k}^{xz}$，而每一个非顺序量测算法都描述如何来计算这 3 个量。

直接更新法是目前国内外学者重点研究的非顺序量测滤波算法，一些次优或最优的滤波器相继被提出，下面将分别进行介绍。

8.4 单个非顺序量测一步滞后滤波

对于单个非顺序量测的一步滞后滤波问题，也就是说，式(8-3-3)中的 $l=1$，即 $t_{k-1}<t_d<t_k$，图 8-4-1 给出了一个单个非顺序量测一步滞后的示意图。

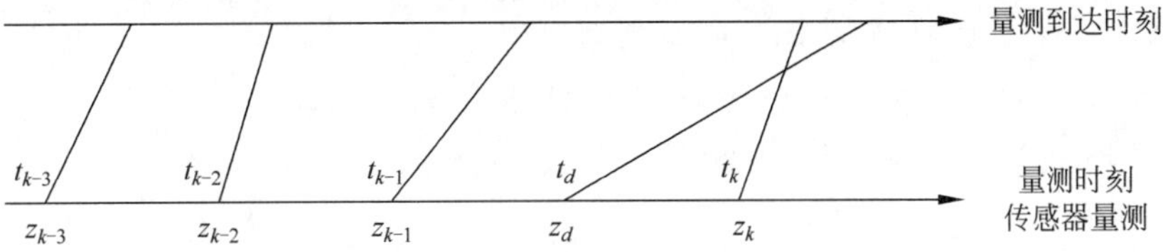

图 8-4-1 单个非顺序量测一步滞后的情形

对于单个非顺序量测的一步滞后滤波问题，目前常用的滤波算法有 3 种，分别为 Y. Bar-Shalom 教授提出的 $A1$ 算法[4-5]，文献[6-7]中给出的 $B1$ 算法和文献[8-9]中给出的 $C1$ 算法，下面分别进行介绍。

8.4.1 A1 算法

1. 向后状态预测

由式(8-3-6)，可得

$$E^{*}[\boldsymbol{x}_d \mid \boldsymbol{Z}^k]=\boldsymbol{\Phi}_{d,k}E^{*}[\boldsymbol{x}_k-\boldsymbol{w}_{k,d} \mid \boldsymbol{Z}^k]=\boldsymbol{\Phi}_{d,k}(\hat{\boldsymbol{x}}_{k|k}-\hat{\boldsymbol{w}}_{k,d|k}) \tag{8-4-1}$$

其中，$\hat{\boldsymbol{x}}_{k|k}$ 已经可用，最后一项 $\hat{\boldsymbol{w}}_{k,d|k}=E^{*}[\boldsymbol{w}_{k,d}|\boldsymbol{Z}^k]$的计算在下面给出。

进一步地，由于计算状态向后预测的协方差阵需要最后两项 $\boldsymbol{x}_k$ 和 $\boldsymbol{w}_{k,d}$ 以 $\boldsymbol{Z}^k$ 作条件的互协方差阵，定义

$$\boldsymbol{y}_k \triangleq \begin{bmatrix} \boldsymbol{x}_k \\ \boldsymbol{w}_{k,d} \end{bmatrix} \tag{8-4-2}$$

为了得到 $\hat{\boldsymbol{y}}_{k|k}$，利用线性估计的基本方程，可得

$$\hat{\boldsymbol{y}}_{k|k} \triangleq E^{*}[\boldsymbol{y}_k \mid \boldsymbol{Z}^k]=\hat{\boldsymbol{y}}_{k|k-1}+\operatorname{cov}[\boldsymbol{y}_k,\boldsymbol{z}_k \mid \boldsymbol{Z}^{k-1}]\operatorname{cov}^{-1}[\boldsymbol{z}_k \mid \boldsymbol{Z}^{k-1}](\boldsymbol{z}_k-\hat{\boldsymbol{z}}_{k|k-1}) \tag{8-4-3}$$

并且

$$\operatorname{cov}[\boldsymbol{y}_k \mid \boldsymbol{Z}^k]=\operatorname{cov}[\boldsymbol{y}_k \mid \boldsymbol{Z}^{k-1}]-\operatorname{cov}[\boldsymbol{y}_k,\boldsymbol{z}_k \mid \boldsymbol{Z}^{k-1}]\operatorname{cov}^{-1}[\boldsymbol{z}_k \mid \boldsymbol{Z}^{k-1}]\operatorname{cov}^{\mathrm{T}}[\boldsymbol{y}_k,\boldsymbol{z}_k \mid \boldsymbol{Z}^{k-1}] \tag{8-4-4}$$

当所有的随机变量服从联合 Gauss 分布时，这些方程产生条件均值。否则，同样的方程产生线性最小均方误差(LMMSE)估计。式(8-4-3)中的第一个协方差阵为

$$\operatorname{cov}(\boldsymbol{y}_k,\boldsymbol{z}_k \mid \boldsymbol{Z}^{k-1})=\begin{bmatrix} \operatorname{cov}[\boldsymbol{x}_k,\boldsymbol{z}_k \mid \boldsymbol{Z}^{k-1}] \\ \operatorname{cov}[\boldsymbol{w}_{k,d},\boldsymbol{z}_k \mid \boldsymbol{Z}^{k-1}] \end{bmatrix}=\begin{bmatrix} \boldsymbol{P}_{k|k-1}\boldsymbol{H}_k^{\mathrm{T}} \\ \boldsymbol{Q}_{k,d}\boldsymbol{H}_k^{\mathrm{T}} \end{bmatrix} \tag{8-4-5}$$

其中，上方块为一标准结果，而下方块在后面给出证明；其余有关的项为

$$\boldsymbol{S}_k \triangleq \operatorname{cov}(\boldsymbol{z}_k \mid \boldsymbol{Z}^{k-1})=\boldsymbol{H}_k\boldsymbol{P}_{k|k-1}\boldsymbol{H}_k^{\mathrm{T}}+\boldsymbol{R}_k \tag{8-4-6}$$

它是新息

$$\tilde{\boldsymbol{z}}_{k|k-1} \triangleq \boldsymbol{z}_k-\hat{\boldsymbol{z}}_{k|k-1} \tag{8-4-7}$$

的(标准)协方差阵。

这样，过程噪声的条件均值即式(8-4-3)的底部，如式(8-4-2)进行分块，就有

$$\hat{\boldsymbol{w}}_{k,d|k}=\boldsymbol{Q}_{k,d}\boldsymbol{H}_k^{\mathrm{T}}\boldsymbol{S}_k^{-1}\tilde{\boldsymbol{z}}_{k|k-1} \tag{8-4-8}$$

结果是，从 k 时刻到 d 时刻，状态的向后预测为

$$\hat{\boldsymbol{x}}_{d|k}=\boldsymbol{\Phi}_{d,k}(\hat{\boldsymbol{x}}_{k|k}-\boldsymbol{Q}_{k,d}\boldsymbol{H}_k^{\mathrm{T}}\boldsymbol{S}_k^{-1}\tilde{\boldsymbol{z}}_{k|k-1}) \tag{8-4-9}$$

如本节第 4 部分所示，相应于式(8-4-8)的协方差阵为

$$\boldsymbol{P}_{k,d|k}^{ww} \triangleq \operatorname{cov}(\boldsymbol{w}_{k,d} \mid \boldsymbol{Z}^k)=\boldsymbol{Q}_{k,d}-\boldsymbol{Q}_{k,d}\boldsymbol{H}_k^{\mathrm{T}}\boldsymbol{S}_k^{-1}\boldsymbol{H}_k\boldsymbol{Q}_{k,d} \tag{8-4-10}$$

并且式(8-4-1)的向后预测过程中两项的互协方差阵为

$$\boldsymbol{P}_{k,d|k}^{xw} \triangleq \operatorname{cov}(\boldsymbol{x}_k,\boldsymbol{w}_{k,d} \mid \boldsymbol{Z}^k)=\boldsymbol{Q}_{k,d}-\boldsymbol{P}_{k|k-1}\boldsymbol{H}_k^{\mathrm{T}}\boldsymbol{S}_k^{-1}\boldsymbol{H}_k\boldsymbol{Q}_{k,d} \tag{8-4-11}$$

同时，我们还有(标准的结果)

$$\boldsymbol{P}_{k|k} \triangleq \operatorname{cov}(\boldsymbol{x}_k \mid \boldsymbol{Z}^k)=\boldsymbol{P}_{k|k-1}-\boldsymbol{P}_{k|k-1}\boldsymbol{H}_k^{\mathrm{T}}\boldsymbol{S}_k^{-1}\boldsymbol{H}_k\boldsymbol{P}_{k|k-1} \tag{8-4-12}$$

联合以上各式，我们可得式(8-4-9)的状态向后预测的协方差阵为

$$\begin{aligned}\boldsymbol{P}_{d|k} &\triangleq \operatorname{cov}(\boldsymbol{x}_d \mid \boldsymbol{Z}^k) \\ &=\boldsymbol{\Phi}_{d,k}\{\operatorname{cov}[\boldsymbol{x}_k \mid \boldsymbol{Z}^k]+\operatorname{cov}[\boldsymbol{w}_{k,d} \mid \boldsymbol{Z}^k]- \\ &\quad \operatorname{cov}[\boldsymbol{x}_k,\boldsymbol{w}_{k,d} \mid \boldsymbol{Z}^k]-\operatorname{cov}^{\mathrm{T}}[\boldsymbol{x}_k,\boldsymbol{w}_{k,d} \mid \boldsymbol{Z}^k]\}\boldsymbol{\Phi}_{d,k}^{\mathrm{T}} \\ &=\boldsymbol{\Phi}_{d,k}[\boldsymbol{P}_{k|k}+\boldsymbol{P}_{k,d|k}^{ww}-\boldsymbol{P}_{k,d|k}^{xw}-(\boldsymbol{P}_{k,d|k}^{xw})^{\mathrm{T}}]\boldsymbol{\Phi}_{d,k}^{\mathrm{T}}\end{aligned} \tag{8-4-13}$$

注意：上面所有的条件协方差阵与条件 $\boldsymbol{Z}^k$ 独立。也就是说，它们与它们的无条件的(先验的)期望值相等。当计算次优技术先验的期望均方误差时，这一点变得很重要。

2. 带步非顺序量测的状态估计最优更新

利用式(8-4-13)，可得在 d 时刻向后预测得到的量测的协方差阵为

$$\boldsymbol{S}_d \triangleq \mathrm{cov}(\boldsymbol{z}_d \mid \boldsymbol{Z}^k) = \boldsymbol{H}_d \boldsymbol{P}_{d|k} \boldsymbol{H}_d^{\mathrm{T}} + \boldsymbol{R}_d \tag{8-4-14}$$

利用式(8-2-14)和式(8-2-11)，可得 k 时刻状态和这一量测之间的协方差阵为

$$\begin{aligned}\boldsymbol{P}_{k,d|k}^{xz} &\triangleq \mathrm{cov}(\boldsymbol{x}_k, \boldsymbol{z}_d \mid \boldsymbol{Z}^k) = \mathrm{cov}[\boldsymbol{x}_k, \boldsymbol{H}_d \boldsymbol{\Phi}_{d,k}(\boldsymbol{x}_k - \boldsymbol{w}_{k,d}) + \boldsymbol{v}_d \mid \boldsymbol{Z}^k] \\ &= (\boldsymbol{P}_{k|k} - \boldsymbol{P}_{k,d|k}^{xw}) \boldsymbol{\Phi}_{d,k}^{\mathrm{T}} \boldsymbol{H}_d^{\mathrm{T}}\end{aligned} \tag{8-4-15}$$

这样，使用非顺序量测 z_d 对最近状态估计 $\hat{\boldsymbol{x}}_{k/k}$ 的更新为

$$\hat{\boldsymbol{x}}_{k|d} = \hat{\boldsymbol{x}}_{k|k} + \boldsymbol{K}_d(\boldsymbol{z}_d - \boldsymbol{H}_d \hat{\boldsymbol{x}}_{d|k}) \tag{8-4-16}$$

其中，$\hat{\boldsymbol{x}}_{d|k}$ 如式(8-4-9)所示，这一更新中使用的增益为

$$\boldsymbol{K}_d \triangleq \boldsymbol{P}_{k,d|k}^{xz} \boldsymbol{S}_d^{-1} \tag{8-4-17}$$

这一更新状态估计的协方差阵为

$$\boldsymbol{P}_{k|d} = \boldsymbol{P}_{k|k} - \boldsymbol{P}_{k,d|k}^{xz} \boldsymbol{S}_d^{-1} (\boldsymbol{P}_{k,d|k}^{xz})^{\mathrm{T}} \tag{8-4-18}$$

3. 最优算法的总结

从 k 时刻到 d 时刻状态的向后预测为

$$\hat{\boldsymbol{x}}_{d|k} = \boldsymbol{\Phi}_{d,k}(\hat{\boldsymbol{x}}_{k|k} - \boldsymbol{Q}_{k,d} \boldsymbol{H}_k^{\mathrm{T}} \boldsymbol{S}_k^{-1} \tilde{\boldsymbol{z}}_{k|k-1}) \tag{8-4-19}$$

与状态向后预测相关的协方差阵为

$$\boldsymbol{P}_{k,d|k}^{ww} = \boldsymbol{Q}_{k,d} - \boldsymbol{Q}_{k,d} \boldsymbol{H}_k^{\mathrm{T}} \boldsymbol{S}_k^{-1} \boldsymbol{H}_k \boldsymbol{Q}_{k,d} \tag{8-4-20}$$

$$\boldsymbol{P}_{k,d|k}^{xw} = \boldsymbol{Q}_{k,d} - \boldsymbol{P}_{k|k-1} \boldsymbol{H}_k^{\mathrm{T}} \boldsymbol{S}_k^{-1} \boldsymbol{H}_k \boldsymbol{Q}_{k,d} \tag{8-4-21}$$

$$\boldsymbol{P}_{k|k} = \boldsymbol{P}_{k|k-1} - \boldsymbol{P}_{k|k-1} \boldsymbol{H}_k^{\mathrm{T}} \boldsymbol{S}_k^{-1} \boldsymbol{H}_k \boldsymbol{P}_{k|k-1} \tag{8-4-22}$$

状态向后预测的协方差阵为

$$\boldsymbol{P}_{d|k} = \boldsymbol{\Phi}_{d,k}[\boldsymbol{P}_{k|k} + \boldsymbol{P}_{k,d|k}^{ww} - \boldsymbol{P}_{k,d|k}^{xw} - (\boldsymbol{P}_{k,d|k}^{xw})^{\mathrm{T}}] \boldsymbol{\Phi}_{d,k}^{\mathrm{T}} \tag{8-4-23}$$

而向后预测得到的量测的协方差阵为

$$\boldsymbol{S}_d = \boldsymbol{H}_d \boldsymbol{P}_{d|k} \boldsymbol{H}_d^{\mathrm{T}} + \boldsymbol{R}_d \tag{8-4-24}$$

k 时刻的状态和这一量测之间的协方差阵为

$$\boldsymbol{P}_{k,d|k}^{xz} = (\boldsymbol{P}_{k|k} - \boldsymbol{P}_{k,d|k}^{xw}) \boldsymbol{\Phi}_{d,k}^{\mathrm{T}} \boldsymbol{H}_d^{\mathrm{T}} \tag{8-4-25}$$

更新中使用的增益为

$$\boldsymbol{K}_d = \boldsymbol{P}_{k,d|k}^{xz} \boldsymbol{S}_d^{-1} \tag{8-4-26}$$

使用非顺序量测 $\boldsymbol{z}_d$ 对最近状态估计 $\hat{\boldsymbol{x}}_{k|k}$ 的更新为

$$\hat{\boldsymbol{x}}_{k|d} = \hat{\boldsymbol{x}}_{k|k} + \boldsymbol{K}_d(\boldsymbol{z}_d - \boldsymbol{H}_d \hat{\boldsymbol{x}}_{d|k}) \tag{8-4-27}$$

更新状态估计的协方差阵为

$$\boldsymbol{P}_{k|d} = \boldsymbol{P}_{k|k} - \boldsymbol{P}_{k,d|k}^{xz} \boldsymbol{S}_d^{-1} (\boldsymbol{P}_{k,d|k}^{xz})^{\mathrm{T}} \tag{8-4-28}$$

4. $A1$ 算法中部分协方差阵的推导

为了得到式(8-4-5)，我们有

$$z_k = H_k x_k + v_k = H_k(\Phi_{k,d} x_d + w_{k,d}) + v_k \tag{8-4-29}$$

那么，利用上式，可得

$$\begin{aligned}\operatorname{cov}(w_{k,d}, z_k \mid Z^{k-1}) &= E[w_{k,d}(z_k - \hat{z}_{k|k-1})^{\mathrm{T}} \mid Z^{k-1}] \\ &= E\{w_{k,d}[H_k(\Phi_{k,d} x_d + w_{k,d}) + v_k - \hat{z}_{k|k-1}]^{\mathrm{T}} \mid Z^{k-1}\} \\ &= E(w_{k,d} w_{k,d}^{\mathrm{T}} \mid Z^{k-1}) H_k^{\mathrm{T}} = Q_{k,d} H_k^{\mathrm{T}}\end{aligned} \tag{8-4-30}$$

原因是所有其余项都相互正交。也要注意的是

$$\operatorname{cov}(x_k, w_{k,d} \mid Z^{k-1}) = Q_{k,d} \tag{8-4-31}$$

利用上式，式(8-4-4)的协方差阵按照分块矩阵的形式，可以明确地写为

$$\operatorname{cov}\left\{\begin{bmatrix} x_k \\ w_{k,d} \end{bmatrix} \middle| Z^k \right\} = \begin{bmatrix} P_{k|k-1} & Q_{k,d} \\ Q_{k,d} & Q_{k,d} \end{bmatrix} - \begin{bmatrix} P_{k|k-1} H_k^{\mathrm{T}} \\ Q_{k,d} H_k^{\mathrm{T}} \end{bmatrix} S_k^{-1} \begin{bmatrix} P_{k|k-1} H_k^{\mathrm{T}} \\ Q_{k,d} H_k^{\mathrm{T}} \end{bmatrix}^{\mathrm{T}} \tag{8-4-32}$$

其中，$P_{k|k-1}$ 为状态预测协方差阵。执行最后的乘法并且对各项分组，产生的分块(2,2)为式(8-4-10)，分块(1,2)为式(8-4-11)。注意分块(1,1)为标准的状态协方差阵更新。

8.4.2 *B*1 算法

文献[4-5]中的技术，被称为算法"B"，它假设过程噪声的向后预测为零，即 $\hat{w}_{k,d|k} = 0$，其计算可概括如下：从 k 时刻到 d 时刻目标运动状态的向后预测为

$$\hat{x}_{d|k}^{\mathrm{B}} = \Phi_{d,k} \hat{x}_{k|k} \tag{8-4-33}$$

与状态向后预测相关的协方差阵可如下计算

$$\begin{cases} P_{k,d|k}^{ww,\mathrm{B}} = Q_{k,d} \\ P_{k,d|k}^{xw,\mathrm{B}} = Q_{k,d} - P_{k|k-1} H_k^{\mathrm{T}} S_k^{-1} H_k Q_{k,d} \\ P_{k|k} = P_{k|k-1} - P_{k|k-1} H_k^{\mathrm{T}} S_k^{-1} H_k P_{k|k-1} \end{cases} \tag{8-4-34}$$

状态向后预测的(滤波器计算的)协方差阵为

$$P_{d|k}^{\mathrm{B}} = \Phi_{d,k}[P_{k|k} + P_{k,d|k}^{ww,\mathrm{B}} - P_{k,d|k}^{xw,\mathrm{B}} - (P_{k,d|k}^{xw,\mathrm{B}})^{\mathrm{T}}] \Phi_{d,k}^{\mathrm{T}} \tag{8-4-35}$$

向后预测得到的量测的协方差阵为

$$S_d^{\mathrm{B}} = H_d P_{d|k}^{\mathrm{B}} H_d^{\mathrm{T}} + R_d \tag{8-4-36}$$

k 时刻状态和这一量测之间的协方差阵可如下计算

$$P_{k,d|k}^{xz,\mathrm{B}} = (P_{k|k} - P_{k,d|k}^{xw,\mathrm{B}}) \Phi_{d,k}^{\mathrm{T}} H_d^{\mathrm{T}} \tag{8-4-37}$$

更新中使用的增益为

$$K_d^{\mathrm{B}} = P_{k,d|k}^{xz,\mathrm{B}} (S_d^{\mathrm{B}})^{-1} \tag{8-4-38}$$

使用非顺序量测 z_d 对最近状态估计 $\hat{x}_{k|k}$ 的更新为

$$\hat{x}_{k|d}^{\mathrm{B}} = \hat{x}_{k|k} + K_d^{\mathrm{B}}(z_d - H_d \hat{x}_{d|k}^{\mathrm{B}}) \tag{8-4-39}$$

计算的更新状态估计的协方差阵为

$$P_{k|d}^{\mathrm{B}} = P_{k|k} - P_{k,d|k}^{xz,\mathrm{B}} (S_d^{\mathrm{B}})^{-1} (P_{k,d|k}^{xz,\mathrm{B}})^{\mathrm{T}} \tag{8-4-40}$$

算法 B 和最优算法的唯一不同是式(8-4-33)和式(8-4-34)的第一式，它们分别是式(8-4-19)和式(8-4-20)的简化版本。

8.4.3 C1 算法

文献[3]中的次优技术，被称为算法"C"，也假设过程噪声的向后预测为零，即 $\hat{w}_{k,d|k}=0$，只包括式(8-4-9)、式(8-4-13)和式(8-4-15)的第一项，其计算过程可概括如下：从时刻 k 到 d 状态的向后预测为

$$\hat{\boldsymbol{x}}_{d|k}^{\mathrm{C}}=\boldsymbol{\Phi}_{d,k}\hat{\boldsymbol{x}}_{k|k} \tag{8-4-41}$$

状态向后预测的(滤波器计算的)协方差阵为

$$\boldsymbol{P}_{d|k}^{\mathrm{C}}=\boldsymbol{\Phi}_{d,k}\boldsymbol{P}_{k|k}\boldsymbol{\Phi}_{d,k}^{\mathrm{T}} \tag{8-4-42}$$

向后预测得到的量测的协方差阵可如下计算

$$\boldsymbol{S}_{d}^{\mathrm{C}}=\boldsymbol{H}_{d}\boldsymbol{P}_{d|k}^{\mathrm{C}}\boldsymbol{H}_{d}^{\mathrm{T}}+\boldsymbol{R}_{d} \tag{8-4-43}$$

k 时刻状态和这一量测之间的协方差阵可如下计算

$$\boldsymbol{P}_{k,d|k}^{xz,\mathrm{C}}=\boldsymbol{P}_{k|k}\boldsymbol{\Phi}_{d,k}^{\mathrm{T}}\boldsymbol{H}_{d}^{\mathrm{T}} \tag{8-4-44}$$

而更新中使用的增益为

$$\boldsymbol{K}_{d}^{\mathrm{C}}=\boldsymbol{P}_{k,d|k}^{xz,\mathrm{C}}(\boldsymbol{S}_{d}^{\mathrm{C}})^{-1} \tag{8-4-45}$$

使用非顺序量测 $\boldsymbol{z}_d$ 对最近状态估计 $\hat{\boldsymbol{x}}_{k|k}$ 的更新为

$$\hat{\boldsymbol{x}}_{k|d}^{\mathrm{C}}=\hat{\boldsymbol{x}}_{k|k}+\boldsymbol{K}_{d}^{\mathrm{C}}(\boldsymbol{z}_{d}-\boldsymbol{H}_{d}\hat{\boldsymbol{x}}_{d|k}^{\mathrm{C}}) \tag{8-4-46}$$

计算的更新状态估计的协方差阵为

$$\boldsymbol{P}_{k|d}^{\mathrm{C}}=\boldsymbol{P}_{k|k}-\boldsymbol{P}_{k,d|k}^{xz,\mathrm{C}}(\boldsymbol{S}_{d}^{\mathrm{C}})^{-1}(\boldsymbol{P}_{k,d|k}^{xz,\mathrm{C}})^{\mathrm{T}} \tag{8-4-47}$$

算法 C 和算法 B 唯一的不同是式(8-4-42)，它替换了式(8-4-35)。

8.4.4 各种算法比较

尽管两种次优算法都计算它们自己的"协方差阵"，然而在任一情况下都不能保证这些表达式是其误差的一个精确测量，原因是它们都忽略掉了式(8-4-8)这一项。以 $\boldsymbol{Z}^k$ 作条件，这两种估计都是有偏的，所以就需要知道包括协方差和偏差效果的相应的矩阵均方误差。

两种算法使用如下形式的更新

$$\hat{\boldsymbol{x}}_{k|d}^{*}=\hat{\boldsymbol{x}}_{k|k}+\boldsymbol{K}_{d}^{*}(\boldsymbol{z}_{d}-\boldsymbol{H}_{d}\hat{\boldsymbol{x}}_{d|k}^{*}) \tag{8-4-48}$$

其中，* 表示 B 或 C 的任意一个。相应于上式的误差为

$$\begin{aligned}\tilde{\boldsymbol{x}}_{k|d}^{*}&=\boldsymbol{x}_{k}-\hat{\boldsymbol{x}}_{k|k}-\boldsymbol{K}_{d}^{*}(\boldsymbol{z}_{d}-\boldsymbol{H}_{d}\hat{\boldsymbol{x}}_{d|k}^{*})=\tilde{\boldsymbol{x}}_{k|k}-\boldsymbol{K}_{d}^{*}\boldsymbol{H}_{d}\boldsymbol{\Phi}_{d,k}(\boldsymbol{x}_{k}-\boldsymbol{w}_{k,d}-\hat{\boldsymbol{x}}_{k|k})-\boldsymbol{K}_{d}^{*}\boldsymbol{v}_{d}\\&=(\boldsymbol{I}-\boldsymbol{K}_{d}^{*}\boldsymbol{H}_{d}\boldsymbol{\Phi}_{d,k})\tilde{\boldsymbol{x}}_{k|k}+\boldsymbol{K}_{d}^{*}\boldsymbol{H}_{d}\boldsymbol{\Phi}_{d,k}\boldsymbol{w}_{k,d}-\boldsymbol{K}_{d}^{*}\boldsymbol{v}_{d}\\&=(\boldsymbol{I}-\boldsymbol{L}_{k,d}^{*})\tilde{\boldsymbol{x}}_{k|k}+\boldsymbol{L}_{k,d}^{*}\boldsymbol{w}_{k,d}-\boldsymbol{K}_{d}^{*}\boldsymbol{v}_{d}\end{aligned} \tag{8-4-49}$$

其中

$$\boldsymbol{L}_{k,d}^{*}=\boldsymbol{K}_{d}^{*}\boldsymbol{H}_{d}\boldsymbol{\Phi}_{d,k} \tag{8-4-50}$$

那么矩阵 MSE 就为

$$\begin{aligned}\boldsymbol{M}_{k|d}^{*}&=E[\tilde{\boldsymbol{x}}_{k|d}^{*}(\tilde{\boldsymbol{x}}_{k|d}^{*})^{\mathrm{T}}\mid\boldsymbol{Z}^{k}]\\&=(\boldsymbol{I}-\boldsymbol{L}_{k,d}^{*})E[\tilde{\boldsymbol{x}}_{k|k}\tilde{\boldsymbol{x}}_{k|k}^{\mathrm{T}}\mid\boldsymbol{Z}^{k}](\boldsymbol{I}-\boldsymbol{L}_{k,d}^{*})^{\mathrm{T}}+\boldsymbol{L}_{k,d}^{*}E[\boldsymbol{w}_{k,d}\boldsymbol{w}_{k,d}^{\mathrm{T}}\mid\boldsymbol{Z}^{k}](\boldsymbol{L}_{k,d}^{*})^{\mathrm{T}}+\end{aligned}$$

$$(\boldsymbol{I}-\boldsymbol{L}_{k,d}^{*})E[\tilde{\boldsymbol{x}}_{k|k}\boldsymbol{w}_{k,d}^{\mathrm{T}}\mid \boldsymbol{Z}^{k}](\boldsymbol{L}_{k,d}^{*})^{\mathrm{T}}+\boldsymbol{L}_{k,d}^{*}E^{\mathrm{T}}[\tilde{\boldsymbol{x}}_{k|k}\boldsymbol{w}_{k,d}^{\mathrm{T}}\mid \boldsymbol{Z}^{k}](\boldsymbol{I}-\boldsymbol{L}_{k,d}^{*})^{\mathrm{T}}+\boldsymbol{K}_{d}^{*}\boldsymbol{R}_{d}(\boldsymbol{K}_{d}^{*})^{\mathrm{T}}$$

$$=(\boldsymbol{I}-\boldsymbol{L}_{k,d}^{*})\boldsymbol{P}_{k|k}(\boldsymbol{I}-\boldsymbol{L}_{k,d}^{*})^{\mathrm{T}}+\boldsymbol{L}_{k,d}^{*}\boldsymbol{M}_{k,d|k}^{ww}(\boldsymbol{L}_{k,d}^{*})^{\mathrm{T}}+(\boldsymbol{I}-\boldsymbol{L}_{k,d}^{*})\boldsymbol{P}_{k,d|k}^{xw}(\boldsymbol{L}_{k,d}^{*})^{\mathrm{T}}+$$

$$\boldsymbol{L}_{k,d}^{*}(\boldsymbol{P}_{k,d|k}^{xw})^{\mathrm{T}}(\boldsymbol{I}-\boldsymbol{L}_{k,d}^{*})^{\mathrm{T}}+\boldsymbol{K}_{d}^{*}\boldsymbol{R}_{d}(\boldsymbol{K}_{d}^{*})^{\mathrm{T}} \tag{8-4-51}$$

过程噪声的矩阵 MSE 为

$$\boldsymbol{M}_{k,d|k}^{ww}=E(\boldsymbol{w}_{k,d}\boldsymbol{w}_{k,d}^{\mathrm{T}}\mid \boldsymbol{Z}^{k})=\boldsymbol{P}_{k,d|k}^{ww}+E(\boldsymbol{w}_{k,d}\mid \boldsymbol{Z}^{k})\cdot E(\boldsymbol{w}_{k,d}^{\mathrm{T}}\mid \boldsymbol{Z}^{k}) \tag{8-4-52}$$

其中最后一项由式(8-4-8)给出。很明显,它依赖于 k 时刻的量测。为了得到一个与数据无关的结果(先验的期望矩阵 MSE),上式被替换为

$$\boldsymbol{M}_{k,d|k-1}^{ww}=E(\boldsymbol{M}_{k,d|k}^{ww}\mid \boldsymbol{Z}^{k-1})=E(\boldsymbol{M}_{k,d|k}^{ww})=\boldsymbol{Q}_{k,d} \tag{8-4-53}$$

产生最终的结果

$$\begin{aligned}\overline{\boldsymbol{M}}_{k|d}^{*}\triangleq E(\boldsymbol{M}_{k|d}^{*})=&(\boldsymbol{I}-\boldsymbol{L}_{k,d}^{*})\boldsymbol{P}_{k|k}(\boldsymbol{I}-\boldsymbol{L}_{k,d}^{*})^{\mathrm{T}}+\\&\boldsymbol{L}_{k,d}^{*}\boldsymbol{Q}_{k,d}(\boldsymbol{L}_{k,d}^{*})^{\mathrm{T}}+(\boldsymbol{I}-\boldsymbol{L}_{k,d}^{*})\boldsymbol{P}_{k,d|k}^{xw}(\boldsymbol{L}_{k,d}^{*})^{\mathrm{T}}+\\&\boldsymbol{L}_{k,d}^{*}(\boldsymbol{P}_{k,d|k}^{xw})^{\mathrm{T}}(\boldsymbol{I}-\boldsymbol{L}_{k,d}^{*})^{\mathrm{T}}+\boldsymbol{K}_{d}^{*}\boldsymbol{R}_{d}(\boldsymbol{K}_{d}^{*})^{\mathrm{T}}\end{aligned} \tag{8-4-54}$$

从 $A1$ 算法的计算过程可以看出,为了得到最优的更新,不仅需要最新的状态估计,还需要存储最新的新息,这就相当于一个(非标准的)平滑过程,原因是平滑过程一般来说都需要对量测进行重新处理。文献[5]对 $A1$、$B1$ 和 $C1$ 三种算法从性能和存储两方面进行了比较,发现 $B1$ 算法具有以下性质:

(1) 在只有最新的航迹估计时,它是一个 LMMSE(也就是说,最好的)估计器。

(2) 与 $A1$ 算法相比,它只是稍微有些次优(实际上对于机动索引小于 0.5 的情况它也是最优的)。

(3) 它自身计算得到的式(8-4-40)的协方差阵与实际式(8-4-54)的协方差阵是一致的。另外,当滞后时间大于一个采样间隔时,$B1$ 算法不需要修改。对于算法 $C1$,在受速度白噪声影响的目标运动情况下,它的次优性非常显著;在只有位置量测且受加速度白噪声影响的实际目标运动情况中,在大多数情况下,它的性能非常接近最优,只是对于很高的机动索引,对速度分量的估计不太理想。对于不仅提供位置量测,而且提供速度量测的目标跟踪情况,$C1$ 算法的性能不是很好,它对速度分量的估计过于乐观,而 $B1$ 的性能仍像最优的算法 $A1$ 一样好。

8.5 单个非顺序量测多步滞后滤波

对于单个非顺序的多步滞后滤波问题,也就是说,式(8-3-3)中的 $s\geqslant l>1$,图 8-5-1～图 8-5-3 给出了单个非顺序两步、三步和多步滞后的示意图。

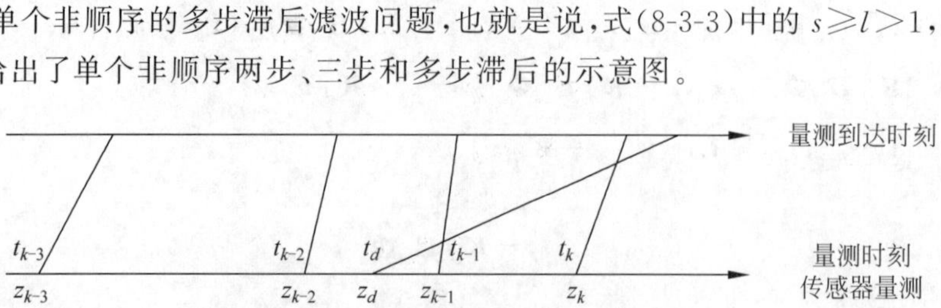

图 8-5-1 单个非顺序两步滞后的情形

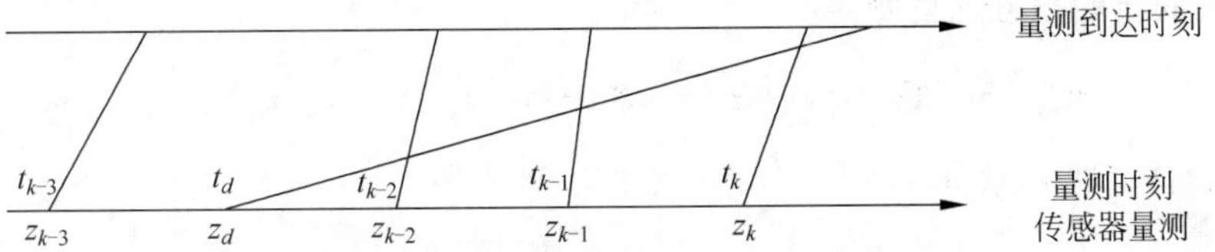

图 8-5-2　单个非顺序三步滞后的情形

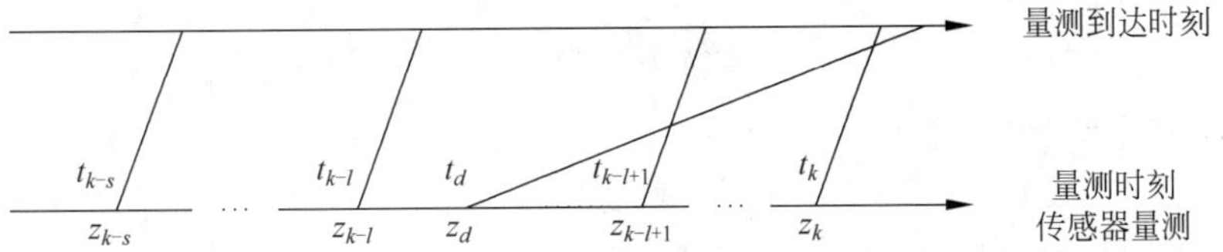

图 8-5-3　单个非顺序多步滞后的情形

对于单个非顺序的多步滞后滤波问题，目前常用的滤波算法有四种，分别为 M. Mallick 教授等人提出的 *Bl* 算法[10-14]，Y. Bar-Shalom 教授等人提出的 *Al*1，*Bl*1 算法[15-16]和 K. Zhang 博士和 X. Rong Li 教授等人提出的 *Zl* 算法[19-20]，下面分别进行介绍。

8.5.1　*Bl* 算法

1. 等价的非顺序量测模型

由式(8-3-6)知，非顺序量测 $\boldsymbol{z}_d$ 的量测模型为

$$\boldsymbol{z}_d = \boldsymbol{H}_d \boldsymbol{x}_d + \boldsymbol{v}_d \tag{8-5-1}$$

在 t_d 时刻观测到的非顺序量测 $\boldsymbol{z}_d$，在 t_k 时刻观测到的量测 $\boldsymbol{z}_k$ 之后到达中心跟踪系统。一般来说，量测时刻 t_d 可能 l 步滞后，即 $t_{k-l} < t_\tau < t_{k-l+1}$，$l=1,2,\cdots,s$，在图 8-5-1 和图 8-5-2 中，$l$ 分别等于 2 和 3。非顺序量测滤波算法的关键思想是将非顺序量测 $\boldsymbol{z}_d$ 表示成在最近的时刻 t_k 的状态 $\boldsymbol{x}_k$ 的一个函数。与式(8-3-2)和式(8-3-4)类似，可得

$$\boldsymbol{x}_k = \boldsymbol{\Phi}_{k,d} \boldsymbol{x}_d + \boldsymbol{w}_{k,d} \tag{8-5-2}$$

$$\boldsymbol{w}_{k,d} \triangleq \int_{t_d}^{t_k} \boldsymbol{\Phi}(t_k,\tau) \boldsymbol{\sigma}(\tau) \mathrm{d}\boldsymbol{\xi}(\tau) \tag{8-5-3}$$

式(8-5-3)中的 $\boldsymbol{w}_{k,d}$ 可以进一步写成

$$\boldsymbol{w}_{k,d} = \int_{t_d}^{t_{k-l+1}} \boldsymbol{\Phi}(t_k,\tau) \boldsymbol{\sigma}(\tau) \mathrm{d}\boldsymbol{\xi}(\tau) + \int_{t_{k-l+1}}^{t_{k-l+2}} \boldsymbol{\Phi}(t_k,\tau) \boldsymbol{\sigma}(\tau) \mathrm{d}\boldsymbol{\xi}(\tau) + \cdots + \int_{t_{k-1}}^{t_k} \boldsymbol{\Phi}(t_k,\tau) \boldsymbol{\sigma}(\tau) \mathrm{d}\boldsymbol{\xi}(\tau) \tag{8-5-4}$$

检查式(8-5-4)和式(8-3-4)，我们注意到式(8-5-4)右边的积分过程噪声与式(8-3-4)的积分过程噪声不同。在式(8-3-4)中，积分的上限和 $\boldsymbol{\Phi}$ 的第一个参数是一致的。然而，在式(8-5-4)中，除包括时间间隔$[t_{k-1},t_k]$的最后一项以外，在所有的积分过程噪声中积分上限和 $\boldsymbol{\Phi}$ 的第一个参数是不同的。当滞后的数目 l 大于 1 时，出现了这种情况。所以，我们定义一

个一般形式的新的积分过程噪声

$$\boldsymbol{w}_{j,i}^{m} \triangleq \int_{t_i}^{t_j} \boldsymbol{\Phi}(t_m,\tau)\boldsymbol{\sigma}(\tau)\mathrm{d}\boldsymbol{\xi}(\tau), \quad t_j > t_i, \quad t_m \geqslant t_j \tag{8-5-5}$$

那么式(8-5-4)可被重写为

$$\boldsymbol{w}_{k,d} = \boldsymbol{w}_{k-l+1,d}^{k} + \sum_{i=1}^{l-1} \boldsymbol{w}_{k-i+1,k-i}^{k} \tag{8-5-6}$$

注意到对于单步滞后问题($l=1$)

$$\boldsymbol{w}_{k,d}^{k} = \boldsymbol{w}_{k,d} \tag{8-5-7}$$

由于 $E[\boldsymbol{w}_{j,i}^{m}]=0$,所以

$$E[\boldsymbol{w}_{k,d}] = 0 \tag{8-5-8}$$

令 $\boldsymbol{Q}_{j,i}^{m} \in \mathbb{R}^{n\times n}$ 表示 $\boldsymbol{w}_{j,i}^{m}$ 的协方差阵,那么

$$\boldsymbol{Q}_{j,i}^{m} \triangleq E[\boldsymbol{w}_{j,i}^{m}(\boldsymbol{w}_{j,i}^{m})^{\mathrm{T}}] \tag{8-5-9}$$

由于式(8-5-6)中任意两个积分过程噪声不相关,所以

$$\boldsymbol{Q}_{k,d} = \boldsymbol{Q}_{k-l+1,d}^{k} + \sum_{i=1}^{l-1} \boldsymbol{Q}_{k-i+1,k-i}^{k} \tag{8-5-10}$$

这样在 Gauss 假设下,$\boldsymbol{w}_{k,d} \sim \mathcal{N}(0,\boldsymbol{Q}_{k,d})$。

利用式(8-5-2),我们可以将状态 $\boldsymbol{x}_d$ 表示成在最近时刻 t_k 的状态 $\boldsymbol{x}_k$ 的一个函数

$$\boldsymbol{x}_d = \boldsymbol{\Phi}_{k,d}^{-1}[\boldsymbol{x}_k - \boldsymbol{w}_{k,d}] = \boldsymbol{\Phi}_{d,k}[\boldsymbol{x}_k - \boldsymbol{w}_{k,d}] \tag{8-5-11}$$

将式(8-5-11)代入式(8-5-1),我们得到等价的非顺序量测模型

$$\boldsymbol{z}_d = \boldsymbol{A}_d \boldsymbol{x}_k + \boldsymbol{e}_d \tag{8-5-12}$$

其中,量测矩阵 $\boldsymbol{A}_d \in \mathbb{R}^{m\times n}$ 和量测误差 $\boldsymbol{e}_d \in \mathbb{R}^{m}$ 定义为

$$\begin{cases} \boldsymbol{A}_d \triangleq \boldsymbol{H}_d \boldsymbol{\Phi}_{d,k} \\ \boldsymbol{e}_d \triangleq \boldsymbol{v}_d - \boldsymbol{A}_d \boldsymbol{w}_{k,d} \end{cases}$$

由于$\boldsymbol{v}_d$ 和 $\boldsymbol{w}_{k,d}$ 的均值为零,且服从高斯分布,所以 $\boldsymbol{e}_d$ 也服从均值为零的高斯分布,协方差阵为 $\boldsymbol{P}_{e_d} \in \mathbb{R}^{m\times m}$,即

$$\boldsymbol{e}_d \sim \mathcal{N}(0,\boldsymbol{P}_{e_d}) \tag{8-5-13}$$

其中,$\boldsymbol{P}_{e_d}$ 待定。量测噪声$\boldsymbol{v}_d$ 和 $\boldsymbol{w}_{k,d}$ 中的任意积分过程噪声不相关,所以

$$E[\boldsymbol{v}_d \boldsymbol{w}_{k,d}^{\mathrm{T}}] = 0 \tag{8-5-14}$$

利用 $\boldsymbol{e}_d$ 定义式和式(8-5-14),我们得到

$$\boldsymbol{P}_{e_d} \triangleq \mathrm{cov}[\boldsymbol{e}_d] = E[\boldsymbol{e}_d \boldsymbol{e}_d^{\mathrm{T}}] = \boldsymbol{A}_d \boldsymbol{Q}_{k,d} \boldsymbol{A}_d^{\mathrm{T}} + \boldsymbol{R}_d \tag{8-5-15}$$

由于 $\tilde{\boldsymbol{x}}_{k|k}$ 依赖于 $\boldsymbol{w}_{i,i-1}, i=k-l+1,k-l+2,\cdots,k$,并且 $\boldsymbol{e}_d$ 依赖于 $\boldsymbol{w}_{k,d}$,所以 $\tilde{\boldsymbol{x}}_{k|k}$ 和 $\boldsymbol{e}_d$ 相关。令 $\boldsymbol{P}_{\tilde{x}_{k|k},e_d} \in \mathbb{R}^{n\times m}$ 表示 $\tilde{\boldsymbol{x}}_{k|k}$ 和 $\boldsymbol{e}_d$ 之间的互协方差。由于 $\tilde{\boldsymbol{x}}_{k|k}$ 和 $\boldsymbol{e}_d$ 的均值为零,且服从 Gauss 分布,所以

$$\boldsymbol{P}_{\tilde{x}_{k|k},e_d} \triangleq E[\tilde{\boldsymbol{x}}_{k|k} \boldsymbol{e}_d^{\mathrm{T}}] \tag{8-5-16}$$

为了处理非顺序量测 $\boldsymbol{z}_d$ 以进行状态估计,我们需要确定 $\boldsymbol{P}_{\tilde{x}_{k|k},e_d}$。

2. 非顺序量测的处理

由于在式(8-5-13)中，量测 $\boldsymbol{z}_d$ 是 $\boldsymbol{x}_k$ 的一个函数，我们可以利用 $\boldsymbol{z}_d$ 和式(8-5-12)的等价量测模型来更新 t_k 时刻的状态估计 $\hat{\boldsymbol{x}}_{k|k}$。令 $\hat{\boldsymbol{x}}_{k|d}$ 表示处理 $\boldsymbol{z}_d$ 之后在最近时刻 t_k 的量测更新状态估计。对于 $\hat{\boldsymbol{x}}_{k|d}$ 的一个无偏的估计器(虽然不是条件无偏)为

$$\hat{\boldsymbol{x}}_{k|d}=\hat{\boldsymbol{x}}_{k|k}+\boldsymbol{K}_d(\boldsymbol{z}_d-\boldsymbol{A}_d\hat{\boldsymbol{x}}_{k|k}) \tag{8-5-17}$$

其中，$\boldsymbol{K}_d$ 是待定的一个增益，使得 $\hat{\boldsymbol{x}}_{k|d}$ 表示相应于协方差阵迹最小的一个估计器。文献[4-5]提出了相应于最小方差的最优无偏估计器，给出的对于线性量测模型的数值仿真结果说明相对于其中的最优估计器，式(8-5-17)的估计器只稍微次优。对于量测模型非线性感兴趣的实际问题，相对于用于非线性量测模型近似误差，这一差别可以忽略。所以，由于实际的原因我们选择了式(8-5-17)的估计器。$\hat{\boldsymbol{x}}_{k|d}$ 的误差定义为 $\tilde{\boldsymbol{x}}_{k|d}\triangleq\boldsymbol{x}_k-\hat{\boldsymbol{x}}_{k|d}$。

由式(8-5-17)和误差定义式可得

$$\begin{aligned}\tilde{\boldsymbol{x}}_{k|d}&=\tilde{\boldsymbol{x}}_{k|k}-\boldsymbol{K}_d(\boldsymbol{z}_d-\boldsymbol{A}_d\hat{\boldsymbol{x}}_{k|k})=\tilde{\boldsymbol{x}}_{k|k}-\boldsymbol{K}_d(\boldsymbol{A}_d\boldsymbol{x}_k+\boldsymbol{e}_d-\boldsymbol{A}_d\hat{\boldsymbol{x}}_{k|k})\\&=(\boldsymbol{I}-\boldsymbol{K}_d\boldsymbol{A}_d)\tilde{\boldsymbol{x}}_{k/k}-\boldsymbol{K}_d\boldsymbol{e}_d\end{aligned} \tag{8-5-18}$$

由于 $E(\tilde{\boldsymbol{x}}_{k|k})=0$ 以及 $E(\boldsymbol{e}_d)=0$，所以 $E(\tilde{\boldsymbol{x}}_{k|d})=0$。令 $\boldsymbol{P}_{k|d}$ 表示 $\tilde{\boldsymbol{x}}_{k|d}$ 的协方差阵，即有

$$\boldsymbol{P}_{k|d}\triangleq E(\tilde{\boldsymbol{x}}_{k|d}\tilde{\boldsymbol{x}}_{k|d}^{\mathrm{T}}) \tag{8-5-19}$$

将式(8-5-18)的 $\tilde{\boldsymbol{x}}_{k|d}$ 代入式(8-5-19)，可得

$$\begin{aligned}\boldsymbol{P}_{k|d}=&(\boldsymbol{I}-\boldsymbol{K}_d\boldsymbol{A}_d)\boldsymbol{P}_{k|k}(\boldsymbol{I}-\boldsymbol{K}_d\boldsymbol{A}_d)^{\mathrm{T}}+\boldsymbol{K}_d\boldsymbol{P}_{e_d}\boldsymbol{K}_d^{\mathrm{T}}-\\&(\boldsymbol{I}-\boldsymbol{K}_d\boldsymbol{A}_d)\boldsymbol{P}_{\tilde{\boldsymbol{x}}_{k|k},\boldsymbol{e}_d}\boldsymbol{K}_d^{\mathrm{T}}-[(\boldsymbol{I}-\boldsymbol{K}_d\boldsymbol{A}_d)\boldsymbol{P}_{\tilde{\boldsymbol{x}}_{k|k},\boldsymbol{e}_d}\boldsymbol{K}_d^{\mathrm{T}}]^{\mathrm{T}}\end{aligned} \tag{8-5-20}$$

其中，$\boldsymbol{P}_{\tilde{\boldsymbol{x}}_{k|k},\boldsymbol{e}_d}$ 的定义见式(8-5-16)。由于 $\tilde{\boldsymbol{x}}_{k|k}$ 和 $\boldsymbol{v}_d$ 不相关，我们有

$$\begin{cases}\boldsymbol{P}_{\tilde{\boldsymbol{x}}_{k|k},\boldsymbol{e}_d}=-\boldsymbol{P}_{\tilde{\boldsymbol{x}}_{k|k},\boldsymbol{w}_{k,d}}\boldsymbol{A}_d^{\mathrm{T}}\\\boldsymbol{P}_{\tilde{\boldsymbol{x}}_{k|k},\boldsymbol{w}_{k,d}}\triangleq E[\tilde{\boldsymbol{x}}_{k|k}\boldsymbol{w}_{k,d}^{\mathrm{T}}]\end{cases} \tag{8-5-21}$$

将式(8-5-21)代入式(8-5-20)，我们得到

$$\begin{cases}\boldsymbol{P}_{k|d}=\boldsymbol{P}_{k|k}-[\boldsymbol{C}_1\boldsymbol{K}_d^{\mathrm{T}}+(\boldsymbol{C}_1\boldsymbol{K}_d^{\mathrm{T}})^{\mathrm{T}}]+\boldsymbol{K}_d\boldsymbol{C}_2\boldsymbol{K}_d^{\mathrm{T}}\\\boldsymbol{C}_1=(\boldsymbol{P}_{k|k}-\boldsymbol{P}_{\tilde{\boldsymbol{x}}_{k|k},\boldsymbol{w}_{k,d}})\boldsymbol{A}_d^{\mathrm{T}},\quad \boldsymbol{C}_1\in\mathbb{R}^{n\times m}\\\boldsymbol{C}_2=\boldsymbol{A}_d(\boldsymbol{P}_{k|k}-\boldsymbol{P}_{\tilde{\boldsymbol{x}}_{k|k},\boldsymbol{w}_{k,d}}-\boldsymbol{P}_{\tilde{\boldsymbol{x}}_{k|k},\boldsymbol{w}_{k,d}}^{\mathrm{T}})\boldsymbol{A}_d^{\mathrm{T}}+\boldsymbol{P}_{e_d},\quad \boldsymbol{C}_2\in\mathbb{R}^{m\times m}\end{cases} \tag{8-5-22}$$

我们注意到 $\boldsymbol{C}_2$ 是对称而且正定的。

$\boldsymbol{K}_d$ 的一个最优选择是通过对 $\boldsymbol{P}_{k|d}$ 的迹相对于 $\boldsymbol{K}_d$ 求最小化来决定的，本节第 6 部分说明了最优的 $\boldsymbol{K}_d$ 为

$$\boldsymbol{K}_d=\boldsymbol{C}_1\boldsymbol{C}_2^{-1} \tag{8-5-23}$$

$\boldsymbol{A}_d$ 通过式(8-5-14)容易计算。从以前的 Kalman 滤波器对 $\boldsymbol{z}_k$ 的处理可知 $\boldsymbol{P}_{k|k}$。唯一要计算的量为互协方差阵 $\boldsymbol{P}_{\tilde{\boldsymbol{x}}_{k|k},\boldsymbol{w}_{k,d}}$，而 $\boldsymbol{P}_{\tilde{\boldsymbol{x}}_{k|k},\boldsymbol{w}_{k,d}}$ 的计算需要对于在相邻量测时刻 t_i

和 $t_{i-1}, i=k, k-1, \cdots$ 的量测更新状态估计误差的一个递推公式。下面我们给出了对于状态估计误差的递推公式。

3. 状态估计误差的递推计算

第 i 次量测更新状态估计的估计误差为

$$\begin{aligned}\tilde{\boldsymbol{x}}_{i|i} &= \boldsymbol{x}_i - \hat{\boldsymbol{x}}_{i|i} = \tilde{\boldsymbol{x}}_{i|i-1} - \boldsymbol{K}_i(\boldsymbol{H}_i\boldsymbol{x}_i + \boldsymbol{v}_i - \boldsymbol{H}_i\hat{\boldsymbol{x}}_{i|i-1}) \\ &= (\boldsymbol{I} - \boldsymbol{K}_i\boldsymbol{H}_i)\tilde{\boldsymbol{x}}_{i|i-1} - \boldsymbol{K}_i\boldsymbol{v}_i\end{aligned} \tag{8-5-24}$$

有

$$\hat{\boldsymbol{x}}_{i|i-1} = \boldsymbol{\Phi}_{i,i-1}\hat{\boldsymbol{x}}_{i-1|i-1} \tag{8-5-25}$$

在 $\tilde{\boldsymbol{x}}_{i|i-1}$ 的定义中代入式(8-5-25)的 $\hat{\boldsymbol{x}}_{i|i-1}$ 的表达式，同时代入 $\boldsymbol{x}_i$ 为 $\boldsymbol{x}_{i-1}$ 的一个函数的表达式，可得

$$\begin{aligned}\tilde{\boldsymbol{x}}_{i|i-1} &= \boldsymbol{x}_i - \hat{\boldsymbol{x}}_{i|i-1} = (\boldsymbol{\Phi}_{i,i-1}\boldsymbol{x}_{i-1} + \boldsymbol{w}_{i,i-1}^{i}) - \boldsymbol{\Phi}_{i,i-1}\hat{\boldsymbol{x}}_{i-1|i-1} \\ &= \boldsymbol{\Phi}_{i,i-1}\tilde{\boldsymbol{x}}_{i-1|i-1} + \boldsymbol{w}_{i,i-1}^{i}\end{aligned} \tag{8-5-26}$$

将式(8-5-26)代入式(8-5-24)，可得

$$\begin{cases}\tilde{\boldsymbol{x}}_{i|i} = \boldsymbol{C}_i\tilde{\boldsymbol{x}}_{i-1|i-1} + \boldsymbol{B}_i\boldsymbol{w}_{i,i-1}^{i} - \boldsymbol{K}_i\boldsymbol{v}_i \\ \boldsymbol{B}_i = \boldsymbol{I} - \boldsymbol{K}_i\boldsymbol{H}_i \\ \boldsymbol{C}_i = \boldsymbol{B}_i\boldsymbol{\Phi}_{i,i-1}\end{cases} \tag{8-5-27}$$

我们可以对于 $i=k, k-1, \cdots$ 递推地应用式(8-5-27)。

4. $\boldsymbol{P}_{\tilde{\boldsymbol{x}}_{k|k}, \boldsymbol{w}_{k,d}}$ 的计算

在本节第7部分中，我们说明了

$$\begin{cases}\boldsymbol{P}_{\tilde{\boldsymbol{x}}_{k|k}, \boldsymbol{w}_{k,d}} = \boldsymbol{M}_{k-l+1}\boldsymbol{Q}_{k-l+1,d}^{k-l+1,k} + \sum_{i=1}^{l-1}\boldsymbol{M}_{k-i+1}\boldsymbol{\Theta}_{k-i+1,k-i}^{k-i+1,k} \\ \boldsymbol{Q}_{k-i+1,k-i}^{k-i+1,k} \triangleq E[\boldsymbol{w}_{k-i+1,k-i}^{k-i+1}(\boldsymbol{w}_{k-i+1,k-i}^{k})^{\mathrm{T}}] \\ \boldsymbol{M}_{k-i+1} \triangleq \begin{cases}\boldsymbol{B}_k, & i=1 \\ \boldsymbol{C}_k\boldsymbol{C}_{k-1}\cdots\boldsymbol{C}_{k-i}\boldsymbol{B}_{k-i+1}, & i=2,3,\cdots,l\end{cases}\end{cases} \tag{8-5-28}$$

特例 $l=1$（如图8-5-1所示）：

$$\boldsymbol{P}_{\tilde{\boldsymbol{x}}_{k|k}, \boldsymbol{w}_{k,d}} = \boldsymbol{M}_k\boldsymbol{Q}_{k,d}^{k,k} = \boldsymbol{B}_k\boldsymbol{Q}_{k,d} \tag{8-5-29}$$

特例 $l=2$（如图8-5-2所示）：

$$\boldsymbol{P}_{\tilde{\boldsymbol{x}}_{k|k}, \boldsymbol{w}_{k,d}} = \boldsymbol{M}_{k-1}\boldsymbol{Q}_{k-1,d}^{k-1,k} + \boldsymbol{M}_k\boldsymbol{Q}_{k,k-1}^{k,k} = \boldsymbol{C}_k\boldsymbol{B}_{k-1}\boldsymbol{Q}_{k-1,d}^{k-1,k} + \boldsymbol{B}_k\boldsymbol{Q}_{k,k-1} \tag{8-5-30}$$

特例 $l=3$（如图8-5-3所示）：

$$\begin{aligned}\boldsymbol{P}_{\tilde{\boldsymbol{x}}_{k|k}, \boldsymbol{w}_{k,d}} &= \boldsymbol{M}_{k-2}\boldsymbol{Q}_{k-2,d}^{k-2,k} + \boldsymbol{M}_{k-1}\boldsymbol{Q}_{k-1,k-2}^{k-1,k} + \boldsymbol{M}_k\boldsymbol{Q}_{k,k-1}^{k,k} \\ &= \boldsymbol{C}_k\boldsymbol{C}_{k-1}\boldsymbol{B}_{k-2}\boldsymbol{Q}_{k-2,d}^{k-2,k} + \boldsymbol{C}_k\boldsymbol{B}_{k-1}\boldsymbol{Q}_{k-1,k-2}^{k-1,k} + \boldsymbol{B}_k\boldsymbol{Q}_{k,k-1}\end{aligned} \tag{8-5-31}$$

5. 和通解中各量的对应关系

由式(8-5-11)可知

$$\hat{\boldsymbol{x}}_{d|k}=E^{*}(\boldsymbol{x}_{d}\mid \boldsymbol{Z}^{k})=E^{*}[\boldsymbol{\Phi}_{d,k}(\boldsymbol{x}_{k}-\boldsymbol{w}_{k,d})\mid \boldsymbol{Z}^{k}]=\boldsymbol{\Phi}_{d,k}(\hat{\boldsymbol{x}}_{k|k}-\hat{\boldsymbol{w}}_{k,d|k}) \tag{8-5-32}$$

做如下的近似 $\hat{\boldsymbol{w}}_{k,d|k}\approx 0$，则式(8-5-32)就相应地近似为

$$\hat{\boldsymbol{x}}_{d|k}\approx \boldsymbol{\Phi}_{d,k}\hat{\boldsymbol{x}}_{k|k} \tag{8-5-33}$$

并且

$$\hat{\boldsymbol{z}}_{d|k}\approx \boldsymbol{H}_{d}\boldsymbol{\Phi}_{d,k}\hat{\boldsymbol{x}}_{k|k}=\boldsymbol{A}_{d}\hat{\boldsymbol{x}}_{k|k} \tag{8-5-34}$$

与式(8-5-17)比较后可以看出，以上的算法正是利用了上述近似。进一步由式(8-5-15)、式(8-5-24)和式(8-5-27)，可得

$$\begin{cases}\boldsymbol{P}_{k,d|k}^{xz}=\boldsymbol{C}_{1}=(\boldsymbol{P}_{k|k}-\boldsymbol{P}_{\tilde{\boldsymbol{x}}_{k|k},\boldsymbol{w}_{k,d}})\boldsymbol{A}_{d}^{\mathrm{T}}\\ \boldsymbol{S}_{d}=\boldsymbol{C}_{2}=\boldsymbol{A}_{d}(\boldsymbol{P}_{k|k}-\boldsymbol{P}_{\tilde{\boldsymbol{x}}_{k|k},\boldsymbol{w}_{k,d}}-\boldsymbol{P}_{\tilde{\boldsymbol{x}}_{k|k},\boldsymbol{w}_{k,d}}^{\mathrm{T}})\boldsymbol{A}_{d}^{\mathrm{T}}+\boldsymbol{P}_{\boldsymbol{e}_{d}}\\ \quad=\boldsymbol{A}_{d}(\boldsymbol{P}_{k|k}+\boldsymbol{Q}_{k,d}-\boldsymbol{P}_{\tilde{\boldsymbol{x}}_{k|k},\boldsymbol{w}_{k,d}}-\boldsymbol{P}_{\tilde{\boldsymbol{x}}_{k|k},\boldsymbol{w}_{k,d}}^{\mathrm{T}})\boldsymbol{A}_{d}^{\mathrm{T}}+\boldsymbol{R}_{d}\end{cases} \tag{8-5-35}$$

将上式与通解比较后可知

$$\boldsymbol{P}_{d|k}=\boldsymbol{\Phi}_{d,k}(\boldsymbol{P}_{k|k}+\boldsymbol{Q}_{k,d}-\boldsymbol{P}_{\tilde{\boldsymbol{x}}_{k|k},\boldsymbol{w}_{k,d}}-\boldsymbol{P}_{\tilde{\boldsymbol{x}}_{k|k},\boldsymbol{w}_{k,d}}^{\mathrm{T}})\boldsymbol{\Phi}_{d,k}^{\mathrm{T}} \tag{8-5-36}$$

6. 增益 K_d 的最优选择

已经有

$$\boldsymbol{P}_{k|d}=\boldsymbol{P}_{k|k}-[\boldsymbol{C}_{1}\boldsymbol{K}_{d}^{\mathrm{T}}+(\boldsymbol{C}_{1}\boldsymbol{K}_{d}^{\mathrm{T}})^{\mathrm{T}}]+\boldsymbol{K}_{d}\boldsymbol{C}_{2}\boldsymbol{K}_{d}^{\mathrm{T}} \tag{8-5-37}$$

$\boldsymbol{K}_d$ 的最优估计由下式决定

$$\frac{\partial}{\partial \boldsymbol{K}_{d}}\mathrm{tr}(\boldsymbol{P}_{k|d})=0 \tag{8-5-38}$$

我们利用下面包括矩阵迹的等式来计算式(8-5-38)的左边

$$\begin{cases}\mathrm{tr}(\boldsymbol{A}^{\mathrm{T}})=\mathrm{tr}(\boldsymbol{A})\\ \dfrac{\partial}{\partial \boldsymbol{X}}\mathrm{tr}[\boldsymbol{A}\boldsymbol{X}^{\mathrm{T}}]=\boldsymbol{A}^{\mathrm{T}}\\ \dfrac{\partial}{\partial \boldsymbol{X}}\mathrm{tr}[\boldsymbol{X}\boldsymbol{A}\boldsymbol{X}^{\mathrm{T}}]=\boldsymbol{A}\boldsymbol{X}^{\mathrm{T}}+\boldsymbol{A}^{\mathrm{T}}\boldsymbol{X}^{\mathrm{T}}=2\boldsymbol{A}\boldsymbol{X}^{\mathrm{T}}\end{cases} \tag{8-5-39}$$

其中，$\boldsymbol{A}$ 和 $\boldsymbol{X}$ 为兼容的矩阵。在式(8-5-38)中利用式(8-5-39)，可得

$$\frac{\partial}{\partial \boldsymbol{K}_{d}}\mathrm{tr}[\boldsymbol{P}_{k|d}]=-2\frac{\partial}{\partial \boldsymbol{K}_{d}}\mathrm{tr}[\boldsymbol{C}_{1}\boldsymbol{K}_{d}^{\mathrm{T}}]+\frac{\partial}{\partial \boldsymbol{K}_{d}}\mathrm{tr}[\boldsymbol{K}_{d}\boldsymbol{C}_{2}\boldsymbol{K}_{d}^{\mathrm{T}}]=-2\boldsymbol{C}_{1}^{\mathrm{T}}+2\boldsymbol{C}_{2}\boldsymbol{K}_{d}^{\mathrm{T}} \tag{8-5-40}$$

将式(8-5-40)代入式(8-5-38)，求解 $\boldsymbol{K}_d$ 可得

$$\boldsymbol{K}_{d}=\boldsymbol{C}_{1}\boldsymbol{C}_{2}^{-1} \tag{8-5-41}$$

由于 $\boldsymbol{C}_2$ 是一对称的正定阵，所以 $\boldsymbol{C}_2$ 的逆存在。

7. $\boldsymbol{P}_{\tilde{\boldsymbol{x}}_{k|k},\boldsymbol{w}_{k,d}}$ 计算的进一步说明

在式(8-5-21)中，利用式(8-5-27)和式(8-5-6)，可得

$$\boldsymbol{P}_{\tilde{\boldsymbol{x}}_{k|k},\boldsymbol{w}_{k,d}}=E\left[(\boldsymbol{C}_{k}\tilde{\boldsymbol{x}}_{k-1|k-1}+\boldsymbol{B}_{k}\boldsymbol{w}_{k,k-1}^{k}-\boldsymbol{K}_{k}\boldsymbol{v}_{k})\left(\boldsymbol{w}_{k-l+1,d}^{k}+\sum_{i=1}^{l-1}\boldsymbol{w}_{k-i+1,k-i}^{k}\right)^{\mathrm{T}}\right] \tag{8-5-42}$$

我们可以在上式中递推地应用式(8-5-27)来计算对 $\boldsymbol{P}_{\tilde{x}_{k|k},w_{k,d}}$ 的贡献非零的项。检查式(8-5-42),我们注意到

(1) 第一个方括号内的 $\boldsymbol{w}_{k,k-1}^{k}$ 与第二个方括号内和式第一项的 $\boldsymbol{w}_{k,k-1}^{k}$ 相关;

(2) 第一个方括号内的 $\tilde{\boldsymbol{x}}_{k-1|k-1}$ 与 $\boldsymbol{w}_{k-i+1,k-i}^{k}$, $i=2,3,\cdots,l-1$ 相关。

这样可以将式(8-5-42)写成

$$\boldsymbol{P}_{\tilde{x}_{k|k},w_{k,d}}=\boldsymbol{B}_{k}E[\boldsymbol{w}_{k,k-1}^{k}(\boldsymbol{w}_{k,k-1}^{k})^{\mathrm{T}}]+$$

$$\boldsymbol{C}_{k}E\left[\tilde{\boldsymbol{x}}_{k-1|k-1}\left(\boldsymbol{w}_{k-l+1,d}^{k}+\sum_{i=2}^{l-1}\boldsymbol{w}_{k-i+1,k-i}^{k}\right)^{\mathrm{T}}\right] \tag{8-5-43}$$

在递推地计算式(8-5-43)时,我们要计算 $\boldsymbol{w}_{k-i+1,k-i}^{k-i+1}$ 和 $\boldsymbol{w}_{k-i+1,k-i}^{k}$ 之间的相关性。定义

$$\boldsymbol{Q}_{k-i+1,k-i}^{k-i+1,k}\triangleq E[\boldsymbol{w}_{k-i+1,k-i}^{k-i+1}(\boldsymbol{w}_{k-i+1,k-i}^{k})^{\mathrm{T}}] \tag{8-5-44}$$

比较式(8-5-44)和式(8-5-9),我们注意到

$$\boldsymbol{Q}_{k-i+1,k-i}^{k,k}=\boldsymbol{Q}_{k-i+1,k-i}^{k}$$

将式(8-5-44)代入式(8-5-43),可得

$$\boldsymbol{P}_{\tilde{x}_{k|k},w_{k,d}}=\boldsymbol{B}_{k}\boldsymbol{Q}_{k,k-1}^{k,k}+\boldsymbol{C}_{k}E\left[\tilde{\boldsymbol{x}}_{k-1|k-1}\left(\boldsymbol{w}_{k-l+1,d}^{k}+\sum_{i=2}^{l-1}\boldsymbol{w}_{k-i+1,k-i}^{k}\right)^{\mathrm{T}}\right] \tag{8-5-45}$$

将来自式(8-5-27) $\tilde{\boldsymbol{x}}_{k-1|k-1}$ 的表达式代入式(8-5-45)并且利用类似的过程,可得

$$\boldsymbol{P}_{\tilde{x}_{k|k},w_{k,d}}=\boldsymbol{B}_{k}\boldsymbol{Q}_{k,k-1}^{k,k}+\boldsymbol{C}_{k}E\left[(\boldsymbol{C}_{k-1}\tilde{\boldsymbol{x}}_{k-2|k-2}+\boldsymbol{B}_{k-1}\boldsymbol{w}_{k-1,k-2}^{k-1}-\boldsymbol{K}_{k-1}\boldsymbol{v}_{k-1})\right.$$

$$\left.\left(\boldsymbol{w}_{k-l+1,d}^{k}+\sum_{i=2}^{l-1}\boldsymbol{w}_{k-i+1,k-i}^{k}\right)^{\mathrm{T}}\right]$$

$$=\boldsymbol{B}_{k}\boldsymbol{Q}_{k,k-1}^{k,k}+\boldsymbol{C}_{k}\boldsymbol{B}_{k-1}\boldsymbol{Q}_{k-1,k-2}^{k-1,k}+$$

$$\boldsymbol{C}_{k}\boldsymbol{C}_{k-1}E\left[\tilde{\boldsymbol{x}}_{k-2|k-2}\left(\boldsymbol{w}_{k-l+1,d}^{k}+\sum_{i=3}^{l-1}\boldsymbol{w}_{k-i+1,k-i}^{k}\right)^{\mathrm{T}}\right]$$

迭代以上过程,可得

$$\begin{aligned}\boldsymbol{P}_{\tilde{x}_{k|k},w_{k,d}}=&\boldsymbol{B}_{k}\boldsymbol{Q}_{k,k-1}^{k,k}+\boldsymbol{C}_{k}\boldsymbol{B}_{k-1}\boldsymbol{Q}_{k-1,k-2}^{k-1,k}+\boldsymbol{C}_{k}\boldsymbol{C}_{k-1}\boldsymbol{B}_{k-2}\boldsymbol{Q}_{k-2,k-3}^{k-2,k}+\\&\boldsymbol{C}_{k}\boldsymbol{C}_{k-1}\boldsymbol{C}_{k-2}\boldsymbol{B}_{k-3}\boldsymbol{Q}_{k-3,k-4}^{k-3,k}\cdots+\\&\boldsymbol{C}_{k}\boldsymbol{C}_{k-1}\cdots\boldsymbol{C}_{k-l+1}\boldsymbol{B}_{k-l+2}\boldsymbol{Q}_{k-l+2,k-l+1}^{k-l+2,k}+\boldsymbol{C}_{k}\boldsymbol{C}_{k-1}\cdots\\&\boldsymbol{C}_{k-l}\boldsymbol{B}_{k-l+1}E[\boldsymbol{w}_{k-l+1,k-l}^{k-l+1}(\boldsymbol{w}_{k-l+1,d}^{k})^{\mathrm{T}}]\end{aligned} \tag{8-5-46}$$

检查图 8-5-3,其中 $l=3$,可得

$$E[\boldsymbol{w}_{k-l+1,k-l}^{k-l+1}(\boldsymbol{w}_{k-l+1,d}^{k})^{\mathrm{T}}]=E[\boldsymbol{w}_{k-l+1,d}^{k-l+1}(\boldsymbol{w}_{k-l+1,d}^{k})^{\mathrm{T}}]=\boldsymbol{Q}_{k-l+1,d}^{k-l+1,k} \tag{8-5-47}$$

将式(8-5-47)代入式(8-5-46),可得

$$\begin{aligned}\boldsymbol{P}_{\tilde{x}_{k|k},w_{k,d}}=&\boldsymbol{B}_{k}\boldsymbol{Q}_{k,k-1}^{k,k}+\boldsymbol{C}_{k}\boldsymbol{B}_{k-1}\boldsymbol{Q}_{k-1,k-2}^{k-1,k}+\boldsymbol{C}_{k}\boldsymbol{C}_{k-1}\boldsymbol{B}_{k-2}\boldsymbol{Q}_{k-2,k-3}^{k-2,k}+\\&\boldsymbol{C}_{k}\boldsymbol{C}_{k-1}\boldsymbol{C}_{k-2}\boldsymbol{B}_{k-3}\boldsymbol{Q}_{k-3,k-4}^{k-3,k}\cdots+\\&\boldsymbol{C}_{k}\boldsymbol{C}_{k-1}\cdots\boldsymbol{C}_{k-l+1}\boldsymbol{B}_{k-l+2}\boldsymbol{Q}_{k-l+2,k-l+1}^{k-l+2,k}+\boldsymbol{C}_{k}\boldsymbol{C}_{k-1}\cdots\boldsymbol{C}_{k-l}\boldsymbol{B}_{k-l+1}\boldsymbol{Q}_{k-l+1,d}^{k-l+1,k}\end{aligned} \tag{8-5-48}$$

定义

$$\boldsymbol{M}_{k-i+1} \triangleq \begin{cases} \boldsymbol{B}_k, & i=1 \\ \boldsymbol{C}_k\boldsymbol{C}_{k-1}\cdots\boldsymbol{C}_{k-i}\boldsymbol{B}_{k-i+1}, & i=2,3,\cdots,l \end{cases} \tag{8-5-49}$$

那么式(8-5-48)就可以写成

$$\boldsymbol{P}_{\tilde{x}_{k|k},w_{k,d}} = \boldsymbol{M}_{k-l+1}\boldsymbol{Q}_{k-l+1,d}^{k-l+1,k} + \sum_{i=1}^{l-1}\boldsymbol{M}_{k-i+1}\boldsymbol{Q}_{k-i+1,k-i}^{k-i+1,k} \tag{8-5-50}$$

8.5.2 *Al*1 与 *Bl*1 算法

由于 *Bl* 算法需要向后迭代 l 步以及相当大的存储量，为此 Y. Bar-Shalom 教授等在 *A*1、*B*1 算法的基础上，提出了用一步解来解决 $l>1$ 步滞后的 OOSM 滤波算法 *Al*1 和 *Bl*1。

1. 一步解算法

按照一步滞后问题来解决 l 步滞后问题的算法就是在 k 时刻在下面将要定义的意义下定义一个代替下面所有量测的等价量测

$$\boldsymbol{z}_{k-l+1}^{k} = \{\boldsymbol{z}_{k-l+1},\cdots,\boldsymbol{z}_k\} \tag{8-5-51}$$

这样 OOSM 落在时间间隔 $T_l=[t_{k-l},t_k)$ 之内，在这一时间间隔中唯一的量测是在 t_k 时刻最近的一个。按照这种方式，带 l 步滞后的 OOSM 变成了一个带一步滞后的 OOSM。这样，文献[4]中的所有技术，包括最优的(算法 *A*1)以及几乎最优的(算法 *B*1)，就可以在一步解中用 l 步滞后的 OOSM 来更新 k 时刻的状态估计。在一步解当中解决多步 OOSM 问题的算法分别称为 *Al*1 算法和 *Bl*1 算法。

k 时刻的等价量测定义为

$$\boldsymbol{z}_k^* = \boldsymbol{H}_k^*\boldsymbol{x}_k + \boldsymbol{v}_k^* \tag{8-5-52}$$

并且噪声满足标准假设，即噪声的均值为零，协方差阵为

$$E[\boldsymbol{v}_k^*(\boldsymbol{v}_k^*)^{\mathrm{T}}] = \boldsymbol{R}_k^* \tag{8-5-53}$$

为了能够用 $\boldsymbol{z}_k^*$ 进行标准 Kalman 滤波(KF)更新以产生 $\hat{\boldsymbol{x}}_{k|k}^* = \hat{\boldsymbol{x}}_{k|k}$，也就是说，与在 KF 中顺序使用式(8-5-51)的量测得到的估计(和协方差阵)相同，同时假设 $\boldsymbol{w}_k^*$ 与 $T_l=[t_{k-l},t_k)$的时间间隔上的过程噪声是正交的。但这是一种近似，我们在产生的算法中计算它的效果。

注意在 k 时刻我们有状态估计 $\hat{\boldsymbol{x}}_{k|k}$ 和它的协方差阵 $\boldsymbol{P}_{k|k}$。确定 $\boldsymbol{R}_k^*$ 的过程就是通过保证从“上一”时刻等价地更新预测，“上一”时刻根据 $T_l=[t_{k-l},t_k)$可知现在为 t_{k-l}，产生协方差阵为 $\boldsymbol{P}_{k|k}$。等价量测的协方差阵更新为(用文献[24]的信息矩阵形式)

$$(\boldsymbol{P}_{k|k}^*)^{-1} = \boldsymbol{P}_{k|k-l}^{-1} + (\boldsymbol{H}_k^*)^{\mathrm{T}}(\boldsymbol{R}_k^*)^{-1}\boldsymbol{H}_k^* = \boldsymbol{P}_{k|k}^{-1} \tag{8-5-54}$$

我们可以方便地选择 $\boldsymbol{H}_k^*=\boldsymbol{I}$，从而得到

$$(\boldsymbol{R}_k^*)^{-1} = \boldsymbol{P}_{k|k}^{-1} - \boldsymbol{P}_{k|k-l}^{-1} \tag{8-5-55}$$

注意到当系统对于它的量测是完全能观，以及对于它的过程噪声是完全能控时，式(8-5-55)是满秩的(这些与保证 KF Riccati 方程的解唯一且正定的条件相同)。那么，等价量测的滤波增益就为

$$\boldsymbol{K}_k^* = \boldsymbol{P}_{k|k}(\boldsymbol{H}_k^*)^{\mathrm{T}}(\boldsymbol{R}_k^*)^{-1} = \boldsymbol{P}_{k|k}(\boldsymbol{R}_k^*)^{-1} \tag{8-5-56}$$

使用等价量测的更新应该产生 $\hat{\boldsymbol{x}}_{k|k}$，即

$$\hat{\boldsymbol{x}}_{k|k}^* = \hat{\boldsymbol{x}}_{k|k-l} + \boldsymbol{K}_k^*(\boldsymbol{z}_k^* - \hat{\boldsymbol{x}}_{k|k-l}) = \hat{\boldsymbol{x}}_{k|k} \tag{8-5-57}$$

其中用到了 $\boldsymbol{H}_k^* = \boldsymbol{I}$ 条件。这样，等价量测为

$$\boldsymbol{z}_k^* = \hat{\boldsymbol{x}}_{k|k-l} + (\boldsymbol{K}_k^*)^{-1}(\hat{\boldsymbol{x}}_{k|k} - \hat{\boldsymbol{x}}_{k|k-l}) \tag{8-5-58}$$

k 时刻的等价新息为

$$\boldsymbol{v}_k^* = (\boldsymbol{K}_k^*)^{-1}(\hat{\boldsymbol{x}}_{k|k} - \hat{\boldsymbol{x}}_{k|k-l}) \tag{8-5-59}$$

注意到式(8-5-56)定义的 $\boldsymbol{K}_k^*$ 是可逆的。考虑到 $\boldsymbol{H}_k^* = \boldsymbol{I}$，$k$ 时刻等价新息的协方差阵为

$$\boldsymbol{S}_k^* = \boldsymbol{P}_{k|k-l} + \boldsymbol{R}_k^* \tag{8-5-60}$$

或者它的等价形式是

$$(\boldsymbol{S}_k^*)^{-1} = \boldsymbol{P}_{k|k-l}^{-1} - \boldsymbol{P}_{k|k-l}^{-1}[\boldsymbol{P}_{k|k-l}^{-1} + (\boldsymbol{R}_k^*)^{-1}]^{-1}\boldsymbol{P}_{k|k-l}^{-1} \tag{8-5-61}$$

即使在式(8-5-55)的秩不完善时，上式仍然可以进行数值计算。这就完成了量测 $\boldsymbol{z}_k^*$ 的定义，它作为 $\boldsymbol{x}_k$ 的近似充分统计量与量测序列$\{\boldsymbol{z}_{k-l+1},\cdots,\boldsymbol{z}_k\}$等价。后面需要的唯一的一项是式(8-5-61)。

注 上面推导得到的等价量测与文献[17]中讨论的等价量测相同，它基于文献[18]。对于多传感器数据融合，当 $l>1$ 时各传感器的等价量测噪声之间是互相关的，它们用于融合（当 $l=1$ 时是精确的，参见文献[8]的 8.6.1 节）只是近似的。原因和上面指出的相同——等价量测噪声和过程噪声之间没有正交性。

2. 针对 l 步滞后 OOSM 的 $Al1$ 算法

使用上面定义的“等价量测”以及式(8-3-19)～式(8-3-28)，下面给出了针对 l 步滞后 OOSM 的算法 $Al1$，但是只由一步（一个“巨大的跳跃”）组成。利用 $\boldsymbol{H}_k^* = \boldsymbol{I}$，从 k 时刻到 d 时刻状态的向后预测为

$$\hat{\boldsymbol{x}}_{d|k} = \boldsymbol{\Phi}_{\tau,k}[\hat{\boldsymbol{x}}_{k|k} - \boldsymbol{Q}_{k,d}(\boldsymbol{S}_k^*)^{-1}\boldsymbol{v}_k^*] \tag{8-5-62}$$

其中，$\boldsymbol{Q}_{k,d}$ 是过程噪声 $\boldsymbol{w}_{k,d}$ 的协方差阵，$\boldsymbol{S}_k^*$ 由式(8-5-60)给出，$\boldsymbol{v}_k^*$ 由式(8-5-59)给出。注意这是估计 $\hat{\boldsymbol{x}}_{k|k}$ 的一个仿射函数。

与状态向后预测相关的协方差阵为

$$\begin{cases} \boldsymbol{P}_{k,d|k}^{ww} = \boldsymbol{Q}_{k,d} - \boldsymbol{Q}_{k,d}(\boldsymbol{S}_k^*)^{-1}\boldsymbol{Q}_{k,d} \\ \boldsymbol{P}_{k,d|k}^{xw} = \boldsymbol{Q}_{k,d} - \boldsymbol{P}_{k|k-l}(\boldsymbol{S}_k^*)^{-1}\boldsymbol{Q}_{k,d} \end{cases} \tag{8-5-63}$$

而状态向后预测的协方差阵、向后预测得到的量测的协方差阵、k 时刻的状态和这一量测之间的协方差阵，以及更新时所用的增益分别为

$$\begin{cases} \boldsymbol{P}_{d|k} = \boldsymbol{\Phi}_{d,k}[\boldsymbol{P}_{k|k} + \boldsymbol{P}_{k,d|k}^{ww} - \boldsymbol{P}_{k,d/k}^{xw} - (\boldsymbol{P}_{k,d|k}^{xw})^{\mathrm{T}}]\boldsymbol{\Phi}_{d,k}^{\mathrm{T}} \\ \boldsymbol{S}_d = \boldsymbol{H}_d\boldsymbol{P}_{d|k}\boldsymbol{H}_d^{\mathrm{T}} + \boldsymbol{R}_d \\ \boldsymbol{P}_{k,d|k}^{xz} = [\boldsymbol{P}_{k|k} - \boldsymbol{P}_{k,d|k}^{xw}]\boldsymbol{\Phi}_{d,k}^{\mathrm{T}}\boldsymbol{H}_d^{\mathrm{T}} \\ \boldsymbol{K}_d = \boldsymbol{P}_{k,d|k}^{xz}\boldsymbol{S}_d^{-1} \end{cases} \tag{8-5-64}$$

利用 OOSM$\boldsymbol{z}_d$ 对最近状态估计 $\hat{\boldsymbol{x}}_{k|k}$ 的更新为

$$\hat{\boldsymbol{x}}_{k|d} = \hat{\boldsymbol{x}}_{k|k} + \boldsymbol{K}_d(\boldsymbol{z}_d - \hat{\boldsymbol{z}}_{d|k}) \tag{8-5-65}$$

其中，预测的 OOSM 为

$$\hat{\boldsymbol{z}}_{d|k}=\boldsymbol{H}_d\hat{\boldsymbol{x}}_{d|k} \tag{8-5-66}$$

向后预测得到的状态 $\hat{\boldsymbol{x}}_{d|k}$ 由式(8-5-62)给出。产生的更新状态估计的协方差阵为

$$\boldsymbol{P}_{k|d}=\boldsymbol{P}_{k|k}-\boldsymbol{P}_{k,d|k}^{xz}\boldsymbol{S}_d^{-1}(\boldsymbol{P}_{k,d|k}^{xz})^{\mathrm{T}} \tag{8-5-67}$$

3. 针对 l 步滞后 OOSM 的 $Bl1$ 算法

使用等价量测的思想，我们可以按照几乎最优的算法 B 对于 l 步滞后的 OOSM 在一步内完成更新，如下所示。

文献[6-7]中次优的技术 B 假设向后预测得到的噪声为零。从 k 时刻到 d 时刻状态的向后预测为

$$\hat{\boldsymbol{x}}_{d|k}^{\mathrm{B}}=\boldsymbol{\Phi}_{d,k}\hat{\boldsymbol{x}}_{k|k} \tag{8-5-68}$$

即 $\hat{\boldsymbol{x}}_{k|k}$ 的一个线性函数，而不是像式(8-5-62)那样的一个仿射函数。

与状态向后预测相关的协方差阵可如下计算：

$$\begin{cases}\boldsymbol{P}_{k,d|k}^{ww,\mathrm{B}}=\boldsymbol{Q}_{k,d}\\ \boldsymbol{P}_{k,d|k}^{xw,\mathrm{B}}=\boldsymbol{Q}_{k,d}-\boldsymbol{P}_{k|k-l}(\boldsymbol{S}_k^*)^{-1}\boldsymbol{Q}_{k,d}\end{cases} \tag{8-5-69}$$

滤波器计算得到的状态向后预测的协方差阵、向后预测得到的量测的协方差阵、k 时刻的状态和这一量测之间的协方差阵、更新时所用的增益分别为

$$\begin{cases}\boldsymbol{P}_{d|k}^{\mathrm{B}}=\boldsymbol{\Phi}_{d,k}[\boldsymbol{P}_{k|k}+\boldsymbol{P}_{k,d|k}^{ww,\mathrm{B}}-\boldsymbol{P}_{k,d|k}^{xw,\mathrm{B}}-(\boldsymbol{P}_{k,d|k}^{xw,\mathrm{B}})^{\mathrm{T}}]\boldsymbol{\Phi}_{d,k}^{\mathrm{T}}\\ \boldsymbol{S}_d^{\mathrm{B}}=\boldsymbol{H}_d\boldsymbol{P}_{d|k}^{\mathrm{B}}\boldsymbol{H}_d^{\mathrm{T}}+\boldsymbol{R}_d\\ \boldsymbol{P}_{k,d|k}^{xz,\mathrm{B}}=(\boldsymbol{P}_{k|k}-\boldsymbol{P}_{k,d|k}^{xw,\mathrm{B}})\boldsymbol{\Phi}_{d,k}^{\mathrm{T}}\boldsymbol{H}_d^{\mathrm{T}}\\ \boldsymbol{K}_d^{\mathrm{B}}=\boldsymbol{P}_{k,d|k}^{sz,\mathrm{B}}(\boldsymbol{S}_d^{\mathrm{B}})^{-1}\end{cases} \tag{8-5-70}$$

利用 OOSM$\boldsymbol{z}_d$ 最近状态估计 $\hat{\boldsymbol{x}}_{k|k}$ 的更新为

$$\hat{\boldsymbol{x}}_{k|d}^{\mathrm{B}}=\hat{\boldsymbol{x}}_{k|k}+\boldsymbol{K}_d^{\mathrm{B}}(\boldsymbol{z}_d-\hat{\boldsymbol{z}}_{d|k}^{\mathrm{B}}) \tag{8-5-71}$$

其中，预测的 OOSM 为

$$\hat{\boldsymbol{z}}_{d|k}^{\mathrm{B}}=\boldsymbol{H}_d\hat{\boldsymbol{x}}_{d|k}^{\mathrm{B}} \tag{8-5-72}$$

向后预测得到的状态 $\hat{\boldsymbol{x}}_{d|k}$ 由式(8-5-68)给出。更新状态估计计算得到的协方差阵为

$$\boldsymbol{P}_{k|d}^{\mathrm{B}}=\boldsymbol{P}_{k|k}-\boldsymbol{P}_{k,d|k}^{xz,\mathrm{B}}(\boldsymbol{S}_d^{\mathrm{B}})^{-1}(\boldsymbol{P}_{k,d|k}^{xz,\mathrm{B}})^{\mathrm{T}} \tag{8-5-73}$$

如在文献[4-5]中证明的那样，式(8-5-73)为更新状态实际的 MSE 矩阵。

4. 具有 L 步滞后最后估计的 l 步滞后 OOSM

在上面 3. 中假设 OOSM 的时戳使得它的滞后围绕下一个整数，近似于 l 步并且它以前的最近的状态估计，在 t_{k-l} 时刻可以得到。在实际过程中，为了保证能够得到 t_{k-l} 时刻的状态估计而存储所有的估计有可能就太多了。在这种情况下，它之前可利用的最近的状态估计可能在 t_{k-L} 时刻，其中 $L>l$。然后，得到等价量测以便于它能够代替从 $k-L$ 时刻到 k 时刻之间的所有量测，并且用 L 代替 l 后本小节 1. 中的结论成立。

除了由式(8-5-59)和式(8-5-60)得到的式(8-5-62)～式(8-5-63)中的 $\boldsymbol{v}^*$ 和 $\boldsymbol{S}^*$ 分别用 L 代替 l 后得到以外，与本节 2. 中的最优算法完全相同。类似地，除了由式(8-5-60)得到的

式(8-5-69)中的 $\boldsymbol{S}^*$ 用 L 代替 l 后得到以外,与本节 3. 中的几乎最优算法相同。

5. OOSM 算法的存储要求

任何 OOSM 算法都需要存储下面的量:

(1) t_k,表示将要更新状态的时刻的一个标量;

(2) $\hat{\boldsymbol{x}}_{k|k}$,$n$ 个标量,没有处理 OOSM 时的状态估计;

(3) $\boldsymbol{P}_{k|k}$,$n(n+1)/2$ 个标量,状态估计的协方差阵。

对于 l 步滞后问题(在接收到 OOSM 以前 l 是未知的),为了得到算法 $Al1$ 和 $Bl1$ 的附加的存储要求,假设最大的滞后数 s 是固定的。

除了上面的要求,我们还有以下各种算法特有的要求。

算法 $Al1$ 为了计算 $\boldsymbol{v}_k^*$ 和 $\boldsymbol{S}_k^*$ 需要存储下面的量:

(1) $t_i, i=k-s,\cdots,k-1$,需要 s 个标量表示量测序列的时戳;

(2) $\hat{\boldsymbol{x}}_{k-s|k-s}, \hat{\boldsymbol{x}}_{k-s+1|k-s+1},\cdots,\hat{\boldsymbol{x}}_{k-1|k-1}$ 需要 $s\cdot n$ 个状态更新序列的标量;

(3) $\boldsymbol{P}_{k-s|k-s},\cdots,\boldsymbol{P}_{k-1|k-1}$ 需要 $s\cdot n(n+1)/2$ 个相应协方差阵的标量。

算法 $Bl1$ 为了计算 $\boldsymbol{P}_{k|k-l}$ 和 $\boldsymbol{S}_k^*$ 需要存储下面的量:

(1) $t_i, i=k-s,\cdots,k-1$,需要 s 个标量表示量测序列的时戳;

(2) $\boldsymbol{P}_{k-s|k-s},\cdots,\boldsymbol{P}_{k-1|k-1}$ 需要 $s\cdot n(n+1)/2$ 个相应于状态更新序列的协方差的标量。

注:对于小的 s,$Al1$ 的存储要求并不比 $Bl1$ 的存储要求大很多。

8.5.3 *Zl* 算法

X. Rong Li 教授等人在文献[19]中,关于 t_d 时刻的不同的先验信息,考虑了三种信息存储情况。在文献[20]中,他们只考虑了对于已知 OOSM 的最大滞后 s 的情况给定信息存储的更新算法,其中在 OOSM$\boldsymbol{z}_d$ 到达以前没有关于它发生时刻 t_d 的先验信息,但是知道对于 OOSM 的最大滞后 s,即 $t_{k-s}\leqslant t_{k-l}\leqslant t_d<t_{k-l+1}\leqslant t_k$,下面主要介绍文献[20]中给出的 Zl 算法。

在线性动态模型的基础上,由递推的 LMMSE 估计可知全局最优的更新可以写为

$$\begin{cases}\hat{\boldsymbol{x}}_{k|d}=E^*[\boldsymbol{x}_k\mid \boldsymbol{Z}^k,\boldsymbol{z}_d]=\hat{\boldsymbol{x}}_{k|k}+\boldsymbol{K}_d(\boldsymbol{z}_d-\boldsymbol{H}_d\hat{\boldsymbol{x}}_{d|k})=\hat{\boldsymbol{x}}_{k|k}+\boldsymbol{K}_d\tilde{\boldsymbol{z}}_{d|k}\\ \boldsymbol{P}_{k|d}=\boldsymbol{P}_{k|k}-\boldsymbol{K}_d\boldsymbol{S}_d\boldsymbol{K}_d^{\mathrm{T}}\end{cases}\tag{8-5-74}$$

其中

$$\begin{cases}\boldsymbol{K}_d=\boldsymbol{U}_{k,d}\boldsymbol{H}_d^{\mathrm{T}}\boldsymbol{S}_d^{-1}\\ \boldsymbol{S}_d=\boldsymbol{H}_d\boldsymbol{P}_{d|k}\boldsymbol{H}_d^{\mathrm{T}}+\boldsymbol{R}_d\\ \boldsymbol{U}_{k,d}=\boldsymbol{P}_{\boldsymbol{x}_k,\tilde{\boldsymbol{x}}_{d|k}}\end{cases}\tag{8-5-75}$$

在上式中,如果逆 $\boldsymbol{S}_d^{-1}$ 不存在,我们可以简单地用 $\boldsymbol{S}_d=\mathrm{cov}(\tilde{\boldsymbol{z}}_{d|k})$ 的 MP 逆 $\boldsymbol{S}_d^+$ 来替换它。在 Kalman 滤波器中,$\hat{\boldsymbol{x}}_{k|k}$ 和 $\boldsymbol{P}_{k|k}$ 可以得到。下面我们主要考虑其他的必要信息 $\{\hat{\boldsymbol{x}}_{d|k},\boldsymbol{P}_{d|k},\boldsymbol{U}_{k,d}\}$,实际上它们存在一个递推的形式(非标准的平滑),令

$$
\begin{cases}
\hat{\boldsymbol{x}}_{d|n} = E^{*}[\boldsymbol{x}_d \mid \boldsymbol{Z}^n] \\
\boldsymbol{P}_{d|n} = \mathrm{MSE}(\hat{\boldsymbol{x}}_{d|n}) \\
\boldsymbol{U}_{n,d} = \boldsymbol{P}_{\boldsymbol{x}_n, \tilde{\boldsymbol{x}}_{d|n}}
\end{cases}
\tag{8-5-76}
$$

那么,从 $n=k-l+1$ 开始,有递推计算

$$
\begin{cases}
\hat{\boldsymbol{x}}_{d|n+1} = \hat{\boldsymbol{x}}_{d|n} + \boldsymbol{U}_{n,d}^{\mathrm{T}} \boldsymbol{\Phi}_{n+1,n}^{\mathrm{T}} \boldsymbol{H}_{n+1}^{\mathrm{T}} \boldsymbol{S}_{n+1}^{-1} \tilde{\boldsymbol{z}}_{n+1|n} \\
\boldsymbol{P}_{d|n+1} = \boldsymbol{P}_{d|n} - \boldsymbol{U}_{n,d}^{\mathrm{T}} \boldsymbol{\Phi}_{n+1,n}^{\mathrm{T}} \boldsymbol{H}_{n+1}^{\mathrm{T}} \boldsymbol{S}_{n+1}^{-1} \boldsymbol{H}_{n+1} \boldsymbol{\Phi}_{n+1,n} \boldsymbol{U}_{n,d} \\
\boldsymbol{U}_{n+1,d} = (\boldsymbol{I} - \boldsymbol{K}_{n+1} \boldsymbol{H}_{n+1}) \boldsymbol{\Phi}_{n+1,n} \boldsymbol{U}_{n,d}
\end{cases}
\tag{8-5-77}
$$

初始值为

$$
\begin{cases}
\hat{\boldsymbol{x}}_{d|k-l+1} = \hat{\boldsymbol{x}}_{d|k-l} + \boldsymbol{P}_{d|k-l} \boldsymbol{\Phi}_{k-l+1,d}^{\mathrm{T}} \boldsymbol{H}_{k-l+1}^{\mathrm{T}} \boldsymbol{S}_{k-l+1}^{-1} \tilde{\boldsymbol{z}}_{k-l+1|k-l} \\
\boldsymbol{P}_{d|k-l+1} = \boldsymbol{P}_{d|k-l} - \boldsymbol{P}_{d|k-l} \boldsymbol{\Phi}_{k-l+1,d}^{\mathrm{T}} \boldsymbol{H}_{k-l+1}^{\mathrm{T}} \boldsymbol{S}_{k-l+1}^{-1} \boldsymbol{H}_{k-l+1} \boldsymbol{\Phi}_{k-l+1,d} \boldsymbol{P}_{d|k-l} \\
\boldsymbol{U}_{k-l+1,d} = (\boldsymbol{I} - \boldsymbol{K}_{k-l+1} \boldsymbol{H}_{k-l+1}) \boldsymbol{\Phi}_{k-l+1,d} \boldsymbol{P}_{d|k-l}
\end{cases}
\tag{8-5-78}
$$

其中

$$
\hat{\boldsymbol{x}}_{d|k-l} = \boldsymbol{\Phi}_{d,k-l} \hat{\boldsymbol{x}}_{k-l|k-l} \tag{8-5-79}
$$

$$
\boldsymbol{P}_{d|k-l} = \boldsymbol{\Phi}_{d,k-l} \boldsymbol{P}_{k-l|k-l} \boldsymbol{\Phi}_{d,k-l}^{\mathrm{T}} + \boldsymbol{Q}_{d,k-l} \tag{8-5-80}
$$

证明 对于 $n \geqslant k-l+1$,我们有

$$
\begin{cases}
\hat{\boldsymbol{x}}_{d|n+1} = E^{*}[\boldsymbol{x}_d \mid \boldsymbol{Z}^{n+1}] = \hat{\boldsymbol{x}}_{d|n} + \boldsymbol{P}_{\boldsymbol{x}_d, \tilde{\boldsymbol{x}}_{n|n}} \boldsymbol{\Phi}_{n+1,n}^{\mathrm{T}} \boldsymbol{H}_{n+1}^{\mathrm{T}} \boldsymbol{S}_{n+1}^{+} \tilde{\boldsymbol{z}}_{n+1|n} \\
\boldsymbol{P}_{d|n+1} = \boldsymbol{P}_{d|n} - \boldsymbol{P}_{\boldsymbol{x}_d \tilde{\boldsymbol{x}}_{n|n}} \boldsymbol{\Phi}_{n+1,n}^{\mathrm{T}} \boldsymbol{H}_{n+1}^{\mathrm{T}} \boldsymbol{S}_{n+1}^{+} \boldsymbol{H}_{n+1} \boldsymbol{\Phi}_{n+1,n} \boldsymbol{P}_{\boldsymbol{x}_d, \tilde{\boldsymbol{x}}_{n|n}}^{\mathrm{T}} \\
\boldsymbol{U}_{n+1,d} = \boldsymbol{P}_{x_{n+1}, \tilde{\boldsymbol{x}}_{d|n+1}} = \boldsymbol{P}_{\boldsymbol{x}_{n+1}, \tilde{\boldsymbol{x}}_{d|n}} - \boldsymbol{C}_{\boldsymbol{x}_d, \tilde{\boldsymbol{x}}_{n|n} \boldsymbol{F}_{n+1,n}^{\mathrm{T}} \boldsymbol{H}_{n+1}^{\mathrm{T}} \boldsymbol{S}_{n+1}^{+} \tilde{\boldsymbol{z}}_{n+1|n}} \\
\qquad = \boldsymbol{P}_{\boldsymbol{x}_{n+1}, \tilde{\boldsymbol{x}}_{d|n}} - \boldsymbol{P}_{\boldsymbol{x}_{n+1}, \tilde{\boldsymbol{z}}_{n+1|n}} \boldsymbol{S}_{n+1}^{+} \boldsymbol{H}_{n+1} \boldsymbol{\Phi}_{n+1,n} \boldsymbol{P}_{\boldsymbol{x}_d, \tilde{\boldsymbol{x}}_{n|n}}^{\mathrm{T}} \\
\qquad = \boldsymbol{\Phi}_{n+1,n} \boldsymbol{U}_{n,d} - \boldsymbol{K}_{n+1} \boldsymbol{H}_{n+1} \boldsymbol{\Phi}_{n+1,n} \boldsymbol{P}_{\boldsymbol{x}_d, \tilde{\boldsymbol{x}}_{n|n}}^{\mathrm{T}}
\end{cases}
$$

另外

$$
\boldsymbol{P}_{\boldsymbol{x}_n, \tilde{\boldsymbol{x}}_{d/n}} = \boldsymbol{P}_{\boldsymbol{x}_n - \hat{\boldsymbol{x}}_{n/n}, \boldsymbol{x}_d - \hat{\boldsymbol{x}}_{d/n}} = \boldsymbol{P}_{\boldsymbol{x}_n - \hat{\boldsymbol{x}}_{n|n}, \boldsymbol{x}_d} = \boldsymbol{P}_{\tilde{\boldsymbol{x}}_{n|n}, \boldsymbol{x}_d} = \boldsymbol{P}_{\boldsymbol{x}_d, \tilde{\boldsymbol{x}}_{n|n}}^{\mathrm{T}}
$$

根据上式,则有

$$
\begin{cases}
\hat{\boldsymbol{x}}_{d|n+1} = \hat{\boldsymbol{x}}_{d|n} + \boldsymbol{U}_{n,d}^{\mathrm{T}} \boldsymbol{\Phi}_{n+1,n}^{\mathrm{T}} \boldsymbol{H}_{n+1}^{\mathrm{T}} \boldsymbol{S}_{n+1}^{+} \tilde{\boldsymbol{z}}_{n+1|n} \\
\boldsymbol{P}_{d|n+1} = \boldsymbol{P}_{d|n} - \boldsymbol{U}_{n,d}^{\mathrm{T}} \boldsymbol{\Phi}_{n+1,n}^{\mathrm{T}} \boldsymbol{H}_{n+1}^{\mathrm{T}} \boldsymbol{S}_{n+1}^{+} \boldsymbol{H}_{n+1} \boldsymbol{\Phi}_{n+1,n} \boldsymbol{U}_{n,d} \\
\boldsymbol{U}_{n+1,d} = (\boldsymbol{I} - \boldsymbol{K}_{n+1} \boldsymbol{H}_{n+1}) \boldsymbol{\Phi}_{n+1,n} \boldsymbol{U}_{n,d}
\end{cases}
$$

初值为

$$
\begin{cases}
\hat{\boldsymbol{x}}_{d|k-l+1} = \hat{\boldsymbol{x}}_{d|k-l} + \boldsymbol{P}_{d|k-l} \boldsymbol{\Phi}_{k-l+1,d}^{\mathrm{T}} \boldsymbol{H}_{k-l+1}^{\mathrm{T}} \boldsymbol{S}_{k-l+1}^{+} \tilde{\boldsymbol{z}}_{k-l+1|k-l} \\
\boldsymbol{P}_{d|k-l+1} = \boldsymbol{P}_{d|k-l} - \boldsymbol{P}_{d|k-l} \boldsymbol{\Phi}_{k-l+1,d}^{\mathrm{T}} \boldsymbol{H}_{k-l+1}^{\mathrm{T}} \boldsymbol{S}_{k-l+1}^{+} \boldsymbol{H}_{k-l+1} \boldsymbol{\Phi}_{k-l+1,d} \boldsymbol{P}_{d|k-l} \\
\boldsymbol{U}_{k-l+1,d} = (\boldsymbol{I} - \boldsymbol{K}_{k-l+1} \boldsymbol{H}_{k-l+1}) \boldsymbol{\Phi}_{k-l+1,d} \boldsymbol{P}_{d/k-l}
\end{cases}
$$

从而结论得证。 ■

在上面推导得到$\{\hat{\boldsymbol{x}}_{d|k}, \boldsymbol{P}_{d|k}, \boldsymbol{U}_{k,d}\}$递推式的基础上,可以看出当 $\boldsymbol{P}_{n+1|n+1}$、$\boldsymbol{P}_{n+1|n}$ 和 $\boldsymbol{R}_{n+1}$ 非奇异时(对于大多数目标跟踪问题成立),有

$$
\begin{cases}
\boldsymbol{H}_{n+1}^{\mathrm{T}}\boldsymbol{S}_{n+1}^{-1}\tilde{\boldsymbol{z}}_{n+1|n}=\boldsymbol{P}_{n+1|n}^{-1}(\hat{\boldsymbol{x}}_{n+1|n+1}-\hat{\boldsymbol{x}}_{n+1|n}) \\
\boldsymbol{H}_{n+1}^{\mathrm{T}}\boldsymbol{S}_{n+1}^{-1}\boldsymbol{H}_{n+1}=\boldsymbol{P}_{n+1|n}^{-1}-\boldsymbol{P}_{n+1|n}^{-1}\boldsymbol{P}_{n+1|n+1}\boldsymbol{P}_{n+1|n}^{-1} \\
(\boldsymbol{I}-\boldsymbol{K}_{n+1}\boldsymbol{H}_{n+1})=\boldsymbol{P}_{n+1|n+1}\boldsymbol{P}_{n+1|n}^{-1}
\end{cases} \tag{8-5-81}
$$

所以从 $n=k-l+1$ 时刻开始的$\{\hat{\boldsymbol{x}}_{d|k},\boldsymbol{P}_{d|k},\boldsymbol{U}_{k,d}\}$递推可以重写为

$$
\begin{cases}
\hat{\boldsymbol{x}}_{d|n+1}=\hat{\boldsymbol{x}}_{d|n}+\boldsymbol{U}_{n,d}^{\mathrm{T}}\boldsymbol{\Phi}_{n+1,n}^{\mathrm{T}}\boldsymbol{P}_{n+1|n}^{-1}(\hat{\boldsymbol{x}}_{n+1|n+1}-\hat{\boldsymbol{x}}_{n+1|n}) \\
\boldsymbol{P}_{d|n+1}=\boldsymbol{P}_{d|n}-\boldsymbol{U}_{n,d}^{\mathrm{T}}\boldsymbol{\Phi}_{n+1,n}^{\mathrm{T}}\boldsymbol{P}_{n+1|n}^{-1}(\boldsymbol{P}_{n+1|n}-\boldsymbol{P}_{n+1|n+1})\boldsymbol{P}_{n+1|n}^{-1}\boldsymbol{\Phi}_{n+1,n}\boldsymbol{U}_{n,d} \\
\boldsymbol{U}_{n+1,d}=\boldsymbol{P}_{n+1|n+1}\boldsymbol{P}_{n+1|n}^{-1}\boldsymbol{\Phi}_{n+1,n}\boldsymbol{U}_{n,d}
\end{cases} \tag{8-5-82}
$$

初始条件为

$$
\begin{cases}
\hat{\boldsymbol{x}}_{d|k-l+1}=\hat{\boldsymbol{x}}_{d|k-l}+\boldsymbol{P}_{d|k-l}\boldsymbol{\Phi}_{k-l+1,d}^{\mathrm{T}}\boldsymbol{P}_{k-l+1,k-l}^{-1}(\hat{\boldsymbol{x}}_{k-l+1|k-l+1}-\hat{\boldsymbol{x}}_{k-l+1|k-l}) \\
\boldsymbol{P}_{d|k-l+1}=\boldsymbol{P}_{d|k-l}-\boldsymbol{P}_{d|k-l}\boldsymbol{\Phi}_{k-l+1,d}^{\mathrm{T}}(\boldsymbol{P}_{k-l+1|k-l}^{-1}- \\
\qquad \boldsymbol{P}_{k-l+1|k-l}^{-1}\boldsymbol{P}_{k-l+1|k-l+1}\boldsymbol{P}_{k-l+1|k-l}^{-1})\boldsymbol{\Phi}_{k-l+1,d}\boldsymbol{P}_{d|k-l} \\
\boldsymbol{U}_{k-l+1,d}=\boldsymbol{P}_{k-l+1|k-l+1}\boldsymbol{P}_{k-l+1|k-l}^{-1}\boldsymbol{\Phi}_{k-l+1,d}\boldsymbol{P}_{d|k-l}
\end{cases} \tag{8-5-83}
$$

其中

$$
\begin{cases}
\hat{\boldsymbol{x}}_{d|k-l}=\boldsymbol{\Phi}_{d,k-l}\hat{\boldsymbol{x}}_{k-l|k-l} \\
\boldsymbol{P}_{d|k-l}=\boldsymbol{\Phi}_{d,k-l}\boldsymbol{P}_{k-l|k-l}\boldsymbol{\Phi}_{d,k-l}^{\mathrm{T}}+\boldsymbol{Q}_{d,k-l}
\end{cases} \tag{8-5-84}
$$

由式(8-5-82)~式(8-5-84)可以看出,为了更新$\{\hat{\boldsymbol{x}}_{d|k},\boldsymbol{P}_{d|k},\boldsymbol{U}_{k,d}\}$,必要的信息需要包括

$$\boldsymbol{\Omega}_k=\{\hat{\boldsymbol{x}}_{k-l|k-l},\boldsymbol{P}_{k-l|k-l},\cdots,\hat{\boldsymbol{x}}_{k|k},\boldsymbol{P}_{k|k}\}$$

对于这种情况,我们没有关于 OOSM$\boldsymbol{z}_d$ 发生时刻 t_d 的任何先验信息,并且我们知道的是 OOSM 的最大滞后 s,也就是说,$t_{k-s}\leqslant t_{k-l}\leqslant t_d<t_{k-l+1}\leqslant t_k$。为了保存更新用所有的必要信息,我们应当有

$$\boldsymbol{\Omega}_k=\{\hat{\boldsymbol{x}}_{k-s|k-s},\boldsymbol{P}_{k-s|k-s},\cdots,\hat{\boldsymbol{x}}_{k|k},\boldsymbol{P}_{k|k}\}$$

并且用式(8-5-82)~式(8-5-84)和式(8-5-74)~式(8-5-75)一起完成 OOSM 更新算法。OOSM 更新就是在传统 Kalman 滤波器上增加 OOSM 的更新算法,如图 8-5-4 所示。

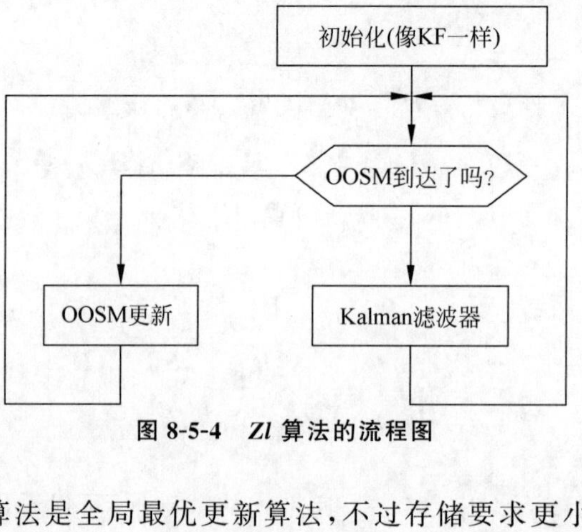

图 8-5-4 *Zl* 算法的流程图

上面给出的 Zl 算法是全局最优更新算法,不过存储要求更小,原因是 $\boldsymbol{P}_{n+1|n+1}$,$\boldsymbol{P}_{n+1|n}$ 和 $\boldsymbol{R}_{n+1}$ 都是非奇异的。存储要求随着最大滞后 s 线性增加。然而,必要的信息

只包括所关心时间间隔的状态估计。存储与文献[15-16]中提出的算法 $Al1$ 相同，但是可以在线性估计器类当中获得最好的性能。

综上所述，Zl 算法具有：①一个有效的存储结构；②通过存储必要的信息而不是向后预测或者扩充状态[6,7,22,23]，有一个有效的计算结构来解决这一问题。而且，对于 $t_{k-l}<t_d<t_{k-l+1}$ 以及 $t_d=t_{k-l+1}$ 它是全局最优的。

8.6 多 OOSM 多步滞后滤波

在前面讨论的所有情况中，我们只考虑了单一 OOSM 的更新问题。但是存在任意滞后的多个 OOSM 来进行更新。OOSM 可以是同一状态或者不同状态的量测；OOSM 可以同时或者在不同时刻到达。任意一个 OOSM 在下一个 OOSM 发生时刻之前到达的情况属于单一 OOSM 更新问题。我们可以通过序贯应用上面讨论的单一 OOSM 更新算法来解决这一问题。但是在一些情况下，在一个 OOSM 的发生时刻和到达时刻之间，别的 OOSM 可能发生，最优更新的解就不会这么简单。我们现在来考虑这些情况下的最优更新问题，称为任意滞后的 OOSM 更新。下面，只考虑带两个 OOSM 的更新问题。泛化到带多于两个 OOSM 的更新是直接的。

假定 $\boldsymbol{z}_{d_1}$ 和 $\boldsymbol{z}_{d_2}$ 是在 $t_{k_i-l_i}\leqslant t_{d_i}<t_{k_i-l_i+1}$ 观测到两个 OOSM 的，其中，$1\leqslant l_i<s$，$i=1,2$ 并且在时间间隔$[t_{k_i},t_{k_i+1})$到达。如果 $\boldsymbol{z}_{d_1}$ 在 t_{d_2} 之前到达（如图 8-6-1 所示），用 $\boldsymbol{z}_{d_2}$ 在其到达时刻的状态更新，就仅仅是像以前一样的单一 OOSM 更新问题。$\boldsymbol{z}_{d_1}$ 在其到达时已经被用于更新状态。在 $\boldsymbol{z}_{d_2}$ 的发生时刻，除 $\boldsymbol{z}_{d_2}$ 以外不存在其他任何 OOSM。所以可以直接应用 Zl 算法对单一的 OOSM$\boldsymbol{z}_{d_2}$ 在它的到达时刻来更新。如果它们两个同时到达，尽管可以将它们叠加起来更新状态估计，从运算和操作的角度考虑，逐一地序贯地用 OOSM 来更新会更好。

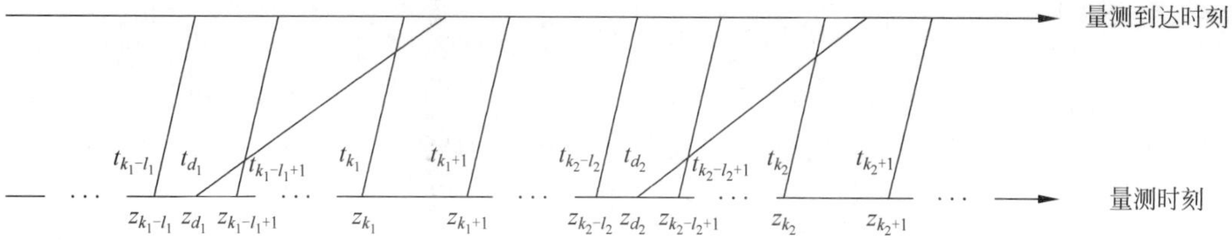

图 8-6-1 在最大滞后时间间隔之内的 OOSM

如果考虑 $\boldsymbol{z}_{d_1}$ 在 t_{d_2} 之后到达的情况，如图 8-6-2 所示，不能够简单地两次应用单一的 OOSM 更新算法。

假定 $\boldsymbol{z}_{d_2}$ 在 $\boldsymbol{z}_{d_1}$ 之前到达，或者如果它们两个同时到达，我们在 $\boldsymbol{z}_{d_1}$ 之前处理 $\boldsymbol{z}_{d_2}$。根据对于单一 OOSM 更新的 Zl 算法，我们需要在 $\boldsymbol{z}_{d_2}$ 到达时用它来更新 $\hat{\boldsymbol{x}}_{k_2|k_2}$ 和 $\boldsymbol{P}_{k_2|k_2}$。通过使用一个 Kalman 滤波器，直到 t_{k_1} 时刻，我们有状态估计序列$\{\hat{\boldsymbol{x}}_{k_2|d_2},\boldsymbol{P}_{k_2|d_2},\cdots,\hat{\boldsymbol{x}}_{k_1|d_2},\boldsymbol{P}_{k_1|d_2}\}$。在 OOSM$\boldsymbol{z}_{d_1}$ 到达的时刻，为了更新$\{\hat{\boldsymbol{x}}_{k_1|d_2},\boldsymbol{P}_{k_1|d_2}\}$，对于 Zl 算法必要的信息需要包括$\{\hat{\boldsymbol{x}}_{k_2-l_2|d_2},\boldsymbol{P}_{k_2-l_2|d_2},\cdots,\hat{\boldsymbol{x}}_{k_2-1|d_2},\boldsymbol{P}_{k_2-1|d_2}\}$。所以，在第一个 OOSM$\boldsymbol{z}_{d_2}$ 到达的时刻，我们不仅需要更新当前状态$\{\hat{\boldsymbol{x}}_{k_2|k_2},\boldsymbol{P}_{k_2|k_2}\}$，还要对于 Zl 算法

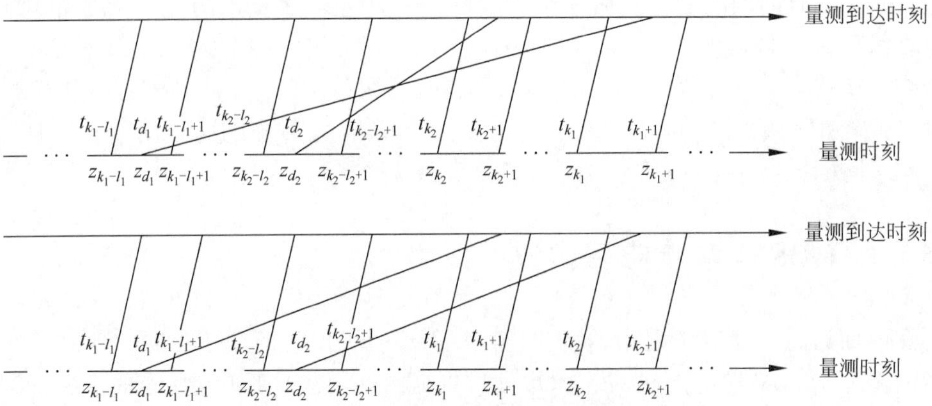

图 8-6-2　在最大滞后时间间隔之内的 OOSM

更新位于 OOSM$\boldsymbol{z}_{d_2}$ 的发生时刻和它到达时刻之间的$\{\hat{\boldsymbol{x}}_{k_2-l_2|k_2-l_2},\boldsymbol{P}_{k_2-l_2|k_2-l_2},\cdots,\hat{\boldsymbol{x}}_{k_2-1|k_2-1},\boldsymbol{P}_{k_2-1|k_2-1}\}$。$\{\hat{\boldsymbol{x}}_{k_2-i|k_2-i},\boldsymbol{P}_{k_2-i|k_2-i}\},i=1,\cdots,l_2$ 的更新很简单。它可以通过把 OOSM 的到达时刻看成在时间间隔$[t_{k_2-i},t_{k_2-i+1}],i=1,\cdots,l_2$ 之内用对于$\{\hat{\boldsymbol{x}}_{k_2|k_2},\boldsymbol{P}_{k_2|k_2}\}$相同的过程来实现。

8.7　小结

本章着重讨论了顺序量测(ISM)异步融合问题和非顺序量测(OOSM)异步融合问题,反映了该方向上的最新发展。但是,异步融合问题仍然是具有挑战性的研究前沿,达到工程可实用的效果仍然有较长的路要走。

参考文献

[1] Blair W D, Rice T R, Alouani A T, et al. Asynchronous data fusion for target tracking with a multitasking radar and optical sensor [C]//Proceedings of the 1991 SPIE Conference on Acquisition, Tracking, and Pointing Ⅴ. Orlando, FL, USA, 1991: 234-245.

[2] Blair W D, Rice T R, Mcdole B S, et al. Least-square approach to asynchronous data fusion[C]// Proceedings of the 1992 SPIE Conference on Acquisition, Tracking and Pointing Ⅵ. Orlando, FL, USA, 1992: 130-141.

[3] Lahdhiri T, Alouani A T, Rice T R, et al. On the analytical performance of asynchronous data fusion[C]//Proceedings of the 1993 SPIE Conference on Acquisition, Tracking and Pointing Ⅶ. Orlando, FL, USA, 1993: 178-188.

[4] Bar-Shalom Y. Update with Out-of-Sequence measurements in tracking: exact solution[C]// Proceedings of the 2000 SPIE Conference on Signal and Data Processing of Small Targets. Bellingham, WA, USA: Society of Photo-Optical Instrumentation Engineers, 2000: 541-556.

[5] Bar-Shalom Y. Update with Out-of-Sequence measurements in tracking: exact solution[M]. IEEE Transactions on Aerospace and Electronic Systems, 2002, 38(3): 769-778.

[6] Hilton R D, Martin D A, Blair W D. Tracking with time-delayed data in multisensor systems[M]. Dahlgren, VA: Naval Surface Warfare Center, NSWCDD/TR-93/351, 1993.

[7] Blackman S S, Popoli R. Design and Analysis of Modern Tracking Systems[M]. Norwood, MA: Artech House, 1999.

[8] Bar-Shalom Y, Li X R. Multitarget-Multisensor Tracking: Principles and Techniques[M]. Storrs, CT: YBS Publishing, 1995.

[9] Wang H, Kirubarajan T, Li Y, et al. Precision large scale air traffic surveillance using and IMM estimator with assignment[J]. IEEE Transactions on Aerospace and Electronic Systems, 1999, 35(1): 255-266.

[10] Mallick M, Coraluppi S, Carthel C. Advances in asynchronous and decentralized estimation[C]// Proc. 2001 IEEE Aerospace Conference. USA: IEEE, 2001. (4)1873-(4)1888.

[11] Mallick M, Bar-Shalom Y. Nonlinear Out-of-Sequence measurement filtering with applications to GMTI tracking[C]//Proceedings of the 2002 SPIE Conference on Signal and Data Processing of Small Targets. Bellingham, WA, USA: The International Society for Optical Engineering, 2002. 290-303.

[12] Mallick M, Krant J Y. Bar-Shalom. Multi-sensor multi-target tracking using Out-of-Sequence measurements[C]//Proc. of the 5th International Conference on Information Fusion. USA: IEEE, 2002: 135-142.

[13] Mallick M, Marrs A. Comparison of the KF and particle filter based Out-of-Sequence measurement filtering algorithms[C]//Proc. of the 6th International Conference on Information Fusion. USA: IEEE, 2003: 422-429.

[14] Mallick M, Coraluppi S, Bar-Shalom Y. Comparison of Out-of-Sequence measurement algorithms in multi-platform target tracking[C]//Proceedings of the 4th International Conference on Information Fusion. USA: IEEE, 2001: ThB1/11-ThB1/18.

[15] Bar-Shalom Y, Mallick M, Chen H, et al. One-step solution for the general Out-of-Sequence measurements problem in tracking[C]//Proc. 2002 IEEE Aerospace Conference. USA: IEEE, 2002. (4): 1551-1559.

[16] Bar-Shalom Y, Chen H, Mallick M. One-step solution for the multistep Out-of-Sequence-Measurement problem in tracking[J]. IEEE Transactions on Aerospace and Electronic Systems, 2004, 40(1): 27-37.

[17] Drummond O E. Track fusion with feedback[C]//Proceedings of SPIE—The International Society for Optical Engineering. Bellingham, WA, USA: The International Society for Optical Engineering, 1996. 342-360.

[18] Covino J M, Griffiths B J. A new estimation method for multisensor data fusion[C]//Proceedings of the 1991 SPIE Conference on Sensor and Sensor Systems for Guidance and Navigation. Bellingham, WA, USA: The International Society for Optical Engineering, 1991: 114-125.

[19] Zhang K S, Li X R, Zhu Y M. Optimal update with Out-of-Sequence measurements for distributed filtering[C]//Proc. of the 5th International Conf. on Information Fusion. USA: IEEE, 2002: 1519-1526.

[20] Zhang K S, Li X R, Chen H, Mallick M. Multi-sensor multi-target tracking with Out-of-Sequence measurements[C]//Proc. of the 6th International Conference on Information Fusion. USA: IEEE, 2003: 672-679.

[21] Challa S, Evans R J, Wang X, Legg J. A fixed lag smoothing solution to Out-of-Sequence information fusion problems[J]. Communications in Information and Systems, 2002, 2(4): 325-348.

[22] Challa S, Evans R J, Wang X. A bayesian solution and its approximation to Out-of-Sequence measurement problems[J]. Journal of Information Fusion, 2003, 4(3): 185-199.

[23] Thomopoulos S,Zhang L. Distributed filtering with random sampling and delay[C]//Proc. 27th IEEE Conference on Decision and Control. Piscataway,NJ,USA: IEEE,1988: 2348-2353.

[24] Mallick M, Zhang K S, Li X R. Comparative analysis of multiple-lag Out-of-Sequence measurement filtering algorithms[C]//Proceedings of the 2003 SPIE Conference on Signal and Data Processing of Small Targets. Bellingham,WA,USA: The International Society for Optical Engineering,2003: 175-187.

[25] Bar-Shalom Y,Li X R,Kirubarajan T. Estimation with Applications to Tracking and Navigation [M]. New York: Wiley,2001.

第9章 图像融合

9.1 图像融合概述

9.1.1 图像融合的一般概念

图像融合是指综合和提取两个或多个多源图像信息，获得对同一场景或者目标更为准确、全面和可靠的图像，使之更加适合于人眼感知或计算机后续处理。图像融合是多传感器信息融合的一个重要分支，因此多传感器图像融合与数据融合具有共同的优点。图像融合充分利用了多个被融合图像中所包含的冗余信息和互补信息，不同于一般意义上的图像增强，它是计算机视觉和图像理解领域中的一项新技术。

9.1.2 图像融合的发展

多传感器图像融合技术最早应用于遥感图像的分析和处理中。1979 年，Daily 等人[1]首先将雷达图像和 Landsat-MSS 图像的复合图像应用于地质解释，其处理过程可以认为是最简单的图像融合。到 20 世纪 80 年代中期，图像融合技术开始引起人们的关注，而且逐渐应用于遥感多谱图像的分析和处理中。90 年代以后，随着多颗遥感卫星 JERS-1、ERS-1、Radarsat 等的发射升空，图像融合技术成为遥感图像处理和分析中的研究热点之一[2-8]。

在 20 世纪 80 年代末，人们开始将图像融合技术应用于一般的图像处理中[9-10]。进入 90 年代以后，图像融合技术的研究不断呈上升趋势，应用的领域也遍及遥感图像处理、可见光图像处理、红外图像处理、医学图像处理等。尤其是近十几年，多传感器图像融合技术已经成为计算机视觉、自动目标识别、军事应用等领域的研究热点。

目前，多传感器图像融合技术在军事上的应用越来越广泛。自海湾战争和科索沃战争以来，精确制导武器让人刮目相看，由于精确制导武器在攻击过程中遇到的对抗层次越来越多，对抗手段越来越复杂，采用非成像的单一寻的制导方式已不能完成作战使命，必须发展成像制导和多模复合寻的制导技术，其中的关键技术就是多传感器的信息融合。俄罗斯专家认为，采用"惯性制导＋图像匹配制导＋GPS 制导"方式是提高导弹命中率的最佳手段，其研制的"伊斯坎杰尔-E"导弹就采用了"惯性制导＋图像匹配制导"的技术。除了导弹以外，美、德、法、俄等国目前都已研制成功并开始生产自主式炮弹，即发射后不用再管，这种炮弹可在预定目标区域中自主地搜寻坦克类目标。德国生产的 DM702"灵巧 155"自主式炮弹采用了红外与毫米波雷达复合制导系统。美国的 XM935 式 120 毫米精确制导迫击炮弹可能采用的是自主式红外成像复合制导。21 世纪的数字化战场上，先进的侦察车及侦察设备是保证装甲车作战能力的关键设备。目前英、美、德、荷兰、捷克等都在积极发展和研制装甲侦察车。如英美联合研制的"追踪者"战术侦察车，捷克的"施由兹卜"侦察车，荷兰和德国联合研制的"芬内克"侦察车等。这些侦察车基本上都是将热像仪、激光测距仪、电视摄像仪等多个传感器进行融合利用。

在民用方面，多传感器图像融合已经在遥感、智能机器人等领域得到了应用。如于 1997 年在火星着陆的"火星探路者"(the mars sojourner rover)机器人身上安装了 5 个激光束投影仪、两个 CCD 摄像机、多个关节传感器和加速度传感器。由于光从地球到火星的时间需要 11 分钟，所以在不少时间段内该机器人必须能够自主工作。此外，多传感器图像融合在民用方面有巨大的应用潜力。在医学上，通过对 CT 和 MRI 图像的融合，可以帮助医生对病人进行准确的诊断。在制造业上，图像融合技术可用于产品的检验、材料的探伤、制造过程监视、生产线上复杂设备和工件的安装等。另外，图像融合也可以用于交通管理和航空管制。可以相信，随着对多传感器图像融合技术研究的不断深入，图像融合技术会得到更为广泛的应用。

9.1.3 图像融合的简单应用实例

例题 9.1.1 图像融合的生物学实例。在文献[11]中给出了响尾蛇对可见光信息和红外信息进行融合的实例。从图 9-1-1 中可以看出，响尾蛇的左眼和热窝都能接收到来自左上方区域的信息。来自热窝的红外信息和来自眼睛的可见光信息都以相同的空间方位呈现在视觉中枢的表面上，以使光学覆盖层的每个区域接收到的信息都来自环境中的同一区域。这就使"多模式"的神经元能够响应不同组合的可见光和红外信息。 □

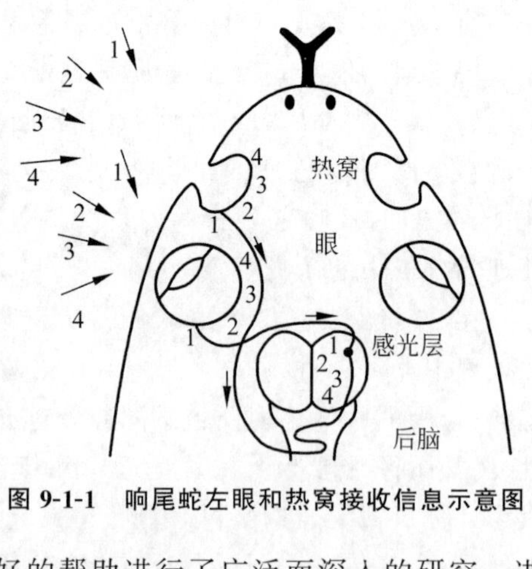

图 9-1-1 响尾蛇左眼和热窝接收信息示意图

例题 9.1.2 医学图像融合。随着医学成像技术的不断提高，医学图像在医学诊断和治疗中的应用越来越重要，各国学者对医学图像如何进行处理，使之能为医学诊断和治疗提供更好的帮助进行了广泛而深入的研究。进入 20 世纪 90 年代以来，医学图像融合逐渐成为图像处理研究中的一个热点问题，医学图像融合作为信息融合技术的一个新的重要领域，受到国内外学术界的广泛重视。

当代医学图像成像系统的应用为医学诊断提供了不同模态的图像，这些多模态的医学图像各有特点，可以提供不同的医学信息。在放射外科手术计划中，计算机 X 射线断层造影术成像(computerized tomography,CT)具有很高的分辨率,骨骼成像非常清晰,对病灶的定位提供了良好的参照,但对病灶本身的显示较差;而核磁共振成像(magnetic resonance imaging,MRI)虽然空间分辨率比不上CT图像,但是它对软组织成像清晰,有利于病灶范围的确定,可是由于它对骨组织的成像是低密度的,因此缺乏刚性的骨组织作为定位参照。又比如,正电子发射计算机断层扫描(positive electron tomography,PET)和单光子发射断层扫描(single photon emission computed tomography,SPECT)尽管空间分辨力较差,但是却提供了脏器的新陈代谢功能信息。显然,多种成像设备可以提供更全面的信息,如果能将不同医学图像的互补信息有机地结合起来,把它们作为一个整体来表达,那么就能为医学诊断、人体的功能和结构的研究提供更为充分的信息,这也正是医学图像信息融合的意义和作用。

CT和MRI的图像特征具有很强的对比性和互补性,如果将这两种图像的优点结合起来集中在一张图像上,这样就不仅能为病灶提供准确的定位参照,而且能清晰地显示病灶自身。在临床上,CT图像和MRI图像的融合已经广泛应用于颅脑放射治疗、颅脑手术可视化中[12-15]。在图9-1-2中的三幅图像分别为人脑的CT图像、MRI图像和二者的融合结果。

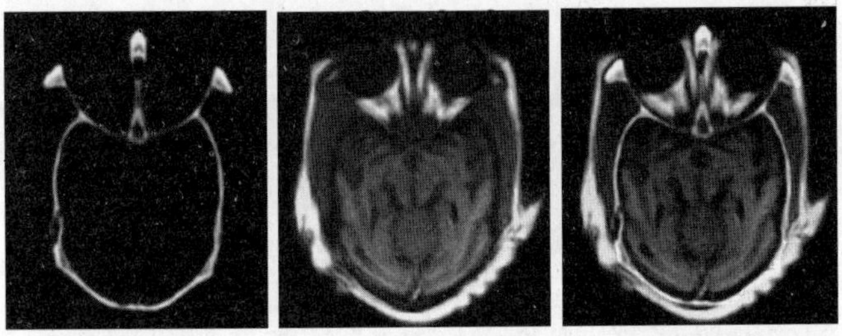

(a) CT　(b) MRI　(c) 融合图像

图9-1-2　医学图像融合实例

□

例题9.1.3　遥感图像融合。随着遥感技术的发展,光学、热红外和微波等大量不同卫星传感器对地观测的应用,获取的同一地区的多种遥感图像数据(多时相、多光谱、多传感器、多平台和多分辨率)越来越多。与单源遥感图像数据相比,多源遥感图像数据所提供的信息具有冗余性、互补性和合作性,这也是能够进一步进行图像融合的前提。所谓冗余性是指对环境或目标的表示、描述或解释结果相同,互补性是指信息来自不同的自由度且相互独立,合作性是指不同传感器在观测和处理信息时对其他信息有依赖关系。遥感图像融合将同一地区的多源遥感图像数据加以智能化合成,产生比单一信源更精确、更完全、更可靠的估计和判断。它的优点是运行的鲁棒性强,提高图像的空间分解力和清晰度,提高平面测图精度、分类的精度与可靠性,增强解释和动态监测能力,减少模糊度,有效提高遥感图像数据的利用率。

图9-1-3给出了不同波段的遥感图像和经过融合后的遥感图像的例子。□

例题9.1.4　不同焦距的图像融合。光学传感器(如数码相机)在某一场景进行成像时,由于场景中不同目标与传感器的距离不同,甚至有很大差异,这时要使所有目标都成像清晰是很困难的,而采用图像融合技术就能够完成,即针对不同的目标,得到多幅图像,经过融合处理,提取各自清晰信息综合而成一幅新的图像,便于人眼的观察或者计算机的进一步处理。多聚焦图像融合技术能够有效提高图像信息的利用率以及系统对目标探测识别的可靠性。

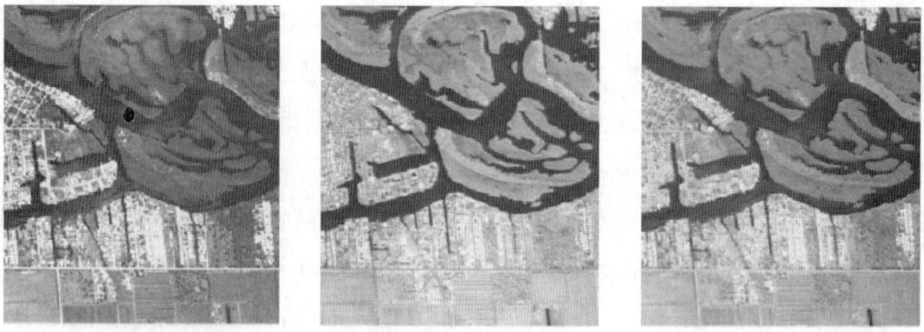

(a) 波段1的遥感图像　　(b) 波段2的遥感图像　　(c) 融合后的遥感图像

图 9-1-3　遥感图像融合

图 9-1-4 中给出了两个不同聚焦图像信息融合的例子，其中一个是两幅不同聚焦图像的融合，另一个为三幅不同聚焦图像的融合。在图 9-1-4(a1)和图 9-1-4(a2)中给出了一对包含两个时钟的图像，由于两个时钟与相机的距离不同，两幅图像中分别有一个钟成像清晰，而在图 9-1-4(a3)所示的融合结果中，两个时钟都很清晰。在图 9-1-4(b1)、(b2)和(b3)中分别给出了焦距中心为左、中、右的三张图像，焦距中心的成像很清晰，而其余部分很模糊，通过图像融合技术得到的融合图像如图 9-1-4(b4)所示，图像的整个区域都很清晰。

(a1) 聚焦于右边大钟图像　　(a2) 聚焦于左边小钟图像　　(a3) 融合图像

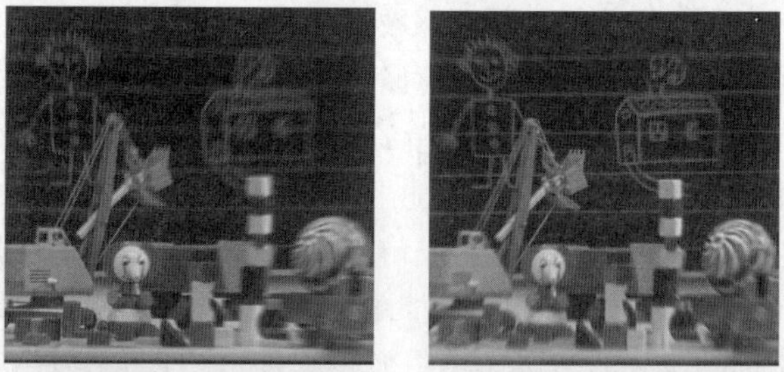

(b1) 聚焦于左边的图像　　(b2) 聚焦于中心的图像

(b3) 聚焦于右边的图像　　(b4) 融合图像

图 9-1-4　不同焦距的图像融合　□

例题 9.1.5 战场中的图像融合。现代战争中,图像融合技术的应用极大地增强了部队的作战能力。在作战条件受限制的情况下,通过对不同成像手段所得图像进行融合,能够尽可能全面地获得目标的各种信息,从而为夺取战场的主动权提供便利的条件。

图 9-1-5 给出了一个这样的例子,其中图 9-1-5(a)所示的可见光图像中能够清晰地看见卡车,但是由于烟雾的遮挡,无法清晰地看见直升机,而图 9-1-5(b)所示的热红外图像中则可以清楚地看见卡车、直升机和烟雾后边房屋的轮廓。将两幅图像进行融合可以得到如图 9-1-5(c)所示的图像,可以看出用融合后的图像进行目标检测将优于前两幅图像。

(a) 战场的可见光图像　(b) 战场的红外图像　(c) 战场的融合图像

图 9-1-5 战场的融合图像 □

例题 9.1.6 监视系统中的图像融合。通常的监视系统中只采用可见光图像监视和跟踪,但是如果在夜间进行监视或者所监视的区域中存在很多遮挡物时,将很难及时发现可疑目标。采用热红外成像技术就不受这些限制,但是热红外图像对环境的成像与人的视觉感知不符,如果将这两种图像进行有效的融合,就会极大地提高监视系统的工作能力和效率。图 9-1-6 给出了利用可见光图像与热红外图像进行融合后用于目标监视的实例,其中图 9-1-6(a)为可见光图像,可以看到该图像中并未发现可疑目标,图 9-1-6(b)为对应的热红外图像,能够很清楚地发现一个人正要越过防护围栏,图 9-1-6(c)的融合图像综合了前两幅图像的有用信息,使监视系统能够迅速准确地发现可疑目标。

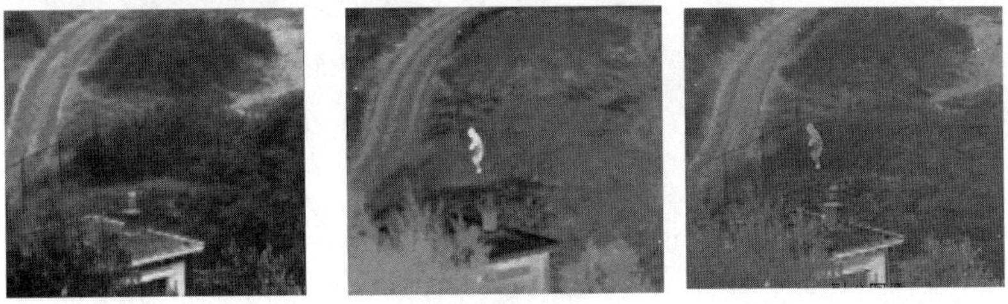

(a) 可见光图像　(b) 热红外图像　(c) 融合图像

图 9-1-6 图像融合在监视系统中的应用 □

例题 9.1.7 安全检查中的图像融合。在司法和海关等部门的安全检查中,对于隐匿武器的检查是一个很重要的问题,多传感器融合技术为这一问题提供了很好的解决办法。目前使用的检查手段包括热红外成像、毫米波成像、X 射线成像和可见光成像等。图 9-1-7(a)和图 9-1-7(b)给出了一对可见光和毫米波成像的结果。从可见光图像中可以看出人物的轮廓和相貌,在毫米波图像中能够明显地看出隐匿的枪支。从图 9-1-7(c)中所示的融合结果中可以很容易地看出枪支藏匿在最右边的人身上。

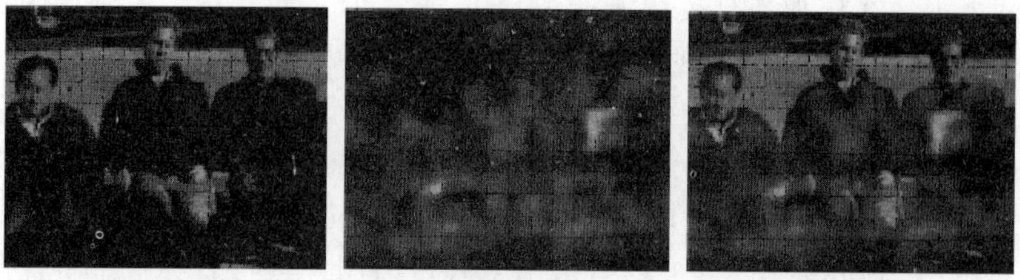

(a) 可见光图像 (b) 热红外图像 (c) 融合图像

图 9-1-7 图像融合在安全检查中的应用 □

例题 9.1.8 交通导航中的图像融合。为了改善恶劣天气条件（雨、雾等）或夜间驾驶时驾驶员的安全性，多传感器图像融合技术已经应用于交通导航方面。例如，麻省理工学院林肯实验室的研究人员开发了夜视装置，在军事和民用上都有广泛的用途，用到的成像传感器有灰度 CCD 器件、微光夜视装置、彩色 CCD 器件、前视红外传感器等。图 9-1-8 给出了一个这样的例子，其中图 9-1-8(a)为前视红外图像，图 9-1-8(b)为微光夜视图像，图 9-1-8(c)为这两幅图像的融合结果。

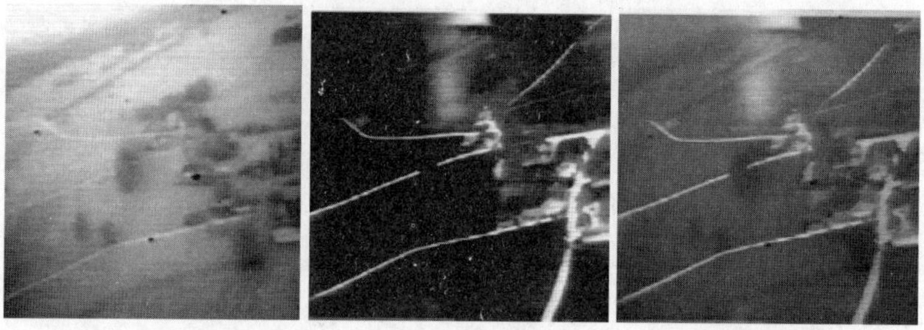

(a) 前视红外图像 (b) 微光夜视图像 (c) 融合图像

图 9-1-8 图像融合在交通导航中的应用实例 □

9.2 图像融合的分类

图像融合根据融合处理所处的阶段不同，通常在三个不同层次上进行[16,17]，即像素级融合、特征级融合和决策级融合，这三个层次上所采用的融合算法各不相同，因此图像融合最一般的分类是按照这三个层次相应地划分为三类。

9.2.1 像素级图像融合

像素级图像融合属于底层图像融合，在这种融合形式中，首先将全部传感器的观测数据融合，然后从融合的数据中提取特征向量，并进行判断识别。这便要求传感器是同质的（传感器观测的是同一物理现象），如果多个传感器是异质的（观测的不是同一个物理量），那么数据只能在特征层或决策层进行融合。像素级图像融合的优点在于尽可能多地保留了场景的原始信息，通过对多幅图像进行像素级图像融合，可以增加图像中像素级信息。它提供了其他两个层次即特征级图像融合和决策级图像融合所不具有的细节信息。进行融合的各图像可能来自多个不同类型的图像传感器，也可能来自单一的图像传感器。单一图像传感器提供的各个图像可能来自不同观测时间或空间（视角），也可能是同一时间和空间但光谱特性不同的图像（如多光谱照相机获得的图像）。与单一传感器获得的单帧图像相比，通过像素级图像融合后的图像包含的信息更丰富、精确、可靠、全面，更有利于图像的进一步分析、处理与理解。

在某些场合下（如目标识别），实施像素级图像融合之前，有时可能需要先对参加融合的各图像进行预处理（如图像增强、降噪处理等），目的是提高检测性能。但这种预处理并不一定是必需的。然而在进行像素级图像融合之前，必须对用于融合的各个图像进行精确的配准，配准精度一般应达到像素级。图 9-2-1 给出了像素级图像融合的结构示意图。

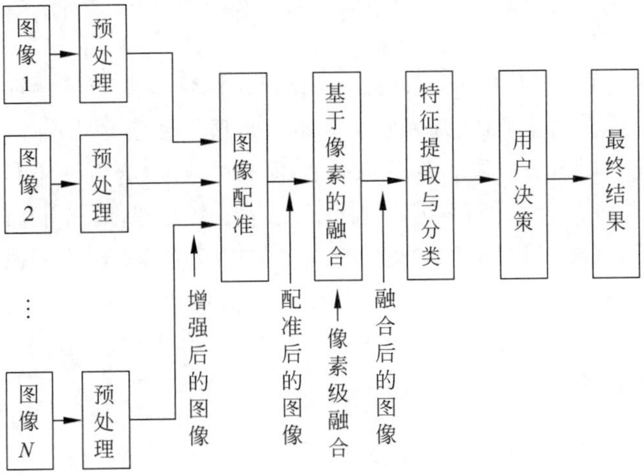

图 9-2-1　像素级图像融合的结构示意图

9.2.2　特征级图像融合

特征级图像融合是中间层的融合处理过程。特征级图像融合利用从各个传感器图像的原始信息中提取的特征信息，进行综合分析及融合处理，通过特征级图像融合不仅可以增加从图像中提取特征信息的可能性，还可能获取一些有用的复合特征。特征是从图像的像素信息中抽象、提取出来的。所谓主要特征是通过对图像数据进行空间或时间上的分割等处理获得的，而复合特征是通过对现有的各个特征的综合得到的。从图像中提取并用于融合的典型特征信息有边缘、角、纹理、相似亮度区域、相似景深区域等。当在特定环境下的特定区域中，多传感器图像均具有相似的特征时，说明这些特征实际存在的可能性极大，同时对该特征的检测精度也可大大提高。融合处理后得到的特征可能是各种图像特征的综合，如融合后的边缘是不同传感器检测得到的边缘段的综合，也可能是一种完全新型的特征，如对用立体照相机得到的各图像中的边缘信息进行融合处理形成的三维边缘。

一种特征的几何形状、方向、位置以及时间范围等都是该特征与其他特征进行配准和融合的重要方面。在特征级图像融合中，对图像配准的要求不如像素级图像融合对配准的要求那么严格，因此各图像传感器可以分布在不同平台上。特征的集合变换可用于图像特征的配准。通过特征级的图像融合可以增加特征检测的精度，利用融合后获得的复合特征可以提高检测性能。

在进行融合处理时，所关心的主要特征信息的具体形式和内容与多传感器图像融合的应用目的及场合密切相关。例如在利用红外成像传感器与其他传感器融合进行目标识别时，首先要找出目标和背景的差异，对目标的特征进行提取，其次是对各特征进行比较、选择、融合，最终进行决策和识别处理。在目标识别中，目标特性的提取是关键。可供提取的目标特征主要有目标温度和目标灰度分布特征、目标形状特征、目标运动特征、目标统计分布特征、图像序列特征及变化特征等。同时，在具体实施识别的过程中，还必须注意点目标（远距离目标，目标小，像素少）和近距离目标（可成像，目标像素较多）处理的衔接和识别问题。

特征级图像融合可分为目标状态信息融合和目标特性融合。特征级目标状态信息融合主要应用于多传感器目标跟踪领域，其融合处理主要实现参数相关和状态向量估计。特征级目标特性融合就是特征层的联合目标识别，其融合方法中仍然要用到模式识别的相关技术，只是在融合处理前必须对特征进行相关处理，对特征向量进行分类与综合。更为重要的是，在模式识别、图像处理和计算机视觉等领域，人们已经对特征提取和基于特征的聚类问题进行了深入的研究，有许多方法可以借鉴。在融合过程中，常用到模糊方法、神经网络技术、聚类方法以及 Kalman 滤波器等工具。图 9-2-2 给出了特征层图像融合的结构示意图。

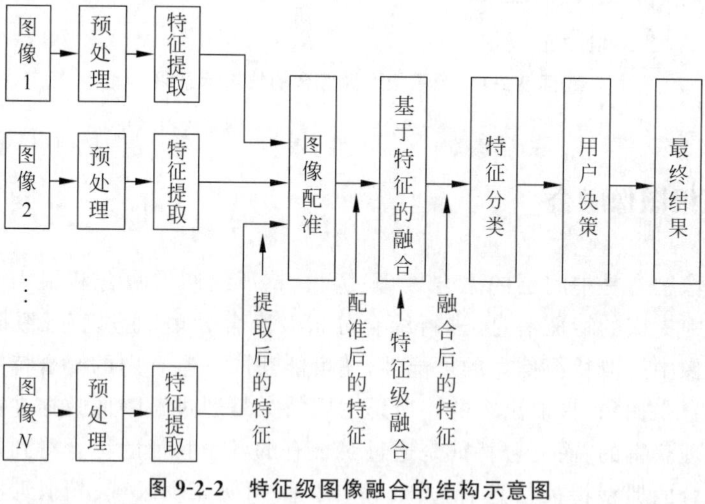

图 9-2-2　特征级图像融合的结构示意图

9.2.3　决策级图像融合

决策级的图像融合是在信息表示的最高层上进行的融合处理。在进行融合处理前，先对从各个传感器获得的图像分别地进行预处理、特征提取、识别或判决，建立对同一目标的初步判决和结论；然后对来自各个传感器的决策进行相关(配准)处理；最后进行决策级的融合处理从而获得最终的联合判决。决策级融合是直接针对具体的决策目标，充分利用了来自各个图像的初步决策，因此在决策级图像融合中，对图像的配准要求很低，在某些情况下甚至无须考虑，因为其各个传感器的决策已经符号化或数据化了。由于对传感器的数据进行了浓缩，这种方法产生的结果相对而言最不准确，但它对通信带宽的要求最低。融合中心常用的融合方法有 Bayes 方法、Dempster 方法、广义推理理论或根据不同情况而专门设计的各种方法，图 9-2-3 给出了特征层图像融合的结构示意图。

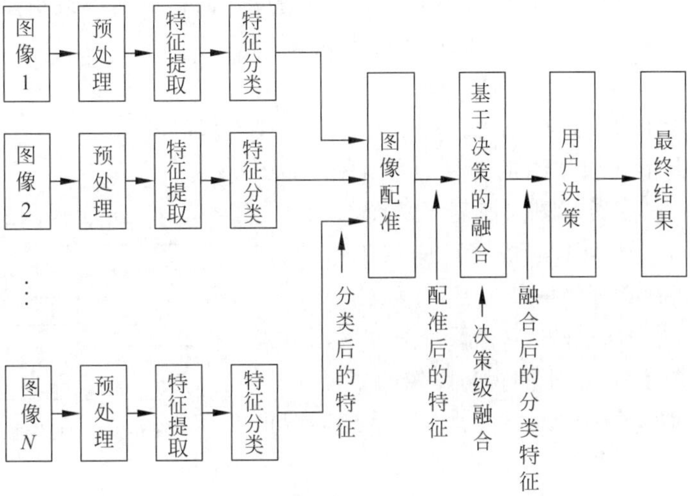

图 9-2-3 决策级图像融合的结构示意图

9.2.4 三个图像融合层次的性能比较

在表 9-2-1 中给出了图像融合在上述三个层次中的性能特点比较说明。从表中以及上面的表述中可知，在这三个层次中，像素级图像融合是最重要、最根本的多传感器图像融合方法，其获取的信息量最多，检测性能最好，而难度也是最大的。目前在图像融合方面，绝大多数的方法都属于像素级图像融合。因此，在后边的叙述中，将着重介绍像素级图像融合。

表 9-2-1 图像融合的三个层次性能比较

性 能	像素级融合	特征级融合	决策级融合
信息量	最大	中等	最小
信息损失	最小	中等	最大
容错性	最差	中等	最好
抗干扰性	最差	中等	最好
对传感器的依赖性	最强	中等	最弱
预处理	最小	中等	最大
分类性能	最好	中等	最差
融合方法的难易性	最难	中等	最易
系统的灵活性	最差	中等	最好

9.3 图像配准

本节将讨论与图像配准有关的概念和方法。

9.3.1 配准的基本概念

图像配准是一个将不同时间、不同视角、不同设备获得的两幅或更多图像重叠复合的过程,如图 9-3-1 所示,它在几何上对齐两幅图像——参考图像和输入图像,而图像间存在的差异则是由于成像条件的不同造成的。对于所有其最终信息得益于组合不同数据源的图像分析工作(如图像融合、变化检测、多通道图像恢复等),图像配准是至关重要的一步。图像配准被广泛应用于遥感、医学成像和计算机视觉等领域。

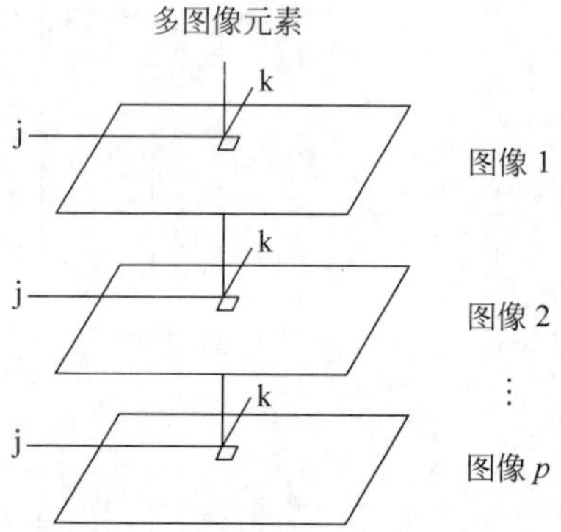

图 9-3-1 图像配准的原理

通常,根据图像获取的方式,图像配准应用可被划分为四个主要类别:①不同视角图像的多视分析;②不同时间图像的多时相分析;③不同传感器图像的多模态分析;④影像到模型的配准。

大多数图像配准方法都由以下四个基本步骤构成[18],如图 9-3-2 所示。

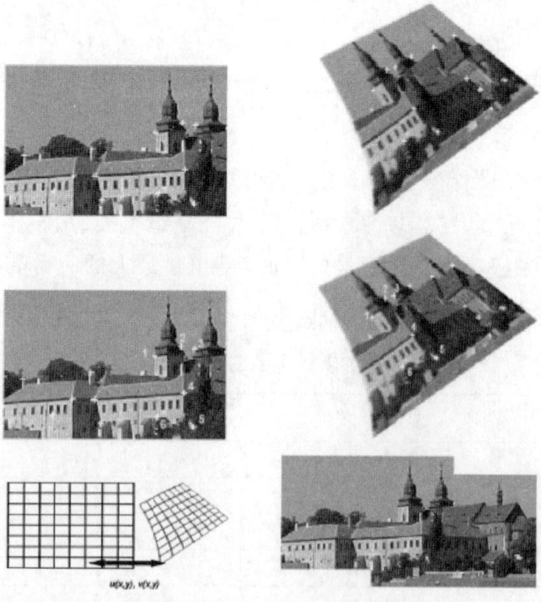

图 9-3-2 配准的基本步骤

(1) 特征提取。人为或自动检测出显著和特殊的地物(接近边界的区域、边缘、轮廓、线性特征的交叉点、拐角或顶点等)。在后续的处理中,这些特征可采用其特征点表示,这种情况下也称为“控制点”。

(2) 特征匹配。定义几何特征之间的失调或相似函数，即建立从参考图像检测的特征和从输入图像检测的特征之间的对应关系。各种各样的特征描述算子以及特征的空间关系相似测度都用于完成这一目的。

(3) 变换模型估计。通过估计或最优搜索等方法得到映射函数的类型和参数，以便能够对齐输入图像和参考图像。

(4) 图像重采样和变换。依靠映射函数对输入图像进行图像变换，使用适当的插值技术计算出非整数点坐标的图像值。

9.3.2 配准需要解决的问题

然而，在实现每一个配准步骤时都存在某些典型问题。

1. 特征提取

基本的特征提取，可以等价于控制点的选取问题。首先，要尽可能采用自动选取，只有自动选取才能够保证选择的精度(像素级)；其次，要选取足够数量的控制点，才能使配准结果有较好的精度；第三，对于选取的大量控制点，要有较好的空间分布特性，能够尽可能满足均匀分布，保证整个配准区域精度的一致性。

然而，“特征”概念的引入，又引入了新的问题。首先，必须确定什么类型的“特征”适合用来完成给定的任务。通常，需要对特征有物理解释。并且，依照控制点选取的要求，从输入图像和参考图像检测得到的特征集合必须有足够多的共同元素，甚至在出现图像不是正好完全覆盖同一场景或其他未预料到的情况下。同时，出于控制点选取的精度要求，检测方法应有好的定位精度并对算法假定的图像退化不敏感。

更大的挑战来自配准通过不同传感器获得的遥感影像。同种传感器的遥感影像，在进行特征检测时，同种地面特性在图像上是相同的特征；由于传感器的成像原理等因素的影响，异类传感器获得的遥感影像，相同地面点在图像上的特征是不完全相同的。如LANDSAT卫星遥感影像是光学器件成像的多光谱图像，而RADARSAT卫星的遥感影像是雷达回波成像的，在遥感影像上体现的特征具有很大的不同，如图9-3-3所示。

(a) LANDSAT卫星的全色影像

(b) RADARSAT卫星的雷达影像

图 9-3-3 异类传感器的遥感影像

在整个配准过程中，控制点的选择是根本问题。控制点选择的合理性、精确性对配准结果存在很大的影响。所以，涉及特征检测步骤的配准算法，其主要问题都集中在解决控制点选取的问题上。

由于使用控制点存在的问题，发展了另一个方向——基于轮廓的方法。这种方法的思想是对两个图像首先提取轮廓（边缘）信息，以轮廓作为配准的控制点，采用相应的算法对准轮廓（边缘）后，计算得到变换参数，然后应用于输入图像，对其进行变换后对准参考图像。

2. 特征匹配

由于不同成像条件和（或）传感器不同的光谱灵敏度，物理上相对应的特征在不同的图像上可能是不一样的。所以，对特征描述以及相似度测度的选择必须考虑这些因素。对于已知或假定的图像退化过程，特征描述算子应具有不变性。同时，它们还必须具有足够的可分辨性，以保证既能够辨别不同的特征，又具有足够的稳定性，不会因为微小的未预计的特征变化和噪声影响而受到影响。

一般来说，使用空间不变量的匹配算法具有鲁棒性和有效性，在另一幅图像中不具有对应部分的单一特征也不会影响其性能。

3. 变换模型

对于映射函数类型，应对根据图像获取过程和预期的图像退化过程的先验信息进行选择。如果没有任何先验信息，那么就要求模型具有足够的灵活性和通用性，能够处理所有可能出现的图像退化。并且，特征检测方法的准确性、特征对应性估计的可靠性以及估计误差的可容忍性也是必须考虑的部分。另外一个必须完成的工作，就是如何确定图像间的哪些差异必须在配准时去除掉。如果配准处理是为了进行变化检测，又希望算法不会将我们要寻找的变化差异去除掉。所以，这是个非常重要但又非常复杂的问题。

4. 重采样和变换

最后，对于适当重采样技术的选择，依赖于对插值精度的要求和计算复杂性的折中（或平衡）选择。在大多数情况下，最大近邻法或双线性插值法就足够了。然而，可能某些方法需要更为精确的插值算法。

9.3.3 配准算法

针对不同的定义方式，配准方法可以有很多种分类。常用的一些分类有：应用范围、数据维数、所考虑图像变形的类型和复杂程度、计算消耗以及配准算法的本质概念等。考虑到将配准分解为上述四个步骤，在讲述时选择基于算法本质概念的分类。

1. 特征提取算法

最初的"特征"是由专业人员手工选择图像上的物体。随着提取的自动化发展，出现了两类主要的方法——基于区域的方法和基于特征的方法。

基于区域的方法即基于像素或体素相似性的配准。这类方法将注意力更多地放在特征匹配步骤，而不在于特征提取步骤。这些方法不提取特征，因此其省略了配准的第一步。其本质是绕过对控制点的选取问题，对两个图像中的逐个像素进行计算。

基于最大化互信息的方法是此类方法中的经典方法，它利用输入图像和基准图像计算得到的互熵作为判断依据。该方法在医学图像配准中得到了非常成功的应用。类似的还有基于亮度匹配的方法。

基于特征的方法中，图像中有意义的区域（森林、湖泊、田地等），线状地物（区域边界、海岸线、道路、河流的）或点状地物（区域拐角、线状地物交叉点、曲率不连续点等）被理解为特征。而特征检测算子的不变性和准确性以及对重叠部分的判断准则，确定了输入图像和参考图像上特征集合的可比性。因此，基于特征的自动配准方法提取对比例、缩放、旋转、灰度变换具有不变性的特征[19-21]。

同基于区域的方法相比，基于特征的方法不直接使用图像的灰度值进行工作，使用特征来表示更高层次信息。也正是因为这一特性，使得基于特征的方法适合于具有照度变化或者多传感器分析需要的情况。

特征的提取可在空间域内进行，也可在变换域内进行。在变换域里，可以采用小波等变换等得到特征点。

2. 空间域配准方法

在空间域里，常使用的特征包括边缘、区域、线的端点、线交叉点、区域中心、曲率不连续点等。其中边缘和区域边界最常用，它们可以由边缘检测方法和区域分割方法得到。

Li[22]等人将区域边界和其他强边缘作为特征，用链码相关和形状相似性规则来匹配闭区域。而对开区域则检测角点，并进行匹配。对匹配得到的控制点对进一步进行一致性检查，消除错误匹配。这一方法被应用于不同传感器图像的配准，如 Landsat-TM 和 SPOT。

Bourret[23]提出一种匹配分割后的 SPOT 卫星图像方法。首先采用多尺度边缘检测和边缘闭合过程进行图像分割，然后通过计算图像分割后的能量函数，并用模拟退火算法极小化能量函数完成图像配准。

Wang[24]等先用 Sobel 算子分割图像形成闭区域，然后利用闭区域的中心作为特征点。并用图像上的特征点组成线段，用线段的角度差和线段长度的比率建立二维直方图，从而得到匹配特征点对。

3. 变换域配准方法

Dana[25]提出一种可见光和红外图像的配准方法。首先用多尺度边缘检测得到不同尺度下的图像边缘，然后采用分层估计、变换、优化策略得到图像间的变换参数。

Unser[26]应用二维三次连续样条函数表示图像，并利用了样条函数的多分辨率结构，由粗到精采用迭代策略和最速下降方法寻找图像仿射变换的参数。计算速度较快，且可达到子像素精度配准，但似仅对平移和旋转变化有效。

Djamdji[27]对两幅图像用“átrous”算法进行小波分解得到特征点，再在不同尺度上进行特征点匹配和迭代估计多项式变换的参数。

Moigne[28]采用小波变换对图像进行分解，并从图像分解的LH和HL分量的小波变换系数中得到特征点，然后采用从粗到精迭代策略，得到图像之间的旋转变换参数。但仅将算法应用于热图像旋转参数估计。

Corvi[29]用图像小波变换的模极大和极小值作为特征点，接着用聚类方法得到变换模型的旋转和平移参数的初始值。并进一步对特征点用最小距离方法匹配，最后采用LMS估计图像之间的变换参数。

Li[30]等人考虑可见光和红外图像的配准，将轮廓检测与灰度局部统计特性结合起来提取特征点。并对特征点进行初始匹配和精确匹配，最后得到真实匹配点对。他的方法比较适用于不同传感器图像之间的配准。

Hsieh[31]等用图像小波分解的局部模极大值作为候选特征点，并筛选得到真实特征点。再用估计得到的图像之间的角度差对图像进行补偿后，用相关系数法得到补偿后的两幅图像之间的特征点对，再根据仿射变化条件下，同一幅图像中两点距离保持不变的特点消除错误匹配点对。变换参数通过迭代得到，实验对象仅为单一传感器所得图像。

Kaymaz[32]等也是采用小波变换对参考图像和输入图像进行分解，但与Moigne不同的是，他在图像分解的LL分量上应用Lerner代数边缘检测算子和Sobel算子处理后的小波变换系数中极大值为特征点，然后采用从粗到精的迭代策略得到图像之间的旋转变换参数。文中将算法应用于热图像旋转参数估计。

Wu[33]提出一种基于小波变换的多尺度配准方法得到两幅图像之间的平移和旋转参数。并且首次将算法在数字信号处理器(DSP)上实现。

在变换域内，图像被分解为一组变换系数。一般说来，基于特征的方法经常需要较复杂的图像处理以抽取特征，因它们不直接依赖于像素值，也为多传感器图像自动配准提供了更好的性能。

4. 特征匹配

在常规的图像配准方法中，是先得到匹配控制点对，再确定变换函数，但它要求已精确得到一组匹配点对。当特征匹配比较困难时，可用带反馈的点匹配方法，其中特征匹配和最优变换的确定是同时进行的[19-20]，通过迭代方式考察所有可能的匹配点对。此外，这种方法可以用于特征匹配的最后一步，以检查全局匹配一致性，因此可以消除不匹配对。

特征点匹配常用的方法有类相关法、Fourier变换法、互信息法、不变矩法、松弛法以及金字塔和小波算法等。

(1) 类相关法。类相关法(有时称为模板匹配法[34])将特征检测步骤和匹配部分结合起来，这些方法在处理图像时并不试图去检测明显的地物。预定义大小的窗体或者整个图像被用来在特征匹配步骤中进行对应性估计。

这一类方法的局限性来源于其基本思想。首先，就是最常使用的矩形窗口，它适用于由平移造成的局部，对于由复杂变换造成的差异，矩形就不一定能够包括参考图像和输入图像的相同部分。另一个缺陷在于该类方法要求窗口的内容具有“显著性”，而实际上窗口内是一个平滑区域的可能性非常高，这样就会出现错误匹配的结果。

互相关系数法就是该类方法的经典，其基本思想是直接使用图像灰度进行匹配计算，而不进行任何结构性分析。归一化的互相关系数表示为

$$R(x_0,y_0)=\frac{\sum_{x,y}(f_1(x,y)-\bar{f}_1)(f_2(x+x_0,y+y_0)-\bar{f}_2)}{\sqrt{\sum_{x,y}(f_1(x,y)-\bar{f})^2}\sqrt{\sum_{x,y}(f_2(x+x_0,y+y_0)-\bar{f}_2)^2}} \tag{9-3-1}$$

其中，$f_1(x,y)$ 和 $f_2(x,y)$分别表示输入和参考图像，$\bar{f}_1$ 和 $\bar{f}_2$ 分别表示 $f_1(x,y)$和 $f_2(x,y)$的均值，(x_0,y_0)是计算互相关系数的滑动窗口中心像素。

对参考图像和输入图像上的窗口对计算该相似度测度，并搜索到其最大值。达到最大值的窗口对被设定为对应部分。尽管基于相关法的配准只能准确对齐互相发生平移的图像，它也可以适用对于具有轻微旋转和尺度变化的图像间的配准。

推广的互相关系数法能够适应具有较多几何变形的图像[35]。其原理就是对于每一种假定的集合变换都计算其互相关系数，这样就能处理更多更复杂的几何变形。

Berthilsson[36]甚至尝试了使用推广的互相关系数法的思想来配准仿射变换的图像。

Simper[18]提出使用分而治之的系统结合互相关系数法技术的方法，来配准具有投影变换关系的不同图像。

但是，这些改进方法的问题在于，随着变换复杂度的增加，计算复杂度则出现了非常大的增长。

Huttenlocher[37]等人提出了采用另一种类型相似测度的配准算法——使用Hausdorff 距离来配准平移或平移加旋转的二值图像(经边缘检测得到)。他们还对基于Hausdorff 距离的算法和基于互相关的算法进行了比较，特别是对于互相关法来说，在配置具有像素位置紊乱的图像时，Hausdorff 距离法胜过了互相关法。

采用互相关系数的各种算法，具有两个主要缺点：①由于图像的自相似性，相似度测度的极大值不明显；②计算复杂度高。尽管这类方法具有上述这些限制和确定，它仍然是最为常用的方法。

(2) Fourier 变换法。Fourier 变换法在频域中表示图像。相位相关法基于 Fourier 平移定理，并且最初是被提出用于配准平移的图像。它计算参考图像和输入图像的互功率谱，然后寻找其逆变换的峰值位置，即

$$\frac{\mathcal{F}(f)\,\mathcal{F}(g)^*}{|\mathcal{F}(f)\,\mathcal{F}(g)^*|}=\mathrm{e}^{2\pi i(ux_0+vy_0)} \tag{9-3-2}$$

其中，$\mathcal{F}(\cdot)$表示图像的二维 Fourier 变换，$|\cdot|$表示求绝对值。

该方法对于频率相关噪声以及非一致性时变亮度干扰具有很强的鲁棒性，并且当配准图像较大时能够很显著地节约计算时间。

De Castro 和 Morandi[38]等人提出了附加旋转变换情况下的扩展相位相关方法。Q. Chen[39]等人结合 Fourier-Mellin 变换和相位相关的方法来配准存在尺度变化图像。B. S. Reddy[40]等人利用这一技术完成了基于 FFT 的平移、旋转和尺度不变图像的配准。

(3) 互信息法。互信息最初来源于信息论，是一个两组数据统计相关性的测度。并且，它特别适合不同模态图像的配准。两个随机变量 x 和 y 的互信息定义为

$$\mathrm{MI}(x,y) \triangleq H(y) - H(y \mid x) = H(x) + H(y) - H(x,y) \tag{9-3-3}$$

其中，$H(x) = -E(\log(p(x)))$表示随机变量 x 的熵，而 $p(x)$是随机变量 x 的先验概率分布函数；类似地，$H(x,y)$表示随机变量 x 和 y 联合概率分布函数 $p(x,y)$对应的熵；$H(y|x)$表示给定随机变量 x 时 y 的条件概率分布函数 $p(x|y)$对应的熵。互信息量度量两幅图像的统计独立程度，当含有相同内容的两幅图像通过几何变换在空间对齐时，它们的互信息量达到最大。

最先是由 Viola 和 Wells 以及 Collignon 同时提出以互信息作为目标函数，应用于图像配准。互信息法不需要对不同成像模式图像灰度间的关系作任何假设，也不需要对图像进行特征提取，可以避免特征提取造成的精度损失，因此它在图像配准领域得到了普遍关注和广泛应用，是目前被认为最准确和鲁棒的回溯性图像配准的度量之一。Thévenaz 和 Unser[41-43]用互信息结合其他各种方法，完成基于互信息的配准算法的每个步骤。他们提出了使用 Marquardt-Levenberg 方法来最大化互信息，使用样条金字塔提高计算速度。Studholme 等人[44]使用联合概率分布的离散直方图估计来计算联合概率，如图 9-3-4 所示。即，用联合概率分布函数 $p(x,y)$及其概率分布函数 $p(x)$和 $p(y)$间的广义距离来估计互信息，表示为

$$\mathrm{MI}(x,y) = \sum_{x,y} p(x,y) \log \frac{p(x,y)}{p(x)p(y)} \tag{9-3-4}$$

其中，$p(x,y)$表示随机变量 x 和 y 的联合分布函数。对于离散的数字图像，联合概率分布 $p(x,y)$可以用归一化的联合直方图来估计，表示为

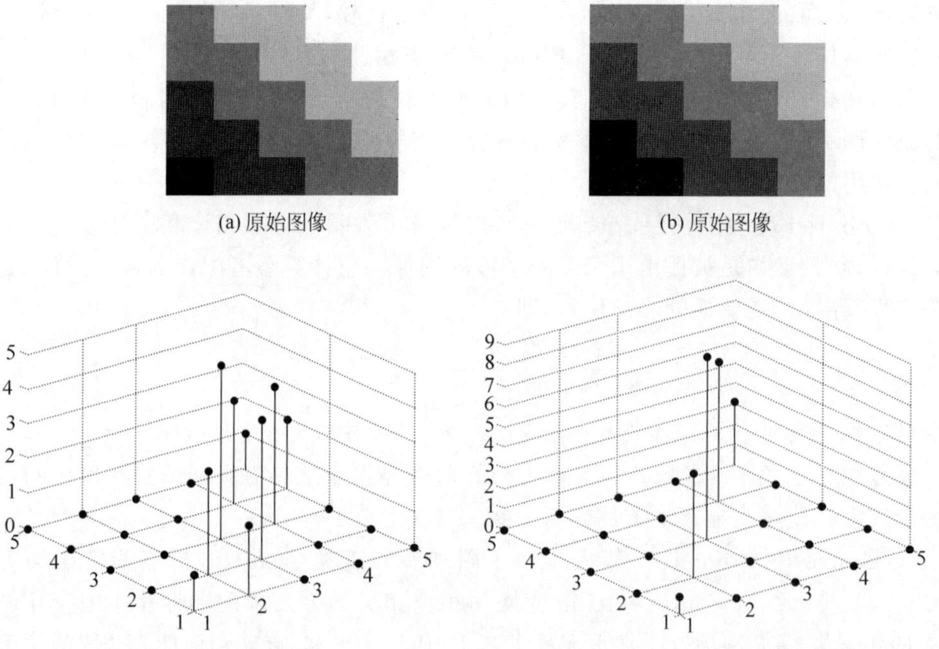

(a) 原始图像　(b) 原始图像

(c) 配准前的联合直方图　(d) 配准后的联合直方图

图 9-3-4　联合直方图计算示例

$$p_{xy}(i,j)=\frac{h(i,j)}{\sum_{i,j}h(i,j)} \tag{9-3-5}$$

其中，$h(i,j)$表示联合直方图。而边际概率分布 $p(x)$和 $p(y)$分别为

$$p_x(i)=\sum_j p_{xy}(i,j) \quad p_y(j)=\sum_i p_{xy}(i,j) \tag{9-3-6}$$

因此，互信息可以表示为

$$\mathrm{MI}(x,y)=\sum_{i,j} p_{xy}(i,j)\log\frac{p_{xy}(i,j)}{p_x(i)\cdot p_y(j)} \tag{9-3-7}$$

类似于互信息，还有同样来自信息论的基于交叉熵的相似度测度。

(4) 不变矩法。M. K. Hu[45]在 1962 年首先提出了变量矩的概念和方法，并给出了连续函数矩的定义以及矩的基本性质，证明了不变矩具有平移、旋转和比例不变性，具体给出了 7 个不变矩的表达式。并利用该方法对两幅二值化字母图像进行了识别实验。

图像 $f(x,y)$的 $p+q$ 阶原点矩和中心矩定义为

$$m_{pq}=\sum_x\sum_y x^p y^q f(x,y) \tag{9-3-8}$$

$$u_{pq}=\sum_x\sum_y (x-\bar{x})^p(y-\bar{y})^q f(x,y) \tag{9-3-9}$$

其中，$p,q=0,1,2,\cdots$。归一化中心矩为 $\eta_{pq}=\frac{u_{pq}}{u_{00}{}^{\gamma}}$，其中 $\gamma=\frac{p+q}{2}+1$，$p+q=2,3,\cdots$。

M. K. Hu 利用二阶和三阶中心矩构造了如下 7 个不变矩：

$$\begin{cases}
M_1=\eta_{20}+\eta_{02}\\
M_2=(\eta_{30}-\eta_{02})^2+4\eta_{11}{}^2\\
M_3=(\eta_{30}-3\eta_{12})^2+(3\eta_{21}-\eta_{03})^2\\
M_4=(\eta_{30}+\eta_{12})^2+(\eta_{21}+\eta_{03})^2\\
M_5=(\eta_{30}-3\eta_{12})(\eta_{30}+\eta_{12})[(\eta_{30}+\eta_{12})^2-3(\eta_{12}+\eta_{03})^2]+\\
\qquad (3\eta_{21}-\eta_{03})(\eta_{21}+\eta_{03})[3(\eta_{30}+\eta_{12})^2-(\eta_{03}+\eta_{21})^2]\\
M_6=(\eta_{20}-\eta_{02})[(\eta_{30}+\eta_{12})^2-(\eta_{21}+\eta_{03})^2]+4\eta_{11}(\eta_{30}+\eta_{12})(\eta_{21}+\eta_{03})\\
M_7=(3\eta_{21}-\eta_{03})(\eta_{30}+\eta_{12})[(\eta_{30}+\eta_{12})^2-3(\eta_{12}+\eta_{03})^2]+\\
\qquad (3\eta_{21}-\eta_{30})(\eta_{03}+\eta_{21})[(\eta_{03}+\eta_{21})^2-3(\eta_{03}+\eta_{12})^2]
\end{cases} \tag{9-3-10}$$

在 Hu 的基础上，R. Y. Wong[46]给出了离散情况下各阶矩的计算方法，并用图像进行了匹配实验。其结果表明：当比例因子 $\rho\leqslant 2$，旋转角度 $\theta\geqslant 45°$时，能保证 Hu 给出的 7 个矩的不变性基本保持不变。文献[47]针对比例因子对不变矩的影响，提出修改归一化中心矩的方法，解决了较大比例因子对不变矩的影响，并通过三类 21 幅图像对其有效性进行了验证。

用不变矩进行图像匹配的算法实现步骤如下所述：

① 搜索所有可能为目标的区域，计算区域的二维图像不变矩特征；

② 对这些特征的计算值进行归一化；

③ 求出与目标二阶不变矩的相似度，若相似度大于给定阈值，则判定为找到目标，搜索结束，转到第①步继续搜索。

在实际应用中，待分析图像可能存在位置、旋转和比例差别，还可能存在对比度上的差别。为了推导出更一般的不变矩，假设两幅图像 $f_1(x,y)$ 和 $f_2(x,y)$ 的内容完全是关于同一物体的，但在对比度、比例、位置和旋转上都存在差别，其相互关系可以表示为

$$f_1(x,y)=Kf_2(x',y') \tag{9-3-11}$$

$$\begin{bmatrix} x' \\ y' \end{bmatrix}=C\begin{bmatrix} \cos\theta & \sin\theta \\ -\sin\theta & \cos\theta \end{bmatrix}\begin{bmatrix} x \\ y \end{bmatrix}+\begin{bmatrix} a \\ b \end{bmatrix} \tag{9-3-12}$$

其中，K 为对比度变换因子，C 是比例变化因子，θ 是旋转角，(a,b)分别是 x 方向和 y 方向上的位移。对 $f_1(x,y)$和 $f_2(x',y')$分别计算不变矩的 7 个参数，并使用式(9-3-11)和式(9-3-12)进行变换组合后，重新得出一组更一般的不变矩度量，具有对比度、尺度、位置、旋转不变性

$$\begin{cases} \omega_1=\dfrac{\sqrt{\phi_2}}{\phi_1}, \quad \omega_2=\dfrac{\phi_6}{\phi_4\phi_1}, \quad \omega_3=\dfrac{\phi_7}{\phi_5} \\ \omega_4=\dfrac{\sqrt{\phi_5}}{\phi_4}, \quad \omega_5=\dfrac{\phi_3}{\phi_2\phi_1}, \quad \omega_6=\dfrac{\phi_4}{\phi_3} \end{cases} \tag{9-3-13}$$

其中，ϕ_i 表示不变矩的 7 个参数，而 ω_j 表示重新得出一组更一般的不变矩度量。以上提出图像的 6 个不变矩具有平移、旋转、比例、对比度不变性。

例题 9.3.1 图 9-3-5 是一组航拍的地面城市街道图像，左上是校正了的原始图像，其余是待分析图像，它们分别发生了旋转、对比度变化、比例变化，还有最后两个是不同的街道图像(异类图像)。由于不变矩的上述特性，可以根据这组待分析图像中找到同类和异类图像。不变矩计算结果如表 9-3-1 所示，计算空间不变矩 $\phi_1 \sim \phi_7$ 结果表明空间不变矩对目标图像的旋转、对比度调整、尺度缩放具有很好的稳定性。

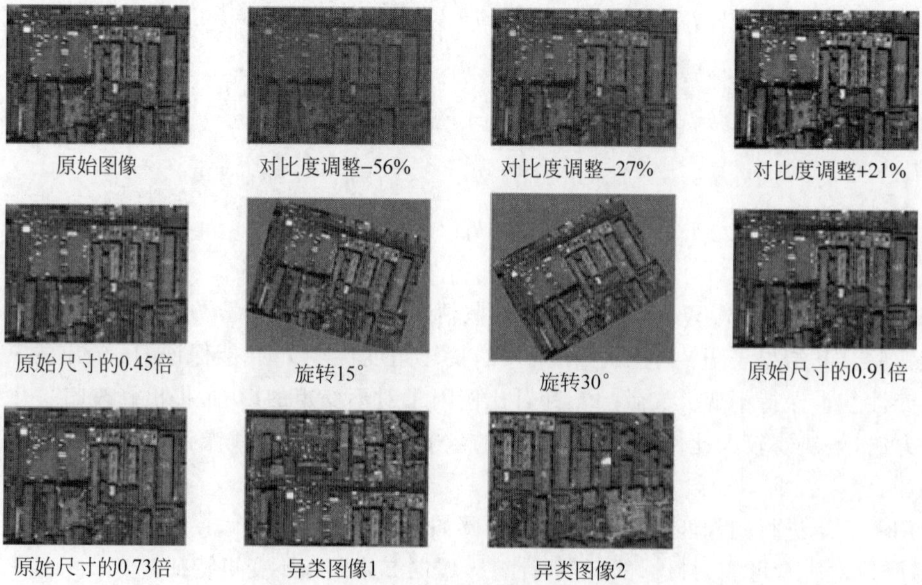

图 9-3-5　待分析的图像

表 9-3-1　图像空间不变矩计算结果

不　变　矩	ϕ_1	ϕ_2	ϕ_3	ϕ_4	ϕ_5	ϕ_6	ϕ_7
原始图像	6.06E－01	2.39E－02	4.25E－02	4.92E－02	2.24E－03	6.63E－03	6.64E－03
对比度调整－27％	6.11E－01	1.92E－02	3.43E－02	4.49E－02	1.75E－03	4.38E－03	5.12E－03
对比度调整＋21％	5.85E－01	1.22E－02	1.70E－02	2.92E－02	6.29E－04	2.08E－03	1.78E－03
对比度调整－56％	6.73E－01	2.88E－02	6.07E－02	6.96E－02	4.51E－03	8.55E－03	1.34E－02
旋转 15°	6.50E－01	1.59E－02	1.26E－02	2.63E－02	4.55E－04	2.86E－03	1.25E－03
旋转 30°	1.96E＋00	2.73E－01	1.46E＋00	1.68E＋00	2.63E＋00	6.97E－01	7.81E＋00
原始尺寸的 0.45 倍	5.73E－01	1.75E－02	2.35E－02	3.20E－02	8.64E－04	3.68E－03	2.52E－03
原始尺寸的 0.91 倍	1.34E＋00	9.75E－02	3.01E－01	4.02E－01	1.38E－01	1.06E－01	4.03E－01
原始尺寸的 0.73 倍	8.72E－01	2.94E－02	3.13E－02	6.18E－02	2.59E－03	9.69E－03	7.17E－03
异类图像 1	5.22E－01	6.20E－03	1.11E－02	1.32E－02	1.60E－04	8.25E－04	4.72E－04
异类图像 2	4.81E－01	4.04E－03	6.28E－03	8.90E－03	6.54E－05	4.47E－04	1.90E－04

图 9-3-6 显示，异类图像和原始图像不变矩 ϕ_1 之差呈现一个较大的变化，而其他图像和原始图像的不变矩之差变化不大，可以认为是同一个目标的不同呈现。

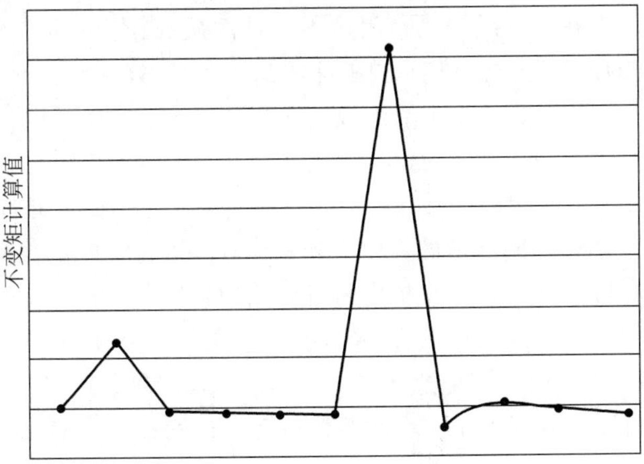

图 9-3-6　不变矩距离匹配的结果

(5) 松弛法。一大批配准方法都是基于松弛法，即一致性标记问题(CLP)的一种解决方案。其问题描述为：为了从具有标记的传感图像中标识出每个特征，对其他特征在给定标记的前提下要与这些标记保持一致[48]。在考虑了这些特征对的匹配质量，以及与其邻域匹配的情况之后，这种重新计算边缘特征对的过程就是一个迭代重复过程，直至达到一个稳定解。有参考价值的工作是 Ranade 和 Rosenfeld 完成的[49]。此处，转换特征集合用某个几何变换来代替，就定义了特征对的边缘图。其中，使用某种几何变换特征集合。这种方法能够处理发生位移的图像，并且能够容忍图像的局部扭曲变形。

Wang 等[50]通过引入对拐点特征的描述，对经典的松弛法进行了扩展。他们使用了拐点的锐度、对比度以及倾斜度。这种算法能够处理图像中的平移和旋转造成的变形，但是它需要很大的计算量。

Medioni 和 Nevatia[51]则使用线状特征及其描述算子(坐标、方向和平均对比度)。

Cheng 和 Huang[52]提出了一种星形配准方法，该方法考虑了每个独立特征点及其全连通邻域。

Ton 和 Jain [53]通过结合 MergeSort 概念提高了松弛法的计算速度。他们的方法能够处理平移和旋转的图像。

文献[54]对不同的松弛法进行了较为详细的比较。

(6) 金字塔和小波算法。一般而言，这种由粗到精的分解策略使用的都是常用的配准方法，其不同在于它从参考图像和输入图像某个低解析度(使用 Gauss 金字塔、简单平均或小波变换系数等方法得到)开始计算。然后，随着上升到较好的解析度，逐级改善对对应关系或者映射函数参数的估计。在每一级，这一类方法在很大程度上减小了搜索空间并节约了必要的计算时间。另一个非常重要的优势在于，首先完成了关于大尺度特征的配准，然后对于较好解析度下的细节特征只需要做细小的修正。但是，另一方面，如果在低解析度级别发生了错误匹配，这种策略就会失败。为了克服这一点，算法中应该结合回溯(backtracking)或一致性检查。

结合互相关系数法和金字塔方法，开发出了求和金字塔[55]、中值金字塔[56]以及均值金字塔[57]。

Wang 和 Chen[24]在每一层提取封闭边界区域的质心作为特征，然后通过用线段的角度差和线段长度的比率建立二维直方图，来求解几何变形的参数。

Thévenaz 等人采用基于三次样条函数的金字塔，分别结合图像灰度差值的均方最小[58]和互信息最大化[41]进行图像配准。

Sharma 和 Pavel[59]使用多分辨率拉氏金字塔完成了雷达图像和红外图像的配准。

Kumar 等人[60]结合不同类型的金字塔和相似测度进行了航空视频序列的配准。

目前，由于小波与生俱来的多解析度特性，图像的小波分解成为了塔形分解方法的首选。各种方法根据其所采用的小波以及匹配搜索使用的小波系数集的不同而有所不同。最为常用的方法为：使用 2 个滤波器(低通滤波器 L 和高通滤波器 H)对图像进行连续滤波，递归地将图像分解为 4 个小波系数集合(LL、HL、LH、HH)。

9.3.4 变换模型及配准参数估计方法

配准的基本思想认为输入的影像是标准影像的变形，根据假设的变形方程式，优化计算出方程式系数，将输入图像根据变形方程计算后，就能够同参考图像进行重叠，以完成配准。所以，这一步要完成的任务包括变换模型的选择及其参数的估计。

变换模型的选择应该考虑以下三个方面：①输入图像预期(或假设)的几何变形相对应；②使用的图像配准方法；③要求的配准精度。常用的变换模型有相似变换模型、仿射变换模型、立体投影变换模型、多项式模型、径向基函数模型和弹性变换模型等，图 9-3-7 分别给出了几种变换的例子。

最简单的情况是采用描述刚体变换模型，它只包括平移、旋转和尺度变化：

$$\begin{cases} x' = S \cdot (x\cos\theta - y\sin\theta) + t_x \\ y' = S \cdot (x\sin\theta + y\cos\theta) + t_y \end{cases} \tag{9-3-14}$$

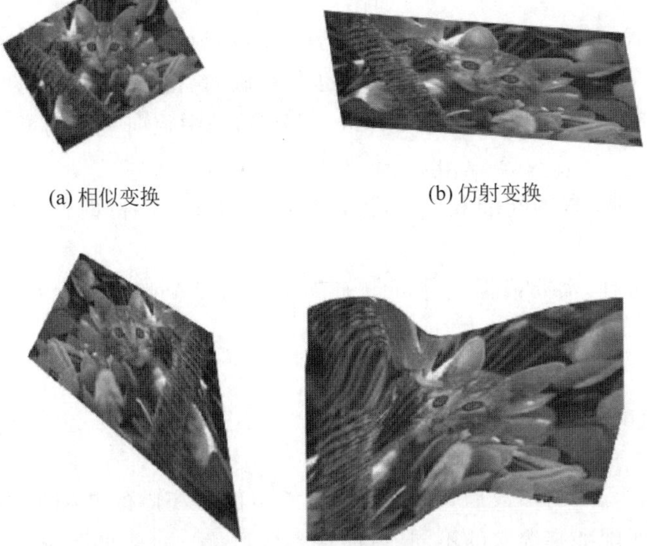

(a) 相似变换　(b) 仿射变换

(c) 立体投影变换　(d) 弹性变换

图 9-3-7　不同变换模型的例子

其中，(x,y)和(x',y')分别为参考图像和输入图像对应像素的坐标，t_x，t_y 分别表示 x 方向和 y 方向的位移，θ 表示旋转角度，S 表示尺度变化因子。在这种情况下，问题归结为一个四参数的最优化问题。

稍微复杂一点儿的情况是仿射变换模型

$$\begin{cases} x' = a_0 + a_1 x + a_2 y \\ y' = b_0 + b_1 x + b_2 y \end{cases} \tag{9-3-15}$$

其中变量含义与以前相同。

在假设镜头和场景的距离相对成像区域的尺寸很大，采用理想相机，场景平坦并且其几何形变不是由局部因素造成的情况下，该模型可用于多视图像的配准。

在镜头与场景的距离不能满足上述条件的情况下，就需要使用立体投影变换模型

$$\begin{cases} x' = (a_0 + a_1 x + a_2 y)/(1 + c_1 x + c_2 y) \\ y' = (b_0 + b_1 x + b_2 y)/(1 + c_1 x + c_2 y) \end{cases} \tag{9-3-16}$$

对于上述这些假设，只要稍有违反，就要使用二阶或三阶多项式模型。更高阶的多项式模型在实际应用中很少使用，因为这样会对输入图像中远离控制点的区域带来不必要的扭曲。多项式模型与仿射模型相比，比较复杂，计算速度慢，只在两幅图像之间有非线性变换时才用。

径向基函数(radial basis functions，RBF)在散乱点(尤其是带噪声，数据不完整)重建和医学重建中取得了非常好的效果。该算法实质上是一个内查/外插过程，通过一系列非均匀的离散采样点构建出连续的隐式函数。径向基函数的形式为

$$x' = a_0 + a_1 x + a_2 y + \sum_{i=1}^{N} \lambda_i \phi(|\boldsymbol{x} - \boldsymbol{x}_i|) \tag{9-3-17}$$

其中，$\boldsymbol{x}=(x,y)$表示二维空间的一个点，$\boldsymbol{x}_i$ 是径向基函数的中心，$\phi(\cdot)$为径向基函数，N 为像素点个数，λ_i 为权重系数。对于 y'也有类似的公式。最常用的具有代表性的径向基函数为薄片样条函数(thin-plate splines，TPS)，其中径向基项的形式为

$$g(\boldsymbol{x},\boldsymbol{x}_i) = |\boldsymbol{x} - \boldsymbol{x}_i|^2 \ln(|\boldsymbol{x} - \boldsymbol{x}_i|) \tag{9-3-18}$$

使用 TPS 可以得到很好的配准效果，但当控制点数量比较多的时候，其计算可能会非常耗时。

变换模型的选择，需要根据具体问题来确定。而对于模型的参数估计，最常用的是最小二乘法、模拟退火法等。

9.3.5 图像的重采样和变换

在得到变换方程式的参数后，就需要对输入图像做相应的几何变换，使之处于同一坐标系下。根据匹配准则选取的不同，可能在参数最优化过程的每一步中都需要进行变换计算。然而，变换得到的结果点不一定对准整数坐标，因此需对变换后的图像进行重新采样和插值。由此看出，插值方法的选择影响计算最优化参数的整个过程，最终影响配准结果。

常用的插值方法主要有：①最近邻域法；②双线性插值法；③三次插值法。3 种方法中的插值精度从低到高依次为最近邻域、线性插值、三次插值，而运算速度则正好相反，折中考虑以上两个因素，一般选用双线性插值方法。

9.4 图像融合算法

由于目前比较成熟的图像融合算法都是基于像素级的，因此本节将着重介绍基于像素级的多传感器图像融合算法。这类算法大体上可以分为 3 大类。

(1) 简单图像融合算法；

(2) 基于金字塔分解的图像融合算法；

(3) 基于小波变换的图像融合算法。

此外，还有基于神经网络的图像融合、基于主元素分析的图像融合、基于概率统计的图像融合、基于 Markov 随机场理论的图像融合和基于彩色映射的图像融合方法等算法。

9.4.1 简单图像融合算法

这一类算法出现于早期的图像融合中。由于其简单性，直到现在还被广泛使用。简单图像融合算法不对融合的各个源图像进行任何图像分解或变换，而是直接对各个源图像中对应像素点分别进行选择、平均或加权平均等简单处理，最终融合成一幅新的图像。简单图像融合算法主要三种：像素灰度值的平均或加权平均法、像素灰度值选大法和像素灰度值选小法。

1. 像素灰度值的平均或加权平均法

像素灰度值加权平均法是通过分析，得到反映每幅源图像 $I^n(x,y), n=1,2,\cdots,N$ 中特征强弱的权值图 $W^n(x,y), n=1,2,\cdots,N$。其中，N 为待融合源图像的个数。采用加权平均的方法对这些源图像进行融合，计算公式如下

$$I(x,y)=\sum_{n=1}^{N}W^n(x,y)I^n(x,y)\Big/\sum_{n=1}^{N}W^n(x,y) \tag{9-4-1}$$

其条件是

$$W^1(x,y)=W^2(x,y)=\cdots=W^N(x,y)=\frac{1}{N} \tag{9-4-2}$$

此时对应的方法是**像素灰度值平均法**，这是像素灰度值加权平均法的特例。

当利用这种方法对彩色图像进行融合时，一般按照三基色模型，将每幅彩色图像看作三幅单色图像(红、绿、蓝)的叠加，分别对各单色图像进行融合处理，最终可以得到融合后的三幅红、绿、蓝单色图像，再由这三幅单色图像叠加便可形成融合后的彩色图像。对式(9-4-1)做如下调整

$$\begin{cases} I_R(x,y)=\sum_{n=1}^{N}W^n(x,y)I_R^n(x,y)\Big/\sum_{n=1}^{N}W^n(x,y) \\ I_G(x,y)=\sum_{n=1}^{N}W^n(x,y)I_G^n(x,y)\Big/\sum_{n=1}^{N}W^n(x,y) \\ I_B(x,y)=\sum_{n=1}^{N}W^n(x,y)I_B^n(x,y)\Big/\sum_{n=1}^{N}W^n(x,y) \end{cases} \tag{9-4-3}$$

其中，R,G,B 分别表示红、绿、蓝。

像素灰度值加权平均法的关键在于加权系数的确定，一般采用主成分分析法(principal component analysis，PCA)实现。通过计算输入图像的协方差阵的主元素，其权重系数可以由对应的特征向量得到。

在多数情况下，由于参加融合的图像提供了冗余信息，因此通过加权平均融合的方法可以提高检测的可靠性。

2. 像素灰度值选大法

为了说明该方法，假设只有两幅源图像分别记为 $I_1(x,y)$ 和 $I_2(x,y)$ 进行融合处理，得到融合图像为 $I(x,y)$，则基于像素灰度值选大法表示如下

$$I(x,y)=\max\{I_1(x,y),I_2(x,y)\} \tag{9-4-4}$$

即在融合处理时，比较 $I_1(x,y)$ 和 $I_2(x,y)$ 对应位置处像素灰度值的大小，取其中灰度值大的像素作为融合后的图像在该处的像素。这种方法只是简单地选择了进行融合的源图像中灰度值大的像素作为融合后的像素，因此适用场合非常有限。

3. 像素灰度值选小法

与像素灰度值选大法相似，基于像素灰度值选小法表示如下

$$I(x,y)=\min\{I_1(x,y),I_2(x,y)\} \tag{9-4-5}$$

即在融合处理时，比较 $I_1(x,y)$ 和 $I_2(x,y)$ 对应位置处像素灰度值的大小，取其中灰度值小的像素作为融合后的图像在该处的像素。这种方法只是简单地选择了进行融合的源图像中灰度值小的像素作为融合后的像素，因此适用场合也非常有限。

9.4.2 基于金字塔分解的图像融合算法

图像处理中的金字塔算法最早是由 Burt 和 Adelson[61] 提出的，用于图像编码中，是一种多尺度、多分辨率的方法。基于金字塔分解的图像融合算法的融合过程是在不同尺度、不同空间分辨率和不同分解层上分别进行的，与简单图像融合算法相比能够获得更好的融合效果，同时能够在更广泛的场合使用。常用的金字塔分解技术有：Laplace 金字塔、低通比率金字塔、梯度金字塔等。

1. 基于 Laplace 金字塔分解的图像融合

要建立图像的 Laplace 金字塔分解，首先要进行 Gauss 金字塔分解。建立步骤如下所述。

(1) 对图像进行 Gauss 金字塔分解。

设原图像 G_0 为 Gauss 金字塔的底层(第 0 层)，则 Gauss 金字塔的第 l 层图像 G_l 为

$$\begin{gathered}G_l=\sum_{m=-2}^{2}\sum_{n=-2}^{2}w(m,n)G_{l-1}(2i+m,2j+n)\\ 0<l\leqslant N,\quad 0\leqslant i<C_l,\quad 0\leqslant j<R_l\end{gathered} \tag{9-4-6}$$

其中，N 表示 Gauss 金字塔顶层的层号；C_l 表示 Gauss 金字塔第 l 层图像的列数；R_l 表示 Gauss 金字塔第 l 层的行数；G_{l-1} 为第 $l-1$ 层的图像；$w(m,n)$为一个具有低通特性的 5×5 的窗口函数，表示式如下

$$w=\frac{1}{256}\begin{bmatrix}1&4&6&4&1\\4&16&24&16&4\\6&24&36&24&6\\4&16&24&16&4\\1&4&6&4&1\end{bmatrix} \tag{9-4-7}$$

图像的 Gauss 金字塔分解就是通过依次对低层图像与具有低通特性的窗口函数 $w(m,n)$进行卷积，再将卷积结果进行隔行隔列的降 2 采样来实现的。由于窗口函数 $w(m,n)$的形状类似于 Gauss 分布函数，因此 $w(m,n)$也称为 Gauss 权矩阵，由此得到的图像金字塔称为 Gauss 金字塔。图 9-4-1 的左边给出了一个对图像进行 Gauss 金字塔分解的例子。图中原图像大小为 256×256 像素，对其进行 0～3 层 Gauss 金字塔分解，也就是说金字塔的总层数为 4 层。图中 Gauss 金字塔的第 0 层与原图像相同。从金字塔的第 0 层到第 3 层，其各层尺寸依次减小，上层图像的大小为前一层图像大小的 1/4。由图中可见，由于 Gauss 金字塔在形成过程中通过了一系列的低通滤波，因此随着分解层的不断增加，图像逐渐变得模糊。

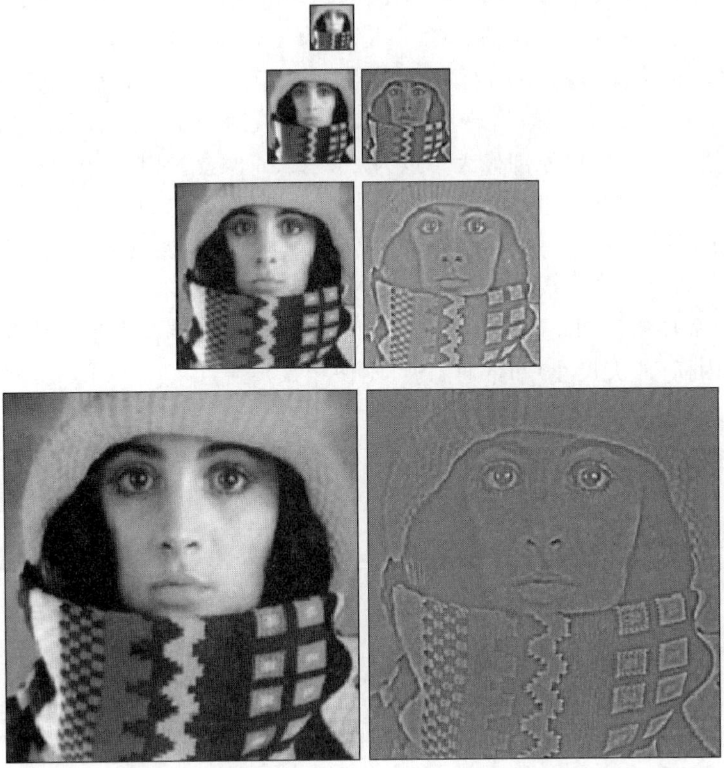

图 9-4-1 Gauss 金字塔分解(左图)与 Laplace 金字塔分解(右图)示意图

(2) 由 Gauss 金字塔建立图像的 Laplace 金字塔。

将 G_l 内插放大,得到放大的图像 G_l^*,使 G_l^* 的尺寸与 G_{l-1} 的尺寸相同,如下式所示

$$G_l^*(i,j)=4\sum_{m=-2}^{2}\sum_{n=-2}^{2}w(m,n)G_l\left(\frac{i+m}{2},\frac{j+n}{2}\right),\quad 0<l\leqslant N,\quad 0\leqslant i<C_l,\quad 0\leqslant j<R_l \tag{9-4-8}$$

其中

$$G_l^*\left(\frac{i+m}{2},\frac{j+n}{2}\right)=\begin{cases}G_l\left(\frac{i+m}{2},\frac{j+n}{2}\right), & \text{当}\frac{i+m}{2},\frac{j+n}{2}\text{为整数时}\\ 0, & \text{其他}\end{cases}$$

G_l^* 的尺寸与 G_{l-1} 的尺寸相同,但 G_l^* 与 G_{l-1} 的并不相等。由上式可以看出在原有像素间内插的新像素的灰度值是通过对原有像素灰度值的加权平均确定的。由于 G_l 是对 G_{l-1} 进行低通滤波得到的,即 G_l 是模糊化、降采样的 G_{l-1},因此 G_l^* 的细节信息比 G_{l-1} 的少。

令

$$\begin{cases}LP_l=G_l-G_{l+1}^*, & \text{当 } 0\leqslant l<N \text{ 时}\\ LP_N=G_N, & \text{当 } l=N \text{ 时}\end{cases} \tag{9-4-9}$$

其中，N 是 Laplace 金字塔顶层的层号，LP_l 是 Laplace 金字塔分解的第 l 层图像。

由 $LP_0, LP_1, \cdots, LP_N$ 构成的金字塔即为 Laplace 金字塔，它的每一层图像是 Gauss 金字塔本层图像与其高一层图像经内插放大后图像的差，这一过程相当于带通滤波，因此 Laplace 金字塔又称为带通金字塔分解。图 9-4-1 的右边给出了该图像的 Laplace 金字塔分解。图中原图像大小也为 256×256 像素，对其进行 0～3 层 Laplace 金字塔分解（其中第 3 层与左边 Gauss 金字塔分解的结果相同），也就是说金字塔的总层数为 4 层。从图中可见，Laplace 金字塔除顶层外其余各层均保留和突出了图像的重要特征（如边缘信息），这些特征信息按照不同尺度分别被分离在不同的分解层上。

由上述两个步骤可知，建立图像的 Laplace 金字塔分解有 4 步：低通滤波、降采样（缩小尺寸）、内插（放大尺寸）和带通滤波（图像相减）。

（3）由 Laplace 金字塔重建原图像。

由式(9-4-9)可得下式

$$\begin{cases} G_N = LP_N, & l = N \\ G_l = LP_l + G_{l+1}^*, & 0 \leqslant l < N \end{cases} \tag{9-4-10}$$

式(9-4-10)说明，从 Laplace 金字塔的顶层开始逐层由上向下进行递推，可以恢复其对应的 Gauss 金字塔，并最终得到原图像 G_0。

（4）基于 Laplace 金字塔分解的图像融合。

基于 Laplace 金字塔分解的图像融合方法如图 9-4-2 所示。这里以两幅图像的融合为例，多幅图像的融合方法以此类推。设 M，N 为两幅进行融合的源图像，F 为融合后的图像，融合过程如下：

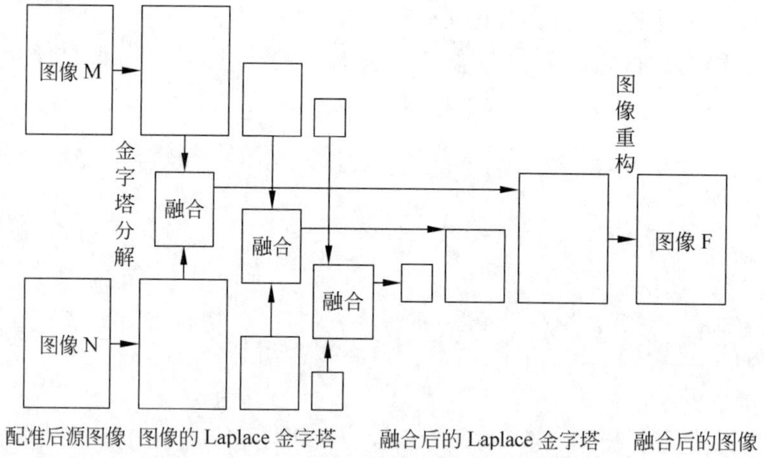

图 9-4-2　基于 Laplace 金字塔分解的图像融合方法

步骤 1　对每幅源图像分别进行 Laplace 金字塔分解，建立各自的 Laplace 金字塔；

步骤 2　对图像金字塔的各分解层分别进行融合处理，不同分解层采用不同的融合算子进行融合处理，最终得到融合后图像的 Laplace 金字塔；

步骤 3　对融合后的 Laplace 金字塔进行图像重构，得到最终的融合图像。

在上述过程中，融合规则及融合算子的选择对于融合质量有着重要的影响，这一问题至今尚未得到很好的解决。目前广泛使用的融合规则有两类：一类是基于像素的融合规则，具体的方法与简单图像融合中的方法相似，不同的是这里的融合处理是按多尺度、多分辨率、分层进行的。另一类是基于区域的融合规则，其融合算子采用选择及加权平均算子，局部区域的大小可以是 3×3，5×5 或 7×7 等。图 9-4-3 给出了这两类融合规则的示意图。

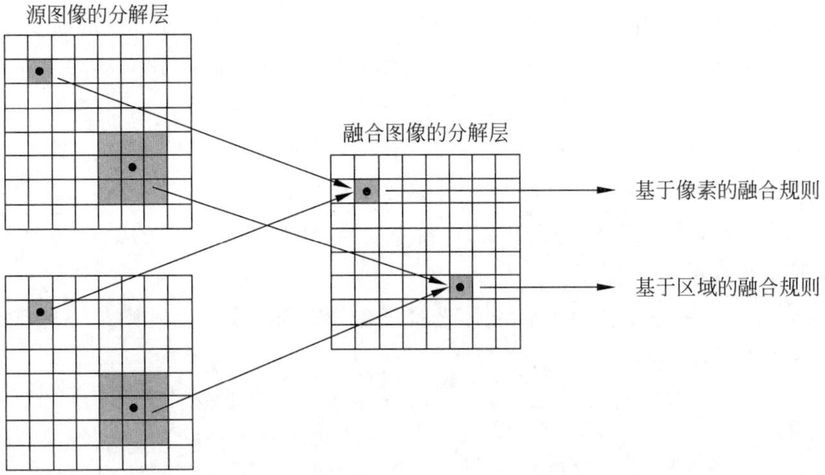

图 9-4-3　基于像素的融合规则与基于区域的融合规则示意图

2. 基于低通比率金字塔分解的图像融合

图像的低通比率(ratio of low pass)金字塔分解是由 Toet 首先提出[9]，它的建立也是以 Burt 和 Adelson 的图像金字塔分解理论为基础的。图像低通比率金字塔的建立步骤如下：

(1) 建立图像的 Gauss 金字塔分解。

如前所述，此处从略。

(2) 由图像的 Gauss 金字塔建立对应的低通比率金字塔分解。

图像的低通比率金字塔分解定义为

$$\begin{cases} RP_l = \dfrac{G_l}{G_{l+1}^*}, & 0 \leqslant l < N-1 \\ RP_N = G_N, & l = N \end{cases} \tag{9-4-11}$$

其中，G_l 表示 Gauss 金字塔的第 l 层图像；RP_l 表示低通比率金字塔的第 l 层图像；而 G_{l+1}^* 如式(9-4-8)所示。这样由 $RP_0, RP_1, \cdots, RP_N$ 就构成了图像的低通比率金字塔分解。

(3) 由低通比率金字塔分解图像重构原图像。

图像的低通比率金字塔分解与 Laplace 金字塔分解一样，都是被分解图像的完备表示，因此由低通比率金字塔分解的图像也可以精确地重构原图像。重构方法如下式

$$\begin{cases} G_N = RP_N \\ G_l = RP_l * G_{l+1}^*, \quad 0 \leqslant l \leqslant N-1 \end{cases} \tag{9-4-12}$$

（4）基于低通比率金字塔分解的图像融合。

基于低通比率金字塔分解的图像融合与基于 Laplace 金字塔分解的图像融合方法类似，其融合过程参见图 9-4-2 所示。融合过程如下：

步骤 1 对每幅源图像分别进行低通比率金字塔分解，建立各自的低通比率金字塔；

步骤 2 对图像金字塔的各分解层分别进行融合处理，不同分解层采用不同的融合算子进行融合处理，最终得到融合后图像的低通比率金字塔；

步骤 3 对融合后的低通比率金字塔进行图像重构，得到最终的融合图像。

采用基于低通比率金字塔分解的图像融合方法进行图像融合处理时，仍可采用与基于 Laplace 金字塔分解的图像融合相似的融合规则，包括基于像素的融合规则、基于区域的融合规则及相应的融合算子。

Toet 提出了一种基于像素对比度值选择的融合规则，该融合规则是一种基于像素的简单融合规则，如下式所示

$$RP_{l,F} = \begin{cases} RP_{l,M}(i,j), & |RP_{l,M}(i,j)-1| > |RP_{l,N}(i,j)-1| \\ RP_{l,N}(i,j), & \text{其他} \end{cases} \tag{9-4-13}$$

其中，$RP_{l,M}$ 和 $RP_{l,N}$ 分别表示进行融合的源图像 M 和 N 的第 l 层低通比率金字塔分解图像；$RP_{l,F}$ 为融合后的图像 F 的第 l 层低通比率金字塔分解图像；$RP_{l,M}(i,j)-1$ 为第 l 分解层上(i,j)处像素对比度的值。式(9-4-13)表明，对某分解层图像进行融合时只选择对比度值大的像素作为融合图像在该层该位置处的像素。

3. 基于梯度金字塔分解的图像融合

与 Laplace 金字塔分解和低通比率金字塔分解相比，梯度金字塔分解提供了图像的方向边缘和细节信息，其建立步骤如下：

(1) 建立图像的 Gauss 金字塔分解。

如前所述，此处从略。

(2) 由图像的 Gauss 金字塔建立对应的梯度金字塔分解。

除图像 Gauss 金字塔的最高层外，对其他各层分别进行四个方向的梯度方向滤波，得到梯度金字塔分解为

$$GP_{l,k} = d_k * (G_l + \dot{w} * G_l) \quad 0 \leqslant l < N, \quad k=1,2,3,4 \tag{9-4-14}$$

式中，$GP_{l,k}$ 表示第 l 层第 k 个方向梯度金字塔分解图像；G_l 表示图像 Gauss 金字塔的第 l 层图像；k 表示方向梯度滤波的下标，$k=1,2,3,4$ 分别对应水平、45°对角线、垂直、135°对角线四个方向；$*$ 表示卷积。

d_k 表示第 k 个方向上的梯度滤波算子，定义如下：

$$d_1 = [1,-1], \quad d_2 = \frac{1}{\sqrt{2}}\begin{bmatrix} 0 & -1 \\ 1 & 0 \end{bmatrix}, \quad d_3 = \begin{bmatrix} -1 \\ 1 \end{bmatrix}, \quad d_4 = \frac{1}{\sqrt{2}}\begin{bmatrix} -1 & 0 \\ 0 & 1 \end{bmatrix} \tag{9-4-15}$$

而$\dot{w}$为3×3的核,其满足下列关系式

$$w=\dot{w}*\dot{w} \tag{9-4-16}$$

若$\dot{w}$定义为

$$\dot{w}=\frac{1}{16}\begin{bmatrix}1 & 2 & 1\\ 2 & 4 & 2\\ 1 & 2 & 1\end{bmatrix} \tag{9-4-17}$$

则式(9-4-16)中的w即为式(9-4-7)中的窗口函数。

经过d_1、d_2、d_3、d_4对Gauss金字塔各分解层(最高层除外)的方向梯度滤波,在每一分解层上(最高层除外)均可得到包含水平、垂直以及两个对角线方向细节和边缘信息的4个分解图像。因此,图像的梯度金字塔分解不仅是一种多尺度、多分辨率分解,而且其每一分解层(最高层除外)又由分别包含4个方向细节和边缘信息的图像组成。

(3) 由图像的梯度金字塔重构原图像。

① 由方向梯度金字塔图像建立方向Laplace金字塔图像为

$$\vec{LP}_{l,k}=-\frac{1}{8}d_k*GP_{l,k} \tag{9-4-18}$$

其中,$\vec{LP}_{l,k}$表示第l层、第k个方向的Laplace金字塔图像。

② 将方向Laplace金字塔图像变换为FSD(filter-subtract-decimate)Laplace金字塔图像

$$\hat{L}_l=\sum_{k=1}^{4}\vec{LP}_{l,k} \tag{9-4-19}$$

其中,$\hat{L}_l$表示第l层FSD Laplace金字塔图像。

③ 将FSD Laplace金字塔图像重构为原图像。

④ 由Laplace金字塔图像重构原图像。

具体见式(9-4-10),式中LP_l表示第l层Laplace金字塔图像。

(4) 基于梯度金字塔分解的图像融合。

基于梯度金字塔分解的图像融合过程如图9-4-4所示。图中示意性地对图像M和N均进行3层梯度金字塔分解,可以看到其每一个分解层(最高层除外)均由同样大小的四个分解图像构成,这四个分解图像分别包含了4个方向的边缘和细节信息。在实际融合过程中,可以根据需要对源图像进行3~6层金字塔分解。基于梯度金字塔分解的图像融合步骤如下:

步骤1 对每一个源图像分别进行梯度金字塔分解,建立图像的梯度金字塔;

步骤2 对图像梯度金字塔的各分解层分别进行融合处理,不同的分解层、不同方向细节图像可采用不同融合算子进行融合处理,最终得到融合后图像的梯度金字塔;

步骤3 对融合后得到的梯度金字塔进行图像重构,得到融合图像。

$$LP_l\approx[1+w]*\hat{L}_l \tag{9-4-20}$$

基于金字塔分解的图像融合方法除以上介绍的3种方法外,还有基于对比度金字塔分解的图像融合方法,基于形态学金字塔分解的图像融合方法等。这些方法是一种图像的多尺度、多分辨率分解的方法,可以在不同尺度、不同空间分辨率上有针对性地突出各

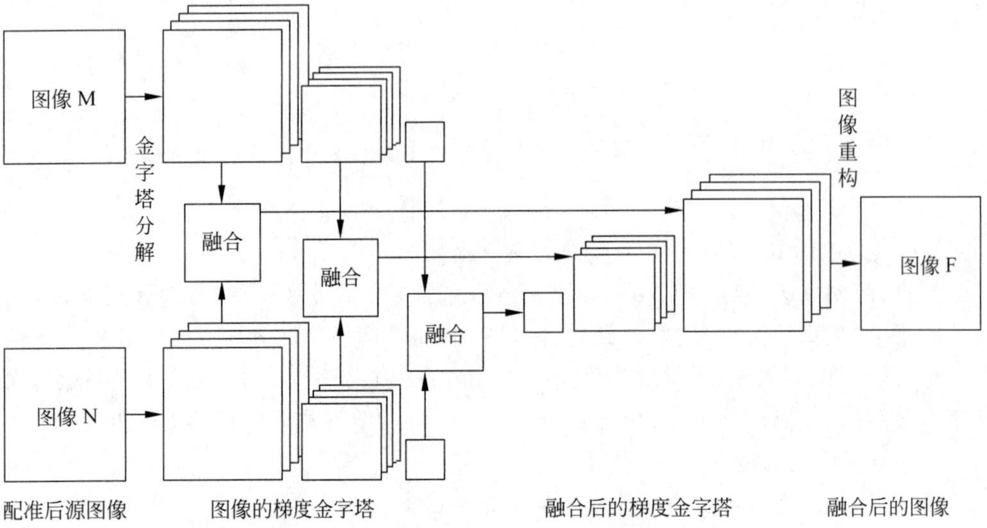

图 9-4-4　基于梯度金字塔分解的图像融合方法

图像的重要特征和细节信息，从而有可能达到更加符合人或机器视觉特性的融合效果，同时融合后的图像也更有利于对图像的进一步分析、理解或自动目标识别等。

9.4.3　基于小波变换的图像融合算法

基于金字塔分解的图像融合算法是一种多尺度、多分辨率分解，可以取得良好的融合效果。但是，图像的金字塔分解是一种冗余分解，也就是说，分解后各层数据之间具有相关性。因此图像在进行 Laplace 金字塔分解和低通比率金字塔分解时数据总量均比原被分解图像增加约 33%，梯度金字塔分解的数据量增加得更多。同时，图像的 Laplace 金字塔分解和低通比率金字塔分解均无方向性。小波变换也是一种多尺度、多分辨率分解，但是，小波变换是非冗余的，图像经过小波变换之后数据的总量不会增大。同时，小波变换具有方向性，利用这一特性可以获得视觉效果更佳的融合图像。

1. 小波变换简介

小波变换是一种时频局部化分析方法，在信号的低频部分具有较高的频率分辨率和低的时间分辨率，在信号的高频部分具有较高的时间分辨率和较低的频率分辨率，所以被誉为数学显微镜。

设 $\Psi(t)\in L^2(\mathbb{R})$（此处 $L^2(\mathbb{R})$ 表示平方可积的实数空间，即能量有限的信号空间），其 Fourier 变换为 $\hat{\Psi}(w)$。当 $\hat{\Psi}(w)$ 满足允许条件

$$C_\Psi=\int_{\mathbf{R}}\frac{|\hat{\Psi}(w)|^2}{|w|}\mathrm{d}w<\infty \tag{9-4-21}$$

我们称 $\Psi(t)$ 为一个基本小波或母小波。将 $\Psi(t)$ 经伸缩和平移后，就可以得到一个小波序列。

对于连续的情况，小波序列为

$$\Psi_{a,b}(t)=\frac{1}{\sqrt{a}}\Psi\left(\frac{t-b}{a}\right),\quad a,b\in R,a\neq 0 \tag{9-4-22}$$

式中，a 为伸缩因子，b 为平移因子。

在连续情况下，任意函数 $f(t)\in L^2(\mathbb{R})$ 都可以利用连续小波序列表示为

$$f(t)=\frac{1}{C_\Psi}\int_{\mathbf{R}}\int_{\mathbf{R}}\frac{1}{a^2}W_f(a,b)\Psi\left(\frac{t-b}{a}\right)\mathrm{d}a\,\mathrm{d}b \tag{9-4-23}$$

称该变换为小波变换的逆变换，其对应的小波变换为

$$W_f(a,b)=\langle f,\Psi_{a,b}\rangle=|\ a\ |^{-1/2}\int_{\mathbf{R}}f(t)\overline{\Psi}\left(\frac{t-b}{a}\right)\mathrm{d}t \tag{9-4-24}$$

在实际应用中，连续小波变换必须离散化。为实现离散小波变换(discrete wavelet transform，DWT)，Mallat[62]提出了多分辨分析(multi-resolution analysis)的概念，将在此之前的所有正交小波基的构造法统一了起来，将正交小波的构造方法以及正交小波的快速算法称之为 Mallat 算法。

假设原信号的频率空间为 V_0，经第一级分解后 V_0 被分解为两个子空间：低频的 V_1 和高频的 W_1；经第二级分解后 V_1 又被分解为低频的 V_2 和高频的 W_2。图 9-4-5 给出了该分解的示意图。这种子空间的分解过程可以记为

$$V_0=V_1\oplus W_1,\quad V_1=V_2\oplus W_2,$$
$$V_2=V_3\oplus W_3,\quad \cdots,\quad V_{N-1}=V_N\oplus W_N \tag{9-4-25}$$

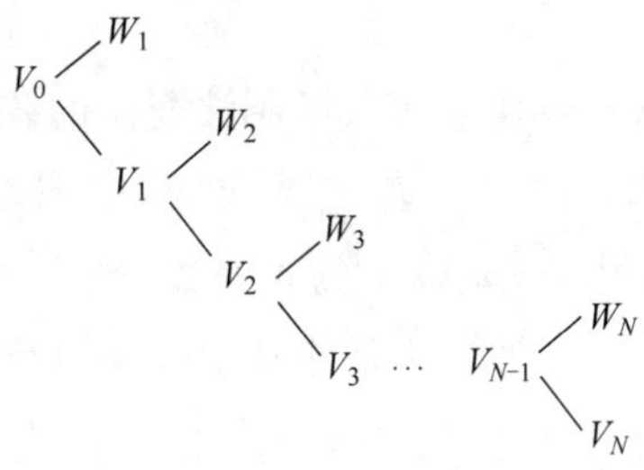

图 9-4-5 多分辨率分析树状结构图

上式中，符号$\oplus$表示两个子空间的“正交和”；V_j 代表与分辨率 2^{-j} 对应的多分辨率分析子空间；W_j 是 V_j 的正交补空间；各 W_j 是反映 V_{j-1} 空间信号细节的高频子空间；V_j 是反映 V_{j-1} 空间信号概貌的低频子空间。由式(9-4-25)可得

$$\begin{aligned}V_0&=V_1\oplus W_1=V_2\oplus W_2\oplus W_1=\cdots\\&=V_N\oplus W_N\oplus W_{N-1}\oplus\cdots\oplus W_2\oplus W_1\end{aligned} \tag{9-4-26}$$

上式说明分辨率为 $2^0=1$ 的多分辨率分析子空间 V_0 可以用有限个子空间来逼近。

可以通过设计一对理想低通和理想高通滤波器来实现上述多分辨率分解。由于理想高通滤波器是该理想低通滤波器的镜像滤波器，因此，设计一个离散小波变换所需要的就是精心选择的低通滤波。该低通滤波可以通过尺度函数导出。

所谓尺度函数是指，存在函数 $\phi(x)\in V_0$，使$\{\phi(x-k)\mid k\in Z\}$构成 V_0 的规范正交基，则函数 $\phi(x)$就是尺度函数。下边是一个典型的尺度函数

$$\phi_{j,k}(x)=2^{-j/2}\phi(2^{-j}x-k),\quad j,k\in Z \tag{9-4-27}$$

则相应的离散低通滤波器的脉冲响应 $h(k)$为

$$h(k)=\langle\phi_{1,0}(x),\phi_{0,k}(x)\rangle \tag{9-4-28}$$

而尺度函数 $\phi(x)$和其相应的离散低通滤波器的脉冲响应 $h(k)$之间有如下关系

$$\phi(x)=\sum_k h(k)\phi(2x-k) \tag{9-4-29}$$

一旦有了 $\phi(x)$和 $h(k)$，就可以定义一个被称为小波向量的离散高通脉冲响应 $g(k)$，即

$$g(k)=(-1)^k h(-k+1) \tag{9-4-30}$$

然后由此得到基本小波

$$\Psi(x)=\sum_k g(k)\phi(2x-k) \tag{9-4-31}$$

再由此得到正交归一小波集

$$\Psi_{j,k}=2^{-j/2}\Psi(2^{-j}t-k),\quad j,k\in Z \tag{9-4-32}$$

由一维信号表示的这一概念可以很容易推广到二维情况,考虑二维尺度函数是可分离的,也就是说

$$\phi(x,y)=\phi(x)\phi(y) \tag{9-4-33}$$

其中,$\phi(x)$是一个一维尺度函数。若 $\Psi(x)$是其相应的小波(式(9-4-31)),则存在下述3个二维基本小波

$$\begin{cases}\Psi^1(x,y)=\phi(x)\Psi(y)\\ \Psi^2(x,y)=\Psi(x)\phi(y)\\ \Psi^3(x,y)=\Psi(x)\Psi(y)\end{cases} \tag{9-4-34}$$

这样就建立了二维小波变换的基础。此处使用的上标表示索引,具体而言,就是函数集

$$\{\Psi^l_{j,m,n}(x,y)\}=\{2^j\Psi^l(x-2^jm,y-2^jn)\},\quad j\geqslant 0,l=1,2,3 \tag{9-4-35}$$

式中,j,m,n,l 为正整数,是 $L^2(R^2)$下的正交归一基。

图像的离散小波变换是这样进行的。假设 $f_1(x,y)$是一幅 $N\times N$ 的图像,当 $j=0$ 时,对应的尺度为 $2^j=2^0=1$,也就是原图像的尺度。j 值每一次增大都使尺度加倍,而使分辨率减半。在变换的每一层次,图像都被分解为4个1/4大小的图像。这4个图像中的每一个都是由原图与一个小波基图像的内积后,再经过在 x 和 y 方向都进行2倍的间隔抽样而生成的。对于第一层($j=1$),可以写成

$$\begin{cases}f^0_2(m,n)=\langle f_1(x,y),\phi(x-2m,y-2n)\rangle\\ f^1_2(m,n)=\langle f_1(x,y),\Psi^1(x-2m,y-2n)\rangle\\ f^2_2(m,n)=\langle f_1(x,y),\Psi^2(x-2m,y-2n)\rangle\\ f^3_2(m,n)=\langle f_1(x,y),\Psi^3(x-2m,y-2n)\rangle\end{cases} \tag{9-4-36}$$

对于后继层次($j>1$),$f^0_{2^j}(x,y)$都以完全相同的方式分解而构成4个在尺度 2^{j+1} 上的更小的图像。将内积写成卷积形式,可有

$$\begin{cases}f^0_{2^{j+1}}(m,n)=\{[f^0_{2^j}(x,y)*\phi(-x,-y)](2m,2n)\}\\ f^1_{2^{j+1}}(m,n)=\{[f^0_{2^j}(x,y)*\Psi^1(-x,-y)](2m,2n)\}\\ f^2_{2^{j+1}}(m,n)=\{[f0_{2^j}(x,y)*\Psi^2(-x,-y)](2m,2n)\}\\ f^3_{2^{j+1}}(m,n)=\{[f^0_{2^j}(x,y)*\Psi^3(-x,-y)](2m,2n)\}\end{cases} \tag{9-4-37}$$

并且在每一层次进行四个相同的间隔抽样滤波操作。

由于尺度函数和小波函数都是可分离的,故每个卷积都可分解成在 $f^0_{2^j}(x,y)$的行和列上的一维卷积。

图9-4-6给出了这一过程的示意图,在第一层,首先用 $h(-x)$和 $g(-x)$分别与图像

$f_1(x,y)$的每行作积分并丢弃奇数列(以最左列为第0列)。接着,这个$N\times N/2$阵列的每列再和$h(-x)$和$g(-x)$相卷积,丢弃奇数行(以最上一行为第0行)。其结果就是该层变换所要求的四个$(N/2)\times(N/2)$的数组。

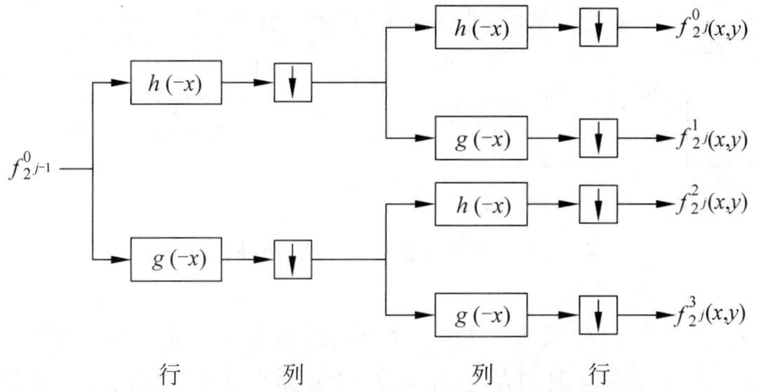

图 9-4-6 离散小波变换图像分解示意图

逆变换是通过与上述类似过程实现的,这一过程如图9-4-7所示。在每一层(如最后一层)都通过在每一列的左边插入一列0来增频采样前一层的4个阵列;接着如图中所示,用$h(x)$和$g(x)$来卷积各行,再成对地将这几个$(N/2)\times N$的阵列加起来,然后通过在每行上面插入一行0来将刚才所得的两个阵列的大小增频采样为$N\times N$,再用$h(x)$和$g(x)$与这两个阵列的每列卷积,这两个阵列的和就是这一层次重建的结果。

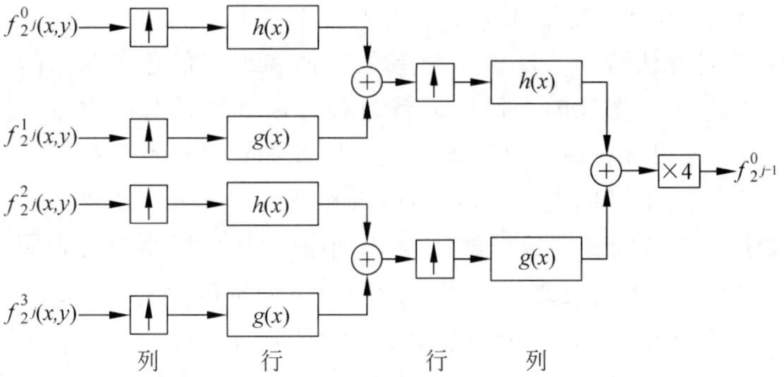

图 9-4-7 离散小波变换图像重构示意图

2. 基于小波变换的图像融合

由于图像的小波变换所得的各个图像也具有金字塔结构,因此图像的小波变换也称为小波金字塔分解。图像的小波变换也是一种多尺度、多分辨率的分解,同样可以用于多传感器的融合处理。基于小波多尺度分解图像融合的方案如图9-4-8所示。这里以两幅图像的融合为例,对于多幅图像的融合方法可以此类推。具体的融合处理步骤如下:

步骤1 对每一源图像分别进行小波变换,建立图像的小波金字塔分解;

步骤2 对各分解层分别进行融合处理。各分解层上不同的频率分量可以采用不同的融合算子进行融合处理,最终得到融合后的小波金字塔;

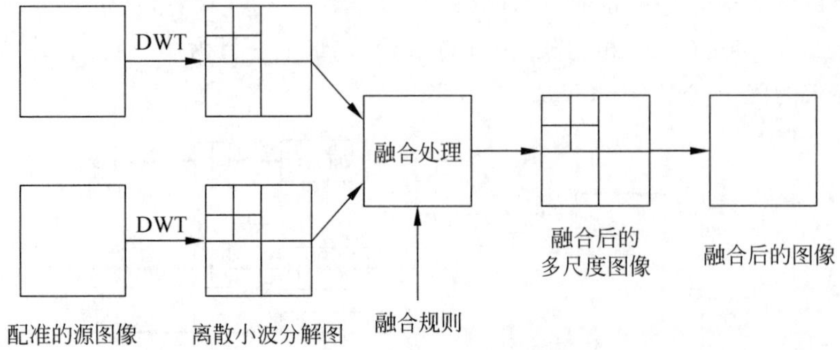

图 9-4-8　基于小波分解的图像融合原理

步骤 3　对融合后所得小波金字塔进行小波逆变换，所得重构图像即为融合图像。

在图像融合过程中，融合规则及融合算子的选择对融合质量至关重要。为了获得视觉特性更佳、细节更丰富突出的融合效果，采用的融合规则及融合算子描述如下：

（1）对分解后的低频部分，即图像的"粗像"（位于最高分解层），采用加权平均融合规则或灰度值选择融合规则；

（2）对于高频分量，采用基于区域特性量测的选择及加权平均算子；

（3）对于 3 个方向的高频带，分别选用不同的特性选择算子。

3. 基于小波变换的图像融合的物理意义

（1）通常图像中的物体、特征和边缘是出现在不同大小的尺度上的。例如任何一幅特定比例尺的地图都无法清晰地反映出所有的特征和细节信息。图像的小波分解是多尺度、多分辨率分解，其对图像的多尺度分解过程可以看作是对图像多尺度边缘的提取过程。同时，小波的多尺度分解还具有方向性。因此如果将小波变换用于图像的融合处理，就能在不同尺度上，对不同大小、方向的边缘和细节进行融合处理。

（2）小波变换具有空间和频域局部性，利用小波变换可以将被融合图像分解到一系列频道中，这样对图像的融合处理是在不同的频道中分别进行的。人眼视网膜图像就是在不同频道中进行处理的，因此基于小波变换的图像融合有可能达到更好的视觉效果。

（3）小波变换具有方向性，人眼对不同方向的高频分量具有不同的分辨率，若在融合处理时考虑到这一特性，就可以有针对性地进行融合处理，以获得良好的视觉效果。

（4）对参加融合的各图像进行小波金字塔分解后，为了获得更好的融合效果并突出重要的特征细节信息，在进行融合处理时，不同频率分量、不同分解层、不同方向均可采用不同的融合规则及融合算子进行融合处理。另外，同一分解上的不同局部区域采用的融合算子也可以不同，这样就可能充分挖掘被融合图像的互补及冗余信息，有针对性地突出和强化人们所感兴趣的特征和细节。

9.4.4　其他图像融合算法

除了以上所述的三种常用的图像融合算法之外，还有许多其他的图像融合算法，这里选择几种简单介绍如下。

1. 基于概率统计的图像融合

基于概率统计的图像融合[63-64]，通过统计出场景中的噪声分布，由此建立图像的模型，融合这两个模型，从而在消除噪声的同时，合并了图像特征。这种方法可以融合异质传感器图像，比如CCD和远红外图像等。

2. 基于主元素分析的图像融合

基于主元素分析的图像融合[65-66]，通过对图像的主元素分析，得到用有限个主元素表示的源图像，通过对主元素的合并，从而得到含有全部特征的融合图像。这种方法可用于融合特征互补性强源图像。

3. 基于HIS色彩模型的彩色图像融合

基于HIS色彩模型的彩色图像融合[67]，将每幅图像分别映射到H、S、I空间，其中H表示色调(hue)，S表示饱和度(saturation)，I表示图像亮度(intensity)，在这三个色彩空间中分别融合，然后再合并为一幅图像。

4. 基于Markov随机场理论的图像融合

该方法将融合任务表示成适当的代价函数，该函数反映了融合的目标，利用模拟退火算法搜索全局最优解。在文献[68]中，作者提出了基于匹配图像相似性的Markov融合模型。在文献[69]中，作者提出了一种只考虑图像边缘图构造的Markov随机场，与迭代条件码共同使用，实现实时的图像融合。

5. 基于神经网络的图像融合

神经网络也被应用于多传感器图像融合中。在文献[70]中，Newman和Hartline提出六种不同类型的双模态神经元用于可见光和红外图像的融合。在文献[71]中，Fechner和Godlewski提出基于多层前向神经网络的图像融合方法，通过训练多层前向神经网络识别前视红外图像中感兴趣的像素，将其融入可见光图像中。

9.5 遥感图像融合

9.5.1 遥感图像融合概述

遥感图像是以航空、航天飞行器为平台的各种遥感系统的输出或后处理数据形式，并以数字格式进行处理、传输和存储。由于获取过程中大量干扰(光照条件的变化、地物混叠、大气干扰等)、噪声等不确定因素的影响，作为遥感数字图像基本记录单元的“像元”(pixel)，在反映客观真实上已经与普通照片有了明显差异。同时，现有的各种遥感传感器和数据处理方法、算法都是根据不同的物理原理和遥感信息机理设计的，都是从不同角度，不同层次以不同的度量标准来反映客观真实和做出相应的评价，因而从本质上存在着信息的不完整性和方法的片面性。由此，很自然地产生了对综合利用、处理多源遥感图像数据的融合理论与方法的需求。

参照数据融合的JDL模型和资料[72-73]，遥感图像数据融合可定义成一种过程或形式框架，其作用就是对多源、多波谱（包括光谱和电磁波谱）、多时相遥感图像和已有的测绘及其他非遥感数据进行联合处理，目的在于使获得的结果比利用其中任何单源图像得到的结果更好，而对结果质量的评估则根据具体应用而定。

基于以上对遥感图像获取中不确定性的认识，遥感图像数据融合在目的、策略和方法上也有别于一般的图像融合。单从目的上看，可大致分为两类。

(1) 以提高图像品质和信息含量为目的的遥感图像融合。主要融合方法有基于加和乘的融合、基于分解变换的融合、基于交互波段联系的融合和滤波融合等。其中以基于多分辨分析的小波分解融合效果较好，其基本思想是将低分辨率的光谱信息“合并”到高空间分辨率数据的分解层上。“合并”可通过替换、相加或相关系数选择来实现，一般目的是获得同时具有高空间分辨率和高光谱分辨率的融合图像。IEEE国际遥感数据融合技术委员会还对此给出了遥感图像融合处理的分级定义和增进图像精度、增进几何分辨率使图像得到明显锐化、修补图像中丢失或损坏的数据、增进几何校正精度和提高了图像识别地物的能力等几个方面的内容与标志性评价标准[72]。

(2) 以应用为目的遥感图像数据融合。这方面的研究主要包括地物分类、地面目标检测与识别和GIS数据更新等。可见，这也是服务于终极目的的融合，属融合处理的高级阶段。这方面的研究实际上要面对的是系统工程问题，涉及融合系统建模、融合算法和方法的设计与选择、融合效果的综合评价等，多学科交叉的特点体现得最为明显，也是最富挑战性和发展前途的领域。

9.5.2 遥感图像数据融合的基本框架

为达到具体的应用目的，待处理的数据除基本的多源遥感图像外，通常还包括一些非遥感数据，如数字地图、地面物化参数分布等。考虑到数据在属性、空间和时间上的不同，遥感图像数据融合应先进行数据预处理，包括将不同来源，具有不同分辨率的图像在空间上进行几何校正、噪声消除、绝对配准（地理坐标配准）或相对配准以及非遥感数据的量化处理等，以形成由各传感器数字图像，图像立方体，特征图（如纹理图、聚类图、PCT主成分图和小波分解图等），三维地形数据图和各种地球物化数据分布图等辅助数据构成的空间数据集或数据库（spatial data set or database）。

在具体的融合处理中，被利用的遥感图像信息主要有两种：空间信息和光谱（或波谱）信息。而融合处理的质量则很大程度上取决于图像模型的合理选用。对空间信息而言，主要模型有统计模型——描述了图像像元的空间分布，很适合刻画图像的纹理特征，典型的有共生矩阵、隐马尔可夫模型（HMM）等；空间模型——主要基于物体的几何特征、位置和相互关系等因素建立，其打破了通常的区域限制，可提供更加丰富的空间信息；**物理模型**，即根据传感器信号的物理特性建立的图像模型，如 Lidar 图像中的斑点模型和球状模型等。关于光谱信息，主要有**光谱向量模型**（包括各阶**导数谱向量模型**）、**线性光谱混合模型**和各种**非线性光谱混合模型**，其中后两个模型主要用于混合像元解混合亚像元地物检测与分析。

遥感图像数据融合的分级结构除了经典的像元级、特征级和决策级三级结构外，也可根据应用系统的构成合理地扩展，如文献[74]提出的信号级、像元级、特征级和符号级的四级结构。融合算法的设计或选用可针对其中的任意一级或多级展开，相应的方法处理要视具体应用而定。一般来讲，信号和像元级的融合目的在于增加图像中的有用信息成分，如提高图像品质、合理的锐化等；特征级融合是为了能以较高的置信度提取有用的图像特征；决策级融合则允许对来自多个传感器或数据源的信息在最高抽象层上进行处理，以得出最终或辅助的决策。

9.5.3 基于粗糙集的特征选择与多源遥感图像融合分类

大量研究表明，通过对多源遥感图像数据的融合处理，可有效提高地物分类的精度和可靠性。这类融合一般将空间数据集中的基本数据单元即“像元”用扩展的像元向量-堆叠向量（stacked vector）或广义的波谱向量表示，即

$$\boldsymbol{X}=[\boldsymbol{x}_1^{\mathrm{T}},\boldsymbol{x}_2^{\mathrm{T}},\cdots,\boldsymbol{x}_J^{\mathrm{T}}]^{\mathrm{T}} \quad \text{或} \quad \boldsymbol{X}=[x_1,\cdots,x_m]^{\mathrm{T}} \tag{9-5-1}$$

其中，J 表示数据源总数，m 表示已配准数字图像总数。很明显，这是多维或高维的联合特征识别问题。虽可采用统计方法进行融合处理，但研究表明，特征维数的增加在小样本情况下不仅不能有效提高分类精度，反而会使其下降[75]。故设计合理的特征选择和特征提取算法对高维特征空间进行有效降维就成了融合成败的关键。为此，应先通过类间相关性分析进行特征或波段选择，并辅以特征子空间上的主成分变换（PCT），才可有效利用最大似然分类等经典算法解决高维特征空间中小样本条件下的分类问题[76-77]。然而，对多类分类问题而言，仅利用类间相关性分析和 PCT 变换，还难以做到准确利用所有特征上的类间可分性，剔除冗余或干扰特征。为此，可采用基于广义粗糙集的属性约简方法进行特征选择与评价，下面以 TM-SAR 图像融合分类的实例加以说明。

例题 9.5.1 实验数据选择已配准的北京某地区 ERS-2 SAR 图像和 Landsat5 的 1-5，7 波段图像（600×518）。其中光谱图像的 6 个波段用属性 $a_1 \sim a_6$ 表示，SAR 图像的 3 个纹理特征图，即灰度共生矩阵均值、相关和熵，分别用属性 a_7, a_8, a_9 表示（参数为：5×5 窗口，灰度等级 16，方向 0 度，距离为 1 个像素）。在满足正态假设前提下，利用各类训练样本进行参数估计，产生由待分类别、属性集和属性值构成的目标信息系统（决策表）如表 9-5-1 所示。其数学描述为：称$\mathbb{A}_d=(U, A\cup d, F, G)$为目标信息系统，其中

$U=\{x_1, x_2, \cdots, x_C\}$为有限论域，$C$ 为待分类别数；

$A=\{a_1, a_2, \cdots, a_m\}$为有限条件属性集，$m$ 为待融合的图像总数，d 为目标或决策属性；

$F=\{f_l: U \to V_l, (l \leqslant m)\}$为对象属性值映射或信息函数，$V_l$ 是属性 a_l 的值域；

$G=\{g: U \to V_d\}$为 U 和 d 的关系集，V_d 为目标属性 d 的值域。

表 9-5-1　七类地物训练样本对应的目标信息系统

a_1	a_2	a_3	a_4	a_5
$x_1\{104,\cdots,166\}$	$\{135,\cdots,191\}$	$\{137,\cdots,198\}$	$\{77,\cdots,132\}$	$\{171,\cdots,234\}$
$x_2\{3,\cdots,32\}$	$\{5,\cdots,37\}$	$\{0,\cdots,27\}$	$\{215,\cdots,255\}$	$\{1,\cdots,74\}$
$x_3\{0,\cdots,35\}$	$\{3,\cdots,45\}$	$\{2,\cdots,41\}$	$\{139,\cdots,207\}$	$\{0,\cdots,53\}$
$x_4\{70,\cdots,119\}$	$\{89,\cdots,132\}$	$\{86,\cdots,132\}$	$\{84,\cdots,114\}$	$\{138,\cdots,201\}$
$x_5\{111,\cdots,229\}$	$\{113,\cdots,217\}$	$\{113,\cdots,207\}$	$\{43,\cdots,86\}$	$\{81,\cdots,149\}$
$x_6\{88,\cdots,249\}$	$\{82,\cdots,240\}$	$\{80,\cdots,232\}$	$\{0,\cdots,117\}$	$\{31,\cdots,188\}$
$x_7\{176,\cdots,231\}$	$\{201,\cdots,243\}$	$\{204,\cdots,240\}$	$\{125,\cdots,157\}$	$\{216,\cdots,255\}$
$x_1\{155,\cdots,231\}$	$\{60,\cdots,187\}$	$\{27,\cdots,135\}$	$\{72,\cdots,255\}$	1
$x_2\{0,\cdots,39\}$	$\{25,\cdots,144\}$	$\{6,\cdots,109\}$	$\{18,\cdots,210\}$	2
$x_3\{0,\cdots,44\}$	$\{57,\cdots,153\}$	$\{6,\cdots,126\}$	$\{30,\cdots,248\}$	3
$x_4\{123,\cdots,181\}$	$\{0,\cdots,15\}$	$\{0,\cdots,53\}$	$\{0,\cdots,93\}$	4
$x_5\{106,\cdots,173\}$	$\{45,\cdots,169\}$	$\{0,\cdots,161\}$	$\{23,\cdots,255\}$	5
$x_6\{68,\cdots,206\}$	$\{95,\cdots,255\}$	$\{61,\cdots,255\}$	$\{149,\cdots,255\}$	6
$x_7\{195,\cdots,243\}$	$\{110,\cdots,215\}$	$\{29,\cdots,121\}$	$\{98,\cdots,239\}$	7

表 9-5-1 中，特征值为集值，即 $f_l(x_i)=\{(\mu_{il}-\sigma_{il}),(\mu_{il}-\sigma_{il})+1,\cdots,(\mu_{il}+\sigma_{il})\}$，$\mu_{il}$，$\sigma_{il}$ 分别为第 i 类训练样本第 l 波段或特征图像灰度均值和标准差的量化值(DN 值)，因此表 9-1-1 对应的目标信息系统也称集值目标信息系统。根据建立的目标信息系统，用合适的距离函数定义属性约简所依据的关系，如

$$R_B=\{(x,y)\in U\times U:f_l(x)\cap f_l(y)\neq\varnothing,\forall a_l\in B\subseteq A\} \tag{9-5-2}$$

并依此生成协调矩阵

$$M_R=\{D_{ij}:i,j\leqslant C\}$$

其中

$$D_{ij}=\{a_l\in A:f_l(x_i)\cap f_j(x_j)\neq\varnothing\}$$

则由辨识公式

$$M=\bigwedge_{i\neq j}(\vee\sim D_{ij},\sim D_{ij}\neq\varnothing)$$

即可得到所有的约简属性集。如对表 9-5-1 有

$$\begin{aligned}M=&a_4\wedge a_5\wedge a_7\wedge(a_4\vee a_5)\wedge(a_1\vee a_2\vee a_3)\wedge(a_2\vee a_3\vee a_7)\wedge\\&(a_4\vee a_5\vee a_6)\wedge(a_7\vee a_8\vee a_9)\wedge(a_1\vee a_2\vee a_3\vee a_5\vee a_6)\wedge\\&(a_1\vee a_2\vee a_3\vee a_4\vee a_6)\wedge(a_1\vee a_2\vee a_3\vee a_4\vee a_5\vee a_6)\\=&(a_1\wedge a_4\wedge a_5\wedge a_7)\vee(a_2\wedge a_4\wedge a_5\wedge a_7)\vee(a_3\wedge a_4\wedge a_5\wedge a_7)\end{aligned}$$

故，约简属性集为 $\{a_1,a_4,a_5,a_7\}$，$\{a_2,a_4,a_5,a_7\}$ 和 $\{a_3,a_4,a_5,a_7\}$。

依据粗糙集中推广的下近似概念，可按式(9-5-2)计算约简属性集 $B\subseteq A$ 相对于决策属性的决策质量，并由此反映其对分类质量的影响

$$r_B(\mathcal{D})=\sum_{k=1}^{K}|\underline{R(B)}_\alpha(D_k)|/|U| \tag{9-5-3}$$

其中，$\mathcal{D}=\{D_k:k=1,2,\cdots,K\}$，$D_k=\{x\in U:g(x)=k\}$，$R(B)=(r_{ij}(B))_{C\times C}$ 为 Fuzzy 关系（$r_{ij}(B)$ 为关于属性集 B 的某种模糊相似度函数），具体算法参见文献[78]。

约简属性集$\{a_1,a_4,a_5,a_7\}$分别对应 Landsat5 的 1、4、5 波段和 SAR 图像的均值特征图。根据属性约简所对应的关系，选用最小距离算法[79]以一定的距离约束分类，所得结果见图 9-5-1 和表 9-5-2。可见，经过合理的特征选择，总体分类精度和推广性不仅没有因特征维数的减少而降低，反而有所改善。实际应用中，还可通过类间的各种距离定义约简所依据的关系，如利用 Bhattacharya 距离定义 R_B，就可对 PCT 变换更准确地选择主成分。

(a) TM3,4,5波段合成图　(b) SAR特征$\{a_7\}$图　(c) 用$\{a_1,a_4,a_5,a_7\}$完成的融合分类图

图 9-5-1　融合分类示意图

表 9-5-2　总体分类精度(%)比较

区　　域	全部波段 A	波段子集$\{a_1,a_4,a_5,a_7\}$
训练区	88.91	90.12
测试区	80.68	84.85

需注意的是，关系 R_B 不满足传递性，用它一般不能产生对论域 U 的划分，而是产生一个 U 上的覆盖，因而信息系统通常是不协调的，要想从中提取分类规则也不像基于等价关系的经典粗糙集方法那样简单，对此，可采用模糊粗糙集模型[80]，或基于信息粒度计算的规则提取方法[81]，即使如此，提取规则的精度和可靠性也很难达到直接用以分类的程度。但建立在上述属性约简方法之上的特征选择却可对基于各种距离测度的分类器设计和选用予以支持，从而为高性能多分类器融合提供一条有效途径。□

9.5.4　用于目标搜索的融合框架设计

对于在感兴趣区(range of interest，ROI)内的目标搜索问题，可以视为基于空间数据集的空间迭代推理过程，如图 9-5-2 所示。该过程包括：

(1) 对于 SAR 图像，利用一定的目标提示算法进行关键目标搜索和掩膜区(由感兴趣区生成)内的潜在目标标识；

(2) 依据地理信息对关键目标定位，用以确定某个隐蔽所到交通网的距离；

(3) 基于地形图的关键目标运动路线探察与修正；

(4) 对可能的关键目标运行路线，利用多光谱或高光谱遥感图像分类算法分析植被覆盖、道路负荷和其他相关因素，依此进行道路负荷评估，并通过证据推理给出这些路线的可能性度量；

(5) 在更新的SAR图像中，对以上关键目标和运行路线进行再次验证，使相关性进一步增强；

(6) 证据合成(关于被检测目标及其到隐蔽所的可能路线)，给出最终的目标检测判决和态势评估。

除了目标搜索外，该融合框架还可用于变化检测、环境监测和地物分类精度的改善等。

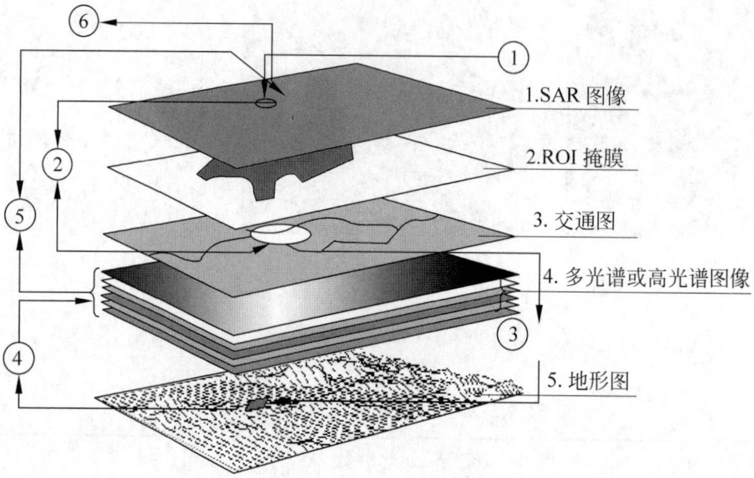

图 9-5-2 基于空间数据集和迭代推理的目标搜索融合框架

9.6 基于图像融合的目标跟踪

9.6.1 图像跟踪的一般理论

图像跟踪是通过序列图像对目标的位置以及运动特性进行分析和预测的过程。图像跟踪是图像工程的一个重要研究方向，它可被应用于预警系统、道路交通系统、民用监控等领域。为了获得较高的跟踪性能以及跟踪稳定性，图像跟踪方法越来越重视各种信息的获取和融合，从而促进了信息融合技术在图像跟踪领域的发展。

通常的图像跟踪方法有四大类：基于区域匹配相关的跟踪方法、基于特征点的跟踪方法、基于变形模板的跟踪方法、基于3D模型的运动目标跟踪方式。这四种方法各有优点及缺陷，要根据具体情况来使用。

1. 基于区域匹配相关的跟踪方法

图像相关匹配是一种基于最优相关理论的图像处理方法，主要用于目标识别、检索以及跟踪。在相关匹配过程中，存在一个表示目标或待检索物体的模板，通过计算模板与待分析对象的相识程度，从而识别出或检索到相应的目标，进而在跟踪过程中，分析得到当前图像中目标的具体位置。

相较于其他几种跟踪算法，基于区域匹配相关的跟踪算法[82]由于用到目标的全局信息，比如色彩、纹理等，因此具有较高的可信度。

2. 基于特征点的跟踪模式

特征点是目标上具有多个方向奇异性的点集。特征点的搜索也是基于最优相关匹配理论的。由于特征点分布在整个目标上，因此即使有一部分被遮挡，仍然可以跟踪到另外一部分特征点，这也是基于特征点跟踪算法的优点。

基于特征点的跟踪模式[83]中，最关键的在于特征点的提取、保存、删除等工作。这种跟踪模式的难点在于，如果目标发生旋转，则部分特征点会消失，新的特征点会出现，因此对应匹配模板随之更新。

3. 基于变形模板的跟踪算法

变形模板是一种其纹理或边缘可以按一定限制条件变形的面板或曲线，基于变形模板的跟踪算法[84]是当前颇受关注的方法。在文献[85]中，目标模板为含有纹理的面板，每条纹理通过 x 方向及 y 方向变形逐渐与图像中的真实目标相适应，从而检索出复杂背景下的复杂目标。

在跟踪过程中更加常用的变形模板是称为主动轮廓的一条封闭曲线[86]，它是由 Kass 在 1987 年提出的。变形模板的运动实际上是一种能量逐渐减小的过程，即在内部弹性力、刚性力以及外部图像力、各种外部驱动力的作用下，在能量减小的同时，逐渐趋近于目标的轮廓，并最终分割出运动目标。

主动轮廓的外部力是目标上特征与主动轮廓的联系纽带。1993 年，Cohen 在文献[87]中提出了一种 balloon 力，这种力假定初始主动轮廓位于目标的外部或内部，从而通过膨胀或收缩最终到达目标边缘。在同一文献中，提出了一种 distant 力，这种力驱动主动轮廓向离它最近的特征点运动，从而使总体距离逐渐减小。

4. 基于 3D 模型的跟踪模式

前面三种跟踪模式，都是基于目标某一平面上特征的匹配，从而没有用到运动物体的完整信息，进而不能对物体进行全面的认识。这主要是因为在成像过程中信息的丢失。

在没有过多先验知识的前提下，似乎只能够这样做。但在实际应用过程中，一个跟踪系统往往被用于跟踪某一类或几类特定的目标。而我们在事先对这些目标都有一定的认识，其中最多的是运动目标三维结构信息。基于这种思想，可以在跟踪之前，离线地建立运动目标 3D 模型。进而在跟踪过程中，根据场景中图像的特征，确定运动目标的各个尺寸参数、姿态参数以及运动参数[88-89]。不同类型的运动目标具有不同的 3D 模型。比如汽车可以采用一种具有 12 个尺寸参数的模型来描述[88]，而飞机也可采用文献[90]中的模型来表示。

9.6.2 图像跟踪的工程算法

在工程实际中，常用的图像跟踪算法基本上分为两大类，即相关跟踪法和波门跟踪法。其中，相关跟踪法属于基于区域的图像跟踪，波门跟踪法属于基于特征点的图像跟踪。下面叙述这两种方法。

1. 相关跟踪法

相关跟踪法是把一个预先存储的或者由操纵员锁定的目标图像样板作为识别和测定目标位置的依据，用目标样板与图像的各个子区域按照一定的相似性度量准则进行比较，计算相关函数值，从而找出和目标样板最相似的一个子图像的位置，就认为是当前目标的位置，这种方法也叫作“模板匹配法”或者“图像匹配法”。

相关跟踪法根据所采用的相似性度量准则的不同主要有：平均绝对差值法（MAD）、均方误差法（MSE）、归一化相关算法（NCCF）以及序贯相似检测算法（SSDA）。

平均绝对差法的相似性度量表达式为

$$D(x_0,y_0)=\frac{1}{mn}\sum_{x=0}^{m-1}\sum_{y=0}^{n-1}\left|f_1(x,y)-f_2(x+x_0,y+y_0)\right| \tag{9-6-1}$$

其中，基准图像为 $f_1(x,y)$，大小为 $m\times n$ 个像素，实时图像为 $f_2(x,y)$，大小为 $M\times N$ 个像素，其中 $m\leqslant M,n\leqslant N$，$(x_0,y_0)$为基准图像在实时图像中的偏移值，$0\leqslant x_0\leqslant M-m,0\leqslant y_0\leqslant N-n$。

均方误差法的相似性度量表达式为

$$D(x_0,y_0)=\frac{1}{mn}\sum_{x=0}^{m-1}\sum_{y=0}^{n-1}\left[f_1(x,y)-f_2(x+x_0,y+y_0)\right]^2 \tag{9-6-2}$$

式中表达式含义同式(9-6-1)。

上述两种方法中，偏移量(x_0,y_0)满足 $D(x_0,y_0)$为最小的子图像就是与基准图像最为相似的子图像，该点称为匹配点。这两种方法在目标灰度变化不大的情况下，跟踪效果良好且定位精度高，尤其是平均绝对差法的计算量很小。但是，一旦目标灰度受光照的影响，发生较大变化时，跟踪效果不是很理想。采用归一化相关算法就可以避免这种情况，而且，当图像灰度呈线性变化时，归一化相关算法仍然能够很好地进行跟踪。

归一化相关算法的相似性度量表达式为

$$R(x_0,y_0)=\frac{\sum_{x=0}^{m-1}\sum_{y=0}^{n-1}\left[f_1(x,y)-\bar{f}_1\right]\left[f_2(x+x_0,y+y_0)-\bar{f}_2\right]}{\sqrt{\sum_{x=0}^{m-1}\sum_{y=0}^{n-1}\left[f_1(x,y)-\bar{f}_1\right]^2}\sqrt{\sum_{x=0}^{m-1}\sum_{y=0}^{n-1}\left[f_2(x+x_0,y+y_0)-\bar{f}_2\right]^2}} \tag{9-6-3}$$

其中，$\bar{f}_1$ 和 $\bar{f}_2$ 分别为对应图像灰度的均值，其余表达式含义同式(9-6-1)。

在理想情况下，当图像与模板配准时，归一化相关函数达到最大值1。由于图像中含有噪声等因素，模板总是难以准确匹配。因此，一般取 $R(x_0,y_0)$最大值的位置作为最佳匹配位置。

针对相关跟踪算法具有的运算量大的特点，1972年，Barnea 和 Silverman[91] 提出了序贯相似检测算法，这种算法采用平均绝对差法计算每个匹配窗口内各像素的误差，这一误差是积累的。如果在窗口内全部 $m\times n$ 个像素点检验完之前，误差达到预定的门限，便认为该窗口位置不是匹配点，转而检验下一个窗口。如果误差上升很慢，便记录达到门限值之前的测试点数，并作为该被测窗口的一个参数。最后，当所有窗口都检测完时，取最大参数的窗口作为合适的配准窗口。

相关跟踪法具有很好的识别能力，可以跟踪复杂背景中的目标，也可用来跟踪较小的目标或者对比度比较差的目标，而且不需要图像分割。缺点是运算量较大，而且目标的剧烈运动，目标方位及透视变化，强度干扰等因素常会严重影响相关跟踪方法的可靠性。针对相关跟踪法的不足，国内外在这方面的改进工作一直没有停止过。

这种算法有运算量大的缺点，如前边介绍的序贯相似检测算法就是为减少算法的运算量所进行的改进。针对这一缺点，我们提出了一种基于环形像素点匹配的快速图像跟踪算法[106]。

针对目标的剧烈运动、目标方位及透视变化、强度干扰等因素严重影响相关跟踪法的可靠性这一不足，提出的改进主要集中在对模板的选择方法上。此外，还有其他一些改进方法着眼于相似性度量标准的选择上面。

2. 波门跟踪法

波门跟踪法又称对比度跟踪，利用目标与背景景物在对比度上的差别来识别和提取目标信号，实现对目标的自动跟踪。波门跟踪法的特点是：对目标图像的变化（尺寸大小、姿态变化）的适应性强，求解比较简单，容易实现对高速运动目标的跟踪；但是，它的识别能力较差，一般只适于跟踪简单背景中的目标，如对空中和水面目标的跟踪，以及从运动载体上跟踪地面固定目标。依据跟踪参考点的不同，这种方法又分为形心跟踪法、质心跟踪法、边缘跟踪法、峰值跟踪法等。

形心跟踪法是将目标图像看成是一块密度均匀的薄板，这样求出的重心叫目标图像的形心。形心的位置是目标图形上一个确定的点。当目标姿态变化时，这个点的位置变动较小，所以，用形心跟踪时比较平稳，而且抗杂波干扰的能力强，但这种方法只能针对窗口中的一个目标，如果窗口内有多个目标则无效。如果目标剧烈运动时，也容易丢失目标。

质心跟踪法中，将目标图像看成是一块密度不均匀的薄板，以图像上各像素点的灰度作为各点的密度，这样求出的目标的重心叫作质心，也叫作矩心。形心跟踪法是质心跟踪法的一种特例，两种方法的特点基本相似，不同的是形心跟踪法在运算之前需要对图像进行二值化处理，而质心跟踪法不需要，从而减少了确定二值化门限的困难。

边缘跟踪法是以目标图像边缘作为跟踪参考点的自动跟踪方法。边缘跟踪的跟踪点可以是边缘上的某一个拐点或突出的端点，也可以取两个边缘（上下边缘或左右边缘）之间的中间点，取了两个边缘点的跟踪算法又叫作双边缘跟踪法。边缘跟踪法简单易行，但跟踪效果并不好。因为它要求目标轮廓比较鲜明、稳定，而且目标图像不要有孔洞和裂隙，否则容易引起跟踪点的跳动；另外，边缘跟踪法容易受到噪声干扰。

峰值跟踪法是以目标图像上最亮点或最暗点作为跟踪参考点的一种跟踪方法。在对比度跟踪情况下，目标总是要比背景亮一些或暗一些（如果从空中向地面观测，则这种方法就行不通了），因此，如果跟踪窗口限定了目标的存在区域，则此窗口内最亮点或最暗点必定是（如果目标存在）目标上的点。因为峰值点是目标图像上对比度最强的点，不需要二值化处理，一旦目标出现即可跟踪，可在目标搜索中使用。峰值跟踪法理论上能够跟踪任意大小的图像目标，但它更适合跟踪小目标，对于大目标，由于峰值点位置经常变动，容易引起系统跳动。峰值跟踪特别适合于进行弹道测量的系统。

9.6.3 图像跟踪的一般过程

图像跟踪一般由三个阶段构成，即运动检测、目标分类和目标跟踪，如图 9-6-1 所示。在运动检测阶段，检测出视场中的运动目标。目标分类阶段要完成两个任务，首先提取出检测到的运动目标，其次对该目标进行识别，也就是说要完成模式识别的问题。在目标跟踪阶段，对需要跟踪的目标采用前边所讲的方法实施跟踪。在下边的讨论中，我们将着重介绍本课题组针对这三个环节所提出的解决方案。

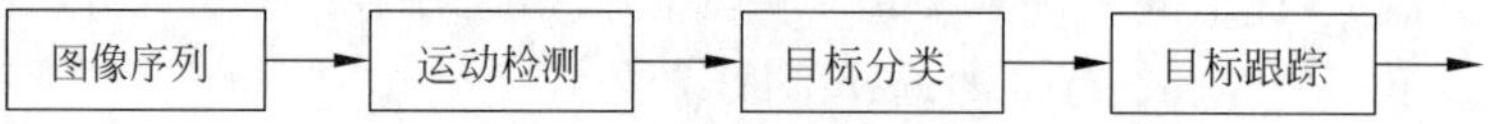

图 9-6-1　图像跟踪的流程图

1. 运动检测

进行运动检测时，常见的一种情况是摄像机处于静止状态，并且镜头焦距是固定的，此时，图像中的背景区域固定不动。这种情况下通常有三种方法进行运动检测：光流法、相邻帧差法和背景差法。

光流法[92-93]在不需要背景区域的任何先验知识条件下，就能够实现对运动目标的检测和跟踪，还可以应用于摄像机运动的情况；但是，光流法的计算量非常大，而且对于噪声比较敏感，对硬件的要求比较高。

相邻帧差法[94-95]能够适应环境的动态变化，实现实时地运动检测，但是，分割出的运动目标不完整，如果运动目标的速度太快，则会检测到两个运动目标，如果运动目标的速度很慢甚至在场景中停止，则根本检测不到该目标，同时，场景中如果有多个运动目标，将很难区分各个运动目标。文献[96]中对相邻帧差法进行了改进，提出利用相邻三帧图像先差分再求和，能够获得比相邻帧差法好的运动分割结果，但是该方法同样具有相邻帧差法的缺点。

背景差法通过当前帧减去背景参考帧，然后对所得图像选择合适的阈值二值化后，就得到完整的运动目标，是一种最为简单和有效的方法，完全克服了相邻帧差法的缺点。但是，背景往往会发生变化，例如，光线和阴影的变化，背景中景物的改变和摄像机位置的偏移等，此时背景图像必须能够自适应地更新。一种经典的方法是时间平均法(time-averaged background image，TABI)，但是这种方法容易将前景运动目标混入背景图像当中，产生混合现象(blending)。近年来关于背景图像的自适应更新，主要有两大类方法，第一类方法[97-98]建立背景模型，并采用自适应方法对模型参数进行调整，从而获得新的背景图像，这类方法通常假定在模型初始化阶段，背景图像中不含运动前景，但这种假设在实际的公共场合很难满足；其次，运动前景很容易混入到背景图像中，产生混合现象。第二类方法[99-100]是从过去的一组观测图像当中，按照一定的假设选择像素灰度构成当前的背景图像，这类方法的优点在于背景的初始化与场景中是否存在运动的前景无关，同时能够有效避免混合现象。其中，Kornprobst 等[100]假设背景在图像序列中总是最经常被观测到的，从而提出了一种基于偏微分方程（PDE）的背景重构和运动分割算法，效果不错，但是该算法的复杂度比较高，所涉及的参数不容易设置，如果不满足假设条件则仍然会得到错误结果。在这一假设的基础上，我们提出一种基于像素灰度归类的背景重构算法（pixel intensity classification algorithm，PICA）[101]。算法分为三个阶段。第一阶段，首先统计像素灰度值的分布规律，依据假设确定出初始背景；第二阶段，根据帧间信息确定初始背景中的错误区域；第三阶段，按照区域一致性假设对初始背景进行修正，最终获得正确的重构背景。

在第一阶段，首先划分像素点的灰度平稳区间，已知图像序列（$I_1,I_2,\cdots,I_M$），从中等间隔抽取 $N+1$ 帧图像，记为（$f_0,f_1,f_2,\cdots,f_N$）。$f_i(x,y)$表示在这 $N+1$ 帧图像中的第 i 帧（$i=0,1,2,\cdots,N$）像素点(x,y)处的灰度值。则存在下式

$$a_j(x,y)=\begin{cases}1, & |f_j(x,y)-f_{j-1}(x,y)|>\xi \\ 0, & |f_j(x,y)-f_{j-1}(x,y)|\leqslant\xi\end{cases} \quad j=1,2,\cdots,N \tag{9-6-4}$$

其中，ξ 为判断像素点(x,y)处的灰度值是否发生变化的阈值。如果 $a_j(x,y)=1$，则 $f_j(x,y)$与 $f_{j-1}(x,y)$的灰度值不一致，不属于同一灰度平稳区间；如果 $a_j(x,y)=0$，则 $f_j(x,y)$与 $f_{j-1}(x,y)$的灰度值一致，属于同一灰度平稳区间。然后，分别计算各灰度平稳区间的平均灰度值，再将平均灰度值相近的灰度平稳区间归为一类称之为灰度值一致区间，统计该区间内像素点出现的频率，选出频率最高的灰度值作为该像素点的背景灰度值，这样就实现了初始背景的重构。

在第二阶段，根据帧间信息确定初始背景中的错误区域。重构初始背景时，假设背景在图像序列中总是最经常被观测到的，然而实际情况往往不满足这一假设，例如在高速公路上，如果车辆较多时道路在大多数情况下总是被遮挡的，这样在初始背景中就会出现错误区域。这些错误区域的灰度与实际背景灰度不一致，因此从图像序列（I_1，$I_2,\cdots,I_M$）中等间隔抽取 M 帧图像，记为（$f_1,f_2,\cdots,f_M$），利用这 M 帧图像与初始背景进行背景差，则所得差分图中错误区域处的像素总是表现为变化的，因此可以很容易地确定出初始背景中的错误区域。

在第三阶段，按照区域一致性假设对初始背景进行修正，最终获得正确的重构背景称为最终背景。区域一致性假设是指，如果在背景的一个区域中，像素灰度值是大面积均匀的，称该区域为均匀区域，在均匀区域中不会出现像素灰度值突变的区域，这种假设非常符合背景中含有道路、广场和天空等均匀区域的情况。由第二阶段得到初始背景的错误区域往往是均匀区域中像素灰度值突变的区域。以错误区域周边的像素灰度值作为标准灰度值，在算法的第一阶段中已经统计了图像中每一个像素点上出现的不同灰度值及对应的频率，此时只需在错误区域所对应的像素点上选出与标准灰度值最接近的灰度值作为该点的背景像素灰度值，通过代换就可以获得正确的重构背景，即最终背景。

背景图像应当能够自适应的更新。主要采用了两种方法进行背景更新。第一种方法是定时背景更新，即在规定的时间段中抽取最后 10～20s 的图像序列，利用重构背景，作为下一个时间段中的背景参考帧，这种方式适用于背景缓慢变化的情况；第二种方法中，如果当前帧与背景参考帧差分之后所得差分图像中，发生变化的像素数与全部像素

数的百分比大于某一个阈值(通常取80%),则背景发生了变化,如果连续多帧中,这一比值依然很大,则重新抽取此时的图像序列,按照算法重构背景,这种方式适用于背景发生突变时的情况。此外,如果在所得差分图像中,某一固定区域中的像素在较长的时间内一直显示为变化状态,同时该区域像素灰度值平稳,则该处背景的实际状态发生了变化(例如此处停止了车辆或此处的车辆离去),此时对这一区域中的背景像素进行更新并加入到背景参考帧中。

有了重构的背景,就可以对运动目标进行检测了。若将背景参考帧记为 $B(x,y)$,输入的当前帧记为 $I(x,y)$,二者的差分图像记为 $D(x,y)$,有

$$D(x,y)=|I(x,y)-B(x,y)| \tag{9-6-5}$$

所得运动前景图像为

$$F(x,y)=\begin{cases}1, & D(x,y)>\mathrm{Th}\\ 0, & 其他\end{cases} \tag{9-6-6}$$

其中,Th 为二值化阈值。当 $F(x,y)$ 为 1 时,对应的是前景图像以及一部分噪声。对噪声的消除采用数学形态学的开运算完成,即用 3×3 的结构元素先腐蚀再膨胀。这样一来,就可以将运动目标完整地检测出来。

2. 目标分类

目标分类问题由两部分构成,首先要将检测到的目标从复杂的背景环境中提取出来,其次要对提取的目标进行识别,从而才能进一步地进行分类。

(1) 目标提取。

目标提取问题实际上是图像分割的问题。图像分割的方法很多,主要分为基于边缘的分割和基于区域的分割两大类。我们着重考虑了基于边缘的分割方法。这类方法中最经典的有 Roborts 算子、Sobel 算子、LoG 算子和 Canny 算子等。但这些方法所分割的图像并没有一个整体上的含义,为了进一步从图像中获得具有整体含义的对象,往往必须采用其他的方法来完成,例如使用 Hough 变换从图像中提取圆形和直线,但是,Hough 变换需要大量的先验知识,而且使用的场合非常有限。1987 年,Kass 等提出的 Snake 方法受到了广泛的关注并应用于图像处理的很多领域。

但是,传统的 Snake 模型存在着两个严重的缺点,首先,初始轮廓必须靠近感兴趣目标的真实边缘,否则就会得到错误的结果;其次,传统的 Snake 模型不能进入感兴趣目标的深凹部分。针对这些缺点,已经提出了很多改进方法,这些方法总体上是通过设计一个外部力来实现的,主要有主动轮廓线的气球模型、距离势能模型、GVFSnake(Gradient Vector Flow Snake)模型等。这些模型都扩大了初始轮廓的捕获区域,使初始轮廓不必靠近感兴趣目标的真实边缘。但是,气球模型在初始化时必须明确是膨胀还是收缩,同时,如果边缘太细弱,则气球模型所得结果会越过这条边缘。距离势能模型扩大了捕获区域,却存在着传统 Snake 模型的第二个缺点。而 GVFSnake 模型不仅具有较大的捕获区域,同时也解决了传统 Snake 模型的第二个缺点,能够很容易地进入感兴趣目标的深凹部分,因此得到了广泛的应用,但是,GVFSnake 模型所存在的一个明显缺点是计算 GVF 力场时非常耗时。由于 Snake 模型的非凸性,曲线能量最小时有可能是局部极小

点。以上各方法都认为当曲线能量最小时就是感兴趣目标的轮廓，至于该结果是否的确是感兴趣目标的真实轮廓，并未作出更进一步的计算和判断。因此，如果所得结果为局部极小点，则以上各方法都将得到错误的结果。针对传统 Snake 模型的缺点以及上述各种改进方法的不足，我们提出了一种基于力场分析的主动轮廓模型（force field analysis snake，FFA Snake）[102]。该模型具有较大的捕获区域，能够进入感兴趣目标的深凹部分，与 GVFSnake 模型相比，具有很小的计算量。同时，当所得曲线的能量最小时，并不认为是最终结果，而是作出进一步的判断和计算，只有符合力场分析所确定的边缘条件之后，才认为是最终结果，从而避免了 Snake 陷入局部极小点。

FFASnake 的初始计算过程和普通的基于距离势能模型的计算过程完全相同，首先对图像利用 LoG 算子或 Canny 算子进行边缘检测；其次，在所得的边缘图像上进行距离变换得到距离势能力场，本文采用的是基于欧氏距离变换的距离势能力场；最后，建立以距离势能力场为外部力的能量函数，设定好初始 Snake，然后计算 Snake 在距离势能力场影响下的变形，直到能量最小时就得到感兴趣目标的轮廓。基于距离势能模型的 Snake 到此就结束了，但是，这只是 FFASnake 的初始化过程。由初始化过程得到的感兴趣目标的轮廓本文称为预更新轮廓（for-eupdate contour，FC），记为 $S1$。接下来在 FFASnake 中，要对该轮廓所在力场进行分析，以检验各轮廓点是否是真正的轮廓点，如果轮廓点所在的力场分布符合真实轮廓点的力场分布规律，则为真轮廓点（true contour point，TCP），如果轮廓点所在的力场分布不符合真实轮廓点的力场分布规律，则为假轮廓点（false contour point，FCP）。如果对 $S1$ 进行判断后存在假轮廓点，则按照一定规则搜寻假轮廓点的对应轮廓点（respondence contour point，RCP），将所有假轮廓点用其相应的对应轮廓点替代，得到新的轮廓称为已更新轮廓（pos-tupdate contour，PC），记为 $S2$。然后将 $S2$ 作为新的初始 Snake 代入以距离势能力场为外部力的 Snake 能量函数中，再进行变形。如果对 $S1$ 进行判断后不存在假轮廓点，则计算结束，此时的预更新轮廓 $S1$ 为最终感兴趣目标的轮廓，称为最终轮廓（ultimate contour，UC），记为 S。算法流程图如图 9-6-2 所示。将以上过程总结如下：

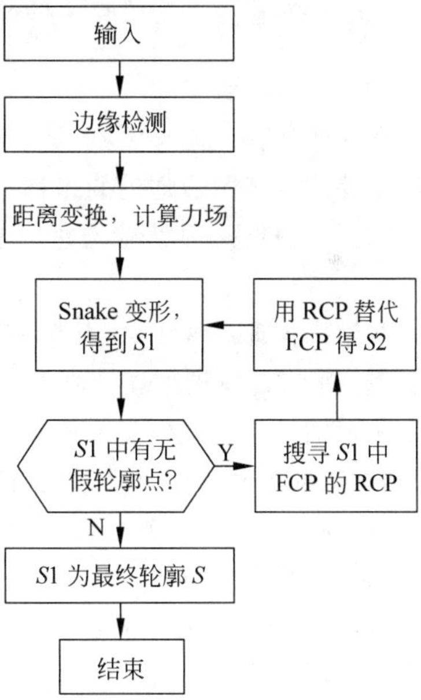

图 9-6-2 FFASnake 算法流程图

步骤 1 输入图像，利用 LoG 算子或 Canny 算子进行边缘检测，求取对应的边缘图像；

步骤 2 对边缘图像求取基于欧氏距离变换的距离势能力场；

步骤 3 利用以距离势能为外部力的能量函数，进行 Snake 变形，得到预更新轮廓 $S1$；

步骤 4 判断 $S1$ 中有无假轮廓点，如果有假轮廓点，转步骤 5，如果无假轮廓点，转步骤 7；

步骤 5 求解所有假轮廓点的对应轮廓点；

步骤 6 将 $S1$ 中所有假轮廓点用其相应的对应轮廓点代替，得到已更新轮廓 $S2$，转步骤 3；

步骤 7 预更新轮廓 $S1$ 为最终求解的感兴趣目标的轮廓，即最终轮廓 S，算法结束。

图 9-6-3 给出了利用 FFASnake 对实际的医学图像进行边缘提取的例子。图 9-6-3(a)为人类左心室的核磁共振图像(MRI)。由图可见，该图像中具有较大的深凹部分。图 9-6-3(b)为 FFASnake 的运算过程，在这一过程中，进行了一次真假轮廓点的判断，在深凹部分找到了假轮廓点的对应轮廓点之后，最终得到了正确的结果如图 9-6-3(c)所示。由仿真可见，在噪声较大并且实际边缘并不理想的情况下，本算法能够得到理想的结果。

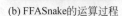

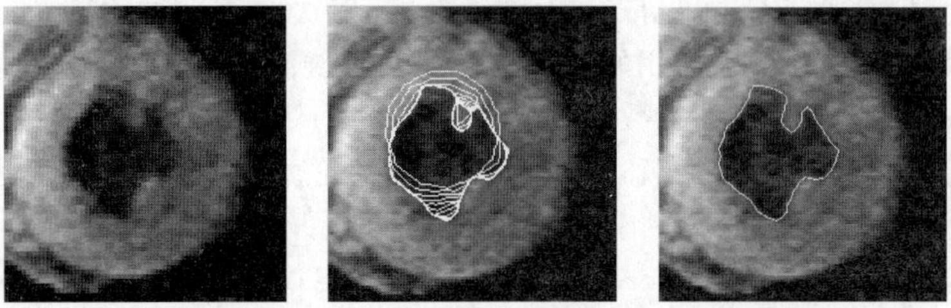

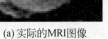

(a) 实际的MRI图像　(b) FFASnake的运算过程　(c) 最终结果

图 9-6-3　FFASnake 对实际的医学图像进行边缘提取

(2) 目标识别。

在完整地提取出检测到的运动目标之后，需要进行目标识别才能决定在下一步是否进行跟踪。基于图像运动的目标识别方法可以用到目标的运动特征、形态特征、色彩及纹理特征。我们采用模糊推理方法对这些特征加以融合，从而较好地对运动目标进行识别[103]。

在模糊推理系统中，有几个因素关系到模式识别的精度。首先是隶属度函数的位置及形态；其二是模糊推理规则的合理性及完备性，这里完备性是指所有有效的规则都被系统所采纳。单纯的模糊系统是建立在专家知识的基础上，由于人类对大自然认识的有限性，专家知识有时候并不一定准确，为了解决上述问题，同时保留模糊系统的固有优点，采用神经网络对模糊系统进行训练，因此称此神经网络为模糊神经网络。

在模糊神经网络中，隶属度函数的位置及形态由神经网络输入层的偏置及权值来确定；模糊推理通过隐层的运算可以得到；推理的各条规则以及规则的可信程度可以由输出层的权值来确定。通过模糊神经网络的训练及学习，自动调整各层及结点的权值、偏置，从而优化模糊推理系统的各个要素，并准确识别场景中的各个目标。基于这一思想，我们以交通场景中的运动目标为对象进行了识别。

在道路监控系统中，通常有三种运动目标。第一种是公路上行驶的汽车，包括卡车、轿车、公共汽车等，它们的共同特点在于，成像面积较大、形状比较简单、没有红灯或堵塞时速度快；第二种运动目标是行人，特点是成像面积小、形状复杂、运动慢；第三种运动目标是摩托车/自行车，这类运动目标在各方面上的特点都介于前两种之间，即具有一定的成像面积、形状比较复杂、运动速度较快。由于第二、三种目标的在道路监控系统中广泛存在，且摩托车/自行车目标速度较快，为了道路的安全，有必要把它们分别提取出来，并采用相应策略进行监控。通过上述分析，可以融合三种特征对这几类目标进行识别、分类，即：目标的成像面积、目标形状的复杂度、目标的运动速度。

在各个运动目标被精确分割出来后，其面积特征随之可以得到，即主动轮廓封闭曲线所包含的面积大小。通常来讲，目标的形状越复杂，则在相同面积大小条件下，其边缘的长度就越长，因此可以用目标的周长来检测形状复杂度。运动目标的速度是指图像速度，它可通过相关匹配跟踪方法来求取。

在识别过程中，由于运动目标的多样性，从而同类目标之间也可能有较大的差异。比如，同属于汽车类型的卡车、轿车在尺寸大小以及形状上都有较大的区别；同时，不同类的运动目标也可能在某一时期具有相识的属性，比如当发生汽车堵塞时，汽车的速度与行人的速度都一样缓慢。因此作为模式识别的上述特征并不是具有完全确定不变的可分性，从某种意义上来说，具备了一定的不确定性，这就为模糊推理系统的建立提供了实践基础。

模糊推理就是将一个给定输入空间通过模糊逻辑的方法映射到一个特定空间的计算过程。其中，输入空间是由一个或多个特征值形成的特征向量，而输出空间是对应模式分类类别的向量空间，最终通过竞争原则判断输入对象类别。一个模糊推理系统由输入特征值、模糊产生器、模糊推理机、模糊逻辑规则库、模糊消除器等组成，如图 9-6-4 所示。其中，模糊产生器由系统的隶属度函数集形成，模糊推理机可选用 max-min 方式，模糊消除器可采用面积中心法。

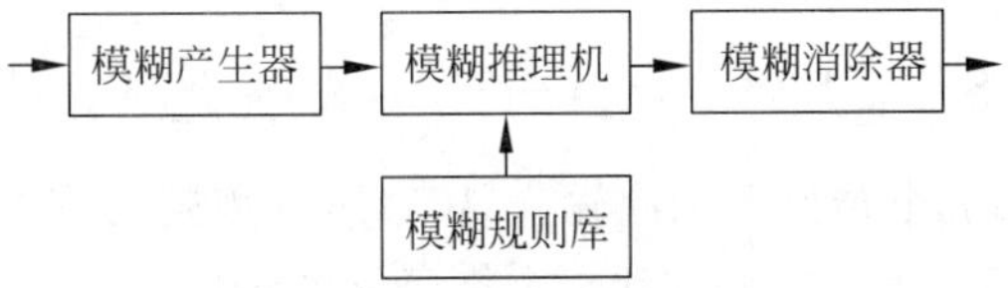

图 9-6-4　模糊推理结构图

为了对上述模糊系统建模，并优化相应的系统结构，采用了一种基于改进 BP 算法的神经网络，其结构参看图 9-6-5。

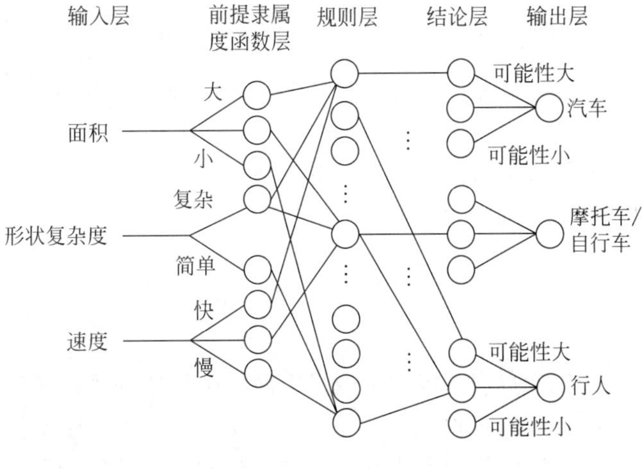

图 9-6-5　道路监控中融合多特征的模糊神经网络

模糊神经系统的实现，可以分为两个阶段。第一个阶段是正向传播阶段。在这一阶段，模糊推理的各个组成部分可以逐层地由神经网络的权值、偏置以及传递函数的形式来确定。第二阶段是逆向学习阶段。模糊推理体系的各个要素可以由神经网络逐层地从输出层开始一直优化到输入层。

图 9-6-5 是一个五层神经网络结构。

第一层为输入层。该层共有 3 个神经元，分别代表面积大小、形状复杂度、运动速度。这一层的神经元直接将输入数据传给第二层对应的神经元。

第二层为前提隶属函数层。该层神经元用于模拟隶属度函数，采用 Gauss 型

$$f(S_j)=\exp(-S_j),S_j=(X_j-\mu_{ij})^2/\sigma_{ij}^2 \tag{9-6-7}$$

其中，X_j 表示该层第 j 个神经元的输入，u_{ij} 和 σ_{ij} 表示第 i 个输入变量第 j 个模糊区间的 Gauss 函数的中心与宽度。每一个输入层神经元只和表示其对应模糊区间的第二层神经元连接。

第三层为规则层。用于完成模糊“与”运算，即规则层中每一个神经元的输出为该神经元所有输入中的最小值。

第四层为结论层。每个规则神经元与该层中表示相应结论的神经元相连。结论层神经元的转移函数应为模糊“或”运算

$$f(S_j)=\max\{X_1,X_2,\cdots,X_n\} \tag{9-6-8}$$

考虑到具有相同结论的规则对推理结果都有影响，所以结论神经元的转移函数可以设计成如下形式

$$f(S_j)=1/(1+\exp(-S_j)),S_j=\sum_i W_{ji}*X_i \tag{9-6-9}$$

其中，S_j 表示结论层第 j 个神经元的净输入，W_{ji} 表示规则层第 i 个神经元与结论层第 j 个神经元之间的权值，X_i 表示规则层第 i 个神经元的输出。

第五层为输出层。输出神经元的个数等于待辨识目标类型的个数，在这里为 3 个，即是汽车、非机动车辆、行人。

在输出层中，每一个输出神经元对结论层中所有与之相连的结论都建立了一个隶属度函数，形式采用 Gauss 型。同时，采用面积中心法的近似形式消除模糊，即

$$f(S_j)=\sum_i(\mu_{ij}*\sigma_{ij}*X_i)\Big/\sum_i(\sigma_{ij}*X_i) \tag{9-6-10}$$

其中，μ_{ij} 和 σ_{ij} 表示第 j 个输出变量第 i 个模糊区间的钟形函数的中心与宽度，X_i 表示结论层的输出。

通过正向传播，最终可以得到当前目标分别属于汽车、摩托车/自行车以及行人的概率。因此当本模糊神经网络经过训练以后，可以较好地区分交通系统中的上述三种目标。

3. 目标跟踪

由于图像中含有丰富的信息，因此可以采用同一图像序列中的不同特征信息分别对运动目标进行跟踪，从而形成多种模式的图像跟踪，可以采用多模型图像跟踪的融合方法对这些跟踪模式进行融合，从而形成具有图像特色的多模式图像跟踪系统。不同的图像跟踪算法利用不同的图像信息以及先验知识，它们往往各有各的优点和缺点，并能够

互补。通常情况下，可以把它们的优点结合起来，并通过相互之间的交互，克服各自弱点。多模型跟踪方式有很多种，其中两个最基本的方式是集中式和分布式。

(1) 集中式融合系统。

在集中式融合系统[104]中，采用了前述四种跟踪模式中的两种，即基于区域的跟踪方式和基于特征点的跟踪模式进行跟踪。基于区域的跟踪方法在遮挡不严重时非常稳定，并且定位精度高，它的缺点主要在于两个方面。第一，在阳光照射下，目标的阴影会随时间而变化，有的时候甚至遮盖掉目标的纹理，这就给匹配带来困难；第二，假如目标被其他物体或目标遮挡，使用匹配的方法较难提取出目标。基于特征点的跟踪方法的主要优点在于能够解决基于区域跟踪模式的缺陷，即在有遮挡时，仍然有一部分特征点可以被跟踪到，从而保证了跟踪的连续性；它的缺点在于，如果特征点选得过多，那么计算量非常大，另外这种方法的跟踪精度没有基于区域的跟踪模式高。

在集中式融合跟踪模式中，各种跟踪子模式分别提取图像中目标的特征，并把这些特征量作为量测送到融合中心，从而结合前几幅图像中目标的运动特性来判断当前图像中目标的位置。在集中式融合跟踪系统中，Kalman 滤波器是一个最基本的工具。图 9-6-6 给出了基于集中式结构的多模式跟踪结构图。

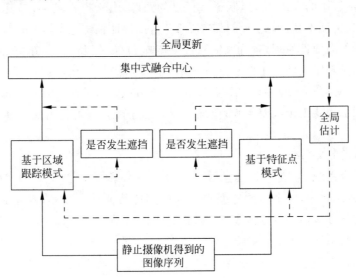

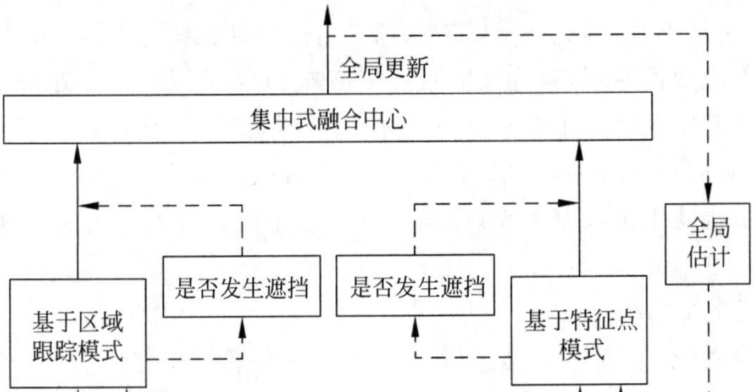

图 9-6-6　基于集中式结构的多模式跟踪结构图

如果定义 Kalman 滤波器的状态变量为

$$\hat{x}_k = [x_k, y_k, \dot{x}_k, \dot{y}_k, \lambda]^{\mathrm{T}} \tag{9-6-11}$$

其中，(x_k, y_k)是目标的形心，$(\dot{x}_k, \dot{y}_k)$是形心的速度，λ 是目标的缩放尺度。那么整个系统可按如下步骤运行：在跟踪的每一次循环中，首先在融合中心，采用 Kalman 滤波器估计状态变量及协方差阵，并把估计得到的目标形心坐标传送到各个跟踪模式。

各个模式由此确定当前图中，匹配模板的初始搜索位置。对于基于区域搜索方式，这个位置即是估计位置$(x(t|t-1), y(t|t-1))$；对于基于特征点的跟踪，各个特征点的位置根据下式来确定：

$$\begin{cases} x_i = x(t \mid t-1) + \lambda(t \mid t-1) * \Delta x_i \\ y_i = y(t,t-1) + \lambda(t \mid t-1) * \Delta y_i \end{cases} \quad i=1,2,\cdots,N \qquad (9\text{-}6\text{-}12)$$

其中，N 是采用的特征点个数，$(\Delta x_i, \Delta y_i)$是第一幅图像中，第 i 个特征点相对于目标形心的偏移量，$\lambda(t|t-1)$是模板缩放尺度。

通过匹配相关算法，基于区域跟踪模式得到目标形心的量测；基于特征点跟踪模式，得到所有特征点位置的量测。实验表明，如果场景中存在遮挡现象，那么有些特征点将看不到；如果遮挡严重，基于区域的跟踪模式的量测也变得不可靠。因此，有必要屏蔽那些由于遮挡而产生的错误量测，而只把有效的量测送到融合中心。这个工作可以由相关系数来判定。

① 假如相关系数大于阈值 T1，判定没有遮挡，或遮挡不严重，对应量测送到融合中心。

② 假如相关系数小于阈值 T1，则判定遮挡现象严重，并放弃这个量测。

T1 与匹配模板的大小有关，对于基于区域的跟踪，由于其模板大，稳定性较高，不易受外部噪声影响，即使在相关系数较小时，也能提供比较好的定位，因此，对于基于区域的跟踪，可以取较小的 T1；反之，基于特征点的跟踪，由于模板较小，易受目标的变形以及噪声影响，且精度不高，因此应该取较大的 T1，以保证系统稳定运行。

根据量测的有效性原理，量测 $y(k)$、量测矩阵 $H(k)$以及 Kalman 增益 $K(k)$都是维数可变的。由于基于区域的跟踪模式在没有遮挡时，能提供更准确的量测，因此在量测噪声协方差对角矩阵 $R(k)$中，基于区域跟踪模式应该具有较小的噪声方差值；而基于各个特征点的跟踪模式由于误差较大，应该取较大的噪声方差值。由此可稳定地跟踪目标的运动。

(2) 分布式融合系统。

分布式融合系统[105]是多源信息融合的另外一种基本方式，与集中式融合跟踪系统相比较，分布式结构中，每个传感器获得目标的相应特征后，并不直接送到融合中心，而是分别采用滤波方法估计目标的状态，进而把估计结果送到融合中心，最终在融合中心对估计的目标状态进行配准及融合。

分布式融合系统中，由于每个传感器分别对目标的状态进行估计，因此在每个传感器中的计算量较集中式融合系统中的大；但是，由于在融合系统网络中传送的是估计结果，因此网络负载较集中式的小，从而整个系统的工作量非常均衡，系统效率较好。

设计的一种改进的基于分布式融合理论的多模式图像跟踪系统融合了三种跟踪模式，即基于区域的跟踪方式、基于 B 样条主动轮廓的跟踪模式以及基于特征点的跟踪模式。在融合系统中，基于区域的跟踪模式发挥了决定作用。由于这种跟踪模式使用了目标上的全部信息，包括轮廓、纹理、颜色等，因此相对于其他两种模式来说，它更能反映目标的特性。采用基于区域的跟踪模式中的相关系数作为遮挡现象的判定依据，当不存在遮挡或遮挡不严重时，采用精度高的前两种跟踪模式；反之，当遮挡严重时，使用第三种跟踪模式，以确保跟踪的顺利进行。仿真试验表明，这种算法能有效克服遮挡问题，并具有较强的鲁棒性。

图 9-6-7 给出了基于分布式结构的多模式跟踪结构图。各个跟踪模式分别采用一个

普通的 Kalman 滤波器；融合中心采用一种改进的 Kalman 滤波器，它对各个跟踪模式都有反馈，从而统一各个跟踪模块中，Kalman 滤波器的状态变量及更新后误差协方差阵。与图 9-6-6 相比，融合系统改进之处在于，通过对遮挡是否发生进行判断，给各种跟踪模式进行 0-1 加权，从而决定哪些跟踪模式的预测结果被送到融合中心。

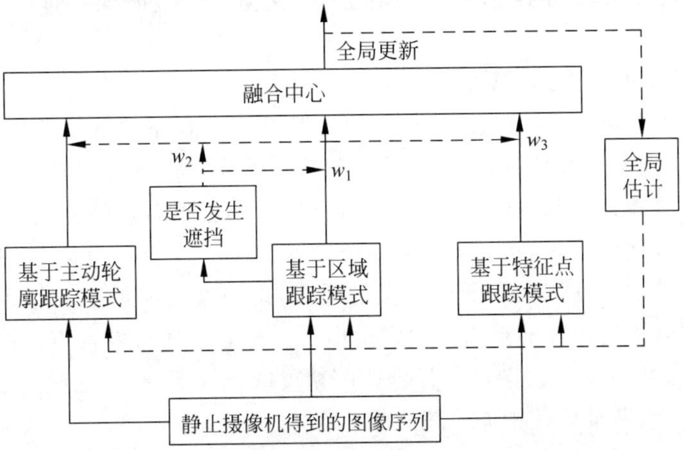

图 9-6-7　基于分布式结构的多模式跟踪结构图

在跟踪的每一次循环中，首先在融合中心，采用改进的 Kalman 滤波器估计状态变量 $(\hat{x}(k|k-1),\hat{y}(k|k-1))$ 及误差协方差阵 $P(k|k-1)$，传送到各个跟踪模式。各个模式由此确定当前图中，主动轮廓或匹配模板的初始搜索位置。对于基于区域以及基于主动轮廓的搜索方式，这个位置即是估计位置 $(x(k|k-1),y(k|k-1))$；对于基于特征点的跟踪，各个特征点对应匹配模板的位置根据下式来确定

$$\begin{cases} x_3^j = x(k \mid k-1) + \lambda(k \mid k-1) * \Delta x_j \\ y_3^j = y(t,t-1) + \lambda(t \mid t-1) * \Delta y_j \end{cases} \quad j=1,2,\cdots,N \tag{9-6-13}$$

其中，N 是采用的特征点个数，$(\Delta x_j,\Delta y_j)$ 是第一幅图像中，第 j 个特征点相对于目标形心的偏移量，$\lambda(k|k-1)$ 是预测的模板尺度。

三种跟踪模式中，分别得到各自的量测，并且采用各自的 Kalman 滤波器对状态变量及其误差协方差阵进行更新，得到

$$\hat{x}_i(k \mid k),P_i(k \mid k),\quad i=1,2,3 \tag{9-6-14}$$

传送给融合中心。考虑到每次跟踪循环中，并不是所有三个跟踪模式都用到，因此改进的 Kalman 滤波器设计为

$$P(k \mid k)=\left(P^{-1}(k \mid k-1)+\sum_{i=1}^{3} w_i\left[P_i^{-1}(k \mid k)-P^{-1}(k \mid k-1)\right]\right)^{-1} \tag{9-6-15}$$

$$\begin{aligned} \hat{x}(k \mid k)=P(k \mid k) * \Big\{ & P^{-1}(k \mid k-1) * \hat{x}(k \mid k-1)+ \\ & \sum_{i=1}^{3} w_i\left[P_i^{-1}(k \mid k)\hat{x}_i(k \mid k)-P^{-1}(k \mid k-1) * \hat{x}(k \mid k-1)\right]\Big\} \end{aligned} \tag{9-6-16}$$

其中,$w_i=0,1$ 是各个跟踪模式的加权,它在每次循环中是可改变的。加权反映了遮挡现象的存在以及程度,可以用基于区域跟踪的相关系数来判定,因此有如下判定准则:

① 假如相关系数大于阈值 T1,判定没有遮挡,或遮挡不严重。$w_1=w_2=1$; $w_3=0$;

② 假如相关系数小于阈值 T1,则判定遮挡严重。取 $w_1=w_2=0$; $w_3=1$。

仿真试验表明,即使在遮挡严重的情况下,这种算法也能保证连续地、准确地跟踪目标。

(3) 一种快速的图像跟踪算法。

在上述两种形式的图像跟踪系统中,相关跟踪法具有非常重要的作用。但是,相关跟踪法的一个主要缺点是计算量太大,从而很难实现实时的图像跟踪。已经出现了很多的改进算法,序贯相似检测法(SSDA)是一种运算量小且很有效的方法,但是计算量仍然相当可观,仿真表明该方法的计算量是相关跟踪法的一半。还可以采用小波变换的方法,通过压缩图像的尺寸达到降低运算量的要求,但小波变换的引入增加了算法的复杂度,并进一步提高了对硬件的要求。我们提出了一种基于环行像素点匹配的图像跟踪算法[106],在不需要增加算法复杂度并保证跟踪精度的前提下,有效地提高了运算速度。仿真表明该算法的运算量只有相关跟踪法的 20%。

算法首先选择环形像素点。所谓环形像素点是指以目标上的一点为中心,画一个覆盖在目标上并不超出目标的圆,将落在该圆边缘上的像素点定义为特征像素点,所有的特征像素点构成特征像素点集。

选择好作为模板的环形像素点之后,算法分三步完成一次跟踪。这三步为:粗搜索,用于排除明显失配点,选择出待匹配点;精搜索,在待匹配点中选择出最匹配的点作为目标的当前位置;模板更新,决定下一步跟踪中所使用的模板。

第一步:粗搜索。在搜索区域内寻找与环形像素点相匹配的点(m,n),这里采用了如下距离定义来度量两组匹配点之间的相似度:

$$A(m,n)=\sum_{i=1}^{p}D(f_1^i,f_2^i(m,n)) \tag{9-6-17}$$

$$D(f_1^i,f_2^i(m,n))=\begin{cases}1, & |f_1^i-f_2^i(m,n)|\leqslant T\\0, & |f_1^i-f_2^i(m,n)|>T\end{cases} \tag{9-6-18}$$

上式中,$f_1^i=f_1(x_i,y_i)$表示模板中第 i 个环形像素点,所选取的环形像素点共有 p 个;$f_2^i(m,n)=f_2(x_i+m,y_i+n)$,表示搜索区域中以点$(m,n)$为中心所决定的环形像素点中,与模板第 i 个环形像素点所对应的点,同样一共也有 p 个;T 为阈值,表示待匹配图像对应像素点的灰度绝对差如果小于这一阈值,则认为两点匹配,记为 1,反之则不匹配,记为 0。与模板的环形像素点相匹配的点数越多,即 $A(m,n)$越大,则搜索区域中点(m,n)所对应的窗口越有可能为目标所在窗口,但是,由于受噪声及目标运动姿态变化的影响,此时,最大的 $A(m,n)$往往并不意味着就是最佳匹配点,尽管如此,在与模板最匹配的区域,$A(m,n)$的值一般是比较大的,因此选择一个阈值 S。

当 $A(m,n)\geqslant S$ 时,保留(m,n)点作为待匹配点进行下一步的精搜索;

当 $A(m,n)<S$ 时,认为点(m,n)为非匹配点,不再进行进一步的处理。

这样大大减小了运算量,对于 S 值的确定,通过实验表明,一般选择环形像素点总点数的30%～50%比较合适，同时可以将 S 值的确定设计为一个动态自适应过程。经过粗搜索，所选择的待匹配点只占全部搜索区域总点数的5%～15%。

第二步：精搜索。粗搜索之后，在所有待匹配点计算全模板匹配点数，选出匹配点数最大的作为最佳匹配位置。对全模板匹配点数的计算采用的公式与粗搜索类似，不同的是精搜索使用模板的全部像素与待匹配点对应窗口中的全部像素进行匹配，公式如下

$$B(m,n)=\sum_{x=1}^{M}\sum_{y=1}^{N}D(f_1(x,y),f_2(x+m,y+n)) \tag{9-6-19}$$

$$D(f_1(x,y),f_2(x+m,y+n))=\begin{cases}1, & |f_1(x,y)-f_2(x+m,y+n)|\leqslant T\\ 0, & |f_1(x,y)-f_2(x+m,y+n)|>T\end{cases} \tag{9-6-20}$$

上式中，$f_1(x,y)$为模板像素灰度，模板大小为 $M\times N$；$f_2(x+m,y+n)$为搜索区域中点(m,n)所对应的匹配窗口像素灰度，T 含义同式(9-6-18)。通过计算，选择 $B(m,n)$为最大的点所在位置窗口作为最佳匹配区域。

第三步：模板更新策略。由于目标在运动过程中，姿态在不断地发生变化，因此，使用固定模板不能实现稳定的跟踪。实验表明，如何更新模板是实现稳定跟踪的极其关键的问题。采用了基于归一化相关系数判定的模板更换策略，具体是这样实现的：精搜索完成后，计算当前模板与最佳匹配区域的归一化相关系数，公式如下

$$\mathrm{NCCF}=\frac{\sum f_1 f_2}{\sqrt{\sum f_1^2}\sqrt{\sum f_2^2}} \tag{9-6-21}$$

其中，f_1 为模板，f_2 为最佳匹配区域。

如果 $\mathrm{NCCF}\geqslant T_1$，则在下一帧中仍然使用当前模板；如果 $\mathrm{NCCF}<T_1$，则以当前帧匹配区域作为更新模板代替当前模板，以实现对下一帧的跟踪。如果 $\mathrm{NCCF}<T_2(T_2<T_1)$，说明跟踪过程中模板发生了相当大的变形，此时目标可能受到遮挡或噪声的影响，则暂时不对模板进行更新，仍然维持旧模板。仿真结果表明，这种策略非常有效。

9.7 基于视频SAR图像序列的动目标阴影联合监测与跟踪

视频合成孔径雷达(video synthetic aperture radar，ViSAR)是针对常规机载合成孔径雷达(synthetic aperture radar，SAR)成像速率低和慢动目标检测困难等问题提出的新体制雷达。ViSAR结合了SAR成像技术和视频显示技术，将成像结果以视频的形式给出，扩展了信息获取的时间维度，可以直观地显示目标的位置、运动速度和运动方向等参数信息。在ViSAR的观测场景成像中，目标的运动使得目标在成像位置发生散焦，多普勒频移使其在目标真实位置留下阴影，因此可根据阴影信息实现ViSAR图像中动目标的检测。

我们研究基于ViSAR**动目标阴影**[107]的联合检测及跟踪算法。首先针对基于视频SAR前景图像序列的机动弱小目标跟踪问题，发展一种基于胀缩搜索策略的动态规划检测前跟踪算法(expanding and shrinking strategy based track-before-detect，ES-TBD)，实

现在低信噪比环境下对多个机动弱小目标的检测与跟踪。进一步发展一种基于区域划分的动态规划检测前跟踪算法(region-partitioning based ES-TBD,RP-TBD)去处理更具挑战性的问题,即实现对数目随时间变化的机动弱小目标的检测和跟踪。该项成果已在IEEE Trans. on Geoscience and Remote Sensing上发表[113]。

9.7.1 多个弱小机动目标联合检测与跟踪

基于检测前跟踪(track before detect,TBD)技术,对ViSAR观测场景中多个弱小、机动目标检测与跟踪问题,提出了基于胀缩搜索策略的检测前跟踪方法(ES-TBD)。提出的ES-TBD算法首先采用多个独立粒子滤波器分别对多个候选目标的可能状态进行大范围预搜索(膨胀搜索,expanding search)。其次,计算各预搜索路径的后验概率,进行粒子重采样,从而收缩预搜索区域(收缩搜索,shrinking search),即从每个目标大范围预搜索的粒子中选择后验概率较大的若干粒子,作为动态规划步骤中的候选粒子。再次,基于动态规划(dynamic programming, DP)原理,对候选粒子进行值函数积累。最后,经过若干帧积累后,将值函数的积累值与阈值比较,当积累值大于阈值时判定目标存在,否则判定目标不存在。传统动态规划检测前跟踪(dynamic programming based TBD, DP-TBD)算法[108]与该文提出的ES-TBD算法确定的转移状态对比,如图9-7-1所示。可以看出,ES-TBD算法的搜索区域包含机动目标的真实状态。

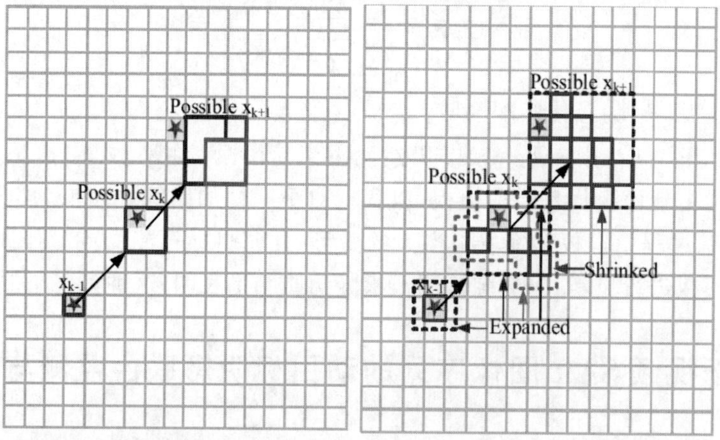

(a) 传统DP-TBD算法的转移状态，Ns=4　　(b) 提出的ES-TBD算法的转移状态

图 9-7-1　传统 DP-TBD 算法与提出的 ES-TBD 算法的转移状态对比

注：星标代表目标真实状态的位置；实线框代表目标转移状态；虚线框代表扩大的搜索范围。

基于美国Sandia实验室公布的Kirtland空军基地的高分辨率ViSAR视频[109]数据,采用提出的ES-TBD算法对ViSAR中动目标阴影进行检测,并与恒虚警检测(constant false alarm rate, CFAR)[110]、传统DP-TBD[108]、基于时间序列预测模型的检测前跟踪(time series predicting strategy based DP-TBD,TSP-TBD)算法[111]、基于两阶段检测框架的检测前跟踪(two-stage detection architecture based DP-TBD,Two-Stage-TBD)算法[112]的对比,结果如图9-7-2所示。图9-7-2显示提出的ES-TBD算法成功地检测到了5个弱小目标,并抑制了虚警。

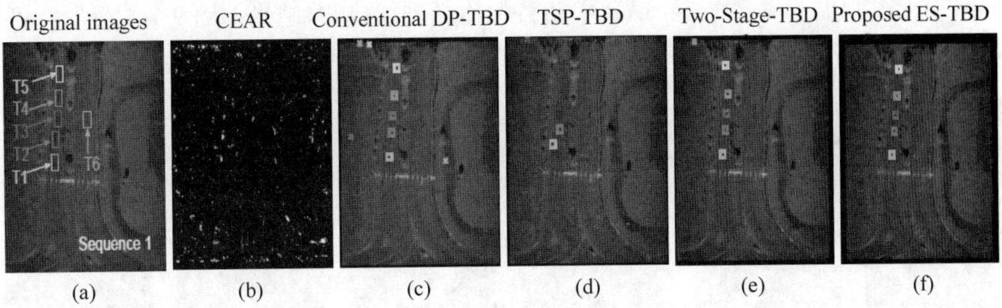

图 9-7-2　CFRA、传统 DP-TBD、TSP-TBD、Two-Stage-TBD 和提出的 ES-TBD 算法的检测结果对比

图 9-7-2(a)原始图像中实线框表示目标的真实位置；图 9-7-2(b)～(f)检测图像中实线框表示目标的估计位置；叉号表示检测到的虚警。

9.7.2　时变数目动目标联合检测与跟踪

进一步地，根据 ViSAR 视频中时变数目动目标的检测、跟踪问题，提出了基于区域划分的动态规划检测前跟踪(RP-TBD)算法，流程图如图 9-7-3 所示。RP-TBD 算法首先采用滑窗法将图像序列分为若干量测批次(batch)，并对每个量测批次中的图像帧进行划分，确定公共量测帧和特有量测帧。其次，针对一个量测批次中的每一帧图像进行子区域划分，将图像观测区域分为已知子区域和新子区域两部分：已知子区域定义为已知目标及其临近区域，而新子区域定义为观测区域内已知区域以外的部分，二者满足互斥的关系。根据定义，已知子区域包含已知目标及其临近区域的量测，而新子区域包含新出现的目标和杂波及其邻近区域的量测。最后，基于已知子区域序列中的量测，我们采用附加值函数的粒子滤波算法实时跟踪已知目标和检测已消失的目标；基于新子区域序列中的量测，采用 ES-TBD 算法检测和跟踪新出现的目标。最终实现对数目随时间变化的机动弱小目标的联合检测与跟踪。

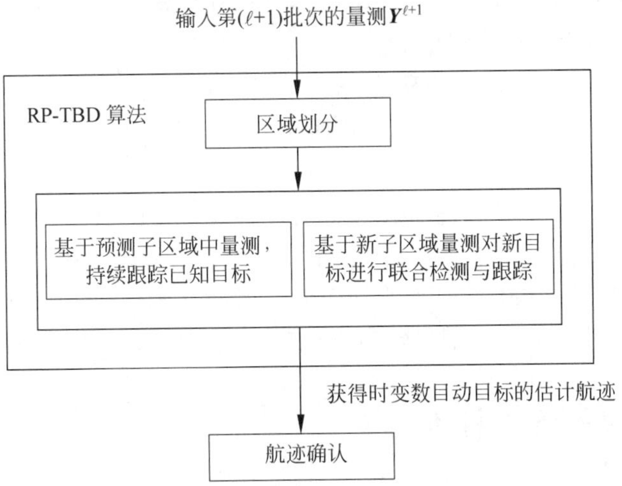

图 9-7-3　RP-TBD 算法流程图

采用 RP-TBD 算法对视频 SAR 中动目标阴影进行检测，结果如图 9-7-4 所示。可以看出，RP-TBD 算法成功地检测到了所有弱小目标。

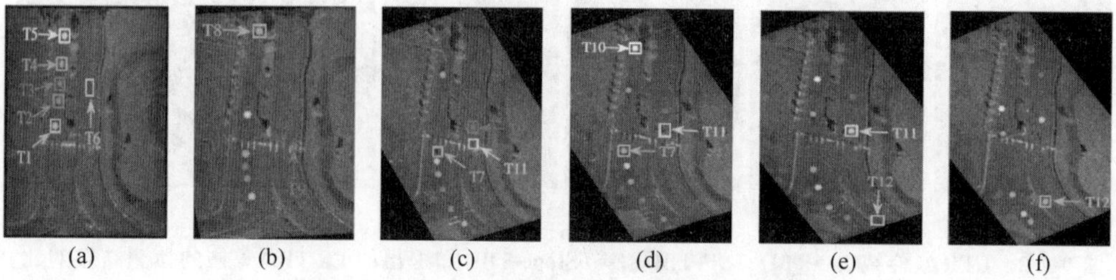

图 9-7-4　RP-TBD 算法时变数目动目标检测结果

（从左到右依次为时刻 $k=1$，13，17，21，25 和 29 的检测结果）。方框表示目标的真实位置；星号表示目标的估计位置。

RP-TBD 算法获得的目标估计航迹如图 9-7-5 所示。可以看出，RP-TBD 算法准确估计了所有机动目标的航迹，没有虚假航迹数量。

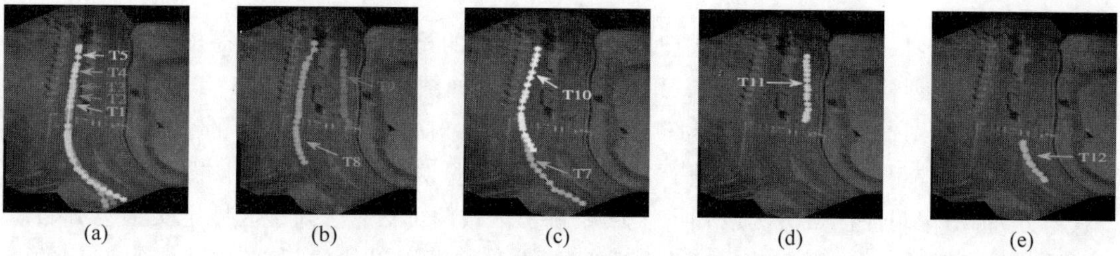

图 9-7-5　RP-TBD 算法估计的目标航迹

9.7.3　该项研究的创新点

该项研究的创新点有如下。

（1）基于检测前跟踪（track-before-detect，TBD）技术，实现了 ViSAR 复杂背景强杂波条件下机动弱小目标的联合检测和跟踪；

（2）提出了 ES-TBD 算法检测和跟踪多个机动弱小目标。ES-TBD 算法结合了粒子滤波和动态规划方法，采用胀缩搜索策略，提高了目标值函数的积累效率和目标搜索范围的准确性，增强了对慢机动目标的跟踪鲁棒性；

（3）提出了 PR-TBD 算法检测和跟踪数目随时间变化的多个机动弱小目标。RP-TBD 算法利用相邻量测批次之间的公共信息（已知目标状态），将每一帧图像的观测区域划分为已知子区域和新子区域。基于已知子区域序列，采用附加值函数的独立粒子滤波器对已知目标进行实时跟踪；基于新子区域序列，采用 ES-TBD 算法检测和跟踪新出现的目标。

9.8　图像融合的评价标准

如何对图像融合的效果进行评价是一个重要的问题。目前主要采用两类方法对图像融合效果进行评价：一类是主观评价标准，即融合图像的质量通过人的观察给出一个定性的评价，该结果受人的因素影响较大；另一类是客观评价标准，通过定义一种或几种评价参量，然后计算融合图像的这些参量。下边详细介绍这两种方法的具体内容。

9.8.1 主观评价标准

人对融合图像质量的评价是一个复杂的问题，由于人对图像的认识或理解不仅和图像的内容有关，而且还与观察者的心理状态有关。当人对图像中景物或目标进行观察时，用于理解的信息来源并不只限于眼睛所接收的信息，还包括由过去经验所产生的对该景物或目标的认识。这些经验可能不仅局限于视觉，还可能包括其他感觉，如触觉、味觉、听觉和痛觉等。因此，采用主观评价方法来评价图像质量受不同的观察者、图像的类型、应用场合和环境条件的影响较大，只具有统计上的意义，但是它比较容易实现。

图像主观评价的尺度(即评分标准)往往根据应用场合等因素来选择和制定，表9-8-1给出了国际上规定的五级质量尺度和妨碍尺度，也称为主观评价的5分制。对一般人来讲，多使用质量尺度；对专业人员来讲，则多采用妨碍尺度。为了保证图像主观评价在统计上有意义，参加评价的观察者应当足够多。这里要说明的一点是，如果图像是观察者很熟悉的内容，则观察者就容易挑出毛病而给出较低的分数；而那些不熟悉图像内容的观察者给出的较高分数并不能准确反映出图像的质量。

表 9-8-1 主观评价标准评分表

分数	质量尺度	妨碍尺度
5分	非常好	丝毫看不出图像质量变坏
4分	好	能看出图像质量变坏，但并不妨碍观看
3分	一般	清楚地看出图像质量变坏，对观看稍有妨碍
2分	差	对观看有妨碍
1分	非常差	非常严重地妨碍观看

9.8.2 客观评价标准

由于人们对融合图像质量进行主观评价时，评价尺度很难掌握，因为在大多数情况下，人们无法知道标准的融合图像应该是怎样的；同时由于融合图像的应用场合、应用目的各不相同，因此在进行评价时的评价尺度就应当考虑到应用场合和应用目的。采用客观的评价标准就能够克服认得视觉特性、心理状态、知识背景等因素的影响。目前对于融合图像质量的客观评价标准主要有以下几种。

1. 均方根误差

参考图像和融合图像的均方根误差定义为

$$\mathrm{RMSE}=\sqrt{\frac{\sum_{m=1}^{M}\sum_{n=1}^{N}[R(m,n)-F(m,n)]^2}{M\times N}} \tag{9-8-1}$$

式中，$R(m,n)$和$F(m,n)$分别为参考图像和融合图像在坐标(m,n)处的灰度值，图像的大小为$M\times N$。均方根误差越小，说明融合的效果和质量越好。

2. 归一化最小方差

两幅图像间的归一化最小方差为

$$\mathrm{NLSE}=\sqrt{\frac{\sum_{m=1}^{M}\sum_{n=1}^{N}[R(m,n)-F(m,n)]^2}{\sum_{m=1}^{M}\sum_{n=1}^{N}[R(m,n)]^2}} \tag{9-8-2}$$

式中，$R(m,n)$和$F(m,n)$分别为参考图像和融合图像在坐标(m,n)处的灰度值，图像的大小为$M\times N$。

3. 互信息

两幅图像间的互信息为

$$MI=\sum_{i=1}^{L}\sum_{j=1}^{L}h_{R,F}(i,j)\log_2\frac{h_{R,F}(i,j)}{h_R(i)h_F(j)} \tag{9-8-3}$$

式中，$h_{R,F}(i,j)$为图像R和F的归一化联合灰度直方图，$h_R(i)$和$h_F(j)$是两幅图像的边缘直方图，L是灰度级数。

互信息越大，说明融合图像从原始图像中提取的信息越多，融合的效果也越好。

4. 标准偏差

标准偏差反映了图像灰度分布的离散程度。高对比度的图像对应大的标准偏差，反之亦然。设一幅图像的灰度分布为$P=\{p(0),p(1),\cdots,p(i),\cdots,p(L-1)\}$，其中$L$表示图像总的灰度级数，$p(i)$是一阶直方图概率。图像的灰度平均值为

$$\bar{i}=\sum_{i=0}^{L-1}i\cdot p(i) \tag{9-8-4}$$

则该图像的灰度标准偏差为

$$\sigma_i=\sqrt{\sum_{i=0}^{L-1}(i-\bar{i})^2p(i)} \tag{9-8-5}$$

5. 熵

图像的熵是图像包含平均信息量多少的度量，其定义为

$$H=-\sum_{i=0}^{L-1}p(i)\log_2 p(i) \tag{9-8-6}$$

式中，$p(i)$为灰度i的分布概率，其范围是$[0,1,\cdots,L-1]$。

融合后图像的熵值大小反映了融合图像包含信息量的多少，熵值越大，说明融合的效果相对越好。

6. 差熵

两幅图像之间熵的差异反映了它们所携带的信息量的差异。差熵的定义为

$$\Delta H = | H_R - H_F | \tag{9-8-7}$$

式中，H_R 和 H_F 分别为参考图像和融合结果的熵。

7. 交叉熵

设 $P=\{p(0),p(1),\cdots,p(i),\cdots,p(L-1)\}$ 和 $Q=\{q(0),q(1),\cdots,q(i),\cdots,q(L-1)\}$ 表示两幅图像的灰度分布情况。则交叉熵可以衡量它们之间的信息差异，交叉熵越小，表示图像间的差异就越小，即融合效果越好。图像 P 和图像 Q 间的交叉熵为

$$\mathrm{CEN}(P:Q) = \sum_{i=0}^{L} p(i)\log_2 \frac{p(i)}{q(i)} \tag{9-8-8}$$

如果融合过程中存在参考图像，则式(9-8-8)可以直接用来计算融合图像与参考图像间的交叉熵。如果融合过程中没有参考图像，则可以计算源图像 A、B 与融合图像 F 间的交叉熵 $\mathrm{CEN}(A:F)$ 和 $\mathrm{CEN}(B:F)$。总体的交叉熵定义为

$$\mathrm{CEN}_\alpha = \frac{\mathrm{CEN}(A:F) + \mathrm{CEN}(B:F)}{2} \tag{9-8-9}$$

另外一种表达方式为

$$\mathrm{CEN}_\beta = \sqrt{\frac{\mathrm{CEN}^2(A:F) + \mathrm{CEN}^2(B:F)}{2}} \tag{9-8-10}$$

8. 空间频率

已知图像大小为 $M\times N$，M 为图像行数，N 为图像列数。行频率为

$$\mathrm{RF} = \sqrt{\frac{1}{MN}\sum_{m=0}^{M-1}\sum_{n=0}^{N-1}[F(m,n) - F(m,n-1)]^2} \tag{9-8-11}$$

列频率为

$$\mathrm{CF} = \sqrt{\frac{1}{MN}\sum_{n=0}^{N-1}\sum_{m=0}^{M-1}[F(m,n) - F(m-1,n)]^2} \tag{9-8-12}$$

则空间频率为

$$\mathrm{SF} = \sqrt{\mathrm{RF}^2 + \mathrm{CF}^2} \tag{9-8-13}$$

9.9 小结

本章讨论了图像融合理论及其应用。首先介绍了图像融合技术在民用和军事领域中的大量实例，然后在 9.2 节中给出了有关图像融合问题的层次划分，即图像融合分为像素级融合、特征级融合和决策级融合。9.3 节描述和分析图像配准方法，这是进行图像融合的前提。由于目前图像融合技术中的大部分研究主要集中于像素级融合，因此在 9.4 节主要介绍了基于像素级的图像融合技术，包括简单的图像融合、基于金字塔分解的图

像融合以及基于小波变换的图像融合等。9.5 节专门介绍了有关遥感图像融合的方法，这是我们承担国家 973 项目中一个重点的研究内容。9.6 节介绍了图像融合技术中一个非常重要的应用领域，即图像跟踪，主要以本研究小组所做的工作为主体，在叙述过程中着眼于问题的主线，更为具体和详细的内容以及相关的实验结果可以参见相关参考文献。9.7 节介绍了我们最新研究的基于视频 SAR 图像序列的动目标阴影联合监测与跟踪技术，这是一个具有广泛应用前景的技术。对于图像融合的评价指标在 9.8 节中给出。

参考文献

[1] Daily M I, Farr T, Elachi C. Geologic interpretation from composited radar and Landsat imagery[J]. Photogrammetric Engineering and Remote Sensing, 1979, 45(8): 1109-1116.

[2] Moran M S. A window-based technique for combining Landsat Thematic Mapper thermal data with higher-resolution multispectral data over agricultural lands[J]. Photogrammetric Engineering and Remote Sensing, 1990, 56(3): 337-342.

[3] Ehlers M. Multi-sensor image fusion techniques in remote sensing[J]. ISPRS Journal of Photogrammetry and Remote Sensing, 1991, 46(1): 19-30.

[4] Yesou H, Besnus Y, Rolet Y. Extraction of spectral information from Landsat TM data and merge with SPOT panchromatic imagery-a contribution to the study of geological structures[J]. ISPRS Journal of Photogrammetry and Remote Sensing, 1993, 48(1): 23-36.

[5] Pellemans A H J M, Jordans R W L, Allewijn R. Merging multispectral and panchromatic SPOT images with respect to the radiometric properties or the sensor[J]. Photogrammetric Engineering and Remote Sensing, 1993, 59(1): 81-87.

[6] Chavez P S, Sides S C, Anderson J A. Comparison of three different methods to merge multiresolution and multispectral data: TM & SPOT pan[J]. Photogrammetric Engineering and Remote Sensing, 1991, 57(3): 265-303.

[7] Solberg S, Jain A K, Taxt T. Multisource classification of remotely sensed data: fusion of Landsat TM and SAR images[J]. IEEE Trans. Geoscience and Remote Sensing, 1994, 32(4): 768-777.

[8] Solberg S, Jain A K, Taxt T. A Markov random field model for classification of multisource satellite imagery[J]. IEEE Trans. Geoscience and Remote Sensing, 1996, 34(1): 100-113.

[9] Toet A. Image fusion by a ratio of low-pass pyramid[J]. Pattern Recognition Letters, 1989, 9(4): 245-253.

[10] Eggleston P A, Kohl C A. Symbolic fusion of MMV and IR imagery[C]//Proc. SPIE, 1988, 1003: 20-27.

[11] Newman E A, Hartline P H. The infrared vision of snakes[J]. Scientific American, 1982, 246(3): 116-127.

[12] Toet A. A morphological pyramid image decomposition[J]. Pattern Recognition Letters, 1989, 9(4): 255-261.

[13] Matsopoulos G K, Marshall S, Brunt J. Multiresolution morphological fusion of MR and CT images of the human brain[C]//Proceedings of IEEE, Vision, Image and Signal Processing, 1994, 141(3): 137-142.

[14] Pinz A, Bartl R. Information fusion in image understanding[J]. IEEE Trans. Medical Imaging, 1992, 12(4): 234-255.

[15] Wang S T C, Knowlton R C, Hawkins R A, et al. Multimodal image fusion for noninvasive Epilepsy surgery planning[J]. IEEE Trans. Computer Graphics and Applications, 1996, 16(1): 30-38.

[16] 郑林. 基于多源信息融合的图像处理、识别与跟踪研究[D]. 西安：西安交通大学，2003.

[17] 刘贵喜. 多传感器图像融合方法研究[D]. 西安：西安电子科技大学，2001.

[18] Simper A. Correcting general band-to-band misregistrations[C]//Proc. IEEE ICIP'96. 1996, 2, 597-600.

[19] Brown L. A survey of image registration techniques[J]. ACM Computing Surveys, 1992, 24(4): 325-376.

[20] Barbara Zitová, Jan Flusser. Image registration methods: a survey[J]. Image and Vision Computing, 2003, 21, 997-1000.

[21] Ghaffary B K, Sawchuk A A. A survey of new techniques for image registration and mapping [C]//Proc. SPIE, 1983, 432, 222-239.

[22] Li H, Manjunath B S. A contour-based approach to multisensor image registration[J]. IEEE Trans. Image Processing, 1995, 4(3): 320-334.

[23] Bourret P, Cabon B. A neural approach for satellite image registration and pairing segmented area [C]//Proc. SPIE, 1995, 2579, 22-31.

[24] Wang W H, Chen Y C. Image registration by control points pairing using the invariant properties of line segments[J]. Pattern Recognition Letters, 1997, 18(3): 269-281.

[25] Dana K, Anandan P. Registration of visible and infrared image[C]//Proc. SPIE, 1993, 1957, 2-13.

[26] Unser M, Aldroubi A. A multiresolution image registration procedure using spline pyramids [C]//Proc. SPIE, San Diego CA, USA, 1993, 2034, 160-170.

[27] Djamdji J P. Geometrical registration of images: The multiresolution approach [J]. Photogrammetric Engineering and Remote Sensing, 1993, 59(5): 645-653.

[28] Moigne J L. The use of wave lets for remote sensing image registration and fusion[C]//Proc. SPIE, 1996, 2762, 535-544.

[29] Corvi M, Nicchiotti G. Multiresolution image registration[C]//Proc. IEEE 1995 Int. Conf. Image Processing, 1995, 224-227.

[30] Li H H, Zhou Y T. A wavelet-based point feature extractor for multisensor image registration [C]//Proc. SPIE, 1996, 2762, 524-534.

[31] Jun-Wei Hsieh. Image registration using a new edge-based approach. Computer Vision and Image Understanding, 1997, 67(2): 112-130.

[32] Emre K, et al. Registration of satellite imagery utilizing the low-low components of the wavelet transform[C]//Proc. SPIE, 1997, 2962, 45-54.

[33] Wu H, Kim Y M. Fast wavelet-based multiresolution image registration on a multiprocessing digital signal processor[J]. International Journal of Image System and Technology, 1998(9): 29-37.

[34] Fonseca L M G, Manjunath B S. Registration techniques for multisensor remotely sensed imagery [J]. Photogrammetric Engineering and Remote Sensing, 1996, 62(9): 1049-1056.

[35] Hanaizumi H, Fujimura S. An automated method for registration of satellite remote sensing images[C]//Proc. IEEE IGARSS'93, 1993, 1348-1350.

[36] Berthilsson R. Affine correlation[C]//Proceedings of the International Conference on Pattern Recognition ICPR'98, 1998, Brisbane, Australia, 1458-1461.

[37] Huttenlocher D P, Klanderman G A, Rucklidge W J. Comparing images using the Hausdorff distance[J]. IEEE Trans. Pattern Anal. Machine intelligence, 1993, 15, 850-863.

[38] Castro E D, Morandi C. Registration of translated and rotated images using finite Fourier transform[J]. IEEE Trans. Pattern Anal. Machine Intell., 1987, 9, 700-703.

[39] Chen Q, Defrise M, Deconinck F. Symmetric phase-only matched filtering of Fourier-Mellin transform for image registration and recognition[J]. IEEE Trans. Pattern Anal. Machine Intell., 1994, 16, 1156-1168.

[40] Reddy B S, Chatterji B N. An FFT-based technique for translation, rotation and scale-invariant image registration[J]. IEEE Trans. Image Processing, 1996, 5, 1266-1271.

[41] Thévenaz P, Unser M. An efficient mutual information optimizer for multiresolution image registration[C]//Proc. IEEE ICIP'98, 1998, 1, 833-837.

[42] Thévenaz P, Unser M. A pyramid approach to sub-pixel image fusion based on mutual information[C]//Proc. IEEE ICIP'96, 1996, 1, 265-268.

[43] Thévenaz P, Unser M. Spline pyramids for inter-modal image registration using mutual information[C]//Proc. SPIE, 1997, 3169, 236-247.

[44] Studholme C, Hill D L G, Hawkes D J. An overlap invariant entropy measure of 3D medical image alignment[J]. Pattern Recognition, 1999, 32, 71-86.

[45] Hu M K. Visual Pattern Recognition by Moment Invariants[J]. IEEE Trans. Information Theory, 1962, 8(2): 179-187.

[46] Wong Y R. Scene matching with invariant moments[C]//Computer Graphics and Image Processing, 1978, 8(1): 16-24.

[47] 潘泉，程咏梅，杜亚娟，等. 离散不变矩算法及其在目标识别中的应用[J]. 电子与信息学报，2001，23(1)：22.

[48] Mitra R S, Murthy N N. Elastic maximal matching[J]. Pattern Recognition, 1991, 24, 747-753.

[49] S. Ranade, A. Rosenfeld. Point pattern matching by relaxation[J]. Pattern Recognition, 1980, 12, 269-275.

[50] Wang C Y, Sun H, Yadas S, Rosenfeld A. Some experiments in relaxation image matching using corner features[J]. Pattern Recognition, 1983, 16, 167-182.

[51] Medioni G, Nevatia R. Matching images using linear features[J]. IEEE Trans. Pattern Anal. Machine Intell., 1984, 6, 675-685.

[52] Cheng J K, Huang T S. Image registration by matching relational structures[J]. Pattern Recognition, 1984, 17, 149-159.

[53] Ton J, Jain A K. Registering landsat images by point matching[J]. IEEE Trans. Geosci. Remote Sensing, 1989, 27, 642-651.

[54] Price K E. Relaxation matching techniques—a comparison[J]. IEEE Trans. Pattern Anal. Machine Intell, 1985, 7, 617-623.

[55] Dani P, Chaudhuri S. Automated assembling of images: Image montage preparation[J]. Pattern Recognition, 1995, 28(3), 431-445.

[56] Whichello A P, Yan H. Document image mosaicing[C]//Proceedings of the International Conference on Pattern Recognition ICPR'98, 1998, Brisbane, Australia, 1081-1084.

[57] Zheng Q, Chellapa R. A computational vision approach to image registration[J]. IEEE Transactions on Image Processing, 1993, 2(3): 311-325.

[58] Thevenaz P, Ruttimann U E, Unser M. A pyramidal approach to subpixel registration based on intensity[J]. IEEE Trans. Image Processing, 1998, 7, 27-41.

[59] R K Sharma, M Pavel. Multisensor image registration[C]//Proceedings of the Society for Information Display, XXVIII, 1997, 951-954.

[60] Kumar R, Sawhney H S, Asmuth J C, et al. Registration of video to geo-referenced imagery[C]//

Proceedings of the International Conference on Pattern Recognition ICPR'98, Brisbane, Australia, 1998, 1393-1399.
[61] Burt P J, Adelson E H. The Laplacian pyramid as a compact image code[J]. IEEE Trans. Commun., 1983, 31(4): 532-540.
[62] Mallat S. A theory for multiresolution signal decomposition: the wavelet representation[J]. IEEE Trans. PAMI, 1989, 11(7): 674-693.
[63] Germain M, Voorons M, Boucher J M, et al. Fuzzy statistical classification method for multiband image fusion. Information Fusion, 2002[C]//Proceedings of the Fifth International Conference, 2002, 1: 178-184.
[64] Sharma B, Pavel M. Adaptive and statistical image fusion, Information Fusion[C]//Proceedings of the Forth International Conference, 2001, 1: 125-131.
[65] Le Moigne J, Cole-Rhodes A, Eastman R. Multiple sensor image registration, image fusion and dimension reduction of Earth science imagery. Information Fusion[C]//Proceedings of the Fifth International Conference on. 2002, Vol. 2: 999-1006.
[66] Das S, Krebs W K. Sensor fusion of multispectral imagery[J]. Electronics Letters, 2000, 36(13): 1115-1116.
[67] Steinnocher K. Application of adaptive filters for multisensoral image fusion[C]//Geoscience and Remote Sensing, 1997. IGARSS'97. 'Remote Sensing-A Scientific Vision for Sustainable Development'. IEEE International, 1997, 2: 910-912.
[68] Azencott R, Chalmond B, Coldefy F. Markov fusion of a pair of noisy images to detect intensity valleys[J]. International Journal of Computer Vision, 1995, 16(2): 135-145.
[69] Wright W A, Bristol F. Quick Markov random field image fusion[C]//Proceedings of SPIE, 1998, 3374: 302-308.
[70] Newman E A, Hartline P H. Integration of visual and infrared information in bimodal neurons of rattlesnake optic tectum[J]. Science, 1981, 213: 789-791.
[71] Fechner T, Godlewski G Optimal fusion of TV and infrared images using artificial neural networks[C]//Proceedings of SPIE, 1995, 2492: 919-925.
[72] Wald L. A European proposal for terms of reference in data fusion[J]. International Archives of Photogrammetry and Remote Sensing, XXXII, Part 7, 651-654, 1998, or Wald L., Some terms of reference in data fusion[J]. IEEE Transactions on Geosciences and Remote Sensing, 37, 3, 1190-1193, 1999.
[73] Hall D L, Llinas J. Handbook of Multisensor data fusion[M]. Boca Raton. FL: CRC Press LLC, 2001.
[74] Geoscience and Remote Sensing Society Data Fusion Committee[EB/OL]. [2010-07-21]http://www.dfc-grss.org.
[75] 陈述彭，童庆禧，郭华东. 遥感信息机理研究[M]. 北京：科学出版社，1998.
[76] Fukunaga K. Introduction to Statistical Pattern Recognition [M]. San Diego, California: Academic Press, Inc., 1990.
[77] Jia X, Richards J A. Efficient maximum likelihood classification for imaging spectrometer data sets[J]. IEEE Trans. Geosci. Remote Sensing, 1994, 32, 274-281.
[78] Jia X, Richards J A. Segmented Principal Components Transformation for Efficient Hyperspectral Remote-Sensing image Display and Classification[J]. IEEE Trans. Geosci. Remote Sensing, 1994, 37, 538-542.
[79] 孙亮，韩崇昭，康欣. 多源遥感影像的集值特征选择与融合分类[J]. 电波科学学报，2004，19(4): 479-484.

[80] Richards J A, Jia X P. Remote Sensing Digital Image Analysis: An Introduction[M]. 3nd ed. Berlin, Germany: Springer-Verlag, 1999.

[81] Wu W Z, Zhang W X. Knowledge acquisition in incomplete fuzzy information systems via the rough set approach[J]. Expert Systems, 2003, 20(5): 280-286.

[82] Ballard D H, Brown C M. Computer Vision[M]. New Jersey: Prentice-Hall Inc. 1982.

[83] Coifman B, Beymer D, McLauchlan P, et al. A real-time computer vision system for vehicle tracking and traffic surveillance[J]. Transportation Research Part C, 1998, 6: 271-288.

[84] Jain A K, Yu Z, Lakshmanan S. Object matching using deformable templates[J]. IEEE Trans. on Pattern Analysis and Machine Intelligence, 1996, 18(3): 267-278.

[85] Yu Z, Jain A K, Dubuisson-Jolly M P. Object tracking using deformable templates[J]. IEEE Trans. on Pattern Analysis and Machine Intelligence, 2000, 22(5): 544-549.

[86] Kass M, Witkin A, Terzopoulos D. Snakes: active contour models[J]. International Journal of Computer Vision, 1987, 1(4): 321-331.

[87] Cohen L D, Cohen I. Finite-element methods for active contour models and balloons for 2-D and 3-D images[J]. IEEE Trans. on Pattern Analysis and Machine Intelligence, 1993, 15(11): 1131-1147.

[88] Koller D, Daniilidis K, Nagel H H. Model-based object tracking in monocular image sequences of road traffic scenes[J]. Inter. J. Comput Vision, 1993, 10(3): 257-281.

[89] Gerard P, Gagalowicz A. Three dimensional model-based tracking using texture learning and matching[J]. Pattern Recognition Letters, 2000, 21: 1095-1102.

[90] Baker K D, Sullivan G D. Performance assessment of model-based tracking, Applications of Computer Vision[C]//Proceedings, IEEE Workshop on, 1992, 28-35.

[91] Barnea D I, Silverman H F. A class of algorithms for fast image registration[J]. IEEE. Trans. Computers, 1972, C-21(2): 179-186.

[92] Horn B K, Schunk B G. Determining optical flow[J]. Artificial Intelligence, 1981, 17: 185-203.

[93] Smith S M, Brady J M. ASSET-2: Real-time motion segmentation and shape tracking[J]. IEEE Trans. PAMI, 1995, 17(7): 814-820.

[94] Neri A, Colonnese S, Russo G, et al. Automatic moving object and background separation[J]. Signal Processing, 1998, 66(2): 219-232.

[95] Thomas M, Ngan K N. Automatic segmentation of moving objects for video object plane generation[J]. IEEE Trans. Circuits and Systems for Video Technology, 1998, 8(5); 525-538.

[96] Jolly M P D, Lakshmanan S, Jain A K. Vehicle segmentation and classification using deformable templates[J]. IEEE Trans. PAMI, 1996, 18(3): 293-308.

[97] Friedman N, Russell S. Image segmentation in video sequences: A probabilistic approach[C]// Proc. of the 13th Conf. on Uncertainty in Artificial Intelligence (UAI), San Francisco, 1997.

[98] Stauffer C, Grimson W E L. Adaptive background mixture models for real-time tracking[C]// Proc. of IEEE Computer Society Conf. on Comp. Vis. and Patt. Recg., 1999, 2, 246-252.

[99] Long W, Yang Y. Stationary background generation: An alternative to the difference of two images[J]. Pattern Recognition, 1990, 23(12): 1351-1359.

[100] Kornprobst P, Deriche R, Aubert G. Image sequence analysis via partial difference equations[J]. Journal of Mathematical Imaging and Vision, 1999, 11(1): 5-26.

[101] Hou Z, Han C. A Background Reconstruction Algorithm based on Pixel Intensity Classification in Remote Video Surveillance System [C]//International Conference on Information Fusion, 2004.

[102] 侯志强，韩崇昭. 基于力场分析的主动轮廓模型[J]. 计算机学报，2004，27(6)：743-749.

[103] 郑林,韩崇昭,左东广,王永昌. 基于多特征融合的运动目标识别[J]. 系统仿真学报,2004,16(5): 1081-1084.

[104] 郑林,韩崇昭,左东广,等. 一种基于集中式融合的多模型图像跟踪系统[J]. 信息与控制,2003,32(4): 380-384.

[105] 郑林,韩崇昭,左东广,等. 一种基于分布式融合的多模型图像跟踪系统[J]. 系统工程与电子技术,2002,24(12): 1-4.

[106] Hou Z,Han C,Zheng L. A Fast Visual Tracking Algorithm Based on Circle Pixels Matching [C]//International Conference on Information Fusion,2003.

[107] Xu H, Yang Z, Chen G, et al. A ground moving target detection approach based on shadow feature with multichannel high-resolution synthetic aperture radar[J]. IEEE Geoscience and Remote Sensing Letters, 2016,13(10): 1572-1576.

[108] Yi W, Morelande M R, Kong L, An efficient multi-frame Track-Before-Detect algorithm for multi-target tracking[J]. IEEE Journal of Selected Topics in Signal Processing, 2013. 7(3): 421-434, June 2013.

[109] National Technology and Engineering Solutions of Sandia. Eubank gate and traffic videosar[EB/OL]. [2021-4-20]. http://www. sandia. gov/radar/video.

[110] Novak L M, Burl M C, and Irving W W. Optimal polarimetric processing for enhanced target detection[J]. IEEE Transactions on Aerospace and Electronic Systems, 1993,29(1): 234-244.

[111] Zheng D, Wang S, and Meng Q. Dynamic programming Track-Before-Detect algorithm for radar target detection based on polynomial time series prediction[J]. IET Radar, Sonar Navigation, 2016,10(8): 1327-1336.

[112] Grossi E, Lops M, and Venturino L. A novel dynamic programming algorithm for Track-Before-Detect in radar systems[J]. IEEE Transactions on Signal Processing, 2013,61(10): 2608-2619.

第10章 异类融合

10.1 概述

所谓**异类传感**(heterogeneous sensors)是相对于**同类传感**(homogeneous sensors)而言的。后者是指两个或两个以上具有相同物理属性和测量范围与精度的传感系统,而前者是指具有不同物理属性,或虽然具有相同物理属性但具有不同量测范围或精度的两个及两个以上的传感系统。

同类传感信息融合方法的研究已经具有很好的基础,我们在前面几章已经做了比较详细的讨论。然而,异类传感信息融合却面临着许多困难,最主要的困难是目前尚没有统一的数学工具与方法。因此,我们对于异类传感信息融合只能针对具体的对象讨论具体的融合方法。本章将讨论两类典型的异类传感信息融合方法。

在目标跟踪中,由雷达和红外传感组成的系统,是一种典型的异类多传感器融合系统。如何充分发挥红外、雷达两种传感器的互补性,使其相得益彰,是近年来国内外专家研究的热点。雷达作为主动传感器,由于能提供目标完整的位置信息和Doppler信息,因而在目标探测及跟踪方面发挥了重要的作用。但是,由于雷达在工作时要向空中辐射大功率电磁波,因而易遭受电子干扰和反辐射导弹的攻击。此外,雷达还有其他缺点:存在低空盲区,当目标采取隐身措施降低了其对雷达辐射的后向散射时,雷达对目标的探测距离就会大大下降。雷达的这些先天性缺陷使得其面临着“电子对抗、反辐射导弹、隐身飞机和超低空突防”的“四大威胁”。红外传感器不向空中辐射任何能量,它通过接收目标辐射的热能进行探测和定位。由于其不辐射能量,因而不易被侦察或定位,具有较强的抗干扰能力;同时由于目标不可避免地要辐射热量,从而又为使用红外传感器对目标探测创造了条件。红外传感器还具有测角精度高和目标识别能力强等优点。因此,同ESM(电子支援措施)传感器一样,红外传感器也已成为重要的被动探测手段。红外传感器存在的主要缺点有:①不能提供目标的距离信息;②作用距离较近,受气候影响大等。所以,在大多数情况下,红外传感器与雷达配合使用,成为相互独立又彼此补充的探测跟踪手段。

例如在雷达和红外双模复合制导中,雷达和红外传感器的数据融合就是其核心问题之一。雷达对远距离目标进行搜索,一旦发现目标,可为红外传感器提供目标的方位,红外传感器根据雷达的指示搜索目标,并对目标进行识别跟踪;当雷达保持无线电静寂或受到敌方干扰而不能工作时,红外传感器可独立地进行搜索、探测和跟踪,在飞机等武器平台上,还可以利用红外传感器对雷达进行引导,以减少雷达的辐射时间。把雷达和红外传感器组合使用构成雷达-红外多传感器系统,能够使系统降低对敌方干扰的脆弱性,提高系统可靠性;利用雷达高精度的距离量测和红外传感器高精度的角度量测,利用信息互补,通过数据融合技术,可以给出对目标位置的精确估计,改善对目标的跟踪和识别。

另一类典型的问题就是基于多传感信息融合的身份识别。对人的身份识别一般可以应用其生物特征,包括体型特征和行为模式等。用于身份认证的技术在急剧发展,一般采集的信息可以包括指纹、面部影像、声音、视网膜、虹膜、手写字体等。生物认证技术最初是为刑侦和高保密应用领域研究的专门技术,而现在对于电子商务、机场管理、电子门禁等普通应用领域都具有十分重要的意义。这项技术对于监视或控制人员进出有着特别的价值,因为传统的身份证或通行卡都不能保证持有证件或卡片的人就是允许进出的人,只有生物特征信息才是确保无误的认证信息。与此同时,我们还可以利用异类多传感信息融合跟踪运动的人体目标,这一融合方法将利用概率图和EM算法达到参数估计与目标跟踪的目的。本章只考虑视频信息和语音信息的融合处理以达到身份认证或目标跟踪的目的。

我们还介绍了一种基于异类信息的误差传递与校正方法,具有重要的使用价值。最后还讨论了多源异类信息融合的一般方法论研究进展,以及传感器管理,仅供参考。

10.2 基于雷达检测与红外检测融合处理的目标跟踪

10.2.1 问题概述

本节讨论多传感器概率数据互联滤波(multi-sensor probability data association filtering,MSPDAF)用于雷达和红外的融合跟踪。把PDAF用于雷达和红外融合跟踪,可以使该系统适用于虚假检测率在监视区域内急剧变化的环境。假定雷达和红外同地配置、同步采样,设在直角坐标系中的目标动态模型为

$$\boldsymbol{x}_{k+1}=\boldsymbol{F}_k\boldsymbol{x}_k+\boldsymbol{w}_k \tag{10-2-1}$$

其中,$\boldsymbol{x}_k$ 为状态向量,$\boldsymbol{F}_k$ 为状态转移矩阵,$\boldsymbol{w}_k$ 为过程噪声,假定 $\boldsymbol{w}_k$ 是零均值的Gauss白噪声,即满足

$$E[\boldsymbol{w}_k\boldsymbol{w}_j^{\mathrm{T}}]=\boldsymbol{Q}\delta_{kj}$$

其中,δ_{kj} 是Kronecker delta函数。为书写方便,设雷达为传感器1,红外为传感器2。传感器的量测模型为

$$\boldsymbol{z}_k^{(i)}=\boldsymbol{H}_k^{(i)}\boldsymbol{x}_k+\boldsymbol{v}_k^{(i)},\quad i=1,2;\quad k=0,1,\cdots \tag{10-2-2}$$

当 $i=1$ 时,对于2D雷达,$\boldsymbol{z}_k^{(1)}=[\theta_k,r_k]^{\mathrm{T}}+\boldsymbol{v}_k^{(1)}$,对于3D雷达,$\boldsymbol{z}_k^{(1)}=[\theta_k,\varphi_k,r_k]^{\mathrm{T}}+\boldsymbol{v}_k^{(1)}$,其中 r_k,θ_k 和 φ_k 分别表示距离、方位角和俯仰角;当 $i=2$ 时对应红外的量测包括

方位和俯仰角，即 $z_k^{(2)}=[\theta_k,\varphi_k]^{\mathrm{T}}+\boldsymbol{v}_k^{(2)}$。而距离、方位角和俯仰角与状态变量的关系分别为

$$r=\sqrt{x^2+y^2+z^2},\quad \theta=\tan^{-1}(y/x),\quad \varphi=\tan^{-1}(z/r_h) \tag{10-2-3}$$

其中，x,y,z 是笛卡儿坐标系中的三维坐标值，而 $r_h=\sqrt{x^2+y^2}$；式(10-2-2)中$\boldsymbol{v}_k^{(i)}$是具有零均值和已知协方差阵$\boldsymbol{R}^{(i)}$的 Gauss 白噪声。其中，对于 2D 雷达和 3D 雷达，其协方差阵分别为

$$\operatorname{cov}(\boldsymbol{v}_k^{(1)})=\boldsymbol{R}^{(1)}=\begin{bmatrix} q_{\theta 1} & 0 \\ 0 & q_r \end{bmatrix},\quad \operatorname{cov}(\boldsymbol{v}_k^{(1)})=\boldsymbol{R}^{(1)}=\begin{bmatrix} q_{\theta 1} & 0 & 0 \\ 0 & q_{\varphi 1} & 0 \\ 0 & 0 & q_r \end{bmatrix} \tag{10-2-4}$$

对于红外传感器，其协方差阵为

$$\operatorname{cov}(\boldsymbol{v}_k^{(2)})=\boldsymbol{R}^{(2)}=\begin{bmatrix} q_{\theta 2} & 0 \\ 0 & q_{\varphi 2} \end{bmatrix} \tag{10-2-5}$$

其中，$q_{\theta 1}$，$q_{\varphi 1}$和 q_r 分别是雷达的方位角、俯仰角和距离量测噪声的方差；$q_{\theta 2}$，$q_{\varphi 2}$分别是红外传感器的方位角和俯仰角量测噪声的方差。

设传感器 i 在 k 时刻的跟踪波门内共有 $m_k^{(i)}$ 个回波 $\boldsymbol{z}_k^{(i)}(j)$，$j=1,\cdots,m_k^{(i)}$，对应的量测集为

$$\boldsymbol{Z}_k^{(i)}=\{\boldsymbol{z}_k^i(j)\}_{j=1}^{m_k^{(i)}},\quad i=1,2 \tag{10-2-6}$$

第 i 个传感器到 k 时刻为止的累积量测集为

$$\boldsymbol{Z}^{(i)k}=\{\boldsymbol{Z}_l^{(i)}\}_{l=1}^{k},\quad i=1,2 \tag{10-2-7}$$

在上述假设条件下，基于第 i 个传感器量测的最小后验期望损失估计为

$$\hat{\boldsymbol{x}}_{k|k}^{(i)}=E[\boldsymbol{x}_k \mid \boldsymbol{Z}^{(i)k}],\quad i=1,2 \tag{10-2-8}$$

其中，$E[\cdot\mid\cdot]$表示求条件期望。

10.2.2 算法描述

对于 $\forall j\neq 0$，设 $\eta_k^{(i)}(j)$ 表示 $\boldsymbol{z}_k^{(i)}(j)$源于目标的正确量测事件，$\eta_k^{(i)}(0)$ 是第 i 个传感器的跟踪波门内所有量测都不源于目标的事件，并令

$$\beta_k^{(i)}(j)=P(\eta_k^{(i)}(j)\mid \boldsymbol{Z}^{(i)k}) \tag{10-2-9}$$

则根据 PDAF 算法，应有

$$\beta_k^{(i)}(j)=\frac{e_k^{(i)}(j)}{b_k^{(i)}+c_k^{(i)}},\quad j\neq 0 \tag{10-2-10}$$

$$\beta_k^{(i)}(0)=\frac{b_k^{(i)}}{b_k^{(i)}+c_k^{(i)}} \tag{10-2-11}$$

其中

$$e_k^{(i)}(j)=(\boldsymbol{P}_{\mathrm{G}}^{(i)})^{-1}\mathcal{N}(\boldsymbol{v}^{(i)}(j);0,\boldsymbol{S}_k^{(i)}) \tag{10-2-12}$$

$$b_k^{(i)}=m_k^{(i)}(1-\boldsymbol{P}_{\mathrm{D}}^{(i)}\boldsymbol{P}_{\mathrm{G}}^{(i)})[\boldsymbol{P}_{\mathrm{D}}^{(i)}\boldsymbol{P}_{\mathrm{G}}^{(i)}\xi_k^{(i)}]^{-1} \tag{10-2-13}$$

$$c_k^{(i)}=\sum_{j=1}^{m_k^{(i)}}e_k^{(i)}(j) \tag{10-2-14}$$

上式中$\boldsymbol{v}_k^{(i)}(j)=\boldsymbol{z}_k^{(i)}(j)-\hat{\boldsymbol{z}}_k^{(i)}$为对应跟踪波门内第$j$个量测的新息，$\hat{\boldsymbol{z}}_k^{(i)}$为传感器$i$的预测值，$\xi_k^{(i)}$是传感器$i$的跟踪门体积，$\boldsymbol{S}_k^{(i)}$为新息$\boldsymbol{v}_k^{(i)}(j)$的协方差阵，$\boldsymbol{P}_{\mathrm{D}}^{(i)}$是传感器$i$正确回波的检测概率，$\boldsymbol{P}_{\mathrm{G}}^{(i)}$是正确回波落入传感器$i$跟踪波门内的概率。设回波被确认时应满足的条件为

$$(\boldsymbol{v}_k^{(i)}(j))^{\mathrm{T}}[\boldsymbol{S}_k^{(i)}]^{-1}\boldsymbol{v}_k^{(i)}(j)<g^2 \tag{10-2-15}$$

则

$$\xi_k^{(i)}=C_{M_i}g^{M_i}\mid \boldsymbol{S}_k^{(i)}\mid^{\frac{1}{2}} \tag{10-2-16}$$

其中，M_i为传感器i的量测维数。当$M_i=2$时，$C_2=\pi$；当$M_i=3$时，$C_3=4\pi/3$；一般情况下$C_{M_i}=\pi^{\frac{M_i}{2}}/\Gamma\left(\frac{M_i}{2}+1\right)$。又令

$$\hat{\boldsymbol{x}}_{k|k}^{(i)}(j)=E(\boldsymbol{x}_k\mid\eta_k^i(j),\boldsymbol{Z}^{(i)k}) \tag{10-2-17}$$

则有

$$\hat{\boldsymbol{x}}_{k|k}^{(i)}=E(\boldsymbol{x}_k\mid\boldsymbol{Z}^{(i)k})=\sum_{j=0}^{m_k^{(i)}}\beta_k^{(i)}(j)\hat{\boldsymbol{x}}_{k|k}^{(i)}(j) \tag{10-2-18}$$

其中

$$\hat{\boldsymbol{x}}_{k|k}^{(i)}(0)=\hat{\boldsymbol{x}}_{k|k-1}^{(i)},\quad \hat{\boldsymbol{x}}_{k|k}^{(i)}(j)=\hat{\boldsymbol{x}}_{k|k-1}^{(i)}+\boldsymbol{K}_k^{(i)}\boldsymbol{v}_k^{(i)}(j),\quad j\neq 0 \tag{10-2-19}$$

而$\hat{\boldsymbol{x}}_{k|k-1}^{(i)}$为传感器$i$的状态一步预测值，$K_k^{(i)}$为传感器$i$的滤波增益，按下式计算：

$$\boldsymbol{K}_k^{(i)}=\boldsymbol{P}_{k|k-1}^{(i)}(\boldsymbol{H}_k^{(i)})^{\mathrm{T}}[\boldsymbol{H}_k^{(i)}\boldsymbol{P}_{k|k-1}^{(i)}(\boldsymbol{H}_k^{(i)})^{\mathrm{T}}+\boldsymbol{R}^{(i)}]^{-1}=\boldsymbol{P}_{k|k-1}^{(i)}(\boldsymbol{H}_k^{(i)})^{\mathrm{T}}[\boldsymbol{S}_k^{(i)}]^{-1} \tag{10-2-20}$$

其中，$\boldsymbol{P}_{k|k-1}^{(i)}$是传感器$i$的一步预测协方差阵，$\boldsymbol{S}_k^{(i)}$表示为

$$\boldsymbol{S}_k^{(i)}=\boldsymbol{H}_k^{(i)}\boldsymbol{P}_{k|k-1}^{(i)}(\boldsymbol{H}_k^{(i)})^{\mathrm{T}}+\boldsymbol{R}^{(i)} \tag{10-2-21}$$

将式(10-2-19)，式(10-2-10)和式(10-2-11)代入式(10-2-18)可得

$$\hat{\boldsymbol{x}}_{k|k}^{(i)}=\hat{\boldsymbol{x}}_{k|k-1}^{(i)}+\boldsymbol{K}_k^{(i)}\boldsymbol{v}_k^{(i)} \tag{10-2-22}$$

其中，$\boldsymbol{v}_k^{(i)}=\sum_{j=1}^{m_k^{(i)}}\beta_k^{(i)}\boldsymbol{v}_k^{(i)}(j)$，$i=1,2$。

设$\hat{\boldsymbol{x}}_{k|k}^{(i)}(0)$对应的协方差阵为$\boldsymbol{P}_{k|k}^{(i)}(0)$，与$\hat{\boldsymbol{x}}_{k|k}^{(i)}(j)$，$j\neq 0$对应的协方差阵为$\boldsymbol{P}_{k|k}^{(i)}(j)$，则有

$$\boldsymbol{P}_{k|k}^{(i)}(0)=\boldsymbol{P}_{k|k-1}^{(i)},\quad \boldsymbol{P}_{k|k}^{(i)}(j)=[I-\boldsymbol{K}_k^{(i)}\boldsymbol{H}_k^{(i)}]\boldsymbol{P}_{k|k-1}^{(i)} \tag{10-2-23}$$

从而有

$$\begin{aligned}\boldsymbol{P}_{k|k}^{(i)}=&\beta_k^{(i)}(0)\boldsymbol{P}_{k|k-1}^{(i)}+[1-\beta_k^{(i)}(0)][I-\boldsymbol{K}_k^{(i)}\boldsymbol{H}_k^{(i)}]\boldsymbol{P}_{k|k-1}^{(i)}+\\&\boldsymbol{K}_k^{(i)}\left[\sum_{j=1}^{m_k^{(i)}}\beta_k^{(i)}(j)\,\boldsymbol{v}_k^{(i)}(j)(\boldsymbol{v}_k^{(i)}(j))^{\mathrm{T}}-\boldsymbol{v}_k^{(i)}(\boldsymbol{v}_k^{(i)})^{\mathrm{T}}\right](\boldsymbol{K}_k^{(i)})^{\mathrm{T}}\end{aligned} \tag{10-2-24}$$

在按上述方法得到基于第i个传感器的状态估计后，则基于雷达和红外传感器量测的最优估计为

$$\hat{\boldsymbol{x}}_{k|k}=E[\boldsymbol{x}_k \mid \boldsymbol{Z}^{(1)k},\boldsymbol{Z}^{(2)k}] \tag{10-2-25}$$

为了进一步减少计算量，可采用如下的次序对雷达和红外传感器量测数据进行处理，具体步骤如下：

(1) 利用 $\hat{\boldsymbol{x}}_{k-1|k-1}$ 及协方差阵 $\boldsymbol{P}_{k-1|k-1}$，按 Kalman 滤波计算预测状态 $\hat{\boldsymbol{x}}_{k|k-1}$ 及其协方差阵 $\boldsymbol{P}_{k|k-1}$，然后计算雷达测量的一步提前预测 $\hat{\boldsymbol{z}}_{k|k-1}^{(1)}$，相应的协方差阵 $\boldsymbol{S}_k^{(1)}$ 和滤波增益 $\boldsymbol{K}_k^{(1)}$，即

$$\hat{\boldsymbol{z}}_{k|k-1}^{(1)}=\boldsymbol{H}_k^{(1)}\hat{\boldsymbol{x}}_{k|k-1},\quad \boldsymbol{S}_k^{(1)}=\boldsymbol{H}_k^{(1)}\boldsymbol{P}_{k|k-1}^{(1)}(\boldsymbol{H}_k^{(1)})^{\mathrm{T}}+\boldsymbol{R}^{(1)},\quad \boldsymbol{K}_k^{(1)}=\boldsymbol{P}_{k|k-1}^{(1)}(\boldsymbol{H}_k^{(1)})^{\mathrm{T}}(\boldsymbol{S}_k^{(1)})^{-1}$$

(2) 利用 $\hat{\boldsymbol{z}}_{k|k-1}^{(1)}$ 和 $\boldsymbol{S}_k^{(1)}$，对雷达回波是否落在跟踪门内进行确认，即若满足

$$(\boldsymbol{v}_k^{(1)}(j))^{\mathrm{T}}[\boldsymbol{S}_k^{(1)}]^{-1}\boldsymbol{v}_k^{(1)}(j)<g^2$$

则对雷达的测量 $\boldsymbol{z}_k^{(1)}(j)$ 予以确认，其中 $\boldsymbol{v}_k^{(1)}(j)=\boldsymbol{z}_k^{(1)}(j)-\hat{\boldsymbol{z}}_{k|k-1}^{(1)}$。

(3) 利用第(2)步确认的雷达测量进行状态估计，即

$$\hat{\boldsymbol{x}}_{k|k}^{(1)}=\sum_{j=0}^{m_k^{(1)}}\beta_k^{(1)}(j)\hat{\boldsymbol{x}}_{k|k}^{(1)}(j)$$

$$\boldsymbol{P}_{k|k}^{(1)}=\beta_k^{(1)}(0)\boldsymbol{P}_{k|k-1}^{(1)}+[1-\beta_k^{(1)}(0)][I-\boldsymbol{K}_k^{(1)}\boldsymbol{H}_k^{(1)}]\boldsymbol{P}_{k|k-1}^{(1)}+$$
$$\boldsymbol{K}_k^{(1)}\left[\sum_{j=1}^{m_k^{(1)}}\beta_k^{(1)}(j)\,\boldsymbol{v}_k^{(1)}(j)(\boldsymbol{v}_k^{(1)}(j))^{\mathrm{T}}-\boldsymbol{v}_k^{(1)}(\boldsymbol{v}_k^{(1)})^{\mathrm{T}}\right](\boldsymbol{K}_k^{(1)})^{\mathrm{T}}$$

其中，$\hat{\boldsymbol{x}}_{k|k}^{(1)}(j)=\hat{\boldsymbol{x}}_{k|k-1}+\boldsymbol{K}_k^{(1)}\boldsymbol{v}_k^{(1)}(j),j\neq 0$；$\hat{\boldsymbol{x}}_{k|k}^{(1)}(0)=\hat{\boldsymbol{x}}_{k|k-1}$。

(4) 利用 $\hat{\boldsymbol{x}}_{k|k}^{(1)}$ 和 $\boldsymbol{P}_{k|k}^{(1)}$ 计算红外量测的提前一步预测 $\hat{\boldsymbol{z}}_{k|k-1}^{(2)}$，以及新息协方差阵 $\boldsymbol{S}_k^{(2)}$ 和滤波增益 $\boldsymbol{K}_k^{(2)}$，即

$$\hat{\boldsymbol{z}}_{k|k-1}^{(2)}=\boldsymbol{H}_k^{(2)}\hat{\boldsymbol{x}}_{k|k}^{(1)},\quad \boldsymbol{S}_k^{(2)}=\boldsymbol{H}_k^{(2)}\boldsymbol{P}_{k|k}^{(1)}(\boldsymbol{H}_k^{(2)})^{\mathrm{T}}+\boldsymbol{R}^{(2)},\quad \boldsymbol{K}_k^{(2)}=\boldsymbol{P}_{k|k}^{(1)}(\boldsymbol{H}_k^{(2)})^{\mathrm{T}}(\boldsymbol{S}_k^{(2)})^{-1}$$

(5) 利用 $\hat{\boldsymbol{z}}_{k|k-1}^{(2)}$ 和 $\boldsymbol{S}_k^{(2)}$，对红外传感器的回波是否落在跟踪波门内进行确认，即若满足

$$(\boldsymbol{v}_k^{(2)}(j))^{\mathrm{T}}[\boldsymbol{S}_k^{(2)}]^{-1}\boldsymbol{v}_k^{(2)}(j)<g^2$$

则对 $\boldsymbol{z}_k^{(2)}(j)$ 予以确认，其中 $\boldsymbol{v}_k^{(2)}(j)=\boldsymbol{z}_k^{(2)}(j)-\hat{\boldsymbol{z}}_{k|k-1}^{(2)}$。

(6) 利用第(5)步确认的红外量测进行状态估计，即

$$\hat{\boldsymbol{x}}_{k|k}^{(2)}=\sum_{j=0}^{m_k^{(2)}}\beta_k^{(2)}(j)\hat{\boldsymbol{x}}_{k|k}^{(2)}(j)$$

$$\boldsymbol{P}_{k|k}^{(2)}=\beta_k^{(2)}(0)\boldsymbol{P}_{k|k}^{(1)}+[1-\beta_k^{(2)}(0)][I-\boldsymbol{K}_k^{(2)}\boldsymbol{H}_k^{(2)}]\boldsymbol{P}_{k|k}^{(1)}+$$
$$\boldsymbol{K}_k^{(2)}\left[\sum_{j=1}^{m_k^{(2)}}\beta_k^{(2)}(j)\,\boldsymbol{v}_k^{(2)}(j)(\boldsymbol{v}_k^{(2)}(j))^{\mathrm{T}}-\boldsymbol{v}_k^{(2)}(\boldsymbol{v}_k^{(2)})^{\mathrm{T}}\right](\boldsymbol{K}_k^{(2)})^{\mathrm{T}}$$

其中，$\hat{\boldsymbol{x}}_{k|k}^{(2)}(j)=\hat{\boldsymbol{x}}_{k|k}^{(1)}+\boldsymbol{K}_k^{(2)}\boldsymbol{v}_k^{(2)}(j),j\neq 0,\hat{\boldsymbol{x}}_{k|k}^{(2)}(0)=\hat{\boldsymbol{x}}_{k|k}^{(1)}$。

(7) 令 $\hat{\boldsymbol{x}}_{k|k}=\hat{\boldsymbol{x}}_{k|k}^{(2)},\boldsymbol{P}_{k|k}=\boldsymbol{P}_{k|k}^{(2)}$，这就是基于 MSPDAF 对雷达和红外量测融合跟踪的状态估计及其协方差阵。

基于 IMM/MSPDAF 的雷达和红外的融合跟踪方法，也是典型的针对异类多传感器融合提出的。由于目标运动模型是未知的，且有可能随时间的变化而变化，因此，用任一

单一的目标运动模型都难以描述实际的目标运动状态。交互式多模型(IMM)就是通过引入多个目标运动模型,并对每个模型的状态估计按一定的概率加权来实现对机动目标的跟踪。为了能适应目标高机动和杂波剧烈变化的情况,可在MSPDAF的基础上引入交互式多模型算法,构成所谓基于IMM/MSPDAF的雷达和红外融合跟踪算法。此处不再赘述。

10.3 基于音频和视频特征融合的身份识别

10.3.1 问题概述

人体的生物特征可以定义为其体型特征或行为模式的一种可量测的表征量。基于多种生物特征的身份认证必须解决两个问题:一是所谓特征提取的问题,即由量测信息获得用以表征其特性的特征量;二是对这些已经获取的特征量进行融合处理,以得到用于身份认证的最佳可利用信息,从而达到准确认证的目的。图10-3-1给出了基于音频和视频特征融合的身份认证的信息处理框图。

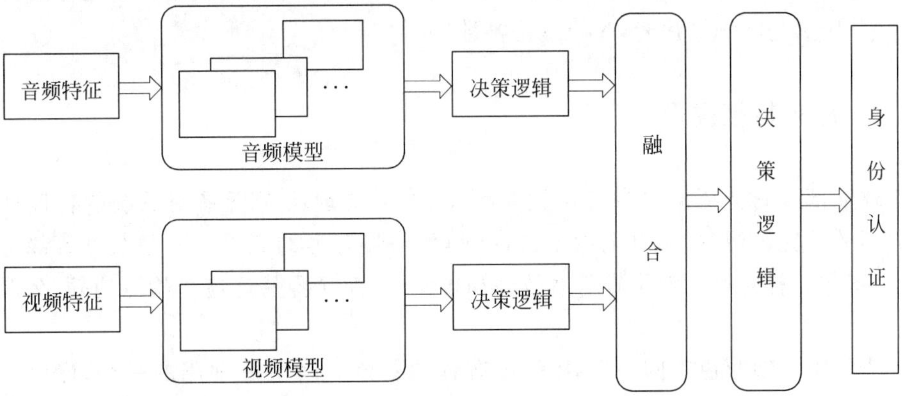

图 10-3-1 基于音频和视频特征融合的身份认证信息处理框图

10.3.2 音频特征提取

首先考虑音频信号的特征提取。在图10-3-2中,$x[n]$是一个离散时间的语音输入信号,首先利用一个传递函数为$H(z)$的滤波器对信号进行预处理;然后利用Hamming窗对每30毫秒一帧的语音信号进行处理,再然后是12阶的线性预测(linear prediction,LP)分析,紧接着就是由LP系数到对数倒频谱系数(cepstral coefficients,Cep系数)的转换,计算公式为

$$c_0=0 \quad c_n=a_n+\sum_{k=1}^{n-1}\frac{k}{n}c_k a_{n-k}, \quad n=12 \tag{10-3-1}$$

其中,a_n,c_n分别是LP系数和对数倒频谱系数;最后一级是对数倒频谱均值相减(cepstral mean subtraction,CMS),目的在于减小噪声或信道变化引起的不确定性。

图 10-3-2　语音特征提取

输入语音的方式是通过一个所谓“划端点”(end pointing)的过程，把其分解成语音和非语音片段，采用一种简单的所谓“短时能量法”(short-time energy scheme)。对于每个输入帧，按下式计算短时能量

$$E_s = \sum_{i=0}^{N_s-1} |x[n]|^2 \tag{10-3-2}$$

其中，N_s 是该输入帧的样本数。然后，把能量分为语音和非语音信号两部分，且有

$$\mu = \alpha \bar{E}_{\text{nonspeech}} + (1-\alpha)\bar{E}_{\text{speech}} \tag{10-3-3}$$

其中，μ 是一个阈值，$\alpha \approx 0.8$，是一个比例系数；而 $\bar{E}_{\text{nonspeech}}$，$\bar{E}_{\text{speech}}$ 分别是非语音部分能量函数 $E_{\text{nonspeech}}$ 和语音部分能量函数 E_{speech} 的平均值。

对于每一帧语音信号，如果其能量大于这个阈值则予以标识并随后予以处理。这样，除了前面说明的 12 个对数倒频谱系数之外，还有另一个特征就是正则化时间特征 i/N_{frames}，其中 i 是标识的序号，N_{frames} 是帧数。

10.3.3　视频特征提取

人体面部嘴唇特征的提取存在很多困难，这主要取决于所采用系统的精度和可靠性。最新的研究表明，对于以上两个方面，颜色是强有力的工具。不像灰度等级分析方法，彩色图像分析对嘴唇定位具有有效性和鲁棒性，而且容易适应于检测胡须、牙齿和舌头等。

首先集中介绍彩色空间。RGB 是现有各种彩色空间中最常用的一种，然而三重量[R,G,B]不仅表示颜色，而且表示亮度，后者妨碍了颜色用于检测的有效性。几个研究结果表明，即使不同的人在外观上有不同的肤色，主要的差别在于亮度而不在于颜色本身。为了把彩色分量和亮度分量分开，可以采用各种用于彩色空间变换的方法，如正则化等。

为了分析每个颜色模型的统计特性，要建立一个彩色分量的棒图。对于整个图像构造一个棒图，而对于提取的嘴唇区域在一个估计的边界范围内。

由各种实验条件下对各种对象得到的各种视频序列可以看出：①彩色分量(r,g,b)，(Cb,Cr)及(H)在其棒图上显示的是这些量的峰值，这表明嘴唇区域的特征分布是很窄的，而且意味着嘴唇区域的颜色是均匀的；②嘴唇区域(r,g,b)和(Cb,Cr)的彩色棒图与整个图像的彩色棒图之间多少有些交叠，而且整个图像的彩色分量与嘴唇区域的彩色分量之间只有很少的相似性；③(r,g,b)和(Cb,Cr)的分布对不同的试验对象有所变化，而且在条件(如亮度条件，以及对于不同的对象)变化的情况下，彩色分量相对地是一个常值。

因此，我们得出结论：彩色分量对于我们的应用来说可以作为一个合适的模型。为了能利用彩色信息，我们要求 S 必须大于某个预设的值。对于分割的嘴唇区域，我们将采用下面的 H 和 S 约束：

$$\mathrm{BW}(x,y)=\begin{cases}1, & H(x,y)>H_0, S(x,y)>S_0\\ 0, & \text{其他}\end{cases} \tag{10-3-4}$$

其中，对于 $H/S\in[0,1]$，$H_0=0.8$，$S_0=0.25$。这些值的精度并不重要，只用来产生对面的被采访者。图 10-3-3 是一个典型的二值图，而一个特殊情况如图 10-3-4 所示。在此情况下，要求增加饱和度、几何的以及梯度的约束，以便消除与其他红色区域的混淆。对于二值图像采用形态学运算就可以把嘴唇区域提取出来。

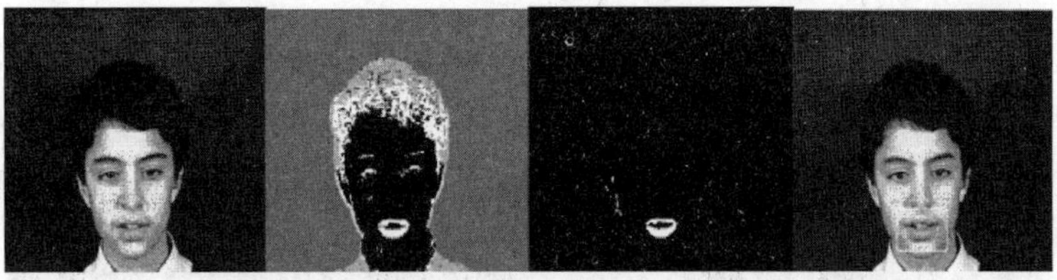

图 10-3-3 利用彩色信息对嘴唇区域定位的一般情况

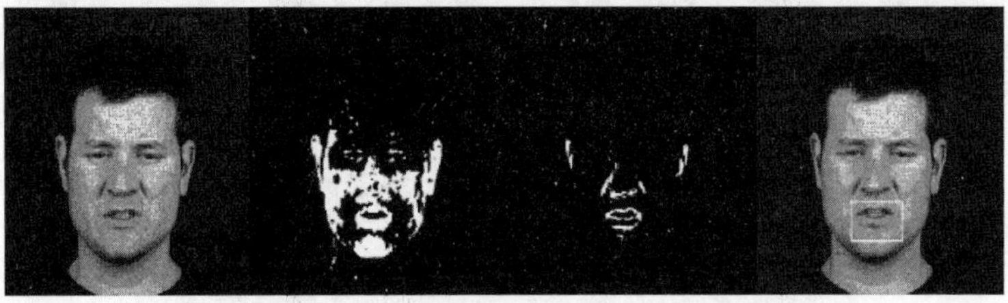

图 10-3-4 利用彩色信息对嘴唇区域定位的特殊情况

利用 Kanny 边缘检测就可以提取边缘信息。为了把边缘信息与彩色信息结合起来，我们采用 Markov 随机场(MRF)来处理，原因有两点：一是嘴唇特征的抽取把噪声污染的观测图像恢复成原始图像，这是一个具有多个可能解的逆问题，因而会出现病态，这个问题的解决可利用 MRF 框架中常采用的规则化方法；二是 MRF 公式允许嵌入许多感兴趣的特征，只要简单地在能量函数中加入适当的项就行，因而对于融合多个低层视频模块提供了一种易行的工具。

在 MRF 中，一个定点的状态只依赖于其邻域的状态，利用 Gibbs 分布，可以建立如下模型：

$$\begin{cases}P(\boldsymbol{x})=\dfrac{1}{Z}\exp\left\{-\dfrac{1}{T}U(\boldsymbol{x})\right\}\\ U(\boldsymbol{x})=\sum\limits_{c\in C}V_c(\boldsymbol{x})\end{cases} \tag{10-3-5}$$

其中

$$V_c(i,j)=\begin{cases}-\beta, & x_i=x_j\\ \beta, & \text{其他}\end{cases}$$

我们把嘴唇区域的分割问题可以描述成定点的标识问题。对于每个点指定一个标

识 x_i，由集合{嘴唇，非嘴唇}中取值，而 b_i 由集合{边缘，非边缘}中取值。可以利用后验最大化(maximum a posterior，MAP)判据来求得最佳标识，即

$$\begin{cases} p(\boldsymbol{x} \mid \boldsymbol{y}) \propto p(\boldsymbol{y} \mid \boldsymbol{x})p(\boldsymbol{x}) \\ p(\boldsymbol{y} \mid \boldsymbol{x}) \propto \exp\left[-\sum_i (y_i - \mu_{x_i})^2/2\sigma_{x_i}^2\right] \\ p(\boldsymbol{x}) = \exp\left[-\sum_{c \in C} V_c(\boldsymbol{x})/T\right] \end{cases} \tag{10-3-6}$$

HCF 算法允许把这个估计问题简化为如下能量函数的最小化问题：

$$U(\boldsymbol{y} \mid \boldsymbol{x}) = \lambda \sum_i \frac{(y_i - \mu_{x_i})^2}{2\sigma_{x_i}^2} + \sum_c V_c(\boldsymbol{x}) \tag{10-3-7}$$

图 10-3-5 就是分割的结果。嘴唇的几何特征是由分割图像导出来的。典型的特征就是内唇和外唇的高度和宽度，嘴张开时的高度和宽度，以及牙齿和舌头的能见度(见图 10-3-6)。

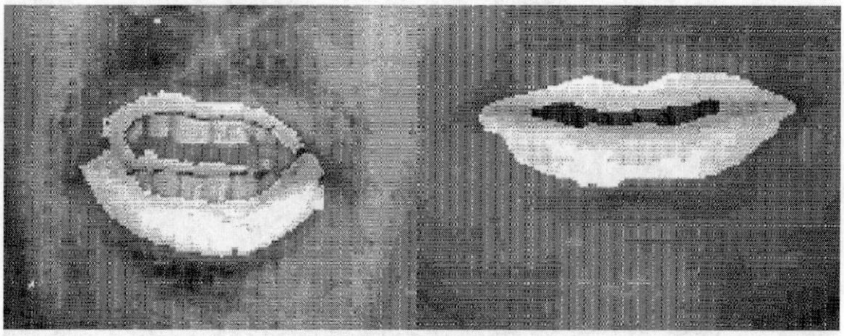

图 10-3-5　嘴唇区域的分割

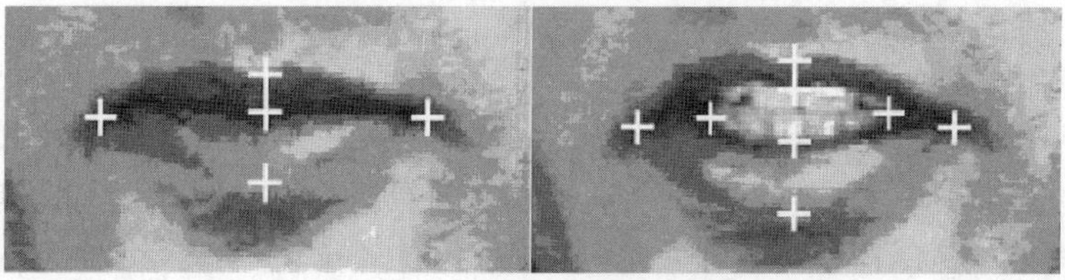

图 10-3-6　嘴唇区域的特征提取

10.3.4　分类

首先介绍多项式分类器。当前很多分类方法都应用于语音识别方面。传统上，统计方法用于对说话者的语音数据进行建模，而这些数据来源于特征提取。最流行的两种方法就是隐 Markov 模型(hidden Markov model，HMM)，以及混合 Gauss 模型(Gaussian mixture model，GMM)。最近，有判别力的一种分类方法采用人工神经网络，如神经树网络(neural tree network，NTN)，已经成功地应用于分类问题。为了得到身份认证系统最好的性能，后一种方法在进行训练时已经把类外数据包含进去了。这一技术通过类之间的分离最大化而提供了一个鲁棒性很强的模型。

多项式分类器已经用于模式分类许多年了，而且作为分类器具有非常优越的性能。因为有 Weierstrass 逼近定理，多项式就是 Bayes 分类器最通用的逼近器。

这个多项式分类器的结构如图 10-3-7 所示，把由特征提取产生的特征向量 $\boldsymbol{x}_1,\cdots,\boldsymbol{x}_M$ 输入这个系统，一个判别函数应用了说话者的模型 $\boldsymbol{w}$，并对每个特征向量 $\boldsymbol{x}_k$ 作用，产生一个标量输出 $d(\boldsymbol{x}_k,\boldsymbol{w})$，然后，这个说话者模型的最终评判结果可以计算如下：

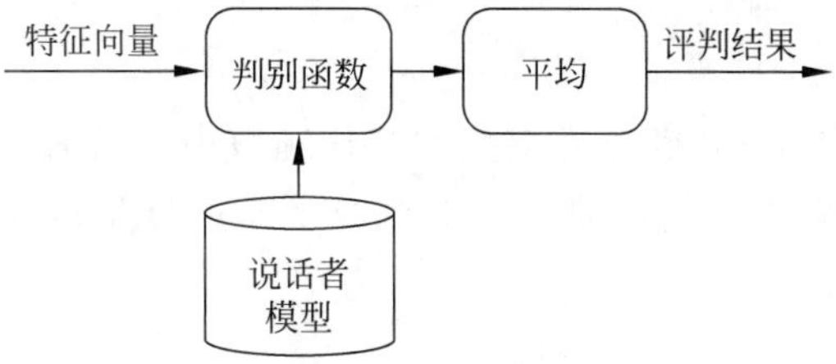

图 10-3-7　分类器结构

$$s=\frac{1}{M}\sum_{k=1}^{M}d(\boldsymbol{x}_k,\boldsymbol{w}) \tag{10-3-8}$$

把评判结果与一个预先设定的阈值进行比较以决定是否接受这个判决。如果 $s<T$，则拒绝接受判决；否则接受判决。

这个模式分类器采用一个多项式判别函数：

$$d(\boldsymbol{x},\boldsymbol{w})=\boldsymbol{w}^{\mathrm{T}}\boldsymbol{p}(\boldsymbol{x}) \tag{10-3-9}$$

其中由两部分构成：一是说话者模型 $\boldsymbol{w}$，二是由输入特征向量 $\boldsymbol{x}$ 构成的一个多项式基向量$\boldsymbol{p}(\boldsymbol{x})$，而这个基向量就是输入特征直到 K 次方的单项式构成的各项。例如，对于二维特征向量 $\boldsymbol{x}=[x_1,x_2]^{\mathrm{T}}$，且 $K=2$，则

$$\boldsymbol{p}(\boldsymbol{x})=[1,x_1,x_2,x_1^2,x_1,x_2,x_2^2]^{\mathrm{T}} \tag{10-3-10}$$

于是，判别函数的输出就是多项式基元素的线性组合。因为 $\boldsymbol{w}$ 并不依赖于帧的变化，所以最终评判结果可以表示为

$$s=\boldsymbol{w}^{\mathrm{T}}\frac{1}{M}\sum_{k=1}^{M}\boldsymbol{p}(\boldsymbol{x}_k)=\boldsymbol{w}^{\mathrm{T}}\bar{\boldsymbol{p}} \tag{10-3-11}$$

于是，只有一个单一向量表示输入语音，单一的处理就是计算内积，而浮点运算数就是

$$2N_{\mathrm{model}}-1 \tag{10-3-12}$$

其中，N_{model} 就是 $\boldsymbol{w}$ 的长度。对于 12 个特征，以及 $K=3$ 的多项式展开，$\boldsymbol{w}$ 的长度就是 455。

10.3.5　多形态融合

此处所谓多形态是指异类传感的音频和视频信息，所采用的融合方法是一种集成方法。假定分类器输出已经给出了该类发生的概率，多项式分类器的判别函数能够表示为

$$d'(\boldsymbol{x}_1^M)=\prod_{k=1}^{M}\frac{p(\omega_j\mid\boldsymbol{x}_k)}{p(\omega_j)} \tag{10-3-13}$$

其中，ω_j 就是第 j 个类。下面有两个步骤进行简化。第一步就是对上面的函数求对数

$$\log d'(\boldsymbol{x}_1^M)=\sum_{k=1}^{M}\log\frac{p(\omega_j\mid\boldsymbol{x}_k)}{p(\omega_j)} \tag{10-3-14}$$

利用 Taylor 级数展开，$\log x$ 在 $x=1$ 附近的近似值是 $x-1$；于是，能够把式(10-3-14)近似为

$$d(\boldsymbol{x}_1^M)=\sum_{k=1}^{M}\frac{p(\omega_j\mid\boldsymbol{x}_k)}{p(\omega_j)} \tag{10-3-15}$$

此处去掉 -1 是因为定常的偏移量在对数似然比函数中可以消去。现在可以看出，这个方法等价于计算对数概率。于是，把音频和视频形态的分类器输出结合起来，就是简单地对分类结果进行相加。

10.4 杂波环境中基于异类信息融合的目标跟踪

本节介绍文献[1]中给出的一种对多媒体数据进行建模和处理的方法，用以实现杂波环境中基于异类信息的运动目标跟踪。其中，采用对音频和视频信息的图形建模，模型参数是通过 EM 算法得到的；而目标定位是用 Bayes 推断方法实现的。

10.4.1 问题描述

在一般的异类信息融合系统中，通常是把各个形态的信息分开处理，而且分别进行优化，然后在更高层次上把这些结果结合起来。这些方法一般要求预设一些处理过程，如规定精度和相互校准等。例如，为了跟踪一个运动的人体目标，可以用一台摄像机，目标的空间定位要取决于连续移动的图像。如果这个目标发出声音信息，也可用一对麦克风去获取这个信息，并依据各个麦克风音频信号到达的时间延迟来跟踪目标。

原则上说，利用多种形态的信息进行跟踪目标，比利用单一形态的信息有可能取得更好的效果，原因是一种形态的信息可能弥补另一种形态信息的不足。仅仅利用视频信息有可能因为背景判别错误，或者其他物体遮挡而丢失目标，同时利用音频信息就可以连续跟踪目标，且具有比视频跟踪目标精确的特点。反过来说，视频数据有助于音频跟踪，因为有时候声音信号会中断，或者被背景噪声所淹没。更一般地说，音频和视频信号来自于同一源，它们之间可能相关，因而在对每个形态信息各自的统计特性获取的同时还要获取它们之间的相关特性，这样才能得到最优的结果。

图 10-4-1 说明了多形态传感信息系统的构成，而图 10-4-2 则表示了一个音频-视频捕获系统的信号序列，其中上部是一个由麦克风得到的音频波形，而中部是用摄像机获取的视频序列中选择的几帧图像（120×160 像素），每一帧都有一个人在移动，背后是一个杂波背景，而且还有其他的人在场。音频信号主要是这个运动目标（人）的声音信号，也包含背景噪声，同时也包含其他人的说话声。音频信号和视频信号在各个层次上都是相关的。

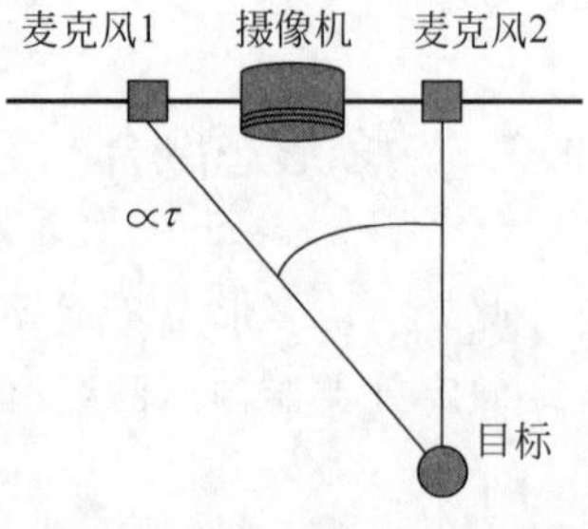

图 10-4-1 多形态传感信息系统

说话者的嘴唇运动就与音频信号的幅值相关。而且说话者的音频信号到达麦克风的时间延迟就与其所在的位置相关。问题的重点是要解决这种相关性,即如何达到融合的效果。

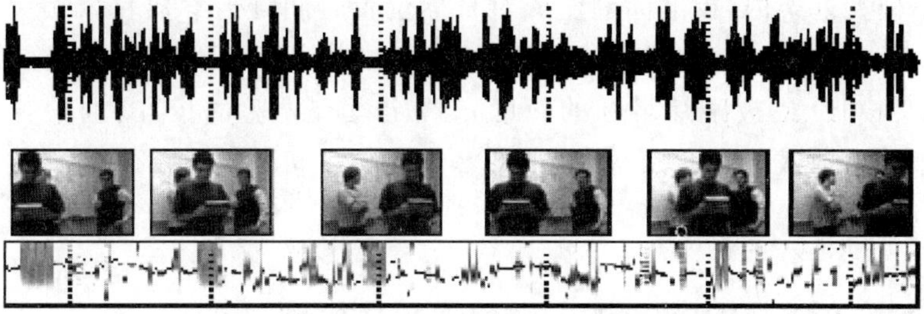

图 10-4-2　音频与视频信号序列

(上部是音频波形;中部是视频序列中选择的几帧图像(**120×160** 像素),
下部是对时间延迟 τ(纵轴)每一帧的后验概率;水平方向是时间轴)

但是,为了利用这种相关性,必须小心地在图像的空间移动和音频信号时间延迟之间建立一种相互校准机制。而这种机制要在每一步重复配置,以克服音频-视频跟踪系统存在的缺点。困难所在就是相关的特征不能直接观测到。当语音信号由说话者到麦克风传播时,通常要受到反射、多径效应和背景噪声等的影响,使得识别时间延迟变得非常困难。视频序列也容易受障碍物以及其他在场人的影响,往往会丢失目标。利用音频-视频的融合,产生一个概率生成模型,用以描述音频-视频数据的联合统计特征。然后,两种形态的信息之间的相关性就可以得到。这个算法的重要特点是相互校准是自动完成的,而不需要专门的校准算法。

10.4.2　概率生成模型

此处所谓的**概率生成模型**(**probabilistic generative modeling**)也称为**图形模型**(**graphical model**),用以描述观测数据。其所以称为生成模型,是因为这些观测数据是根据一个过程利用未观测变量来生成的;其所以称为概率生成模型,是因为并不描述信号本身,而是描述信号上的概率分布。二者结合就产生了一个灵活而有效的模型。其所以称为图形模型,是因为这个模型通常是用图形来表示的。

观测到的音频信号来源于说话者的原始信号,麦克风 2 相对于麦克风 1 有一个时间延迟,而原始信号和时间延迟在该模型中就是未观测变量。类似地,视频信号也来源于目标的原始图像,而原始图像随着说话者在空间的移动而移动,说话者的原始图像和其所在的位置在该模型中也是未观测变量。这种未观测(隐含)变量的存在,就是一种典型的概率生成模型。

麦克风捕捉到的信号之间的时间延迟反映了目标所在的位置,如图 10-4-1 所示。虽然对时间延迟的估计原则上可以用来估计目标所在的位置,但是因为实际上在信号强度较弱时计算时间延迟并不精确,而且对背景噪声和反射都非常敏感。目标位置的估计也可以通过分析视频数据而得到,在此情况下,可能由于背景杂波和目标隐现的变化而造成估计的误差增大。现在,要利用一个概率模型把这两种估计结合起来。

概率生成模型具有很多优点：一是因为这个模型对变化因素，如目标隐现和背景噪声都考虑到了，因而这个算法是相当鲁棒的；二是采用概率框架可以得到 Bayes 最优的估计算法；三是应用期望极大化(EM)算法可以有效地进行参数估计与目标跟踪。

在概率模型框架内，校准问题变成对目标位置时间延迟参数化依赖关系的估计问题。这些参数作为 EM 算法的一部分自动进行估计，而且无须特殊处理。在第一帧处理中(如定义模板，或被跟踪目标的轮廓)，假定没有先验的校准，也没有人为的初始化。而在跟踪之前或跟踪期间，只有模型容许的信息可以利用。下面仔细讨论这个算法的实现。

10.4.3 对于音频-视频数据的一个概率生成模型

首先我们对音频数据进行建模，用每个麦克风上每帧声音压缩波形来表示；其次对视频数据进行建模，用每帧像素灰度向量来描述；最后，通过把音频信号之间的时间延迟连接到目标图像的空间定位而实现两种模型的融合。

1. 音频模型

设音频信号 x_1, x_2 分别是麦克风 1 和 2 接收到的信号，首先把其分割成等长度的音频片段，也称为"帧"。音频的帧长度是由视频的帧频来决定。因此，视频每秒 30 帧，则音频的帧长度就是 1/30 秒。音频的每一帧就是一个向量，相应于时间点 n 的信号值，音频向量分别是 x_{1n}, x_{2n}。

信号 x_1, x_2 是根据原始语音信号 a 来描述的。假定信号 a 是分别以 λ_i 因子衰减到达各个麦克风，$i=1,2$；同时假定麦克风 2 接收到这个原始信号比麦克风 1 有时间延迟 τ，所以有

$$\begin{cases} x_{1n} = \lambda_1 a_n \\ x_{2n} = \lambda_2 a_{n-\tau} \end{cases} \tag{10-4-1}$$

现在进一步假定 a 被可加性传感器噪声污染，精度矩阵分别为 $\boldsymbol{v}_1, \boldsymbol{v}_2$。为了考虑到信号的变化，我们用矩阵模型来描述信号。用 r 表示分量，每个分量的均值都为零，精度矩阵是 $\boldsymbol{\eta}_r$，先验概率是 π_r。把这些量视为频率域的量，则对于每个分量，精度矩阵就相应于频谱模板的逆。这样有

$$\begin{cases} p(r) = \pi_r \\ p(a \mid r) = \mathcal{N}(a \mid 0, \boldsymbol{\eta}_r) \\ p(x_1 \mid a) = \mathcal{N}(x_1 \mid \lambda_1 a, \boldsymbol{v}_1) \\ p(x_2 \mid a, \tau) = \mathcal{N}(x_2 \mid \lambda_2 L_\tau a, \boldsymbol{v}_2) \end{cases} \tag{10-4-2}$$

其中，L_τ 表示模板的平移算子，即 $(L_\tau a)_n = a_{n-\tau}$；时间延迟 τ 的先验概率假定是一般的，即 $p(\tau)=$常数。$p(a, r)$ 只有少量的分量，其参数是由音频-视频数据学习得来的，并作为整个模型的一部分。而 $\mathcal{N}(x \mid \mu, \boldsymbol{v})$ 表示随机变量 x 的 Gauss 分布，具有均值 μ 和精度矩阵(定义为协方差阵的逆阵)$\boldsymbol{v}$。所以有

$$\mathcal{N}(x \mid \mu, \boldsymbol{v}) \propto \exp\left\{-\frac{1}{2}(x-\mu)^{\mathrm{T}} \boldsymbol{v}(x-\mu)\right\} \tag{10-4-3}$$

图 10-4-3 给出了音频数据的图模型表示，由结点和边组成，其中带阴影的圆圈结点表示被观测的变量，而空心的圆圈结点表示未观测到的变量；方框结点表示模型参数。一条带箭头的边表示概率的条件依赖关系，即箭头的结点依赖于箭尾结点。

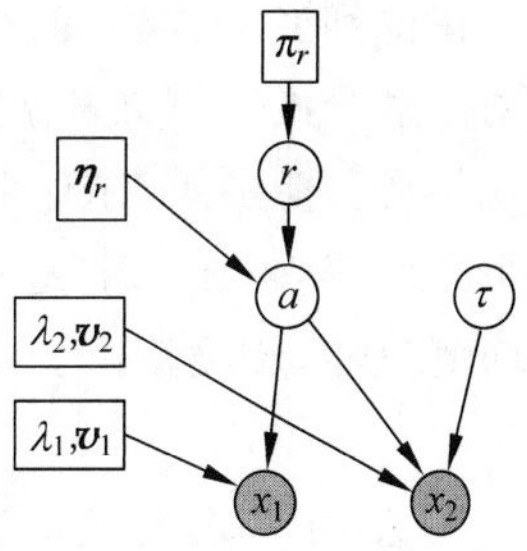

图 10-4-3　音频数据的图模型

一个概率图模型具有一般性解释：根据图 10-4-3 的模型，产生可观测麦克风信号的过程是按概率 $p(r)$ 从抽取谱分量 r 开始的，紧接着由 Gauss 分布 $p(a|r)$ 抽取信号 a，时间延迟 τ 也要抽取。信号 x_1, x_2 将分别从 Gauss 分布 $p(x_1|a)$ 和延迟的 Gauss 分布 $p(x_2|a,\tau)$ 得到。

2. 视频模型

类似于音频模型，我们也可以对视频建立图模型。把观测的图像帧记为 y，这是一个向量，其元为 y_n，相应于像素 n 的灰度。这个向量是根据原始图像 v 来描述的，而原始图像分别在 x 和 y 方向上平移了一个 $l=(l_x, l_y)$，所以有

$$y_n = v_{n-l} \tag{10-4-4}$$

而且被具有精度矩阵 $\boldsymbol{\psi}$ 的可加性噪声污染。为了考虑原始图像的变化，v 用一个混合模型来描述。把其分量表示为 s，每个分量都是具有均值 μ_s，精度矩阵 $\boldsymbol{\phi}_s$ 以及先验概率 π_s 的 Gauss 随机变量。均值作为图像的模板，因而有

$$\begin{cases} p(s) = \pi_s \\ p(v \mid s) = \mathcal{N}(v \mid \mu_s, \boldsymbol{\phi}_s) \\ p(y \mid v, l) = \mathcal{N}(y \mid G_l v, \boldsymbol{\psi}) \end{cases} \tag{10-4-5}$$

其中，G_l 表示平移算子，即 $(G_l v)_n = v_{n-l}$；平移 l 的先验概率假定是一般的，即 $p(l)=$ 常数。

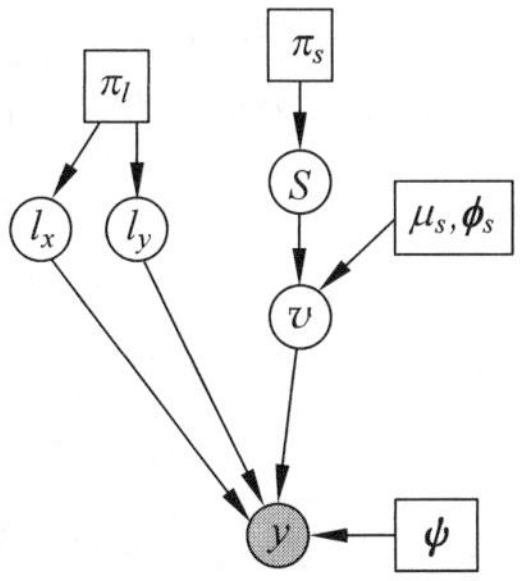

图 10-4-4　视频数据的图模型

图 10-4-4 给出了视频数据的图模型表示，其表示方式和说明与图 10-4-3 的音频数据图模型相似。根据图 10-4-4 的模型，产生可观测图像的过程是按概率 $p(s)=\pi(s)$ 从抽取隐现分量 s 开始的。紧接着由 Gauss 分布 $p(v|s)$ 抽取信号 v。图像表示为像素灰度的向量，其中精度矩阵的对角元定义了这些灰度值的置信水平。离散平移 l 也要抽取。然后，图像 y 将由平移的 Gauss 分布 $p(y|v,l)$ 得到。

注意音频模型和视频模型之间的对称性。在两种模型中，原始信号都是隐匿的，而且用混合模型来描述。在视频模型中，模板描述的是图像；而在音频模型中，模板描述的是谱特性。在两种模型中，都是通过平移原始信号而获得数据，其中视频是空间平移，而音频则是时间平移。而且在两种模型中，平移信号都被可加性噪声污染。

3. 音频与视频的融合

在得到音频模型和视频模型之后，现在的任务就是把两种模型融合成单一的概率图模型。融合的方式之一就是依据如下事实：麦克风信号之间的相对时间延迟 τ 与目标位置 l 有关。特别是，在这个实验系统中，由传感器位置到目标的距离要比两个麦克风之间的距离大得多，所以 τ 是 l 的线性函数。我们利用线性映射来近似这种依赖关系，即用一个均值为零，精度矩阵为 $\boldsymbol{v}_\tau$ 的 Gauss 分布来描述

$$p(\tau \mid l)=\mathcal{N}(\tau \mid \alpha l_x+\alpha' l_y+\beta,\boldsymbol{v}_\tau) \tag{10-4-6}$$

注意，在我们的模型建立时，映射仅仅包括水平位置，而因为麦克风的水平结合似的垂直运动显然对信号延迟的影响较小，即 $\alpha'\approx 0$。由式(10-4-6)建立的关系把两个模型融合成单一的模型，其图形表示如图 10-4-5 所示。

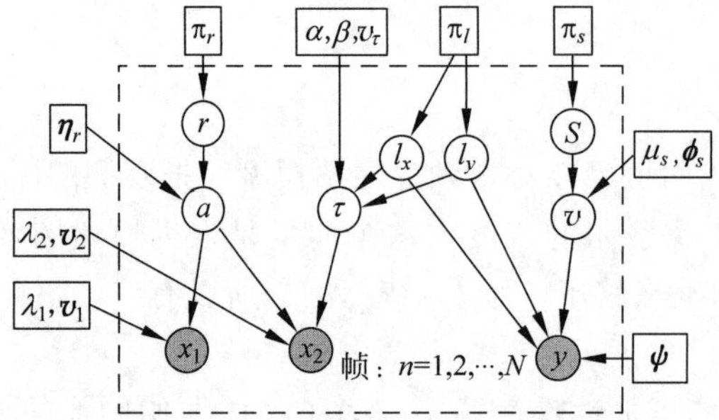

图 10-4-5　联合音频-视频数据的图模型

图中，虚线方框内表示独立同分布的帧，其意义在于：包含在方框内的所有模型变量取值都是帧依赖的，而虚线方框外的所有变量都是不是帧依赖（帧独立）的。

10.4.4　基于音频-视频数据融合的参数估计与目标跟踪

本节我们利用对图 10-4-5 模型的 EM 算法进行参数估计与目标跟踪。正如本书第 2 章讲述的，EM 算法是一个适应于带隐含参数模型的估计问题。

首先，我们建立所有变量的联合分布。此处观测变量是 x_1,x_2,y，而隐含变量是 a,τ,r,v,l,s。根据图 10-4-5 的概率图模型，联合概率分布是

$$p(x_1,x_2,y,a,\tau,r,v,l,s)=p(x_1 \mid a)p(x_2 \mid a,\tau)p(a \mid r)\cdot p(r)p(y \mid v,l)p(s)p(\tau \mid l)p(l) \tag{10-4-7}$$

这个模型的参数是

$$\theta=\{\lambda_1,v_1,\lambda_2,v_2,\eta_r,\pi_r,\psi,\mu_s,\phi_s,\pi_s,\alpha,\alpha',\beta,v_\tau\} \tag{10-4-8}$$

最后，我们讨论如何基于数据来跟踪目标，即对每一帧得到位置估计 $\hat{l}$。按照概率建模方法，需要计算的不是单个 l 的值，而需要计算每一帧在给定数据时的后验概率分布 $p(l|x_1,x_2,y)$。这个分布提供了一个最大可能的位置，即

$$\hat{l}=\underset{l}{\operatorname{argmax}}\, p(l \mid x_1,x_2,y) \tag{10-4-9}$$

同时也得到模型取这个值的可信度。这个模型也能处理出现多个场景模糊不清的

情况。

1. E-步

一般情况下，对于隐含变量的后验概率是按 Bayes 规则由模型分布计算得到的，即

$$p(a,\tau,r,v,l,s \mid x_1,x_2,y,\theta)=\frac{p(x_1,x_2,y,a,\tau,r,v,l,s \mid \theta)}{p(x_1,x_2,y \mid \theta)} \tag{10-4-10}$$

其中，$p(x_1,x_2,y|\theta)$上由模型分布对隐含变量求边际分布得到的。在这个模型中，能够证明，后验分布可以如式(10-4-7)那样进行因式分解。为了描述这个模型，我们用 q 表示基于数据的后验概率分布，即

$$p(a,\tau,r,v,l,s \mid x_1,x_2,y,\theta)=q(a \mid \tau,r)q(v \mid l,s)q(\tau \mid l)q(l,r,s) \tag{10-4-11}$$

这种分解是根据模型得到的，q 的记法略去了数据和参数，因此会有 $q(a|\tau,r)=p(a|\tau,r,x_1,x_2,y,\theta)$。后验分量 q 的泛函形式也遵从模型分布。此处的模型是把 Gauss 分量按离散变量捆绑在一起构造而成的，可以证明，音频后验 $q(a|\tau,r)$ 以及视频后验 $q(v|l,s)$都是 Gauss 的，即

$$\begin{cases}q(a \mid \tau,r)=\mathcal{N}(a \mid \mu_{\tau,r}^a,\boldsymbol{v}_r^a)\\ q(v \mid l,s)=\mathcal{N}(v \mid \mu_{l,s}^v,\boldsymbol{v}_s^v)\end{cases} \tag{10-4-12}$$

测度 $\mu_{\tau,r}^a,\mu_{l,s}^v$ 和精度矩阵$\boldsymbol{v}_r^a,\boldsymbol{v}_s^v$ 可以直接计算。注意，精度矩阵并不依赖于平移参数 τ 和 l，计算得到精度矩阵要考虑式(10-4-11)，而且其对数满足

$$\log p(a,\tau,r,v,l,s \mid x_1,x_2,y,\theta)=\log p(x_1,x_2,y,a,\tau,r,v,l,s \mid \theta)+\text{常数} \tag{10-4-13}$$

其中常数独立于隐含变量。根据模型，这个对数是 a,v 的二次函数。为了求得 v 的后验均值，有

$$\begin{cases}\mu_{l,s}^v=(v_s^v)^{-1}(\phi_s\mu_s+G_l^{\mathrm{T}}\psi y)\\ v_s^v=\phi_s+\psi\end{cases} \tag{10-4-14}$$

用类似方式可以得到 a 的后验均值和精度矩阵的求解方程。

后验概率的另一个分量就是条件概率表 $q(\tau|l)=p(\tau|l,x_1,x_2,y,\theta)$，其表达式是

$$q(\tau \mid l)\propto p(\tau \mid l)\exp\{\lambda_1\lambda_2 v_1 v_2(v_r^a)^{-1}c_\tau\} \tag{10-4-15}$$

其中

$$c_\tau=\sum_n x_{1n}x_{2,n+\tau} \tag{10-4-16}$$

就是麦克风信号 x_1 与 x_2 的互相关函数。最后，后验概率的最末一个分量是概率表 $q(l,r,s)$，其形式略去。

$q(\tau|l)$的计算涉及一个次要的但却微妙的方面。在本章我们假定时间变量是离散的，所以把时间延迟 τ 也视为离散变量。特别地，$q(\tau|l)$是一个离散概率表。然而，为了数学处理上的方便，式(10-4-6)的模型分布 $p(\tau|l)$仍对 τ 连续。因此，在建立算法时，后验分布 $q(\tau|l)$的计算严格说是近似的，而在模型中的真后验分布必须是连续的。反过来说，这种近似具有多种可变的形式。现在我们给出一种算法。首先把近似后验概率分布

写成 δ 函数和的形式，即

$$q(\tau \mid l)=\sum_{n} q_{n}(l) \delta(\tau-\tau_{n}) \tag{10-4-17}$$

其中，τ_n 是隔开的时间点。系数 q_n 是非负的而且全体求和为 1，对 l 的依赖关系初始并未规定。其次，$q_n(l)$ 的计算是通过最小化实际后验分布与近似后验分布之间的 Kullback-Leibler(KL)距离得到的。满足上式的所有可能的中得到一个最优的近似后验概率。

2. M-步

M-步的任务是更新式(10-4-8)的参数 θ，更新规则是根据下面的目标函数得到

$$\mathcal{F}(\theta)=\langle\log p(x_1, x_2, y, a, \tau, r, v, l, s \mid \theta)\rangle \tag{10-4-18}$$

上式称为**平均完全数据似然（averaged complete data likelihood）**，其中使用符号〈·〉表示后验概率表达式(10-4-11)对并不出现在公式左边的所有隐含变量的平均，另外是对所有的帧求平均。因此，$\mathcal{F}$对于每帧本质上是对数概率，对于这些帧，隐含变量的值是根据后验分布填入的，接着是对所有帧求和。这些参数的更新规则就是把$\mathcal{F}$关于每个蚕食的导数置零。

对于视频模型参数 μ_s, ϕ_s 和 π_s，有

$$\begin{cases}\mu_s=\langle\sum_{l} q(l, s) \mu_{ls}^{v}\rangle /\langle q(s)\rangle \\ \phi_s^{-1}=\langle\sum_{l} q(l, s)(\mu_{ls}^{v}-\mu_s)^2+q(s)(v_{ls}^{v})^{-1}\rangle /\langle q(s)\rangle \\ \pi_s=\langle q(s)\rangle\end{cases} \tag{10-4-19}$$

其中，所有的 q 的计算是根据 E-步得到的 $q(l,r,s)$ 近似求边际分布来的。注意，此处〈·〉仅仅意味着对帧求平均。类似地，对于音频模型参数 η_r, π_r 的更新规则也可以得到。

对于音频-视频联合的参数 α, β，为简单起见，假定 $\alpha'=0$，则有

$$\begin{cases}\alpha=[\langle l_x \tau\rangle-\langle\tau\rangle\langle l_x\rangle] /[\langle l_x^2\rangle-\langle l_x\rangle^2] \\ \beta=\langle\tau\rangle-\alpha\langle l_x\rangle \\ v_\tau^{-1}=\langle\tau^2\rangle+\alpha^2\langle l_x^2\rangle+\beta^2+2 \alpha \beta\langle l_x\rangle-2\langle\tau l_x\rangle-2 \beta\langle\tau\rangle\end{cases} \tag{10-4-20}$$

其中，除了对帧求平均外，〈·〉也意味着在每一帧对 $q(\tau,l)$ 求平均，而 $q(\tau,l)$ 是对 $q(\tau|l)\cdot q(l,r,s)$ 求边际分布而得到。

注 根据方程式(10-4-19)，对于每个像素 n 计算均值 $(\mu_s)_n$，要求对所有可能的空间平移 l 求和，而因为所有可能的空间平移数等于像素数，这就意味着这个算法的复杂性是像素数 N 的二次函数。

3. 跟踪

跟踪的完成是利用式(10-4-9)在 E-步进行的，其中 $p(l|x_1,x_2,y)$ 是由 $q(\tau,l)$ 按边际分布计算得到的。对于每一帧，这个后验分布模式表示了最大可能的目标位置，以及这个模式的分散程度，即不确定的程度。

10.4.5 融合与跟踪结果

利用上述音频-视频数据融合的参数估计与目标跟踪算法，视频速率是 15 帧/秒，而音频的数字化采样率是 16kHz，这样每一帧就包含一个 160×120 像素的图像帧和两个 1066 样本长度的音频帧。无须人工设置模型参数，也不要求初始化，对算法输入的只是原始数据。该算法能够用来估计音频信号到达的时间延迟，以及目标位置，同时学习了所有的模型参数，包括校准（音频-视频联结）参数。用 MATLAB 处理的速度对每个 EM 迭代是 50 帧/秒。一般每迭代 10 次收敛。

在图 10-4-6 中，第一行只有音频信号，第二行是音频-视频信号，第三行只是视频模型。每一行都由对 l_x 的推断（底部）和对于视频序列选择的帧组成，并根据垂直的点画线按时间进行定位。注意，为了清楚起见，当目标水平移动时，每幅图的底下一行都表示按垂直轴对 l_x 的推断。用白点圈起来的区域，或者在只有音频模型的情况（第一行）是两个白线之间，表示对于推断目标位置时概率 mass 函数占据压倒优势的区域。

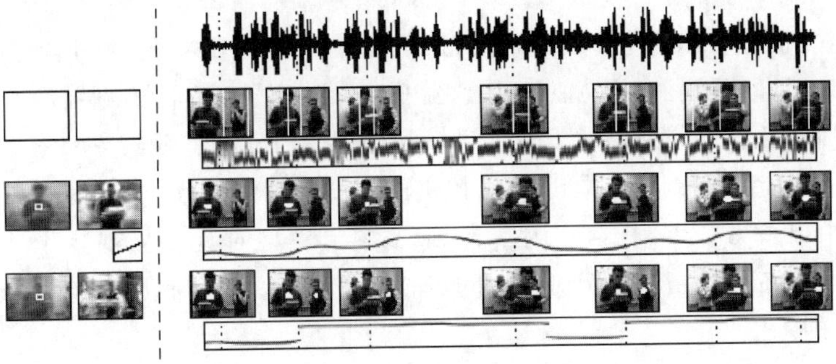

图 10-4-6 跟踪结果比较图

在图 10-4-5 中的两种序列都含有很强的背景噪声和视频干扰，我们对于只利用音频的模型（如图 10-4-3 所示），利用音频-视频全模型（如图 10-4-5 所示），以及只利用视频模型（如图 10-4-4 所示）的情况进行了对比分析。在这些多形态数据中，还有一个在移动且说话的人，而同时有很强的视频干扰背景，其中有另外两个人在互相说话而且走来走去。为了利用音频-视频模型实现对感兴趣目标的跟踪，要加入 τ 到 l 的一个连线（其参数分别计算），从而可以计算后验概率 $q(l)$。图 10-4-5 中左边两列表示学习图像模板和变差图（对于音频模型，这些图是左边空缺的）。注意，只利用视频的模型观测（第三行）是失败的，因为这种方法只集中在背景目标上，而只学习得到了一个模糊的模板。推断的位置在很大程度上处在毫无意义的位置上，偶尔做些切换，因为这个模型一直不能决定应该集中在什么位置。这种情况已经在图 10-4-5 中表示出来了，白点表示每帧图中的适当位置，而捕获的点用位置点表示。只利用音频的模型观测（第一行）提供了一个该噪声的估计 l_x，用白色的垂直线表示，但得不到对 l_y 的估计因为只提供了麦克风在水平上的联合。然而，利用音频-视频全模型（第二行）对于前景模型学习了一个模板，同时得到了由于人体移动变化造成的变差图。学习得到的由位置到延迟变量之间的线性映射表示在模板变差图之下。对目标的跟踪延迟，即使在没有数据的施加段，不管背景噪声有多强，都能够得到定位图，而且得到一个平滑的跟踪轨迹，具有很高的可信度，而且无须模板滤波。

在图 10-4-7 中，后验分布 $q(\tau)$ 表示 τ 的不确定性（左边），而黑的区域表示更确定，其中 $\tau \in \{-15, -14, \cdots, 0, \cdots, 14, 15\}$，水平定位的不确定性用后验分布 $q(l_x)$ 来表示，形状是类似的。图中的四行相应于 2 次、3 次、4 次和 10 次迭代后的推断结果，算法已经收敛。特别要注意，τ 的最终不确定性得到显著改进，是由相关性得到的。

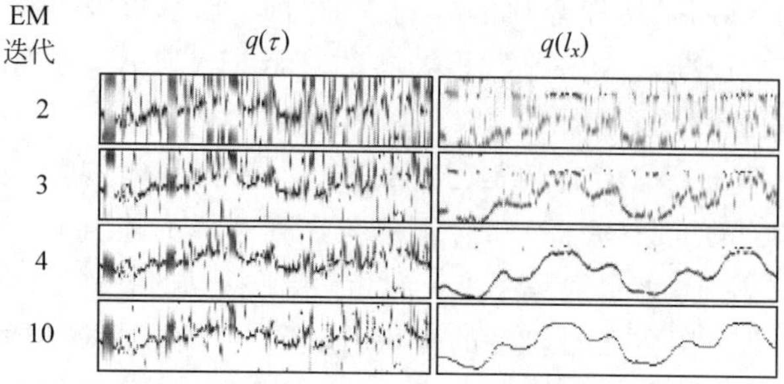

图 10-4-7　带 EM 迭代的联合模型学习曲线图

由图 10-4-7 的结果表明，参数估计的过程，是通过几个 EM 迭代对音频-视频跟踪进行逐步改进的。时间延迟和位置估计由于随机初始化而带有很强的噪声。这些估计随着迭代的进展而得到一致性改善，即使音频部分从来也没有与其延迟估计相符合。大部分原因是图像的影响造成的，但通过 10 次迭代仍然有助于视频部分达到近似确定的效果。在图 10-4-8 中，给出了另一个例子，利用了音频-视频全模型对具有强视频干扰的目标进行跟踪。可以看出，在两种情况下定位图都具有步进倾向，而实际上在走路的目标就是按步进模式运动的。

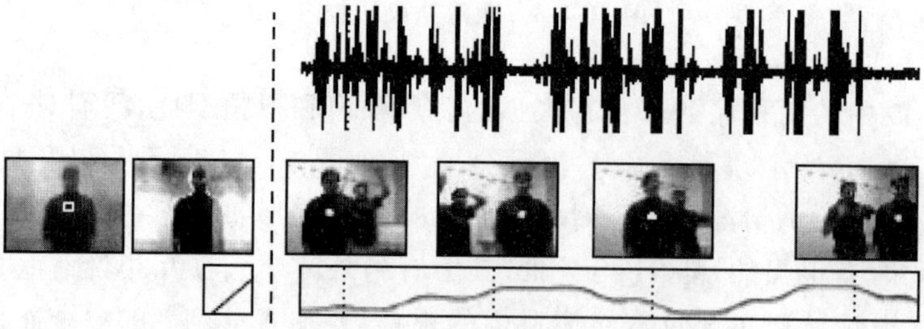

图 10-4-8　对具有很高视频噪声的跟踪结果

10.5　共同杂波环境中基于异类信息的多传感误差传递与校正

在目标跟踪领域，如何提高目标航迹的估计精度是一个关键的问题。传统做法是基于目标量测数据进行滤波或者融合以减小随机误差。但是，在利用异类多传感信息的情况下，基于误差的相关性以提高估计精度是一条新的思路。在强相关条件下，依据误差形成的基本理论，研究多目标之间量测数据误差的传递和校正，具有非常重要的理论意义和工程应用价值。

10.5.1 概述

在目标跟踪问题中有一类问题值得关注，即在一个共同的杂波环境中，同一传感器可以同时对两个或两个以上的目标进行同步观测，并且其中有一个目标还可以在由其他传感器获得高精度的定位数据的情况下，如何精确地估计另一个目标的航迹是非常值得研究的问题。解决此类航迹估计问题的传统做法是，基于被估计目标的模型和量测数据直接进行滤波以减小随机误差，从而得到对目标航迹在最小方差意义下的最优估计。如果有多个传感器同时对这些目标进行观测时，还可以进行融合处理以进一步减小估计误差。基于被观测目标的强相关性假设，可以建立一种基于误差传递与校正的新方法。

对于此类问题，一个十分重要而有用的假设为：多个目标量测数据的误差之间具有强相关性，并且其中至少一个目标的位置可以精确标定。根据误差相关性理论，此时多个目标量测数据的误差可以互相参照与补偿[7-8]。基于这一假设和误差理论，文献[6]深入探讨了在共同杂波环境中多目标同步观测时，量测数据误差的传递与校正问题，而且就该类问题的基本概念、原理和校正方法做了细致研究，获得了有价值的结果。

10.5.2 问题描述与基本原理

由于在共同杂波环境中(同一波门)进行多目标观测，各个目标的测量信息所受到的杂波和噪声干扰具有相同或者相似的性质，因此称这个环境为"共同观测环境"。此时，由于单个传感器同时对多个目标进行同步量测，而其中有一个目标具有高精度定位数据，如何利用该目标的精确量测数据来校正对其他目标的量测数据，进而达到提高对其他目标航迹估计的精度，就成为所要研究和解决的关键问题。为简化表达，这里仅讨论两个目标作二维运动的情形，如图 10-5-1 所示。

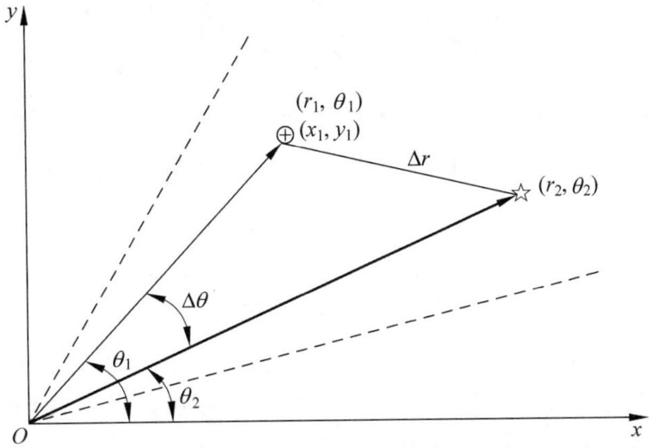

图 10-5-1 共同杂波环境下同一传感器对两个不同目标的观测

对于三个以上目标作三维运动的情形，其原理类似。为叙述方便，以下均把作为误差校正基准的目标称为目标 1，有关符号中以下标 1 表示；把被校正目标称为目标 2，有关符号中以下标 2 表示。传感器可量测两个目标的距离信息和角度信息，同时目标 1 携带有导航传感器可以获得优良的定位数据。传感器量测数据以球坐标(r,θ)形式提供，数据以直角坐标(x,y)形式提供。

由于使用同一个传感器，又是同步量测，且量测过程处于一个共同的观测环境中，对多个目标的量测信号所受到的噪声干扰相同或者相似。因此，各目标的量测数据误差之间存在相关性[7]。利用这种相关性，我们可以进行不同目标量测数据之间的误差传递和校正，其基本原理可概括如下：

(1) 为使问题具有一般性，用相关系数 ρ 来描述随机误差之间的相关性，它随着两个目标之间距离的变化可在 1～0 变化[9]，即

$$\rho=\mathrm{e}^{-\alpha d} \tag{10-5-1}$$

其中，d 是对两个目标之间距离的估计，α 是一个常数。

(2) 对目标 1 而言，由于利用其他定位传感器获得的基准数据序列(x_1,y_1)的精度比量测数据序列(r_1,θ_1)高一个数量级以上，因此可直接以序列(x_1,y_1)为标准计算目标 1 量测数据中包含的量测误差。两个坐标系需要转换，在笛卡儿坐标系中的 x 和 y 的误差 $\tilde{x}$ 和 $\tilde{y}$ 可以表示为

$$\begin{cases}\tilde{x}=r\cos\theta(\cos\tilde{\theta}-1)-(r+\tilde{r})\sin\theta\sin\tilde{\theta}+\tilde{r}\cos\theta\cos\tilde{\theta}\\ \tilde{y}=r\sin\theta(\cos\tilde{\theta}-1)+(r+\tilde{r})\cos\theta\sin\tilde{\theta}+\tilde{r}\sin\theta\cos\tilde{\theta}\end{cases} \tag{10-5-2}$$

其中，$\tilde{r}$和 $\tilde{\theta}$ 是距离 r 和方位 θ 的量测误差。

(3) 需要对目标 1 的量测数据误差进行分离和标定处理。量测误差可以分为系统误差和随机误差两类，其中系统误差可以认为是设备的固有误差，不随量测次数而变化；随机误差是随量测次数而变化的，且在统计意义上服从某种分布。因为多个目标在同一杂波环境中，受到同样水平的系统误差和随机误差，而每一步量测的随机误差各不相同，因此有必要进行误差分离和标定，即

$$\begin{cases}\delta_{r_1}=\bar{\delta}_{r_1}+\varepsilon_{r_1}\\ \delta_{\theta_1}=\bar{\delta}_{\theta_1}+\varepsilon_{\theta_1}\end{cases} \tag{10-5-3}$$

其中，$(\delta_{r_1},\delta_{\theta_1})$是量测误差，$(\bar{\delta}_{r_1},\bar{\delta}_{\theta_1})$是系统误差，而$(\varepsilon_{r_1},\varepsilon_{\theta_1})$是随机误差。所谓误差分离和标定处理就是得到对$(\bar{\delta}_{r_1},\bar{\delta}_{\theta_1})$的估计（标定），并与$(\varepsilon_{r_1},\varepsilon_{\theta_1})$进行分离。

(4) 目标 1 量测数据序列(r_1,θ_1)中所包含的系统误差$(\bar{\delta}_{r_1},\bar{\delta}_{\theta_1})$可以直接、线性地映射到目标 2 量测数据序列$(r_2,\theta_2)$上；而目标 1 量测数据序列$(r_1,\theta_1)$中的随机误差$(\varepsilon_{r_1},\varepsilon_{\theta_1})$则需要根据相关系数 ρ 选择一个合适的传递函数来映射到目标 2 量测数据序列(r_2,θ_2)上。

(5) 由于误差传递和映射是针对每一步量测的实际误差进行的（有正负方向），因此对目标 2 进行误差校正时，直接扣除即可。

10.5.3 目标 1 量测数据的误差标定与分离算法

如果传感器量测数据和定位量测数据均已经过时间配准和空间配准，则后续的计算

可以直接进行；否则，需要先进行时空配准的预处理。

1. 量测误差序列的计算公式

由于定位数据(x_1,y_1)的精度比传感器量测精度高至少一个数量级，因此可直接作为计算目标1量测数据(r_1,θ_1)误差序列的基准。由图10-5-1所示的几何关系，不难写出目标1量测数据误差序列的计算公式

$$\begin{cases}\delta_{r1}(k)=r_1(k)-(x_1^2(k)+y_1^2(k))^{1/2}\\ \delta_{\theta 1}(k)=\theta_1(k)-\arcsin\left(\dfrac{y_1(k)}{(x_1^2(k)+y_1^2(k))^{1/2}}\right)\end{cases}\quad k=1,2,\cdots,N \tag{10-5-4}$$

其中，$\{[x_1(k),y_1(k)]^{\mathrm{T}}\}_{k=1,2,\cdots,N}$为目标1的基准数据序列，$\{[r_1(k),\theta_1(k)]^{\mathrm{T}}\}_{k=1,2,\cdots,N}$为目标1的量测数据序列，$\{[\delta_{r_1}(k),\delta_{\theta_1}(k)]^{\mathrm{T}}\}_{k=1,2,\cdots,N}$为目标1的量测误差序列，$N$为数据序列采样总步数。

2. 量测数据的误差标定

为简化算法表达，这里仅讨论传感器各个量测通道相互独立的情况。此时，各个量测分量的误差可分别进行标定，也可写成向量形式一并进行，此处均采用向量形式。量测数据序列所包含的系统误差的标定，需要将量测误差序列按样本整体进行统计处理。此处处理的重点是为了获取目标1量测数据的系统误差。具体的误差标定算法可参考文献[9-11]，此处不展开讨论。我们直接将系统误差标定结果写成一个函数表达式

$$\bar{\delta}_1(k)=\mathcal{D}[\delta_1(1),\delta_1(2),\cdots,\delta_1(k)],\quad k=1,2,\cdots,N \tag{10-5-5}$$

其中，$\{\bar{\delta}_1(k)=[\bar{\delta}_{r_1}(k),\bar{\delta}_{\theta_1}(k)]^{\mathrm{T}}\}_{k=1,2,\cdots,N}$为目标1的系统误差序列，$\mathcal{D}$表示误差标定算子，它实际上是一个统计处理算法。显然这里要求一种实时误差标定算法。

3. 量测数据的误差分离

根据上一步误差标定所得到的结果，在每一步量测数据中得到对系统误差的估计，从而根据迭加原理，可以把随机误差进行分离为

$$\begin{bmatrix}\varepsilon_{r_1}(k)\\ \varepsilon_{\theta_1}(k)\end{bmatrix}=\begin{bmatrix}\delta_{r_1}(k)\\ \delta_{\theta_1}(k)\end{bmatrix}-\begin{bmatrix}\bar{\delta}_{r_1}(k)\\ \bar{\delta}_{\theta_1}(k)\end{bmatrix},\quad k=1,2,\cdots,N \tag{10-5-6}$$

其中，$\{[\delta_{r_1}(k),\delta_{\theta_1}(k)]^{\mathrm{T}}\}_{k=1,2,\cdots,N}$为目标1的量测误差序列，$\{[\bar{\delta}_{r_1}(k),\bar{\delta}_{\theta_1}(k)]^{\mathrm{T}}\}_{k=1,2,\cdots,N}$为标定的目标1随时间变化的系统误差序列，$\{[\varepsilon_{r_1}(k),\varepsilon_{\theta_1}(k)]^{\mathrm{T}}\}_{k=1,2,\cdots,N}$则是目标1随时间变化的随机误差序列。

10.5.4 从目标1量测数据到目标2量测数据的误差传递算法

1. 系统误差的传递算法

系统误差主要取决于量测设备的特性、量测原理以及量测所处的环境[7-8]。由于在

此多目标量测使用的是同一个传感器，且为同步量测，又处在一个共同的观测环境中，从而对多个目标进行量测时其系统误差处在同一水平上，所以系统误差可以直接按照一定的比例系数进行线性传递[7]，即

$$\begin{bmatrix}\bar{\delta}_{r_2}(k)\\ \bar{\delta}_{\theta_2}(k)\end{bmatrix}=\boldsymbol{C}(k)\begin{bmatrix}\bar{\delta}_{r_1}(k)\\ \bar{\delta}_{\theta_1}(k)\end{bmatrix},\quad k=1,2,\cdots,N \tag{10-5-7}$$

其中，$\{[\bar{\delta}_{r_2}(k),\bar{\delta}_{\theta_2}(k)]^{\mathrm{T}}\}_{k=1,2,\cdots,N}$ 为目标 2 量测数据的误差序列，$\{[\bar{\delta}_{r_1}(k),\bar{\delta}_{\theta_1}(k)]^{\mathrm{T}}\}_{k=1,2,\cdots,N}$ 为目标 1 量测数据的误差序列，$\boldsymbol{C}(k)$ 为第 k 步的误差映射系数矩阵。在各个量测通道误差之间没有耦合的情况下则有

$$\boldsymbol{C}(k)=\begin{bmatrix}C_r(k) & 0\\ 0 & C_\theta(k)\end{bmatrix},\quad k=1,2,\cdots,N \tag{10-5-8}$$

其中，$C_r(k)$，$C_\theta(k)$分别为距离误差映射系数以及角度误差映射系数。在实际系统中，$\boldsymbol{C}(k)$需要依赖于传感器特性和工作环境来确定。对于雷达传感器，在其稳定跟踪的前提下，其距离通道量测的系统误差大小与距离的绝对大小并无直接关系，角度通道量测的系统误差大小与角度大小也基本无关，因此一般可取距离误差映射系数为

$$C_r(k)\approx 1,\quad C_\theta(k)\approx 1,\quad k=1,2,\cdots,N \tag{10-5-9}$$

对于其他的传感器以及在非稳定跟踪的条件下，则须酌情决定 $C_r(k)$，$C_\theta(k)$。

2. 随机误差的传递算法

即使是在共同观测环境下，使用同一传感器对两个目标进行同步量测时，也不能认为它们的随机误差处在同一水平上。因此，随机误差不能直接按照一定的比例系数进行线性传递，而需要根据误差相关情况构造一个函数进行映射，即

$$\begin{bmatrix}\varepsilon_{r_2}(k)\\ \varepsilon_{\theta_2}(k)\end{bmatrix}=\boldsymbol{f}_{\varepsilon}^{k}\left\{\rho(k),\begin{bmatrix}\varepsilon_{r_1}(k)\\ \varepsilon_{\theta_1}(k)\end{bmatrix}\right\},\quad k=1,2,\cdots,N \tag{10-5-10}$$

其中，$\{[\varepsilon_{r_2}(k),\varepsilon_{\theta_2}(k)]^{\mathrm{T}}\}_{k=1,2,\cdots,N}$ 和 $\{[\varepsilon_{r_1}(k),\varepsilon_{\theta_1}(k)]^{\mathrm{T}}\}_{k=1,2,\cdots,N}$ 分别为目标 2 和目标 1 量测数据的随机误差序列，$\rho(k)$为 k 时刻传感器对目标 1 及目标 2 进行同步观测时的随机误差相关系数，$\boldsymbol{f}_{\varepsilon}^{k}\{\cdot,\cdot\}$ 为 k 时刻从目标 1 量测数据到目标 2 量测数据的随机误差映射函数，它是一个双变元向量函数。

关于随机误差映射函数的构造或选取问题，是一个值得深入探讨的问题。因为 $\boldsymbol{f}_{\varepsilon}^{k}\{\cdot,\cdot\}$严重依赖于环境杂波和噪声特性，所以应该根据环境特性来确定，而环境特性又需要通过大量试验才能得到。为了简单起见，此处依据"相关系数＋比例系数"的法则构造一个简单易行的映射函数为

$$\begin{bmatrix}\varepsilon_{r_2}(k)\\ \varepsilon_{\theta_2}(k)\end{bmatrix}=\sqrt{\boldsymbol{R}(k)}\,\boldsymbol{C}(k)\begin{bmatrix}\varepsilon_{r_1}(k)\\ \varepsilon_{\theta_1}(k)\end{bmatrix},\quad k=1,2,\cdots,N \tag{10-5-11}$$

其中，$\boldsymbol{C}(k)$为如前定义的误差映射系数矩阵，$\boldsymbol{R}(k)$为传感器对目标 1 及目标 2 进行同步观测时的随机误差相关系数矩阵。式中采用平方根的原因是相关系数一般定义为方差之比。在各个量测通道的随机误差之间没有耦合关系的情况下则有

$$\boldsymbol{R}(k)=\begin{bmatrix}\rho_r(k) & 0\\ 0 & \rho_\theta(k)\end{bmatrix},\quad k=1,2,\cdots,N \tag{10-5-12}$$

其中，$\rho_r(k)$，$\rho_\theta(k)$分别为 k 时刻传感器对目标 1 以及目标 2 同步进行观测时距离通道、角度通道的随机误差相关系数。如果距离通道与角度通道的随机误差相关系数相同，则 $\boldsymbol{R}(k)$将退化为一个系数 $\rho(k)$，即有 $R(k)=\rho(k)I_2$，其中 I_2 是单位矩阵。进而，如果每一步量测的随机误差相关系数均相同，则 $\boldsymbol{R}(k)$ 将进一步退化为一固定常数，即有 $\boldsymbol{R}(k)\equiv\rho I_2$。

10.5.5 目标 2 量测数据的误差校正算法

有了对目标 2 量测数据的误差估计之后，误差校正就变得简单可行了。由于在前面所述的误差传递中，不论是系统误差还是随机误差都带有正负符号（即误差都是区分方向的），因此在对目标 2 量测数据进行误差校正时，直接减去从目标 1 传递到目标 2 的系统误差和随机误差即可。公式如下

$$\begin{bmatrix}\hat{r}_2(k)\\ \hat{\theta}_2(k)\end{bmatrix}=\begin{bmatrix}r_2(k)\\ \theta_2(k)\end{bmatrix}-\begin{bmatrix}\bar{\delta}_{r_2}(k)\\ \bar{\delta}_{\theta_2}(k)\end{bmatrix}-\begin{bmatrix}\varepsilon_{r_2}(k)\\ \varepsilon_{\theta_2}(k)\end{bmatrix},\quad k=1,2,\cdots,N \tag{10-5-13}$$

其中，$\{[r_2(k),\theta_2(k)]^{\mathrm{T}}\}_{k=1,2,\cdots,N}$是目标 2 原始的量测数据序列，$\{[\hat{r}_2(k),\hat{\theta}_2(k)]^{\mathrm{T}}\}_{k=1,2,\cdots,N}$是目标 2 经误差校正后的量测数据序列。

仿真环境设计及其采用的主要算法如下：

(1) 两个目标均做匀速直线运动，且运动轨迹平行；

(2) 仿真满足前述的两个假定条件；

(3) 传感器为雷达，测距误差量级为 100m，测角误差量级为 0.001 弧度，高精度定位数据为误差量级在 x，y 方向均为 1m；

(4) 误差分离、传递和校正算法如前所述，根据环境设计，误差映射系数矩阵 $\boldsymbol{C}(k)$取为单位矩阵 $\boldsymbol{I}_2$，随机误差相关矩阵 $\boldsymbol{R}(k)$取为一个相关系数 ρ；

(5) 滤波采用标准 Kalman 滤波算法。

仿真实验中，随机误差相关系数在 0～1 可调。为了观察相关系数大小对误差传递和校正效果的影响程度，分别将相关系数 ρ 设置为 0.2、0.5、0.9 和 0.99 四种典型情况，实验结果如图 10-5-2 所示（图中结果为四种情况下目标 2 位置估计的均方根误差 RMSE）。

从图 10-5-2 的仿真结果可以看出：

(1) 只要两个目标量测数据误差之间具有相关性（即相关系数 $\rho>0$），就可以采用误差传递和校正的方法来提高目标 2 量测数据的精度。

(2) 校正后量测数据精度提高的程度取决于两个目标随机误差相关的程度（即相关系数大小），如果误差相关程度较高（相关系数在 0.5 以上），则误差校正将取得明显的效果。

图 10-5-3 表示了分别采用误差校正方法和直接滤波方法所得到的目标 2 位置估计

的均方根误差(RMSE)。从仿真结果可以看出：

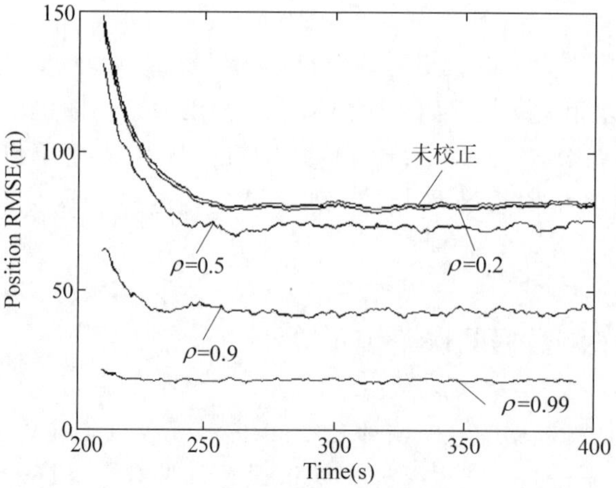

图 10-5-2　误差传递及校正对目标 2 量测数据精度的提高情况

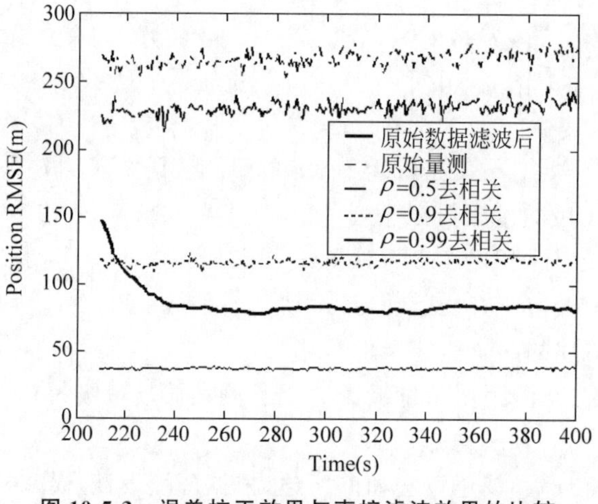

图 10-5-3　误差校正效果与直接滤波效果的比较

(1) 采用误差校正的方法和直接滤波的方法都可以提高量测数据的精度。

(2) 只有当两个目标量测数据误差相关程度很高(即符合强相关性条件)时,采用误差校正的方法才能取得比滤波方法更好的效果。

综上所述,基于共同杂波环境中同一传感器对多个目标实施同步观测时量测数据之间具有强相关性假设的前提下,进行量测数据的误差传递和校正是有效的。仿真实验结果表明,在所述问题背景下,用作基准目标的量测数据误差完全可以用于传递和校正其他目标的量测数据;如果目标之间误差相关程度较高,则校正后的量测数据精度将得到较大幅度的提高。

10.6　多源异类信息融合的一般方法论探讨

本节深入讨论基于多源异类信息融合的环境感知与目标识别的一般方法论问题,包括求解多源异类信息融合问题的一般方法、基于知识发现的多分类器融合。一种广义粗集方法、多源异类信息融合的随机集方法、基于隶属度函数生成基本概率赋值(mass 函数)的广义熵方法,以及基于类 Jeffrey 规则的证据更新与生成类 Bayes 规则等都给予简单介绍。

10.6.1 多源异类信息融合的一般概念

正如第 9 章所述,在动物界中,典型的用于目标识别的异类信息融合的例子是响尾蛇的光眼和热眼结合环境感知与目标识别问题,如图 10-6-1 所示。响尾蛇的光眼接收周围环境的可见光图像信息,从而可以发现目标。但是,对于掩藏在草丛中的猎物却很难发现。响尾蛇的热眼接收周围环境的红外图像信息,由于温差存在,它可以准确地发现掩藏在草丛中的目标。

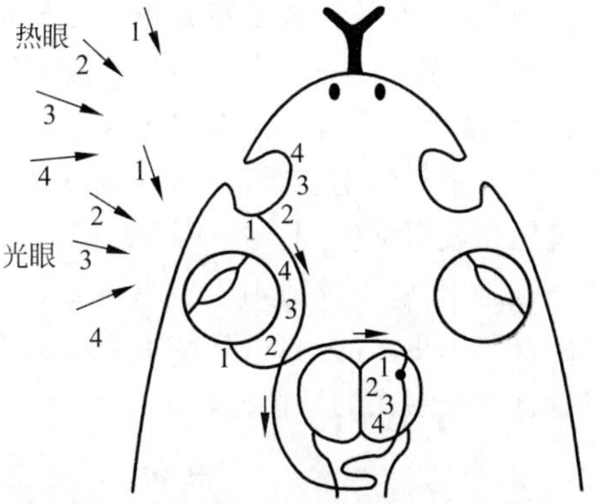

图 10-6-1 响尾蛇的光眼和热眼的信息的融合

响尾蛇的大脑顶盖对来自两类眼睛的信息进行融合,最后判定是否为可捕捉的目标。根据人们当前的研究,响尾蛇大脑顶盖对两类信息的融合模式共有六种,如表 10-6-1 所示。这六种模式反映的是"多模式"的神经元对不同组合可见光和红外信息响应的能力,是自然界多源异类信息融合的典型机制。在这种典型机制中,前两种是简单逻辑机制,也是人类仿生技术中常用的方法,它反映的是两类信息的相容性以及由逻辑产生的简单规则。而后四种则是反馈机制,或者说是条件机制。条件机制反映的是一类信息对另一类信息的作用,或者抑制,或者增强。这种逻辑就是复杂逻辑,反映的是异类信息融合的复杂机制。

表 10-6-1 响尾蛇大脑顶盖对光眼和热眼获取信息的融合机制

模式类别	光眼状态	热眼状态	融合模式描述
1	接收信息	接收信息	逻辑"与"
2	接收或未接收信息	接收或未接收信息	逻辑"或"
3	接收信息	接收信息并增强	光眼信息对热眼信息的增强
4	接收信息	接收信息并抑制	光眼信息对热眼信息的抑制
5	接收信息并增强	接收信息	热眼信息对光眼信息的增强
6	接收信息并抑制	接收信息	热眼信息对光眼信息的抑制

所谓异类信息(heterogeneous information)就是指完全不同质的信息,如视觉信息与听觉信息;或者同质但不同态的信息,如不同频段上的光学信息等。一般情况下,异类信息具有很强的互补性,因而由之产生的融合信息更具有实用价值。然而,异类传感信息融合却面临着许多困难,最主要的困难是目前尚没有统一的数学工具与方法,描述和分析多源异类信息特性以及相应的异类信息融合问题。

多源信息融合一般可在不同的层次上进行,如数据层(图像的像素层)、特征层和决策层。因为异类信息固有的特点，目前在数据层进行融合的难度极大，一般只限于在特征层或决策层进行研究。

10.6.2 多源异类信息融合的基本思路

因为多源异类信息融合的特殊性，一般在数据级的融合存在本质的困难，甚至根本不可能，所以不予讨论；而决策级融合是在信息表示的最高层上进行的融合处理。以目标识别为例，对各个传感器获得信息分别进行处理，即分别进行信息获取、特征提取和目标识别，建立对同一目标的初步判决和结论；然后由融合中心进行表决以取得最终的识别结论，常用的融合方法有 Bayes 方法、Dempster-Shafer 方法、广义推理法等。

本节重点讨论基于多源特征信息融合的目标识别问题，即利用特征级融合结果进行环境感知或目标识别。特征级融合是中间层的融合处理，比数据级（或像素级）融合具有更强的通用性，不仅适用于多源同类信息融合，也适用于多源异类信息融合；同时比决策级融合利用更多的信息，其结果要比决策级融合结果更具有可信性。表 10-6-2 给出了信息融合三个层次的性能比较。

表 10-6-2 信息融合三个层次的性能比较

性　能	数据（像素）级融合	特征级融合	决策级融合
信息量	最大	中等	最小
信息损失	最小	中等	最大
容错性	最差	中等	最好
抗干扰性	最差	中等	最好
对传感器的依赖性	最强	中等	最弱
预处理	最小	中等	最大
分类性能	最好	中等	最差
融合方法的难易性	最难	中等	最易
系统的灵活性	最差	中等	最好

图 10-6-2 给出了基于特征级信息融合的目标识别系统结构框图，其中各个传感器对获取对象不同的信息（同类信息中具有互补性的信息或互补的异类信息）分别进行预处理，并获取对象特征，对这些具有互补性的特征进行融合处理，以便形成总体的特征向量，在此基础上进行模式识别，以得到目标的识别结果。

对于不同传感系统获得的目标特征、描述方式和量纲都不相同，如何把不同的特征进行融合处理是问题的关键。在对各种特征进行融合处理时，证据合成是一种行之有效的方法。但是，有时候两种传感器的特征量不可能处在同一个特征空间，即两组特征量完全独立。首先利用扩大特征空间的方式，把各个传感器已经提取的特征组合成新的特征。例如，传感器 1 给出的特征组合是 A_1，传感器 2 给出的特征组合是 A_2，新的组合特征就是 $A=\{A_1, A_2\}$。两个传感器分别有特征空间 X_1 和 X_2，则组合的特征空间是笛卡儿积空间 $X_1 \times X_2$。图 10-6-3 给出了利用扩大特征空间进行特征组合的示意图。

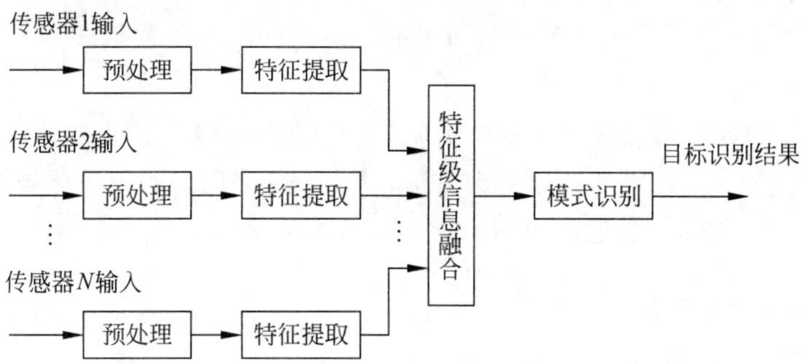

图 10-6-2 基于特征级信息融合的目标识别系统

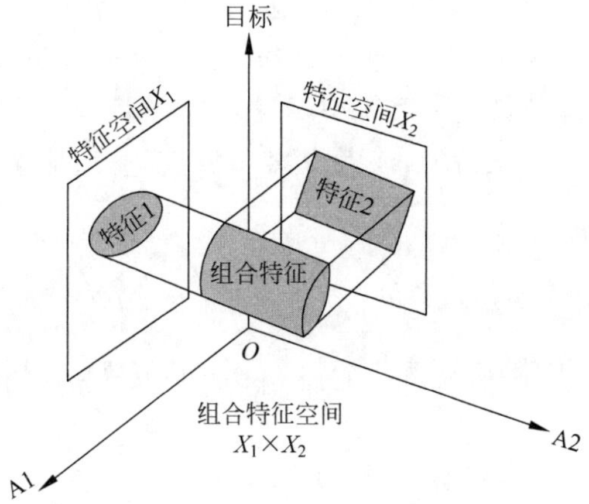

图 10-6-3 利用扩大特征空间进行特征组合

10.6.3 多源异类信息融合的方法论探讨

1. 用随机集理论描述和解决多源异类信息融合的基本思路

自然界响尾蛇的大脑顶盖对来自两类眼睛的信息进行融合所反映的条件机制，启发我们建立多源异构信息的统一描述方法，重点是多源异类信息特征空间的描述、特征提取与异类特征的同化，并在此基础上建立新的实现多源异类信息融合的方法，特别是基于生物多模异类信息融合机制的多源异类信息融合方法，从而达到非结构化信息互补集成的目的。

我们在国家重大项目中重点研究的关键科学问题包括：

(1) 基于随机集理论的多源异类信息的统一描述方法研究。因为异类信息的异质特性，常用的数学工具很难对其进行统一描述，按不确定性集合(事件)之间的相互关系来描述是一种可行的途径。

(2) 基于容差关系广义粗集理论的多源异类信息特征选择及特征空间同化算法研究。在解决统一描述的基础上要解决的关键问题是多源异类信息的相容性问题，即按某种相容的度量来定义事件之间的差异，而容差关系广义粗集理论则是一种有效的工具。

(3) 基于 D-S 证据理论的多源异类信息的融合算法研究。这是完成多源异类信息的融合问题的重要一步，关键是建立时间配准和空间配准和各种条件下的D-S证据合成算法。

(4) 按照生物异类信息融合的复杂机制，基于随机集理论和条件事件代数的基本理论，以及基于类Jeffrey规则的证据更新方法，建立事件之间的类Bayes规则，从而建立类似生物复杂融合机制的一类融合规则。

2. 最佳的mass函数的生成方法

首先需要说明的是，利用D-S证据理论就必须得到对各种事件的可能性赋值，常用的方法是先获得模糊赋值，即隶属度函数，然后再转换为基本概率赋值，即mass函数。前面已经简单介绍过由隶属度函数向mass函数的转换的各种方法。此处将重点讨论如何利用已知隶属度函数求解一组最合理、最佳的mass函数的方法。

考虑$U=\{u_1,\cdots,u_n\}$是一个有限对象集，$\mathcal{P}(U)$是U的幂集，$A_1,A_2,\cdots,A_1\in\mathcal{P}(U)$。假定证据体是一致支持的，或者说焦元是嵌套的，即对$\forall m(A_i)>0$有$A_1\subset A_2\subset\cdots\subset A_l$，而且

$$A_i=\{u_j:j\leqslant i\},\quad \forall i\leqslant l;\quad \sum_{i=1}^{l}m(A_i)=1 \tag{10-6-1}$$

显然对于一致支持的证据体，必然满足$\sum\limits_{u\in U}\mu(u)\geqslant 1$，故隶属度函数可以表示为

$$r_i=Pl(\{u_i\})=\sum_{j=i}^{l}m(A_j),\quad i=1,2,\cdots,l \tag{10-6-2}$$

mass函数可通过下式获取

$$r_{n+1}=0;\quad r_i-r_{i+1}=m(A_i),\quad i=n-1,n-2,\cdots,l \tag{10-6-3}$$

下面讨论更为一般的情况。给定$\mu(u_i)\in[0,1]$，$\forall u_i\in U$，当$\sum\limits_{u_i\in U}\mu(u_i)\geqslant 1$，隶属度函数可以看作似真度函数，即

$$\underset{m}{\mathrm{Max}}J(m)=-\sum_{u\in U}\left(\sum_{u\in B\subseteq U}\frac{m(B)}{|B|}\log_2\left(\sum_{u\in B\subseteq U}\frac{m(B)}{|B|}\right)\right) \tag{10-6-4}$$

$$\text{s.t.}\begin{cases}\sum\limits_{B\in\mathcal{P}(U)}m(B)=1\\ \sum\limits_{u_i\in B}m(B)=\mu(u_i),\forall u_i\in U\end{cases}$$

给定$\mu(u_i)\in[0,1]$，$\forall u_i\in U$，当$\sum\limits_{u_i\in U}\mu(u_i)\leqslant 1$，隶属度函数可以被看作是信度函数，即$B_i=\{u_i\}\subseteq U$，且

$$\underset{m}{\mathrm{Max}}J(m)=-\sum_{u\in U}\left(\sum_{u\in B\subseteq U}\frac{m(B)}{|B|}\log_2\left(\sum_{u\in B\subseteq U}\frac{m(B)}{|B|}\right)\right) \tag{10-6-5}$$

$$\text{s.t.}\begin{cases}\sum\limits_{B\in\mathcal{P}(U)}m(B)=1\\ m(B_i)=\mu(u_i),\quad B_i=\{u_i\}\subseteq U\end{cases}$$

这就完成了由隶属度函数向mass函数的转换。

3. 广义粗集模型与基于广义粗集的属性约简

等价关系是Pawlak经典粗集模型的一个关键概念，但等价关系的要求对众多应用来讲太过严格，从而大大限制了粗集理论的推广应用。因此，粗集理论研究的一个重要方向便是建立关于非等价关系的广义粗集模型，为此，许多学者做了大量工作，归纳起来，相关研究主要沿着两个方向进行：从一般关系出发进行研究和从邻域算子的观点进行研究。

然而，多数广义粗集模型和经典粗集模型都只适合处理给定的离散化数据（信息系统中的属性值），但在实际数据处理中，考虑到数据的不确定性和随机性，有必要为防止信息丢失而将对象属性的可能取值全部考虑进去，这样，对象的属性取值就不再是单点值而是集合值。另外，在目前所见的大多数粗集模型中，问题的处理往往只在一个论域内进行，而实际当中则经常遇到要在不同论域下做出某些决策。因此，必须对一般关系下的粗集模型进行扩充。

作为随机变量概念的扩展，随机集处理的是随机集值函数（随机变量处理的是随机点函数），这正满足上述情况下处理数据的要求，即将这时数据库中的对象描述函数看成随机集是十分恰当的。随着随机集理论在许多理论与实际问题中的成功应用，现已成为信息融合领域最受关注的研究方向之一。在知识发现领域，国内学者吴伟志、张文修则针对信息系统上数据的不确定性、随机性以及论域上二元关系的非等价性，建立了粗集的随机集模型，并在文献中详尽讨论了关于模糊集、随机集和随机模糊集的多种广义粗集模型及相互之间的联系。特别是其中关于随机粗集与证据理论的关系论述，为基于随机试验和统计分析的知识发现方法研究开辟了一条新途径。

设$U=\{u_1,\cdots,u_n\}$是一个有限对象集，$\mathcal{A}$是属性集合，$\mathcal{B}\subseteq\mathcal{A}$，定义二元关系

$$\tau_{\mathcal{B}}^{\varepsilon}\triangleq\{(u_i,u_j)\in U\times U:\max_{a_l\in\mathcal{B}}[\rho(a_l(u_i),a_l(u_j))]\leqslant\varepsilon\} \tag{10-6-6}$$

其中，$a_l: U\to V_l$，$a_l\in\mathcal{B}$是属性；$\rho: V_l\times V_l\to\mathbb{R}^+$为距离函数；$\varepsilon>0$为给定的阈值。可以验证，这个二元关系是自返和对称的，但却不是传递的，所以不是等价关系，一般称为集合U上的容差关系。这样，由容差关系建立的三元组$(U,\mathcal{A},\tau_{\mathcal{B}}^{\varepsilon})$，$\mathcal{B}\subseteq\mathcal{A}$就称为一个**广义粗集模型**。假定$\{U,\mathcal{B}_U,P\}$是一个概率空间，而$(U,\mathcal{A},\tau_{\mathcal{B}}^{\varepsilon})$，$\mathcal{B}\subseteq\mathcal{A}$是一个广义粗集模型，定义随机集$X_{\mathcal{B}}^{\varepsilon}: U\to\mathcal{P}(U)$为

$$X_{\mathcal{B}}^{\varepsilon}(u_i)\triangleq\{u_j\in U:(u_i,u_j)\in\tau_{\mathcal{B}}^{\varepsilon}\} \tag{10-6-7}$$

则称$X_{\mathcal{B}}^{\varepsilon}$为相对于属性集合$\mathcal{B}$的**广义粗糙随机集**。

注意 广义粗糙随机集是由广义粗集诱导的随机集，与属性集合、距离函数的定义以及域值的选择有关。

定义映射$j_{\mathcal{B}}^{\varepsilon}: \mathcal{P}(U)\to\mathcal{P}(U)$，使得

$$j_{\mathcal{B}}^{\varepsilon}(A)=\{u\in U: X_{\mathcal{B}}^{\varepsilon}(u)=A\},\quad \forall A\in\mathcal{P}(U) \tag{10-6-8}$$

如果$j_{\mathcal{B}}^{\varepsilon}(E)\neq\varnothing$，则称A是$j_{\mathcal{B}}^{\varepsilon}$的一个**焦元**，也称$j_{\mathcal{B}}^{\varepsilon}$为**焦映射**。

假定根据专家经验对U有一个分类：U_k，$k=1,2,\cdots,r$是类别集合，满足

$$U=\bigcup_{k=1}^{r}U_k,\quad U_k\cap U_s=\varnothing,\quad \forall k\neq s \tag{10-6-9}$$

这样就规定了U上的一个等价关系R，使得

$$R \triangleq \{(u,v) \in U \times U: \exists U_k \subseteq U \Rightarrow u,v \in U_k\} \tag{10-6-10}$$

而$\mathcal{U}=U/R=\{U_k\}_{k=1,2,\cdots,r}$就是专家经验的划分(分类)。

给定$A \subseteq U$，定义

$$v(X_{\mathcal{B}}^{\varepsilon}(u),A)=\begin{cases}\dfrac{|X_{\mathcal{B}}^{\varepsilon}(u)\cap A|}{|X_{\mathcal{B}}^{\varepsilon}(u)|}, & X_{\mathcal{B}}^{\varepsilon}(u)\neq\varnothing\\ 1, & \text{其他}\end{cases} \tag{10-6-11}$$

为$\mathcal{P}(U)$上的包含度，其中$|A|$是A中元素的个数。对任意类别集合$U_k \in \mathcal{U}$，其关于$\mathcal{B} \subseteq \mathcal{A}$的广义上、下近似分别为

$$\begin{cases}\overline{X_{\mathcal{B}}^{\varepsilon}}(U_k)=\{u \in U: v(X_{\mathcal{B}}^{\varepsilon}(u),U_k)>0\}\\ \underline{X_{\mathcal{B}}^{\varepsilon}}(U_k)=\{u \in U: v(X_{\mathcal{B}}^{\varepsilon}(u),U_k)=1\}\end{cases} \tag{10-6-12}$$

对任意$u \in U$，$\mathcal{B} \subseteq \mathcal{A}$，记

$$\mu_{\mathcal{B}}^{\varepsilon}(u) \triangleq \{v(X_{\mathcal{B}}^{\varepsilon}(u),U_1),v(X_{\mathcal{B}}^{\varepsilon}(u),U_2),\cdots,v(X_{\mathcal{B}}^{\varepsilon}(u),U_r)\} \tag{10-6-13}$$

为对象u关于属性集$\mathcal{B}$在决策表中的广义决策分布函数。显然，$\mu_{\mathcal{B}}^{\varepsilon}(u)$为$\mathcal{U}=U/R$上的条件概率分布。

设$(U,\mathcal{A},\{d\})$是一个信息决策系统，$\mathcal{B} \subseteq \mathcal{A}$，$\tau_{\mathcal{B}}^{\varepsilon}$是$U$上的一般二元关系；对$\forall u \in U$，$X_{\mathcal{B}}^{\varepsilon}(u) \in \mathcal{P}(U)$是相对属性集合$\mathcal{B}$的广义粗糙随机集的值域，$\mathcal{X}(\mathcal{B}) \triangleq \{X_{\mathcal{B}}^{\varepsilon}(u): u \in U\}$。显然，则$\mathcal{X}(\mathcal{B})$必为$U$的覆盖。如果对$\forall A \in \mathcal{X}(\mathcal{B})$，$\exists U_k \in \mathcal{U}$，使得$A \subseteq U_k$，则称广义粗集模型是协调的，否则是不协调的。

广义粗集模型的不协调性反映了依U上的容差关系获得的分类与专家根据经验给出的分类存在不一致性。

在经典粗集理论中，约简是指保持原信息系统分类能力的最小属性集，寻找约简可看成无监督学习问题，而广义粗集模型中的约简通常与决策属性(专家决策)有关，一般是指保持粗集近似分类中确定部分不变的最小属性集，如相对约简的相关处理是监督学习问题。对不协调广义粗集模型而言，从保持其中某种确定性不变的角度可引入多种形式的属性约简。

对于信息决策系统$(U,\mathcal{A},\{d\})$，$\mathcal{B} \subseteq \mathcal{A}$，给定$\varepsilon>0$，如果对$\forall u \in U$，$X_{\mathcal{B}}^{\varepsilon}(u)=X_{\mathcal{A}}^{\varepsilon}(u)$，且对任意的$a \in \mathcal{B}$，$\exists u \in U$使得$X_{\mathcal{B}-\{a\}}^{\varepsilon}(u) \neq X_{\mathcal{A}}^{\varepsilon}(u)$，则称$\mathcal{B} \subseteq \mathcal{A}$为该系统的 **$\boldsymbol{\varepsilon}$约简**。

对于信息决策系统$(U,\mathcal{A},\{d\})$，$\mathcal{B} \subseteq \mathcal{A}$，给定$\varepsilon>0$，如果对$\forall u \in U$，$\mu_{\mathcal{B}}^{\varepsilon}(u)=\mu_{\mathcal{A}}^{\varepsilon}(u)$，且对任意的$a \in \mathcal{B}$，$\exists u \in U$使得$\mu_{\mathcal{B}-\{a\}}^{\varepsilon}(u) \neq \mu_{\mathcal{A}}^{\varepsilon}(u)$，则称$\mathcal{B} \subseteq \mathcal{A}$为该系统的 **$\boldsymbol{\varepsilon}$ 分布约简**。

对于信息决策系统$(U,\mathcal{A},\{d\})$，$\mathcal{B} \subseteq \mathcal{A}$，$\mathcal{U}=U/R=\{U_1,U_2,\cdots,U_r\}$为$U$上的专家分类，对给定的$\varepsilon>0$，如果$\mathcal{B} \subseteq \mathcal{A}$为该系统的$\varepsilon$约简，则必为$\varepsilon$分布约简。

ε约简完全保持了与给定ε阈值相对应的信息决策系统本身的分类能力，而ε分布约简则保持了与给定ε阈值相对应分类质量，即保持了U中的每个对象分别属于各个类别的程度。

4. 基于广义粗集的异类特征空间的同化与分类

在研究异类信息融合时,必须具有两个基本观点:

(1) 万能分类器是不存在的,针对复杂实际问题,选择、设计一个最佳分类器同样十分困难,而多分类器融合因能利用多种互补的分类信息,增强分类决策的鲁棒性,不失为处理复杂模式分类问题的有效途径(Kittler J,Roli F)。

(2) 对多分类器系统而言,影响分类结果好坏的主要因素在于其中各分类器的性能互补或相异性(diversity),而融合规则本身则是第二位的(Kuncheva L)。

获得相异性和提高多分类器系统性能的基本途径包括:

① 利用不同的特征集(特别是异类特征)或随机选择的不同训练集(Kittler J,Kuncheva L,et,al.);

② 特征选择和集成特征选择(Opitz D,Tsymbal A,et al.);

③ 采用好的多分类器集成策略(如 Boosting 法、Bagging 法)等。

下面讨论基于广义粗集的异类特征空间的同化与分类问题。

设 $H=\{h_k: k=1,2,\cdots,r\}$ 是类集合,与专家经验分类$\mathcal{U}=U/R=\{U_k: k=1,2,\cdots,r\}$相对应。又设 $X^{\varepsilon}_{\mathcal{B}}$ 为属性集$\mathcal{B}$上的广义粗糙随机集,而广义分类随机集定义为 $Y^{\varepsilon}_{\mathcal{B}}: U\to\mathcal{P}(H)$,而

$$Y^{\varepsilon}_{\mathcal{B}}(u)\triangleq\{h_k\in H: X^{\varepsilon}_{\mathcal{B}}(u)\cap U_k\neq\varnothing\},\quad \forall u\in U \tag{10-6-14}$$

而与之相应的**广义分类集映射**定义为 $g^{\varepsilon}_{\mathcal{B}}: \mathcal{P}(H)\to\mathcal{P}(U)$,而

$$g^{\varepsilon}_{\mathcal{B}}(\Lambda)\triangleq\bigcup\{j^{\varepsilon}_{\mathcal{B}}(E): E\in\mathcal{P}(U);\ h_k\in\Lambda\Rightarrow E\cap U_k\neq\varnothing\} \tag{10-6-15}$$

注意 广义粗糙分类随机集是由广义粗糙随机集和类别集合诱导的一个随机集,与属性集合、距离函数的定义、域值的选择以及类别集合的定义有关。

又设$(U,\mathcal{A},\{d\})$是一个信息决策系统,$\mathcal{B}\subseteq\mathcal{A}$是约简属性集,$X^{\varepsilon}_{\mathcal{B}}$为广义粗糙随机集,$j^{\varepsilon}_{\mathcal{B}}: \mathcal{P}(U)\to\mathcal{P}(U)$是关系划分函数,则广义分类集映射为

$$g^{\varepsilon}_{\mathcal{B}}(\Lambda)=\begin{cases}\underline{X^{\varepsilon}_{\mathcal{B}}}(U_k),\Lambda=\{h_k\}\\ BH^{\varepsilon}_{\mathcal{B}}(\Lambda),\ |\Lambda|>1\\ \varnothing,\Lambda=\varnothing\end{cases} \tag{10-6-16}$$

其中,$|\Lambda|$表示 Λ 中元素的个数,而

$$BH^{\varepsilon}_{\mathcal{B}}(\Lambda)=\left[\bigcap_{h_k\in\Lambda}BN^{\varepsilon}_{\mathcal{B}}(U_k)\right]\cap\left[\bigcap_{h_k\notin\Lambda}(BN^{\varepsilon}_{\mathcal{B}}(U_k))^c\right] \tag{10-6-17}$$

称为 U_k 的**有界域**。这样,$\{g^{\varepsilon}_{\mathcal{B}}(\Lambda)\neq\varnothing: \Lambda\in\mathcal{P}(H)\}$则是对 U 的一个划分,包括与专家分类相一致的明晰分类 $\underline{X^{\varepsilon}_{\mathcal{B}}}(U_k)=V_k$ 和界限不清的含糊分类 $BH^{\varepsilon}_{\mathcal{B}}(\Lambda)$。

对于广义分类随机集 $Y^{\varepsilon}_{\mathcal{B}}: U\to\mathcal{P}(H)$,相应的 mass 函数具有如下形式

$$m^{\varepsilon}_{\mathcal{B}}(\Lambda)=P(g^{\varepsilon}_{\mathcal{B}}(\Lambda))=\begin{cases}P(\underline{X^{\varepsilon}_{\mathcal{B}}}(U_k)), & \Lambda=\{h_k\}\\ P(BH^{\varepsilon}_{\mathcal{B}}(\Lambda_s)), & |\Lambda_s|>1,s=1,2,\cdots,l\\ 0, & \Lambda=\varnothing\end{cases} \tag{10-6-18}$$

其中,$\overline{X^{\varepsilon}_{\mathcal{B}}}(U_k)$,$\underline{X^{\varepsilon}_{\mathcal{B}}}(U_k)=V_k$ 和 $BN^{\varepsilon}_{\mathcal{B}}(U_k)$分别是 U_k 的上近似、下近似和有界域。

注意 这个结论把在对象集上取值的随机集与在类集合上取值的随机集联系起来了。在利用多源异类信息进行融合达到信息互补以提高分类效果时,假定有 m 个相互独立的分类器利用不同的信息源对同一对象进行分类。对于对象的专家分类是一致的,即类别是相同的,不妨设

$$H=\{h_k: k=1,2,\cdots,r\}$$

仍然是类集合;但是各个分类器 j 所利用的信息系统是不同的,分别表示为

$$(U,\mathcal{A}_j\cup\{d_j\}),\quad j=1,2,\cdots,m \tag{10-6-19}$$

或者,按属性约简后表示为(不管用何种约简方法,如 PCA 方法)

$$(U,\mathcal{B}_j\cup\{d_j\}),\quad j=1,2,\cdots,m \tag{10-6-20}$$

对于第 j 个分类器,计算步骤如下:

(1) 选择阈值 ε_j 并定义容差关系

$$\begin{cases}\tau_{\mathcal{B}_j}^{\varepsilon_j}=\{(u,v)\in U\times U: \rho_{\mathcal{B}_i}(u,v)\leqslant\varepsilon_i\}\\ \rho_{\mathcal{B}_j}(u,v)\triangleq\max\limits_{a\in\mathcal{B}_j}\{\rho(a(u),a(v))\}\end{cases} \tag{10-6-21}$$

(2) 对于训练样本集合的专家分类 $U=\{u_1,u_2,\cdots,u_n\}=\bigcup\limits_{k=1}^{r}U_k$,选择特定点 $\hat{u}_i^{(k)}\in U_k$ 并获得随机集

$$X_{\mathcal{B}_j}^{\varepsilon_j}(\hat{u}_i^{(k)})=\{u\in U: (u,\hat{u}_i^{(k)})\in\tau_{\mathcal{B}_j}^{\varepsilon_j}\},\quad k=1,2,\cdots,r \tag{10-6-22}$$

$$\underline{X}_{\mathcal{B}_j}^{\varepsilon_j}(U_k)=\bigcup\{j_{\mathcal{B}_j}^{\varepsilon_j}(X_{\mathcal{B}_j}^{\varepsilon_j}(\hat{u}_i^{(k)})): X_{\mathcal{B}_j}^{\varepsilon_j}(\hat{u}_i^{(k)})\subseteq U_k\},\quad k=1,2,\cdots,r \tag{10-6-23}$$

$$\overline{X}_{\mathcal{B}_j}^{\varepsilon_j}(U_k)=\bigcup\{j_{\mathcal{B}_j}^{\varepsilon_j}(X_{\mathcal{B}_j}^{\varepsilon_j}(\hat{u}_i^{(k)})): X_{\mathcal{B}_j}^{\varepsilon_j}(\hat{u}_i^{(k)})\cap U_k\neq\varnothing\},\quad k=1,2,\cdots,r \tag{10-6-24}$$

$$BN_{\mathcal{B}_j}^{\varepsilon_j}(U_k)=\overline{X}_{\mathcal{B}_j}^{\varepsilon_j}(U_k)-\underline{X}_{\mathcal{B}_j}^{\varepsilon_j}(U_k),\quad k=1,2,\cdots,r \tag{10-6-25}$$

$$BH_{\mathcal{B}_j}^{\varepsilon_j}(\Lambda_l^{(j)})=\left[\bigcap_{h_k\in\Lambda_l^{(j)}}BN_{\mathcal{B}_j}^{\varepsilon_j}(U_k)\right]\cap\left[\bigcap_{h_k\notin\Lambda_l^{(j)}}(BN_{\mathcal{B}_j}^{\varepsilon_j}(U_k))^c\right],\quad l=1,2,\cdots,L^{(j)} \tag{10-6-26}$$

如果针对不同的信息,直接在约简的属性集合 $\mathcal{B}_j$ 的广义粗糙随机集 $X_{\mathcal{B}_j}^{\varepsilon_j}$ 上进行融合处理,这将遇到特征空间不一致的严重问题。此处所谓**异类特征空间的同化**,就是指无论对分类问题采用什么样的信息以及由之产生的特征信息(属性),必须转化到相同的类集合上,这样才有可比性。为此,设

$$\begin{cases}\hat{V}_k^{(j)}\triangleq\underline{X}_{\mathcal{B}_j}^{\varepsilon_j}(\hat{u}_i^{(k)}),\quad k=1,2,\cdots,r\\ \hat{W}_l^{(j)}\triangleq BH_{\mathcal{B}_j}^{\varepsilon_j}(\Lambda_l^{(j)}),\quad l=1,2,\cdots,L^{(j)}\end{cases} \tag{10-6-27}$$

分别是明晰分类集合和含糊分类集合,则应满足

$$\begin{cases}\left(\bigcup_{k=1}^{r}\hat{V}_k^{(j)}\right)\cup\left(\bigcup_{l=1}^{L^{(j)}}\hat{W}_l^{(j)}\right)=U \\ \hat{V}_k^{(j)}\cap\hat{V}_s^{(j)}=\varnothing, \quad \forall s\neq k \\ \hat{W}_l^{(j)}\cap\hat{W}_s^{(j)}=\varnothing, \quad \forall s\neq l \quad j=1,2,\cdots,m \\ \hat{V}_k^{(j)}\cap\hat{W}_l^{(j)}=\varnothing, \quad \forall l,k\end{cases} \tag{10-6-28}$$

这样就得到第 j 个分类器利用自己的约简特征(属性)集,得到相应的随机集,为分类器训练和融合奠定了基础。

由广义粗糙分类随机集 $Y_{\mathcal{B}_j}^{\varepsilon_j}:U\to\mathcal{P}(H)$ 而随之产生的焦映射和分类 mass 函数具有如下形式

$$\begin{cases} g_{\mathcal{B}_j}^{\varepsilon_j}(\Lambda)=\begin{cases}\hat{V}_k, \Lambda=\{h_k\} \\ \hat{W}_l, |\Lambda|>1 \\ \varnothing, \Lambda=\varnothing\end{cases} \\ m_{\mathcal{B}_j}^{\varepsilon_j}(\Lambda)=\begin{cases}P(\hat{V}_k), \Lambda=\{h_k\}, k=1,2,\cdots,r \\ P(\hat{W}_l), |\Lambda_l|>1, l=1,2,\cdots,L^{(j)} \\ 0, \Lambda=\varnothing\end{cases}\end{cases} \tag{10-6-29}$$

这样,就在同化的特征空间上可以进行融合处理。

5. 条件事件代数与随机集描述

仍设 U 是一个论域,$\mathcal{A}=\mathcal{P}(U)$ 是其幂集,称其为一个 **Boolean 代数系统**,如果其上定义了两种运算"交"($A\cap B$)和"补"(A^c),并具有如下性质:

① $A\cap B=B\cap A$, $\forall A,B\in\mathcal{A}$;

② $A\cap(B\cap C)=(A\cap B)\cap C$, $\forall A,B,C\in\mathcal{A}$;

③ 如果 $\exists A,B,C\in\mathcal{A}$, $A\cap B^c=C\cap C^c$,则有 $A\cap B=A$;

④ 如果 $A\cap B=A$,则对 $\forall C\in\mathcal{A}$, $A\cap B^c=C\cap C^c$;

⑤ 如果 $A=B$,则 $A^c=B^c$,且对 $\forall C\in\mathcal{A}$, $A\cap C=B\cap C$。

上述定义当然可包括集合的其他运算,如

$$A\cup B=(A^c\cap B^c)^c, \quad \varnothing=A\cap A^c, \quad U=\varnothing^c, \quad A-B=A\cap B^c$$

但是,在 Boole 的早期工作中,相应于算术四则运算的"加、减、乘、除",给出了集合运算的"Boolean 加法、Boolean 减法、Boolean 乘法和 Boolean 除法"运算。对于前三种运算,即集合的并、差、交运算,是人们所熟知的。然而,唯独 Boolean 除法运算没有引起学者们的足够重视。究其原因除了 Boolean 除法本身较为晦涩难懂外,当时 Boole 也未能就其含义做出清楚的说明,同时前三种运算构成了一个完整严格的代数体系。为了引进"条件事件"的概念,有必要引入如下定义。

设$\mathcal{A}$是一个 Boolean 代数系统,其上再定义 **Boolean 除法**运算为

$$(A\mid B)\triangleq(\text{if } A, \text{then } B) \tag{10-6-30}$$

称其为**条件事件**(**conditional event**)。

然而，Lewis 提出，上述描述的一般条件事件破坏了原来无条件事件的 Boolean 代数系统或 σ-代数系统，这个描述应该包含在更大的系统中[17]。假定概率空间$(U,\mathcal{B}_U,P)$是与 Boolean 代数系统$\mathcal{A}=\mathcal{P}(U)$相联系的一个基本概率空间，为了解决相容性问题，在引入 Boolean 除法运算之后，就必须从基本概率空间出发，构造一个包含原空间的更大的概率空间$(\hat{U},\hat{\mathcal{B}}_U,\hat{P})$，使得

$$\hat{P}((A\mid B))=P(A\mid B)=\frac{P(A\cap B)}{P(B)},\quad P(B)>0$$

设 $A,B\subseteq U$ 是两个定常子集，P 是 U 上的概率测度，文献[17]已经证明

$$P(A\cap B)\leqslant P(A\mid B)\leqslant P(B\Rightarrow A)$$

其中，$B\Rightarrow A\triangleq B^c\cup A$ 就是给定 B 时 A 的 Boolean 实质蕴涵；$P(A|B)\triangleq P(A\cap B)/P(B)$是假设 $P(B)\neq 0$ 且给定 B 时 A 的条件概率。如果规则与条件概率是兼容的，那么在理想情况下有一个定义在 U 的子集上的二值逻辑算子“$*$”，使得 $P(A*B)=P(A\cap B)/P(B)$，对于 $\forall A,B\subseteq U$ 和所有可能定义在 U 上的概率测度 P，且 $P(B)\neq 0$ 成立。所谓 Lewis 平凡结果(Lewis triviality result)[17]证明了(除非在一个平凡环境中)没有这样的算子存在。因此，对象 $A*B$ 必然属于严格包含$\mathcal{P}(U)$的某个逻辑系统。这样的扩展就称为**条件事件代数**。

Goodman，Nguyen 和 Walker 证明了[17,32]与概率论兼容的条件事件必然是形如$(A|B)$的对象，并满足等价关系：$(A|B)=(C|D)$，当且仅当 $B=D$，且满足 $A\cap B=C\cap D$。对于 GNW(Goodman，Nguyen 和 Walker)条件事件代数中的任意 GNW 条件事件$(A|B)$和$(C|D)$，其补、交、并运算定义为

$$\begin{cases}(A\mid B)^{c,\mathrm{GNW}}\triangleq(A^c\mid B)\\(A\mid B)\wedge(C\mid D)\triangleq[A\cap C\mid(B\cap A^c)\cup(D\cup C^c)\cup(B\cap D)]\\(A\mid B)\vee(C\mid D)\triangleq[A\cup C\mid(B\cap A)\cup(D\cap C)\cup(B\cap D)]\end{cases}\tag{10-6-31}$$

映射 $A\to(A|U)\triangleq A$ 定义了一种嵌入，即把常规 Boolean 逻辑嵌入条件事件代数。GNW 逻辑满足交换律、结合律、分配律、幂等性和 DeMorgen 律，也满足很多其他需要的特性，特别是假言推理(modus penes)和传递逻辑链特性。Goodman、Nguyen 和 Walker 也表明了，任意条件事件$(A|B)$能够唯一地表示定义在 U 上的三值模糊隶属函数 $f_{(A|B)}(u)$，也就是说

$$\begin{cases}f_{(A|B)}(u)=1, & u\in A\cap B\\f_{(A|B)}(u)=0, & u\in A^c\cap B\\f_{(A|B)}(u)=1/2, & u\in B^c\end{cases}\tag{10-6-32}$$

按此定义，GNW 代数在普通 Zadeh min-max 运算中只是一个三值模糊逻辑。不幸的是，GNW 像其他已经提出的一阶条件事件代数一样，并不是完全满意的。GNW 逻辑并非完全与条件概率兼容，在映射$(A|B)\to P(A|B)$的意义下也并非一种概率测度。事实上，GNW 代数甚至不是一个 Boolean 代数。

设$(\Omega,\mathcal{B},P)$是一个固定的概率空间，$\mathcal{B}=\sigma(\Omega)$，对于任意$A\subseteq U$，其相应的条件事件表示为$(A|U)$；而条件事件之间的包含关系$(C|D)\subseteq(A|B)$用方程$(C|D)\wedge(A|B)=(C|D)$来定义。容易证明，$C\subseteq(A|B)$，当且仅当$C\subseteq(A\cap B)$。类似地，$(A|B)\subseteq C$，当且仅当$B^c\cup A\subseteq C$。

因为$(A|B)$定义为[17]

$$(A\mid B)=[(A\cap B),(B\Rightarrow A)]\triangleq\{R\subseteq U:(A\cap B)\subseteq R\subseteq(B\Rightarrow A)\} \tag{10-6-33}$$

所以可以把其视为一个随机集，均匀地取集合区间$[(A\cap B),(B\Rightarrow A)]$上的元为值。

设X是均匀分布的随机集(一个均匀分布的随机集$X:\Omega\to\mathcal{P}(U)$，就是对所有的$A\subseteq U$，使得mass函数$m_X(A)=2^{-N}$，其中$N$是$U$中元素的个数)，那么定义GNW条件事件代数对$U$上的随机集的同形嵌入(homomorphic embedding)Σ_X，即

$$\Sigma_X((A|B))=(A\mid B)_X \tag{10-6-34}$$

其中

$$(A|B)_X\triangleq(B^c\cap X)\cup(A\cap B) \tag{10-6-35}$$

显然，$(A|B)\to(A|B)_X$是良好定义的，也就是说，$(A|B)=(C|D)$意味着$(A|B)_X=(C|D)_X$；反之，$(A|B)_X=(C|D)_X$意味着$(A|B)=(C|D)$。最后，对于任意$A\subseteq U$，显然有$(A|U)_X=A$。

对于任意条件事件$(A|B)$，$(C|D)$，则有如下结果

$$\begin{cases}\Sigma_X((A\mid B)^{c,\mathrm{GNW}})=(A\mid B)_X^c=(A^c\mid B)_{U-X}\\ \Sigma_X((A\mid B)\wedge(C\mid D))=(A\mid B)_X\cap(C\mid D)_X\\ \Sigma_X((A\mid B)\vee(C\mid D))=(A\mid B)_X\cup(C\mid D)_X\end{cases} \tag{10-6-36}$$

上述方程表明，GNW的“否定算子”是按照随机集的补“投影”到条件事件代数$(A|B)_X$来诱导的。也就是说，我们能够定义$(A|B)_X^{c,\mathrm{GNW}}=(A|B)_{U-X}^c$，从而这样诱导的否定算子服从DeMorgan律，即

$$\begin{aligned}[(A\mid B)_X\cap(C\mid D)_X]^{c,\mathrm{GNW}}&=[(A\mid B)_{U-X}\cap(C\mid D)_{U-X}]^c\\&=(A\mid B)_X^{c,\mathrm{GNW}}\cup(C\mid D)_X^{c,\mathrm{GNW}}\end{aligned}$$

同时说明了GNW代数相应于条件事件的统计相关，等同于Zadeh模糊逻辑相应于模糊集的统计相关。进而，同形嵌入Σ_X在如下意义下是唯一的。

设Λ是GNW代数对U上随机集的任意的同形嵌入，使得$\Lambda((A|U))=A$，而且$X\triangleq\Lambda((\varnothing|\varnothing))$是$U$上均匀分布的随机集，那么

$$\Lambda=\Sigma_X \tag{10-6-37}$$

设$\mu_{(A|B)}(u)$是随机集$(A|B)_X$的单点覆盖函数，则

$$\begin{cases}\mu(u)=1, & u\in A\cap B\\ \mu(u)=0, & u\in A^c\cap B\\ \mu(u)=1/2, & u\in B^c\end{cases} \tag{10-6-38}$$

这样，通过计算随机集$(A|B)_X$的单点覆盖函数$\mu_{(A|B)}(u)$，就可以把GNW条件事件表示为三值逻辑。

设 X 和 Y 是两个均匀分布的随机集,而两个 GNW 条件事件的交 $(A|B)_X \cap (C|D)_Y$ 却不必是一个 GNW 条件事件,除非能够计算得到这个交集的单点覆盖函数,并集的情况类似。不失一般性,假设 $A\subseteq B, C\subseteq D$,则有:

(1) 设 $\mu_Z(\cdot)$ 是 $Z\triangleq(A|B)_X\cap(C|D)_Y$ 的单点覆盖函数,则

$$\begin{cases}\mu_Z(u)=1, & u\in A\cap C\\ \mu_Z(u)=1/2, & u\in(A\cap D^c)\cup(B^c\cap C)\\ \mu_Z(u)=\mu_{X,Y}(u), & u\in(B\cup D)^c\\ \mu_Z(u)=0, & u\in(D-C)\cup(B-A)\end{cases} \tag{10-6-39}$$

其中,$\mu_{X,Y}(u)\triangleq P(u\in X\cap Y)$。

(2) 设 $\mu_W(\cdot)$ 是 $W\triangleq(A|B)_X\cup(C|D)_Y$ 的单点覆盖函数,则

$$\begin{cases}\mu_W(u)=0, & u\in(B-A)\cap(D-C)\\ \mu_W(u)=1/2, & u\in((B-A)\cap D^c)\cup(B^c\cap(D-C))\\ \mu_W(u)=\bar{\mu}_{X,Y}(u), & u\in(B\cup D)^c\\ \mu_Z(u)=1, & u\in A\cup C\end{cases} \tag{10-6-40}$$

其中,$\bar{\mu}_{X,Y}(u)\triangleq P(u\in X\cup Y)$。

注意 函数 $\mu_{X,Y}(u)$ 对于任意 $u\in U$ 都不能取值为 1。因而这就意味着某些 u 处在 $X\cap Y$ 取值的集合中(此即意味着 X,Y 不能是均匀分布)。类似地,函数 $\bar{\mu}_{X,Y}(u)$ 对于任意 $u\in U$ 都不能取值为 0。如果我们假定 $\mu_{X,Y}(u)$ 只取值 0 或 1/2,而 $\bar{\mu}_{X,Y}(u)$ 只取值 1/2 或 1,那么我们就能够得到一个单点覆盖函数,而这个单点覆盖函数可以视为由 GNW 条件事件产生的。进而我们假设有一个集合 $V\subseteq U$,使得 $\mu_{X,Y}(u)=\mu_{U-V}(u)/2$,$\bar{\mu}_{X,Y}(u)=1-\mu_{U-V}(u)/2$ 对于 $\forall u\in U$ 成立,一般情况下用 $\mu_S(\cdot)$ 就表示明晰集 S 的模糊隶属函数,即 S: $\mu_S(u)=1$,如果 $u\in S$,否则 $\mu_S(u)=0$。V 的不同选择,就相应于条件事件之间不同的统计相关性。

6. 基于类 Jeffrey 规则的证据更新

近年来,表示和处理不确定信息的方法和理论得到了越来越多的重视。其中 D-S 证据理论被认为是可以胜任不确定信息表示和处理的一个有效框架体系。证据理论已经在信息融合的诸多领域中得到了成功的应用,也因此成为人工智能领域中一个重要的和强有力的工具。众所周知,D-S 证据理论在进行证据合成时,并不区分所谓先验知识和作为证据的知识。这也就意味着,在利用 D-S 合成规则进行证据合成时,对于所有参与证据合成的证据体是一视同仁的。

在证据理论框架内,当新的信息到来时,更新或者说条件化一个证据体,在人工智能和信息融合领域内是非常有意义的。为了在证据合成时加入所谓先验知识,一些研究推广了传统的 D-S 证据理论。Mahler 的工作是一个好的开始,在他的研究工作中,利用信度函数构造了先验知识,进而进行证据的合成。在后来的一些与 Mahler 类似的研究工作中,采用模糊测度及概率分布来构造先验知识。但是,Mahler 及其后续的工作并未能很好地描述及分析证据合成和证据更新的异同。实际上,他的工作并未真正涉及证据更

新。证据合成规则从本质上来讲是对称的，而证据更新则不然，新证据与旧有证据的角色和重要性并不等同。有很多学者的研究工作都致力于实现证据更新，由 Shafer 提出的 Dempster 条件规则及 Philipe Smets 提出的 TBM 模型就是用来实现在新到证据是完全确知的情况下的证据更新。Jeffrey 条件规则是在新到证据具有不确定性的情况下，实现严格概率测度的更新。在新到证据具有不确定性时，如何对非概率测度描述的证据实现更新呢？Dubois 和 Prade 在证据理论框架内重新解释并推广了 Jeffrey 条件规则，实现了对 mass 函数及信度函数的更新。他们分别提出了强、弱条件规则来实现证据更新。1989 年，Ichihashi 和 Tanaka 也推广了 Jeffrey 规则，Wagner 在 1992 年也做了类似的工作。上面提到的这些研究工作都是首先构造一个条件信度函数或条件 mass 函数，然后根据新到证据及类 Jeffrey 规则实现证据更新。在有的文献中，作者把初始证据和新到证据看作是两个独立的随机集。基于随机集理论，构造了一种新的贝叶斯更新规则，该规则可以递推实现并且不会造成信息的损失。实际上，证据更新是一种细致的逻辑及代数操作，并不存在一种单一的"好"的规则。相信随着证据理论和知识推理的发展，会有越来越多有效的证据更新方法的出现。

此处研究一种新的在证据理论框架内实现证据更新的方法。在我们的方法中，证据体直接采用 mass 函数描述。文中基于初始证据及新到证据，定义了两种新的条件 mass 函数(强、弱)。同时，我们提出了一种"类 Jeffrey"规则，最终完成了证据更新。

当获取新证据时，Jeffrey 条件规则可以用来实现对满足可加性的概率分布的更新，Jeffrey 规则是对传统的 Bayes 推理的一种推广。

在概率论中，条件是通过如下的公式定义

$$P(A \mid B)=\frac{P(A \cap B)}{P(B)}$$

其中，P 代表先验概率。B 被观测到(完全确定)，$P(\cdot \mid B)$代表在 B 肯定发生的情况下的后验概率。

Jeffrey 规则实际上是对 Bayes 条件规则的一种拓展和推广，它适用于观测 B 具有不确定性的场合。

设 α 是 B 被观测到概率，$1-\alpha$ 是 $\bar{B}$ 被观测到的概率。可以通过下式完成对概率测度的更新，即

$$P'(A)=\alpha \cdot P(A \mid B)+(1-\alpha) \cdot P(A \mid \bar{B}) \tag{10-6-41}$$

式(10-6-41)的 Jeffrey 规则还可以写成更一般的形式

$$P'(A)=\sum_{i=1}^{s} \alpha_i P(A \mid B_i) \tag{10-6-42}$$

其中，所有可能的观测 $B_1, B_2, \cdots, B_s$ 构成一个划分关系。α_i 代表观测到 B_i 的确定性程度，所有的 α_i 满足关系式：$\sum_{i=1}^{s} \alpha_i=1$。

许多研究者都在致力于在证据理论框架内针对 mass 函数或信度函数来推广使用 Jeffrey 条件规则。信度及 mass 函数并不满足像概率那样的可列可加性，广义的 Jeffrey 规则也被称为类 Jeffrey 规则。

与概率的更新不同，证据更新是在证据理论框架中完成的。如果新观测是完全确定

的，证据的更新可以通过 Dempster 条件规则和几何条件规则来完成。

在 Dempster 条件规则当中，随着新观测 B 的到来，更新过后的似真函数和信度函数可表示为

$$Pl(A \mid B)=\frac{Pl(A \cap B)}{Pl(B)} \tag{10-6-43}$$

$$Bel(A \mid B)=1-Pl(A^c \mid B) \tag{10-6-44}$$

新到的证据可以记为 $m_{\text{new}}(B)=1$，亦即，B 是新到证据中的唯一焦元。

在几何规则中，随着新观测 B 的到来，更新过后的似真函数和信度函数可表示为

$$Bel_g(A \mid B)=\frac{Bel(A \cap B)}{Bel(B)} \tag{10-6-45}$$

$$Pl_g(A \mid B)=1-Bel_g(A^c \mid B) \tag{10-6-46}$$

B 是新到证据中的唯一焦元。

式(10-6-43)中，$Pl(\cdot \mid B)$的获取是通过将所有的基本概率赋值 $m(B)$ 传递给 $A \cap B$，然后进行归一化来完成的。$Bel_g(\cdot \mid B)$的获取是通过设定：如果 $A \subseteq B$，则 $m_g(B \mid A)=m(A)$；而且其他情况下为 0，然后进行归一化来完成。显然，几何条件规则的成立条件要强（严格）于 Dempster 条件规则。

当新的观测完全确定时，证据更新可以通过 Philipe Smets 提出的 TBM 模型中的条件规则来实现

$$m_B(A)=\begin{cases}\sum\limits_{X \subseteq B^c} m(A \cup X) \Big/ \left(1-\sum\limits_{X \subseteq B^c} m(X)\right), & A \subseteq B \\ 0, & \text{其他}\end{cases} \tag{10-6-47}$$

当新到的证据充满不确定性，证据更新就需要通过类 Jeffrey 规则来完成。根据 Jeffrey 规则的思想，Dubois 和 Prade 提出一种如下所述的类 Jeffrey 条件规则：设(X_1, m_1)和(X_2, m_2)为两个独立的随机集代表证据体，其中 m_1, m_2 是其相应的 mass 函数。(X_1, m_1)代表初始证据，(X_2, m_2)代表新到的证据，于是

$$Pl(A \mid (X_2, m_2))=\sum_{B \subseteq U} m_2(B) \cdot Pl_1(A \mid B) \tag{10-6-48}$$

其中，$Pl_1(A \mid B)=[Pl_1(A \cap B)]/Pl_1(B)$。

子集合 B 精确地描述了以 $m_2(B)$为基本概率赋值出现的观测。这个公式描述了在不确定性观测发生的情况下，A 出现的似真度。

类似地，基于信度函数，可以得到

$$Bel(A \mid (X_2, m_2))=\sum_{B \subseteq U} m_2(B) \cdot Bel_1(A \mid B) \tag{10-6-49}$$

其中，$Bel_1(A \mid B)=[Bel_1(A \cup B^c)-Bel_1(B^c)]/[1-Bel_1(B^c)]$。

而基于 mass 函数，可以得到

$$m(A \mid (X_2, m_2))=\sum_{B \subseteq H} m_2(B) \cdot m_1(A \mid B) \tag{10-6-50}$$

其中，$m_1(A \mid B)=\left[\sum\limits_{\varnothing \neq A=C \cap B} m_1(C)\right] \Big/ Pl_1(B)$。

式(10-6-50)的证据更新方法实际上和如下 Ichihashi 和 Tanaka 的工作是一致的[19]：设

Bel_1 和 Bel_2 为两个相同论域 U 上的下概率，m_1 和 m_2 分别是其基本概率赋值，对应的焦元分别为 $A_1,\cdots,A_s$ 和 $B_1,\cdots,B_l$，定义更新后的 mass 函数 m_3：$\mathcal{P}(U)\to[0,1]$，对所有 $A\in\mathcal{P}(U)$ 有

$$\begin{cases} m_3(\varnothing)=0 \\ m_3(A)=\sum\limits_{A_i\cap B_j=A}\dfrac{m_1(A_i)m_2(B_j)}{1-\sum\limits_{A_k\cap B_j=\varnothing}m_1(A_k)} \end{cases} \tag{10-6-51}$$

其中，对所有的 $j\in\{1,\cdots,s\}$，有下式成立

$$1-\sum_{A_k\cap B_j=\varnothing}m_1(A_k)\neq 0 \tag{10-6-52}$$

可以证明 $m_3(A)$ 满足 mass 函数的定义。

m_3 对应的下概率可以由 $Bel_1\oplus Bel_2$ 来获得。需要指出的是这里的条件合成算子 $\oplus$ 不再满足交换律，也就是说 $Bel_1\oplus Bel_2\neq Bel_2\oplus Bel_1$，这和证据合成运算有明显区别。

Ichihashi 和 Tanaka 扩展了几何条件规则，根据 Jeffrey 规则的思想，得到了如下更新 mass 函数的方法：设 Bel_1 和 Bel_2 为两个相同论域 U 上的信度函数，m_1 和 m_2 分别为其基本概率赋值，对应的焦元分别为 $A_1,\cdots,A_s$ 和 $B_1,\cdots,B_l$。定义更新后的 mass 函数 m_3：$\mathcal{P}(U)\to[0,1]$，对所有 $A\in\mathcal{P}(U)$ 有

$$\begin{cases} m_4(\varnothing)=0 \\ m_4(A)=\sum\limits_{A=A_i\subseteq B_j}\dfrac{m_1(A_i)m_2(B_j)}{1-\sum\limits_{A_k\nsubseteq B_j}m_1(A_k)} \end{cases} \tag{10-6-53}$$

Ichihashi 和 Tanaka 指出，当 m_1 和 m_2 都是标准的概率测度时，对于相同论域上的下概率 Bel_1 和 Bel_2，如果 Bel_2 和 Bel_1 的条件合成操作成立，则有 $Bel_1\oplus Bel_2=Bel_2$。当 m_1 和 m_2 都是标准的概率测度时，焦元都是单点形式的。当证据体包括已有证据和新到证据均由概率测度描述时，更新后的证据与新到证据一致。Philipe Smets 在他的研究中也曾经提到这一点。为了使更新后的证据体的焦元和初始证据体的焦元一致，Ichihashi 和 Tanaka 又提出了另一种证据更新方法：设 Bel_1 和 Bel_2 为两个相同论域 U 上的下概率，m_1 和 m_2 分别是其基本概率赋值，对应的焦元分别为 $A_1,\cdots,A_s$ 和 $B_1,\cdots,B_l$。更新后的 mass 函数 m_5 定义为，对所有 $A\in\mathcal{P}(U)$，有

$$\begin{cases} m_5(\varnothing)=0 \\ m_5(A)=\sum\limits_{\substack{A_i\cap B_j\neq\varnothing \\ A=A_i}}\dfrac{m_1(A_i)m_2(B_j)}{1-\sum\limits_{A_k\cap B_j\neq\varnothing}m_1(A_k)} \end{cases} \tag{10-6-54}$$

根据上述讨论，我们可以把 Ichihashi 和 Tanaka 提出的类 Jeffrey 规则归纳成统一的公式

$$m_3(A)=\sum_{k=1}^{l}f(A,B_k)m_2(B_k) \tag{10-6-55}$$

由式(10-6-55)可知，当新到证据具有不确定性时，实现证据更新的一般方法可归结如下：

(1) 根据初始证据及新到证据，定义条件 mass 函数及条件信度函数。

(2) 利用类 Jeffrey 规则和新到证据完成证据更新。

在文献[21]的研究中，M. Arif 等提出了一种在新到证据具有不确定性时，单步完成

证据更新的方法，该方法基于随机集理论。

设 X,Y 为 U 上两个独立的随机集，有如下定义

$$\begin{cases} Bel_X(Y) \triangleq P(\omega: X \subseteq Y) = \sum_{A\subseteq U} Bel_X(A)m_Y(A) = \sum_{A\subseteq U} Q_Y(A)m_X(A) \\ Pl_X(Y) \triangleq P(\omega: X \cap Y \neq \varnothing) = \sum_{A\subseteq U} Pl_X(A)m_Y(A) = \sum_{A\subseteq U} Pl_Y(A)m_X(A) \end{cases} \tag{10-6-56}$$

其中，$Q: \mathcal{P}(U) \to [0,1]$满足，

$$Q(A) = \sum_{A\subseteq B} m(B), \forall A \in \mathcal{P}(U) \tag{10-6-57}$$

称为**众信度函数**。

设 X,Y 为 U 上两个独立的随机集，则有

$$\begin{cases} Bel_X(A \parallel_* Y) = \dfrac{Bel_X(A \cap Y)}{Bel_X(Y)} \\ Pl_X(A \parallel_* Y) \triangleq 1 - Bel_X(A^c \parallel_* Y) \end{cases} \tag{10-6-58}$$

其中 $Bel_X(Y) \neq 0$，而 $Bel_X(\cdot \parallel_* Y)$称为几何条件信度，$Pl_X(\cdot \parallel_* Y)$称为几何条件似真度。同样，可以定义几何条件 mass 函数

$$m_X(A \parallel_* Y) = \frac{m_X(A)Q_Y(A)}{Bel_X(Y)} = \frac{m_X(A_i)\sum_{E\supseteq A_i} m_Y(E)}{\sum_{A_j\subseteq U}\left(m_X(A_j)\sum_{E\supseteq A_j} m_Y(E)\right)}$$

$$= \frac{\sum_{E\supseteq A_i} m_X(A_i)m_Y(E)}{\sum_{A_j\subseteq U}\left(m_X(A_j)\sum_{E\supseteq A_j} m_Y(E)\right)} \tag{10-6-59}$$

其中，A_i 是 X 的所有可能焦元。

设 X,Y 为 U 上两个独立的随机集，则有

$$Pl_X(A \parallel^* Y) = \frac{Pl_X(A \cap Y)}{Pl_X(Y)}, Bel_X(A \parallel^* Y) \triangleq 1 - Pl_X(A^c \parallel^* Y) \tag{10-6-60}$$

其中，$Pl_X(Y) \neq 0$，而 $Pl_X(A \parallel^* Y)$称为 Dempster 条件似真度，$Bel_X(A \parallel^* Y)$称为 Dempster 条件信度。

Dempster 条件 mass 函数定义为

$$m_X(A \parallel^* Y) = \frac{\sum_{E\cap F=A\neq\varnothing} m_\Gamma(E)m_\Sigma(F)}{Pl_X(Y)} = \frac{\sum_{E\cap F=A\neq\varnothing} m_X(E)m_Y(F)}{\sum_{E\subseteq U}\left(m_X(E)\sum_{E\cap F\neq\varnothing} m_Y(F)\right)}$$

$$= \frac{\sum_{A\cap B=S\neq\varnothing} m_\Gamma(A)m_\Sigma(B)}{\sum_{E\subseteq U}\left(\sum_{E\cap F\neq\varnothing} m_X(E)m_Y(F)\right)} \tag{10-6-61}$$

此处，随机集 X 被认为是初始证据，Y 作为新到的证据。无论是基于式(10-6-58)还是

式(10-6-60)，证据体的更新都可以一步完成。

前面回顾了在证据理论框架中关于证据更新的已有研究结果，下面将定义新的条件mass函数，并且基于类Jeffrey规则实现证据更新。

7. 基于mass函数的证据更新——类Bayes方法

定义两个随机集 X、Y，分别代表初始证据和新到证据，其对应的mass函数分别为 m_1 和 m_2，其焦元分别为 $A_1,\cdots,A_s$ 和 $B_1,\cdots,B_l$。我们定义强条件mass函数如下

$$\hat{m}=\hat{m}(A_t \mid B_k)=\frac{m(A_t \cap B_k)_{A_t \subseteq B_k}}{\sum\limits_{A_r \cap B_k \subseteq J(X \cap Y),A_r \subseteq B_k} m(A_r \cap B_k)} \tag{10-6-62}$$

其中，m 是 m_1 和 m_2 通过Dempster证据合成公式得到的mass函数。这里 $\hat{m}$ 的定义成立要求条件比较严格，仅当 $A_t \subseteq B_k$ 存在时，$\hat{m}$ 才成立，这就是强条件mass函数的类Bayes方法。

证据的更新可以通过如下的类Jeffrey规则获得

$$m_3(A_t)=\sum_{k=1}^{l}\hat{m}(A_t \mid B_k)\cdot m_2(B_k) \tag{10-6-63}$$

其中，l 是新到证据 m_2 的焦元个数。

同时还可以定义弱条件mass函数

$$\hat{\hat{m}}=\hat{\hat{m}}(A_t \mid B_k)=\frac{m(A_t \cap B_k)}{\sum\limits_{A_r \cap B_k \subseteq J(X \cap Y) \neq \varnothing} m(A_r \cap B_k)} \tag{10-6-64}$$

而 $\hat{\hat{m}}$ 建立的条件不像 $\hat{m}$ 那样严格，只要存在 $A_t \cap B_k \neq \varnothing$，$\hat{\hat{m}}$ 就成立，这就是弱条件mass函数的类Bayes方法。

证据的更新也可以通过如下的类Jeffrey规则获得

$$m'_3(A_t)=\sum_{k=1}^{l}\hat{\hat{m}}(A_t \mid B_k)\cdot m_2(B_k) \tag{10-6-65}$$

其中，l 是新到证据 m_2 的焦元个数。

我们将式(10-6-62)、式(10-6-63)中描述的方法记为类Bayes方法的强条件方法，将式(10-6-64)、式(10-6-65)中描述的方法记为类Bayes方法的弱条件方法。不难证明，若 $\hat{m}$ 或 $\hat{\hat{m}}$ 存在，则必满足mass函数的定义，即当 $\sum\limits_{A_r \cap B_k \subseteq J(X \cap Y),A_r \subseteq B_k} m(A_r \cap B_k)>0$ 或 $\sum\limits_{A_r \cap B_k \subseteq J(X \cap Y) \neq \varnothing} \cdot m(A_r \cap B_k)>0$ 分别成立时，m_3 或 m'_3 满足mass函数的定义。显然，$\hat{m},\hat{\hat{m}},m_3,m'_3$ 均取值于[0,1]。现在我们给出其和归一的证明(在所有 $A_t \subseteq B_k$ 及 $A_t \cap B_k \neq \varnothing$ 都存在的条件下)

$$\sum_{t=1}^{s}\hat{m}(A_t \mid B_k)=\frac{\sum\limits_{t=1}^{s} m(A_t \cap B_k)_{A_t \subseteq B_k}}{\sum\limits_{A_r \cap B_k \subseteq J(X \cap Y),A_r \subseteq B_k} m(A_r \cap B_k)}$$

$$= \frac{\sum_{A_t \cap B_k \subseteq J(X \cap Y), A_t \subseteq B_k} m(A_t \cap B_k)}{\sum_{A_r \cap B_k \subseteq J(X \cap Y), A_r \subseteq B_k} m(A_r \cap B_k)} = 1$$

$$\sum_{t=1}^{s} \hat{\hat{m}}(A_t \mid B_k) = \frac{\sum_{t=1}^{s} m(A_t \cap B_k)}{\sum_{A_r \cap B_k \subseteq J(X \cap Y) \neq \varnothing} m(A_r \cap B_k)}$$

$$= \frac{\sum_{A_t \cap B_k \subseteq J(X \cap Y) \neq \varnothing} m(A_t \cap B_k)}{\sum_{A_r \cap B_k \subseteq J(X \cap Y) \neq \varnothing} m(A_r \cap B_k)} = 1$$

$$\sum_{t=1}^{s} m_3(A_t) = \sum_{t=1}^{s} \sum_{k=1}^{l} \hat{m}(A_t \mid B_k) \cdot m_2(B_k)$$

$$= \sum_{t=1}^{s} \sum_{k=1}^{l} \frac{m(A_t \cap B_k)_{A_s \subseteq B_k}}{\sum_{A_r \cap B_k \subseteq J(X \cap Y), A_r \subseteq B_k} m(A_r \cap B_k)} \cdot m_2(B_k)$$

$$= \sum_{k=1}^{l} \frac{\sum_{t=1}^{s} m(A_t \cap B_k)_{A_t \subseteq B_k}}{\sum_{A_r \cap B_k \subseteq J(X \cap Y), A_r \subseteq B_k} m(A_r \cap B_k)} \cdot m_2(B_k) = \sum_{k=1}^{l} m_2(B_k) = 1$$

$$\sum_{t=1}^{s} m_3'(A_t) = \sum_{t=1}^{s} \sum_{k=1}^{l} \hat{\hat{m}}(A_t \mid B_k) \cdot m_2(B_k)$$

$$= \sum_{t=1}^{s} \sum_{k=1}^{l} \frac{m(A_t \cap B_k)}{\sum_{A_r \cap B_k \subseteq J(X \cap Y) \neq \varnothing} m(A_r \cap B_k)} \cdot m_2(B_k)$$

$$= \sum_{k=1}^{l} \frac{\sum_{t=1}^{s} m(A_t \cap B_k)}{\sum_{A_r \cap B_k \subseteq J(X \cap Y) \neq \varnothing} m(A_r \cap B_k)} \cdot m_2(B_k) = \sum_{k=1}^{l} m_2(B_k) = 1$$

为了使得 m_3, m_3' 在所有情况下都满足 mass 函数的定义，我们对 m_3, m_3' 的定义作相应的补充：如果存在 A_r 和 B_k 使得 $\sum_{A_r \cap B_k \subseteq J(X \cap Y), A_r \subseteq B_k} m(A_r \cap B_k) = 0$，即并非所有的 $\hat{m}(A_t \mid B_k)$ 都存在，定义

$$m_3(U) = 1 - \sum_{t=1}^{s} m_3(A_t) \tag{10-6-66}$$

其中，U 是论域。

如果存在 A_r 和 B_k 使得 $\sum_{A_r \cap B_k \subseteq J(X \cap Y) \neq \varnothing} m(A_r \cap B_k) = 0$，即并非所有的 $\hat{\hat{m}}(A_t \mid B_k)$ 都存在，定义

$$m'_3(U)=1-\sum_{t=1}^{s}m'_3(A_t) \tag{10-6-67}$$

其中,U 是论域。

在信息融合领域中,D-S 证据合成规则是用来修正证据而非更新,参与证据合成的证据体是被一视同仁对待的,证据合成运算是对称的。此处在回顾往有关条件证据及证据更新的研究基础上,提出了新的条件 mass 函数及实现 mass 函数更新的一种类 Jeffrey 规则,文中分别定义了强弱两种类型的条件 mass 函数。基于类 Jeffrey 规则的更新方法是非对称的,当新到证据充满不确定性时,可以用来完成证据更新。通过一些算例,将文中提出的方法和文中回顾的既有方法进行了比较,我们认为文中定义的条件 mass 函数及基于类 Jeffrey 规则实现 mass 函数更新的方法是合理有效的。

10.7 多源异类信息融合的传感器管理

本节深入讨论传感器管理问题,重点涉及多源异类信息融合的传感器管理。内容包括传感器管理的一般概念、传感器管理方法的发展简史,以及传感器管理方法研究现状等。最后给出基于目标威胁度的传感器管理方法。

10.7.1 传感器管理的定义及问题描述

在 20 世纪的最后十多年里,传感器技术在全球范围内迎来了革命性的发展与进步。这直接引发了具有高可控自由度的感知设备的大量出现。传统的传感器信号传输属性,如中心频率、带宽、波束调制、采样率等一系列与传感器管理有关的参数和工作模式,都可以通过软件的形式进行操控。在同一时期内,传感器网络方面的相关技术也取得了非常大的进步,出现了具有各种先进传感器以及交互式网络的可部署自动/半自动的无人机/无人车系统。这说明可自动配置的网络感知系统是信息融合领域的一个新兴的发展方向,同时它也能够解决工程应用中的许多实际问题。

随着近年来合成孔径雷达(synthetic aperture radar, SAR)、相控阵雷达(phased array radar, PAR)、敌我识别器(identification friend of foe, IFF)、前视红外雷达(forward looking infrared radar, FLIR)、电子支持测量(electronic support measures, ESM)等各种先进的多源异类传感器,以及新型作战飞机、预警机、无人机等平台的不断发展,现代战场环境变得日益复杂,传感器管理任务也面临重大需求和挑战,亟须进一步深入研究。在军用领域,传感器管理方法可用于弹道导弹防御、空防预警、超视距多目标探测、战场区域监视、态势评估等方面;在民用领域,它可用于空中交通管制、交通导航、智能车辆系统、机器人视觉等领域。同时,传感器管理与目标意图推断、威胁估计、态势评估等其他高层信息融合处理过程也具有重要的耦合关系。这就需要我们有针对性地采用某种策略来对多传感器进行优化配置,以发挥其最大效用。

传感器管理(也称传感器控制)的具体定义[66-79]为:利用有限的传感器资源完成对多个目标的检测、跟踪与识别任务,以得到各目标具体特性的最优度量值(如检测概率、截获概率、传感器发射能力、网络能耗、航迹精度以及丢失概率等),并根据最优准则对目标函数进行优化，进而实现对传感器资源科学合理地分配与调度。在进行量测跟踪过程的每一时刻，系统从一组可选传感器集合中动态地选择合适的传感器对单目标或多目标进行扫描跟踪，从而达到优化传感器网络各项性能的目的。我们一般将时间离散化为等长的时间段，一个传感器在任一时间段内可能被选择和调度，因此该问题属于离散时间问题。这里的传感器管理系统通常是指闭环系统，下一时刻传感器选择调度的结果是根据当前时刻传感器的量测集得出的。而传感器调度则是用于进行传感器选择的前馈结构，在部分文献里这两个概念是混用的[80]。

传感器管理方法能够根据一定的最优准则对传感器部署位置、目标分配、工作模式及工作参数等进行控制，从而优化传感器网络整体性能。它能够提高我们对特定目标或监视区域的感知能力，同时减小我们应对时的工作负荷，因此在整个信息融合系统中占据更高层级的位置，并如前所述与系统其他部分紧密关联，多传感器信息融合系统闭环模型如图 10-7-1 所示。

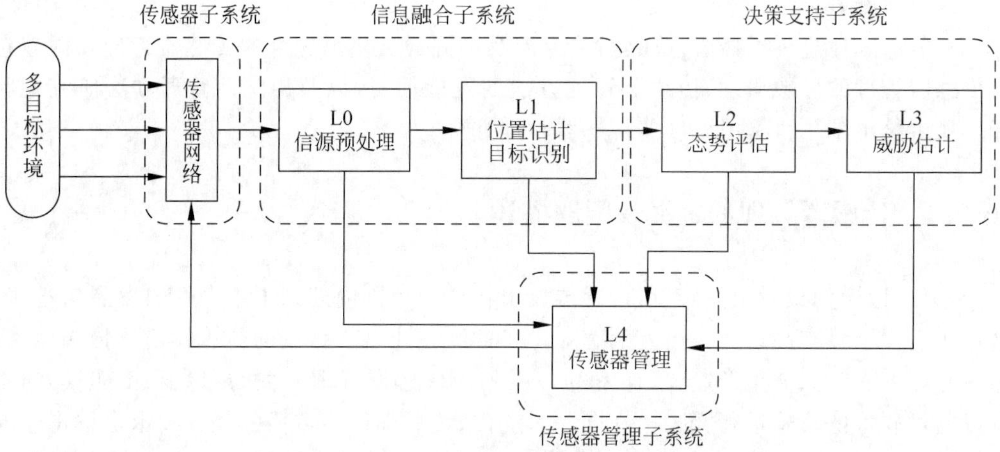

图 10-7-1　多传感器信息融合系统闭环模型

在传感器管理的相关应用方面，可以用于管理调度的传感器一般都是指虚拟传感器，它表示的是实际物理设备的相关参数设置以及传感器器件、传感器平台等工作模式选择，还包括传感器子系统数据处理方式和相互之间数据通信方式的设置。因此，对传感器进行管理就意味着确定传感器系统的可控自由度数值应如何设定。

图 10-7-2 展示了一个闭环传感器管理系统的基本结构。当某个传感器被系统选择并对目标进行探测时，被扫描对象的信息就能从传感器数据中被系统提取出来。这一过程涉及将不同来源、不同类型的传感器数据进行异类信息融合，以及将当前时刻所获得的信息与之前的传感器量测信息进行进一步融合。该闭环系统在信息融合与信号处理过程中有可能产生部分附加信息，例如目标航迹和目标种类信息等，我们可以在传感器管理过程中充分利用这些信息来提高系统感知能力。

为了达到传感器管理的目的，需要对每一时刻可能的传感器选择结果进行量化分析。该量化分析可以采用多种形式，包括基于信息增益或者期望风险的统计方法，以及启发式方法。从这个角度来看，传感器管理又可以理解成是对下一时刻扫描探测所使用的传感器进行选择的一个决策优化过程。

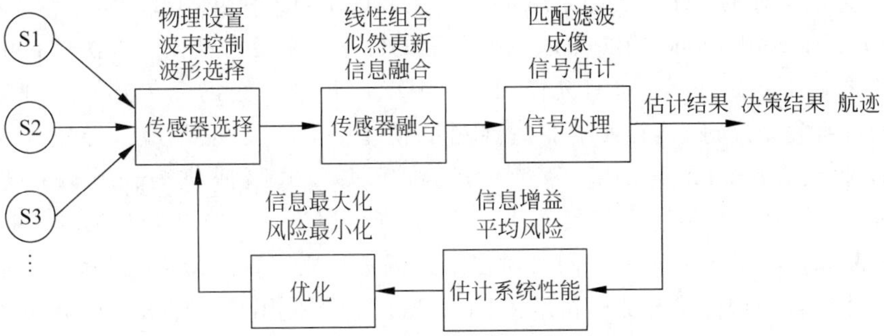

图 10-7-2 传感器管理系统结构

关于信息状态，需要保证其能够表示所需要感知场景中的全部信息，或者至少是与目标相关的全部信息。通常情况下，这些信息包括传感器系统自身的物理状态（如搭载了传感器的飞行器的位置与方位角），通过这些信息的约束可以得到传感器系统下一步可能的动作以及下一时刻可选择参加任务的传感器。传感器系统自身的先验物理信息对传感器管理而言非常重要，因此部分文献将其物理状态与信息状态区别对待并分别建模，如图 10-7-3 所示。

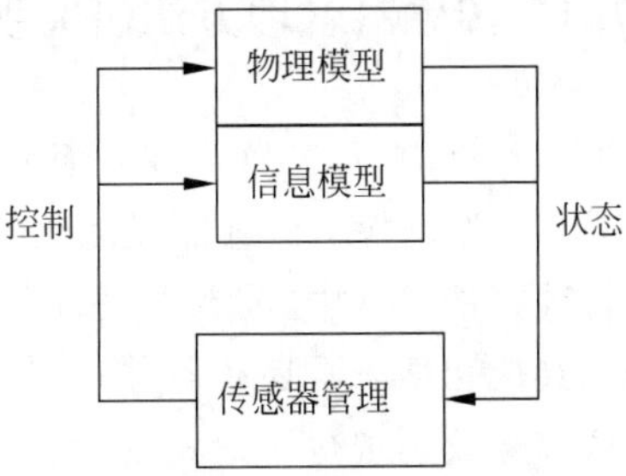

图 10-7-3 控制论角度下的传感器管理问题

图 10-7-3 表明，传感器管理与反馈控制在很多方面都具有极大的相似性，而控制理论本身就是目前传感器管理相关理论的重要组成部分。但二者在一些具体性质方面却又有所区别。在传统的反馈控制理论方面，传感器是用来确定某一动态目标的状态信息的。该信息表征了外部施加的控制动作是如何根据控制原理或者说控制规则来不断改变系统状态的。而在传感器管理方面，控制动作会更直接地影响目标的信息状态。与其说反馈的目的是帮助系统判断应该执行哪种控制动作，不如说反馈感知行为本身即是一种控制动作。

10.7.2 传感器管理方法的起源与发展

早在 20 世纪上半叶“传感器管理”的概念出现以前，Fisher 为了解决数据统计过程中的样本选取问题而改进了统计实验的设计方法[81]。到了 20 世纪 50 年代，统计学领域的相关学者开始在统计实验设计中引入序贯和闭环反馈的思想，并且证明了在序贯统计实验中样本的数量和组成不应固定不变，而是应该随量测函数变化[82]。Meier 等于 1967 年给出了在动态模型中使用闭环结构解决量测自适应问题的数据统计和采集方法[83]。Fedorov 在其 1972 年的著作中给出了序贯统计实验设计中的优化方法[84]。这些统计方法的提出都为传感器管理奠定了数学统计方面的理论基础。

1977 年，Nash 率先采用线性规划方法研究了单平台多传感器多目标跟踪过程中传感器资源的最优分配问题[85]。而“传感器管理”这一文字性的具体概念则最早出现于

1988 年在美国举办的 IEEE 全国宇航电子学会会议上，即 NAECON（national aerospace and electronics conference）有关军用飞行器上的传感器系统自动控制方法的讨论中[86]。

在此之后，Castañón 等[87]首先使用 POMDP 来解决真正的多传感器管理问题。但该方法的计算复杂度过高，尤其是那些预测步超过一步的改进型方法，导致其在工程实践中难以使用。Krishnamurthy 等[88]率先将解决多臂赌博机（multi-armed bandit，MAB）问题的思路引入传感器管理方法，并考虑到可以通过启发式算法减小 POMDP 问题的计算复杂度。但该方法无法同时对多个目标进行跟踪，并且在量测满足一定的能观性条件下才能得到目标状态的解析解。Kreucher 等[89]使用粒子滤波方法解决了目标运动模型非线性且环境随时间动态变化情况下多目标跟踪中的传感器管理问题，且对交叉航迹能进行正确跟踪。然而该方法在非线性条件下需要使用大量的粒子进行计算，从而带来巨大的计算代价，且该方法在多目标对象较为密集或航迹交叉时容易出现误关联。Kirubarajan 等[90]使用多层分布式融合中心的传感器网络结构解决了大规模多传感器多目标的跟踪问题以及传感器管理问题。然而该方法不适用于分布式融合中心移动的场景中，无法通过移动融合中心来得到优化的跟踪结果，且该方法在实时条件下无法保证得到传感器管理的全局最优结果。

10.7.3 传感器管理方法研究现状

近几年来，在传感器管理方面又出现了很多新的学术成果。这些成果主要可以分为两大类：一类是基于信息指标优化的传感器管理方法；另一类是基于决策过程优化的传感器管理方法。其中，前者在当前的研究成果中占多数，后者占少数。当前传感器管理方法从其他角度来看还有各种不同的分类方式，本节后续部分仅依据上述分类方式对各种具体方法分别进行讨论和分析。

从另一个方面来看，当前各种主要的传感器管理方法大都以短时间尺度下的传感器调度管理为主要目标，即此类方法在第 k 时刻仅能得出第 $k+1$ 时刻的传感器调度方案。而长时间尺度下的传感器管理方法，即在第 k 时刻能够得出第 $k+n$ 时刻（$n>1$）的传感器调度方案，由于其问题描述更为复杂，需要使用线性规划等其他数学工具进行处理，因此当前的研究中鲜有涉及。同时，由于估计滤波算法带来的高计算复杂度、目标及其周围环境所存在的不确定性、传感器固有的系统偏差等各种因素的综合作用，导致许多传感器管理方法仅能通过仿真实验验证其有效性和具体性能，而无法满足工程实际中实时在线的传感器管理需求。

1. 基于信息指标优化的传感器管理方法

基于信息指标优化的传感器管理方法是将传感器管理作为信息评价指标进行优化的一类方法，其实质在于在任一时刻 k，在一定约束条件下以某种目标相对于传感器的信息评价指标为优化对象，进而实现传感器资源的最优分配和调度，以提高融合系统对单（多）目标、动（静）目标的整体跟踪精度。在某些情况下还能同时提高融合系统对目标的检测概率和识别能力。近年来该类传感器管理方法主要有以下各种具体方法。

Ristic 和 Vo 等[91]使用 Rényi 信息增益作为回报函数来进行部分可观马尔可夫决策

过程框架下的多目标 Bayes 滤波传感器控制，并引入独立同分布的随机有限集来进行多目标的状态预测和更新。但该方法的计算复杂度过高，且仅考虑了集中式的融合结构。Gostar 等[92]利用多伯努利滤波器以及基于估计误差的损失函数最小化方法来选择传感器进行多目标状态估计。该方法对多目标个数和状态估计结果一体化考虑，且计算时间和鲁棒性都令人满意。但该方法未考虑较为复杂的非高斯噪声场景问题。Li 等[93]提出了一种兼顾量测信息和量测补偿的雷达选择方法，并通过半定松弛方法将雷达选择问题松弛为半定规划问题。

王国宏、何友等[94]于 1999 年提出了多传感器数据融合系统中的自适应传感器管理算法。该算法基于模糊集理论和 D-S 证据理论，由于避免了积分运算而简化了计算复杂度。王国宏、刘先省等[95]将动态规划思想和有限集合理论引入了传感器管理方法，并提出了一种基于信息熵的传感器管理方法。但该方法在使用有限集理论方面只局限于对理论框架的讨论，并未涉及具体的传感器管理方案。杨小军等[96]尝试使用条件后验克拉美罗下界(conditional posterior Cramér-Rao lower bound, CPCRLB)指标选择并激活传感器节点，并使用粒子滤波对目标进行跟踪。但该方法在量测来源不确定的情况下无法进行传感器选择。刘欣怡、单甘霖等[97]提出了一种基于 Rényi 信息增益的多传感器管理方案，该方案利用交互式多模型(interactive multiple model, IMM)和容积卡尔曼滤波(cubature kalman filter, CKF)算法解决了高斯非线性条件下的系统状态估计问题。然而在传感器和目标数目较多的情况下，该方案无法保证模型求解的时效性。黎子芬、程江涛等[98]设计了一种基于跟踪精度控制的多传感器多目标分配方法，通过使用协方差控制、伪量测异步融合、IMM 算法以及蚁群算法实现对多目标跟踪精度的控制。但该方法只能针对目标个数已知且确定的情况进行处理，无法解决目标个数随时间变化的传感器管理问题。申屠晗、薛安克等[99]提出一种基于反馈式多传感器结构和概率假设密度滤波器(probability hypothesis density, PHD)的融合跟踪框架，并使用 GM-PHD (gaussian mixture PHD)滤波器实现了多种多目标跟踪算法，提高了对多目标的跟踪精度。但该方法没有研究不同形式多传感器后验 PHD 融合方法的理论性能，也并未从传感器管理的角度出发，考虑如何进一步提高多传感器对多目标的跟踪性能和效率。

除此以外，吴巍、王国宏等[100]提出了基于辐射控制的机载多传感器系统协同跟踪方法，该方法有助于提高作战飞机的抗侦察、抗干扰能力和整体生存能力。童俊等[101]提出了一种基于目标跟踪精度 Cramér-Rao 下界的多传感器跟踪资源协同分配方法。而叶继坤、雷虎民等[102]提出了一种基于几何关系的多导弹协同跟踪算法。张华睿等[103-104]提出了基于 Fisher 信息距离的传感器管理方法。

2. 基于决策过程优化的传感器管理方法

基于决策过程优化的传感器管理方法是将传感器管理作为决策过程进行优化的一类方法，其实质在于在任一时刻 k，在一定约束条件下根据传感器得到的目标量测信息 Z_k(经常还包括历史量测信息 $Z_{1:k}$)，使基于某种特定控制策略或任务生成的回报函数最大化，或者使风险函数最小化，并以此为依据在该时刻对传感器(或者传感器平台)进行控制和调度。近年来该类传感器管理方法主要有以下各种具体方法。

Wang 和 Gostar 等[105]提出一种使用带标签的多伯努利(labeled multi-Bernoulli,

LMB)滤波器和优化控制策略实现多传感静/动平台控制的传感器管理方法。该方法有效降低了传感器管理的时间复杂度,但与实时在线计算仍有较大距离。且该方法仅能对目标之间距离较近的非机动/机动群目标进行有效跟踪。Gostar 和 Hoseinnezhad 等[106]以 LMB 滤波器为工具,以最优次模式分配(optimal sub-pattern assignment, OSPA)距离为优化指标,实现了最优传感器控制动作下的多目标状态估计信任度的最大化。该方法能明显提高单传感器动平台对多目标的整体跟踪性能,但未涉及多传感器对多目标跟踪场景中的情况。Hoang 和 Vo[107]通过将多目标状态建模为多伯努利随机有限集,同时实现了目标数方差后验期望的最小化以及预测与更新概率密度函数之间 Rényi 距离期望的最大化,即完成了目标个数的确定以及估计信息的最大化。但该方法只局限于特定场景,不具有普遍性,且未能解释目标对象能观性如何影响传感器控制策略。Pang 等[108]通过定义新的目标检测与跟踪 Bayes 风险,实现了传感器部署时的目标检测风险最小化,以及传感器调度时的检测与跟踪风险之和的最小化,但该方法未考虑识别问题。陈辉等基于随机有限集的多伯努利滤波器,以 Bhattacharyya 距离和 Rényi 散度作为传感器控制评价指标,分别实现了基于多目标重要性[109]和基于目标威胁度[110]的两种传感器控制策略。但这两种方法均未有效利用目标识别信息,其控制策略也未考虑平台运动的具体约束条件,且算法的计算复杂度较高。

通过对上述国内外研究现状的梳理可以发现,传感器管理这一重要研究方向与目标跟踪、数据关联以及时空配准等传统信息融合研究方向相比,目前的研究成果还相对较少,且仍存在许多尚未解决的重要问题。

10.7.4 基于目标威胁度的传感器管理方法研究

基于目标威胁估计的传感器管理方法主要是基于目标跟踪背景提出的。为了重点关注传感器管理问题而非滤波问题,我们做以下假设。对于 k 时刻的滤波递推过程,我们用 $k-1$ 表示先验,$k|k-1$ 表示下一步预测,而 k 表示随机变量的后验分布。

假设目标在二维平面运动,而每个目标都在笛卡儿坐标系下建立匀速运动模型[77]。由于该假设并不会限制该方法的适用性,因此可以扩展至其他更加复杂的运动模型上。传感器对状态为 $\boldsymbol{x}_k$ 的目标的量测方程为

$$\boldsymbol{z}_k=\begin{bmatrix}\sqrt{x^2+y^2}\\ \operatorname{atan2}(x,y)\end{bmatrix}+\boldsymbol{v}_k \tag{10-7-1}$$

其中,$\boldsymbol{v}_k\sim\mathcal{N}(\mu_v,\Sigma_v)$,$\mu_v=[0\quad 0]^{\mathrm{T}}$,$\Sigma_v=\operatorname{diag}(\sigma_r^2,\sigma_b^2)$,atan2 为反正切函数,$\sigma_r^2$、$\sigma_b^2$ 分别为目标量测距离和方向角的量测噪声的方差。该假设也可以被扩展至更复杂的场景。

下面重点介绍基于目标威胁度的传感器管理方法的具体思想。首先,基于威胁估计方法所蕴含的思想,即威胁估计过程是与其相互关联的传感器管理方法一起介绍的。其次,说明如何通过基于威胁估计的方法实现传感器管理任务。我们根据目标的威胁高低对其进行数学表示,得出对应目标威胁程度的概率密度函数。然后再通过该概率密度函数对不同目标的威胁度进行评估,并根据其结果指导我方进行后续的管理操作。最后,根据传感器管理模块所选择的传感器对指定目标进行测量,使目标整体威胁程度概率密

度函数的不确定性降至最低，即达到管控多目标整体威胁度的目的。

在实际应用中，通常根据敌我双方态势对目标标注威胁度指标。该威胁度指标可以定义为$\mathcal{L}=\{\ell_1,\ell_2,\cdots,\ell_n\}$，其中$\ell_i$的取值可以为“友方”“中立”或“敌方”。威胁估计模块通过目标整体的行为及其可能的任务目标来估计每个目标的威胁度指标。该处理过程即为威胁估计，如图10-7-4(a)和(b)所示。在此例中，根据运算的需要将威胁度空间进行划分，并为其中的每一部分分配对应的威胁度指标。

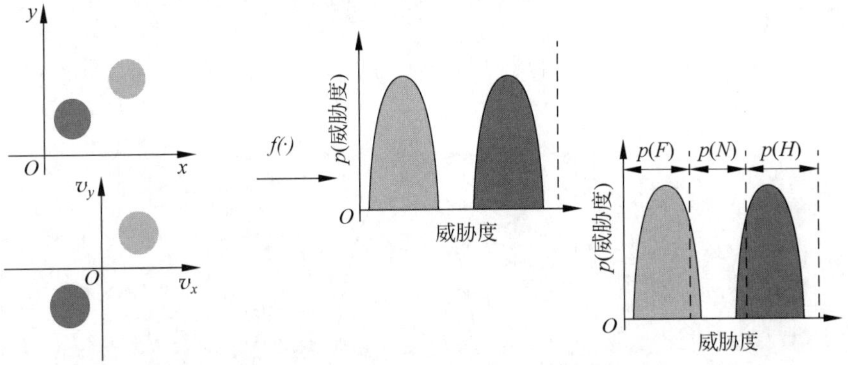

(a) 通过状态估计结果观察到的目标行为

(b) 威胁度估计结果

图 10-7-4　两个目标的威胁估计过程(一个抵近，另一个远离)

在实际工程应用当中，威胁估计并不局限于利用目标当前的运动学信息，还会使用目标的其他附加信息，例如目标的威胁类型、性能以及意图等信息[78-79]。一般情况下，在此假设威胁度模型只跟目标的观测运动学特性有关，这一简化的目的在于使对象更易于建模，同时能重点分析基于目标威胁度的传感器管理方法。换而言之，所提出的方法可以视为JDL模型第2/3级传感器管理的组成部分。

根据分析，可以将某目标的威胁度θ作为待估计的状态之一，并将其与其他待估计量，即目标的位置与速度一起估计。威胁度函数$f:S\mapsto T$为一个从单目标原始状态空间(如最典型的二维/三维位置与速度)$S=\mathbb{R}^n$到该目标的威胁度空间$\mathcal{T}=[0,1]$的映射。在多目标场景中，每个独立目标的状态空间分别映射到相应独立的威胁度空间中去。

威胁度函数是通过数学方法对目标进行基于威胁度的分类。由于威胁度是一个随机变量的函数，例如目标的位置与速度，因此威胁度本身也是一个随机变量，其概率密度函数通过给出的威胁度函数得到。威胁度概率密度函数$p(\theta)$非常重要，因为将其用于标注目标的威胁度指标，并通知系统做出相应的动作。例如，在一个实际的指定地点防御场景中，能够通过正在抵近目标的威胁度概率密度函数判断是否应锁定该抵近目标。而在空中交通管制中，空管员可以通过威胁度概率密度函数引导目标改变航线以避免撞机事故。

基于目标威胁度的传感器管理方法能够选择出使威胁估计过程中的不确定性最小的传感器调度方案，而不是简单根据各目标的威胁度，或是通过最小化目标状态估计的不确定性进行传感器资源的分配。相比其他现有的传感器管理方法，该方法能够帮助我们在较小的不确定性下完成决策，从而保证较低的Bayes风险。

为了说明为何有必要将威胁度概率密度函数中的不确定性最小化，下面举例说明。图 10-7-5 中给出了两个不同的威胁度概率密度函数，同时以{友方(F)，中立(N)，敌方(H)}三种标识对目标威胁度进行区分，每种标识也表示需要对相应目标采取不同的应对方式。不同标识的概率分布分别为

$$\begin{cases} p_i(F)=\int_0^{1/3} p_i(\theta)\mathrm{d}\theta \\ p_i(N)=\int_{1/3}^{2/3} p_i(\theta)\mathrm{d}\theta \\ p_i(H)=\int_{2/3}^{1} p_i(\theta)\mathrm{d}\theta \end{cases}$$

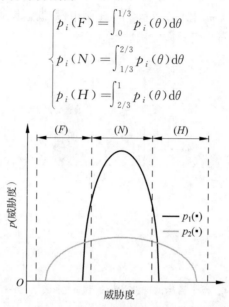

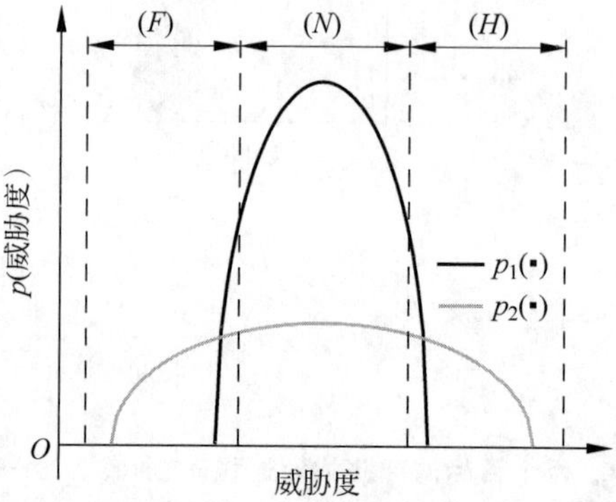

图 10-7-5　威胁度的不确定性对目标分类决策的影响

其中，$i=1,2$。在两种不同分布情况下选择的都是标识为(N)的威胁度，因为 $p_i(N)>\{p_i(F),p_i(H)\}$。但是相较于第二种威胁度分布，我们显然会更倾向根据第一种威胁度概率密度函数采取相应的动作，因为第一种威胁度分布具有更小的不确定性。

降低威胁度不确定性的重要性也体现在观测、定位、决策和动作这一系列的步骤中。根据文献研究，降低威胁度的不确定性能够有效提高分布式系统的整体感知与决策效率[79]。

威胁度的数学定义需要重点考虑在实际情况下如何对不同威胁度进行区分，同时威胁度必须满足定义 $\theta\in[0,1]$。

为了推导出具体的方法，下面针对两个例子给出三种威胁度函数。这两个例子分别属于国防领域和民用领域。在这两个例子中，用到最近接触点的距离与时间作为相应指标对威胁度进行建模估计，而威胁在这里指的是当某个目标接近另一个目标或者所关心的指定目标点时，需要对我们做出提示，因为这是我们所关心的事件[80,81]。换而言之，其中的一个目标具有潜在威胁。在文献[82]中，到最近接触点的距离与时间也是几何背景信息、预测背景信息以及时间分析的一部分。

我们所给出的例子较为简单，只考虑了目标的二维运动，但其足以证明在各种情况下该基于威胁度的传感器管理方法的有效性。在理想的情况下，我们能够从数据库中根据具体需要选取已建模的威胁度形式。最后，对不同形式的威胁度函数进行进一步分析。

两个不同目标 i 和 j 到最近接触点的时间和距离可以通过状态向量 $\boldsymbol{x}^{(i)}=$

$[\boldsymbol{x}^{(i)} \quad \boldsymbol{v}_x^{(i)} \quad \boldsymbol{y}^{(i)} \quad \boldsymbol{v}_y^{(i)}]^{\mathrm{T}}$ 和 $\boldsymbol{x}^{(j)}=[\boldsymbol{x}^{(j)} \quad \boldsymbol{v}_x^{(j)} \quad \boldsymbol{y}^{(j)} \quad \boldsymbol{v}_y^{(j)}]^{\mathrm{T}}$ 分别得出，即

$$t_{\mathrm{CPA}}=-\frac{\mathbf{pos}_x\mathbf{vel}_x+\mathbf{pos}_y\mathbf{vel}_y}{\sqrt{\mathbf{vel}_x^2+\mathbf{vel}_y^2}} \tag{10-7-2}$$

$$d_{\mathrm{CPA}}=\sqrt{(\mathbf{pos}_x+t_{\mathrm{CPA}}\mathbf{vel}_x)^2+(\mathbf{pos}_y+t_{\mathrm{CPA}}\mathbf{vel}_y)^2} \tag{10-7-3}$$

其中，有

$$\mathbf{pos}=[\mathbf{pos}_x \quad \mathbf{pos}_y]^{\mathrm{T}}=[\boldsymbol{x}^{(i)}-\boldsymbol{x}^{(j)} \quad \boldsymbol{y}^{(i)}-\boldsymbol{y}^{(j)}]^{\mathrm{T}} \tag{10-7-4}$$

$$\mathbf{vel}=[\mathbf{vel}_x \quad \mathbf{vel}_y]^{\mathrm{T}}=[\boldsymbol{v}_x^{(i)}-\boldsymbol{v}_x^{(j)} \quad \boldsymbol{v}_y^{(i)}-\boldsymbol{v}_y^{(j)}]^{\mathrm{T}} \tag{10-7-5}$$

式中，d_{CPA} 为按照目标当前速度及方向，直线轨迹上的点到被保护对象距离的最小值，t_{CPA} 为按照目标当前速度，从目标当前位置到目标和被保护对象距离的最小点的直线运动时间，$\mathbf{pos}$ 为目标相对于被保护对象的位置坐标，$\mathbf{pos}_x$ 为目标相对于被保护对象位置坐标在 x 方向上的分量，$\mathbf{pos}_y$ 为目标相对于被保护对象位置坐标在 y 方向上的分量，$\boldsymbol{x}^{(i)}$ 为目标在 x 方向上的位置坐标，$\boldsymbol{y}^{(i)}$ 为目标在 y 方向上的位置坐标，$\boldsymbol{x}^{(j)}$ 为被保护对象在 x 方向上的位置坐标，$\boldsymbol{y}^{(j)}$ 为被保护对象在 y 方向上的位置坐标，$\mathbf{vel}$ 为目标的速度向量，$\mathbf{vel}_x$ 和$\boldsymbol{v}_x^{(i)}$ 均为目标在 x 方向上的速度分量，$\mathbf{vel}_y$ 和$\boldsymbol{v}_y^{(i)}$ 均为目标在 y 方向上的速度分量。

首先考虑第一个例子，在该例子中需要重点保护某个指定目标 j。由目标 i 对指定目标 j 形成的威胁依赖于目标 i 距离指定目标 j 多近以及是以多快的速度在接近 j。为了将时间与距离的指标转换为威胁度指标，使用分段函数

$$\theta_t(\boldsymbol{x}^{(i)};\boldsymbol{x}^{(j)})=\begin{cases}1, & |t_{\mathrm{CPA}}|\leqslant t_1\\ 1-2\left(\dfrac{|t_{\mathrm{CPA}}|-t_1}{t_0-t_1}\right)^2, & t_1\leqslant|t_{\mathrm{CPA}}|\leqslant t_{0.5}\\ 2\left(\dfrac{|t_{\mathrm{CPA}}|-t_0}{t_0-t_1}\right)^2, & t_{0.5}\leqslant|t_{\mathrm{CPA}}|\leqslant t_0\\ 0, & t_0\leqslant|t_{\mathrm{CPA}}|\end{cases} \tag{10-7-6}$$

$$\theta_d(\boldsymbol{x}^{(i)};\boldsymbol{x}^{(j)})=\begin{cases}1, & d_{\mathrm{CPA}}\leqslant d_1\\ 1-2\left(\dfrac{d_{\mathrm{CPA}}-d_1}{d_0-d_1}\right)^2, & d_1\leqslant d_{\mathrm{CPA}}\leqslant d_{0.5}\\ 2\left(\dfrac{d_{\mathrm{CPA}}-t_0}{t_0-t_1}\right)^2, & d_{0.5}\leqslant d_{\mathrm{CPA}}\leqslant d_0\\ 0, & d_0\leqslant d_{\mathrm{CPA}}\end{cases} \tag{10-7-7}$$

其中，有 $t_1<t_{0.5}<t_0$，$d_1<d_{0.5}<d_0$，这三个点分别为威胁度指标取 1，0.5 和 0 时的点。

然后，考虑另一个例子，即民航飞机的空中交通管制。在此场景中，空管员时刻监控目标区域内的飞机，并关注任意两架飞机是否有撞机的可能。我们仍按照上一个例子使用到最近接触点的时间和距离来对两个目标是否可能相撞以及何时可能相撞的威胁度进行建模估计。该方法在空管系统中的有效性已被证明[73-74]。与上例中目标 i 到指定目标 j 的最近接触点类似，本例中使用两个不同目标(i,j)之间的最近接触点的时间和距

离，其中 $i,j=1,2,\cdots,N$ 且 $i\neq j$。对目标 i 而言，总共有 $N-1$ 个不同的威胁度指标值可供选择，选取 j^* 以使得

$$\theta(\boldsymbol{x}^{(i)})=\theta(\boldsymbol{x}^{(i)};\boldsymbol{x}^{(j^*(i))}) \tag{10-7-8}$$

$$j^*(i)=\underset{j(\cdots)}{\arg\max}\hat{\theta}(\boldsymbol{x}^{(i)};\boldsymbol{x}^{(j)}),\quad i,j=1,2,\cdots,N\text{ 且 }i\neq j \tag{10-7-9}$$

$$\hat{\theta}(\cdot)=\int\theta(\cdot)p(\theta(\cdot))d\theta(\cdot) \tag{10-7-10}$$

其中，N 为该场景中的目标个数。

当关注异常检测时，从正常航迹或预定航线偏离是需要重点考虑的现象[75-76]。当要对目标 i 与给定航迹 $\mathcal{C}$ 偏离的程度进行建模的时候，可以使用分段函数，同时定义目标 i 与给定航迹 $\mathcal{C}$ 之间的三个距离 $c_0<c_{0.5}<c_1$，这三个距离分别对应威胁度为 0、0.5 和 1 三种情况。该函数具体形式为

$$\theta_c(\boldsymbol{x}^{(i)};\mathcal{C})=\begin{cases}1, & c_1<c_{\min}\\ 1-2\left(\dfrac{c_{\min}-c_1}{c_0-c_1}\right)^2, & c_{0.5}<c_{\min}\leqslant c_1\\ 2\left(\dfrac{c_{\min}-c_0}{c_0-c_1}\right)^2, & c_0<c_{\min}\leqslant c_{0.5}\\ 0, & c_{\min}\leqslant c_0\end{cases} \tag{10-7-11}$$

其中，$c_{\min}$ 为目标 i 在整个飞行过程中与给定航迹 $\mathcal{C}$ 之间的最近距离。

如果考虑其他跟威胁度相关的可测量，可以将这些相关可测量（例如目标的下降速率等）加入到状态向量中去，对目标状态进行扩展，然后再用上述方法对其威胁度进行建模估计。一个最典型的例子就是在进行威胁估计时，对目标进行分类的过程与所定义的威胁模式是相互关联的，而且这一威胁模式与威胁度概率密度函数也是相互关联的。当需要考虑一些不可测的量（例如政治因素等）对威胁度的影响，就必须将威胁度的概率密度函数进行相应的近似转化，以反映出不可测的量所包含的信息。

在将各种相关量，例如之前提到的到最近接触点的时间与距离，以及偏离预定航迹的程度等，映射到相同空间（即威胁度空间）之后，就可以在同一空间内通过加权的形式来对目标的威胁度进行量化处理，即

$$\theta(\boldsymbol{x}^{(i)})=\sum_{j=1}^{M}m_j\theta_j(\boldsymbol{x}^{(i)};\cdot) \tag{10-7-12}$$

其中，m_j 为分配给威胁度分量 $\theta_j(\boldsymbol{x}^{(i)};\cdot)$ 项的权重，它必须满足 $\sum_{j=1}^{M}m_j=1$。通过这种方式，就将一个复杂的多目标优化问题简化成了一个较为简单的由不同威胁度分量加权组合而成的单目标问题。换而言之，避免了直接对到最近接触点的时间与距离以及偏离预定航迹中存在的不确定性进行最小化处理，而是对目标整体威胁度的不确定性进行最小化处理。此外，该方法不同于传统的加权方法，而是将与威胁度相关的不同分量进行加权求和。

10.8 小结

异类信息融合是一个非常具有挑战性的领域，但目前无论在方法论方面，还是在工程应用方面仅仅处于起始阶段，我们还没有更多的文献作参考。无论如何，这一研究方向标志着多源信息融合的未来，因为只有对异类信息的有效融合才能体现不同属性信息的互补特性，才能刻画自然界中人和动物大脑进行各种信息融合的本质。而对于传感器的管理，特别是对于多源异类信息融合的传感器管理更是具有吸引力的研究方向。我们期待着新的成果不断涌现。

参考文献

[1] Matthew J Beal，Hagai Attias，Nebojsa Jojic. Audio-Video Sensor Fusion with Probabilistic Graphical Models，Beal[EB/OL]. [2010-06-15]. www. mplab. ucsd. edu/～joel/pdfs/eccv02. pdf.

[2] Alex Brooks，Stefan Williams. Tracking People with Networks of Heterogeneous Sensors[EB/OL]. [2010-06-15]. www. araa. asn. au/acra/acra2003/papers/07. pdf.

[3] Ronnie Johansson. Information Acquisition in Data Fusion Systems[EB/OL]. [2010-06-15]. www. nada. kth. se/～rjo/pubs/cvap283 . html.

[4] 王国宏. 分布式检测、跟踪及异类传感器数据关联与引导研究[D/OL]. 北京：北京航空航天大学，www. intsci. ac. cn/research/caiqs04. ppt.

[5] 韩红，韩崇昭，朱洪艳，左东广. 基于模糊聚类的异类多传感器数据关联算法[J]. 西安交通大学学报，2004，38(4)：388-391.

[6] 韩崇昭，周彬，元向辉，等. 共同杂波环境下多目标量测数据的误差传递与校正[J]. 自动化学报，2007，33(7)：101-103.

[7] Shalom Y B，Li X R. Multitarget-Multisensor Tracking：Principles and Techniques[M]. Storrs，Connecticut：Yaakov Bar-Shalom Publisher，1995.

[8] 汪荣鑫. 数理统计[M]. 西安：西安交通大学出版社，1986.

[9] Thompson T，Levy L J，Hattox T M. Two-centimeter GPS measurement system for missile intercept T&E[C]//Proceedings of AIAA Missile Science Conference，1996.

[10] 吴碧琳，饶长辉，张雨东. 应用闭环残余倾斜数据分析自适应光学系统精跟踪回路性能[J]. 光学学报，2006，26(4)：487-490.

[11] 李真芳，王洪洋，保铮，等. 分布式小卫星雷达阵列误差估计与校正方法[J]. 系统工程与电子技术，2004，26(9)：1159-1161.

[12] Mahler R. Random Sets：Unification and Computation for Information Fusion—A Retrospective Assessment，Lockheed Martin MS2 Tactical Systems 3333 Pilot Knob Road[M]. Eagan MN 55121，USA.

[13] Ferrero A，Salicone S. The Random-Fuzzy Variables：A New Approach to the Expression of Uncertainty in Measurement[J]. IEEE Transactions on Instrumentation And Measurement，2004，53(5)：5.

[14] Goodman I R，Mahler R P S，Nguyen H T. What Is Conditional Event Algebra and Why Should You Care[C]//SPIE Proceeding，1999，3720：2-13.

[15] Goodman I R，Mahler R P S，Nguyen H T. Mathematics of Data Fusion[M]. Boston：Kluwer Academic Publishers，1997.

[16] Sun L, Han C Z, Lei M. Knowledge discovery-based multiple classifier fusion: a generalized rough set method[C]//9th International Conference on Information Fusion, 2006: 1-8.

[17] Jousselme A-L, Liu C S, Grenier D, et al. Measuring Ambiguity in the Evidence Theory[J]. IEEE Transactions on Systems, Man and Cybernetics—PART A: SYSTEMS AND HUMANS, 2006, 36(5): 25-27.

[18] Zhu Y M, Li X R. How to Improve Dempster's Combination Rule from Point of View of Random Set Framework[J]. IEEE, 1992, 22(4): 27-41.

[19] Jaffray J-Y. Bayesian Updating and Belief Functions[J]. IEEE Transactions on Systems Man, Cybernetics, 1992, 22(5): 105-110.

[20] Smets P. The Transferable Belief Model and Random Sets. Int. J. Intell. Syst, 1992, 7: 37-46.

[21] Arif M, Brouard T, Vincent N. A fusion methodology based on Dempster-Shafer evidence theory for two biometric applications[C]//The 18th International Conference on Pattern Recognition (ICPR'06) 0-7695-2521-0/06, 2006.

[22] Shafer G. Mathematical Theory of Evidence[M]. Princeton: Princeton University Press, 1976.

[23] Mahler R. Combining ambiguous evidence with respect to ambiguous a priori knowledge, I: Boolean logic[J]. IEEE Trans On SMC-Part A: Syst. Humans, 1996, 26(1): 27-41.

[24] Dempster A P. Upper and Lower Probabilities Induced by a Multivalued Mapping[J]. Annals of Mathematical Statistics, 1967, 38: 325-339.

[25] Tang Y C, Sun S Q, Li Z Y. The generalized combination of evidence involved a priori knowledge [C]//Proceedings of 2003 IEEE Conference on SMC, 2003, 4998-5003.

[26] Tang Y C, Zheng J C. Generalized Jeffrey's rule of conditioning and evidence combining rule for a priori probabilistic knowledge in conditional evidence theory[J]. Information Science, 2006, 176: 1590-1606.

[27] Smets P. The combination of evidence in the transferable belief model[J]. IEEE Trans PAMI, 1990, 12(5): 447-458.

[28] Dubois D, Prade H. Updating with belief functions, ordinal conditional functions and possibility measures[C]//Uncertainty in Artificial Intelligence, Amsterdam, 1991, 311-329.

[29] Ichihashi H, Tanaka H. Jeffrey-like rules of conditioning for the Dempster-Shafer theory of evidence[J]. Inter. J. Approx. Reasoning. 1989, 3: 143-156.

[30] Wagner C G. Generalizing Jeffrey Conditionalization[C]//Uncertainty in AI 92. San Mateo, CA, USA; Morgan Kaufmann, 1992: 331-335.

[31] Tang Y C, Sun S Q, Liu Y G. Conditional evidence theory and its application in knowledge discovery[J]. Lecture Notes Computer Science. 2004, 3007: 500-505.

[32] Smets P. About updating[C]//Uncertainty in AI 91, San Mateo, CA, USA: Morgan Kaufmann, 1991: 378-385.

[33] Jeffrey R. The Logic of Decision[M]. New York: McGraw-Hill, 1965.

[34] Duan X S. Evidence Theory and Decision, Artificial Intelligence[M]. Beijing: RenMin University of China Press, 1991.

[35] Zhang W X, Leung Y. The Uncertainty Reasoning Principles (in Chinese)[M]. Xi'an: Xi'an Jiaotong University Press, 1996.

[36] Miranda E, Couso E, Gil P. Study of the Probabilistic Information of a Random Set[J]. ISAPTA'03, 2003: 383-395.

[37] Han C Z, Zhu H Y, Duan Z S. Multi-source Information Fusion[M]. Beijing: Tsinghua University Publisher, 2006: 90-92.

[38] Tang Y C, Zheng J C, Liu Y G, et al. Belief Measures Conditioned on Random Sets[C]//IEEE

International Conference on Systems Man and Cybernetics, Netherlands, 2004(3): 2319-2325.

[39] Pearl J. Probabilistic Reasoning in Intelligent Systems: Networks of Plausible Inference. San Mateo, CA, USA: Morgan Kaufmann, 1988.

[40] Smets P. Jeffrey's rule of conditioning generalized to belief functions[C]//Proc of Int. Conf. on Uncertainty in Artificial Intelligence, Washington, 1993.

[41] Shafer G. Mathematical Theory of Evidence[M]. Princeton: Princeton University Press, Princeton, 1976.

[42] Zadeh L A. Fuzzy Sets[J]. Inform and Control. 1965, 8: 338-353.

[43] Dempster A P. Upper and Lower Probabilities Induced by a Multivalued Mapping[J]. Annals of Mathematical Statistics, 1967, 38: 325-339.

[44] Begler P L. Shafer-Dempster Reasoning with Application to Multisensor Target Identification System[J]. IEEE TRANS ON SMC, 1997: 968-977.

[45] 万继红,刘后铭. 一种高性能目标识别融合算法[J]. 电子科技大学学报. 1995, 24(2): 137-142.

[46] J Kampe de Feriet. Interpretation of Membership Functions of Fuzzy Sets In Terms of Plausibility And Belief, Fuzzy Information and Decision Processes[J]. North-Holland Publishing Company, 1982: 93-98.

[47] Yaxin B, David B, Hui W, et al. Combining Multiple Classifiers Using Dempster's Rule of Combination for Text Categorization, in Lecture Notes in Artificial Intelligence[J]. Bacelona, Spain, 2004, 3131: 127-138.

[48] Sun L, Han C Z, Tao T F. Knowledge discovery-based dynamic weighted voting for multi-classifier fusion: a random rough set method[J]. Journal of Systems Engineering and Electronics, 2006, 17(3): 487-494.

[49] 何友,王国宏,陆大鑫,等. 多传感信息融合及其应用[M]. 北京: 电子工业出版社.

[50] Boudraa Abdel-Ouahab, Bentabet A, Salzenstein F, et al. Dempster-Shafer's Basic Probability Assignment Based on Fuzzy Membership Functions[J]. Electronic Letters on Computer Vision and Image Analysis, 2004, 4(1): 1-9.

[51] Hu Yong, Gao jun, Hu LiangMei, et al. A New Method of Determing The Basic Belief Assignment in D-S Evidence Theory[C]//Proceedings of the Second International Conference on Machine Learning and Cybernetics, Xi'an, 2～5 November, 2003, 3208-3211.

[52] Jousselme Anne-Laure, Liu C S, Grenier D, et al. Measuring Ambiguity in the Evidence Theory [J]. IEEE Transactions on System, Man and Cybernetics-Part a: Systems and Humans, 2006, 36(3): 27-41.

[53] XinSheng D. Evidence Theory and Decision, Artificial Intelligence[M]. Beijing: RenMin University of China Press, 1991.

[54] Zhang W, Leung Y. The Uncertainty Reasoning Principles (in Chinese). Xi'an: Xi'an Jiaotong University Press, 1996.

[55] Miranda E, Couso I, Gil P. Study of the Probabilistic Information of a Random Set[J]. ISAPTA'03, 2003: 383-395.

[56] Han C Z, Zhu H Y, Duan Z S. Multi-source Information Fusion[M]. Beijing: Tsinghua University Publisher.

[57] Tang Y, Zheng J, Liu Y, et al. Belief Measures Conditioned on Random Sets[J]. IEEE International Conference on Systems Man and Cybernetics, 2004, 2319-2325.

[58] Hartley R V L. Transmission of Information[J]. Bell Syst. Tech. J, 1928, 7: 535-563.

[59] Shannon C E. A Mathematical Theory of Communication[J]. Bell Syst. Tech. J, 1948, 27: 379-423, 623-656.

[60] Dubois D, Prade H. A Note On Measures of Specificity for Fuzzy Sets[J]. Int. J. Gen. Syst, 1985, 10(4): 279-283.

[61] Harmanec D, Klir G J. Measuring Total Uncertainty in Dempster-Shafer Theory[J]. Int. J. Gen. Syst, 1994, 22(4): 405-419.

[62] Klir G J, Smith R M. Recent Developments in Generalized Information Theory[J]. Int. J. Fuzzy Syst, 1999, 1(1): 1-13.

[63] Smets P, Kennes R. The Transferable Belief Model[J]. Artificial Intelligence. 1994, 66(2): 191-234.

[64] Dubois D, Prade H. The Principle of Minimum Specificity As a Basis For Evidential Reasoning [C]//International Conference on Information Processing and Management of Uncertainty in Knowledge-Based Systems. Paris, France, June/July, 1986, 75-84.

[65] Newman D J, Hettich S, Blake C L, et al. UCI repository of machine learning database[EB/OL]. [2010-05-15]. http://www.ics.uci.edu/~mlearn/MLRepository.html.

[66] Hero A, Castanon D A, Cochran D and Kastella K. Foundations and Applications of Sensor Management[M]. New York: Springer, 2008.

[67] Cochran D. Waveform-agile sensing: opportunities and challenges[C]//Proceedings of IEEE International Conference on Acoustics, Speech & Signal Processing, 1995: 877-880.

[68] Liu X X, Shen S L, Pan Q. A survey of sensor management and methods[J]. Acta Electronica Sinica, 2002, 30(3): 394-398.

[69] Kreucher C. An information-based approach to sensor resource allocation[D]. University of Michigan, 2005.

[70] Rangrajan R. Resource constrained adaptive sensing[D]. University of Michigan, 2006.

[71] Blatt D. Performance evaluation and optimization for inference systems: model uncertainty, distributed implementation, and active sensing[D]. University of Michigan, 2007.

[72] Williams J L. Information theoretic sensor management [D]. Massachusetts Institute of Technology, 2007.

[73] Huber M. Probabilistic framework for sensor management[D]. KIT Scientific, 2009.

[74] Jenkins K L. Fast adaptive sensor management for feature-based classification[D]. Boston University, 2010.

[75] 刘先省. 传感器管理方法研究[D]. 西安: 西北工业大学, 2000.

[76] 周文辉. 相控阵雷达及组网跟踪系统资源管理技术研究[D]. 长沙: 国防科学技术大学, 2004.

[77] 刘严岩. 多传感器数据融合中几个关键技术的研究[D]. 合肥: 中国科学技术大学, 2006.

[78] 卢建斌. 相控阵雷达资源优化管理的理论与方法[D]. 长沙: 国防科学技术大学, 2007.

[79] 刘钦. 多传感器组网协同跟踪方法研究[D]. 西安: 西安电子科技大学, 2013.

[80] Edamana B, Oldham K R. A near-optimal sensor scheduling strategy for an on-off controller with an expensive sensor[J]. IEEE Transactions on Mechatronics, 2014, 19(1): 158-170.

[81] Fisher R A. The Design of Experiments[M]. Edinburgh, U.K: Oliver and Boyd, 1935.

[82] Robbins H. Some aspects of the sequential design of experiments[M]. Bulletin of the American Mathematical Society, 1952.

[83] Meier L, Perschon J, Dressier R M. Optimal control of measurement subsystems[J]. IEEE Transactions on Automatic Control, 1967, 12(5): 528-536.

[84] Fedorov V V. Theory of Optimal Experiments[M]. New York: Academic Press, 1972.

[85] Nash J M. Optimal allocation of tracking resource[C]//Proceedings of IEEE Conference on Decision & Control, 1977: 1177-1180.

[86] Bier S G, Rothman L, Manske R A. Intelligent sensor management for beyond visual range air-

to-air combat [C]//Proceedings of IEEE National Aerospace & Electronics Conference (NAECON), 1988(1): 264-269.

[87] Castañón D A. Approximate dynamic programming for sensor management[C]//Proceedings of IEEE Conference on Decision Control, 1997(2): 1202-1207.

[88] Krishnamurthy V. Algorithms for optimal scheduling and management of hidden Markov model sensors[J]. IEEE Transactions on Signal Processing, 2002, 50(6): 1382-1397.

[89] Kreucher C, Kastella K, Hero A. Multi-target tracking using a particle filter representation of the joint multi-target probability density[J]. IEEE Transactions on Aerospace & Electronic Systems, 2005, 39(4): 1396-1414.

[90] Tharmarasa R, Kirubarajan T, Sinha A. Decentralized sensor selection for large-scale multisensor-multitarget tracking[J]. IEEE Transactions on Aerospace & Electronic Systems, 2005, 47(2): 1307-1324.

[91] Ristic B, Vo B. A note on the reward function for PHD filters with sensor control[J]. IEEE Transactions on Aerospace & Electronic Systems, 2011, 47(2): 1521-1529.

[92] Gostar A, Hoseinnezhad R, Bab-Hadiashar A. Multi-Bernoulli sensor control via minimization of expected estimation errors[J]. IEEE Transactions on Aerospace & Electronic Systems, 2015, 51(3): 1762-1773.

[93] Li X T, Zhang T X, Yi W, et al. Radar selection based on the measurement information and the measurement compensation for target tracking in radar network[J]. IEEE Sensors Journal, 2019, 19(18): 7923-7935.

[94] Wang G H, He Y, et al. Adaptive sensor management in multisensory data fusion system[J]. Chinese Journal of Electronics, 1999, 8(2): 136-139.

[95] 何友，关欣，王国宏. 多传感器信息融合研究进展与展望[J]. 宇航学报，2005，26(4)：524-530.

[96] 杨小军，马祥，宋青松，等. 基于条件后验克拉美-罗下界的目标跟踪传感器管理[J]. 控制理论与应用，2013，30(5)：543-548.

[97] 刘欣怡，赵诚，单甘霖，等. 面向目标跟踪的基于 Rényi 信息增量的多传感器管理[J]. 信息与控制，2015，44(2)：184-189.

[98] 黎子芬，程江涛，欧阳寰. 基于跟踪精度控制的多传感器管理方法[J]. 指挥控制与仿真，2016，38(2)：37-42.

[99] 申屠晗，薛安克，周治利. 多传感器高斯混合 PHD 融合多目标跟踪方法[J]. 自动化学报，2017，43(6)：1028-1037.

[100] 吴巍，王国宏，柳毅. 机载雷达、红外、电子支援措施协同跟踪与管理[J]. 系统工程与电子技术，2011，33(7)：1517-1522.

[101] 童俊，单甘霖. 基于 Cramér-Rao 下限的多传感器跟踪资源协同分配[J]. 宇航学报，2013，33(9)：1314-1321.

[102] 叶继坤，雷虎民，薛东风. 基于几何关系的多导弹协同跟踪算法[J]. 系统工程理论与实践，2014，32(10)：2332-2338.

[103] 张华睿，杨宏文，胡卫东. 基于 Fisher 信息距离的传感器管理方法[J]. 系统工程与电子技术，2015，34(8)：1587-1591.

[104] 张华睿. 面向目标跟踪的传感器管理算法研究[D]. 长沙：国防科学技术大学，2009.

[105] Wang X Y, Hoseinnezhad R, Gostar A, et al. Multi-sensor control for multi-object Bayes filters [J]. Signal Processing, 2018, 142: 260-270.

[106] Gostar A, Hoseinnezhad R, Bab-Hadiashar A, et al. Sensor-management for multitarget filters via minimization of posterior dispersion[J]. IEEE Transactions on Aerospace & Electronic

Systems，2017，53(6)：2877-2884.

[107] Hoang H，Vo B. Sensor management for multi-target tracking via multi-Bernoulli filtering[J]. Automatica，2014，50(4)：1135-1142.

[108] Pang C，Shan G L，Duan X S，et al. A multi-mode sensor management approach in the missions of target detecting and tracking[J]. Electronics，2019，8(1)：1-18.

[109] 陈辉，韩崇昭. 机动多目标跟踪中的传感器控制策略的研究[J]. 自动化学报，2016，42(04)：512-523.

[110] 陈辉，贺忠良，连峰，等. 多目标跟踪中基于目标威胁度评估的传感器控制方法[J]. 电子与信息学报，2018，40(12)：2861-2867.

第11章 智能交通与智能车辆的信息融合

本章将以一类典型系统——智能交通和智能车辆为对象讨论多源信息融合的工程应用问题。

11.1 智能交通系统概述

11.1.1 一般概念

自20世纪80年代以来，日本、美国和西欧等发达国家为了解决共同所面临的交通问题，竞相投入大量资金和人力，开始大规模地进行道路交通运输智能化的研究试验。起初只进行道路功能和车辆智能化的研究，但随着研究的不断深入，系统功能扩展到道路交通运输的全过程及其有关服务部门，发展成为带动整个道路交通运输现代化的智能交通系统。

所谓**智能交通系统**(**intelligent transportation system，ITS**)是指在较完善的道路设施基础上，将先进的传感器技术、电子技术、信息技术和系统工程方法集成运用，建立全方位、实时准确、高效的地面运输系统。其实质就是利用高新技术对传统的交通运输系统进行改造而形成的一种信息化、智能化、社会化的新型交通运输系统。它使交通基础设施能发挥出最大的效能，提高服务质量，使社会能够高效地使用交通设施和能源，从而获得巨大的社会经济效益。主要表现在提高交通安全水平、减少交通阻塞、增加交通的机动性、降低车辆运输对环境的影响、提高道路网络通行能力、提高车辆运输效率等。智能交通系统与原来意义上的交通管理和交通工程有着本质的区别，它强调的是系统性、信息交流的交互性以及服务的广泛性，其核心技术是检测技术、通信技术、信息处理技术和系统工程。

ITS的本质是为交通参与者提供支持，提高交通系统的质量和效率是ITS的最终目标。所谓交通参与者是指构成交通活动过程的行为主体，一般可以分为两类：其一为交通使用者或出行者，如公交乘客或机动车驾驶员等；其二为交通管理者或组织者，如公安交通管理或公交公司、出租车公司等。ITS应能为交通使用者提供方便的出行信息，主要是信息服务；为交通管理者提供有力的支持和控制手段，主要是辅助决策信息。ITS是以驾驶员和操作者为中心的。

智能交通系统世界上应用最为广泛的地区是日本,日本的ITS系统相当完备和成熟,其次美国、欧洲等地区也普遍应用。中国的智能交通系统发展迅速,在北京、上海、广州等大城市已经建设了先进的智能交通系统,其中北京建立了道路交通控制、公共交通指挥与调度、高速公路管理和紧急事件管理的四大ITS系统;广州建立了交通信息共用主平台、物流信息平台和静态交通管理系统的三大ITS系统。随着智能交通系统技术的发展,智能交通系统将在交通运输行业得到越来越广泛的运用。

智能交通系统主要有以下几个特点。

(1) 感知能力与自适应能力。例如在车辆上应用该系统,它可以自动采集外部环境信息,根据不同情况动态地调节车辆的速度,自动减速或加速,可以避免车祸并提高车辆的行驶效率。

(2) 记忆与逻辑判断能力。智能交通系统可以根据控制中心发来的道路信息、车辆信息以及司机输入的目的地等信息,用以分析、推理车辆行走的最佳路线,并能够实时收集信息,修改行车路线等。

(3) 表达与判断能力。对于司机的错误操作,如酒后开车、疲劳驾驶和由于视觉误差导致的超速、误入其他车道等,智能交通系统会迅速作出判断并向司机发出警报,紧急时系统会自动采取行动。因此,智能交通技术将有助于保护生命、节约能源、节约时间和财力等。

11.1.2 发展过程

智能交通系统的发展经历了三个阶段:准备时期(1930—1986年)、可行性研究时期(1986—1997年)和产品发展时期(1998年至今)。

1. 准备时期

在这个阶段,美国通用汽车公司(general motors corp,GM)和RCA在20世纪50年代进行了自动驾驶系统试验,使用雷达自动跟踪前方车辆。日本丰田汽车公司提出MAC系统和机械试验所进行的自动驾驶实验等。由于当时技术不够成熟,修建新的道路网比开展ITS研究更具吸引力,因此直到20世纪80年代中期人们才开始关注ITS。

2. 可行性研究时期

1986年,当欧洲19国的政府、公司和大学建立了PROMETHEUS(使欧洲交通最高效并最安全的工程)后,人们才开始关注ITS的研究。PROMETHEUS这项为期8年的计划是致力于改进欧洲的交通系统,解决有关交通的重大问题。该计划包括对公路系统的改进,并把公路交通与其他形式的交通合成为一体,其中各个项目的重点还是放在对车辆的改进上。1990年"**智能车辆与高速公路系统(intelligent vehicle highway systems,IVHS)**美国"项目成立,融合了各个分散组织以及所需的技术,促进了智能车辆道路系统的开发与实施。1994年"IVHS美国"更名为"ITS美国"。这样,美国的智能交通系统研究就从过去以州政府或地方政府为主的方式,进入到以联邦政府宏观指导调控、共同投资的方式。1997 年，由美国交通部、通用汽车公司、加州大学、卡内基-梅隆大学和其他学院共同成立了国家自动高速公路系统协作组织。该组织在加州高速公路演示了不同的、完全自动化的测试车辆。1973 年日本的国际贸易与企业省开始了有关**整体汽车交通控制系统(comprehensive automobile control system，CACS)**项目的研究。CACS 的主要研究精力放在开发和测试一种车载动态路线指示系统上。1987 年，日本交通管理技术协会在 NPA 的指导下联合一些企业，开始研究更先进的移动交通通信系统。1991 年，日本国家警察机构、建筑部和通信部共同创建了 VICS(车辆信息与通信系统)。1993 年，日本国家警察机构和一些公司成立了联合交通管理协会，共同研究智能交通控制系统、智能整体 TV 摄像机网和其他相关系统。1996 年 7 月，日本的 5 个政府机构联合制定并发表了"关于推进智能交通系统(ITS)的整体构想，成为今后日本 ITS 工作的主要计划，并确定了 20 个服务内容和 9 个开发领域。"

3. 产品发展时期

以我国发展为例说明产品发展时期。1994 年我国部分学者参加了在法国巴黎召开的第一届智能交通系统(ITS)世界大会，为中国 ITS 的开展揭开了序幕。1996 年交通运输部公路科学研究所开展了交通运输部重点项目《智能运输系统发展战略研究》工作，1999 年《智能运输系统发展战略研究》一书正式出版发行。1999 年由交通运输部公路科学研究所牵头，全国数百名专家学者参加的"九五"国家科技攻关重点项目《中国智能交通系统体系框架研究》工作全面展开，2001 年课题完成，通过科技部验收，2002 年出版《中国智能交通系统体系框架》一书。2000 年由科技部主办，全国 ITS 协调指导小组办公室协办的第四届亚太地区智能交通年会在北京举行。2000 年 2 月 29 日，科技部会同国家计委、经贸委、公安部、交通运输部、铁道部、建设部和信息产业部等部委相关性部门的充分协商和酝酿的基础上，建立了发展中国 ITS 的政府协调领导机构——全国智能交通系统(ITS)协调指导小组及办公室，并成立了 ITS 专家咨询委员会。2002 年 4 月科技部正式批复"十五"国家科技攻关"智能交通系统关键技术开发和示范工程"重大项目正式实施，北京、上海、天津、重庆、广州、深圳、中山、济南、青岛和杭州十个城市作为首批智能交通应用示范工程的试点城市。2002 年 9 月，由中国科技部和交通运输部共同举办的"第二届北京国际智能交通系统(ITS)技术研讨暨技术与产品展览会"在北京举行。2003 年 11 月，科技部副部长第一次率中国政府代表团参加在西班牙马德里举办的第十届 ITS 世界大会，科技部联合交通运输部、建设部、公安部和北京市政府联合申办"2007 年第十四届 ITS 世界大会"获得成功，标志着中国的智能交通系统建设将在更加开放、竞争与合作并存的环境中加速发展。直到目前，中国的智能交通系统已经发展到很高的水平。

由于可行性研究阶段主要集中在开发技术基础方面，其目标是实现高水平功能，如车辆自动驾驶等。这一阶段的成功与发展为产品开发奠定了良好的基础。1997 年，美国交通部转变了研究方向，从以前的完全自动驾驶到司机辅助系统，并支持自动车辆创新。欧洲、日本也确定了智能交通的相关研究领域。现阶段各种各样的产品出现在智能交通系统中，后面会详述。

11.1.3 智能交通的主要研究方向

智能交通系统是一个复杂的综合性的系统,从系统组成的角度可分成以下一些子系统。

1. 先进的交通信息服务系统

先进的交通信息服务系统(advanced traffic information systems,ATIS)是建立在完善的信息网络基础上的。巴黎从1991年开始研究借助卫星对公交车辆能进行全方位监控管理的系统。该项技术的实施,不需要大规模进行基础设施建设就能做到准确、随时地监控管理所有运营中的公交车辆。该系统的调度人员可随时与驾驶员通话并下达调度指令;对营运中发生的事故,驾驶员可开启一台隐蔽的摄像机,使中心安全控制台能直接观察到车内的情况。如有需要,中心安全控制台还可以调度装备有同样定位系统的车辆赶往现场进行处理。现在,交通参与者通过装备在道路上、车上、换乘站上、停车场上以及气象中心的传感器和传输设备,向交通信息中心提供各地的实时交通信息;ATIS得到这些信息并通过处理后,实时向交通参与者提供道路交通信息、公共交通信息、换乘信息、交通气象信息、停车场信息以及与出行相关的其他信息;出行者根据这些信息确定自己的出行方式、选择路线。更进一步,当车上装备了自动定位和导航系统时,该系统可以帮助驾驶员自动选择行驶路线;在公共交通系统中,导航系统会不断发出导航指令。同时,也会利用通信机能向交通参与者全面提供交通堵塞、道路施工、交通事故和突发事件等信息。

2. 先进的交通管理系统

先进的交通管理系统(advanced traffic management systems,ATMS)是在交通管制中心信号控制为主的基础上,增加管制中心与道路上运行车辆之间双向通信的机能,收集旅行时间等交通信息并向交通参与者实时提供信息,使管理中心可以对运行车辆进行微观控制。行车自控和自动加强系统是智能交通系统中最重要的部分,在很大程度上可以避免驾驶员因判断和操作失误引起的交通事故。ATMS有一部分与ATIS共用信息采集、处理和传输系统,但是ATMS主要是给交通管理者使用的,用于检测控制和管理公路交通,在道路、车辆和驾驶员之间提供通信联系。它将对道路系统中的交通状况、交通事故、气象状况和交通环境进行实时的监视,依靠先进的车辆检测技术和计算机信息处理技术,获得有关交通状况的信息,并根据收集到的信息对交通进行控制,如信号灯、发布诱导信息、道路管制、事故处理与救援等。该系统类似于机场的航空控制器,它将在道路、车辆和驾驶员之间建立快速通信联系。例如哪里发生了交通事故,哪里交通拥挤,哪条路最为畅通,该系统会以最快的速度提供给驾驶员和交通管理人员。

3. 先进的公共交通系统

先进的公共交通系统(advanced public transport system,APTS)的主要目的是采用各种智能技术促进公共运输业的发展,使公交系统实现安全便捷、经济、运量大的目标。

在欧洲为保证公共汽车、公共电车优先通车路口，一些国家的某些大城市在主要交叉路口上设置电视监视器和自动信号控制器，并在公交车上安装信号发射装置。当公交车辆驶进路口时，或将红灯变换成绿灯，尽量减少公交车辆在路口的延迟时间；或在公共汽车、公共电车通过的路段埋设与路口信号灯相接的微波探测器，当公交车辆通过探测器时，探测器马上将信息传给信号灯控制装置。该系统的自动调整给公交车辆运营提供了一路绿灯。APTS 通过个人计算机、闭路电视等向公众就出行方式和事件、路线及车次选择等提供咨询，在公交车站通过显示器向候车者提供车辆的实时运行信息。在公交车辆管理中心，可以根据车辆的实时状态合理安排发车、收车等计划，提高工作效率和服务质量。该系统通过汽车的车载计算机、高度管理中心计算机与全球定位系统卫星联网，实现驾驶员与调度管理中心之间的双向通信，提高商业车辆、公共汽车和出租汽车的运营效率。该系统通信能力极强，可以对全国乃至更大范围内的车辆实施控制。行驶在法国巴黎大街上的 20 辆公共汽车和英国伦敦的约 2500 辆出租汽车已经在接受卫星的指挥。

4. 先进的车辆控制系统

先进的车辆控制系统(advanced vehicle control system，AVCS)的目的是开发帮助驾驶员实行车辆控制的各种技术，从而使汽车行驶安全、高效。美国以及欧洲许多国家都将该系统作为未来高级车辆的主要技术支持，AVCS 可以实现车辆的自主驾驶或辅助决策驾驶等。AVCS 包括对驾驶员的警告和帮助，障碍物避免等自动驾驶技术。车辆控制系统指辅助驾驶员驾驶汽车或替代驾驶员自动驾驶汽车的系统。图 11-1-1 是一个 24GHz 雷达传感器 beam，该系统安装在汽车前部和旁侧的雷达或红外探测仪上，可以准确地判断车与障碍物之间的距离，遇紧急情况，车载计算机能及时发出警报或自动刹车避让，并根据路况自己调节行车速度，人称“智能汽车”。美国已有 3000 多家公司从事高智能汽车的研制，已推出自动恒速控制器、红外智能导驶仪等高科技产品。

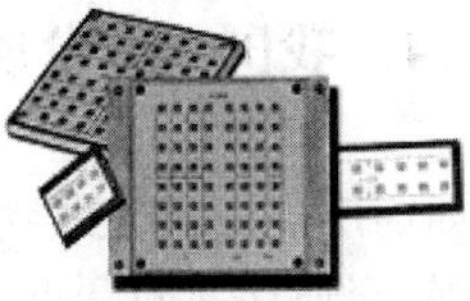

图 11-1-1　24GHz 雷达传感器

5. 货物和流量管理系统

货物和流量管理系统(freight and fleet management system，FFMS)指以高速道路网和信息管理系统为基础，利用物流理论进行管理的智能化的物流管理系统。在法国 Rouen 开发了一种用于流量管理的智能公共汽车(SMART BUS)的系统。借助于法国 30 多辆公共汽车和电车网络以及德国、西班牙、意大利、瑞士和墨西哥的公交网，欧洲许多国家建立了这个系统。应用智能公共汽车，能够提高流量效率和安全性，提高与顾客之间的信息交流。该系统能够及时准确地向顾客、车辆、汽车站、火车站及家中传递信息，由 SMART BUS 设备记录下来的信息可以作为运行效果评估和战略管理的重要数据。这里综合利用卫星定位、地理信息系统、物流信息及网络技术有效组织货物运输，提高货运效率。

6. 电子收费系统

电子收费系统(electronic toll collection system，ETC)是世界上最先进的路桥收费方式。新加坡在 1997 年推行电子公路收费系统，并用电子计费卡控制车流。采用该系统的车辆挡风玻璃上贴有一张类似信用卡的“储值卡”，同时在车内安装一个“阅卡器”。当车辆经过预先安装的感应器时，控制器就会通过每道闸门上的天线发出微波信息，由阅卡器自动在储值卡上扣除道路使用费。若车辆没有装备阅卡器或储值卡的余额不足时，第二道闸门上的摄像机就会自动拍下车牌号码，并由控制器传到中央计算机处理。在高峰时段和拥挤路段，系统可以自动提高通行费。ETC 通过安装在车辆挡风玻璃上的车载器与在收费站 ETC 车道上的微波天线之间的微波专用短程通信，利用计算机联网技术与银行进行后台结算处理，从而达到车辆通过路桥收费站不需停车而能交纳路桥费的目的，且所交纳的费用经过后台处理后清分给相关的收益业主。在现有的车道上安装电子不停车收费系统，可以使车道的通行能力提高 3～5 倍。

7. 安全和紧急事故管理系统

安全和紧急事故管理系统（security and emergency management system，SEMS）是一个特殊的系统，它的基础是 ATIS、ATMS 和有关的救援机构和设施，通过 ATIS 和 ATMS 将交通监控中心与职业的救援机构联成有机的整体，为道路使用者提供车辆故障现场紧急处置、拖车、现场救护和排除事故车辆等服务。日本的日产柴油机工业公司开发了一种可用于大型卡车和客车的防后部碰撞报警系统。它由激光雷达装置、控制装置、警告灯和显示警告字母的专用灯等组成。当后方车辆进入临界距离时，即触发警告灯，如果靠近的车辆不减速或不改变行驶路线，警告灯开始闪烁，同时还接通带有警告字母的专用灯。

11.1.4 我国 ITS 发展现状

如前所述，我国已经经历了 ITS 的一个快速发展时期。实际上，随着我国经济的飞速发展，交通堵塞问题也日益突出，尤其是在大城市，上下班高峰期的交通堵塞已经给人们的出行带来极大的不便。依靠传统经验进行交通管理已不能解决我国现代化建设要求高效交通的困难问题。在 20 世纪 90 年代初，我国学者已经开始关注国际上 ITS 的发展，并参加了 ITS 世界会议的指导委员会，以及国际标准化组织的部分工作。尤其在 1995 年之后，关于 ITS 的研究、试验、国际交流日益频繁。交通运输部也将 ITS 列入了“九五”科技发展计划和 2010 年长期规划中。同时，交通运输部公路科学研究所成立了 ITS 工程研究中心。许多高校也成立了 ITS 研究中心，进行我国的 ITS 研究。目前我国 ITS 的研究包括基础研究和应用研究。我国的道路交通的一大特点是混合交通。道路上各种类型车辆的性能、尺寸、车速的差异，对于通行能力、交通安全、交通管理与控制等均产生较大的影响。因此我国 ITS 的基础研究有别于国外的研究，应该根据我国特性开发出自己的可行性方案。对于应用研究，目前主要针对单个应用项目，只是通过引进国外设备来解决局部问题，它只是对我国交通状况局部有所改善，没有在全局上发挥智能交通的作用。ITS 是一个典型的大型系统，要求各方面协调合作才能发挥其功效。我国目前正在制定 ITS 系统的体系结构，协调各个部门，进行 ITS 的综合开发。

11.1.5 智能交通系统的发展方向

虽然 ITS 已经经历了半个多世纪的发展，但它在各个领域中的发展前景仍十分广阔。利用各种传感器及通信获取车辆外部的信息是 ITS 的关键所在。智能交通系统是新一代的交通运输系统。研究的主要方向是：①交通运行辅助系统。继续改进现有的车-路系统，从导航系统、自适应巡航控制到偏离车道报警系统和司机疲劳驾驶报警系统等。②建立完全自动的 ITS：在有限的设备和逐渐新增各种设备基础上，引入完全自动的 ITS 控制系统。

在过去的开发研究中，不同的国家根据不同时期的不同特征，在以上两个方向都进行了开发研究。根据现在市场的情况，各国的研究方向都逐渐转向交通运行辅助系统。目前的开发研究主要集中在交通控制与管理、车辆安全与控制、旅行信息服务、交通中人的因素、车载和车流问题、交通模型开发、通信广播技术与系统等方面。但是从车辆方面看，其开发前景首先是开发能够从道路设施接受交通信息的车辆，然后是利用控制技术开发具有高度安全技术的安全车辆，最后实现自动驾驶车辆。因此完全自动控制将是各国智能交通系统最终的发展方向。目前在车辆驾驶控制领域的主要课题是研究行驶控制领域中各种障碍物的检测问题，开发能够满足系统需求的最佳传感器。由于各国的道路交通环境各不相同，因此各国的自动驾驶系统之间有很大差别。可以说现在的技术在一定环境条件下是可以实现自动驾驶系统的。但是要投入实际使用，无论是在技术方面还是在制度方面均有很多必须解决的难题。仅凭车辆的横向控制和纵向控制，自动驾驶系统尚不能作为道路交通系统的一部分而充分发挥作用。

ITS 技术的开发和应用，应该能使人、车、路、环境等充分发挥作用，使人与车、车与车、车与路等各交通要素相互协调，从而达到交通系统化，以建立起快速、准时、安全、便捷的交通运输体系。

11.2 智能车辆系统概述

智能车辆系统(intelligent vehicle system，IVS)是智能交通系统的重要组成部分。智能车辆系统利用传感器技术、信号处理技术、通信技术、计算机技术等，辨识车辆所处的环境和状态，并根据各传感器所得到的信息作出分析和判断，或者给司机发出劝告和报警信息，提醒司机注意规避危险；或者在紧急情况下，帮助司机操作车辆(即辅助驾驶系统)，防止事故的发生，使车辆进入一个安全的状态；或者代替司机的操作，实现车辆运行的自动化。图 11-2-1 就是日本的车辆驾驶支持系统的一个示意图。

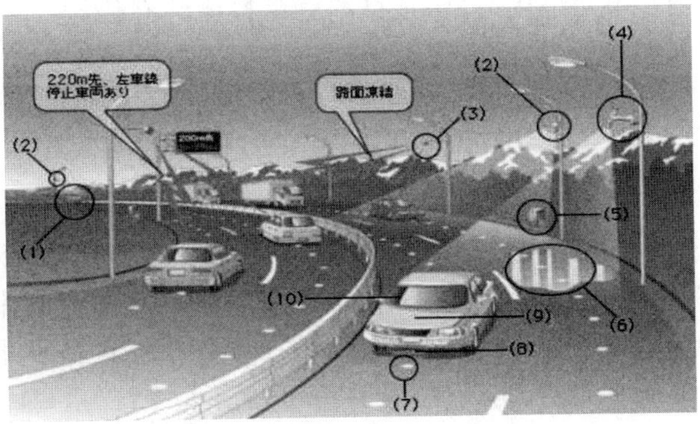

图 11-2-1　日本的车辆驾驶支持系统

智能车辆系统的引入，可以提高交通的安全性和道路的利用率。目前，在汽车、卡车、公交系统、工业及军用等领域，智能车辆系统都得到了应用，应用的多样性和领域还在不断增加。可以预言，随着信息采集技术，信息处理技术，系统工程技术等相关技术研究和发展的深入，智能车辆系统将是智能交通系统研究和发展的重要领域。

11.2.1 主要研究内容

智能车辆系统获取各种功能重要的技术手段就是在车辆上安装各种各样的传感系统，如图 11-2-2 所示。

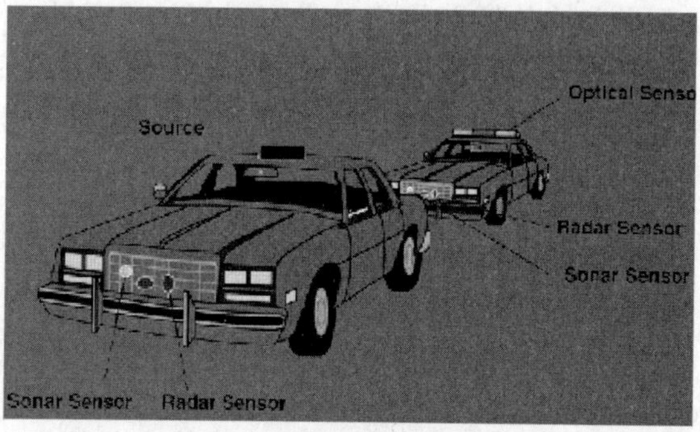

图 11-2-2 智能车辆的多传感

智能车辆系统的研究内容[1]主要包括三个部分：一是为司机提供劝告或预警信号的系统，如车辆碰撞预警系统等；二是在一定的条件下对车辆实施控制的系统，如车辆辅助驾驶系统或紧急情况下的干预，如碰撞规避系统等；三是车辆的全控操作，即车辆的自动化系统，如车辆在自动高速公路上的自动驾驶等。

1. 车辆碰撞预警和司机劝告系统

碰撞预警和司机劝告系统利用安装于车上的各种传感器，实时监测车辆周围的行驶环境，并对得到的信息进行分析处理，当发现有危及本车行车安全的行为或状态时，及时发出报警或劝告信号，提醒本车司机及时处理。报警系统一般包括追尾碰撞报警、盲区报警、离道报警、变道或合道报警、交叉道口碰撞报警、行人检测与报警、后碰撞报警以及司机状态监测与报警等不同组成部分，其目的就是检测到有任何一种危险时，在司机的有效安全反应时间内，提醒司机注意或采取措施，防止有损车辆安全的事件发生。

2. 车辆辅助驾驶系统

辅助驾驶系统是在一定的条件下，对车辆实施自动控制的智能系统。当碰撞预警系统检测到有碰撞危险，向司机多次发出报警或劝告信息，司机都未能及时对报警信号进行处理，危险程度越来越高时，碰撞规避系统接管对车辆的控制，通过制动、驾驶、油门调节等机动措施，使车辆恢复到一个安全状态。辅助驾驶系统包括自适应巡行控制系统(adaptive cruise control，ACC)，车道保持系统和安全停车系统等。自适应巡行控制是一种利用安装于车辆前部的毫米波雷达或激光雷达，使己车与前车始终保持一定的距离，并以一定的车速运行的车辆控制系统，它保证了车辆的安全性，可以防止车辆追尾碰撞的发生；车道保持系统利用视角传感器或埋设于路面下的磁钉，使车辆始终在车道线内运行，防止车辆因为偏离车道而导致的交通事故；安全停车系统则利用安装于车辆四周的近距离传感器，如超声传感器等，探测车辆的周围环境，保证在狭小的空间内安全地停泊车辆。

3. 车辆自动化系统

为了减轻司机的劳动强度，避免长时间枯燥地重复某一动作，发展了各种类型的车辆自动控制系统，用以完全取代人的操作，如在交通拥挤的场合，车辆基本上处于运行和停止两种状态之间，司机不断地重复着同一动作，在这种情况下，低速自动化(low speed automation,LSA)可以代替司机的操作，去从事这种单一的、枯燥的操作。小间距车列(platoon)系统(或称为车群系统)，利用车与车间的通信系统，及时将前车当前的运行状态、下一步要采取的措施、目的地等信息告诉后车，后车根据前车的状态和动作，及时调整运行策略，始终与前车保持一个较小的安全车距。图 11-2-3 是一个无人驾驶车辆的演示车(DEMO Ⅲ)。在 DEMO Ⅲ无人驾驶车辆上安装有多传感器，包括声音传感器、立体摄像机、彩色 CCD 摄像机、背部摄像机、激光雷达和检测雷达等，并对这些传感信息进行融合处理，以达到自动驾驶的目的。

一般的自动车列系统内各车的间距可以小到几米或十几米，因而，它可以大大提高道路的通行能力和道路的利用率。利用 GPS 和数字地图等组成的电子导航系统，可以控制车辆在隔离或封闭区域如公交车道、货场等区域内自动运行。

4. 自治系统与合作控制系统

上述各种系统既可与各种仪表和智能系统组成自动车辆的控制系统(或称为自治系统)，也可与道路信息系统或其他车辆组成合作控制系统或协调控制系统，车-路系统利用设置于路面上的标志或路边的通信设施，为车辆提供信息，如图 11-2-1 所示。车-车系统利用车间通信系统，将前车的主要参数和意图传递给后车，尽量减小车间距离，提高道路的利用率。组成这些系统的基本思想就是保证在任何的气候条件下，在任意的路面上，车辆都能以一个高效的性能水平行驶，并尽可能利用各种合作因素，增强或提高系统的性能。图 11-2-4 是高速公路上自动车辆的编队。

图 11-2-3　无人驾驶的演示车

图 11-2-4　高速公路上自动车辆的编队

11.2.2 研究与应用现状

1. 碰撞报警系统

全世界每年因为车辆碰撞所造成的财产损失以千亿计，人员死亡约百万人，而 70%～90%的交通事故是人为因素造成的，其中 56%是司机识别错误引起的[2]。图 11-2-5 是一个智能车辆碰撞报警与规避系统的示意图。因此，利用各种传感器技术，提高对环境的辨识能力，是减少交通事故的一个有力措施。美国、日本和欧洲的众多汽车厂家和研究机构，利用安装于车上的各种传感器，如毫米波雷达、激光雷达、机器视觉及超声传感器等，制成了各种报警系统的样机，并进行了各种试验，这些系统能随时给司机发出各种报警和劝告信息。在美国，基于雷达的碰撞报警系统已在重型卡车上投入商业应用，并以每年几千套的数量在增加[1]。在特殊车辆应用方面，美国正在测试和评估一种扫雪车离道报警系统，这种系统利用设置在高速公路下的磁钉或高精度数字地图和 GPS 实现对车道的跟踪和识别，能在低能见度或零能见度条件下为司机提供可靠的车道信息。由于交通环境的复杂性，虚警和可靠性问题是一直困扰碰撞报警（collision warning，CW）系统应用的一个重要原因，如基于雷达的 CW 系统一般不易区分前面正在变道的车辆和正在转弯的车辆，基于机器视角的 CW 系统往往不能精确确定目标的位置等。最小的虚警率、最大的可靠性、尽量低的价格等要求，使得 CW 系统在一般车辆上的应用进展缓慢。

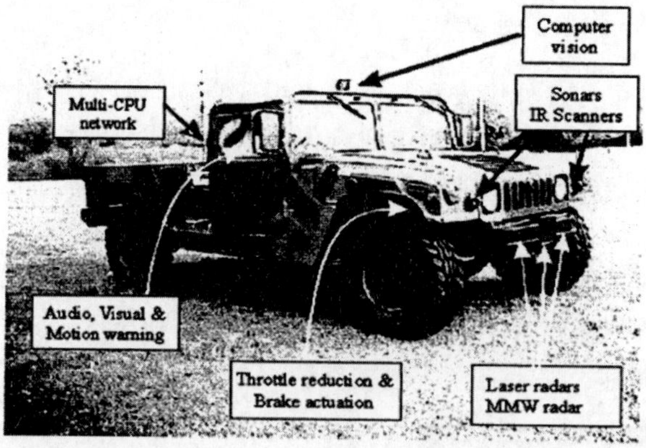

图 11-2-5 智能车辆碰撞报警与规避系统

2. 辅助驾驶系统

在某种意义上可以认为，碰撞报警系统与车辆控制系统组成了辅助驾驶系统。如防追尾碰撞系统就涉及车辆追尾碰撞报警、车辆的纵向控制（减速或制动）和横向控制（变道行驶，弯道行驶）等。高级的辅助驾驶系统就是自适应巡行控制（ACC），本田、尼桑和丰田已开发了相应的系统，涉及车道定位、间距控制、自动制动、障碍物报警及驾驶员打瞌睡报警等安全子系统。在辅助驾驶系统方面，欧洲一些国家则致力于司机状态检测、道路条件测量、图像加强（增强）以及传感器融合等研发。实际运行表明，ACC 可以降低司机的疲劳度，提高燃料的利用率。现在的ACC系统适合于高速公路系统，正在研制的下一代将会支持交通拥挤状况下的停止—运行工作方式。

公交车辅助驾驶系统的一个重要例证就是所谓的安全停靠系统，它借助安装于车辆周围的传感器和控制系统，控制公交车在狭小的空间里顺利地进出站，这种系统已经在2001年内初步完成。

根据道路情况，自动调整车辆速度是提高安全性的又一种手段。这种系统利用路边的通信设施或卫星定位系统以及包含特定路段限速信息的在线地图，要求或控制车辆在不同路段，以不同的最大车速运行。荷兰、英国、韩国以及瑞典等国建立了类似的试验系统，试验表明，采用这种系统后事故降低了约20%。

3. 车辆的自动化操作

车辆的全自动操作具有行驶安全、便于形成高效率的交通流、方便司机、提高道路利用率等特点，这种系统在20世纪90年代已有样机展示。如美国的NvLab-5系统、德国的VaMoRs-P和Caravelle系统等，以NvLab-5系统为例，其在实验场环境道路上自主驾驶的平均速度为88.5km/h，并且首次进行了横穿美国大陆的长途自主驾驶实验，自主驾驶的行程为4496km，占总行程的98.1%。目前对自动驾驶系统的研究，主要集中在对这些系统进行测试和改进。低速自动化(low speed automation，LSA)有望在近期得到普及，LSA可以工作于低速交通拥挤的场合，司机可以在这种单调乏味的条件下休息，而将车辆的控制交给LSA，当交通拥挤清除，车速增加后，司机又恢复对车辆的控制。

依维柯和克莱斯勒等公司正在参与的欧洲Chauffeur项目，希望研制一种小车距，跟车全部自动化的卡车运输系统(车列系统)，它包括两种模式：两车运输系统，只有一个司机在前车上；多车运输系统，只有一个司机在前车上或无司机在车上，所有车辆都为自动操作。其中第一模式已在1999年进行了成功的演示。这种系统主要利用了车间通信技术和视频图像与红外图像的处理技术。

我国在智能车辆的研究方面起步较晚，目前还主要处在有关政策的制定和建立机构等方面。有关的研究也只是局部的，如车用防碰撞雷达的研制，基于机器视角的目标与交通环境识别等，基本上还处于跟踪研究阶段。

11.2.3 多传感技术应用

智能车辆行驶时，必须实时了解车辆周围的行驶环境，并根据这些信息作出相应的决策。环境信息的获得依靠安装于车上的各种传感器，这些传感器数据的准确与否是影响智能车辆系统可靠运行的关键技术之一。

1. 机器视觉

随着图像处理技术的迅速发展，尤其是各种特殊的集成电路的出现，机器视觉在多个领域得到了应用，智能车辆系统也从中受益。在安装和价格方面，图像传感器都有一定的竞争力，它可用于车道检测，道路跟踪以及障碍物检测等。其不足是测量精度受环境和测量范围影响较大。一般来说，随着测量范围的增加，其测量精度逐渐降低；能见度降低时(如大雾、黑夜、雨天等),其测量范围和精度也会降低。见图 11-2-5 智能车辆上方的计算机视觉。

2. 雷达系统

雷达系统具有远距离测距能力,它能提供车辆前方道路和目标车辆的方位和速率信息。图 11-1-1 是一个 24GHz 雷达传感器 beam。图 11-2-6 给出了激光扫描雷达的示意图,激光雷达由于光学系统的脆弱性(如不易维护,易受环境的影响等),在智能车辆系统的应用中受到了一定限制。智能车辆系统现在一般倾向采用毫米波雷达,毫米波的工作不受环境的影响,下雨、大雾或黑夜等天气状况对毫米波的传输几乎无影响,毫米波雷达能在各种环境下可靠地工作。毫米波雷达系统的工作频率倾向采用 76～77GHz,并且随着单片微波集成电路技术的发展,毫米波雷达的价格和外形尺寸都有很大的下降,这也是毫米波雷达在智能车辆系统得到广泛应用的原因之一。毫米波雷达的不足是其目标识别能力,如利用单束毫米波雷达或多束雷达,一般不能区分正在转弯的车辆与正在换道的车辆。

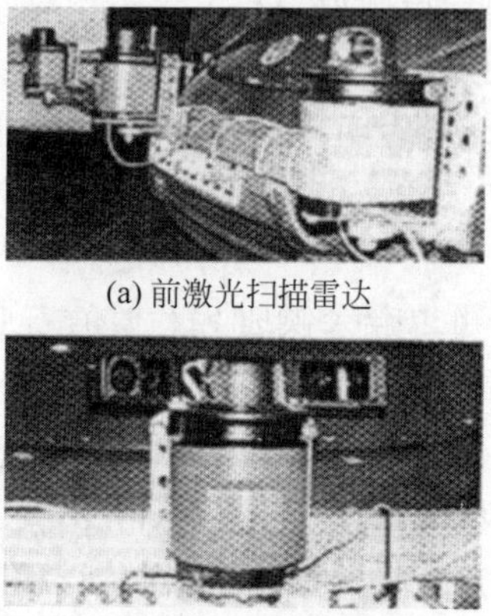

(a) 前激光扫描雷达

(b) 三光束激光扫描雷达

图 11-2-6　激光扫描雷达

3. 磁钉

磁信号提供了一种可靠的全天候的指示车道分界线的手段,利用路面下埋设的磁钉与机器视角相结合,可以实现车辆的道路跟踪。目前已有商用的磁车道线在使用,有的正在设置。由于磁钉必须安置于路面下,需要在道路建设时预先设置,这在某些情况下也限制了这类传感器的使用。

4. 高精度 BD(GPS)和数字地图

BD(北斗)系统和 GPS 系统都是一种可全天候工作的系统,与数字地图相结合,可以提供道路曲率、车道外形以及车道边线等信息,厘米级的 BD(GPS)还可用于检测车辆的位置,以便实现精确的车辆或道路跟踪。BD(GPS)系统也有不足,如当车辆在市区街道行驶,由于林荫及路边高层建筑的影响等因素会造成 BD(GPS)信号丢失,从而影响它的使用。

5. 测量数据处理技术

不同传感器有不同的特性和不同的使用范围,现在还没有一种适用于智能车辆使用的全能传感器。另外,单个传感器的信息都有一定的局限性,据其作出的判断容易产生虚警。因此,为了提高对目标的识别和估计能力,提高测量的可靠性,就要利用数据融合技术,对分布在不同位置的多个同类或异类传感器所提供的局部不完整观察量进行数据融合,从而消除多传感器信息之间可能存在的冗余和矛盾,充分利用各传感器数据的互补性，降低量测值的不确定性，确定符合实际的测量值，形成对系统环境相对一致的感知描述，从而提高系统决策的正确性。目前已有人利用激光雷达与毫米波雷达，或毫米波(激光)雷达与CCD摄像机的信息进行融合处理，实验表明该方法提高了对目标的探测和跟踪能力以及对目标状态的估计精度。但是，对一个实际系统而言，增加传感器的数目，在提高系统的性能的同时也会增加系统的成本，所以必须综合考虑系统的性价比。

6. 通信技术

车辆的行驶除与其自身有关外，也受行驶环境的影响，为了安全行驶，提高道路的利用率，有必要及时将前方路况信息(如交通状况，路面性能，路面特征等)，前方车辆的运动特征，下一步的动作等通过车-路或车-车通信系统及时告诉己车，以便己车及时采取相应的措施。并且，与传感器的工作状态不同，通信系统的工作不易受环境与气候变化的影响，可以全天候地工作。因此，研制和发展简便易行，工作可靠的车-路或车-车通信系统是智能车辆系统研究的另一重要方向。

11.3 基于多传感信息融合的路径规划与自动导航

11.3.1 基于多传感信息融合的路径规划

智能车辆路径规划的目标是寻求一条从始点到终点的路径，使得自主车沿规划出的路径运动时不会与环境中的障碍物碰撞。路径规划大致分为以下两种类型。

1. 基于环境模型的路径规划方法

基于环境模型的路径规划能处理完全已知的环境，即障碍物位置和形状预先给定的问题。避撞问题被实际规划出来，但对于环境发生变化，出现了未知障碍物时，自主车将束手无策，甚至发生碰撞，这种方法无法在线处理未知环境信息。基于环境模型的路径规划方法有以下几种形式：

(1) 栅格法。栅格法将规划空间分解成一系列的具有二值信息的网络单元，工作空间分解成单元后则使用启发式算法在单元中搜索安全路径。搜索过程多采用四叉树和八叉树表示工作空间。

(2) 可视图法。在C-空间(configuration space)中，运动物体缩小为一点，障碍物边界相应地向外扩展为C-空间障碍。在二维情况下，扩展的障碍物边界可用多个多边形表示，用直线将物体运动的起点S和所有C-空间障碍物的定点以及目标点G连接，并保证这些直线段不与C-空间障碍物相交，就形成了一张图，称为可视图(visibility graph)。由于任意两直线的顶点都是可见的，显然从起点S沿着这些直线到达目标点的所有路径均是运动物体的无碰路径，对图搜索就可以找到最短无碰撞安全运动路径。

(3) 拓扑法。拓扑法是将规划空间分割成具有拓扑特征的子空间，并建立拓扑网络，在拓扑网络上寻找起始点到目标点的拓扑路径，最终由拓扑路径求出几何路径。其缺点是建立拓扑网络的过程相当复杂，特别在增加障碍物时如何有效地修正已经存在的拓扑网络及如何提高图形速度是有待解决的问题。

2. 基于传感器信息的路径规划方法

通常实际环境和计算机虚拟环境存在差别，并且差别随自主车在实际环境中的运行不断积累。因此基于传感器信息的路径规划应注意以下一些未知因素：克服环境条件或形状无法预测的因素，路径规划必须与传感器信息直接联系起来；处理控制和结构的不确定性，路径规划必须和控制框架紧密相连；在诸多不确定因素中完成任务，必须具备鲁棒性，可以考虑多个自主车协同工作。

基于传感器信息的移动自主车路径规划有以下几种方法。

(1) 人工势场法。人工势场法实际是对自主车运行环境的一种抽象描述。势场中包含斥力极和引力极。不希望自主车进入的区域和障碍物定义为斥力极，子目标及建议自主车进入的区域定义为引力极。引力极和斥力极的周围由一定的算法产生相应的势，自主车在势场中具有一定的抽象势能，其负梯度方向为自主车所受抽象力的方向，由这种抽象力使得自主车绕过障碍物，朝目标前进。势场法主要用于局部动态避撞。

(2) 确定栅格法。所谓确定栅格(certainty grid)法最初由 Moraveche 和 Elfes 提出，用以建立基于超声波传感器距离信息的静态环境模型。它将自主车空间分解为一系列的栅格单元，每一网格单元都有相应的概率值。J. Borenstein 采用 grids 表示环境，用势场法决策出 VFF 算法。通过对 VFF 算法的研究，发现势场法存在如下缺陷：存在陷阱区域；在靠近障碍物时不能发现路径；在障碍物前振荡；在狭窄通道中摆动。针对势场法的缺陷，J. Borenstein 设计了一种称为 VFH(矢量场矩形法)的方法，仍采用 grids 表示环境，但没能解决网格法存在的环境分辨率与环境信息存储量大的矛盾。

(3) 模糊逻辑算法。采用模糊逻辑算法进行局部避碰规划，是基于传感器的实时测量信息，通过查表得到规划出的信息，计算量不大，容易做到边规划边跟踪，能满足实时性的要求。该方法最大的特点是参考人的驾驶经验，克服势场法易产生的局部极小问题，对处理未知环境下的规划问题显示出了很大的优越性。模糊逻辑算法对于解决用通常的定量的方法来说是很复杂的问题或当外界仅能提供定性的、近似的、不确定的信息数据时非常有效。

11.3.2 基于多传感信息融合的自动导航

实现自主导航的关键在于准确地捕捉车辆周围的环境信息。由于到目前为止，使用任何单传感器都无法保证在任何时刻提供完全可靠的信息，因此人们采用多传感信息融合的方法，将多个传感器采集的信息进行合成，从而形成对环境特征的综合描述，为车辆控制器提供必要的环境信息。

图 11-3-1 为集多传感数据融合、视觉信息处理、环境建模、导航、避障等功能于一体的典型智能车辆系统结构框图。图中多传感数据融合中心包括三个子模块，即车道信息融合中心、目标跟踪融合中心和导航信息融合中心。

1. 车道信息融合中心

识别车道是车辆自主驾驶与导航的基础。由于车道最明显的标志为条形车道标识，

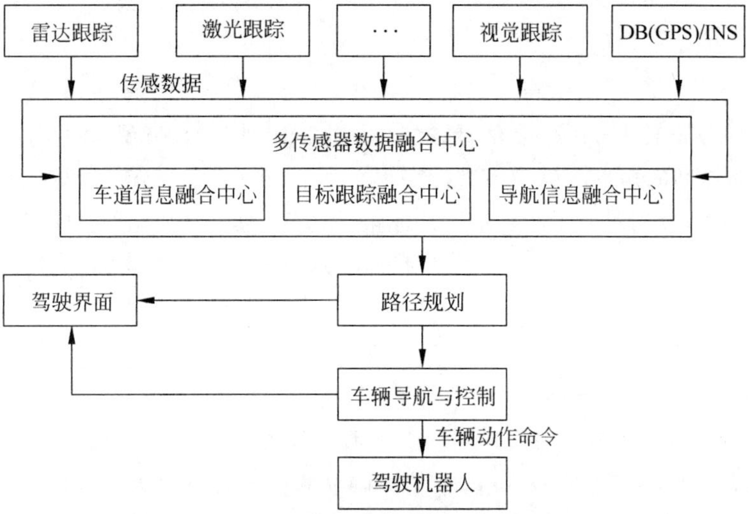

图 11-3-1 一种典型的智能车辆系统结构框图

它能通过视觉技术得到很好的检测，因此目前大多数的车道跟踪系统的研究仍然集中在视觉技术上。基于视觉的车道检测技术经历了两代[3]。第一代基于视觉的车道检测系统是基于边界的，且假定车道为一直线；第二代识别系统则试图通过使用车道形状的整体模型，结合原始图像的灰度阵列，对车道进行识别，比较成熟的系统包括：自动道路弯曲与指向估计(automated road curvature and direction estimation，ARCADE)系统，快速自适应侧向定位处理器(rapid adapting lateral position handler，RALPH)系统，以及图像形状可能性(likelihood of image shape，LOIS)识别系统。其中目前尤以 LOIS 方法最为流行。该方法采用了全局模板匹配技术，建立道路形状的参数族和一个似然函数，并通过全局优化得到最适合道路形状的道路参数。该方法有较强的鲁棒性，能适应环境的变化，且在道路出现部分裂纹时也能较好地检测出道路边界[4]。

虽然 LOIS 系统能适应大多数的环境变化，然而当车道上出现明显且有结构的边界，比如车辆的轮廓时，该系统的识别将有可能偏移真实的车道标志。因此人们考虑融合雷达数据，为车道感知系统提供车辆前方的障碍信息，以避免对用于估计车道形状参数的梯度数据产生影响。附加雷达知识的联合可能性(combined likelihood adding radar knowledge，CLARK)识别系统[5]，使用雷达作为车辆的初始检测，定义图像的研究区域，从而获得前方障碍的信息，然后建立联合似然函数，寻找车道形状的最优估计。

CLARK 系统包括以下几部分。

(1) 采用变形障碍模板来决定前方车辆/障碍的位置和走向。

利用雷达传感器能得到前方车辆的距离信息。当车辆在正前方时，雷达的性能好，然而当车辆并不在正前方时(这是由于前方的道路向左或向右弯曲)，雷达的性能就会下降。为此，系统利用视觉图像中的灰度梯度和颜色，以可靠地检测障碍。

首先对雷达传感器的输出进行 Kalman 滤波，以消除雷达输出的脉冲误差，它基于以下方程：

$$\begin{cases} r(t+1)=[1,\Delta t]\begin{bmatrix} r(t) \\ \dot{r}(t) \end{bmatrix}+w(t) \\ d(t)=r(t)+v(t) \end{cases} \tag{11-3-1}$$

CLARK 将 $r(t)$ 的 Kalman 滤波估计 $\hat{r}(t)$ 看作 t 时刻车辆/障碍的距离，使用 $\hat{r}(t)$ 和 $r(t)$ 的差值对该帧的矩形障碍模板进行变形。然后，令 (T_b, T_l, T_w) 表示矩形障碍模板的三个可变参数，分别对应于图像平面中它的下边界、左边界和宽度。CLARK 系统假定

$$P\{T_b, T_l, T_w \mid [y_r(t), y_c(t)]\} \propto \exp\left\{-\left[\frac{(x_r(t)-y_r(t))^2}{\sigma_r^2(t)}+\frac{(x_c(t)-y_c(t))^2}{\sigma_c^2(t)}\right]\right\}\times$$

$$\frac{\arctan[5(T_w-T_{\min})]-\arctan[5(T_w-T_{\max})]}{\arctan[2.5(T_w-T_{\min})]-\arctan[2.5(T_w-T_{\max})]} \tag{11-3-2}$$

其中，$[x_r(t), x_c(t)]$ 表示变形模板图像平面的中心，$[y_r(t), y_c(t)]$ 表示图像平面中由雷达传感器检测到并经过 Kalman 滤波的障碍物的位置，$\sigma_r^2(t)$ 为 $\hat{x}(t)-d(t)$ 偏差的运行估计，σ_c^2 等于车道宽度(3.2 米)在图像平面上的投影值，其中考虑了地平面与图像平面变换时的投影缩减的影响。式(11-3-2)中的 arctan 函数将障碍模板的宽度限制在 $T_{\min}$(车道的一半)和 $T_{\max}$(整条车道)之间。

其次，使用被观察的视觉图像的灰度梯度信息和颜色信息。对于每一个假设变形障碍模板，令 S_1 和 S_2 分别表示模板内、外的像素集，S_1 和 S_2 中的元素是三维的，分别对应着被观察图像的红、蓝、绿三个通道。令 M_1, M_2 和 Σ_1, Σ_2 分别表示 S_1 和 S_2 的均值和协方差(通过样本平均而得到)，w 表示 S_1 和 S_2 中的像素投影到单维空间中的线性映射，m_1, m_2 和 σ_1, σ_2 分别表示 M_1, M_2 和 Σ_1, Σ_2 所对应的投影。当投影算子 w 恰好等于 $(\Sigma_1+\Sigma_2)^{-1}(M_1-M_2)$ 时，投影平面的规范化方差距离 $[m_1-m_2]^2/(\sigma_1^2+\sigma_2^2)$ 获得最大，这样的 w 称为 Fisher 判别式，相应的规范化方差距离称为 S_1 和 S_2 之间的 Fisher 距离。匹配函数建议将变形模板放在图像灰度梯度最大，方向垂直于模板边界的地方，且此时的 Fisher 距离最大。

(2) 用联合障碍-车道函数，使所获信息与 LOIS 车道检测算法相结合。

一旦检测到障碍物，则它的位置信息将与 LOIS 车道检测算法结合，其目的具有两个方面：一是能决定障碍与车道的位置关系；二是提高 LOIS 系统的精度。

第一个目的是显然的。LOIS 对左右车道的偏离、方向和曲率进行了估计，这样，就能对图像平面中任何选定距离的左右车道进行精确定位。因此，当我们给定障碍的距离等信息时，假定 LOIS 的输出正确，则障碍与车道的关系就很明显了。第二个目的，即使用障碍信息提高 LOIS 系统的精度也是显然的。假定障碍检测结果正确，则通过前向模板技术，能提高 LOIS 系统的精度。然而，这需要假定车道的形状和障碍的位置等估计都是精确的。如果任何一个出现错误，则结果就不可靠。系统采用了一个更好的方法，即通过一个联合似然函数将障碍和车道信息结合起来。

2. 目标跟踪融合中心

在智能车辆领域，对周围车辆的检测和跟踪开始大多通过机器视觉技术来实现。在视觉领域，车辆检测可通过以下几种方法实现。

(1) 帧差法。通过把两幅相邻帧相减，以滤除图像中的静止车辆，而仅保留运动物体。该算法的优点是对环境的光线变化不敏感，缺点是无法检测静止车辆，而且由于系统的图像采样频率固定，其检测效果受车辆运动速度的影响，太慢或太快的车速都可能导致检测错误。背景差法计算当前输入帧与背景图像之差，以检测前景物体。

(2) 背景差法。可检测静止车辆，但其缺点是背景更新中的误差累积以及对环境光线的变化和阴影较为敏感。边缘检测法对环境光线变化的稳健性高于背景差法。车体的不同部件、颜色等提供了较多的边缘信息。即使是与路面色彩相近的车辆，也由于比地面反射更多的光线而能用边缘检测的方法进行检测。

(3) 运动边缘的检测。可通过计算图像在空间和时间上的差分获得，空间上的差分可用各种已有的边缘检测算法得到，而时间上的差分则可通过计算连续帧之间帧差的方法近似获得。运动边缘也可以通过分别计算当前帧和背景图像，然后求其差值的方式得到。但是，当图像中车辆边缘不清楚，特别是当色彩较暗的车辆位于阴影中时，边缘检测的方法容易漏检车辆。

基于视觉的运动目标跟踪方法大体上有以下几种方法。

(1) 对比度跟踪。对比度跟踪包括边缘跟踪、形心跟踪、矩心(重心、质心)跟踪、峰值点跟踪。对比度跟踪系统利用目标与背景景物在对比度上的差别来识别和提取目标信号，实现对目标的自动跟踪。它对目标图像变化(尺寸、姿态变化)的适应性强，解算比较简单，容易实现对高速运动目标的跟踪；但它的识别能力较差，一般只适合于跟踪简单背景中的目标。

(2) 图像相关跟踪。图像相关跟踪包括积相关法、减相关法、归一化函数相关法。图像相关跟踪系统是把一个预先存储的目标图像样板作为识别和测定目标位置的依据，用目标样板与电视图像的各个子区域图像进行比较(算出相关函数值)，找出和目标样板最相似的一个子图像位置就认为是当前目标的位置。该方法具有很好的识别能力，可以跟踪复杂背景中的目标；但它对目标姿态变化的适应能力差，运算量比较大。

(3) 基于变形模板的跟踪。基于变形模板的跟踪能发现跟踪过程中被跟踪对象发生形变的问题。

(4) 基于三维(3D)模型的跟踪。基于三维模型的跟踪需要首先生成一个车辆的三维线框模型，在给定的姿态下，将其投影到图像平面上，并与图像数据匹配。通过优化过程得到目标物体的真实姿态。由于引入了目标物体的三维先验知识，所以从本质上来讲，比基于二维的方法更具鲁棒性和准确性，但是相应的研究难度也更大。目前国际上的研究组大多采用基于二维的方法，采用基于三维模型的方法的研究比较少。

虽然利用机器视觉技术能实现对运动目标的识别和跟踪，能够较精确地测定己车前方道路、车辆以及障碍物的位置，获得较大的信息量，但是图像传感器的测量精度受环境和测量范围影响较大，随着测量范围的增加，其测量精度逐渐降低；能见度降低时(如大雾，黑夜，雨天等)，测量范围和精度也会大大降低；且利用机器视觉要对各帧图像进行匹配，耗费大量的计算时间，这是系统实现实时性的一大障碍。而另一方面，雷达、激光等测距传感器，能准确地提供车辆前方目标车辆的距离数据，因此，智能车辆的研究者们对二者的融合产生了浓厚的兴趣，其中又以毫米波雷达和机器视觉的融合最受到人们的关注。

美国加州大学车辆动力学与控制实验室(vehicle dynamic and control lab，VDCL)，

采用毫米波雷达和图像传感器对道路上的多台车辆进行检测和跟踪[6]。雷达和图像传感器采用相同的量测(r,φ)和状态向量$(x,\dot{x},\ddot{x},y,\dot{y},\ddot{y})$，目标跟踪采用 IMMPDAF 算法。*VDCL* 融合跟踪框图如图 11-3-2 所示。

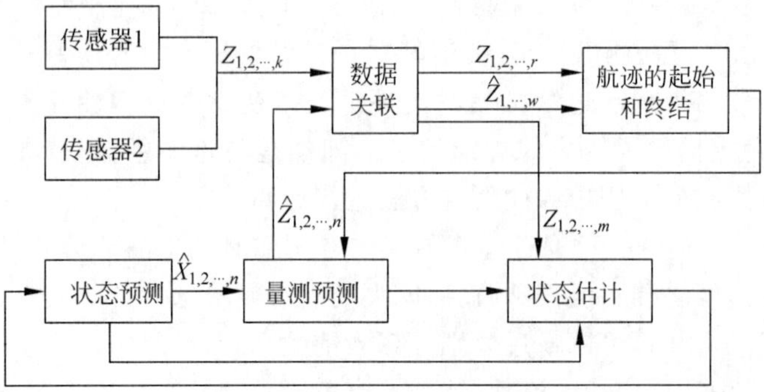

图 11-3-2　VDCL 融合跟踪框图

从图 11-3-2 中看到，传感器 1、2 共发送了 k 个量测 $Z_{1,2,\cdots,k}$，目前共有 n 条确认航迹 $X_{1,2,\cdots,n}$。在 k 个雷达量测中，通过 PDAF，有 m 个与 n 个预测量测 $Z_{1,2,\cdots,n}$ 关联。在保留的一组非关联变量中，其中有 r 个量测与航迹无关（杂波或新目标），w 个航迹未能找到其相关的量测（漏检量测或目标已离开）。使用航迹起始和终结规则，这些 r 和 w 个量测能被用于增加或删除航迹。这样，对于已经与航迹关联的 m 个量测，通过使用状态估计对其在 $t+T$ 时刻的状态进行估计。而那些没有与量测关联的 $n-m$ 个航迹由预测向量给出，其状态协方差也相应增加。该 $n-m$ 个航迹继续被估计直到被删除。为了简单起见，框图中没有显示多模型，但 IMM 规则嵌套在"状态预测""量测预测""状态估计"之中。

目前在对雷达和图像传感器的数据融合跟踪的研究中，通常只利用图像传感器提供的位置信息，对单纯基于雷达量测的滤波进行校正，较少考虑如何充分利用姿态角来改善车辆跟踪性能。在导弹的跟踪制导领域，利用成像传感器得到的目标姿态信息改善机动目标跟踪性能被广泛使用。Kendrick 等[7]以雷达作为主传感器，利用姿态信息估计目标的机动方向，修正主滤波器的加速度误差；丁赤飚等[8]提出了采用数据融合技术，充分利用雷达和成像传感器的观测信息，实现精确导。同样，车辆的运动也具有很强的机动性，而图像传感器所获得的目标姿态观测，对目标机动十分敏感，且观测精确，所以利用图像传感器的姿态角来估计目标的机动方向，或利用姿态观测去估计目标的加速度，对改善障碍目标的机动跟踪性能，无疑是可行而有效的。

3. 导航信息融合中心

随着研究的不断深入，信息融合理论已经从最初的对多传感器的集成与融合，处理来自多个不同或相同传感器的信号，获得对象的全局长期融合数据，发展到今天从多信息源的角度出发，为信息工程的研究提供新的理论基础与研究思路。

为了准确可靠地对运动载体进行预定或既定航迹的导引，导航系统必须为整个系统提供足够和可靠的位置、速度和姿态信息。在过去的几十年中，导航系统从单一传感器类型系统发展到了组合导航系统，将多种类型的传感器进行优化配置，性能互补，使得系统的精度和可靠性都有了很大的提高。导航信息的处理方法也由围绕着单个特定传感器所获得的数据集而进行的单一系统信息处理，向多传感器多数据集信息融合的方向发展。

任何一种导航设备或系统都是为了完成某种特定的导航需要而产生的，它通常既有优点也有弱点，不可避免地存在着某种局限性。就自主车辆导航而言，尽管BD(GPS)定位导航系统能够全天候、连续实时地提供高精度的三维位置和速度信息，但当车辆行驶在高楼林立的市区时，由于BD(GPS)卫星信号经常受到遮挡，有些情况下通过BD(GPS)系统实现连续准确的定位是不可能的。而基于惯性传感器的航位推算系统有较好的高频、较差的低频特性，与BD(GPS)有着相反的互补特性。如果能综合利用两者的优点构成组合定位系统，则整个系统的精度、性能和可靠性都比单一的系统有大的改善。

组合导航系统目前已成为导航系统的发展方向之一。由于使用者可以对组合导航提出各种综合性能的要求或特殊要求，因此组合方案很多。在智能车辆导航领域，目前运用最多的是BD(GPS)/INS组合导航系统。

将INS(惯性导航系统)的主要部件IMU(含陀螺、加速度计及必要的辅助电路)与GPS接收机的主要部分构成硬件一体化组合系统。如图11-3-3所示，将GPS观测数据与经过力学编排得到的INS数据进行同步后送往组合Kalman滤波器。组合滤波器给出一组状态变量(如位置、速度、姿态角、陀螺漂移、加速度计零偏、钟差等)的最优估值。将这些参数误差的估值反馈回INS，并重新校正INS。

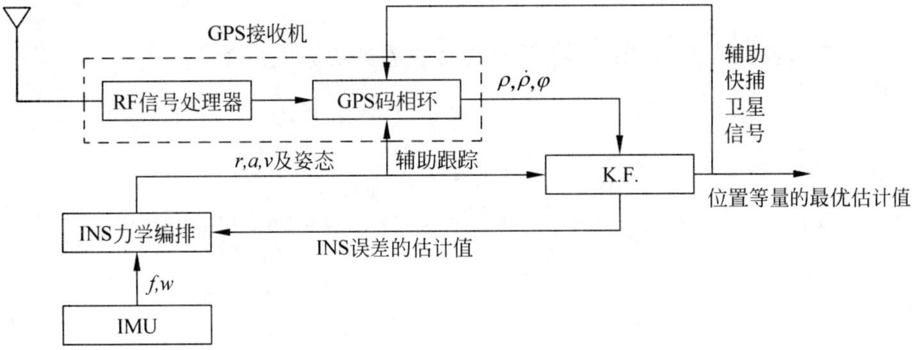

图11-3-3 GPS与INS硬件一体化组合

安装在载体上的BD(GPS)接收机和INS，各自独立观测并通过专用接口将观测数据输入中心计算机，在计算机上对两套数据先进行空间同步，再利用Kalman滤波器进行组合处理，并按相应的理论及算法提取所需要的信息，通过这种途径也实现了INS与BD(GPS)的组合，这是目前研究最多的一种组合方式。

目前应用于BD(GPS)与INS组合的滤波方法主要有两种，即分布式滤波与全组合滤波。全组合滤波器按照标准Kalman滤波，同时处理来自各个子系统的观测数据。

滤波方程可按如下方式描述：

(1) 一步提前预报。给定$k-1$时刻的状态估计$\hat{\boldsymbol{x}}_{k-1|k-1}$和估计误差的协方差阵$\boldsymbol{P}_{k-1|k-1}$，则有一步提前预报方程

$$\begin{cases}\hat{\boldsymbol{x}}_{k|k-1}=\boldsymbol{\Phi}_{k-1}\hat{\boldsymbol{x}}_{k-1|k-1}\\ P_{k|k-1}=\Phi_{k-1}\boldsymbol{P}_{k-1|k-1}\boldsymbol{\Phi}_{k-1}^{\mathrm{T}}+\boldsymbol{Q}_{k-1}\end{cases}\tag{11-3-3}$$

（2）观测修正。在 k 时刻获得新的量测 $\boldsymbol{z}_k^{(i)}, i=1,2,\cdots,N$，则状态估计更新为

$$\begin{cases}\hat{\boldsymbol{x}}_{k|k}=\hat{\boldsymbol{x}}_{k|k-1}+\sum\limits_{i=1}^{N}\boldsymbol{K}_k^{(i)}[\boldsymbol{z}_k^{(i)}-\boldsymbol{H}_k^{(i)}\hat{\boldsymbol{x}}_{k|k-1}]\\ \boldsymbol{K}_k^{(i)}=\boldsymbol{P}_{k|k-1}(\boldsymbol{H}_k^{(i)})^{\mathrm{T}}[\boldsymbol{H}_k^{(i)}\boldsymbol{P}_{k|k-1}(\boldsymbol{H}_k^{(i)})^{\mathrm{T}}+(\boldsymbol{R}_k^{(i)})]^{-1}\\ \boldsymbol{P}_{k|k}=[\boldsymbol{I}-\boldsymbol{K}_k\boldsymbol{H}_k]\boldsymbol{P}_{k|k-1}\end{cases}\tag{11-3-4}$$

其中，$\boldsymbol{H}_k\triangleq[(\boldsymbol{H}_k^{(1)})^{\mathrm{T}},\cdots,(\boldsymbol{H}_k^{(N)})^{\mathrm{T}}]^{\mathrm{T}}, \boldsymbol{K}_k\triangleq[\boldsymbol{K}_k^{(1)},\cdots,\boldsymbol{K}_k^{(N)}]$。

分布式滤波分两步来处理来自多个子系统的数据。首先，每个子系统处理各自的观测数据，进行局部最优估计，即局部滤波。对于第 i 个局部子系统，按信息滤波器（见第 2 章），其状态向量的估计值及估计误差的协方差阵为

$$\begin{cases}\hat{\boldsymbol{x}}_{k|k}^{(i)}=\hat{\boldsymbol{x}}_{k|k-1}^{(i)}+\boldsymbol{K}_k^{(i)}[\boldsymbol{z}_k^{(i)}-\boldsymbol{H}_k^{(i)}\hat{\boldsymbol{x}}_{k|k-1}^{(i)}]\\ (\boldsymbol{P}_{k|k}^{(i)})^{-1}=(\boldsymbol{P}_{k|k-1}^{(i)})^{-1}+(\boldsymbol{H}_k^{(i)})^{\mathrm{T}}(\boldsymbol{R}_k^{(i)})^{-1}\boldsymbol{H}_k^{(i)}, \quad i=1,2,\cdots,N\\ \boldsymbol{K}_k^{(i)}=\boldsymbol{P}_{k|k}^{(i)}(\boldsymbol{H}_k^{(i)})^{\mathrm{T}}(\boldsymbol{R}_k^{(i)})^{-1}\end{cases}\tag{11-3-5}$$

再把局部滤波器的输出都并行输入主滤波器，按多传感信息融合算法，首先计算各滤波器相互之间引起的协方差阵（见第 6 章）

$$\boldsymbol{P}_{k|k}^{(i,j)}=\boldsymbol{P}_{k|k}^{(i)}(\boldsymbol{P}_{k|k-1}^{(i)})^{-1}(\boldsymbol{\Phi}_{k-1}\boldsymbol{P}_{k-1|k-1}^{(i,j)}\boldsymbol{\Phi}_{k-1}^{\mathrm{T}}+\boldsymbol{Q}_{k-1})(\boldsymbol{P}_{k|k-1}^{(j)})^{-1}\boldsymbol{P}_{k|k}^{(j)}, \quad i,j=1,2,\cdots,N\tag{11-3-6}$$

然后获得主滤波器状态向量的最优估计和估计误差的协方差阵为

$$\begin{cases}\hat{\boldsymbol{x}}_{k|k}=(\boldsymbol{E}^{\mathrm{T}}\boldsymbol{C}_{k|k}^{-1}\boldsymbol{E})^{-1}\boldsymbol{E}^{\mathrm{T}}\boldsymbol{C}_{k|k}^{-1}\hat{\boldsymbol{X}}_{k|k}\\ \boldsymbol{P}_{k|k}=(\boldsymbol{E}^{\mathrm{T}}\boldsymbol{C}_{k|k}^{-1}\boldsymbol{E})^{-1}\end{cases}\tag{11-3-7}$$

其中，$\hat{\boldsymbol{X}}_{k|k}=[(\hat{\boldsymbol{x}}_{k|k}^{(1)})^{\mathrm{T}},\cdots,(\hat{\boldsymbol{x}}_{k|k}^{(N)})^{\mathrm{T}}]^{\mathrm{T}}, \boldsymbol{E}=[\boldsymbol{I},\cdots,\boldsymbol{I}]^{\mathrm{T}}, \boldsymbol{I}$ 是单位阵；而且

$$\boldsymbol{C}_{k|k}=\begin{bmatrix}\boldsymbol{P}_{k|k}^{(1,1)} & \cdots & \boldsymbol{P}_{k|k}^{(1,N)}\\ \vdots & \ddots & \vdots\\ \boldsymbol{P}_{k|k}^{(N,1)} & \cdots & \boldsymbol{P}_{k|k}^{(N,N)}\end{bmatrix}\tag{11-3-8}$$

在 BD(GPS)/INS 组合的实际应用中，一般以 INS 提供参考轨迹（包括位置、速度及姿态等导航参数），而用 BD(GPS)系统提供量测修正信息。二者的组合可以按照上述两种滤波方法实现，或做必要的修正以简化滤波过程。

此外，随着导航技术、卫星通信、半导体集成技术的不断发展，新一代的组合导航系统将拥有越来越多的可完成各种功能的导航传感器模块，以及通信网络组件（communication network，CNW）、电子地图（digital aviation chart database，DACD）、地理信息系统（geography information system，GIS）、智能数据库（intelligent database，IDB）等。同时，随着卫星通信技术的发展和智能车辆的普及，任何一辆自主车都将是整个系统导航与指挥网中的一个结点，因而车载导航系统除了要求提出车辆精确的位置、速度和姿态信息外，还应具有一定的网络通信能力及地理信息辅助与导航决策辅助能力。因此，CNW，DACD，GIS 及

IDB 将是未来组合导航系统中不可缺少的部分。

11.4 智能车辆系统的障碍规避与防碰撞

自 20 世纪 60 年代以来，全世界车辆安全状况得到了很大的改善，安全带、安全气囊、保险杠等被动式安全技术的采用和改进，大大地降低了车辆碰撞的概率和伤亡数目。例如，美国从 60 年代中期到 1994 年，每亿车公里的死亡人数已经从 5.5 下降到 1.7，1995 年则降到每亿车公里死亡 1.1 人。尽管如此，在美国每年还要发生大约 300 万起碰撞事故，导致 4 万余人死亡，经济损失约 1300 亿美元[9]，而利用当前的被动式安全技术要进一步减低交通事故的危害是比较困难的，因此，就有必要研究其他的技术和方法，减少碰撞的危害或完全避免碰撞的发生。这样，智能车辆系统的障碍规避与防碰撞(collision warning/collision avoidance，CW/CA)就应运而生了。

从 20 世纪 80 年代开始，世界各发达国家都在积极地进行关于汽车安全方面的研究，从不同侧面和角度进行了富有成效的工作，而提高道路的安全性是多数研究项目的主要目的。

美国国家公路交通安全管理局收集到的碰撞数据表明，因各种原因造成的车辆碰撞事故已占公路交通事故总量的 90%左右，其中追尾碰撞大约占交通事故总量的 24%。统计数据也表明，与人有关的交通事故占绝对大的比例，例如，1996 年美国总的碰撞事故中，有 85%是由于人(驾驶者或行人)的原因造成的[10]，德国和俄罗斯同期的该比例值分别是 82%和 75%，我国是 83%[11]。而在因为人的因素所造成的这些碰撞事故中，涉及驾驶者操作失误而造成的事故比例又高达 90%以上，在美国 88%的追尾碰撞是由于驾驶者没有注意或跟车距离太近而引起的。根据预测，如果采用碰撞预警系统，则 37%～74%的碰撞都可以避免。因此，开发能够给驾驶者提供他们所难以甚至不可能获得的信息，并帮助驾驶者在行驶中判断情况和处理情况的各种目标监测系统，既是技术发展的必然，又是市场的迫切需求。

到现在为止，基于"人、车、路"等关键要素，自动识别、智能分析交通重点管理目标、自动检出违法行为，提高通行效率，优化交通出行秩序的障碍规避与防碰撞技术已经有了很大的发展。图 11-4-1 是现在的智能交通障碍规避与防碰撞系统，无须架设专用设备，利用现有前端即可分析：①未礼让斑马线检测、高速公路雾气检测；②爆胎车、假套牌车自动识别检测；③未系安全带、开车接打电话等交通违法行为检测；④实时过车分析、道路通行排行；等等。

图 11-4-1 现在的智能交通障碍规避与防碰撞

11.4.1 智能车辆防碰撞系统的研究内容

1. 危险警告系统

该系统能够防止由于车辆偏离相应的行驶路线引起的碰撞或交通事故,能够通过路侧和车载传感器装置快速收集有关车辆临近区域的车辆位置和移动信息,以及车辆前方影响行驶的障碍物。当系统检测到可能发生危险时,包括车辆偏离行驶车道、两车的距离或行驶速度不合理、车辆行驶前方有障碍物等,该系统发出警告,以帮助驾驶者正确地驾驶汽车。

2. 驾驶辅助系统

该系统通过在前述的危险警告系统中加入自动控制功能来帮助驾驶者操作与控制汽车。当系统认为检测到的情况危险时,包括本车或临近区域车辆出现问题以及有障碍物等,该系统应用自动车速和转向控制装置以及刹车装置。

3. 碰撞规避系统

利用装备在车辆上的探测装置,如超声波传感器、红外探测器等对车辆的临近区域进行探测,当遇到危险时向驾驶者提供警示或自动采取相应措施。严格地说它是上述两个系统的进一步发展,这套系统包括:

(1) 纵向避撞。纵向避撞有助于防止车辆之间、车辆与其他物体或行人之间正面或尾部的碰撞。该系统有助于减少碰撞的数量及减轻受损程度,包括对潜在或临近碰撞的探测,提醒驾驶者采取即时规避动作并临时控制车辆。

(2) 侧向避撞。侧向避撞有助于防止车辆偏离行驶车道引起的侧面碰撞。该系统为改变车道与驶离道路的车辆提供碰撞警示与控制,有助于两辆或多辆汽车以及驶离道路的单辆汽车减少侧碰事故。在改变车道时,现场显示器能够连续地监视车辆盲点,驾驶者能够得到有效的临近碰撞警示。根据需要,能够很快地采取自动控制。警示系统还能提醒驾驶者临近的道路交叉口,帮助车辆免于偏离行驶车道,最后在危险状况下提供自动导向及油门控制。

(3) 道路交叉口避撞。道路交叉口避撞有助于防止车辆在道路交叉口的碰撞。该系统在车辆驶近或穿越处于交通控制(如停车信息或其他交通信息)的道路交叉口时,为驾驶者提供迫近碰撞警报。当交叉口车辆合法通行车道视野不清时,该系统还能为驾驶者提供警示。

(4) 视觉强化防止碰撞。视觉强化防止碰撞改善驾驶者观察道路及道路上或道路旁物体的能力。视觉强化将有助于驾驶者避免与其他车辆或道路上物体相碰撞,也能使驾驶者遵守交通标志及交通信号。该系统要求具备车载探测潜在危险的设备、对危险信息进行处理并且以对驾驶者有帮助的方式显示信息。

4. 预警监测系统

对驾驶者、车辆和道路状况进行监测并提供警示。车载设备将以不易察觉的方式监测驾驶者状态，在驾驶者困乏或其他身体不适情况下提出警示。另外，该系统也能对车辆关键部件进行监测，当可能发生功能障碍时向驾驶者发出警报。车载设备还能探测不安全的道路状况，如桥面结冰、路面积水，并向驾驶者发出警示。

5. 自动驾驶公路系统

自动驾驶公路系统是智能交通系统的一个长远目标。它包括公路基础设施信息收集系统、路-车通信系统、车-车通信系统、障碍物检测系统、危险警告系统、加速/偏航和间距检测和控制系统、车辆横向/纵向控制系统、自动回避碰撞系统、微机控制节气门、微机控制转向机构、微机控制刹车系统、人机交互计算机等。它创造了一个近乎没有事故的驾驶环境，能够显著提高汽车的安全性能。

除了上述所述主动安全设施外，汽车的主动安全措施还包括提高车辆本身的耐久性、汽车的人机工程学以及如何提供一个舒适的驾驶环境等。

11.4.2 智能车辆防碰撞系统的组成

自适应巡航控制(adaptive cruise control，ACC)系统是一种构想于20世纪70年代末期的车辆安全性辅助驾驶系统。它将车辆自动巡航控制系统CCS(cruise control system)和车辆前向撞击报警系统(forward collision warning system，FCWS)有机地结合起来，既有自动巡航功能，又有防止前向撞击功能。由于当时传感器技术、信号处理技术、汽车电子技术以及交通设施等方面的因素阻碍了ACC的发展，直到20世纪90年代中期，随着各项技术的进步和对汽车行驶安全性要求的提高，特别是对有效地防止追尾碰撞要求的不断提高，才使得ACC迅速发展起来。

ACC系统共有四种典型的操作方式：当主车前方无行驶车辆时，主车处于普通的巡航行驶状态，ACC系统按照设定的行驶车速对车辆进行匀速控制；当主车前方有目标车辆，且目标车辆的行驶速度小于主车的行驶速度时，ACC系统控制主车减速，确保两车间的距离为所设定的安全距离；当ACC系统将主车减速至理想的目标值之后采用跟随控制，与目标车辆以相同的速度行驶；当前方的目标车辆发生移线，或主车移线行驶使得主车前方又无行驶车辆时，ACC系统对主车进行加速，使主车恢复至设定的行驶速度。在恢复行驶速度后，ACC系统又转入对主车的匀速控制。当驾驶员参与车辆驾驶后，ACC系统将自动退出对车辆的控制。

ACC系统由三部分组成，即行车环境探测系统，防碰撞判断系统和执行系统，如图11-4-2所示。

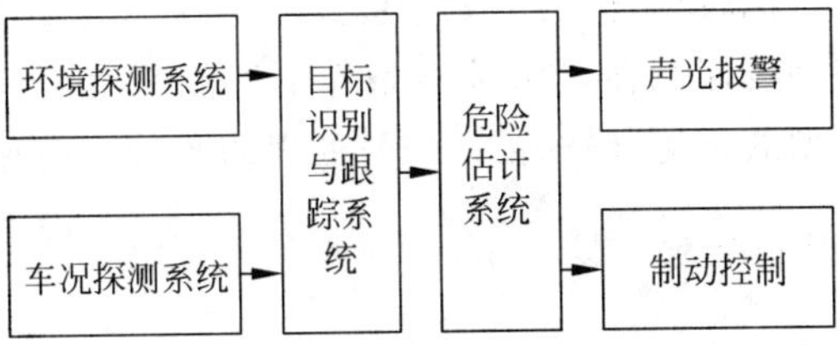

图11-4-2 ACC系统的组成框图

1. 行车环境探测系统

行车环境探测系统 由环境探测系统和车况探测系统组成。环境探测系统由可以测量车间距离和前面车辆方位的毫米波雷达、激光雷达、CCD摄像机及能够判断路面状况的道路传感器组成。车辆的环境探测技术是实现汽车防碰撞的关键技术。传感器性能的优劣直接影响整个系统的性能，只有提高传感器的可靠性，才有可能减少系统的虚警率。车况探测系统检测本车的速度、加速度和其他状态信息，并送往防碰撞判断系统。

2. 防碰撞判断系统

防碰撞判断系统 由目标识别与跟踪系统和危险估计系统组成。目标识别与跟踪系统根据毫米波雷达、激光雷达、CCD摄像机等传感器的信息，经融合处理后，识别出处在本车行驶方向前方的目标，并估计距本车最近且有可能影响本车行驶安全的车辆或障碍物的距离和相对速度，然后将此信号传送给危险估计系统。危险估计系统根据路面状况（湿/干）、本车的状况（如车速、转向角及横向摆动速率）、距前车的距离和相对速度以及司机的反应状况，计算出"临界车间距离"，并将实际测量的车间距离与临界车间距离进行比较。在临界车间距离非常接近实际测量的车间距离的某一时刻，报警器发出警告信号。当临界车间距离等于或小于实际测量的车间距离时，自动启动制动控制系统。

3. 执行系统

执行系统包括声光报警和制动系统，执行来自危险估计系统的命令，或者以声光的形式提醒驾驶者注意可能的危险，或者直接控制车辆的操作，调节油门开度或启动制动系统等。

11.4.3 自适应巡航控制系统的关键技术

1. 雷达的性能

雷达的功能是测量和确定相对车距、相对车速、相对方位角等信息，其性能的优劣直接关系到ACC系统性能的好坏。当前应用到ACC系统上的雷达主要有单脉冲雷达、微波雷达、激光雷达以及红外探测雷达等。单脉冲雷达和微波雷达是全天候雷达，可以适用各种天气情况，具有探测距离远、探测角度范围大、跟踪目标多等优点。激光雷达对工作环境的要求较高，对天气变化比较敏感，在雨雪天、风沙天等恶劣天气探测效果不理想，探测范围有限，跟踪目标较少，但其最大的优点在于探测精度比较高，价格低，易于控制和进行二次开发。红外线探测在恶劣天气条件下性能不稳定，探测距离较短，但价格便宜。无论使用何种类型的雷达，确保雷达信号处理的实时性是要首先考虑的问题。

2. 目标车辆的识别和跟踪

雷达只能将它所探测到的物体信息传递给ACC的数据处理单元ECU，ECU要根据传来的信息进行识别，从中确定一主目标用作ACC控制中的参照物，依据两者间的相对运动及距离控制主车的行驶速度。主目标是可变的，不同厂商开发的ACC系统对主目标的选取模式是不同的，一般ACC系统将与主车间距离最近的车辆视为主目标，而有些系统则将与主车位于同一车道上距离最近的车辆视为主目标。ACC系统不但要确定主目标，而且还应该能够对其进行跟踪，无论是弯道还是上下坡道都要保证主目标的一致性，以减少系统的误报率。对主目标进行跟踪的另外一个好处就是可以根据主目标的运行情况来预测出主车在未来时间内运行状态。例如，主车现沿直道行驶而此时主目标车辆已进入弯道，由于ACC系统可对主目标进行跟踪，故不会将正前方的护栏或旁车道上的车辆视为主目标，从而避免了误报的产生；同时主车根据主目标的运行轨迹判断出前方是弯道路况，可以使主车提前做好减速转向的准备。目前，ACC系统对目标的识别与判定技术已经有了很大进展，但对主目标的跟踪技术以及ACC系统与习惯性驾驶之间的矛盾等问题还有待解决。

11.4.4 当前存在的问题

ACC系统当前首先要解决的问题是减少误报率，其次就是要依靠车辆的制动系统实现车辆的主动控制。由于车辆在道路中行驶状况十分复杂，使ACC系统对主目标的识别十分困难，误报率很高。当前为了解决这一问题所采取的措施包括在车辆前部加装一个红外成像系统，将所成的平面图像提供给驾驶员进行参考以及记录车辆在每一时刻相对于主车的位置，对车辆进行实时跟踪、预测。现在对目标车辆的跟踪研究还只局限于一维的水平上。ACC通过雷达只能进行水平方向上的弯道跟踪或竖直方向上的上、下坡道跟踪。日本丰田公司[15]开发的ACC系统，通过将激光雷达扫描回来的图像在竖直方向上进行分割，初步实现了对目标车辆上下坡道的判别与跟踪。Bosch公司正在研制的ACC系统，利用微波雷达来探测、记录目标车辆的位置，再利用这些位置信息分析和判断目标车辆的行驶路线，目前这项研究还只限于对水平弯道的识别[16]。虽然这两项研究取得了一定的成果，但离实际应用还有一段距离。ACC系统对车辆速度的调节主要是通过控制发动机气门开度和自动降低挡位来实现的。但是由于节气门和换挡调节在时间上有一定的滞后，当主车前方有车辆并入或有其他紧急情况发生时，这样的速度调节不足以为驾驶员提供充足的第一反应时间，因此，ACC系统应该与车辆的制动系统直接相连，具有主动制动功能。

11.5 基于证据推理的多传感器信息融合的道路车辆跟踪

11.5.1 引言

准确地跟踪车前多个车辆(目标)的状态，及时估计行车的危险程度，是车辆行驶辅助安全系统的一个主要任务。利用车载传感器如毫米波雷达、激光雷达等对车前目标跟踪时，需要将已知的目标与新测目标进行关联，即将已知目标与新测(感知)目标进行匹配，一般是利用马氏距离进行判断，但通常会存在一定的不确定性，如同时有多个可能的关联对象(矛盾状态)，或者目标出现或目标消失等，如何妥善处理这种不确定性，是目标跟踪系统的主要任务和难点。

近年来，Dempster 证据理论作为一种不确定性推理方法，正在受到越来越多的关注，证据理论是目前用于信息融合的主要方法之一，在已经公开的美国国防部的研究报告中也发现了采用证据理论方法进行特征级融合的系统。证据推理方法的研究和应用主要在一般目标的识别，有些工作也探讨了将证据推理方法用于跟踪移动目标的可行性，如 Chao 等[17-18]利用证据理论开发了基于知识的移动目标检测器，可以区分雷达信号中的特征参数；Puente[19]则比较了 Bayes 方法和证据推理方法在机器人碰撞及危险检测中的应用。这不仅是因为证据理论比传统概率论能更好地把握问题的未知性和不确定性，还因为证据理论不需要使用先验信息，提供了一个非常有用的合成公式，使我们能融合多个证据源提供的证据。

在目标跟踪领域，证据理论在目标状态的一致性估计[20]、多属性数据关联[21]、移动机器人多传感器数据融合[22]等领域得到了一定的应用，并取得了一定的效果。尽管证据推理方法具有比 Bayes 方法明显的优点，但是证据推理方法在交通系统中的应用则是始于 Harris 和 Read[23-24]在自主车辆导航中的研究，这些自主车辆利用集成智能传感器确定车辆的状态和外部行驶环境的状态。在车辆安全方面，Rombaut 和 Gruyer 等[25-27]利用证据理论和模糊逻辑对各种传感器的数据进行处理，重构智能车辆的动态环境，以便扩展目标跟踪的时域特性，提高了环境感知的可靠性。

为了有效地处理车载传感器数据的不精确性和不确定性，将证据决策理论用于道路车辆多目标跟踪中的数据关联过程，通过计算量测与已知目标之间的信度值的大小，根据信度函数最大的原则确定量测与航迹之间的关系，以提高数据关联的效率，信度函数值能使我们量化目标跟踪问题中的可靠性和可信度。同时，这种方法还能有效地处理目标的消失和新航迹的生成问题（即该方法能同时实现航迹管理和量测与航迹之间的分配）。针对在关联数据结构下，使用证据理论融合信息时，计算量随着量测维数的增大和递推步数的增加而以指数形式增长，易出现计算组合爆炸的问题，通过设置一定的限制条件而有效地控制了计算量的增加。

11.5.2 车载传感器数据关联的证据理论实现

1. 框架的定义

为了利用证据理论解决数据关联问题，首先必须建立辨识框架 Θ，框架的建立没有一定的规矩，Shafer 曾指出：在证据理论中，Θ 的选取依赖于我们的知识，依赖于我们的认识水平，依赖于我们所知道的和想要知道的。

辨识框架一般由一组穷举的对象组成，对象之间互不相容（$H_i \cap H_j = \varnothing, \forall i \neq j$），且为有限个（$H_j \in \Theta$），即 $\Theta=\{H_1, H_2, \cdots, H_n\}, n \in \mathbb{N}$。在不同的处理框架内，辨识框架有不同的表示方法，可以得到不同的结果。目前的应用主要集中在闭环境（closed world）和开环境（open world）两个框架内进行处理。

（1）闭环境框架内的处理。

在闭环境框架内，辨识框架由所有可以预知的命题（或假设）构成，如图 11-5-1(a)所示，要识别的目标等就是框架的假设之一，闭环境的内容是已知的，保证了辨识框架的穷举(exhaustive)特性。目前大多数的应用都在闭环境上进行,即要识别的目标类型等都是已知的,是固定不变的。但是,这种处理方式也存在不足,当有预先不知道的目标或状态出现时,就会出现问题,从而导致决策错误,即这种方式只能处理命题或假设已知的状况,不适应有新命题或新假设存在的场合。

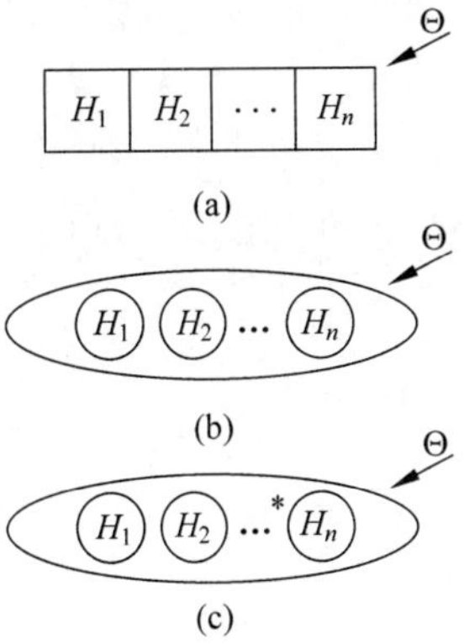

图 11-5-1 框架的建立

(2) 开环境框架内的处理。

为了克服闭环境框架处理的不足,Smets 提出了开环境处理的概念,如图 11-5-1(b)所示,此时,辨识框架由所有可能的假设(命题)组成,它们满足两两互斥的条件,但不一定满足穷举的条件。当有新的目标或状态出现时,利用分配给空集$\varnothing$的 mass 函数来表示专家对识别这种目标或状态等的无能。在这种框架内,不需要进行归一化处理,并且分配给空集$\varnothing$的 mass 函数一直保留到合成结束。

分配在$\varnothing$上的 mass 函数的值表示了一个广义的冲突,它可能是错误的识别模型或错误的专家(例如由于测量所引起的误差等),空集$\varnothing$可以看作是一个要求解问题的可能解,但是具有一定的含糊性。

(3) 扩展开环境内的处理。

闭环境框架是基于辨识框架,是穷举的约束条件所建立的,这种约束对于一大类问题是过强的,这些问题包括数据融合、目标跟踪、目标分类等;虽然这些问题可以在开环境框架内得到部分的解决,即根据分配给空集$\varnothing$的 mass 函数可以得到部分解,但是根据分配给空集的 mass 函数值无法区别是真正的冲突还是有新假设产生。

在目标跟踪、数据关联、目标分类等过程中,目标的数目和类型等是不确定的,为了能够利用证据理论解决这类问题,我们在开环境框架和闭环境框架的基础上,引入了一个新的框架,即扩展开环境框架。在扩展开环境框架内,引入了一个假设“$*$”,而“$*$”表示没有在辨识框架内建模的所有假设(即除已知假设以外的其他假设),结构如图 11-5-1(c)所示。在这种情况下,辨识框架始终保证是穷举的,但是假设“$*$”允许考虑其他类型的目标或状态,分配给空集$\varnothing$的 mass 函数与在闭环境框架的作用类似,真正表示专家之间的冲突,这种冲突来自每个专家的初始 mass 函数分配。

尽管各个专家不能直接给出假设“$*$”上的 mass 函数。但是,根据关系式 $m(*)=m(\overline{H}_1\cap\overline{H}_2\cap\cdots\cap\overline{H}_n)$可以综合各个专家的意见,得到关于假设“$*$”的 mass 函数。即这种处理方法可以得到关于新目标或新状态的 mass 函数,从而为处理目标数目变化的情况提供可能。

2. 辨识框架的建立

证据理论方法进行多源信息处理时的一个重要缺陷就是组合爆炸问题,当多个数据源关联时,随着量测维数的增大和递推步数的增加,需要大量的组合计算,从而导致计算量的剧增,为了在数据关联中避免这种现象的产生,提高算法的实时性,引入一个限制条件,即在某一时刻,一个量测只能与一个且最多与一个航迹(已知目标)相关联;并且一个已知目标也最多只能与一个量测(新测目标)相关联。这样就可以有效地控制计算量的大小,防止组合爆炸现象的产生。识别框架的建立原则如下:

假设在某个时刻,检测到车前有一个目标,为了将它与已知的三个目标相关联,定义识别框架为 $\Theta=\{Y_1,Y_2,Y_3,*\}$,其中 Y_j 表示"量测 X 源于目标 j",同时,为了保证空间的完备性,增加一个假设"$*$",表示没有量测与已知的任何目标关联。其可能的状态有

$$2^{\Theta}=\left\{\begin{matrix}\varnothing,*,Y_1,Y_2,Y_3,Y_1\cup Y_2,Y_1\cup Y_3,Y_2\cup Y_3,Y_1\cup Y_2\cup Y_3\\ Y_1\cup *,Y_2\cup *,Y_3\cup *,Y_1\cup Y_2\cup *,Y_1\cup Y_3\cup *,Y_2\cup Y_3\cup *,\Theta\end{matrix}\right\} \tag{11-5-1}$$

$$2^{\Theta}=\left\{\begin{matrix}\varnothing,*,Y_1,Y_2,Y_3,\bar{Y}_1,\bar{Y}_2,\bar{Y}_3,Y_1\cup Y_2,Y_2\cup Y_3\\ Y_1\cup Y_3,Y_1\cup Y_2\cup Y_3,Y_1\cup *,Y_2\cup *,Y_3\cup *,\Theta\end{matrix}\right\} \tag{11-5-2}$$

mass 函数的定义为

$m_{i,j}(Y_j)$表示命题"量测 X_i 源于目标 j"的 mass 函数;

$m_{i,j}(\bar{Y}_j)$表示命题"量测 X_i 不源于目标 j"的 mass 函数;

$m_{i,j}(\Theta)$表示命题"不知道量测 X_i 是否源于目标 j"的 mass 函数;

$m_{i,.}(*)$表示命题"量测 X_i 不与任何已知目标有关系"的 mass 函数。

在上述关系式中,第一个下标 i 表示量测(新测目标),第二个下标 j 表示已知的目标,"."表示所有的已知目标或所有的新测目标。

量测 i 与目标 j 之间可以确定的 mass 函数分别是 $m_{i,j}(Y_j)$,$m_{i,j}(\bar{Y}_j)$,$m_{i,j}(\Theta)$,且满足条件

$$m_{i,j}(Y_j)+m_{i,j}(\bar{Y}_j)+m_{i,j}(\Theta)=1 \tag{11-5-3}$$

即量测 i 源于目标 j,不源于目标 j,以及不能确定它们之间关系的 mass 函数之和为 1,这也与人们一般对问题的认识相同。

3. 公式描述

如果 Bel_1 和 Bel_2 是同一识别框架 Θ 上的两个信度函数,m_1 和 m_2 分别是其对应的基本可信度分配(mass 函数),那么根据 mass 函数合成的 Dempster 法则,利用递阶合成的方式,就可以得到 N 个证据源合成时的结果。设

$$\Theta=\{Y_1,Y_2,Y_3,\cdots,Y_n,*\} \tag{11-5-4}$$

则经过归一化后的各项表达式为

$$\tilde{m}_{i,.}(Y_j)=K_{i,.}\,m_{i,j}(Y_j)\prod_{k=1,\cdots,n-1}[1-m_{i,k}(Y_k)] \tag{11-5-5}$$

$$\tilde{m}_{i,.}(*)=K_{i,.}\prod_{j=1,\cdots,n}m_{i,j}(\bar{Y}_j) \tag{11-5-6}$$

$$\tilde{m}_{i,.}(\Theta)=K_{i,.}\left\{\prod_{j=1,\cdots,n}[1-m_{i,k}(Y_k)]-\prod_{j=1,\cdots,n}m_{i,j}(\bar{Y}_j)\right\} \tag{11-5-7}$$

归一化系数为

$$K_{i,.}=\frac{1}{\prod\limits_{j=1,\cdots,n}[1-m_{i,j}(Y_j)]\left[1+\sum\limits_{j=1}^{n}\frac{m_{i,j}(Y_j)}{1-m_{i,j}(Y_j)}\right]} \tag{11-5-8}$$

此外，量测与航迹的关联也可以看作是航迹与量测的关联，即是一个双向的过程，为了提高关联的可靠性，有必要充分利用证据所提供的各种信息进行决策，所以可以将量测与航迹之间的关系互换，再进行一次合成计算，以提高决策的可靠性。

这样，就可以得到另外一组关系式($m_{i,j}(X_i)$根据$m_{i,j}(Y_j)$得到)为

$$\tilde{m}_{\cdot,j}(X_i)=K_{\cdot,j}m_{i,j}(X_i)\prod_{\substack{k=1,\cdots,n\\k\neq i}}[1-m_{i,k}(X_k)] \tag{11-5-9}$$

$$\tilde{m}_{\cdot,j}(*)=K_{\cdot,j}\prod_{i=1,\cdots,n}m_{i,j}(\bar{X}_i) \tag{11-5-10}$$

$$\tilde{m}_{\cdot,j}(\Theta)=K_{\cdot,j}\prod_{i=1,\cdots,n}[1-m_{i,k}(X_k)]-\prod_{i=1,\cdots,n}m_{i,j}(\bar{X}_i) \tag{11-5-11}$$

经过两次合成可以得到两个矩阵，再通过对应证据的结合，得到最终的决策矩阵，然后根据决策规则，就可以可靠地确定量测与航迹之间的关系。

4. 数据产生

基于证据合成数据关联方法的一个难点就是初始证据的产生，即基本可信度(mass函数)的产生。Shafer也曾指出：在证据理论中，证据指的不是实证据，而是我们的经验和知识的一部分，是我们对该问题所做的观察和研究的结果。为了利用证据理论解决目标匹配(数据关联)问题，得到需要的mass函数，我们采取两步实现的方法，首先计算已知目标(预测值)与新测目标之间的相似度指数$\mathfrak{I}$，通过变换得到一个虚拟距离量，然后根据选定的函数模型，得到有关的基本可信度函数(mass函数)。

希望mass函数的值在[0,1]，并且0对应两个目标不完全相似，1对应两个目标完全相同的状况，同时考虑信息源的可靠性，得到如下的计算公式：

$$d_{i,j}=\pi\cdot\mathfrak{I}/2 \tag{11-5-12}$$

$$m_{i,j}(Y_j)=\alpha_0\cdot\sin(d_{i,j}) \tag{11-5-13}$$

$$m_{i,j}(\bar{Y}_j)=\alpha_0(1-\sin(d_{i,j})) \tag{11-5-14}$$

$$m_{i,j}(\Theta_{i,j})=1-\alpha_0 \tag{11-5-15}$$

其中，$d_{i,j}$是相似性的距离(距离取决于估计与预估的模型)表示，利用它将相似度指数与mass函数的生成模型相联系，系数α_0表示传感器信息的可靠性。

$m_{i,j}(Y_j)$表示量测目标i与已知目标j之间一致的程度，$m_{i,j}(\bar{Y}_j)$表示量测目标i与已知目标j之间不一致的程度，$m_{i,j}(\Theta_{i,j})$则表示不知道量测目标i与已知目标j之间是否一致的程度，即所产生的mass函数具有信度函数的特性，并且反映了辨识框架内每个假设的初始信度。根据上述定义可以确定第i个新测目标(量测)X_i与c个已知目标之间的mass函数。

5. 计算步骤

根据上述思路，给出利用证据合成方法实现数据关联的步骤如下：

(1) 根据给定的概率密度函数，计算量测向量$\boldsymbol{X}$与航迹向量$\boldsymbol{Y}$之间的信度矩阵$\boldsymbol{M}_{i,\cdot}^{cr}$。

（2）根据给定的概率密度函数，计算航迹向量 $\boldsymbol{Y}$ 与量测向量 $\boldsymbol{X}$ 之间的信度矩阵 $\boldsymbol{M}_{\cdot,j}^{cr}$。

（3）确定决策阵 $\boldsymbol{M}_{i,j}^{cr}$，量测向量 $\boldsymbol{X}$ 与航迹向量 $\boldsymbol{Y}$ 的关联，也可以看作是航迹向量 $\boldsymbol{Y}$ 与量测向量 $\boldsymbol{X}$ 的关联，矩阵 $\boldsymbol{M}_{i,\cdot}^{cr}$ 和 $\boldsymbol{M}_{\cdot,j}^{cr}$ 分别描述航迹（已知目标）$\boldsymbol{Y}$ 与量测 $\boldsymbol{X}$（感知目标）之间的关系（隶属度），只有当两个矩阵的决策一致时，则决策有效，否则，决策无效。所以根据这两个矩阵，可以得到决策阵 $\boldsymbol{M}_{i,j}^{cr}$。

（4）作出决策，根据一定的决策规则，确定与已知目标关联的新测目标或与新测目标相关联的已知目标。

11.5.3 仿真示例

为了检验证据合成关联方法的动态性能，将这种方法用于跟踪己车前方四个匀速运动的目标，利用 Monte Carlo 仿真验证该方法的有效性，同时与常用的两种数据关联方法，即最近邻方法和简化 JPDA 方法的性能进行比较。

1. 指标定义

分别利用均方根误差和时间均值误差来评价方法的有效性，前者是空间意义下的误差，后者是时间意义下的误差。均方根（RMS）误差的定义为

$$e(k)=\sqrt{\frac{1}{M}\sum_{j=1}^{M}\left[\tilde{x}_{k|k}^{\mathrm{T}}(j)\tilde{x}_{k|k}(j)\right]} \tag{11-5-16}$$

其中 $\tilde{x}_{k|k}(j)$ 表示第 j 次运行时 k 时刻的跟踪误差；$M=50$ 是 Monte Carlo 运行的次数。而时间平均误差的定义（N 是采样的点数）为

$$T_t=\frac{1}{N}\sum_{k=1}^{N}e(k) \tag{11-5-17}$$

同时，为了与最近邻方法进行比较，又定义了一个指标，即正确关联率，它是在一次关联过程中，正确关联的目标数与总目标数的比值。数学关系式为

$$P=\frac{1}{M}\sum_{j=1}^{M}p(j) \tag{11-5-18}$$

其中，$p(j)$ 表示第 j 次运行时 k 时刻的正确关联率，$M=50$ 是 Monte-Carlo 运行的次数。

2. 证据合成方法与最近邻（NN）方法的比较

（1）证据合成方法与最近邻方法的跟踪结果比较。

图 11-5-2 是当距离测量方差为 $\sigma^2=0.5\mathrm{m}^2$，且在每个采样时刻有四个杂波信号时，分别用证据合成方法和最近邻方法跟踪车前四个目标得到的位置误差和速度误差，从这个结果可以知道，相同情况下证据方法的跟踪效果要优于最近邻方法的跟踪效果。

不同杂波环境下，两种方法的结果比较过程如下。图 11-5-3 分别是杂波数分别为 0、1、2、3 和 4 时两种方法的正确关联率。从这 5 个图可以知道，最近邻方法的跟踪效果与杂波密度有很大的关系，杂波密度小，则关联效果好，杂波密度大，则关联性能变差。但是，证据合成方法的关联效果受杂波密度的影响很小，杂波密度变化时，其正确关联率几

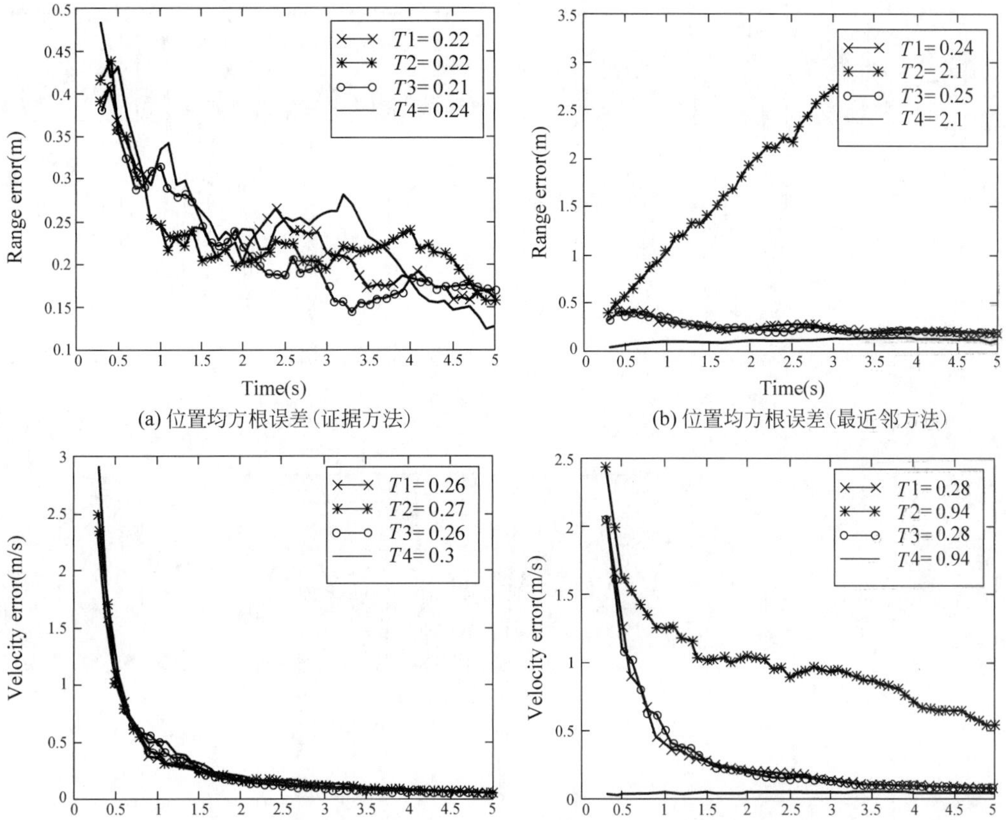

(a) 位置均方根误差(证据方法)　(b) 位置均方根误差(最近邻方法)

(c) 速度均方根误差(证据方法)　(d) 速度均方根误差(最近邻方法)

图 11-5-2　证据合成方法与最近邻方法的跟踪结果比较

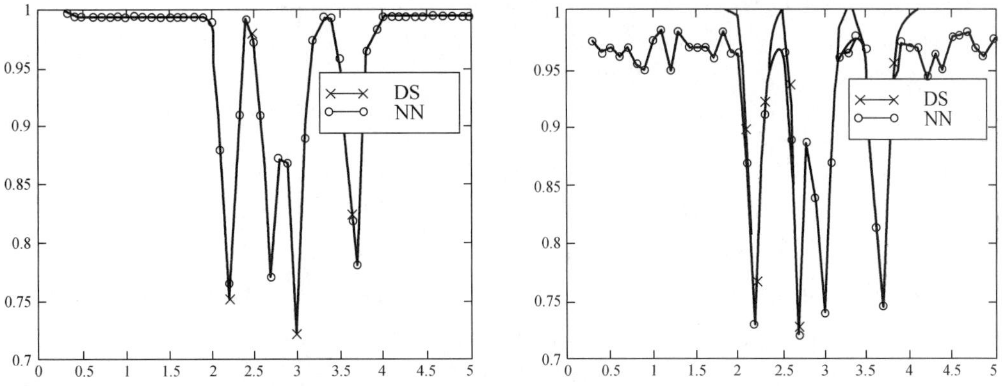

(a) 杂波数目为0　(b) 杂波数目为1

图 11-5-3　不同杂波下两种方法的比较

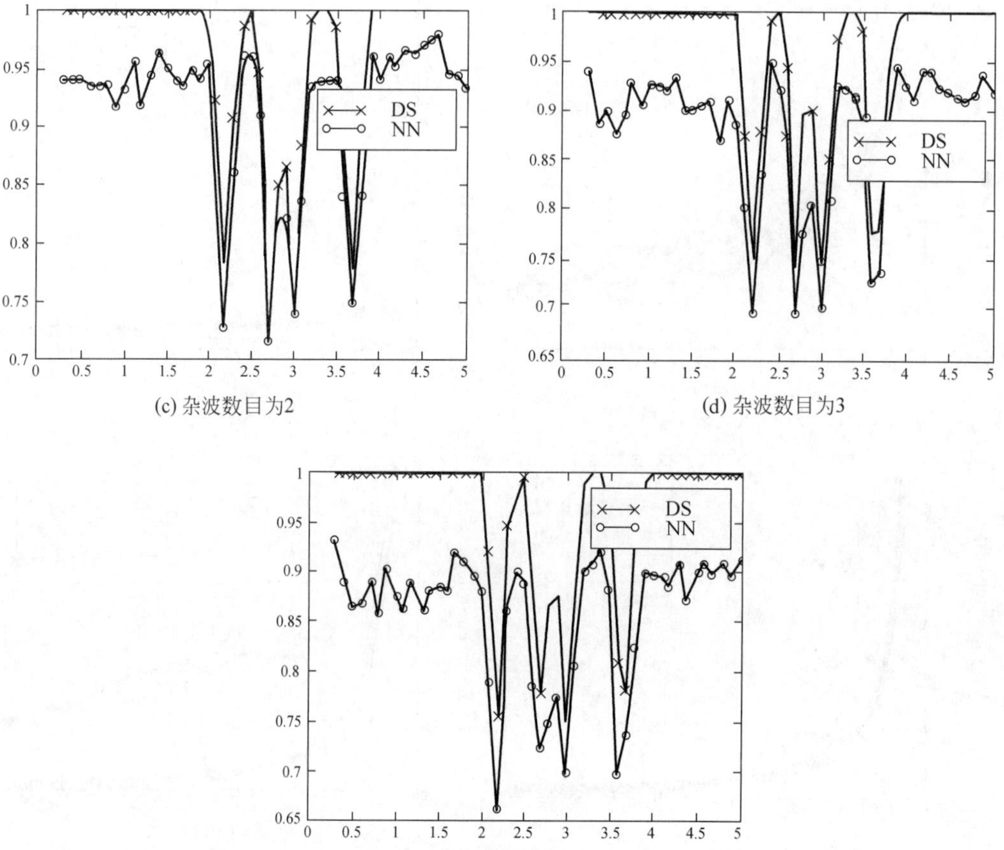

(c) 杂波数目为2

(d) 杂波数目为3

(e) 杂波数目为4

图 11-5-3 （续）

乎保持不变，这说明，证据合成方法具有很强的适应能力。

不同量测方差下，两种方法的结果比较过程如下。量测方差变化时，跟踪性能也要受到影响，为了验证不同方法对量测方差的适应状况，在图 11-5-4 中进行了比较。

从图 11-5-4 中可以知道，当传感器的量测方差增加时，证据方法和最近邻方法的跟踪效果都会变差，但是，在相同情况下，证据方法的效果总要优于最近邻方法的效果。

(2) 不同杂波情况下证据合成方法的跟踪误差比较。

从图 11-5-5 可以知道，当杂波数目变化时，利用证据合成方法跟踪的位置误差和速度误差基本没有变化，即证据合成方法的跟踪效果基本上不受杂波数目的影响，这个结果也与图 11-5-3 的结果一致，表明证据合成方法有比较强的拟制杂波的能力。

该仿真示例说明，在不同的应用环境中，需要根据实际试验结果选择合理有效的方法，而不能简单地套用现有方法。

“实践是检验真理的唯一标准”这句话的确具有普适性。

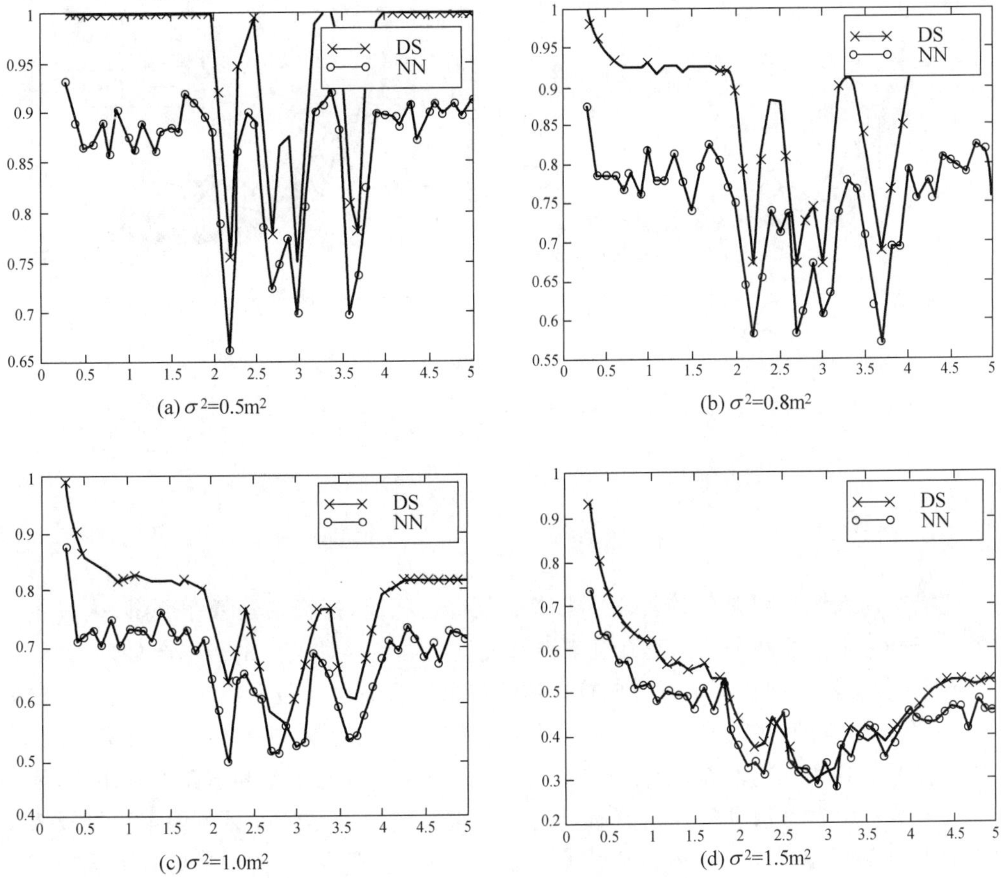

(a) σ^2=0.5m²　(b) σ^2=0.8m²

(c) σ^2=1.0m²　(d) σ^2=1.5m²

图 11-5-4　不同测量方差的比较

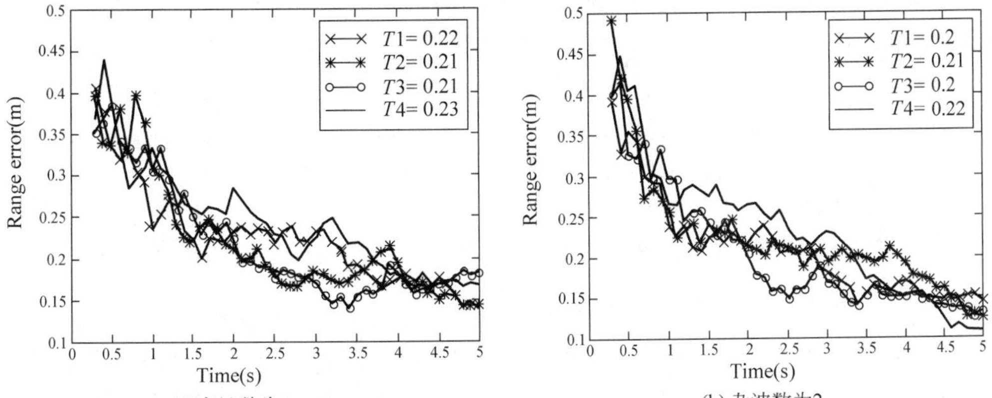

(a) 杂波数为1　(b) 杂波数为2

图 11-5-5　不同杂波数时的位置误差

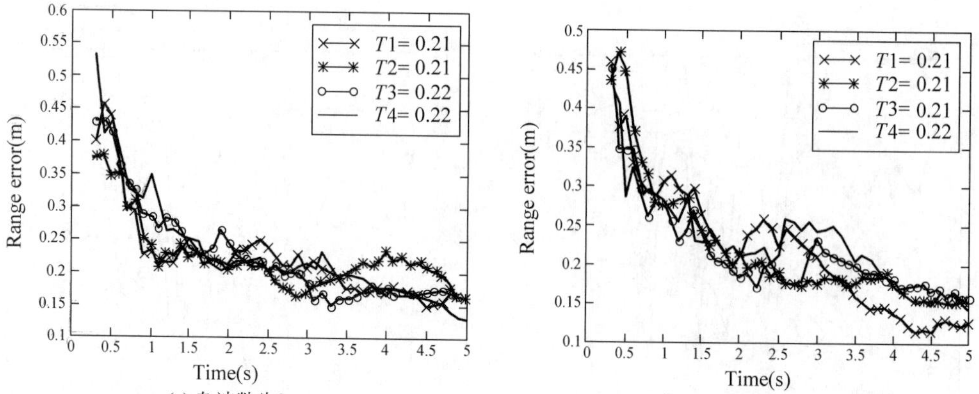

(c) 杂波数为3

(d) 杂波数为4

图 11-5-5 （续）

11.6 小结

智能交通系统与智能车辆系统是未来改善交通状况，提高交通效率，保障人民生命和财产安全的重要途径。这两类系统都涉及大量同类和异类信息的传输与处理，如何根据这些系统的特点，把在军事领域比较成熟的信息融合方法与技术应用到交通信息的处理，在现有交通基础设施的基础上，通过引入传感器技术、通信与网络技术、计算机技术，特别是多源信息融合技术等，改善交通条件，提高交通出行的效率和道路的利用率，增加道路的安全性。这是信息融合当前研究的一个重要方向。尽管世界各国都已经投入了大量的人力、物力和财力，开展了许多卓有成效的研究，但是由于智能交通系统的复杂性，目前还没有比较成熟和实用的信息融合技术和方法，因此，有必要在这个方向继续努力，探索适用于智能车辆和智能交通系统信息融合的方法。

参考文献

[1] Bishop R. A survey of intelligent vehicle application worldwide[C]//Proceedings of the IEEE intelligent vehicles symposium 2000, dearborn, USA, 2000: 25-30.

[2] Yi K, Woo M, Kim S H, et al. An experimental investigation of a CW/CA system for automobiles using hardware-in-the-loop simulation[C]//Proceedings of the American control conference, San Diego, 1999: 724-728.

[3] Kreucher C, Lakshmanan S. LANA: A Lane Extraction Algorithm that Uses Frequency Domain Features[J]. IEEE Transactions on Robotics and Automation, 1999, 15 (2): 343-350.

[4] Lakshmanan S, Kluge K. LOIS: A real-time lane detection algorithm[C]//Proc. 30th Annual Conf. Information. Science. System, 1996: 1007-1012.

[5] Beauvais M, Lakshmanan S. CLARK: a heterogeneous sensor fusion method for finding lanes and obstacles[J]. Image and Vision Computing, 2000, 18: 397-413.

[6] Caveney D, Feldman B, Hedrick J K. Comprehensive framework for multisensor Multitarget tracking in the adaptive cruise control environment[J]. International Symposium on Advanced

Vehicle Control,2002, 432-438.

[7] Kendrick J D. Estimation of aircraft target motion using orientation measurements[J]. IEEE Trans. 1981,17(2): 254-259.

[8] 丁赤飚,毛士艺. 基于雷达和成像传感器的融合跟踪[J]. 电子学报,1998,26(9): 134-138.

[9] Zador P L,Krawchuk S A,Voas R B. Automotive Collision Avoidance System (ACAS) Program, [EB/OL]. (1998-05-10)[2016-09-10]. http://www. ece. eng. wayne. edu.

[10] Carrea P,Saroldi A. Integration between anti-collision and ACC functions. The ALERT project [C]//IEEE intelligent vehicles symposium,Tokyo,Japan,1993: 115-128.

[11] 邓泽英. 目标监测系统及其在商用汽车上的应用[J]. 商用汽车,1999(4): 45-46.

[12] Miyakoshi H, Furui N, et al. Development of adaptive cruise control system[J]. TOYOTA technical review,1999,48(2): 256-262.

[13] Lijima T, Higashimata A, et al. Development of an adaptive cruise control system with brake actuation[J]. SAE,2001: 1347-1353.

[14] Higashimata A, Adachi K, et al. Design of a headway distance control system for ACC[J]. JSAE,2001: 2001-2003.

[15] Takahashi A,Asanuma N. Introduction of HONDA ASV-2 (Advanced safety vehicle-phase 2) [C]//Proceedings of the IEEE intelligent vehicles symposium 2000, dearborm, USA, 2000: 694-701.

[16] Hoffmann U, Rieder A, Dickmanns E D. EMS-vision: application to hybrid adaptive cruise control[C]//Proceedings of IEEE Intelligent Vehicles Symposium 2000,Dearborn(MI), USA, 2000: 468-473.

[17] Chao J J. Knowledge-based Moving Target Detector. ISNCR-89. Noise and Clutter Rejection in Radars and Imaging Sensors[C]//Proceedings of the Second International Symposium. 14-16 Nov. 1989: Kyoto,Japan. Inst. Electron. Inf. Commun,1990,520-525.

[18] Chao J J,Cheng C M,Su C C. A Moving Target Detector Based on Information Fusion. Record of the IEEE 1990 International Radar Conference, 7-10 May 1990. Arlington, VA: IEEE, 1990: 341-344.

[19] Puente E A,Moreno L,Salichs M A,Gachet D. Analysis of Data Fusion Methods in Certainty Grids: Application to Collision Danger Monitoring [C]//Proceedings of 1991 International Conference on Industrial Electronics,Control and Instrumentation. Kobe,Japan: IEEE,1991,2: 1133-1137.

[20] Rombaut M,Loriette-Rougegrez S,Nigro J M. Temporal sequence recognition using uncertain sensor data[C]//ISIF 2000,2000,Web5,19-25.

[21] Gruyer D,Berge-Cherfaoui V. Decision making in data fusion using Dempster-Shafer's theory [C]//3th IFAC Symposium on Intelligent Components and Instrumentation for Control Applications, France, 1997,478-484.

[22] Gruyer D,Berge-Cherfaoui V. Multi-sensor fusion approach for driver assistance systems[C]// IEEE international workshop on Robot & Human Interactive Communication,2001,479-485.

[23] Harris C J. Distributed Estimation, Inferencing and Multi-sensor Data Fusion for Real Time Supervisory Control. Artificial Intelligence in Real-Time Control 1989[C]//Proceedings of the IFAC Workshop. 19-21: Shenyang: China,1989. 345-351.

[24] Harris C J, Read A B. Knowledge-based Fuzzy Motion Control of Autonomous Vehicles. Artificial Intelligence in Real-Time Control[C]//Proceedings of the IFAC Workshop, 21-23. Swansea, UK,1988: 139-144.

[25] Gruyer D,Berge-Cherfaoui V. Matching and decision for vehicle tracking in road situation[C]//

Proc. Of IEEE/RSJ,1999: 29-34.

[26] Gruyer D, Berge-Cherfaoui V. Increasing sensor data reliability by using of a fuzzy estimator predictor[C]//AVCS'98, Amiens, France, 1998: 2852-2858.

[27] Rombaut M. Decision in multi-obstacle matching process using theory of belief[C]//AVCS'98, Amiens, France, 1998: 471-478.

[28] Shafer G, Logan R. Implementing Dempster's rule for hierarchical evidence[J]. Artif. Intell. 1987, 33(3): 271-298.

[29] Bolger P L. Shafer-Dempster reasoning with applications to multisensor target identification systems[J]. IEEE Trans. Syst., Man, Cyber, 1987, SMC-17: 968-977.

[30] 党宏社，韩崇昭，段战胜. 道路条件下车辆跟踪的多目标数据关联与决策[J]. 控制与决策，2004, 19(1): 92-95.

[31] Dang H, Han C, Gruyer D. Combining of IMM filtering and DS data association for multitarget tracking[C]//Proc. of 7th ISIF, June 28-30, 2004: 876-870.

[32] Dang H, Han C, Duan Z. A New Data Association Approach for Automotive Rader Tracking [C]//Proc. of 6th ISIF, 2003, 1384-1388.

[33] Dang H, Han C. Multi-target data association approach for vehicle tracking[C]//Proc. of IEEE 6th ITS, 2003, 379-383.

第12章 态势评估和威胁估计

12.1 前言

一般来说,信息融合是一个逐层抽象理解的过程,首先由底层传感器接收目标及环境信息,完成底层融合,产生较抽象的信息并逐级传往高层,最终到达用户处理层。

通常,数据抽象大致可以分为三个层次,相应地信息融合也大致可以分为三级,即数据级融合、特征级融合和决策级融合。数据级融合是最底层的融合,是直接在采集到的原始数据层上进行的融合。特征级融合属于中间层次,它的对象是较为抽象的特征信息,如类别、特性、图元(边缘或纹理)或底层输出的状态向量等。特征级融合对这些特征信息进行综合分析和处理。

决策级融合是高层的融合概念,是以经验、规则来决定其行为过程的。其主要任务是构造合适的专家系统和知识库,并制定适合决策的融合规则,其结果是为指挥控制决策提供依据和决策支持,用来分析现场态势、支持和辅助决策制定、评估决策以及系统效能等。因此,决策级融合必须从具体决策问题的需求出发,充分利用数据级融合和特征级融合所获取的各类观测对象的各种信息及所处的状态,采用适当的融合技术来实现上述决策融合,特别是态势分析和威胁评估等。决策级融合是三级融合的最终结果,是直接针对具体决策目标的,而融合结果直接影响决策水平。

12.2 决策级融合中的态势评估

一般而言,决策级信息融合包括态势评估、威胁估计和决策制定三个过程,如图 12-2-1 所示。其中态势评估既是决策级融合的第一步,又是决策制定的关键要素。文献[1]提出,决策者绝大多数时候都是基于态势评估作出决策。因而,得到准确、及时的态势评估结果,即态势报告,对最后的决策制定具有重要意义。

12.2.1 态势的概念

关于态势的含义,每个人都可以有自己的理解,但却很难给它下

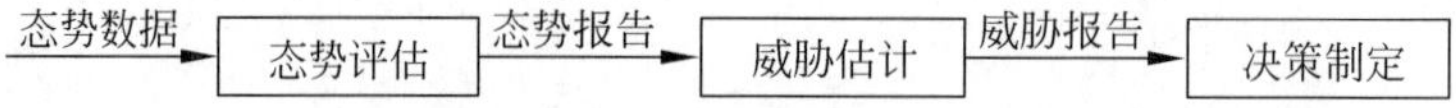

图 12-2-1 决策级融合过程

一个具体的定义。Lambert 给出了一个比较抽象的描述，他认为[2]，“态势从本质上来说就是相关时间-空间事实的集合，这些事实由目标间的关系所组成”。图 12-2-2 描述了组成态势的基本元素，包括环境、实体、事件、组及行动五个方面。在一定环境中存在的某个事物(即实体)，当其性质或状态发生改变的时候，就产生了事件。而每个实体所发生的事件在时间和空间上都存在着某种联系，多个实体和事件按照某种关系组合在一起作为一个单位，就构成了组的概念。在特定环境中，成组或单个的实体将会产生某种行动，而态势就是用来描述这一过程的。显然态势的两个最活跃的元素是实体和事件。

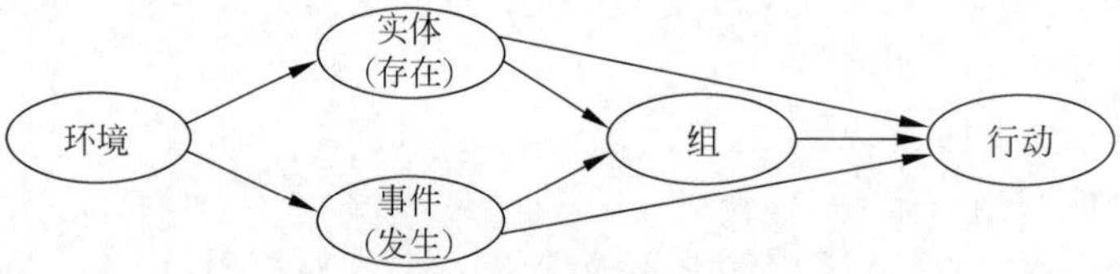

图 12-2-2 态势元素

在实际应用中，为了完成态势评估，必须首先确定态势元素。不同的应用环境，其态势元素的具体内涵可以各不相同，但是其基本构成成分不会改变。例如在空战应用中，空中背景就是整个系统运作的环境，作为实体的参战飞机在指挥命令的引导下，其运动状态发生改变，这就意味着事件的发生。在多机空战的情况下，通常以二到四架飞机为一组，而各组之间，以及组内各成员之间存在某种关系。比如组内可以分为长机和僚机，各组可以三角形或梯形排列进行协同等。所有的参战飞机在指挥员的命令下，共同执行各阶段的任务以达到某种目的，这样整个行动就完成了。

目前，关于态势评估尚无公认的定义。Endsley 把态势评估描述为与环境(过程、状态以及相互关系)所有方面有关用户的智能处理，是决策者内在的理解过程[4-5]，如图 12-2-3 所示。Endsley 还提出了对态势评估的概括定义：态势评估就是在一定的时间和空间，对环境中元素含义的理解，以及对它们未来状态的改变进行预测。

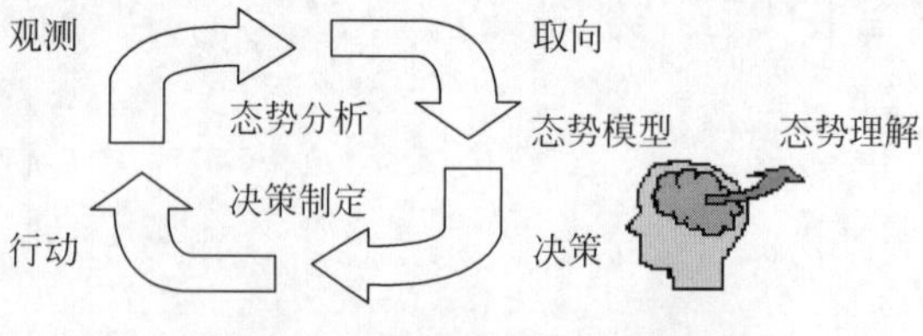

图 12-2-3 态势分析和决策制定

12.2.2 现代战争中的态势评估

从某种意义上来说，现代战争是信息化的战争，敌我双方都会不择手段地破坏对方

的 C^3I 系统的正常工作，以达到控制战场的目的。态势评估不仅可以识别观测到敌方事件和行为的可能态势，而且还能对抗敌方包括伪装、隐蔽和欺骗在内的破坏手段，帮助指挥员作出正确判断。因而，态势评估在现代战争中的重要作用是不言而喻的。

在这里需要指出的是，态势评估和威胁估计同属决策级信息融合，目前尚无公认的定义，在某些领域中会出现概念上的交叉和重叠，有的学者甚至把二者混同起来。实际上，它们在概念上既有联系，也存在着某些差别。另外，在系统的实现中，两者的分界也往往不是十分清楚，很难非常明确地指出执行到某一步是属于态势评估过程，再下一步就属于威胁估计过程。因此，在后面的叙述中，也会常把态势评估和威胁估计问题同时提出。

对于不同的作战平台，相应的态势元素，如环境、实体和事件等也各不相同，因而态势评估的具体内容和功能也随之不同。

下面讨论基于战争环境的态势评估。根据文献[6]，现代战争中的态势评估的描述将包括以下内容。

1. 态势评估的具体要求

态势评估是对战场上战斗力量分配情况的评价过程，指将获得的敌我双方兵力部署、战场环境、地理、气象条件、活动及意图、指挥员特点，甚至包括政治、经济因素在内的与战争有关的全部信息进行综合分析、评估，并最终形成包括红色视图——我方态势，蓝色视图——敌方态势，白色视图——天气、地理及第三方等战场态势在内的综合态势图这一过程。

2. 态势评估过程中需要考虑的具体因素

态势评估处理的是正在发生的，或是以前发生而现在正在继续进行的事件或活动，其重点是关心区域内的行为方式。因此，态势评估涉及诸多因素，如图 12-2-4 所示。

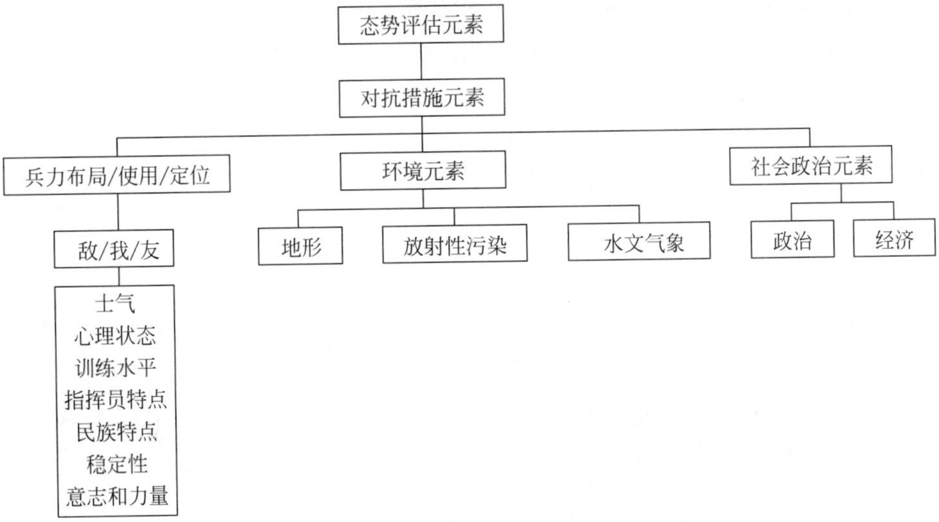

图 12-2-4　态势评估过程需考虑的一些因素

3. 态势评估的功能要求

通过以上简要分析，可以得到态势评估处理的一般功能需求集合，如图 12-2-5 所示。

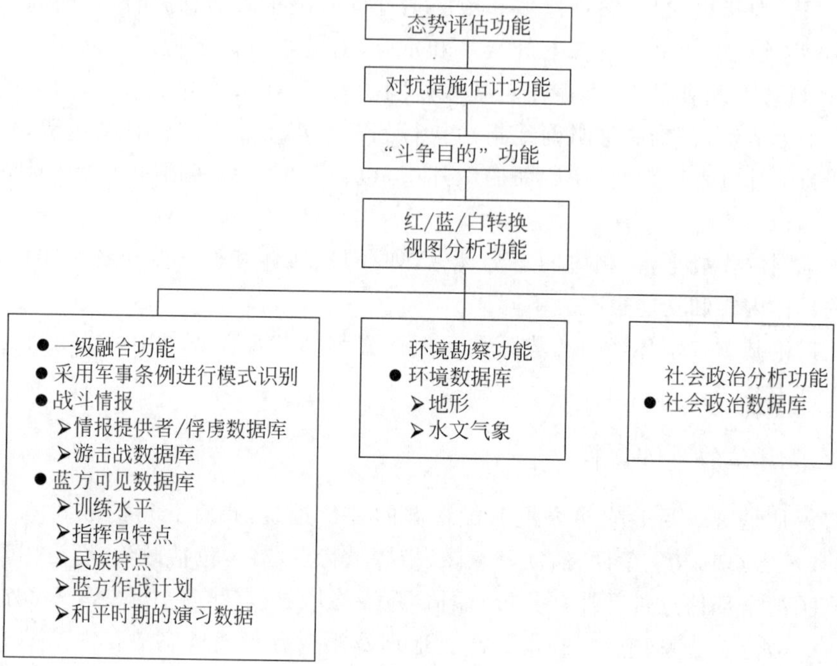

图 12-2-5　态势评估的一般功能

在进行态势抽象以前，首先必须对某些对抗活动进行估计，然后对斗争目的进行估计。对于一个好的态势分析员，应当能够对数据运用"视图转换"概念以导出一个最优的态势看法。这样，就要求态势分析员分别从红（我军）、蓝（敌军）、白（友军）三方的不同立场和观点出发来考察这些数据，然后作出合理的综合。

在理想情况下态势评估处理产生的结果是反映真实的态势，能为预测事件或行动提供依据，从而也为优化传感器管理提供依据。

12.2.3　基于战争环境的威胁估计

1. 威胁估计的概念

威胁估计是在态势评估的基础上，利用产生的多层视图定量地估计威胁的程度。威胁估计也是一个多层视图的处理过程，该处理用我方兵力有效对抗敌方的能力来说明致命性与风险估计。威胁估计也包括对我方薄弱环节的估计，以及通过对技术、军事条令数据库的搜索来确定敌方意图。

2. 威胁估计过程中需要考虑的具体因素

在威胁估计过程中涉及的各种因素非常复杂，包括敌、我、友各方的力量配备，以及各方的意图等。所谓力量配备就是人数的多少、布局等；而意图则包括文件或活动的运动模式、平台模型分析、作战的准备元素、通信情报信息量元素、关键模式分析等，如图 12-2-6 所示。

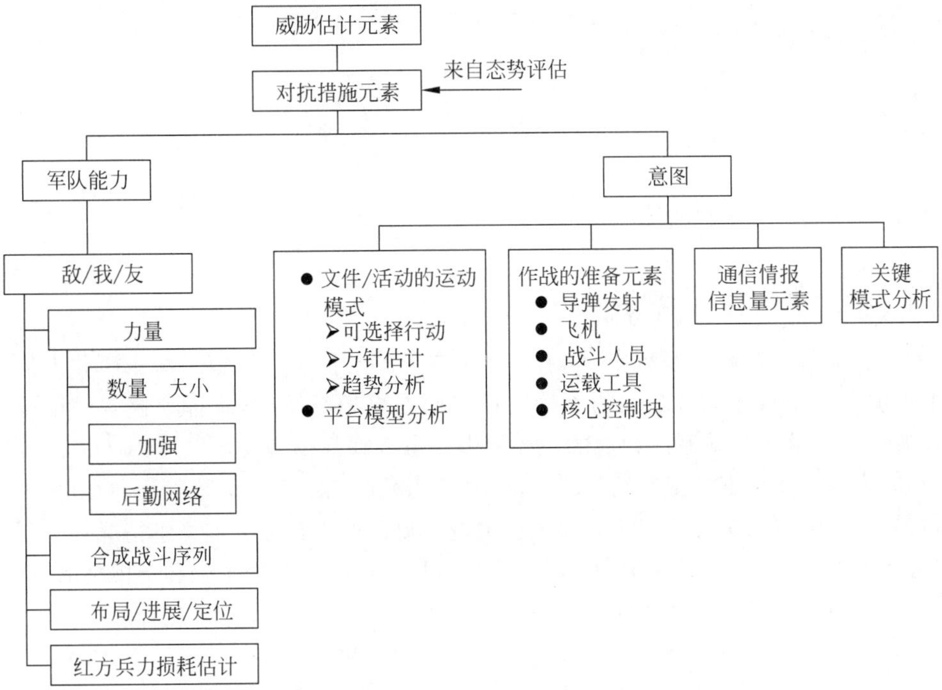

图 12-2-6　威胁估计过程中要考虑的一些因素

3. 威胁估计的功能要求

威胁估计的一般功能需求集合如图 12-2-7 所示。

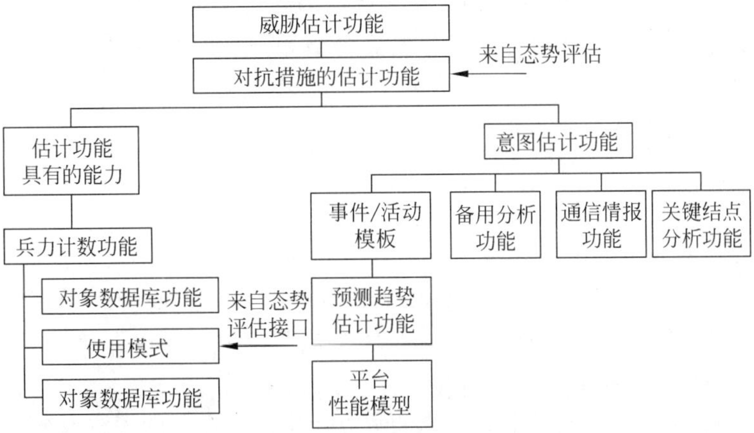

图 12-2-7　威胁估计功能

比较态势评估和威胁估计可以看出，态势评估强调符号推理、模式识别、空间和前后关系的推理，而威胁估计不但包括使用不同类型"计分"函数的数值处理和网络估计处理，而且包括战斗模拟技术。

在应用这些方法时，无论是态势评估或是威胁估计，都不是单纯使用哪一种符号处理或数值处理技术，而是要综合应用。

12.3 态势评估的实现

在实现态势评估系统时，必须考虑系统所具有的各种特点[6]。

12.3.1 态势评估的特点

1. 态势评估结果的不确定性

在多传感器信息融合系统中，由于传感器本身的不精确，以及环境、噪声和人为干扰等因素的影响，造成被融合数据的不确定性。而在军用系统中，指挥和控制的不确定性则尤为突出，往往是影响系统性能的主要原因。态势评估用到的知识主要有以下四类。

(1) 第一类知识来自图像编辑的输出，典型的是已知平台的位置估计和身份；

(2) 第二类知识是根据传感器和武器配置所得出的平台能力的详细情况；

(3) 第三类知识是各种作战手册的内容，包括对作战部队的了解和指挥员的特点；

(4) 第四类知识是对诸如气象、地理位置、武器库存或发射方针等因素的了解。

而这些知识的不确定性造成了态势评估结果的不确定。

2. 信息安全性

军用信息融合系统汇集了各类传感器和信息源的数据，这些数据常常具有不同级别的保密性和访问权限。源情报数据由于要进行推理，要用各种手段进行收集，因此也最容易泄密，所以它的保密级别比战术传感器更高。为了使得高级数据融合结果的使用能对信息收集的手段明确化，必须对输入输出数据进行严格的分类，并按照批准的保密程序保证实现保密。在把信息融合结果分发到各级用户（如国家或区域指挥员和作战部队）时，要求融合处理具有对数据的跟踪审查功能，以便对每个输出数据元素，按保密要求分级，赋予授权用户不同的存取权限。

3. 多传感器对抗

敌方总是要对我方的多传感器系统采取欺骗、破坏和利用等对抗措施，如果现有的信息融合系统没有考虑向对方传感器发送虚假信息这一反对抗措施，则可使用多个传感器进行协同对抗，这可能是很有效的。为了有效实施，必须考虑以下问题。

(1) 协同的传感器欺骗。

使用多个传感器进行协同欺骗，可以使敌方产生一个虚假的探测或分类。虽然多传感器协同欺骗要比单传感器欺骗更复杂，但是由于敌方融合了多个虚假的输入，因而这种对抗措施的欺骗程度更高。

(2) 选择性破坏。

如果对敌方多传感器组实施选择性干扰,可使敌方传感器在时间、空间或频谱范围内产生盲点,降低性能,并为未探明目标或活动提供检测机会。

(3) 行为欺骗。

根据敌方行为推断其性质、意图或计划的基于知识的系统,必须考虑突然的、未必可能的行为,以及人为欺骗等因素。

4. 传感器数据的可信度和精度要求

态势信息的用途可以分为两类:一类是杀伤性的,有武器投入;另一类是非杀伤性的,如情报、侦察、监视以及目标的截获。对于杀伤性用途的态势信息,对其精度和可信度的要求非常高。一旦出错,不仅达不到杀伤敌人的目的,而且可能导致严重的后果,影响整个战场的态势,甚至造成严重政治外交问题。对于报警、提示和计划来说,可信度比较低的数据仍然是可以使用的,但对于在正规交战原则指导下与目标的交战,只有高可信度的数据才能使用,这一点是毫无疑义的。由于上述原因,对数据可信度量级的明确说明及其合适的显示方式,在军事系统中极为重要。

12.3.2 态势评估过程

我们知道,态势评估过程可以分解为态势描述、理解、生成和监控四个子过程,而图 12-3-1[3]是对态势评估过程功能的详细描述。它能够结合和解释全部的源数据和信息,范围从传感器数据到政治因素信息。因此,态势评估过程包含的行为范围很大,从与目标获取、跟踪相关的详细的信号处理,到智能解释。简单地说,态势评估处理必须能够为许多问题提供答案:什么?谁?有多少?有多大?在哪里?什么结构?什么时候?它在做什么?为什么?建立模型了吗?它能做什么?有多快?什么比较突出?什么改变了?是期望的数据吗?什么有问题?以及许多其他问题。因此,态势评估处理由许多不同级别的独立的和非独立的子处理过程构成。每个子处理过程本身又能够进一步分层分解为多个子处理过程。

值得注意的是,图中没有任何箭头。这说明态势评估过程并不一定要遵循某种固定的顺序,即从态势的获取与收集开始,然后是结构描述(综合与提取)、分类与识别、评估、生成、影响和监控。事实上,态势评估过程可以开始于任何地方,存在多个异步起始点。

1. 态势模型

Lambert 认为,态势评估的主要目的就是描述环境中感兴趣的问题。因此,态势评估过程对自身和运作环境的态势模型进行合并和发展。态势模型获取对不同的态势元素的描述,以及元素之间的关系,最终生成对态势的理解。

2. 态势描述

态势描述包括传感器、人工情报(HUMINT)、情报数据链传送的间接信息等在内的许多信息源,以不同的形式给态势评估提供数据或信息,范围从传感器数据、来自数据库的先

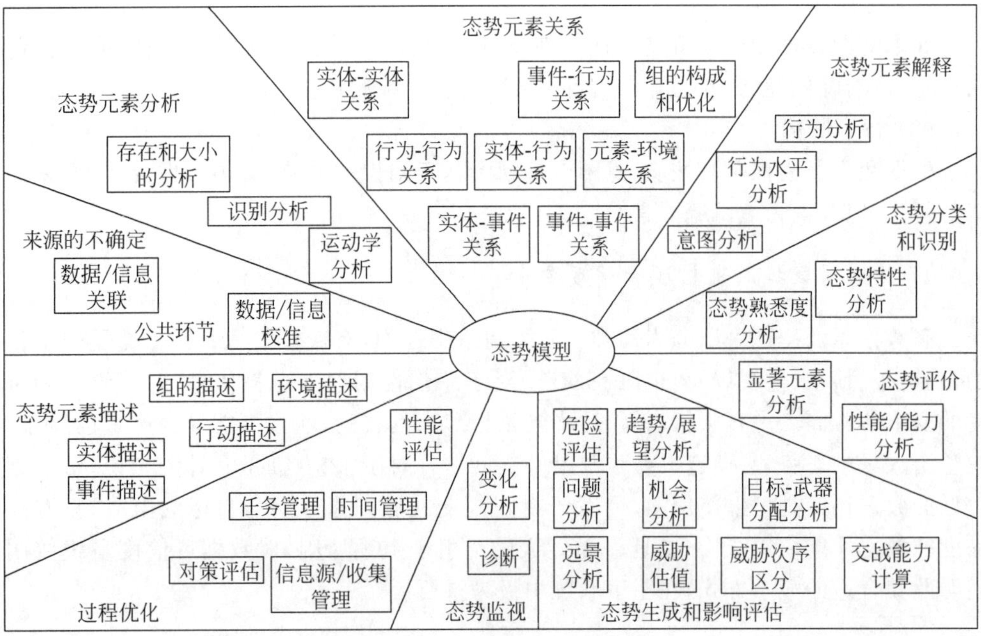

图 12-3-1　态势评估过程

验信息、到人为输入。因此，态势评估过程中用到了多种类型的动态和统计数据或信息。

在态势描述中，得到不同的实体、事件和行动。另外值得注意的是，一些证据以组的形式构成，或是由于传感器决策限制的缘故而作为组的形式来进行处理。对于环境描述，包括地形和天气分析，它们主要分析友方和敌方的移动、射击和通信性能。给定天气和地形条件，根据已知的敌方军事条例，就可以确定敌人将如何作战。

3. 数据配准和关联

如前面所讨论的，人们经常会经由多种传感器（信息源）来独立地报告与实体有关的数据（信息）、战场事件等。这些传感器在覆盖面积、频谱、响应时间、传递方式、报告形式等方面都各不相同，因此它们传递的报告和航迹就有着不同的几何性状、分辨率、视野、测量时间和测量空间。所以，数据配准必须消除数据（信息）中的时空差，把所有的测量结果变换到一个公共的时间和空间参考系，即具有统一的时间和空间基准。这样，才能够计算和形成各种关联假设，以确定所有可能的报告-报告和报告-航迹分配。至此，就完成了对数据来源不确定性的管理，即数据关联。

4. 态势描述的优化

在复杂环境中，随时会有不确定数目的实体成为感兴趣目标，同时会有一些目标不再感兴趣或被摧毁。因此，需要分析目标的存在。对于目标跟踪来说，一旦生成并确认了目标轨迹，同时删除了不感兴趣和被摧毁目标的轨迹，就可以估计出目标数目。

5. 态势元素关系分析

态势元素的关系就是实体和事件相关的条件。在态势评估中，很关键的一步就是对元素之间关系的理解和描述，当我们在处理过程中，希望态势评估不仅仅是描述态势元素的可测模型，同时还能够正确理解态势元素之间的关系。

因此，态势元素关系分析包括了对所有种类的态势元素之间关系的描述，这些态势元素包括物理的、时间的、空间的、结构的、感知的、功能的、过程、因果关系、信息源、影响源、条件从属（发生条件）、时间从属（发生时间）等。给定这些元素之间的关系，组的构成和优化就有可能实现。

通过把态势元素归类，构成组别，就可能得到有关品质、特性、派别、功能和任务的进一步推论。元素组还构成了态势评估的基本成分，来推断敌人所采用的战术。

6. 态势元素解释

系统观测到某一实体，并确定了其运动学特性，同时还识别出该实体。之后，决策者就想要知道该实体正在干什么，也就是其行为。行为是实体在担任、管理或相应行动中的特定习惯。它非常依赖于性能和行动的概念。与态势和威胁估计相关的行为可以包括位置信息：方向、速度和机动性等，还可以包括设备的操作：人工干扰、应用雷达或激光系统、打开武器投放通道、发射武器等。值得注意的是，并不一定能够在同一时间发现所有的行为，而且行为元素的相同组合在不同的环境中也许代表着不同的威胁含义。

态势元素解释还完成对行为量变化的分析。区域内关注的行为量突然有所改变，则预示着敌人可能有相应的行动。例如，通信量的增加可能意味着敌方单位的移动；而主动传感器应用的增加也许代表着区域内有反常的行动。总的来说，如果敌方有所行动，会对我方造成威胁的情况时，行为量变化的告警会明显增加。

态势元素解释的另一个方面就是对有关军事力量意图的估计分析。意图估计要对实体或其行为作出解释或说明，也就是要给出原因或理由。对意图的估计包括考虑目标、目的、对象、计划和意图等因素。意图分析要识别战术计划的一些要素，以便来推断先前并未计划到会出现的未知单位的任务。最后，必须对敌方的作战计划进行估计，从而判断敌人将会做什么、在哪里、什么时候进入战斗，以及兵力结构、时间安排和军事行动。

7. 态势分类和识别

系统需了解周边的环境信息。我们将环境信息分为两类，即动态信息和静态信息。动态信息理解为可运动目标，智能车需实现对其检测、识别和跟踪；静态信息可理解为地形信息，包括周围的障碍（如树木、岩石、沟渠等）信息和地貌变化等信息。了解障碍信息，将帮助智能车避开障碍，顺利前进；了解地表变化信息，将帮助智能车设计最佳行进速度，保证其工作的效率及安全性。

态势分类是根据已定的标准对态势按照组或类别进行系统的安排。它对态势编制目录和挑选。

态势识别是判断态势是否是先前已知的行为。如果是已经熟悉的态势，无论其危险程度多大，都可以简化决策制定。但是，如果不是先前熟悉的态势，则可能会导致不同的行动。另外，即使是对于已知的态势，也要仔细分析，不能养成固定的思维习惯。否则，如果没有预料到战区敌人的行为，或可能的行动，或者敌方实行欺骗或奇袭，就会损失惨重。

8. 态势评价

对态势进行评价就是确定该态势的重要性、规模或价值。

性能/能力分析是判断实体能够做什么。这就包括了不同的兵力评估功能，以确定参与者（己方或敌方）的装备。态势评价还要确定兵力的重要无形参数：精神、心理状态、训练水平、压力下的稳定性、意志力等。显著元素分析必须估计出在当前较为显著的态势，例如异常事件、需要特别注意的实体等。

9. 态势元素生成

人们不仅关心发生了什么，还关心未来将要发生什么事件和行动。决策者不能改变当前发生的事件，只能对未来事件加以影响。因此，对当前外界状态的理解仅仅是为了预测未来的状态。态势元素生成必须基于当前趋势和期望，对未来可能的态势元素进行估计。生成的态势元素应该包括剧情建立、仿真、交战建模等。

12.3.3 态势评估的事后分析

1. 影响评估

在实际系统中，每个态势元素都不是独立存在的，一定会对其他的元素产生迫使性或强制的影响。因此，影响评估的作用就是估计态势的影响或估计/预测参与者的行动，包括多人行动计划之间的交互作用。由此推出敌人的威胁、友方和敌方的力量、弱点、增援能力、被估计态势的代价和效用含义、行动的困难和机会等。要得到准确的影响评估，就要检查来自红、蓝、白方所有的数据。

很明显，在态势评估中，对当前或潜在威胁的估计是非常必要的。威胁分析的重点是估计敌方行动的可能性，如果它们真的发生了，同时还要预测可能的后果。一般来说，威胁分析要计算出某些态势元素的威胁值，估计即将发生的交战事件的严重程度，即①在数量上描述兵力性能；②与意图估计相联系，感知并预测敌人实现该活动的能力。

2. 态势监视

作为态势监控的一部分，态势监视的目的是使态势的发展保持在可观测的状态。

态势监视必须注意态势不同方面的变化，同时为重要的事件提供警报。为了对态势的变化随时作出反应，态势监视必须保持警觉和不间断，以便预防不会丢失重要的实体、事件或行动。

态势的诊断必须能够估计当前感知的态势和期望态势之间的不同。

3. 过程优化

过程优化就是根据决策者的目的、过程需求，以及限制条件，通过对信息收集和分析过程的全局控制，使整个态势评估过程最优。

在态势评估的任意给定时刻，单个任务可能都会随着时间段或新信息的获取而改变。因此，在整个评估过程中需要任务管理。

任务的不同,需要的数据或信息也会随之不同。如果没有全局策略加以控制或管理,数据/信息源就会在获取重要信息的同时,还收集到大量多余的、不必要和空闲的数据信息。因此,过程优化要生成信息需求的优先次序,送给收集管理器。同时,还需要保持对当前可用资源状态的监控能力。

为了不引起误解和歧义,态势评估中的数据都是带有时间信息的,这就需要进行时间管理。

过程优化在评估数据质量中也占有重要地位。因为来自系统的数据/信息会受到敌方的破坏,包括伪装、隐蔽和欺骗(CC&D),以及各种主动/被动干扰,必须尽可能排除这些因素的影响,保证有高质量的数据/信息。

12.4 一个简单的应用实例

12.4.1 问题描述

对于指挥者而言,总是存在着决策信息不充分的问题。在现实中,没有发现的或没有确定的威胁、不完全的消息、敌方的欺骗行为等都是经常存在的,所以需要建立态势评估和威胁估计系统用以进行分析和评价,以达到正确推断的目的。军用的态势评估和威胁估计系统也不可避免地遭受不完全,或不一致,或不正确信息的困扰,所以需要建立新的知识框架,使其更适合军用。根据 Endsley 的观点,态势就是所关心问题的知识状态。而所谓态势评估也就是对知识的理解。

为了说明态势评估的产生,本节采用了从电影《为红色十月狩猎》(*the hunt for red October*)中截取的片断。该片断包括一系列 7 个事件:

(1) 飞机探测到潜艇(见图 12-4-1(a));

(a) 飞机探测到潜艇　(b) 潜艇探测到飞机　(c) 飞机扔下鱼雷

(d) 潜艇实施对策　(e) 潜艇对策失败　(f) 鱼雷接近潜艇

(g) 潜艇拐弯

图 12-4-1 《为红色十月狩猎》中的图像序列

（2）潜艇探测到飞机（见图 12-4-1(b)）；

（3）飞机扔下鱼雷（见图 12-4-1(c)）；

（4）潜艇实施对策（见图 12-4-1(d)）；

（5）潜艇对策失败（见图 12-4-1(e)）；

（6）鱼雷接近潜艇（见图 12-4-1(f)）；

（7）潜艇拐弯（见图 12-4-1(g)）。

图 12-4-1 给出了每个事件的图片。这 7 个场景描述的 7 个事件本身就是电影中的态势评估过程，尽管这是非常粗略的提取级别。

12.4.2 系统建模

态势评估是一个动态过程，它体现一种相互关系，态势评估要处理大量反映数据之间关系的抽象信息。因此近年来，人们对于高级别的融合过程，包括态势评估和威胁估计，倾向采用基于知识的方法。所有此类方法都是试图把可用的人类知识和推理过程用软件进行"适当"的描述。广义上，决策级信息融合就是通过把相关的人类推理转变为软件，来定义及处理在逻辑、时间、功能，以及其他方面可能不同的各数据组的依赖和支持关系。

可以利用 Bayes 网络进行态势评估。设潜艇为"我方"，飞机为"敌方"，态势评估的任务就是给出敌我双方所处的战术位置，以及敌方对我方造成的威胁，并作出决策判断。图 12-4-2 给出了《为红色十月狩猎》的简单 Bayes 网络模型图，其中各个结点表示"事件"，而用箭头把两个事件连接起来，箭头表示一种因果关系，箭尾为"因"，而箭头为"果"。这种因果关系用条件概率来描述，即给定条件"因"时，"果"发生的概率。一旦获得了对某些事件的观测，就可以利用网络计算感兴趣事件的似然，从而可以得到需要的结果，以供决策之用。有关 Bayes 网络数值计算的细节请参考第 3 章 Bayes 网络基础一节。

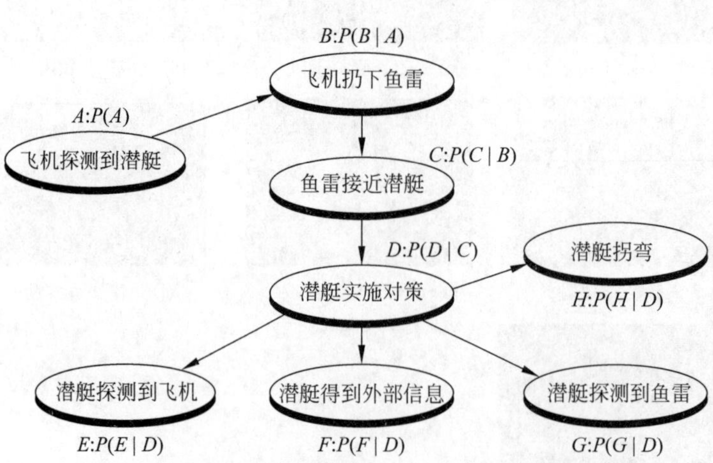

图 12-4-2 《为红色十月狩猎》的简单 Bayes 网络模型图

12.5 常用的态势评估方法

关于决策级信息融合问题,许多研究者都注重于用特殊的方法或特别的体系结构来解决特定的问题[7-8]。例如:统计决策理论是古典的决策理论,用来融合多传感器产生的冗余信息,比 Bayes 估计方法对不确定性的适应范围更广;而 Dempster-Shafer 理论则是 Bayes 方法的扩展。另外,多传感器系统中,各信息源提供的环境信息都具有一定程度的不确定性,对这些不确定信息的融合过程实质上是一个不确定推理过程。近年来,模糊推理和神经网络方法被应用于解决决策级数据融合问题。目前,对于态势与威胁评估这样的复杂系统问题尚未形成一套完整的方法体系。常用的算法有多样本假设检验、推理理论、模糊集理论、遗传算法、品质因数法、专家系统、黑板模型和基于对策论与决策论的评估方法等。

12.5.1 推理理论

所谓推理就是按照某种策略由已知判断推出另一判断的思维过程。由于经典的逻辑推理在处理不完善、不精确、不确定信息时,效果不理想,甚至有可能发生常识性错误。为此,一系列新的改进方法不断出现。目前,主要的方法有概率方法、主观 Bayes 方法、可信度方法、证据理论、模糊推理、基于框架表示的不确定性推理、基于语义网络表示的不确定性推理、非单调推理等。

模糊推理所处理的对象是模糊的,这是现实世界中广泛存在的一种不确定性,因此在智能处理的诸多领域有广阔的应用前景,存在的主要问题是建立隶属函数仍然是一件比较困难的工作。

非单调推理模拟了人类思维的一个主要特征——非单调性,包括默认理论、界限理论以及非单调逻辑。需要指出的是,非单调推理属于常识性推理的范畴,是智能处理中亟待解决而尚未完全解决的难题之一。因此,尚有很多很艰苦的工作要做。

12.5.2 模糊集理论

模糊集是对模糊现象或模糊概念的刻画。该理论面临的挑战是如何确定相关模糊集的隶属函数。同时要适当定义模糊算子,以免在处理模糊信息时,忽略掉对模糊概念影响较小的信息,从而在处理过程中失落较多的信息。

12.5.3 专家系统方法

所谓专家系统就是一种在相关领域中具有专家水平的智能程序系统,它能运用领域专家多年积累的经验与专门知识,模拟人类专家的思维过程,求解需要专家才能解决的困难问题。一般说来,该类系统的优点是具有专家水平的专门知识;能进行有效的推理;具有获取知识的能力;具有灵活性、透明性、交互性、实用性。但是目前的专家系统存在诸多问题，因此发展分布协同式专家系统是较为流行的趋势。不过也带来了专家之间的任务分配和交互作用问题。

另外，利用神经网络系统的学习能力、联想记忆功能、分布式并行信息处理功能解决专家系统中的知识表示、获取和并行推理等问题，这也是值得关注的发展方向。

12.5.4 黑板模型

黑板模型广泛应用于协调不同部门、不同领域专家共同工作。它由一套“知识源”和一个“控制器”构成。每个知识源都能够解决部分问题。在黑板模型中，所有知识源都“看着”公共的黑板，每个知识源只关心它能够解决的问题。当知识源发现了这样的问题，它就告诉黑板控制器它能够解决该问题。控制器决定哪个知识源可用，并且告诉所选的知识源去解决问题。此知识源解决问题后，就把答案写在黑板上。然后重复同样的循环。

黑板模型的优缺点如表12-5-1所示。

表 12-5-1 黑板模型的优缺点[6]

优点	缺点
• 灵活的结构，对各种应用范围，尤其是不完善的结构问题，都具有模块结构； • 对问题的动态和静态形式都能使用； • 通过适当的设计可以减少黑板网络的层次； • 通过分割知识源，比较容易控制和确认整个知识库； • 通过增加知识源，使系统具有较好的可扩充性和可增长性； • 知识源-知识源通信规程简单，不需要消息传输协议； • 有利于研究快速原型设计以及增量式开发	• 调度和控制可能变得非常复杂； • 开发工具正在老化； • 知识源之间的通信受限制（依赖黑板）； • 当知识源自主运行时，通常需要真实保留系统； • 黑板上的所有解状态知识将引起黑板知识源的高速输入输出； • 建造和运行费用昂贵； • 对错误问题的分解处理发现得迟，并要求系统重构

12.5.5 进化算法

进化算法是一个模拟生物进化过程与机制求解问题的自适应人工智能技术。它的核心思想源于这样的基本认识：从简单到复杂、从低级到高级的生物进化过程本身是一个自然、并行发生的、稳健的优化过程。这一过程的目标是对环境的适应性。生物种群通过“优胜劣汰”及遗传变异来达到进化的目的。按照达尔文的自然选择学说和孟德尔的遗传变异理论，生物进化是通过繁殖、变异、竞争和选择这四种基本形式来实现的。进化算法就是基于这种思想发展起来的一类随机搜索技术。它们是模拟由个体组成的群体的学习过程，其中每个个体表示给定问题搜索空间的一点。进化算法从一个初始的群体出发，通过随机选择（在某些算法中是确定的）、变异和重组（在某些算法中被完全省去)过程,使群体进化到搜索空间中越来越好的区域。选择过程是群体中适应性好的个体比适应性差的个体有更多的复制机会,重组(交叉)算子将父辈信息结合在一起并将它们传到子代个体,变异在群体中引入了新的个体。

生物进化是鲁棒性最强,也是最有效的一种来自自然的问题求解方法,进化计算则是受生物进化启发而提出的模拟进化机制,由于对生物进化本质的不同认识,形成了生物遗传进化的不同学派。目前研究的进化算法主要有四种典型的算法[9-13]:遗传算法(genetic algorithms,GAs)、进化规划(evolutionary programming,EP)、进化策略(evolution strategy,ES)和遗传编程(genetic programming,GP)。前三种算法是彼此独立发展起来的,最后一种是在遗传算法的基础上发展起来的一个分支。虽然这几个分支在算法的实现方面具有一些细微的差别,但它们具有一个共同的特点,即都是借助生物进化的思想和原理来解决实际问题。进化算法和传统算法相比具有很多的不同之处,但其最主要特点体现在其智能性和本质的并行性。它提供了一种求解复杂系统优化问题的通用框架,对实际问题有很强的鲁棒性。

尽管进化算法较传统的方法有巨大的优越性,但是现有的进化算法仍存在着一些共同的不足[14-15]。

(1) 适应度函数是预先定义好的,而真正的适应性应该是局部的,是个体与环境作生存斗争自然形成。现有的进化算法的选择机制,从适应环境的局部化角度而言,充其量来说,只是一个人工选择,而非自然选择。

(2) 遗传算法等进化算法,只考虑到生物之间的竞争,而没有考虑到生物之间协作的可能性。真实情况是竞争与协作并存,这就是所谓的协同进化。生物学证据表明协同进化能大大加快生物进化的历程,这一点在现有的进化算法中很少得到体现。

(3) 生物进化过程是一个在环境生态系统中"学习"法则的过程,其中不仅包括先天的遗传学习或遗传复制,而且包括后天的个体学习。但是以"生成+检测"的进化算法显然没有充分利用父代进化经验,而且忽视了个体的学习能力。研究结果表明,利用 Lamark 遗传和 Baldwin 效应能够提高进化算法的搜索效率。

目前,有关进化算法的研究大都集中在算法的实现、改进与应用方面,而相关的基础理论研究远远落后于算法的发展。可以这么说,到目前为止,还没有一套完整的理论可以准确、全面地阐明一般进化算法的收敛性。人们对进化算法在大量应用中所表现出的全局优化能力还不能作出理论解释;还没有找到一个恰当的度量与论证方法精确刻画进化算法在不同实现方式下的收敛速度,从而对进化算法的各种改进作出统一、公正的评判。正是这种数学理论基础的缺乏极大地限制着进化算法的进一步推广、改进与应用。

12.5.6 多智能体理论

智能体又称智能代理,简称代理,是分布式人工智能的一个基本术语。它是在一定环境下能独立自主运作的实体,具有某种知识、目标和能力。智能体具有三种特性:智能性、中介性和机动性。

目前计算科学和硬件的飞速发展,意味着可以建造更有效为人类工作的计算机系统。这隐含着两种能力:一是系统的独立操作能力,不需要人的干预;二是当要计算机系统与人和其他系统交互时，它能按照代表用户最大利益的方式工作。这些要求导致了一个新领域的出现，这就是多智能体系统。

1. 智能体

智能体(Agent)概念最早是由美国的 Minsky 教授在 *Society of Mind* 一书中提出的，用它来描述一个具有自适应、自治能力的硬件、软件或其他实体，目标是认识与模拟人类智能行为。作为促进人工智能发展的新概念，Hewitt 认为定义 Agent 与定义什么是智能一样困难。大多数研究者普遍认可和接受这样一种说法，将智能体看成作用于某一特定环境，具有一定生命周期的计算实体，它具备自身的特性，能够感知周围的环境，自治的运行，并能够影响和改变环境。Russell 给出了智能体的一个定义[16]：智能体被认为是一个物理的或抽象的实体，它能作用于自身和环境，并能对环境作出反应。

一般来说，智能体具有知识、目标和能力。知识指的是智能体关于它所处的世界或它所要求解的问题的描述；目标是指智能体所采取的一切行为都是面向目标的；能力是指智能体具有推理、决策、规划和控制能力。智能体具有自主性、反应性、社会性以及进化性等特点。

2. 多智能体系统的主要研究内容

(1) 内部智能体结构体系。在系统结构上，按照人类思维的层次模型，可以将智能体内部体系分为认知智能体、反应智能体、复合智能体三类。

(2) 多智能体之间的通信问题。智能体之间的通信是实现智能体间相互作用和相互协作的基础。目前常用的通信语言设计方法包括过程方法和声明方法[17]等。

(3) 多智能体的协调与协作。在多智能体协作环境中，智能体的行为策略不仅要考虑自己的行为，而且必须将自身的行为策略看作是对其他智能体联合行为策略的最优反应。因此，将要研究的智能体，不仅仅具有个体理性，而且具有集体理性。由这种智能体组成的多智能体系统，可以达到一种平衡的协作状态，从而使整个系统达到动态稳定和优化。目前的协商方法主要有合同网协议法(Contract Net Protocol)[18]等。

(4) 多智能体的学习。在多智能体系统中，有两种类型的学习方式：一是集中的独立式学习，另一种是分布式的汇集式学习。而现有的智能学习方法，如监督学习、无监督学习和分层学习等机器学习方法在多智能体系统中都有应用。目前，在多智能体学习领域中，强化式学习(Reinforcement Learning)和协商过程中引入学习机制引起研究者越来越大的兴趣[19]。

(5) 多智能体冲突消解。目前，多智能体系统中解决冲突的主要方法是协商，协商技术通常基于对策论、重构、限制、调解和仲裁等。对于某一时期制订的规则，也许会因为系统的动态变化而失去适用性，实际上规则的完善也是个不断发展的过程。

3. 多智能体系统的研究现状

多智能体系统是分布式人工智能研究的一个重要分支。由于多智能体系统具有自主性、分布性、协调性并具有自组织能力、学习能力和推理能力，使它在解决实际问题时具有很强的鲁棒性、可靠性，并具有较高的求解效率，因此多智能体系统已在许多领域得到了成功的应用[20-23]。

12.6 小结

自1991年以来,加拿大洛克希德·马丁公司(LM Canada)的研发小组开发并论证了提供在海上及空中指挥控制中OODA决策能力与工具的技术,该技术应用于加拿大巡逻护卫舰和加拿大CP-140(极光)固定翼飞行器。在后来的三年中,LM Canada也建立了一个普通的专家系统下构部件,证明了它在将这些决策技术集成到实时指挥控制系统中是合适的。然而,在将这些技术集成到任何平台上的C2系统之前,理解这些决策工具如何运行以及把它集成到CCS中以成功地保证操作员信任、接受和使用这些工具是重要的。

关于信息融合应用的黑板结构的发展,即在一个基于知识系统(KBS)的基础上建立一个多智能体信息融合证据概念系统的黑板(BB)结构。BB结构的模块支持单独论证信息融合各部分的性能改善,还构成一个完整的功能性证据概念论证系统。已经形成了两个方面的应用:一个是海军指挥和控制系统,包括跟踪、识别、态势和威胁评估,以及资源管理功能;另一个是海上监视应用,要处理来自不同成像和非成像传感器的信息,以得到对战术态势的理解。其中非成像源包括雷达、电子辅助测量(ESM)、敌友识别(IFF),以及数据链(data link)信息;成像传感器包括前视红外(FLIR)及合成孔径雷达(SAR)等。

本节关于态势评估和威胁估计的论述只是概念性的,而在此领域的发展还有许多问题需要解决,特别需要形成完整的理论体系结构,并需要新的方法论的支持。

参考文献

[1] Klein G A. Advances in Man-Machine Systems Research[M]. U. 47-92. Greenwich, CT: JAI Press Inc. 1987: 68-103.

[2] Lambert D A. Situations for Situation Awareness[C]//Proceedings of the Fourth International Conference on Information Fusion, Montreal, Canada, 2001: 327-334.

[3] Roy J. From Data Fusion to Situation Analysis[C]//Proceedings of the Fourth International Conference on Information Fusion, Montreal, Canada, 2001: 335-342.

[4] Endsley M R, Garland D J. Situation Awareness Analysis and Measurement. Mahawah, New Jersey: Lawrence Erlbaum Associates, 2000: 45-188.

[5] Endsley M R. Toward a Theory of Situation Awareness in Dynamic Systems[J]. Human Factors Journal, 1995, 37(1): 32-64.

[6] 刘同明,夏祖勋,解洪成. 数据融合技术及其应用[M]. 北京:国防工业出版社,1998:143-256.

[7] Gonsalves P, Cunningham R. Intelligent Threat Assessment Processor (ITAP) using Genetic Algorithms and Fuzzy Logic[C]//Proc 2000 International Conf. on Information Fusion, Paris, France, 2000, 1023-1030.

[8] Campos D, Llinas J. Possibilities for Improved Formal Processing Methods for Situation Assessment[C]//Proc of The International Conf. on Multisource-Multisensor Information Fusion, Las Vegas, Nevada, USA, July, 1998: 223-230.

[9] Holland J H. Adaptation in Natural and Artificial Systems: An Introductory Analysis with

Application to Biology, Control, Artificial Intelligence[M]. 2nd edition. Cambridge, MA: MIT Press, 1992.

[10] Fogel L J, et al. Artificial Intelligence through Simulation Evolution[M]. Chichester: John Wiley, 1966.

[11] Fogel D B. Evolutionary Computation: Toward a New Philosophy of Machine Intelligence[M]. IEEE Press, 1995.

[12] Rechenberg I. Cybernetic solution path of an experimental problem[M]. Royal Aircraft Establishment, Library Translation 1122, 1965.

[13] Koza J R. Genetic Programming: On the Programming of Computers by Means of Natural Selection[M]. Cambridge, MA: MIT Press, 1992.

[14] 周登勇，戴汝为. 人工生命、模式识别与人工智能[J]. 1998, 4(3): 412-418.

[15] Zhong W C, Liu J, Xue M, et al. A multiagent genetic algorithm for global numerical optimization[J]. IEEE Trans. on System, Man, and Cybernetics—Part B. 2004, 34(2): 1128-1141.

[16] Russell S J, Norvig P. Artificial Intelligence: A modern approach[M]. Englewood Cliffs, New Jersey: Prentice-Hall, 1995.

[17] Wooldridge M. Time, Knowledge and Choice[M]//Intelligence Agent II: Agent Theories, Architectures, Languages. Berlin Heidelberg, Germany: Springer-Verlag, 1995: 79-96.

[18] Davis R, Smith R. Negotiation as a metaphor for distributed problem solving[J]. Artificial Intelligence. 1983, 20(1): 63-109.

[19] Maddox G P. A Framework for Distributed Reinforcement Learning. Adaptation and Learning in Multiagent Systems. Berlin, Germany: Springer-Verlag, 1996, 97-102.

[20] Liu J M. Autonomous Agents and Multi-Agent Systems: Explorations in Learning, Self-Organization, Adaptive Computation. Singapore: World Scientific, 2001.

[21] 韩靖，蔡庆生. AER模型中的智能涌现[J]. 模式识别与人工智能，2002, 15(2): 134-142.

[22] Liu J M, Han J, Tang Y Y. Multi-agent oriented constraint satisfaction[J]. Artificial Intelligence, 2002, 136(1): 101-144.

[23] 朱孟潇，宋志伟，蔡庆生. 一个基于模拟退火的多主体模型及其应用[J]. 软件学报，2004, 15(4): 537-544.